LAROUSSE

DICIONÁRIO MINI

PORTUGUÊS INGLÊS
INGLÊS PORTUGUÊS

LAROUSSE

Colaboradores/Contributors

SÉRGIO ALCIDES

BILL MARTIN

VANIA CABUS DE TOLEDO

JANICE McNEILLIE

SHARON J. HUNTER

LÍGIA XAVIER

ISBN 2-03-542008-3

Distribution/Sales: Larousse Kingfisher Chambers Inc., New York
Library of Congress CIP Data has been applied for

ISBN 85-08-07687-8

Distribuição e vendas: Editora Ática

LAROUSSE

MINI
DICTIONARY

PORTUGUESE
ENGLISH
ENGLISH
PORTUGUESE

LAROUSSE

Os Compostos em Inglês

Em inglês, os compostos são expressões formadas por mais de uma palavra mas contendo um único significado: **point of view**, **kiss of life** ou **virtual reality**, por exemplo. Uma das características deste dicionário é o fato de os compostos terem uma entrada própria e seguirem rigorosamente a ordem alfabética. Assim, **blood poisoning** figura depois de **blood group**, que, por sua vez, sucede a **blood**.

English Compounds

A compound is a word or expression which has a single meaning but is made up of more than one word, e.g. **point of view**, **kiss of life** and **virtual reality**. It is a feature of this dictionary that English compounds appear in the AZ list in strict alphabetical order. The compound **blood poisoning** will therefore come after **blood group** which itself follows **blood**.

Marcas Registradas

O símbolo ® indica que a palavra em questão é uma marca registrada. Este símbolo, ou a sua eventual ausência, não afeta, no entanto, a situação legal da marca.

Trademarks

Words considered to be trademarks have been designated in this dictionary by the symbol ®. However, neither the presence nor the absence of such designation should be regarded as affecting the legal status of any trademark.

O dicionário LAROUSSE MINI foi concebido para atender a estudantes e a turistas em viagem.

Com mais de 30.000 referências e 40.000 traduções, este novo dicionário cobre de forma ampla o vocabulário geral do inglês e do português, oferecendo ao estudante um ágil e abalizado instrumento de consulta. Além disso, o dicionário LAROUSSE MINI dá tratamento extensivo à linguagem utilizada em placas de sinalização e em cardápios, auxiliando o turista em viagem a orientar-se com rapidez.

Os diferentes sentidos de cada palavra encontram-se claramente indicados em todo o texto, e ênfase especial é dada ao vocabulário básico, com muitos exemplos de uso e uma apresentação gráfica que agiliza a consulta.

Fácil de usar e abrangente, este dicionário oferece a estudantes e viajantes um modo prático e rápido de solucionar suas dúvidas e enriquecer seu vocabulário – em casa, na escola ou em viagem. Esperamos que você goste, e não hesite em enviar-nos seus comentários.

A EDITORA

The LAROUSSE MINI dictionary has been designed with beginners and travelers in mind.

With over 30,000 references and 40,000 translations, this new dictionary gives thorough coverage of general vocabulary plus extensive treatment of the language found on street signs and menus.

Clear sense markers are provided throughout, while special emphasis has been placed on basic words, with many examples of usage and a particularly user-friendly layout.

Easy to use and comprehensive, this handy book packs a lot of wordpower for users at school, at home and on the move. We hope you enjoy using this dictionary, and don't hesitate to send us your comments.

THE PUBLISHER

ABREVIATURAS		ABBREVIATIONS
abreviatura	*abrev/abbr*	abbreviation
adjetivo	*adj*	adjective
adjetivo feminino	*adj f*	feminine adjective
adjetivo masculino	*adj m*	masculine adjective
advérbio	*adv*	adverb
inglês americano	*Am*	American English
anatomia	*ANAT*	anatomy
automóvel	*AUT*	automobile, cars
auxiliar	*aux*	auxiliary
inglês britânico	*Brit*	British English
comércio	*COM(M)*	commerce, business
comparativo	*comp(ar)*	comparative
informática	*COMPUT*	computers
conjunção	*conj*	conjunction
contínuo	*cont*	continuous
culinária	*CULIN*	culinary, cooking
economia	*ECON*	economics
educação, escola	*EDUC*	school, education
esporte	*ESP*	sport
interjeição	*excl*	exclamation
substantivo feminino	*f*	feminine noun
familiar	*fam*	informal
figurado	*fig*	figurative
finanças	*FIN*	finance, financial
formal	*fml*	formal
inseparável	*fus*	inseparable
geralmente	*gen*	generally
gramática	*GRAM(M)*	grammar
familiar	*inf*	informal
informática	*INFORM*	computers
interjeição	*interj*	exclamation
invariável	*inv*	invariable
jurídico	*jur*	juridical, legal
substantivo masculino	*m*	masculine noun
matemática	*MAT(H)*	mathematics
medicina	*MED*	medicine

ABREVIATURAS		ABBREVIATIONS
substantivo masculino e feminino	*mf*	masculine and feminine noun
substantivo masculino com desinência feminina	*m, f*	masculine noun with a feminine inflection
termos militares	MIL	military
música	*MÚS/MUS*	music
substantivo	*n*	noun
termos náuticos	*NÁUT/NAUT*	nautical, maritime
numeral	*num*	numeral
	o.s.	oneself
pejorativo	*pej*	pejorative
plural	*pl*	plural
política	POL	politics
particípio passado	*pp*	past participle
preposição	*prep*	preposition
pronome	*pron*	pronoun
passado	*pt*	past tense
marca registrada	®	registered trademark
religião	RELIG	religion
substantivo	*s*	noun
alguém	*sb*	somebody
educação, escola	SCH	school, education
separável	*sep*	separable
singular	*sg*	singular
algo	*sthg*	something
sujeito	*suj/subj*	subject
superlativo	*sup(erl)*	superlative
termos técnicos	*TEC(H)*	technology
televisão	TV	television
verbo	*v/vb*	verb
verbo intransitivo	*vi*	intransitive verb
verbo impessoal	*v impess/v impers*	impersonal verb
verbo pronominal	*vp*	pronominal verb
verbo transitivo	*vt*	transitive verb
vulgar	*vulg*	vulgar
equivalente cultural	≃	cultural equivalent

TRANSCRIÇÃO FONÉTICA | PHONETIC TRANSCRIPTION

Vogais portuguesas

[a]	pá, amar
[ε]	sé, seta, hera
[e]	ler, mês
[i]	ir, sino, nave
[ɔ]	nota, pó
[o]	corvo, avô
[u]	azul, tribo

English vowels

[ɪ]	pit, big, rid
[e]	pet, tend
[æ]	pat, bag, mad
[ʌ]	run, cut
[ɒ]	pot, log
[ʊ]	put, full
[ə]	mother, suppose
[iː]	bean, weed
[ɑː]	barn, car
[ɔː]	born, lawn
[uː]	loop, loose
[ɜː]	burn, learn, bird

Ditongos portugueses

[aj]	faixa, mais
[ej]	leite, rei
[εj]	hotéis, pastéis
[ɔj]	herói, bóia
[oj]	coisa, noite
[uj]	azuis, fui
[aw]	nau, jaula
[εw]	céu, véu
[ew]	deus, seu
[iw]	riu, viu

English diphthongs

[eɪ]	bay, late, great
[aɪ]	buy, light, aisle
[ɔɪ]	boy, foil
[əʊ]	no, road, blow
[aʊ]	now, shout, town
[ɪə]	peer, fierce, idea
[eə]	pair, bear, share
[ʊə]	sure, tour

Vogais nasais

Nasal vowels

[ã]	maçã, santo
[ẽ]	lençol, sempre
[ĩ]	fim, patim
[õ]	onde, com, honra
[ũ]	jejum, nunca

Ditongos nasais

Nasal diphthongs

[ãj]	cãibra, mãe
[ãw]	camarão, cão
[ẽj]	bem, quem
[õj]	cordões, leões

Semivogais | Semi-vowels

eleito, maio	[j]	you, yellow
luar, quadro, poema	[w]	wet, why, twin

Consoantes		Consonants
beijo, abrir	[b]	bottle, bib
casa, dique	[k]	come, kitchen
dama, prenda	[d]	dog, did
dia, bonde	[dʒ]	jet, fridge
faca, afinal	[f]	fib, physical
grande, agora	[g]	gag, great
gelo, cisne, anjo	[ʒ]	usual, measure
	[h]	how, perhaps
lata, feliz, cola	[l]	little, help
folha, ilha	[ʎ]	
mel, amigo	[m]	metal, comb
novo, mina	[n]	night, dinner
linha, sonho	[ɲ]	
anca, inglês	[ŋ]	sung, parking
pão, gripe	[p]	pop, people
cura, era	[r]	right, carry
rádio, terra	[x]	
cima, desse, caça	[s]	seal, peace
noz, bis, caixa, chá	[ʃ]	sheep, machine
tema, lata, porta	[t]	train, tip
tio, infantil	[tʃ]	chain, wretched
	[θ]	think, fifth
	[ð]	this, with
vela, ave	[v]	vine, love
zelo, brisa	[z]	zip, his

[ʳ] só se pronuncia quando é seguido de uma palavra que começa por vogal.

[ʳ] is pronounced only when followed by a word beginning with a vowel.

O símbolo fonético [(x)] em português indica que o 'r' no final da palavra é apenas levemente pronunciado, exceto quando seguido de palavra iniciada por vogal: nesse caso, pronuncia-se [r].

The symbol [(x)] in Portuguese phonetics indicates that final 'r' is often barely sounded unless it is followed by a word beginning with a vowel, in which case it is pronounced [r].

O símbolo ['] indica que a sílaba subseqüente é a tônica, sobre a qual recai o acento principal; [ˌ] indica que a sílaba subseqüente é a subtônica, sobre a qual recai o acento secundário.

The symbol ['] indicates that the following syllable carries primary stress and [ˌ] that the following syllable carries secondary stress.

As regras de pronúncia aplicadas ao português refletem a língua falada no Rio de Janeiro.

Portuguese phonetics reflect the language as spoken in Rio de Janeiro.

CONJUGAÇÕES/ PORTUGUESE VERBS

Chave: A = presente do indicativo, B = pretérito imperfeito do indicativo, C = pretérito perfeito do indicativo, D = pretérito mais-que-perfeito do indicativo, E = futuro do indicativo, F = futuro do pretérito, G = presente do subjuntivo, H = futuro do subjuntivo, I = pretérito imperfeito do subjuntivo, J = imperativo, K = gerúndio, L = infinitivo pessoal, M = particípio passado.

ANDAR: A ando, andas, anda, andamos, andais, andam, B andava, andavas, andava, andávamos, andáveis, andavam, C andei, andaste, andou, andamos, andastes, andaram, D andara, andaras, andara, andáramos, andáreis, andaram, E andarei, andarás, andará, andaremos, andareis, andarão, F andaria, andarias, andaria, andaríamos, andaríeis, andariam, G ande, andes, ande, andemos, andeis, andem, H andar, andares, andar, andarmos, andardes, andarem, I andasse, andasses, andasse, andássemos, andásseis, andassem, J anda, ande, andemos, andai, andem, K andando, L andar, andares, andar, andarmos, andardes, andarem, M andado.

chover: A chove, B chovia, C choveu, G chova, H chover, I chovesse, M chovido.

COMER: A como, comes, come, comemos, comeis, comem, B comia, comias, comia, comíamos, comíeis, comiam, C comi, comeste, comeu, comemos, comestes, comeram, D comera, comeras, comera, comêramos, comêreis, comeram, E comerei, comerás, comerá, comeremos, comereis, comerão, F comeria, comerias, comeria, comeríamos, comeríeis, comeriam, G coma, comas, coma, comamos, comais, comam, H comer, comeres, comer, comermos, comerdes, comerem, I comesse, comesses, comesse, comêssemos, comêsseis, comessem, J come, coma, comamos, comei, comam, K comendo, L comer, comeres, comer, comermos, comerdes, comerem, M comido.

conduzir: A conduzo, conduzes, conduz, etc., B conduzia, etc., C conduzi, conduziste, etc., G conduza, etc., I conduzisse, etc., J conduz, conduza, etc., M conduzido.

conhecer: A conheço, conheces, etc., B conhecia, etc., C conheci, conheceste, etc., D conhecera, etc., I conhecesse, conheceses, etc., J conhece, conheça, etc., M conhecido.

conseguir: A consigo, consegues, consegue, etc., C consegui, conseguiste, etc., D conseguira, conseguiras, etc., E conseguirei, conseguirás, etc., J consegue, consiga, consigamos, consegui, consigam.

dar: A dou, dás, dá, damos, dais, dão, B dava, etc., C dei, deste, deu, demos, destes, deram, D dera, deras, etc., F daria, etc., G dê, dês, dê, dêmos, deis, dêem, H der, deres, etc., I desse, desses, etc., J dá, dê, dêmos, dai, dêem, K dando, L dar, dares, dar, darmos, dardes, darem, **M** dado.

dizer: **A** digo, dizes, diz, dizemos, dizeis, dizem ; **B** dizia, dizias, etc.,
C disse, disseste, disse, dissemos, dissestes, disseram, **D** dissera, disseras,
etc., **E** direi, dirás, dirá, etc., **F** diria, dirias, etc., **G** diga, digas, etc.,
H disser, disseres, disser, dissermos, disserdes, disserem, **I** dissesse,
dissesses, etc., **J** diz, diga, etc., **K** dizendo, **L** dizer, dizeres, dizer,
dizermos, dizerdes, dizerem, **M** dito.

dormir: **A** durmo, dormes, dorme, dormimos, dormis, dormem,
B dormia, dormias, etc., **C** dormi, dormiste, etc., **H** dormir, dormires,
etc., **J** dorme, durma, durmamos, dormi, durmam, **M** dormido.

escrever: **A** escrevo, escreves, etc., **B** escrevia, escrevias, etc., **C** escrevi,
escreveste, escreveu, etc., **D** escrevera, escreveras, etc., **I** escrevesse,
escrevesses, etc., **J** escreve, escreva, etc., **M** escrito.

ESTAR: **A** estou, estás, está, estamos, estais, estão, **B** estava, estavas, estava,
estávamos, estáveis, estavam, **C** estive, estiveste, esteve,
estivemos, estivestes, estiveram, **D** estivera, estiveras, estivera,
estivéramos, estivéreis, estiveram, **E** estarei, estarás, estará, estaremos,
estareis, estarão, **F** estaria, estarias, estaria, estaríamos, estaríeis,
estariam, **G** esteja, estejas, esteja, estejamos, estejais, estejam, **H** estiver,
estiveres, estiver, estivermos, estiverdes, estiverem, **I** estivesse,
estivesses, estivesse, estivéssemos, estivésseis, estivessem, **J** está, esteja,
estejamos, estai, estejam, **K** estando, **L** estar, estares, estar, estarmos,
estardes, estarem, **M** estado.

fazer: **A** faço, fazes, faz, etc., **B** fazia, fazias, etc., **C** fiz, fizeste, fez,
fizemos, fizestes, fizeram, **D** fizera, fizeras, etc., **E** farei, farás, etc.,
F faria, farias, etc., **G** faça, faças, etc., **H** fizer, fizeres, etc., **I** fizesse,
fizesses, etc., **J** faz, faça, façamos, fazei, façam, **M** feito.

ir: **A** vou, vais, vai, vamos, ides, vão, **B**ia, ias, íamos, etc., **C** fui, foste, foi,
fomos, fostes, foram, **D** fora, foras, fora, fôramos, fôreis, foram, **E** irei,
irás, irá, iremos, ireis, irão, **F** iria, irias, iríamos, etc., **G** vá, vás, vá, vamos,
vades, vão, **H** for, fores, for, formos, fordes, forem, **I** fosse, fosses, fosse,
fôssemos, fôsseis, fossem, **J** vai, vá, vamos, ide, vão, **K** indo, **L** ir, ires, ir,
irmos, irdes, irem, **M** ido.

ler: **A** leio, lês, lê, lemos, ledes, lêem, **B** lia, lias, etc., **C** li, leste, leu, etc.,
G leia, leias, etc., **M** lido.

nascer: **A** nasço, nasces, etc., **B** nascia, etc., **C** nasci, nasceste, nasceu,
etc., **D** nascera, etc., **G** nasça, nasças, etc., **H** nascer, nasceres, etc.,
I nascesse, etc., **M** nascido.

negociar: **A** negoc(e)io, negoc(e)ias, negoc(e)ia, negociamos, negociais,
negoc(e)iam, **B** negociava, etc., **C** negociei, negociaste, etc.,
G negoc(e)ie, negoc(e)ies, negoc(e)ie, negociemos, negocieis,
negoc(e)iem, **J** negoc(e)ia, negoc(e)ie, negociemos, negociai,

negoc(e)iem, M negociado.

oferecer: A ofereço, ofereces, etc., B oferecia, etc., C ofereci, ofereceste, ofereceu, etc., D oferecera, etc., G ofereça, ofereças, etc., I oferecesse, etc., J oferece, ofereça, ofereçamos, oferecei, ofereçam, M oferecido.

ouvir: A ouço, ouves, ouve, etc., B ouvia, etc., C ouvi, ouviste, ouviu, etc., D ouvira, etc., G ouça, ouças, etc., H ouvir, ouvires, etc., I ouvisse, ouvisses, etc., J ouve, ouça, ouçamos, ouvi, ouçam, M ouvido.

parecer: A pareço, pareces, parece, etc., B parecia, etc., C pareci, pareceste, etc., D parecera, etc., G pareça, pareças, etc., H parecer, pareceres, etc., I parecesse, parecesses, etc., M parecido.

PARTIR: A parto, partes, parte, partimos, partis, partem, B partia, partias, partia, partíamos, partíeis, partiam, C parti, partiste, partiu, partimos, partistes, partiram, D partira, partiras, partira, partíramos, partíreis, partiram, G parta, partas, parta, partamos, partais, partam, H partir, partires, partir, partirmos, partirdes, partirem, I partisse, partisses, partisse, partíssemos, partísseis, partissem, J parte, partamos, parti, partam, K partindo, L partir, partires, partir, partirmos, partirdes, partirem, M partido.

passear: A passeio, passeias, passeia, passeamos, passeais, passeiam, B passeava, passeavas, etc., C passeei, passeaste, E passearei, passearás, etc., G passeie, passeies, etc., J passeia, passeie, passeemos, passeai, passeiem, M passeado.

pedir: A peço, pedes, pede, etc., C pedi, pediste, pediu, etc., G peça, peças, etc., J pede, peça, peçamos, pedi, peçam, M pedido.

perder: A perco, perdes, perde, perdemos, perdeis, perdem, C perdi, perdeste, perdeu, etc., F perderia, perderias, etc., G perca, percas, perca, etc., H perder, perderes, etc., I perdesse, perdesses, etc., J perde, perca, percamos, perdei, percam, M perdido.

poder: A posso, podes, pode, podemos, podeis, podem, B podia, podias, etc., C pude, pudeste, pôde, pudemos, pudestes, puderam, D possa, possamos, etc., H puder, puderes, puder, etc., I pudesse, pudéssemos, etc.

pôr: A ponho, pões, põe, pomos, pondes, põem, B punha, púnhamos, etc., c pus, puseste, pôs, pusemos, pusestes, puseram, D pusera, puséramos, etc., E porei, porás, etc., F poria, porias, etc., G ponha, ponhas, etc., H puser, pusermos, etc., I pusesse, puséssemos, etc., J põe, ponha, ponhamos, ponde, ponham, K pondo, L pôr, pores, pôr, pormos, pordes, porem, M posto.

querer: A quero, queres, quer, queremos, quereis, querem, C quis, quiseste, quis, quisemos, quisestes, quiseram, D quisera, quiséramos, etc., G queira, queiramos, etc., H quiser, quisermos, etc., I quisesse, quiséssemos, etc., J quer, queira, queiramos, querei, queiram,

K querendo, **L** querer, quereres, querer, querermos, quererdes, quererem, **M** querido.

rir: A rio, ris, ri, rimos, rides, riem, **B** ria, ríamos, etc., **C** ri, riste, riu, rimos, ristes, riram, **D** rira, ríramos, etc., **G** ria, rias, etc., **H** rir, rires, etc., **I** risse, ríssemos, etc., **J** ri, ria, riamos, ride, riam, **M** rido.

saber: A sei, sabes, sabe, sabemos, sabeis, sabem, **B** sabia, sabíamos, etc., **C** soube, soubeste, soube, soubemos, soubestes, souberam, **D** soubera, soubéramos, etc., **G** saiba, saibas, saiba, saibamos, saibais, saibam, **H** souber, souberes, etc., **I** soubesse, soubesses, etc., **J** sabe, saiba, saibamos, sabei, saibam, **M** sabido.

sair: A saio, sais, sai, saímos, saís, saem, **B** saía, saías, etc., **C** saí, saíste, saiu, etc., **D** saíra, saíras, etc., **G** saia, saias, saia, saiamos, saiais, saiam, **H** sair, saíres, etc., **I** saísse, saísses, etc., **J** sai, saia, saiamos, saí, saiam, **K** saindo, **M** saído.

sentar-se: A sento-me, sentas-te, senta-se, sentamo-nos, sentais-vos, sentam-se, **B** sentava-me, sentavas-te, sentava-se, sentávamo-nos, sentáveis-vos, sentavam-se, **C** sentei-me, sentaste-te, sentou-se, sentámo-nos, sentastes-vos, sentaram-se, **D** sentara-me, sentara-se, sentáramo-nos, sentáreis-vos, sentaram-se, **E** sentar-me-ei, sentar-te-ás, sentar-se-á, sentar-nos-emos, sentar-vos-eis, sentar-se-ão, **F** sentar-me-ia, sentar-te-ias, sentar-se-ia, sentar-nos-íamos, sentar-vos-íeis, sentar-se-iam, **G** me sente, te sentes, se sente, nos sentemos, vos senteis, se sentem, **H** me sentar, te sentares, se sentar, nos sentarmos, vos sentardes, se sentarem, **I** me sentasse, te sentasses, se sentasse, nos sentássemos, vos sentásseis, se sentassem, **J** senta-te, sente-se, sentemo-nos, sentai-vos, sentem-se, **K** sentando-se, **L** sentar-me, sentares-te, sentar-se, sentarmo-nos, sentardes-vos, sentarem-se, **M** sentado.

sentir: A sinto, sentes, sente, sentimos, sentis, sentem, **B** sentia, sentias, etc., **C** senti, sentiste, sentiu, etc., **D** sentira, etc., **G** sinta, sintas, etc., **I** sentisse, sentisses, etc., **H** sentir, sentires, etc., **J** sente, sinta, sintamos, senti, sintam, **M** sentido.

SER: A sou, és, é, somos, sois, são, **B** era, eras, era, éramos, éreis, eram, **C** fui, foste, foi, fomos, fostes, foram, **D** fora, foras, fora, fôramos, fôreis, foram, **F** seria, serias, seria, seríamos, seríeis, seriam, **G** seja, sejas, seja, sejamos, sejais, sejam, **H** for, fores, for, formos, fordes, forem, **I** fosse, fosses, fosse, fôssemos, fôsseis, fossem, **J** sê, seja, sejamos, sede, sejam, **K** sendo, **L** ser, seres, ser, sermos, serdes, serem, **M** sido.

TER: A tenho, tens, tem, temos, tendes, têm, **B** tinha, tinhas, tinha, tínhamos, tínheis, tinham, **C** tive, tiveste, teve, tivemos, tivestes, tiveram, **D** tivera, tiveras, tivera, tivéramos, tivéreis, tiveram, **E** terei, terás, terá, teremos, tereis, terão, **F** teria, terias, teria, teríamos, teríeis, teriam, **G** tenha, tenhas, tenha, tenhamos, tenhais, tenham, **H** tiver, tiveres, tiver, tivermos, tiverdes, tiverem, **I** tivesse, tivesses, tivesse, tivéssemos, tivésseis, tivessem, **J** tem, tenha, tenhamos, tende, tenham, **K** tendo, **L** ter, teres, ter, termos, terdes, terem, **M** tido.

trazer: **A** trago, trazes, traz, trazemos, trazeis, trazem, **B** trazia, trazias, etc., **C** trouxe, trouxeste, trouxe, trouxemos, trouxestes, trouxeram, **D** trouxera, trouxeras, etc., **E** trarei, trarás, trará, traremos, trareis, trarão, **F** traria, trarias, etc., **G** traga, tragas, etc., **H** trouxer, trouxeres, etc., **I** trouxesse, trouxesses, etc., **j** traz, traga, tragamos, trazei, tragam, **K** trazendo, **L** trazer, trazeres, trazer, trazermos, trazerdes, trazerem, **M** trazido.

ver: **A** vejo, vês, vê, vemos, vedes, vêem, **B** via, vias, etc., **C** vi, viste, viu, vimos, vistes, viram, **D** vira, viras, etc., **E** verei, verás, etc., **G** veja, vejas, veja, etc., **H** vir, vires, vir, virmos, virdes, virem, **I** visse, visses, visse, etc., **J** vê, veja, vejamos, vede, vejam, **K** vendo, **L** ver, veres, ver, vermos, verdes, verem, **M** visto.

vir: **A** venho, vens, vem, vimos, vindes, vêm, **B** vinha, vinhas, etc., **C** vim, vieste, veio, viemos, viestes, vieram, **D** viera, vieras, etc., **E** virei, virás, etc., **G** venha, venhas, etc., **H** vier, vieres, vier, etc., **I** viesse, viesses, etc., **J** vem, venha, venhamos, vinde, venham, **K** vindo, **L** vir, vires, vir, virmos, virdes, virem, **M** vindo.

ENGLISH IRREGULAR VERBS

Infinitive	Past Tense	Past Participle
arise	arose	arisen
awake	awoke	awoken
be	was/were	been
bear	bore	born(e)
beat	beat	beaten
begin	began	begun
bend	bent	bent
bet	bet/betted	bet/betted
bid	bid	bid
bind	bound	bound
bite	bit	bitten
bleed	bled	bled
blow	blew	blown
break	broke	broken
breed	bred	bred
bring	brought	brought
build	built	built
burn	burnt/burned	burnt/burned
burst	burst	burst
buy	bought	bought
can	could	-
cast	cast	cast
catch	caught	caught
choose	chose	chosen
come	came	come
cost	cost	cost
creep	crept	crept
cut	cut	cut
deal	dealt	dealt
dig	dug	dug
do	did	done
draw	drew	drawn
dream	dreamed/dreamt	dreamed/dreamt
drink	drank	drunk
drive	drove	driven
eat	ate	eaten
fall	fell	fallen
feed	fed	fed
feel	felt	felt

Infinitive	Past Tense	Past Participle
fight	fought	fought
find	found	found
fling	flung	flung
fly	flew	flown
forget	forgot	forgotten
freeze	froze	frozen
get	got	gotten (*Brit* got)
give	gave	given
go	went	gone
grind	ground	ground
grow	grew	grown
hang	hung/hanged	hung/hanged
have	had	had
hear	heard	heard
hide	hid	hidden
hit	hit	hit
hold	held	held
hurt	hurt	hurt
keep	kept	kept
kneel	knelt/kneeled	knelt/kneeled
know	knew	known
lay	laid	laid
lead	led	led
lean	leant/leaned	leant/leaned
leap	leapt/leaped	leapt/leaped
learn	learnt/learned	learnt/learned
leave	left	left
lend	lent	lent
let	let	let
lie	lay	lain
light	lit/lighted	lit/lighted
lose	lost	lost
make	made	made
may	might	-
mean	meant	meant
meet	met	met
mow	mowed	mown/mowed
pay	paid	paid
put	put	put

Infinitive	Past Tense	Past Participle
quit	quit/quitted	quit/quitted
read	read	read
rid	rid	rid
ride	rode	ridden
ring	rang	rung
rise	rose	risen
run	ran	run
saw	sawed	sawn
say	said	said
see	saw	seen
seek	sought	sought
sell	sold	sold
send	sent	sent
set	set	set
shake	shook	shaken
shall	should	-
shed	shed	shed
shine	shone	shone
shoot	shot	shot
show	showed	shown
shrink	shrank	shrunk
shut	shut	shut
sing	sang	sung
sink	sank	sunk
sit	sat	sat
sleep	slept	slept
slide	slid	slid
sling	slung	slung
smell	smelt/smelled	smelt/smelled
sow	sowed	sown/sowed
speak	spoke	spoken
speed	sped/speeded	sped/speeded
spell	spelt/spelled	spelt/spelled
spend	spent	spent
spill	spilt/spilled	spilt/spilled
spin	spun	spun
spit	spat	spat
split	split	split
spoil	spoiled/spoilt	spoiled/spoilt

Infinitive	Past Tense	Past Participle
spread	spread	spread
spring	sprang	sprung
stand	stood	stood
steal	stole	stolen
stick	stuck	stuck
sting	stung	stung
stink	stank	stunk
strike	struck	struck/stricken
swear	swore	sworn
sweep	swept	swept
swell	swelled	swollen/swelled
swim	swam	swum
swing	swung	swung
take	took	taken
teach	taught	taught
tear	tore	torn
tell	told	told
think	thought	thought
throw	threw	thrown
tread	trod	trodden
wake	woke/waked	woken/waked
wear	wore	worn
weave	wove/weaved	woven/weaved
weep	wept	wept
win	won	won
wind	wound	wound
wring	wrung	wrung
write	wrote	written

A

a [a] *artigo definido* → **o.**

◆ *prep* - **1.** *(introduz um complemento indireto)* to; **mostrar algo a alguém** to show sthg to sb; **diga ao Zé para vir** tell Zé to come. - **2.** *(relativo a direção)* to; **fomos à praia** we went to the beach; **cheguei a Salvador ontem** I arrived in Salvador yesterday. - **3.** *(relativo a posição, lugar, distância)*: **é à esquerda/direita** it's on the left/right; **fica a 10 quilômetros** it's 10 kilometers away. - **4.** *(relativo a quantidade, medida, preço)*: **às centenas/dúzias** by the hundred/dozen; **a quanto estão as pêras?** how much are the pears?; **a quilo/metro** by the kilo/meter. - **5.** *(indica modo, maneira)*: **feito à mão** handmade; **bater à máquina** to type; **ir a pé** to go on foot; **viajar a trabalho/passeio** to go on a business/pleasure trip; **à moda da casa** house style; **sal a gosto** salt to taste. - **6.** *(relativo a velocidade)*: **dirigir a 60 km/h** to drive at 60 kph; **ela ia a 100km/h** she was going at 100 kph.

- **7.** *(indica freqüência)*: **três vezes ao dia** three times a day; **estou lá às terças e quintas** I'm there on Tuesdays and Thursdays. - **8.** *(introduz complemento de tempo)*: **as lojas abrem às 9 horas** the stores open at 9 (o'clock); **chegam daqui a 2 horas** they're arriving in 2 hours' time; **fica a dez minutos daqui** it's ten minutes from here; **à noite** at night. - **9.** *(indica série)*: **de ... a** from ... to; **façam os exercícios de um a dez** do exercises one to ten. - **10.** *(seguido de infinitivo para exprimir momento)*: **ele começou a falar** he started speaking; **ele tropeçou ao subir no ônibus** he tripped as he was getting on the bus.

à [a] = **a + a** → **a.**

aba ['aba] *f (de chapéu)* brim; *(de roupa)* flap; *(corte de carne)* side of beef.

abacate [aba'katʃi] *m* avocado.

abacaxi [abaka'ʃi] *m* pineapple.

abadia [aba'dʒia] *f* abbey.

abafado, da [aba'fadu, da] *adj (ar)* stuffy; *(tempo)* close.

abafar [aba'fa(x)] vt (ruído) to muffle. ◆ vi (sufocar) to stifle.

abagunçado, da [abagūn-'sadu, da] adj messed up.

abagunçar [abagūn'sa(x)] vt to mess up.

abaixar [abaj'ʃa(x)] vt to lower; (volume) to turn down; (preço, juros) to lower.

☐ **abaixar-se** vp to bend down.

abaixo [a'bajʃu] adv down; mais ~ further down; ~ **de** below; ~ **o governo!** down with the government!

abaixo-assinado [a,bajʃu-asi'nadu] (pl **abaixo-assinados** [a,bajʃuasi'naduʃ]) m petition.

abajur [aba'ʒu(x)] (pl -res [-riʃ]) m lampshade.

abalar [aba'la(x)] vt (estremecer) to shake.

abalo [a'balu] m: ~ (sísmico de terra) earth tremor.

abanar [aba'na(x)] vt (cabeça) to shake; (rabo) to wag.

abandonado, da [abãndo-'nadu, da] adj (lugar) deserted; (cão, carro) abandoned.

abandonar [abãndo'na(x)] vt to abandon.

abandono [abãn'donu] m abandonment; ~ **do lar** desertion.

abarcar [abax'ka(x)] vt to cover.

abarrotado, da [abaxo'tadu, da] adj packed.

abarrotar [abaxo'ta(x)] vi to be full. ◆ vt to pack; ~ **de** to pack with.

abastecer [abaʃte'se(x)] vt to supply; AUT to fill up.

☐ **abastecer-se** vp to stock up.

abater [aba'te(x)] vt (baixar) to reduce; (árvore) to fell; (animal) to slaughter.

abatimento [abatʃi'mẽntu] m (desconto) reduction; (fraqueza) weakness.

abcesso [ab'sɛsu] m abscess.

abdicar [abdʒi'ka(x)] vi to abdicate.

abdômen [ab'domẽ] m abdomen.

abdominal [abdomi'naw] (pl -ais [-ajʃ]) adj abdominal.

☐ **abdominais** mpl: **fazer abdominais** to do sit-ups.

abecedário [abese'darju] m alphabet.

abelha [a'beʎa] f bee.

aberração [abexa'sãw] (pl -ões [-õjʃ]) f aberration.

aberto, ta [a'bɛxtu, ta] pp → abrir. ◆ adj open.

abertura [abex'tura] f opening; MÚS overture; FOT aperture; ~ **fácil** 'easy to open'.

abismo [a'biʒmu] m abyss.

abóbada [a'bobada] f vault.

abóbora [a'bobora] f pumpkin.

abobrinha [abo'brina] f zucchini Am, courgette Brit.

abolir [abo'li(x)] vt to abolish.

abordagem [abox'daʒẽ] (pl -ns [-ʃ]) f (de tema, situação) handling, treatment.

abordar [abox'da(x)] vt (pessoa) to approach; (assunto) to broach.

aborrecer [aboxe'se(x)] vt (irritar) to annoy; (entediar) to bore.

aborrecer-se *vp (irritar-se)* to get annoyed; *(entediar-se)* to get bored.

aborrecido, da [aboxe'sidu, da] *adj (chato)* tedious; *(zangado)* annoyed.

aborrecimento [aboxesi-'mẽntu] *m (tédio)* boredom; *(contrariedade)* annoyance.

abortar [abox'ta(x)] *vi MED (espontaneamente)* to have a miscarriage; *(intencionalmente)* to have an abortion.

aborto [a'boxtu] *m MED (espontâneo)* miscarriage; *(intencional)* abortion.

abotoar [abo'twa(x)] *vt* to button (up).

abraçar [abra'sa(x)] *vt* to hug. ❏ **abraçar-se** *vp* to hug each other.

abraço [a'brasu] *m* hug; **um ~** *(em carta, postal)* best wishes.

abrandar [abrãn'da(x)] *vt (dor)* to ease. ◆ *vi (vento)* to drop; *(chuva)* to ease off.

abranger [abrã'ʒe(x)] *vt* to include.

abreviação [abrevja'sãw] *(pl -ões [-õjʃ])* f abbreviation.

abreviatura [abrevja'tura] f abbreviation.

abridor [abri'do(x)] *(pl -res [-riʃ]) m:* **~ de garrafa** bottle opener; **~ de lata** can opener *Am,* tin opener *Brit.*

abrigar [abri'ga(x)] *vt* to shelter. ❏ **abrigar-se** *vp* to take cover.

abrigo [a'brigu] *m* shelter; **ao ~ de** under cover of.

abril [a'briw] *m* April → **setembro.**

abrir [a'bri(x)] *vt & vi* to open; **~ a boca** *(bocejar)* to yawn; **~ uma exceção** to make an exception; **~ um processo** to file a case; **~ mão de algo** *fig* to forego sthg. ❏ **abrir-se** *vp:* **~-se com alguém** to confide in sb.

Abrolhos [a'brɔʎuʃ] *mpl* Abrolhos.

ABROLHOS

The name comes from the expression "abra os olhos" ("open your eyes"), a warning given to sailors who approached the five small volcanic islands, some 80 kilometers off the south coast of Bahia. The coral reefs, which can reach 20 meters in height, are the biggest of the South Atlantic, and have been responsible for many shipwrecks. Due to its biological diversity, Abrolhos has been turned into a National Marine Park.

absolutamente [abso,luta-'mẽntʃi] *adv* absolutely. ◆ *excl* not at all!

absoluto, ta [abso'lutu, ta] *adj* absolute.

absolver [absow've(x)] *vt (perdoar)* to absolve; *JUR* to acquit.

absorção [absox'sãw] f absorption.

absorvente [absox'vẽtʃi] *adj* absorbent. ◆ *m* sanitary pad.

absorver [absor've(x)] *vt* to absorb.

abstêmio, mia [abʃ'temju, mja] *m, f* teetotaller.

abstenção [abʃtẽ'sãw] *f (de bebida, fumo)* abstinence; *(em votação)* abstention.

abstrato, ta [abʃ'tratu, ta] *adj* abstract.

absurdo, da [ab'suxdu, da] *adj* absurd. ◆ *m* nonsense.

abundância [abũ'dãsja] *f* abundance.

abundante [abũ'dãtʃi] *adj* abundant.

abusado, da [abu'zadu, da] *adj (atrevido)* forward.

abusar [abu'za(x)] *vi* to overdo things; ~ **de alguém** to abuse sb; ~ **da bebida/do fumo** to drink/smoke too much.

abuso [a'buzu] *m (de álcool, droga)* abuse; JUR indecent assault.

acabamento [akaba'mẽtu] *m* finish.

acabar [aka'ba(x)] *vt* to finish. ◆ *vi (tempo, programa, filme)* to finish, to end; *(água, pão, leite)* to run out; ~ **com algo** to put an end to sthg; ~ **com alguém** *(matar)* to kill sb; ~ **de fazer algo** to have just done sthg; ~ **bem** to end well; ~ **por fazer algo** to end up doing sthg. ❑ **acabar-se** *vp* to run out; **acabou-se!** that's enough!

academia [akade'mia] *f* academy; ~ **de belas-artes** Acad-

emy of Fine Arts; ~ **de ginástica** gymnasium.

açafrão [asa'frãw] *m* saffron.

acalmar [akaw'ma(x)] *vt* to calm. ◆ *vi (vento, dor)* to abate. ❑ **acalmar-se** *vp* to calm down.

acampamento [akãmpa'mẽtu] *m* camp.

acampar [akãm'pa(x)] *vi* to camp.

acanhado, da [aka'ɲadu, da] *adj* shy.

acanhar-se [aka'ɲaxsi] *vp* to feel shy.

ação [a'sãw] *(pl* **-ões** [-õjʃ]) *f* action; *(título de crédito)* share; *(de peça teatral)* plot; JUR case.

acariciar [akari'sja(x)] *vt* to caress.

acaso [a'kazu] *m* chance, accident; **ao** ~ at random; **por** ~ by chance ou accident.

acatar [aka'ta(x)] *vt (ordem, lei)* to obey.

aceder [ase'de(x)] *vi* to consent.

aceitar [asej'ta(x)] *vt* to accept.

aceito, ta [a'sejtu, ta] *pp* ⟶ **aceitar**.

acelerador [aselera'do(x)] *(pl* **-res** [-riʃ]) *m* AUT gas pedal *Am*, accelerator *Brit*.

acelerar [asele'ra(x)] *vt* to speed up. ◆ *vi* to accelerate.

acenar [ase'na(x)] *vi (com braço)* to wave; *(com cabeça)* to nod.

acender [asẽ'de(x)] *vt (cigarro, vela, lareira)* to light; *(lâmpada, luminária)* to switch ou turn on.

aceno [a'senu] m (with arm) gesture; **um ~ de cabeça** a nod.

acento [a'sẽtu] m (sinal gráfico) accent; (inflexão) stress; **~ agudo/grave** acute/grave accent; **~ circunflexo** circumflex.

acepção [asep'sãw] (pl **-ões** [-õjʃ]) f sense.

acerca [a'sexka]: **acerca de** prep about, concerning.

acertar [asex'ta(x)] vt (relógio) to set. ◆ vi: **~ em** (em alvo) to hit; (em resposta) to get right; **~ com** (com lugar, local) to find; **acertou!** (adivinhou) you got it right!

aceso, sa [a'sezu, za] pp → **acender.** ◆ adj (luz, fogo) on; (excitado) excited.

acessível [ase'sivɛw] (pl **-eis** [-ejʃ]) adj accessible; (preço) affordable; (pessoa) approachable.

acesso [a'sɛsu] m access; (de raiva, histeria) fit; **de fácil ~** easy to get to.

acessório [ase'sɔrju] m accessory.

acetona [ase'tona] f nail polish remover.

achado [a'ʃadu] m (descoberta) find; (pechincha) bargain.

achar [a'ʃa(x)] vt to find; **~ que** to think (that); **acho que não** I don't think so; **acho que sim** I think so.

acidentado, da [asidẽ'tadu, da] adj (terreno) rough; (viagem, férias) eventful. ◆ m, f injured person.

acidental [asidẽ'taw] (pl **-ais** [-ajʃ]) adj accidental.

acidente [asi'dẽtʃi] m accident; (de terreno) bump.

acidez [asi'deʒ] f acidity.

ácido, da ['asidu, da] adj (sabor) sour. ◆ m acid.

acima [a'sima] adv up; **mais ~** higher up; **~ de** above; **~ de tudo** above all.

acionar [asjo'na(x)] vt to set in motion; **~ alguém** JUR to prosecute sb.

acionista [asjo'niʃta] mf shareholder.

acne ['akni] f acne.

aço ['asu] m steel; **~ inoxidável** stainless steel.

ações → **ação.**

acolhimento [akoʎi'mẽtu] m welcome.

acompanhamento [akõmpaɲa'mẽtu] m (de evolução, situação) following; (de prato de carne, peixe) side dish, side order; MÚS accompaniment.

acompanhante [akõmpa'ɲãtʃi] mf companion; MÚS accompanist.

acompanhar [akõmpa'ɲa(x)] vt to accompany; (programa, situação) to follow.

aconchegante [akõʃe'gãtʃi] adj cosy.

aconselhar [akõse'ʎa(x)] vt to advise.

❑ **aconselhar-se** vp to get advice.

aconselhável [akõse'ʎavɛw] (pl **-eis** [-ejʃ]) adj advisable; **pouco ~** inadvisable.

acontecer [akõnte'se(x)] vi to happen; **(mas) acontece que ...**

but as it happens ...; **aconteça o que ~** come what may.

acontecimento [akõntesiˈmẽntu] *m* event.

acordar [akoxˈda(x)] *vt & vi* to wake up.

acorde [aˈkɔxdʒi] *m* MÚS chord.

acordo [aˈkoxdu] *m* agreement; JUR accord; **de ~!** all right!; **estar de ~ com** to agree with; **de ~ com** in accordance with.

Açores [aˈsoriʃ] *mpl* the Azores.

ℹ️ **AÇORES**

The Archipelago (also known as the Autonomous Region) of the Azores comprises three groups of islands in the North Atlantic. Angra do Heroísmo, capital of Terceira in the central isles, now features on UNESCO's list of World Heritage Sites. Due to the archipelago's volcanic origins, the islands are often subject to earth tremors, despite the fact that all that remains of the extinct volcanoes are craters, rock formations and "furnas" (thermal springs).

acostamento [akoʃtaˈmẽntu] *m* shoulder *Am*, hard shoulder *Brit*.

acostumado, da [akoʃtuˈmadu, da] *adj*: **estar ~ a algo** to be used to sthg.

acostumar-se [akoʃtuˈmaxsi]

vp: **~ com algo** to get used to sthg.; **~ a fazer algo** to get used to doing sthg.

açougue [aˈsogi] *m* butcher shop.

açougueiro, ra [asoˈgejru, ra] *m, f* butcher.

acreditar [akredʒiˈta(x)] *vi* to believe; **~ em** to believe in.

acrescentar [akresẽnˈta(x)] *vt* to add.

acréscimo [aˈkresimu] *m* increase.

açúcar [aˈsuka(x)] *m* sugar; **~ mascavo** dark brown sugar.

açucareiro [asukaˈrejru] *m* sugar bowl.

acumular [akumuˈla(x)] *vt* to accumulate.

acupuntura [akupũnˈtura] *f* acupuncture.

acusação [akuzaˈsãw] (*pl* **-ões** [-õjʃ]) *f (denúncia)* accusation; *(queixa)* complaint; JUR *(declaração)* charge; JUR *(acusador)* plaintiff.

acusar [akuˈza(x)] *vt* to accuse; *(revelar)* to reveal.

adaptação [adaptaˈsãw] (*pl* **-ões** [-õjʃ]) *f* adaptation.

adaptador [adaptaˈdo(x)] (*pl* **-res** [-riʃ]) *m* adaptor.

adaptar [adapˈta(x)] *vt* to adapt.
❑ **adaptar-se** *vp*: **~-se a** to adapt to.

adepto, ta [aˈdɛptu, ta] *m, f* supporter.

adequado, da [adeˈkwadu, da] *adj* appropriate.

aderente [ade'rẽtʃi] adj (pneu) nonskid.

aderir [ade'ri(x)] vi to stick; ~ a algo fig (a idéia, partido) to support sthg.

adesão [ade'zãw] (pl -ões [-õjʃ]) f (a idéia, partido) support.

adesivo, va [ade'zivu, va] adj adhesive. ◆ m adhesive tape.

adesões → adesão.

adeus [a'dewʃ] m goodbye. ◆ interj goodbye!; **dizer** ~ to say goodbye.

adiantado, da [adʒjãn'tadu, da] adj (no tempo) ahead of schedule; (no espaço) advanced. ◆ adv: **chegar** ~ to arrive early; **estar** ~ (relógio) to be fast; **pagar** ~ to pay in advance.

adiantar [adʒjãn'ta(x)] vt (relógio) to put forward; (dinheiro) to advance; (trabalho) to get ahead with. ◆ v impess: **não adianta gritar** there's no point in shouting.
◻ **adiantar-se** vp (no espaço) to get ahead.

adiante [a'dʒjãntʃi] adv ahead. ◆ interj forward!; **mais** ~ further on; **passar** ~ to overlook; **e por aí** ~ and so forth.

adiar [adʒi'a(x)] vt to postpone.

adição [adʒi'sãw] (pl -ões [-õjʃ]) f addition.

adicionar [adʒisjo'na(x)] vt (acrescentar) to add; (somar) to add up.

adições → adição.

adivinha [adʒi'viɲa] f riddle.

adivinhar [adʒivi'ɲa(x)] vt to guess; (futuro) to predict; (decifrar) to solve.

adjetivo [adʒe'tʃivu] m adjective.

administração [adʒminiʃtra'sãw] f administration; (os administradores) management; (local) administrative office.

administrador, ra [adʒminiʃtra'do(x), ra] (mpl -res [-riʃ], fpl -s [-ʃ]) m, f administrator.

administrar [adʒminiʃ'tra(x)] vt to administer.

admiração [adʒmira'sãw] f (espanto) amazement; (respeito, estima) admiration.

admirador, ra [adʒmira'do(x), ra] (mpl -res [-riʃ], fpl -s [-ʃ]) m, f admirer.

admirar [adʒmi'ra(x)] vt (contemplar) to admire; (espantar) to amaze.
◻ **admirar-se** vp to be surprised.

admirável [adʒimi'ravɛw] (pl -eis [-ejʃ]) adj (incrível) amazing; (digno de respeito) admirable.

admissão [adʒimi'sãw] (pl -ões [-õjʃ]) f admission.

admitir [adʒimi'tʃi(x)] vt (permitir) to allow; (deixar entrar) to admit.

adoção [ado'sãw] (pl -ões [-õjʃ]) f adoption.

adoçar [ado'sa(x)] vt to sweeten.

adoecer [adoe'se(x)] vi to get sick.

adolescência [adole'sẽsja] f adolescence.

adolescente [adole'sẽtʃi] mf adolescent.

adorar [ado'ra(x)] *vt* to adore, to love.

adorável [ado'ravew] (*pl* **-eis** [-ejʃ]) *adj* adorable.

adormecer [adoxme'se(x)] *vt* to send to sleep. ◆ *vi* to fall asleep.

adotado, da [ado'tadu, da] *adj* adopted.

adotar [ado'ta(x)] *vt* to adopt; (*livro*) to choose.

adquirir [adʒiki'ri(x)] *vt* to acquire.

adrenalina [adrena'lina] *f* adrenalin.

adultério [aduw'terju] *m* adultery.

adulto, ta [a'duwtu, ta] *adj* & *m, f* adult.

advérbio [ad'vɛxbju] *m* adverb.

adversário, ria [adʒivex'sarju, rja] *adj* opposing. ◆ *m, f* opponent.

advertência [adʒivex'tẽsja] *f* warning.

advogado, da [adʒivo'gadu, da] *m, f* lawyer, attorney *Am*.

aéreo, rea [a'erju, rja] *adj* air (*antes de s*); **via aérea** air mail; *fig* (*distraído*) absent-minded.

aerodinâmico, ca [aerodʒi-'nãmiku, ka] *adj* aerodynamic.

aeródromo [ae'rɔdromu] *m* airfield.

aeromoça [aero'mosa] *f* flight attendant.

aeronáutica [aero'nawtʃika] *f* air force.

aeroporto [aero'poxtu] *m* airport.

aerossol [aero'sɔw] (*pl* **-óis** [-ɔjʃ]) *m* aerosol.

afagar [afa'ga(x)] *vt* to stroke.

afastado, da [afaʃ'tadu, da] *adj* (*distante*) remote; (*retirado*) isolated.

afastar [afaʃ'ta(x)] *vt* (*desviar*) to move away; (*apartar*) to separate. ❑ **afastar-se** *vp* (*desviar-se*) to move away; (*distanciar-se*) to distance o.s.

afeição [afej'sãw] *f* (*afeto*) affection; (*inclinação*) liking.

afetar [afe'ta(x)] *vt* to affect.

afetivo, va [afe'tʃivu, va] *adj* (*pessoa*) affectionate; (*carência, problema, vida*) emotional.

afeto [a'fetu] *m* affection.

afetuoso, osa [afe'tuozu, ɔza] *adj* affectionate.

afiado, da [a'fjadu, da] *adj* sharp.

afiar [afi'a(x)] *vt* to sharpen.

aficionado, da [afisjo'nadu, da] *m, f* enthusiast.

afilhado, da [afi'ʎadu, da] *m, f* godson.

afim [a'fĩ] (*pl* **-ns** [-ʃ]) *adj* related. ◆ *m* (*parente*) relative, relation.

afinado, da [afi'nadu, da] *adj* (*instrumento musical*) in tune.

afinal [afi'naw] *adv*: ~ (**de contas**) after all.

afinar [afi'na(x)] *vt* (*instrumento, motor*) to tune.

afinidade [afini'dadʒi] *f* affinity.

afins → **afim**.

afirmação [afixmaˈsãw] *(pl -ões* [-õjʃ]) *f* statement.

afirmar [afixˈma(x)] *vt* to state.

afirmativo, va [afixmaˈtʃivu, va] *adj* affirmative.

afixar [afikˈsa(x)] *vt (cartaz, aviso)* to put up.

aflição [afliˈsãw] *(pl -ões* [-õjʃ]) *f* distress.

afligir [afliˈʒi(x)] *vt* to worry. ◻ **afligir-se** *vp* to worry; **~-se com** to worry about.

afluência [afluˈẽsʒa] *f* stream.

afogado [afogaˈdo(x)] *(pl -res* [-riʃ]) *m* choke.

afogamento [afogaˈmẽntu] *m* drowning.

afogar [afoˈga(x)] *vt* to drown. ◻ **afogar-se** *vp* to drown.

afónico, ca [aˈfoniku, ka] *adj:* **estar ~** to lose one's voice.

Afoxés [aˈfokseʃ] *mpl traditional groups who proceed through the streets during Carnival.*

ⓘ   **AFOXÉS**

These are groups which, since the end of the nineteenth century, walk in procession through the streets of certain Brazilian cities during Carnival. Semi-religious in character, the most famous take place in Salvador. The participants sing in the language of "nagô" (the ritual language of "candomblé"), accompanied by "atabaques", "agogôs" and "cabaças" (traditional percus-

sive instruments). One of the leading groups is the Bahian "Filhos de Gandhi" (Sons of Gandhi).

---

afresco [aˈfreʃku] *m* fresco.

África [ˈafrika] *f:* **a ~** Africa.

africano, na [afriˈkanu, na] *adj & m, f* African.

afro-brasileiro, ra [afrobraziˈlejru, ra] *adj* Afro-Brazilian. ◆ *m, f Brazilian person of African extraction.*

afronta [aˈfrõnta] *f* insult.

afrouxar [afroˈʃa(x)] *vt (cinto, laço de sapato)* to loosen.

afta [ˈafta] *f* mouth ulcer.

afugentar [afugẽnˈta(x)] *vt* to drive away.

afundar [afũnˈda(x)] *vt* to sink. ◻ **afundar-se** *vp* to sink.

agachar-se [agaˈʃaxsi] *vp* to squat.

agarrar [agaˈxa(x)] *vt (apanhar, segurar)* to grab; *(alcançar, apanhar no ar)* to catch. ◻ **agarrar-se** *vp:* **~-se a** *(segurar-se a)* to grab hold of; *(pegar-se a)* to stick to.

agasalhar-se [agazaˈʎaxsi] *vp* to wrap up warm.

agasalho [agaˈzaʎu] *m (casaco)* coat; *(pulôver)* sweater.

ágeis → **ágil.**

agência [aˈʒẽsja] *f* office; **~ bancária** branch *(of a bank)*; **~ de câmbio** foreign exchange; **~ de correio** post office; **~ funerária** funeral home; **~ imobiliária** real estate office *Am,* estate agent's *Brit*; ~ **de viagens** travel agency.

agenda [a'ʒɐ̃da] *f (livro)* engagement calendar; *(plano de reunião)* agenda.

agente [a'ʒẽtʃi] *mf (de polícia)* policeman; *(de vendas)* sales representative; ~ **secreto** secret agent.

ágil ['aʒiw] *(pl* **ágeis** [a'ʒejʃ]) *adj* agile.

agilidade [aʒili'dadʒi] *f* agility.

agir [a'ʒi(x)] *vi* to act.

agitação [aʒita'sãw] *f* agitation.

agitado, da [aʒi'tadu, da] *adj (pessoa)* agitated; *(mar)* rough.

agitar [aʒi'ta(x)] *vt (líquido)* to shake; **'agite antes de abrir'** 'shake well before opening'. ❏ **agitar-se** *vp* to get agitated.

aglomeração [aglomera'sãw] *(pl* **-ões** [-õjʃ]) *f (de pessoas)* crowd; *(de detritos)* pile.

agonia [ago'nia] *f (angústia)* agony; *(náusea)* nausea; *(antes da morte)* death throes *pl*.

agora [a'gɔra] *adv* now; **é ~ ou nunca** it's now or never; **só ~!** at last!; **só ~ é que cheguei** I just got here; ~ **mesmo** right now; ~ **que** now that; **essa ~!** whatever next!; **por ~** for the time being.

agosto [a'goʃtu] *m* August → **setembro**.

agradar [agra'da(x)] *vi*: ~ **a alguém** to please sb.

agradável [agra'davɛw] *(pl* **-eis** [-ejʃ]) *adj* pleasant.

agradecer [agrade'se(x)] *vt* to thank. ◆ *vi*: ~ **a alguém algo,**

~ **algo a alguém** to thank sb for sthg.

agradecido, da [agrade'sidu, da] *adj* grateful; **muito ~!** many thanks!

agradecimento [agradesi-'mẽtu] *m* thanks *(pl)*.

agravamento [agrava'mẽtu] *m* worsening.

agravante [agra'vãtʃi] *adj* aggravating. ◆ *f* aggravating circumstance.

agravar [agra'va(x)] *vt* to make worse.

agredir [agre'dʒi(x)] *vt* to attack.

agressão [agre'sãw] *(pl* **-ões** [-õjʃ]) *f (ataque)* attack.

agressivo, va [agre'sivu, va] *adj* aggressive.

agressões → **agressão**.

agrião [agri'ãw] *(pl* **-ões** [-õjʃ]) *m* watercress.

agrícola [a'grikola] *adj* agricultural.

agricultor, ra [agrikuw'to(x), ra] *(mpl* **-res** [-riʃ], *fpl* **-s** [-ʃ]) *m, f* farmer.

agricultura [agrikuw'tura] *f* agriculture.

agridoce [agri'dosi] *adj* sweet-and-sour.

agriões → **agrião**.

agronomia [agrono'mia] *f* agronomy.

agrupar [agru'pa(x)] *vt* to group together.

água ['agwa] *f* water; ~ **doce/salgada** fresh/salt water; ~ **corrente** running water; ~ **mineral**

com gás ou **gaseificada** fizzy ou sparkling mineral water; ~ **mineral sem gás** still mineral water; ~ **oxigenada** peroxide; ~ **potável** drinking water; ~ **sanitária** household bleach; ~ **tônica** tonic water; **dar ~ na boca** mouthwatering; **ir por ~ abaixo** to be called off.

aguaceiro [agwa'sejru] *m* downpour.

aguado, da [a'gwadu, da] *adj* watery.

aguardar [agwar'da(x)] *vt* to wait for.

aguardente [agwax'dēntʃi] *f* liquor *Am*, spirit *Brit*; ~ **de cana** rum; ~ **de pêra** pear brandy.

água-viva [,agwa'viva] (*pl* **águas-vivas** [,agwaʒ'vivaʃ]) *f* jellyfish.

aguçado, da [agu'sadu, da] *adj* sharp.

aguçar [agu'sa(x)] *vt* to sharpen.

agudo, da [a'gudu, da] *adj* (*dor*) sharp; (*som, voz*) shrill; (*doença*) acute.

agüentar [agwēn'ta(x)] *vt* to stand.
□ **agüentar com** *v* + *prep* (*peso*) to support.

águia ['agja] *f* eagle.

agulha [a'guʎa] *f* needle.

ai [aj] *interj* ouch!

aí [a'i] *adv* there; (*então*) then; **por ~** (*direção*) that way; (*em lugar indeterminado*) over there.

AIDS [ajdʒs] *f* AIDS.

ainda [a'ĩnda] *adv* still; ~ **agora** only just; ~ (*direção*) that way; ~ **assim** even so;

~ **bem!** thank goodness!; ~ **bem que** thank goodness; ~ **não** not yet; ~ **por cima** to cap it all; ~ **que** even though.

aipim [aj'pĩ] (*pl* **-ns** [-ʃ]) *m* cassava, manioc.

aipo ['ajpu] *m* celery.

ajeitar [aʒej'ta(x)] *vt* (*cabelo*) to tidy up; (*gravata, saia*) to straighten.
□ **ajeitar-se** *vp* (*acomodar-se*) to make o.s. comfortable.

ajoelhar-se [aʒwe'ʎaxsi] *vp* to kneel down.

ajuda [a'ʒuda] *f* help.

ajudante [aʒu'dãntʃi] *mf* helper.

ajudar [aʒu'da(x)] *vt* to help.

ajuste [a'ʒuʃtʃi] *m*: ~ **de contas** revenge.

ala ['ala] *f* (*fileira*) row; (*de edifício*) wing.

alameda [ala'meda] *f* avenue.

alargar [alax'ga(x)] *vt* (*estrada*) to widen; (*peça de roupa*) to let out. ◆ *vi* (*pulôver, luvas, etc*) to stretch.

alarido [ala'ridu] *m* uproar.

alarmante [alax'mãntʃi] *adj* alarming.

alarme [a'laxmi] *m* alarm; ~ **falso** false alarm.

alastrar [alaʃ'tra(x)] *vt* to spread.
□ **alastrar-se** *vp* to spread.

alavanca [ala'vãŋka] *f* lever.

albergue [aw'bɛxgi] *m* hostel; ~ **da juventude** youth hostel.

álbum ['awbũ] (*pl* **-ns** [-ʃ]) *m* album.

alça

alça ['awsa] f (de vestido, arma) strap; (de bolsa, mala) handle.

alcachofra [awka'ʃofra] f artichoke.

alcançar [awkã'sa(x)] vt to reach; (apanhar) to catch up; (obter) to get; (compreender) to grasp.

alcance [aw'kãsi] m (de mão) reach; (de vista, projétil) range; **ao ~ de** (de mão) within reach of; (de vista, projétil) within range of; **fora do ~ de** (de mão) out of reach of; (de vista, projétil) out of range of.

alçapão [awsa'pãw] (pl -ões [-õjʃ]) m trapdoor.

alcaparras [awka'paxaʃ] fpl capers.

alçapões → alçapão.

alcatrão [awka'trãw] m tar.

álcool ['awk(w)ɔw] m (bebidas alcoólicas) alcohol; (etanol) ethanol; ~ **etílico** ethyl alcohol.

alcoólatra [aw'kɔlatra] m, f alcoholic; **os Alcoólatras Anônimos** Alcoholics Anonymous.

alcoólico, ca [aw'kwɔliku, ka] adj & m, f alcoholic.

aldeia [aw'deja] f village.

alecrim [ale'krĩ] m rosemary.

alegar [ale'ga(x)] vt to state; (explicar) to claim.

alegoria [alego'ria] f allegory.

alegrar [ale'gra(x)] vt (pessoa) to cheer up; (ambiente, casa) to brighten up; (festa) to liven up. ❑ **alegrar-se** vp to cheer up.

alegre [a'lɛgri] adj (dia, cor) bright; (pessoa) cheerful; fig (bêbado) merry.

alegria [ale'gria] f joy.

aleijado, da [alej'ʒadu, da] adj crippled.

aleijar [alej'ʒa(x)] vt (mutilar) to cripple.

além [a'lẽj] adv over there. ◆ m: **o ~** the hereafter; **~ disso** besides; **~ do mais** besides which; **mais ~** further on.

Alemanha [ale'maɲa] f: **a ~** Germany.

alergia [alex'ʒia] f allergy; fig (a trabalho, estudo) aversion.

alérgico, ca [a'lɛxʒiku, ka] adj allergic.

alerta [a'lɛxta] adv on the alert. ◆ m alert.

alfabético, ca [awfa'bɛtʃiku, ka] adj alphabetical.

alfabeto [awfa'bɛtu] m alphabet.

alface [aw'fasi] f lettuce.

alfaiate [awfa'jatʃi] m tailor.

alfândega [aw'fãndega] f customs pl.

alfazema [awfa'zema] f lavender.

alfinete [awfi'netʃi] m pin; (jóia) brooch; ~ **de gravata** tie pin; ~ **de segurança** safety pin.

alga ['awga] f seaweed.

algarismo [awga'riʒmu] m numeral.

algazarra [awga'zaxa] f racket.

álgebra ['awʒebra] f algebra.

algemas [aw'ʒemaʃ] fpl handcuffs.

algo ['awgu] pron something.

algodão [awgo'dãw] m cotton.

~ doce cotton candy *Am*, candyfloss.

alguém [aw'gẽj] *pron (em afirmações)* somebody, someone; *(em perguntas)* anybody, anyone; **ser ~** *(ser importante)* to be somebody.

algum, alguma [aw'gũ, ma] *(mpl* **-ns** [-ʃ], *fpl* **-s** [-ʃ]) *adj (indeterminado)* some; *(em interrogativas, negativas)* any. ◆ *pron (indicando pessoa)* somebody; *(indicando coisa)* one; *(em interrogativas: pessoa)* anybody; *(em interrogativas: coisa)* any; **~ dia** one ou some day; **alguma coisa** something, anything; **alguma vez** sometime.
❑ **alguns** *pron pl* some.

alheio, alheia [a'ʎeju, a'ʎeja] *adj (de outrem)* someone else's; *(desconhecido)* foreign; *(distraído)* distracted; **~ a** *(sem consciência de)* oblivious to.

alho [aʎu] *m* garlic.

alho-poró [aʎupɔ'rɔ] *(pl* **alhos-porós** [aʎuʃpɔ'rɔjʃ]) *m* leek.

ali [a'li] *adv* there; **aqui e ~** here and there; **até ~** up until then; **logo ~** just there; **ele foi por ~** he went that way.

aliado, da [a'ljadu, da] *adj* allied. ◆ *m, f* ally.

aliança [a'ljãsa] *f* alliance; *(anel)* wedding ring.

aliar [ali'a(x)] *vt* to ally.
❑ **aliar-se** *vp* to form an alliance.

aliás [a'ljajʃ] *adv (a propósito)* as a matter of fact; *(além disso)* moreover.

álibi ['alibi] *m* alibi.

alicate [ali'katʃi] *m* pliers *pl*; **~ de unhas** nail clippers.

alicerce [ali'sexsi] *m* foundation.

aliciar [alisi'a(x)] *vt* to entice.

alienado, da [alje'nadu, da] *adj (pessoa)* alienated; *(bem)* transferred.

alimentação [alimẽta'sãw] *f (alimentos)* food; *(ato)* feeding; *(dieta alimentar)* diet; *(de máquina)* supply.

alimentar [alimẽ'ta(x)] *(pl* **-res** [-riʃ]) *adj* food *(antes de s.)*. ◆ *vt (pessoa, animal)* to feed; *(máquina)* to fuel.
❑ **alimentar-se** *vp* to eat.

alimentício, cia [alimẽ'tʃisju, sja] *adj* nutritious.

alimento [ali'mẽtu] *m (comida)* food.

alinhado, da [ali'nadu, da] *adj (em linha)* aligned; *(pessoa)* elegant.

alinhamento [alina'mẽtu] *m* INFORM justification.

alinhar [ali'na(x)] *vt (pôr em linha)* to align; INFORM *(texto)* to justify.

alisar [ali'za(x)] *vt* to smooth.

alistar [aliʃ'ta(x)] *vt* to recruit.
❑ **alistar-se** *vp (em exército)* to enlist; *(em partido)* to join.

aliviar [alivi'a(x)] *vt (dor)* to relieve; *(peso)* to lighten.

alívio [a'livju] *m* relief; *(de peso)* lightening.

alma ['awma] *f* soul.

almoçar [awmo'sa(x)] *vi* o

have lunch. ◆ vt to have for
lunch.

almoço [aw'mosu] m lunch.

almofada [awmo'fada] f (de sofá) cushion; (de carimbo) inkpad.

almôndega [aw'mõndega] f
meatball.

alô [a'lo] interj hello!

alojamento [aloʒa'mẽntu] m
(ato) housing; (lugar) accommodations pl Am, accommodation
Brit.

alojar [alo'ʒa(x)] vt to put up.
▫ **alojar-se** vp to stay.

alpinismo [awpi'niʒmu] m
mountaineering; **fazer** ~ to go
climbing.

alpinista [awpi'niʃta] mf
mountaineer.

alta ['awta] f (de preço, valor) rise;
dar ~ a (doente) to discharge; **ter**
~ (de hospital) to be discharged.

altar [aw'ta(x)] (pl -res [-riʃ]) m
altar.

alteração [awtera'sãw] (pl -ões
[-õjʃ]) f alteration; **sem** ~ unal-
tered.

alterar [awte'ra(x)] vt to alter.

alternar [awtex'na(x)] vt to alternate.

alternativa [awtexna'tʃiva] f
alternative.

altitude [awtʃi'tudʒi] f altitude.

altivo, va [aw'tʃivu, va] adj (or-
gulhoso) proud; (arrogante)
haughty.

alto, ta ['awtu, ta] adj high; (pessoa, árvore, edifício) tall; (som, voz)
loud. ◆ interj stop! ◆ m (cume)
top. ◆ adv (falar, rir) loud; (relati-

vo a posição) high; **alta costura**
haute couture; **do** ~ **de** from
the top of; **por** ~ fig superfi-
cially; **o mais** ~ **a mais alta**
(pessoa) the tallest; (objeto) the
highest.

alto-falante ['awtofa'lãtʃi] m
loudspeaker.

altura [aw'tura] f (de pessoa, objeto) height; (de som) level; (altitude) altitude; (ocasião, época)
time; (momento) moment; **um
metro de** ~ a meter high; **a certa dada** ~ at a given moment;
nessa ~ at that time; **por** ~ **de**
around; **estar à** ~ **da situação**
to be equal to the task.

alucinação [alusina'sãw] (pl
-ões [-õjʃ]) f hallucination.

alucinante [alusi'nãntʃi] adj
amazing.

aludir [alu'di(x)]: **aludir a** v +
prep to allude to.

alugar [alu'ga(x)] vt (casa) to
rent; (carro) to rent Am, to hire
Brit.

aluguel [alu'gɛw] (pl -éis [-ɛjʃ])
m (de casa) rent; (de carro) rental
Am, hire Brit.

alumínio [alu'minju] m aluminum.

aluno, na [a'lunu, na] m, f (de
escola) pupil; (de universidade)
student; ~ **ouvinte** visiting student.

alusão [alu'zãw] (pl -ões [-õjʃ])
f allusion; **fazer** ~ a to allude
to.

alvejar [awve'ʒa(x)] vt to shoot.

alvo ['awvu] m target.

alvorada [awvo'rada] f dawn.

alvoroço [awvo'rosu] m (gritaria) uproar; (excitação) commotion.

amabilidade [amabili'dadʒi] f kindness.

amaciante [ama'sjäntʃi] m: ~ **(de roupa)** fabric softener.

amador, ra [ama'do(x), ra] (mpl **-res** [-riʃ], fpl **-s** [-ʃ]) adj & m, f amateur.

amadurecer [amadure'se(x)] vi (fruta) to ripen; (pessoa) to mature; fig (idéia) to develop.

âmago ['âmagu] m heart.

amainar [amaj'na(x)] vi fig (vento, chuva) to abate.

amaldiçoar [amawdi'swa(x)] vt to curse.

amálgama [a'mawgama] f amalgam.

amamentar [amamẽn'ta(x)] vt to breastfeed, to nurse Am.

amanhã [ama'ɲã] adv & m tomorrow; ~ **de manhã** tomorrow morning; ~ **à noite/tarde** tomorrow evening/afternoon; **depois de** ~ the day after tomorrow; **o** ~ the future.

amanhecer [amaɲe'se(x)] m dawn. ♦ v impess **já amanheceu** dawn has broken.

amansar [amã'sa(x)] vt to tame.

amante [a'mãntʃi] mf lover; **ser** ~ **de** to be a lover of.

amar [a'ma(x)] vt to love.

amarelo, la [ama'rɛlu, la] adj & m yellow.

amargar [amax'ga(x)] vi to taste bitter. ♦ vt (desilusão) to suffer.

amargo, ga [a'maxgu, ga] adj bitter; fig (vida) hard.

amarrar [ama'xa(x)] vt (barco) to moor; (pessoa, animal) to tie up.

amarrotar [amaxo'ta(x)] vt (papel) to crumple (up); (roupa) to crease.

amassar [ama'sa(x)] vt (pão) to knead; (carro) to smash up.

amável [a'mavew] (pl **-eis** [-ejʃ]) adj kind.

Amazonas [ama'zonaʃ] m: **o** ~ the Amazon.

Amazônia [ama'zonja] f: **a** ~ the Amazon region.

ⓘ   **AMAZÔNIA**

The Amazon region is home to the largest equatorial rain forest in the world, covering almost five million square kilometers. This ancient tropical forest makes up a third of Brazil's surface area and extends into Peru, Colombia and Venezuela. Sadly, this unique ecological site, home to many thousands of species of flora and fauna, is now under threat from multinational timber and sub soil development corporations.

âmbar ['âmba(x)] m amber.

ambição [ãmbi'sãw] (pl **-ões** [-õjʃ]) f ambition.

ambiental [ãmbjẽn'taw] (pl **-ais** [-ajʃ]) adj environmental.

ambiente [ãm'bjẽntʃi] *m (natural)* environment; *(ar)* atmosphere.

ambigüidade [ãmbigwi'dadʒi] *f* ambiguity.

ambíguo, gua [ãm'bigwu, gwa] *adj* ambiguous.

âmbito ['ãmbitu] *m* sphere.

ambos, bas ['ãmbuʃ, baʃ] *adj pl* both. ◆ *pron pl* both (of them).

ambulância [ãmbu'lãsja] *f* ambulance.

ambulante [ãmbu'lãntʃi] *adj* traveling.

ambulatório [ãmbula'tɔrju] *m (de hospital)* outpatient (department); *(de escola, fábrica)* medical room.

ameaça [ame'asa] *f* threat; **sob** ~ under threat.

ameaçar [amea'sa(x)] *vt* to threaten; **ameaça chover** it looks like rain.

amedrontar [amedrõn'ta(x)] *vt* to frighten.

ameixa [a'mejʃa] *f* plum.

amêndoa [a'mẽndwa] *f* almond.

amendoim [amẽn'dwĩ] *(pl* **-ns** [-ʃ]) *m* peanut; ~ **torrado** roasted peanuts *pl.*

ameno, na [a'menu, na] *adj (temperatura, clima)* mild.

América [a'merika] *f:* **a** ~ America; **a ~ Latina** Latin America; **a ~ do Norte/do Sul** North/South America.

americano, na [ameri'kanu, na] *adj & m, f* American.

ametista [ame'tʃiʃta] *f* amethyst.

amianto [a'mjãntu] *m* asbestos.

amido [a'midu] *m* starch.

amigável [ami'gavɛw] *(pl* **-eis** [-ejʃ]) *adj* friendly.

amígdalas [a'migdalaʃ] *fpl* tonsils.

amigdalite [amigda'litʃi] *f* tonsillitis.

amigo, ga [a'migu, ga] *m, f* friend. ◆ *adj* friendly.

amistoso, osa [amiʃ'tozu, ɔza] *adj* friendly.

amizade [ami'zadʒi] *f* friendship.

amnésia [am'nezja] *f* amnesia.

amolação [amola'sãw] *(pl* **-ões** [-õjʃ]) *f (chateação)* nuisance.

amolar [amo'la(x)] *vt (afiar)* to sharpen; *(aborrecer)* to bother.

amolecer [amole'se(x)] *vt* to soften.

amoníaco [amo'niaku] *m* ammonia.

amontoar [amõn'twa(x)] *vt* to pile up; *(dinheiro, riquezas)* to amass.

❑ **amontoar-se** *vp* to pile up.

amor [a'mo(x)] *(pl* **-res** [-riʃ]) *m* love; **fazer** ~ to make love; **ser um** ~ *(pessoa)* to be a warm person; *(objeto)* to be lovely; **pelo** ~ **de Deus!** for God's sake.

amora [a'mɔra] *f (de arbusto)* blackberry; *(de amoreira)* mulberry.

amordaçar [amoxda'sa(x)] *vt* to gag.

amoroso, osa [amo'roʒu, ɔza] *adj* affectionate.

amor-próprio [a,mox'prɔpriu] *m* self-esteem.

amortecedor [amoxtese'do(x)] (*pl* **-res** [-riʃ]) *m* shock absorber.

amortizar [amoxti'za(x)] *vt* to pay by installments.

amostra [a'moʃtra] *f* sample; (*prova*) show; ~ **grátis** free sample.

amparar [ãmpa'ra(x)] *vt* to support.

amparo [ãm'paru] *m* support.

ampliação [ãmplia'sãw] (*pl* **-ões** [-õjʃ]) *f* (*de fotografia*) enlargement.

ampliar [ãmpli'a(x)] *vt* (*fotografia*) to enlarge.

amplificador [ãmplifika'do(x)] (*pl* **-res** [-riʃ]) *m* (*de som*) amplifier.

amplificar [ãmplifi'ka(x)] *vt* (*som*) to amplify.

amplo, pla ['ãmplu, pla] *adj* (*quarto, cama*) spacious; (*estrada*) wide; (*conhecimento*) extensive.

amputar [ãmpu'ta(x)] *vt* to amputate.

amuado, da [a'mwadu, da] *adj* sulky.

anã → anão.

analfabetismo [anawfabe'tʃiʒmu] *m* illiteracy.

analfabeto, ta [anawfa'bɛtu, ta] *m, f & adj* illiterate.

analgésico [anaw'ʒɛziku] *m* painkiller.

analisar [anali'za(x)] *vt* to analyze.

análise [a'nalizi] *f* analysis; **em última ~** in the final analysis; ~ **clínica** clinical analysis.

analista [ana'liʃta] *mf* analyst; ~ **de sistemas** systems analyst.

anão, anã [a'nãw, a'nã] (*mpl* **-ões** [-õjʃ], *fpl* **-s** [-ʃ]) *m, f* dwarf.

anarquia [anax'kia] *f* anarchy.

anatomia [anato'mia] *f* anatomy.

anca ['ãŋka] *f* hip.

anchovas [ã'ʃovaʃ] *fpl* anchovies.

ancinho [ã'siɲu] *m* rake.

âncora ['ãŋkora] *f* anchor; *TV* news anchor.

andaime [ãn'dajmi] *m* scaffold.

andamento [ãnda'mẽntu] *m* (*velocidade*) speed; (*rumo*) direction; *MÚS* tempo; **em ~** (*em progresso*) in progress.

andar [ãn'da(x)] (*pl* **-res** [-riʃ]) *vi* to walk. ◆ *vt* (*distância, tempo*) to walk for. ◆ *m* (*de edifício*) floor; (*maneira de caminhar*) walk; ~ **fazendo algo** to be doing sthg; **ele anda um pouco deprimido ultimamente** he has been a bit depressed lately; **gosto de a cavalo** I like horseback riding; ~ **de bicicleta** to cycle; ~ **a pé** to walk; **o ~ de baixo/de cima** (*de casa*) downstairs/upstairs.

Andes ['ãndiʃ] *mpl*: **os ~** the Andes.

andorinha [ãndo'riɲa] *f* swallow.

anedota [ane'dɔta] *f* joke.

anel [a'nɛw] (*pl* **-éis** [-ɛjʃ]) *m* ring; *(de cabelo)* ringlet; *(de corrente)* link; ~ **de noivado** engagement ring.

anemia [ane'mia] *f* anemia.

anestesia [aneʃte'zia] *f* anesthetic; ~ **geral/local** general/local anesthetic.

anestesiar [aneʃtezi'a(x)] *vt* to anesthetize.

anexar [anek'sa(x)] *vt* to attach; ~ **algo a algo** to attach sthg to sthg.

anexo, xa [a'nɛksu, ksa] *adj* attached.

anfiteatro [ãfi'tʒatru] *m* amphitheater; *(sala de aula)* lecture hall.

angariar [ãŋgari'a(x)] *vt (dinheiro)* to raise.

angina [ã'ʒina] *f*: ~ **de peito** angina (pectoris).

◻ **anginas** *fpl* tonsillitis *sg*.

Angola [ãŋ'gola] *s* Angola.

angra [ãŋgra] *f* inlet.

ângulo [ãŋgulu] *m* angle.

angústia [ãŋ'guʃtʒia] *f* anguish.

animação [anima'sãw] *f (alegria)* liveliness; *(entusiasmo)* enthusiasm; *(movimento)* bustle.

animado, da [ani'madu, da] *adj (alegre)* lively; *(entusiasmado)* enthusiastic; *(movimento)* bustling.

animal [ani'maw] (*pl* **-ais** [-ajʃ]) *m* animal; ~ **doméstico** pet; ~ **selvagem** wild animal.

animar [ani'ma(x)] *vt (alegrar)* to cheer up.

◻ **animar-se** *vp (alegrar-se)* to cheer up.

ânimo ['ãnimu] *m* courage.

aniquilar [aniki'la(x)] *vt* to annihilate.

anistia [aniʃ'tʃia] *f* amnesty.

aniversário [anivɛx'sarju] *m (de pessoa)* birthday; *(de acontecimento)* anniversary; **feliz ~!** Happy Birthday!

anjo ['ãʒu] *m* angel.

ano ['ãnu] *m* year; **quantos ~s você tem?** how old are you?; **faço ~s amanhã** it's my birthday tomorrow; ~ **bissexto** leap year; ~ **letivo** academic year; **Ano Novo** New Year; ~ **após** ~ year after year.

anões → **anão**.

anoitecer [anojte'se(x)] *m* dusk, nightfall. ◆ *v impess* to get dark.

anomalia [anoma'lia] *f* anomaly.

anorexia [anorɛk'sia] *f* anorexia.

anormal [anox'maw] (*pl* **-ais** [-ajʃ]) *adj* abnormal; *(idiota)* stupid; *(incomum)* unusual. ◆ *m, f (idiota)* moron.

anotação [anota'sãw] (*pl* **-ões** [-õjʃ]) *f* note.

anotar [ano'ta(x)] *vt* to note down.

ânsia ['ãsja] *f* anxiety.

ansiar [ã'sja(x)]: **ansiar por** *v* + *prep* to long for.

ansiedade [ãsje'dadʒi] *f* anxiety.

ansioso, osa [ã'sjozu, ɔza] *adj* anxious.

antebraço [ãntʃi'brasu] *m* forearm.

antecedência [ãntese'dẽsja] *f:* **com ~** in advance.

antecedente [ãntese'dẽntʃi] *adj* preceding.
□ **antecedentes** *mpl (médicos)* records; *(criminais)* record *sg.*

antecipadamente [ãntesi,pada'mẽntʃi] *adv* in advance, beforehand.

antecipar [ãntesi'pa(x)] *vt* to anticipate.
□ **antecipar-se** *vp* to get there first.

antemão [ãnte'mãw]: **de antemão** *adv* beforehand.

antena [ãn'tena] *f* antenna; **~ parabólica** satellite dish.

anteontem [ãntʃi'õntẽ] *adv* the day before yesterday.

antepassado [ãntʃipa'sadu] *m* ancestor.

anterior [ãnteri'o(x)] *(pl -res* [-riʃ]) *adj* previous.

antes ['ãntʃiʃ] *adv* before; *(primeiramente)* first; **~ assim** (it's) just as well; **~ de** before; **~ de mais nada** first of all; **~ da hora do tempo** ahead of time; **o quanto ~** as soon as possible.

antever [ãnte've(x)] *vt* to foresee.

antiaderente [ãntʃiade'rẽntʃi] *adj* nonstick.

antibiótico [ãntʃi'bjɔtʃiku] *m* antibiotic.

anticaspa [ãntʃi'kaʃpa] *adj inv* anti-dandruff.

anticoncepcional [ãntʃikõsepsju'naw] *(pl -ais* [-ajʃ]) *adj*

contraceptive. ◆ *m* contraceptive; **tomar ~** to be on the pill.

anticongelante [ãntʃikõʒe'lãntʃi] *m* antifreeze.

anticorpo [ãntʃi'koxpu] *m* antibody.

antidepressivo [ãntʃidepre'sivu] *m* antidepressant.

antídoto [ãn'tʃidotu] *m* antidote.

antigamente [ãntʃiga'mẽntʃi] *adv (antes)* formerly; *(no passado)* in the old days.

antigo, ga [ãn'tʃigu, ga] *adj (livro, objeto)* old; *(costume, era)* ancient; *(objeto valioso)* antique.

antiguidade [ãntʃigwi'dadʒi] *f* antiquity; **a Antiguidade** Antiquity.
□ **antiguidades** *fpl* antiques.

antipático, ca [ãntʃi'patʃiku, ka] *adj* unfriendly.

antiquado, da [ãntʃi'kwadu, da] *adj* old-fashioned.

antiquário [ãntʃi'kwarju] *m* antique dealer.

anti-séptico, ca [ãntʃi'septʃiku, ka] *adj* antiseptic.

anual [a'nwaw] *(pl -ais* [-ajʃ]) *adj* annual.

anulação [anula'sãw] *(pl -ões* [-õjʃ]) *f* cancellation.

anular [anu'la(x)] *vt* to cancel. ◆ *m* ring finger.

anunciar [anũ'sja(x)] *vt* to announce; *(produto)* to advertise.

anúncio [a'nũsju] *m (de produto)* advertisement; *(aviso)* announcement.

ânus ['ãnuʃ] *m* anus.

anzol

anzol [ã'zɔw] (*pl* **-óis** [-ɔjʃ]) *m* fish-hook.

ao [aw] = a + o, → a.

aonde [a'õndʒi] *adv* where; ~ **quer que ...** wherever ...

aos [awʃ] = a + os, → a.

apagado, da [apa'gadu, da] *adj (luz, fogo)* out; *(televisão, rádio)* off; *(escrita, desenho)* faint; *(pessoa)* dull.

apagar [apa'ga(x)] *vt (fogo)* to put out; *(televisão, rádio, luz)* to turn ou switch off; *(escrita, desenho)* to erase.

apaixonado, da [apajʃo'nadu, da] *adj (luz, fogo)* in love; *(exaltado)* passionate; **estar ~ por** to be in love with.

apaixonante [apajʃo'nãntʃi] *adj* fascinating.

apaixonar [apajʃo'na(x)] *vt:* **o futebol apaixona as massas** soccer thrills the masses.

❑ **apaixonar-se** *vp:* **~-se por** to fall in love with.

apalpar [apaw'pa(x)] *vt* to touch; ~ **o terreno** *fig* to see how the land lies.

apanhar [apa'ɲa(x)] *vt* to catch; *(levantar do chão)* to pick up; ~ **chuva** to get wet; ~ **sol** to sunbathe.

aparar [apa'ra(x)] *vt (barba)* to trim; *(sebe, arbusto)* to prune; *(segurar)* to catch.

aparecer [apare'se(x)] *vi (surgir)* to appear; *(apresentar-se)* to show up; *(algo perdido)* to turn up.

aparelhagem [apare'ʎaʒẽ] (*pl* **-ns** [-ʃ]) *f:* ~ **(de som)** sound system, stereo.

aparelho [apa'reʎu] *m (máquina)* appliance; *(de cozinha)* kitchen appliance; ~ **de som** hi-fi; ~ **de barbear** shaver; ~ **digestivo** digestive system; ~ **para os dentes** braces.

aparência [apa'rẽsja] *f* appearance.

aparentar [aparẽn'ta(x)] *vt* to look like; **aparenta ter uns 40 anos** he looks about 40.

aparente [apa'rẽntʃi] *adj* apparent.

apartamento [apaxta'mẽntu] *m apartment Am,* flat *Brit.*

apavorado, da [apavo'radu, da] *adj* terrified.

apelar [ape'la(x)] *vi:* ~ **para** to appeal to.

apelido [ape'lidu] *m* nickname.

apelo [a'pelu] *m* appeal; **fazer um ~ a** to appeal to.

apenas [a'penaʃ] *adv* only. ♦ *conj* as soon as; **quero ~ um copo de água** all I want is a glass of water.

apêndice [a'pẽndʒisi] *m* appendix.

apendicite [apẽndʒi'sitʃi] *f* appendicitis.

aperceber-se [apexse'bexsi] *vp:* ~ **de algo** to realize; ~ **de que** *(verificar)* to realize (that).

aperfeiçoamento [apexfejswa'mẽntu] *m* improvement.

aperfeiçoar [apexfej'swa(x)] *vt* to improve.

aperitivo [aperi'tʃivu] *m (vinho)* aperitif; *(tira-gosto)* appetizer.

apertado, da [apex'tadu, da] adj tight; (estrada) narrow.

apertar [apex'ta(x)] vt (comprimir) to squeeze; (botão, interruptor) to press; (cinto de segurança) to fasten; (parafuso, porca) to tighten; (vestido) to take in.

aperto [a'pextu] m (de parafuso) tightening; (aglomeração) crush; fig (dificuldade) tight corner; ~ **de mão** handshake.

apesar [ape'za(x)]: **apesar de** prep despite, in spite of.

apetecer [apete'se(x)] vi (comida) to look appetizing; **esse bolo me apetece muito** this cake looks very tasty.

apetite [ape'tʃitʃi] m appetite; **bom ~!** enjoy your meal!

apetitoso, osa [apetʃi'tozu, ɔza] adj appetizing.

apetrecho [ape'treʃu] m tool; ~s **de pesca** fishing tackle sg.

apimentado, da [apimen'tadu, da] adj (com pimenta) peppery; (picante) spicy.

apinhado, da [api'ɲadu, da] adj: ~ **de** packed with.

apitar [api'ta(x)] vi (trem) to whistle; (árbitro) to blow the whistle.

apito [a'pitu] m whistle.

aplaudir [aplaw'di(x)] vt & vi to applaud.

aplauso [a'plawzu] m applause.

aplicação [aplika'sãw] (pl -ões [-õjʃ]) f (em estudo, trabalho) diligence; (acessório) appliqué; (de dinheiro) investment.

aplicado, da [apli'kadu, da] adj (aluno) diligent; (matemática, linguística) applied.

aplicar [apli'ka(x)] vt to apply; (curativo, injeção) to administer.

apoderar-se [apode'raxsi] **apoderar-se** vp + prep to take control of.

apodrecer [apodre'se(x)] vt & vi to rot.

apoiar [apo'ja(x)] vt to support; ~ **algo em algo** to rest sthg on ou against sthg.
□ **apoiar-se** vp to hold on; ~-**se em** ou a to lean on ou against.

apoio [a'poju] m support.

apólice [a'pɔlisi] f: ~ **(de seguro)** (insurance) policy.

apontador [aponta'do(x)] (pl -**res** [-riʃ]) m (de lápis) pencil sharpener.

apontamento [apõnta'mẽntu] m note.

apontar [apõn'ta(x)] vt (arma) to aim; (erro, falha) to point out; (tomar nota de) to note down; (razões, argumentos) to put forward.
♦ vi: ~ **para algo** to point to sthg.

aporrinhação [apoxiɲa'sãw] (pl -ões [-õjʃ]) f (aborrecimento) annoyance.

após [a'pɔjʃ] prep after. ♦ adv afterward.

aposentado, da [apozẽn'tadu, da] adj retired. ♦ m, f retiree.

aposentadoria [apozẽnta'doria] f (fato) retirement; (dinheiro) pension.

aposento [apo'zẽntu] m room.

aposta [a'poʃta] f bet.

apostar [apoʃ'ta(x)] vt to bet.

apostila [apoʃ'tʃila] f class notes pl.

apóstrofo [a'pɔʃtrofu] m apostrophe.

apreciação [apresja'sãw] (pl -ões [-õjʃ]) f (avaliação) assessment.

apreciar [apresi'a(x)] vt (gostar) to like; (avaliar) to judge, to assess; (paisagem, vista) to admire.

apreender [aprjẽ'de(x)] vt (confiscar) to seize.

apreensão [aprjẽ'sãw] (pl -ões [-õjʃ]) f (de bens, produtos) seizure; (preocupação) apprehension.

apreensivo, va [aprjẽ'sivu, va] adj apprehensive.

aprender [aprẽ'de(x)] vi & vt to learn; ~ a fazer algo to learn to do sthg.

aprendiz [aprẽ'dʒiʒ] (pl -zes [-ziʃ]) m (de ofício) apprentice; (principiante) beginner.

aprendizagem [aprẽdʒi'zaʒẽ] f learning.

aprendizes → aprendiz.

apresentação [aprezẽta'sãw] (pl -ões [-õjʃ]) f presentation; (aspecto) appearance.

apresentador, ra [aprezẽta'do(x), ra] (mpl -res [-riʃ], fpl -s [-ʃ]) m, f host.

apresentar [aprezẽ'ta(x)] vt (espetáculo) to host; (pessoa) to introduce; (exibir) to show.
❑ **apresentar-se** vp (comparecer) to report; ~-se a alguém (a desconhecido) to introduce o.s. to sb.

apressado, da [apre'sadu, da] adj (pessoa) rushed; (decisão)

hasty. ◆ adv: sair/entrar ~ to rush out/in.

apressar-se [apre'saxsi] vp to hurry up.

aprofundar [aprofũ'da(x)] vt fig (assunto) to study in depth.

aprovação [aprova'sãw] (pl -ões [-õjʃ]) f approval; (em exame) pass.

aprovado, da [apro'vadu, da] adj: ser ~ EDUC to pass.

aprovar [apro'va(x)] vt to approve; (em exame) to pass.

aproveitamento [aprovejta'mẽtu] m (uso) use; EDUC progress.

aproveitar [aprovej'ta(x)] vt (a ocasião) to take advantage of; (férias) to make the most of; (utilizar) to make use of.
❑ **aproveitar-se** vp: ~-se de to take advantage of.

aproximadamente [aprosi,mada'mẽtʃi] adv approximately.

aproximado, da [aprosi'madu, da] adj approximate.

aproximar [aprosi'ma(x)] vt (objetos) to bring closer; (pessoas) to bring together.
❑ **aproximar-se** vp to come closer; ~-se de to approach.

aptidão [aptʃi'dãw] (pl -ões [-õjʃ]) f aptitude; (vocação) talent.

apunhalar [apuɲa'la(x)] vt to stab.

apuração [apura'sãw] (pl -ões [-õjʃ]) f selection.

apurado, da [apu'radu, da] adj selected; (sabor) distinctive; (visão, olfato) keen.

apurar [apu'ra(x)] vt (averiguar) to find out; (sabor) to bring out.

apuro [a'puru] m (dificuldade) fix; **estar em ~s** to be in a fix; **meter-se em ~s** to get into trouble.

aquarela [akwa'rɛla] f watercolor.

aquário [a'kwarju] m aquarium.
□ **Aquário** m Aquarius.

aquático, ca [a'kwatʃiku, ka] adj aquatic; ESP water (antes de s).

aquecedor [akese'do(x)] (pl -res [-riʃ]) m (para o ar) heater; (para a água) boiler; ~ **a gás** gas heater.

aquecer [ake'se(x)] vt & vi to heat up.
□ **aquecer-se** vp to warm o.s. up.

aquecimento [akesi'mĕntu] m heating; ~ **central** central heating.

aqueduto [ake'dutu] m aqueduct.

àquela ['akɛla] = a + aquela → aquele.

aquele, aquela [a'keli, a'kɛla] adj that, those pl. ◆ pron that one; ~ **ali** that one there; ~ **que** (relativo a pessoa) the one who, those who pl; (relativo a objeto) the one which; **peça àquele homem** ask that man.

àquele ['akeli] = a + aquele → aquele.

aqui [a'ki] adv here; **até** ~ (relativo a tempo) up until now; **por** ~ this way; **por** ~ **em algum cantío** somewhere around here.

aquilo [a'kilu] pron that.

àquilo ['akilu] = a + aquilo → aquilo.

aquisição [akizi'sãw] (pl -ões [-õjʃ]) f acquisition.

ar [a(x)] (pl ares ['ariʃ]) m air; (brisa) breeze; **dar** ~**es de** to pretend to be; **dar-se** ~**es de importante** to put on airs (and graces); **ir ao/sair do** ~ (em rádio, TV) to go on/off the air; **ir pelos** ~**es** (explodir) to blow up; **ter** ~ **de** to look ou seem like; ~ **condicionado** air conditioning; **ao** ~ (lançar, atirar) into the air.

árabe ['arabi] adj & mf Arab. ◆ m (língua) Arabic.

arame [a'rami] m wire; ~ **farpado** barbed wire.

aranha [a'raɲa] f spider.

arara [a'rara] f cockatoo.

arbitragem [axbi'traʒẽ] (pl -ns [-ʃ]) f (de jogo) refereeing; (de litígio) arbitration.

arbitrar [axbi'tra(x)] vt (jogo) to referee.

árbitro ['axbitru] m (de jogo) referee.

arborizado, da [axbori'zadu, da] adj wooded.

arbusto [ax'buʃtu] m bush.

arca ['axka] f trunk.

arcaico, ca [ax'kajku, ka] adj archaic.

arco ['axku] m (de edifício, construção) arch; (curva) arc; (de flechas) bow; (brinquedo) hoop.

arco-íris [ax'kwiriʃ] (pl arcos-íris [,axku'ziriʃ]) m rainbow.

ardência [ax'dẽnsja] f (de pele) stinging; (de estômago) heartburn.

ardente [ax'dẽtʃi] adj fig (amor, paixão) passionate.

arder [ax'de(x)] vi to burn; (pele) to sting.

ardor [ax'do(x)] (pl -res [-riʃ]) m (de pele) stinging; **com ~** ardently.

ardósia [ax'dɔzja] f slate.

árduo, dua ['axdwu, dwa] adj arduous.

área ['arja] f area; fig (campo de ação) field; **~ de serviço** (em apartamento) utility area; **grande ~** (em futebol) penalty area.

areia [a'reja] f sand; **~ movediça** quicksand.

arejar [are'ʒa(x)] vt to air. ◆ vi fig (sair) to get some air.

arena [a'rena] f (de circo) ring.

arenoso, osa [are'nozu, ɔza] adj sandy.

arenque [a'rẽki] m herring.

ares → ar.

Argentina [axʒẽ'tʃina] f: **a ~** Argentina.

argila [ax'ʒila] f clay.

argola [ax'gɔla] f (anel) ring; (de porta) knocker. ❑ **argolas** fpl ESP rings; (brincos) hoop earrings.

argumentar [axgumẽ'ta(x)] vt & vi to argue.

argumento [axgu'mẽtu] m argument; (de filme) plot.

árido, da ['aridu, da] adj arid.

Áries ['ariʃ] m Aries.

arma ['axma] f weapon; **~ branca** knife; **~ de fogo** firearm.

armação [axma'sãw] (pl -ões [-õjʃ]) f frame; (de barco) rigging; (de óculos) frames pl.

armadilha [axma'diʎa] f trap.

armadura [axma'dura] f suit of armor.

armamento [axma'mẽtu] m armaments pl; (de navio) armament.

armar [ax'ma(x)] vt to arm; (tenda) to put up.

armário [ax'marju] m cabinet, cupboard; (de roupa) closet.

armazém [axma'zẽ] (pl -ns [-ʃ]) m warehouse.

aro ['aru] m (de roda) rim.

aroma [a'roma] m aroma.

arpão [ax'pãw] (pl -ões [-õjʃ]) m harpoon.

arqueologia [axkjolo'ʒia] f archeology.

arquibancada [axkibãŋ'kada] f bleachers pl.

arquipélago [axki'pɛlagu] m archipelago.

arquiteto, ta [axki'tɛtu, ta] m, f architect.

arquitetura [axki'tɛtura] f architecture.

arquivo [ax'kivu] m archive; (móvel) filing cabinet; (cartório) registry office; INFORM file.

arrancar [axãŋ'ka(x)] vt (árvore, batatas) to dig up; (folhas, pêlos) to pull out; (dente) to extract. ◆ vi (partir) to set off; **~ algo das mãos de alguém** to snatch sthg from sb.

arranha-céu [a͜ˌxaɲaˈsɛw] *m inv* skyscraper.

arranhão [axaˈɲãw] *(pl* -ões [-õjʃ]) *m* scratch.

arranhar [axaˈɲa(x)] *vt* to scratch; *(parede, carro)* to scrape; ~ **um pouco de algo** to get by in sthg.
❑ **arranhar-se** *vp* to scratch o.s.

arranhões → arranhão.

arranjar [axãˈʒa(x)] *vt (reparar)* to fix, to repair; *(adquirir)* to get; ~ **confusão** to get into trouble.

arrasar [axaˈza(x)] *vt* to devastate.

arrastar [axaʃˈta(x)] *vt* to drag (along ou away).

arrecadar [axekaˈda(x)] *vt (objeto)* to store away; *(dinheiro)* to collect.

arredondado, da [axedõn-ˈdadu, da] *adj (forma)* round, rounded; *fig (valor)* rounded up.

arredondar [axedõnˈda(x)] *vt (forma)* to make round; *fig (valor)* to round up.

arredores [axeˈdɔriʃ] *mpl* outskirts.

arrefecer [axefeˈse(x)] *vi (tempo, ar)* to cool down; *(comida)* to get cold; *fig (entusiasmo)* to cool.

arregaçar [axegaˈsa(x)] *vt (mangas, calças)* to roll up.

arremessar [axemeˈsa(x)] *vt (pedra, flecha)* to hurl.

arrendamento [axẽndaˈmẽntu] *m* lease.

arrendar [axẽnˈda(x)] *vt* to lease.

arrendatário, ria [axẽnda-ˈtarju, rja] *m, f* tenant.

arrepender-se [axepẽnˈdexsi] *vp*: ~ **de (ter feito) algo** to regret (doing) sthg.

arrepiar [axeˈpja(x)] *vt (pêlo, cabelo)* to make stand on end.
❑ **arrepiar-se** *vp (de frio)* to shiver; *(de medo)* to shudder.

arrepio [axeˈpiu] *m (de frio)* shiver; *(de medo)* shudder.

arriscado, da [axiʃˈkadu, da] *adj (perigoso)* risky; *(corajoso)* daring.

arriscar [axiʃˈka(x)] *vt (pôr em risco)* to risk.
❑ **arriscar-se** *vp* to take a risk.

arrogância [axoˈgãsja] *f (presunção)* arrogance.

arrogante [axoˈgãntʃi] *adj (presumido)* arrogant.

arrombar [axõmˈba(x)] *vt (porta, janela, cofre)* to force (open).

arrotar [axoˈta(x)] *vi* to burp, to belch.

arroto [aˈxotu] *m* burp, belch.

arroz [aˈxoʒ] *m* rice.

arruaça [aˈxwasa] *f* street riot.

arruaceiro, ra [axwaˈsejru, ra] *adj* riotous. ◆ *m, f* rioter.

arrumado, da [axuˈmadu, da] *adj (casa, gaveta)* neat; *(mala)* packed; *fig (resolvido)* sorted (out).

arrumar [axuˈma(x)] *vt (casa, gaveta)* to tidy up; *(mala)* to pack.

arte [ˈaxtʃi] *f* art; ~**s marciais** martial arts.

artéria [axˈtɛrja] *f* artery.

artesanato [axtezaˈnatu] *m* craftwork, handicraft.

articulação [axtʃikula'sãw] (*pl -ões* [-õjʃ]) *f (de ossos)* joint; *(de palavras)* articulation.

artificial [axtʃifi'sjaw] (*pl -ais* [-ajʃ]) *adj* artificial.

artigo [ax'tʃigu] *m* article; *(produto)* item; **'~s a declarar'** 'goods to declare'; **~s de primeira necessidade** essential goods.

artista [ax'tʃifta] *mf* artist.

artístico, ca [ax'tʃiftʃiku, ka] *adj* artistic.

artrite [ax'tritʃi] *f* arthritis.

árvore ['axvori] *f* tree.

as [aʃ] → **a**.

ás ['ajʃ] (*pl* **ases** ['azeʃ]) *m* ace; **ser um ~** to be a whiz.

às [ajʃ] = **a + as** → **a**.

asa ['aza] *f* wing; *(de utensílio)* handle.

asa-delta [,aza'dɛwta] (*pl* **asas-delta** [,azaʒ'dɛwta]) *f* hang-glider.

ascensor [aʃsẽ'so(x)] (*pl -res* [-riʃ]) *m (em rua, encosta)* funicular.

asco ['aʃku] *m* disgust.

ases → **ás**.

asfalto [aʃ'fawtu] *m* asphalt.

asfixia [aʃfik'sia] *f* asphyxia, suffocation.

Ásia ['azja] *f:* **a ~** Asia.

asma ['aʒma] *f* asthma.

asmático, ca [aʒ'matʃiku, ka] *adj & m, f* asthmatic.

asneira [aʒ'nejra] *f (tolice)* nonsense; *(obscenidade)* swear word.

asno ['aʒnu] *m* donkey; *fig (estúpido)* ass.

aspargo [aʃ'paxgu] *m* asparagus.

aspecto [aʃ'pɛktu] *m* appearance; *(ponto de vista)* aspect.

áspero, ra ['aʃperu, ra] *adj* rough; *(voz)* harsh.

aspirador [aʃpira'do(x)] (*pl -res* [-riʃ]) *m* vacuum cleaner.

aspirar [aʃpi'ra(x)] *vt* to vacuum.
❏ **aspirar a** *v + prep (desejar)* to aspire to.

aspirina [aʃpi'rina] *f* aspirin.

asqueroso, osa [aʃke'rozu, ɔza] *adj* disgusting, revolting.

assado, da [a'sadu, da] *adj & m (culinário)* roast.

assadura [asa'dura] *f (em bebê)* diaper rash.

assalariado, da [asala'rjadu, da] *m, f (salaried)* employee.

assaltante [asaw'tãntʃi] *mf* burglar.

assaltar [asaw'ta(x)] *vt (pessoa)* to mug; *(casa)* to burglarize; *(banco)* to rob.

assalto [a'sawtu] *m (a pessoa)* mugging; *(a casa)* burglary; *(a banco)* robbery; *(em boxe)* round; **~ à mão armada** armed robbery.

assar [a'sa(x)] *vt* to roast.

assassinar [asasi'na(x)] *vt* to murder.

assassino, na [asa'sinu, na] *m, f* murderer.

assédio [a'sɛdʒiu] *m* harassment; **~ sexual** sexual harassment.

assegurar [asegu'ra(x)] *vt* to assure.

□ **assegurar-se** *vp*: ~-**se de que** to make sure (that).

asseio [a'seju] *m* (*limpeza*) cleanliness.

assembléia [asẽm'blɛja] *f* assembly; (*reunião*) meeting; ~ **geral** annual general meeting; **Assembléia Legislativa** legislative assembly.

assemelhar-se [aseme'ʎaxsi]: **assemelhar-se a** *vp + prep* to look like.

assento [a'sẽntu] *m* seat.

assim [a'sĩ] *adv* (*do mesmo modo*) like this; (*deste modo*) therefore; ~, **sim!** that's better!; **como** ~? excuse me?; ~ **mesmo** just so; ~, ~ so-so; ~ **que** as soon as.

assimilar [asimi'la(x)] *vt* to assimilate.

assinar [asi'na(x)] *vt* to sign; (*revista*) to subscribe to.

assinatura [asina'tura] *f* signature; (*de revista*) subscription.

assistência [asiʃ'tẽsja] *f* (*auxílio*) help; (*público*) audience; ~ **médica** medical aid.

assistir [asiʃ'tʃi(x)] *vt* (*ajudar*) to help.

□ **assistir a** *v + prep* (*a espetáculo*) to attend; (*a programa*) to watch; (*a acidente, acontecimento*) to witness.

assoalho [a'soaʎu] *m* (*de casa*) floor.

assoar [asw'a(x)] *vt* to blow.

□ **assoar-se** *vp* to blow one's nose.

assobiar [asobi'a(x)] *vi* to whistle.

assobio [aso'biu] *m* whistle.

associação [asosja'sãw] (*pl* **-ões** [-õjʃ]) *f* association.

assombrado, da [asõm'bradu, da] *adj fig* (*casa*) haunted.

assombro [a'sõmbru] *m* amazement. ◆

assunto [a'sũntu] *m* subject; ~ **encerrado!** subject closed!

assustador, ra [asuʃta'do(x), ra] (*mpl* **-res** [-riʃ], *fpl* **-s** [-ʃ]) *adj* frightening.

assustar [asuʃ'ta(x)] *vt* to frighten.

□ **assustar-se** *vp* to be frightened.

asterisco [aʃte'riʃku] *m* asterisk.

astro ['aʃtru] *m* star.

astrologia [aʃtrolo'ʒia] *f* astrology.

astronauta [aʃtro'nawta] *mf* astronaut.

astronomia [aʃtrono'mia] *f* astronomy.

astúcia [aʃ'tusja] *f* astuteness.

atacadista [ataka'diʃta] *mf* wholesaler.

atacado [ata'kadu] *m*: **comprar por** ~ to buy wholesale.

atacante [ata'kãntʃi] *adj ESP* attacking. ◆ *mf ESP* forward.

atacar [ata'ka(x)] *vt* to attack.

atadura [ata'dura] *f* bandage.

atalho [a'taʎu] *m* short cut.

ataque [a'taki] *m* attack; ~ **cardíaco** heart attack.

atar [a'ta(x)] *vt* (*sapatos*) to lace

ou do up; *(saco)* to do up; *(corda, cordão, fio)* to tie.

atarracado, da [ataxa'kadu, da] *adj* stocky.

até [a'tɛ] *prep (limite no espaço)* as far as; *(limite no tempo)* until. ◆ *adv* even; ~ **agora** so far; ~ **amanhã!** see you tomorrow!; ~ **logo!** see you later!; ~ **mais!** *(em conversa)* talk to you soon!; ~ **que enfim!** at (long) last!; ~ **porque** because.

atear [ate'a(x)] *vt (incendiar)* to set fire to; *(avivar)* to rekindle.

atéia → **ateu**.

ateliê [ate'lje] *m* = **atelier**.

atemorizar [atemori'za(x)] *vt* to terrify.

atenção [atẽ'sãw] *(pl* -ões [-õjʃ]) *f* attention; *(cuidado)* care; *(cortesia)* courtesy. ◆ *interj* watch out! ou look out!; **chamar a** ~ **de alguém para algo** to draw sb's attention to sthg; **prestar** ~ to pay attention; **obrigado pela** ~ thank you for your help.

atender [atẽn'de(x)] *vt (telefone)* to answer; *(em loja)* to serve; *(em hospital)* to see.

atendimento [atẽndʒi'mẽntu] *m (de telefone)* answering; *(em loja, hospital)* service.

atentado [atẽn'tadu] *m* attempt *(on sb's life)*.

atenuar [ate'nwa(x)] *vt* to soften.

aterrissagem [atexi'saʒẽj] *(pl* -ns [-ʃ]) *f* landing.

aterrissar [atexi'sa(x)] *vi* to land.

aterro [a'texu] *m* landfill.

aterrorizar [atexori'za(x)] *vt* to terrify.

atestado [ateʃ'tadu] *m* certificate; ~ **médico** medical certificate; ~ **de óbito** death certificate.

ateu, atéia [a'tew, a'tɛja] *m, f* atheist.

atiçar [atʃi'sa(x)] *vt (fogo)* to poke.

atingir [atʃĩ'ʒi(x)] *vt* to reach; *(ferir, afetar)* to hit; *(objetivo)* to achieve.

atirar [atʃi'ra(x)] *vt* to throw. ◆ *vi (com arma)* to shoot.

atitude [atʃi'tudʒi] *f* attitude.

atividade [atʃivi'dadʒi] *f* activity.

ativo, va [a'tivu, va] *adj* active.

Atlântico [at'lãntʃiku] *m:* **o** ~ the Atlantic.

atlas ['atlaʃ] *m inv* atlas.

atleta [at'lɛta] *mf* athlete.

atletismo [atle'tʃiʒmu] *m* track and field.

atmosfera [atmoʃ'fɛra] *f* atmosphere.

ato ['atu] *m (ação)* action; *(de peça de teatro)* act.

atômico, ca [a'tomiku, ka] *adj* atomic.

ator, atriz [a'to(x), a'triʒ] *(mpl* -**res** [-riʃ], *fpl* -**zes** [-ziʃ]) *m, f* actor.

atordoado, da [atox'dwadu, da] *adj* stunned.

atores → **ator**.

atormentado, da [atox-mẽn'tadu, da] *adj* troubled.

atração [atra'sãw] *(pl* -ões [-õjʃ]) *f* attraction; *(de pessoa)* attractiveness.

atrações → **atração**.

atraente [atra'ẽntʃi] *adj* attractive.

atrair [atra'i(x)] *vt* to attract.

atrapalhar [atrapa'ʎa(x)] *vt (perturbar)* to confuse; *(dificultar)* to get in the way of.
□ **atrapalhar-se** *vp* to get all confused.

atrás [a'trajʃ] *adv (detrás)* behind; *(para trás)* back there; **dias** ~ a few days ago; ~ **de** *(no espaço)* behind; *(no tempo)* after; **estar** ~ **de algo** to be after sthg; **ficar com o pé** ~ *fig* to be on one's guard.

atrasado, da [atra'zadu, da] *adj (pessoa)* late; *(país, região)* backward; **chegar** ~ to arrive late; **estar** ~ to be late.

atrasar [atra'za(x)] *vi (trem, ônibus)* to be delayed. ◆ *vt (trabalho)* to delay; *fig (prejudicar)* to hinder.
□ **atrasar-se** *vp* to be late.

atraso [a'trazu] *m* delay; *(de país)* backwardness.

atrativo, va [atra'tʃivu, va] *adj* attractive. ◆ *m* attraction.

através [atra'vejʃ]: **através de** *prep (pelo meio de)* through; *(por meio de)* by.

atravessar [atrave'sa(x)] *vt (rua, rio)* to cross; *(pôr ao través)* to put across; *fig (situação, fase)* to go through.

atrever-se [atre'vexsi]
◆ **atrever-se** *vp (ousar)* to dare;

~ **a fazer algo** to dare to do sthg.

atrevido, da [atre'vidu, da] *adj (malcriado)* cheeky; *(audaz)* daring.

atrevimento [atrevi'mẽntu] *m (audácia)* daring; **que** ~**!** what a nerve!

atribuir [atri'bwi(x)] *vt* to attribute; *(cargo)* to give.

atributo [atri'butu] *m* attribute.

atrito [a'tritu] *m* friction.
□ **atritos** *mpl* disagreements.

atriz ~ **ator**.

atropelamento [atropela'mẽntu] *m* road accident *(involving a pedestrian being run over).*

atropelar [atrope'la(x)] *vt* to run over.

atuação [atwa'sãw] *(pl* -ões [-õjʃ]) *f (procedimento)* behavior; *(em espetáculo)* acting; *(espetáculo)* performance.

atual [a'twaw] *(pl* -ais [-ajʃ]) *adj (presente)* current; *(moderno)* modern.

atualizar [atwali'za(x)] *vt (tornar atual)* to modernize; *INFORM (arquivo)* to update.

atualmente [atwaw'mẽntʃi] *adv* currently.

atuar [atw'a(x)] *vi* to act.

atum [a'tũ] *m* tuna.

aturdido, da [atur'dʒidu, da] *adj* stunned.

audácia [aw'dasja] *f* audacity.

audição [awdʒi'sãw] *(pl* -ões [-õjʃ]) *f* hearing; *(de peça musical, concerto)* recital.

audiência [aw'dʒjɐsja] *f* JUR hearing.

audiovisual [ˌawdʒjovi'zwaw] (*pl* -**ais** [-ajʃ]) *adj* audiovisual.

auditório [awdʒi'tɔrju] *m* auditorium; *(público ouvinte)* audience.

auge ['awʒi] *m* peak.

aula ['awla] *f* class, lesson.

aumentar [awmẽn'ta(x)] *vt & vi* to increase.

aumento [aw'mẽntu] *m* increase; *(de ordenado)* raise *Am*, rise *Brit*.

auréola [aw'rɛwla] *f* halo.

aurora [aw'rɔra] *f* dawn; ~ **boreal** the northern lights *pl*.

ausência [aw'zẽsja] *f* absence.

ausentar-se [awzẽn'taxsi] *vp*: ~ **de** *(de país, sala)* to leave.

ausente [aw'zẽntʃi] *adj* absent.

Austrália [awʃ'tralja] *f*: **a** ~ Australia.

autenticar [awtẽntʃi'ka(x)] *vt* JUR *(documento, assinatura)* to authenticate.

autêntico, ca [aw'tẽntʃiku, a] *adj (verdadeiro)* real; JUR authenticated.

autocolante [ˌawtoko'lãntʃi] *adj* self-adhesive. ◆ *m* sticker.

autódromo [aw'tɔdromu] *m* racetrack.

auto-escola [ˌawtoiʃ'kɔla] *m* driving school.

auto-estima [ˌawtoeʃ'tʃima] *f* self-esteem.

auto-estrada [ˌawtoʃ'trada] *f* freeway *Am*, motorway *Brit*.

autografar [awtogra'fa(x)] *vt* to autograph.

autógrafo [aw'tɔgrafu] *m* autograph.

autolocadora [ˌawtoloka'dora] *f* car rental.

automático, ca [awto'matʃiku, ka] *adj* automatic.

automobilismo [awtomobi'liʒmu] *m* car racing.

automóvel [awto'mɔvew] (*pl* -**eis** [-ejʃ]) *m* automobile *Am*, motorcar *Brit*.

autópsia [aw'tɔpsja] *f* MED autopsy.

autor, ra [aw'to(x), ra] (*mpl* -**res** [-riʃ], *fpl* -**s** [-ʃ]) *m*, *f* author; *(de idéia)* originator; *(de brincadeira)* instigator; JUR *(de crime)* perpetrator.

auto-retrato [ˌawtoxe'tratu] *m* self-portrait.

autoridade [awtori'dadʒi] *f* authority.

autorização [awtoriza'sãw] (*pl* -**ões** [-õjʃ]) *f* authorization.

autorizar [awtori'za(x)] *vt* to authorize.

auxiliar [awsili'a(x)] (*pl* -**res** [-riʃ]) *adj* auxiliary. ◆ *mf* assistant. ◆ *vt* to assist.

auxílio [aw'silju] *m* help.

avalanche [ava'lãʃi] *f* avalanche.

avaliação [avalja'sãw] (*pl* -**ões** [-õjʃ]) *f* assessment; JUR valuation.

avaliar [ava'lja(x)] *vt* to assess; *(gastos)* to estimate; *(valor de objeto)* to value.

avançado, da [avãˈsadu, da] *adj* advanced; *(pessoa)* progressive.

avançar [avãˈsa(x)] *vi* to advance.

avarento, ta [avaˈrẽntu, ta] *adj* miserly.

avaria [avaˈria] *f* breakdown.

avariado, da [avaˈrjadu, da] *adj* out of order; *(carro)* broken down.

ave [ˈavi] *f* bird.

aveia [aˈveja] *f* oats *pl*.

avelã [aveˈlã] *f* hazelnut.

avenida [aveˈnida] *f* avenue.

avental [avẽˈtaw] *(pl* **-ais** [-ajʃ]) *m* apron.

aventura [avẽˈtura] *f* adventure; *(amorosa)* affair.

aventureiro, ra [avẽntuˈrejru, ra] *m, f* adventurer.

averiguação [averigwaˈsãw] *(pl* **-ões** [-õjʃ]) *f* investigation.

averiguar [averiˈgwa(x)] *vt* to investigate; *(verdade)* to find out.

avesso [aˈvesu] *m (de casaco, saco)* reverse; *(contrário)* opposite. ◆ *adj*: ~ a averse to; **pelo** ~ inside out.

avestruz [aveʃˈtruʃ] *(pl* **-zes** [-ziʃ]) *f* ostrich.

avião [aˈvjãw] *(pl* **-ões** [-õjʃ]) *m* plane.

ávido, da [ˈavidu, da] *adj*: ~ **de** greedy for.

aviões → avião.

avisar [aviˈza(x)] *vt* to warn; *(notificar)* to inform.

aviso [aˈvizu] *m (advertência)* warning; *(sinal, letreiro, notificação)* notice.

avistar [aviʃˈta(x)] *vt* to see.

avô, avó [aˈvo, aˈvɔ] *m, f* grandfather.

avós [aˈvɔʃ] *mpl* grandparents.

avulso, sa [aˈvuwsu, sa] *adj* separate. ◆ *adv* separately.

axila [akˈsila] *f* armpit.

azar [aˈza(x)] *(pl* **-res** [-riʃ]) *m (falta de sorte)* bad luck; **azar!** too bad!; **estar com** ~ to be out of luck.

azarado, da [azaˈradu, da] *m, f* unlucky person.

azares → azar.

azedar [azeˈda(x)] *vt* to turn sour.

azedo, da [aˈzedu, da] *adj* sour.

azeite [aˈzejtʃi] *m* olive oil; ~ **de dendê** palm oil.

azeitona [azejˈtona] *f* olive; ~**s pretas** black olives.

azul [aˈzuw] *(pl* **azuis** [aˈzujʃ]) *adj & m* blue.

azulejo [azuˈlejʒu] *m* glazed tile.

azul-marinho [aˌzuwmaˈriɲu] *adj inv* navy (blue).

B

babá [baˈba] *f* nanny.

bacalhau [bakaˈʎaw] *m (peixe)* cod; *(em culinária)* salt cod.

bacia [baˈsia] *f* basin; ANAT pelvis.

baço, ça [ˈbasu, sa] *adj (metal, espelho)* tarnished; *(tinta, cor)* matt. ◆ *m* ANAT spleen.

bactéria [bakˈtɛrja] *f* bacterium.

badejo [baˈdeʒu] *m* sea bass.

bafo ['bafu] *m* breath.

bafômetro [ba'fometru] *m* Breathalyzer®.

baforada [bafo'rada] *f* puff.

bagageiro [baga'ʒejru] *m (em carro)* roof-rack.

bagagem [ba'gaʒẽ] *(pl* -ns *[-ʃ]) f* baggage *Am*, luggage *Brit;* **despachar/depositar a ~** to check in/leave one's baggage.

bagatela [baga'tɛla] *f* trifle.

bago ['bagu] *m (de uva)* grape; *(de trigo)* grain.

bagunça [ba'gũsa] *f* mess.

Bahia [ba'ia] *f* Bahia.

baía [ba'ia] *f* bay.

bailarino, na [bajla'rinu, na] *m, f* ballet dancer.

baile ['bajli] *m* ball.

bainha [ba'iɲa] *f (de calças, etc)* hem; *(de espada)* scabbard.

bairro ['bajxu] *m* neighborhood; *(divisão administrativa)* district.

baixa ['bajʃa] *f (em quantidade)* decrease; *(de preço)* reduction; *(em guerra)* casualty.

baixar [baj'ʃa(x)] *vt* to lower. ◆ *vi (preço, valor)* to come down. ❑ **baixar-se** *vp* to bend down.

baixo, xa ['bajʃu, ʃa] *adj* low; *(pessoa)* short; *(qualidade)* poor; *(profundidade)* shallow; *fig (desprezível)* mean. ◆ *adv (falar, ler)* quietly; *(relativo a posição)* low. ◆ *m (instrumento)* bass; **o mais ~/a mais baixa** *(pessoa)* the shortest; *(objeto, preço)* the lowest; **para ~** down; **por ~ de** under(neath).

bajulador, ra [baʒula'do(x), ra] *adj* obsequious. ◆ *m, f* flatterer.

bajular [baʒu'la(x)] *vt:* **~ alguém** to flatter sb.

bala ['bala] *f* bullet; *(doce)* candy; **~ perdida** stray bullet; **à prova de ~** bullet-proof.

balança [ba'lãsa] *f* scales *pl*. ❑ **Balança** *f* Libra.

balançar [balã'sa(x)] *vt & vi (balanço)* to swing; *(barco)* to rock.

balanço [ba'lãsu] *m (de criança)* swing; *(ação)* swinging.

balão [ba'lãw] *(pl* -ões *[-õjʃ]) m* balloon; *(de transporte)* hot-air balloon.

balbuciar [bawbu'sja(x)] *vt & vi* to mumble.

balbúrdia [baw'buxdʒja] f *(desordem)* shambles sg; *(barulho)* racket.

balcão [baw'kãw] *(pl* **-ões** [-õjʃ]) m *(de bar, loja)* counter; *(de teatro)* balcony; *(de casa)* balcony.

balde ['bawdʒi] m bucket, pail.

baldeação [bawdʒja'sãw] *(pl* **-ões** [-õjʃ]) f change; **fazer ~** to change.

balé [ba'lɛ] m ballet.

baleia [ba'leja] f whale.

balneário [baw'njarju] m spa.

balões → **balão**.

bálsamo ['bawsamu] m balsam, balm; *fig (alívio)* comfort.

banal [ba'naw] *(pl* **-ais** [-ajʃ]) adj banal.

banana [ba'nana] f banana.

banca ['bãŋka] f: **~ de jornais** newsstand.

bancada [bãŋ'kada] f *(de cozinha)* counter; *(de trabalho)* bench; POL political caucus.

bancário, ria [bãŋ'karju, rja] adj banking *(antes de s)*. ◆ m, f bank clerk.

banco ['bãŋku] m *(de cozinha)* stool; *(de carro)* seat; FIN bank; **~ de areia** sandbank; **~ de dados** INFORM database; **~ de jardim** *(park)* bench.

banda ['bãnda] f side; *(filarmónica)* brass band; *(de rock)* band; **de ~** *(de lado)* sideways.

bandeira [bãn'dejra] f flag; **dar ~** to give the game away.

bandeja [bãn'deʒa] f tray; **de ~** given on a plate.

bandejão [bãnde'ʒãw] *(pl* **-ões** [-õjʃ]) m cafeteria meal.

bandido, da [bãn'dʒidu, da] m, f criminal.

bando ['bãndu] m *(de aves)* flock; *(de criminosos)* gang.

banha ['baɲa] f: **~ (de porco)** lard.

banheira [ba'ɲejra] f bathtub.

banheiro [ba'ɲejru] m bathroom.

banhista [ba'ɲiʃta] mf swimmer.

banho ['baɲu] m *(em banheira)* bath; *(em piscina, mar)* swim; **tomar ~** *(em banheira)* to have a bath; *(em chuveiro)* to have a shower; *(em piscina, mar)* to have a swim; **tomar um ~ de sol** to sunbathe.

banho-maria [ˌbaɲuma'ria] m bain-marie.

banir [ba'ni(x)] vt *(proibir)* to ban; *(expulsar)* to banish.

banquete [bãŋ'ketʃi] m banquet.

bar ['ba(x)] *(pl* **-res** [-riʃ]) m bar.

baralho [ba'raʎu] m *(de cartas)* deck *(of cards)* Am, pack *(of cards)* Brit.

barata [ba'rata] f cockroach.

barato, ta [ba'ratu, ta] adj cheap. ◆ adv cheaply. ◆ m fun; **mais ~** cheaper; **o mais ~** the cheapest; **foi o maior ~!** it was great!; **que ~!** swell!

barba ['baxba] f beard; **fazer a ~** to shave.

barbante [bax'bãntʃi] m string.

barbatana 34

barbatana [baxba'tana] f (de peixe) fin.

barbeador [barbja'do(x)] (pl -res [-rif]) m: ~ (elétrico) (electric) shaver.

barbear-se [bax'bjaxsi] vp to shave.

barbeiro [bax'bejru] m barber shop.

barca ['baxka] f ferry.

barco ['baxku] m boat; ~ **a motor** speedboat; ~ **a remo** rowboat; ~ **à vela** sailing boat.

bares → **bar**.

barra ['baxa] f bar; (foz) mouth (of a river); (situação) situation.

barraca [ba'xaka] f (de feira) stand; (de camping) tent.

barraco [ba'xaku] m shack.

barragem [ba'xaʒẽ] (pl -ns [-ʃ]) f dam.

barranco [ba'xãŋku] m ravine.

barrar [ba'xa(x)] vt to bar.

barreira [ba'xejra] f (de rio, estrada) embankment; ESP hurdle; fig (obstáculo) obstacle.

barriga [ba'xiga] f belly; **minha ~ está roncando** my stomach's rumbling; ~ **da perna** calf; ~ **para cima/para baixo** face up/down.

barril [ba'xiw] (pl -is [-iʃ]) m barrel.

barro ['baxu] m clay.

barroco, ca [ba'xoku, ka] adj & m baroque.

barulhento, ta [baru'ʎẽntu, ta] adj noisy.

barulho [ba'ruʎu] m (ruído) noise; (confusão) commotion.

base ['bazi] f base; (de maquiagem) foundation; (fundamento) basis.

básico, ca ['baziku, ka] adj basic.

basílica [ba'zilika] f basilica.

basquete ['baʃkɛtʃi] m basketball.

bastante [baʃ'tãntʃi] adv (muito) a lot; (suficiente) enough. ◆ adj (muito) a lot of; (suficiente) enough; **ele é ~ feio** he is quite ugly.

bastar [baʃ'ta(x)] vi to be enough; **basta!** that's enough!

bastidores [baʃtʃi'doreʃ] mpl wings; (da política, de negociação) behind the scenes.

bata ['bata] f (de mulher) robe; (de médico) (white) coat.

batalha [ba'taʎa] f battle.

batata [ba'tata] f potato; ~**s assadas/cozidas** roast/boiled potatoes; ~**s fritas** French fries Am, chips Brit; ~**s fritas (de pacote)** chips Am, crisps Brit.

batata-doce [ba,tata'dosi] f sweet potato.

batente [ba'tẽntʃi] m (porta) doorframe; **pegar no ~** to work hard.

bate-papo [,batʃi'papu] (pl **bate-papos** [,batʃi'papuʃ]) m chat.

bater [ba'te(x)] vt to beat; (asas) to flap ◆ vi (coração) to beat; (porta, janela) to bang; **ela estava batendo o queixo** her teeth were chattering; ~ **à (a porta)** to knock at; ~ **a porta** to slam the door; ~ **com algo contra** ou **em**

algo to hit sthg against sthg; **~ com o carro** to crash one's car; **~ em** to hit; **~ à máquina** to type; **~ papo** to chat; **~ o pé** *(teimar)* to put one's foot down; **~ as botas** *(morrer)* he bought the farm; **ela não bate bem** she's a nutcase.

bateria [bate'ria] *f (de carro, motor)* battery; *MÚS* drums *pl*.

baterista [bate'riʃta] *mf* drummer.

batida [ba'tʃida] *f (de veículo)* crash; *(de polícia)* raid; *(bebida)* cocktail containing "cachaça", sugar and fruit.

batismo [ba'tʃiʒmu] *m* baptism.

batizado [batʃi'zadu] *m* christening.

batom [ba'tõ] *(pl* **-ns** [-ʃ]*) m* lipstick.

batucada [batu'kada] *f (música)* percussion music.

batucar [batu'ka(x)] *vi* to drum.

baú [ba'u] *m* trunk.

baunilha [baw'niʎa] *f* vanilla.

bebê [be'be] *m* baby; **' ~ a bordo'** 'baby on board'.

bebedeira [bebe'dejra] *f* drunkenness; **tomar uma ~** to get drunk.

beber [be'be(x)] *vt & vi* to drink; **~ (muito)** to get drunk.

bebida [be'bida] *f* drink.

beça ['bɛsa]: **à beça** *adv* a lot.
♦ *adj* loads of, a lot of; **o concerto foi bom à ~** the concert was really good.

beco ['beku] *m* alley; **~ sem saída** dead end.

bege ['bɛʒi] *adj inv* beige.

beija-flor [,bejʒa'flo(x)] *(pl* **beija-flores** [,bejʒa'floriʃ]*) m* hummingbird.

beijar [bej'ʒa(x)] *vt* to kiss.
❑ **beijar-se** *vp* to kiss.

beijo ['bejʒu] *m* kiss.

beira ['bejra] *f (de estrada)* side; *(de rio)* bank; *(de precipício)* edge; **à ~ de** *(no limiar de)* on the verge of.

beira-mar [,bejra'ma(x)] *f* seaside; **à ~** by the sea.

beira-rio [,bejra'xiu] *f* riverside; **à ~** by the river.

beisebol [bejze'bɔw] *m* baseball.

belas-artes [,bɛla'zaxtʃiʃ] *fpl* fine arts.

beldade [bew'dadʒi] *f* beauty.

beleza [be'leza] *f* beauty; **que ~!** how wonderful!

Bélgica ['bɛwʒika] *f*: **a ~** Belgium.

beliche [be'liʃi] *m* bunk.

beliscar [beliʃ'ka(x)] *vt* to pinch.

belo, la ['bɛlu, la] *adj* beautiful; *(homem)* handsome; *(momento)* wonderful; *(dia, sentimento, livro)* fine.

bem ['bẽj] *adv* -1. *(de forma satisfatória, correta)* well; **fala ~ inglês** she speaks English well; **fez ~** you did the right thing! - 2. *(exprime opinião favorável)*: **estar ~** *(de saúde)* to be well; *(de aspecto)* to look good; *(relativo a comodidade)* to be comfortable; **cheirar ~** to smell good. - 3. *(suficiente)*: **estar ~** to be enough.

- 4. *(muito)* very; **queria o bife ~ passado** I'd like my steak well-done; **queria uma bebida ~ gelada** I'd like an ice-cold drink.

- 5. *(bastante)* quite; **é um carro ~ espaçoso** it's quite a spacious car; **é um lugar ~ bonito** it's quite a pretty spot.

- 6. *(exatamente)* right; **não é ~ assim** it isn't quite like that; **não é ~ aqui, é mais adiante** it isn't here exactly, it's farther down.

- 7. *(em locuções):* **eu ~ que lhe avisei** I told you so; **eu ~ que ajudaria, mas não posso** I'd be glad to help but I can't; **~ como** as well as; **~ feito!** it serves you right!; **está ~!** OK!, all right!; **muito ~!** very good!; **você vai ter que ir por ~ ou por mal** you'll have to go whether you like it or not; **se ~ que** although, even though.

♦ *m* **- 1.** *(o que é bom)* good.

- 2. *(bem-estar, proveito)* good; **praticar o ~** to do good; **é para o seu ~** it's for your own good; **meu ~** *(tratamento)* sweetheart.

❑ **bens** *mpl (posses)* property *sg; (produtos)* goods; **bens imóveis** ou **de raiz** real estate *sg;* **bens de consumo** consumer goods.

bem-disposto, osta [bɛjdʒiˈpoʃtu, ɔʃta] *adj (bem humorado)* good-humored.

bem-estar [bɛjʃˈta(x)] *m* well-being.

bem-vindo, da [bɛjˈvĩdu, da] *adj* welcome.

bendizer [bɛ̃dʒiˈze(x)] *vt* to praise.

beneficência [benefiˈsẽsja] *f* charity.

beneficiar [benefiˈsja(x)] *vt* to benefit.

benefício [beneˈfisju] *m* benefit.

benéfico, ca [beˈnɛfiku, ka] *adj* beneficial.

bengala [bẽˈgala] *f* cane.

benigno, na [beˈnignu, na] *adj* benign.

bens → **bem.**

benzer [bẽˈze(x)] *vt* to bless.

♦ **benzer-se** *vp* to cross o.s.

berço [ˈbexsu] *m* crib *Am,* cot *Brit.*

berinjela [beriˈʒɛla] *f* eggplant *Am,* aubergine *Brit.*

besouro [beˈzoru] *m* beetle.

besta [ˈbeʃta] *f (animal)* beast of burden; *(pessoa)* idiot.

besteira [beʃˈtejra] *f (asneira)* nonsense; *(insignificância)* trifle.

beterraba [beteˈxaba] *f* beet.

bexiga [beˈʃiga] *f* bladder.

bezerro [beˈzexu] *m* calf.

Bíblia [ˈbiblia] *f* Bible.

biblioteca [biblioˈtɛka] *f* library.

bibliotecário, ria [bibliote-ˈkarju, rja] *m, f* librarian.

bica [ˈbika] *f (de água)* tap.

bicar [biˈka(x)] *vt & vi* to peck.

bicha [ˈbiʃa] *f (lombriga)* worm; *pej (homossexual)* queer.

bicho [ˈbiʃu] *m (animal)* animal; *(inseto)* bug.

bicicleta [bisiˈklɛta] *f* bicycle.

bico ['biku] m *(de sapato)* toe; *(de ave)* beak; *(de fogão)* burner; *(do seio)* nipple; *(trabalho)* odd job.

bife ['bifi] m steak.

bifurcação [bifuxka'sãw] *(pl -ões* [-õjʃ]*)* f fork.

bigode [bi'gɔdʒi] m mustache.

bijuteria [biʒute'ria] f costume jewelry.

bilhão [bi'ʎãw] *(pl -ões* [-õjʃ]*)* num *(mil milhões)* billion Am, thousand million Brit.

bilhar [bi'ʎa(x)] *(pl -res* [-riʃ]*)* m *(jogo)* pool sg; *(mesa)* pool table; **jogar** ~ to play pool.

bilhete [bi'ʎetʃi] m ticket; ~ **de ida e volta** round-trip ticket Am, return ticket Brit; ~ **simples** *(em metrô)* one-way (ticket); ~ **de loteria** lottery ticket.

bilheteria [biʎete'ria] f *(de teatro, cinema)* box office.

bilhões → **bilhão**

bilíngüe [bi'lĩŋgwi] adj bilingual.

bílis ['biliʃ] f bile.

binóculo [bi'nɔkulu] m binoculars pl.

biografia [bjogra'fia] f biography.

biologia [bjolo'ʒia] f biology.

biólogo, ga ['bjɔlogu, ga] m, f biologist.

biombo [bi'õmbu] m screen.

biópsia [bjɔp'sia] f biopsy.

biquíni [bi'kini] m bikini.

birra ['bixa] f tantrum; **fazer** ~ to throw a tantrum.

bis [biʃ] interj encore!

bisavô, vó [biza'vo, vɔ] m, f great-grandfather.

bisavós [biza'vɔʃ] mpl great-grandparents.

biscoito [biʃ'kojtu] m cookie Am, biscuit Brit; ~**s amanteigados** shortbread.

bisnaga [biʒ'naga] f *(tubo)* tube; *(de pão)* French stick.

bisneto, ta [biʒ'nɛtu, ta] m, f great-grandson.

bispo ['biʃpu] m bishop.

bisteca [biʃ'tɛka] f steak.

bizarro, a [bi'zaxu, a] adj bizarre.

blasfêmia [blaʃ'femja] f blasphemy.

bloco ['blɔku] m *(de folhas)* writing pad; *(de, notas)* notepad; *(de apartamentos)* (apartment) building; *(de concreto)* block.

bloquear [blo'kja(x)] vt to block.

blusa ['bluza] f blouse.

blusão [blu'zãw] *(pl -ões* [-õjʃ]*)* m jacket.

boa[1] → **bom**.

boa[2] ['boa] f boa constrictor.

boas-festas [ˌboaʒ'feʃtaʃ] fpl: **dar as** ~ **a alguém** to wish sb a Merry Christmas.

boas-vindas [ˌboaʒ'vĩndaʃ] fpl: **dar as** ~ **a alguém** to welcome sb.

boate ['bwatʃi] f nightclub.

boato ['bwatu] m rumor.

bobagem [bo'baʒẽ] *(pl -ns* [-ʃ]*)* f nonsense sg.

bobina [bo'bina] f *(de circuito elétrico)* coil; *(de fio, corda)* reel.

bobo, ba ['bobu, ba] *adj* silly.

boca ['boka] *f* mouth; *(de rua, túnel)* entrance; *(de fogão)* ring.

bocado [bo'kadu] *m (de pão, bolo, queijo)* piece.

bocal [bo'kaw] *(pl* **-ais** [-ajʃ]) *m (de castiçal)* mouth; *(de instrumento musical)* mouthpiece.

bocejar [bose'ʒa(x)] *vi* to yawn.

bochecha [bu'ʃeʃa] *f* cheek.

bochechar [boʃe'ʃa(x)] *vi* to gargle.

boda ['boda] *f* wedding; **~s de ouro/prata** golden/silver wedding (anniversary) *sg.*

bofetada [bofe'tada] *f* slap.

boi ['boj] *m* ox.

bóia ['boja] *f* float; *(de barco)* life preserver *Am*, life buoy *Brit.*

boina ['bojna] *f* flat cap.

bola ['bɔla] *f* ball; *(cabeça)* head; **dar ~ para** *(flertar com)* to flirt with; **não dar ~ para** *(não dar importância a)* to not care less; **não bater bem da ~** to not be right in the head.

boléia [bo'leja] *f (de caminhão)* driver's cab.

boletim [bole'tʃĩ] *(pl* **-ns** [-ʃ]) *m (de notícias)* bulletin; *(revista)* newsletter; *EDUC* report; **~ médico** medical report; **~ meteorológico** weather forecast.

bolha ['boʎa] *f (em pele)* blister; *(em líquido)* bubble.

bolo ['bolu] *m* cake; **dar o ~ em alguém** to stand sb up.

bolor [bo'lo(x)] *m* mold.

bolota [bo'lɔta] *f* acorn.

bolsa ['bowsa] *f (mala)* bag; **~ de estudos** scholarship; **~ de valores** stock exchange.

bolso ['bowsu] *m* pocket.

bom, boa ['bõ, 'boa] *(mpl* **bons** ['bõʃ], *fpl* **boas** ['boaʃ]) *adj* good; *(bondoso)* kind, nice; *(são)* well; *(adequado)* suitable; **~ dia/boa tarde/boa noite** good morning/afternoon ou evening/night; **essa é boa!** that's a good one!; **é ~ você fazer isso direito!** you'd better do that well!; **estar numa boa** to have it good; **ficar** *(trabalho)* to come out well; *(pessoa)* to get well; **tudo ~?** how's it going?, how are you doing?

bomba ['bõmba] *f (de ar, água)* pump; *(explosivo)* bomb; **~ atômica** atomic bomb; **~ de chocolate** chocolate éclair; **~ de gasolina** gas pump *Am*, petrol pump *Brit (fam)*; **levar ~** to fail.

bombardear [bõmbax'dʒja(x)] *vt* to bomb.

bombeiro [bõm'bejru] *m* firefighter; *(encanador)* plumber; **os ~s (voluntários)** fire department *Am*, fire brigade *Brit.*

bombom [bõm'bõ] *(pl* **-ns** [-ʃ]) *m* chocolate.

bondade [bõn'dadʒi] *f* goodness.

bonde ['bõndʒi] *m* streetcar *Am*, tram *Brit.*

bondoso, osa [bõn'dozu, ɔza] *adj* kind.

boné [bo'nɛ] *m* cap.

boneca [bo'nɛka] *f* doll.

boneco [bo'nɛku] *m (brinquedo)* doll; *(desenho)* stick figure; ~ **de neve** snowman.

bonito, ta [bo'nitu, ta] *adj* pretty; *(homem)* good-looking; *(momento)* wonderful; *(gesto, atitude, sentimento)* kind; *(dia)* nice.

bons → **bom**.

bônus ['bonuʃ] *m inv (de empresa)* bonus; *(de loja)* voucher.

borboleta [boxbo'leta] *f* butterfly.

borbulha [box'buʎa] *f (de água, champanhe)* bubble.

borda ['boxda] *f* edge; *(de torta, pizza)* crust.

bordado, da [box'dadu, da] *adj* embroidered. ◆ *m* embroidery.

bordar [box'da(x)] *vt & vi* to embroider.

bordel [box'dɛw] *(pl* **-éis** [-ɛjʃ]*) m* brothel.

bordo ['boxdu] *m (de navio, passeio)* side; **a** ~ **on board.**

borra ['boxa] *f (de café)* grounds *pl; (de vinho)* dregs *pl.*

borracha [bo'xaʃa] *f* eraser *Am,* rubber *Brit; (material)* rubber.

borracheiro [boxa'ʃejru] *m* person who repairs and sells rubber.

borrifar [boxi'fa(x)] *vt:* ~ **algo com algo** to sprinkle sthg with sthg.

bosque ['boʃki] *m* wood.

bossa ['bosa] *f* hump; ~ **nova** *Brazilian musical movement from the 1960s.*

bota ['bota] *f* boot.

botânica [bo'tãnika] *f* botany → **botânico.**

botânico, ca [bo'tãniku, ka] *m, f* botanist. ◆ *adj m* → **jardim.**

botão [bo'tãw] *(pl* **-ões** [-õjʃ]*) m (de vestuário, aparelho)* button; *(de flor)* bud.

botar [bo'ta(x)] *vt* to put; *(vestir, calçar)* to put on; *(suj: ave)* to lay; *(defeito)* to find; ~ **algo em dia** to update sthg; ~ **algo fora** to throw sthg away.

bote ['bɔtʃi] *m* boat; ~ **salvavidas** lifeboat.

botequim [botʃi'kĩ] *(pl* **-ns** [-ʃ]*) m* bar.

botijão [botʃi'ʒãw] *(pl* **-ões** [-õjʃ]*) m (de gás)* bottle.

botões → **botão.**

boxe ['bɔksi] *m* boxing.

braçadeira [brasa'dejra] f *(para natação)* armband; *(de cano, mangueira)* bracket.

bracelete [brase'letʃi] m bracelet.

braço ['brasu] m arm; *(de viola, violino, violoncelo)* neck; *(de rio)* branch; *(de mar)* inlet; **não dar o ~ a torcer** not to give in; **ser o ~ direito de alguém** to be sb's right hand; **de ~ dado** arm in arm.

bradar [bra'da(x)] vt to cry out. ◆ vi to clamor.

braguilha [bra'giʎa] f flies pl.

branco, ca ['brãŋku, ka] adj & m white. ◆ m, f *(pessoa)* white man; ~ *(folha, cheque)* blank.

brando, da ['brãndu, da] adj gentle; **cozinhar em fogo ~** to simmer.

brasa ['braza] f ember.

brasão [bra'zãw] *(pl* -ões [-õjʃ]*)* m coat of arms.

Brasil [bra'ziw] m: **o ~** Brazil.

brasileiro, ra [brazi'lejru, ra] adj & m, f Brazilian.

Brasília [bra'zilja] s Brasilia.

BRASÍLIA

More than just the capital of Brazil, Brasília is a monument to modern architecture. Founded in 1960, it was planned so as to sit in the exact geographical center of the country. Its palaces and buildings are simple yet elegant, spreading down wide avenues and boulevards in a celebration of speed and efficiency. The central government offices are housed here in the Palácio do Planalto, not far from the twin towers of the Brazilian National Congress.

---

brasões → brasão.

bravio, via [bra'viu, via] adj wild.

bravo, va ['bravu, va] adj *(valente)* brave; *(selvagem)* wild; *(tempestuoso)* rough; *fig (furioso)* angry. ◆ interj bravo!

brejo ['breʒu] m swamp.

breve ['brɛvi] adj short; **em ~** soon; **até ~!** see you soon!

brevemente [‚brɛvi'mẽntʃi] adv shortly.

briga ['briga] f fight.

brigada [bri'gada] f *(de trânsito)* patrol; *(de trabalhadores)* crew.

brilhante [bri'ʎãntʃi] adj *(cabelo, metal)* shiny; *(olhos)* bright; *fig (excelente)* brilliant. ◆ m diamond.

brilhar [bri'ʎa(x)] vi to shine.

brilho ['briʎu] m *(de cabelo, metal)* shine; *(de olhos, sol)* brightness.

brincadeira [brĩŋka'dejra] f *(jogo)* game; *(gracejo)* joke.

brincar [brĩŋ'ka(x)] vi *(criança)* to play; *(gracejar)* to joke.

brinco ['brĩŋku] m earring.

brindar [brĩn'da(x)] vi *(fazer um brinde)* to drink a toast. ◆ vt *(presentear)*: ~ **alguém com algo** to give sthg as a present to sb; ~ **à**

saúde de alguém to drink to sb.

brinde ['brĩdʒi] m (presente) present; **fazer um** ~ to propose a toast.

brinquedo [brĩ'kedu] m toy.

brisa ['briza] f breeze.

britânico, ca [bri'taniku, ka] adj British. ◆ m, f British person; **os** ~s the British.

broca ['brɔka] f drill.

broche ['brɔʃi] m brooch.

brochura [bro'ʃura] f paperback.

brócolis ['brɔkoliʃ] mpl broccoli sg.

bronca ['brõŋka] f (repreensão) scolding.

bronquite [brõŋ'kitʃi] f bronchitis.

bronze ['brõzi] m bronze.

bronzeado, da [brõ'zeadu, da] adj tanned. ◆ m (sun)tan.

bronzeador [brõzea'do(x)] (pl -res [-riʃ]) m suntan lotion.

bronzear-se [brõ'zjaxsi] vp to get a (sun)tan.

brotar [bro'ta(x)] vi (água) to well up; (flor, planta) to sprout. ◆ vt (líquido) to spurt.

bruços [brusuʃ] mpl: **de** ~ (posição) face down.

bruma ['bruma] f mist.

brusco, ca ['bruʃku, ka] adj (pessoa) brusque; (gesto, movimento) sudden.

brutal [bru'taw] (pl -ais [-ajʃ]) adj brutal.

bruto, ta ['brutu, ta] adj rough; (peso) gross; **em** ~ raw.

bruxa ['bruʃa] f witch.

búfalo ['bufalu] m buffalo.

bugigangas [buʒi'gãŋgaʃ] fpl knick-knacks.

bula ['bula] f (de remédio) instruction leaflet.

bulbo ['buwbu] m bulb.

bule ['buli] m (para chá) teapot; (para café) coffee pot.

Bumba-meu-boi ['bũmba-mew,boj] Bumba-meu-boi.

BUMBA-MEU-BOI

An allegory which has as its dramatic focus the death and resurrection of an ox. It involves human characters, animals and fantasy figures. In certain regions of the country it is played between Christmas and the 6th of January. In the states of the North it is played during the "festas juninas" (June festivals).

bunda ['bũnda] f bottom.

buraco [bu'raku] m hole.

burla ['burla] f fraud.

burlão, ona [bur'lãw, ona] (mpl -ões [-õjʃ], fpl -s [-ʃ]) m, f fraudster.

burocracia [burokra'sia] f bureaucracy.

burro, a [buxu, a] m, f donkey. ◆ adj (estúpido) stupid.

busca ['buʃka] f search; **em** ~ **de** in search of.

buscar [buʃ'ka(x)] vt to search for, to look for.

bússola ['busola] f compass.

busto

busto ['buʃtu] m bust.

buzina [bu'zina] f horn.

buzinar [buzi'na(x)] vi to sound the horn.

búzio ['buzju] m conch.

C

cá ['ka] adv here; **venha ~, por favor** come here, please.

cabana [ka'bana] f hut.

cabeça [ka'besa] f head; (de alho) bulb; **por ~** per head; **à ~ (à frente)** at the front; **de ~ para baixo** upside down; **fazer a ~ de alguém** to convince sb; **não ter pé nem ~** to make no sense; **perder a ~** to lose one's head.

cabeçada [kabe'sada] f (pancada com a cabeça) head butt; (em futebol) header.

cabeceira [kabe'sejra] f head.

cabeçudo, da [kabe'sudu, da] adj (teimoso) stubborn.

cabedal [kabe'daw] (pl **-ais** [-ajʃ]) m personal possession.

cabeleira [kabe'lejra] f (verdadeira) head of hair; (postiça) wig.

cabeleireiro, ra [kabelej'rejru, ra] m, f (profissão) hairdresser. ◆ m (local) beauty parlor.

cabelo [ka'belu] m hair; **ir cortar o ~** to get one's hair cut.

caber [ka'be(x)] vi to fit in. ◻ **caber a** v + prep: **~ a alguém fazer algo** to be up to sb to do sthg.

cabide [ka'bidʒi] m (de chapéu) hat stand; (de roupa) (clothes) hanger.

cabine [ka'bini] f (telefónica) telephone booth; (de navio, avião) cabin; (de trem) compartment.

cabisbaixo, xa [kabiʒ'bajʃu, ʃa] adj fig (triste) downcast.

cabo ['kabu] m cable; (de utensílio) handle; (de terra) cape; (de exército) corporal; **ao ~ de** after; **de ~ a rabo** from beginning to end; **dar ~ de algo** to wreck sthg.

cabra ['kabra] f goat.

cabrito [ka'britu] m kid (goat).

caça ['kasa] f (ação) hunting; (animal caçado) game.

caçador, ra [kasa'do(x), ra] (mpl **-res** [-riʃ], fpl **-s** [-ʃ]) m, f hunter.

cação [ka'sãw] m dogfish.

caçar [ka'sa(x)] vt to hunt.

cacetada [kase'tada] f blow.

cacete [ka'setʃi] m (pau) stick; **ela é chata para ~!** she's a real bore!

cachaça [ka'ʃasa] f sugar cane spirit.

🛈

CACHAÇA

Probably Brazil's most famous drink, "cachaça" is a highly alcoholic spirit. It is used in various cocktails such as "caipirinha" (with lime juice, sugar and ice) and "batidas" (blended concoctions of "cachaça" and fruit pulp). If you decide to drink it straight, pouring some on the floor first is said to bring good luck. Look out for the more colorful brand names such as "Levanta-Defunto" (the resurrector), "Mata-Sogra" (mother-in-law killer) and "Xixi-do-Diabo" (devil's pee).

cachecol [kaʃeˈkɔw] (*pl* **-óis** [-ɔjʃ]) *m* scarf.

cachimbo [kaˈʃĩbu] *m* pipe.

cacho [ˈkaʃu] *m* (*de uvas, flores*) bunch; (*de cabelo*) lock.

cacto [ˈka(k)tu] *m* cactus.

cada [ˈkada] *adj* (*um*) each; (*todos*) every; ~ **duas semanas** every two weeks; ~ **qual** each one; ~ **um/uma** each (one); **um/uma de** ~ **vez** one at a time; ~ **vez mais** more and more; ~ **vez que** every time; **aqui é** ~ **um por si** everyone looks out for themselves here; **você tem** ~ **uma!** you came out with real good ones!

cadarço [kaˈdaxsu] *m* shoelace.

cadastro [kaˈdaʃtru] *m* (*registro*) register; (*de criminosos*) criminal record.

cadáver [kaˈdavɛ(x)] (*pl* **-res** [-riʃ]) *m* corpse.

cadê [kaˈde] *adv:* ~ **...?** where's ...?, where are ...? *pl.*

cadeado [kaˈdʒjadu] *m* padlock.

cadeia [kaˈdeja] *f* (*fila*) chain; (*prisão*) prison.

cadeira [kaˈdejra] *f* (*assento*) chair; (*disciplina*) subject; ~ **de rodas** wheelchair.

cadela [kaˈdɛla] *f* bitch.

cadência [kaˈdẽsja] *f* rhythm.

caderno [kaˈdɛrnu] *m* notebook.

caducar [kadu·ka(x)] *vi* to expire.

caduco, ca [kaˈduku, ka] *adj* (*pessoa*) senile.

cães → **cão.**

café [kaˈfɛ] *m* coffee; (*local*) café; ~ **com leite** white coffee with cream *Am*, white coffee *Brit*; ~ **da manhã** breakfast; ~ **expresso** espresso; ~ **moído/solúvel** ground/instant coffee; (*adversário*) small time.

cafeteira [kafeˈtejra] *f* coffee pot.

cafezinho [kafeˈziɲu] *m* small black coffee.

caiar [kaˈja(x)] *vt* to whitewash.

caibo [ˈkajbu] → **caber.**

cãibra [ˈkãjmbra] *f* cramp.

caipira [kajˈpira] *adj* provincial. ◆ *mf* hick.

caipirinha [kajpiˈriɲa] *f* cocktail made of "cachaça", lime juice, sugar and ice.

cair [kaˈi(x)] *vi* to fall; (*luz*) to shine; ~ **bem/mal** (*comida*) to go down well/badly; ~ **na realidade** ou **em si** to come to one's senses; **nessa não caio eu!** I won't fall for that!

cais [ˈkajʃ] *m inv* (*de rio, mar*) harbor; ~ **de embarque** quay.

caixa [ˈkajʃa] *f* box; (*seção de*

banco, loja) counter; (*em super-mercado*) checkout; (*banco*) sav-ings bank; (*segurança social*) social security; (*de arma*) cham-ber. ◆ *mf* (*profissão*) cashier; ~ **alta/baixa** upper/lower case; ~ **automático** ou **24 horas** ATM; ~ **de mudanças** gearbox; ~ **do correio** mailbox; ~ **de fósforos** matchbox; ~ **postal** P.O. box; ~ **registadora** cash register.

caixão [kaj'ʃãw] (*pl* **-ões** [-õjʃ]) *m* coffin, casket *Am*.

caixeiro [kaj'ʃejru] *m:* ~ **via-jante** traveling salesman.

caixões → **caixão**.

caixote [kaj'ʃɔtʃi] *m* box.

caju [ka'ʒu] *m* cashew nut.

calado, da [ka'ladu, da] *adj* quiet; **fique** ~! be quiet!

calamidade [kalami'dadʒi] *f* calamity.

calar-se [ka'laxsi] *vp* to fall si-lent; **cale-se!** shut up!

calça ['kawsa] *f* pants *pl Am*, trousers *pl Brit*.

calçada [kaw'sada] *f* sidewalk *Am*, pavement *Brit*.

calçado, da [kaw'sadu, da] *adj* (*rua*) cobbled. ◆ *m* footwear.

calcanhar [kawka'ɲa(x)] (*pl* **-res** [-riʃ]) *m* heel.

calção [kaw'sãw] (*pl* **-ões** [-õjʃ]) *m* shorts *pl*; ~ **de banho** bath-ing suit.

calcar [kaw'ka(x)] *vt* (*pisar*) to stand on; (*comprimir*) to press down.

calçar [kaw'sa(x)] *vt* (*sapatos, meias, luvas*) to put on; (*rua, pas-*

seio) to pave; **que número você calça?** what size (shoe) do you wear?; **calço 37** I'm a (size) 37.

calcário [kaw'karju] *m* lime-stone.

calcinha [kaw'siɲa] *f* panties *pl Am*, knickers *pl Brit*.

cálcio ['kawsju] *m* calcium.

calço ['kawsu] *m* wedge.

calculadora [kawkula'dora] *f* calculator.

calcular [kawku'la(x)] *vt* (*núme-ro, valor*) to calculate; (*conjectu-nar*) to reckon.

cálculo ['kawkulu] *m* (*aritméti-co, algébrico*) calculation; (*discipli-na*) calculus; **pelos meus ~s estaremos lá em uma hora** I figure we'll be there in an hour.

calda ['kawda] *f* syrup.

caldo ['kawdu] *m* (*sopa*) broth; (*de carne, sopa, vegetais*) stock.

calendário [kalẽ'darju] *m* cal-endar.

calhar [ka'ʎa(x)] *vi* (*vir a propósi-to*): **calhou eu estar lá** I hap-pened to be there; **vir a** ~ to come at just the right time.

calibragem [kali'braʒẽ] (*pl* **-ns** [-ʃ]) *f:* ~ **(dos pneus)** tire pres-sure.

cálice ['kalisi] *m* (*vinho*) wine glass; (*sagrado*) chalice.

calista [ka'liʃta] *mf* podiatrist *Am*, chiropodist *Brit*.

calma ['kawma] *f* calm. ◆ *interj* take it easy!, calm down!; **ter** ~ to keep calm.

calmo, ma ['kawmu, ma] *adj* calm; (*lugar*) quiet.

calo ['kalu] *m* callus; *(de pé)* corn; **é melhor não pisar no meu ~!** you'd better not bother me!

calor [ka'lo(x)] *m* heat; **estar com ~** to feel hot; **fazer ~** to be hot.

caloria [kalo'ria] *f* calorie.

calouro, ra [ka'loru, ra] *m, f* freshman *Am,* fresher *Brit.*

calúnia [ka'lunja] *f* slander.

calvo, va ['kawvu, va] *adj* bald.

cama ['kama] *f* bed; ~ **de casal** double bed; ~ **de solteiro** single bed; **estar de ~** to be bedridden; **ir para a ~** *(fazer amor)* to go to bed with sb.

camada [ka'mada] *f* layer; *(de tinta, verniz)* coat; ~ **do ozônio** the ozone layer.

câmara ['kamara] *f:* ~ **fotográfica** camera; ~ **municipal** *(elementos)* city council; ~ **de vídeo** camcorder; **em ~ lenta** in slow motion.

camarada [kama'rada] *mf (de partido)* comrade; *(forma de tratamento)* buddy, pal. ◆ *adj (preço)* good.

câmara-de-ar [ˌkamaraˈdʒia(x)] *(pl* **câmaras-de-ar** [ˌkamaraʒˈdʒia(x)]) *f* inner tube.

camarão [kama'rãw] *(pl* **-ões** [-õjʃ]) *m* shrimp.

camarim [kama'rĩ] *(pl* **-ns** [-ʃ]) *m* dressing room.

camarões → **camarão**.

camarote [kama'rɔtʃi] *m (de navio)* cabin; *(de teatro)* box.

cambalear [kãmba'lja(x)] *vi* to stagger.

cambalhota [kãmba'ʎɔta] *f* somersault.

câmbio ['kãmbju] *m (troca de valores)* exchange; *(preço de transação)* exchange rate; *(de veículo)* gearshift.

camelo [ka'melu] *m* camel.

camelô [kame'lo] *m* street peddler.

caminhada [kami'nada] *f* walk.

caminhão [kami'nãw] *(pl* **-ões** [-õjʃ]) *m* truck *Am,* lorry *Brit.*

caminhar [kami'na(x)] *vi* to walk.

caminho [ka'miɲu] *m* way; *(via)* path; **estou a ~** I'm on my way; **a ~ de** on the way to; **pelo ~** on the way; **cortar ~** to take a short cut.

caminhões → **caminhão**.

caminhoneiro, ra [kamiɲo'nejru, ra] *m, f* truck driver *Am,* lorry driver *Brit.*

caminhonete [kamiɲo'nɛtʃi] *f (para passageiros)* minibus; *(para mercadorias)* van.

camisa [ka'miza] *f* shirt.

camiseta [kami'zeta] *f* T-shirt.

camisinha [kami'ziɲa] *f (preservativo)* condom.

camisola [kami'zɔla] *f (de dormir)* nightdress.

campainha [kãmpa'iɲa] *f* bell.

campanário [kãmpa'narju] *m* belfry.

campanha [kãm'paɲa] *f* campaign; ~ **eleitoral** election campaign.

campeão, peã [kãm'pjãw, pjã] (mpl -ões [-õjʃ], fpl -s [-ʃ]) m, f champion.

campeonato [kãmpjo'natu] m championship.

campestre [kãm'peʃtri] adj country (antes de s).

camping [kãm'pĩ] m camping; (local) campsite.

campista [kãm'piʃta] mf camper.

campo ['kãmpu] m country (side); (de esporte) field; ~ **de futebol** soccer field; ~ **de golfe** golf course.

camurça [ka'muxsa] f suede.

cana ['kana] f (planta) bamboo; (material) cane; (cana-de-açúcar) sugar cane; (cachaça) sugar cane spirit; **ir em ~** to be arrested.

Canadá [kana'da] m: **o ~** Canada.

canal [ka'naw] (pl -ais [-ajʃ]) m channel; (de navegação) canal; **o Canal da Mancha** (English) Channel.

canalização [kanaliza'sãw] (pl -ões [-õjʃ]) f (de água) plumbing; (de gás) piping.

canalizar [kanali'za(x)] vt (água, gás) to lay pipes for; fig (esforços, fundos) to channel.

canção [kã'sãw] (pl -ões [-õjʃ]) f song.

cancela [kã'sɛla] f (de casa, jardim) gate; (de passagem de nível) barrier.

cancelamento [kãsela'mẽntu] m cancellation.

cancelar [kãse'la(x)] vt to cancel.

câncer ['kãse(x)] (pl -res [-riʃ]) m cancer.

◻ **Câncer** m Cancer.

cancerígeno, na [kãse'riʒenu, na] adj carcinogenic.

canções → canção.

candelabro [kãnde'labru] m (lustre) chandelier; (castiçal) candelabra.

candidato, ta [kãndʒi'datu, ta] m, f: ~ **(a)** candidate (for).

candomblé [kãndõm'blɛ] m Afro-Brazilian religion centered around musical rituals and dance.

① CANDOMBLÉ

This hybrid religion was born from the fusion of Portuguese Catholicism and the African cults brought over to Brazil by the slaves. The gods are known as "orixás" and each one is associated with a Catholic saint. For example, Oxalá is Jesus, and Iemanjá, the goddess of the sea, is the Virgin Mary. The "candomblé" ceremonies take place in "terreiros" (specially dedicated spaces) and are characterized by women singing and chanting to the beat of the drums, played by men.

caneca [ka'nɛka] f mug; (medida de cerveja) a measure of beer.

canela [ka'nɛla] f (condimento) cinnamon; (de perna) shin; **esticar a ~** fig (morrer) to buy the farm.

caneta [ka'neta] *f* pen; ~ **esferográfica** ballpoint pen.

canguru [kãŋgu'ru] *m* kangaroo.

canhão [ka'nãw] (*pl* **-ões** [-õjʃ]) *m* (*arma*) cannon; (*vale*) canyon.

canhoto, ota [ka'notu, ɔta] *adj* left-handed. ◆ *m, f* left-handed person.

canibal [kani'baw] (*pl* **-ais** [-ajʃ]) *mf* cannibal.

caniço [ka'nisu] *m* reed.

canil [ka'niw] (*pl* **-is** [-iʃ]) *m* kennel.

canis → canil.

canivete [kani'vetʃi] *m* penknife.

canja ['kãʒa] *f*: ~ **(de galinha)** chicken broth; **é** ~**!** it's a piece of cake!

cano ['kanu] *m* pipe; (*de arma*) barrel; ~ **de esgoto** drainpipe.

canoa [ka'noa] *f* canoe.

canoagem [ka'nwaʒẽ] *f* canoeing; **fazer** ~ to go canoeing.

cansaço [kã'sasu] *m* tiredness.

cansado, da [kã'sadu, da] *adj*: **estar** ~ to be tired.

cansar [kã'sa(x)] *vt* to tire out. □ **cansar-se** *vp* to get tired.

cansativo, va [kãsa'tʃivu, va] *adj* (*fatigante*) tiring; (*maçante*) tedious.

cantar [kãn'ta(x)] *vi & vt* to sing.

cantarolar [kãntaro'la(x)] *vi & vt* to hum.

cantiga [kãn'tʃiga] *f* (*canção*) ballad.

cantil [kãn'tʃiw] (*pl* **-is** [-iʃ]) *m* flask.

cantina [kãn'tʃina] *f* canteen.

cantis → cantil.

canto ['kãntu] *m* corner; (*forma de cantar*) singing; (*de galo*) crowing.

cantor, ra [kãn'to(x), ra] (*mpl* **-res** [-riʃ], *fpl* **-s** [-ʃ]) *m, f* singer.

canudinho [kanu'dinu] *m* drinking straw.

canudo [ka'nudu] *m* tube; (*para bebida*) straw; (*diploma de curso*) diploma.

cão ['kãw] (*pl* **cães** ['kãjʃ]) *m* dog; ~ **de guarda** guard dog.

caos ['kawʃ] *m* chaos.

caótico, ca [ka'ɔtiku, ka] *adj* chaotic.

capa ['kapa] *f* (*dossier, pasta*) folder; (*peça de vestuário*) cape; (*de livro, caderno*) cover; ~ **impermeável** raincoat.

capacete [kapa'setʃi] *m* (*de moto*) crash helmet; (*de proteção*) hard hat.

capacidade [kapasi'dadʒi] *f* capacity; *fig* (*talento*) ability.

capar [ka'pa(x)] *vt* to castrate; (*animal de estimação*) to neuter; (*cavalo*) to geld.

capaz [ka'paʃ] (*pl* **-zes** [-ziʃ]) *adj* capable; **ser** ~ **de fazer algo** to be able to do sthg; **é** ~ **de chover** it might rain.

capela [ka'pɛla] *f* chapel.

capitã → capitão.

capitães → capitão.

capital [kapi'taw] (*pl* **-ais** [-ajʃ]) *f & m* capital.

capitão, tã [kapi'tãw, tã] (*mpl* **-ães** [-ãjʃ], *fpl* **-s** [-ʃ]) *m, f* captain.

capítulo [ka'pitulu] *m* chapter.

capô [ka'po] *m (de carro)* hood *Am*, bonnet *Brit*.

capoeira [ka'pwejra] *f* coop; *(prática esportiva)* Brazilian fighting dance.

CAPOEIRA

A martial art, dance and game at the same time, "capoeira" was brought over to Brazil by African slaves who, when prohibited from taking part in their traditional fighting contests, converted their skill into a dance as a way of keeping a grip on their culture. It is danced in pairs, to the sound of the "berimbau", an African stringed instrument. Today, though the spiritual home of "capoeira" is Bahia, it can be learnt in dance schools all over the country.

capota [ka'pɔta] *f (de carro)* hood *Am*, bonnet *Brit*.

capotar [kapo'ta(x)] *vi* to overturn.

capricho [ka'priʃu] *m* whim.

Capricórnio [kapri'kɔrnju] *m* Capricorn.

captar [kap'ta(x)] *vt (água)* to collect; *(sinal, onda)* to receive; *(atenção)* to attract.

capuz [ka'puʃ] *(pl* **-zes** [-ziʃ]) *m* hood.

caqui [ka'ki] *m* khaki.

cara ['kara] *f* face; *(aspecto)* appearance. ◆ *m* guy; **~ ou co-**

roa? heads or tails?; **~ a ~** face to face; **dar de ~ com** *fig* to come face to face with; **não vou com a ~ dele** I don't like the look of him; **ter ~ de poucos amigos** to look like a hard nut.

caracol [kara'kɔw] *(pl* **-óis** [-ɔjʃ]) *m (animal)* snail; *(de cabelo)* curl.

característica [kara(k)te'riʃtʃika] *f* characteristic.

característico, ca [kara(k)te-'riʃtʃiku, ka] *adj* characteristic.

caramelo [kara'mɛlu] *m* caramel.

caranguejo [karãŋ'geʒu] *m* crab.

caráter [ka'rate(x)] *(pl* **-res** [-riʃ]) *m* character; *(tipo)* type.

caravana [kara'vana] *f (de gente)* caravan.

carbonizado, da [kaxboni-'zadu, da] *adj* charred.

carbono [kax'bonu] *m* carbon.

carburador [kaxbura'do(x)] *(pl* **-res** [-riʃ]) *m* carburetor.

cardápio [kax'dapju] *m* menu.

cardume [kax'dumi] *m* shoal.

careca [ka'rɛka] *adj* bald. ◆ *f* bald patch.

carecer [kare'se(x)]: **carecer de v + prep** *(ter falta de)* to lack; *(precisar de)* to need.

carência [ka'rẽsja] *f (falta)* lack; *(necessidade)* need.

careta [ka'reta] *f* grimace; **fazer ~s** to pull faces.

carga ['kaxga] f *(de barco, avião)* cargo; *(de trem, caminhão)* freight; *(de pessoa, animal)* load; *(de projétil)* charge; ~ **máxima** maximum load.

cargo ['kaxgu] m *(função)* post; *(responsabilidade)* responsibility; **deixar a ~ de** to leave in charge of; **estar a ~ de** to be the responsibility of.

cariado, da [ka'rjadu, da] *adj* decayed.

carícia [ka'risja] f caress.

caridade [kari'dadʒi] f charity.

cárie ['kari] f tooth decay.

carimbar [karĩ'ba(x)] vt to stamp.

carimbo [ka'rĩmbu] m stamp; *(em carta)* postmark.

carinho [ka'riɲu] m affection.

carioca [ka'rjɔka] mf *(pessoa)* native of Rio de Janeiro.

carnal [kax'naw] *(pl* **-ais** [-ajʃ]) *adj* carnal.

Carnaval [kaxna'vaw] m Carnival.

CARNAVAL

The four-day period before Lent leading up to Ash Wednesday is carnival time in Brazil. Rich and poor alike forget their cares as they party in the streets. Though celebrated across the whole country, the carnival parades in Rio and Salvador are probably the best known. The Rio carnival is notable for its "escolas de samba" (schools of samba), which compete against each other, whilst in Salvador the public are free to participate in the processions.

---

carne ['kaxni] f *(de comer)* meat; *(tecido muscular)* flesh; ~ **de carneiro** lamb; ~ **moída** ground beef *Am,* mince *Brit;* ~ **de porco** pork; ~ **de vaca** beef; **em ~ e osso** in the flesh.

carnê [kax'ne] m *(de pagamentos)* payment book.

carneiro [kax'nejru] m *(animal)* sheep; *(reprodutor)* ram; *(carne)* mutton.

carnudo, da [kax'nudu, da] *adj (lábios)* full; *(fruto)* fleshy.

caro, ra ['karu, ra] *adj (de preço elevado)* expensive; *(querido)* dear.

caroço [ka'rosu] m *(de fruto)* stone; *(em corpo)* lump.

carona [ka'rona] f lift, ride *Am;* **pegar uma** ~ to hitch a ride; **dar uma** ~ **a alguém** to give sb a ride; **pedir** ~ to hitchhike.

carpete [kax'petʃi] m carpet.

carpinteiro [kaxpĩ'tejru] m carpenter.

carregado, da [kaxe'gadu, da] *adj (cor)* dark; *(tempo)* muggy; **estar ~ de** to be loaded down with.

carregador [kaxega'do(x)] *(pl* **-res** [-riʃ]) m *(em estação, hotel)* porter.

carregar [kaxe'ga(x)] vt to load; *(transportar)* to carry; *(pilha, bateria)* to charge. ◆ vi *(pesar)* to be heavy; ~ **em algo** *(exagerar)* to overdo sthg.

carreira [ka'xejra] f (profissão) career; (fileira) row; (de transportes coletivos) route; (pequena corrida) race.

carrinho [ka'xiɲu] m: ~ de bebê stroller Am, pushchair Brit; ~ de mão wheelbarrow; ~ de supermercado shopping cart Am, trolley Brit.

carro ['kaxu] m car; ~ alegórico carnival float; ~ de aluguel rental car; ~ de corrida race car; ~ de passeio sedan Am, saloon (car) Brit.

carroça [ka'xɔsa] f cart.

carroceria [kaxose'ria] f bodywork.

carrossel [kaxɔ'sɛw] (pl -éis [-ɛjʃ]) m merry-go-round, carousel Am.

carta ['kaxta] f letter; (mapa) map; (de baralho) card; ~ de apresentação covering letter; ~ de vinhos wine list; ~ registrada registered letter.

cartão [kax'tãw] (pl -ões [-õjʃ]) m card; (papelão) cardboard; ~ bancário ATM card; ~ de crédito credit card; ~ de embarque/desembarque boarding/landing card; ~ postal postcard.

cartão-de-visita [kax,tãwdʒiví'zita] (pl cartões-de-visita [kar,tõjʒdʒiví'zita]) m business card.

cartaz [kax'taʃ] (pl -zes [-ziʃ]) m poster.

carteira [kax'tejra] f (de dinheiro) wallet; (de sala de aula) desk; ~ de motorista driver's license Am, driving licence Brit; ~ de identidade I.D. card.

CARTEIRA DE IDENTIDADE

The identity card is the most important official document carried by a Brazilian citizen. It is illegal not to have a valid ID card, and if a Brazilian is stopped by the police and is unable to produce it on the spot, they can be arrested. In Brazil, the ID card is necessary for almost all official procedures, and also functions as a cheque guarantee card. As well as listing place and date of birth, the card also bears a passport photo and a fingerprint.

carteiro [kax'tejru] m mailman Am, postman Brit.

cartões → cartão.

cartolina [kaxto'lina] f card.

cartório [kax'tɔrju] m registry (office); ~ notarial notary's office.

cartucho [kax'tuʃu] m (munição) cartridge.

carvalho [kax'vaʎu] m oak.

casa ['kaza] f house; (lar) home; COM business; (de botão) buttonhole; **em** ~ at home; **ir para** ~ to go home; ~ **de câmbio** exchange bureau; ~ **de campo/praia** country/beach house; ~ **de saúde** hospital; **ser de** ~ to be like one of the fa-

catarata

mily; **sinta-se em ~!** make yourself at home!

casaco [ka'zaku] *m* jacket; **~ comprido** coat; **~ de malha** cardigan.

casado, da [ka'zadu, da] *adj* married.

casal [ka'zaw] (*pl* **-ais** [-ajʃ]) *m* couple.

casamento [kaza'mẽntu] *m* marriage; *(cerimônia)* wedding.

casar [ka'za(x)] *vt* to marry. ◆ *vi* to get married. ◻ **casar-se** *vp* to get married.

casca ['kaʃka] *f (de ovo, noz, etc)* shell; *(de laranja, maçã, etc)* peel.

cascalho [kaʃ'kaʎu] *m* rubble.

cascata [kaʃ'kata] *f* waterfall.

cascavel [kaʃka'vew] (*pl* **-éis** [-ejʃ]) *f* rattlesnake.

casco ['kaʃku] *m (de vinho)* cask; *(de navio)* hull; *(de animal)* hoof.

caseiro, ra [ka'zejru, ra] *adj* homemade; *(pessoa)* homeloving. ◆ *m, f* housekeeper.

caso ['kazu] *m (circunstância)* case; *(acontecimento)* affair. ◆ *conj* in case; **no ~ de** in the event of; **'em ~ de emergência ...'** 'in an emergency...'; **em todo ~** in any case; **em último ~** as a last resort; **fazer pouco ~ de algo/alguém** to belittle sthg/sb.

caspa ['kaʃpa] *f* dandruff.

casquinha [kaʃ'kiɲa] *f (de sorvete)* cone.

cassete [ka'sɛtʃi] *f* cassette, tape.

cassetete [kase'tɛtʃi] *m* nightstick *Am*, truncheon *Brit*.

cassino [ka'sinu] *m* casino.

castanha [kaʃ'taɲa] *f (fruto da castanheira)* chestnut; **~ de caju** cashew nut.

castanha-do-pará [-pa'ra] *f* Brazil nut.

castanho, nha [kaʃ'taɲu, ɲa] *adj* brown; **~ claro/escuro** light/dark brown. ◆ *m (madeira)* chestnut.

castelo [kaʃ'tɛlu] *m* castle.

castiçal [kaʃtʃi'saw] (*pl* **-ais** [-ajʃ]) *m* candlestick.

castigar [kaʃtʃi'ga(x)] *vt* to punish.

castigo [kaʃ'tʃigu] *m* punishment.

casto, ta [kaʃtu, ta] *adj* chaste.

castor [kaʃ'to(x)] (*pl* **-res** [-riʃ]) *m* beaver.

castrar [kaʃ'tra(x)] *vt* to castrate.

casual [ka'zwaw] (*pl* **-ais** [-ajʃ]) *adj* chance *(antes de s)*.

casualidade [kazwali'dadʒi] *f* chance; **por ~** by chance.

casulo [ka'zulu] *m* cocoon.

catálogo [ka'talogu] *m* catalogue.

catarata [kata'rata] *f* waterfall; *MED* cataract; **as ~s do Iguaçu** the Iguaçu Falls.

ⓘ **CATARATAS DO IGUAÇU**

The Iguaçu Falls are situated at the point where the borders of Brazil, Argentina and Paraguay meet. The falls are actually made up of 275 separate waterfalls with an average height of 65 meters. Narrow wooden bridges link the clifftops so that visitors can view the falls from close up.

---

catarro [ka'taxu] *m* catarrh.

catástrofe [ka'taʃtrofi] *f* catastrophe.

cata-vento [kata'vẽntu] (*pl* **cata-ventos** [kata'vẽntuʃ]) *m* weather vane.

catedral [kate'draw] (*pl* **-ais** [-ajʃ]) *f* cathedral.

categoria [katego'ria] *f* category; (*posição*) position; (*qualidade*) class; **de** ~ first-rate.

cativar [katʃi'va(x)] *vt* to captivate.

cativeiro [katʃi'vejru] *m*: **em** ~ in captivity.

catolicismo [katoli'siʒmu] *m* Catholicism.

católico, ca [ka'tɔliku, ka] *adj & m, f* Catholic.

catorze [ka'toxzi] *num* fourteen → **seis**.

caução [kaw'sãw] (*pl* **-ões** [-õjʃ]) *f* JUR bail; **pagar** ~ to pay bail.

cauda ['kawda] *f* (*de animal*) tail; (*de manto, vestido*) train.

caudal [kaw'daw] (*pl* **-ais** [-ajʃ]) *m* flow.

causa ['kawza] *f* (*motivo*) reason; (*de acidente, doença*) cause; JUR (*ação judicial*) case; **por** ~ **de** because of.

causar [kaw'za(x)] *vt* to cause; ~ **danos a** to damage.

cautela [kaw'tɛla] *f* caution; (*penhor*) pawn ticket; **ter** ~ **com** to be careful with; **de** ~ cautiously; **por** ~ as a safeguard.

cauteloso, osa [kawte'lozu, ɔza] *adj* cautious.

cavala [ka'vala] *f* mackerel.

cavaleiro [kava'lejru] *m* rider; (*medieval*) knight.

cavalete [kava'letʃi] *m* easel.

cavalgar [kavaw'ga(x)] *vi* to ride. ◆ *vt* (*cavalo*) to ride.

cavalheiro [kava'ʎejru] *m* gentleman.

cavalo [ka'valu] *m* horse.

cavanhaque [kava'naki] *m* goatee (beard).

cavar [ka'va(x)] *vt* (*terra*) to dig; (*decote*) to lower.

caveira [ka'vejra] *f* skull.

caverna [ka'vɛxna] *f* cave.

caviar [ka'vja(x)] *m* caviar.

cavidade [kavi'dadʒi] *f* cavity.

caxemira [kaʃe'mira] *f* cashmere.

caxumba [ka'ʃũmba] *f* mumps *sg*.

CD [se'de] *m* (*abrev de compact disc*) CD.

cear ['sea(x)] *vi* to have supper. ◆ *vt* to have for supper.

cebola [se'bola] *f* onion.

cebolinha [sebo'liɲa] *f* (*erva comestível*) chives *pl*; (*de conserva*) pickled onions *pl*.

ceder [se'de(x)] *vt* (*lugar*) to give up; (*objeto*) to lend. ◆ *vi* (*dar-se por vencido*) to give in; (*ponte*) to give way; *(corda, nó)* to slacken; *(chuva)* to ease up; *(vento)* to drop; '**~ a passagem**' 'give way'.

cedilha [se'diʎa] *f* cedilla.

cedo ['sedu] *adv* early; *(depressa)* soon; **muito ~** very early; **desde muito ~** *(desde criança)* from an early age; **mais ~ ou mais tarde** sooner or later.

cegar [se'ga(x)] *vt* to blind. ◆ *vi* to go blind.

cego, ga ['sɛgu, ga] *adj (pessoa)* blind; *(faca)* blunt. ◆ *m, f* blind man; **às cegas** blindly.

cegonha [se'goɲa] *f* stork.

ceia ['seja] *f* supper.

cela ['sɛla] *f* cell.

celebração [selebra'sãw] *(pl -ões* [-õjʃ]*) f* celebration.

celebrar [sele'bra(x)] *vt* to celebrate; *(casamento)* to hold; *(contrato)* to sign.

célebre ['sɛlebri] *adj* famous.

celebridade [selebri'dadʒi] *f* celebrity.

celibatário, ria [seliba'tarju, rja] *m, f* bachelor.

célula ['sɛlula] *f* cell.

celular [selu'la(x)] *m (telefone)* cellular phone.

cem [sẽ] *num* one ou a hundred; **~ mil** a hundred thousand → **seis**.

cemitério [semi'tɛrju] *m* cemetery.

cena ['sena] *f* scene; *(palco)* stage; **entrar em ~** *fig* to come on the scene; **fazer uma ~** *fig* to make a scene.

cenário [se'narju] *m* scenery; *(de programa televisivo)* set.

cenoura [se'nora] *f* carrot.

censo ['sẽsu] *f* census.

censura [sẽ'sura] *f (crítica)* criticism; *(de Estado, autoridade)* censorship.

centavo [sẽ'tavu] *m* cent *Am,* penny *Brit.*

centeio [sẽ'teju] *m* rye.

centelha [sẽ'teʎa] *f* spark.

centena [sẽ'tena] *f* hundred.

centenário [sẽte'narju] *m* centenary.

centésimo, ma [sẽ'tezimu, ma] *num* hundredth → **sexto.**

centímetro [sẽ'tʃimetru] *m* centimeter.

cento ['sẽtu] *m* hundred; **~ e vinte** a hundred and twenty; **por ~** percent.

centopéia [sẽto'peja] *f* centipede.

central [sẽ'traw] *(pl -ais* [-ajʃ]*) adj* central. ◆ *f (de organização)* head office; *(de eletricidade, energia atômica)* power plant.

centrar [sẽ'tra(x)] *vt (atenção, esforço)* to focus; *(texto, página)* to center.

centro ['sẽtru] *m* center; **~ da cidade** down town; **~ comercial** shopping mall *Am,* shopping centre *Brit;* **~ de saúde** health clinic.

centroavante [ˌsẽtroa'vãntʃi] *m (em futebol)* center forward.

CEP *m (abrev de Código de Endereçamento Postal)* zip code *Am,* postcode *Brit.*

cera ['sera] f wax; ~ **depilatória** depilatory wax.

cerâmica [se'rãmika] f (objeto) piece of pottery; (atividade) ceramics sg.

cerca ['sexka] f fence. ◆ adv: ~ **de** about.

cercar [sex'ka(x)] vt to surround.

cereal [se'real] (pl **-ais** [-ajʃ]) m cereal.

cérebro ['sɛrebru] m brain.

cereja [se'reʒa] f cherry.

cerimônia [seri'monja] f (religioso) ceremony; (etiqueta) formality.

cerrado, da [se'xadu, da] adj (nevoeiro) thick.

certeza [sex'teza] f certainty; **dar** ~ **de algo** to be sure of sthg; **ter** ~ **de que** to be sure (that); **com** ~ (sem dúvida) of course.

certidão [sextʃi'dãw] (pl **-ões** [-õjʃ]) f certificate; ~ **de nascimento/óbito** birth/death certificate.

certificado [sextʃifi'kadu] m certificate.

certificar-se [sextʃifi'kaxsi] vp to check; ~ **de algo** to check sthg.

certo, ta ['sɛxtu, ta] adj (exato) right; (infalível) certain. ◆ adv correctly; **certas pessoas** certain people; **a conta não bate** ~ the check doesn't add up; **dar** ~ to work out; **o** ~ **é ele não vir** I'm sure he won't come; **ao** ~ (exatamente) exactly.

cerveja [sex'veʒa] f beer; ~ **preta** stout beer.

cervical [sexvi'kaw] (pl **-ais** [-ajʃ]) adj cervical.

cessar [se'sa(x)] vi & vt to cease.

cesta ['seʃta] f small basket.

cesto ['seʃtu] m basket; ~ **de vime** wicker basket.

cético, ca ['sɛtʃiku, ka] adj skeptical. ◆ m, f skeptic.

cetim [se'tʃĩ] m satin.

céu ['sɛw] m sky; RELIG heaven.

céu-da-boca ['sɛwda,boka] m roof of the mouth.

cevada [se'vada] f barley.

chá ['ʃa] m tea; ~ **com limão** tea with lemon; ~ **de limão** lemon tea.

chafariz [ʃafa'riʃ] (pl **-zes** [-ziʃ]) m fountain.

chafurdar [ʃafux'da(x)] vi to wallow.

chalé [ʃa'lɛ] m chalet.

chaleira [ʃa'lejra] f kettle.

chama [ʃama] f flame.

chamada [ʃa'mada] f (de telefone) call; (de exame) sitting; **fazer a** ~ EDUC to call the register; ~ **a cobrar** (no destinatário) collect call Am, reverse charge call Brit; ~ **interurbana/local** long-distance/local call.

chamar [ʃa'ma(x)] vt to call. ◆ vi (telefone) to ring.

❏ **chamar-se** vp to be named; **como é que você se chama?** what's your name?; **eu me chamo Carlos** my name is Carlos.

chaminé [ʃami'nɛ] f chimney.

(de lareira) chimney-piece; *(de fábrica)* chimney stack.

champanhe [ʃãmˈpaɲi] *m* champagne.

chamuscar [ʃamuʃˈka(x)] *vt* to singe.

chantagem [ʃãnˈtaʒẽ] *(pl* -**ns** [-ʃ]*, f* blackmail.

chão [ˈʃãw] *m* *(solo)* ground; *(pavimento)* floor; **cair no ~** *(cair)* to fall down.

chapa [ˈʃapa] *f AUT* license plate *Am*, number plate *Brit*.

chapéu [ʃaˈpɛw] *m* hat; *(de sol, chuva)* umbrella; **ser de tirar o ~** to be superb.

charco [ˈʃaxku] *m* puddle.

charme [ˈʃaxmi] *f* charm.

charter [ˈʃaxtɛ(x)] *(pl* -**res** [-riʃ]*) m*: **(vôo) ~** charter flight.

charuto [ʃaˈrutu] *m* cigar.

chatear [ʃaˈtʃja(x)] *vt* to annoy.

chatice [ʃaˈtʃisi] *f (tédio)* drag.

chato, ta [ˈʃatu, ta] *adj (tedioso)* boring; *(pé)* flat.

chauvinista [ʃoviˈniʃta] *m, f* chauvinist.

chave [ˈʃavi] *f* key.

chave-de-fenda [ˌʃavidʒiˈfẽnda] *(pl* **chaves-de-fenda** [ˌʃavidʒiˈfẽnda]*) f* screwdriver.

chaveiro [ʃaˈvejru] *m* keyring.

check-in [tʃeˈkin] *(pl* **checkins** [tʃeˈkineʃ]*) m* check-in; **fazer o ~** to check in.

check-up [tʃeˈkapi] *(pl* **check-ups** [tʃeˈkapiʃ]*) m* check-up; **fazer um ~** to have a medical check-up.

chefe [ˈʃɛfi] *mf (de trabalhado-*

res) boss; *(de partido)* leader; *(de empresa)* head; *(de tribo, organização)* chief.

chegada [ʃeˈgada] *f* arrival.

chegado, da [ʃeˈgadu, da] *adj* close.

chegar [ʃeˈga(x)] *vi* to arrive; *(momento, altura, hora)* to come; *(ser suficiente)* to be enough; **~ bem** to arrive safely; **~ ao fim** to come to an end. ❑ **chegar-se** *vp (aproximar-se)* to come closer; *(afastar-se)* to move over; **~-se a** to come closer to.

cheia [ˈʃeja] *f* flood.

cheio, cheia [ˈʃeju, ˈʃeja] *adj* full; **~ de** full of; **estar ~** to have had enough.

cheirar [ʃejˈra(x)] *vt & vi* to smell; **~ bem/mal** to smell good/bad.

cheiro [ˈʃejru] *m* smell.

cheque [ˈʃɛki] *m* check; **~ em branco** blank check; **~ sem fundos** rubber check; **~ pré-datado** pre-dated check; **~ de viagem** traveler's check; **~ cruzado** crossed check.

chiar [ʃiˈa(x)] *vi* to squeak; *(porco)* to squeal; *(pneu)* to screech.

chiclete [ʃiˈklɛtʃi] *m* chewing gum.

chicória [ʃiˈkɔrja] *f* chicory.

chifre [ˈʃifri] *m* horn.

Chile [ˈʃili] *m*: **a ~** Chile.

chimpanzé [ʃĩmpãˈzɛ] *m* chimpanzee.

China [ˈʃina] *f*: **a ~** China.

chinelos [ʃiˈneluʃ] *mpl* flip-flops, thongs *Am*; **~ (de quarto)** slippers.

chique [ˈʃiki] *adj* chic.

chocalhar [ʃokaˈʎa(x)] *vt (liquido)* to shake. ◆ *vi (tilintar)* to jingle.

chocalho [ʃoˈkaʎu] *m* bell.

chocante [ʃoˈkãntʃi] *adj* shocking.

chocar [ʃoˈka(x)] *vi (veículos)* to crash; *(galinha)* to brood. ◆ *vt (indignar)* to shock; *(ovos)* to hatch; ~ **com** *(pessoa)* to bump into; *(veículo)* to crash into.

chocho, cha [ˈʃoʃu, ʃa] *adj (noz)* empty; *(festa)* dull.

chocolate [ʃokoˈlatʃi] *m* chocolate; *(bebida)* hot chocolate; ~ **amargo** dark chocolate; ~ **ao leite** milk chocolate.

chofer [ʃoˈfɛ(x)] *(pl* **-res** *[-riʃ])* *m* driver.

chope [ˈʃopi] *m* draft beer; ~ **claro/escuro** lager/dark beer; ~ **com/sem colarinho** beer with/without head.

choque [ˈʃɔki] *m (colisão)* crash; *(comoção)* shock.

choramingar [ʃoramĩŋˈga(x)] *vi* to snivel.

chorar [ʃoˈra(x)] *vi & vt (verter lágrimas)* to cry; ~ **de rir** to cry with laughter.

chorinho [ʃoˈriɲu] *m* MÚS *type of melancholy Brazilian music.*

choro [ˈʃoru] *m* crying.

CHORO

A genre of Brazilian popular music which was born in the 1870s in the city of Rio de Janeiro. Influenced by African rhythms, such as "batuque" and "lundu", it is defined by instrumental improvisation with the guitar and the "cavaquinho", a type of four-stringed guitar.

chouriço [ʃoˈrisu] *m* black pudding.

chover [ʃoˈve(x)] *v impess* to rain; ~ **a cântaros** to pour with rain.

chuchu [ʃuˈʃu] *m* chayote; **pra** ~ *(muito)* loads.

chulo, lo [ˈʃulu, la] *adj* vulgar.

chumbar [ʃũmˈba(x)] *vt (soldar)* to solder; *(atirar em)* to fire at.

chumbo [ˈʃũmbu] *m* lead; *(tiro)* gunshot.

chupar [ʃuˈpa(x)] *vt* to suck.

chupeta [ʃuˈpeta] *f* pacifier *Am,* dummy *Brit.*

churrascaria [ʃuxaʃkaˈria] *f restaurant serving barbecued meat and poultry.*

churrasco [ʃuˈxaʃku] *m* barbecue.

churrasquinho [ʃuxaʃˈkiɲu] *m* kebab.

chutar [ʃuˈta(x)] *vt & vi* to kick.

chuteira [ʃuˈtejra] *f* cleats *pl.*

chuva [ˈʃuva] *f* rain.

chuveiro [ʃuˈvejru] *m* shower.

chuviscar [ʃuviʃˈka(x)] *vi* to drizzle.

chuvoso, osa [ʃuˈvozu, ɔza] *adj* rainy.

ciberespaço [ˌsibɛreʃˈpasu] *m* cyberspace.

cibernética [sibex'netʃika] f cybernetics sg.

cicatriz [sika'triʃ] (pl -zes [-ziʃ]) f scar.

cicatrizar [sikatri'za(x)] vi (ferida) to heal (up).

cicatrizes → cicatriz.

cicerone [sise'roni] m guide.

ciclismo [si'kliʒmu] m cycling; fazer ~ to go cycling.

ciclista [si'kliʃta] mf cyclist.

ciclo ['siklu] m cycle; (de conferências) series.

ciclone [si'kloni] m cyclone.

cidadã → cidadão.

cidadania [sidada'nia] f citizenship.

cidadão, dã [sida'dãw, dã] (mpl -ãos [-ãwʃ], fpl -s [-ʃ]) m, f citizen.

cidade [si'dadʒi] f city; ~ universitária campus.

ciência ['sjẽsja] f science; ~s naturais natural sciences; ~s sociais social sciences.

ciente ['sjẽtʃi] adj aware; estar ~ de to be aware of.

científico, ca [sjẽ'tʃifiku, ka] adj scientific.

cientista [sjẽ'tʃiʃta] mf scientist.

cifra ['sifra] f sum; (número) figure.

cigano, na [si'ganu, na] m, f gypsy.

cigarra [si'gaxa] f cicada.

cigarro [si'gaxu] m cigarette; ~s com filtro filter-tipped cigarettes; ~s sem filtro unfiltered cigarettes.

cilindro [si'lĩdru] m cylinder; (rolo) roller; (de aquecimento de água) boiler.

cílio ['silju] m eyelash.

cima ['sima] f: de ~ from above; ainda por ~ on top of which; de ~ abaixo from top to bottom; de ~ de off; em ~ above; em ~ de on top of; para ~ up; para ~ de over; por ~ de over; estar por ~ (da carne seca) to be doing extremely well (for o.s.); olhar alguém de ~ a baixo to look sb up and down.

cimeira [si'mejra] f summit.

cimentar [simẽ'ta(x)] vt to cement.

cimento [si'mẽtu] m cement.

cimo ['simu] m top.

cinco ['sĩŋku] num five → seis.

cineasta [si'njaʃta] mf (movie) director.

cinema [si'nema] m (local) movie theater Am, cinema Brit; (arte) cinema.

cinemateca [sinema'tɛka] f (local) art house; (coleção de filmes) film library.

cinematográfico, ca [sinemato'grafiku, ka] adj movie Am, film Brit (antes de s).

cínico, ca ['siniku, ka] adj (hipócrita) hypocritical.

cinismo [si'niʒmu] m (hipocrisia) hypocrisy.

cinquenta [sĩŋ'kwẽta] num fifty → seis.

cinta ['sĩta] f (faixa de pano) sash; (roupa interior) girdle.

cintilar [sĩtʃi'la(x)] vi to twinkle.

cinto ['sĩtu] *m* belt; **'apertar os ~s de segurança'** 'fasten your seatbelts!'

cintura [sĩn'tura] *f* waist.

cinturão [sĩntu'rãw] *(pl* **-ões** [-õjʃ]*) m* belt; **~ verde** green belt.

cinza ['sĩza] *f* ash. ◆ *adj & m* gray.

❑ **cínzas** *fpl (restos mortais)* ashes.

cinzeiro [sĩ'zejru] *m* ashtray.

cinzel [sĩ'zɛw] *(pl* **-éis** [-ɛjʃ]*) m* chisel.

cinzento, ta [sĩ'zĩntu, ta] *adj & m* gray.

cio ['siu] *m*: **estar no ~** *(fêmeas)* to be in heat; *(machos)* to be in rut.

cipreste [si'prɛʃtʃi] *m* cypress.

circo ['sixku] *m* circus.

circuito [six'kwitu] *m* circuit; **~ elétrico** electric circuit; **~ turístico** tourist trail.

circulação [sixkula'sãw] *f* circulation; *(de veículos)* traffic.

circular [sixku'la(x)] *(pl* **-res** [-riʃ]*) vi* to circulate; *(pedestre)* to walk about; *(carro)* to drive. ◆ *adj & f* circular.

círculo ['sixkulu] *m* circle; **~ vicioso** vicious circle.

circunferência [sixkũfe'rẽsja] *f* circumference.

circunstância [sixkũʃ'tãsja] *f* circumstance; **nas ~s** under the circumstances.

cirurgia [sirux'ʒia] *f* surgery; **~ plástica** plastic surgery.

cirurgião, giã [sirux'ʒjãw, ʒjã]

(mpl **-ões** [-õjʃ]*, fpl* **-s** [-ʃ]*) m, f* surgeon.

cirurgiões → **cirurgião**.

cisco ['siʃku] *m* speck.

cisma ['siʒma] *f* fixation.

cisne ['siʒni] *m* swan.

cisterna [siʃ'texna] *f* tank.

cistite [siʃ'tʃitʃi] *f* cystitis.

citação [sita'sãw] *(pl* **-ões** [-õjʃ]*) f* quotation.

citar [si'ta(x)] *vt* to quote.

ciúme ['sjumi] *m* jealousy; **ter ~s de alguém** to be jealous of sb.

ciumento, ta [sju'mẽntu, ta] *adj* jealous.

cívico, ca [siviku, ka] *adj* civic.

civil [si'viw] *(pl* **-is** [-iʃ]*) adj* civil.

civilização [siviliza'sãw] *(pl* **-ões** [-õjʃ]*) f* civilization.

civilizar [sivili'za(x)] *vt* to civilize.

civis → **civil**.

clamar [kla'ma(x)] *vi* to cry out.

clamor [kla'mo(x)] *(pl* **-res** [-riʃ]*) m* outcry.

clandestino, na [klãndeʃ'tʃinu, na] *adj* clandestine. ◆ *m, f* stowaway.

clara ['klara] *f* egg white.

clarabóia [klara'bɔja] *f* skylight.

clareza [kla'reza] *f*: **falar com ~** to speak clearly.

claridade [klari'dadʒi] *f* brightness.

clarinete [klari'netʃi] *m* clarinet.

claro, ra ['klaru, ra] *adj (com luz)* bright; *(cor)* light; *(preciso, sincero)* clear. ◆ *adv* clearly; **~ que**

sim! of course!; **é ~!** of course!; **passar a noite em ~** to have a sleepless night.

classe ['klasi] f class; **ter ~** to have class; **de primeira/segunda ~** first/second class; **~ social** social class; **~ turística** tourist ou economy class; **~ executiva** business class.

clássico, ca ['klasiku, ka] adj classic; (música) classical. ◆ m: **um ~** a classic; **os ~s** the Classics.

classificação [klasifika'sãw] (pl **-ões** [-õjʃ]) f results pl.

classificados [klasifi'kaduʃ] mpl classifieds.

classificar [klasifi'ka(x)] vt EDUC (aluno) to place; (ordenar) to classify.
▫ **classificar-se** vp (em competição) to qualify.

claustro ['klawʃtru] m cloister.

cláusula ['klawzula] f clause.

clave ['klavi] f clef; **~ de sol** treble clef.

clavícula [kla'vikula] f collarbone.

clero ['klɛru] m clergy.

cliente [kli'ẽtʃi] mf client.

clientela [kliẽ'tɛla] f customers pl.

clima ['klima] m climate; fig (ambiente) atmosphere.

clímax ['klimaks] m inv climax; **atingir o ~** to reach a climax.

clínica ['klinika] f clinic; **~ dentária** dental practice; **~ geral** general practice.

clínico ['kliniku] m clinician; **~ geral** general practitioner.

clipe ['klipi] m paper clip.

cloro ['kloru] m chlorine.

clube ['klubi] m club; **~ de futebol/vídeo** soccer/video club.

coador [kwa'do(x)] (pl **-res** [-riʃ]) m strainer.

coagir [kwa'ʒi(x)] vt to coerce.

coagular [kwagu'la(x)] vt & vi to clot.

coágulo ['kwagulu] m clot.

coalhar [kwa'ʎa(x)] vt & vi to curdle.

coar ['kwa(x)] vt to strain.

coberta [ko'bɛxta] f (de cama) bedspread; (de navio) deck.

coberto, ta [ko'bɛxtu, ta] adj covered. ◆ m shelter.

cobertor [kobex'to(x)] (pl **-res** [-riʃ]) m blanket.

cobertura [kobex'tura] f (teto) roof; (apartamento) penthouse; (de acontecimento) coverage.

cobiça [ko'bisa] f (avidez) greed; (inveja) envy.

cobiçar [kobi'sa(x)] vt (ambicionar) to covet; (invejar) to envy.

cobra ['kɔbra] f snake.

cobrança [ko'brãsa] f (ação de cobrar) charging.

cobrar [ko'bra(x)] vt to charge; (imposto, dívida) to collect.

cobre ['kɔbri] m copper.

cobrir [ko'bri(x)] vt to cover.

cocaína [koka'ina] f cocaine.

coçar [ko'sa(x)] vt to scratch.
▫ **coçar-se** vp to scratch o.s.

cócegas ['kɔsigaʃ] fpl: **fazer ~** to tickle; **ter ~** to be ticklish.

coceira [ko'sejra] f itch.

cochichar

cochichar [koʃiˈʃa(x)] *vt* & *vi* to whisper.

cochilo [koˈʃilu] *m* nap; **tirar um ~** to take a nap.

coco [ˈkoku] *m* coconut.

cocô [koˈko] *m* poop.

cócoras [ˈkɔkoraʃ] *fpl:* **pôr-se de ~** to squat.

código [ˈkɔdʒigu] *m* code; **~ de barras** bar code; **~ civil** civil law; **~ de trânsito** traffic law; **~ postal** zip code.

codorniz [kodoxˈniʃ] (*pl* **-zes** [-ziʃ]) *f* quail.

coelho [ˈkweʎu] *m* rabbit.

coentro [koˈẽntru] *m* cilantro, coriander *Brit*.

coerência [koeˈrẽsja] *f* coherence.

coerente [koeˈrẽntʃi] *adj* coherent.

cofre [ˈkɔfri] *m* safe.

cogitar [koʒiˈta(x)] *vt* to think (up). ✦ *vi* (*pensar*) to think.

cogumelo [koguˈmɛlu] *m* mushroom.

coice [ˈkojsi] *m* kick; (*de arma*) recoil.

coincidência [koĩsiˈdẽsja] *f* coincidence; **por ~** as it happens.

coincidir [kwĩsiˈdi(x)] *vi* to coincide.
◻ **coincidir com** *v + prep* to coincide with; (*opinião*) to agree with.

coisa [ˈkojza] *f* thing; (*deseja*) **mais alguma ~?** would you like anything else?; **não comprei ~ nenhuma** I didn't buy anything; **alguma ~** some-

thing; **~ de** roughly; **a ~ está preta!** things are tough!; **não ser grande ~** to be nothing special; **que ~!** gosh!

coitado, da [kojˈtadu, da] *adj* poor, unfortunate. ✦ *interj* poor thing!

cola [ˈkɔla] *f* glue.

colaborar [kolaboˈra(x)] *vi* to collaborate.

colapso [koˈlapsu] *m* collapse.

colar [koˈla(x)] (*pl* **-res** [-riʃ]) *vt* to glue, to stick. ✦ *vi* to stick. ✦ *m* necklace.
◻ **colar de** *v + prep* to crib from.

colarinho [kolaˈriɲu] *m* collar.

colcha [ˈkowʃa] *f* bedspread; **~ de retalhos** (*fig*) odds and ends.

colchão [kowˈʃãw] (*pl* **-ões** [-õjʃ]) *m* mattress; **~ de molas/palha** spring/straw mattress.

colchete [kowˈʃetʃi] *m* (*de vestuário*) hook; (*sinal de pontuação*) bracket.

colchões → colchão.

coleção [koleˈsãw] (*pl* **-ões** [-õjʃ]) *f* collection; **fazer ~ de algo** to collect sthg.

colecionador, ra [kolesjonaˈdo(x), ra] (*mpl* **-res** [-riʃ], *fpl* **-s** [-ʃ]) *m, f* collector.

colecionar [kolesjoˈna(x)] *vt* to collect.

coleções → coleção.

colega [koˈlɛga] *mf* colleague; **~ de trabalho** coworker; **~ de turma** classmate.

colégio [koˈlɛʒju] *m* school; **~ interno** boarding school.

coleira [ko'lejra] f collar.

cólera ['kɔlera] f fury; *MED* cholera.

colesterol [koleʃte'rɔw] m cholesterol.

colete [ko'letʃi] m waistcoat; ~ **salva-vidas** life jacket.

coletivo, va [kole'tʃivu, va] adj *(decisão)* collective; *(reunião)* general; *(transport)* public.

colheita [ko'ʎejta] f harvest.

colher¹ [ko'ʎe(x)] vt *(fruto, vegetal, flores)* to pick; *(cereais)* to harvest.

colher² [ko'ʎe(x)] *(pl -res* [-riʃ]*)* f *(utensílio)* spoon; *(quantidade)* spoonful; ~ **de café** *(quantidade)* half teaspoon; ~ **de chá** *(quantidade)* half teaspoon; ~ **de pau** wooden spoon; ~ **de sopa** *(utensílio)* soup spoon; *(quantidade)* tablespoon.

cólica ['kɔlika] f colic.

colidir [koli'dʒi(x)] vi to collide; ~ **com** to collide with.

coligação [koliga'sãw] *(pl -ões* [-õjʃ]*)* f coalition.

colina [ko'lina] f hill.

colisão [koli'zãw] *(pl -ões* [-õjʃ]*)* f collision.

colmeia [kow'meja] f beehive.

colo ['kɔlu] m lap; **levar uma criança no** ~ to carry a child.

colocação [koloka'sãw] *(pl -ões* [-õjʃ]*)* f placing; *(de roda, vidro)* fitting; *(emprego)* post, job.

colocar [kolo'ka(x)] vt to place; *(roda, vidro)* to fit; *(cortina)* to put up; *(empregar)* to employ; *(problema)* to pose.

Colômbia [ko'lõmbja] f: **a** ~ Colombia.

cólon ['kɔlõ] m colon.

colônia [ko'lonja] f colony; *(perfume)* cologne; ~ **de férias** summer camp.

coloquial [kolo'kjaw] *(pl -ais* [-ajʃ]*)* adj colloquial.

colorante [kolo'rãntʃi] m coloring.

colorido, da [kolo'ridu, da] adj colored; *(com muitas cores)* colorful.

colorir [kolo'ri(x)] vt to color in.

coluna [ko'luna] f column; ~ **vertebral** spinal column.

com [kõ] prep with; *(indica causa)* because of; *(indica modo)* só ~ **muito esforço é que ele conseguiu** he only managed it through a lot of hard work; **estar** ~ **dor de cabeça** to have a headache; **estar** ~ **fome** to be hungry; **estar** ~ **pressa** to be in a hurry.

coma ['koma] m ou f *MED* coma.

comandante [komãn'dãntʃi] m *(de navio, polícia)* commander; *(de exército)* major.

comandar [komãn'da(x)] vt to command, to be in charge of.

comando [ko'mãndu] m command; *(de máquina, sistema)* control; **estar no** ~ **de algo** to be in charge of sthg.

combate [kõm'batʃi] m *(luta)* fight; *(batalha)* fighting.

combater [kõmba'te(x)] vi to fight.

combinação [kõmbina'sãw] *(pl -ões* [-õjʃ]*)* f combination.

(acordo) agreement; *(plano)* arrangement; *(peça de vestuário)* slip.

combinar [kõmbi'na(x)] *vt* to combine; *(planejar)* to plan. ◆ *vi* *(cores, roupas)* to go together; **está combinado!** it's a deal!; ~ **com** to go with; ~ **algo com alguém** to arrange sthg with sb.

começar [kome'sa(x)] *vt & vi* to start, to begin; ~ **a fazer algo** to start ou begin to do sthg; ~ **de/por** to start from/with; ~ **por fazer algo** to start by doing sthg; **para** ~ to start (with).

começo [ko'mesu] *m* start, beginning.

comédia [ko'mɛdʒja] *f* comedy.

comediante [kome'dʒjãntʃi] *mf* comic actor.

comemorar [komemo'ra(x)] *vt* to commemorate.

comentar [komẽn'ta(x)] *vt* *(mencionar)* to mention; *(analisar)* to comment on; *(criticar maliciosamente)* to make comments about.

comentário [komẽn'tarju] *m* comment; *(de evento esportivo)* commentary.

comentarista [komẽta-'riʃta] *mf*: ~ **esportivo/político** sports/political commentator.

comer [ko'me(x)] *vt* to eat; *(em xadrez, damas)* to take. ◆ *vi* *(alimentar-se)* to eat.

comercial [komexsi'aw] *(pl* **-ais** [-ajʃ]*) adj* commercial.

comercialização [komexsjaliza'sãw] *f* sale.

comercializar [komexsjali-'za(x)] *vt* to sell.

comerciante [komex'sjãntʃi] *mf* storekeeper.

comércio [ko'mɛxsju] *m* commerce; *(lojas)* shops *pl*.

comestível [komeʃ'tʃivɛw] *(pl* **-eis** [-ejʃ]*) adj* edible.

cometer [kome'te(x)] *vt* *(delito)* to commit; *(erro)* to make.

comichão [komi'ʃãw] *(pl* **-ões** [-õjʃ]*) f* itch; **dar** ~ to itch.

cômico, ca [ˈkomiku, ka] *adj* *(actor)* comic; *(engraçado)* funny, comical.

comida [ko'mida] *f* food; *(refeição)* meal; ~ **para bebê** baby food; ~ **a** ou **por quilo** food by the kilo; ~ **caseira** home cooking; ~ **congelada** frozen food.

comigo [ko'migu] *pron* with me; **estava falando** ~ **mesmo** I was talking to myself.

comilão, lona [komi'lãw, lona] *(mpl* **-ões** [-õjʃ]*, fpl* **-s** [-ʃ]*) m, f* glutton.

comissão [komi'sãw] *(pl* **-ões** [-õjʃ]*) f* commission.

comissário [komi'sarju] *m* *(de polícia)* superintendent; *(de navio)* purser; ~ **de bordo** flight attendant.

comissões → **comissão**.

como [ˈkomu] *adv* **-1.** *(comparativo)* like; **não é** ~ **o outro** it's not like the other one; ~ **quem não quer nada** casually; ~ **se nada estivesse acontecendo** as if nothing was going on.
-2. *(de que maneira)* how; ~ **?** *(o*

que disse) excuse me?, I'm sorry?; ~ **assim?** *(para explicação)* what do you mean?

- 3. *(marca intensidade)*: **e ~!** isn't it just!; ~ **ele é inteligente!** he's so clever!, how clever he is!; ~ **você se engana!** you are so wrong!

◆ *conj* **- 1.** *(introduz comparação)* like; **é bonita, ~ a mãe** she's pretty, (just) like her mother.

- 2. *(da forma que)* as; ~ **quiser!** as you like!; **seja ~ for** in any case.

- 3. *(por exemplo)* like, such as; **as cidades grandes ~ São Paulo** big cities like São Paulo.

- 4. *(na qualidade de)* as; ~ **mãe fiquei muito preocupada** as a mother I felt very concerned; ~ **prêmio ela ganhou um carro** she won a car as a prize.

- 5. *(visto que)* as, since; ~ **estávamos atrasados fomos de táxi** we took a taxi because we were running late.

- 6. *(em locuções)*: ~ **deve ser** *(corretamente)* properly; *(próprio)* suitable.

comoção [komo'sɐ̃w] *(pl* **-ões** [-õjʃ]*) f (emoção)* emotion; *(agitação)* commotion.

cômoda ['komɔda] *f* chest of drawers.

comodidade [komodʒi'dadʒi] *f* comfort.

cômodo, da ['komodu, da] *adj* comfortable.

comovedor, ra [komove-'do(x), ra] *(mpl* **-res** [-riʃ], *fpl* **-s** [-ʃ]) *adj* moving.

comovente [komo'vẽntʃi] *adj* touching.

comover [komo've(x)] *vt* to move.

❑ **comover-se** *vp* to be moved.

comovido, da [komo'vidu, da] *adj* moved.

compacto, ta [kõm'paktu, ta] *adj* compact; *(denso)* thick; *(sólido)* hard. ◆ *m (disco)* a single.

companheiro, ra [kõmpa-'nejru, ra] *m, f (acompanhante)* companion; *(de turma)* classmate; *(em casal)* partner ou mate.

companhia [kõmpa'nia] *f* company; **fazer ~ a alguém** to keep sb company; ~ **de aviação** airline; ~ **de seguros** insurance company.

comparação [kõmpara'sɐ̃w] *(pl* **-ões** [-õjʃ]*) f* comparison; **não ter ~ com** to bear no comparison with; **em ~ com** in comparison with.

comparar [kõmpa'ra(x)] *vt* to compare; ~ **algo a** ou **com algo** to compare sthg to ou with sthg.

comparecer [kõmpare'se(x)] *vi* to appear, to attend.

compartilhar [kõmpartʃi-'ʎa(x)] *vt* to share; ~ **algo com alguém** to share sthg with sb.

compartimento [kõmpartʃi'mẽntu] *m* compartment.

compartir [kõmpar'tʃi(x)] *vt* to share.

compasso [kõm'pasu] *m* compass; *MÚS* time.

compatível [kõmpa'tʃivew] *(pl*

-eis [-ejʃ]) *adj* compatible; ~ **com** compatible with.

compatriota [kõmpatrˈjɔta] *mf* compatriot.

compensação [kõmpẽsaˈsãw] (*pl* **-ões** [-õjʃ]) *f* compensation; (*vantagem*) advantage.

compensar [kõmpẽˈsa(x)] *vt* to compensate; (*recompensar*) to make up for; **não compensa o esforço** it isn't worth the effort.

competência [kõmpeˈtẽsja] *f* competence; (*responsabilidade*) responsibility.

competente [kõmpeˈtẽtʃi] *adj* competent.

competição [kõmpetʃiˈsãw] (*pl* **-ões** [-õjʃ]) *f* competition.

competir [kõmpeˈtʃi(x)] *vi* to compete; ~ **com** (*rivalizar com*) to compete with.

competitivo, va [kõmpetʃiˈtʃivu, va] *adj* competitive.

complementar [kõmplemẽˈta(x)] (*pl* **-res** [-riʃ]) *adj* complementary.

complemento [kõmpleˈmẽtu] *m* complement; (*em trem*) supplement.

completamente [kõmˌpletaˈmẽtʃi] *adv* completely.

completar [kõmpleˈta(x)] *vt* (*preencher*) to fill in; (*terminar*) to complete.

completo, ta [kõmˈpletu, ta] *adj* completed; (*cheio*) full; (*inteiro*) complete.

complexo, xa [kõmˈplɛksu, ksa] *adj & m* complex; ~ **de vitaminas** multivitamin.

complicação [kõmplikaˈsãw]

(*pl* **-ões** [-õjʃ]) *f* complication.

complicado, da [kõmpliˈkadu, da] *adj* complicated.

complicar [kõmpliˈka(x)] *vt* to complicate.

❑ **complicar-se** *vp* to become complicated.

compor [kõmˈpo(x)] *vt* (*música, poema*) to compose; (*consertar*) to repair; (*arrumar*) to straighten up; (*fazer parte de*) to make up.

❑ **compor-se** *vp* (*arranjar-se*) to clean o.s. up.

❑ **compor-se de** *vp + prep* (*ser formado por*) to be made up of.

comportamento [kõmpox taˈmẽtu] *m* behavior.

comportar [kõmpoxˈta(x)] *vt* (*conter em si*) to hold; (*admitir*) to permit.

❑ **comportar-se** *vp* to behave.

composição [kõmpoziˈsãw] (*pl* **-ões** [-õjʃ]) *f* composition; EDUC essay.

compositor, ra [kõmpoziˈto(x), ra] (*mpl* **-es** [-riʃ], *fpl* **-s** [-ʃ]) *m, f* MÚS composer.

composto, osta [kõmˈpoʃtu, ɔʃta] *m* GRAM compound. ◆ *adj*: **ser** ~ **por** to be composed of.

compostura [kõmpoʃˈtura] *f* composure; (*boa educação*) manners *pl*.

compra [ˈkõmpra] *f* purchase; **ir às** ou **fazer** ~**s** to go shopping.

comprar [kõmˈpra(x)] *vt* to buy.

compreender [kõmprjẽnˈde(x)] *vt* to understand; (*incluir*) to comprise.

compreensão [kõmprjě'sãw] f understanding.

compreensivo, va [kõmprjě'sivu, va] adj understanding.

comprido, da [kõm'pridu, da] adj long; **deitar-se ao ~** to lie down flat.

comprimento [kõmpri'mẽntu] m length; **tem 5 metros de ~** it's 5 meters long.

comprimido, da [kõmpri'midu, da] adj compressed. ◆ m pill; **~ para a dor** painkiller.

comprimir [kõmpri'mi(x)] vt (apertar) to squeeze; (reduzir de volume) to compress.

comprometer [kõmprome'te(x)] vt to compromise. ❑ **comprometer-se** vp to compromise o.s.; **~-se a fazer algo** to commit o.s. to doing sthg.

compromisso [kõmpro'misu] m (obrigação) commitment; (acordo) agreement; **tenho um ~** I've got a prior engagement.

comprovação [kõmprova'sãw] (pl **-ões** [-õjʃ]) f proof.

comprovar [kõmpro'va(x)] vt to prove.

computador [kõmputa'do(x)] (pl **-res** [-riʃ]) m computer; **~ pessoal** personal computer.

comum [ko'mũ] (pl **-ns** [-ʃ]) adj (frequente) common; (vulgar) ordinary; (partilhado) shared.

comunhão [komu'nãw] (pl **-ões** [-õjʃ]) f RELIG Communion; **~ de bens** joint ownership (in marriage).

comunicação [komunika'sãw] (pl **-ões** [-õjʃ]) f communication;

(comunicado) announcement.

comunicar [komuni'ka(x)] vt to communicate; (mensagem) to pass on. ◆ vi to communicate; **~ a alguém algo** to inform sb of sthg; **~ com** to communicate with.

comunidade [komuni'dadʒi] f community.

comuns → **comum.**

conceber [kõse'be(x)] vt (filho) to conceive; (plano, sistema) to think up.

conceder [kõse'de(x)] vt (dar) to give; (prêmio, bolsa) to award.

conceito [kõ'sejtu] m concept.

conceituado, da [kõsej'twada] adj respected.

concentração [kõsẽntra'sãw] (pl **-ões** [-õjʃ]) f concentration; (de pessoas) gathering.

concentrar [kõsẽn'tra(x)] vt (atenção, esforços) to concentrate; (reunir) to bring together. ❑ **concentrar-se** vp to concentrate; **~-se em** (estudo, trabalho) to concentrate on; (lugar) to group together in.

concepção [kõsep'sãw] (pl **-ões** [-õjʃ]) f concept; (de filho) conception.

concerto [kõ'sextu] m concert.

concessionária [kõsesjo'narja] f licensed dealer; **~ de automóveis** car dealer.

concha ['kõʃa] f shell; (de sopa) ladle.

conciliar [kõsi'lja(x)] vt to reconcile.

concluir [kõŋklu'i(x)] vt to conclude; (acabar) to finish.

conclusão [kõŋklu'zãw] *(pl -ões* [-õjʃ]) *f* conclusion; **em ~** in conclusion.

concordância [kõŋkox'dãsja] *f* agreement; **em ~ com** in accordance with.

concordar [kõŋkox'da(x)] *vi* to agree; **~ com** to agree with; **~ em fazer algo** to agree to do sthg.

concorrência [kõŋko'xẽsja] *f* competition.

concorrente [kõŋko'xẽntʃi] *adj (equipe)* opposing; *(produto, empresa)* rival. ◆ *mf (em concurso, competição)* contestant; *(em disputa)* rival.

concorrer [kõŋko'xe(x)] *vi* to compete; **~ a algo** *(emprego, posição)* to apply for sthg.

concretizar [kõŋkreti'za(x)] *vt* to realize.

concreto, ta [kõŋ'krɛtu, ta] *adj & m* concrete.

concurso [kõŋ'kuxsu] *m (de televisão)* game show; *(de rádio)* contest; *(de música, literatura)* competition; *(para emprego)* open competition.

condenação [kõndena'sãw] *(pl -ões* [-õjʃ]) *f* condemnation; JUR *(sentença)* sentence.

condenar [kõnde'na(x)] *vt* to condemn; JUR *(sentenciar)* to sentence.

condensação [kõndẽsa'sãw] *f* condensation.

condensar [kõndẽ'sa(x)] *vt* to condense.

condescender [kõndesẽn'de(x)] *vi* to agree.

condição [kõndʒi'sãw] *(pl -ões* [-õjʃ]) *f* condition; *(classe social)* status; **estar em boas/más condições** to be in good/bad condition.

condicionado, da [kõndʒisjo'nadu, da] *adj* restricted.

condicional [kõndʒisjo'naw] *m* GRAM: **o ~** the conditional.

condicionar [kõndʒisjo'na(x)] *vt* to restrict.

condições → **condição**.

condimento [kõndʒi'mẽntu] *m* seasoning.

condizer [kõndʒi'ze(x)] *vi* to go together; **~ com** to go with.

condolências [kõndo'lẽsjaʃ] *fpl* condolences; **as minhas ~** my condolences.

condomínio [kõndo'minju] *m* service charge.

condômino, na [kõn'dominu, na] *m, f* proprietor *(in an apartment block).*

condução [kõndu'sãw] *f (de governo)* running; *(transporte)* transportation; **tomar uma ~ para** to catch a bus somewhere.

conduta [kõn'duta] *f (comportamento)* behavior; **boa/má ~** good/bad behavior.

conduto [kõn'dutu] *m (tubo)* tube; *(cano)* pipe; *(de canalização)* channel.

condutor, ra [kõndu'to(x), ra] *(mpl -res* [-riʃ], *fpl -s* [-ʃ]) *m, f* driver. ◆ *adj* conductive.

conduzir [kõndu'zi(x)] *vt (administrar)* to run.

cone ['kɔni] *m* cone.

conectar [konek'ta(x)] vi IN-
FORM to log on.

conexão [konek'sãw] (pl -ões
[-õjʃ]) f connection.

confecção [kõfek'sãw] (pl -ões
[-õjʃ]) f (fábrica) garment factory; (de peça de vestuário) making; (de prato culinário)
preparation.

confeccionar [kõfeksjo'na(x)]
vt to make.

confecções → confecção.

confeitaria [kõfejta'ria] f
candy store Am, sweet shop
Brit.

conferência [kõfe'rẽsja] f conference.

conferir [kõfe'ri(x)] vt to check.
◆ vi (estar exato) to be correct.

confessar [kõfe'sa(x)] vt to
confess.
□ **confessar-se** vp to confess.

confiança [kõfi'ãsa] f (fé) trust;
(segurança) confidence; (familiaridade) familiarity; **ter ~ em** to
trust; **ser de ~** to be reliable.

confiar [kõfi'a(x)] vt: **~ algo a
alguém** (segredo) to tell sb sthg
in confidence; **~ alguém a alguém** to leave sb in sb's care.
□ **confiar em** v + prep (pessoa) to
trust; (futuro, resultado) to have
faith in.

confidência [kõfi'dẽsja] f confidence.

confidencial [kõfidẽ'sjaw] (pl
-ais [-ajʃ]) adj confidential.

confirmação [kõfixma'sãw]
(pl -ões [-õjʃ]) f confirmation.

confirmar [kõfix'ma(x)] vt to
confirm.

□ **confirmar-se** vp to come
true.

confiscar [kõfiʃ'ka(x)] vt to
confiscate.

conflito [kõ'flitu] m conflict;
(desavença) argument.

conformar-se [kõfox'maxsi]
vp (resignar-se) to resign o.s.;
~ com to resign o.s. to.

conforme [kõ'foxmi] conj as.
◆ prep (dependendo de como) depending on; (de acordo com) according to.

conformidade [kõfoxmi'dad-
ʒi] f conformity; **em ~ com** in
accordance with.

confortar [kõfox'ta(x)] vt to
comfort.

confortável [kõfox'tavew] (pl
-eis [-ejʃ]) adj comfortable.

conforto [kõ'foxtu] m comfort.

confrontar [kõfrõn'ta(x)] vt to
confront; (comparar) to compare.
□ **confrontar-se** vp to come
face to face; **~-se com** (deparar
com) to be confronted with.

confronto [kõ'frõntu] m confrontation; (comparação) comparison.

confundir [kõfũn'di(x)] vt (pessoa) to confuse; (rua, significado)
to mistake; (números) to mix up.
□ **confundir-se** vp (enganar-se)
to make a mistake; **~-se com**
(ser muito parecido com) to be
taken for.

confusão [kõfu'zãw] (pl -ões
[-õjʃ]) f confusion; (tumulto)
commotion; **armar ~** to cause

trouble; **fazer** ~ to get mixed up.

confuso, sa [kõ'fuzu, za] *adj (desordenado)* mixed up; *(obscuro)* confusing; *(confundido)* confused.

confusões → confusão.

congelado, da [kõʒe'ladu, da] *adj* frozen.

congelar [kõʒe'la(x)] *vt & vi* to freeze.

congestão [kõʒeʃ'tãw] *(pl* -ões [-õjʃ]) *f* congestion.

congestionamento [kõ-ʒeʃtʃjona'mẽntu] *m (de trânsito)* congestion.

congestionar [kõʒeʃtʃjo-'na(x)] *vt (trânsito)* to block.

congestões → congestão.

congratular [kõŋgratu'la(x)] *vt* to congratulate.

congresso [kõŋ'gresu] *m* congress.

conhecedor, ra [koɲese'do(x), ra] *(mpl* -res [-riʃ], *fpl* -s [-ʃ] *m, f:* **ser** ~ **de** to be an authority on.

conhecer [koɲe'se(x)] *vt* to know; *(ser apresentado a)* to meet; *(reconhecer)* to recognize.

conhecido, da [koɲe'sidu, da] *adj* well-known. ◆ *m, f* acquaintance.

conhecimento [koɲesi'mẽntu] *m* knowledge; *(experiência)* experience; **dar** ~ **de algo a alguém** to inform sb of sthg; **tomar** ~ **de algo** to find out about sthg; **é do** ~ **de todos** it is common knowledge. ❑ **conhecimentos** *mpl* contacts; *(cultura)* knowledge *sg.*

conjugado [kõʒu'gadu] *m* studio apartment.

cônjuge ['kõʒuʒi] *mf* spouse.

conjunção [kõʒũ'sãw] *(pl* -ões [-õjʃ]) *f* GRAM conjunction; *(união)* union.

conjuntivite [kõʒũntʃi'vitʃi] *f* conjunctivitis.

conjunto [kõ'ʒũntu] *m* set; *(de rock)* band; *(de roupa)* outfit.

conosco [ko'noʃku] *pron* with us.

conquanto [kõŋ'kwãntu] *conj* even though.

conquista [kõŋ'kiʃta] *f* conquest.

conquistar [kõŋkiʃ'ta(x)] *vt* to conquer; *(posição, trabalho)* to get; *(seduzir)* to win over.

consciência [kõʃ'sjɛsja] *f* conscience; *(conhecimento)* awareness; **ter** ~ **de algo** to be aware of sthg; **ter a** ~ **pesada** to have a guilty conscience; **tomar** ~ **de algo** to become aware of sthg.

consciente [kõʃ'sjẽntʃi] *adj (acordado)* conscious; *(responsável)* aware; **estar** ~ **de algo** to be aware of sthg. ◆ *m:* **o** ~ the conscious mind.

conseguinte [kõse'gĩntʃi]: **por conseguinte** *adv* consequently.

conseguir [kõse'gi(x)] *vt* to get; ~ **fazer algo** to manage to do sthg.

conselho [kõ'seʎu] *m* piece of advice; *(órgão coletivo)* council; **dar** ~**s** to give advice.

consenso [kõ'sẽsu] *m* consenso.

consentimento [kõsẽntʃi'mẽntu] *m* consent.

consentir [kõsẽn'ti(x)] *vt* to consent to.

conseqüência [kõse'kwẽsja] *f* consequence; **em ~** as a consequence.

consertar [kõsex'ta(x)] *vt* to repair, to fix.

conserto [kõ'sextu] *m* repair.

conserva [kõ'sɛrva] *f*: **em ~** canned, tinned.
□ **conservas** *fpl* canned food *sg*.

conservação [kõsexva'sãw] *f* conservation; *(de alimento)* preservation.

conservante [kõser'vãtʃi] *m* preservative.

conservar [kõsex'va(x)] *vt* to preserve.

consideração [kõsidera'sãw] *(pl* **-ões** [-õjʃ]*) f* consideration; *(crítica)* point; **falta de ~ (por)** lack of consideration (for); **levar algo em ~** to take sthg into consideration.

considerar [kõside'ra(x)] *vt* to consider; **~ que** to consider (that).
□ **considerar-se** *vp*: **ele considera-se o maior** he thinks he's the best.

considerável [kõside'ravew] *(pl* **-eis** [-ejʃ]*) adj* considerable; *(feito, conquista)* significant.

consigo [kõ'sigu] *pron (com ele)* with him; *(com ela)* with her; *(com você)* with you; *(com eles, elas)* with them; *(relativo a coisa,*

animal) with it; **ela estava falando ~ própria** she was talking to herself.

consistência [kõsiʃ'tẽsja] *f* consistency; *(de objeto, madeira)* solidity.

consistente [kõsiʃ'tẽntʃi] *adj (coerente)* consistent; *(espesso)* thick; *(sólido)* solid.

consistir [kõsiʃ'ti(x)]: **consistir em** *v + prep (ser composto por)* to consist of; *(basear-se em)* to consist in.

consoante [kõ'swãntʃi] *f* consonant. ◆ *prep (conforme)* according to.

consolar [kõso'la(x)] *vt* to console.
□ **consolar-se** *vp* to console o.s.

constante [kõʃ'tãntʃi] *adj* constant.

constar [kõʃ'ta(x)] *v impess*: **consta que ...** it is said that ...
□ **constar de** *v + prep (consistir em)* to consist of; *(figurar em)* to appear in.

constatar [kõʃta'ta(x)] *vt*: **~ que** *(notar que)* to realize (that).

consternado, da [kõʃter'nadu, da] *adj* distraught.

constipação [kõʃtʃipa'sãw] *(pl* **-ões** [-õjʃ]*) f (prisão de ventre)* constipation.

constipado, da [kõʃtʃi'padu, da] *adj*: **estar ~** *(ter prisão de ventre)* to be constipated; *(resfriado)* to have a cold.

constituição [kõʃtʃitwi'sãw] *(pl* **-ões** [-õjʃ]*) f* constitution.

constituir [kõʃtʃi'twi(x)] *vt (for-*

mar) to set up; *(representar)* to constitute.

constranger [kõʃtrãˈʒe(x)] *vt (embaraçar)* to embarrass; *(obrigar)* to force.

❑ **constranger-se** *vp (embaraçar-se)* to be embarrassed.

constrangimento [kõʃtrãʒiˈmẽntu] *m (embaraço)* embarrassment; *(obrigação)* constraint.

construção [kõʃtruˈsãw] *(pl -ões [-õjʃ])* f construction.

construir [kõʃtruˈi(x)] *vt* to build; *(frase)* to construct.

construtivo, va [kõʃtruˈtivu, va] *adj* constructive.

cônsul [ˈkõsuw] *(pl -es [-iʃ])* mf consul.

consulado [kõsuˈladu] *m* consulate.

cônsules → cônsul.

consulta [kõˈsuwta] *f (com médico)* appointment; *(de texto, dicionário)* consultation.

consultar [kõsuwˈta(x)] *vi (médico)* to have office hours. ◆ *vt* to consult.

consultoria [kõsuwtoˈria] *f* consultancy.

consultório [kõsuwˈtɔrju] *m (de médico)* doctor's office; **~ dental** dental practice.

consumidor, ra [kõsumiˈdo(x), ra] *(mpl -res [-riʃ], fpl -s [-ʃ])* m, f consumer.

consumir [kõsuˈmi(x)] *vt & vi* to consume.

consumo [kõˈsumu] *m* consumption.

conta [ˈkõta] *f (cálculo)* calculation; *(de restaurante)* check *Am*, bill *Brit; (fatura)* bill; *(de banco)* account; *(de colar)* bead; **a ~, por favor** could I have the check, please?; **o jantar é por minha ~** dinner's on me; **abrir uma ~** to open an account; **dar-se ~ de que** to realize (that); **fazer de ~ que** to pretend (that); **levar em ~** to take into account; **tomar ~ de** to take care of; **vezes sem ~** countless times; **isso não é da sua ~!** it's none of your business.

contabilidade [kõtabiliˈdadʒi] *f* accountancy; *(departamento)* accounts department.

contador, ra [kõtaˈdo(x), ra] *(mpl -res [-iʃ], fpl -s [-ʃ])* m, f *(profissional)* accountant; *(medidor)* meter; **~ de estórias** storyteller.

contagem [kõˈtaʒẽ] *(pl -ns [-ʃ])* f *(de gasto de água, de luz, etc)* meter-reading; *(de votos, bilhetes, etc)* count.

contagioso, osa [kõtaˈʒiozu, ɔza] *adj* contagious, infectious.

conta-gotas [ˌkõtaˈgotaʃ] *m inv* dropper.

contaminar [kõtamiˈna(x)] *vt* to contaminate.

contar [kõˈta(x)] *vt* to count; *(narrar, explicar)* to tell. ◆ *vi (calcular)* to count; **~ algo a alguém** to tell sb sthg; **~ fazer algo** *(tencionar)* to expect to do sthg; **~ com** to count on.

contatar [kõtaˈta(x)] to contact.

contato [kõn'tatu] *m* contact; *(de motor)* ignition; **entrar em ~ com** *(contatar)* to get in touch with.

contemplar [kõntẽm'pla(x)] *vt* to contemplate; **~ alguém com algo** to give sb sthg.

contemporâneo, nea [kõntẽmpo'ranju, nja] *adj & m, f* contemporary.

contentamento [kõntẽnta'mẽntu] *m* contentment.

contentar [kõntẽn'ta(x)] *vt* to keep happy.
◻ **contentar a** *v + prep* to please.
◻ **contentar-se com** *vp + prep* to content o.s. with.

contente [kõn'tẽntʃi] *adj* happy.

conter [kõn'te(x)] *vt (ter)* to contain; *(refrear)* to hold back.
◻ **conter-se** *vp* to restrain o.s.

contestação [kõntʃta'sãw] *(pl -ões* [-õjʃ]*)* *f (resposta)* answer; *(polémica)* controversy.

contestar [kõntʃ'ta(x)] *vt (refutar)* to dispute; *(replicar)* to answer.

conteúdo [kõn'tjudu] *m (de recipiente)* contents *pl; (de carta, texto)* content.

contexto [kõn'teʃtu] *m* context.

contigo [kõn'tigu] *pron* with you.

continente [kõntʃi'nẽntʃi] *m* continent.

continuação [kõntʃinwa'sãw] *(pl -ões* [-õjʃ]*)* *f* continuation.

continuamente [kõn,tʃin-

wa'mẽntʃi] *adv (sem interrupção)* continuously; *(repetidamente)* continually.

continuar [kõntʃi'nwa(x)] *vt* to continue. ◆ *vi* to carry on; **~ a fazer algo** to continue doing sthg; **~ com algo** to carry on with sthg.

contínuo, nua [kõn'tʃinwu, nwa] *adj (sem interrupção)* continuous; *(repetido)* continual. ◆ *m, f* caretaker.

conto [kõntu] *m (história)* story; *(literário)* short story; **~ de fadas** fairy tale.

contornar [kõntox'na(x)] *vt (edifício, muro, etc)* to go around; *(problema)* to get around.

contra ['kõntra] *prep* against. ◆ *m*: **pesar os prós e os ~s** to weigh up the pros and the cons.

contrabando [kõntra'bãndu] *m (de mercadorias)* smuggling; *(mercadoria)* contraband.

contracepção [,kõntrasep-'sãw] *f* contraception.

contraceptivo, va [,kõn-trasep'tʃivu, va] *adj & m* contraceptive.

contradição [,kõntradʒi'sãw] *(pl -ões* [-õjʃ]*)* *f* contradiction.

contradizer [,kõntradʒi'ze(x)] *vt* to contradict.

contrafilé [,kõntrafi'lɛ] *m* rump steak.

contra-indicação [,kõn-traĩndʒika'sãw] *(pl -ões* [-õjʃ]*)* *f (de medicamento)* warning label; **'sem contra-indicações'** 'no restrictions on use'.

contrair [kõntra'i(x)] *vt (doença)*

to catch, to contract; *(dívida)* to run up; *(vício, hábito)* to acquire; **~ matrimônio** to get married.

contramão [ˌkõtra'mãw] *f (de rua, estrada)* the wrong way on a road; **ir pela ~** to drive the wrong way down a road.

contrapartida [ˌkõtrapar'tʃida] *f* compensation; **em ~** on the other hand.

contrariar [kõtrari'a(x)] *vt (contradizer)* to contradict; *(aborrecer)* to annoy.

contrariedade [kõtrarje'dadʒi] *f (aborrecimento)* annoyance.

contrário, ria [kõ'trarju, rja] *adj (oposto)* opposite; *(adversário)* opposing. ♦ *m:* **o ~** the opposite; **ser ~ a algo** to be against sthg; **do ~** otherwise; **pelo ~** (quite) the contrary; **em sentido ~** in the opposite direction.

contra-senso [ˌkõtra'sẽsu] *m (absurdo)* nonsense.

contrastar [kõtraʃ'ta(x)] *vt & vi* to contrast; **~ com** to contrast with.

contraste [kõ'traʃtʃi] *m* contrast; **em ~ com** in contrast with.

contratar [kõtra'ta(x)] *vt* to hire.

contratempo [ˌkõtra'tẽmpu] *m* setback.

contrato [kõ'tratu] *m* contract.

contribuinte [kõtri'bwĩtʃi] *mf* taxpayer.

contribuir [kõtri'bwi(x)] *vi* to contribute; **~ com algo** to con-

tribute sthg; **~ para algo** to contribute toward sthg.

controlar [kõtro'la(x)] *vt* to control.

❑ **controlar-se** *vp* to control o.s.

controle [kõ'troli] *m* control; **~ remoto** remote control.

controvérsia [kõtro'vɛrsja] *f* controversy.

controverso, sa [kõtro'vɛrsu, sa] *adj* controversial.

contudo [kõ'tudu] *conj* however.

contusão [kõtu'zãw] *(pl -ões* [-õjʃ]) *f* bruise.

convalescença [kõvaleʃ'sẽsa] *f* convalescence.

convenção [kõvẽ'sãw] *(pl -ões* [-õjʃ]) *f* convention.

convencer [kõvẽ'se(x)] *vt* to convince; **~ alguém a fazer algo** to persuade sb to do sthg; **~ alguém de algo** to convince sb of sthg.

❑ **convencer-se** *vp* to be convinced; **~-se de que** to become convinced (that).

convencido, da [kõvẽ'sidu, da] *adj* conceited.

convencional [kõvẽsjo'naw] *(pl -ais* [-ajʃ]) *adj* conventional.

convenções → convenção.

conveniência [kõve'njẽsja] *f* convenience; **por ~** for the sake of convenience.

conveniente [kõve'njẽtʃi] *adj* convenient.

convento [kõ'vẽtu] *m* convent.

conversa [kõ'vɛxsa] *f* conversation; ~ **fiada** chitchat; **não cair na** ~ not to be taken in.

conversar [kõvex'sa(x)] vi to talk; ~ **com** to talk to.

conversível [kõvex'sivew] (pl **-eis** [-ejʃ]) m (carro) convertible.

converter [kõvex'te(x)] vt (transformar): ~ **algo/alguém em** to convert sthg/sb into. □ **converter-se** vp to convert; ~**se a** to convert to; ~**se em** to turn into.

convés [kõ'vεʃ] (pl **-eses** [-εziʃ]) m deck.

convidado, da [kõvi'dadu, da] adj guest (antes de s). ◆ m, f guest.

convidar [kõvi'da(x)] vt to invite.

convir [kõ'vi(x)] vi (ser útil) to be a good idea; (ser adequado) to be suitable; **é de ~ que** admittedly.

convite [kõ'vitʃi] m invitation.

convivência [kõvi'vẽsja] f (vida em comum) living together; (familiaridade) familiarity.

conviver [kõvi've(x)]: **conviver com** v + prep (ter convivência com) to live with.

convívio [kõ'vivju] m (convivência) contact.

convocar [kõvo'ka(x)] vt to summon; ~ **alguém para algo** to summon sb to sthg.

cooperação [kwopera'sãw] (pl **-ões** [-õjʃ]) f cooperation.

cooperar [kwope'ra(x)] vi to cooperate.

coordenar [kworde'na(x)] vt to coordinate.

copa ['kɔpa] f (divisão de casa) pantry; (de árvore) top; (de cha-

péu) crown; (torneio esportivo) cup. □ **copas** fpl (naipe de cartas) hearts.

cópia ['kɔpja] f copy.

copiar [ko'pja(x)] vt to copy.

copo ['kɔpu] m glass.

coqueiro [ko'kejru] m coconut palm.

coquetel [koke'tεw] (pl **-éis** [-εiʃ]) m cocktail.

cor¹ ['ko(x)] ◆ **de cor** adv: **aprender/saber algo de** ~ to learn/know sthg by heart; **saber algo de** ~ **e salteado** to know sthg through and through.

cor² ['ko(x)] (pl **-res** [-riʃ]) f color; **perder a** ~ to fade.

coração [kora'sãw] (pl **-ões** [-õjʃ]) m heart; **ter bom** ~ to be kind-hearted.

corado, da [ko'radu, da] adj (pessoa) red, flushed; (frango, assado) brown.

coragem [ko'raʒẽ] f courage. ◆ interj chin up!

corais ~ **coral.**

corajoso, osa [kora'ʒozu, ɔza] adj courageous.

coral [ko'raw] (pl **-ais** [-ajʃ]) m coral.

corante [ko'rãntʃi] m coloring.

corar [ko'ra(x)] vi to blush. ◆ vt (frango, assado, etc) to brown.

Corcovado [koxko'vadu] m: o ~ the Corcovado mountain in Rio de Janeiro.

corda

 CORCOVADO

At the summit of the Corcovado (hunchback) mountain, the figure of "Cristo Redentor" (Christ the Redeemer) stands over the city of Rio with welcoming arms outstretched. The statue is 30 meters tall, and was presented as a gift to the "cariocas" (citizens of Rio) by France to commemorate Brazilian independence. A visit to this landmark affords stunning views over Rio.

corda ['kɔrda] f rope; *(de instrumento musical)* string; *(de relógio, brinquedo)* clockwork; **dar ~ a** ou **em** *(relógio, brinquedo)* to wind up; *(fig)* to encourage; **pular ~** to jump rope; **~s vocais** vocal cords.

cordão [kor'dãw] *(pl -ões* [-õjʃ]) *m (jóia)* gold chain; **~ umbilical** umbilical cord.

cordeiro [kor'dejru] *m* lamb.

cordel [kor'dɛw] *(pl -éis* [-ɛjʃ]) *m* string.

 CORDEL

This is a type of poetry deriving from the oral tradition and transcribed to rough bits of paper which are hung out on string. These rhyming verses are recited as ballads accompanied by a guitar. Cordel is typical of the Northeast, especially in the states of Pernambuco, Paraíba and Ceará, where the verses are sold by their authors in markets and fairs.

cor-de-laranja [ˌkordʒila'rãʒa] *adj inv* orange.

cor-de-rosa [ˌkordʒi'xɔza] *adj inv* pink.

cordões → **cordão**.

cores → **cor²**.

córnea ['kɔrnja] f cornea.

coro ['koru] *m* choir; *(de música)* chorus; **em ~** in unison.

coroa [ko'roa] f crown; *(de enterro)* wreath.

corpo ['kɔxpu] *m* body; *(cadáver)* corpse; **~ de bombeiros** fire department.

correção [koxe'sãw] *(pl -ões* [-õjʃ]) f correctness; *(de exame, teste)* correction.

correções → **correção**.

corredor, ra [koxe'do(x), ra] *(mpl -res* [-riʃ], *fpl -s* [-ʃ]) *m*, f runner. ◆ *m (de casa)* corridor.

correia [ko'xeja] f *(tira de couro)* strap; **~ da ventoinha** fan belt.

correio [ko'xeju] *m* mail; *(local)* post office; **~ eletrônico** e-mail, electronic mail; **~ expresso** express mail; **pelo ~** by mail.

corrente [ko'xẽntʃi] *adj* current; *(água)* running. ◆ f current; *(de bicicleta)* chain; **~ alternada** alternating current; **~ de ar** draft.

correr [ko'xe(x)] *vi* to run; *(tempo)* to pass; *(notícia, rumor)* to go around. ◆ *vt* to run; **~ perigo** to be in danger; **fazer algo correndo** to do sthg in a rush.

correspondência [koxeʃpõn'dēsja] *f* correspondence.

correspondente [koxeʃpõn'dēntʃi] *adj* corresponding. ◆ *mf* correspondent.

corresponder [koxeʃpõn'de(x)] *vi* to correspond; *(retribuir)* to reciprocate; **~ a** to correspond with.

❑ **corresponder-se** *vp (escreverse)* to write to each other; **~-se com alguém** to correspond with sb.

corretor, ra [koxe'to(x), ra] *(mpl* **-res** [-riʃ], *fpl* **-s** [-ʃ]) *m*, *f* broker. ◆ *m (fluido)* correction fluid; **~ de imóveis** real estate agent *Am*, estate agent *Brit*; **~ da Bolsa** stockbroker; **~ de seguros** insurance broker; **~ ortográfico** spell-checker.

corrida [ko'xida] *f (de velocidade)* race; *(de táxi)* fare.

corrigir [koxi'ʒi(x)] *vt* to correct.

❑ **corrigir-se** *vp* to mend one's ways.

corrimão [koxi'mãw] *(pl* **-s** [-ʃ]) *m (de escada)* handrail, banister; *(de varanda)* railing.

corrimento [koxi'mēntu] *m (de vagina)* discharge.

corrimões → **corrimão**.

corromper [koxõm'pe(x)] *vt* to corrupt; *(subornar)* to bribe.

corrupção [koxup'sãw] *(pl* **-ões** [-õjʃ]) *f* corruption; **~ de** **menores** *JUR* corruption of minors.

corrupto, ta [ko'xuptu, ta] *adj* corrupt.

cortar [kox'ta(x)] *vt* to cut; *(carne assada)* to carve; *(gás, eletricidade)* to cut off; *(rua, estrada)* to block off. ◆ *vi* to be sharp; **~ relações (com alguém)** to break up (with sb).

❑ **cortar-se** *vp* to cut o.s.

corte [ˈkɔxtʃi] *m* cut; **~ de cabelo** haircut.

cortejo [kox'teʒu] *m* procession; **~ fúnebre** funeral procession.

cortesia [koxte'zia] *f* courtesy.

cortiça [kox'tʃisa] *f* cork.

cortiço [kox'tʃisu] *m* slum tenement.

cortina [kox'tʃina] *f* curtain.

coruja [ko'ruʒa] *f* owl.

corvina [kox'vina] *f* bream.

corvo [ˈkɔxvu] *m* crow.

coser [ko'ze(x)] *vt & vi* to sew.

costa [ˈkɔʃta] *f* coast; *(de montanha)* slope; **dar à ~** to wash ashore.

❑ **costas** *fpl* back *sg*; **dar as ~ para algo/alguém** to turn your back on sthg/sb.

costela [koʃ'tɛla] *f* rib.

costeleta [koʃte'leta] *f (de porco, carneiro)* chop; *(de vitela)* cutlet.

costumar [koʃtu'ma(x)] *vt*: **ela costuma chegar na hora** she usually arrives on time. ◆ *v imp*: **costuma chover muito** it tends to rain a lot.

costume [koʃ'tumi] *m (hábito)*

habit; *(uso social)* custom; **como de ~** as usual; **por ~** usually.

costura [koʃ'tura] f *(atividade)* sewing; *(de peça de roupa)* seam.

costurar [koʃtu'ra(x)] vt *(roupa)* to sew (up).

cotação [kota'sãw] *(pl -ões [-õjʃ])* f *(de mercadoria, título)* quoted price; **~ bancária** interest rate.

cotidiano [kotʃi'dʒjanu] adj daily. ◆ m everyday life.

cotonetes [koto'nɛtʃ] mpl cotton swabs.

cotovelada [kotove'lada] f poke with the elbow; **dar uma ~ em alguém** to elbow sb.

cotovelo [koto'velu] m elbow.

coube ['kobi] → **caber**.

couchette [ko'ʃɛtʃi] f sleeping berth.

couro ['koru] m leather; **~ cabeludo** scalp.

couve ['kovi] f spring greens pl; **~ portuguesa** kale.

couve-flor [ˌkove'flo(x)] *(pl couves-flores [ˌkoveʃ'floreʃ])* f cauliflower.

couvert [ku'vɛ(x)] m cover charge.

cova ['kɔva] f pit; *(sepultura)* grave.

covarde [ko'vaxdʒi] adj cowardly. ◆ m coward.

covardia [kovax'dʒia] f cowardice.

coxa ['koʃa] f thigh; **~ de galinha** chicken leg.

coxo, xa ['koʃu, ʃa] adj lame.

cozer [ko'ze(x)] vt to boil.

cozido, da [ko'zidu, da] adj boiled.

cozinha [ko'ziɲa] f kitchen; *(arte)* cookery.

cozinhar [kozi'ɲa(x)] vt & vi to cook.

cozinheiro, ra [kozi'ɲejru, ra] m, f cook.

crachá [kra'ʃa] m badge.

crânio ['kraɲu] m skull.

craque ['kraki] mf expert.

cratera [kra'tɛra] f crater.

cravar [kra'va(x)] vt: **~ algo em algo** *(unhas)* to dig sthg into sthg; *(dentes, faca)* to sink sthg into sthg; **~ os olhos em** to stare at.

cravo ['kravu] m *(flor)* carnation; *(instrumento)* harpsichord; *(em rosto)* blackhead; *(especiaria)* clove.

crediário [kre'dʒjarju] m installment plan *Am*, hire purchase *Brit*; **abrir um ~** to start a payment plan.

crédito ['krɛdʒitu] m credit; **comprar/vender a ~** to buy/sell on credit.

credor, ra [kre'do(x), ra] *(mpl -res [-riʃ], fpl -s [-ʃ])* m, f creditor.

cremar [kre'ma(x)] vt to cremate.

crematório [krema'tɔrju] m crematorium.

creme ['krɛmi] m cream; **~ de barbear** shaving cream; **~ hidratante** moisturizer; **~ de leite** cream.

cremoso, osa [kre'mozu, ɔza] adj creamy.

crença ['krẽsa] f belief.

crente ['krẽtʃi] mf believer.

crepe ['krɛpi] m (tecido) seersucker; (panqueca) pancake.

crepúsculo [kre'puʃkulu] m (de manhã) daybreak; (à noite) twilight.

crer ['kre(x)] vi to believe; (supor) to suppose. ◆ vt: ~ **que** (acreditar) to believe (that); (supor) to suppose (that); **ver para** ~ seeing is believing.

crescente [kre'sẽtʃi] adj growing. ◆ m (fase da lua) crescent.

crescer [kre'se(x)] vi to grow; (aumentar) to rise.

crespo, pa ['kreʃpu, pa] adj (cabelo) very curly; (rugoso) rough.

cretino, na [kre'tinu, na] m, f idiot.

cria ['kria] f young.

criado, da [kri'adu, da] m, f servant.

criador, ra [kria'do(x), ra] (mpl -res [-riʃ], fpl -s [-ʃ]) m, f creator; (de animais) breeder.

criança [kri'ãsa] f child; ~ **de colo** infant; **quando** ~ as a child; **ser** ~ to be childish.

criar [kri'a(x)] vt to create; (filhos) to bring up; (animais) to raise; ~ **caso** to make trouble. □ **criar-se** vp (produzir-se) to form; (pessoa) to grow up.

criatividade [kriatʃivi'dadʒi] f creativity.

criativo, va [kria'tʃivu, va] adj creative.

criatura [kria'tura] f creature.

crime ['krimi] m crime.

criminalidade [kriminali-'dadʒi] f crime.

criminoso, osa [krimi'nozu, ɔza] m, f criminal.

crina ['krina] f mane.

crise ['krizi] f crisis; (em doença) attack; (de nervos, histeria) fit.

crista ['kriʃta] f (de ave) crest; (de montanha) ridge.

cristã → **cristão**.

cristal [kriʃ'taw] (pl **-ais** [-ajʃ]) m crystal.

cristão, ã [kriʃ'tãw, ã] adj & m, f Christian.

critério [kri'tɛrju] m criterion.

crítica [kritika] f (de obra, peça, filme) review; (censura) criticism.

criticar [kriti'ka(x)] vt (obra) to review; (pessoa, atitude) to criticize.

crocante [kro'kãtʃi] adj crunchy.

crocodilo [kroko'dilu] m crocodile.

crônica ['kronika] f (de jornal) (newspaper) column; (conto) short story.

crônico, ca ['kroniku, ka] adj (doença) chronic.

cronológico, ca [krono'lɔʒiku, ka] adj chronological.

cronometrar [kronome'tra(x)] vt to time.

cronômetro [kro'nometru] m stopwatch.

crosta ['kroʃta] f (de ferida) scab; (da Terra) crust.

cru, crua ['kru, 'krua] adj (comida) raw; (tecido) unbleached; (realidade) harsh.

crucifixo [krusi'fiksu] *m* crucifix.

cruel [kru'ɛw] (*pl* **-éis** [-ɛiʃ]) *adj* cruel.

cruz [kruʃ] (*pl* **-zes** [-ziʃ]) *f* cross; **a Cruz Vermelha** the Red Cross.

cruzamento [kruza'mẽntu] *m* (*em estrada*) crossroads *sg*; (*de raças*) crossbreed.

cruzar [kru'za(x)] *vt* to cross; (*braços*) to fold.

cruzeiro [kru'zejru] *m* cruise.

cúbico, ca ['kubiku, ka] *adj* cubic.

cubo ['kubu] *m* cube; **~ de gelo** ice cube.

cuco ['kuku] *m* cuckoo.

cueca ['kwɛka] *f* underpants *pl*.

cuidado, da [kui'dadu, da] *adj* (*casa, jardim, etc*) well looked after. ◆ *m* care. ◆ *interj*: **cuidado!** (be) careful!; **ter ~** to take care, to be careful; **aos ~s de alguém** in the care of sb; **com ~** carefully, with care.

cuidar [kui'da(x)]: **cuidar de** *v* + *prep* to take care of.
❑ **cuidar-se** *vp* to take care of o.s.

cujo, ja ['kuʒu, ʒa] *pron* (*de quem*) whose; (*de que*) of which.

culinária [kuli'narja] *f* cookery.

culminar [kuwmi'na(x)]: **culminar em** *v* + *prep* to culminate in.

culpa ['kuwpa] *f* fault; **ter ~ de algo** to be to blame for sthg; **por ~ de** due to.

culpado, da [kuw'padu, da] *adj* guilty.

cultivar [kuwti'va(x)] *vt* to cultivate.
❑ **cultivar-se** *vp* to educate o.s.

culto, ta ['kuwtu, ta] *adj* well-educated. ◆ *m* cult.

cultura [kuw'tura] *f* culture; (*agrícola*) crop; (*conhecimentos*) knowledge.

cultural [kuwtu'raw] (*pl* **-ais** [-ajʃ]) *adj* cultural.

cume ['kumi] *m* summit.

cumplicidade [kũmplisi'dadʒi] *f* complicity.

cumprimentar [kũmprimẽn'ta(x)] *vt* to greet.

cumprimento [kũmpri'mẽntu] *m* greeting; (*de lei, ordem*) observance (*of the law*).
❑ **cumprimentos** *mpl* regards; **Com os ~s de ...** Yours sincerely.

cumprir [kũm'pri(x)] *vt* (*tarefa, ordem, missão*) to carry out; (*promessa*) to keep; (*pena, sentença*) to serve; (*lei*) to obey. ◆ *v impess*: **~ a alguém fazer algo** (*caber a*) to be sb's turn to do sthg; (*ser o dever de*) to be sb's responsibility to do sthg.

cúmulo ['kumulu] *m* height; **é o ~!** that's the limit!

cunha ['kuɲa] *f* wedge.

cunhado, da [ku'ɲadu, da] *m, f* brother-in-law.

cupom [ku'põ] (*pl* **-ns** [-ʃ]) *m* coupon.

cúpula ['kupula] *f* dome.

cura ['kura] *f* cure; (*de queijo, presunto, etc*) curing.

curar [ku'ra(x)] *vt* to cure. ◆ *vi* (*sarar*) to heal.
❑ **curar-se** *vp* to recover.

curativo [kura'tʃivu] *m* dressing.

curinga [ku'rĩŋga] *m (de jogo de cartas)* joker.

curiosidade [kurjozi'dadʒi] *f* curiosity.

curioso, osa [ku'rjozu, ɔza] *adj* curious. ◆ *m, f (bisbilhoteiro)* busybody; *(amador)* amateur.

curral [ku'xaw] *(pl* **-ais** [-ajʃ]) *m* pen.

currículo [ku'xikulu] *m* résumé.

curriculum vitae [kə'rikjələm'viːtaj] *m* résumé *Am,* curriculum vitae *Brit.*

curso ['kursu] *m* course; *(de universidade)* college course; **ter um ~ de algo** *(universitário)* to have a degree in sthg; **~ intensivo** intensive course; **~ superior** (college) degree; **em ~** *(ano, semana, etc)* current; *(em funcionamento)* in operation; *(em andamento)* in progress.

cursor [kux'so(x)] *(pl* **-res** [-riʃ]) *m* INFORM cursor.

curtir [kux'ti(x)] *vt (peles, couros)* to tan; *(desfrutar)* to enjoy.

curto, ta ['kuxtu, ta] *adj* short; **a ~ prazo** in the short term.

curva ['kuxva] *f (de estrada, caminho, etc)* bend; *(de corpo)* curve.

curvar [kux'va(x)] *vt* to bend; *(cabeça)* to bow.

❑ **curvar-se** *vp (inclinar-se)* to bend over; *fig (humilhar-se)* to lower o.s.

cuscuz [kuʃ'kuʃ] *m* couscous.

cuspe ['kuʃpi] *m* spit.

cuspir [kuʃ'pi(x)] *vi & vt* to spit.

custa ['kuʃta]: **à custa de** *prep* at the expense of.

❑ **custas** *fpl* JUR costs.

custar [kuʃ'ta(x)] *vt & vi (valer)* to cost; **custa muito a fazer** it's hard to do; **quanto custa?** how much is it?; **custe o que ~** at all costs, at any cost.

custo ['kuʃtu] *m (preço, despesa)* cost; *fig (dificuldade)* difficulty; **~ de vida** cost of living; **a ~** with difficulty.

D

da [da] = **de + a** → **de.**

dá ['da] → **dar.**

dádiva ['dadiva] *f* donation.

dado, da ['dadu, da] *adj (sociável)* sociable; *(determinado)* given. ◆ *m (de jogar)* dice; *(de problema, cálculo)* factor; *(informação)* fact.

❑ **dados** *mpl (jogo)* dice; INFORM data sg; **jogar ~s** to play dice.

daí [da'i] *adv* = **de + aí**; *(relativo a espaço)* from there; *(relativo a tempo):* **~ a um mês/mês um ano/dez minutos** a month/a year/ten minutes later; **~ em ou por diante** from then on; **e ~?** so what?; **sai ~!** get out of there!

dali [da'li] *adv* = **de + ali**; *(relativo a espaço)* from there; *(relativo a tempo):* **~ a uma hora** an hour later; **~ em ou por diante** from then on.

dama ['dama] *f (senhora)* lady;

(de baralho de cartas) queen; ~ **de honra** bridesmaid.

□ **damas** *fpl* checkers *sg Am*, draughts *sg Brit*; **jogar** ~**s** to play checkers.

damasco [daˈmaʃku] *m* apricot.

dança [ˈdãsa] *f* dance; ~**s folclóricas** country dancing *sg.*

dançar [dãˈsa(x)] *vi* to dance; *(oscilar)* to sway. ◆ *vt* to dance.

dano [ˈdanu] *m* damage.

dão [ˈdãw] → **dar.**

daquela [daˈkɛla] = **de + aquela,** → **aquela.**

daquele [daˈkeli] = **de + aquele,** → **aquele.**

daqui [daˈki] *adv* = **de + aqui;** *(deste lugar)* from here; *(deste momento)*: ~ **a um ano/mês** in a year/month; **ele saiu ~ às nove** he left here at nine; ~ **a pouco** in a little while; ~ **em** ou **por diante** from now on.

daquilo [daˈkilu] = **de + aquilo,** → **aquilo.**

dar [da(x)] *vt* -1. *(entregar, presentear)* to give; ~ **algo a alguém** to give sb sthg, to give sthg to sb.

- 2. *(produzir)* to produce.

- 3. *(causar, provocar)* to give; **isto me dá sono/pena** it makes me sleepy/sad; **só dá problemas** it's nothing but trouble.

- 4. *(filme, programa)*: **deu no noticiário hoje** it was on the news today.

- 5. *(exprime ação)* to give; ~ **um berro** to cry out; ~ **um pontapé em alguém** to kick sb;

~ **um passeio** to go for a walk.

- 6. *(festa, concerto)* to hold; **vão** ~ **uma festa** they're going to have ou throw a party.

- 7. *(dizer)* to say; **ele me deu boa-noite** he said good night to me.

- 8. *(ensinar)* to teach; **o que é que você está dando nas suas aula?** what are you teaching (at the moment)?; **ela dá aula numa escola** she teaches at a school.

- 9. *(aprender, estudar)* to do; **o que é que estão dando em inglês?** what are you doing in English (at the moment)?; **estamos dando o verbo "to be"** we're doing the verb "to be".

◆ *vi* -1. *(horas)*: **já deram cinco horas** the clock just struck five.

- 2. *(condizer)*: ~ **com** to go with; **as cores não dão umas com as outras** the colors clash.

- 3. *(proporcionar)*: ~ **de beber a alguém** to give sb something to drink; ~ **de comer a alguém** to feed sb.

- 4. *(em locuções)*: **dá no mesmo** it doesn't matter.

□ **dar com** *v + prep (encontrar, descobrir)* to meet; **dei com ele no cinema** I met him at the movies.

□ **dar em** *v + prep (resultar)*: **a discussão não vai** ~ **em nada** the discussion will come to nothing.

□ **dar para** *v + prep (servir para, ser útil para)* to be good for; *(suj: varanda, janela)* to look onto; *(suj: porta)* to lead to; *(ser suficien-*

te para) to be enough for; (ser possível) to be possible; **dá para você fazer isso hoje?** could you do it today?; **não vai ~ para eu chegar na hora** I won't be able to get there on time.

◻ **dar por** v + prep (aperceber-se de) to notice.

◻ **dar-se** vp: **~-se bem/mal com alguém** to get on well/ badly with sb; **não me dou bem com condimentos** spices don't agree with me; **deu-se mal com a brincadeira** his plan backfired; **~-se por vencido** to give in.

dardo ['daxdu] m (arma) spear; ESP javelin.

◻ **dardos** mpl darts sg; **jogar ~s** to play darts.

das [daʃ] = de + as, → **de**.

data ['data] f date; **~ de nascimento** date of birth.

datilografar [dat∫ilɔgra'fa(x)] vt to type.

de [dʒi] prep - 1. (indica posse) of; **o lápis do Mário** Mário's pencil; **a recepção do hotel** the hotel reception; **a casa é dela** it's her house.

- 2. (indica matéria) (made) of; **um bolo ~ chocolate** a chocolate cake; **um relógio ~ ouro** a gold watch.

- 3. (indica conteúdo) of; **um copo d'água** a glass of water.

- 4. (usado em descrições, determinações) **uma camiseta ~ manga curta** a short-sleeved T-shirt; **o senhor ~ preto** the man in black.

- 5. (indica assunto) about; **fale da viagem** tell me about the trip; **um livro ~ informática** a book about ou on computers.

- 6. (indica origem) from; **sou ~ Salvador** I'm from Salvador; **os habitantes do bairro** the locals; **um produto do Brasil** a Brazilian product.

- 7. (indica tempo): **o jornal das nove** the nine o'clock news; **partimos às três da tarde** we left at three in the afternoon; **trabalho das nove às cinco** I work from nine to five.

- 8. (indica uso): **a sala ~ espera** the waiting room; **uma máquina ~ calcular** a calculator.

- 9. (usado em denominações, nomes) of.

- 10. (indica causa, modo): **chorar ~ alegria** to cry with joy; **está tudo ~ pernas para o ar** everything is upside down; **morrer ~ frio** to freeze to death; **viajou ~ carro** he traveled by car.

- 11. (indica autor) by; **um filme ~ Glauber Rocha** a film by Glauber Rocha.

- 12. (introduz um complemento): **cheio ~ gente** full of people; **difícil ~ esquecer** hard to forget; **gostar ~ algo/alguém** to like sthg/sb.

- 13. (em comparações): **do que** than; **é mais rápido do que este** it's faster than this one.

- 14. (em superlativos) of; **o melhor ~ todos** the best of all.

- 15. (dentre) of; **um dia destes** one of these days; **um desses**

debaixo

hotéis serve any one of those hotels will do.
-16. *(indica série):* ~ **dois em dois dias** every two days; ~ **três em três metros** every three meters.

debaixo [de'bajʃu] *adv* underneath; ~ **de** under.

debate [de'batʃi] *m* debate.

debater [deba'te(x)] *vt* to debate.
□ **debater-se** *vp* to struggle.

débil ['dɛbiw] *(pl* **-beis** [-bejʃ]) *adj* weak.

debitar [debi'ta(x)] *vt* to debit.

débito ['dɛbitu] *m* debit.

debruçar-se [debru'saxsi] *vp* to lean over; ~ **sobre algo** *(problema, questão)* to look into sthg.

década ['dɛkada] *f* decade; **na ~ de oitenta** in the 80s.

decadente [deka'dẽtʃi] *adj* decadent.

decência [de'sẽsja] *f* decency.

decente [de'sẽtʃi] *adj* decent.

decepção [dese'sãw] *(pl* **-ões** [-õjʃ]) *f* disappointment.

decidido, da [desi'dʒidu, da] *adj (pessoa)* determined; *(resolvido)* settled.

decidir [desi'dʒi(x)] *vt* to decide; ~ **fazer algo** to decide to do sthg.
□ **decidir-se** *vp* to make up one's mind; **-se a fazer algo** to make up one's mind to do sthg.

decifrar [desi'fra(x)] *vt* to decipher.

decimal [dɛsi'maw] *(pl* **-ais** [-ajʃ]) *adj* decimal.

décimo, ma ['dɛsimu, ma] *num* tenth, → **sexto.**

decisão [desi'zãw] *(pl* **-ões** [-õjʃ]) *f (resolução)* decision.

declaração [deklara'sãw] *(pl* **-ões** [-õjʃ]) *f* statement; *(de amor)* declaration.

declarar [dekla'ra(x)] *vt* to declare; **'nada a ~'** 'nothing to declare'.
□ **declarar-se** *vp (confessar sentimentos)* to declare one's love; *(manifestar-se)* to express an opinion.

declínio [de'klinju] *m* decline.

decolagem [deko'laʒẽ] *f (de avião)* takeoff.

decoração [dekora'sãw] *(pl* **-ões** [-õjʃ]) *f* decoration.

decorar [deko'ra(x)] *vt (ornamentar)* to decorate; *(memorizar)* to memorize.

decorativo, va [dekora'tʃivu, va] *adj* decorative.

decotado, da [deko'tadu, da] *adj* low-cut.

decote [de'kɔtʃi] *m* neckline; ~ **em V** V-neck; ~ **redondo** crew neck.

decrescer [dekre'se(x)] *vi* to decrease.

decreto [de'krɛtu] *m* decree.

decurso [de'kursu] *m*: **no ~ de** in the course of.

dedal [de'daw] *(pl* **-ais** [-ajʃ]) *m* thimble.

dedão [de'dãw] *(pl* **-ões** [-õjʃ]) *m (de mão)* thumb; *(de pé)* big toe.

dedicação [dedʒika'sãw] *(pl* **-ões** [-õjʃ]) *f* dedication.

dedicar [dedʒi'ka(x)] *vt* (*livro, música, obra*) to dedicate; (*tempo, atenção, energias*) to devote.

❑ **dedicar-se a** *vp* + *prep* to devote o.s. to.

dedo ['dedu] *m* (*de mão*) finger; (*de pé*) toe; (*medida*) inch; **levantar o ~** to put one's hand up.

dedões → **dedão**.

dedução [dedu'sãw] (*pl* -ões [-õjʃ]) *f* deduction.

deduzir [dedu'zi(x)] *vt* (*descontar*) to deduct; (*concluir*) to deduce.

defeito [de'fejtu] *m* defect.

defeituoso, osa [defej'twozu, ɔza] *adj* (*produto*) defective.

defender [defẽ'de(x)] *vt* to defend.

❑ **defender-se** *vp* to defend o.s.; **~-se de** to defend o.s. against.

defensor, ra [defẽ'so(x), ra] (*mpl* -**res** [-riʃ], *fpl* -**s** [-ʃ]) *m, f* defender.

deferimento [deferi'mẽntu] *m* approval.

defesa [de'feza] *f* defense; JUR the defense; ESP (*ato*) save; (*: jogadores*) defense; (*de tese*) viva voce.

deficiência [defi'sjẽsja] *f* deficiency; (*física*) disability.

deficiente [defi'sjẽntʃi] *adj* deficient. ◆ *mf* disabled person; **~ físico** physically disabled person; **~ mental** mentally disabled person.

déficit ['dɛfisitʃ] *m* deficit.

definir [defi'ni(x)] *vt* (*palavra, sentido*) to define; (*estratégia,* *plano, regras*) to set out.

❑ **definir-se** *vp* to make up one's mind.

definitivamente [definitʃi-va'mẽntʃi] *adv* (*para sempre*) for good; (*sem dúvida*) definitely.

definitivo, va [definitʃivu, va] *adj* (*decisão, resposta*) final; (*separação, mudança*) permanent.

deformação [defoxma'sãw] (*pl* -ões [-õjʃ]) *f* (*de corpo*) deformity; (*de forma, realidade*) distortion.

deformar [defox'ma(x)] *vt* (*corpo*) to deform; (*forma, imagem, realidade*) to distort.

defronte [de'frõntʃi] *adv* opposite; **~** opposite.

defumar [defu'ma(x)] *vt* to smoke.

degelo [de'ʒelu] *m* thaw.

degolar [dego'la(x)] *vt* to behead.

degradar [degra'da(x)] *vt* to degrade.

❑ **degradar-se** *vp* (*saúde, relações*) to deteriorate; (*humilhar-se*) to demean o.s.

degrau [de'graw] *m* step.

degustação [deguʃta'sãw] *f* tasting.

degustar [deguʃ'ta(x)] *vt* to taste.

dei → **dar**.

deitar [dej'ta(x)] *vt* (*estender*) to lay (down); (*em cama*) to put to bed.

❑ **deitar-se** *vp* (*na cama*) to go to bed; (*no chão*) to lie down.

deixa ['dejʃa] *f*hint; (*teatro*) cue.

deixar [dej'ʃa(x)] *vt* to leave;

(permitir) to allow, to let; **(vício, estudos)** to give up. ◆ vi: ~ **de fazer algo** to stop doing sthg; **não** ~ **de fazer algo** to be sure to do sthg; ~ **alguém fazer algo** to let sb do sthg; ~ **algo para** to leave sthg for; ~ **algo de lado** to put sthg aside; ~ **algo/alguém em paz** to leave sthg/sb alone; ~ **algo/alguém para trás** to leave sthg/sb behind; ~ **cair** to drop. ❑ **deixar-se** vp: ~-**se levar por** to get carried away with; **ela não se deixou enganar** they couldn't fool her.

dela ['dɛla] = **de** + **ela**, → **de.**

dele ['deli] = **de** + **ele**, → **de.**

delegacia [delega'sia] f police station.

delegado, da [dele'gadu, da] m, f **(de polícia)** police captain Am, police superintendent Brit; **(de país, instituição)** delegate.

delgado, da [dew'gadu, da] adj **(pessoa)** slim; **(fio, corda, pau, barra)** thin.

deliberar [delibe'ra(x)] vt to decide on. ◆ vi to deliberate.

delicadeza [delika'deza] f delicacy; **(cortesia)** courtesy; **(cuidado)** care.

delícia [de'lisja] f **(sensação)** pleasure; **(manjar)** delicacy; **que** ~! how lovely!

delicioso, osa [deli'sjozu, ɔza] adj delicious.

delinqüência [delĩŋ'kwẽsja] f: ~ **juvenil** juvenile delinquency.

delinqüente [delĩŋ'kwẽtʃi] mf delinquent.

delirante [deli'rãtʃi] adj fig **(incrível)** amazing.

delirar [deli'ra(x)] vi to be delirious.

delírio [de'lirju] m MED delirium; fig **(excitação)** excitement.

delito [de'litu] m crime.

demais [de'majʃ] adv **(com verbos)** too much; **(com adjetivos)** too. ◆ pron: **os/as** ~ the rest; **isto já é** ~ ! this really is too much!; **ser** ~ **(ser o máximo)** to be excellent.

demasia [dema'zia]: **em demasia** adv too much.

demasiado, da [dema'zjadu, da] adj **(com substantivos singulares)** too much; **(com substantivos plurais)** too many. ◆ adv **(com verbos)** too much; **(com adjetivos)** too.

demência [de'mẽsja] f dementia.

demissão [demi'sãw] **(pl -ões** [- õjʃ]) f **(involuntária)** dismissal; **(voluntária)** resignation; **pedir** ~ to resign.

demitir [demi'tʃi(x)] vt to dismiss. ❑ **demitir-se** vp to resign.

democracia [demokra'sia] f democracy.

democrata [demo'krata] mf democrat. ◆ adj democratic.

democrático, ca [demo'kratʃiku, ka] adj democratic.

demolição [demoli'sãw] **(pl -ões** [-õjʃ]) f demolition.

demolir [demo'li(x)] vt to demolish.

demonstração [demõʃtra-

'sãw) (pl -ões [-õjʃ]) f demonstração; (prova) display.

demonstrar [demõʃ'tra(x)] vt to demonstrate; (revelar) to show.

demora [de'mɔra] f delay; **sem ~** without delay.

demorado, da [demo'radu, da] adj (longo) lengthy; (lento) slow.

demorar [demo'ra(x)] vi to take time. ◆ vt (tardar) to be late; (atrasar) to delay; **vai ~muito?** will it take long?

▢ **demorar-se** vp to take too long.

denegrir [dene'gri(x)] vt fig (manchar) to blacken.

dengo ['dẽgu] m (charme) coyness; (de criança) whimpering.

denominação [denomina-'sãw] (pl -ões [-õjʃ]) f denomination.

densidade [dẽsi'dadʒi] f density.

denso, sa ['dẽsu, sa] adj dense.

dentada [dẽ'tada] f bite.

dentadura [dẽta'dura] f (natural) teeth pl; (postiça) dentures pl.

dente ['dẽtʃi] m tooth; (de elefante, elefante marinho) tusk; (de garfo, ancinho) prong; **~ de alho** clove of garlic; **~ do siso** wisdom tooth; **~s postiços** false teeth.

dentifrício, cia [dẽtʃi'frisju, sja] adj tooth (antes de s). ◆ m toothpaste.

dentista [dẽ'tʃiʃta] mf dentist.

dentre ['dẽtri] **= de + entre** → **entre.**

dentro ['dẽtru] adv (no interior) in, inside; **~ de** (relativo a espaço físico) in, inside; (relativo a espaço temporal) in, within; **~ em breve** soon; **aqui ~** in here; **lá ~** inside; **por ~** inside; **por ~ de** on the inside of; **estar por ~ de algo** to be in the know about sthg.

denúncia [de'nũsja] f (revelação) exposure; (acusação) accusation.

denunciar [denũ'sja(x)] vt to report.

deparar [depa'ra(x)]: **deparar com** v + prep (encontrar) to come across; (enfrentar) to come up against.

▢ **deparar-se** vp (surgir) to arise.

departamento [departa-'mẽtu] m department.

dependência [depẽ'dẽsja] f (de casa) room; (de vício, droga) dependency; (de chefe, pai, mãe) dependence.

dependente [depẽ'dẽtʃi] adj dependent.

depender [depẽ'de(x)] vi: **depende ...** it depends ...

▢ **depender de** v + prep (de droga, pai, mãe) to be dependent on; (de circunstâncias, tempo, dinheiro) to depend on.

depilar [depi'la(x)] vt to remove hair from; (com cera) to wax.

depilatório, ria [depila'tɔrju, rja] adj hair-removing. ◆ m depilatory.

depoimento [depoj'mẽtu] m

depois

(na polícia) statement; **prestar ~** to give evidence.

depois [de'pojʃ] *adv (relativo a espaço)* after; *(relativo a tempo)* afterward; **~ se vê!** we'll see!; **e ~?** so?; **deixar algo para ~** to leave sthg for later; **dias/semanas/anos ~** days/weeks/years later; **~ de amanhã** the day after tomorrow; **~ de** after; **~ que** since; **logo ~** straight afterward.

depor [de'po(x)] *vi JUR* to give evidence. ◆ *vt (governo, ministro)* to overthrow.

depositar [depozi'ta(x)] *vt* to pay in; **~ confiança em alguém** to place one's trust in sb. ❑ **depositar-se** *vp* to settle.

depósito [de'pozitu] *m (em banco)* deposit; *(armazém)* warehouse; *(reservatório)* tank; *(sedimento)* sediment; **~ de bagagens** baggage room *Am*, left-luggage office *Brit*.

depravação [deprava'sãw] *(pl -ões* [-õjʃ]*)* *f* depravity.

depreciação [depresja'sãw] *(pl -ões* [-õjʃ]*)* *f* depreciation.

depressa [de'prɛsa] *adv* quickly. ◆ *interj* hurry up!

depressão [depre'sãw] *(pl -ões* [-õjʃ]*)* *f* depression; **~ econômica** *(economic)* depression.

deprimente [depri'mẽtʃi] *adj* depressing.

deprimir [depri'mi(x)] *vt* to depress.

deputado, da [depu'tadu, da] *m, f* deputy.

deriva [de'riva] *f*: **ir à ~** to drift; **estar à ~** to be adrift.

derivar [deri'va(x)] *vi* to drift. ❑ **derivar de** *v + prep (palavra, termo)* to derive from; *(produto)* to be made from; *(problema)* to stem from.

dermatologista [dermato-lo'ʒiʃta] *mf* dermatologist.

derramamento [dexama-'mẽtu] *m (de líquido)* spillage; *(de lágrimas, sangue)* shedding.

derramar [dexa'ma(x)] *vt (líquido)* to spill; *(lágrimas, sangue)* to shed; *(farinha, feijão)* to drop.

derrame [de'xami] *m MED* stroke.

derrapagem [dexa'paʒẽ] *(pl -ns* [-ʃ]*)* *f* skid.

derrapar [dexa'pa(x)] *vi* to skid.

derreter [dexe'te(x)] *vt* to melt. ❑ **derreter-se** *vp* to melt.

derrota [de'xɔta] *f* defeat.

derrotar [dexo'ta(x)] *vt* to defeat.

derrubar [dexu'ba(x)] *vt (objeto, pessoa)* to knock over; *(casa)* to tear down; *(árvore)* to cut down; *fig (governo, sistema)* to overthrow.

desabafar [dʒizaba'fa(x)] *vi* to get sthg off one's chest.

desabamento [dʒizaba'mẽtu] *m (de terra, pedras)* landslide; *(de edifício)* collapse.

desabar [dʒiza'ba(x)] *vi* to collapse.

desabitado, da [dʒizabi'tadu, da] *adj* unoccupied.

desabotoar [dʒizabo'twa(x)] *vt* to unbutton.

desabrigado, da [dʒizabri-'gadu, da] *adj (sem casa, lar)* homeless; *(exposto ao tempo)* exposed.

desabrochar [dʒizabro'ʃa(x)] *vi* to open.

desacompanhado, da [dʒizakõmpa'nadu, da] *adj* unaccompanied.

desaconselhar [dʒizakõse-'ʎa(x)] *vt*: ~ **algo (a alguém)** to advise (sb) against sthg.

desaconselhável [dʒizakõse-'ʎavew] *(pl* -**eis** [-ejʃ]) *adj* inadvisable.

desacordado, da [dʒizakor-'dadu, da] *adj* unconscious.

desacreditar [dʒizakredi-'ta(x)] *vt* to discredit.
❑ **desacreditar-se** *vp* to be discredited.

desafinado, da [dʒizafi'nadu, da] *adj (instrumento)* out of tune; *(voz)* tuneless.

desafinar [dʒizafi'na(x)] *vi* to be out of tune.

desafio [dʒiza'fiu] *m* challenge.

desagradar [dʒizagra'da(x)]: **desagradar a** *v + prep* to displease.

desaguar [dʒiza'gwa(x)] *vi*: ~ **em** to flow into.

desajeitado, da [dʒizazej'tadu, da] *adj* clumsy.

desalinhado, da [dʒizali'nadu, da] *adj* untidy.

desalojar [dʒizalo'ʒa(x)] *vt* to evict.

desamarrar [dʒizama'xa(x)] *vt* to untie.

desamparado, da [dʒizãm-

pa'radu, da] *adj* abandoned.

desamparar [dʒizãmpa'ra(x)] *vt* to abandon.

desanimado, da [dʒizani'madu, da] *adj* down.

desanimar [dʒizani'ma(x)] *vt* to discourage. ◆ *vi* to lose heart.

desânimo [dʒi'zanimu] *m* dejection.

desanuviar [dʒizanu'vja(x)] *vt* *fig (cabeça)* to clear; *(espírito)* to lift. ◆ *vi (céu)* to clear; *fig (espairecer)* to unwind.

desaparafusar [dʒizaparafu'za(x)] *vt* to unscrew.

desaparecer [dʒizapare'se(x)] *vi* to disappear.

desaparecido, da [dʒizapare'sidu, da] *adj* missing. ◆ *m, f* missing person.

desaparecimento [dʒizaparesi'mẽntu] *m* disappearance.

desapertar [dʒizaper'ta(x)] *vt* to undo.

desapontado, da [dʒizapõn'tadu, da] *adj* disappointed.

desapontamento [dʒizapõnta'mẽntu] *m* disappointment.

desapontar [dʒizapõn'ta(x)] *vt* to disappoint.

desarmamento [dʒizarma'mẽntu] *m* disarmament.

desarmar [dʒizar'ma(x)] *vt* to disarm; *(barraca, cama, estante)* to dismantle.

desarranjado, da [dʒizaxã'ʒadu, da] *adj* disheveled.

desarrumado, da [dʒizaxu'madu, da] *adj* messy.

desarticulado, da [dʒizaxtʃiku'ladu, da] adj dislocated.

desastrado, da [dʒiza'tradu, da] adj clumsy.

desastre [dʒi'zaʃtri] m (de automóvel) accident, crash; (desgraça) disaster.

desatar [dʒiza'ta(x)] vt to untie. ◆ vi: **a fazer algo** to start doing sthg; **a rir/chorar** to burst out laughing/crying.

desatento, ta [dʒiza'tẽntu, ta] adj distracted.

desatualizado, da [dʒizat-wali'zadu, da] adj (máquina, livro, sistema) outdated; (pessoa) out of touch.

desavença [dʒiza'vẽsa] f quarrel.

desavergonhado, da [dʒiza-vexgo'naðu, da] adj cheeky. ◆ m, f shameless person.

desbaratar [dʒiʒbara'ta(x)] vt to squander.

desbastar [dʒiʒbaʃ'ta(x)] vt (cabelo) to thin; (madeira, vegetação) to trim.

desbotar [dʒiʒbo'ta(x)] vt & vi to fade.

desbravar [dʒiʒbra'va(x)] vt to clear.

descabido, da [dʒiʃka'bidu, da] adj inappropriate.

descafeinado, da [dʒiʃka-fej'nadu, da] adj decaffeinated. ◆ m decaffeinated coffee.

descalçar [dʒiʃkaw'sa(x)] vt to take off.

descalço, ça [dʒiʃ'kawsu, sa] pp → **descalçar**. ◆ adj barefoot.

descampado, da [dʒiʃkãm-'padu, da] adj exposed. ◆ m open ground.

descansado, da [dʒiʃkã'sadu, da] adj carefree; **fique ~!** don't worry!

descansar [dʒiʃkã'sa(x)] vi to rest.

descanso [dʒiʃ'kãsu] m rest; (para prato) place mat.

descarga [dʒiʃ'kaxga] f (descarregamento) unloading; (de arma) shot; (de vaso sanitário) flush; **dar a ~** to flush the toilet; **~ elétrica** electrical discharge.

descarregar [dʒiʃkaxe'ga(x)] vt (carga) to unload; (arma) to fire; fig (raiva, frustração) to vent. ▫ **descarregar-se** vp (bateria, pilha) to go dead.

descarrilamento [dʒiʃkaxi-la'mẽntu] m derailment.

descarrilar [dʒiʃkaxi'la(x)] vi to be derailed.

descartar [dʒiʃkax'ta(x)] vt (no jogo de cartas) to discard; (desconsiderar) to rule out. ▫ **descartar-se de** vp + prep to get rid of.

descartável [dʒiʃkax'tavew] (pl -eis [-ejʃ]) adj disposable.

descascar [dʒiʃkaʃ'ka(x)] vt (fruta, batatas) to peel; (nozes) to shell.

descendência [desẽn'dẽsja] f descendants pl.

descender [desẽn'de(x)]: **descender de** v + prep to descend from.

descentralizar [dʒiʃsẽntrali-'za(x)] vt to decentralize.

descer [de'se(x)] vt (escadas, rua, montanha) to go/come down. ◆ vi (temperatura, preço) to go down; **~ (de)** (de muro, esca-

da, mesa) to go/come down (from); *(de cavalo)* to dismount (from); *(de carro)* to get out (of); *(de ônibus, trem)* to get off.

descida [deˈsida] *f (de rua, estrada)* slope; *(de avião)* descent; *(de preço, valor)* fall.

descoberta [dʒiʃkoˈbɛxta] *f (descobrimento)* discovery; *(invento)* invention.

descobrimento [dʒiʃkobriˈmẽntu] *m* discovery.

❑ **Descobrimentos** *mpl: os* **Descobrimentos** the Discoveries.

ⓘ **OS DESCOBRIMENTOS**

The golden age of Portuguese history began in 1415 with the conquest of Ceuta in North Africa. Then, in 1487, Bartolomeu Dias led the first European expedition ever to navigate successfully the Cape of Good Hope, and just a few years later Portuguese ships beat the rest of Europe to both India (Vasco da Gama, 1497) and Brazil (Pedro Álvares Cabral, 1500). It was through Portuguese seafaring expertise and daring that many of the oceans were first charted and trade links with the New World established.

descobrir [dʒiʃkoˈbri(x)] *vt* to discover; *(destapar, desvendar)* to uncover.

descolar [deʃkuˈlar] *vt (selo,*

fita adesiva) to remove.

descoloração [dʒiʃkoloraˈsãw] *(pl* **-ões** [-õjʃ]) *f* discoloration; **fazer uma** ~ to have one's hair bleached.

descompor [dʒiʃkõmˈpo(x)] *vt* to reprimand.

descompostura [dʒiʃkõmpoʃˈtura] *f* reprimand.

descomunal [dʒiʃkomuˈnaw] *(pl* **-ais** [-ajʃ]) *adj* huge.

desconcentrar [dʒiʃkõsẽnˈtra(x)] *vt* to distract.

desconectar [dʒiʃkõˈɛkta(x)] *vi INFORM* to log off.

desconfiar [dʒiʃkõfiˈa(x)] *vt:* ~ **que** to suspect (that).

❑ **desconfiar de** *v + prep (não ter confiança em)* to distrust; *(suspeitar de)* to suspect.

desconfortável [dʒiʃkõforˈtavew] *(pl* **-eis** [-ejʃ]) *adj* uncomfortable.

desconforto [dʒiʃkõfoˈfortu] *m* discomfort.

descongelar [dʒiʃkõʒeˈla(x)] *vt* to defrost.

desconhecer [dʒiʃkõŋeˈse(x)] *vt:* **desconheço a resposta** I don't know the answer.

desconhecido, da [dʒiʃkõŋeˈsidu, da] *adj* unknown. ◆ *m, f* stranger.

desconsolado, da [dʒiʃkõsoˈladu, da] *adj (triste)* disheartened.

descontar [dʒiʃkõnˈta(x)] *vt (deduzir)* to deduct; *(cheque)* to debit.

descontentamento [dʒiʃkõntẽntaˈmẽntu] *m* discontent.

desconto [dʒiʃ'kõntu] *m* discount.

descontraído, da [dʒiʃkõntra'idu, da] *adj* relaxed.

descontrair [dʒiʃkõntra'i(x)] *vt* to relax.

□ **descontrair-se** *vp* to relax.

descontrolado, da [dʒiʃkõntro'ladu, da] *adj (pessoa)* hysterical; *(máquina)* out of control.

descontrolar-se [dʒiʃkõntru'laxsi] *vp* to lose control.

desconversar [dʒiʃkõvex'sa(x)] *vi* to change the subject.

descrever [dʒiʃkre've(x)] *vt* to describe.

descrição [dʒiʃkri'sãw] *(pl -ões* [-õjʃ]*) f* description.

descuidar [dʒiʃkui'da(x)] *vt* to neglect.

□ **descuidar-se** *vp (não ter cuidado)* to be careless.

descuido [dʒiʃ'kuidu] *m (imprudência)* carelessness.

desculpa [dʒiʃ'kuwpa] *f* excuse; pedir ~ s a alguém por algo to apologize to sb for sthg; minhas ~ s my apologies.

desculpar [dʒiʃkuw'pa(x)] *vt* to excuse; desculpe! machuquei-o? I'm sorry! did I hurt you?; desculpe, pode me dizer as horas? excuse me, can you tell me the time?

□ **desculpar-se** *vp (pedir desculpa)* to apologize; *(justificar-se)* to justify o.s.; ~ **se com algo** to use sthg as an excuse.

desde ['deʒdi] *prep (relativamente a espaço, variedade)* from; *(relativamente a tempo)* since;

~ **aí** since then; ~ **que** *(relativo a tempo)* since; *(indica condição)* if.

desdém [deʒ'dẽ] *m* contempt.

desdenhar [deʒde'ɲa(x)] *vt* to scorn. ◆ *vi:* ~ **de** to scoff at.

desdentado, da [deʒdẽn'tadu, da] *adj* toothless.

desdizer [dʒiʒdi'ze(x)] *vt* to contradict.

□ **desdizer-se** *vp* to go back on one's word.

desdobrar [dʒiʒdo'bra(x)] *vt (jornal, roupa, tecido)* to unfold; *(subdividir)* to divide up.

desejar [deze'ʒa(x)] *vt* to want; deseja mais alguma coisa? would you like anything else?; desejo-lhe boa sorte! I wish you (good) luck!

desejo [de'zeʒu] *m (vontade)* wish; *(apetite sexual, anseio)* desire.

deselegante [dʒizele'gãntʃi] *adj* inelegant.

desembaraçado, da [dʒizẽmbara'sadu, da] *adj (desenrascado)* resourceful; *(expedito)* prompt.

desembaraçar [dʒizẽmbara-'sa(x)] *vt* to untangle.

□ **desembaraçar-se** *vp* to hurry up; ~ **-se de algo** to rid o.s. of sthg.

desembaraço [dʒizẽmba'rasu] *m* ease.

desembarcar [dʒizẽmbax-'ka(x)] *vt (carga)* to unload. ◆ *vi* to disembark.

desembarque [dʒizẽm'baxki] *m (de carga)* unloading; *(de passa-*

geiros) disembarkation; **'desem-barque'** *(em aeroporto)* 'arrivals'.

desembolsar [dʒizẽmbow-'sa(x)] *vt (pagar)* to cough up.

desembrulhar [dʒizẽmbru-'ʎa(x)] *vt* to unwrap, to open.

desempatar [dezẽmpa'ta(x)] *vt* to decide (the winner of).

desempenhar [dʒizẽmpe-'na(x)] *vt* to carry out; *(papel em peça, filme)* to play.

desempenho [dʒizẽm'peɲu] *m* performance; *(de obrigação)* fulfillment.

desemperrar [dʒizẽmpe-'xa(x)] *vt* to loosen.

desempregado, da [dʒizẽm-pre'gadu, da] *m, f* unemployed person.

desemprego [dʒizẽm'pregu] *m* unemployment; **estar no ~** to be unemployed.

desencadear [dʒizẽŋka-'dʒja(x)] *vt* to give rise to.
□ **desencadear-se** *v impess (tempestade)* to break.

desencantar [dʒizẽŋkãn'ta(x)] *vt (achar)* to unearth; *(desiludir)* to disillusion.

desencontrar-se [dʒizẽ-ŋkõn'traxsi] *vp* to miss each other.

desencorajar [dʒizẽŋkora-'ʒa(x)] *vt* to discourage.

desencostar [dʒizẽŋkoʃ'ta(x)] *vt* to move away.
□ **desencostar-se** *vp:* **~-se de** to move away from.

desenferrujar [dʒizẽfexu-'ʒa(x)] *vt* to remove the rust from; *fig (língua)* to brush up; *fig (pernas)* to stretch.

desenganar [dʒizẽŋga'na(x)] *vt (doente)* to give no hope of recovery to; *(tirar as ilusões a)* to disillusion.

desengano [dʒizẽ'ganu] *m* disillusionment.

desenhar [deze'ɲa(x)] *vt* to draw.
□ **desenhar-se** *vp (aparecer)* to appear; *(esboçar-se)* to take shape.

desenho [de'zeɲu] *m* drawing; **~ animado** cartoons.

desenlace [dʒizẽ'lasi] *m (de filme, história)* ending; *(de evento)* outcome.

desenrolar [dʒizẽxo'la(x)] *vt* to unroll.
□ **desenrolar-se** *vp (ocorrer)* to take place.

desentendido, da [dʒizẽn-tẽn'dʒidu, da] *adj:* **fazer-se de ~** to feign ignorance.

desentupir [dʒizẽntu'pi(x)] *vt* to unblock.

desenvolver [dʒizẽvow've(x)] *vt* to develop.
□ **desenvolver-se** *vp* to develop.

desenvolvido, da [dʒizẽ-vow'vidu, da] *adj* developed.

desenvolvimento [dʒizẽ-vowvi'mẽntu] *m* development; *(progresso)* progress; *(crescimento)* growth.

desequilibrar-se [dʒizekili-'braxsi] *vp* to lose one's balance.

deserto, ta [de'zextu, ta] *adj* deserted. ◆ *m* desert.

desesperado, da [dʒizeʃpe-'radu, da] *adj* desperate.

desesperar [dʒizeʃpe'ra(x)] vt
(levar ao desespero) to drive to
despair; (encolerizar) to infuriate.
♦ vi to despair.

desfalecer [dʒiʃfale'se(x)] vi to
faint.

desfavorável [dʒiʃfavo'ravɛw]
(pl -eis [-ejʃ]) adj unfavorable.

desfazer [dʒiʃfa'ze(x)] vt (costura, alinhavo, nó) to undo; (dúvida,
engano) to dispel; (grupo) to disperse; (noivado) to break off;
(contrato) to dissolve; (reduzir a
polpa) to mash (up).
□ **desfazer-se** vp to disintegrate; o vidro desfez-se em mil
pedaços the glass broke into a
thousand pieces.
□ **desfazer-se de** vp + prep to
get rid of.

desfecho [dʒiʃ'feʃu] m outcome.

desfeito, ta [dʒiʃ'fejtu, ta] adj
(em polpa) mashed; (cama)
unmade; (puzzle) in pieces; fig
(desfigurado) disfigured; (acordo,
casamento) broken.

desfigurar [dʒiʃfigu'ra(x)] vt
(feições de pessoa) to disfigure; fig
(verdade) to distort.

desfiladeiro [dʒiʃfila'dejru] m
gorge.

desfilar [dʒiʃfi'la(x)] vi to parade.

desfile [dʒiʃ'fili] m parade;
~ de moda fashion show.

desforra [dʒiʃ'fɔxa] f revenge.

desfrutar [dʒiʃfru'ta(x)]: **desfrutar de** v + prep (possuir) to
have; (tirar proveito de) to enjoy.

desgastante [dʒiʒgaʃ'tãntʃi]

adj exhausting.

desgastar [dʒiʒgaʃ'ta(x)] vt
(gastar) to wear away, to erode;
fig (cansar) to wear out.
□ **desgastar-se** vp (gastar-se) to
wear down.

desgostar [dʒiʒgoʃ'ta(x)] vt to
upset.
□ **desgostar a** v + prep to displease.

desgosto [dʒiʒ'goʃtu] m (infelicidade) misfortune; (mágoa) sorrow.

desgraça [dʒiʒ'grasa] f misfortune.

desgrenhado, da [dʒiʒgre-
'nadu, da] adj disheveled.

desidratação [dezidrata-
'sãw] (pl -ões [-õjʃ]) f dehydra-
tion.

desidratado, da [dʒizidra'tadu, da] adj dehydrated.

desidratar [dʒizidra'ta(x)] vt
to dehydrate.
□ **desidratar-se** vp to become
dehydrated.

designar [dezig'na(x)] vt to
designate.

desiludir [dʒizilu'di(x)] vt to let
down.
□ **desiludir-se com** vp + prep
to become disillusioned with.

desilusão [dʒizilu'zãw] (pl
-ões [-õjʃ]) f disillusion.

desimpedido, da [dʒizĩm-
pe'dʒidu, da] adj (linha de telefone)
free; (rua, trânsito) clear.

desimpedir [dʒizĩmpe'dʒi(x)]
vt to clear.

desinchar [dʒizĩ'ʃa(x)] vi to go
down.

desinfetante [dʒizĩfeˈtãntʃi] adj & m disinfectant.

desinfetar [dʒizĩfeˈta(x)] vt to disinfect.

desinibido, da [dʒiziniˈbidu, da] adj uninhibited.

desintegrar-se [dʒizĩteˈgraxsi] vp to disintegrate.

desinteressado, da [dʒizĩtereˈsadu, da] adj uninterested; (altruísta) unselfish.

desinteressar-se [dʒizĩtere'saxsi]: desinteressar-se de vp + prep to lose interest in.

desinteresse [dʒizĩteˈresi] m lack of interest; (abnegação) unselfishness.

desistência [deziʃˈtẽsja] f cancellation.

desistir [deziʃˈtʃi(x)] vi to give up; ~ de algo (de reserva, vôo) to cancel sthg; ~ de fazer algo (de fumar, correr, trabalhar) to give up doing sthg.

desleal [dʒiʒˈljaw] (pl -ais [-ajʃ]) adj disloyal.

desleixado, da [dʒiʒlejˈʃadu, da] adj slovenly.

desleixo [dʒiʒˈlejʃu] m carelessness.

desligado, da [dʒiʒliˈgadu, da] adj (aparelho) switched off; (telefone) off the hook; (aéreo) absent-minded.

desligar [dʒiʒliˈga(x)] vt (rádio, TV) to switch off; (telefone) to put down.

deslizar [dʒiʒliˈza(x)] vi to slide.

deslize [dʒiʒˈlizi] m fig (lapso) slip.

deslocado, da [dʒiʒloˈkadu,

da] adj dislocated; (desambientado) out of place.

deslocar [dʒiʒloˈka(x)] vt to dislocate.
❑ **deslocar-se** vp to be put out of joint; ~-se para to go to; ~-se com to move with; ~-se de to go from.

deslumbrante [dʒiʒlũmˈbrãntʃi] adj amazing.

deslumbrar [dʒiʒlũmˈbra(x)] vt to dazzle.

desmaiado, da [dʒiʒmaˈjadu, da] adj (desfalecido) unconscious; (desbotado) faded.

desmaiar [dʒiʒmaˈja(x)] vi to faint.

desmaio [dʒiʒˈmaju] m faint.

desmancha-prazeres [dʒiʒˌmãʃapraˈzeriʃ] mf inv killjoy.

desmanchar [dʒiʒmãˈʃa(x)] vt (desmontar) to take apart; (renda, costura) to undo; (noivado) to break (off).
❑ **desmanchar-se** vp to fall apart.

desmarcar [dʒiʒmaxˈka(x)] vt (consulta, reserva) to cancel.

desmedido, da [dʒiʒmeˈdʒidu, da] adj excessive.

desmentir [dʒiʒmẽnˈtʃi(x)] vt (negar) to deny; (contradizer) to contradict.

desmontar [dʒiʒmõnˈta(x)] vt (máquina) to dismantle; (construção) to take down; fig (intriga, combinação) to uncover.

desmoralizar [dʒiʒmoraliˈza(x)] vt (desanimar) to demoralize; (tirar o bom nome de) to disparage.

desmoronamento [dʒiʒmo-rona'mẽntu] *m (de casa)* collapse; *(de terra)* landslide.

desmoronar [dʒiʒmoro'na(x)] *vt* to demolish. □ **desmoronar-se** *vp* to collapse.

desnecessário, ria [dʒiʒne-se'sarju, rja] *adj* unnecessary.

desnível [dʒiʒ'nivew] *(pl -eis [-ejʃ]) m (de terreno)* unevenness; *(de valor)* gap.

desobedecer [dʒizobede-'se(x)]: **desobedecer a** *v + prep* to disobey.

desobediência [dʒizobe-'dʒjẽsja] *f* disobedience.

desobediente [dʒizobe-'dʒjẽntʃi] *adj* disobedient.

desobstruir [dʒizobʃtru'i(x)] *vt* to unblock.

desocupado, da [dʒizoku'pa-du, da] *adj* free; *(casa, apartamento)* unoccupied.

desocupar [dʒizoku'pa(x)] *vt* to vacate.

desodorante [dʒizodo'rãtʃi] *adj* deodorant *(antes de s).* ◆ *m* deodorant.

desonesto, ta [dʒizo'nɛʃtu, ta] *adj* dishonest.

desordem [dʒi'zoxdẽ] *f* disorder; **em ~** *(quarto, papéis)* messy.

desorganizado, da [dʒizox-gani'zadu, da] *adj* disorganized.

desorientação [dʒizorjẽnta-'sãw] *f* disorientation.

desorientado, da [dʒizor-jẽn'tadu, da] *adj* disoriented.

despachar [dʒiʃpa'ʃa(x)] *vt (bagagem, mercadorias)* to send off.

□ **despachar-se** *vp (apressar-se)* to hurry (up).

despedida [dʒiʃpe'dʒida] *f* farewell.

despedir [dʒiʃpe'dʒi(x)] *vt* to fire. □ **despedir-se** *vp (dizer adeus)* to say good-bye; *(demitir-se)* to resign.

despejar [dʒiʃpe'ʒa(x)] *vt (líqui-do)* to empty (out); *(lixo)* to throw out; *(de casa, apartamento)* to evict.

despejo [dʒiʃ'peʒu] *m (de casa, apartamento)* eviction. □ **despejos** *mpl (lixo)* garbage *sg Am,* rubbish *sg Brit.*

despenteado, da [dʒiʃ-pẽn'tʒjadu, da] *adj* disheveled.

despercebido, da [dʒiʃpex-se'bidu, da] *adj* unnoticed; **passar ~** to go unnoticed.

desperdiçar [dʒiʃpexdʒi'sa(x)] *vt* to waste.

desperdício [dʒiʃpex'dʒisju] *m* waste.

despertador [dʒiʃpexta'do(x)] *(pl -res [-riʃ]) m* alarm clock.

despertar [dʒiʃpex'ta(x)] *vt* to wake up; *fig (estimular)* to arouse; *fig (dar origem a)* to give rise to. ◆ *vi (acordar)* to wake up.

despesa [dʒiʃ'peza] *f* expense. □ **despesas** *fpl (de empresa, organismo)* expenses.

despido, da [dʒiʃ'pidu, da] *adj* naked.

despir [dʒiʃ'pi(x)] *vt* to undress. □ **despir-se** *vp* to get undressed.

desprender [dʒiʃprẽn'de(x)] vt
to unfasten.
□ **desprender-se** vp to get un-
fastened.

despreocupado, da [dʒiʃ-
preoku'padu, da] adj carefree.

desprevenido, da [dʒiʃpre-
ve'nidu, da] adj unprepared.

desprezar [dʒiʃpre'za(x)] vt to
scorn.

desproporcionado, da
[dʒiʃpropoxsjo'nadu, da] adj dis-
proportionate.

desqualificar [dʒiʃkwalifi-
'ka(x)] vt to disqualify.

desquitado, da [dʒiʃki'tadu,
da] adj separated.

dessa ['dɛsa] = de + essa →
de.

desse ['desi] = de + esse → de.

desta ['dɛʃta] = de + esta →
de.

destacar [dʒiʃta'ka(x)] vt (separar) to detach; (enfatizar) to emphasize.
□ **destacar-se** vp (distinguir-se)
to stand out.

destacável [dʒiʃta'kavew] (pl
-eis [-ejʃ]) adj detachable. ◆ m
(de formulário) tear-off slip.

destapar [dʒiʃta'pa(x)] vt to
uncover.

destaque [dʒiʃ'taki] m promi-
nence; **em ~** in focus.

deste ['deʃtʃi] = de + este →
de.

destinar [dʒiʃtʃi'na(x)] vt: ~ algo para to earmark sthg for.
□ **destinar-se a** vp + prep (ter
por fim) to be aimed at; (ser ende-
reçado a) to be addressed to.

destinatário, ria [deʃtʃina-
'tarju, rja] m, f (de carta) ad-
dressee; (de mensagem) recipient.

destino [deʃ'tʃinu] m (sina) des-
tiny; (de viagem) destination;
com ~ a Londres (vôo, trem) to
London.

destituir [deʃtʃitwi'(x)] vt (demitir) to dismiss.

destrancar [dʒiʃtrãŋ'ka(x)] vt
to unlock.

destreza [deʃ'treza] f (agilidade) deftness; (habilidade) dexter-
ity.

destro, tra ['deʃtru, tra] adj
right-handed; (ágil) deft; (hábil)
skilled.

destroços [dʒiʃ'trosuʃ] mpl
wreckage sg.

destruição [dʒiʃtrui'sãw] f destruction.

destruir [dʒiʃtru'i(x)] vt to destroy.

desuso [dʒi'zuzu] m: **cair em ~**
to fall into disuse.

desvalorização [dʒiʒvalori-
za'sãw] (pl -ões [-õjʃ]) f devalua-
tion.

desvalorizar [dʒiʒvalori'za(x)]
vt to devalue.
□ **desvalorizar-se** vp to de-
preciate.

desvantagem [dʒiʒvãn'taʒẽ]
(pl -ns [-ʃ]) f disadvantage.

desviar [dʒiʒ'vja(x)] vt to
move; (dinheiro) to embezzle;
(trânsito) to detour.
□ **desviar-se** vp to get out of
the way; **~se de algo** to move
out of the way of sthg.

desvio [dʒiʒ'viu] m (estrada

secundária) exit; *(de caminho)* detour; *(de dinheiro)* embezzlement.

detalhe [de'taʎi] *m* detail.

detectar [dete'ta(x)] *vt* to detect.

detector [dete'to(x)] *(pl -res* [-riʃ]) *m* detector; ~ **de incêndios** smoke alarm.

detenção [detẽ'sãw] *(pl -ões* [-õjʃ]) *f* detention; *(prisão)* arrest.

deter [de'te(x)] *vt (parar)* to stop; *(prender)* to detain. ☐ **deter-se** *vp (parar)* to stop; *(conter-se)* to restrain o.s.

detergente [detex'ʒẽtʃi] *m* detergent; *(para louça)* dishwashing liquid.

deterioração [deterjora'sãw] *f* deterioration.

deteriorar [deterjo'ra(x)] *vt (danificar)* to damage. ☐ **deteriorar-se** *vp (estragar-se)* to deteriorate.

determinação [determina'sãw] *f (força de vontade)* determination; *(cálculo)* calculation; *(resolução)* decision; *(ordem)* order.

determinar [determi'na(x)] *vt (calcular, decidir)* to determine; *(ordenar)* to order.

detestar [deteʃ'ta(x)] *vt* to detest.

detrás [de'trajʃ] *adv (relativo a espaço)* behind; *(relativo a tempo)* afterward; ~ **de** *(relativo a espaço)* behind; *(relativo a tempo)* after; **(por)** ~ **de** *(pela retaguarda de)* behind.

deturpar [detux'pa(x)] *vt* to distort.

deu ['dew] → **dar**.

deus, sa ['dewʃ, za] *(mpl -ses* [-ziʃ], *fpl -s* [-ʃ]) *m, f* god.
◆ **Deus** *m* God; ~ **me livre!** God forbid!; **graças a** ~! thank God!; **(meu)** ~! my God!; **se** ~ **quiser!** God willing!

devagar [dʒiva'ga(x)] *adv* slowly.

dever [de've(x)] *(pl -res* [-riʃ]) *m* duty. ◆ *vt:* ~ **algo a alguém** to owe sb sthg; **você deve escovar os dentes todos os dias** you should brush your teeth every day; **o ônibus deve estar atrasado** the bus must be late; ~ **cívico** civic duty; ~ **de casa** homework.

devido, da [de'vidu, da] *adj (correto)* proper; **com o** ~ **respeito** with all due respect; ~ **a** due to.

devolução [devulu'sãw] *(pl -ões* [-õjʃ]) *f (de dinheiro)* refund; *(de objeto emprestado, compra)* return.

devolver [devow've(x)] *vt (dinheiro)* to refund; *(objeto emprestado, compra)* to return.

dez ['dɛʒ] *num* ten → **seis**.

dezembro [de'zẽmbru] *m* December → **setembro**.

dezena [de'zena] *f (set of)* ten.

dezenove [deze'nɔvi] *num* nineteen → **seis**.

dezesseis [deze'sejʃ] *num* sixteen → **seis**.

dezessete [deze'sɛtʃi] *num* seventeen → **seis**.

dezoito [de'zɔitu] *num* eighteen → **seis**.

dia ['dʒia] *m* day; **bom ~!** good morning!; **já é de ~** it's morning already; **do ~** of the day; **qualquer ~** any day; **no ~ seguinte** the day after; **no ~ vinte** on the twentieth; **por (cada) ~** per day; **todos os ~s** every day; **um ~ destes** one of these days; **estar em ~** to be up-to-date; **pôr algo em ~** to update sthg; **o ~ a ~** daily life; **~ de folga** day off; **~ Santo** religious holiday; **~ da semana/útil** weekday; **~ sim, ~ não** every other day; **de quinze em quinze ~s** every fortnight.

diabetes [dʒia'bɛtʃiʃ] *m* diabetes.

diabético, ca [dʒia'bɛtʃiku, ka] *adj & m, f* diabetic.

diabo ['dʒiabu] *m* devil; **porque ...?** why the hell ...?; **o ~ que o carregue!** go to hell!; **uma trabalheira dos ~s!** it's a hell of a job!

diafragma [dʒia'fragma] *m* diaphragm; *(contraceptivo)* diaphragm.

diagnóstico [dʒiag'nɔʃtʃiku] *m* diagnosis.

dialeto [dʒia'lɛtu] *m* dialect.

dialogar [dʒialo'ga(x)] *vi* to talk.

diálogo ['dʒialogu] *m* dialogue.

diâmetro ['dʒiametru] *m* diameter.

diante ['dʒiãntʃi]: **diante de** *prep (relativo a tempo)* before; *(relativo a espaço)* in front of; *(perante)* in the face of.

dianteira [dʒiãn'tejra] *f (frente)* front; *(liderança)* lead.

diária ['dʒiarja] *f (de pensão, hotel)* daily rate.

diariamente [,dʒiarja'mẽntʃi] *adv* daily, every day.

diário, ria ['dʒiarju, rja] *adj* daily. ♦ *m* diary.

diarreia [dʒia'xeja] *f* diarrhea.

dica ['dʒika] *f* hint.

dicionário [dʒisjo'narju] *m* dictionary; **~ de bolso** pocket dictionary.

didático, ca [dʒi'datʃiku, ka] *adj* educational.

diesel ['dʒizɛw] *adj inv* diesel.

dieta ['dʒjeta] *f* diet.

dietético, ca [dʒje'tɛtʃiku, ka] *adj (produto)* dietetic.

difamar [dʒifa'ma(x)] *vt (verbalmente)* to slander; *(por escrito)* to libel.

diferença [dʒife'rẽsa] *f* difference.

diferenciar [dʒiferẽ'sja(x)] *vt* to differentiate.

diferente [dʒife'rẽntʃi] *adj* different.

difícil [di'fisiw] *(pl* -ceis [-sejʃ]*) adj* difficult.

dificuldade [dʒifikuw'dadʒi] *f* difficulty.

dificultar [dʒifikuw'ta(x)] *vt* to make difficult; *(funcionamento, progresso)* to hinder.

difundir [dʒifũn'di(x)] *vt (informação, notícia)* to spread; *(calor, luz)* to give off; *(programa de rádio)* to broadcast.

difusão [dʒifu'zãw] *f (de informação, notícia)* dissemination; *(de luz, calor)* diffusion.

digerir 98

(por televisão, rádio) broadcasting.

digerir [dʒiʒe'ri(x)] *vt* to digest.

digestão [dʒiʒeʃ'tãw] *f* digestion.

digestivo, va [dʒiʒeʃ'tʃivu, va] *adj* digestive. ◆ *m* after-dinner drink.

digital [dʒiʒi'taw] *(pl -ais* [-ajʃ]*) adj* digital.

digitalizador [dʒiʒitaliza-'do(x)] *(pl -res* [-riʃ]*) m* scanner.

digitar [dʒiʒi'ta(x)] *vt* to key in.

dígito ['dʒiʒitu] *m* digit.

dignidade [dʒigni'dadʒi] *f* dignity.

dilema [dʒi'lema] *m* dilemma.

diluir [dʒi'lwi(x)] *vt* to dilute.

dimensão [dʒimē'sãw] *(pl -ões* [-õjʃ]*) f* dimension.

diminuir [dʒimi'nwi(x)] *vi (em preço, número, força)* to decrease; *(em volume, quantidade)* to diminish. ◆ *vt (reduzir)* to reduce.

diminutivo [dʒiminu'tʃivu] *m* diminutive.

Dinamarca [dʒina'marka] *f*: a ~ Denmark.

dinâmico, ca [dʒi'namiku, ka] *adj* dynamic.

dinamismo [dʒina'miʒmu] *m* dynamism.

dinamite [dʒina'mitʃi] *f* dynamite.

dínamo ['dʒinamu] *m* dynamo.

dinastia [dʒinaʃ'tʃia] *f* dynasty.

dinheiro [dʒi'neʃru] *m* money; ter ~ to have money; ~ miúdo loose change; ~ trocado change.

diploma [dʒi'ploma] *m* diploma.

dique ['dʒiki] *m* dike.

direção [dʒire'sãw] *(pl -ões* [-õjʃ]*) f (endereço)* address; *(de veículo)* steering; *(rumo)* direction; *(de empresa)* management.

direções → direção.

direita [dʒi'rejta] *f*: a ~ *(mão)* one's right hand; *(lado)* the right-hand side; *(em política)* the Right; mantenha a ~ keep on the right; à ~ (de) on the right (of); virar à ~ to turn right; ser de ~ *POL* to be right-wing.

direito, ta [dʒi'rejtu, ta] *adj (mão, perna, lado)* right; *(corte, linha)* straight; *(pessoa)* honest; *(justo)* fair. ◆ *m (privilégio)* right; *(leis, curso)* law; *(taxa, imposto)* duty. ◆ *adv (corretamente)* properly; os ~s humanos human rights; não está ~! it's not fair!

direto, ta [dʒi'rɛtu, ta] *adj* direct; *(transmissão)* live; ir ~ ao assunto to go straight to the point; siga ~ por esta rua keep going straight down this road. ◆ *adv (continuamente)* directly; tenho trabalhado ~ I've been working straight through.

diretor, ra [dʒire'to(x), ra] *(mpl -res* [-riʃ]*) (fpl -s* [-ʃ]*) m, f (de escola)* principal; *(de empresa)* CEO.

dirigente [dʒiri'ʒẽtʃi] *mf* leader.

dirigir [dʒiri'ʒi(x)] *vt (empresa)* to run; *(filme, peça de teatro)* to direct; *(orquestra)* to conduct; *(projeto, equipe)* to head; *(veículo)* to drive. ◆ *vi* to drive; ~ algo a al-

guém to address sthg to sb; ~ **algo para algo** to point sthg toward sthg.

□ **dirigir-se a** vp + prep (pessoa) to talk to; (público, ouvintes) to address; (local) to head for.

□ **dirigir-se para** vp + prep to head toward.

discar [dʒiʃ'ka(x)] vt & vi to dial.

disciplina [dʒisi'plina] f discipline; EDUC (cadeira) subject.

disco ['dʒiʃku] m record; INFORM disk; (de telefone) dial; (em atletismo) discus; ~ **compacto** compact disc; ~ **rígido** hard disk; ~ **voador** flying saucer.

discordar [dʒiʃkox'da(x)] vi to disagree; ~ **de alguém em algo** to disagree with sb about sthg.

discoteca [dʒiʃko'tɛka] f (para dançar) (night)club; (coleção) record collection.

discreto, ta [dʒiʃ'krɛtu, ta] adj (pessoa) discreet; (roupa) sensible.

discriminação [dʒiʃkrimina-'sãw] f discrimination.

discriminar [dʒiʃkrimi'na(x)] vt to discriminate against.

discurso [dʒiʃ'kuxsu] m speech; ~ **direto/indireto** direct/indirect speech.

discussão [dʒiʃku'sãw] (pl **-ões** [-õjʃ]) f (debate) discussion; (briga) argument.

discutir [dʒiʃku'ti(x)] vt (idéia, assunto) to discuss. ◆ vi (brigar) to argue.

disfarçar [dʒiʃfax'sa(x)] vt to disguise. ◆ vi to pretend.

□ **disfarçar-se** vp to disguise

o.s.; ~ **-se** to dress up as.

disfarce [dʒiʃ'faxsi] m disguise.

dislexia [dʒiʒlɛk'sia] f dyslexia.

disparar [dʒiʃpa'ra(x)] vt (arma, bala) to shoot. ◆ vi (arma, máquina fotográfica) to go off.

disparate [dʒiʃpa'ratʃi] m nonsense.

dispensar [dʒiʃpẽ'sa(x)] vt to do without; ~ **alguém de algo** to excuse sb from sthg; ~ **algo a alguém** to lend sthg to sb.

dispersar [dʒiʃpɛr'sa(x)] vt to scatter. ◆ vi to disperse.

□ **dispersar-se** vp to disperse.

disperso, sa [dʒiʃ'persu, sa] pp → **dispersar**.

disponível [dʒiʃpo'nivew] (pl **-eis** [-ejʃ]) adj available.

dispor [dʒiʃ'po(x)] vt (colocar) to arrange.

□ **dispor de** v + prep to have; (de posição) to hold.

□ **dispor-se a** vp + prep: ~ **-se a fazer algo** to offer to do sthg.

disposto, osta [dʒiʃ'poʃtu, ɔʃta] adj ready; **estar** ~ **a fazer algo** to be prepared to do sthg; **estar bem** ~ (de bom humor) to be in a good mood.

disputa [dʒiʃ'puta] f (competição) competition; (discussão) dispute.

disputar [dʒiʃpu'ta(x)] vt (troféu, lugar) to compete for.

disquete [dʒiʃ'kɛtʃi] f diskette.

dissimular [dʒisimu'la(x)] vt (fingir) to hide; (encobrir) to cover up.

dissipar [dʒisi'pa(x)] vt (cheiro, fumo) to get rid of; (mal-

disso   **100**

entendido, confusão) to clear up.
❏ **dissipar-se** *vp* to disappear.

disso ['dʒisu] = **de** + **isso** → **isso.**

dissolver [dʒisow've(x)] *vt* to dissolve.
❏ **dissolver-se** *vp* to dissolve.

dissuadir [dʒiswa'di(x)] *vt* to dissuade.

distância [dʒiʃ'tãsja] *f* distance; **a que ~ fica?** how far (away) is it?; **fica a um quilômetro de ~** it's one kilometer away; **à ~** from a distance.

distanciar [dʒiʃtãsi'a(x)] *vt (em espaço, tempo)* to distance; *(pessoas)* to drive apart.
❏ **distanciar-se** *vp (em espaço)* to move away; *(pessoas)* to grow apart; **~-se de** *(em espaço)* to move away from; *(em idéias, atitudes, etc)* to differ from.

distante [dʒiʃ'tãntʃi] *adj* distant.

distinção [dʒiʃtĩ'sãw] (*pl* **-ões** [-õjʃ]) *f* distinction.

distinguir [dʒiʃtĩ'gi(x)] *vt (ver)* to make out; *(diferenciar)* to distinguish.
❏ **distinguir-se** *vp (diferenciar-se)* to differ; *(em exame, trabalho, estudos)* to excel o.s.

distinto, ta [dʒiʃ'tʃĩntu, ta] *adj (diferente)* different; *(ruído, som)* distinct; *(pessoa)* distinguished.

disto ['dʒiʃtu] = **de** + **isto** → **isto.**

distração [dʒiʃtra'sãw] (*pl* **-ões** [-õjʃ]) *f (falta de atenção)* absent-mindedness; *(esquecimento, diver-*

são) distraction; *(descuido)* oversight.

distrações → **distração.**

distraído, da [dʒiʃtra'idu, da] *adj* absent-minded.

distrair [dʒiʃtra'i(x)] *vt (entreter)* to amuse; *(fazer perder atenção)* to distract.
❏ **distrair-se** *vp (divertir-se)* to enjoy o.s.; *(descuidar-se)* to get distracted.

distribuição [dʒiʃtribwi'sãw] (*pl* **-ões** [-õjʃ]) *f (de correspondência postal)* delivery; *AUT* timing; *(de trabalho, comida)* distribution.

distribuidor, ra [dʒiʃtribwi'do(x), ra] (*mpl* **-res** [-riʃ], *fpl* **-s** [-ʃ]) *m, f (de produto)* distributor.
♦ *m AUT* distributor.

distrito [dʒiʃ'tritu] *m* district; **Distrito Federal** term for Brasília, home of Brazil's federal government.

ditado [dʒi'tadu] *m (de texto, frase)* dictation; *(provérbio)* saying.

ditadura [dʒita'dura] *f* dictatorship.

ditar [dʒi'ta(x)] *vt* to dictate.

dito, ta ['dʒitu, ta] *pp* → **dizer.**

diurno, na ['dʒjuxnu, na] *adj* daytime.

divã [dʒi'vã] *m* divan.

divagar [dʒiva'ga(x)] *vi (afastar-se de assunto)* to digress; *(devanear)* to daydream; *(caminhar ao acaso)* to wander.

diversão [dʒivex'sãw] (*pl* **-ões** [-õjʃ]) *f (distração)* amusement.

diverso, sa [dʒi'vexsu, sa] *adj (variado)* diverse.
❏ **diversos** *adj pl (muitos)* various.

diversões →diversão.

divertido, da [dʒivex'tʃidu, da] adj amusing.

divertimento [dʒivextʃi'mɛ̃ntu] m amusement.

divertir [dʒivex'tʃi(x)] vt to amuse.

❑ **divertir-se** vp to enjoy o.s.

dívida ['dʒivida] f debt; ~ externa/interna foreign/national debt.

dividir [dʒivi'di(x)] vt (repartir) to share out; (separar) to separate; MAT to divide. ◆ vi MAT to divide.

❑ **dividir-se** vp (separar-se) to split up; (ramificar-se) to divide.

divino, na [dʒi'vinu, na] adj divine.

divisão [dʒivi'zãw] (pl -ões [-õjʃ] f division; (de casa) room.

divisas [dʒi'vizaʃ] fpl COM foreign currency sg.

divisões →divisão.

divorciado, da [dʒivox'sjadu, da] adj divorced.

divorciar-se [dʒivox'sjaxsi] vp to get divorced; ~-se de alguém to divorce sb.

divórcio [dʒi'vɔxsju] m divorce.

divulgar [dʒivuw'ga(x)] vt (informação, notícia) to disseminate; (produto, serviço) to market.

dizer [dʒi'ze(x)] vt to say; ~ algo a alguém to tell sb sthg; ~ a alguém que faça algo to tell sb to do sthg; até ~ chega as much as possible; bem que eu disse! I told you so!; como se diz ...? how do you say ...?; digamos que ... let's say that ...;

dizem que ... it's said that ...; não ~ coisa com coisa to make no sense; não é preciso ~ que ... that goes without saying ...; por assim ~ so to speak; querer ~ to mean; quer ~ that's to say.

do [du] = de + o, →o.

doação [dwa'sãw] (pl -ões [-õjʃ] f donation.

doar ['dwa(x)] vt to donate.

dobra ['dɔbra] f fold; (de calças) cuff Am, turn-up Brit.

dobrado, da [do'bradu, da] adj folded.

dobrar [do'bra(x)] vt (jornal, lençol, roupa) to fold; (joelho, costas) to bend. ◆ vi (duplicar) to double; ~ a esquina to turn the corner.

❑ **dobrar-se** vp (curvar-se) to bend over.

dobro ['dobru] m: o ~ double.

doca ['dɔka] f dock.

doce ['dɔsi] adj (bebida, comida) sweet; (pessoa) gentle. ◆ m (sobremesa) dessert; (geléia, compota) jam.

dóceis →dócil.

docente [do'sẽntʃi] adj teaching. ◆ mf teacher.

dócil ['dɔsiw] (pl -ceis [-sejʃ]) adj docile.

documentação [dokumẽnta'sãw] f (documentos) papers pl.

documentário [dokumẽn'tarju] m documentary.

documento [doku'mẽntu] m document.

doçura [do'sura] f fig gentleness.

doença ['dwēsa] f disease; ~ **venérea** venereal disease.

doente ['dwētʃi] adj ill. ◆ mf sick person; ~ **mental** psychiatric patient.

doentio, tia [dwēn'tʃiu, tʃia] adj (lugar, atmosfera) unwholesome; (pessoa) sickly.

doer ['dwe(x)] vi to hurt.

doido, da ['dojdu, da] adj crazy. ◆ m, f madman; **ser ~ por** to be crazy about.

dois, duas ['dojʃ, 'duaʃ] num two; ~ **a** ~ in twos → **seis**.

dólar ['dɔla(x)] (pl -res [-riʃ]) m dollar.

doleiro [do'lejru] m black market money dealer (usually in US dollars).

dolorido, da [dolo'ridu, da] adj sore.

doloroso, osa [dolo'rozu, ɔza] adj painful.

dom [dõ] (pl -ns [-ʃ]) m gift.

doméstica [do'mɛʃtʃika] f maid.

domesticar [domeʃtʃi'ka(x)] vt to tame.

doméstico, ca [do'mɛʃtʃiku, ka] adj domestic.

dominar [domi'na(x)] vt to control; (país) to rule; (situação) to be in control of; (língua) to be fluent in; (incêndio) to bring under control.
□ **dominar-se** vp (conter-se) to control o.s.

domingo [do'mĩŋgu] m Sunday → **sexta-feira**.

domínio [do'minju] m (controle) control; (autoridade) authority; (setor, campo) field; (território) domain; (de língua) command.

dominó [domi'nɔ] m (jogo) dominoes sg; **jogar ~** to play dominoes.

dona ['dona] f (título) Mrs.; ~ **de casa** housewife → **dono**.

dono, na ['donu, na] m, f owner.

dons → **dom**.

dor [do(x)] (pl -res [-riʃ]) f (física) pain; (moral) grief; ~ **de barriga** belly ache; ~ **de cabeça** headache; ~ **de dente** toothache; ~ **de estômago** stomach ache; ~ **de garganta** sore throat; ~ **lombar** back ache; ~ **de ouvido** ear ache; ~ **de cotovelo** jealousy.

dormida [dor'mida] f sleep; **dar uma ~** to have a nap.

dormir [dor'mi(x)] vi to sleep. ◆ vt to sleep (for).

dormitório [dormi'tɔrju] m dormitory.

dosagem [du'zaʒãj] (pl -ns [-ʃ]) f dosage.

dose ['dɔzi] f (de medicamento) dose; (de bebida) measure.

dossiê [do'sje] m (de documentação, processo) file.

dotado, da [do'tadu, da] adj (talentoso) gifted.

dou [do] → **dar**.

dourado, da [do'radu, da] adj golden.

doutor, ra [do'to(x), ra] (mpl -res [-riʃ], fpl -s [-ʃ]) m, f doctor.

doutrina [do'trina] f doctrine.

doze ['dozi] num twelve → **seis.**

drágea ['draʒia] f tablet.

drama ['drama] m drama.

dramatizar [dramatʃi'za(x)] vt fig to dramatize.

drástico, ca ['draʃtʃiku, ka] adj drastic.

driblar [dri'bla(x)] vi & vt to dribble.

drinque ['drĩki] m drink; **tomar um ~** to have a drink.

drive ['drajvi] f INFORM drive.

droga ['drɔga] f drug; (coisa de má qualidade) junk. ◆ interj damn!

drogado, da [dro'gadu, da] m, f drug addict.

drogar [dro'ga(x)] vt to drug. □ **drogar-se** vp to take drugs.

drogaria [droga'ria] f drugstore Am, chemist's Brit.

duas → **dois.**

dublado, da [du'bladu, da] adj dubbed.

dublar [du'bla(x)] vt (filme, programa de TV) to dub.

duna ['duna] f dune.

dupla ['dupla] f (par) duo, pair; (em esporte) doubles sg.

duplicado [dupli'kadu] m duplicate; **em ~** in duplicate.

duplicar [dupli'ka(x)] vt & vi to double.

duplo, pla ['duplu, pla] adj double. ◆ m: o ~ double.

duração [dura'sãw] f (de férias, concerto, curso) length; (de produto deteriorável) shelf life.

duradouro, ra [dura'doru, ra] adj lasting.

durante [du'rãntʃi] prep during; **~ 3 horas** for three hours.

durar [du'ra(x)] vi to last.

dureza [du'reza] f (de objeto) hardness; (de caráter) harshness.

durmo ['durmu] → **dormir.**

duro, ra ['duru, ra] adj hard; (pão) stale; (carne) tough.

dúvida ['duvida] f doubt; **estou em ~** I'm not sure; **pôr em ~** to doubt; **sem ~!** absolutely!; **tirar ~s** to resolve queries.

duvidoso, osa [duvi'dozu, ɔza] adj dubious.

duzentos, tas [du'zẽntuʃ, taʃ] num two hundred → **seis.**

dúzia ['duzja] f dozen; **uma ~ de ovos** a dozen eggs; **vender à ~** to sell by the dozen; **meia ~** half a dozen.

E

e [i] conj and; **~ aquela nossa conversa?** and what about our discussion?; **disse que ia ligar ~ não ligou** he said he would call and he didn't.

é [ɛ] → **ser.**

ébano ['ɛbanu] m ebony.

ébrio, ébria ['ɛbriu, 'ɛbria] adj inebriated.

ebulição [ibuli'sãw] f (fervura) boiling.

eco ['ɛku] m echo.

ecoar [e'kwa(x)] vi to echo.

ecologia [ekolo'ʒia] f ecology.

ecológico, ca [eko'lɔʒiku, ka] *adj* ecological.

economia [ekono'mia] *f (ciência)* economics *sg; (de país)* economy; *(poupança)* saving. □ **economias** *fpl* savings.

econômico, ca [eko'nomiku, ka] *adj (pessoa)* frugal; *(barato)* cheap; *(carro, motor)* economical; *(situação, crise)* economic.

economista [ekono'miʃta] *mf* economist.

economizar [ekonomi'za(x)] *vt* to save. ◆ *vi* to economize.

ecoturismo [ekotu'riʒmu] *m* ecotourism.

eczema [ek'zema] *m* eczema.

edição [edʒi'sãw] *(pl* **-ões** [-õjʃ]) *f (exemplares)* edition; *(publicação)* publishing.

edifício [edʒi'fisju] *m* building; **~-garagem** multistory parking lot *Am*, multistorey car park *Brit*.

editar [edʒi'ta(x)] *vt (livro, revista)* to publish; *(programa, matéria)* to edit.

editor, ra [edʒi'to(x), ra] *(mpl* **-res** [-riʃ], *mpl* **-s** [-ʃ]) *m, f (que publica)* publisher; *(que edita)* editor.

editora [edʒi'tora] *f (empresa)* publishing house → **editor**.

editores → **editor**.

edredom [edre'dõ] *(pl* **-ns** [-ʃ]) *m* comforter *Am*, duvet *Brit*.

educação [eduka'sãw] *f* education; *(cortesia)* manners *pl*.

educado, da [edu'kadu, da] *adj* polite.

educar [edu'ka(x)] *vt (filhos)* to

bring up; *(alunos)* to educate.

efeito [e'fejtu] *m* effect; **com ~** *(realmente)* really, indeed; **sem ~** invalid.

efetivamente [efe̩ʧiva'mẽnt-ʃi] *adv* indeed.

efetivo, va [efe'ʧivu, va] *adj (real)* genuine; *(funcionário, empregado)* permanent.

efetuar [efe'twa(x)] *vt (realizar)* to carry out; *(compra, pagamento, viagem)* to make.

eficácia [efi'kasja] *f (de plano, solução, sistema)* effectiveness; *(de pessoa)* efficiency.

eficaz [efi'kaʃ] *(pl* **-zes** [-ziʃ]) *adj (plano, solução, sistema)* effective; *(pessoa)* efficient.

eficiência [efi'sjẽsja] *f (de plano, método, sistema)* effectiveness; *(de pessoa)* efficiency.

eficiente [efi'sjẽtʃi] *adj (plano, método, sistema)* effective; *(pessoa)* efficient.

efusivo, va [efu'zivu, va] *adj* effusive.

egoísmo [e'gwiʒmu] *m* selfishness.

egoísta [e'gwiʃta] *adj* selfish. ◆ *mf* selfish person.

égua ['egwa] *f* mare.

eis ['ejʃ] *adv* here is/are; **e ~ que** ... and so it is that ...

eixo ['ejʃu] *m (de roda)* axle; *(de máquina)* shaft; *(em geometria)* axis.

ejacular [eʒaku'la(x)] *vt & vi* to ejaculate.

ela ['ɛla] *pron (pessoa)* she; *(coisa, animal)* it; *(com preposição: pessoa)* her; *(com preposição: coisa)* it;

e ~? what about her?; **é** ~ it's her; ~ **mesma** ou **própria** she (herself).

❑ **elas** pron pl they; ~**s por** ~**s** tit for tat; **aí é que são** ~**s** that's exactly the point; (com preposição) them.

elaboração [elabora'sãw] f (de plano, sistema) working out, development; (de trabalho escrito) writing.

elaborar [elabo'ra(x)] vt (trabalho, texto) to work on; (plano, lista) to draw up.

elástico, ca [e'laʃtʃiku, ka] adj elastic. ◆ m (material) elastic; (para segurar papel) rubber band.

ele ['eli] pron (pessoa) he; (coisa, animal) it; (com preposição: pessoa) him; (com preposição: coisa, animal) it; **e** ~? what about him?; **é** ~? it's him; ~ **mesmo** ou **próprio** (he) himself.

❑ **eles** pron pl they; (com preposição) them.

elefante [ele'fãntʃi] m elephant.

elegância [ele'gãsja] f elegance; (de modos) refinement.

elegante [ele'gãntʃi] adj (esbelto) slim; (bem vestido) elegant.

eleger [ele'ʒe(x)] vt (ministro, presidente, deputado) to elect; (sistema, método) to choose.

eleição [elej'sãw] (pl -ões [-õjʃ]) f (de presidente, deputado) election; (de sistema, método) choice.

❑ **eleições** fpl elections.

eleito, ta [e'lejtu, ta] pp → **eleger.** ◆ adj (presidente, ministro, deputado) elected.

eleitor, ra [elej'to(x), ra] (mpl -res [-riʃ], fpl -s [-ʃ]) m, f voter.

elementar [elemẽn'ta(x)] (pl -res [-riʃ]) adj (fundamental) basic; (primário) elementary.

elemento [ele'mẽntu] m element; (de equipe, grupo) member; (informação) factor.

❑ **elementos** mpl data sg; **os** ~**s** the elements.

eletricidade [eletrisi'dadʒi] f electricity.

eletricista [eletri'siʃta] mf electrician.

elétrico, ca [e'letriku, ka] adj & m electric.

eletrizar [eletri'za(x)] vt fig (entusiasmar) to electrify.

eletrodoméstico [e,letrodo'mɛʃtʃiku] m household appliance.

eletrônica [ele'tronika] f electronics.

eletrônico, ca [ele'troniku, ka] adj electronic.

elevação [eleva'sãw] (pl -ões [-õjʃ]) f area of high ground.

elevado, da [ele'vadu, da] adj high.

elevador [eleva'do(x)] (pl -res [-riʃ]) m elevator Am, lift Brit.

elevar [ele'va(x)] vt to raise; (promover) to elevate.

❑ **elevar-se** vp to rise.

eliminar [elemi'na(x)] vt to eliminate.

elite [e'litʃi] f elite.

elogiar [elo'ʒja(x)] vt to praise.

elogio [elo'ʒiu] m praise.

em [ẽ] prep -**1.** (no interior de)

os papéis estão naquela gaveta the papers are in that drawer; **vivo no norte** I live in the north. **- 2.** *(sobre)* on; **põe uma jarra nesta mesa** put a vase on this table. **- 3.** *(em certo ponto de)* in; **ela está na sala** she's in the living room; **estar ~ casa/no trabalho** to be at home/at work. **- 4.** *(relativo a cidade, país)* in; **~ Londres** in London; **no Brasil** in Brazil; **nos Estados Unidos** in the (United) States. **- 5.** *(indica tempo)* in; *(dia)* on; *(época)* at; **faço isso num dia** I can do that in a day; **ela nasceu ~ 1970/num sábado** she was born in 1970/on a Saturday; **vou tirar férias no Verão/Natal** I'm going on vacation in the summer/at Christmas. **- 6.** *(indica modo)* in; **paguei ~ reais** I paid in reals; **respondi-lhe ~ português** I answered him in Portuguese; **ela gastou tudo em cigarros** she spent it all on cigarettes. **- 7.** *(indica assunto)*: **ele é um perito ~ economia** he's an expert in economics; **sou formada ~ Letras/Direito** I'm an arts/law graduate. **- 8.** *(indica estado)* in; **~ boas condições** in good condition; **não descer com o trem ~ movimento** passengers should not get off until the train has stopped. **- 9.** *(introduz complemento)*: **a palavra caiu ~ desuso** the word is no longer used; **não acredito**

nele I don't believe him; **não pense nele** don't think about him.

emagrecer [emagre'se(x)] *vi* to lose weight.

email ['imetl] *m (mensagem)* email; *(caixa)* email.

emancipado, da [emãsi'padu, da] *adj* emancipated.

emaranhado, da [emara'ɲadu, da] *adj* tangled.

embaçar [ẽmba'sa(x)] *vt* to steam up.

embaixada [ẽmbaj'ʃada] *f* embassy.

embaixador, ra [ẽmbajʃa'do(x), ra] *(mpl* **-res** [-riʃ], *fpl* **-s** [-ʃ]) *m, f* ambassador.

embaixatriz [ẽmbajʃa'triʃ] *f* ambassadress.

embaixo [ẽm'bajʃu] *adv (em espaço)* downstairs; *(em lista)* at the bottom; **~ de** under(neath).

embalagem [ẽmba'laʒẽ] *(pl* **-ns** [-ʃ]) *f* packaging; *(pacote)* package.

embalar [ẽmba'la(x)] *vt (produto)* to package; *(bebê)* to rock.

embaraçar [ẽmbara'sa(x)] *vt (desconcertar)* to embarrass; *(estorvar)* to hinder.

❑ **embaraçar-se** *vp (atrapalhar-se)* to get flustered.

embarcação [ẽmbaxka'sãw] *(pl* **-ões** [-õjʃ]) *f* vessel.

embarcar [ẽmbax'ka(x)] *vi* to board; **~ em** *(navio, avião)* to board; *(aventura, negócio)* to embark on.

embarque [ẽm'baxki] *m* boarding; **~ doméstico** domestic departures; ~ **internacional** international departures; **zona** ou **local de** ~ boarding point.

embebedar-se [ẽmbebe'daxsi] *vp* to get drunk.

embelezar [ẽmbele'za(x)] *vt* to embellish.

embora [ẽm'bɔra] *conj* even though. ◆ *adv*: **ir(-se)** ~ to leave; **vai** ~ I go away!

EMBRATUR [ẽmbra'tu(x)] *f* (*abrev de Empresa Brasileira de Turismo*) Brazilian tourist board.

embreagem [ẽmbre'aʒẽ] (*pl* **-ns** [-ʃ]) *f* clutch.

embriagar-se [ẽmbria'gaxsi] *vp* to get drunk.

embrulhar [ẽmbru'ʎa(x)] *vt* to wrap up; **essa comida me embrulhou o estômago** this food has upset my stomach.

embrulho [ẽm'bruʎu] *m* package.

embutido, da [ẽmbu'tʃidu, da] *adj* fitted.

emendar [emẽ'da(x)] *vt* to correct.

❑ **emendar-se** *vp* to mend one's ways.

emergência [emex'ʒẽsja] *f* emergency.

emigração [emigra'sãw] *f* emigration.

emigrar [emi'gra(x)] *vi* to emigrate; ~ **para** to emigrate to.

emissão [emi'sãw] (*pl* **-ões** [-õjʃ]) *f* (*de programa*) broadcast; (*de calor, gases*) emission.

emissor, ra [emi'so(x), ra] (*mpl* **-res** [-riʃ], *fpl* **-s** [-ʃ]) *adj* broadcasting. ◆ *m* (*rádio*) trans-

mitter; (*de mensagem*) sender.

emissora [emi'sora] *f* (*de rádio*) radio station.

emissores → **emissor**.

emitir [emi'tʃi(x)] *vt* (*calor, luz, som*) to emit; (*moeda*) to issue; (*programa*) to broadcast.

emoção [emo'sãw] (*pl* **-ões** [-õjʃ]) *f* (*comoção*) emotion; (*excitação*) excitement.

emoldurar [emowdu'ra(x)] *vt* to frame.

emotivo, va [emo'tʃivu, va] *adj* emotional.

empacotar [ẽmpako'ta(x)] *vt* to pack up.

empada [ẽm'pada] *f* pie.

empadinha [ẽmpa'dʒiɲa] *f* pie pastry; ~ **de queijo** cheese pastry.

empalhar [ẽmpa'ʎa(x)] *vt* to stuff.

empanturrar [ẽmpãntu'xa(x)] *vt*: ~ **alguém com algo** to stuff sb full of sthg.

❑ **empanturrar-se** *vp* to stuff o.s.

empatar [ẽmpa'ta(x)] *vi* to draw. ◆ *vt* (*dinheiro*) to tie up; ~ **alguém** (*estorvar a*) to get in sb's way.

empate [ẽm'patʃi] *m* tie.

empenhar [ẽmpe'ɲa(x)] *vt* to pawn.

❑ **empenhar-se** *vp* (*esforçar-se*) to do one's utmost; (*endividar-se*) to get into debt; ~**-se em algo** to do one's utmost to do sthg.

empilhar [ẽmpi'ʎa(x)] *vt* to pile up.

empobrecer [ẽmpobre'se(x)] vt (pessoa, país) to impoverish; (terreno) to deplete. ◆ vi (pessoa, país) to become poor; (terreno) to become depleted.

empolgante [ẽmpow'gãntʃi] adj gripping.

empreender [ẽmpriẽn'de(x)] vt (negócio, trabalho) to undertake.

empreendimento [ẽmpriẽndʒi'mẽntu] m (investimento) venture; (empenho) investment.

empregado, da [ẽmpre'gadu, da] m, f (em empresa) employee; ~ de balcão sales assistant; ~ de bar bartender; ~ (doméstico) domestic servant.

empregar [ẽmpre'ga(x)] vt (pessoa, método, técnica) to employ; (dinheiro, tempo) to spend; (objeto, ferramenta) to use. ❑ **empregar-se** vp (arranjar emprego) to get a job; (utilizar-se) to be used.

emprego [ẽm'pregu] m (trabalho, ocupação) job; (uso) use; ~ (em geral) employment.

empregue [ẽm'prɛgi] pp → empregar.

empresa [ẽm'preza] f firm.

emprestado, da [ẽmpreʃ'tadu, da] adj borrowed; pedir algo ~ to borrow sthg.

emprestar [ẽmpreʃ'ta(x)] vt: ~ algo a alguém to lend sthg to sb.

empréstimo [ẽm'prɛʃtʃimu] m loan.

empunhar [ẽmpu'ɲa(x)] vt to hold.

empurrão [ẽmpu'xãw] (pl -ões [-õjʃ]) m shove.

empurrar [ẽmpu'xa(x)] vt to push; '**empurre**' 'push'.

empurrões → empurrão.

encabeçar [ẽŋkabe'sa(x)] vt to head.

encadernação [ẽŋkadexna-'sãw] (pl -ões [-õjʃ]) f (capa) cover; (ato) binding.

encaixar [ẽŋkaj'ʃa(x)] vt to fit. ❑ **encaixar-se** vp to fit in.

encaixotar [ẽŋkajʃo'ta(x)] vt to box.

encalhar [ẽŋka'ʎa(x)] vt & vi to run aground.

encaminhar [ẽŋkami'ɲa(x)] vt (aconselhar) to provide guidance for ou to; ~ algo/alguém para to refer sthg/sb to. ❑ **encaminhar-se para** vp + prep to head toward.

encanador, ra [ẽŋkana'do(x), ra] (mpl -res [-riʃ], fpl -s [-ʃ]) m, f plumber.

encanamento [ẽŋkana'mẽntu] m plumbing.

encantador, ra [ẽŋkãnta-'do(x), ra] (mpl -res [-riʃ], fpl -s [-ʃ]) adj delightful.

encantar [ẽŋkãn'ta(x)] vt to delight.

encaracolado, da [ẽŋkara-ko'ladu, da] adj curly.

encarar [ẽŋka'ra(x)] vt to face. ❑ **encarar com** v + prep to come face to face with.

encarregado, da [ẽŋkaxe'gadu, da] m, f person in charge; (de operários) foreman.

encarregar [ẽŋkaxe'ga(x)] vt:
~ **alguém de fazer algo** to put
sb in charge of doing sthg

encenação [ẽsena'sãw] (pl
-ões [-õjʃ]) f (de peça teatral)
staging.

encenar [ẽse'na(x)] vt (peça teatral) to stage, to put on.

encerramento [ẽsexa'mẽntu]
m (de concerto, espetáculo) end;
(de loja) closure.

encerrar [ẽse'xa(x)] vt to close;
(concerto, espetáculo) to end.

enchente [ẽ'ʃẽntʃi] f flood.

encoberto, ta [ẽŋko'bɛxtu, ta]
adj (céu, tempo) overcast; (oculto)
hidden.

encolher [ẽŋko'ʎe(x)] vt
(ombros) to shrug; (pernas) to
bend; (barriga) to pull in. ◆ vi
to shrink.
□ **encolher-se** vp to huddle.

encomenda [ẽŋko'mẽnda] f
order; **feito por** ~ made to order; ~ **postal** mail order.

encomendar [ẽŋkomẽn'da(x)]
vt to order; ~ **algo a alguém**
(comprar) to order sthg from sb;
(obra, escultura, pintura) to commission sthg from sb.

encontrar [ẽŋkõn'tra(x)] vt to
find; (pessoa por acaso) to bump
into.
□ **encontrar-se** vp (ter encontro)
to meet; (estar) to be; ~**se com
alguém** to meet up with sb.

encontro [ẽŋ'kõntru] m (profissional) appointment; (amoroso)
date.

encorajar [ẽŋkora'ʒa(x)] vt to
encourage.

encorpado, da [ẽŋkor'padu,
da] adj (pessoa) burly; (vinho)
full-bodied.

encosta [ẽŋ'kɔʃta] f slope.

encostar [ẽŋkoʃ'ta(x)] vt (carro)
to park; (porta) to leave ajar; (cabeça) to lay down; ~ **algo em algo** (mesa, cadeira) to put sthg
against sthg; (escada, vara) to
lean sthg against sthg.
□ **encostar-se** vp: ~**se a** (parede, carro, poste) to lean against.

encruzilhada [ẽŋkruzi'ʎada] f
crossroads sg.

endereço [ẽnde'resu] m address; ~ **eletrônico** email address.

endireitar [ẽndirej'ta(x)] vt to
straighten; (objeto caído) to put
upright.
□ **endireitar-se** vp (pôr-se direito) to stand up straight.

endossar [ẽndo'sa(x)] vt to endorse; ~ **um cheque** to endorse
a check.

endurecer [ẽndure'se(x)] vt & vi
to harden.

energia [enɛx'ʒia] f energy;
~ **eólica/nuclear/solar** wind/
nuclear/solar power.

enevoado, da [ene'vwadu, da]
adj misty.

enfarte [ẽ'faxtʃi] m: ~ **(do
miocárdio)** heart attack.

ênfase [ẽ'fazi] f emphasis.

enfatizar [ẽfatʃi'za(x)] vt to
emphasize.

enfeitiçar [ẽfejtʃi'sa(x)] vt to
bewitch.

enfermagem [ẽfex'maʒẽ] f
nursing.

enfermaria [ẽfexma'ria] f ward.

enfermeiro, ra [ẽfex'mejru, ra] m, f nurse.

enfiar [ẽ'fja(x)] vt (calça, mangas, camisola) to pull ou put on; ~ algo em algo to put sthg in sthg.

enfim [ẽ'fĩ] adv (finalmente) at last; (em suma) in short. ◆ interj oh well!

enforcar [ẽfox'ka(x)] vt to hang; (em feriadão) to have a long weekend.
□ **enforcar-se** vp to hang o.s.

enfraquecer [ẽfrake'se(x)] vt & vi to weaken.

enfrentar [ẽfrẽ'ta(x)] vt to confront.

enfurecer [ẽfure'se(x)] vt to infuriate.
□ **enfurecer-se** vp to get angry.

enganado, da [ẽga'nadu, da] adj: estar ~ to be wrong; ser ~ (ser ludibriado) to be deceived; (por cônjuge) to be cheated on.

enganar [ẽga'na(x)] vt to deceive; (cônjuge) to cheat on.
□ **enganar-se** vp (estar errado) to be wrong; (errar) to make a mistake.

engano [ẽ'ganu] m mistake; é ~ (em conversa telefônica) you've got the wrong number.

engarrafado, da [ẽgaxa'fadu, da] adj (líquido) bottled; (trânsito) jammed.

engarrafamento [ẽgaxafa'mẽntu] m (de trânsito) traffic jam; (de líquido) bottling.

engasgar-se [ẽgaʒ'gaxsi] vp to choke.

engenharia [ẽʒeɲa'ria] f engineering.

engenheiro, ra [ẽʒe'ɲejru, ra] m, f engineer.

engenhoso, osa [ẽʒe'ɲozu, ɔza] adj ingenious.

englobar [ẽglo'ba(x)] vt to encompass.

engolir [ẽgo'li(x)] vt to swallow.

engomar [ẽgo'ma(x)] vt (passar a ferro) to iron; (com goma) to starch.

engordar [ẽgor'da(x)] vi (pessoa) to put on weight; (alimento) to be fattening. ◆ vt (animal) to fatten up.

engordurado, da [ẽgordu'radu, da] adj greasy.

engraçado, da [ẽgra'sadu, da] adj funny.

engravidar [ẽgravi'da(x)] vi to get pregnant. ◆ vt: ~ alguém to get sb pregnant.

engraxar [ẽgra'ʃa(x)] vt to polish.

engraxate [ẽgra'ʃatʃi] m shoeshine.

engrossar [ẽgro'sa(x)] vt & vi to thicken.

enguia [ẽ'gia] f eel.

enguiçar [ẽgi'sa(x)] vi (motor, máquina) to play up.

enigma [e'nigma] m (adivinha) riddle; (mistério) enigma.

enjoado, da [ẽ'ʒwadu, da] adj sick; (em carro) carsick; (em barco) seasick.

enjoar [ẽ'ʒwa(x)] vi to get motion sickness. ◆ vt to get sick of.

enjôo [ẽ'ʒou] m (náusea) nausea; (em barco, avião, ônibus) motion sickness.

enlatado, da [ẽla'tadu, da] adj (comida) canned Am, tinned Brit. ◆ m pej low-quality imported film for television.

❏ **enlatados** mpl canned foods Am, tinned foods Brit.

enlouquecer [ẽloke'se(x)] vt to drive insane. ◆ vi to go insane.

enorme [e'nɔrmi] adj huge, enormous.

enquanto [ẽŋ'kwantu] conj while; ~ **(que)** whereas; ~ **isso** ... meanwhile ...; **por** ~ for the time being.

enredo [ẽ'xedu] m plot.

enriquecer [ẽxike'se(x)] vt to make rich; (melhorar) to enrich. ◆ vi to get rich.

enrolar [ẽxo'la(x)] vt (papel, tapete, fio) to roll up; (cabelo) to curl; (cigarro) to roll; (enganar) to take for a ride.

enroscar [ẽxoʃ'ka(x)] vt (tampa) to screw on; (parafuso) to screw in.

❏ **enroscar-se** vp (cobra) to coil up; (gato, cão) to curl up; (emaranhar-se) to get tangled up.

enrugar [ẽxu'ga(x)] vt & vi (roupa, papel, pele) to wrinkle.

ensaiar [ẽsa'ja(x)] vt (peça, dança) to rehearse; (sistema) to test.

ensaio [ẽ'saju] m (de peça, dança) rehearsal; (de sistema) test; (texto literário) essay.

enseada [ẽ'sjada] f cove.

ensinamento [ẽsina'mẽntu] m (lição) teaching; (preceito) proverb.

ensinar [ẽsi'na(x)] vt (em escola, universidade) to teach; (caminho, direção) to show; ~ **alguém a fazer algo** to teach sb how to do sthg; ~ **algo a alguém** (língua, método) to teach sb sthg; (caminho) to show sb sthg.

ensino [ẽ'sinu] m (atividade) teaching; (método, sistema) education; ~ **superior** higher education.

ⓘ **ENSINO FUNDA-**
MENTAL/ENSINO MÉDIO

The Brazilian education system is divided into two stages. After infant school, six- or seven-year-olds start the "ensino fundamental", which takes eight years to complete. Many children leave before finishing this stage, usually out of financial necessity. A large proportion do not even reach their fourth year: by the age of eight or nine they have already joined the workforce. For the few who do continue, the "ensino médio" takes a further three years. Only on completing this stage are students eligible for university entrance.

---

ensolarado, da [ẽsola'radu, da] adj sunny.

ensopado [ẽso'padu] *adj* soaked. ◆ *m* stew.

ensopar [ẽso'pa(x)] *vt* to soak. ❏ **ensopar-se** *vp* to get soaked.

ensurdecedor, ra [ẽsurdese-'do(x), ra] (*mpl* **-res** [-riʃ], *fpl* **-s** [-ʃ]) *adj* deafening.

ensurdecer [ẽsurde'se(x)] *vt* to deafen. ◆ *vi* (*ficar surdo*) to go deaf.

entanto [ẽn'tãntu]: **no entanto** *conj* however.

então [ẽn'tãw] *adv* then. ◆ *interj* so!; **até ~** up until; **desde ~** since then; **e ~?** well then?; **~, já se decidiu?** so have you decided yet?

enteado, da [ẽn'tʒjadu, da] *m, f* stepson.

entender [ẽntẽn'de(x)] *vt* to understand. ◆ *vi* (*compreender*) to understand; **dar a ~ que** to give the impression that; **~ que** to think (that).
❏ **entender de** *v + prep* to know about.
❏ **entender-se** *vp* to get along; **não me entendo com isto** I can't get the hang of this; **~-se com alguém** (*chegar a um acordo com*) to come to an agreement with sb.

enternecedor, ra [ẽnterne-se'do(x), ra] (*mpl* **-res** [-riʃ], *fpl* **-s** [-ʃ]) *adj* touching.

enternecer [ẽnterne'se(x)] *vt* to touch.

enterrar [ẽnte'xa(x)] *vt* to bury.
❏ **enterrar-se** *vp* to sink.

enterro [ẽn'texu] *m* funeral.

entonação [ẽntona'sãw] *f* intonation.

entornar [ẽntor'na(x)] *vt* to spill.

entortar [ẽntor'ta(x)] *vt* to bend.

entrada [ẽn'trada] *f* entrance; (*vestíbulo*) hall; (*prato*) appetizer; (*bilhete para espetáculo*) ticket; (*de dicionário*) entry; (*pagamento inicial*) down payment, deposit; **'entrada' 'entrance'; '~ livre'** 'free admission'; **'~ proibida'** 'no entry'.

entrar [ẽn'tra(x)] *vi* to enter, to go/come in; (*encaixar*) to go in; **~ com algo** to contribute sthg; **~ em algo** (*penetrar, ingressar em*) to enter sthg; (*participar em*) to take part in sthg; **não entremos em discussões** let's not start arguing; (*carro*) to get in; (*ônibus, trem*) to get on; (*equipe, grupo*) to join.

entre ['ẽntri] *prep* between; (*no meio de muitos*) among; (*cerca de*) about; **aqui ~ nós** between you and me; **~ si** among themselves.

entreaberto, ta [ˌẽntria'bex-ta, ta] *adj* (*janela*) half-open; (*porta*) ajar.

entrega [ẽn'trega] *f* (*de encomenda, mercadoria, carta*) delivery; (*rendição*) surrender; **~ a domicílio** home delivery.

entregar [ẽntre'ga(x)] *vt*: **~ algo a alguém** (*dar*) to give sthg to sb; (*encomenda, carta*) to deliver sthg to sb.
❏ **entregar-se** *vp* (*render-se*)

surrender; **~-se a** *(abandonar-se a)* to abandon o.s. to; *(dedicar-se a)* to dedicate o.s. to.

entretanto [ĕntri'tãntu] *adv* meanwhile, in the meantime. ◆ *conj (todavia)* however.

entreter [ĕntre'te(x)] *vt* to entertain.

❑ **entreter-se** *vp* to amuse o.s.

entrevista [ĕntre'viʃta] *f* interview; **~ coletiva** press conference.

entrevistador, ra [ĕntre'viʃtado(x), ra] *(mpl* **-res** *[-riʃ], fpl* **-s** *[-ʃ]) m, f* interviewer.

entristecer [ĕntriʃte'se(x)] *vt* to sadden. ◆ *vi* to grow sad.

entroncamento [ĕntrõŋka'mĕntu] *m* junction.

entupido, da [ĕntu'pidu, da] *adj* blocked.

entupir [ĕntu'pi(x)] *vt* to block.

❑ **entupir-se** *vp* to get blocked.

entusiasmar [ĕntuzjaʒ'ma(x)] *vt* to excite.

❑ **entusiasmar-se** *vp* to get excited.

entusiasmo [ĕntu'zjaʒmu] *m* enthusiasm.

entusiasta [ĕntu'zjaʃta] *mf* enthusiast.

enunciar [enũ'sja(x)] *vt* to express.

envelhecer [ĕveʎe'se(x)] *vt* to age. ◆ *vi* to grow old.

envelope [ĕve'lɔpi] *m* envelope.

envenenamento [ĕvenena'mĕntu] *m* poisoning.

envenenar [ĕvene'na(x)] *vt* to poison.

❑ **envenenar-se** *vp* to poison o.s.

enveredar [ĕvere'da(x)]: **enveredar por** *v + prep fig* to take up.

envergonhado, da [ĕvergo'nadu, da] *adj* shy.

envergonhar [ĕvergo'na(x)] *vt* to embarrass.

❑ **envergonhar-se** *vp (ter vergonha)* to be embarrassed.

envernizar [ĕverni'za(x)] *vt* to varnish.

envidraçado, da [ĕvidra'sadu, da] *adj* glazed.

envio [ĕ'viu] *m* sending.

enviuvar [ĕvju'va(x)] *vi* to be widowed.

envolver [ĕvow've(x)] *vt (incluir)* to involve; *(embrulhar)* to wrap up.

❑ **envolver-se em** *vp + prep (imiscuir-se em)* to get involved in.

enxaguar [ẽʃa'gwa(x)] *vt* to rinse.

enxame [ẽ'ʃami] *m* swarm.

enxaqueca [ẽʃa'keka] *f* migraine.

enxergar [ẽʃex'ga(x)] *vt* to see; *(avistar)* to make out; **não ~ um palmo adiante do nariz** to be as blind as a bat.

❑ **enxergar-se** *vp*: **não se ~** not to know one's place.

enxerto [ẽ'ʃextu] *m (de planta)* cutting; *MED (de pele)* graft.

enxofre [ẽ'ʃofri] *m* sulfur.

enxotar [ẽʃo'ta(x)] *vt* to chase away.

enxugar [ẽʃuˈga(x)] vt & vi to dry.

enxurrada [ẽʃuˈxada] f torrent.

enxuto, ta [ẽˈʃutu, ta] adj dry.

enzima [ẽˈzima] f enzyme.

epidemia [epideˈmia] f epidemic.

epilepsia [epilɛpˈsia] f epilepsy.

epílogo [eˈpilugu] m epilogue.

episódio [epiˈzɔdju] m episode.

época [ˈɛpoka] f (período) era, period; (estação) season; ~ alta/baixa (de turismo) high/low season.

equação [ekwaˈsãw] (pl -ões [-õjʃ]) f equation.

equador [ekwaˈdo(x)] m: o ~ the equator.

equilibrar [ekiliˈbra(x)] vt to balance.
◻ **equilibrar-se** vp to balance.

equilíbrio [ekiˈlibriu] m balance.

equipamento [ekipaˈmẽntu] m (esportivo) kit; (de empresa, fábrica) equipment; ~ de som sound system.

equipar [ekiˈpa(x)] vt to equip.
◻ **equipar-se** vp to equip o.s.

equiparar [ekipaˈra(x)] vt to compare.
◻ **equiparar-se** vp to be equal; ~-se a to equal.

equipe [eˈkipi] f team.

equitação [ekitaˈsãw] f (horse) riding.

equivalente [ekivaˈlẽntʃi] adj & m equivalent.

equivocar-se [ekivoˈkaxsi] vp to make a mistake.

equívoco [eˈkivoku] m mistake.

era¹ [ˈɛra] → ser.

era² [ˈɛra] f era.

ereto, ta [eˈrɛtu, ta] adj (em pé) upright; (direito) erect.

erguer [exˈge(x)] vt (levantar) to lift up; (erigir) to put up.
◻ **erguer-se** vp to get up.

eriçado, da [eriˈsadu, da] adj (cabelo, pêlo) on end.

erigir [eriˈʒi(x)] vt (monumento) to erect; (fundação) to set up.

erosão [eroˈzãw] f erosion.

erótico, ca [iˈrɔtiku, ka] adj erotic.

erotismo [eroˈtiʒmu] m eroticism.

erradicar [exadʒiˈka(x)] vt to eradicate.

errado, da [eˈxadu, da] adj wrong.

errar [eˈxa(x)] vt to get wrong.
◆ vi (enganar-se) to make a mistake.

erro [ˈexu] m mistake.

errôneo, nea [eˈxonju, nja] adj wrong.

erudito, ta [eruˈdʒitu, ta] adj erudite.

erupção [erupˈsãw] (pl -ões [-õjʃ]) f (em pele) rash; (vulcânica) eruption.

erva [ˈɛxva] f grass; ~ daninha weed.

erva-doce [ˌɛxvaˈdosi] f fennel.

ervilha [exˈviʎa] f pea.

és → ser.

esbaforido, da [iʒbafu'ridu, da] adj breathless.

esbanjar [iʒbã'ʒa(x)] vt (dinheiro) to squander.

esbarrar [iʒba'xa(x)] vi: ~ com ou contra to bump into; ~ em algo (chocar com) to bump into sthg; (deparar com) to come up against sthg.

esbelto, ta [iʒ'bɛwtu, ta] adj slim.

esboço [iʒ'bosu] m sketch.

esburacar [iʒbura'ka(x)] vt to make holes in.

❑ **esburacar-se** vp to fall apart.

escada [iʃ'kada] f (de casa, edifício) stairs pl; (portátil) ladder; ~ em espiral spiral staircase; ~ rolante escalator.

escala [iʃ'kala] f scale; (de avião, navio) layover Am, stopover Brit; fazer ~ (avião) to have a layover; em grande ~ on a grand scale.

escalada [iʃka'lada] f (de conflito) escalation.

escalão [iʃka'lãw] (pl -ões [-õjʃ]) m grade.

escalar [iʃka'la(x)] vt (montanha) to climb.

escaldar [iʃkaw'da(x)] vt (alimento) to blanch. ◆ vi (estar muito quente) to be scalding hot.

❑ **escaldar-se** vp (queimar-se) to scald o.s.

escalões → escalão.

escama [iʃ'kama] f (de peixe) scale.

escamar [iʃka'ma(x)] vt (peixe) to scale.

escandalizar [iʃkãndali'za(x)] vt to scandalize.

❑ **escandalizar-se** vp to be scandalized.

escândalo [iʃ'kãndalu] m scandal; fazer um ~ to cause a scene.

escangalhar [iʃkãŋga'ʎa(x)] vt to ruin.

❑ **escangalhar-se** vp to fall apart.

escanteio [iʃkãn'teju] m (em futebol) corner.

escapar [iʃka'pa(x)] vi to escape; ~ de to escape from.

❑ **escapar-se** vp (vazar) to leak.

escaravelho [iʃkara'veʎu] m beetle.

escarlate [eʃkar'latʃi] adj scarlet.

escárnio [iʃ'karnju] m mockery.

escarpado, da [iʃkar'padu, da] adj steep.

escarrar [iʃka'xa(x)] vi to hawk.

escassez [iʃka'seʒ] f scarcity.

escasso, a [iʃ'kasu, a] adj scarce.

escavação [iʃkava'sãw] (pl -ões [-õjʃ]) f dig, excavation.

escavar [iʃka'va(x)] vt to excavate.

esclarecer [iʃklare'se(x)] vt to clarify.

esclarecimento [iʃklaresi'mẽntu] m (informação) information; (explicação) explanation.

escoar [iʃkw'a(x)] vt to drain.

❑ **escoar-se** vp to drain away.

Escócia [iʃ'kɔsja] f: **a** ~ Scotland.

escola [iʃ'kɔla] f school; ~ **particular** private school; ~ **primária/secundária** elementary/high school; ~ **pública** public school.

escolar [iʃko'la(x)] (pl -res [-riʃ]) adj (livro, equipamento) school (antes de s).

escolha [iʃ'koʎa] f choice; **você tem vários livros à** ~ you have several books to choose from.

escolher [iʃko'ʎe(x)] vt & vi to choose.

escombros [iʃ'kõmbruʃ] mpl ruins.

esconder [iʃkõn'de(x)] vt to hide.

❑ **esconder-se** vp to hide.

esconderijo [iʃkõnde'riʒu] m hideaway, hiding place.

escondidas [iʃkõn'dʒidaʃ]: **às escondidas** adv in secret.

escondido, da [iʃkõn'dʒidu, da] adj hidden.

escorar [iʃko'ra(x)] vt (edifício, muro) to shore up; (árvore) to prop up.

escorpião [iʃkox'pjãw] (pl -ões [-õjʃ]) m scorpion.

❑ **Escorpião** m Scorpio.

escorrega [iʃko'xega] m slide.

escorregadio, dia [iʃkoxega'dʒiu, dʒia] adj slippery.

escorregar [iʃkoxe'ga(x)] vi (involuntariamente) to slip; (deslizar) to slide.

escorrer [iʃko'xe(x)] vt to drain. ◆ vi (pingar) to drip.

escoteiro, ra [iʃkõ'tejru, ra] m, f (depois dos 11 anos) Boy Scout; (entre os 7 e 11 anos) Cub Scout.

escova [iʃ'kova] f brush; ~ **de dentes** toothbrush; ~ **de unhas** nailbrush.

escovar [iʃko'va(x)] vt (cabelo, dentes, roupa) to brush; (cão, gato) to groom.

escravidão [iʃkravi'dãw] f slavery.

escravo, va [iʃ'kravu, va] m, f slave.

escrever [iʃkre've(x)] vt & vi to write.

❑ **escrever-se** vp to write to one another; **como é que se escreve ...?** how do you spell ...?

escrita [iʃ'krita] f (caligrafia) handwriting.

escrito, ta [iʃ'kritu, ta] pp → **escrever**. ◆ adj written; **por** ~ in writing.

escritor, ra [iʃkri'to(x), ra] (mpl -res [-riʃ], fpl -s [-ʃ]) m, f writer.

escritório [iʃkri'tɔrju] m (de casa) study; (de advogado, empresa) office.

escrivaninha [iʃkriva'niɲa] f writing desk.

escrúpulo [iʃ'krupulu] m scruple; **não ter** ~**s** to have no scruples.

escudo [iʃ'kudu] m (arma) shield; (unidade monetária) escudo.

esculpir [iʃkuw'pi(x)] vt to sculpt.

escultor, ra [iʃkuw'to(x), ra] (mpl -res [-riʃ], fpl -s [-ʃ]) m, f sculptor.

escultura [iʃkuw'tura] f sculpture.

escuras [iʃ'kuraʃ]: **às escuras** adv in the dark; **ficou tudo às ~** everything went dark.

escurecer [iʃkure'se(x)] vi (céu, noite) to get dark. ◆ vt (tinta, água) to darken.

escuridão [iʃkuri'dãw] f darkness.

escuro, ra [iʃ'kuru, ra] adj dark. ◆ m darkness.

escutar [iʃku'ta(x)] vt to listen to. ◆ vi to listen.

esfaquear [iʃfa'kja(x)] vt to stab.

esfarrapado, da [iʃfaxa'padu, da] adj tattered.

esfera [iʃ'fɛra] f sphere.

esférico, ca [iʃ'fɛriku, ka] adj spherical.

esferográfica [iʃfero'grafika] f ballpoint pen.

esfoladela [iʃfola'dɛla] f graze.

esfolar [iʃfo'la(x)] vt to skin.

esfomeado, da [iʃfo'mjadu, da] adj starving.

esforçado, da [iʃfox'sadu, da] adj hard-working.

esforçar-se [iʃfox'saxsi] vp to work hard.

esfregar [iʃfre'ga(x)] vt (friccionar) to rub; (roupa) to scrub; (louça) to scour.

esfriar [iʃfri'a(x)] vi to cool (down); (tempo) to get cold.

esganar [iʒga'na(x)] vt to strangle.

esganiçado, da [iʒgani'sadu, da] adj shrill.

esgotado, da [iʒgo'tadu, da] adj (produto) sold out; (cansado) exhausted.

esgotamento [iʒgota'mẽntu] m exhaustion; (mental, nervoso) breakdown.

esgotar [iʒgo'ta(x)] vt to use up. ❑ **esgotar-se** vp (produto) to sell out; (extenuar-se) to exhaust o.s.

esgoto [iʒ'gotu] m (de casa) drain; (de rua, cidade) sewer.

esgrima [iʒ'grima] f fencing; **praticar ~** to fence.

esgueirar-se [iʒgej'raxsi] vp to sneak off.

esguicho [iʒ'giʃu] m (jato de água) squirt; (repuxo) sprinkler; (de mangueira) nozzle.

esguio, guia [iʒ'giu, gia] adj slender.

esmagador, ra [iʒmaga'do(x), ra] (mpl -res [-riʃ], fpl -s [-ʃ]) adj (vitória, maioria) overwhelming; (peso) crushing.

esmagar [iʒma'ga(x)] vt to crush.

esmalte [iʒ'mawtʃi] m enamel; (de unhas) nail polish.

esmeralda [iʒme'rawda] f emerald.

esmigalhar [iʒmiga'ʎa(x)] vt (pão, broa, bolo) to crumble. ❑ **esmigalhar-se** vp (pão, broa, bolo) to crumble.

esmola [iʒ'mɔla] f: **pedir ~** to beg; **dar ~** to give money (to beggars).

esmurrar [iʒmu'xa(x)] vt (dar murros em) to punch.

espaçar [iʃpa'sa(x)] vt to space out.

espacial [iʃpa'sjaw] (*pl* -ais [-ajʃ]) *adj* space (*antes de s*).

espaço [iʃ'pasu] *m* space; *(de tempo)* period of time; **o ~** (outer) space; **há ~ para muitas pessoas** there's room for a lot of people; **~ cibernético** cyberspace; **~ cultural** arts center.

espaçoso, osa [iʃpa'sozu, ɔza] *adj* spacious.

espada [iʃ'pada] *f* sword.
□ **espadas** *fpl (naipe de cartas)* spades.

espaguete [iʃpa'getʃi] *m* spaghetti.

espairecer [iʃpajre'se(x)] *vi* to relax.

espalhar [iʃpa'ʎa(x)] *vt (dispersar)* to scatter; *(notícia, boato)* to spread.
□ **espalhar-se** *vp (dispersar-se)* to scatter; *(estatelar-se)* to fall down; *(notícia, boato)* to spread.

espancar [iʃpãŋ'ka(x)] *vt* to beat (up).

Espanha [iʃ'paɲa] *f*: **a ~** Spain.

espantar [iʃpãn'ta(x)] *vt* to astonish, to astound; *(afugentar)* to scare off; **tome um café para o ~ o sono** have a coffee to keep you awake.
□ **espantar-se** *vp (admirar-se)* to be astonished; *(fugir)* to run off.

espanto [iʃ'pãntu] *m (admiração)* astonishment; *(medo)* fright.

esparadrapo [iʃpara'drapu] *m* Band-Aid® *Am*, (sticking) plaster *Brit*.

espasmo [iʃ'paʒmu] *m* spasm.

espátula [iʃ'patula] *f* spatula.

especial [iʃpe'sjaw] (*pl* -ais [-ajʃ]) *adj* special; **em ~** especially; **~ para** especially for.

especialidade [iʃpesjali'dadʒi] *f* speciality.

especialista [iʃpesja'liʃta] *m, f (perito)* expert; *(médico especializado)* specialist. ◆ *adj* specialist.

espécie [iʃ'pesji] *f (tipo)* kind, sort; *(de seres vivos)* species *sg*; **a ~ humana** the human race; **uma ~ de** a kind *ou* sort of; **~ em via de extinção** endangered species.

especificar [iʃpesifi'ka(x)] *vt* to specify.

espécime [iʃ'pesimi] *m* specimen.

espectador, ra [iʃpɛkta'do(x), ra] (*mpl* -res [-riʃ], *fpl* -ras [-ʃ]) *m, f (de programa televisivo)* viewer; *(de evento esportivo)* spectator; *(de espetáculo de circo, teatro, etc)* member of the audience.

especulação [iʃpekula'saw] *f* speculation; **~ imobiliária** property speculation.

especular [iʃpeku'la(x)] *vi* to speculate; **~ sobre algo** to speculate on *ou* about sthg.

espelho [iʃ'peʎu] *m* mirror; **~ retrovisor** rearview mirror.

espera [iʃ'pɛra] *f* wait; **estar à ~ de** to be waiting for.

esperança [iʃpe'rãsa] *f* hope.

esperar [iʃpe'ra(x)] *vt (aguardar)* to wait for; *(ter esperança em)* to expect. ◆ *vi (aguardar)* to wait; **~ que** to hope (that); **fazer alguém ~** to keep sb waiting; **ir ~ alguém** to meet sb;

como era de se ~ as was to be expected.

esperma [iʃ'pɛxma] *m* sperm.

espertalhão, lhona [iʃpexta'ʎãw, ʎona] (*mpl* **-ões** [-õjʃ], *fpl* **-s** [-ʃ]) *m, f* smart aleck.

esperteza [iʃpex'teza] *f* cunning.

esperto, ta [iʃ'pɛxtu, ta] *adj* (*astuto*) cunning; (*ativo*) lively.

espesso, a [iʃ'pesu, a] *adj* thick.

espessura [iʃpe'sura] *f* thickness.

espetacular [iʃpetaku'la(x)] (*pl* **-res** [-riʃ]) *adj* spectacular.

espetáculo [iʃpe'takulu] *m* (*de circo, teatro*) show.

espeto [iʃ'petu] *m* (*de ferro*) spit; (*de pau*) stake.

espezinhar [iʃpezi'na(x)] *vt* to trample on.

espião, pia [iʃ'pjãw, pia] (*mpl* **-ões** [-õjʃ], *fpl* **-s** [-ʃ]) *m, f* spy.

espiga [iʃ'piga] *f* ear.

espinafre [iʃpi'nafri] *m* spinach.

espingarda [iʃpĩ'garda] *f* shotgun.

espinha [iʃ'piɲa] *f* (*de peixe*) bone; (*em pele*) spot; ~ (**dorsal**) backbone, spine.

espinho [iʃ'piɲu] *m* (*de rosa, arbusto*) thorn; (*de porco-espinho*) quill.

espiões → espião.

espiral [iʃpi'raw] (*pl* **-ais** [-ajʃ]) *f* spiral; **em** ~ spiral.

espírito [iʃ'piritu] *m* spirit.

espiritual [iʃpiri'twaw] (*pl* **-ais** [-ajʃ]) *adj* spiritual.

espirituoso, osa [iʃpiri'twozu, ɔza] *adj* witty.

espirrar [iʃpi'xa(x)] *vi* (*dar espirros*) to sneeze; (*esguichar*) to spit.

esplanada [iʃpla'nada] *f* esplanade.

esplêndido, da [iʃ'plẽdidu, da] *adj* splendid.

esplendor [iʃplẽ'do(x)] *m* (*luxo*) splendor; (*brilho*) brilliance.

esponja [iʃ'põʒa] *f* sponge; **passar uma** ~ **sobre o assunto** *fig* (*esquecer*) to wipe the slate clean.

espontaneidade [iʃpõtanei'dadʒi] *f* spontaneity.

espontâneo, nea [iʃpõ'tanju, nja] *adj* spontaneous.

espora [iʃ'pora] *f* spur.

esporte [iʃ'pɔxtʃi] *m* sports.

esportista [iʃpox'tʃiʃta] *mf* sportsman.

esportivo, va [iʃpox'tʃivu, va] *adj* sports (*antes de s*).

esposo, sa [iʃ'pozu, za] *m, f* husband.

espreguiçar-se [iʃpregi'saxsi] *vp* to stretch.

espreita [iʃ'prejta]: **à espreita** *adv* on the lookout.

espreitar [iʃprej'ta(x)] *vt* to peep at.

espremedor [iʃpreme'do(x)] (*pl* **-res** [-riʃ]) *m* (*juice*) squeezer.

espremer [iʃpre'me(x)] *vt* to squeeze.

espuma [iʃ'puma] *f* (*de mar*) surf; (*de sabão*) lather; (*de banho*) foam.

espumante [iʃpu'mãntʃi] adj sparkling. ✦ m sparkling wine.

esquadra [eʃ'kwadra] f fleet.

esquadro [iʃ'kwadru] m set square.

esquecer [iʃke'se(x)] vt to forget.

☐ **esquecer-se** vp to forget; ~-se de algo/de fazer algo to forget sthg/to do sthg.

esquecido, da [iʃke'sidu, da] adj absent-minded, forgetful. ✦ m, f absent-minded person.

esquecimento [iʃkesi'mẽntu] m forgetfulness.

esqueleto [iʃke'letu] m skeleton.

esquema [iʃ'kema] m (diagrama) diagram; (sistema) scheme.

esquentar [iʃkẽn'ta(x)] vt to heat up.

esquerda [iʃ'kexda] f: a ~ (mão) one's left hand; (lado) the left-hand side; (em política) the Left; 'só ultrapasse pela ~' 'overtake on the left only'; à ~ (de) on the left (of); virar à ~ to turn left; ser de ~ POL to be left-wing.

esquerdo, da [iʃ'kexdu, da] adj (mão, perna, lado) left; (canhoto) left-handed.

esqui [iʃ'ki] m (equipamento) ski; (esporte) skiing; ~ aquático water-skiing.

esquiar [iʃki'a(x)] vi to ski.

esquilo [iʃ'kilu] m squirrel.

esquina [iʃ'kina] f corner.

esquisito, ta [iʃki'zitu, ta] adj (estranho) strange, weird.

esquivar-se [iʃki'vaxsi] vp to

escape; ~ de fazer algo to get out of doing sthg.

esse, essa ['esi, 'ɛsa] adj that, those pl. ✦ pron that (one), those (ones) pl; essa é boa! you've got to be kidding!; é por ~s outras que ele sempre acaba demitido it's for these and other reasons he always gets sacked; só faltava mais essa! that's the final straw!; vamos nessa! let's go!

essência [e'sẽsja] f essence.

essencial [esẽ'sjaw] (pl -ais [-ajʃ]) adj essential. ✦ m: o ~ (o indispensável) the bare essentials pl; (o importante) the important thing.

esta ['ɛʃta] → **este²**.

está [iʃ'ta] → **estar**.

estabelecer [iʃtable'se(x)] vt to establish.

☐ **estabelecer-se** vp to establish o.s.

estabelecimento [iʃtabelesi'mẽntu] m (casa comercial) business; (instituição) establishment; ~ de ensino school.

estabilidade [iʃtabili'dadʒi] f stability.

estábulo [iʃ'tabulu] m stable.

estação [iʃta'sãw] (pl -ões [-õjʃ]) f (de trem, ônibus) station; (do ano, turismo, vendas) season; ~ de águas spa; ~ de rádio radio station.

estacionamento [iʃtasjona'mẽntu] m (ato) parking; (lugar) parking space; '~ privativo' 'private parking'; '~ proibido' 'no parking'.

estacionar [iʃtasjo'na(x)] *vt & vi* to park.

estações → estação.

estada [iʃ'tada] *f* stay.

estadia [iʃta'dʒia] *f* = estada.

estádio [iʃ'tadʒiu] *m* stadium.

estadista [iʃta'dʒiʃta] *mf* statesman.

estado [iʃ'tadu] *m* state; **em bom/mau ~** *(objeto)* in good/bad condition; **~ civil** marital status; **~ físico** level of fitness. ❑ **Estado** *m*: **o Estado** the State; **os Estados Unidos** the United States.

estalar [iʃta'la(x)] *vi (porcelana, vidro, osso)* to crack; *(lenha)* to crackle. ◆ *vt*: **~ a língua** to click one's tongue; **~ os dedos** to snap one's fingers.

estampado, da [iʃtãm'padu, da] *adj* printed.

estancar [iʃtãŋ'ka(x)] *vt (líquido)* to stop; *(sangue)* to staunch. ◆ *vi (sangue)* to stop.

estância [iʃ'tãsja] *f (quinta)* ranch; **~ hidromineral** spa.

estanho [iʃ'taɲu] *m* tin.

estante [iʃ'tãntʃi] *f* bookcase.

estão [iʃ'tãw] → estar.

estar [iʃ'ta(x)] *vi* **- 1.** *(com lugar)* to be; *(em casa)* to be at home, to be in; **estarei no emprego às dez** I'll be at work at ten. **- 2.** *(exprime estado)* to be; **está quebrado** it's out of order; **~ bem/mal de saúde** to be well/unwell; **está muito calor/frio** it's very hot/cold. **- 3.** *(manter-se)* to be; **estive esperando** I was waiting; **esti-** ve fora três anos I lived abroad for three years; **deixe ~ ...** let it be ...

- 4. *(em locuções)*: **está bem** *ou* **certo!** OK!, all right! ❑ **estar a** *v + prep (relativo a preço)* to cost, to be; **o camarão está a 25 reais o quilo** shrimp cost *ou* are 25 reais a kilo. ❑ **estar de** *v + prep*: **~ de baixa/férias** to be on sick leave/vacation; **~ de saia** to be wearing a skirt. ❑ **estar para** *v + prep*: **~ para fazer algo** to be about to do sthg; **estou para sair** I'm about to go out, I'm on my way out; **ele está para chegar** he'll be here any minute now; **não estou para brincadeiras** I'm not in the mood for silly games. ❑ **estar perante** *v + prep (frente a)* to be facing; **você está perante um gênio** you're in the presence of a genius. ❑ **estar por** *v + prep (apoiar)* to support; *(por realizar)*: **a cama está por fazer** the bed hasn't been made yet; **a limpeza está por fazer** the cleaning hasn't been done yet. ❑ **estar sem** *v + prep*: **estou sem tempo** I don't have time; **estou sem dinheiro** I don't have any cash; **ele está sem comer há dois dias** he hasn't eaten for two days.

estardalhaço [iʃtaxda'ʎasu] *m* racket.

estarrecer [iʃtaxe'se(x)] *vt* to terrify.

estatal [iʃta'taw] (pl -ais [-ajʃ])
adj state (antes de s).

estático, ca [iʃ'tatʃiku, ka] adj
static.

estátua [iʃ'tatwa] f statue.

estatura [iʃta'tura] f stature.

estatuto [iʃta'tutu] m (regulamento) statute; (de pessoa) status.

este¹ ['ɛʃtʃi] m east; a ou no ~
in the east; a ~ de east of.

este², esta ['eʃtʃi, 'ɛʃta] adj
this, these pl. ◆ pron this (one),
these (ones) pl; não o vi esta semana I haven't seen him this
week.

esteira [iʃ'tejra] f (de chão) mat;
(de praia) beach mat.

estender [iʃtẽn'de(x)] vt (braços, pernas) to stretch (out); (jornal) to spread out; (roupa no varal) to hang out; (prazo, estadia) to extend.
❑ **estender-se** vp (no espaço) to
stretch out; (no tempo) to go on.

estepe [iʃ'tɛpi] f spare tire.

estéreis → **estéril**.

estereofônico, ca [iʃterjo'foniku, ka] adj stereo(phonic).

estéril [iʃ'tɛriw] (pl -reis [-rejʃ])
adj infertile.

esterilizar [iʃterili'za(x)] vt to
sterilize.

estética [iʃ'tɛtika] f aesthetics
sg.

estetoscópio [iʃtetoʃ'kɔpju]
m stethoscope.

esteve [iʃ'tevi] → **estar**.

estibordo [iʃtʃi'bɔxdu] m starboard.

esticar [iʃtʃi'ka(x)] vt to
stretch.
❑ **esticar-se** vp to stretch out.

estilo [iʃ'tʃilu] m style.

estima [iʃ'tʃima] f esteem.

estimar [iʃtʃi'ma(x)] vt to cherish.

estimativa [iʃtʃima'tʃiva] f estimate.

estimulante [iʃtʃimu'lãntʃi]
adj stimulating. ◆ m stimulant.

estimular [iʃtʃimu'la(x)] vt to
stimulate.

estipular [eʃtipu'la(x)] vt to
stipulate.

estive [iʃ'tʃivi] → **estar**.

estojo [iʃ'toʒu] m set; ~ (de
lápis) pencil case; ~ de
primeiros-socorros first-aid kit.

estômago [iʃ'tomagu] m
stomach.

estou [iʃ'to] → **estar**.

estourar [iʃto'ra(x)] vt (balão,
bola) to burst. ◆ vi (balão, bola) to
burst; (pneu) to blow out; (bomba, explosivo) to explode.

estouro [iʃ'toru] m (de balão, bola, pneu) bursting; (ruído) bang;
dar um ~ (zangar-se) to blow a
fuse.

estrábico, ca [iʃ'trabiku, ka]
adj cross-eyed. ◆ m, f cross-eyed
person.

estrada [iʃ'trada] f road, street;
~ de pista dupla divided highway Am, dual carriageway Brit;
~ de ferro railroad Am, railway
Brit; ~ secundária ou vicinal
minor road.

estragado, da [iʃtra'gadu, da]
adj (leite, comida) off; (pão) stale.

(aparelho, máquina) out of order.

estragar [iʃtraˈga(x)] *vt (apare-lho, máquina)* to break; *(desperdi-çar)* to waste.
□ **estragar-se** *vp (comida, leite)* to go off.

estrangeiro, ra [iʃtrãˈʒejru, ra] *adj (cidade, país, língua)* for-eign. ◆ *m, f (pessoa)* foreigner. ◆ *m*: **o ~** foreign countries *pl*; **ir para o ~** to go abroad; **viver no ~** to live abroad.

estranhar [iʃtraˈɲa(x)] *vt* to find strange.

estranho, nha [iʃˈtraɲu, ɲa] *adj* strange. ◆ *m, f* stranger.

estratégia [iʃtraˈtɛʒja] *f* strat-egy.

estrear [iʃtreˈa(x)] *vt (roupa, sa-patos)* to wear for the first time. ◆ *vi (peça teatral)* to open; *(filme)* to première.

estréia [iʃˈtreja] *f (de ator)* de-but; *(de peça teatral)* opening night; *(de filme)* première.

estreitar [iʃtrejˈta(x)] *vt (roupa)* to take in. ◆ *vi (estrada, caminho)* to narrow.

estreito, ta [iʃˈtrejtu, ta] *adj* narrow; *(roupa)* tight. ◆ *m (ca-nal)* strait.

estrela [iʃˈtrela] *f* star; **~ ca-dente** shooting star; **ver ~s** *fig (ter dor violenta)* to see stars.

estremecer [iʃtremeˈse(x)] *vt* to shake. ◆ *vi (tremer)* to shake; *(assustar-se)* to be shaken.

estribo [iʃˈtribu] *m* stirrup.

estridente [iʃtriˈdẽtʃi] *adj* strident.

estrondo [iʃˈtrõdu] *m (som)* bang; *fig (pompa)* ostentation.

estropiar [iʃtroˈpja(x)] *vt* to maim.

estrume [iʃˈtrumi] *m* manure.

estrutura [iʃtruˈtura] *f* struc-ture.

estuário [iʃˈtwarju] *m* estuary.

estudante [iʃtuˈdãtʃi] *mf* stu-dent.

estudar [iʃtuˈda(x)] *vt & vi* to study.

estúdio [iʃˈtudʒju] *m* studio; *(apartamento)* studio apartment.

estudioso, osa [iʃtuˈdʒjozu, ɔza] *adj* studious.

estudo [iʃˈtudu] *m* study; **em ~** under consideration.

estupefação [eʃtupefaˈsãw] *f* astonishment.

estupefato, ta [iʃtupeˈfatu, ta] *adj* astounded.

estupendo, da [iʃtuˈpẽdu, da] *adj (extraordinário)* remark-able; *(ótimo)* great.

estupidez [iʃtupiˈdeʃ] *f* stupid-ity.

estúpido, da [iʃˈtupidu, da] *m, f* idiot.

estupro [iʃˈtupru] *m* rape.

estuque [iʃˈtuki] *m* plaster.

esvaziar [iʒvaˈzja(x)] *vt* to empty.

esvoaçar [iʒvwaˈsa(x)] *vi (ave)* to flutter.

etapa [iˈtapa] *f* stage; **fazer al-go por ~s** to do sthg by ou in stages; **queimar ~s** to skip tasks.

eternidade [etexniˈdadʒi] *f* eternity; **demorar/esperar**

uma ~ to take/wait ages.

eterno, na [e'texnu, na] *adj* eternal.

ética ['ɛtʃika] *f* ethics *pl*.

ético, ca ['ɛtʃiku, ka] *adj* ethical.

etiqueta [etʃi'keta] *f (rótulo)* label, tag; *(social)* etiquette.

étnico, ca ['ɛtniku, ka] *adj* ethnic.

eu ['ew] *pron (sujeito)* I; **e ~?** what about me?; **sou ~** it's me; **~ mesmo** ou **próprio** (I) myself.

eucalipto [ewka'liptu] *m* eucalyptus.

eufemismo [ewfe'miʒmu] *m* euphemism.

euforia [ewfo'ria] *f* euphoria.

Europa [ew'rɔpa] *f:* **a ~** Europe.

europeu, péia [ewru'pew, peja] *adj & m, f* European.

evacuação [evakwa'sãw] *(pl* -ões [-õjʃ])* *f* evacuation.

evacuar [eva'kwa(x)] *vt* to evacuate.

evadir-se [eva'dixsi] *vp* to escape.

Evangelho [evã'ʒeʎu] *m:* **o ~** the Gospel.

evaporar [evapo'ra(x)] *vt* to evaporate.

❑ **evaporar-se** *vp (líquido)* to evaporate; *fig (desaparecer)* to vanish.

evasão [eva'zãw] *(pl* -ões [-õjʃ])* *f (de prisão, rotina)* escape; *(evasiva)* evasion.

evasivo, va [eva'zivu, va] *adj* evasive.

evasões → **evasão**.

evento [e'vẽtu] *m* event.

eventual [evẽn'twaw] *(pl* -ais [-ajʃ])* *adj (possível)* possible.

evidência [evi'dẽsja] *f* evidence.

evidenciar [evidẽ'sja(x)] *vt* to show.

❑ **evidenciar-se** *vp* to draw attention to o.s.

evidente [evi'dẽtʃi] *adj* evident, obvious; **como é ~** obviously.

evitar [evi'ta(x)] *vt* to avoid; **~ que algo aconteça** to avoid sthg happening.

evocar [evo'ka(x)] *vt* to evoke.

evolução [evolu'sãw] *f* evolution.

evoluir [evo'lwi(x)] *vi* to evolve.

exagerar [ezaʒe'ra(x)] *vt* to exaggerate.

exagero [eza'ʒeru] *m* exaggeration, overstatement; **é um ~!** it's too much!; **sem ~** seriously.

exaltado, da [ezaw'tadu, da] *adj* exasperated.

exaltar [ezaw'ta(x)] *vt (elogiar)* to exalt; *(irritar)* to exasperate.

❑ **exaltar-se** *vp (irritar-se)* to lose one's temper.

exame [e'zami] *m (escolar, universitário)* exam; *(médico)* examination; **~ de sangue** blood test; **~ médico** medical examination; **~ vestibular** university entrance examination; **~ de direção** driving test.

examinar [ezami'na(x)] *vt* to examine.

exatamente [e,zata'mẽtʃi] *adv* exactly. ◆ *interj* exactly!

exatidão [ezatʃiˈdãw] f (precisão) precision; (rigor) accuracy; **com ~** exactly.

exato, ta [eˈzatu, ta] adj (preciso) precise; (rigoroso) accurate; (correto) correct.

exausto, ta [eˈzawʃtu, ta] adj exhausted.

exaustor [ezawʃˈto(x)] (pl -res [-riʃ]) m extractor fan.

exceção [e(ʃ)seˈsãw] (pl -ões [-õjʃ]) f exception; **à** ou **com a ~ de** except for; **sem ~** without exception.

excedente [eseˈdẽtʃi] m surplus.

exceder [eseˈde(x)] vt to exceed.

◻ **exceder-se** vp (exagerar) to go too far; (enfurecer-se) to lose one's temper; **~-se em** to overdo.

excelente [eseˈlẽtʃi] adj excellent.

excêntrico, ca [eˈsẽtriku, ka] adj eccentric.

excepcional [esepsjuˈnaw] (pl -ais [-ajʃ]) adj exceptional.

excerto [eˈsextu] m excerpt.

excessivo, va [eseˈsivu, va] adj excessive.

excesso [eˈsɛsu] m excess; **em ~** too much; **~ de peso** (relativo a bagagem) excess baggage; (relativo a pessoa) excess weight; **~ de velocidade** speeding.

exceto [eˈsɛtu] prep except, apart from.

excitação [esitaˈsãw] f (entusiasmo) excitement; (irritação) agitation.

excitado, da [esiˈtadu, da] adj (entusiasmado) excited; (irritado) agitated.

excitante [esiˈtãtʃi] adj exciting.

exclamação [iʃklamaˈsãw] (pl -ões [-õjʃ]) f exclamation.

exclamar [iʃklaˈma(x)] vi to exclaim.

excluir [iʃkluˈi(x)] vt to exclude.

exclusivo, va [iʃkluˈzivu, va] adj & m exclusive.

excursão [iʃkuxˈsãw] (pl -ões [-õjʃ]) f (de ônibus) field trip.

execução [ezekuˈsãw] f (de objeto) production; (de trabalho, plano, projeto) execution; **pôr algo em ~** to put sthg into practice.

executar [ezekuˈta(x)] vt (música, cena teatral) to perform; (desenho, pintura) to produce; (ordem, plano, tarefa) to carry out; (matar) to execute.

executivo, va [ezekuˈtivu, va] m, f executive.

exemplar [ezẽˈpla(x)] (pl -res [-riʃ]) adj exemplary. ◆ m (de espécie, raça) specimen; (de livro, revista) copy.

exemplo [eˈzẽplu] m example; **por ~** for example; **a título de ~** as an example; **bom/mau ~** good/bad example; **dar o ~** to set an example; **ser um ~** to be an example.

exercer [ezexˈse(x)] vt (profissão) to practice; (função) to fulfill; (influência) to exercise. ◆ vi to practice; **ela exerceu o cargo de presidente vários anos** she was the president for several years.

exercício [ezex'sisju] m exercise; *(de profissão, atividade)* practice.

exercitar [ezexsi'ta(x)] vt to exercise.

□ **exercitar-se** vp to exercise.

exército [e'zexsitu] m army.

exibição [ezebi'sãw] (pl -ões [-õjʃ]) f show; *(de peça teatral, filme)* showing.

exibir [ezi'bi(x)] vt to show; *(quadro, escultura)* to exhibit.

□ **exibir-se** vp to show off.

exigência [ezi'ʒẽsja] f demand.

exigir [ezi'ʒi(x)] vt to demand.

existência [eziʃ'tẽsja] f existence.

existir [eziʃ'ti(x)] vi to exist.

êxito ['ezitu] m success; **ter ~** to be successful.

exótico, ca [e'zɔtʃiku, ka] adj exotic.

expansão [iʃpã'sãw] (pl -ões [-õjʃ]) f *(progresso)* expansion; *(alegria)* expansiveness.

expansivo, va [iʃpã'sivu, va] adj expansive.

expansões → **expansão**.

expectativa [iʃpekta'tʃiva] f expectation; **ficar na ~ de** to expect.

expediente [iʃpe'dʒjẽtʃi] m *(de repartição, estabelecimento comercial)* business hours pl.

expedir [iʃpe'dʒi(x)] vt to dispatch.

experiência [iʃpe'rjẽsja] f *(ensaio)* experiment; *(conhecimento)* experience; **com ~** experienced.

experiente [iʃpe'rjẽtʃi] adj experienced.

experimentar [iʃperimẽ'ta(x)] vt *(máquina)* to test; *(carro)* to test-drive; *(roupa, calçado)* to try on; *(comida, bebida)* to try; *(sensação, emoção)* to experience.

expirar [iʃpi'ra(x)] vt to exhale. ◆ vi *(prazo)* to expire.

explicação [iʃplika'sãw] (pl -ões [-õjʃ]) f explanation.

explicar [iʃpli'ka(x)] vt to explain.

□ **explicar-se** vp to explain o.s.

explícito, ta [iʃ'plisitu, ta] adj explicit.

explodir [iʃplo'di(x)] vi to explode.

exploração [iʃplora'sãw] f *(investigação)* exploration; *(abuso)* exploitation.

explorar [iʃplo'ra(x)] vt *(investigar)* to explore; *(abusar de)* to exploit.

explosão [iʃplo'zãw] (pl -ões [-õjʃ]) f explosion.

expor [iʃ'po(x)] vt *(ideia)* to put forward; *(situação)* to explain; *(exibir)* to exhibit; *(produtos)* to display.

□ **expor-se a** vp + prep to expose o.s. to.

exportação [iʃpoxta'sãw] (pl -ões [-õjʃ]) f export.

exportar [iʃpox'ta(x)] vt to export.

exposição [iʃpozi'sãw] (pl -ões [-õjʃ]) f *(de pintura, fotografia)* exhibition; *(em fotografia)* exposure; *(de produtos)* display;

(narração) account; **em ~** on display.

exposto, ta [iʃ'poʃtu, ta] *adj (em exposição)* on show; *(produtos)* on display.

expressão [iʃpre'sãw] *(pl* **-ões** [-õjʃ]) *f* expression; **~ corporal** physical expression; **~ escrita** literacy; **~ oral** oral expression.

expressar [iʃpre'sa(x)] *vt* to express.

❏ **expressar-se** *vp* to express o.s.

expressivo, va [iʃpre'sivu, va] *adj* expressive.

expresso, a [iʃ'presu, a] *adj & m* express.

expressões → **expressão**.

exprimir [iʃpri'mi(x)] *vt* to express.

❏ **exprimir-se** *vp* to express o.s.

expulsar [iʃpuw'sa(x)] *vt* to expel.

expulso, sa [iʃ'puwsu, sa] *pp* → **expulsar.** ◆ *adj* expelled.

extensão [iʃtẽ'sãw] *(pl* **-ões** [-õjʃ]) *f* extension; *(dimensão espacial)* extent; *(dimensão temporal)* duration.

extenso, sa [iʃ'tẽsu, sa] *adj* long; *(vasto)* extensive; **escrever algo por ~** to write sthg out in full.

extensões → **extensão**.

exterior [iʃte'rjo(x)] *(pl* **-res** [-riʃ]) *adj* outside; *(calma, aparência)* outward; *(política, comércio)* foreign. ◆ *m (parte exterior)* exterior; *(aparência)* outside; **o ~** *(o estrangeiro)* foreign countries *pl*; **para o/no ~** abroad;

externo, na [iʃ'tɛxnu, na] *adj* external.

extinção [iʃtĩ'sãw] *f* extinction.

extinguir [iʃtĩŋ'gi(x)] *vt (fogo)* to extinguish, to put out; *(lei, norma)* to abolish.

❏ **extinguir-se** *vp (apagar-se)* to go out; *(desaparecer)* to become extinct, to die out.

extinto, ta [iʃ'tʃĩntu, ta] *pp* → **extinguir.** ◆ *adj (espécie animal, vegetal)* extinct; *(fogo)* extinguished; *(lei, norma)* defunct.

extintor [iʃtĩn'to(x)] *(pl* **-res** [-riʃ]) *m:* **~ (de incêndio)** fire extinguisher.

extra ['ejʃtra] *adj* extra. ◆ *m (de automóvel)* spare part; *(em despesa)* extras *pl; (em emprego)* perk.

extração [iʃtra'sãw] *(pl* **-ões** [-õjʃ]) *f* extraction; *(de órgão)* removal; *(de loteria)* draw.

extrações → **extração**.

extraditar [iʃtradʒi'ta(x)] *vt* to extradite.

extrair [iʃtra'i(x)] *vt* to extract; *(número de loteria)* to draw; **~ algo de algo** to extract sthg from sthg.

extraordinário, ria [iʃtraordʒi'narju, rja] *adj* extraordinary.

extrato [iʃ'tratu] *m* extract; *(de conta bancária)* statement.

extraviar [iʃtravi'a(x)] *vt* to lose.

❏ **extraviar-se** *vp* to get lost.

extremidade [iʃtremi'dadʒi] *f* extremity.

extremo, ma [iʃ'tremu, ma]

adj (decisão, medida) drastic; *(temperatura, condição)* extreme. ◆ *m* extreme; **em caso ~** if the worst comes to the worst; **ir de um ~ ao outro** *fig* to go from one extreme to the other; **chegar ao ~** to go to extremes.
extrovertido, da [iʃtrovex-'tʃidu, da] *adj* outgoing.
exuberante [ezube'rãntʃi] *adj (pessoa)* exuberant; *(roupa)* garish; *(vegetação)* lush.
exumar [ezu'ma(x)] *vt* to exhume.

F

fábrica ['fabrika] *f* factory.
fabricante [fabri'kãntʃi] *m* manufacturer.
fabricar [fabri'ka(x)] *vt* to make, to manufacture.
fabrico [fa'briku] *m* manufacture.
fabuloso, osa [fabu'lozu, ɔza] *adj* fabulous.
faca ['faka] *f* knife.
face ['fasi] *f* face; **fazer ~ a** to face up to; **em ~** opposite; **em ~ de** in view of; **~ a ~** face to face.
fáceis → **fácil**.
fachada [fa'ʃada] *f* façade; **de ~** for appearances only.
fácil ['fasiw] *(pl* -ceis [-sejʃ]) *adj* easy.
facilidade [fasili'dadʒi] *f (destreza)* ease; *(aptidão)* aptitude;

com ~ with ease.
facilitar [fasili'ta(x)] *vt* to facilitate.
faço ['fasu] → **fazer**.
faculdade [fakuw'dadʒi] *f* faculty.
facultativo, va [fakuwta'tʃivu, va] *adj* optional.
fada ['fada] *f* fairy.
fadiga [fa'dʒiga] *f* fatigue.
fagulha [fa'guʎa] *f* spark.
faisão [faj'zãw] *(pl* -ões [-õjʃ]) *m* pheasant.
faísca [fa'iʃka] *f* spark.
faisões → **faisão**.
faixa ['fajʃa] *f (em estrada)* lane; *(para cintura)* cummerbund; *(ligadura)* bandage; **~ (de pedestres)** pedestrian crossing; **~ de rodagem** lane.
fala ['fala] *f (dom de falar)* speech.
falador, deira [fala'do(x), dej-ra] *(mpl* -res [-riʃ], *fpl* -s [-ʃ]) *adj* talkative. ◆ *m, f* chatterbox.
falar [fa'la(x)] *vi* to talk, to speak. ◆ *vt (idioma)* to speak; **~ com alguém** to speak to sb; **~ de** to talk about; **para ~ a verdade** to tell the truth; **sem ~ em** not to mention; **~ claro** to speak clearly; **~ pelos cotovelos** to talk a lot; **~ a sério** to be serious.
falecer [fale'se(x)] *vi* to pass away.
falecimento [falesi'mẽntu] *m* death.
falência [fa'lẽsja] *f* bankruptcy; **ir à ~** to go bankrupt.

falha ['faʎa] f (em terreno, sistema) fault; (lacuna) omission.

falhar [fa'ʎa(x)] vt to miss. ◆ vi to fail; (não acertar) to miss.

falido, da [fa'lidu, da] adj bankrupt.

falir [fa'li(x)] vi to go bankrupt.

falsificar [fawsifi'ka(x)] vt to forge.

falso, sa ['fawsu, sa] adj false; (documento, passaporte) forged; (dinheiro) counterfeit; (jóia, pele) fake. ◆ adv: **jurar em ~** to commit perjury.

falta ['fawta] f fault; (carência) lack; (em futebol) foul; (infração) offence; **este aluno tem muitas ~s** this student has a very poor attendance record; **~ d'água** water shortage; **~ de educação/tato** lack of manners/tact; **sinto ~ de um relógio** I need a watch; **sentir ~ de** to miss; **na ~ de algo melhor** for want of anything better; **fazer ~** to be lacking; **fazer algo sem ~** to do sthg without fail; **por ~ de** for lack of.

faltar [faw'ta(x)] vi (não haver) to be missing; (estar ausente) to be absent; **falta muito para as férias** the vacation is a long way off; **falta pouco para o trem chegar** the train will arrive soon; **falta sal na comida** the food needs salt; **faltam 5 km para chegarmos lá** we've 5 km to go before we get there; **era só o que faltava!** that's all we needed!; **~ às aulas** to play hooky; **~ ao trabalho** not to

turn up to work; **~ à palavra** to break one's word; **~ com o respeito a alguém** to disrespect sb.

fama ['fama] f (renome) fame; (reputação) reputation; **ter ~ de ser bom/mau** (lugar) to have a good/bad reputation.

família [fa'milja] f family; **em ~** among friends.

familiar [famili'a(x)] (pl **-res** [-rif]) adj (ambiente, atmosfera) informal; (da família) family (antes de s). ◆ m relative.

faminto, ta [fa'mĩtu, ta] adj starving.

famoso, osa [fa'mozu, ɔza] adj famous.

fanático, ca [fa'natʃiku, ka] adj fanatical. ◆ m, f fanatic.

fantasia [fãnta'zia] f (capricho) fantasy; (imaginação) imagination; (disfarce) costume.

fantasiar [fãntazi'a(x)] vi to fantasize.

❑ **fantasiar-se** vp to dress up (in costume); **~-se de** to dress up as.

fantasma [fãn'taʒma] m ghost.

fantástico, ca [fãn'taʃtʃiku, ka] adj fantastic. ◆ interj fantastic!

fantoche [fãn'tɔʃi] m puppet.

farda ['faxda] f uniform.

farei ['fa'rej] → **fazer**.

farinha [fa'riɲa] f flour; **~ de centeio** rye flour; **~ integral** wholewheat flour; **~ de mandioca** ou **de mesa** cassava flour; **~ de milho** cornstarch Am, cornflour Brit; **~ de rosca**

breadcrumbs *pl*; ~ **de trigo** all-purpose flour.

farmacêutico, ca [farma'sew-tiku, ka] *adj* pharmaceutical. ◆ *m, f* pharmacist.

farmácia [fax'masja] *f (estabelecimento)* pharmacy; *(ciência)* pharmacy.

faro ['faru] *m* sense of smell.

farol [fa'rɔw] *(pl -óis* [-ɔjʃ]*) m (de veículo)* headlight; *(de trânsito)* traffic light; *(torre)* lighthouse; ~ **alto** high beam *Am*, full beam *Brit*; ~ **baixo** dipped beam.

farpa ['faxpa] *f (de madeira)* splinter; *(de metal)* hook; *(de arame)* barb.

farra [faxa] *f:* **vamos cair na ~!** let's paint the town red!

farsa ['faxsa] *f* farce.

fartar-se [fax'taxsi] *vp (saciar-se)* to stuff o.s.; *(cansar-se)* to get fed up; **~-se de** *(comida)* to stuff o.s. with; *(trabalho, pessoa)* to get fed up with.

farto, ta ['faxtu, ta] *adj (saciado)* full; **estar ~ (de)** *(cansado de)* to be fed up (with).

fartura [fax'tura] *f* abundance.

fascismo [fa'siʒmu] *m* fascism.

fascista [fa'siʃta] *adj & mf* fascist.

fase ['fazi] *f* phase.

fatal [fa'taw] *(pl -ais* [-ajʃ]*) adj* fatal.

fatia [fa'tʃia] *f* slice.

fatigante [fati'gãntʃi] *adj* exhausting.

fato ['fatu] *m* fact; **ser ~ consumado** to be a fait accompli; **de**

~ indeed; **pelo ~ de** because, due to the fact that.

fator [fa'to(x)] *(mpl -res* [-riʃ]*) m* factor.

fatura [fa'tura] *f* invoice.

fauna ['fawna] *f* fauna.

favela [fa'vela] *f* shantytown, slum.

FAVELAS

These shantytowns are the antithesis of the picture-postcard views on sale in all major Brazilian cities. Made up of makeshift shacks, they spread for miles across marginal land in and around the main population centers, painting all too vivid a portrait of the poverty that underpins life for so many Brazilians. The population of some of these "favelas" reaches into hundreds of thousands. Often there is no sanitation, no fresh drinking water and little police protection available for the people living there.

favor [fa'vo(x)] *(pl -res* [-riʃ]*) m* favor; **'por ~ feche a porta'** 'please close the door'; **faça o ~ de entrar** do come in; **faz ~ (para chamar a atenção)** excuse me; **fazer um ~ a alguém** to do sb a favor; **ser a ~ de** to be in favor of; **por ~** please.

favorável [favo'ravew] *(pl -eis* [-ejʃ]*) adj* favorable; **o resultado**

nos foi ~ the result was in our favor; **ser ~ a algo** to be in favor of sthg.

favores → favor.

favorito, ta [favo'ritu, ta] *adj* favorite. ◆ *m, f* o/a ~/**favorita** *(em competição)* the favorite.

fax ['faksi] *(pl* -es [-ʃ]) *m (mensagem)* fax; *(aparelho)* fax machine; ~ **modem** fax modem; **mandar um** ~ to send a fax.

faz [faʃ] → fazer.

fazenda [fa'zẽnda] *f (propriedade)* farm; *(tecido)* cloth.

fazendeiro, ra [fazẽn'dejru, ra] *m, f* farmer.

fazer [fa'ze(x)] *vt* -1. *(produzir)* to make; ~ **muito barulho** to make a lot of noise; ~ **planos/um vestido** to make plans/a dress; ~ **uma pergunta** to ask a question. - 2. *(comida)* to cook. - 3. *(gerar)* to produce. - 4. *(realizar)*: **estou fazendo um curso de computadores** I'm taking a computer course; **vamos ~ uma festa** let's have a party. - 5. *(praticar)* to do; **você devia ~ mais exercício** you should exercise more; **faço jogging todas as manhãs** I go jogging every morning. - 6. *(cama)* to make; ~ **a cama** to make the bed. - 7. *(transformar)* to make; ~ **alguém feliz** to make sb happy. - 8. *(anos)*: **faço anos amanhã** it's my birthday tomorrow; **fa-**

zemos cinco anos de casados we've been married (for) five years. - 9. *(obrigar)* to make; ~ **alguém fazer algo** to make sb do sthg; ~ **alguém rir/chorar** to make sb laugh/cry. - 10. *(cálculo, conta)* to do; **faz a conta para ver quanto é** work out the check to see what it comes to.

◆ *vi* -1. *(causar)*: ~ **bem/mal a algo** to be good/bad for sthg; ~ **bem/mal a alguém** *(coisa)* to be good/bad for sb; ~ **mal a alguém** *(pessoa)* to hurt sb. - 2. *(obrigar)*: **faça (com) que ele venha** make him come; *(imaginar)*: ~ **de conta que ...** to pretend that ...

◆ *v impess* -1.: **faz frio/calor** it's cold/hot. - 2. *(tempo)*: **faz um ano que não o vejo** it's been a year since I last saw him; **faz tempo que estou à espera** I've been waiting for a while; **o Sérgio partiu faz três meses** Sérgio left three months ago. - 3. *(importar)*: **não faz mal se está quebrado** it doesn't matter if it's broken; **tanto faz** it doesn't matter.

□ **fazer-se** *vp (preparar-se)* to be made; *(ser correto)*: **é assim que se faz** that's the way to do it; ~**-se com** *(ser preparado com)* to be made with.

□ **fazer-se de** *vp + prep (pretender ser)*: ~**-se de tolo** to act stupid; ~**-se de desentendido** to feign ignorance.

fé [fɛ] *f* faith; **de boa/má** ~ in good/bad faith.

febre ['fɛbri] *f MED* fever; **estar com** ~ to have a temperature.

fechado, da [fe'ʃadu, da] *adj* shut, closed; *(torneira)* turned off; *(flor)* unopened; *fig (pessoa)* reserved; '~ **para balanço**' 'closed for stocktaking'.

fechadura [feʃa'dura] *f* lock.

fechar [fe'ʃa(x)] *vt (porta, janela)* to shut, to close; *(carro)* to lock; *(torneira)* to turn off; *(negócio)* to close; *(loja, estabelecimento, fábrica)* to close down. ◆ *vi (ferida)* to heal; *(estabelecimento)* to shut, to close; ~ **algo à chave** to lock sthg.
❑ **fechar-se** *vp (encerrar-se)* to shut o.s. up ou away; *(calar-se)* to withdraw (into o.s.).

fecho ['feʃu] *m (de peça de vestuário)* zipper *Am*, zip *Brit*; *(de porta, janela)* lock; *(de espetáculo, acontecimento)* end; *(de colar, pulseira)* fastener; ◆ **ecler** zipper *Am*, zip *Brit*.

fecundar [fekũn'da(x)] *vt* to fertilize.

federação [federa'sãw] *(pl* -ões [-õjʃ]*)* *f* federation.

feijão [fej'ʒãw] *(pl* -ões [-õjʃ]*)* *m* bean.

feijoada [fej'ʒwada] *f* black bean stew.

FEIJOADA

The Brazilian "feijoada" (bean stew) is not only a traditional dish, but also a social event. Made with black beans, salt beef and various cuts of pork, the dish is served with white rice and "farofa" (fried cassava flour), seasoned spring greens and peeled oranges. Often held on Saturdays, "feijoadas" begin at noon and last all day. The food is accompanied by copious quantities of cold beer and "caipirinha" (a rum-based cocktail).

feijões → **feijão**.

feio, feia ['feju, 'feja] *adj* ugly; *(atitude, situação)* nasty; **fazer** ~ to commit a faux pas.

feira ['fejra] *f* market; ~ **livre** street market; ~ **do livro** book fair; **fazer a** ~ to go to the market.

feiticeira [fejtʃi'sejra] *f* witch.

feiticeiro [fejtʃi'sejru] *m* wizard.

feitiço [fej'tʃisu] *m* spell.

feitio [fej'tʃiu] *m (forma)* shape; *(caráter)* temper; *(de peça de vestuário)* cut; **trair não é do seu** ~ betrayal is not his style.

feito, ta ['fejtu, ta] *pp* → **fazer**. ◆ *adj (realizado)* finished, done; *(adulto)* mature. ◆ *m (façanha)* deed; ~ **à mão** handmade; ~ **sob medida** made-to-measure; ~ **de** made *(of)*; **dito e** ~ no sooner said than done.

fel ['fɛw] *m* bile.

felicidade [felisi'dadʒi] *f (contentamento)* happiness; *(boa sorte)* luck; ~**s!** all the best!

felicitar [felisi'ta(x)] *vt* to congratulate; ~ **alguém por algo** to congratulate sb on sthg.

feliz [fe'liʒ] (*pl* -zes [-ziʃ]) *adj* happy; *(afortunado)* lucky; *(bem executado)* successful; **Feliz aniversário!** Happy birthday!; **Feliz Ano Novo!** Happy New Year!

felizmente [feliʒ'mentʃi] *adv* fortunately.

felpudo, da [few'pudu, da] *adj* fluffy.

feltro ['fewtru] *m* felt.

fêmea ['femja] *f* female.

feminino, na [femi'ninu, na] *adj (característico)* feminine; *(sexo)* female. ◆ *m* LING feminine.

feminismo [feme'niʒmu] *m* feminism.

feminista [femi'niʃta] *mf* feminist.

fenda ['fenda] *f* crack.

feno ['fenu] *m* hay.

fenomenal [fenome'naw] (*pl* -ais [-ajʃ]) *adj* phenomenal.

fenômeno [fe'nomenu] *m* phenomenon.

fera ['fɛra] *f* wild animal; **ficar uma** ~ to get really mad; **ser** ~ **(em algo)** to be a real whizz (at sthg).

feriado [fe'rjadu] *m* holiday; ~ **nacional** public holiday; ~ **religioso** saint's day.

férias ['fɛrjaʃ] *fpl* vacation *sg*; **estar de ou em** ~ to be on vacation; **tirar** ~ to go on vacation.

ferida [fe'rida] *f (ferimento)* wound, → **ferido**.

ferido, da [fe'ridu, da] *adj (em acidente, queda)* injured; *(em combate)* wounded; *(fig (ofendido)* hurt. ◆ *m, f*: **houve 20** ~**s** 20 people were injured.

ferimento [feri'mentu] *m (de queda, acidente)* injury; *(de arma)* wound.

ferir [fe'ri(x)] *vt* to hurt; *(com arma)* to wound.

❏ **ferir-se** *vp (em queda, acidente)* to hurt o.s.

fermentar [fexmen'ta(x)] *vi* to ferment.

fermento [fex'mentu] *m* yeast.

feroz [fe'rɔʃ] (*pl* -zes [-ziʃ]) *adj* fierce.

ferradura [fexa'dura] *f* horseshoe.

ferramenta [fexa'menta] *f* tool.

ferro ['fɛxu] *m* iron.

ferrolho [fe'xoʎu] *m* bolt.

ferro-velho [ˌfɛxu'vɛʎu] (*pl* **ferros-velhos** [ˌfɛxuʒ'vɛʎuʃ]) *m* scrapyard.

ferrovia [fexo'via] *f* railroad.

ferrugem [fe'xuʒẽ] *f (de metal)* rust.

fértil ['fɛxtiw] (*pl* -eis [-ejʃ]) *adj* fertile.

fertilidade [fextʃili'dadʒi] *f* fertility.

ferver [fex've(x)] *vt* to boil. ◆ *vi (leite, água)* to boil; *fig (de raiva, indignação)* to rage.

fervor [fex'vo(x)] *m* fervor.

fervura [fex'vura] *f*: **cozer algo até levantar** ~ to bring sthg to the boil.

festa ['feʃta] f party; **boas ~s!** Merry Christmas and a Happy New Year!; **~s juninas** *Brazilian religious festivals held in June in honor of St. John, St. Anthony and St. Peter.*

ⓘ FESTAS JUNINAS

These were introduced to Brazil by the Portuguese for whom Saint John's day, on the 24th of June, is one of the oldest and most popular celebrations of the year. The festivities traditionally begin after the 12th of June, on the eve of Saint Anthony's day, and last until the 29th, which is Saint Peter's day. There are bonfires, folk dancing, fireworks, and typical refreshments are served.

festejar [feʃte'ʒa(x)] vt to celebrate.

festival [feʃtʃi'vaw] (*pl* **-ais** [-ajʃ]) *m* (*de música, cinema*) festival; (*de canção*) contest.

feto ['fɛtu] *m* (*embrião*) fetus.

fevereiro [feve'reiru] *m* February, → **setembro**.

fez ['fɛʒ] → **fazer**.

fiado ['fjadu] *adj* (*a crédito*) on credit; **comprar/vender ~** to buy/sell on credit.

fiar [fi'a(x)] *vt* (*linho, lã*) to spin. ◆ *vi* (*vender a crédito*) to sell on credit.

❑ **fiar-se em** *vp + prep* to trust.

fibra ['fibra] *f* fiber; *fig* (*co-ragem*) courage; **~ (acrílica)** acrylic; **~ de vidro** fiberglass; **~ ótica** fiber optics.

ficar [fi'ka(x)] *vi* (*permanecer*) to stay; (*estar situado*) to be; (*restar*) to be left (over); (*rico, gordo*) to get; **ele ficou todo corado** he went bright red; **essa roupa não lhe fica bem** those clothes don't suit you; **fiquei trabalhando até tarde** I worked late; **~ bom** to come out well; **~ ruim** to come out badly; **~ (com alguém)** (*namorar*) to date (sb); **~ de fazer algo** to promise to do sthg; **~ em primeiro lugar** (*em prova, concurso, corrida*) to come first; **~ por** (*custar*) to come to; **~ sem algo** to be left without sthg; **~ com o troco** to keep the change; **~ com raiva** to get angry.

ficção [fik'sãw] *f* fiction; **~ científica** science fiction.

ficha ['fiʃa] *f* (*médica, policial*) record; (*formulário*) form; (*em lanchonete*) ticket; (*de jogo*) tokens.

fictício, cia [fik'tʃisju, sja] *adj* fictional.

fidelidade [fideli'dadʒi] *f* fidelity; **~ (conjugal)** faithfulness (to one's partner).

fiel ['fjew] (*pl* **-éis** [-ɛiʃ]) *adj* faithful. ◆ *mf* believer.

figa ['figaʒ] *f*: **fazer ~** to cross one's fingers.

fígado ['figadu] *m* liver.

figo ['figu] *m* fig; **~s secos** dried figs.

figura [fi'gura] *f* figure; **fazer**

boa/má ~ to come across well/badly; **ser uma** ~ to be a real character.

figurante [figu'rãntʃi] *mf* extra.

figurar [figu'ra(x)]: **figurar em** *v + prep* to appear in.

fila ['fila] *f* line *Am*, queue *Brit*; **em** ~ **(indiana)** in single file.

filarmônica [filax'monika] *f* philharmonic orchestra.

filé [fi'lɛ] *m* fillet.

fileira [fi'lejra] *f* row.

filho, lha ['fiʎu, ʎa] *m, f* son; **os nossos** ~**s** our children.

filhote [fi'ʎɔtʃi] *m* (*de raposa, urso, etc*) cub; (*de cadela*) puppy.

filmadora [fiwma'dora] *f*: ~ **(de vídeo)** camcorder.

filmar [fiw'ma(x)] *vt* to film, to shoot.

filme ['fiwmi] *m* (*de cinema*) movie *Am*, film *Brit*; (*de máquina fotográfica*) film.

filosofia [filozo'fia] *f* philosophy.

filósofo, fa [fi'lozofu, fa] *m, f* philosopher.

filtrar [fiw'tra(x)] *vt* to filter.

filtro [fiwtru] *m* filter.

fim ['fĩ] (*pl* -**ns** [-ʃ]) *m* end; (*objetivo*) aim; **ter por** ~ **fazer algo** to aim to do sthg; **ter um** ~ **em vista** to have an end in mind; **o** ~ **do mundo** (*lugar distante*) the back of beyond; (*desgraça total*) the end of the world; **a** ~ **de** in order to; **no** ~ in the end; **ao** ~ **e ao cabo** at the end of the day; **estar a** ~ **de** (*coisa*) to want; (*pessoa*) to have a crush (on).

fim-de-semana [ˌfĩndʒise'mana] (*pl* **fins-de-semana** [ˌfĩʒdʒise'mana]) *m* weekend.

final [fi'naw] (*pl* -**ais** [-ajʃ]) *adj* & *m* (*último*) final. ◆ *m* end.

finalidade [finali'dadʒi] *f* (*objetivo*) aim, purpose; (*de máquina*) application.

finalista [fina'liʃta] *mf* (*em competição*) finalist.

finanças [fi'nãsaʃ] *fpl* finances.

fingir [fĩ'ʒi(x)] *vt* to pretend.

fino, na ['finu, na] *adj* (*fio, cabelo*) fine; (*roupa*) elegant; (*hotel, restaurante*) exclusive; (*pessoa*) refined; **ele é gente fina** (*bom*) he's a good guy.

fins ~ *fim*.

fio ['fiu] *m* (*de matéria têxtil*) thread; (*elétrico*) wire; (*de líquido*) trickle; ~ **dental** dental floss; **perder o** ~ **da meada** to lose one's thread.

firma ['fixma] *f* (*empresa*) firm.

firme ['fixmi] *adj* firm.

firmeza [fix'meza] *f* (*solidez*) firmness; (*estabilidade*) stability; *fig* (*perseverança*) resolve.

fiscal [fiʃ'kaw] (*pl* -**ais** [-ajʃ]) *adj* fiscal. ◆ *mf* (*tax*) inspector.

fisco ['fiʃku] *m* (*instituição*) ≃ the Internal Revenue Service *Am*, ≃ the Inland Revenue *Brit*.

física ['fizika] *f* (*ciência*) physics *sg* → *físico*.

físico, ca ['fiziku, ka] *adj* physical. ◆ *m* (*de pessoa*) physique. ◆ *m, f* (*profissão*) physicist.

fisioterapia [ˌfizjotera'pia] *f* physiotherapy.

fita ['fita] f (cassete) cassette; (de tecido) ribbon; (fingimento) pretense; (filme) film; ~ de (cabelo) hairband; ~ **durex**® ≃ Scotch tape® Am; ≃ Sellotape® Brit; ~ (para máquina de escrever) typewriter ribbon; ~ **métrica** tape measure; ~ **de vídeo** videocassette ou videotape; **fazer** ~ (fingir) to put on an act.

fitar [fi'ta(x)] vt to stare at.

fixador [fiksa'do(x)] (pl -res [-rif]) m (de cabelo) hairspray; (em fotografia, desenho) fixative.

fixar [fik'sa(x)] vt to fix; (aprender de cor) to memorize. □ **fixar-se** vp (estabelecer-se) to establish o.s.

fixo, xa ['fiksu, ksa] pp → fixar. ◆ adj fixed; (cor) fast.

fiz [fiʒ] → fazer.

flanco ['flãŋku] m flank.

flanela [fla'nɛla] f flannel.

flash ['flaʃi] m flash.

flauta ['flawta] f flute; ~ **doce** recorder; ~ **de pã** panpipes pl.

flecha ['flɛʃa] f arrow.

flexível [flɛk'sivew] (pl -eis [-ejʃ]) adj flexible.

fliperama [flipe'rama] m pinball sg; **jogar** ~ to play pinball.

floco ['flɔku] m (de pêlo, lã) fuzz; ~ **de neve** snowflake; ~**s de aveia** oatmeal sg.

flor [flo(x)] (pl -res [-rif]) f flower; **em** ~ in bloom; **ter os nervos à** ~ **da pele** to be highly strung; **estar na** ~ **da idade** to be in one's prime.

floresta [flo'rɛʃta] f forest.

florido, da [flo'ridu, da] adj (ár-vore, campo, jardim) full of flowers; (tecido, papel) flowery.

florista [flo'riʃta] mf florist. ◆ f florist.

fluência [flu'ẽsja] f fluency.

fluentemente [flu,ẽntʃi'mẽntʃi] adv fluently.

fluido, da ['fluidu, da] adj fluid. ◆ m (líquido) fluid; (força misteriosa) vibes pl.

flúor ['fluɔ(x)] m fluoride.

fluorescente [flureʃ'sẽntʃi] adj fluorescent.

flutuante [flu'twãntʃi] adj (objeto) floating; (preço, inflação, temperatura) fluctuating.

flutuar [flu'twa(x)] vi to float.

fluvial [flu'vjaw] (pl -ais [-ajʃ]) adj river (antes de s).

fluxo ['fluksu] m flow.

fobia [fo'bia] f phobia.

focinho [fo'siɲu] m snout.

foco ['fɔku] m (em fotografia, cinema) focus; (de luz, lâmpada) beam; (de atenção) focus; (de doença) center; **fora de** ~ out of focus.

fofo, fa ['fofu, fa] adj soft.

fofoca [fo'fɔka] f (mexerico) piece of gossip.

fogão [fo'gãw] (pl -ões [-õjʃ]) m stove Am, cooker Brit; ~ **a lenha** wood stove.

foge ['fɔʒi] → fugir.

fogem ['fɔʒẽ] → fugir.

fogo ['fogu] (pl fogos ['fɔguʃ]) m fire.

fogões → fogão.

fogos-de-artifício [,foguʒdʒiaxtʃi'fisju] mpl (foguetes) fireworks; *(espetáculo)* firework display.

fogueira [fo'gejra] *f* bonfire.

foguete [fo'getʃi] *m* rocket.

foi ['foj] → **ser, ir.**

folclore [fow'klɔri] *m* folklore.

folclórico, ca [fow'klɔriku, ka] *adj (música, dança)* folk *(antes de s).*

fôlego ['folegu] *m* breath; **tomar ~** to get one's breath back.

folga ['fowga] *f (de trabalho)* day off; *(espaço livre)* gap; **estar de ~** to have the day off.

folha ['foʎa] *f (de planta, árvore)* leaf; *(de jornal, livro, revista)* page; **~ de alumínio** aluminum foil; **~ (de papel)** sheet of paper; **~ de pagamento** payroll; **~ pautada** lined paper.

folhagem [fo'ʎaʒẽ] *f* foliage.

folhear [fo'ʎja(x)] *vt* to leaf through.

folheto [fo'ʎetu] *m* leaflet.

fome ['fɔmi] *f* hunger; **estar com** ou **ter ~** to be hungry; **passar ~** to go hungry, to starve.

fone ['fɔni] *m (de telefone)* receiver, handset; **pôr o ~ no gancho** to hang up.

fonética [fo'nɛtʃika] *f* phonetics *sg.*

fonte ['fõntʃi] *f (de água mineral)* spring; *(chafariz)* fountain; *fig (de texto, informação)* source.

fora ['fɔra] *adv (no exterior)* out; *(no estrangeiro)* abroad. ◆ *prep* apart from. ◆ *interj* get out!; **~ de série** extraordinary; **'~ de serviço'** 'out of order'; **estar/ficar ~ de si** to be beside o.s.;

~ de mão *(lugar)* out of the way; **lá ~** *(no estrangeiro)* abroad; *(no exterior)* outside; **dar um ~ em alguém** to give sb the cold shoulder.

foram [fo'rãw] → **ser, ir.**

força ['foxsa] *f (energia)* strength; *(militar, policial)* force; **~ de vontade** will power; **as ~s armadas** the armed forces; **à ~** by force; **por ~ de** by force of; **não cheguei na hora por razões de ~ maior** I didn't arrive on time for reasons beyond my control.

forçar [fox'sa(x)] *vt* to force.

forma ['fɔxma] *f* shape; *(maneira)* way; **de ~ que** so that; **de qualquer ~** anyway; **em ~ de** in the shape of; **em ~ de estrela** star-shaped; **estar em ~** to be in shape.

fôrma ['foxma] *f (de bolos)* cake pan; *(de sapatos)* shoe tree.

formação [foxma'sãw] *(pl -ões* [-õjʃ]*) f* formation; *(educação)* education; *(profissional)* training.

formal [fox'maw] *(pl -ais* [-ajʃ]*) adj* formal.

formalidade [foxmali'dadʒi] *f* formality.

formar [fox'ma(x)] *vt* to form; *(educar)* to educate; *(profissionais)* to train.

❒ **formar-se** *vp (terminar curso universitário)* to graduate.

formatar [foxma'ta(x)] *vt* to format.

formidável [foxmi'davew] *(pl -eis* [-ejʃ]*) adj* fantastic.

formiga [foxˈmiga] f ant.

fórmula [ˈfɔxmula] f formula.

formular [foxmuˈla(x)] vt (palavra, frase) to formulate; (desejo) to express.

formulário [foxmuˈlarju] m form.

fornecedor, ra [foxneseˈdo(x), ra] (mpl -**res** [-riʃ], fpl -**s** [-ʃ]) m, f (de estabelecimento) supplier; (de droga) dealer.

fornecer [foxneˈse(x)] vt to supply.

forno [ˈfoxnu] m oven.

forquilha [foxˈkiʎa] f pitchfork Am, fork Brit.

forrar [foˈxa(x)] vt to line.

fortalecer [foxtaleˈse(x)] vt to strengthen.

fortaleza [foxtaˈleza] f fortress.

forte [ˈfɔxtʃi] adj strong; (calor, dor) intense; (chuva) heavy; (voz, som) loud; (comida) filling; (golpe, choque) hefty; (bebida) stiff. ♦ m fort; **ser ~ em algo** to be very good at sthg.

fortuna [foxˈtuna] f fortune.

fósforo [ˈfɔʃforu] m (de acender) match.

fossa [ˈfɔsa] f septic tank; **estar na ~** fig (deprimido) to be down in the dumps.

fóssil [ˈfɔsiw] (pl -**eis** [-ejʃ]) m fossil.

fosso [ˈfosu] m moat.

foste [ˈfoʃtʃi] → **ser, ir.**

foto [ˈfɔtu] f photo.

fotocópia [fotoˈkɔpja] f photocopy, Xerox®.

fotografar [fotograˈfa(x)] vt to photograph.

fotografia [fotograˈfia] f (arte) photography; (objeto) photograph.

fotógrafo, fa [foˈtɔgrafu, fa] m, f photographer.

foz [fɔʃ] f river mouth.

fração [fraˈsãw] (pl -**ões** [-õjʃ]) f fraction; **numa ~ de segundo** in a split second.

fracasso [fraˈkasu] m failure.

fraco, ca [ˈfraku, ka] adj weak; (dor) slight; (chuva, vento) light; (voz, som) faint; (qualidade) poor; **ter um ~ por alguém** fig (paixão) to have a crush on sb.

frações → **fração.**

frágil [ˈfraʒiw] (pl -**geis** [-ʒejʃ]) adj fragile.

fragmento [fragˈmẽntu] m fragment.

fragrância [fraˈgrãsja] f fragrance.

fralda [ˈfrawda] f diaper Am, nappy Brit; **~s descartáveis** disposable diapers.

framboesa [frãmˈbweza] f raspberry.

França [ˈfrãsa] f: **a ~** France.

francamente [ˌfrãŋkaˈmẽntʃi] adv frankly. ♦ interj honestly!

francês, esa [frãˈseʃ, eza] (mpl -**eses** [-eziʃ], fpl -**s** [-ʃ]) adj & m French. ♦ m (pessoa) Frenchman; **os franceses** the French.

franco, ca [ˈfrãŋku, ka] adj frank; **para ser ~ ...** to be quite honest ...

frango ['frãŋgu] m chicken; *(em futebol)* sitter; ~ **assado** roast chicken.

franja ['frãʒa] f *(de toalha, cortina, sofá)* fringe; *(de cabelo)* bangs pl Am, fringe Brit.

franqueza [frãŋ'keza] f frankness; **com** ~ frankly.

franquia [frãŋ'kia] f COM franchise; *(selo postal)* postage; *(isenção)* exemption.

fraqueza [fra'keza] f weakness.

frasco ['fraʃku] m bottle.

frase ['frazi] f sentence.

fratura [fra'tura] f fracture.

fraude ['frawdʒi] f fraud.

frear [fre'a(x)] vi to brake.

freguês, esa [fre'geʃ, eza] *(mpl -eses [-eziʃ], fpl -s [-ʃ])* m, f customer.

freio ['fraju] m *(de veículo)* brake; *(de cavalo)* bit.

frente ['frẽtʃi] f front; **fazer** ~ **a** to stand up to, to confront; **à** ~ ahead; **à** ~ **de** *(na dianteira de)* in front of; *(chegar, ir, partir)* ahead of; **em** ~ *(defronte)* across from; **em** ~ **de** opposite; **a** ~ **a** face to face.

freqüência [fre'kwẽsja] f frequency; **com** ~ often, frequently.

freqüentar [frekwẽn'ta(x)] vt *(casa de alguém)* to visit frequently; *(curso)* to attend; *(local)* to frequent.

freqüentemente [fre͵kwẽtʃi'mẽtʃi] adv often, frequently.

fresco, ca ['freʃku, ka] adj fresh; *(tempo, bebida, roupa)* cool; *(muito exigente)* fussy; *(efeminado)* camp.

frescobol [freʃko'bɔw] m racquetball *(played at the beach).*

frescura [freʃ'kura] f freshness; *(em relação a temperatura)* coolness.

fricção [frik'sãw] f *(esfregação)* rubbing; *(atrito)* friction.

frieira [fri'ejra] f chilblain.

frieza [fri'eza] f coldness.

frigideira [friʒi'dejra] f frying pan.

frio, fria ['friu, 'fria] adj & m cold; **está** ~ it's cold; **estar com** ou**ter** ~ to be cold; **estava um** ~ **de rachar** it was absolutely freezing.
◻ **frios** mpl *(comida)* cold cuts.

frisar [fri'za(x)] vt *(cabelo)* to curl; fig *(enfatizar)* to highlight.

fritar [fri'ta(x)] vt *(em pouco óleo)* to fry; *(em muito óleo)* to deep-fry.

frito, ta ['fritu, ta] adj fried; **estar** ~ to be done for.

fritura [fri'tura] f *(alimento frito)* fried food.

fronha ['froɲa] f pillowcase.

fronte ['frõtʃi] f *(testa)* forehead.

fronteira [frõ'tejra] f border.

frota ['frɔta] f fleet.

frustrado, da [fruʃ'tradu, da] adj frustrated.

frustrante [fruʃ'trãtʃi] adj frustrating.

fruta ['fruta] f fruit; ~ **em calda** fruit in syrup; ~ **da época** fruit in season.

fruto ['frutu] *m* fruit; ~**s secos** dried fruits.

fubá [fu'ba] *m* cornmeal.

fuga ['fuga] *f* (*evasão*) escape; **pôr-se em** ~ to run away; **em** ~ on the run.

fugir [fu'ʒi(x)] *vi* to run away; ~ **a** ou **de** to run away from.

fugitivo, va [fuʒi'tʃivu, va] *adj, m, f* fugitive.

fui ['fuj] → **ser, ir.**

fulano, na [fu'lanu, na] *m, f* what's-his-name; **era um** ~ **qualquer** it was just some guy.

fuligem [fu'liʒẽ] *f* soot.

fulo, la ['fulu, la] *adj* furious; ~ **da vida** fuming.

fumaça [fu'masa] *f* smoke.

fumante [fu'mãntʃi] *mf* smoker.

fumar [fu'ma(x)] *vt & vi* to smoke.

fumo ['fumu] *m* (*tabaco*) leaf tobacco.

função [fũ'sãw] (*pl* **-ões** [-õjʃ]) *f* (*de pessoa*) role; (*de máquina*) function; **exercer a** ~ **de** to act as; ~ **pública** public service.

funcionamento [fũsjona'mẽntu] *m* operation; **em** ~ in operation.

funcionar [fũsjo'na(x)] *vi* (*máquina*) to work; (*estabelecimento*) to be open.

funcionário, ria [fũsjo'narju, rja] *m, f* employee; ~ **público** public servant.

funções → **função.**

fundação [fũnda'sãw] (*pl* **-ões** [-õjʃ]) *f* foundation.

fundamental [fũndamẽn'taw] (*pl* **-ais** [-ajʃ]) *adj* fundamental.

fundamento [fũnda'mẽntu] *m* (*motivo*) grounds *pl*; (*justificação*) basis; **sem** ~ unfounded.

fundar [fũn'da(x)] *vt* to found; ~ **algo em algo** (*basear*) to base sthg on sthg.

fundido, da [fũn'dʒidu, da] *adj* (*metal*) molten; (*queijo*) melted.

fundir [fũn'dʒi(x)] *vt* to melt. □ **fundir-se** *vp* to melt.

fundo, da ['fũndu, da] *adj* deep. ◆ *m* (*de rio, piscina, poço*) bottom; (*em economia*) fund; **ir ao** ~ **da questão** to get to the bottom of the matter; **sem** ~ bottomless.

funeral [fune'raw] (*pl* **-ais** [-ajʃ]) *m* funeral.

fungo ['fũngu] *m* fungus.

funil [fu'niw] (*pl* **-is** [-iʃ]) *m* funnel.

furacão [fura'kãw] (*pl* **-ões** [-õjʃ]) *m* hurricane.

furadeira [fura'dejra] *f* drill.

furador [fura'do(x)] (*pl* **-res** [-riʃ]) *m* hole punch.

furar [fu'ra(x)] *vt* (*folha*) to punch holes in; (*saco*) to make a hole in; (*pneu*) to puncture; (*orelha*) to pierce; *fig* (*fila*) to jump.

fúria ['furja] *f* fury.

furo ['furu] *m* (*em pneu*) puncture; (*em saco, orelha*) hole.

furtar [fux'ta(x)] *vt* to steal. □ **furtar-se a** *vp + prep* to avoid.

furúnculo [fu'rũŋkulu] *m* boil.

fusão [fu'zãw] (*pl* **-ões** [-õjʃ])

f fusion; *(de empresas)* merger.

fusível [fu'zivɛw] *(pl* **-eis** [-ejʃ])
m fuse.

fuso ['fuzu] *m:* ~ **horário** time
zone.

fusões → **fusão**.

futebol [futʃi'bɔw] *m* soccer
Am, football *Brit*.

fútil ['futʃiw] *(pl* **-teis** [-tejʃ]) *adj*
(frívolo) frivolous; *(insignificante)*
trivial; *(vão)* futile.

futilidade [futʃili'dadʒi] f *(fri-
volidade)* frivolity; *(coisa inútil)*
triviality; *(inutilidade)* futility.

futuro, ra [fu'turu, ra] *adj & m*
future; **o** ~ GRAM the future
(tense); **de** ~ *(pessoa, empresa,
etc)* with a future; **no** ~ in the
future; **para o** ~ for the future;
ter ~ to have a future.

fuzil [fu'ziw] *(pl* **-is** [-iʃ]) *m* rifle.

fuzis → **fuzil**.

G

gabardine [gabax'dʒini] f raincoat.

gabar-se [gabax'si] *vp* to
boast; ~ **de algo** to boast about
sthg.

gabinete [gabi'netʃi] *m (compartimento)* booth; *(escritório)* office; POL cabinet.

gado ['gadu] *m* livestock; *(bovi-
no)* cattle.

gafanhoto [gafa'notu] *m*
grasshopper.

gafe ['gafi] f gaffe; **cometer**

uma ~ to commit a faux pas.

gagueira [ga'gejra] f stammer.

gaguejar [gage'ʒa(x)] *vi* to stutter, to stammer.

gaiola [ga'jola] f cage.

gaita ['gajta] f harmonica.

gaita-de-foles [gajtadʒi-
'foliʃ] *(pl* **gaitas-de-foles** [,gaj-
taʒdʒi'foliʃ]) f bagpipes *pl*.

gaivota [gaj'vota] f seagull.

gala ['gala] f gala; **de** ~ *(traje)*
full dress.

galão [ga'lãw] *(pl* **-ões** [-õjʃ]) *m*
(medida) gallon.

galeria [gale'ria] f gallery; *(corredor, ala)* corridor; *(local para
compras)* arcade; ~ **de arte** art
gallery.

galho ['gaʎu] *m (de árvore)*
branch; *(de veado)* antler; **quebrar um** ~ to get by.

galinha [ga'liɲa] f hen.

galinheiro [gali'ɲejru] *m* hen-
house.

galo ['galu] *m* rooster *Am*, cock
Brit; *(na testa)* bump.

galões → **galão**.

gama ['gama] f range.

gancho ['gãʃu] *m (peça curva)*
hook.

gangorra [gãŋ'goxa] f seesaw.

gangue ['gãŋgi] f *(turma)* gang.

ganhar [ga'ɲa(x)] *vt* to win;
(dinheiro, respeito) to earn;
(peso) to put on; *(velocidade)*
to pick up. ♦ *vi (vencer)* to
win; ~ **de alguém** to beat sb;
~ **com algo** to benefit from
sthg; ~ **a vida** OU **o pão** to earn
a living.

ganho ['gaɲu] *m* gain.

ganir [ga'ni(x)] *vi* to whine.

ganso ['gãsu] *m* goose.

garagem [ga'raʒẽ] (*pl* -**ns** [-ʃ]) *f* garage.

garanhão [gara'nãw] (*pl* -**ões** [-õjʃ]) *m* stallion.

garantia [garãn'tʃia] *f* guarantee.

garantir [garãn'tʃi(x)] *vt* to vouch for; ~ **que** to guarantee (that); **eu garanto que está certo** I can assure you that it's correct.

garçom [gax'sõ] (*pl* -**ns** [-ʃ]) *m* waiter, server *Am*.

garçonete [garso'nɛtʃi] *f* waitress, server *Am*.

garçons → **garçom**.

garfo ['gaxfu] *m* (*utensílio*) fork; (*de bicicleta*) forks *pl*; **ser um bom** ~ to enjoy one's food.

gargalhada [gaxga'ʎada] *f* shriek of laughter; **dar uma** ~ to laugh; **desatar às** ~**s** to burst out laughing.

gargalo [gax'galu] *m* neck (*of a bottle*).

garganta [gax'gãnta] *f* throat.

gargarejar [gaxgare'ʒa(x)] *vi* to gargle.

gari [ga'ri] *m* street sweeper.

garoto, ta [ga'rotu, ta] *m, f* (*criança*) boy, kid; (*chope*) small glass of beer.

garra ['gaxa] *f* (*de animal*) claw; *fig* (*talento, gênio*) flair; **ter** ~ (*talento*) to show great talent.

garrafa [ga'xafa] *f* bottle; ~ **térmica** Thermos® (bottle).

garrafão, ões [gaxa'fãw, õjʃ] *m* (*utensílio*) flagon; (*em estrada*) bottleneck.

garrote [ga'xɔtʃi] *m MED* tourniquet.

gás [gajʃ] (*pl* **gases** ['gaziʃ]) *m* gas; ~ **butano** butane gas; ~ **lacrimogêneo** tear gas; **a** ~ (*aquecedor*) gas-fired; (*motor*) gas-driven.

❑ **gases** *mpl* (*intestinais*) gas *sg*.

gasolina [gazo'lina] *f* gas *Am*, petrol *Brit*; ~ **sem chumbo** unleaded gas.

gastar [gaʃ'ta(x)] *vt* to use; (*desperdiçar*) to waste; (*sola de sapato*) to wear down; ~ **tempo/dinheiro** (*usar*) to spend time/money; (*desperdiçar*) to waste time/money.

❑ **gastar-se** *vp* (*consumir-se*) to be used; (*desperdiçar-se*) to be wasted; (*desgastar-se*) to wear down.

gasto, ta ['gaʃtu, ta] *pp* → **gastar**. ◆ *adj* (*dinheiro*) spent; (*água, eletricidade*) used; (*usado*) worn. ◆ *m* expense.

gastrite [gaʃ'tritʃi] *f* gastritis.

gastrônomo, ma [gaʃ'tronomu, ma] *m, f* gourmet.

gatilho [ga'tʃiʎu] *m* trigger.

gato, ta ['gatu, ta] *m, f* cat; (*homem bonito, mulher bonita*) hunk.

gatuno, na [ga'tunu, na] *m, f* thief.

gaveta [ga'veta] *f* drawer.

gazeta [ga'zeta] *f* gazette.

geada ['ʒjada] *f* frost.

geladeira [ʒela'dejra] *f* refrigerator.

gelado, da [ʒe'ladu, da] *adj*
chilled.

gelar [ʒe'la(x)] *vt* & *vi* to chill.

gelatina [ʒela'tʃina] *f (de animal)* gelatine; *(de frutas)* Jello
Am, jelly *Brit.*

geléia [ʒe'lɛja] *f* jelly *Am,* jam
Brit.

gelo [ʒelu] *m* ice; **quebrar o**
~ *fig* to break the ice.

gema [ʒema] *f* yolk.

gêmeo, mea [ʒemju, mja] *adj*
twin. ◆ *m, f:* **os** ~ **s** the twins; **o**
meu irmão ~ my twin brother.
□ **Gêmeos** *m inv* Gemini *sg.*

gemer [ʒe'me(x)] *vi* to groan.

gemido [ʒe'midu] *m* groan.

gene [ʒeni] *m* gene.

general [ʒene'raw] *(pl* -**ais**
[-ajʃ]*) m* general.

generalizar [ʒenerali'za(x)] *vt*
to make widespread. ◆ *vi* to generalize.
□ **generalizar-se** *vp* to become
widespread.

gênero [ʒeneru] *m (tipo)* kind,
type; *(espécie)* genus; GRAM gender; *(em literatura, pintura)* genre;
o ~ **humano** the human race.
□ **gêneros** *mpl (mercadoria)*
goods; ~**s alimentícios** foodstuffs.

generosidade [ʒenerozi'dadʒi] *f* generosity.

generoso, osa [ʒene'rozu,
ɔza] *adj* generous.

genética [ʒe'nɛtʃika] *f* genetics
sg.

gengibre [ʒẽ'ʒibri] *m* ginger.

gengiva [ʒẽ'ʒiva] *f* gum.

genial [ʒe'njaw] *(pl* -**ais** [-ajʃ]*)*
adj excellent.

gênio [ʒenju] *m (pessoa)* genius; *(irascibilidade)* temper; **ter**
mau ~ to have a short temper.

genital [ʒeni'taw] *(pl* -**ais** [-ajʃ]*)*
adj genital.

genro [ʒẽxu] *m* son-in-law.

gente [ʒẽtʃi] *f (pessoas)* people *pl; (família)* family; ~ **boa**
nice person; ~ **grande** grown-ups *pl;* **oi,** ~ **!** hey, everybody!

gentil [ʒẽ'tʃiw] *(pl* -**is** [-iʃ]*) adj
(amável)* kind; *(bem-educado)* polite.

genuíno, na [ʒe'nwinu, na] *adj*
genuine.

geografia [ʒiogra'fia] *f* geography.

geologia [ʒiolo'ʒia] *f* geology.

geometria [ʒiome'tria] *f*
geometry.

geração [ʒera'sãw] *(pl* -**ões**
[-õjʃ]*) f* generation.

gerador [ʒera'do(x)] *(pl* -**res**
[-riʃ]*) m* generator.

geral [ʒe'raw] *(pl* -**ais** [-ajʃ]*) adj*
general. ◆ *f (em estádio)* bleachers *Am,* terraces *Brit;* **de um**
modo ~ generally speaking;
em ~ generally; **no** ~ in general.

geralmente [ʒeraw'mẽtʃi]
adv generally.

gerar [ʒe'ra(x)] *vt* to create.
□ **gerar-se** *vp* to form.

gerência [ʒe'rẽsja] *f* management.

gerente [ʒe'rẽtʃi] *mf* manager.

gerir [ʒe'ri(x)] vt to manage.

germe ['ʒɛxmi] m germ.

gesso ['ʒesu] m MED plaster cast.

gesto ['ʒɛʃtu] m gesture.

gigante [ʒi'gãntʃi] adj & m giant.

gim [ʒĩ] (pl -ns [-ʃ]) m gin.

ginásio [ʒi'nazju] m gym.

ginástica [ʒi'naʃtʃika] f gymnastics sg; **fazer** ~ to exercise.

ginecologista [ˌʒinɛkulu'ʒiʃta] mf gynecologist.

gins → gim.

girafa [ʒi'rafa] f giraffe.

girar [ʒi'ra(x)] vi & vt to turn.

girassol [ˌʒira'sɔw] (pl -óis [-ɔjʃ]) m sunflower.

gíria ['ʒirja] f (calão) slang.

giro ['ʒiru] m (passeio) stroll; **dar um** ~ to go for a stroll.

giz [ʒiʒ] m chalk.

glacial [gla'sjaw] (pl -ais [-ajʃ]) adj (frio) freezing; (área) glacial; fig (olhar, ambiente) frosty.

glândula ['glãndula] f gland.

glicerina [glise'rina] f glycerin.

global [glo'baw] (pl -ais [-ajʃ]) adj global.

globo ['globu] m globe.

glória ['glɔrja] f glory.

glossário [glo'sarju] m glossary.

glutão, tona [glu'tãw, tona] (mpl -ões [-õjʃ], fpl -s [-ʃ]) m, f glutton.

goela ['gwɛla] f gullet; **pela** ~ **abaixo** swallow sthg whole.

gol ['gow] (pl goles ['gɔliʃ]) m; **marcar um** ~ to score a goal.

gola ['gɔla] f collar; ~ **rulê** turtle neck Am, polo neck Brit.

gole ['gɔli] m (pequeno) sip; (grande) swig.

goleiro [go'leiru] m goalkeeper.

goles → gol.

golfe ['gowfi] m golf.

golfinho [gow'fiɲu] m dolphin.

golfo ['gowfu] m gulf.

golpe ['gɔwpi] m cut; (pancada, choque) blow; ~ **de Estado** coup (d'état); ~ **de mestre** masterstroke.

goma ['goma] f starch.

gomo ['gomu] m segment.

gordo, da ['gordu, da] adj (pessoa, animal) fat; (leite) whole; (alimento) fatty; (substância) oily.

gordura [gox'dura] f (substância) fat; **sem** ~ fat-free.

gorduroso, osa [goxdu'rozu, ɔza] adj greasy.

gorila [go'rila] m gorilla.

gorjeta [gox'ʒeta] f tip.

gorro ['goxu] m wooly hat.

gostar [goʃ'ta(x)]: **gostar de** v + prep to like; ~ **de fazer algo** to like doing sthg.

gosto ['goʃtu] m taste; **dá** ~ **ver** it's a joy to behold; **faço** ~ **em...** it gives me great pleasure to ...; **ter** ~ **de** (sabor) to taste like; **tomar** ~ **por algo** to take a liking to sthg; **bom/mau** ~ good/bad taste; ~ **não se discute** there's no accounting for taste.

gota ['gota] f (pingo) drop; MED gout; ~ **a** ~ drop by drop.

goteira [go'tejra] f (cano) gutter; (fenda) leak.

gotejar [gote'ʒa(x)] vi to drip.

governo [go'vexnu] m government; **para o seu ~** for your information.

gozar [go'za(x)] vt to enjoy. ♦ vi (brincar) to joke; **~ com** (troçar de) to make fun of; **~ de** (desfrutar de) to enjoy.

Grã-Bretanha [ˌgrãmbre-'taɲa] f: a ~ Great Britain.

graça ['grasa] f (gracejo) joke; (humor) humor; (elegância) grace; (atração) charm; **achar ~ em alguém/algo** to find sb/sthg amusing; **ter ~** to be funny; **~s a** thanks to; **de ~** free (of charge); **sem ~** (desconcertado) embarrassed.

gracejar [grase'ʒa(x)] vi to joke.

gracejo [gra'seʒu] m (piada) joke; (galanteio) flirtatious remark.

gracioso, osa [grasi'ozu, ɔza] adj graceful.

grade ['gradʒi] f (vedação) bars pl. ☐ **grades** fpl (cadeia) jail; **estar atrás das ~** to be behind bars.

graduação [gradwa'sãw] (pl **-ões** [-õjʃ]) f graduation; (de bebida) alcohol content.

graduado, da [gra'dwadu, da] adj graduated. ♦ m, f graduate.

gradual [gra'dwaw] (pl **-ais** [-ajʃ]) adj gradual.

graduar-se [gra'dwaxsi] vp to graduate.

grafia [gra'fia] f (maneira de escrever) handwriting; (ortografia) spelling.

gralha ['graʎa] f (ave) magpie; (erro tipográfico) typo.

grama¹ ['grama] m gram.

grama² ['grama] f (relva) grass.

gramado [gra'madu] m (terreno) lawn; (de campo de futebol) field.

gramática [gra'matʃika] f grammar.

grampeador [grãmpja'do(x)] (pl **-res** [-riʃ]) m stapler.

grampear [grãm'pja(x)] vt (folhas, papéis) to staple; (telefone) to tap.

grampo ['grãmpu] m (de cabelo) bobby pin Am, hairgrip Brit; (para grampeador) staple; (em ligação telefónica) tap.

grande ['grãdʒi] adj big; (em altura) tall; (em comprimento) long; (em importância) great; (em gravidade) serious.

granito [gra'nitu] m granite.

granizo [gra'nizu] m hailstones pl, hail.

grão ['grãw] m grain; (de café) bean.

grão-de-bico [ˌgrãwdʒi'biku] m chickpeas pl.

grasnar [graʒ'na(x)] vi (corvo) to caw; (pato) to quack; (ganso) to honk.

gratidão [gratʃi'dãw] f gratitude.

gratificação [gratʃifika'sãw] (pl **-ões** [-õjʃ]) f (gorjeta) tip; (remuneração) payment.

gratificar [gratʃifi'ka(x)] vt (dar gorjeta a) to tip; (recompensar) to reward.

gratinado, da [gratʃiˈnadu, da] *adj* au gratin.

gratinar [gratʃiˈna(x)] *vt*: pôr algo para ~ to cook sthg au gratin.

grátis [ˈgratʃiʃ] *adv* & *adj inv* free.

grato, ta [ˈgratu, ta] *adj* grateful.

grau [ˈgraw] *m* degree; ~s centígrados degrees centigrade.

gravação [gravaˈsãw] (*pl* -ões [-õjʃ]) *f* recording.

gravador [gravaˈdo(x)] (*pl* -res [-riʃ]) *m* tape recorder.

gravar [graˈva(x)] *vt* (*música, conversa*) to record; (*em metal, jóia*) to engrave.

gravata [graˈvata] *f* tie.

grave [ˈgravi] *adj* (*sério*) serious; (*voz*) deep; (*tom*) low; GRAM (*acento*) grave.

grávida [ˈgravida] *adj f* pregnant.

gravidade [graviˈdadʒi] *f* gravity.

gravidez [graviˈdeʒ] *f* pregnancy.

gravura [graˈvura] *f* (*imagem*) picture.

graxa [ˈgraʃa] *f* shoe polish.

Grécia [ˈgrεsja] *f*: a ~ Greece.

grelha [ˈgrɛʎa] *f* grill.

grelhado, da [greˈʎadu, da] *adj* grilled. ◆ *m* grilled dish; ~ misto mixed grill.

grelhar [greˈʎa(x)] *vt* to grill.

greve [ˈgrεvi] *f* strike; **fazer ~** to go on strike; **em ~** on strike; **~ de fome** hunger strike.

grilo [ˈgrilu] *m* cricket.

grinalda [griˈnawda] *f* (*em funeral*) wreath; (*para cabelo*) garland.

gripe [ˈgripi] *f* flu; **estar com ~** to have the flu.

grisalho, lha [griˈzaʎu, ʎa] *adj* gray.

gritar [griˈta(x)] *vi* & *vt* to shout; **~ com alguém** to shout at sb.

grito [ˈgritu] *m* shout; **no ~** by force.

groselha [groˈzeʎa] *f* redcurrant.

grosseiro, ra [groˈsejru, ra] *adj* crude; (*tecido*) coarse.

grosso, a [ˈgrosu, a] *adj* thick; (*mal educado*) rude; (*voz*) deep.

grua [ˈgrua] *f* crane.

grunhido [gruˈɲidu] *m* grunt.

grunhir [gruˈɲi(x)] *vi* to grunt.

grupo [ˈgrupu] *m* group; **em ~** as a group; **~ de risco** risk group; **~ sanguíneo** blood group type.

gruta [ˈgruta] *f* cave.

guaraná [gwaraˈna] *m* fizzy drink made from guarana seeds; **~ em pó** powdered guarana seeds.

(i) **GUARANÁ**

A seed which possesses both stimulating and therapeutic properties, "guaraná" was first discovered by the indigenous tribes of the Amazonian rain forests. It is now produced commercially in powder, tablet, liquid and gum form and exported all over the world. It may be taken as a food supplement to help combat a range of complaints, including fatigue, diarrhoea and neuralgic pain. It also serves as the base for a popular soft drink of the same name in Brazil.

guarda ['gwaxda] *mf (polícia)* policeman. ◆ *f (vigilância)* guard.

guarda-chuva [ˌgwaxda'ʃuva] *(pl* guarda-chuvas [ˌgwaxda'ʃuvaʃ]) *m* umbrella.

guarda-costas [ˌgwaxda'kɔʃtaʃ] *mf inv* bodyguard.

guardanapo [gwaxda'napu] *m* napkin; ~s de papel paper napkins.

guarda-noturno [ˌgwaxdano'tuxnu] *(pl* guardas-noturnos [ˌgwaxdaɲo'tuxnuʃ]) *m* nightwatchman.

guardar [gwax'da(x)] *vt (vigiar)* to look after; *(arrecadar)* to put away; *(reservar)* to keep.

guarda-roupa [ˌgwaxda'xopa] *(pl* guarda-roupas [ˌgwaxda'xopaʃ]) *m* closet.

guarda-sol [ˌgwaxda'sɔw] *(pl* guarda-sóis [ˌgwaxda'sɔjʃ]) *m* parasol.

guarnecido, da [gwaxne'sidu, da] *adj:* ~ com garnished with.

guarnição [gwaxni'sãw] *(pl* -ões [õjʃ]) *f* garnish.

gude ['gudʒi] *m* marbles *sg.*

guelra ['gɛwxa] *f* gill.

guerra ['gɛxa] *f* war; fazer ~ a to wage war against *ou* on; estar em pé de ~ to be at war.

guia ['gia] *mf (profissão)* guide. ◆ *m (livro, folheto)* guide; ~ turístico tourist guide.

guiar ['gia(x)] *vt* to guide; *(automóvel, ônibus)* to drive. ◆ *vi (dirigir)* to drive.

guichê [gi'ʃe] *m* counter.

guidom [gi'dõ] *(pl* -ns [-ʃ]) *m (de bicicleta)* handlebars *pl.*

guincho ['gĩʃu] *m (som)* squeal; *(máquina)* winch.

guindaste [gĩn'daʃtʃi] *m* crane.

guisado, da [gi'zadu, da] *adj* stewed. ◆ *m* stew.

guisar [gi'za(x)] *vt* to stew.

guitarra [gi'taxa] *f:* ~ (elétrica) (electric) guitar.

guitarrista [gita'xiʃta] *mf* guitarist.

guizo ['gizu] *m* bell.

gula ['gula] *f* gluttony.

guloseima [gulo'zejma] *f* candy *Am,* sweet *Brit.*

guloso, osa [gu'lozu, ɔza] *adj* greedy. ◆ *m* glutton; ser ~ to be greedy.

H

há [a] → **haver.**

hábil ['abiw] *(pl* -beis [-bejʃ]) *adj (capaz)* skillful; *(astuto)* clever.

habilidade [abili'dadʒi] *f (ca-*

pacidade) ability; *(argúcia)* cleverness; *(talento)* skill.

habilitação [abilitaˈsãw] *f* competence; *(carta)* driver's license *Am*, driving licence *Brit*. ❑ **habilitações** *fpl* qualifications.

habitação [abitaˈsãw] *(pl* -ões [-õjʃ]*) f* residence.

habitante [abiˈtãntʃi] *mf (de bairro)* resident; *(de país, região)* inhabitant.

habitar [abiˈta(x)] *vt* to live in. ◆ *vi* to live; ~ **em** to live in.

hábito [ˈabitu] *m* habit; **como é** ~ as usual; **ter o** ~ **de fazer algo** to have a habit of doing sthg; **por** ~ as a rule.

habitual [abiˈtwaw] *(pl* -ais [-ajʃ]*) adj (rotineiro)* regular; *(freqüente)* common.

habitualmente [abitwawˈmẽntʃi] *adv* usually.

habituar [abiˈtwa(x)] *vt:* ~ **alguém a algo/a fazer algo** to accustom sb to sthg/to doing sthg. ❑ **habituar-se** *vp:* ~**-se a** to get used to.

hálito [ˈalitu] *m* breath; **mau** ~ bad breath.

hall [ˈɔw] *m (de casa)* hall; *(de teatro, hotel)* foyer; ~ **(da entrada)** (entrance) hall.

hardware [axˈdwɛri] *m* hardware.

harmonia [axmoˈnia] *f* harmony.

harmônica [axˈmonika] *f* harmonica.

harpa [ˈaxpa] *f* harp.

haste [ˈaʃtʃi] *f (de bandeira)* pole; *(de árvore)* branch.

haver [aˈve(x)] *v impess* -1. *(existir, estar, ter lugar)*: **há** there is, there are *pl*; **havia** there was, there were *pl*; **não há nada aqui** there's nothing here. -2. *(exprime tempo)*: **estou esperando há dez minutos** I've been waiting for ten minutes; **há séculos que não vou lá** I haven't been there for ages. -3. *(exprime obrigação)*: **há que esperar três dias** you'll have to wait three days. -4. *(em locuções)*: **haja o que houver** come what may; **não há de quê!** don't mention it!
◆ *v aux (em tempos compostos)* to have; **ele havia chegado há pouco** he had just arrived; **como não havia comido estava com fome** I was hungry because I hadn't eaten. ❑ **haver de** *v + prep (dever)* to have; *(exprime intenção)*: **hei de ir** I'll go. ❑ **haver-se com** *vp + prep:* ~**-se com alguém** *(prestar contas a)* to answer to sb. ❑ **haveres** *mpl (pertences)* belongings; *(bens)* assets.

hectare [ɛkˈtari] *m* hectare.

hélice [ˈɛlisi] *f* propeller.

helicóptero [eliˈkɔpteru] *m* helicopter.

hematoma [emaˈtoma] *m* large bruise.

hemofílico, ca [emoˈfiliku, ka] *m, f* hemophiliac.

hemorragia [emoxa'ʒia] f hemorrhage; ~ **cerebral** brain hemorrhage; ~ **interna** internal bleeding; ~ **nasal** nosebleed.

hemorróidas [emo'xɔidaʃ] fpl piles, hemorrhoids.

hepatite [epa'tʃitʃi] f hepatitis.

hera ['ɛra] f ivy.

herança [e'rãsa] f inheritance.

herdar [ex'da(x)] vt to inherit.

herdeiro, ra [ex'dejru, ra] m, f heir.

hermético, ca [ex'mɛtʃiku, ka] adj airtight.

hérnia ['ɛxnja] f hernia.

herói [e'rɔi] m hero.

heroína [e'rwina] f (pessoa) heroine; (estupefaciente) heroin.

hesitação [ezita'sãw] (pl -ões [-õjʃ]) f hesitation.

hesitar [ezi'ta(x)] vi to hesitate.

heterossexual [eterosek-'swaw] (pl -ais [-ajʃ]) adj & mf heterosexual.

hibernar [ibex'na(x)] vi to hibernate.

híbrido, da ['ibridu, da] adj hybrid.

hidratante [idra'tãntʃi] adj moisturizing.

hidroavião [ˌidroa'vjãw] (pl -ões [-õjʃ]) m seaplane.

hierarquia [jerar'kia] f hierarchy.

hífen ['ifɛn] (pl -es [-iʃ]) m hyphen.

hi-fi [aj'faj] m hi-fi.

higiene [i'ʒjeni] f hygiene.

hilariante [ila'rjãntʃi] adj hilarious.

hino ['inu] m (de país) anthem; (de igreja) hymn.

hipermercado [ˌipexmex'ka-du] m superstore.

hipertensão [ˌipextẽ'sãw] f high blood pressure.

hípico, ca ['ipiku, ka] adj (centro) riding (antes de s); (concurso) show-jumping (antes de s).

hipismo [i'piʒmu] m (equitação) horseback riding; (competição) show jumping.

hipnotismo [ipnɔ'tʃiʒmu] m hypnotism.

hipocondríaco, ca [ˌipo-kõn'driaku, ka] f hypochondriac.

hipocrisia [ipokri'zia] f hypocrisy.

hipócrita [i'pɔkrita] mf hypocrite.

hipódromo [i'pɔdrumu] m racetrack.

hipopótamo [ipo'pɔtamu] m hippopotamus.

hipoteca [ipo'tɛka] f mortgage.

hipótese [i'pɔtezi] f (suposição) hypothesis; (possibilidade) chance; **em ~ alguma** on no account; **na melhor das ~s** at best; **na pior das ~s** at worst.

histeria [iʃte'ria] f hysteria.

histérico, ca [iʃ'tɛriku, ka] adj hysterical.

história [iʃ'tɔrja] f (de país, mundo, época) history; (narrativa) story; ~ **da Arte** history of art; ~ **da carochinha** fairy tale; ~ **em quadrinhos** comic strips.

hobby ['ɔbi] (*pl* **hobbies** ['ɔbiʃ]) *m* hobby.

hoje ['oʒi] *adv* today; **até ~** up until today; **~ em dia** nowadays; **queria o jornal de ~** I would like today's paper; **de ~ a oito/quinze dias** a week/two weeks from today; **de ~ em diante** from now on; **por ~ é só** that's all for today.

Holanda [o'lãda] *f*: **a ~** Holland.

holofote [olo'fɔtʃi] *m* floodlight.

homem ['ɔmẽ] (*pl* **-ns** [-ʃ]) *m* man; **~ de negócios** businessman.

homenagear [omena'ʒja(x)] *vt* to pay tribute to.

homens → homem.

homicida [omi'sida] *mf* murderer.

homicídio [omi'sidʒju] *m* murder; **~ involuntário** manslaughter.

homossexual [omosek'swaw] (*pl* **-ais** [-ajʃ]) *mf* homosexual.

honestidade [oneʃtʃi'dadʒi] *f* honesty.

honesto, ta [o'nɛʃtu, ta] *adj* honest.

honorário [ono'rarju] *adj* honorary.

❑ **honorários** *mpl* fees.

honra ['ɔxa] *f* honor; **ter a ~ de fazer algo** to have the honor of doing sthg; **em ~ de** in honor of.

honrado, da [õ'xadu, da] *adj* honest.

honrar [õ'xa(x)] *vt (dívida)* to honor.

❑ **honrar-se de** *vp + prep* to be proud of.

hóquei ['ɔkej] *m ESP* field hockey *Am*, hockey *Brit*; **~ sobre gelo** (ice) hockey.

hora ['ɔra] *f (período de tempo)* hour; *(momento determinado)* time; **que ~s são?** what time is it?; **são cinco ~s** it's five o'clock; **que ~ é ...?** what time is ...?; **é ~ de partir** it's time to leave; **está na ~ do almoço** it's time for lunch; **na ~ H** in the nick of time; **~ extra** overtime; **~s vagas** spare time *sg*; **de ~ em ~** every hour; **na ~** on time; **~s e ~s** for hours; **chegar em cima da ~** to arrive just in time; **à última ~** at the last minute.

horário [o'rarju] *m (de trem, ônibus, escola)* schedule; *(de estabelecimento)* opening hours *pl*; **~ de atendimento** opening hours *pl*; **~ nobre** prime time.

horizontal [orizõ'taw] (*pl* **-ais** [-ajʃ]) *adj* horizontal.

horizonte [ori'zõtʃi] *m* horizon.

horóscopo [o'rɔʃkopu] *m* horoscope, stars *pl*.

horripilante [oxipi'lãntʃi] *adj* horrifying.

horrível [o'xivew] (*pl* **-eis** [-ejʃ]) *adj* horrible.

horror [o'xo(x)] (*pl* **-res** [-riʃ]) *m* horror; **que ~!** how awful!; **ter ~ a algo** to have a horror of sthg; **dizer ~es de alguém**

to say horrible things about sb.

horta ['ɔxta] f vegetable garden.

hortelã [oxte'lã] f mint.

hortelã-pimenta [oxte,lã-pi'mẽnta] f peppermint.

hospedagem [oʃpe'daʒẽ] f lodging.

hospedar [oʃpe'da(x)] vt to put sb up.
□ **hospedar-se** vp: ~-se em to stay at.

hóspede ['ɔʃpedʒi] mf guest.

hospício [oʃ'pisju] m mental hospital.

hospital [oʃpi'taw] (pl -ais [-ajʃ]) m hospital.

hospitaleiro, ra [oʃpita'lejru, ra] adj hospitable.

hospitalidade [oʃpitali'dadʒi] f hospitality.

hostil [oʃ'tiw] (pl -is [-iʃ]) adj (gente, ar, comportamento) hostile; (vento, frio) biting.

hotel [o'tɛw] (pl -éis [-ɛiʃ]) m hotel.

houve ['ovi] → haver.

humanidade [umani'dadʒi] f humanity.

humanitário, ria [umani'tarju, rja] adj humanitarian.

humano, na [u'manu, na] human; (compassivo) humane. ◆ m human (being).

humildade [umiw'dadʒi] f humility.

humilde [u'miwdʒi] adj (pobre) poor; (modesto) humble.

humilhação [umiʎa'sãw] (pl -ões [-õjʃ]) f humiliation.

humilhante [umi'ʎãntʃi] adj humiliating.

humilhar [umi'ʎa(x)] vt to humiliate.
□ **humilhar-se** vp to humble o.s.

humor [u'mo(x)] m humor; **estar de bom/mau** ~ to be in a good/bad mood.

humorista [umo'riʃta] mf comedian.

I

ia ['ia] → ir.

iate ['jatʃi] m yacht.

ibérico, ca [i'bɛriku, ka] adj Iberian.

içar [i'sa(x)] vt to hoist.

ícone ['ikoni] m icon.

ida ['ida] f (partida) departure; (jornada) outward journey.

idade [i'dadʒi] f age; **de** ~ elderly; **de meia** ~ middle-aged; **oito anos de** ~ eight years of age.

ideal [i'dʒjaw] (pl -ais [-ajʃ]) adj & m ideal.

idealista [idʒja'liʃta] adj idealistic. ◆ mf idealist.

idéia [i'dʒeja] f idea; ~ **fixa** obsession; **que** ~! you've got to be kidding!; **fazer uma** ~ **errada de algo** to have the wrong impression about sthg; **mudar de** ~ to change one's mind; **não fazer** ~ to not have a clue; **ter uma** ~ to make a proposal.

idêntico, ca [i'dʒẽntʃiku, ka]
adj identical.

identidade [idʒẽntʃi'dadʒi] *f*
identity; *(carteira)* identity card.

identificação [idʒẽntʃifika'sãw] *f* identification.

identificar [idʒẽntʃifi'ka(x)] *vt*
to identify.

❏ **identificar-se** *vp* to identify
o.s.

ideologia [idʒjolo'ʒia] *f* ideology.

idílico, ca [i'dʒiliku, ka] *adj*
idyllic.

idioma [i'dʒjoma] *m* language.

idiota [i'dʒjɔta] *adj* idiotic. ◆ *mf*
idiot.

ídolo [i'dulu] *m* idol.

idôneo, nea [i'donju, nja] *adj*
reliable.

idoso, osa [i'dozu, ɔza] *adj* elderly. ◆ *m, f* old man; **os ~s** the
elderly.

ignição [igni'sãw] *f* ignition.

ignorado, da [igno'radu, da]
adj unknown.

ignorância [igno'rãsja] *f* ignorance.

ignorante [igno'rãntʃi] *adj* ignorant. ◆ *mf* ignoramus.

ignorar [igno'ra(x)] *vt*: ~ **algo**
not to know sthg; ~ **alguém** to
ignore sb.

igreja [i'greʒa] *f* church.

igual [i'gwaw] *(pl* **-ais** [-ajʃ]*) adj*
the same; *(parecido)* similar. ◆ *m*
(pessoa) equal; *(sinal)* equals
sign; **os dois são iguais** they
are (both) the same; **ser ~ a** to
be the same as; **12 e 12 ~ a 24** 12

and 12 equals **ou** is 24; **sem ~**
unrivaled.

igualar [igwa'la(x)] *vt* to make
equal.

❏ **igualar-se** *vp*: ~**-se a alguém**
to be sb's equal; ~**-se a algo** to
be comparable with sthg.

igualdade [igwaw'dadʒi] *f*
equality.

igualmente [igwaw'mẽntʃi]
adv equally. ◆ *interj* likewise!

ilegal [ile'gaw] *(pl* **-ais** [-ajʃ]*) adj*
illegal.

ilegalidade [ilegali'dadʒi] *f*
crime.

ilegítimo, ma [ile'ʒitʃimu,
ma] *adj (filho)* illegitimate; *(ato)*
illegal.

ilegível [ile'ʒivɛw] *(pl* **-eis**
[-ejʃ]*) adj* illegible.

ileso, sa [i'lezu, za] *adj* unharmed; **sair ~ (de um aciden-te)** to escape unhurt.

ilha ['iʎa] *f* island.

ℹ️ ILHA DE BANANAL

Ilha de Bananal (island of banana plantations), found in
the state of Tocantins, is
formed by two tributaries of
the River Araguaia. It is one
of the largest fluvial islands
in the world, comprising
twenty thousand square kilometers. It has diverse fauna,
such as the jaguar, the blue
heron, the Amazonian turtle
and the "uirapuru", a brightly
colored bird. The island has
two reserves, inhabited by

the Carajás and the Javaés indigenous groups, and the Araguaia National Park.

ILHA DE MARAJÓ

Brazil has some of the largest fluvial islands in the world. With an area of fifty thousand square kilometers, Marajó is the largest, formed by the accumulated sediment deposited by the Amazon upon emptying into the ocean. The island's economy is based on buffalo herding and "cerâmica marajoara", the locally produced pottery which has indigenous influence - its principal characteristic is the geometric design in red and black.

ilimitado, da [ilemi'tadu, da] adj unlimited.

ilógico, ca [i'lɔʒiku, ka] adj illogical.

iludir [ilu'di(x)] vt to deceive.
□ **iludir-se** vp to delude o.s.

iluminação [ilumina'sãw] f lighting.

iluminado, da [ilumi'nadu, da] adj illuminated, lit up.

iluminar [ilumi'na(x)] vt to illuminate, to light up.

ilusão [ilu'zãw] (pl -ões [-õjʃ]) f illusion; **não ter ilusões** to have no illusions; **perder as ilusões** to become disillusioned; **~ de ótica** optical illusion.

ilustração [iluʃtra'sãw] (pl

-ões [-õjʃ]) f illustration.

ilustrado, da [iluʃ'tradu, da] adj illustrated.

ilustrar [iluʃ'tra(x)] vt (exemplificar) to illustrate.

ilustre [i'luʃtri] adj illustrious.

ímã [ˈimã] m magnet.

imaculado, da [imaku'ladu, da] adj immaculate.

imagem [i'maʒẽ] (pl -ns [-ʃ]) f picture; (pessoal) image.

imaginação [imaʒina'sãw] f imagination.

imaginar [imaʒi'na(x)] vt (inventar) to think up; (supor) to imagine.
□ **imaginar-se** vp: **ele se imagina um Adónis** he thinks he's God's gift to women.

imaginativo, va [imaʒina'tʃivu, va] adj imaginative.

imaturo, ra [ima'turu, ra] adj immature.

imbatível [ĩmba'tʃivew] (pl -eis [-ejʃ]) adj unbeatable.

imediações [imedʒia'sõjʃ] fpl surrounding area sg; **nas ~ de** in the vicinity of.

imediatamente [ime,dʒiata'mẽntʃi] adv immediately.

imediato, ta [ime'dʒiatu, ta] adj immediate; **de ~** immediately.

imenso, sa [i'mẽsu, sa] adj huge; **um ~ amor** a great love.

imergir [imex'ʒi(x)] vt (mergulhar) to immerse.

imigração [imigra'sãw] f immigration.

imigrante [imi'grãntʃi] mf immigrant.

imigrar [imi'gra(x)] *vi* to immigrate.

imitação [imita'sãw] (*pl* -ões [-õjʃ]) *f* (*de produto*) imitation; (*de pessoa*) impersonation.

imitar [imi'ta(x)] *vt* (*produto*) to copy; (*comportamento*) to imitate; (*pessoa*) to impersonate.

imobiliária [imobi'ljarja] *f* real estate office *Am*, estate agent's *Brit*.

imobilizar [imobili'za(x)] *vt* to immobilize.

◻ **imobilizar-se** *vp* to come to a standstill.

imoral [imo'raw] (*pl* -ais [-ajʃ]) *adj* immoral.

imóvel [i'mɔvɛw] (*pl* -eis [-ejʃ]) *adj* motionless. ◆ *m* (*prédio*) building; (*valor imóvel*) property.

impaciência [ĩmpa'sjẽsja] *f* impatience.

impaciente [ĩmpa'sjẽntʃi] *adj* impatient.

impacto [ĩm'paktu] *m* impact.

ímpar [ˈĩmpa(x)] (*pl* -res [-riʃ]) *adj* (*número*) odd; (*objeto*) unique; (*ação*) unequalled.

imparcial [ĩmpax'sjaw] (*pl* -ais [-ajʃ]) *adj* impartial.

ímpares → **ímpar**.

impasse [ĩm'pasi] *m* impasse.

impecável [ĩmpe'kavew] (*pl* -eis [-ejʃ]) *adj* (*trabalho, roupa, limpeza*) impeccable; (*pessoa*) great.

impedido, da [ĩmpe'dʒidu, da] *adj* (*caminho, estrada*) blocked; (*em futebol*) offside.

impedimento [ĩmpedʒi'mẽntu] *m* obstacle; (*futebol*) offside.

impedir [ĩmpe'dʒi(x)] *vt* (*trânsito, circulação*) to block; **~ alguém de fazer algo** to prevent sb from doing sthg.

impenetrável [ĩmpene'travew] (*pl* -eis [-ejʃ]) *adj* impenetrable.

impensável [ĩmpẽ'savew] (*pl* -eis [-ejʃ]) *adj* unthinkable.

imperativo, va [ĩmpera'tʃivu, va] *adj* & *m* imperative.

imperdoável [ĩmpex'dwavew] (*pl* -eis [-ejʃ]) *adj* unforgivable.

imperfeito, ta [ĩmpex'fejtu, ta] *adj* faulty. ◆ *m* GRAM imperfect.

impermeável [ĩmpex'mjavew] (*pl* -eis [-ejʃ]) *m* wind breaker. ◆ *adj* waterproof.

impertinente [ĩmpextʃi'nẽntʃi] *adj* impertinent.

imperturbável [ĩmpextux'bavew] (*pl* -eis [-ejʃ]) *adj* serene.

impessoal [ĩmpe'swaw] (*pl* -ais [-ajʃ]) *adj* impersonal.

impetuoso, osa [ĩmpe'twozu, ɔza] *adj* impetuous.

implacável [ĩmpla'kavew] (*pl* -eis [-ejʃ]) *adj* ruthless; (*vento, chuva, frio*) relentless.

implantação [ĩmplãnta'sãw] *f* introduction.

implicar [ĩmpli'ka(x)] *vt* (*envolver*) to implicate; (*acarretar*) to involve.

◻ **implicar com** *v* + *prep* to insult.

implícito, ta [ĩm'plisitu, ta] *adj* implicit.

implorar [ĩmplo'ra(x)] *vt* to implore.

imponente [ĩmpo'nẽntʃi] adj (grandioso) imposing; (altivo) arrogant.

impopular [ĩmpopu'la(x)] (pl -res [-xiʃ]) adj unpopular.

impor [ĩm'po(x)] vt (respeito, silêncio) to command; (ordem) to impose; ~ algo a alguém to impose sthg on sb.
□ impor-se vp to command respect.

importação [ĩmpoxta'sãw] (pl -ões [-õjʃ]) f import.

importado, da [ĩmpox'tadu, da] adj imported.

importância [ĩmpox'tãsja] f (valor) importance; (quantia monetária) amount.

importante [ĩmpox'tãntʃi] adj important. ◆ m: o ~ é ... the important thing is ...

importar [ĩmpox'ta(x)] vt (mercadoria, produto, idéia) to import. ◆ vi (ter importância) to matter.
□ importar-se vp (fazer caso) to mind; você se importa de fechar a porta? would you mind closing the door?

imposição [ĩmpozi'sãw] (pl -ões [-õjʃ]) f condition.

impossível [ĩmpo'sivew] (pl -eis [-ejʃ]) adj & m impossible. ◆ m: querer o ~ to ask the impossible.

imposto [ĩm'poʃtu] m tax; ~ de renda income tax.

impostor, ra [ĩmpoʃ'to(x), ra] (mpl -res [-riʃ], fpl -s [-ʃ]) m, f impostor.

impotente [ĩmpo'tẽntʃi] adj impotent.

impraticável [ĩmpratʃi'kavew] (pl -eis [-ejʃ]) adj (estrada, caminho) impassable.

impreciso, sa [ĩmpre'sizu, za] adj vague.

imprensa [ĩm'prẽsa] f press.

impressão [ĩmpre'sãw] (pl -ões [-õjʃ]) f (sensação) impression; (de jornal, livro) printing; ter a ~ de que to get the impression (that); tenho a ~ que vai chover I think it's going to rain; ~ digital fingerprint; causar boa ~ to make a good impression.

impressionante [ĩmpresju'nãntʃi] adj (incrível) amazing; (comovente) moving.

impressionar [ĩmpresju'na(x)] vt (causar admiração a) to amaze; (comover) to move.

impresso, a [ĩm'presu, a] adj printed. ◆ m form.

impressões → impressão.

impressora [ĩmpre'sora] f printer; ~ matricial dot matrix printer; ~ a jato de tinta ink jet printer; ~ a laser laser printer.

imprevisível [ĩmprevi'zivew] (pl -eis [-ejʃ]) adj unpredictable.

imprevisto, ta [ĩmpre'viʃtu, ta] adj unexpected. ◆ m unexpected event.

imprimir [ĩmpri'mi(x)] vt to print.

impróprio, pria [ĩm'propriu, pria] adj: ~ para unsuitable for; ~ para consumo unfit for human consumption.

improvável [ĩmpro'vavew] (pl -eis [-ejʃ]) adj unlikely.

improvisar [ĩmprovi'za(x)] vt & vi to improvise.

improviso [ĩmpro'vizu] m improvisation; **de ~** impromptu; **fazer um discurso de ~** to make an impromptu speech.

imprudente [ĩmpru'dẽntʃi] adj rash.

impulsionar [ĩmpuwsju'na(x)] vt to push forward.

impulsivo, va [ĩmpuw'sivu, va] adj impulsive.

impulso [ĩm'puwsu] m (incitamento) impulse; (de ligação telefônica) unit.

impureza [ĩmpu'reza] f impurity.

impuro, ra [ĩm'puru, ra] adj impure.

imundície [ĩmũn'dʒisji] f (sujeira) dirt; (lixo) garbage.

imune [i'muni] adj (isento): **~ a** immune to.

inabitado, da [inabi'tadu, da] adj uninhabited.

inacabado, da [inaka'badu, da] adj unfinished.

inaceitável [inasej'tavew] (pl -eis [-ejʃ]) adj unacceptable.

inacessível [inase'sivew] (pl -eis [-ejʃ]) adj inaccessible.

inacreditável [inakredʒi'tavew] (pl -eis [-ejʃ]) adj unbelievable.

inadequado, da [inade'kwadu, da] adj inadequate.

inadiável [ina'djavew] (pl -eis [-ejʃ]) adj (encontro, reunião, problema) pressing.

inalador [inala'do(x)] (pl -res [-riʃ]) m inhaler.

inalcançável [inawkã'savew] (pl -eis [-ejʃ]) adj unattainable.

inanimado, da [inani'madu, da] adj inanimate.

inaptidão [inaptʃi'dãw] f unsuitability.

inapto, ta [i'naptu, ta] adj unsuited.

inarticulado, da [inaxtʃiku'ladu, da] adj inarticulate.

inatingível [inatʃĩ'ʒivew] (pl -eis [-ejʃ]) adj unattainable.

inatividade [inatʃivi'dadʒi] f inactivity.

inativo, va [ina'tʃivu, va] adj inactive; (pessoa) unemployed.

inato, ta ['inatu, ta] adj innate.

inauguração [inawgura'sãw] (pl -ões [-õjʃ]) f inauguration.

inaugurar [inawgu'ra(x)] vt to inaugurate.

incansável [ĩkã'savew] (pl -eis [-ejʃ]) adj tireless.

incapacidade [ĩkapasi'dadʒi] f inability.

incapaz [ĩka'paʃ] (pl -zes [-ziʃ]) adj incapable.

incendiar [ĩsẽn'dʒja(x)] vt to set fire to.
◯ **incendiar-se** vp to catch fire.

incêndio [ĩ'sẽndʒju] m fire.

incentivo [ĩsẽn'tʃivu] m incentive.

incerteza [ĩsex'teza] f doubt, uncertainty; **ficar na ~** to be left in doubt.

incerto, ta [ĩ'sɛxtu, ta] adj uncertain.

inchaço [ĩ'ʃasu] m swelling.

inchado, da [ĩ'ʃadu, da] adj

(entumecido) swollen; *fig (envaidecido)* puffed up with pride.

inchar [iˈʃa(x)] *vi* to swell.

incidente [ĩsiˈdẽtʃi] *m* incident.

incineração [ĩsineraˈsãw] *(pl -ões [-õjʃ]) f* incineration.

incisivo, va [ĩsiˈzivu, va] *adj fig (penetrante)* incisive. ◆ *m (dente)* incisor.

incitar [ĩsiˈta(x)] *vt* to incite.

inclinação [ĩŋklinaˈsãw] *(pl -ões [-õjʃ]) f* inclination.

inclinado, da [ĩŋkliˈnadu, da] *adj* slanting.

inclinar [ĩŋkliˈna(x)] *vt* to tilt.
◻ **inclinar-se** *vp* to lean.

incluir [ĩŋkluˈi(x)] *vt* to include; *(inserir)* to enclose.

inclusive [ĩŋkluˈzive] *adv* en-cluir; **de 11 a 20, ~** from 11 to 20 in-clusive.

incoerente [ĩŋkweˈrẽtʃi] *adj* incoherent.

incógnita [ĩŋˈkɔgnita] *f* enigma, mystery.

incolor [ĩŋkoˈlo(x)] *(pl -res [-riʃ]) adj* colorless.

incomodar [ĩŋkomoˈda(x)] *vt* to bother; **'favor não ~'** 'do not disturb'.
◻ **incomodar-se** *vp* to bother; **você se incomoda se eu fumar?** do you mind if I smoke?

incômodo, da [ĩŋˈkomodu, da] *adj* uncomfortable. ◆ *m* nuisance.

incomparável [ĩŋkõmpaˈravɛw] *(pl -eis [-ejʃ]) adj* incomparable.

incompatível [ĩŋkõmpaˈtʃivew] *(pl -eis [-ejʃ]) adj* incompatible.

incompetente [ĩŋkõmpeˈtẽtʃi] *adj & mf* incompetent.

incompleto, ta [ĩkõmˈpletu, -ta] *adj* unfinished.

incomunicável [ĩŋkomuniˈkavew] *(pl -eis [-ejʃ]) adj (isolado)* isolated.

inconcebível [ĩŋkõseˈbivew] *(pl -eis [-ejʃ]) adj* inconceivable.

incondicional [ĩŋkõdʒisjo-ˈnaw] *(pl -ais [-ajʃ]) adj* uncondi-tional.

inconfidência [ĩŋkõfiˈdẽsja] *f* disloyalty; *(traição)* treason.

inconfidente [ĩŋkõfiˈdẽtʃi] *adj* disloyal. ◆ *mf (traidor)* traitor.

inconformado, da [ĩŋkõ-fox'madu, da] *adj* unreconciled.

inconfundível [ĩŋkõfũn-ˈdʒivew] *(pl -eis [-ejʃ]) adj* unmis-takable.

inconsciência [ĩŋkõʃˈsjẽsja] *f* thoughtlessness.

inconsciente [ĩŋkõʃˈsjẽtʃi] *MED* unconscious; *(irresponsável)* thoughtless. ◆ *m* unconscious.

inconveniência [ĩŋkõveˈnjẽs-ja] *f* inconvenience.

inconveniente [ĩŋkõveˈnjẽt-ʃi] *adj (pessoa)* tactless; *(assunto)* awkward. ◆ *m (problema)* prob-lem; *(desvantagem)* disadvan-tage.

incorporar [ĩŋkoxpoˈra(x)] *vt* to incorporate.

incorreto, ta [ĩŋkoˈxetu, ta] *adj (errado)* incorrect; *(malcriado)* rude.

incorrigível [iŋkoxi'ʒivew] (*pl* **-eis** [-ejʃ]) *adj* incorrigible.

incrédulo, la [iŋ'krɛdulu, la] *adj* incredulous.

incrível [iŋ'krivew] (*pl* **-eis** [-ejʃ]) *adj* incredible.

incubadora [iŋkuba'dora] *f* incubator.

inculto, ta [iŋ'kuwtu, ta] *adj* (*pessoa*) uneducated; (*terreno*) uncultivated.

incurável [iŋku'ravew] (*pl* **-eis** [-ejʃ]) *adj* incurable.

indagar [inda'ga(x)] *vi* to inquire.

indecente [inde'sẽntʃi] *adj* indecent.

indeciso, sa [inde'sizu, za] *adj* (*futuro, situação*) uncertain; (*pessoa*) indecisive; **estar ~** to be undecided.

indecoroso, osa [indeku'rozo, oza] *adj* improper.

indefeso, sa [inde'fezu, za] *adj* defenseless.

indefinido, da [indefi'nidu, da] *adj* indefinite.

indelicado, da [indeli'kadu, da] *adj* offhand.

indenização [indeniza'sãw] (*pl* **-ões** [-õjʃ]) *f* compensation.

indenizar [indeni'zar] *vt* to compensate.

independência [indepẽn-'dẽsja] *f* independence.

independentemente [independẽntʃi'mẽntʃi]: **independentemente de** *prep* independently of.

indescritível [indeʃkri'tʃivew]

(*pl* **-eis** [-ejʃ]) *adj* indescribable.

indesejável [indeze'ʒavew] (*pl* **-eis** [-ejʃ]) *adj* undesirable.

indestrutível [indeʃtru'tʃivew] (*pl* **-eis** [-ejʃ]) *adj* indestructible; *fig* (*argumento*) watertight.

indeterminado, da [indetexmi'nadu, da] *adj* indeterminate.

indevido, da [inde'vidu, da] *adj* inappropriate.

Índia ['indʒja] *f*: **a ~** India.

indiano, na [in'dʒjanu, na] *adj* & *m, f* Indian.

indicação [indʒika'sãw] (*pl* **-ões** [-õjʃ]) *f* (*de caminho, direção*) directions *pl*; (*sinal*) mark; (*instrução*) indication.

indicador [indʒika'do(x)] (*pl* **-res** [-riʃ]) *m* (*dedo*) index finger; (*de temperatura, velocímetro*) indicator.

indicar [indʒi'ka(x)] *vt* to show; **tudo indica que ...** everything points to ...

indicativo, va [indʒika'tʃivu, va] *adj* indicative. ◆ *m* GRAM indicative.

índice ['indʒisi] *m* (*em livro*) index; (*nível*) rate; **~ de audiência** the ratings; **~ de inflação** inflation rate.

indício [in'dʒisju] *f* (*pista*) clue; (*sinal*) sign.

indiferença [indʒife'rẽsa] *f* indifference.

indiferente [indʒife'rẽntʃi] *adj* indifferent; **para mim é ~** I don't care.

indígena [in'dʒiʒena] *adj* & *mf*

(nativo) native; *(índio)* Indian.

indigestão [ĭndʒiʒeʃ'tãw] *f* indigestion.

indigesto, ta [ĭndʒi'ʒɛʃtu, ta] *adj* indigestible.

indignação [ĭndʒigna'sãw] *(pl -ões [-õjʃ])* *f* indignation.

indigno, gna [ĭn'dʒignu, gna] *adj (pessoa)* unworthy; *(situação)* degrading.

índio, dia ['ĭndʒiu, dʒja] *adj & m, f* Indian.

indireta [ĭndʒi'rɛta] *f fig (comentário)* dig.

indireto, ta [ĭndʒi'rɛtu, ta] *adj* indirect.

indisciplinado, da [ĭndʒiʃsipli'nadu, da] *adj* undisciplined.

indiscreto, ta [ĭndʒiʃ'krɛtu, ta] *adj* indiscreet.

indiscutível [ĭndʒiʃku'tʃivew] *(pl -eis [-ejʃ])* *adj* indisputable.

indispensável [ĭndʒiʃpẽ'savew] *(pl -eis [-ejʃ])* *adj* indispensable. ◆ *m:* o ~ the bare essentials *pl.*

indisposição [ĭndʒiʃpozi'sãw] *(pl -ões [-õjʃ])* *f* upset stomach.

indisposto, osta [ĭndʒiʃ'poʃtu, ɔʃta] *adj* unwell.

individual [ĭndʒivi'dwaw] *(pl -ais [-ajʃ])* *adj* individual; *(quarto, tarefa)* single; *(mesa)* for one.

indivíduo [ĭnde'vidwu] *m* individual; *(homem)* guy.

indolor [ĭndo'lo(x)] *(pl -res [-riʃ])* *adj* painless.

indulgência [ĭnduw'ʒẽsja] *f* leniency.

indulgente [ĭnduw'ʒẽtʃi] *adj* lenient.

indústria [ĭn'duʃtrja] *f* industry; '~ brasileira' made in Brazil.

induzir [ĭndu'zi(x)] *vt:* ~ alguém a fazer algo to persuade sb to do sthg; ~ alguém em erro to mislead sb.

inédito, ta [i'nɛdʒitu, ta] *adj (livro)* unpublished; *(original)* unique; *(acontecimento)* unprecedented.

ineficaz [inefi'kaʃ] *(pl -zes [-ziʃ])* *adj* ineffective.

inegável [ine'gavew] *(pl -eis [-ejʃ])* *adj* undeniable.

inércia [i'nɛxsja] *f* inertia.

inesgotável [ineʒgo'tavew] *(pl -eis [-ejʃ])* *adj* inexhaustible.

inesperado, da [ineʃpe'radu, da] *adj* unexpected.

inesquecível [ineʃke'sivew] *(pl -eis [-ejʃ])* *adj* unforgettable.

inestimável [ineʃtʃi'mavew] *(pl -eis [-ejʃ])* *adj* invaluable; **de valor** ~ priceless.

inevitável [inevi'tavew] *(pl -eis [-ejʃ])* *adj* inevitable.

inexequível [ineze'kwivew] *(pl -eis [-ejʃ])* *adj* impracticable.

inexperiência [ineʃpe'rjẽsja] *f* inexperience.

inexperiente [ineʃpe'rjẽtʃi] *adj* inexperienced; *fig (inocente)* innocent.

infalível [ĭfa'livew] *(pl -eis [-ejʃ])* *adj (método, sistema, plano)* infallible; *(inevitável)* certain.

infâmia [ĭ'famja] *f* slander.

infância [ĩ'fãsja] *f* childhood.

infantil [ĩfãn'tiw] (*pl* **-is** [-if])
adj (literatura, programa) children's *(antes de s)*; *pej (imaturo)*
childish.

infecção [ĩfε'sãw] (*pl* **-ões**
[-õjʃ]) *f* MED infection.

infeccioso, osa [ĩfε'sjozu,
ɔza] *adj* infectious.

infecções → **infecção**.

infectar [ĩfε'ta(x)] *vi* to get infected. ◆ *vt* to infect.

infelicidade [ĩfelisi'dadʒi] *f*
(tristeza) unhappiness; *(desgraça)*
misfortune; **mas que ~!** what a
shame!; **tive a ~ de ...** I had the
misfortune of ...

infeliz [ĩfe'liʒ] (*pl*-**zes** -ziʃ]) *adj*
(acontecimento, notícia) sad; *(comentário, resposta)* inappropriate. ◆ *mf* wretch; **ser ~** to be
unhappy.

infelizmente [ĩfeliʒ'mẽntʃi]
adv unfortunately.

inferior [ĩfe'rjo(x)] (*pl* **-res**
[-riʃ]) *adj* lower; *(em valor, qualidade)* inferior; **andar ~** downstairs.

inferno [ĩ'fεxnu] *m*: **o Inferno**
Hell; **isto é um ~!** what a nightmare!; **vá para o ~!** I go to hell!

infertilidade [ĩfextʃili'dadʒi] *f*
infertility.

infiel [ĩ'fjεw] (*pl* **-éis** [-εif]) *adj*
(marido, esposa) unfaithful; *(amigo)* disloyal.

infiltrar-se [ĩfiw'traxsi] *vp*
(água, chuva) to seep in.

infindável [ĩfĩ'davew] (*pl*
-eis [-ejʃ]) *adj* endless.

infinidade [ĩfini'dadʒi] *f* in-

finity; **uma ~ de** countless.

infinitivo [ĩfini'tʃivu] *m*: **o**
~ GRAM the infinitive.

infinito, ta [ĩfi'nitu, ta] *adj & m*
infinite.

inflação [ĩfla'sãw] *f* inflation.

inflamação [ĩflama'sãw] (*pl*
-ões [-õjʃ]) *f* inflammation.

inflamado, da [ĩfla'madu, da]
adj inflamed.

inflamar [ĩfla'ma(x)] *vt (incendiar)* to set on fire, to set alight;
fig (entusiasmar) to inflame.

inflamável [ĩfla'mavɛw] (*pl*
-eis [-ejʃ]) *adj* flammable *Am*, inflammable *Brit*.

inflexível [ĩflεk'sivew] (*pl* **-eis**
[-ejʃ]) *adj* inflexible; *fig (implacável, rigoroso)* unbending.

influência [ĩflu'ẽsja] *f* influence; **ter ~** to be influential.

influente [ĩflu'ẽntʃi] *adj* influential.

influir [ĩflu'i(x)]: **influir em** *v*
+ *prep* to influence.

informação [ĩfoxma'sãw] (*pl*
-ões [-õjʃ]) *f* information; *(notícia)* news *sg*.
❑ **informações** *fpl (serviço telefônico)* directory assistance *sg*
Am, directory enquiries *Brit*;
'informações' 'information'.

informal [ĩfox'maw] (*pl* **-ais**
[-ajʃ]) *adj* informal.

informalidade [ĩfoxmali'dadʒi] *f* informality.

informar [ĩfox'ma(x)] *vt* to inform; **~ alguém of sobre** to inform sb of sthg.
❑ **informar-se** *vp* to find out.

informática [ĩfox'matʃika] *f*

information technology, computing.

informativo, va [ĩʃoxma'tʃĩvu, va] adj informative.

informatizar [ĩfurmatiˈza(x)] vt to computerize.

infração [ĩfraˈsãw] (pl **-ões** [-õjʃ]) f (de lei) offense; (de norma, regra) breach.

infrações → infração.

infravermelho, lha [ĩfravexˈmeʎu, ʎa] adj infrared.

infundado, da [ĩfũnˈdadu, da] adj unfounded.

ingenuidade [ĩʒenwiˈdadʒi] f ingenuity.

ingênuo, nua [ĩˈʒenwu, nwa] adj naive. ◆ m, f naive person.

ingerir [ĩʒeˈri(x)] vt to ingest.

Inglaterra [ĩŋglaˈtɛxa] f: a ∼ England.

inglês, esa [ĩŋˈgleʃ, eza] (mpl **-eses** [-eziʃ], fpl **-s** [-ʃ]) adj & m English. ◆ m, f (pessoa) Englishman; **os ingleses** the English; **para ∼ ver** for show.

ingratidão [ĩŋgratʃiˈdãw] f ingratitude.

ingrato, ta [ĩŋˈgratu, ta] adj (pessoa) ungrateful; (trabalho) thankless.

ingrediente [ĩŋgreˈdʒjẽntʃi] m ingredient.

íngreme [ĩŋgremi] adj steep.

ingresso [ĩŋˈgresu] m (em curso, universidade, partido) enrolment; (bilhete de cinema, teatro, etc) ticket.

inhame [iˈɲami] m yam.

inibição [inibiˈsãw] (pl **-ões** [-õjʃ]) f inhibition.

inibido, da [iniˈbidu, da] adj inhibited.

inicial [iniˈsjaw] (pl **-ais** [-ajʃ]) adj & f initial.

iniciar [iniˈsja(x)] vt to start, to begin. ❏ **iniciar-se** vp to start.

iniciativa [inisjaˈtʃiva] f initiative; **ter ∼** to show initiative.

início [iˈnisju] m start, beginning; **no ∼** at first; **desde o ∼** from the beginning.

inimigo, ga [iniˈmigu, ga] adj enemy (antes de s). ◆ m, f enemy.

ininterruptamente [inĩnte,xuptaˈmẽntʃi] adv continuously.

injeção [ĩʒeˈsãw] (pl **-ões** [-õjʃ]) f injection; **∼ eletrônica** fuel injection.

injeções → injeção.

injetar [ĩʒeˈta(x)] vt to inject. ❏ **injetar-se** vp (drogar-se) to be on drugs.

injúria [ĩˈʒurja] f insult.

injuriar [ĩʒuˈrja(x)] vt to insult.

injustiça [ĩʒuʃˈtʃisa] f injustice.

injusto, ta [ĩˈʒuʃtu, ta] adj unfair.

inocência [inoˈsẽsja] f innocence.

inocentar [inosẽnˈta(x)] vt: **∼ alguém (de algo)** JUR to clear sb (of sthg).

inocente [inoˈsẽntʃi] adj innocent; **ser** ou **estar ∼** to be innocent.

inoculação [inokulaˈsãw] (pl **-ões** [-õjʃ]) f inoculation.

inofensivo, va [inofẽ'sivu, va] *adj* harmless.

inoportuno, na [inopox'tunu, na] *adj (pessoa)* tactless; *(comentário, momento)* inopportune.

inovação [inova'sãw] *(pl -ões* [-õjʃ]) *f* innovation.

inoxidável [inoksi'davew] *(pl -eis* [-ejʃ]) *adj (aço)* stainless; *(material)* rustproof.

inquérito [ĩŋ'keritu] *m (sondagem)* opinion poll, survey; *(de polícia, comissão)* investigation.

inquietação [ĩŋkjeta'sãw] *f (agitação)* restlessness; *(preocupação)* worry.

inquietante [ĩŋkje'tãntʃi] *adj* worrying, disturbing.

inquilino, na [ĩŋki'linu, na] *m, f* tenant.

insatisfatório, ria [ĩsatʃisfa'tɔrju, rja] *adj* unsatisfactory.

insatisfeito, ta [ĩsatʃiʃ'fejtu, ta] *adj* dissatisfied.

inscrever [ĩʃkre've(x)] *vt* to enroll; ~ **alguém em algo** to enroll sb in sthg.
❑ **inscrever-se** *vp:* ~-**se em algo** to enroll in sthg.

inscrição [ĩʃkri'sãw] *(pl -ões* [-õjʃ]) *f (em pedra)* inscription; *(em curso, cadeira)* enrollment.

insegurança [ĩsegu'rãsa] *f* insecurity.

inseguro, ra [ĩse'guru, ra] *adj (área, rua)* unsafe; *(pessoa)* insecure.

insensato, ta [ĩsẽ'satu, ta] *adj (decisão, comportamento)* foolish.

insensibilidade [ĩsẽsibili'dadʒi] *f* insensitivity.

insensível [ĩsẽ'sivew] *(pl -eis* [-ejʃ]) *adj* insensitive.

inseparável [ĩsepa'ravew] *(pl -eis* [-ejʃ]) *adj* inseparable.

inserir [ĩse'ri(x)] *vt (colocar)* to insert; *INFORM (dados)* to enter.
❑ **inserir-se em** *vp + prep (fazer parte de)* to be part of.

inseticida [ĩsetʃi'sida] *m* insecticide.

inseto [ĩ'setu] *m* insect.

insidioso, osa [ĩsi'dʒjozu, ɔza] *adj* insidious.

insígnia [ĩ'signja] *f* insignia.

insignificante [ĩsiɲifi'kãntʃi] *adj* insignificant.

insinuar [ĩsi'nwa(x)] *vt* to insinuate.

insípido, da [ĩ'sipidu, da] *adj* insipid.

insistência [ĩsiʃ'tẽsja] *f* insistence.

insistente [ĩsiʃ'tẽntʃi] *adj* insistent.

insistir [ĩsiʃ'tʃi(x)] *vi* to insist; **eu estou sempre insistindo com ela para ter cuidado** I'm always telling her to be careful; ~ **em fazer algo** to insist on doing sthg.

insolação [ĩsola'sãw] *(pl -ões* [-õjʃ]) *f* sunstroke.

insolente [ĩso'lẽntʃi] *adj* insolent. ◆ *mf* insolent person.

insólito, ta [ĩ'sɔlitu, ta] *adj* unusual.

insônia [ĩ'sonja] *f* insomnia.

insosso, a [ĩ'sosu, a] *adj* bland; *fig (pouco interessante)* insipid.

inspeção [ĩʃpeˈsaw] (*pl* -ões [- õjʃ]) *f* inspection.

inspecionar [ĩʃpesjoˈna(x)] *vt* to inspect.

inspeções →inspeção.

inspetor, ra [ĩʃpeˈto(x), ra] (*mpl* -res [-riʃ], *fpl* -s [-ʃ]) *m, f* inspector.

inspiração [ĩʃpiraˈsaw] (*pl* -ões [-õjʃ]) *f* inspiration.

inspirador, ra [ĩʃpiraˈdo(x), ra] (*mpl* -res [-riʃ], *fpl* -s [-ʃ]) *adj* inspiring.

inspirar [ĩʃpiˈra(x)] *vt* (*respirar*) to breathe in; *fig* (*sugerir*) to inspire.

instabilidade [ĩʃtabiliˈdadʒi] *f* instability.

instalação [ĩʃtalaˈsaw] (*pl* -ões [-õjʃ]) *f* installation; ~ elétrica wiring.
◻**instalações** *fpl* facilities.

instalar [ĩʃtaˈla(x)] *vt* to install.
◻**instalar-se** *vp* (*em casa, local*) to move in; (*em cadeira*) to make o.s. comfortable.

instantâneo, nea [ĩʃtãnˈtanju, nja] *adj* instantaneous. ◆ *m* snapshot.

instante [ĩʃˈtãntʃi] *m* moment; **um ~**! just a minute!; **dentro de ~s** shortly; **de um ~ para o outro** suddenly; **nesse ~** at that moment; **num ~** in a second; **faço isso num ~** it'll only take me a minute; **por ~s** for a moment; **a qualquer ~** at any moment; **a todo ~** all the time.

instintivo, va [ĩʃtʃĩnˈtʃivu, va] *adj* instinctive.

instinto [ĩʃˈtʃĩntu] *m* instinct; **por ~** instinctively.

instituição [ĩʃtʃitwiˈsaw] (*pl* -ões [-õjʃ]) *f* institution.

instituto [ĩʃtʃiˈtutu] *m* institute; ~ **de beleza** beauty parlor; ~ **de línguas** language school.

instrução [ĩʃtruˈsaw] (*pl* -ões [-õjʃ]) *f* (*indicação*) instruction; (*educação*) education.

instruir [ĩʃtruˈi(x)] *vt* to instruct.

instrumental [ĩʃtrumẽnˈtaw] (*pl* -ais [-ajʃ]) *adj* instrumental.

instrumento [ĩʃtruˈmẽntu] *m* (*ferramenta*) tool; (*musical*) instrument.

instrutivo, va [ĩʃtruˈtʃivu, va] *adj* instructive.

instrutor, ra [ĩʃtruˈto(x), ra] (*mpl* -res [-riʃ], *fpl* -s [-ʃ]) *m, f* (*professor*) instructor; (*de direção*) driving instructor.

insubordinação [ĩsuboxdʒinaˈsaw] (*pl* -ões [-õjʃ]) *f* (*mau comportamento*) disobedience; (*rebelião*) insubordination.

insubstituível [ĩsubʃtʃiˈtwivew] (*pl* -eis [-ejʃ]) *adj* irreplaceable.

insucesso [ĩsuˈsesu] *m* failure.

insuficiência [ĩsufiˈsjẽsja] *f* (*falta, carência*) lack; (*incapacidade*) failure; ~ **cardíaca** heart failure.

insuficiente [ĩsufiˈsjẽntʃi] *adj* insufficient. ◆ *m* EDUC (*nota*) 'fail'.

insuflável [ĩsuˈflavew] (*pl* -eis [-ejʃ]) *adj* inflatable.

insulina [ĩsuˈlina] f insulin.

insultar [ĩsuwˈta(x)] vt to insult.

insuperável [ĩsupeˈravew] (pl -eis [-ejʃ]) adj insurmountable.

insuportável [ĩsupoxˈtavew] (pl -eis [-ejʃ]) adj unbearable.

intato, ta [ĩˈtatu, ta] adj intact.

íntegra [ˈĩtegra] f: **na ~** in full.

integral [ĩteˈgraw] (pl -ais [-ajʃ]) adj whole.

integrar [ĩteˈgra(x)] vt to include.

□ **integrar-se** vp to become integrated.

integridade [ĩtegriˈdaʒi] f integrity.

íntegro, gra [ˈĩtegru, gra] adj honest.

inteiramente [ĩˌtejraˈmẽtʃi] adv entirely.

inteirar-se [ĩtejˈraxsi]: **inteirar-se de** vp + prep to find out about.

inteiro, ra [ĩˈtejru, ra] adj (todo) whole; (não partido) intact.

intelectual [ĩtelekˈtwaw] (pl -ais [-ajʃ]) adj & mf intellectual.

inteligência [ĩteliˈʒẽsja] f intelligence.

inteligente [ĩteliˈʒẽtʃi] adj intelligent.

intenção [ĩtẽˈsãw] (pl -ões [-õjʃ]) f intention; **ter ~ de fazer algo** to intend to do sthg; **sem ~** unintentionally; **com a melhor das intenções** with the best of intentions; **ter segundas intenções** to have an ulterior motive.

intensidade [ĩtẽsiˈdadʒi] f intensity.

intensivo, va [ĩtẽˈsivu, va] adj intensive.

intenso, sa [ĩˈtẽsu, sa] adj intense; (chuva) heavy; (trabalho) hard; (vento) high.

interativo, va [ĩteraˈtʃivu, va] adj interactive.

intercâmbio [ˌĩtexˈkãmbju] m exchange.

interceder [ĩtexseˈde(x)] vi: **~ por alguém** to intercede on behalf of sb.

interceptar [ĩtexsepˈta(x)] vt to intercept.

interdição [ĩtexdʒiˈsãw] (pl -ões [-õjʃ]) f (proibição) ban; (encerramento) closure.

interessado, da [ĩtereˈsadu, da] adj interested.

interessante [ĩtereˈsãtʃi] adj interesting.

interessar [ĩtereˈsa(x)] vi to be of interest; **a quem ~ possa** to whom it may concern.

□ **interessar-se por** vp + prep to be interested in; **só agora é que ele se interessou pelo caso** he's only recently taken an interest in the situation.

interesse [ĩteˈresi] m interest; (importância) significance; (proveito próprio) self-interest; **no ~ de** in the interest of; **por ~** out of self-interest; **sem ~** of no interest.

interferência [ĩtexfeˈrẽsja] f interference.

□ **interferências** fpl (em imagem, rádio) interference sg.

interferir [ĩntexfe'ri(x)]: **interferir em** v + prep to interfere in.

interfone [ˌĩntex'fɔni] m intercom.

interior [ĩnte'rjo(x)] (pl **-res** [-rif]) adj (quarto, porta) inner. ◆ m (de área, caixa) inside; (de casa, país) interior.

interjeição [ĩntexʒej'sãw] (pl **-ões** [-õjʃ]) f interjection.

interlocutor, ra [ĩntexloku'to(x), ra] (mpl **-res** [-rif], fpl **-s** [-ʃ]) m, f speaker.

intermediário, ria [ĩntexme'dʒarju, rja] m, f intermediary.

intermédio [ĩnter'mɛdju] m: **por ~ de** through.

interminável [ĩntexmi'navew] (pl **-eis** [-ejʃ]) adj endless.

intermitente [ĩntexmi'tẽntʃi] adj intermittent.

internacional [ĩntexnasju'naw] (pl **-ais** [-ajʃ]) adj international.

internar [ĩntex'na(x)] vt MED to admit.

internato [ĩntex'natu] m boarding school.

Internet [ĩntex'netʃi] f: **a ~ the** Internet.

interno, na [ĩn'texnu, na] adj internal; (colégio) boarding (antes de s).

interpretação [ĩntexpreta'sãw] (pl **-ões** [-õjʃ]) f (de texto, mensagem) interpretation; (de papel, canção) performance; (tradução) interpreting.

interpretar [ĩntexpre'ta(x)] vt (texto, mensagem) to interpret;

(papel) to play; (música) to perform.

intérprete [ĩn'txpretʃi] mf performer; (tradutor) interpreter.

interrogação [ĩntexoga'sãw] (pl **-ões** [-õjʃ]) f (pergunta) question; (interrogatório) interrogation.

interrogar [ĩntexo'ga(x)] vt (perguntar a) to question; (em tribunal) to cross-examine.

interrupção [ĩntexup'sãw] (pl **-ões** [-õjʃ]) f interruption; **sem ~** without interruption.

interruptor [ĩntexup'to(x)] (pl **-res** [-rif]) m switch.

interurbano, na [ĩntexux'banu, na] adj (telefonema) long-distance.

intervalo [ĩntex'valu] m (de programa, aula) break; (de espetáculo) interval.

intervenção [ĩntexvẽ'sãw] (pl **-ões** [-õjʃ]) f (ação) intervention; (discurso) speech; **~ cirúrgica** operation.

intervir [ĩntex'vi(x)] vi (participar) to participate; (interferir) to intervene; **~ em** (participar em) to participate in; (interferir em) to intervene in.

intestino [ĩteʃ'tʃinu] m intestine; **~ delgado/grosso** small/large intestine.

intimidade [ĩntʃimi'dadʒi] f (proximidade) intimacy; (privacidade) privacy.

intimidar [ĩntʃimi'da(x)] vt to intimidate. ❑ **intimidar-se** vp to be intimidated.

íntimo, ma ['ĩtʃimu, ma] *adj (pessoa)* close; *(sentimentos)* intimate; *(objetos)* personal. ◆ *m:* no ~ deep down; ser ~ de alguém to be close to sb.

intolerância [ĩtole'rãsja] *f* intolerance.

intolerante [ĩtole'rãtʃi] *adj (pessoa)* intolerant; *(lei, atitude)* rigid.

intoxicação [ĩtoksika'sãw] *(pl -ões* [-õjʃ]) *f* poisoning; ~ alimentar food poisoning.

intransigente [ĩtrãzi'ʒẽtʃi] *adj* intransigent.

intransitável [ĩtrãzi'tavew] *(pl -eis* [-ejʃ]) *adj* impassable.

intransponível [ĩtrãʃpo'nivew] *(pl -eis* [-ejʃ]) *adj (rio, obstáculo)* impassable; *(problema)* insurmountable.

intratável [ĩtra'tavew] *(pl -eis* [-ejʃ]) *adj (pessoa)* difficult.

intravenoso, osa [ĩtrave'nozu, ɔza] *adj* intravenous.

intriga [ĩ'triga] *f (de livro, história)* plot; *(bisbilhotice)* piece of gossip.

intrigante [ĩtri'gãtʃi] *adj (curioso)* intriguing; *(bisbilhoteiro)* gossipy.

introdução [ĩtrodu'sãw] *(pl -ões* [-õjʃ]) *f* introduction; *(inserção)* insertion.

introduzir [ĩtrodu'zi(x)] *vt (inserir)* to insert.

intrometer-se [ĩtrome'texsi] *vp* to interfere; ~ em to meddle in.

intrometido, da [ĩtrome'tʃidu, da] *adj* meddling.

intromissão [ĩtromi'sãw] *(pl -ões* [-õjʃ]) *f* interference, meddling.

introvertido, da [ĩtrovex'tʃidu, da] *adj* introverted.

intruso, sa [ĩ'truzu, za] *m, f* intruder.

intuição [ĩtwi'sãw] *(pl -ões* [-õjʃ]) *f* intuition; por ~ intuitively.

intuito [ĩ'twitu] *m* aim; com o ~ de fazer algo with the aim of doing sthg.

inúmeros, ras [i'numeruʃ, raʃ] *adj pl* countless.

inundação [inũda'sãw] *(pl -ões* [-õjʃ]) *f* flood.

inundar [inũ'da(x)] *vt* to flood.

inútil [i'nutʃiw] *(pl -teis* [-tejʃ]) *adj (desnecessário)* useless; *(vão)* pointless.

invadir [ĩva'di(x)] *vt* to invade.

invalidez [ĩvali'deʒ] *f* disability.

inválido, da [ĩ'validu, da] *adj (pessoa)* disabled. ◆ *m, f* disabled person.

invariável [ĩvarj'avew] *(pl -eis* [-ejʃ]) *adj* invariable.

invasão [ĩva'zãw] *(pl -ões* [-õjʃ]) *f* invasion.

inveja [ĩ'veʒa] *f* envy; ter ~ de alguém to envy sb.

invejar [ĩve'ʒa(x)] *vt* to envy.

invejoso, osa [ĩve'ʒozu, ɔza] *adj* envious.

invenção [ĩvẽ'sãw] *(pl -ões* [-õjʃ]) *f* invention.

inventar [ĩvẽ'ta(x)] *vt (criar)*

to invent; *fig (mentir)* to make up.

inventário [ĩvẽn'tarju] *m* inventory.

inventor, ra [ĩvẽn'to(x), ra] *(mpl* **-res** [-riʃ]*, fpl* **-s** [-ʃ]*) m, f* inventor.

inverno [ĩ'vɛxnu] *m* winter; **no ~** in the winter.

inverossímil [ĩvero'simiw] *(pl* **-meis** [-mejʃ]*) adj* unlikely, improbable.

inversão [ĩvex'sãw] *(pl* **-ões** [-õjʃ]*) f* inversion.

inverso, sa [ĩ'vɛxsu, sa] *adj* opposite. ◆ *m:* **o ~** the opposite.

inversões → **inversão**.

inverter [ĩvex'te(x)] *vt (ordem, posição)* to invert; *(sentido, marcha)* to reverse.

invés [ĩ'vɛʃ] *m:* **ao ~ de** instead of.

investida [ĩveʃ'tʃida] *f (ataque)* attack; *(tentativa)* attempt.

investigação [ĩveʃtʃiga'sãw] *(pl* **-ões** [-õjʃ]*) f (policial)* investigation; *(científica)* research.

investigar [ĩveʃtʃi'ga(x)] *vt (acontecimento, crime)* to investigate; *(cientificamente)* to research.

investimento [ĩveʃtʃi'mẽntu] *m* investment.

investir [ĩveʃ'tʃi(x)] *vt* to invest. ◆ *vi:* **~ (em algo)** to invest (in sthg).

invisível [ĩvi'zivɛw] *(pl* **-eis** [-ejʃ]*) adj* invisible.

invólucro [ĩ'vɔlukru] *m* wrapping.

involuntário, ria [ĩvolũn'tarju, rja] *adj* involuntary.

iodo ['jodu] *m* iodine.

ioga ['jɔga] *m ou f* yoga.

iogurte [ju'guxtʃi] *m* yoghurt.

ir [i(x)] *vi* **-1.** *(deslocar-se)* to go; **fomos de ônibus** we went by bus; **iremos a pé** we'll go on foot, we'll walk; **vamos?** shall we go?

-2. *(assistir, freqüentar)* to go; **ele nunca vai às reuniões** he never goes to the meetings; **você não vai à aula?** aren't you going to your class?

-3. *(estender-se)* to go; **o caminho vai até ao lago** the path goes to the lake.

-4. *(desenrolar-se)* to go; **isto não vai nada bem** this isn't going at all well; **como vai você?** how are you?; **como vão as coisas?** how are things?; **os negócios vão mal** business is bad.

-5. *(exprime duração gradual):* **~ fazendo algo** to continue doing sthg; **vá tentando!** keep trying!

-6. *(seguido de infinitivo):* **vou falar com ele** I'll speak to him; **não vou fazer nada** I'm not going to do anything.

-7. *(seguido de gerúndio):* **ia caindo** I almost fell.

-8. *(em locuções):* **~ dar em** *(desembocar)* to lead to; **~ ter com** *(encontrar)* to meet.

❏ **ir de** *v + prep (ir disfarçado)* to go as; *(escolher):* **eu vou de filé com fritas, e você?** I'll have the steak and fries, what about you?

❏ **ir por** v + prep (auto-estrada, escadas) to take; ~ **pela esquerda/direita** to go left/right; ~ **pelo jardim** to go through the garden.

❏ **ir-se** vp (partir) to go; **ele já se foi** he already left; ~**-se embora** to leave.

irascível [iraʃ'sivew] (pl **-eis** [-ejʃ]) adj irascible.

íris ['iriʃ] f inv iris.

Irlanda [ix'lãnda] f: **a** ~ Ireland, Eire; **a** ~ **do Norte** Northern Ireland.

irmã [ix'mã] f (freira) nun → **irmão**.

irmão, mã [ix'mãw, mã] m, f brother.

ironia [iro'nia] f irony.

irracional [ixasjo'naw] (pl **-ais** [-ajʃ]) adj irrational.

irradiar [ixa'dʒja(x)] vt (luz) to radiate.

irreal [i'xjew] (pl **-ais** [-ajʃ]) adj unreal.

irreconhecível [ixekoɲe-'sivew] (pl **-eis** [-ejʃ]) adj unrecognizable.

irrecuperável [ixekupe'ravew] (pl **-eis** [-ejʃ]) adj (perdido) irretrievable; (estragado) irreparable; (doente, viciado) incurable.

irregular [ixegu'la(x)] (pl **-res** [-rjʃ]) adj irregular; (superfície) uneven.

irremediável [ixeme'dʒjavew] (pl **-eis** [-ejʃ]) adj irremediable.

irreprimível [ixepri'mivew] (pl **-eis** [-ejʃ]) adj irrepressible.

irrequieto, ta [ixe'kjetu, ta] adj (criança) boisterous.

irresistível [ixeziʃ'tʃivew] (pl **-eis** [-ejʃ]) adj irresistible; (apetite, vontade) overwhelming.

irresponsável [ixeʃpõ'savew] (pl **-eis** [-ejʃ]) adj irresponsible.

irrigação [ixiga'sãw] (pl **-ões** [-õjʃ]) f irrigation.

irrisório, ria [ixi'zɔrju, rja] adj derisory.

irritação [ixita'sãw] (pl **-ões** [-õjʃ]) f irritation.

irritante [ixi'tãntʃi] adj irritating.

irritar [ixi'ta(x)] vt to irritate.

❏ **irritar-se** vp to get irritated.

isca ['iʃka] f (para pesca) bait.

isento, ta [i'zẽntu, ta] adj exempt; ~ **de** exempt from.

isolado, da [izo'ladu, da] adj (lugar) remote; (pessoa, objeto) isolated.

isolamento [izola'mẽntu] m (solidão) isolation; (de janela, cabo) insulation.

isolar [izo'la(x)] vt (pessoa) to isolate; (janela, cabo) to insulate.

isopor® [izo'po(x)] m Styrofoam®.

isqueiro [iʃ'kejru] m (de cigarro) lighter.

isso ['isu] pron that. ◆ interj that's it!; **é** ~ **aí!** that's right!; **foi por** ~ **que ele não veio** that's why he didn't come; **é por** ~ **mesmo que eu não vou!** that is exactly why I'm not going!; ~ **não!** no way!; **não mexa nisso!** leave that alone!

nem por ~ not really; **para ~** (in order) to do that.

istmo [ˈiʃtʃimu] *m* isthmus.

isto [ˈiʃtu] *pron* this; **disto eu não quero** I don't want any of this; **escreva nisto** write on this; **~ é (quer dizer)** that is (to say); **~ é que é vida!** this is the life!

Itália [iˈtalja] *f*: **a ~** Italy.

itálico [iˈtaliku] *m* italic type, italics *pl*; **em ~** in italics.

itinerário [itʃineˈrarju] *m* itinerary.

J

já [ˈʒa] *adv (agora)* now; *(de seguida)* right away, at once; **até ~!** see you soon!; **é para ~!** coming up!; **~ acabei** I've already finished; **você ~ esteve em Salvador?** have you ever been to Salvador?; **você ~ foi a Salvador?** have you been to Salvador yet?; **~ não sei o que fazer** I don't know what else I can do; **desde ~** in advance; **~ era** it's no good anymore; **~ que** since.

jacarandá [ʒakarãˈda] *m* jacaranda.

jacaré [ʒakaˈrɛ] *m* alligator.

jade [ˈʒadʒi] *m* jade.

jaguar [ʒaˈgwa(x)] (*pl* **-res** [-riʃ]) *m* jaguar.

jamais [ʒaˈmajʃ] *adv* never; **nenhum livro ~ o interessou** no book has ever interested him.

janeiro [ʒaˈnejru] *m* January → **setembro**.

janela [ʒaˈnɛla] *f* window.

jangada [ʒãŋˈgada] *f* raft.

jantar [ʒãnˈta(x)] (*pl* **-res** [-riʃ]) *m* dinner. ◆ *vi* to have dinner. ◆ *vt* to have for dinner.

Japão [ʒaˈpãw] *m*: **o ~** Japan.

jaqueta [ʒaˈketa] *f* jacket.

jardim [ʒaxˈdʒĩ] (*pl* **-ns** [-ʃ]) *m (de casa)* yard; *(público)* park; **~ botânico** botanical gardens *pl*; **~-de-infância** kindergarten; **~-de-inverno** conservatory; **~ zoológico** zoo.

jardineiras [ʒaxdʒiˈnejraʃ] *fpl (calças)* overalls *Am*, dungarees *Brit*.

jardineiro, ra [ʒaxdʒiˈnejru, ra] *m, f* gardener.

jardins → **jardim**.

jarra [ˈʒaxa] *f (para flores)* vase; *(para vinho)* carafe.

jarro [ˈʒaxu] *m (para bebida)* jug.

jasmim [ʒaʒˈmĩ] (*pl* **-ns** [-ʃ]) *m* jasmine.

jato [ˈʒatu] *m* jet.

jaula [ˈʒawla] *f* cage.

javali [ʒavaˈli] *m* wild boar.

jazer [ʒaˈze(x)] *vi* to lie.

jazigo [ʒaˈzigu] *m* tomb.

jeans [ˈdʒinʃ] *m inv* jeans *pl*.

jeito [ˈʒejtu] *m (modo)* way; *(comportamento)* manner; **não tem ~!** it's hopeless!; **com ~** carefully; **dar um ~ em algo** *(tornozelo, pulso)* to sprain sthg; *(reparar)* to fix sthg; *(resolver)* to arrive at a solution; **ficar sem ~** to feel embarrassed; **ter falta**

de ~ **para algo** to be bad at
sthg; **ter** ~ **para algo** to be
good at sthg; **tomar** ~ to learn
one's lesson; **de** ~ **nenhum!** no
way!

jejum [ʒe'ʒũ] (pl **-ns** [-ʃ]) m fast;
em ~ on an empty stomach.

jesuíta [ʒe'zwita] m RELIG Jesuit.

jet ski [dʒet'ski] m jet-skiing.

jibóia [ʒi'bɔja] f boa constrictor.

joalheria [ʒwaʎe'ria] f (loja)
jewelry store; (jóias) jewelry.

joanete [ʒwa'netʃi] m bunion.

joaninha [ʒwa'niɲa] f ladybug
Am, ladybird Brit.

joelheira [ʒwe'ʎejra] f knee
pad.

joelho [ʒwe'ʎu] m knee; **de** ~**s**
on one's knees.

jogada [ʒo'gada] f (lance de jogo)
turn; (em xadrez) move; (em futebol, basquete) shot.

jogar [ʒo'ga(x)] vi to play; (em
jogo de azar) to gamble. ◆ vt to
play; (apostar) to bet; (atirar) to
throw; ~ **bola** to play ball; ~
cartas to play cards; ~ **fora**
to throw away ou out.

❑ **jogar-se** vp + prep (pessoa)
to lunge at; **ele jogou-se no
chão** he threw himself to the
floor.

jogo ['ʒogu] (pl **jogos** ['ʒoguʃ])
m (de tênis) match; (de futebol, xadrez) game; (conjunto) set; (jogos
de azar) gambling; ~ **de vídeo**
video games; **os Jogos Olímpicos** the Olympics.

jóia ['ʒɔja] f (brincos, anel) jewel; (pagamento) membership fee.

jóquei ['ʒɔkej] m jockey.

jornada [ʒox'nada] f (caminhada) journey; ~ **de trabalho**
work day.

jornal [ʒox'naw] (pl **-ais** [-ajʃ])
m newspaper; TV the news.

jornaleiro, ra [ʒoxna'lejru, ra]
m, f newsdealer. ◆ m newsstand.

jornalista [ʒoxna'liʃta] mf journalist.

jorrar [ʒo'xa(x)] vi to gush.

jovem ['ʒovẽ] (pl **-ns** [-ʃ]) adj
young. ◆ mf young man.

juba ['ʒuba] f mane.

judaico, ca [ʒu'dajku, ka] adj
Jewish.

judeu, dia [ʒu'dew, dʒia] m, f
Jew.

judicial [ʒudʒi'sjaw] (pl **-ais**
[-ajʃ]) adj legal; **o poder** ~ the
judiciary.

judô [ʒu'do] m judo.

juiz, juíza ['ʒwiʃ, 'ʒwiza] (mpl
-zes [-ziʃ], fpl **-s** [-ʃ]) m, f judge.

juízo ['ʒwizu] m (parecer) opinion. ◆ interj behave yourself!;
perder o ~ to lose one's mind;
ter ~ to be sensible.

julgamento [ʒuwga'mẽntu] m
(ato) judgement; (audiência)
trial.

julgar [ʒuw'ga(x)] vt JUR to
judge; (achar, opinar) to think.
◆ vi JUR to pass sentence.

❑ **julgar-se** vp: **ele se julga o
maior** he thinks he's the best.

julho ['ʒuʎu] m July → setembro.

jumento [ʒu'mẽntu] m donkey.

junho ['ʒuɲu] m June → **setembro.**

júnior ['ʒunjɔ(x)] (pl **juniores** [ʒu'njɔriʃ]) adj youngest. ◆ mf ESP junior.

junta ['ʒũnta] f joint; POL junta; ~ **médica** medical team.

juntamente [.ʒũnta'mẽntʃi]: **juntamente com** prep together with.

juntar [ʒũn'ta(x)] vt (reunir) to gather together; (dinheiro) to save; (adicionar) to add.

□ **juntar-se** vp (reunir-se) to come together; (encontrar-se) to meet; (amigar-se) to move in together.

junto, ta ['ʒũntu, ta] pp → **juntar.** ◆ adj together. ◆ adv: ~ **de** ou **a** by; ~ **com** along with.

juramento [ʒura'mẽntu] m oath.

jurar [ʒu'ra(x)] vt & vi to swear.

júri ['ʒuri] m jury.

jurídico, ca [ʒu'ridʒiku, ka] adj legal.

juros ['ʒuruʃ] mpl interest sg.

justiça [ʒuʃ'tʃisa] f justice; (organismo) judiciary.

justificação [ʒuʃtʃifika'sãw] (pl -ões [-õjʃ]) f (razão) justification; (escrita) statement.

justificar [ʒuʃtʃifi'ka(x)] vt to justify.

□ **justificar-se** vp to justify o.s.

justificativa [ʒuʃtʃifika'tiva] f justification.

justo, ta ['ʒuʃtu, ta] adj (exato) precise; (imparcial) fair; (cingido) fitted.

juvenil [ʒuve'niw] (pl -**is** [-iʃ]) adj (moda, centro, literatura) for teenagers; (delinqüente, comportamento) juvenile.

juventude [ʒuvẽn'tudʒi] f (época) youth; (jovens) young people pl.

K

karaokê [karao'ke] m karaoke.

kart ['kaxtʃi] m go-kart.

kit ['kitʃi] m kit.

kiwi ['kiwi] m kiwi fruit.

km/h (abrev de quilômetro por hora) kph.

L

lá [la] adv there; **quero ~ saber!** what do I care!; **sei ~!** how should I know!; **para ~ de** beyond.

lã [lã] f wool.

-la [la] pron (pessoa) her; (coisa) it; (você) you.

labareda [laba'reda] f flame.

lábio ['labju] m lip.

labirinto [labi'rĩntu] m labyrinth.

laboratório [labora'tɔrju] m laboratory.

laço ['lasu] m bow; (de parentesco, amizade) bond.

lacrar [la'kra(x)] vt to seal (with sealing wax).

lácteo, tea ['laktju, tja] *adj (produto)* dairy *(antes de s)*.

lacuna [la'kuna] *f (espaço vazio)* gap; *(omissão)* omission.

ladeira [la'dejra] *f* slope.

lado ['ladu] *m* side; *(lugar)* place; **gosto de me deitar de ~** I like to sleep on my side; **deixar** OU **pôr de ~** to set aside; **o ~ fraco** weak point; **o vizinho do ~** the next-door neighbor; **ao ~ de** next to, beside; **a ~** side by side; **de ~ a ~** from one end to the other; **de um ~ para o outro** back and forth; **por todo o** OU **por todos os ~s** all over the place; **por um ~** ... **por outro ~** ... on the one hand ... on the other hand ...

ladrão, ladra [la'drãw, 'ladra] *(mpl* **-ões** [-õjʃ], *fpl* **-s** [-ʃ]) *m, f* thief.

ladrilho [la'driʎu] *m* tile.

ladrões → **ladrão.**

lagarta [la'gaxta] *f (bicho)* caterpillar.

lagartixa [lagax'tʃiʃa] *f* gecko.

lagarto [la'gaxtu] *m* lizard.

lago ['lagu] *m (natural)* lake; *(de jardim)* pond.

lagoa [la'goa] *f* lake.

lagosta [la'goʃta] *f* lobster.

lagostim [laguʃ'tʃĩ] *(pl* **-ns** [-ʃ]) *m* langoustine.

lágrima ['lagrima] *f* tear.

laje ['laʒi] *f (de pavimento)* flagstone; *(de construção)* slab.

lama ['lama] *f* mud.

lamacento, ta [lama'sẽtu, ta] *adj* muddy.

lamber [lãm'be(x)] *vt* to lick; **~ os beiços** to lick one's lips.

□ **lamber-se** *vp (cão)* to lick o.s.; *(gato)* to wash o.s.

lamentar [lamẽ'ta(x)] *vt* to lament.

□ **lamentar-se** *vp* to moan.

lamentável [lamẽ'tavew] *(pl* **-eis** [-ejʃ]) *adj* regrettable.

lâmina ['lamina] *f* blade; **~ de barbear** razor blade.

lâmpada ['lãmpada] *f (light)* bulb.

lança ['lãsa] *f* lance, spear.

lançar [lã'sa(x)] *vt (lança, bola, dardo)* to throw; *(novo filme, disco)* to release; *(campanha, livro, produto)* to launch; **~ mão de algo** to take advantage of sthg.

□ **lançar-se** *vp*: **~-se a** to launch o.s. at; **~-se sobre** to throw o.s. on.

lance ['lãsi] *m (em licitação)* bid; *ESP (jogada)* shot; *(fato)* fact; **~ de escada** flight of stairs.

lancha ['lãʃa] *f* launch.

lanchar [lã'ʃa(x)] *vi* to have a snack.

lanche ['lãʃi] *m* snack.

lanchonete [lãʃo'netʃi] *f* snack bar.

lânguido, da ['lãŋgidu, da] *adj* languid.

lantejoula [lãnte'ʒola] *f* sequin.

lanterna [lãn'texna] *f* lantern; **~ de bolso** flashlight *Am*, torch *Brit*.

lapela [la'pɛla] *f* lapel.

lápide ['lapidʒi] *f (em monumento, estátua)* memorial stone.

(em túmulo) tombstone.

lápis [ˈlapiʃ] *m inv* pencil; ~ **de cor** colored pencil; ~ **de cera** crayon; ~ **para os olhos** eyeliner.

lapso [ˈlapsu] *m (de tempo)* period; *(esquecimento)* slip; **por** ~ by mistake.

laquê [laˈke] *m* hairspray.

lar [ˈla(x)] *(pl* -**res** [-riʃ]*) m* home.

laranja [laˈrãʒa] *f* orange.

lareira [laˈrejra] *f* fireplace.

lares → **lar**.

largada [laxˈgada] *f* start.

largar [laxˈga(x)] *vt (soltar)* to let go; *(libertar)* to set free; *(deixar cair)* to drop; *(velas)* to unfurl; *(abandonar)* to leave.

largo, ga [ˈlaxgu, ga] *adj (caminho, estrada, cama)* wide; *(roupa)* loose. ◆ *m (praça)* square; **ao** ~ at a distance.

largura [laxˈgura] *f* width; **tem três metros de** ~ it's three meters wide.

larva [ˈlaxva] *f* larva.

-las [laʃ] *pron (a elas)* them; *(vocês)* you.

lasanha [laˈzaɲa] *f* lasagne.

lasca [ˈlaʃka] *f (de madeira)* splinter; *(de pedra)* chip.

laser [ˈlejze(x)] *(pl* -**res** [-riʃ]*) m* laser.

lástima [ˈlaʃtʃima] *f (pena)* shame; *(miséria)* misery.

lastimável [laʃtʃiˈmavew] *(pl* -**eis** [-ejʃ]*) adj (acontecimento)* regrettable; *(erro)* unfortunate; *(situação, estado)* deplorable.

lata [ˈlata] *f* tin; *(de bebida)* can; ~ **(de conserva)** can *Am*, tin *Brit*; ~ **de lixo** trashcan *Am*, litter bin *Brit*.

latão [laˈtãw] *(pl* -**ões** [-õjʃ]*) m (metal)* brass; *(vasilha)* large can.

latejar [lateˈʒa(x)] *vi* to throb.

lateral [lateˈraw] *(pl* -**ais** [-ajʃ]*) adj* lateral.

laticínios [latʃiˈsinjuʃ] *mpl* dairy products.

latido [laˈtʃidu] *m* barking.

latifúndio [latʃiˈfũdʒju] *m* large rural estate.

latim [laˈtʃĩ] *m* Latin.

latino, na [laˈtʃinu, na] *adj* Latin.

latino-americano, na [laˌtʃinwameriˈkanu, na] *adj & m, f* Latin American.

latir [laˈtʃi(x)] *vi* to bark.

latitude [latʃiˈtudʒi] *f* latitude.

latões → **latão**.

lava [ˈlava] *f* lava.

lavabo [laˈvabu] *m (pia)* sink; *(banheiro)* restroom *Am*, toilet *Brit*.

lavagem [laˈvaʒẽ] *(pl* -**ns** [-ʃ]*) f* washing; ~ **cerebral** brain washing; ~ **a seco** dry-cleaning.

lavanda [laˈvãda] *f* lavender.

lavanderia [lavãdeˈria] *f (loja, local)* laundry; ~ **automática** laundromat; ~ **a seco** dry cleaner's.

lavar [laˈva(x)] *vt* to wash; ~ **a louça** to do the dishes; ~ **a roupa** to do the laundry.
❏ **lavar-se** *vp* to wash up.

lavável [la'vavɛw] (*pl* **-eis** [-ejʃ]) *adj* washable.

lavrador, ra [lavra'do(x), ra] (*mpl* **-res** [-riʃ], *fpl* **-s** [-ʃ]) *m, f* farm laborer.

laxante [la'ʃãntʃi] *adj & m* laxative.

lazer [la'ze(x)] *m* leisure time.

lê ['le] → **ler.**

leal [le'aw] (*pl* **-ais** [-ajʃ]) *adj* loyal.

leão [le'ãw] (*pl* **-ões** [-õjʃ]) *m* lion.
□ **Leão** *m* Leo.

lebre ['lɛbri] *f* hare; **comer gato por ~** to get ripped off.

lecionar [lesjo'na(x)] *vt & vi* to teach.

lêem ['leẽ] → **ler.**

legal [le'gaw] (*pl* **-ais** [-ajʃ]) *adj* (*segundo a lei*) legal; great; **ser ~** (*pessoa*) to be cool; (*coisa*) to be nice; **não ser ~ fazer algo** it's not a good idea to do sthg; **está ~!** ok!

legalizar [legali'za(x)] *vt* (*atividade*) to legalize; (*documento, assinatura*) to authenticate.

legenda [le'ʒẽnda] *f* (*em mapa*) key; (*em fotografia*) caption; (*mito*) legend.
□ **legendas** *fpl* (*em cinema, televisão*) subtitles.

legislação [leʒiʒla'sãw] *f* legislation.

legítimo, ma [le'ʒitʃimu, ma] *adj* legitimate; (*autêntico*) genuine.

legível [le'ʒivɛw] (*pl* **-eis** [-ejʃ]) *adj* legible.

legumes [le'gumeʃ] *mpl* vegetables.

lei ['lej] *f* law; **segundo a ~** according to the law.

leilão [lej'lãw] (*pl* **-ões** [-õjʃ]) *m* auction.

leio ['leju] → **ler.**

leitão [lej'tãw] (*pl* **-ões** [-õjʃ]) *m* suckling pig.

leite ['lejtʃi] *m* milk; **~ integral/semi-desnatado/desnatado** whole/2%/skim milk; **~ pasteurizado** pasteurized milk; **~ longa-vida** UHT milk; **~ de magnésia** milk of magnesia; **~ condensado** condensed milk; **~ em pó** powdered milk.

leiteiro, ra [lej'tejru, ra] *m, f* milkman.

leiteria [lejte'ria] *f* dairy.

leito ['lejtu] *m* bed.

leitões → **leitão.**

leitura [lej'tura] *f* reading.

lema ['lema] *m* motto.

lembrança [lẽm'brãsa] *f* memory; (*prenda*) memento; **dê-lhe ~s** send him/her my regards.

lembrar [lẽm'bra(x)] *vt* (*recordar*) to remember; (*assemelhar-se a*) to look like; **~ algo a alguém** to remind sb of sthg; **~ a alguém fazer algo** to remind sb to do sthg.
□ **lembrar-se** *vp* to remember; **~-se de** to remember; **~-se de fazer algo** to remember to do sthg.

leme ['lɛmi] *m* (*posição*) helm; (*objeto*) rudder.

lenço ['lẽsu] *m* handkerchief;

~ **de cabeça** headscarf; ~ **de papel** tissue; ~ **(para o pescoço)** scarf.

lençol [lẽ'sɔw] (*pl* **-óis** [-ɔjʃ]) *m* sheet; ~ **de água** water table.

lenha ['leɲa] *f* firewood; **botar** ~ **na fogueira** to stir sb/sthg up.

lente ['lẽtʃi] *f* lens; ~ **s de contato** contact lenses.

lentidão [lẽtʃi'dãw] *f*: **com** ~ slowly.

lentilha [lẽ'tʃiʎa] *f* lentil.

lento, ta ['lẽtu, ta] *adj* slow.

leoa [le'oa] *f* lioness.

leões → **leão**.

leopardo [leo'paxdu] *m* leopard.

lepra ['lɛpra] *f* leprosy.

leque ['lɛki] *m* fan; *(de opções, modelos)* array.

ler ['le(x)] *vt & vi* to read; ~ **nas entrelinhas** to read between the lines.

lesão [le'zãw] (*pl* **-ões** [-õjʃ]) *f* *(ferida, contusão)* injury; *(prejuízo)* harm.

lesar [le'za(x)] *vt* *(ferir)* to injure; *(prejudicar)* to harm.

lésbica ['lɛʒbika] *f* lesbian.

lesma ['leʒma] *f* slug; *fig (pessoa lenta)* slowpoke *Am*, slowcoach *Brit*.

lesões → **lesão**.

leste ['lɛʃtʃi] *m* east; **o L~ Europeu** Eastern Europe; **a** ou **no** ~ in the east; **a** ~ **de** east of.

letivo, va [le'tʃivu, va] *adj* *(ano)* academic, school *(antes de s)*.

letra ['lɛtra] *f (do alfabeto)* letter; *(maneira de escrever)* handwriting; *(título de crédito)* bill; ~ **maiúscula** capital letters *pl*; ~ **de imprensa** print; ~ **de fôrma** capital letters *pl*.
□ **letras** *fpl (área de estudo)* arts.

letreiro [le'trejru] *m* sign.

leu ['lew] → **ler**.

léu ['lɛu] *m*: **ao** ~ *(à mostra)* uncovered; *(à toa)* aimlessly.

leucemia [lewse'mia] *f* leukemia.

levantamento [levãnta'mẽntu] *m* survey; ~ **de peso** weightlifting.

levantar [levãn'ta(x)] *vt (erguer)* to raise, to lift; ~ **dinheiro** to raise money; ~ **vôo** to take off.
□ **levantar-se** *vp (de cama)* to get up; *(de cadeira, chão)* to stand up.

levar [le'va(x)] *vt* to take; *(carregar)* to carry; *(induzir)* to lead; *(filme)* to show; *(porrada, bofetada)* to get; **este recipiente leva cinco litros** this container holds five liters; ~ **alguém a fazer algo** to make sb do sthg; ~ **a cabo algo** to carry sthg out; ~ **a mal algo** to take sthg the wrong way; **deixar-se** ~ to get taken for a ride.

leve ['lɛvi] *adj* light.

léxico ['lɛksiku] *m* lexicon.

lha [ʎa] = **lhe** + **a** → **lhe**.

lhe [ʎi] *pron (ele)* (to) him; *(ela)* (to) her; *(você)* (to) you; **já** ~ **dei a chave do quarto** I already gave him/her/you the key to the room.

lhes [ʎeʃ] *pron pl (eles, elas)* (to) them; *(vocês)* (to) you.
lho [ʎu] = lhe + o, lhes + o = lhe.

li → ler.

libélula [liˈbɛlula] *f* dragonfly.

liberal [libeˈraw] *(pl* -ais [-ajʃ]*) adj & mf* liberal.

liberar [libeˈra(x)] *vt (pessoa)* to free, to liberate; *(comércio, consumo)* to deregulate.

liberdade [libexˈdadʒi] *f* freedom; **pôr em ~** to set free; **tomar a ~ de fazer algo** to take the liberty of doing sthg.

libertar [libexˈta(x)] *vt* to set free.

liberto, ta [liˈbɛxtu, ta] *pp →* libertar.

libra [ˈlibra] *f* pound.
□ **Libra** *f (signo do Zodíaco)* Libra.

lição [liˈsãw] *(pl* -ões [-õjʃ]*)* lesson; **dar uma ~ a alguém** to teach sb a lesson; **que isso lhe sirva de ~!** let that be a lesson to you!

licença [liˈsẽsa] *f (autorização)* permission; *(de veículo)* registration; *(de arma)* license; **com ~** excuse me; **~ de maternidade** *(para mãe)* maternity leave; **estar de ~** to be on leave; **tirar uma ~** to go on leave.

licenciado, da [lisẽˈsjadu, da] *m, f* college graduate.

licenciatura [lisẽsjaˈtura] *f* degree.

lições → lição.

licor [liˈko(x)] *(pl* -res [-riʃ]*) m* liqueur.

lidar [liˈda(x)]: **lidar com** *v + prep* to deal with.

líder [ˈlidɛ(x)] *(pl* -res [-riʃ]*) mf* leader.

lido, da [ˈlidu, da] *pp →* ler.

liga [ˈliga] *f (associação)* league; *(de meias)* garter.

ligação [ligaˈsãw] *(pl* -ões [-õjʃ]*) f (de amor, amizade)* relationship; *(telefônica)* connection.

ligado, da [liˈgadu, da] *adj (luz, televisão)* (switched ou turned) on.

ligadura [ligaˈdura] *f* bandage.

ligamento [ligaˈmẽtu] *m* ligament.

ligar [liˈga(x)] *vt (luz, televisão)* to switch ou turn on; *(em tomada)* to plug in. ◆ *vi (telefonar)* to call; **~ para** *(telefonar para)* to call; *(dar atenção a)* to take notice of; **não ~ a mínima (para algo/alguém)** to not care less about sthg/sb; **se liga!** wake up!

ligeiro, ra [liˈʒejru, ra] *adj* light; *(ferimento)* slight.

lilás [liˈlaʃ] *(pl* -ases [-aziʃ]*) m & adj* lilac.

limão [liˈmãw] *(pl* -ões [-õjʃ]*) m* lime.

limão-galego [liˌmãwgaˈlegu] *(pl* limões-galegos [liˌmõjʒgaˈleguʃ]*) m* lemon.

limiar [liˈmja(x)] *m* threshold; **no ~ de algo** on the threshold of sthg.

limitação [limitaˈsãw] *(pl* -ões [-õjʃ]*) f (de direitos, movimentos)* restriction; *(de terreno)* boundary.

limitar [limi'ta(x)] *vt* to limit.
□ **limitar-se** *a vp + prep* to limit o.s. to.

limite [li'mitʃi] *m* limit; *(de terreno)* boundary; ~ **de velocidade** speed limit; **sem** ~**s** limitless; **passar dos** ~**s** *fig* to overstep the mark.

limo ['limu] *m* slime.

limões →**limão**.

limonada [limo'nada] *f* lemonade.

limpador [lĩmpa'do(x)] *(pl* -**res** [-riʃ]) *m*: ~ **de pára-brisas** windshield wiper *Am*, windscreen wiper *Brit*.

limpar [lĩm'pa(x)] *vt* to clean; *(boca)* to wipe; *(mãos)* to wash; *(roubar)* to clean out; ~ **o pó** to dust.

limpeza [lĩm'peza] *f (ação)* cleaning; *(asseio)* cleanliness.

limpo, pa ['lĩmpu, pa] *pp* → **limpar**. ◆ *adj (sem sujeira)* clean; *(céu)* clear; **estar** *ou* **ficar** ~ to be broke; **passar algo a** ~ to do a final draft; **tirar algo a** ~ to clear sthg up.

lince ['lĩsi] *m* lynx.

lindo, da ['lĩndu, da] *adj* beautiful.

lingerie [lãʒe'xi] *f* lingerie.

lingote [lĩn'gotʃi] *m* ingot.

língua ['lĩngwa] *f ANAT* tongue; *(idioma)* language; **bater com a** ~ **nos dentes** *(denunciar)* to sing; **morder a** ~ to bite one's tongue; **ter algo na ponta da** ~ to have sthg on the tip of one's tongue.

linguado [lĩn'gwadu] *m* sole.

linguagem [lĩn'gwaʒẽ] *(pl* -**ns** [-ʃ]) *f* language.

lingüeta [lĩn'gweta] *f* catch.

lingüiça [lĩn'gwisa] *f*: ~ **calabresa** peperoni; **encher** ~ to waffle on.

linha ['liɲa] *f* line; *(de coser)* thread; ~ **jovem** teenage range; **manter a** ~ to keep trim; **em** ~ in a line.

linho ['liɲu] *m* linen.

liquidação [likida'sãw] *(pl* -**ões** [-õjʃ]) *f (de dívida)* settlement; *COM* liquidation; **estar em** ~ to be on sale; ~ **total** clearance *ou* closing-down sale.

liquidar [liki'da(x)] *vt (dívida)* to pay off; *(matar)* to liquidate; *(mercadorias)* to sell off.

liquidificador [likwidʒifika'do(x)] *(pl* -**res** [-riʃ]) *m* blender.

líquido, da ['likidu, da] *adj (substância)* liquid; *COM* net. ◆ *m* liquid.

lírio ['lirju] *m* lily.

liso, sa ['lizu, za] *adj (superfície)* flat; *(cabelo)* straight; *(folha)* blank; **estar** *ou* **ficar** ~ *(sem dinheiro)* to be broke.

lista ['liʃta] *f* list; *(menu)* menu; ~ **de preços** price list; ~ **telefônica** phone book.

listra ['liʃtra] *f* stripe.

literário, ria [lite'rarju, rja] *adj* literary.

literatura [litera'tura] *f* literature; ~ **de cordel** *popular literature from the northeast of Brazil.*

litígio [li'tʃiʒju] *m* litigation.

litogravura [ˌlitogra'vura] *f* lithography.

litoral [lito'raw] (*pl* **-ais** [-ajʃ]) *adj* coastal. ◆ *m*: **o** ~ the coast.

litro ['litru] *m* liter.

lívido, da ['lividu, da] *adj* pallid.

livrar [li'vra(x)]: **livrar-se de** *vp* + *prep* to get rid of.

livraria [livra'ria] *f* bookstore *Am*, bookshop *Brit*.

livre ['livri] *adj* free; **'livre'** (*em táxi*) 'on duty'; (*em W.C.*) 'free'.

livro ['livru] *m* book; ~ **de bolso** pocket-size paperback; ~ **de capa dura** hardback.

lixa ['liʃa] *f* sandpaper; (*para unhas*) nail file.

lixeira [li'ʃejra] *f* (*em prédio*) garbage chute; (*local*) garbage dump *Am*, rubbish dump *Brit*.

lixo ['liʃu] *m* garbage *Am*, rubbish *Brit*.

-lo [lu] *pron* (*pessoa*) him; (*coisa*) it; (*você*) you.

lobo ['lobu] *m* wolf.

lóbulo ['lɔbulu] *m* (*de orelha*) earlobe.

local [lo'kaw] (*pl* **-ais** [-ajʃ]) *m* place. ◆ *adj* local.

localidade [lokali'dadʒi] *f* town.

localização [lokaliza'sãw] (*pl* **-ões** [-õjʃ]) *f* location.

loção [lo'sãw] (*pl* **-ões** [-õjʃ]) *f* lotion.

locatário, ria [loka'tarju, rja] *m, f* tenant.

loções → **loção**.

locomotiva [lokomo'tʃiva] *f* locomotive.

locução [loku'sãw] (*pl* **-ões**

[-õjʃ]) *f* (*de filme, programa*) narration; GRAM phrase.

locutor, ra [loku'to(x), ra] (*mpl* **-res** [-riʃ], *fpl* **-s** [-ʃ]) *m, f* (*de rádio, televisão*) announcer.

lodo ['lodu] *m* mud.

lógica ['lɔʒika] *f* logic.

logo ['logu] *adv* immediately; ~ **mais** later; ~ **depois** immediately; ~ **que** as soon as; ~ **agora que** now (that).

logotipo [logo'tʃipu] *m* logo.

loja ['lɔʒa] *f* store *Am*, shop *Brit*; ~ **de brinquedos** toy store; ~ **de ferragens** hardware store.

lombada [lõm'bada] *f* spine.

lombinho [lõm'biɲu] *m* tenderloin (*of pork*).

lombo ['lõmbu] *m* loin.

lombriga [lõm'briga] *f* roundworm.

lona ['lona] *f* canvas.

londrino, na [lõn'drinu, na] *adj* of/relating to London.

longe ['lõʒi] *adv* far; ~ **disso!** on the contrary!; **ao** ~ in the distance; **de** ~ *fig* by far; **ir** ~ **demais** to go too far.

longitude [lõʒi'tudʒi] *f* longitude.

longo, ga ['lõŋgu, ga] *adj* long; **ao** ~ **de** along; **ao** ~ **dos anos** over time.

-los [luʃ] *pron pl* (*eles*) them; (*vocês*) you.

losango [lo'zãŋgu] *m* lozenge.

lotação [lota'sãw] (*pl* **-ões** [-õjʃ]) *f* (*de cinema, teatro*) capacity; ~ **esgotada** 'sold out'.

lote ['lɔtʃi] m (de terreno) plot; (de prédios) street number.

loteria [lote'ria] f lottery.

louça ['losa] f china; (pratos, xícaras, pires, etc) crockery.

louco, ca ['loku, ka] adj crazy, mad. ◆ m, f lunatic; **estar** ~ **de alegria** to be over the moon; **estar** ~ **para/por** to be dying for sthg; **ser** ~ **por** to be crazy about.

loucura [lo'kura] f madness.

louro, ra ['loru, ra] adj blond. ◆ m (condimento) bay leaf.

louvar [lo'va(x)] vt to praise.

louvável [lo'vavew] (pl **-eis** [-ejʃ]) adj praiseworthy.

lua ['lua] f moon; **viver no mundo da** ~ to have one's head in the clouds.

lua-de-mel [ˌluadʒi'mɛw] (pl **luas-de-mel** [ˌluaʒdʒi'mɛw]) f honeymoon.

luar ['lwa(x)] m moonlight.

lubrificante [lubrifi'kãntʃi] m lubricant.

lubrificar [lubrifi'ka(x)] vt to lubricate.

lucidez [lusi'deʃ] f clarity.

lúcido, da ['lusidu, da] adj lucid.

lucrar [lu'kra(x)] vi to profit; ~ **com** to profit from.

lucrativo, va [lukra'tʃivu, va] adj lucrative.

lucro ['lukru] m profit.

lúdico, ca ['ludʒiku, ka] adj play (antes de s).

lugar [lu'ga(x)] (pl **-res** [-riʃ]) m place; **em primeiro** ~ (em espor-te) in first place; (antes) first; **ter** ~ (ocorrer) to take place; **em** ~ **de** instead of; **dar o** ~ **a alguém** to give over one's seat to sb; **tomar o** ~ **de alguém** to take sb's place.

lugares → lugar.

lúgubre ['lugubri] adj gloomy.

lula ['lula] f squid; ~s **grelhadas** grilled squid.

luminária [lumi'narja] f lamp; ~ **de mesa** table lamp; ~ **de pé** floor lamp Am, standard lamp Brit.

luminoso, osa [lumi'nozu, ɔza] adj bright; fig (idéia, solução) brilliant.

lunar [lu'na(x)] (pl **-res** [-riʃ]) adj lunar.

lunático, ca [lu'natʃiku, ka] m, f lunatic.

luneta [lu'neta] f (telescópio) telescope.

lupa ['lupa] f magnifying glass.

lustre ['luʃtri] m shine; (luminária) chandelier; **dar um** ~ **em algo** to polish sthg.

luta ['luta] f fight.

lutar [lu'ta(x)] vi to fight; ~ **contra/por** to fight against/for.

luto ['lutu] m mourning; **estar de** ~ to be in mourning.

luva ['luva] f glove.

luxo ['luʃu] m luxury; **de** ~ luxury (antes de s).

luxuoso, osa [lu'ʃwozu, ɔza] adj luxurious.

luxúria [lu'ʃurja] f lust.

luz ['luʃ] (pl **-zes** [-ziʃ]) f light; **dar à** ~ (um menino) to give birth (to a baby boy); ~ **do sol** sunlight.

luzir [lu'zi(x)] *vi* to glow.

M

ma [ma] = **me** + **a** → **me**.

má → **mau**.

maca ['maka] *f* stretcher.

maçã [ma'sã] *f* apple; ~ **assada** baked apple.

macabro, bra [ma'kabru, bra] *adj* macabre.

macacão [maka'kãw] (*pl* **-ões** [-õjʃ]) *m* (*roupa*) jumpsuit.

macaco, ca [ma'kaku, ka] *m, f* monkey. ◆ *m* AUT jack.

macacões → **macacão**.

maçaneta [masa'neta] *f* knob.

maçante [ma'sãntʃi] *adj* boring.

macarrão [maka'xãw] *m* (*massa*) pasta.

machado [ma'ʃadu] *m* ax.

machismo [ma'ʃiʒmu] *m* male chauvinism.

machista [ma'ʃista] *adj* chauvinistic. ◆ *m* male chauvinist.

macho ['maʃu] *adj m* (*animal*) male; (*homem*) virile. ◆ *m* (*animal*) male.

machucado, da [maʃu'kadu, da] *adj* (*ferido*) hurt.

machucar [maʃu'kax] *vt* to hurt.

❑ **machucar-se** *vp* to hurt o.s.

maciço, ça [ma'sisu, sa] *adj* solid.

macio, cia [ma'siu, sia] *adj* soft.

maço ['masu] *m* mallet; ~ **(de cigarros)** pack (of cigarettes); ~ **de folhas** pad of paper.

macumba [ma'kũmba] *f* voodoo.

madeira [ma'dejra] *f* wood.

madrasta [ma'draʃta] *f* stepmother.

madrepérola [,madre'pɛrola] *f* mother-of-pearl.

madrinha [ma'driɲa] *f* (*de batismo*) godmother.

madrugada [madru'gada] *f* (*amanhecer*) dawn; (*noite*) early morning; **de** ~ *fig* (*muito cedo*) at the crack of dawn.

madrugar [madru'ga(x)] *vi* to get up very early.

maduro, ra [ma'duru, ra] *adj* mature; (*fruto*) ripe.

mãe ['mãj] *f* mother.

maestro [ma'ɛʃtru] *m* conductor.

magia [ma'ʒia] *f* magic.

mágico, ca ['maʒiku, ka] *adj* magical. ◆ *m, f* magician.

magistrado, da [maʒiʃ'tradu, da] *m, f* magistrate.

magnético, ca [mag'nɛtʃiku, ka] *adj* magnetic.

magnífico, ca [mag'nifiku, ka] *adj* magnificent.

mago, ga ['magu, ga] *m, f* wizard.

mágoa ['magwa] *f* sorrow.

magoado, da [ma'gwadu, da] *adj* hurt.

magoar [ma'gwa(x)] *vt* to hurt.

❑ **magoar-se** *vp* to hurt o.s.

magro, gra ['magru, gra] *adj* thin.

maio ['maju] *m* May → **setembro**.

maiô [ma'jo] *m* (*de banho*) swimsuit.

maionese [majo'nɛzi] *f* mayonnaise; (*salada*) potato salad.

maior [ma'jɔ(x)] (*pl* **-res** [-riʃ]) *adj* (*em tamanho*) bigger; (*em número*) higher; (*em quantidade, importância*) greater. ◆ *mf:* **o/a ∼** (*em tamanho*) the biggest; (*em número*) the highest; (*em quantidade, importância*) the greatest; **ser ∼ de idade** to be an adult; **a ∼ parte de** most of.

maioria [majo'ria] *f* majority.

maioridade [majori'dadʒi] *f* adulthood.

mais ['majʃ] *adv* **-1.** (*em comparações*) more; **a Ana é ∼ alta/inteligente** Ana is taller/more intelligent; **∼ do que** more than; **∼ ... do que** more ... than ...; **bebeu um copo a ∼!** he's had one too many!; **deram-me dinheiro a ∼** they gave me too much money. **-2.** (*como superlativo*): **o/a ∼ ...** the most ...; **o ∼ engraçado/inteligente** the funniest/most intelligent. **-3.** (*indica adição*) any more; **não necessito de ∼ trabalho** I don't need any more work; **não necessito de ∼ ninguém** I don't need anyone else. **-4.** (*indica intensidade*): **que dia ∼ feliz!** what a great day!; **que**

casa ∼ feia! what a horrible house! **-5.** (*indica preferência*): **vale ∼ a pena ficar em casa** it would be better to stay at home; **gosto ∼ de comida chinesa** I prefer Chinese food. **-6.** (*em locuções*): **de ∼ a ∼** (*ainda por cima*) what's more; **∼ ou menos** more or less; **por ∼ que se esforce** however hard he tries; **sem ∼ nem menos** for no apparent reason; **uma vez ∼, ∼ uma vez** once ou yet again. ◆ *adj inv* **-1.** (*em comparações*) more; **eles têm ∼ dinheiro** they have more money; **está ∼ calor hoje** it's hotter today; **∼ ... do que** more ... than. **-2.** (*como superlativo*) (the) most; **a pessoa que ∼ discos vendeu** the person who sold (the) most records. **-3.** (*indica adição*) more; **∼ água, por favor** I'd like some more water, please; **∼ alguma coisa?** anything else?; **tenho ∼ três dias de férias** I have another three days of vacation left. ◆ *conj* and; **quero uma sopa ∼ pão com manteiga** I'd like some soup and some bread and butter. ◆ *prep* (*indica soma*) plus; **dois ∼ dois são quatro** two plus two is four.

maître ['mɛtre] *m* head waiter.

major [ma'ʒɔ(x)] (*pl* **-res** [-riʃ]) *m* major.

mal ['maw] (*pl* **-les** [-liʃ]) *m* (*doença*) illness; (*dano*) harm. ◆ *adv* (*erradamente*) wrong. ◆ *conj* (*assim que*) as soon as; **o**

~ evil; ~ **cheguei, telefonei logo** I phoned the minute I arrived; **estar ~** *(de saúde)* to be sick; **cheirar ~** to stink; **não faz ~** it doesn't matter; **ouço/vejo ~** I can't hear/see very well; **passar ~** *(ter enjôo)* to feel nauseous.

mala ['mala] *f (de mão, roupa)* bag; *(do carro)* trunk *Am*, boot *Brit*; **~ de viagem** suitcase; **fazer as ~s** to pack.

mal-acabado, da [ˌmawaka'badu, da] *adj* badly finished.

malagueta [mala'geta] *f* chili (pepper).

malandro, dra [ma'lãndru, dra] *adj (preguiçoso)* lazy; *(matreiro)* crafty. ◆ *m, f (patife)* rogue.

malcriado, da [mawkri'adu, da] *adj* rude.

maldade [maw'dadʒi] *f* evil.

maldição [mawdi'sãw] *(pl* -ões [-õjʃ]) *f* curse.

maldito, ta [maw'dʒitu, ta] *adj* damned.

maldizer [mawdʒi'ze(x)] *vt (amaldiçoar)* to curse; *(falar mal de)* to speak ill of.

maldoso, osa [maw'dozu, ɔza] *adj* evil.

mal-educado, da [ˌmaledu-'kadu, da] *adj* rude.

mal-entendido [ˌmalĩntẽn-'dʒidu] *(pl* mal-entendidos [ˌmalĩntẽn'diduʃ]) *m* misunderstanding.

males → **mal**.

mal-estar [maleʃ'ta(x)] *(pl* mal-estares [maleʃ'tareʃ]) *m*

(dor física) discomfort; *(inquietude)* uneasiness.

maleta [ma'leta] *f* travel bag.

malfeitor, ra [mawfej'to(x), ra] *(mpl* -res [-riʃ], *fpl* -s [-ʃ]) *m, f* criminal.

malha ['maʎa] *f (roupa)* knitwear; *(em rede)* mesh; *(de ginástica)* leotard.

malhado, da [ma'ʎadu, da] *adj (animal)* mottled.

malhar [ma'ʎa(x)] *vt* to thresh. ◆ *vi (fazer ginástica)* to work out.

mal-humorado, da [malumo'radu, da] *adj* bad-tempered.

malícia [ma'lisja] *f* malice.

maligno, gna [ma'lignu, gna] *adj* malignant.

mal-passado, da [mawpa'sadu, da] *adj (bife)* rare.

maltratar [mawtra'ta(x)] *vt (bater em)* to mistreat; *(descuidar, estragar)* to damage.

maluco, ca [ma'luku, ka] *adj* crazy. ◆ *m, f* lunatic.

malvadez [mawva'deʃ] *f* wickedness.

malvado, da [maw'vadu, da] *adj* wicked.

mama ['mama] *f* breast.

mamadeira [mama'deira] *f* baby bottle.

mamão [ma'mãw] *(pl* -ões [-õjʃ]) *m* papaya, pawpaw.

mamar [ma'ma(x)] *vi* to nurse; **dar de ~** *(amamentar)* to nurse; *(com mamadeira)* to bottle-feed.

mamífero [ma'miferu] *m* mammal.

mamilo [ma'milu] *m* nipple.

mamões → **mamão.**

manada [ma'nada] *f* herd.

mancar [mãŋ'ka(x)] *vi* to limp.

mancha ['mãʃa] *f* (*em animal, pele*) mark, spot; (*nódoa*) stain.

manchar [mã'ʃa(x)] *vt* to stain.

manchete [mã'ʃɛtʃi] *f* (*de jornal*) headline.

manco, ca ['mãŋku, ka] *adj* lame.

mandar [mãn'da(x)] *vi* to be in charge. ◆ *vt:* ~ **alguém fazer algo** to tell sb to do sthg; ~ **fazer algo** to have sthg done; ~ **alguém passear** to send sb packing; ~ **vir** (*encomendar*) to send for; ~ **em** to be in charge of; **ele gosta de ~ nos outros** he likes to boss everyone around.

mandioca [mãn'dʒjɔka] *f* cassava, manioc; (**farinha de**) ~ cassava flour.

maneira [ma'nejra] *f* way; **de uma ~ geral** as a rule; **temos de fazer tudo à ~ dele** we have to do everything his way; **de ~ alguma** OU **nenhuma** certainly not!; **de ~ que** so (that); **de qualquer ~** (*de todo jeito*) anyway; (*em desordem*) any old how; **desta ~** this way; **de tal ~ ... que ...** so ...that ...

□ **maneiras** *fpl:* **ter ~s** to have good manners; **não ter ~s** to have bad manners.

manejar [mane'ʒa(x)] *vt* (*carro*) to drive; (*barco*) to sail.

manejável [mane'ʒavɛw] (*pl* **-eis** [-ejʃ]) *adj* manageable.

manequim [mane'kĩ] (*pl* **-ns** [-ʃ]) *m* (*em vitrine*) mannequin;

(*tamanho*) clothes size. ◆ *mf* (*pessoa*) model.

manga ['mãŋga] *f* (*de peça de vestuário*) sleeve; (*fruto*) mango; **em ~s de camisa** in shirtsleeves.

mangueira [mãŋ'gejra] *f* (*para regar, lavar*) hose.

manha ['maɲa] *f:* **ter ~** to be sharp; **fazer ~** to put on an act.

manhã [ma'ɲã] (*pl* **-ãs** [-ãʃ]) *f* morning; **de ~** in the morning; **duas ~** two in the morning; **ontem de ~** yesterday morning.

mania [ma'nia] *f* (*obsessão*) obsession; (*hábito*) habit.

manicômio [mani'komju] *m* asylum.

manicure [mani'kuri] *f* manicure.

manifestação [manifeʃta'sãw] (*pl* **-ões** [-õjʃ]) *f* (*expressão*) expression; POL demonstration.

manifestar [manifeʃ'ta(x)] *vt* (*afeto, fúria, etc*) to express.

□ **manifestar-se** *vp* (*protestar*) to demonstrate.

manipular [manipu'la(x)] *vt* (*máquina*) to handle; *fig* (*influenciar*) to manipulate.

manivela [mani'vɛla] *f* crank.

manjericão [mãʒeri'kãw] *m* basil.

manobra [ma'nɔbra] *f* (*de carro*) maneuver; (*de trem*) shunting.

mansão [mã'sãw] (*pl* **-ões** [-õjʃ]) *f* mansion.

mansidão [mãsi'dãw] *f* (*de pessoa*) gentleness; (*de animal*) tameness.

manso, sa ['māsu, sa] adj (animal) tame; (mar) calm.

mansões → mansão.

manta ['mānta] f blanket.

manteiga [mān'tejga] f butter.

manter [mān'te(x)] vt to keep; (família) to support; (relação) to have; ~ a palavra to keep one's word.

❑ **manter-se** vp to stay, to remain; ~-se em forma to stay in shape.

manual [ma'nwaw] (pl -ais [-ajʃ]) adj manual. ◆ m manual, guide; (escolar) textbook.

manuscrito, ta [manuʃ'kritu, ta] adj hand-written. ◆ m manuscript.

manusear [manu'zea(x)] vt (livro) to handle; (objeto, ferramenta) to use.

manutenção [manutẽ'sãw] f maintenance.

mão ['mãw] f ANAT hand; (de estrada) side; apertar as ~s to shake hands; dar a ~ a alguém to hold sb's hand; fig (ajudar) to help sb out; de ~s dadas hand in hand; à ~ (a lavar, escrever) by hand; dar uma ~ a alguém to give ou lend sb a hand; estar à ~ to be handy; ter algo à ~ to have sthg at hand.

mão-de-obra [mãw'dʒiɔbra] f workforce.

mapa ['mapa] m map; ~ das estradas road map.

mapa-múndi [ˌmapa'mũndʒi] (pl **mapas-múndi** [ˌmapaʒ-'mũndʒi]) m world map.

maquete [ma'ketʃi] f model.

maquiagem [maki'aʒãj] (pl -ns [-ʃ]) f make-up.

maquiar [ma'kja(x)] vt to make up.

❑ **maquiar-se** vp to put on one's make-up.

máquina ['makina] f machine; ~ de barbear shaver; ~ de costura sewing machine; ~ de escrever typewriter; ~ de filmar film camera; ~ fotográfica camera; ~ de lavar (para roupa) washing machine; (para louça) dishwasher; ~ de secar dryer.

maquinaria [makina'ria] f machinery.

mar ['ma(x)] (pl -res [-riʃ]) m sea; ~ alto, alto ~ high seas pl; por ~ by sea.

maracujá [maraku'ʒa] m passion fruit.

maravilha [mara'viʎa] f wonder; que ~! how wonderful!; correr às mil ~s to be a great success; dizer ~s de to rave about; fazer ~s to do wonders.

maravilhoso, osa [maravi-'ʎozu, ɔza] adj wonderful.

marca ['maxka] f mark; (de carro, roupa) make, brand; ~ registrada trademark; de ~ (roupa) designer (antes de s).

marcação [maxka'sãw] (pl -ões [- õjʃ]) f reservation.

marcar [max'ka(x)] vt (assinalar, indicar) to mark; (lugar) to make reservations; ESP to score; ~ encontro com alguém to arrange to meet sb; ~ uma consulta/hora to make an appointment.

marcha ['maxʃa] f (desfile) march; (ritmo) pace; ~ **à ré** reverse, back up.

marchar [max'ʃa(x)] vi to march.

marcial [maxsi'aw] (pl -ais [-ajʃ]) adj martial.

marco ['maxku] m (em estrada, caminho) landmark; (moeda) mark.

março ['marsu] m March → setembro.

maré [ma'rɛ] f tide; **estar de boa** ~ to be in good spirits.

maré-baixa [marɛ'bajʃa] (pl marés-baixas [marɛʒ'bajʃaʃ]) f low tide.

maremoto [mare'motu] m tidal wave.

mares → **mar**.

marfim [max'fĩ] m ivory.

margarida [maxga'rida] f daisy.

margarina [maxga'rina] f margarine.

margem ['maxʒẽ] (pl -ns [-ʃ]) f (de rio) bank; (em texto, livro, documento) margin; **à** ~ **da sociedade** on the fringes of society; **pôr à** ~ fig (ignorar) to leave out; **pôr-se à** ~ to not take part.

marginal [maxʒi'naw] (pl -ais [-ajʃ]) adj marginal. ◆ mf criminal.

marido [ma'ridu] m husband.

marimbondo [marĩ'bõndu] m hornet.

marinado, da [mari'nadu, da] adj marinated.

marinar [mari'nax] vt to marinate.

marinha [ma'riɲa] f navy.

marinheiro, ra [mari'ɲejru, ra] m, f sailor.

marionete [marjo'nɛtʃi] f puppet.

mariposa [mari'poza] f (inseto) moth.

marisco [ma'riʃku] m shellfish.

marítimo, ma [ma'ritʃimu, ma] adj sea (antes de s).

marmelo [max'mɛlu] m quince.

mármore ['maxmori] m marble.

marquise [max'kizi] f porch.

marrom [ma'xõ] (pl -ns [-ʃ]) adj brown.

martelar [maxte'la(x)] vt to hammer.

martelo [max'tɛlu] m hammer.

mártir ['maxti(x)] (pl -res [-riʃ]) mf martyr.

mas[1] [maʃ] = **me** + **as**[1] → **me**.

mas[2] [ma(j)ʃ] conj but. ◆ m: **nem** ~ **nem meio** ~ ! no buts!

mascar [maʃ'ka(x)] vt to chew.

máscara ['maʃkara] f mask.

mascarar-se [maʃka'raxsi] vp to dress up.

mascote [maʃ'kɔtʃi] f mascot.

masculino, na [maʃku'linu, na] adj masculine; (sexo) male.

masoquista [mazo'kiʃta] adj masochistic. ◆ mf masochist.

massa ['masa] f (espaguete, lasanha) pasta; (de pão) dough; (de bolo) mix; ~ **folheada** puff pastry; **em** ~ fig (em grande número) en masse.

massacre [ma'sakri] m massacre.

massagear [masa'ʒea(x)] *vt* to massage.

massagem [ma'saʒẽ] (*pl* **-ns** [-ʃ]) *f* massage.

massagista [masa'ʒiʃta] *mf* masseur.

mastigar [maʃtʃi'ga(x)] *vt* to chew.

mastro ['maʃtru] *m NÁUT* mast; *(de bandeira)* pole.

masturbar-se [maʃtux'baxsi] *vp* to masturbate.

mata ['mata] *f (bosque)* wood; *(floresta)* forest; **a M ~ Atlântica** the Atlantic Rainforest.

mata-borrão [,matabo'xãw] (*pl* **mata-borrões** [,matabo-'xõiʃ]) *m* blotting paper.

matadouro [mata'doru] *m* slaughterhouse.

matar [ma'ta(x)] *vt* to kill; *(fome)* to satiate; *(sede)* to quench; **~ aula** to skip class; **~ o tempo** to pass the time. □ **matar-se** *vp (suicidar-se)* to kill o.s.; **~-se de fazer algo** to kill o.s. doing sthg.

mate ['matʃi] *adj (sem brilho)* matt. ◆ *m (planta, infusão)* maté.

matemática [mate'matʃika] *f* mathematics sg.

matéria [ma'tɛrja] *f (substância)* matter; *EDUC* subject; *(material)* material; **em ~ de** on the subject of.

material [materi'aw] (*pl* **-ais** [-ajʃ]) *adj (bens)* material. ◆ *m* materials *pl*; **~ escolar** school supplies *pl*.

matéria-prima [ma,tɛrja'prima] (*pl* **matérias-primas** [ma-,tɛrjaʃ'prima]) *f* raw material.

maternidade [matexni'dadʒi] *f (hospital)* maternity hospital.

matinê [matʃi'ne] *f* matinée.

mato ['matu] *m (bosque)* wood; *(tipo de vegetação)* bush.

matrícula [ma'trikula] *f (em escola, universidade)* enrollment.

matrimônio [matri'monju] *m* marriage.

matriz [ma'triʃ] (*pl* **-zes** [-ziʃ]) *f (de foto, tipografia)* original; *(igreja)* mother church; *COM (sede)* head office.

maturidade [maturi'dadʒi] *f* maturity.

matuto, ta [ma'tutu, ta] *adj (provinciano)* provincial.

mau, má ['maw, 'ma] *adj* bad; **nada ~!** not bad at all!

maus-tratos [mawʃ'tratuʃ] *mpl* abuse *sg*.

maxilar [maksi'la(x)] (*pl* **-res** [-riʃ]) *m* jaw.

máximo, ma ['masimu, ma] *adj* maximum; *(temperatura, velocidade)* highest. ◆ *m*: **o ~** the most; **faça o ~ que você puder** do your best; **no ~** at most; **ao ~** to the full; **ser o ~** to be the best.

me [mi] *pron (complemento direto)* me; *(complemento indireto)* (to) me; *(reflexo)* myself; **eu nunca ~ engano** I'm never wrong; **eu ~ machuquei** I hurt myself; **você já ~ contou essa história** you've already told me that story.

meados ['mjaduʃ] *mpl*: **em ~ de** in the middle of.

mecânica [me'kanika] f mechanics sg → **mecânico**.

mecânico, ca [me'kaniku, ka] adj mechanical. ◆ m, f mechanic.

mecanismo [meka'niʒmu] m mechanism.

mecha ['mɛʃa] f (de cabelo) tuft; (de vela) wick.

meço ['mesu] → **medir**.

medalha [me'daʎa] f medal.

média ['mɛdʒja] f average; à ~ de at an average of; em ~ on average; ter ~ de EDUC to average.

mediano, na [me'dʒjanu, na] adj (médio) medium; (sofrível) average.

mediante [me'dʒjãntʃi] prep by means of, through; irei ~ certas condições I'll go on certain conditions.

medicação [medʒika'sãw] (pl -ões [-õjʃ]) f medication.

medicamento [medʒika'mẽntu] m medicine.

medicina [medʒi'sina] f medicine.

médico, ca ['mɛdʒiku, ka] m, f doctor; ~ de clínica geral G.P., general practitioner.

medida [me'dʒida] f (grandeza, quantidade) measurement; (precaução, decisão) measure; feito sob ~ made-to-measure; ficar na ~ to be a perfect fit; em certa ~ to a certain extent; na ~ do possível as far as possible; à ~ que as; tomar ~s to take steps ou measures.

medieval [medʒje'vaw] (pl -ais [-ajʃ]) adj medieval.

médio, dia ['mɛdʒju, dja] adj (tamanho) medium; (qualidade) average. ◆ m (dedo) middle finger.

medíocre [me'dʒiukri] adj mediocre.

medir [me'dʒi(x)] vt to measure; **quanto (é que) você mede?** how tall are you?; **eu meço 1,70 m** I'm 1.70m.

meditar [me'dʒita(x)] vi to meditate; ~ **sobre algo** to think sthg over.

Mediterrâneo [medʒite'xanju] m: **o (mar)** ~ the Mediterranean (Sea).

medo ['medu] m fear; **estar com** ~ to be afraid; **ter** ~ **de** to be afraid of.

medonho, nha [me'doɲu, ɲa] adj (feio) hideous.

medroso, osa [me'drozu, ɔza] adj frightened.

medula [me'dula] f (bone) marrow.

medusa [me'duza] f jellyfish.

meia ['meja] f (em número) six.

meia-calça [,meja'kawsa] (pl **meias-calças** [,mejaʃ'kawsaʃ]) f pantyhose Am, tights pl Brit.

meia-idade [,mejej'dadʒi] f middle age; **de** ~ middle-aged.

meia-luz [,meja'luʃ] f half light; **à** ~ in the half light.

meia-noite [,meja'nojtʃi] f midnight.

meias ['mejaʃ] fpl socks; (de mulher) stockings.

meigo, ga ['mejgu, ga] adj sweet.

meio, meia ['meju, 'meja] *adj* half. ◆ *m (modo, recurso)* way; *(social)* circles *pl*; **meia pensão** breakfast and one meal included; **~ ambiente** environment; **~ bilhete** half-fare; **meia hora** half an hour; **à meia voz** under one's breath; **~ a ~** fifty-fifty; **em ~ a** amidst; **no ~ de** *(duas coisas)* between; *(rua, mesa, multidão)* in the middle of; **hoje o chefe está ~ irritado** the boss is a bit angry today.

meio-dia [,meju'dʒia] *m* midday, noon.

mel ['mɛw] *m* honey.

melado, da [me'ladu, da] *adj (pegajoso)* sticky.

melancia [melã'sia] *f* watermelon.

melancolia [melãŋko'lia] *f* melancholy.

melancólico, ca [melãŋ'kɔliku, ka] *adj* melancholy.

melão [me'lãw] *(pl -ões* [-õjʃ]) *m* melon.

melhor [me'ʎɔ(x)] *(pl -res* [-riʃ]) *adj & adv* better. ◆ *m:* **o/a ~** *(pessoa, coisa)* the best one; **o ~ a fazer é ...** the best thing to do is ...; **o ~ é não ir** it would be best not to go; **ou ~** or rather; **tanto ~!** all the better!; **estar ~** *(de saúde)* to feel better; **fazer o ~ que póde** to do the best you could; **levar a ~** to come off best; **ser do ~ que há** to be the best there is; **cada vez ~** better and better.

melhorar [meʎo'ra(x)] *vt* to improve. ◆ *vi* to get better, to improve.

melhores → **melhor.**

melindroso, osa [melĩ'drozu, ɔza] *adj (pessoa)* touchy; *(assunto, questão, problema)* delicate.

melodia [melo'dʒia] *f* tune.

melões → **melão.**

membro ['mẽmbru] *m (perna, braço)* limb; *(de clube, associação)* member.

memória [me'mɔrja] *f* memory; **de ~** by heart.

memorizar [memori'za(x)] *vt* to memorize.

mencionar [mẽsjo'na(x)] *vt* to mention.

mendigar [mẽndʒi'ga(x)] *vi* to beg.

mendigo, ga [mẽn'dʒigu, ga] *m, f* beggar.

menino, na [me'ninu, na] *m, f* boy, girl.

menopausa [meno'pawza] *f* menopause.

menor [me'nɔ(x)] *(pl -res* [-riʃ]) *adj (em tamanho)* smaller; *(em número)* lower; *(em importância)* minor; *(mínimo)* least. ◆ *mf (em idade)* minor; **não faço a ~ idéia** I haven't got a clue; **o/a ~** the smallest; *(em tamanho)* the least; *(em importância)* the smallest; **ser ~ de idade** to be underage; **~ de rua** abandoned child.

menos ['menuʃ] *adv* **-1.** *(em comparações)* less; **a Ana é ~ inteligente** Ana is less intelligent, Ana isn't as intelligent; **~ do que** less than; **~ ... do que ...** less ...than ...; **tenho ~ trabalho do que ele** I have less work

than him; **tenho um livro a ~** I'm one book short; **deram-me 5 reais a ~** they gave me 5 reais too little.
- **2.** *(como superlativo):* **o/a ~ ...** the least ...; **o ~ caro/interessante** the cheapest/least interesting.
- **3.** *(em locuções):* **a ~ que** unless; **ao ~, pelo ~** at least; **isso é o de ~** that's the least of it; **pouco ~ de** just under.

◆ *adj inv* - **1.** *(em comparações)* less, fewer *pl;* **como ~ carne** I eat less meat; **eles têm ~ posses** they have fewer possessions; **está ~ frio do que ontem** it's not as cold as it was yesterday; **~ ... do que** less ... than, fewer ... than *pl.*
- **2.** *(como superlativo)* (the) least, (the) fewest *pl;* **as que ~ bolos comeram** those who ate (the) fewest cakes; **os que ~ dinheiro têm** those who have (the) least money.

◆ *prep* - **1.** *(exceto)* except (for); **todos gostaram ~ ele** they all liked it except (for) him; **tudo ~ isso** anything but that.
- **2.** *(indica subtração)* minus; **três ~ dois é igual a um** three minus two equals one.

menosprezar [menuʃpre-'za(x)] *vt* to underrate.

mensageiro, ra [mẽsa'ʒejru, ra] *m, f* messenger.

mensagem [mẽsa'ʒẽ] *(pl* **-ns** [-ʃ])* *f* message.

mensal [mẽ'saw] *(pl* **-ais** [-ajʃ])* *adj* monthly.

mensalmente [mẽsaw'mẽ-tʃi] *adv* monthly.

menstruação [mẽʃtrua'sãw] *f* menstruation.

mentalidade [mẽntali'dadʒi] *f* mentality.

mente ['mẽntʃi] *f* mind; **ter em ~ fazer algo** to plan to do sthg.

mentir [mẽn'ti(x)] *vi* to lie.

mentira [mẽn'tira] *f* lie. ◆ *interj* nonsense!; **parece ~!** I can't believe it!

mentiroso, osa [mẽntʃi'rozu, ɔza] *m, f* liar.

menu [me'nu] *m* menu.

mercado [mex'kadu] *m* market; **~ municipal** (town) market; **~ negro** black market.

mercadoria [mexkado'ria] *f* goods *pl.*

mercearia [mexsja'ria] *f* grocery store.

mercúrio [mex'kurju] *m* mercury.

merecer [mere'se(x)] *vt* to deserve; **fazer por ~** to get what you deserve.

merecido, da [mere'sidu, da] *adj* deserved.

merengue [me'rẽngi] *m* meringue.

mergulhador, ra [merguʎa-'do(x), ra] *(pl* **-res** [-riʃ], *fpl* **-s** [-ʃ])* *m, f* diver.

mergulhar [mergu'ʎa(x)] *vi* to dive; **~ em algo** *(no estudo, no trabalho)* *fig* to immerse o.s. in sthg. ◆ *vt:* **~ algo em algo** to dip sthg in sthg.

mergulho [mex'guʎu] *m* dive;

dar um ~ to dive.

meridiano [meri'dʒjanu] *m* meridian.

meridional [meridʒjo'naw] (*pl* -ais [-ajʃ]) *adj* southern.

mérito ['meritu] *m* merit; **por** ~ **próprio** on one's own merits.

mês ['meʃ] (*pl* **meses** ['meziʃ]) *m* month; **todo** ~ every month; **(de)** ~ **a** ~ every month; **por** ~ a ou per month.

mesa ['meza] *f* table; **estar na** ~ (*comida*) to be on the table; (*pessoa*) to be at the table; **pôr/tirar a** ~ to lay/clear the table; **sentar-se à** ~ to sit at the table; ~ **de centro** coffee table; ~ **telefónica** switchboard.

mesada [me'zada] *f* monthly allowance.

meses → **mês**.

mesmo, ma ['meʒmu, ma] *adj* same. ◆ *adv* (*até*) even; (*exatamente*) exactly; (*para enfatizar*) really. ◆ *pron*: **o** ~/**a mesma** the same; **eu** ~ I myself; **comprou-o para ele** ~/**ela mesma** he/she bought it for himself/herself; **isso** ~! that's it!; ~ **assim** even so; ~ **que se** even if; **nem** ~ not even; **o** ~ **que** the same thing as; **valer o** ~ **que** to cost the same as; **só** ~ **um louco para agir assim!** only a fool would do that!

mesquinho, nha [meʃ'kiɲu, ɲa] *adj* stingy.

mesquita [meʃ'kita] *f* mosque.

mestiço, ça [meʃ'tʃisu, sa] *adj* of mixed race. ◆ *m, f* person of mixed race.

mestre ['mɛʃtri] *m* master.

meta ['mɛta] *f* (*em corrida*) finishing line; (*objetivo*) goal.

metade [me'tadʒi] *f* half; ~ **do preço** half-price; **fazer as coisas pela** ~ to do things half-heartedly; **fazer algo na** ~ **do tempo** to do sthg in half the time.

metáfora [me'tafora] *f* metaphor.

metal [me'taw] (*pl* -ais [-ajʃ]) *m* metal.

metálico, ca [me'taliku, ka] *adj* (*objeto*) metal; (*som*) metallic.

metalurgia [metalux'ʒia] *f* metallurgy.

meteorito [metju'ritu] *m* meteorite.

meteoro [me'tjoru] *m* meteor.

meteorologia [meteorolo'ʒia] *f* (*ciência*) meteorology; (*em televisão*) weather forecast.

meter [me'te(x)] *vt* to put; ~ **algo/alguém em algo** to put sthg/sb in sthg; ~ **algo na cabeça** to get sthg in one's head; ~ **medo** to be frightening; ~ **medo em alguém** to frighten sb.

□ **meter-se** *vp* to get involved; ~**se em algo** to get involved in sthg; ~**se na vida dos outros** to poke one's nose into other people's business; ~**se onde não é chamado** to stick one's nose in.

meticuloso, osa [metʃiku'lozu, ɔza] *adj* meticulous.

metódico, ca [me'tɔdʒiku, ka] *adj* methodical.

método ['mɛtodu] *m* method.

metralhadora [metraʎa'dora] *f* machine gun.

métrico, ca ['mɛtriku, ka] *adj* metric.

metro ['mɛtru] *m (medida)* meter; *(fita métrica)* tape measure; **a ~** by the meter.

metrô [me'tro] *m* **(metropolitano)** subway *Am*, underground *Brit*.

meu, minha ['mew, 'miɲa] *adj* my. ◆ *pron*: **o ~/a minha** mine; **um amigo ~** a friend of mine; **os ~s** *(a minha família)* my family.

mexer [me'ʃe(x)] *vt (corpo)* to move; *(culinária)* to stir. ◆ *vi (mover-se)* to move; **~ em algo** to touch sthg; **~ com algo** to get involved in sthg.
☐ **mexer-se** *vp (despachar-se)* to hurry up; *(mover-se)* to move; **mexa-se!** get a move on!

mexerico [meʃe'riku] *m* gossip.

México ['mɛʃiku] *m*: **o ~** Mexico.

mexilhão [meʃi'ʎãw] *(pl* **-ões** [-õjʃ]) *m* mussel.

micróbio [mi'krɔbju] *m* germ.

microcomputador [mikrokõmputa'do(x)] *m* personal computer.

microfone [mikro'fɔni] *m* microphone.

microondas [mikro'õndaʃ] *m inv* microwave.

microscópio [mikroʃ'kɔpju] *m* microscope.

migalha [mi'gaʎa] *f* crumb.

migração [migra'sãw] *(pl*

-ões [-õjʃ]) *f* migration.

mijar [mi'ʒa(x)] *vi* to piss.

mil ['miw] *num* a one thousand; **três ~** three thousand; **~ novecentos e noventa e sete** nineteen ninety-seven → **seis**.

milagre [mi'lagri] *m* miracle.

milênio [mi'lenju] *m* millennium.

milha ['miʎa] *f* mile.

milhão [mi'ʎãw] *(pl* **-ões** [-õjʃ]) *num* million; **um ~ de pessoas** a million people → **seis**.

milhar [mi'ʎa(x)] *(pl* **-res** [-riʃ]) *num* thousand → **seis**.

milho ['miʎu] *m* corn *Am*, maize *Brit*; **~ cozido** corn on the cob.

milhões → **milhão**.

milímetro [mi'limetru] *m* millimeter.

milionário, ria [miljo'narju, rja] *m, f* millionaire.

mim ['mĩ] *pron (com preposição: complemento indireto)* me; *(com preposição: reflexo)* myself; **a ~, você não engana** you don't fool me; **comprei-o para ~** *(mesmo* ou *próprio)* I bought it for myself.

mimar [mi'ma(x)] *vt (criança)* to spoil; *(por gestos)* to mimic.

mímica ['mimika] *f* mime.

mimo ['mimu] *m* cuddle; **cheio de ~s** spoiled.

mina ['mina] *f (de carvão, ouro)* mine.

mindinho [mĩn'dʒiɲu] *m* little finger.

mineiro, ra [mi'nejru, ra] *m, f* miner; *(de Minas Gerais)* native of Minas Gerais.

mineral [mine'raw] *(pl* **-ais** [-ajʃ]) *m* mineral.

minério [mi'nɛrju] *m* ore.

minha → **meu**.

minhoca [mi'nɔka] *f* earthworm.

miniatura [minja'tura] *f* miniature; **em** ~ in miniature.

mínimo, ma ['minimu, ma] *adj* minimum. ◆ *m*: **o** ~ de the minimum; **não faço a mínima idéia!** I haven't got a clue!; **no** ~ at least.

minissaia [,mini'saja] *f* miniskirt.

ministério [miniʃ'tɛrju] *m* ministry.

ministro, tra [mi'niʃtru, tra] *m, f* minister.

minoria [mino'ria] *f* minority; **estar em** ~ to be in the minority.

minúscula [mi'nuʃkula] *f* lower case letter; **em** ~**s** in lower case letters.

minúsculo, la [mi'nuʃkulu, la] *adj (muito pequeno)* minuscule, tiny; *(letra)* lower case.

minuto [mi'nutu] *m* minute; **só um** ~ ! just one minute!; **dentro de poucos** ~**s** in a few minutes; **em poucos** ~**s** in no time at all.

miolo [mi'olu] *m (de pão, bolo)* soft part of bread or cake.
❑ **miolos** *mpl* brains.

míope ['mjupi] *adj* shortsighted.

miopia [mju'pia] *f* shortsightedness.

miradouro [mira'doru] *m* viewpoint.

miragem [mi'raʒẽ] *(pl* **-ns** [-ʃ]) *f* mirage.

mirar [mi'ra(x)] *vt (apontar para)* to take aim; *(observar)* to look at.
❑ **mirar-se** *vp*: ~**-se em algo** to look at o.s. in sthg.

miscelânea [miʃse'lanja] *f (mistura)* mixture; *fig (confusão)* jumble.

miserável [mize'ravew] *(pl* **-eis** [-ejʃ]) *adj (pobre)* poverty-stricken; *(desgraçado)* unfortunate.

miséria [mi'zɛrja] *f (pobreza)* poverty; *(desgraça)* misery; *(sordidez)* squalor; *(pouca quantidade)* pittance.

misericórdia [mizeri'kɔrdja] *f* mercy; **pedir** ~ to ask for mercy.

missa ['misa] *f* mass.

missão [mi'sãw] *(pl* **-ões** [-õjʃ]) *f* mission.

míssil [misiw] *(pl* **-eis** [-ejʃ]) *m* missile.

missionário, ria [misjo'narju, rja] *m, f* missionary.

missões → **missão**.

mistério [miʃ'tɛrju] *m* mystery.

misterioso, osa [miʃte'rjozu, ɔza] *adj* mysterious.

misto, ta ['miʃtu, ta] *adj* mixed.

mistura [miʃ'tura] *f* mixture.

misturar [miʃtu'ra(x)] *vt* to mix; *fig (confundir)* to mix up.

mito ['mitu] m myth.

miúdo, da [mi'udu, da] adj small.

❑ **miúdos** mpl: ~s de galinha giblets; **trocar algo em ~s** to explain sthg.

mo [mu] = me + o → me.

mobília [mo'bilja] f furniture.

Moçambique [mosãm'biki] s Mozambique.

mocassim [moka'sĩ] (pl -ns [-ʃ]) m mocassin.

mochila [mo'ʃila] f backpack.

mocidade [mosi'dadʒi] f youth.

moço, ça ['mosu, sa] adj young. ◆ m, f boy; (atendente) shop assistant.

moda ['mɔda] f fashion; **à ~ de** in the style of; **estar fora de ~** to be out of fashion; **estar na ~** to be in fashion, to be fashionable; **sair de ~** to go out of fashion.

modalidade [modali'dadʒi] f (de esporte) discipline; (de pagamento) method.

modelo [mo'delu] m model; (de roupa) design.

modem ['mɔdɛm] m modem.

moderado, da [mode'radu, da] adj moderate.

moderar [mode'ra(x)] vt (restringir) to moderate; (reunião, debate) to chair.

modernizar [modexni'za(x)] vt to modernize.

moderno, na [mo'dɛxnu, na] adj modern.

modéstia [mo'dɛʃtja] f mod-

esty; **~ à parte** modesty aside.

modesto, ta [mo'dɛʃtu, ta] adj modest.

modificar [modʒifi'ka(x)] vt to modify.

❑ **modificar-se** vp to change.

modo ['mɔdu] m way; GRAM mood; **~ de usar** directions pl; **com bons ~s** politely; **com maus ~s** impolitely; **de certo ~** in some ways; **de ~ nenhum!** no way!; **de ~ que** so (that); **de qualquer ~** anyway; **de tal ~ que** so much that.

moeda ['mweda] f (de metal) coin; (em geral) currency; **~ estrangeira** foreign currency.

moer ['mwe(x)] vt to grind.

mofo ['mofu] m mold.

mogno ['mɔgnu] m mahogany.

moído, da [mw'ido, da] adj (café, pimenta) ground; **estar ~** (estar cansado) to be done in.

moinho [mwˈiɲu] m mill; **~ de café** coffee grinder; **~ de vento** windmill.

mola [ˈmɔla] f (em colchão, sofá) spring.

molar [moˈla(x)] (pl **-res** [-riʃ]) m molar.

moldar [mowˈda(x)] vt to mould.

moldura [mowˈdura] f frame.

mole [ˈmɔli] adj soft; (pessoa) docile.

molécula [muˈlɛkula] f molecule.

molestar [moleʃˈta(x)] vt (maltratar) to hurt; (aborrecer) to annoy.

molhar [moˈʎa(x)] vt to wet. ❑ **molhar-se** vp to get wet.

molho¹ [ˈmoʎu] m sauce; **~ de tomate** tomato sauce; **pôr de ~** to soak.

molho² [ˈmɔʎu] m (de lenha) stack; (de palha, erva) bundle; **~ de chaves** bunch of keys.

momento [moˈmẽtu] m moment; **um ~!** just a moment!; **a qualquer ~** any minute now; **até a ~** (up) until now; **de/neste ~** at the moment; **dentro de ~s** shortly; **em dado ~** at any given moment.

monarca [moˈnaxka] mf monarch.

monarquia [monaxˈkia] f monarchy.

monge [ˈmõʒi] m monk.

monitor, ra [moniˈto(x), ra] (mpl **-res** [-riʃ], fpl **-s** [-ʃ]) m, f (em colônia de férias) activity director. ◆ m (de televisão) (television) screen; (de computador) monitor, VDU.

monopólio [monoˈpɔlju] m monopoly.

monótono, na [moˈnɔtonu, na] adj (pessoa) tedious; (vida, trabalho) monotonous.

monstro [ˈmõʃtru] m monster.

montagem [mõnˈtaʒẽ] (pl **-ns** [-ʃ]) f (de máquina) assembly; (de esquema) drawing up; (de fotografia) montage; (de filme) editing.

montanha [mõnˈtaɲa] f mountain.

montanha-russa [mõnˌtaɲaˈrusa] (pl **montanhas-russas** [mõnˌtaɲaʃˈrusaʃ]) f roller coaster.

montanhismo [mõntaˈniʒmu] m mountain climbing.

montanhoso, osa [mõntaˈnozu, ɔza] adj mountainous.

montante [mõnˈtãntʃi] m total.

montar [mõnˈta(x)] vt (barraca) to put up; (acampamento) to set up; (máquina) to assemble; (filme) to edit. ◆ vi (fazer hipismo) to ride; **~ a cavalo** to ride (horseback).

monte [ˈmõntʃi] m (montanha) mountain; **comida aos ~s** loads of food.

monumento [monuˈmẽtu] m monument; **~ comemorativo** memorial.

moradia [moraˈdia] f house.

morador, ra [moraˈdo(x), ra] (mpl **-res** [-riʃ], fpl **-s** [-ʃ]) m, f resident.

motivar

moral [mo'raw] (*pl* **-ais** [-ajʃ])
adj moral. ◆ *f* (*social*) morals *pl*;
(*conclusão*) moral. ◆ *m* (*ânimo,
disposição*) morale.

morango [mo'rãngu] *m* strawberry.

morar [mo'ra(x)] *vi* to live.

mórbido, da ['mɔxbidu, da]
adj morbid.

morcego [mox'segu] *m* bat.

mordaça [mox'dasa] *f* (*em pessoa*) gag; (*em animal*) muzzle.

morder [mox'de(x)] *vt* to bite.

mordida [mox'dida] *f* bite.

mordomo [mox'domu] *m* butler.

moreno, na [mo'renu, na] *adj*
(*tez, pele*) dark; (*de sol*) tanned.

morfina [mox'fina] *f* morphine.

moribundo, da [mori'bũndu,
da] *adj* dying.

morno, morna ['moxnu,
'moxna] *adj* lukewarm.

morrer [mo'xe(x)] *vi* to die; (*fogo, luz*) to die down; (*motor*) to
stall; **estou morrendo de fome**
I'm starving; ~ **de rir** to laugh
one's head off; ~ **de vontade
de fazer algo** to be dying to do
sthg; ~ **na praia** to fall at the
last jump.

morro ['moxu] *m* (*monte*) hill;
(*favela*) slum.

mortal [mox'taw] (*pl* **-ais** [-ajʃ])
adj (*pessoa, animal*) mortal; (*acidente, ferida*) fatal; (*doença*) terminal. ◆ *mf* mortal.

mortalha [mox'taʎa] *f* (*de cadáver*) shroud.

mortalidade [moxtali'dadʒi] *f*
mortality; ~ **infantil** infant
mortality.

morte ['mɔxtʃi] *f* (*natural*)
death; (*homicídio*) murder; **estar
pensando na** ~ **da bezerra** to
daydream; **ser de** ~ (*cômico*) to
be hysterical.

morto, ta ['moxtu, ta] *pp* →
matar. ◆ *adj* dead. ◆ *m, f* dead
person; **estar** ~ to be dead; (*de
cansaço*) *fig* to be dead tired;
estar ~ **de fome** to be starving;
ser ~ to be killed.

mos [moʃ] = **me** + **os** → **me.**

mosaico [mo'zajku] *m* mosaic.

mosca ['moʃka] *f* fly; **acertar
na** ~ to hit the nail on the
head.

moscatel [moʃka'tɛw] (*pl* **-éis**
[-ɛjʃ]) *m* Muscatel.

mosquito [moʃ'kitu] *m* mosquito.

mostarda [moʃ'taxda] *f* mustard.

mosteiro [moʃ'tejru] *m* monastery.

mostrador [moʃtra'do(x)] (*pl*
-res [-riʃ]) *m* (*de relógio*) face; (*de
velocímetro*) dial.

mostrar [moʃ'tra(x)] *vt* to
show; ~ **algo a alguém** to
show sthg to sb, to show sb
sthg; ~ **interesse em** to show
an interest in.
❑ **mostrar-se** *vp* to seem;
(*exibir-se*) to show off.

motim [mo'tʃĩ] (*pl* **-ns** [-ʃ]) *m*
uprising.

motivar [motʃi'va(x)] *vt* (*causar*)
to cause; (*aluno*) to motivate.

motivo 196

motivo [mo'tʃivu] *m* motive; **por ~ de** due to; **sem ~s** for no reason.

motocicleta [ˌmotosi'kleta] *f* motorcycle.

motor [mo'to(x)] (*pl* **-res** [-riʃ]) *m* engine, motor; **~ de arranque** starter motor.

motorista [moto'riʃta] *mf* driver.

mourisco, ca [mo'riʃku, ka] *adj* Moorish.

móvel ['mɔvɛw] (*pl* **-eis** [-ejʃ]) *adj* mobile. ◆ *m* piece of furniture.

◻ **móveis** *mpl* furniture *sg*.

mover [mo've(x)] *vt* to move; (*campanha*) to instigate.

◻ **mover-se** *vp* to move.

movimentado, da [moviˌmẽn'tadu, da] *adj* (*rua, local*) busy.

movimento [movi'mẽntu] *m* movement; (*em rua, estabelecimento*) activity; **em ~** in motion.

mudança [mu'dãsa] *f* (*modificação*) change; (*de casa*) move; (*de veículo*) gear.

mudar [mu'da(x)] *vt* (*alterar*) to change; (*de posição*) to move. ◆ *vi* (*alterar-se*) to change.

◻ **mudar de** *v* + *prep* to change; (*de casa*) to move; **~ de idéia** to change one's mind; **~ de roupa** to change one's clothes.

◻ **mudar-se** *vp* to move (house); **~-se para** to move to.

mudo, da ['mudu, da] *adj* (*pessoa*) dumb; (*cinema*) silent; **ficar ~** *fig* to be lost for words.

muito, ta ['mũĩntu, ta] *adj* a lot

of. ◆ *pron* a lot. ◆ *adv* (*com verbo*) a lot; (*com adjetivo*) very; (*demais*) too; **já não tenho ~ tempo** I don't have much time left; **há ~ tempo** a long time ago; **te-nho ~ sono** I'm really tired; **~ bem!** very good!; **~ antes** long before; **~ pior** much ou far worse; **quando ~** at the most; **não ganho ~** I don't earn much.

mula ['mula] *f* mule.

muleta [mu'leta] *f* crutch.

mulher [mu'ʎe(x)] (*pl* **-res** [-riʃ]) *f* woman; (*esposa*) wife.

multa ['muwta] *f* fine; **levar uma ~** to get a fine.

multar [muw'ta(x)] *vt* to fine.

multidão [muwti'dãw] (*pl* **-ões** [-õjʃ]) *f* (*de pessoas*) crowd; (*de coisas*) host.

multinacional [ˌmuwtʃinasju'naw] (*pl* **-ais** [-ajʃ]) *f* multinational.

multiplicar [muwtʃipli'ka(x)] *vt & vi* to multiply; **~ por** to multiply by.

◻ **multiplicar-se** *vp* (*reproduzir-se*) to multiply.

múltiplo, pla ['muwtʃiplu, pla] *adj & m* multiple.

múmia ['mumja] *f* mummy.

mundial [mũn'dʒjaw] (*pl* **-ais** [-ajʃ]) *adj* world (*antes de s*). ◆ *m* (*de futebol*) World Cup; (*de atletismo, etc*) World Championships *pl*.

mundo ['mũndu] *m* world; **o outro ~** the hereafter; **não é nada do outro ~** it's nothing out of the ordinary; **por nada**

deste ~ for love nor money; **vai ser o fim do** ~ all hell will break loose; **todo** ~ everyone, everybody; **viver no** ~ **da lua** to be in one's own little world.

munição [muni'sãw] (*pl* -ões [-õjʃ]) *f* ammunition.

municipal [munisi'paw] (*pl* -ais [-ajʃ]) *adj* city (antes de s), municipal.

município [muni'sipju] *m* (cidade) city; (organismo) city hall.

munições → munição.

munir [mu'ni(x)] *vt*: ~ **alguém de algo** to supply sb with sthg. ❏ **munir-se** *vp* + *prep* to arm o.s. with.

mural [mu'raw] (*pl* -ais [-ajʃ]) *m* mural.

muralha [mu'raʎa] *f* wall; (fortaleza) ramparts *pl*.

murchar [mux'ʃa(x)] *vi* to wilt.

murcho, cha ['muxʃu, ʃa] *adj* (flor, planta) wilted; fig (sem animação) listless.

murmurar [muxmu'ra(x)] *vt* to murmur.

murmúrio [mux'murju] *m* murmur.

muro ['muru] *m* wall.

murro ['muxu] *m* punch; **dar um** ~ **em alguém** to punch sb; **dar** ~ **em ponta de faca** to beat one's head against a wall.

musa ['muza] *f* muse.

musculação [muʃkula'sãw] *f* body building.

músculo ['muʃkulu] *m* muscle.

musculoso, osa [muʃku'lozu, ɔza] *adj* muscular.

museu [mu'zew] *m* museum; ~ **de arte moderna** modern art museum.

musgo ['muʒgu] *m* moss.

música ['muzika] *f* music; ~ **ambiente** background music; **'~ ao vivo'** 'live music'; ~ **clássica** classical music; **dançar conforme a** ~ fig to play along.

musical [muzi'kaw] *adj* musical.

músico, ca ['muziku, ka] *m, f* musician.

musse ['musi] *f* mousse; ~ **de chocolate** chocolate mousse.

mútuo, tua ['mutwu, twa] *adj* mutual; **de** ~ **acordo** by mutual agreement.

N

na [na] = **em** + **a** → **em**.

-na [na] *pron* (pessoa) her; (coisa) it; (você) you.

nabo ['nabu] *m* (planta) turnip.

nação [na'sãw] (*pl* -ões [-õjʃ]) *f* nation.

nacional [nasjo'naw] (*pl* -ais [-ajʃ]) *adj* national.

nacionalidade [nasjonali'dadʒi] *f* nationality.

nações → nação.

nada ['nada] *pron* (coisa nenhuma) nothing; (em negativas) anything. ◆ *adv*: **não gosto** ~ **disto** I don't like it at all; **de** ~! don't mention it!; ~ **de novo** nothing new; **ou tudo ou ~** all or nothing; **antes de mais ~** first of all; **é uma coisa de ~** it's nothing (at all); **não servir para ~** to be no help at all, to be useless; **não adianta ~ resmungar** there's no point in whining about it.

nadador, ra [nada'do(x), ra] (*mpl* **-res** [-rif], *fpl* **-s** [-ʃ]) *m, f* swimmer.

nadar [na'da(x)] *vi* to swim; **~ em** *fig* (ter muito de) to be swimming in.

nádegas ['nadegaʃ] *fpl* buttocks.

naipe ['najpi] *m* suit.

namorado, da [namo'radu, da] *m, f* boyfriend.

não [nãw] *adv* (em respostas) no; (em negativas) not; **ainda ~** I still haven't seen him; **~ é aqui, é?** it isn't here, is it?; **~ é?** isn't it?; **pelo sim, pelo ~** just in case; **'~ fumar'** 'no smoking'.

não-fumante [,nãwfu'mãntʃi] *mf* non-smoker.

naquela [na'kɛla] = **em** + **aquela → em.**

naquele [na'keli] = **em** + **aquele → em.**

naquilo [na'kilu] = **em** + **aquilo → em.**

narcótico [nax'kɔtʃiku] *m* narcotic.

narina [na'rina] *f* nostril.

nariz [na'riʃ] (*pl* **-zes** [-ziʃ]) *m* nose; **meter o ~** to be a busybody; **torcer o ~** (para algo) *fig* to turn one's nose up (at sthg).

narração [naxa'sãw] (*pl* **-ões**

[-õjʃ]) *f* (ato) narration; (conto, história) narrative.

narrar [na'xa(x)] *vt* to narrate.

nas [naʃ] = **em** + **as → em.**

-nas [naʃ] *pron pl* (elas) them; (vocês) you.

nascença [naʃ'sẽsa] *f* birth; **de ~** (problema, defeito) congenital.

nascente [naʃ'sẽntʃi] *f* (de rio) source; (de água) spring.

nascer [naʃ'se(x)] *vi* (pessoa, animal) to be born; (planta) to sprout; (sol) to rise. ◆ *m* (de sol) sunrise; (de lua) moonrise; **~ para ser algo** to be born to be sthg.

nascimento [naʃsi'mẽntu] *m* birth.

nata ['nata] *f* cream.

natação [nata'sãw] *f* swimming.

natal [na'taw] (*pl* **-ais** [-ajʃ]) *adj* home (antes de s). □ **Natal** *m* Christmas; **Feliz Natal!** Merry Christmas!

nativo, va [na'tʃivu, va] *adj & m, f* native.

natural [natu'raw] (*pl* **-ais** [-ajʃ]) *adj* natural; **ao ~** (fruta) fresh; **como é ~** as is only natural; **é ~ que** it's understandable (that); **ser ~ de** to be from.

naturalidade [naturali'dadʒi] *f* (origem) birthplace; (simplicidade) naturalness.

naturalmente [natural'mẽntʃi] *adv* naturally. ◆ *interj* naturally!, of course!

natureza [natu'reza] *f* nature; **da mesma ~** of the same kind; **por ~** by nature. □ **Natureza** *f*: **a Natureza** Nature.

natureza-morta [natuˌrezaˈmɔxta] f still life.

nau [ˈnaw] f ship.

naufragar [nawfraˈga(x)] vi to be wrecked.

naufrágio [nawˈfraʒju] m shipwreck.

náusea [ˈnawzea] f nausea.

náutico, ca [ˈnawtʃiku, ka] adj (atividade) water (antes de s); (clube) sailing (antes de s).

navalha [naˈvaʎa] f (barbeiro) razor; (faca) knife.

nave [ˈnavi] f (de igreja) nave; ~ **espacial** spaceship.

navegação [navegaˈsãw] f navigation.

navegador [navegaˈdo(x)] m INFORM browser.

navegar [naveˈga(x)] vi to sail; ~ **na Internet** to surf the Net.

navio [naˈviu] m ship.

neblina [neˈblina] f mist.

necessário, ria [neseˈsarju, rja] adj necessary. ◆ m: **o** ~ **the** bare necessities pl; **quando** ~ when necessary; **se** ~ if necessary.

necessidade [nesesiˈdadʒi] f (carência) necessity, need; **de primeira** ~ essential; **sem** ~ needlessly; **ter** ~ **de fazer algo** to need to do sthg. □ **necessidades** fpl: **fazer as** ~**s** to go to the toilet.

necessitar [nesesiˈta(x)] vt to need. □ **necessitar de** v + prep to need.

necrotério [nekroˈtɛrju] m morgue.

nefasto, ta [neˈfaʃtu, ta] adj (acontecimento) terrible; (atmosfera) bad.

negar [neˈga(x)] vt to deny. □ **negar-se** vp: ~**-se algo** to deny o.s. sthg; ~**-se a fazer algo** to refuse to do sthg.

negativo, va [negaˈtʃivu, va] adj negative; (saldo bancário) overdrawn; (temperatura) below-zero. ◆ m (de filme, fotografia) negative.

negligente [negliˈʒẽtʃi] adj negligent.

negociação [negosjaˈsãw] (pl -ões [-õjʃ]) f negotiation.

negociar [negosiˈa(x)] vt (acordo, preço) to negotiate. ◆ vi COM to do business.

negócio [neˈgɔsju] m business; (transação) deal; **fazer** ~**s com alguém** to do business with sb; ~**s escusos** shady deals.

negro, gra [ˈnegru, gra] adj (negru, gra) black; (céu) dark; (raça) black; fig (difícil) bleak. ◆ m, f black man.

nela [ˈnɛla] = **em** + **ela** → **em.**

nele [ˈneli] = **em** + **ele** → **em.**

nem [ˈnẽj] adv not even. ◆ conj: **não gosto** ~ **de cerveja** ~ **de vinho** I like neither beer nor wine; **não gosto** ~ **de um** ~ **de outro** I don't like either of them; ~ **por isso** not really; ~ **que** even if; ~ **sempre** not always; ~ **tudo** not everything; ~ **um** ~ **outro** neither one nor the other; ~ **pensar!** don't even think about it!

nenhum, ma [neˈɲũ, ma] (mpl

-ns [-ʃ], fpl **-s** [-ʃ] adj no. ◆ pron none; **não comprei livro ~** I didn't buy a single book; **não quero nenhuma bebida** I don't want anything to drink; **não tive problema ~** I didn't have any problems; **~ professor é perfeito** no teacher is perfect; **~ de** none of, not one of; **~ dos dois** neither of them.

nervo ['nɛxvu] m nerve; (em carne) sinew.
❑ **nervos** mpl nerves.

nervosismo [nɛxvo'ziʒmu] m nerves pl.

nessa ['nɛsa] = **em** + **essa** → em.

nesse ['nesi] = **em** + **esse** → em.

nesta ['nɛʃta] = **em** + **esta** → em.

neste ['neʃtʃi] = **em** + **este** → em.

neto, ta ['nɛtu, ta] m, f grandson.

neurose [new'rɔzi] f neurosis.

neutralidade [newtrali'dadʒi] f neutrality.

neutralizar ['newtrali'za(x)] vt to neutralize.

neutro, tra ['newtru, tra] adj neutral; GRAM neuter.

nevar [ne'va(x)] v impess to snow; **está nevando** it's snowing.

neve ['nɛvi] f snow.

névoa ['nɛvwa] f mist.

nevoeiro [ne'vwejru] m fog.

nicotina [niko'tʃina] f nicotine.

ninguém [nĩŋ'gãj] pron no-

body, no one; (em negativas) anyone, anybody; **não tem ~ (em casa)** there's nobody in; **não vi ~** I didn't see anyone; **~ sabe o que aconteceu** nobody knows what happened.

ninho ['niɲu] m nest; fig (lar) home.

níquel ['nikɛw] (pl **-eis** [-ejʃ]) m nickel.

nissei [ni'sej] mf Brazilian of Japanese parentage.

nisso ['nisu] = **em** + **isso** → em.

nisto ['niʃtu] = **em** + **isto** → em.

nitidez [nitʃi'deʃ] f clarity.

nítido, da ['nitʃidu, da] adj clear.

nível ['nivɛw] (pl **-eis** [-ejʃ]) m level; (qualidade) quality; **ao ~ de** in terms of; **~ do mar** sea level; **~ de vida** standard of living.

no [nu] = **em** + **o** → em.

nó ['nɔ] m knot; (em dedo) knuckle; **dar um ~** to tie a knot; **estar com um ~ na garganta** to have a lump in the throat.

-no [nu] pron (pessoa) him; (coisa) it; (você) you.

nobre ['nɔbri] adj noble.

noção [no'sãw] (pl **-ões** [-õjʃ]) f notion.

nocivo, va [no'sivu, va] adj (produto) noxious; (alimento) unwholesome.

noções [no'sõjʃ] → noção.

nódoa ['nɔdwa] f (em roupa, toalha) stain; (em reputação) blemish.

noite ['nojtʃi] f night; *(fim da tarde)* evening; **boa ~!** good night!; **à ~** at night; **esta ~ (mais tarde)** tonight; *(ao fim da tarde)* this evening; **dia e ~** night and day; **por ~** per night; **da ~ para o dia** overnight.

noivado [noj'vadu] m engagement.

noivo, va ['nojvu, va] m, f fiancé; **estar ~ de alguém** to be engaged to sb. □ **noivos** mpl bride and groom; **eles estão ~s** they are engaged.

nojento, ta [no'ʒẽtu, ta] adj disgusting.

nojo ['noʒu] m disgust, revulsion; **dar ~** to be disgusting; **ter sentir ~ de** to be disgusted by.

nome ['nomi] m name; GRAM noun; **~ de batismo** Christian name; **~ completo** full name; **~ de guerra** nom de guerre; **~ próprio, primeiro ~** first name; **de ~** by name; **em ~ de** on behalf of.

nomeação [nomja'sãw] *(pl -ões* [-õjʃ]) f *(para prêmio)* nomination; *(para cargo)* appointment.

nomear [nomi'a(x)] vt *(mencionar nome de)* to name; *(para prêmio)* to nominate; *(para cargo)* to appoint.

nonagésimo, ma [nona'ʒɛzimu, ma] num ninetieth → **sexto.**

nono, na ['nonu, na] num ninth → **sexto.**

nora ['nɔra] f *(familiar)* daughter-in-law.

nordeste [nox'dɛʃtʃi] m northeast; **no ~** in the northeast.

nordestino, na [nɔxdɛʃ'tʃinu, na] adj northeastern. ◆ m, f Northeasterner.

norma ['nɔxma] f *(padrão)* standard; *(regra)* rule; **por ~** as a rule.

normal [nox'maw] *(pl -ais* [-ajʃ]) adj normal.

noroeste [no'rwɛʃtʃi] m northwest; **no ~** in the northwest.

norte ['nɔxtʃi] adj *(vento, direção)* northerly. ◆ m north; **a ou no ~** in the north; **ao ~ de** north of.

norte-americano, na [nɔxtʒameri'kanu, na] adj & m, f (North) American.

nos[1] [noʃ] = **em + os** ou **em.**

nos[2] [noʃ] pron pl *(complemento direto)* us; *(complemento indireto)* (to) us; *(reflexo)* ourselves; *(recíproco)* each other, one another; **ela ~ falou** she told us; **nós ~ machucamos** we hurt ourselves; **nunca ~ enganamos** we're never wrong; **~ beijamos** we kissed (each other); **odiamo- ~** we hate each other.

nós [nɔʃ] pron *(sujeito)* we; *(complemento)* us; **e ~?** what about us?; **somos ~** it's us; **~ mesmos** ou **próprios** we ourselves.

-nos [noʃ] pron pl *(eles)* them; *(vocês)* you → **nos**[2].

nosso, a ['nosu, a] adj our. ◆ pron: **o ~ (a nossa** ou**)** ours; **um amigo ~** a friend of ours; **os ~s (a nossa família)** our family.

nostalgia [noʃtaw'ʒia] f nostalgia.

nostálgico, ca [noʃ'tawʒiku, ka] adj nostalgic.

nota ['nɔta] f note; (classificação) mark; **tomar ~ de algo** to make a note of sthg.

notável [no'tavew] (pl **-eis** [-ejʃ]) adj (ilustre) distinguished; (extraordinário) outstanding.

notícia [no'tʃisja] f piece of news.

❑ **notícias** fpl (noticiário) news sg.

noticiário [notʃi'sjarju] m newscast, news bulletin.

notificar [notʃifi'ka(x)] vt to notify.

noturno, na [no'tuxnu, na] adj (atividade) night (antes de s); (aula) evening (antes de s); (pessoa, animal) nocturnal.

nova ['nɔva] f piece of news; **ter boas ~s** to have some good news.

novamente [ˌnɔva'mẽntʃi] adv again.

novato, ta [no'vatu, ta] m, f beginner.

nove ['nɔvi] num nine → **seis**.

novecentos, tas [nɔve'sẽntuʃ, taʃ] num nine hundred → **seis**.

novela [no'vɛla] f (livro) novel; (em televisão) soap opera.

novelo [no'velu] m ball.

novembro [no'vẽmbru] m November → **setembro**.

noventa [no'vẽnta] num ninety → **seis**.

novidade [novi'dadʒi] f (notícia) piece of news; (em vestuário) latest fashion; (novo disco) new release; **há ~s?** any news?

novo, nova ['novu, 'nɔva] adj new; (jovem) young; **~ em folha** brand new.

noz ['nɔʒ] (pl **-zes** [-ziʃ]) f walnut.

noz-moscada [ˌnɔʒmoʃ'kada] f nutmeg.

nu, nua ['nu, 'nua] adj naked; **~ em pêlo** stark naked.

nublado, da [nu'bladu, da] adj cloudy.

nuca ['nuka] f nape (of the neck).

nuclear [nukle'a(x)] (pl **-res** [-riʃ]) adj nuclear.

núcleo ['nukliu] m nucleus.

nudez [nu'deʒ] f nudity.

nudista [nu'dʒiʃta] mf nudist.

nulo, la ['nulu, la] adj (sem efeito, valor) null and void; (incapaz) useless; (nenhum) nonexistent.

num [nũ] = **em** + **um** → **em**.

numa ['numa] = **em** + **uma** → **em**.

numeral [nume'raw] (pl **-ais** [-ajʃ]) m numeral.

numerar [nume'ra(x)] vt to number.

número ['numeru] m number; (de sapatos, peça de vestuário) size; (de revista) issue; **~ de inscrição** application number; **~ de telefone** telephone number.

numeroso, osa [nume'rozu, ɔza] adj (família, grupo) large; (vantagens, ocasiões) numerous.

nunca ['nũŋka] adv never; **mais**

do que ~ more than ever; ~ **mais** never again; ~ **se sabe** you never know; ~ **na vida** never ever.

nuns [nũʃ] = **em + uns → em**.

núpcias ['nupsjaʃ] *fpl* marriage *sg*.

nutrição [nutri'sãw] *f* nutrition.

nutrir [nu'tri(x)] *vt fig (acalentar)* to nurture; ~ **uma paixão por alguém** to carry a torch for sb.

nutritivo, va [nutri'tʃivu, va] *adj* nutritious.

nuvem ['nuvẽ] *(pl* -**ns** [-ʃ]*) f* cloud.

O

o, a [u, a] *(mpl* **os** [uʃ]*, fpl* **as** [aʃ]*)) artigo definido* - **1.** *(com substantivo genérico)* the; **a casa** the house; **o hotel** the hotel; **os alunos** the students.

- **2.** *(com substantivo abstrato)*: **a vida** life; **o amor** love; **os nervos** nerves.

- **3.** *(com adjetivo substantivado)*: **o melhor/pior** the best/worst; **vou fazer o possível** I'll do what I can.

- **4.** *(com nomes geográficos)*: **a Inglaterra** England; **o Amazonas** the Amazon; **o Brasil** Brazil; **os Estados Unidos** the United States.

- **5.** *(indicando posse)*: **quebrei o nariz** I broke my nose; **estou com os pés frios** my feet are cold.

- **6.** *(com nome de pessoa)*: **o Alexandre** Alexandre; **a Helena** Helena; **o Sr. Mendes** Mr. Mendes.

- **7.** *(por cada)* a, per; **3 reais à dúzia** 3 reais a dozen.

- **8.** *(com datas)* the; **o dois de Abril** the second of April, April second.

◆ *pron* - **1.** *(pessoa)* him, them *pl*; **eu a deixei ali** I left her there; **ela o amava muito** she loved him very much; **não os vi** I didn't see them.

- **2.** *(você, vocês)* you; **prazer em conhecê-los, meus senhores** pleased to meet you, gentlemen.

- **3.** *(coisa)* it, them *pl*; **onde estão os papéis? não consigo achá-los** where are the papers? I can't find them.

- **4.** *(em locuções)*: **o/a da esquerda** the one on the left; **os que desejarem vir terão de pagar** those who wish to come will have to pay; **o que (é que) ...?** what ...?; **o que (é que) está acontecendo?** what's going on?; **era o que eu pensava** it's just as I thought; **o quê?** what?

oásis [ɔ'aziʃ] *m inv* oasis.

obedecer [obede'se(x)] *vi* to do as one is told, to obey; ~ **a** to obey.

obediente [obe'dʒjẽtʃi] *adj* obedient.

obesidade [obezi'dadʒi] *f* obesity.

obeso

obeso, sa [o'bezu, za] *adj* obese.

óbito ['ɔbitu] *m* death.

obituário [obitw'arju] *m* obituary.

objeção [obʒe'sãw] (*pl* -**ões** [-õjʃ]) *f* objection.

objetiva [obʒe'tʃiva] *f* (*de máquina fotográfica*) lens.

objetivo, va [obʒe'tʃivu, va] *adj & m* objective.

objeto [ob'ʒɛtu] *m* object.

obra ['ɔbra] *f* work; (*construção*) construction site; ~ **de arte** work of art; ~ **de caridade** (*instituição*) charity. □ **obras** *fpl* (*reparações*) repairs; '**em obras**' 'closed for renovation'.

obra-prima [ˌɔbra'prima] (*pl* **obras-primas** [ˌɔbraʃ'primaʃ]) *f* masterpiece.

obrigação [obriga'sãw] (*pl* -**ões** [-õjʃ]) *f* obligation; (*título de crédito*) bond.

obrigado, da [obri'gadu, da] *interj* thank you!; **muito** ~ ! thank you very much!; ~ **por** ... thank you for ...

obrigar [obri'ga(x)] *vt*: ~ **alguém a fazer algo** to force sb to do sthg.

obrigatório, ria [obriga'tɔrju, rja] *adj* compulsory.

obsceno, na [obʃ'senu, na] *adj* obscene.

observação [obsexva'sãw] (*pl* -**ões** [-õjʃ]) *f* observation; (*comentário*) comment; (*de lei, regra*) observance.

observador, ra [obsexva-

do(x), ra] (*mpl* -**res** [-riʃ], *fpl* -**s** [-ʃ]) *m, f* observer.

observar [obsex'va(x)] *vt* to observe; (*dizer*) to remark.

observatório [obsexva'tɔrju] *m* observatory.

obsessão [obse'sãw] (*pl* -**ões** [-õjʃ]) *f* obsession.

obstáculo [obʃ'takulu] *m* obstacle.

obstinado, da [obʃtʃi'nadu, da] *adj* obstinate.

obstrução [obʃtru'sãw] (*pl* -**ões** [-õjʃ]) *f* obstruction.

obter [ob'te(x)] *vt* to get.

obturação [obtura'sãw] (*pl* -**ões** [-õjʃ]) *f* (*de dente*) filling.

óbvio, via ['ɔbvju, vja] *adj* obvious; **como é** ~ obviously.

ocasião [oka'zjãw] (*pl* -**ões** [-õjʃ]) *f* (*momento determinado*) occasion; (*oportunidade*) opportunity; **nessa** ~ at the time; **por** ~ **de** during; **ter** ~ **de fazer algo** to have occasion to do sthg; **aproveitar a** ~ **para** ... to take the opportunity to ...

oceano [ose'ãno] *m* ocean.

ocidental [osidẽn'taw] (*pl* -**ais** [-ajʃ]) *adj* western.

ocidente [osi'dẽntʃi] *m* west. □ **Ocidente** *m*: **o Ocidente** the West.

ócio ['ɔsju] *m* leisure.

oco, oca ['oku, 'ɔka] *adj* hollow.

ocorrência [oko'xẽsja] *f* (*incidente*) incident; (*freqüência*) occurrence.

ocorrer [oko'xe(x)] *vi* to happen.

olhar

octogésimo, ma [okto'ʒɛzi-mu, ma] *num* eightieth → **sexto.**

oculista [oku'liʃta] *mf (médico)* optometrist; *(vendedor)* optician.

óculos ['ɔkuluʃ] *mpl* glasses; ~ escuros sunglasses.

ocultar [okuw'ta(x)] *vt* to hide. ▫ **ocultar-se** *vp* to hide.

ocupado, da [oku'padu, da] *adj (casa)* occupied; *(lugar, assento)* taken; *(pessoa)* busy; 'está ~' *(telefone)* 'the line is busy'.

ocupar [oku'pa(x)] *vt* to take up; *(casa)* to live in; *(tempo)* to occupy. ▫ **ocupar-se** *vp* to keep o.s. busy; ~-se fazendo algo to spend one's time doing sthg; ~-se de to see to.

odiar [o'dʒia(x)] *vt* to hate.

ódio ['ɔdʒju] *m* hatred.

odor [o'do(x)] *(pl* -res [-riʃ]) *m* odor.

oeste ['wɛʃtʃi] *m* west; a ou no ~ in the west; a ~ de to the west of.

ofegante [ofe'gãntʃi] *adj* breathless.

ofegar [ofe'ga(x)] *vi* to pant.

ofender [ofẽn'de(x)] *vt* to offend. ▫ **ofender-se** *vp* to take offense; ~-se com algo to take offense at sthg.

oferecer [ofere'se(x)] *vt* to offer; *(dar)* to give; ~ algo a alguém *(presente, ajuda, lugar)* to give sb sthg; *(emprego)* to offer sb sthg. ▫ **oferecer-se** *vp:* ~-se para fa-

zer algo to offer to do sthg.

oferta [o'fɛxta] *f (presente)* gift; *(de emprego)* offer; COM supply.

oficial [ofisi'aw] *(pl* -ais [-ajʃ]) *adj* official. ◆ *mf (em marinha, exército)* officer.

oficina [ofi'sina] *f* workshop; *(mecânica)* garage.

ofício [o'fisju] *m (profissão)* trade; *(carta)* official letter.

ofuscar [ofuʃ'ka(x)] *vt* to dazzle.

oi [oj] *interj* hi!

oitavo, va [oj'tavu, va] *num* eighth → **sexto.**

oitenta [oj'tẽnta] *num* eighty → **seis.**

oito ['ojtu] *num* eight; nem ~ nem oitenta! there's no need to exaggerate! → **seis.**

oitocentos, tas [ojto'sẽntuʃ, taʃ] *num* eight hundred → **seis.**

olá [o'la] *interj* hello!

olaria [ola'ria] *f* pottery.

óleo ['ɔlju] *m* oil; ~ de bronzear suntan lotion; ~ diesel diesel fuel; ~ de girassol/soja sunflower/soy oil; ~ motor engine oil; ~ sobre tela oil painting.

oleoso, osa [oli'ozu, ɔza] *adj* greasy.

olfato [ow'fatu] *m* sense of smell.

olhadela [oʎa'dɛla] *f* glance; dar uma ~ em algo to have a quick look at sthg.

olhar [o'ʎa(x)] *vt* to look at. ◆ *vi* to look. ◆ *m* look; ~ para to look at; ~ por to look after.

olheiras [oˈʎɛjɾaʃ] *fpl*: **ter ~ to** have dark rings under one's eyes.

olho [ˈoʎu] (*pl* **olhos** [ˈɔʎuʃ]) *m* eye; **~ mágico** peephole; **a ~ nu** with the naked eye; **a ~ s vistos** visibly; **aos ~ s de** in the eyes of; **custar os ~ s da cara** to cost an arm and a leg; **estar de ~ em algo/alguém** to have one's eye on sthg/sb; **não pregar os ~ s** to not sleep a wink; **ver com bons/maus ~ s** to approve/disapprove of.

olímpico, ca [oˈlĩpiku, ka] *adj* Olympic.

ombro [ˈõbru] *m* shoulder; **encolher os ~ s** to shrug one's shoulders.

omelete [omeˈlɛtʃi] *f* omelette.

omissão [omiˈsãw] (*pl* **-ões** [-õjʃ]) *f* omission.

omitir [omiˈti(x)] *vt* to omit.

onça [ˈõsa] *f* (*animal*) jaguar; (*medida*) ounce.

onda [ˈõda] *f* wave; **~ média/longa/curta** medium/long/shortwave; **fazer ~** (*criar problemas*) to make waves; **ir na ~** (*deixar-se enganar*) to fall for sth.

onde [ˈõdʒi] *adv* where; **por ~ vamos?** which way are we going?

ondulado, da [õduˈladu, da] *adj* (*cabelo*) wavy; (*superfície*) rippled.

ônibus [ˈonibuʃ] *m inv* bus; (*interurbano*) coach; **~ espacial** space shuttle.

onipotente [ˌonipoˈtẽtʃi] *adj* omnipotent.

ontem [ˈõtẽ] *adv* yesterday; **~ de manhã/à tarde** yesterday morning/afternoon; **~ à noite** last night.

onze [ˈõzi] *num* eleven → **seis.**

opaco, ca [oˈpaku, ka] *adj* opaque.

opção [opˈsãw] (*pl* **-ões** [-õjʃ]) *f* option.

ópera [ˈɔpera] *f* opera.

operação [operaˈsãw] (*pl* **-ões** [-õjʃ]) *f* operation; (*comercial*) transaction.

operador, ra [operaˈdo(x), ra] (*mpl* **-res** [-riʃ], *fpl* **-s** [-ʃ]) *m, f*: **~ de computadores** computer operator.

operar [opeˈra(x)] *vi* MED to operate. ◆ *vt* MED to operate on.

operário, ria [opeˈrarju, rja] *m, f* worker.

opinar [opiˈna(x)] *vt* to think. ◆ *vi* to give one's opinion.

opinião [opiˈnjãw] (*pl* **-ões** [-õjʃ]) *f* opinion; **na minha ~** in my opinion; **ser da ~ de que** to be of the opinion that; **a ~ pública** public opinion.

oponente [opoˈnẽtʃi] *mf* opponent.

opor-se [oˈpoxsi] *vp* to object; **~ a** to oppose.

oportunidade [opoxtuniˈdadʒi] *f* opportunity; **aproveitar uma ~** to take an opportunity.

oportuno, na [opoxˈtunu, na] *adj* opportune.

oposição [opoziˈsãw] *f* opposition; (*diferença*) contrast; **a ~** POL the Opposition; **um político**

oriente

da ~ an Opposition politician.

oposto, osta [o'poʃtu, ɔʃta] adj opposite. ◆ m: **o** ~ the opposite; ~ a opposite.

opressão [opre'sãw] (pl -ões [-õjʃ]) f oppression.

opressivo, va [opre'sivu, va] adj oppressive.

opressões → opressão.

oprimir [opri'mi(x)] vt to oppress.

optar [op'ta(x)] vi to choose; ~ por algo to opt for sthg; ~ por fazer algo to opt to do sthg, to choose to do sthg.

ora ['ɔra] interj come on! ◆ conj well. ◆ adv: por ~ for now; ~ essa! well, well!; ~ ..., ~ ... one minute ..., the next ...

oração [ora'sãw] (pl -ões [-õjʃ]) f (prece) prayer; (frase) clause.

orador, ra [ora'do(x), ra] (mpl -res [-riʃ], fpl -s [-ʃ]) m, f (public) speaker.

oral [o'raw] (pl -ais [-ajʃ]) adj & f oral.

orar [o'ra(x)] vi (discursar) to give a speech; (rezar) to pray.

órbita ['ɔxbita] f (de olho) socket; (de planeta) orbit; fig (de ação, influência) sphere.

orçamento [oxsa'mẽntu] m (de Estado, empresa) budget; (para trabalho, serviço) estimate.

ordem ['ɔxdẽ] (pl -ns [-ʃ]) f order; até segunda ~ until further notice; dar ordens to give orders; de primeira ~ first-rate; pôr algo em ~ to straighten sthg up; por ~ in or-

der; por ~ de alguém on sb's orders; sempre às ordens! don't mention it!

ordenado [oxde'nadu] m wage.

ordenhar [oxde'ɲa(x)] vt to milk.

ordens → ordem.

ordinário, ria [oxdʒi'narju, rja] adj (grosseiro) crude.

orégano [o'reganu] m oregano.

orelha [o'reʎa] f ANAT ear.

orfanato [oxfa'natu] m orphanage.

órfão, fã ['ɔxfãw, fã] m, f orphan.

orgânico, ca [ox'ganiku, ka] adj organic.

organismo [oxga'niʒmu] m body.

organização [oxganiza'sãw] (pl -ões [-õjʃ]) f organization.

órgão ['ɔxgãw] m organ; (de empresa) body; ~ s sexuais ou genitais sexual organs, genitals.

orgulhar-se [oxgu'ʎaxsi] vp + prep: orgulhar-se de to be proud of.

orgulho [ox'guʎu] m pride.

orientação [orjẽnta'sãw] (pl -ões [-õjʃ]) f direction.

oriental [orjẽn'taw] (pl -ais [-ajʃ]) adj (do este) eastern; (do Extremo Oriente) oriental.

orientar [orjẽn'ta(x)] vt (guiar) to direct; (aconselhar) to advise. ❏ orientar-se por vp + prep to follow.

oriente [o'rjẽntʃi] m east.

orifício 208

◻ **Oriente** *m*: **o Oriente** the Orient.

orifício [ori'fisju] *m* orifice.

origem [o'riʒẽ] (*pl* **-ns** [-ʃ]) *f* origin.

original [oriʒi'naw] (*pl* **-ais** [-ajʃ]) *adj & m* original.

originar [oriʒi'na(x)] *vt* to cause.

◻ **originar-se** *vp* to arise.

oriundo, da [ori'ũndu, da] *adj*: ~ **de** from.

ornamentar [oxnamẽ'ta(x)] *vt* to decorate.

ornamento [oxna'mẽntu] *m* ornament.

orquestra [ox'kɛʃtra] *f* orchestra.

orquídea [ox'kidʒa] *f* orchid.

ortografia [oxtogra'fia] *f* spelling.

orvalho [ox'vaʎu] *m* dew.

os → **o**.

oscilação [oʃsila'sãw] (*pl* **-ões** [-õjʃ]) *f (balanço)* swinging; *(variação)* fluctuation.

oscilar [oʃsi'la(x)] *vi (balançar)* to swing; *(variar)* to fluctuate; ~ **entre** to fluctuate between.

osso ['osu] (*pl* **ossos** ['ɔsuʃ]) *m* bone.

ostentar [oʃtẽ'ta(x)] *vt* to show off.

ostra ['oʃtra] *f* oyster.

otimismo [otʃi'miʒmu] *m* optimism.

ótimo, ma ['ɔtʃimu, ma] *adj* great. ◆ *interj* great!, excellent!

otorrinolaringologista [ˌoto,xinola,rĩŋgolo'ʒiʃta] *mf* ear,

nose and throat specialist.

ou [o] *conj* or; ~ ... ~ either ... or.

ouço ['osu] → **ouvir**.

ouriço [o'risu] *m (de castanheira)* shell.

ouriço-cacheiro [oˌrisuka-'ʃejru] (*pl* **ouriços-cacheiros** [oˌrisuʃka'ʃejruʃ]) *m* hedgehog.

ouriço-do-mar [oˌrisudu-'ma(x)] (*pl* **ouriços-do-mar** [oˌri-suʒdu'ma(x)]) *m* sea urchin.

ourives [o'riviʃ] *mf inv* jeweler.

ouro ['oru] *m* gold; **um relógio de** ~ a gold watch.

◻ **ouros** *mpl (naipe de cartas)* diamonds.

ⓘ **OURO PRETO**

Ouro Preto's heyday spanned the 18th century, when it was the wealthiest town in Brazil, thanks to the gold mines of the state of Minas Gerais (general mines). Now classified as a World Heritage Site by UNESCO, the streets, churches and pumice-stone pavements have been preserved as they were in the days of the gold rush. Ouro Preto is also home to a style of architecture known as "Mineiro Baroque", whose greatest exponent is widely considered to be the mulatto Aleijadinho.

---

ousadia [oza'dʒia] *f* audacity.

ousar [o'za(x)] *vt* to dare to.

outdoor [awt'dɔr] m (propaganda) outdoor advertising; (cartaz) billboard Am, hoarding Brit.

outono [o'tonu] m fall Am, autumn.

outro, tra ['otru, tra] adj another sg, other pl. ◆ pron (outra coisa) another sg, others pl; (outra pessoa) someone else; **o ~/a outra** the other (one); **os ~s** the others; **~ copo** another glass; **~s dois copos** another two glasses; **~ dia** another day; **no ~ dia** (no dia seguinte) the next day; (relativo a dia passado) the other day; **um ou ~** one or the other; **um após o ~** one after the other.

outubro [o'tubru] m October → setembro.

ouve ['ovi] → **ouvir**.

ouvido [o'vidu] m ANAT ear; (audição) hearing; **dar ~s a alguém** to listen to sb; **ser todo ~s** to be all ears; **ter bom ~** to have good hearing; **tocar de ~** to play by ear.

ouvinte [o'vĩntʃi] mf listener.

ouvir [o'vi(x)] vt & vi to hear; **estar ouvindo algo/alguém** to be listening to sthg/sb.

oval [o'vaw] (pl **-ais** [-ajʃ]) adj oval.

ovário [o'varju] m ovary.

ovelha [o'veʎa] f sheep; (fêmea) ewe; **~ negra** black sheep.

ovo ['ovu] (pl **ovos** ['ɔvuʃ]) m egg; **~ cozido** boiled egg; **~ frito** ou **estrelado** fried egg; **~s mexidos** scrambled eggs; **~s de Páscoa** Easter eggs; **pisar em ~s** to walk on eggshells.

oxigênio [oksi'ʒenju] m oxygen.

ozônio [o'zonju] m ozone.

P

pá ['pa] f (utensílio) spade; **uma ~ de** a load of.

pacato, ta [pa'katu, ta] adj easygoing.

paciência [pasi'ẽsjal] f patience; (jogo) patience; **perder a ~** to lose one's patience; **ter ~** to be patient.

paciente [pasi'ẽntʃi] adj & mf patient.

pacífico, ca [pa'sifiku, ka] adj peaceful.
❑ **Pacífico** m: **o Pacífico** the Pacific.

pacifista [pasi'fiʃta] mf pacifist.

pacote [pa'kɔtʃi] m package; (em turismo) package deal; **~ de açúcar** (pequeno) packet of sugar.

padaria [pada'ria] f bakery.

padecer [pade'se(x)] v + prep: **padecer de** to suffer from.

padeiro, ra [pa'dejru, ra] m, f baker.

padrão [pa'drãw] (pl **-ões** [-õjʃ]) m (de produto) model; (de tecido) pattern; **~ de vida** standard of living.

padrasto [pa'draʃtu] m stepfather.

padre ['padri] *m* priest.

padrinho [pa'driɲu] *m* godfather.

padrões → **padrão**.

pães → **pão**.

pagamento [paga'mẽntu] *m* payment; ~ à vista ou em dinheiro cash payment; ~ a prazo ou a prestação installment plan *Am*, hire purchase *Brit*.

pagar [pa'ga(x)] *vt* to pay; *(estudos)* to pay for; *fig (consequências)* to suffer. ◆ *vi*: ~ por *(sofrer consequências por)* to pay for; ~ algo a alguém to pay sb sthg; ~ à vista to pay cash up front.

página ['paʒina] *f* page; as Páginas Amarelas the Yellow Pages®.

pago, ga ['pagu, ga] *pp* → **pagar**.

pai ['paj] *m* father.

painel [paj'nɛw] *(pl -éis* [-ɛjʃ]) *m* panel; *(de veículo)* dashboard; ~ solar solar panel.

pais ['pajʃ] *mpl (progenitores)* parents.

país [pa'iʃ] *(pl -ses* [-ziʃ]) *m* country.

paisagem [pai'zaʒẽj] *(pl -ns* [-ʃ]) *f (vista)* view; *(pintura)* landscape.

País de Gales [pa,iʒdʒi'galiʃ] *m:o* ~ Wales.

países → **país**.

paixão [paj'ʃãw] *(pl -ões* -õjʃ]) *f* passion.

palácio [pa'lasju] *m* palace; Palácio da Justiça Law Courts *pl*.

paladar [pala'da(x)] *(pl -res* [-riʃ]) *m* taste.

palavra [pa'lavra] *f* word. ◆ *interj* honest!; dar a ~ a alguém to give sb the opportunity to speak.

palavrão [pala'vrãw] *(pl -ões* -õjʃ]) *m* swearword.

palavras-cruzadas [pa,lavraʃkru'zadaʃ] *fpl* crossword (puzzle) *sg*.

palavrões → **palavrão**.

palco ['pawku] *m* stage.

palerma [pa'lɛxma] *mf* fool.

palestra [pa'lɛʃtra] *f* lecture.

paletó [pale'tɔ] *m* jacket.

palha ['paʎa] *f* straw.

palhaço [pa'ʎasu] *m* clown.

pálido, da ['palidu, da] *adj* pale.

palito [pa'litu] *m (para dentes)* toothpick; ~ de fósforo matchstick; ser um ~ *fig (pessoa)* to be as thin as a rake.

palma ['pawma] *f* palm.
◻ **palmas** *fpl* clapping *sg*; bater ~s to clap; uma salva de ~s a round of applause.

palmeira [paw'mejra] *f* palm tree.

palmito [paw'mitu] *m* palm heart.

palmo ['pawmu] *m (hand)* span; ~ a ~ inch by inch.

PALOP *mpl (Países Africanos de Língua Oficial Portuguesa)*: os ~ *acronym for African countries where Portuguese is an official language.*

ⓘ **PALOP**

This is an acronym for those African countries where Portuguese is an official language, namely Mozambique, Angola, Cape Verde, Guinea-Bissau and SãoTomé and Príncipe. At present Portuguese ranks as the fifth most widely spoken language in the world: it is used not only in mainland Portugal, Madeira and the Azores, but also in Africa, Brazil, East Timor, and Macao in the Far East.

palpável [paw'pavew] (*pl* -eis [-ejʃ]) *adj* tangible.

pálpebra ['pawpebra] *f* eyelid.

palpitação [pawpita'sãw] (*pl* -ões [-õjʃ]) *f* beating.

palpitar [pawpi'ta(x)] *vi* to beat.

palpite [paw'pitʃi] *m* tip; (*suposição*) hunch; **dar um** ~ to give an opinion.

pancada [pãŋ'kada] *f* (*com pau, mão*) blow; (*choque*) knock; (*de relógio*) stroke; **dar** ~ **em alguém** to beat sb up; ~ **de chuva** sudden downpour.

pâncreas ['pãŋkrjaʃ] *m inv* pancreas.

panda ['pãnda] *m* panda.

pane ['pãni] *f* breakdown.

panela [pa'nɛla] *f* pot; ~ **de pressão** pressure cooker.

panfleto [pã'fletu] *m* pamphlet.

pânico ['pãniku] *m* panic; **entrar em** ~ to panic.

pano ['pãnu] *m* (*tecido*) cloth; (*em teatro*) curtain; ~ **de fundo** backdrop.

panorama [pano'rama] *m* panorama.

panqueca [pãŋ'kɛka] *f* pancake.

pantanal [pãnta'naw] (*pl* -ais [-ajʃ]) *m* swampland.
□ **Pantanal** *m*: **o Pantanal** the Pantanal.

ⓘ **PANTANAL**

The seasonally flooded plains of the Mato Grosso in western Brazil are inhabited by a huge variety of wildlife, including over 600 species of bird and 350 types of fish, as well as "jacarés" (alligators), capybaras (enormous rodents), anteaters, ocelots, iguanas, anacondas, cougars, jaguars and black howler monkeys. These wetlands, which extend over 230 square kilometers, are a favorite spot for ecotourism. The best time to visit is between May and September, when the floodwaters are at their lowest.

pântano ['pãntanu] *m* swamp.

pantera [pãn'tɛra] *f* panther.

pantomima [pãnto'mima] *f* mime.

pão ['pãw] (*pl* **pães** ['pãjʃ]) *m* bread; ~ **de centeio** rye bread;

~ de fôrma loaf; ~ francês French bread; ~ integral wholewheat bread; o Pão de Açúcar Sugarloaf Mountain; comer o ~ que o diabo amassou fig to go through a rough patch.

(i) **PÃO DE AÇÚCAR**

Situated at the mouth of the Guanabara Bay, Sugar Loaf Mountain is one of Rio de Janeiro's many natural wonders. Cable cars take visitors to the 395-meter summit, which affords an indescribable view which includes Botafogo Bay, Leme Beach and the ocean. The mountain's name refers to the similarly shaped conical moulds used during the refining of sugar cane to allow the juice to set.

papa ['papa] f (para bebê) baby food. ◆ m/o Pope; fig (ás) ace.

papagaio [papa'gaju] m (ave) parrot; (brinquedo) kite.

papel [pa'pɛw] (pl -éis [-ɛiʃ]) m paper; ~ de carta writing paper; ~ de embrulho wrapping paper; ~ higiênico toilet paper; ~ de parede wallpaper.

papel-alumínio [pa,pɛwalu'minju] m aluminum foil.

papelão [pape'lãw] m cardboard; que ~! how embarassing!

papelaria [papela'ria] f stationery store.

papo ['papu] m (de ave) crop; (conversa) chat; levar ou bater um ~ to (have a) chat.

papoula [pa'pola] f poppy.

paquerar [pake'ra(x)] vt to flirt with. ◆ vi to flirt.

par ['pa(x)] (pl -res [-riʃ]) adj (número) even. ◆ m pair; (casal) couple; estar a ~ de algo to be up to date on sthg; aos ~es in pairs; ~ ou ímpar? odd or even?

para ['para] prep - 1. (exprime finalidade, destinação) for; um telefonema ~ o senhor a phone call for you; queria algo ~ comer I would like something to eat; ~ que serve isto? what's this for?

- 2. (indica motivo, objetivo) (in order) to; cheguei mais cedo ~ arranjar lugar I arrived early (in order) to get a seat; era só ~ lhe agradar I only wanted to please you.

- 3. (indica direção) toward; apontou ~ cima/baixo he pointed upward/downward; olhei ~ ela I looked at her; seguiu ~ o aeroporto he headed for the airport; vá ~ casa! go home!

- 4. (relativo a tempo) for; quero isso pronto ~ amanhã I want it done by tomorrow; estará pronto ~ a semana/o ano it'll be ready next week/year; são quinze ~ as três it's a quarter of three Am, it's a quarter to three Brit.

- 5. (em comparações): é caro demais ~ as minhas posses it's too expensive for my budget; ~ o que come, está magro he's thin, considering how much he eats.

- 6. *(relativo a opinião, sentimento)*: ~ mim as far as I'm concerned.

- 7. *(exprime a iminência)*: estar ~ fazer algo to be about to do sthg; o ônibus está ~ sair the bus is about to leave.

- 8. *(em locuções)*: ~ mais de well over; ~ que so that; é ~ já! coming up!

parabéns [para'bẽʃ] *mpl* congratulations. ◆ *interj (em geral)* congratulations!; *(por aniversário)* happy birthday!; dar os ~ a alguém *(em geral)* to congratulate sb; *(por aniversário)* to wish sb a happy birthday; você está de ~ you're to be congratulated.

parabólica [para'bɔlika] *f* satellite dish.

pára-brisas [,para'brizaʃ] *m inv* windshield *Am,* windscreen *Brit.*

pára-choques [,para'ʃɔkiʃ] *m inv* bumper.

parada [pa'rada] *f (militar)* parade; *(de jogo)* bet, stake; ~ **(de ônibus)** (bus) stop; ~ **cardíaca** cardiac arrest.

paradeiro [para'dejru] *m* whereabouts *pl.*

parado, da [pa'radu, da] *adj (pessoa, animal)* motionless; *(carro)* stationary; *(máquina)* switched off; *(sem vida)* dull.

parafuso [para'fuzu] *m* screw.

parágrafo [pa'ragrafu] *m* paragraph.

Paraguai [para'gwaj] *m*: o ~ Paraguay.

paraíso [para'izu] *m* paradise.

pára-lamas [,para'lãmaʃ] *m inv* fender *Am,* mudguard *Brit.*

paralelo, la [para'lelu, la] *adj* & *m* parallel; sem ~ unparalleled; uma ~ *(rua)* a parallel street.

paralisar [parali'za(x)] *vt* to paralyze.

paralisia [parali'zia] *f* paralysis.

paralítico, ca [para'litiku, ka] *m, f* paralytic.

paranóico, ca [para'nɔiku, ka] *m, f* nutcase. ◆ *adj* paranoid.

parapeito [para'pejtu] *m* windowsill.

pára-quedas [,para'kedaʃ] *m inv* parachute.

parar [pa'ra(x)] *vt* & *vi* to stop; 'pare' 'stop'; 'pare, olhe, escute' 'stop, look and listen'; ir ~ em to end up in; ~ de fazer algo to stop doing sthg; sem ~ nonstop.

pára-raios [,para'xajuʃ] *m inv* lightning rod *Am,* lightning conductor *Brit.*

parasita [para'zita] *m* parasite.

Parati [para'ti] *m* Parati.

(i) **PARATI**

An historical city situated in the coastal zone in the south of the state of Rio, it is one of the few which has kept its original architecture. During the colonial period it became the second most important port of the country, serving as channel for the gold coming from Minas Gerais destined for Portugal. Afterwards, it was important as the point of export for coffee from the plantations of São Paulo. With the opening of the freeway between the cities of Santos and Rio de Janeiro, Parati enjoyed a rebirth as a major center for tourism. With magnificent scenery, islands and beaches, Parati today is a key destination for tourists in Brazil. It is one of Brazil's cities protected as a national heritage site.

---

parceiro, ra [pax'sejru,ra] m, f partner.

parcela [pax'sɛla] f (de soma) item; (fragmento) fragment, bit.

parcial [par'sjaw] (pl -ais [-ajʃ]) adj (não completo) partial; (faccioso) biased.

pardal [pax'daw] (pl -ais [-ajʃ]) m house sparrow.

parecer [pare'se(x)] vi to look. ◆ m opinion. ◆ v impess: **parece que vai chover** it looks like it's going to rain; **ao que parece** from the look of things; **que lhe parece?** what do you think?
□ **parecer-se** vp to look similar.

parecido, da [pare'sidu, da]

adj similar; **são muito ~s** they are very alike.

paredão [pare'dãw] (pl -ões [-õjʃ]) m rock face.

parede [pa'redʒi] f wall.

paredões → **paredão**.

parente, ta [pa'rẽtʃi, ta] m, f relative; **~ próximo** close relative.

parêntese [pa'rẽtezi] m (sinal, frase) parenthesis; **abrir um ~** to digress; **entre ~s** in brackets.

pares → **par**.

parir [pa'ri(x)] vt to give birth to. ◆ vi to give birth.

parlamentar [paxlamẽ'ta(x)] mf parliamentarian.

parlamento [paxla'mẽtu] m parliament.

paróquia [pa'rɔkja] f parish.

parque ['paxki] m park; **~ de diversões** amusement park; **~ nacional** national park.

PARQUES NACIONAIS

Brazil boasts dozens of nature reserves and other environmentally protected areas where plants and wildlife are safe from economic exploitation. The most important of these are Itatiaia and Bocaina in the southeast, the Pantanal and Amazônia. In the northeast there are two marine reserves, Fernando de Noronha and Abrolhos.

---

parquímetro [pax'kimetru] m parking meter.

parte [ˈpaxtʃi] f part; *(fração)* bit; *JUR* party; **dar ~ de** *(informar)* to report; **fazer ~ de** to be part of; **em outra ~** somewhere else; **por toda a ~** everywhere; **da ~ de** on behalf of; **em ~** in part.

parteira [paxˈtejra] f midwife.

participação [paxtʃisipaˈsãw] *(pl* **-ões** [-õjʃ]*)* f participation; *(comunicado)* announcement; *(em negócio)* involvement; *(a polícia, autoridade)* report.

participante [paxtʃisiˈpãntʃi] mf participant.

participar [paxtʃisiˈpa(x)] vi to participate. ◆ vt: **~ algo a alguém** *(informar)* to inform sb of sthg; *(comunicar)* to report sthg to sb; **~ de algo** to take part in sthg.

particular [paxtʃikuˈla(x)] *(pl* **-res** [-riʃ]*)* adj *(individual)* particular; *(privado)* private, privately owned.

partida [paxˈtʃida] f *(saída)* departure; *(em esporte)* match; **estar de ~** to be about to leave.

partidário, ria [partʃiˈdarju, rja] m, f supporter.

partido, da [paxˈtʃidu, da] adj broken. ◆ m: **~ (político)** *(político)* party.

partilhar [paxtʃiˈʎa(x)] vt to share.

partir [paxˈtʃi(x)] vt to break. ◆ vi *(ir embora)* to leave, to depart; **ele partiu para o estrangeiro** he went abroad; **~ de** *(lugar)* to leave; **a ~ de** from; **a ~ de agora** from now on.

❑ **partir-se** vp *(quebrar-se)* to break.

parto [ˈpaxtu] m birth.

Páscoa [ˈpaʃkwa] f Easter; **Feliz ~!** Happy Easter!

passa [ˈpasa] f *(fruto)* raisin.

passado, da [paˈsadu, da] adj *(no passado)* past; *(anterior)* last. ◆ m past; **mal ~** *(bife, carne)* rare; **bem ~** *(bife, carne)* well-done.

passageiro, ra [pasaˈʒejru, ra] m, f passenger. ◆ adj passing.

passagem [paˈsaʒẽ] *(pl* **-ns** [-ʃ]*)* f passage; *(bilhete)* ticket; **~ de ida** one-way (ticket) *Am*, single ticket *Brit*; **~ de ida e volta** round-trip (ticket) *Am*, return ticket *Brit*; **~ de nível** level crossing.

passaporte [pasaˈpɔxtʃi] m passport.

passar [paˈsa(x)] vt **-1.** *(deslizar, filtrar)*: **~ algo por algo** to pass sthg through sthg; **ela passou a mão pelo cabelo** she ran her hand through her hair; **passou o bronzeador nos braços** he put suntan lotion on his arms. **- 2.** *(chegar, fazer chegar)* to pass; **pode me ~ o sal?** would you pass me the salt? **- 3.** *(a ferro)*: **~ algo (a ferro)**, **~ (a ferro) algo** to iron sthg. **- 4.** *(contagiar)* to pass on. **- 5.** *(mudar)*: **~ algo para** to move sthg to. **- 6.** *(ultrapassar)* to pass. **- 7.** *(tempo)* to spend; **passei um ano em Salvador** I spent a year in Salvador. **- 8.** *(exame)* to pass.

- 9. *(fronteira)* to cross.

- 10. *(vídeo, disco)* to put on.

- 11. *(em televisão, cinema)* to show.

- 12. *(admitir)*: **deixar ~ algo** to let sthg pass.

◆ vi - 1. *(ir, circular)* to go; **o (ônibus) 416 não passa por aqui** the number 416 bus doesn't come this way.

- 2. *(tempo)* to go by; **já passa das dez horas** it's past ten o'clock; **o tempo passa muito depressa** time flies.

- 3. *(terminar)* to be over; **o verão já passou** summer's over; **a dor já passou** the pain's gone.

- 4. *(a nível diferente)* to go up; **ele passou para o segundo ano** he got into second grade; **passa a primeira** *(velocidade)* shift into first *(gear)*; **quero ~ para um nível mais alto** I want to move up to a more advanced level.

- 5. *(mudar de ação, tema)*: **~ a** to move on to.

- 6. *(em locuções)*: **como você tem passado?** *(de saúde)* how have you been?; **~ bem** *(tempo, férias)* to enjoy; **passe bem!** have a nice day!; **~ mal** *(de saúde)* to feel ill; **não ~ de** to be no more than; **~ (bem) sem** to be fine without; **não ~ sem** to never go without; **o que passou, passou** let bygones be bygones.

❑ **passar por** v + prep *(ser considerado como)* to pass as ou to; *fig (atravessar)* to go through; **fazer-se ~ por** to pass o.s. off as.

❑ **passar-se** vp *(acontecer)* to happen; **o que é que se passa?** what's going on?

passarela [pasaˈrɛla] f *(de rua, estrada)* crosswalk; *(para desfile de moda)* catwalk.

pássaro [ˈpasaru] m bird.

passatempo [ˌpasaˈtẽmpu] m hobby, pastime.

passe [ˈpasi] m *(de ônibus)* (bus) pass; *(de trem)* season ticket.

passear [paˈsja(x)] vt *(cão)* to walk. ◆ vi to go for a walk.

passeata [paˈsjata] f *(marcha de protesto)* demonstration.

passeio [paˈseju] m *(em rua)* sidewalk *Am*, pavement *Brit*; *(caminhada)* walk.

passional [pasjoˈnaw] *(pl* **-ais** [-ajʃ]*)* adj passionate.

passivo, va [paˈsivu, va] adj passive. ◆ m COM liabilities pl.

passo [ˈpasu] m *(movimento)* step; *(modo de andar)* walk; *(ritmo)* pace; **dar o primeiro ~** to make the first move; **a dois ~s (de)** around the corner (from); **ao ~ que** while; **~ a ~** step by step.

pasta [ˈpaʃta] f briefcase; *(de escola)* school bag; *(para papéis)* folder; *(de ministro)* portfolio; *(massa)* paste; **~ de dentes** toothpaste.

pastar [paʃˈta(x)] vi to graze.

pastel [paʃˈtɛw] *(pl* **-éis** [-ɛiʃ]*)* m pastry; *(em pintura)* pastel.

pastilha [paʃˈtiʎa] f *(doce)* pastille; *(medicamento)* tablet, pill; **~ para a garganta** throat lozenge; **~ para a tosse** cough drop.

pasto ['paʃtu] m pasture.

pastor, ra [paʃ'to(x), ra] (mpl **-res** [-riʃ], fpl **-s** [-ʃ]) m, f shepherd. ◆ m minister.

pata ['pata] f (perna de animal) leg; (de gato, cão) paw; (de cavalo, cabra) hoof.

patamar [pata'ma(x)] (pl **-res** [-riʃ]) m landing.

patente [pa'tẽtʃi] adj (visível) obvious. ◆ f (de máquina, invento) patent; (de militar) rank.

paternal [patex'naw] (pl **-ais** [-ajʃ]) adj (afetuoso) fatherly.

pateta [pa'teta] mf twit.

patético, ca [pa'tɛtiku, ka] adj pathetic.

patife [pa'tʃifi] m scoundrel.

patim [pa'tʃĩ] (pl **-ns** [-ʃ]) m (de rodas) roller skate; (de gelo) ice skate.

patinação [patʃina'sãw] f skating; **~ no gelo** ice skating.

patinar [patʃi'na(x)] vi (com patins) to skate; (veículo) to spin.

patins → patim.

pátio ['patʃju] m patio.

pato ['patu] m duck; **pagar o ~** to carry the can.

patrão, troa [pa'trãw, troa] (mpl **-ões** [-õjʃ], fpl **-s** [-ʃ]) m, f boss.

pátria ['patria] f native country.

patrimônio [patri'monju] m (de empresa, fundação) assets pl; (herança) inheritance; **~ histórico** national heritage.

patriota [patri'ɔta] mf patriot.

patroa → patrão.

patrocinador, ra [patrosina'do(x), ra] (mpl **-res** [-riʃ]) (fpl **-s** [-ʃ]) m, f sponsor.

patrocinar [patrosi'na(x)] vt to sponsor.

patrões → patrão.

patrulha [pa'truʎa] f patrol.

pau ['paw] m stick.
❑ **paus** mpl (naipe de cartas) clubs.

paulista [paw'liʃta] mf native/inhabitant of São Paulo.

pausa ['pawza] f (intervalo) break; (silêncio) pause.

pauta ['pawta] f (linha) guideline; (de alunos) register; (de música) staff.

pavão [pa'vãw] (pl **-ões** [-õjʃ]) m peacock.

pavilhão [pavi'ʎãw] (pl **-ões** [-õjʃ]) m pavilion.

pavimento [pavi'mẽtu] m (de estrada, rua) pavement; (andar de edifício) floor.

pavões → pavão.

pavor [pa'vo(x)] m terror; **ter ~ de** to be terrified of.

paz ['paʃ] (pl **-zes** [-ziʃ]) f peace; **deixar algo/alguém em ~** to leave sthg/sb in peace; **fazer as ~es** to make up; **que descanse em ~** (may he/she) rest in peace.

pé ['pɛ] m foot; (de planta) stem, stalk; **andar na ponta dos ~s** to tiptoe; **dar no ~** to run away; **não arredar ~ (de ...)** to dig one's heels in; **pôr-se de ~** to stand up; **dar ~ (em água)** to be able to stand; **não dar ~ (em água)** not to be able to touch the bottom; **a ~ on** foot; **em ~ de igualdade** on an equal footing.

peão ['pjãw] (pl **-ões** [-õjʃ]) m (em xadrez) pawn; (trabalhador) laborer.

peça ['pɛsa] f piece; (divisão de casa) room; **~ (de teatro)** play.

pecado [pe'kadu] m sin.

pechincha [pe'ʃiʃa] f bargain.

peço ['pesu] → **pedir**.

peculiar [pekuli'a(x)] (pl **-res** [-riʃ]) adj peculiar.

pedaço [pe'dasu] m piece; (de tempo) while; **estar caindo aos ~s** to be falling to pieces.

pedágio [pe'daʒiu] m toll.

pedal [pe'daw] (pl **-ais** [-ajʃ]) m pedal.

pede ['pɛdʒi] → **pedir**.

pedestal [pedeʃ'taw] (pl **-ais** [-ajʃ]) m pedestal.

pedestre [pe'dɛʃtri] adj (zona, faixa) pedestrian (antes de s).
♦ m (indivíduo a pé) pedestrian.

pediatra [pe'dʒiatra] mf pediatrician.

pedido [pe'dʒidu] m request; (em restaurante) order; **a ~ de alguém** at sb's request.

pedinte [pe'dʒitʃi] mf beggar.

pedir [pe'dʒi(x)] vt (em restaurante, bar) to order; (preço) to ask. ♦ vi (mendigar) to beg; **~ algo a alguém** to ask sb for sthg; **~ a alguém que faça algo** to ask sb to do sthg; **~ algo emprestado a alguém** to borrow sthg from sb.

pedra ['pɛdra] f stone; (lápide)

tombstone; (de isqueiro) flint; **~ (preciosa)** precious stone, gem; **~ de gelo** ice cube.

pedreiro [pe'drejru] m bricklayer.

pegada [pe'gada] f footprint.

pegado, da [pe'gadu, da] adj (colado) stuck; (contíguo) adjoining; **~ a** attached to.

pegajoso, osa [pega'ʒozu, ɔza] adj sticky.

pegar [pe'ga(x)] vt to catch; (hábito, vício, mania) to pick up. ♦ vi (motor) to start; (idéia, moda) to catch on; (planta) to take; **peguei uma gripe** I caught the flu; **~ em algo** to pick sthg up; **~ fogo** to catch fire; **~ no sono** to fall asleep.
❑ **pegar-se** vp (agarrar-se) to stick; (brigar) to come to blows.

peito ['pejtu] m (seio) breast; (parte do tronco) chest; (de camisa, blusa) front; (do pé) instep.

peitoril [pejto'riw] (pl **-is** [-iʃ]) m windowsill.

peixaria [pejʃa'ria] f fishmonger.

peixe ['pejʃi] m fish; **~ congelado** frozen fish.
❑ **Peixes** m inv (signo do Zodíaco) Pisces.

pejorativo, va [peʒora'tʃivu, va] adj pejorative.

pela [la] = **por + a** → **por**.

pelado, da [pe'ladu, da] adj (cabeça) shorn; (nu) stark naked.

pele ['pɛli] f skin; (couro) leather.

pelicano [peli'kanu] m pelican.

pelo ['pelu] = **por + o** → **por**.

pêlo ['pelu] m (de animal) fur; (de pessoa) hair.

Pelourinho [pelo'riɲu] m: **o ~ (de Salvador)** the Pelourinho district in Salvador.

O PELOURINHO

Centuries ago in Brazil, the "Pelourinho" was a public square where slaves were punished by their masters. Today, the "Pelourinho" in Salvador, state capital of Bahia, is the center of the area's cultural, political and religious life. Classified by UNESCO as a World Heritage Site, it retains a colorful mix of architectural styles dating back to colonial times. The "Pelô", as it is known locally, still hosts events as varied as political rallies and demonstrations, and meetings of the Afro-Brazilian "sociedades carnavalescas", groups formed to organize Salvador's carnival, each making its own costumes and putting on its own shows.

pelúcia [pe'lusja] f plush.

peludo, da [pe'ludu, da] adj hairy.

pena ['pena] f (de ave) feather; (de escrever) quill; (dó) pity; (castigo) sentence; **que ~!** what a shame!; **cumprir ~** to serve a prison sentence; **dar ~** to be a shame; **ter ~ de alguém** to feel

sorry for sb; **valer a ~** to be worth one's while; **~ capital** capital punishment; **~ de morte** death penalty.

penalidade [penali'dadʒi] f penalty.

pênalti ['penawtʃi] m penalty.

pendente [pēn'dēntʃi] adj pending. ♦ m pendant.

pendurar [pēndu'ra(x)] vt to hang; **~ algo em algo** to hang sthg on sthg.

❑ **pendurar-se em** vp + prep to hang from.

peneira [pe'nejra] f sieve.

penetrante [pene'trāntʃi] adj penetrating.

penetrar [pene'tra(x)] v + prep (entrar em): **penetrar em** to go into.

penhasco [pe'ɲaʃku] m cliff.

penicilina [penisi'lina] f penicillin.

penico [pe'niku] m chamber pot; (para crianças) potty.

península [pe'nĩsula] f peninsula.

pênis ['peniʃ] m inv penis.

penitência [peni'tẽsja] f penance.

penitenciária [penitẽ'sjarja] f prison.

pensamento [pẽsa'mẽntu] m (espírito) mind; (reflexão) thought.

pensão [pẽ'sãw] (pl -ões –õjʃ) f (hospedaria) boarding house; (restaurante popular) diner; (renda) pension; **~ alimentícia** alimony; **~ completa** all meals included.

pensar [pẽ'sa(x)] *vi (raciocinar)* to think; *(refletir)* to have a think. ◆ *vt (tencionar)* to intend; ~ **em** to think about; ~ **que** to think (that); **nem** ~! no way!

pensionista [pẽsjo'niʃta] *mf (aposentado)* pensioner.

pensões → **pensão.**

pente ['pẽtʃi] *m* comb.

penteado [pẽtʃi'adu] *m* hairstyle.

Pentecostes [pẽte'kɔʃtʃiʃ] *m* Pentecost.

penugem [pe'nuʒẽ] *f* down.

penúltimo, ma [pe'nuwtʃimu, ma] *adj* penultimate.

penumbra [pe'nũmbra] *f* semi-darkness, half-light.

peões → **peão.**

pepino [pe'pinu] *m* cucumber.

pequeno, na [pe'kenu, na] *adj* small, little; *(em comprimento)* short.

pêra ['pera] *(pl* **peras** ['peraʃ]) *f (fruto)* pear; *(barba)* goatee (beard).

perante [pe'rãtʃi] *prep* in the presence of.

perceber [pexse'be(x)] *vt (aperceber-se)* to realize.

percentagem [pexsẽ'taʒẽ] *(pl* **-ns** [-ʃ]) *f* percentage.

percevejo [pexse'veʒu] *m* bug; *(tacha)* thumbtack *Am,* drawing pin *Brit.*

perco [pexku] → **perder.**

percorrer [pexko'xe(x)] *vt (caminho, distância)* to travel; *(país)* to travel through; *(cidade, ruas)* to go around; ~ **algo com os olhos** to skim through sthg.

percurso [pex'kuxsu] *m* route.

percussão [pexku'sãw] *f* percussion.

perda ['pexda] *f* loss; *(desperdício)* waste.

perdão [pex'dãw] *m* pardon. ◆ *interj* sorry!; **pedir** ~ to ask (for) forgiveness.

perde [pexdʒi] → **perder.**

perder [pex'de(x)] *vt* to lose; *(tempo)* to waste; *(trem, ônibus)* to miss. ◆ *vi* to lose; ~ **a cabeça** to lose one's head; ~ **os sentidos** to pass out; ~ **alguém de vista** to lose sight of sb. ❑ **perder-se** *vp* to get lost.

perdido, da [pex'dʒidu, da] *adj* lost; **'achados e perdidos'** 'lost and found' *Am,* 'lost property' *Brit.*

perdiz [pex'dʒiʃ] *(pl* **-zes** [-ziʃ]) *f* partridge.

perdoar [pex'dwa(x)] *vt* to forgive.

peregrinação [peregrina'sãw] *(pl* **-ões** [-õjʃ]) *f* pilgrimage.

peregrino, na [pere'grinu, na] *m, f* pilgrim.

perene [pe'reni] *adj* perennial.

perfeição [pexfej'sãw] *f* perfection.

perfeitamente [pex,fejta'mẽtʃi] *adv* perfectly. ◆ *interj* exactly!

perfeito, ta [pex'fejtu, ta] *adj* perfect.

perfil [pex'fiw] *(pl* **-is** [-iʃ]) *m* profile; **de** ~ in profile.

perfumaria [pexfumaˈria] f perfumery.

perfume [pexˈfumi] m perfume.

perfurar [pexfuˈra(x)] vt to perforate, to make a hole in.

pergunta [pexˈgũnta] f question.

perguntar [pexgũnˈta(x)] vt to ask. ◆ vi: ~ **por alguém** to ask about sb; ~ **sobre algo** to ask about sthg; ~ **algo a alguém** to ask sb sthg.

periferia [perifeˈria] f outskirts pl.

perigo [peˈrigu] m danger; '~ **de incêndio**' 'danger - fire hazard'.

perigoso, osa [periˈgozu, ɔza] adj dangerous.

perímetro [peˈrimetru] m perimeter.

periódico, ca [peˈrjɔdiku, ka] adj periodic.

período [peˈriudu] m period; (de ano escolar) semester Am, term Brit.

periquito [periˈkitu] m parakeet.

perito, ta [peˈritu, ta] m, f & adj expert; **ser ~ em algo** to be an expert in sthg.

permanecer [pexmaneˈse(x)] vi to stay, to remain.

permanência [pexmaˈnẽsja] f (estada) stay; (de problema, situação) persistence.

permanente [pexmaˈnẽntʃi] adj (emprego) permanent; (situação) ongoing; (dor, ruído) continuous. ◆ f (penteado) perm;

fazer um ~ to have a perm.

permissão [pexmiˈsãw] f permission; **pedir ~ para fazer algo** to ask permission to do sthg.

permitir [pexmiˈtʃi(x)] vt to allow.

perna [ˈpɛxna] f leg.

pernil [pexˈniw] (pl -is [-iʃ]) m haunch.

pernis → **pernil**.

pérola [ˈpɛrola] f pearl.

perpendicular [pexpẽndʒikuˈla(x)] (pl -res [-riʃ]) adj & f perpendicular.

perpetuar [pexpetwˈa(x)] vt to immortalize.

□ **perpetuar-se** vp (eternizar-se) to last forever; (prolongar-se) to last.

perplexo, xa [pexˈplɛksu, -ksa] adj perplexed.

perseguição [pexsegiˈsãw] (pl -ões [-õjʃ]) f (de pessoa, criminoso) pursuit; (assédio) persecution.

perseguir [pexseˈgi(x)] vt (seguir) to follow; (assediar) to persecute.

perseverar [pexseveˈra(x)] vi to persevere.

persiana [pexˈsjana] f blind.

persistente [pexsiʃˈtẽntʃi] adj persistent.

personagem [pexsoˈnaʒẽ] (pl -ns [-ʃ]) m ou f character.

personalidade [pexsonaliˈdadʃi] f personality.

perspectiva [pexʃpɛˈtʃiva] f perspective.

perspicácia [pexʃpiˈkasja] f shrewdness.

perspicaz [pexʃpiˈkaʃ] (*pl* **-zes** [-ziʃ]) *adj* shrewd.

persuadir [pexswaˈdi(x)] *vt*: ~ **alguém de algo** to convince sb of sthg; ~ **alguém a fazer algo** to persuade sb to do sthg. □ **persuadir-se** *vp* to convince o.s.

persuasão [pexswaˈzãw] *f* persuasion.

persuasivo, va [pexswaˈzivu, va] *adj* persuasive.

pertencente [pextẽˈsẽtʃi] *adj*: ~ **a** (*que pertence a*) belonging to; (*relativo a*) relating to.

pertencer [pextẽˈse(x)] *vi* to belong; ~ **a** to belong to.

perto [ˈpextu] *adj* nearby. ◆ *adv* near, close; ~ **de** (*relativo a tempo, quantidade*) around; (*relativo a espaço*) near; **de** ~ close up.

perturbar [pextuxˈba(x)] *vt* to disturb; '**não perturbe**' 'do not disturb'.

peru [peˈru] *m* turkey.

peruca [peˈruka] *f* wig.

perverso, sa [pexˈvexsu, sa] *adj* (*malvado*) wicked.

perverter [pexvexˈte(x)] *vt* to corrupt.

pervertido, da [pexvexˈtʃidu, da] *adj* perverted.

pesadelo [pezaˈdelu] *m* nightmare.

pesado, da [peˈzadu, da] *adj* heavy.

pêsames [ˈpezamiʃ] *mpl* condolences; **os meus** ~ my condolences.

pesar [peˈza(x)] *vt* to weigh; *fig* (*consequências*) to weigh (up).

◆ *vi* (*ser pesado*) to be heavy; (*influir*) to carry weight.

pesca [ˈpeʃka] *f* fishing; ~ **com linha** angling.

pescador, ra [peʃkaˈdo(x), ra] (*mpl* **-res** [-riʃ], *fpl* **-s** [-ʃ]) *m, f* fisherman.

pescar [peʃˈka(x)] *vt* to fish for. ◆ *vi* to go fishing, to fish.

pescoço [peʃˈkosu] *m* neck.

peso [ˈpezu] *m* weight; ~ **bruto/líquido** gross/net weight.

pesquisa [peʃˈkiza] *f* research.

pêssego [ˈpesegu] *m* peach.

pessimista [pesiˈmiʃta] *mf* pessimist.

péssimo, ma [ˈpesimu, ma] *adj* horrendous, awful.

pessoa [peˈsoa] *f* person; **quatro** ~**s** four people; **em** ~ in person.

pessoal [peˈswaw] (*pl* **-ais** [-ajʃ]) *adj* (*individual*) personal; (*vida*) private. ◆ *m* staff.

pestana [peʃˈtana] *f* eyelash.

pestanejar [peʃtaneˈʒa(x)] *vi* to blink.

peste [ˈpeʃtʃi] *f* plague; **ser uma** ~ (*criança, bicho*) to be a pain.

pesticida [peʃtʃiˈsida] *m* pesticide.

pétala [ˈpetala] *f* petal.

petição [petʃiˈsãw] (*pl* **-ões** [-õjʃ]) *f* petition; **em** ~ **de miséria** in a terrible state.

petiscar [petʃiʃˈka(x)] *vt* (*provar*) to taste. ◆ *vi* (*comer*) to nibble, to pick; **quem não arrisca não petisca** nothing ventured, nothing gained.

petisco [pe'tʃisku] m (iguaria) delicacy; (tira-gosto) snack.

petrificar [petrifi'ka(x)] vt to petrify.

petróleo [pe'trɔlju] m (rocha sedimentar) petroleum; (combustível) oil.

pia ['pia] f sink; ~ **batismal** font.

piada ['pjada] f (anedota) joke.

pianista [pja'niʃta] mf pianist.

piano [pi'ãnu] m piano.

pião [pi'jãw] (pl -ões [-õjʃ]) m (brinquedo) spinning top.

piar ['pja(x)] vi to chirp.

picada [pi'kada] f (de ave) peck; (de inseto) bite.

picado, da [pi'kadu, da] adj (carne) ground Am, minced Brit; (cebola, salsa) chopped; (furado) pierced.

picanha [pi'kaɲa] f rump steak.

picante [pi'kãntʃi] adj (apimentado) spicy; fig (malicioso) saucy.

picar [pi'ka(x)] vt (com alfinete, agulha) to prick; (carne) to grind Am, to mince Brit; (cebola, salsa) to chop. ◆ vi (peixe) to bite. ▫ **picar-se** vp (ferir-se) to prick o.s.

picles ['pikleʃ] mpl pickled vegetables.

pico ['piku] m (montanha) peak.

picolé [piko'le] m Popsicle® Am, ice lolly Brit.

picotado, da [piko'tadu, da] adj perforated ◆ m perforated edge.

piedade [pje'dadʒi] f pity; ter

~ **de alguém** to take pity on sb.

pifar [pi'fa(x)] vi to break; (carro) to break down.

pigmento [pig'mẽntu] m pigment.

pijama [pi'ʒama] m pajamas pl Am, pyjamas pl Brit.

pilantra [pi'lãntra] mf crook.

pilar [pi'la(x)] (pl -res [-riʃ]) m pillar.

pilha ['piʎa] f battery; (de papel, livros, etc) stack; **uma ~ de nervos a bundle of nerves;** ~**s de** tons of.

pilhar [pi'ʎa(x)] vt (saquear) to pillage; (roubar) to steal.

pilotar [pilo'ta(x)] vt to pilot.

piloto [pi'lotu] m (de avião) pilot; (de automóvel) driver.

pílula ['pilula] f pill; **tomar a ~** to be on the pill.

pimenta [pi'mẽnta] f pepper (seasoning); ~ **malagueta** chili pepper.

pimentão [pimẽn'tãw] (pl -ões [-õjʃ]) m pepper (vegetable).

pinça ['pĩsa] f tweezers pl.

pincel [pĩ'sɛw] (pl -éis [-ɛiʃ]) m brush.

pingar [pĩ'ga(x)] vi to drip.

pingente [pĩ'ʒẽntʃi] m (de colar) pendant; (brinco) pendant earring.

pingo ['pĩŋgu] m drop; **um ~ de** a drop of.

pinhão [pi'ɲãw] (pl -ões [-õjʃ]) m pine nut.

pinheiro [pi'ɲejru] m pine tree.

pinho ['piɲu] m pine.

pinhões → **pinhão**.

pinta ['pĩta] f (mancha) spot;
(aparência) look; **ter ~ de** to
look like.

pintado, da [pĩ'tadu, da] adj
(colorido) colored; '~ **à mão**'
'hand-painted'.

pintar [pĩ'ta(x)] vt (quadro, parede) to paint; (olhos) to put on
make-up; (cabelo) to dye; (desenho, boneco) to color in. ♦ vi (artista, pintor) to paint; (pessoa) to
turn up; (problema) to crop up;
(oportunidade) to come up; ~ **os
lábios** to put on lipstick; **pintar-
se** to wear make-up.

pinto ['pĩtu] m (pintaínho)
chick.

pintor, ra [pĩ'to(x), ra] (mpl
-res [-rif], fpl -[-s]) m, f painter.

pintura [pĩ'tura] f painting.

piões → pião.

piolho ['pjoʎu] m louse.

pior ['pjɔ(x)] (pl -res [-rif]) adj &
adv worse. ♦ m: **o/a ~** (pessoa,
coisa) the worst one; **está cada
vez ~** it's getting worse and
worse; **ir de mal a ~** to go from
bad to worse; **e o ~ é que aca-
bou o dinheiro** and worst of all
the money's gone.

piorar [pjo'ra(x)] vi to get
worse. ♦ vt (situação) to worsen.

piores → pior.

pipa ['pipa] f (de vinho) cask;
(papagaio de papel) kite.

pipoca [pi'pɔka] f popcorn.

piquenique [,pike'niki] m picnic.

pirâmide [pi'ramidʒi] f pyramid.

piranha [pi'raɲa] f piranha.

pirata [pi'rata] m pirate.

pires ['piriʃ] m inv saucer.

pirueta [pi'rweta] f pirouette.

pisar [pi'za(x)] vt (com pé) to
step on; (contundir) to bruise.

pisca-pisca [,piʃka'piʃka] m
indicator.

piscar [piʃ'ka(x)] vt (olho) to
wink; (olhos) to blink; **num
~ de olhos** in a flash. ♦ vi (luz)
to flicker.

piscina [piʃ'sina] f swimming
pool.

piso ['pizu] m floor; ~ **escorre-
gadio/irregular** slippery/un-
even surface.

pista ['piʃta] f (indício) clue; (em
estrada, rua) lane; (de corridas)
racetrack; (de aviação) runway;
(de dança) dancefloor.

pistache m pistachio.

pistão [piʃ'tãw] (pl -ões [-õjʃ])
m piston.

pistola [piʃ'tɔla] f pistol.

pitada [pi'tada] f pinch; **uma
~ de** a pinch of.

pitoresco, ca [pito'reʃku, ka]
adj picturesque.

pizza ['piza] f pizza; **acabar em
~** to end in nothing.

pizzaria [piza'ria] f pizzeria.

placa ['plaka] f (de madeira, plástico) sheet; (de metal) plate; (de
fogão) hob; (em porta) plaque;
(em estrada, rua) sign; AUTO
license plate Am, number plate
Brit; (dentadura) (set of) false
teeth.

planador [plana'do(x)] (pl -res
[-riʃ]) m glider.

planalto [pla'nawtu] *m* plateau; **o P ~** *the seat of government.*

planejamento [planeʒa'mĕntu] *m* planning; **~ familiar** family planning.

planejar [plane'ʒa(x)] *vt* to plan; **~ fazer algo** to plan to do sthg.

planeta [pla'neta] *m* planet.

planetário [plane'tarju] *m* planetarium.

planície [pla'nisji] *f* plain.

plano, na ['planu, na] *adj* flat. ◆ *m* plan.

planta ['plãnta] , *f* (*vegetal*) plant; (*de pé*) sole; (*de cidade, casa*) plan.

plantão [plãn'tãw] (*pl* **-ões** [-õjʃ]) *m* (*turno*) shift; (*de telejornal*) newsflash; **estar de ~** to be on duty.

plantar [plãn'ta(x)] *vt* to plant.

plástica ['plaʃtʃika] *f* plastic surgery.

plástico ['plaʃtʃiku] *m* plastic.

plataforma [plata'fɔxma] *f* platform; (*de petróleo*) oil rig.

platéia [pla'teja] *f* (*local*) stalls *pl*; (*público*) audience.

platina [pla'tʃina] *f* platinum.

plausível [plaw'zivew] (*pl* **-eis** [-ejʃ]) *adj* plausible.

plebiscito [plebiʃ'situ] *m* referendum.

plenamente [ˌplena'mĕntʃi] *adv* totally.

pleno, na ['plenu, na] *adj* total; **~ de** full of; **em ~ dia** in broad daylight; **em ~ inverno** in the middle of winter.

plural [plu'raw] (*pl* **-ais** [-ajʃ]) *m* plural.

plutônio [plu'tonju] *m* plutonium.

pneu ['pnew] *m* tire *Am*, tyre *Brit*; **~ sobressalente** spare tire.

pneumonia [pnewmo'nia] *f* pneumonia.

pó ['pɔ] *m* (*poeira*) dust; (*substância pulverizada*) powder; **tirar o ~** to dust.

pobre ['pɔbri] *adj* poor. ◆ *mf* (*pedinte*) beggar.

pobreza [po'breza] *f* poverty.

poça ['posa] *f* pool.

pocilga [po'siwga] *f* pigsty.

poço ['posu] *m* (*de água, petróleo*) well; (*buraco*) pit.

poções → poção.

podar [po'da(x)] *vt* to prune.

pode [pɔdʒi] → **poder.**

pôde [pôdʒi] → **poder.**

pó-de-arroz [ˌpɔdʒja'xoʃ] *m* face powder.

poder [po'de(x)] *m* **- 1.** (*político, influência*) power; **estar no ~** to be in power; **~ de compra** purchasing power; **não tenho ~ nenhum** I'm powerless to help.

- 2. (*possessão*) possession; **estar em ~ de alguém** to be in sb's hands.

◆ *v aux* **- 1.** (*ser capaz de*): **~ fazer algo** to be able to do sthg; **posso fazê-lo** I can do it; **posso ajudar?** can I help?; **você podia tê-lo feito antes** you could have done it beforehand; **não posso mais!** (*em relação a cansaço*) I've had enough!; *(em relação a comida)* I'm full!

- 2. *(estar autorizado para):* ~ **fazer algo** to be allowed to do sthg; **posso fumar?** may I smoke?; **você não pode estacionar aqui** you can't park here; **não pude sair ontem** I wasn't allowed (to go) out yesterday.

- 3. *(ser capaz moralmente)* can; **não podemos magoá-lo** we can't hurt him.

- 4. *(exprime possibilidade):* **você podia ter vindo de ônibus** you could have come by bus; **cuidado que você pode se machucar!** be careful, you might hurt yourself!

- 5. *(exprime indignação, queixa):* **não pode ser!** this is outrageous!; **você podia ter nos avisado** you could have warned us!; **pudera!** no wonder!

♦ *v impess (ser possível):* **pode não ser verdade** it might not be true; **pode acontecer a qualquer um** it could happen to anyone.

❑ **poder com** *v + prep (suportar)* to be able to stand; *(rival, adversário)* to be able to handle; *(peso)* to be able to carry; **você não pode com tanto peso** you can't carry all that.

poderoso, osa [pode'rozu, ɔza] *adj* powerful.

podre [podri] *adj* rotten.

põe [põi] → **pôr**.

poeira ['pwejra] *f* dust.

poema ['pwema] *m* poem.

poesia [pwe'zia] *f (gênero lit-*

erário) poetry; *(poema)* poem.

poeta ['pweta] *mf* poet.

pois ['pojʃ] *conj (porque)* because; ~ **é** that's right; ~ **não!** certainly!, of course!; ~ **não?** **em que posso ajudá-lo?** may I help you?; ~ **bem** now then, right then.

polegar [pole'ga(x)] *(pl -res* [-riʃ]) *m* thumb.

polêmica [po'lemika] *f* controversy.

pólen ['pɔlen] *m* pollen.

polícia [po'lisja] *f* police. ♦ *mf* policeman; ~ **militar** military police; ~ **rodoviária** traffic police.

policial [polisi'aw] *(pl -ais* [-ajʃ]) *adj* police *(antes de s).* ♦ *mf* policeman.

polir [po'li(x)] *vt (dar lustre em)* to polish; *(alisar)* to smooth out; *fig (educar)* to educate.

política [po'litʃika] *f (arte de governar)* politics *sg; (de governo, partido)* policy; ~ **externa** foreign policy.

político, ca [po'litʃiku, ka] *m, f* politician. ♦ *adj* political.

pólo ['pɔlu] *m* pole; *(esporte)* polo; ~ **aquático** water polo.

polpa ['powpa] *f* pulp.

poltrona [pow'trona] *f* armchair.

poluição [polwi'sãw] *f* pollution.

poluir [polw'i(x)] *vt* to pollute.

polvo ['powvu] *m* octopus.

pólvora ['pɔwvura] *f* gunpowder.

pomada [po'mada] f ointment.

pombo, ba ['põmbu, ba] m, f pigeon; **pomba da paz** white dove.

pomposo, osa [põm'pozu, ɔza] adj pompous.

ponderação [põndera'sãw] f thought, consideration.

ponderar [põnde'ra(x)] vt to consider.

pônei ['ponei] m pony.

ponho ['poɲu] → **pôr**.

ponta ['põnta] f (de lápis) point; (de vara, linha, cigarro) end; (de superfície) edge; (de dedo, língua, nariz) tip; **tenho a palavra na ~ da língua** I've got it on the tip of my tongue; **de ~ a ~** from one end to the other.

pontada [põn'tada] f twinge.

pontapé [põnta'pɛ] m kick; **~ inicial** kick off.

pontaria [põnta'ria] f: **fazer ~** to take aim; **ter ~** to be a good shot.

ponte ['põntʃi] f bridge.

ponteiro [põn'tejru] m (de relógio) hand.

pontiagudo, da [põntʃja'gudu, da] adj pointed.

ponto ['põntu] m point; (de costura, ferimento, tricot) stitch; (marca) dot; (sinal ortográfico) period Am, full stop Brit; (parada) stop; (lugar) place; **às 9 em ~** at 9 on the dot; **estar a ~ de fazer algo** to be about to do sthg; **até certo ~** up to a point; **dois ~s** colon; **~ cardeal** compass point; **~ de encontro** meeting place; **~ de exclamação** exclamation point;

~ de interrogação question mark; **~ morto** (em veículo) neutral; **~ de ônibus** bus stop; **~ de partida** starting point; **~ de táxi** taxi stand; **~ de vista** point of view.

ponto-e-vírgula m semicolon.

pontuação [põntwa'sãw] (pl **-ões** [-õjʃ]) f (em gramática) punctuation; (em competição) score.

pontual [põn'twaw] (pl **-ais** [-ajʃ]) adj punctual.

popa ['popa] f stern.

população [popula'sãw] f population.

popular [popu'la(x)] (pl **-res** [-riʃ]) adj popular.

por [po(x)] prep -**1**. (indica causa) because of, due to; **foi ~ sua causa** it was your fault; **~ falta de fundos** due to lack of funds; **~ hábito** through force of habit.
-**2**. (indica objetivo) for; **lutar ~ algo** to fight for sthg.
-**3**. (indica meio, modo, agente) by; **foi escrito pela Cristina** it was written by Cristina; **~ correio/fax** by mail/fax; **~ escrito** in writing; **~ avião** (carta) air mail.
-**4**. (relativo a tempo) for; **partiu ~ duas semanas** he went away for two weeks.
-**5**. (relativo a lugar) through; **entramos no Brasil pelo Paraguai** we crossed into Brazil via Paraguay; **está ~ aí** it's around there somewhere; **~ onde você vai?** which way are you going?
-**6**. (relativo a troca, preço) for; **pa-**

guei apenas 20 reais ~ este casaco I only paid 20 reals for this
jacket; **troquei o carro velho
~ um novo** I exchanged my old
car for a new one.
- **7.** (indica distribuição) per; **25
~ cento** 25 percent; **são 100
reais ~ dia/mês** it's 100 reals
per day/month.
- **8.** (em locuções): ~ **que** why;
~ **que (é que) ...?** ~ why ...?;
~ **mim tudo bem!** that's fine
by me!

pôr ['po(x)] vt to put; (vestir, calçar) to put on; (problema, dúvida,
questão) to raise; (defeitos) to
find; (suj: ave) to lay; (depositar
dinheiro) to deposit. ◆ vi (galinhas) to lay (eggs). ◆ m: **o ~ do
sol** sunset; ~ **algo em algo** to
put sthg in/on sthg; ~ **algo em
funcionamento** to start sthg
up; ~ **algo mais baixo/alto**
(música, som) to turn sthg
down/up; ~ **a mesa** to lay the
table.
☐ **pôr-se** vp (nervoso, contente) to
become; (sol) to set; ~**se a fazer algo** to begin to do sthg; ~
-se de pé to stand up.

porca ['poxka] f (peça) nut; (animal) sow.

porção [pox'sãw] (pl **-ões**
[-õjʃ]) f portion, helping.

porcaria [poxka'ria] f garbage;
(sujeira) mess; (pus) pus; **ficar
uma ~** to turn out badly.

porcelana [poxse'lana] f porcelain.

porco ['poxku] m (animal) pig;
(carne) pork.

porções → **porção**.

porém [po'rẽj] conj however.

pormenor [poxme'nɔ(x)] (pl
-res [-riʃ]) m detail; **em ~** in detail.

poro ['pɔru] m pore.

porque ['poxki] conj because.

porquê [pox'ke] m: **o ~ de** the
reason for.

porquinho-da-índia [pox-
ˌkiɲuda'ĩdʒja] (pl **porquinhos-
da-índia** [poxˌkiɲuʒda'ĩdʒja]) m
guinea pig.

porta ['poxta] f door; ~ **automática** automatic door; ~ **cor-
rediça** sliding door; ~ **giratória**
revolving door.

porta-aviões [ˌpoxta'vjõjʃ] m
inv aircraft carrier.

portador, ra [poxta'do(x), ra]
(mpl **-res** [-riʃ], fpl **-s** [-ʃ]) m, f (de
doença, vírus) carrier; FIN bearer;
ao ~ (cheque) to cash (on check).

porta-luvas [ˌpoxta'luvaʃ] m
inv glove compartment.

porta-malas [ˌpoxta'malaʃ] m
inv trunk Am, boot Brit.

portanto [pox'tãntu] conj so,
therefore.

portão [pox'tãw] (pl **-ões**
[-õjʃ]) m gate.

portaria [poxta'ria] f (de edifício) main entrance; (documento)
decree.

portátil [pox'tatʃiw] (pl **-eis**
[-ejʃ]) adj (telefone) cordless; (computador) laptop.

porta-voz [ˌpoxta'vɔʃ] (pl
porta-vozes [ˌpoxta'vɔziʃ]) mf
spokesman.

porte ['pɔrtʃi] *m (postura)* posture; *(em caminhão)* haulage; *(em avião, navio, trem)* freight; '~ pago' 'postage paid'.

porteiro, ra [pox'tejru, ra] *m, f* doorman.

porto ['poxtu] *m* port.

portões → **portão**.

Portugal [poxtu'gal] *s* Portugal.

português, esa [poxtu'geʃ, eza] *(mpl* -**eses** [-eziʃ]*, fpl* -**s** [-ʃ]*) adj & m, f* Portuguese. ◆ *m (língua)* Portuguese; ~ **brasileiro/europeu** Brazilian/European Portuguese.

porventura [poxvẽn'tura] *adv* by any chance.

pôs ['pojʃ] → **pôr**.

posar [po'za(x)] *vi* to pose.

posição [pozi'sãw] *(pl* -**ões** [-õjʃ]*) f* position; *(moral, política)* stance.

positivo, va [pozi'tʃivu, va] *adj* positive; *(valor, saldo)* in the black, in credit. ◆ *m (de fotografia)* print.

posologia [pozolo'ʒia] *f* dosage.

posse ['pɔsi] *f* possession; **estar em** ~ **de** to be in possession of; **tomar** ~ **(de algo)** to take possession of sthg.
❑ **posses** *fpl*: **ter** ~**s** to be wealthy.

possessão [pose'sãw] *(pl* -**ões** [-õjʃ]*) f (posse)* possession, ownership; *(domínio)* control.

possessivo, va [pose'sivu, va] *adj* possessive.

possessões → **possessão**.

possibilidade [posibili'dadʒi] *f* possibility.

possibilitar [posibili'ta(x)] *vt* to make possible.

possível [po'sivew] *(pl* -**eis** [-ejʃ]*) adj* possible. ◆ *m*: **fazer o** ~ **(para fazer algo)** to do one's best (to do sthg); **não é** ~ **!** *(exprime incredulidade)* that's incredible!; **logo que** ~ as soon as possible; **o máximo** ~ as much as possible; **se** ~ if possible.

posso ['pɔsu] → **poder**.

possuir [posw'i(x)] *vt (carro, casa)* to own; *(desfrutar de)* to have.

postal [poʃ'taw] *(pl* -**ais** [-ajʃ]*) m* postcard.

posta-restante [ˌpoʃtaxeʃ'tãntʃi] *(pl* **postas-restantes** [ˌpoʃtaxeʃ'tãntʃiʃ]*) f* poste restante.

poste ['pɔʃtʃi] *m* pole; ~ **(de alta tensão)** pylon; ~ **(de iluminação)** lamppost.

pôster ['poʃte(x)] *(pl* -**res** [-riʃ]*) m* poster.

posteridade [poʃteri'dadʒi] *f* posterity.

posterior [poʃte'rjo(x)] *(pl* -**res** [-riʃ]*) adj (em tempo, ordem)* subsequent; *(em espaço)* back, rear.

posteriormente [puʃterjor'mẽntʃi] *adv* subsequently.

postiço, ça [poʃ'tʃisu, sa] *adj* false.

posto ['poʃtu] *m (em emprego)* position; *(de polícia, bombeiros)* station; ~ **de gasolina** filling station *Am*, petrol station *Brit*; ~ **de saúde** health center.

postura [poʃ'tura] *f* posture.

potência [pu'tɛsja] f power.

potente [po'tẽntʃi] adj powerful.

potro ['potru] m colt.

pouco, ca ['poku, ka] adj & pron (no singular) little, not much; (no plural) few, not many. ◆ adv (relativo a tempo) not long; (relativo a quantidade) not much; (com adjetivo) not very. ◆ m: um ~ a little, a bit; **ele come** ~ he doesn't eat much; **ele é** ~ **inteligente/amável** he isn't very bright/friendly; **falta** ~ **para chegarmos lá** it won't be long before we get there; **um** ~ **de** a bit of; **um** ~ **mais de** a bit more of; **custar** ~ (ser barato) to be cheap; **ficar a** ~**s passos de** to be near; **daí a** ~ shortly afterward; **daqui a** ~ in a little while; **há** ~ a short while ago; ~ **a** ~ little by little; **por** ~**não** nearly; **fazer** ~ **de** to make fun of.

poupança [po'pãsa] f saving; (conta) savings account. ◻ **poupanças** fpl savings.

poupar [po'pa(x)] vt to save. ◆ vi to save up.

pouquinho [po'kiɲu] m: **só um** ~ just a little; **um** ~ **de** a little bit of.

pousada [po'zada] f inn.

pousar [po'za(x)] vt to put down. ◆ vi (ave) to perch; (avião) to land.

povo ['povu] m people pl.

povoação [povwa'sãw] (pl -ões [-õjʃ]) f village.

povoar [po'vwa(x)] vt to populate.

praça ['prasa] f (largo) square; (mercado) market(place).

prado ['pradu] m meadow.

praga ['praga] f plague; (palavrão, maldição) curse.

praia ['praja] f beach; ~ **de nudismo** nudist beach.

prancha ['prãʃa] f board; ~ **de surfe** surfboard.

prata ['prata] f silver; **(feito) de** ~ (made of) silver.

prateado, da [pra'tʃjadu, da] adj silver(y).

prateleira [prate'lejra] f shelf.

prática ['pratʃika] f (experiência) experience; (de esporte) playing; **na** ~ in practice; **pôr algo em** ~ to put sthg into practice; **ter** ~ to have experience.

praticante [pratʃi'kãntʃi] adj practicing. ◆ mf: ~ **de esporte** sportsman.

praticar [pratʃi'ka(x)] vt to practice; (esporte) to play.

prático, ca ['pratʃiku, ka] adj practical.

prato ['pratu] m (louça) plate; (refeição) dish; ~ **fundo** soup bowl; ~ **da casa** house speciality; ~ **do dia** dish of the day; ~ **raso** dinner plate; ~ **de sopa** (comida) bowl of soup; **pôr tudo em** ~**s limpos** to make a clean breast of it. ◻ **pratos** mpl MÚS cymbals.

praxe ['praʃi] f (costume) custom; **ser de** ~ to be the norm.

prazer [pra'ze(x)] (pl -res [-riʃ]) m pleasure; **muito** ~! pleased to meet you!; **o** ~ **é (todo) meu!**

the pleasure is all mine!; **com ~** with pleasure; **por ~** for pleasure.

prazo ['prazu] *m* period; **~ de validade** expiry date; **a curto/ longo/médio ~** in the short/ long/medium term.

precaução [prekaw'sãw] (*pl -ões* [-õjʃ]) *f* precaution; **por ~** as a precaution.

precaver-se [preka'vexsi] *vp* to take precautions; **~ contra** to take precautions against.

precavido, da [preka'vidu, da] *adj* prudent; **vim ~** I came prepared.

precedência [prese'dẽsja] *f* precedence; **ter ~ sobre** to have precedence over.

preceder [prese'de(x)] *vt* to precede.

precioso, osa [pre'sjozu, ɔza] *adj* precious.

precipício [presi'pisju] *m* precipice.

precipitação [presipita'sãw] (*pl -ões* [-õjʃ]) *f* (*pressa*) haste; (*chuva*) rainfall.

precipitar-se [presepi'taxsi] *vp* (*pessoa*) to act rashly; (*acontecimentos*) to gain momentum.

precisão [presi'zãw] *f* accuracy; **com ~** accurately; **ter ~ de** to have need for.

precisar [presi'za(x)] *vt* (*especificar*) to specify. ◆ *vi* (*ter necessidade*) to need; **~ de algo** to need sthg.; **~ fazer algo** to need to do sthg.

preciso, sa [pre'sizu, za] *adj* accurate, precise; **é ~ ter calma**

keep calm; **é ~ passaporte** you need your passport.

preço ['presu] *m* price; **~ de ocasião** special offer; **~ reduzido** reduced price; **~ de liquidação** sale price; **não ter ~** to be priceless.

precoce [pre'kɔsi] *adj* (*criança*) precocious; (*decisão*) hasty.

preconceito [prekõ'sejtu] *m* prejudice.

precursor, ra [prekux'so(x), ra] (*mpl -res* [-riʃ], *fpl -s* [-ʃ]) *m, f* forerunner.

predador, ra [preda'do(x), ra] (*mpl -res* [-riʃ], *fpl -s* [-ʃ]) *adj* predatory.

predecessor, ra [predese-'so(x), ra] (*mpl -res* [-riʃ], *fpl -s* [-ʃ]) *m, f* predecessor.

predileção [predʒile'sãw] (*pl -ões* [-õjʃ]) *f* preference; **ter ~ por** to prefer.

predileções → predileção.

prédio ['predʒju] *m* building; **~ de apartamentos** apartment building *Am*, block of flats *Brit*.

predominante [predomi-'nãntʃi] *adj* predominant.

predominar [predomi'na(x)] *vi* to predominate.

preencher [prië'ʃe(x)] *vt* to fill in.

prefácio [pre'fasju] *m* preface.

prefeito, ta [pre'fejtu, ta] *m, f* mayor.

prefeitura [prefej'tura] *f* city hall *Am*, town hall *Brit*.

preferência [prefe'rẽsja] *f* preference; **dar ~ a** to give preference to; **ter ~ por** to prefer, to have a preference for; **de** ~ preferably.

preferido, da [prefe'ridu, da] adj favorite.

preferir [prefe'ri(x)] vt to prefer; ~ **fazer algo** to prefer doing sthg.

prefixo [pre'fiksu] m prefix.

prega ['prɛga] f pleat.

pregar¹ [pre'ga(x)] vt (prego) to hammer in; (botões) to sew on.

pregar² [pre'ga(x)] vt (sermão) to preach.

prego ['prɛgu] m nail; (casa de penhor) pawn shop.

preguiça [pre'gisa] f laziness; **estar com** ou **ter** ~ to be lazy.

prejudicar [preʒudʒi'ka(x)] vt (pessoa) to harm; (carreira, relação, saúde) to damage.

prejudicial [preʒudʒi'sjaw] (pl -ais [-ajʃ]) adj: ~ **para** damaging to.

prejuízo [pre'ʒwizu] m (dano) damage; (em negócio) loss; **em** ~ **de** to the detriment of; **sem** ~ **de** without detriment to; **levar** ou **tomar um** ~ to run at a loss.

prematuro, ra [prema'turu, ra] adj premature.

premiado, da [premi'adu, da] adj prizewinning.

premiar [premi'a(x)] vt to award a prize to; (recompensar) to reward.

prêmio ['premju] m (em concurso, competição) prize; (recompensa) reward; (em seguros) premium.

prenda ['prẽda] f present, gift.

prendado, da [prẽ'dadu, da] adj gifted.

prender [prẽ'de(x)] vt to tie up; (pessoa) to arrest.
❑ **prender-se** vp to get stuck.

prenunciar [prenũsi'a(x)] vt (predizer) to foretell.

preocupação [preokupa'sãw] (pl -ões [-õjʃ]) f worry.

preocupado, da [prioku'padu, da] adj worried.

preocupar [preoku'pa(x)] vt to worry.
❑ **preocupar-se** vp to worry; ~**se com** to worry about.

preparação [prepara'sãw] (pl -ões [-õjʃ]) f preparation.

preparado, da [prepa'radu, da] adj ready. ◆ m preparation.

preparar [prepa'ra(x)] vt to prepare.
❑ **preparar-se** vp to get ready; ~**se para algo** to get ready for sthg.

preposição [prepozi'sãw] (pl -ões [-õjʃ]) f preposition.

prepotente [prepo'tẽtʃi] adj domineering.

presença [pre'zẽsa] f presence; **na** ~ **de** in the presence of; ~ **de espírito** presence of mind.

presenciar [prezẽ'sja(x)] vt to witness.

presente [pre'zẽtʃi] adj & m present; **o** ~ **(do indicativo)** GRAM the present tense; **dar/ganhar de** ~ to give/receive as a present; **os** ~**s** those present.

preservar [prezex'va(x)] *vt* to preserve.

preservativo [prezexva'tʃivu] *m* condom.

presidência [prezi'dẽsja] *f* presidency.

presidente [prezi'dẽtʃi] *mf (de país, organização)* president; *(de empresa, associação)* president *Am*, chairman *Brit*; **~ da República** President of the Republic.

presidir [prezi'dʒi(x)] *vt, vi:* **~ (a)** algo to chair sthg.

presilha [pre'ziʎa] *f* (belt) loop.

preso, sa ['prezu, za] *pp* **> prender.** ♦ *adj* tied up; *(capturado)* imprisoned; *(que não se move)* stuck. ♦ *m, f (prisioneiro)* prisoner.

pressa ['prɛsa] *f* hurry; **estar com ter ~** to be in a hurry rush; **estar sem ~** not to be in a hurry rush; **às ~s** quickly, hurriedly.

presságio [pre'saʒju] *m* premonition.

pressão [pre'sãw] *(pl* **-ões** [-õjʃ]) *f* pressure; **~ (arterial) alta/baixa** *MED* high/low blood pressure; **~ atmosférica** atmospheric pressure; **estar sob ~** *(pessoa)* to be under pressure.

pressentimento [presẽtʃi'mẽtu] *m* feeling; **mau ~** a bad feeling about sthg.

pressentir [presẽ'tʃi(x)] *vt:* **~ que** to have a feeling (that).

pressionar [presjo'na(x)] *vt (botão)* to press; *(pessoa)* to pressure.

pressões → pressão.

pressupor [presu'po(x)] *vt* to presuppose.

prestação [preʃta'sãw] *(pl* **-ões** [-õjʃ]) *f (de serviço)* provision; *(de pagamento)* installment; **pagar a prestações** to pay in installments.

prestar [preʃ'ta(x)] *vt (ajuda)* to give; *(serviço)* to provide; *(contas)* to render; *(atenção)* to pay. ♦ *vi (ser útil)* to be useful; **isso presta para alguma coisa?** is that any good?; **não ~** to be no good; **não ~ para nada** to be totally useless; **~ um serviço a alguém** to do sthg for sb.

❑ **prestar-se a** *vp + prep (ser adequado para)* to be appropriate for; *(estar disposto a)* to leave o.s. open to.

prestativo, va [preʃta'tʃivu, va] *adj* helpful.

prestes ['prɛʃtʃiʃ] *adj inv:* **estar ~ a fazer algo** to be just about to do sthg.

prestígio [preʃ'tʃiʒju] *m* prestige.

presumir [prezu'mi(x)] *vt* to presume.

presunçoso, osa [prezũ'sozu, ɔza] *adj (pessoa)* conceited; *(discurso, artigo)* pretentious.

presunto [pre'zũtu] *m* ham.

pretender [pretẽ'de(x)] *vt (querer)* to want; *(afirmar)* to claim; **~ fazer algo** to intend to do sthg.

pretensão [pretẽ'sãw] *(pl* **-ões** [-õjʃ]) *f (desejo)* wish, aspiration; **~ salarial** salary expectations.

❑ **pretensões** *fpl (vaidade)* pretentiousness *sg;* **ter pretensões** to be pretentious.

pretérito [pre'teritu] m GRAM preterite, past tense; ~ **perfeito (simples)** simple past (tense); ~ **imperfeito (simples)** imperfect (tense).

pretexto [pre'teʃtu] m excuse; **sob** ~ **algum** under no circumstances; **a** ou **sob o** ~ **de** on the pretext of.

preto, ta [pretu, ta] adj & m, f black; **pôr o** ~ **no branco** to set the record straight.

prevalecer [prevale'se(x)] vi to prevail.

prevenção [prevẽ'sãw] (pl -ões [-õjʃ]) f (de doença, acidente) prevention; (aviso) warning; **estar de** ~ to be on guard; **por** ~ as a precaution.

prevenido, da [preve'nidu, da] adj cautious; **estar** ~ to be prepared.

prevenir [preve'ni(x)] vt (avisar) to warn; (evitar) to prevent; ~ **alguém de algo** to warn sb of sthg.

prever [pre've(x)] vt to foresee; (tempo) to forecast.

prévio, via ['prɛvju, vja] adj prior.

previsão [previ'zãw] (pl -ões [-õjʃ]) f forecast; ~ **do tempo** weather forecast.

previsível [previ'zivew] (pl -eis [-ejʃ]) adj foreseeable.

previsões → **previsão**.

previsto, ta [pre'viʃtu, ta] adj expected; **como** ~ as expected.

prezado, da [pre'zadu, da] adj (querido) dear; **Prezado ...** fml (em carta) Dear ...

primário, ria [pri'marju, rja] adj (básico) basic; EDUC primary. ◆ m (curso) elementary education.

primavera [prima'vera] f (estação) spring; (flor) primrose.

primeira [pri'mejra] f (em veículo) first (gear) → **primeiro**.

primeiro, ra [pri'mejru, ra] adj, adv & num first. ◆ m, f: **o** ~ / **a primeira da turma** top of the class; **à primeira vista** at first sight; **de primeira** first-class; **em** ~ **lugar** first; ~**s socorros** MED first aid sg → **sexto**.

primeiro-ministro, primeira-ministra [pri,mejrumi'niʃtru, pri,mejrami'niʃtra] (mpl **primeiros-ministros** [pri,mejruʒmi'niʃtruʃ], fpl **primeiras-ministras** [pri,mejraʒmi'niʃtraʃ]) m, f prime minister.

primitivo, va [primi'tʃivu, va] adj primitive.

primo, ma ['primu, ma] m, f cousin.

princesa [prĩ'seza] f princess.

principal [prĩsi'paw] (pl -ais [-ajʃ]) adj main.

principalmente [prĩsipaw'mẽntʃi] adv mainly, especially.

príncipe [prĩ'sipi] m prince.

principiante [prĩsipi'ãntʃi] mf beginner.

principiar [prĩsipi'a(x)] vt & vi to start, to begin.

princípio [prĩ'sipju] m beginning; (moral) principle; **partir do** ~ **que** ... to work on the basis that ...; **a** ~ to start with; **desde o** ~ from the beginning;

em ~ in principle; **por** ~ on principle.

prioridade [priori'dadʒi] f priority.

prisão [pri'zãw] (pl -ões [- õjʃ]) f (ato) imprisonment; (local) prison; ~ **de ventre** constipation; ~ **domiciliar** house arrest; ~ **perpétua** life imprisonment.

privação [priva'sãw] (pl -ões [-õjʃ]) f loss.

▫ **privações** fpl misery sg, hardship sg.

privacidade [privasi'dadʒi] f privacy.

privações → privação.

privada [pri'vada] f toilet.

privado, da [pri'vadu, da] adj private.

privar [pri'va(x)] vt: ~ **alguém de algo** to deprive sb of sthg.

▫ **privar-se de** vp + prep to go without.

privativo, va [priva'tʃivu, va] adj private.

privilegiado, da [privileʒi'adu, da] adj (pessoa) privileged; (local) exceptional.

privilegiar [privileʒi'a(x)] vt to favor.

privilégio [privi'lɛʒju] m privilege.

proa ['proa] f prow.

probabilidade [probabili'dadʒi] f probability.

problema [pro'blema] m problem; **ter ~s com** to have problems with.

procedente [prose'dẽntʃi] adj: ~ **de** (trem, ônibus, avião) from.

proceder [prose'de(x)] vi (agir) to proceed, to act; ~ **com** to proceed with.

processador [prosesa'do(x)] (pl -res [-riʃ]) m: ~ **de texto** word processor.

processamento [prosesa'mẽntu] m processing.

processar [prose'sa(x)] vt JUR (pessoa, empresa) to prosecute; JUR (por danos pessoais, materiais) to sue; INFORM (dados, texto) to process.

processo [pro'sesu] m (sistema) process; JUR (law)suit.

procissão [prosi'sãw] (pl -ões [-õjʃ]) f procession.

procura [pro'kura] f (busca) search; COM demand; **andar à ~ de** to be looking for.

procurador, ra [prokura'do(x), ra] (mpl -res [-riʃ], fpl -s [-ʃ]) m, f proxy.

procurar [proku'ra(x)] vt to look for; ~ **fazer algo** to try to do sthg.

prodígio [pro'dʒiʒju] m prodigy.

produção [prudu'sãw] (pl -ões [-õjʃ]) f production.

produtivo, va [produ'tʃivu, va] adj (que produz) productive; (lucrativo) profitable.

produto [pro'dutu] m product; ~ **alimentar** foodstuff; ~ **de limpeza** cleaning product.

produtor, ra [produ'to(x), ra] (mpl -res [-riʃ], fpl -s [-ʃ]) m, f producer.

produzir [produ'zi(x)] vt to produce.

proeminente [proimiˈnẽntʃi]
adj (saliente) protruding; (importante) prominent.

proeza [proˈeza] f deed.

profanar [profaˈna(x)] vt (igreja, cemitério) to desecrate; (memória) to be disrespectful about.

profecia [profeˈsia] f prophecy.

proferir [profeˈri(x)] vt (discurso) to give; (palavra) to utter; (insulto) to hurl; (desejo) to make; (sentença) to pronounce.

professor, ra [profeˈso(x), ra] (mpl -res [-riʃ], fpl -s [-ʃ]) m, f teacher; (universitário) professor Am, lecturer Brit.

profeta [proˈfɛta] m prophet.

profissão [profiˈsãw] (pl -ões [-õjʃ]) f profession.

profissional [profisjoˈnaw] (pl -ais [-ajʃ]) adj & mf professional.

profissões → profissão.

profundidade [profũdʒiˈdadʒi] f depth; **tem três metros de ~** it's three meters deep.

profundo, da [proˈfũdu, da] adj deep; (idéia, argumento, sentimento) profound.

prognóstico [progˈnɔʃtʃiku] m MED prognosis; (de tempo) forecast.

programa [proˈgrama] m program Am, programme Brit; EDUC syllabus, curriculum; INFORM program.

programação [programaˈsãw] (pl -ões [-õjʃ]) f programming.

progredir [progreˈdi(x)] vi to make progress; (doença) to progress; **~ em** to make progress in.

progresso [proˈgrɛsu] m progress; **fazer ~s** to make progress.

proibição [proibiˈsãw] (pl -ões [-õjʃ]) f ban.

proibido, da [proiˈbidu, da] adj prohibited; **'proibida a entrada'** 'no entry'; **'~ afixar anúncios'** 'no bill sticking'; **'~ estacionar'** 'no parking'; **'~ fumar'** 'no smoking'; **'~ para menores de 18'** 'adults only'.

proibir [proiˈbi(x)] vt (consumo) to forbid; (acontecimento, publicação) to ban; **~ alguém de fazer algo** to forbid sb to do sthg.

projétil [proˈʒetʃiw] (pl -teis [-tejʃ]) m projectile.

projeto [proˈʒetu] m project, plan; **~ de lei** bill.

projetor [proʒeˈto(x)] (pl -res [-riʃ]) m projector.

proliferar [prolifeˈra(x)] vi to proliferate.

prólogo [ˈprɔlogu] m prologue.

prolongado, da [prolõˈgadu, da] adj extended.

prolongar [prolõˈga(x)] vt (prazo) to extend; (férias, estada) to prolong.

□ **prolongar-se** vp (demorar-se) to last.

promessa [proˈmɛsa] f promise.

prometer [promeˈte(x)] vt to promise; **~ algo a alguém** to promise sb sthg; **~ fazer algo** to promise to do sthg; **~ que** to promise (that).

promissor, ra [promiˈso(x), ra] (mpl -res [-riʃ], fpl -s [-ʃ]) adj promising.

promoção [promo'sãw] (*pl* -**ões** [-õjʃ]) *f* promotion; **em** ~ on special offer.

promover [promo've(x)] *vt* to promote.

pronome [pro'nomi] *m* GRAM pronoun.

pronto, ta ['prõtu, ta] *adj* (*preparado*) ready; (*resposta*) prompt. ◆ *interj* that's that!; **estar** ~ to be ready; **estar** ~ **para fazer algo** to be ready to do sthg, to be willing to do sthg.

pronto-socorro [,prõtuso-'koxu] *m* emergency room *Am*, casualty *Brit.*

pronúncia [pro'nũsja] *f* (*pronunciação*) pronunciation; (*sotaque*) accent.

pronunciar [pronũsi'a(x)] *vt* (*palavra, frase*) to pronounce; (*discurso*) to give. ❑ **pronunciar-se** *vp* (*palavra*) to be pronounced; (*exprimir opinião*) to express one's opinion.

propaganda [propa'gãnda] *f* (*de produto*) advertising; POL propaganda.

propina [pro'pina] *f* (*gorjeta*) tip; (*suborno*) bribe.

propor [pro'po(x)] *vt* (*sugerir*) to propose; (*negócio*) to offer.

proporção [propor'sãw] (*pl* -**ões** [-õjʃ]) *f* proportion; **em** ~ in proportion. ❑ **proporções** *fpl* (*dimensões*) measurements.

proporções → proporção.

propósito [pro'pozitu] *m* purpose; **a** ~, **quando é que você vai de férias?** by the way, when

are you going on vacation?; **com o** ~ **de** with the intention of; **de** ~ on purpose. ❑ **propósitos** *mpl* (*maneiras*) manners.

propriedade [proprie'dadʒi] *f* property.

proprietário, ria [proprie-'tarju, rja] *m, f* owner.

próprio, pria ['propriu, pria] *adj* (*carro, casa*) own; (*adequado*) appropriate; (*característico*) particular. ◆ *m, f* **é o** ~ /**a própria** (*em conversa telefônica*) speaking; ~ **para** appropriate for; **eu** ~ I myself; **o** ~ **presidente** the president himself.

prosa ['proza] *f* prose.

prospecto [proʃ'pɛ(k)tu] *m* leaflet.

prosperar [proʃpe'ra(x)] *vi* to prosper.

prosperidade [proʃperi'dadʒi] *f* prosperity.

prosseguir [prose'gi(x)] *vt* (*estudos, investigações*) to continue. ◆ *vi* (*continuar*) to proceed, to carry on.

prostituta [proʃtʃi'tuta] *f* prostitute.

protagonista [protago'niʃta] *mf* protagonist.

proteção [prote'sãw] (*pl* -**ões** [-õjʃ]) *f* protection.

proteções → proteção.

proteger [prote'ʒe(x)] *vt* to protect.

proteína [prote'ina] *f* protein.

prótese ['prɔtezi] *f* MED prosthesis; ~ **dentária** dental prosthesis.

protestante 238

protestante [prote∫'tãnt∫i] adj & mf RELIG Protestant.

protestar [prote∫'ta(x)] vi to protest; ~ **contra** to protest against.

protesto [pro'te∫tu] m protest.

protetor, ra [prote'to(x), ra] (mpl -**res** [-ri∫], fpl -**s** [-∫]) adj & m, f protector. ◆ adj protective; ~ (**solar**) sunscreen.

protocolo [proto'kolu] m (em audiência) transcription; (regras) protocol.

prova ['prɔva] f proof; ESP event; (teste) test; à ~ **d'água** waterproof; à ~ **de fogo** fireproof; à ~ **de óleo** oil-resistant; **dar** ~**s de** to show; **pôr à** ~ to put to the test.

provar [pro'va(x)] vt (fato) to prove; (comida) to try; (roupa) to try on.

provável [pro'vavew] (pl -**eis** [-ej∫]) adj probable; **pouco** ~ unlikely.

proveito [pro'vejtu] m benefit; **bom** ~! enjoy your meal!; **em** ~ **de** for the benefit of; **tirar** ~ **de algo** to benefit from sthg.

proveniente [provenj'ẽnt∫i] adj: ~ **de** (coming) from.

provérbio [pro'vɛrbju] m proverb.

prover-se [pro'vexsi]: **prover-se de** vp + prep (abastecer-se de) to provide o.s. with; (munir-se de) to equip o.s. with.

proveta [pro'veta] f test tube.

providência [provi'dẽsja] f measure; **tomar** ~**s** to take measures.

providenciar [providẽsj'a(x)] vt to arrange (for). ◆ vi: ~ (**para que**) to make sure (that).

província [pro'vĩsja] f province.

provisório, ria [provi'zɔrju, rja] adj temporary.

provocador, ra [provoka'do(x), ra] (mpl -**res** [-ri∫], fpl -**s** [-∫]) adj provocative.

provocar [provo'ka(x)] vt (causar) to cause; (irritar) to provoke.

proximidade [prosimi'dadʒi] f proximity.
❑ **proximidades** fpl (arredores) neighborhood sg.

próximo, ma ['prɔsimu, ma] adj (em espaço, tempo) near; (seguinte) next; (íntimo) close. ◆ pron: **o** ~ /**a próxima** the next one; **quem é o** ~? who's next?; **até a próxima!** see you!; ~ **de** near (to); **nos** ~**s dias/meses** in the next few days/months.

prudência [pru'dẽsja] f care, caution.

prudente [pru'dẽnt∫i] adj careful, cautious.

prurido [pru'ridu] m itch.

pseudônimo [psew'donimu] m pseudonym.

psicologia [psikolo'ʒia] f psychology.

psicológico, ca [psiko'lɔʒiku, ka] adj psychological.

psicólogo, ga [psi'kɔlugu, ga] m, f psychologist.

psiquiatra [psi'kjatra] mf psychiatrist.

puberdade [puber'dadʒi] f puberty.

publicação [publika'sãw] (*pl -ões* [-õjʃ]) *f* publication.

publicar [publi'ka(x)] *vt* to publish.

publicidade [publisi'dadʒi] *f (atividade, curso)* advertising; *(anúncio)* advertisement; *(divulgação, difusão)* publicity.

público, ca ['publiku, ka] *adj (jardim, via)* public; *(escola)* state *(antes de s)*; *(empresa)* state-owned. ◆ *m (de espetáculo)* audience; **o ~ em geral** the general public; **tornar ~ algo** to make sthg public; **em ~** in public.

pude ['pudʒi] → **poder.**

pudim [pu'dʒĩ] (*pl -ns* [-ʃ]) *m* pudding; **~ de leite** caramel pudding.

pugilismo [puʒi'liʒmu] *m* boxing.

pular [pu'la(x)] *vi* to jump. ◆ *vt* to jump over.

pulga ['puwga] *f* flea; **estar com a ~ atrás da orelha** *fig (estar suspeitoso)* to think something is up.

pulmão [puw'mãw] (*pl -ões* [-õjʃ]) *m* lung.

pulo ['pulu] *m* jump; **dar um ~ até** to go over to; **dar ~s** to jump up and down; **num ~** in a flash.

pulôver [pu'lovɛ(x)] (*pl -res* [-riʃ]) *m* sweater.

pulsação [puwsa'sãw] (*pl -ões* [-õjʃ]) *f* beat.

pulseira [puw'sejra] *f* bracelet.

pulso ['puwsu] *m* wrist; *(pulsação)* pulse; **medir OU tirar o ~ de alguém** to take sb's pulse.

pulverizar [puwveri'za(x)] *vt (com líquido)* to spray; *(reduzir a pó)* to pulverize.

punha ['puɲa] → **poder.**

punhado [pu'nadu] *m*: **um ~ de** a handful of.

punhal [pu'naw] (*pl -ais* [-ajʃ]) *m* dagger.

punho ['puɲu] *m (mão fechada)* fist; *(pulso)* wrist; *(de casaco, camisa)* cuff; *(de arma, faca)* hilt.

punir [pu'ni(x)] *vt* to punish.

pupila [pu'pila] *f* pupil.

purê [pu're] *m* purée; **~ (de batata)** mashed potatoes *pl.*

pureza [pu'reza] *f* purity.

purgante [pux'gãtʃi] *m* purgative.

purificador, ra [purifika-'do(x), ra] (*mpl -res* [-riʃ], *fpl -s* [-ʃ]) *adj* purifying. ◆ *m*: **~ do ar** air freshener.

purificar [purifi'ka(x)] *vt (sangue)* to purify; *(ar)* to freshen.

puritano, na [puri'tanu, na] *adj* puritanical.

puro, ra ['puru, ra] *adj* pure; **pura lã** pure wool; **a pura verdade** the plain truth; **pura e simplesmente** simply.

puro-sangue [,puru'sãgi] *m inv* thoroughbred.

púrpura ['puxpura] *f* purple.

pus¹ [puʃ] → **pôr.**

pus² [puʃ] *m* pus.

puta ['puta] *f* whore.

puxador [puʃa'do(x)] (*pl -res* [-riʃ]) *m* handle.

puxão [pu'ʃãw] (*pl -ões* [-õjʃ]) *m* tug.

puxar [pu'ʃa(x)] vt (cabelo, cordel) to pull; (banco, cadeira) to pull up; 'puxar', 'puxe' (aviso em porta) 'pull'; ~ **o saco de alguém** to suck up to sb.

puxões → puxão.

Q

quadra ['kwadra] f (quarteirão) block; ~ **de tênis/squash** tennis/squash court.

quadrado, da [kwa'dradu, da] adj & m square.

quadragésimo, ma [kwadra'ʒezimu, ma] num fortieth → sexto.

quadril [kwa'driw] (pl -is [-iʃ]) m hip.

quadro ['kwadru] m picture; (em sala de aula) board; (pintura) painting.

quadro-negro [,kwadru'negru] (pl quadros-negros [,kwadruʒ'negruʃ]) m blackboard.

quaisquer → qualquer.

qual [kwaw] (pl -ais [-ajʃ]) adj which. ◆ conj fml (como) like. ◆ interj what! ◆ pron (em interrogativa) what; (especificando) which (one); **o/a** ~ (suj: pessoa) who; (complemento: pessoa) whom; (suj, complemento: coisa) which; **cada** ~ everyone; ~ **deles ...?** which one (of them) ...?; ~ **nada** ou **o quê!** no such thing!

qualidade [kwali'dadʒi] f qual-

ity; (espécie) type; **na** ~ **de** in the capacity of.

qualificação [kwalifika'sãw] (pl -ões [-õjʃ]) f qualification.

qualificado, da [kwalifi'kadu, da] adj qualified.

qualquer [kwaw'kɛ(x)] (pl **quaisquer** [kwajʃ'kɛ(x)]) adj & pron any; ~ **um deles** any of them; ~ **um dos dois** either of them; ~ **um** ou **pessoa** anyone, anybody; **a** ~ **momento** at any time.

quando ['kwãndu] adv when. ◆ conj when; (ao passo que) while; **de** ~ **em** ~ from time to time; **desde** ~ how long; ~ **muito** at (the) most; ~ **quer que** whenever.

quantia [kwãn'tʃia] f amount, sum.

quantidade [kwãntʃi'dadʒi] f amount, quantity; **em** ~ in large quantities.

quanto, ta ['kwãntu, ta] adj - **1.** (em interrogativas: singular) how much; (em interrogativas: plural) how many; ~ **tempo temos?** how much time do we have?; ~ **tempo temos de esperar?** how long do we have to wait?; **quantas vezes você já esteve aqui?** how many times have you been here?

- **2.** (em exclamações) what a lot of; ~ **dinheiro!** what a lot of money!; ~**s erros!** what a lot of mistakes!

- **3.** (em locuções) **uns** ~**s**/**umas quantas** some; **umas quantas pessoas** a few people.

♦ pron -1. (em interrogativas: singular) how much; (em interrogativas: plural) how many; ~ você quer? how much do you want?; ~s você quer? how many do you want?; ~ custam? how much do they cost? -2. (relativo a pessoas): todos ~s everyone who sg. -3. (tudo o que) everything, all; coma ~/~s você quiser eat as much/as many as you like; tudo ~ disse é verdade everything he said is true. -4. (compara quantidades): ~ mais se tem, mais se quer the more you have, the more you want. -5. (em locuções): não há espaço para um, ~ mais para dois there's hardly enough room for one, let alone two; ~ a as regards; ~ antes as soon as possible; ~ mais melhor the more the merrier; uns ~~s/umas quantas some.

quarenta [kwa'rēnta] num forty → seis.

Quaresma [kwa'rɛʒma] f Lent.

quarta ['kwarta] f (em veículo) fourth (gear) → quarto.

quarta-feira [,kwaxta'fejra] (pl quartas-feiras [,kwaxtaʃ-'fejraʃ]) f Wednesday → sexta-feira.

quarteirão [kwaxtej'rāw] (pl -ões [-õjʃ]) m (área) block.

quartel [kwax'tɛw] (pl -éis [-ɛiʃ]) m MIL barracks pl.

quarteto [kwax'tetu] m quartet.

quarto, ta ['kwaxtu, ta] num fourth. ♦ m (divisão de casa) room; (parte) quarter; '~ para alugar' 'room for rent'; ~ de casal double room; ~ com duas camas twin room → sexto.

quase ['kwazi] adv almost, nearly; ~ caí I almost fell over; ~ nada almost nothing, hardly anything; ~ nunca hardly ever; ~ ~ very nearly; ~ sempre nearly always.

quatro ['kwatru] num four → seis.

quatrocentos, tas [,kwatro-'sẽntuʃ, taʃ] num four hundred → seis.

que [ki] adj inv -1. (em interrogativas) what, which; ~ livros você quer? which books do you want?; ~ dia é hoje? what day is it today?; ~ horas são? what time is it? -2. (em exclamações): mas ~ belo dia! what a beautiful day!; ~ fome! I'm starving!; ~ maravilha! how wonderful! ♦ pron -1. (em interrogativas) what; ~ é isso? what's that?; o ~ você quer? what do you want?; o ~ você vai comer? what are you going to have (to eat)? -2. (uso relativo: sujeito) who; (coisa) which, that; o homem ~ está correndo the man who's running; a guerra ~ começou em 1939 the war that started in 1939. -3. (uso relativo: complemento) whom, that; *(coisa)* which, that; **o homem ~ conheci** the man (that) I met.

◆ *conj* - **1.** *(com complemento direto)* that; **disse-me ~ ia de férias** he told me (that) he was going on vacation.

- **2.** *(em comparações):* **(do) ~** than; **é mais caro (do) ~ o outro** it's more expensive than the other.

- **3.** *(exprime causa):* **leva o guarda-chuva ~ está chovendo** take an umbrella because it's raining; **vai depressa ~ você está atrasado** you're late, so you'd better hurry.

- **4.** *(exprime conseqüência):* that; **pediu-me tanto ~ acabei por lhe dar** he asked me for it so persistently that I ended up giving it to him.

- **5.** *(exprime tempo):* **há horas ~ estou à espera** I've been waiting for hours.

- **6.** *(indica desejo)* that; **espero ~ você se divirta** I hope (that) you have a good time.

- **7.** *(em locuções):* **nem** like; **chorou ~ nem um bebê** he cried like a baby.

quê ['ke] *interj* what! ◆ *pron (interrogativo)* what. ◆ *m:* **um ~** (a certain) something; **um ~ de** a touch of; **não tem de ~!** not at all!, don't mention it!; **sem ~ nem para ~** *(sem motivos)* for no apparent reason.

quebra-cabeças [ˌkɛbraka-'besaʃ] *m inv (passatempo)* puzzle; *fig (problema)* headache.

quebra-mar [ˌkɛbra'ma(x)]

(pl **quebra-mares** [ˌkɛbra'ma-riʃ]) *m* breakwater.

quebra-nozes [ˌkɛbra'nɔziʃ] *m inv* nutcracker.

quebrar [ke'bra(x)] *vt* to break; *(avariar)* to break down; **~ a cara** *fig* to come a cropper.

□ **quebrar-se** *vp* to break.

queda ['kɛda] *f* fall; **ter ~ para** *fig (vocação)* to have a flair for.

queijo ['kejʒu] *m* cheese; **~ de cabra** goat's cheese; **~ ralado** grated cheese.

queimado, da [kej'madu, da] *adj* burned; *(pelo sol)* sunburned.

queimadura [kejma'dura] *f* burn; **~ de sol** sunburn.

queimar [kej'ma(x)] *vt* to burn; **~ o filme** to put one's foot in it.

□ **queimar-se** *vp* to burn o.s.; *(com sol)* to get sunburned.

queixa ['kejʃa] *f (lamentação)* moan; *(em polícia)* complaint; **apresentar ~** *(em polícia)* to register a complaint; **fazer ~ de alguém** to complain about sb.

queixar-se [kej'ʃaxsi] *vp* to moan; **~ a alguém (de algo)** to complain to sb (about sthg); **~ de** to complain about.

queixo ['kejʃu] *m* chin; **tinha tanto frio que estava batendo ~** he was so cold that his teeth were chattering.

queixoso, osa [kej'ʃozu, ɔza] *m, f juR* plaintiff.

quem ['kẽj] *pron (interrogativo: sujeito)* who; *(interrogativo: complemento)* who, whom; *(indefini-*

do) whoever; ~ **é?** *(na porta)* who's there?; ~ **fala?** *(no telefone)* who's calling?; ~ **me dera ser rico!** if only I were rich!; ~ **quer que** whoever; **seja** ~ **for** no matter who it is.

quente [ˈkẽtʃi] *adj* hot; *(roupa)* warm; *(informação, fonte)* reliable.

quer [kɛ(x)] *conj:* ~ **...** ~ whether ... or; **quem** ~ **que seja** whoever; **onde** ~ **que seja** wherever; **o que** ~ **que seja** whatever.

querer [keˈre(x)] *vt* to want; **como quiser!** as you wish!; **por favor, queria ...** excuse me, I'd like ...; **sem** ~ *(sem intenção)* unintentionally, by accident; ~ **muito a alguém** *(amar)* to love sb; ~ **bem a alguém** to care about sb; **não** ~ **mal a alguém** to wish sb no ill; ~ **dizer** *(significar)* to mean.
□ **querer-se** *vp:* **eles se querem muito** they're very much in love.

querido, da [keˈridu, da] *adj* dear.

querosene [kɛroˈzɛni] *m* kerosene.

questão [keʃˈtãw] *(pl* -**ões** [- õjʃ]*) f* question; *(discussão)* quarrel; **há** ~ **de dez minutos** about ten minutes ago; **fazer** ~ **(de fazer algo)** to insist (on doing sthg); **pôr algo em** ~ to question sthg; **ser** ~ **de** to be a matter of; **em** ~ in question.

quiabo [kjˈabu] *m* okra.

quieto, ta [kjˈɛtu, ta] *adj (parado,* imóvel*)* still; *(calado, calmo)* quiet.

quilate [kiˈlatʃi] *m* carat.

quilo [ˈkilu] *m* kilo; **o** ~ **a** ou **per kilo.**

quilometragem [kilomeˈtraʒẽ] *(pl* -**ns** [-ʃ]*) f* ≃ mileage.

quilômetro [kiˈlometru] *m* kilometer.

química [ˈkimika] *f* chemistry → **químico.**

químico, ca [ˈkimiku, ka] *m, f* chemist.

quinhão [kiˈɲãw] *(pl* -**ões** [-õjʃ]*) m* share.

quinhentos, tas [kiˈɲẽtuʃ, taʃ] *num* five hundred → **seis.**

quinhões → **quinhão.**

quinquagésimo, ma [kwĩkwaˈʒɛzimu, ma] *num* fiftieth → **sexto.**

quinquilharias [kĩkiʎaˈriaʃ] *fpl* junk *sg.*

quinta [ˈkĩta] *f* farm → **quinto.**

quinta-feira [ˌkĩtaˈfejra] *f* Thursday → **sexta-feira.**

quintal [kĩˈtaw] *(pl* -**ais** [-ajʃ]*) m (terreno)* back yard.

quinteto [kĩˈtetu] *m* quintet.

quinto, ta [ˈkĩtu, ta] *num* fifth → **sexto.**

quinze [ˈkĩzi] *num* fifteen; ~ **dias** two weeks; **três e** ~ quarter after three; ~ **para as três** quarter to three.

quinzena [kĩˈzena] *f* two weeks.

quiosque [ˈkjɔʃki] *m* kiosk.

quis [ˈkiʃ] → **querer.**

quites [ˈkitiʃ] *adj inv:* **estar ~ (com alguém)** to be quits (with sb).

quota [ˈkwɔta] *f (parte)* quota; *(de clube)* membership fee.

quotidiano [kotʃidjˈãnu] *adj →* cotidiano.

R

rã [ˈxã] *f* frog.

rabanete [xabaˈnetʃi] *m* radish.

rabicho [xaˈbiʃu] *m* ponytail.

rabino [xaˈbinu] *m (sacerdote)* rabbi.

rabiscar [xabiʃˈka(x)] *vi & vt* to scribble.

rabisco [xaˈbiʃku] *m* scrawl.

rabo [ˈxabu] *m (de ave, animal)* tail.

rabugento, ta [xabuˈʒẽntu, ta] *adj* grumpy.

raça [ˈxasa] *f* race; *(animal)* breed; **de ~** *(cão, gato)* pedigree; *(cavalo)* thoroughbred.

ração [xaˈsãw] *(pl -ões* [-õjʃ]*) f (de animal)* feed; *(em prisão, tropa)* food, rations *pl.*

rachadura [xaʃaˈdura] *f* crack.

rachar [xaˈʃa(x)] *vt (lenha)* to chop; *(conta)* to split. ◆ *vi (abrir fenda)* to crack.

raciocínio [xasjoˈsinju] *m* reasoning.

racional [xasjoˈnaw] *(pl -ais* [-ajʃ]*) adj* rational.

racismo [xaˈsiʒmu] *m* racism.

rações → ração.

radar [xaˈda(x)] *(pl -res* [-riʃ]*) m* radar.

radiação [xadʒjaˈsãw] *(pl -ões* [-õjʃ]*) f* radiation.

radiador [xadʒjaˈdo(x)] *(pl -res* [-riʃ]*) m* radiator.

radiante [xadʒjˈãntʃi] *adj* radiant.

radical [xadʒiˈkaw] *(pl -ais* [-ajʃ]*) adj* radical.

rádio [ˈxadʒju] *m (telefonia)* radio. ◆ *f (emissora)* radio station.

radioativo, va [ˌxadʒjoaˈtʃivu, va] *adj* radioactive.

radiografia [ˌxadʒjograˈfia] *f* X-ray.

radiotáxi [ˌxadʒjoˈtaksi] *m* minicab.

raia [ˈxaja] *f* skate.

rainha [xaˈiɲa] *f* queen.

raio [ˈxaju] *m* ray; *(de roda)* spoke; *(relâmpago)* flash of lightning; **~ s X** X-rays.

raiva [ˈxajva] *f (fúria)* rage; *(doença)* rabies *sg;* **ter ~ de alguém** to hate sb.

raivoso, osa [xajˈvozu, ɔza] *adj (pessoa)* furious; *(animal)* rabid.

raiz [xaˈiʃ] *(pl -zes* [-ziʃ]*) f* root.

rajada [xaˈʒada] *f (de vento)* blast, gust.

ralador [xalaˈdo(x)] *(pl -res* [-riʃ]*) m* grater.

ralar [xaˈla(x)] *vt (alimentos)* to grate; *(joelho, cotovelo)* to graze.

ralhar [xaˈʎa(x)] *vi:* **~ com alguém** *(repreender)* to reprimand sb.

ralo, la ['xalu, la] adj (cabelo) thin; (café) weak; (sopa) watery. ◆ m drain.

ramificar [xamifi'ka(x)] vt (negócio) to expand.
❑ **ramificar-se** vp (negócio) to branch out.

raminho [xa'miɲu] m (de salsa, coentro, etc) sprig.

ramo ['xamu] m branch; **mudar de** ~ to change careers.

rampa ['xãpa] f (plataforma) ramp; (rua, ladeira) steep incline.

rancor [xãŋ'ko(x)] m resentment.

rancoroso, osa [xãŋko'rozu, ɔza] adj resentful.

rançoso, osa [xã'sozu, ɔza] adj (manteiga, azeite) rancid; (queijo, carne) spoiled.

ranhura [xa'ɲura] f (em madeira, parede) groove; (em telefone público) slot.

rapaz [xa'paʒ] (pl -zes [-ziʃ]) m young man.

rapidez [xapi'deʒ] f speed.

rápido, da ['xapidu, da] adj fast; (breve) quick. ◆ m (trem) express (train); (em rio) rapids pl. ◆ adv quickly.

raposa [xa'poza] f fox.

raptar [xap'ta(x)] vt to abduct, to kidnap.

rapto ['xaptu] m abduction, kidnapping.

raquete [xa'kɛtʃi] f racket.

raquítico, ca [xa'kitʃiku, ka] adj fig (subdesenvolvido) underdeveloped.

raramente [ˌxara'mẽtʃi] adv rarely.

raridade [xari'dadʒi] f rarity.

raro, ra ['xaru, ra] adj rare; (pouco espesso) thin; **raras vezes** rarely.

rascunho [xaʃ'kuɲu] m draft.

rasgado, da [xaʒ'gadu, da] adj (tecido, folha) torn.

rasgão [xaʒ'gãw] (pl -ões [-õjʃ]) m (em tecido, folha) tear; (em pele) cut.

rasgar [xaʒ'ga(x)] vt to tear.
❑ **rasgar-se** vp to tear.

rasgões → **rasgão**.

raso, sa ['xazu, za] adj (nivelado) flat; (de pouca profundidade) shallow; (salto) low.

raspa ['xaʃpa] f (de madeira) wood shaving; (de metal) shard; (de limão, laranja) grated zest.

raspar [xaʃ'pa(x)] vt (arranhar) to scratch; (tocar) to graze; (cabelo, barba) to shave; (pele de limão, laranja) to grate.

rasteira [xaʃ'tejra] · f: passar uma ~ em alguém to trip sb up.

rasteiro, ra [xaʃ'tejru, ra] adj (vegetação) low-lying.

rastejante [xaʃte'ʒãtʃi] adj (planta, vegetação) trailing; (animal) crawling.

rastejar [xaʃte'ʒa(x)] vi to crawl.

rastro ['xaʃtru] m trace.

ratazana [xata'zana] f rat.

rato ['xatu] m rat.

ravina [xa'vina] f ravine.

razão [xa'zãw] (pl -ões [-õjʃ]) f reason; **dar** ~ **a alguém** to admit that sb is right; **ter** ~ to be right; **com ~** rightly so; **sem ~** for no reason.

ré ['xɛ] *f* AUTO reverse.

reabastecer [xjabaʃte'se(x)] *vt* to restock; (avião, carro) to refuel.

❑ **reabastecer-se** *vp* to restock.

reação [xea'sãw] (*pl* -ões [-õjʃ]) *f* reaction.

reações → reação.

reagir [xea'ʒi(x)] *vi:* **~ (a algo)** (a provocação, idéia) to react (to sthg); (a medicamento, tratamento) to respond (to sthg).

real ['xɛaw] (*pl* -ais [-ajʃ]) *adj* (verdadeiro) real; (relativo a rei, realeza) royal. ◆ *m* (moeda) real, Brazilian currency.

realçar [xeaw'sa(x)] *vt* (cor, traço) to accentuate; (fato, idéia) to emphasize.

realeza [xea'leza] *f* royalty.

realidade [xeali'dadʒi] *f* reality; **na ~** in fact; **~ virtual** virtual reality.

realista [xea'liʃta] *mf* realist.

realização [xealiza'sãw] (*pl* -ões [-õjʃ]) *f* (de tarefa, trabalho) carrying out; (de projeto, plano) implementation; (de sonho, desejo) fulfillment, realization; (de dinheiro) realization; (de filme) production.

realizador, ra [xealiza'do(x), ra] (*mpl* -res [-riʃ], *fpl* -s [-ʃ]) *m, f* (de filme) director.

realizar [xeali'za(x)] *vt* (tarefa, trabalho) to carry out; (projeto, plano) to implement; (sonho, desejo) to fulfill, to realize;

(dinheiro) to realize; (filme) to direct.

❑ **realizar-se** *vp* (espetáculo) to be performed; (sonho, desejo) to be fulfilled, to come true.

realmente [xeaw'mẽntʃi] *adv* (efetivamente) actually.

reanimar [xeani'ma(x)] *vt* MED (depois de parada cardíaca) to resuscitate; (depois de desmaio) to revive; (depois de derrota) to cheer up.

reatar [xea'ta(x)] *vt* (conversação) to resume; (amizade) to rekindle.

reaver [xea've(x)] *vt* (recuperar) to recover.

reavivar [xeavi'va(x)] *vt* (memória) to refresh; (chama) to rekindle.

rebaixar [xebaj'ʃa(x)] *vt* (teto, preço) to lower; (pessoa) to humiliate.

❑ **rebaixar-se** *vp* to lower o.s.

rebanho [xe'baɲu] *m* (ovelhas) flock; (gado) herd.

rebelde [xe'bewdʒi] *mf* rebel.

rebelião [xebelj'ãw] *f* rebellion.

rebentar [xebẽn'ta(x)] *vi* (corda) to snap; (onda) to break; (mecanismo) to break down; (guerra) to break out. ◆ *vt* (corda) to snap; (mecanismo) to break down; **~ com algo** to destroy sthg.

rebocador [xeboka'do(x)] (*pl* -res [-riʃ]) *m* (navio) tug(boat).

rebocar [xebo'ka(x)] *vt* to tow.

rebolar [xebo'la(x)] *vi* to sway.

rebuliço [xebu'lisu] *m* commotion.

recado [xe'kadu] *m* message;

dar um ~ a alguém to give sb a message; **deixar ~ to** to leave a message.

recaída [xeka'ida] f relapse; **ter uma ~** to have a relapse.

recair [xeka'i(x)] vi: **~ sobre** to fall upon.

recanto [xe'kãntu] m corner.

recapitular [xekapitu'la(x)] vt to sum up.

recear [xese'a(x)] vt to fear.

receber [xese'be(x)] vt to receive; (bofetada, pontapé) to get; (dar as boas-vindas a) to welcome; (pessoas) to entertain. ◆ vi (ter visitas) to entertain.

receio [xe'seju] m fear.

receita [xe'sejta] f (de médico) prescription; (culinária) recipe; (de Estado, empresa) revenue.

receitar [xesej'ta(x)] vt to prescribe.

recém-casado, da [xe,sēka-'zadu, da] m, f newlywed.

recém-chegado, da [xe,sē-ʃe'gadu, da] adj recently arrived.

recém-nascido, da [xe,sē-naʃ'sidu, da] adj newborn. ◆ m, f newborn baby.

recente [xe'sēntʃi] adj recent.

receoso, osa [xese'ozu, ɔza] adj fearful; **estar ~ de** to be apprehensive about.

recepção [xesep'sãw] (pl -ões [-õjʃ]) f reception; (de mensagem, carta) receipt.

recepcionista [xesepsjo'niʃta] mf receptionist.

recepções → recepção.

receptivo, va [xesep'tʃivu, va]

adj receptive; **mostrar-se ~ a** to be receptive to.

recessão [xese'sãw] (pl -ões [-õjʃ]) f recession.

recheado, da [xe'ʃjadu, da] adj (bolo, bombom) filled; (peru, vegetal) stuffed.

rechear [xe'ʃja(x)] vt (bolo) to fill; (peru) to stuff.

recheio [xe'ʃeju] m (de bolo, bombom) filling; (de peru, vegetal) stuffing.

recibo [xe'sibu] m receipt.

reciclagem [xesi'klaʒēntʃi] f recycling.

reciclar [xesi'kla(x)] vt to recycle.

reciclável [xesi'klavɛw] (pl -eis [-ejʃ]) adj recyclable.

recife [xe'sifi] m reef.

recinto [xe'sĩntu] m (espaço delimitado) enclosure.

recipiente [xesipj'ēntʃi] m container.

recíproco, ca [xe'siproku, ka] adj reciprocal.

recital [xesi'taw] (pl -ais [-ajʃ]) m recital.

recitar [xesi'ta(x)] vt & vi to recite.

reclamação [xeklama'sãw] (pl -ões [-õjʃ]) f complaint.

reclamar [xekla'ma(x)] vi to complain.

recobrar [xeko'bra(x)] vt to resume.

recolher [xeko'ʎe(x)] vt to pick up; (frutos, legumes) to pick.

recolhimento [xekoʎi'mēntu]

m (coleta) collection; *(retiro)* retreat.

recomeçar [xekome'sa(x)] *vt* to begin again.

recomendação [xekomẽnda'sãw] *(pl* -ões [-õjʃ]*) f* recommendation.

□ **recomendações** *fpl (cumprimentos)* (kind) regards.

recomendar [xekomẽn'da(x)] *vt* to recommend.

recomendável [xekomẽn'davew] *(pl* -eis [-ejʃ]*) adj* advisable; **pouco** ~ *(lugar)* unsafe.

recompensa [xekõm'pẽsa] *f* reward.

reconciliação [xekõsilja'sãw] *(pl* -ões [-õjʃ]*) f* reconciliation.

reconhecer [xekoɲe'se(x)] *vt* to recognize; *(erro, culpa)* to acknowledge; *(documento, assinatura)* to witness.

reconhecimento [xekoɲesi'mẽntu] *m* recognition; *(de erro, culpa)* acknowledgment; *(de documento, assinatura)* witnessing.

recordação [xekorda'sãw] *(pl* -ões [-õjʃ]*) f (memória)* memory; *(presente)* keepsake, souvenir.

recordar [xekor'da(x)] *vt* to remember.

□ **recordar-se** *vp* to remember; ~ **-se de** to remember.

recorrer [xeko'xe(x)] *vi JUR* to appeal; ~ **a** to resort to.

recortar [xekor'ta(x)] *vt* to cut out.

recreio [xe'kreju] *m (tempo)* break; *EDUC* recess *Am*, playtime *Brit.*

recriar [xekri'a(x)] *vt* to recreate.

recriminar [xekrimi'na(x)] *vt* to reproach.

recruta [xe'kruta] *m* recruit.

recuar [xe'kwa(x)] *vt (veículo)* to back up, to reverse. ◆ *vi (em espaço)* to move back; *(em tempo)* to go back.

recuperação [xekupera'sãw] *f* recovery; *(de objeto, edifício antigo)* restoration.

recuperar [xekupe'ra(x)] *vt (algo perdido)* to recover; *(objeto, edifício antigo)* to restore.

□ **recuperar-se** *vp (de choque, doença)* to recover.

recurso [xe'kuxsu] *m JUR* appeal; *(meio)* resort; **em último** ~ as a last resort.

□ **recursos** *mpl (bens)* resources.

recusa [xe'kuza] *f* refusal.

redator, ra [xeda'to(x), ra] *(mpl* -res [-riʃ], *fpl* -s [-ʃ]*) m, f (de jornal)* editor.

rede [ˈxedʒi] *f (de pesca)* net; *(de vedação)* netting; *(para dormir)* hammock; *(de vias de comunicação)* network; *(de água, luz, gás)* main.

rédea [ˈxedʒja] *f* rein; **assumir as** ~ **s de algo** *fig* to take control of sthg.

redigir [xedi'ʒi(x)] *vt* to write.

redondamente [xeˌdõndaˈmẽntʃi] *adv (enganar-se)* utterly.

redondo, da [xe'dõndu, da] *adj* round.

redor [xe'dɔ(x)] *m:* **ao** ~ **(de)** around, about.

redução [xedu'sãw] *(pl* -ões [-õjʃ]*) f* reduction.

reduzido, da [xedu'zidu, da] *adj* reduced.

reduzir [xedu'zi(x)] *vt* to reduce.

reembolsar [xjēmbow'sa(x)] *vt* to refund.

reembolso [xjēm'bowsu] *m* refund; ~ **postal** cash on delivery.

reencontro [xjēŋ'kõntru] *m* reunion.

refazer [xefa'ze(x)] *vt* to rebuild.

❏ **refazer-se** *vp* to recover.

refeição [xefej'sãw] (*pl* -ões [-õjʃ]) *f* meal; **nas refeições** at mealtimes.

refeitório [xefej'tɔrju] *m* refectory, cafeteria.

refém [xe'fẽ] (*pl* -ns [-ʃ]) *mf* hostage.

referência [xefe'rẽsja] *f* reference; *(em biblioteca)* catalog *Am*, catalogue *Brit*; **fazer** ~ **a** to refer to.

❏ **referências** *fpl* *(para emprego)* references.

referente [xefe'rẽntʃi] *adj*: ~ **a** relating to.

referir [xefe'ri(x)] *vt* to mention.

❏ **referir-se a** *vp* + *prep* to refer to; **no que se refere a** in regard to.

refinado, da [xefi'nadu, da] *adj* refined.

refinaria [xefina'ria] *f* refinery.

refletir [xefle'tʃi(x)] *vt* & *vi* to reflect; ~ **sobre algo** to reflect on sthg.

❏ **refletir-se em** *vp* + *prep* to be reflected in.

refletor [xefle'to(x)] (*pl* -res [-riʃ]) *m* reflector.

reflexão [xeflek'sãw] (*pl* -ões [-õjʃ]) *f* reflection.

reflexo [xe'fleksu] *m* reflection; *(reação)* reflex (action).

reflexões → **reflexão**.

refogar [xefo'ga(x)] *vt* to braise.

reforçado, da [xefor'sadu, da] *adj* *(esforço, energia)* redoubled; *(objeto, substância)* reinforced.

reforçar [xefox'sa(x)] *vt* *(idéia, argumento)* to back up; *(objeto, substância)* to reinforce.

reforma [xe'foxma] *f* *(de sistema)* reform; *(de casa, edifício)* refurbishment; *(de pessoa)* retirement.

refrão [xe'frãw] (*pl* -ões [-õjʃ]) *m* chorus.

refrear [xefri'a(x)] *vt* to contain.

❏ **refrear-se** *vp* to contain o.s.

refrescante [xefreʃ'kãntʃi] *adj* refreshing.

refrescar [xefreʃ'ka(x)] *vt* *(bebida, ar)* to refresh; *(cabeça)* to clear.

❏ **refrescar-se** *vp* to cool down.

refrigerante [xefriʒe'rãntʃi] *m* soft drink.

refrões [xe'frõjʃ] → **refrão**.

refugiado, da [xefuʒi'adu, da] *m, f* refugee.

refugiar-se [xefuʒi'axsi] *vp* *(asilar-se)* to take refuge; *(abrigar-se)* to take shelter; *(esconder-se)* to hide.

refúgio [xe'fuʒju] *m* refuge.

refugo [xe'fugu] *m* refuse.

rega ['xɛga] *f (de plantas)* watering; *(de terra)* irrigation.

regador [xega'do(x)] *(pl* -res [-riʃ]) *m* watering can.

regalias [xega'liaʃ] *fpl (em emprego)* perks, benefits.

regar [xe'ga(x)] *vt (plantas)* to water; *(terra)* to irrigate.

regenerar-se [xeʒene'raxsi] *vp* to mend one's ways.

reger [xe'ʒe(x)] *vt (orquestra, banda)* to conduct.

região [xe'ʒjãw] *(pl* -ões [-õjʃ]) *f* region.

regime [xe'ʒimi] *m (político)* regime; *(dieta)* diet.

regiões → **região**.

regional [xeʒjo'naw] *(pl* -ais [-ajʃ]) *adj* regional.

registrado, da [xeʒiʃ'tradu, da] *adj* registered.

registrar [xeʒiʃ'tra(x)] *vt* to register; *(acontecimento, mudança)* to record.

registro [xe'ʒiʃtru] *m* register; *(repartição)* registry (office); *(de correio)* registration; **Registro Civil** registry office.

regra ['xɛgra] *f* rule; **não fugir à ~** to be no exception; **(como) ~ geral** as a rule.

regressar [xegre'sa(x)] *vi* to return; **~ a** to return to.

regresso [xe'grɛsu] *m* return; **estar de ~** to be back.

régua ['xɛgwa] *f* ruler.

regulamento [xegula'mẽntu] *m* regulations *pl*.

regular [xegu'la(x)] *(pl* -res

[-riʃ]) *adj* regular; *(tamanho, qualidade)* standard; *(uniforme)* even; *(vôo)* scheduled. ◆ *vt (regulamentar)* to regulate; *(mecanismo)* to adjust.

rei ['xej] *m* king.

reinado [xej'nadu] *m* reign.

reinar [xej'na(x)] *vi* to reign.

Reino Unido [ˌxejnu'nidu] *m*: **o ~** the United Kingdom.

reivindicação [xejvĩndʒika-'sãw] *(pl* -ões [-õjʃ]) *f* claim.

reivindicar [xejvĩndi'ka(x)] *vt* to claim.

rejeitar [xeʒej'ta(x)] *vt* to reject.

relação [xela'sãw] *(pl* -ões [-õjʃ]) *f* relation; *(entre pessoas, países)* relationship; **com** ou **em ~ a** in relation to.

▫ **relações** *fpl (relacionamento)* relations; *(ato sexual)*: **ter relações com alguém** to sleep with sb; **relações públicas** public relations.

relâmpago [xe'lãmpagu] *m* flash of lightning.

relatar [xela'ta(x)] *vt (jogo de futebol)* to comment on; *(acontecimento)* to relate.

relativo, va [xela'tʃivu, va] *adj* relative; **~ a** relating to.

relatório [xela'tɔrju] *m* report.

relaxado, da [xela'ʃadu, da] *adj* relaxed.

relaxar [xela'ʃa(x)] *vt* to relax.

▫ **relaxar-se** *vp* to relax.

relembrar [xelẽm'bra(x)] *vt* to recall.

religião [xeliʒi'ãw] *(pl* -ões [-õjʃ]) *f* religion.

relíquia [xe'likja] f relic.

relógio [xe'lɔʒu] m (de parede, mesa) clock; (de pulso) watch.

relutância [xelu'tãsja] f reluctance.

remar [xe'ma(x)] vi to row.

remédio [xe'mɛdʒu] m remedy; **não tem ~** fig it can't be helped.

remendar [xemẽn'da(x)] vt to mend.

remendo [xe'mẽndu] m patch.

remessa [xe'mɛsa] f (de produtos) shipment, consignment; (de dinheiro) remittance.

remetente [xeme'tẽntʃi] mf sender.

remeter [xeme'te(x)] vt to send.

remexer [xeme'ʃe(x)] vt to rummage through.

remo ['xemu] m (longo) oar; (curto) paddle.

remoção [xemo'sãw] (pl -ões [-õjʃ]) f removal.

remorso [xe'mɔxsu] m remorse.

remoto, ta [xe'mɔtu] adj remote.

remover [xemo've(x)] vt to remove.

remuneração [xemunera'sãw] (pl -ões [-õjʃ]) f remuneration.

renascer [xenaʃ'se(x)] vi to be born again.

renda [xẽnda] f (rendimento) income; (de vestido, blusa) lace trim.

renegar [xene'ga(x)] vt to reject.

renovação [xenova'sãw] (pl -ões [-õjʃ]) f (de contrato, amizade)

renewal; (de edifício) renovation.

renovar [xeno'va(x)] vt to renew; (consertar) to renovate; (substituir) to replace.

rentável [xẽn'tavew] (pl -eis [-ejʃ]) adj profitable.

renúncia [xe'nũsja] f renunciation.

renunciar [xenũ'sja(x)] vt to renounce.

reparação [xepara'sãw] (pl -ões [-õjʃ]) f (conserto) repair.

reparar [xepa'ra(x)] vt (consertar) to repair; (restaurar) to restore; **~ que** to notice (that). □ **reparar em** v + prep (notar) to notice.

repartição [xepaxtʃi'sãw] (pl -ões [-õjʃ]) f (partilha) division; (distribuição) distribution; (local) department; **~ pública** government office.

repartir [xepax'tʃi(x)] vt (partilhar) to divide; (distribuir) to distribute; **~ algo com alguém** to share sthg with sb; **~ algo em algo** to split sthg up into parts.

repente [xe'pẽntʃi] m outburst; **de ~** suddenly; (talvez) maybe.

repentino, na [xepẽn'tʃinu, na] adj sudden.

repercussão [xepexku'sãw] (pl -ões [-õjʃ]) f (impacto) response; (consequência) repercussion.

repertório [xepex'tɔrju] m repertoire.

repetição [xepetʃi'sãw] (pl -ões [-õjʃ]) f repetition.

repetidamente [xepe,tʃida'mẽntʃi] adv repeatedly.

repetir [xepe'tʃi(x)] *vt* to repeat; *(prato, refeição)* to have seconds.

□ **repetir-se** *vp* to happen again.

replicar [xepli'ka(x)] *vt*: ~ **que** to reply that.

repolho [xe'poʎu] *m* cabbage.

repor [xe'po(x)] *vt (dinheiro)* to replace; ~ **algo no lugar** to put sthg back (where it belongs).

reportagem [xepox'taʒẽ] *(pl* **-ns** [-ʃ]) *f (em rádio, televisão)* report; *(em jornal, revista)* article.

repórter [xe'poxte(x)] *(pl* **-res** [-riʃ]) *mf* reporter.

repousar [xepo'za(x)] *vt & vi* to rest.

repreender [xepriẽn'de(x)] *vt* to rebuke.

represa [xe'preza] *f* dam.

represália [xepre'zalja] *f* reprisal.

representação [xeprezẽnta-'sãw] *(pl* **-ões** [-õjʃ]) *f* performance; *(imagem)* representation.

representante [xeprezẽn'tãntʃi] *mf* representative; ~ **oficial** authorized agent; ~ **de vendas** sales rep(resentative).

representar [xeprezẽn'ta(x)] *vt* to represent; *(cena)* to perform; *(papel)* to play; *(pôr em cena)* to put on; *(significar)* to mean; *(em vendas)* to represent.
♦ *vi (ator)* to act.

repressão [xepre'sãw] *(pl* **-ões** [-õjʃ]) *f* suppression.

reprimir [xepri'mi(x)] *vt* to suppress.

reprodução [xeprodu'sãw] *(pl* **-ões** [-õjʃ]) *f* reproduction.

reproduzir [xeprodu'zi(x)] *vt (evento)* to re-enact; *(quadro, escultura)* to reproduce.

□ **reproduzir-se** *vp* to reproduce.

reprovar [xepro'va(x)] *vt (atitude, comportamento)* to disapprove of; *(lei, projeto)* to reject; *(ano escolar, exame)* to fail, to flunk.

réptil ['xɛptiw] *(pl* **-teis** [-tejʃ]) *m* reptile.

república [xe'publika] *f (sistema político)* republic; *(de estudantes)* fraternity.

repudiar [xepudʒi'a(x)] *vt* to repudiate.

repugnância [xepug'nãsja] *f* repugnance.

repugnante [xepug'nãntʃi] *adj* repugnant.

repulsa [xe'puwsa] *f* repulsion.

repulsivo, va [xepuw'sivu, va] *adj* repulsive.

reputação [xeputa'sãw] *(pl* **-ões** [-õjʃ]) *f (fama)* reputation; *(importância social)* standing.

requerer [xeke're(x)] *vt (precisar de)* to require; *(por requerimento)* to request.

requintado, da [xekĩn'tadu, da] *adj* exquisite.

requinte [xe'kĩntʃi] *m* style.

requisito [xeki'zitu] *m* requirement.

□ **requisitos** *mpl (dotes)* attributes.

rescindir [xeʃsĩn'di(x)] *vt (contrato)* to break.

reserva [xe'zexva] *f* reservation; *(de alimentos, provisões)* reserves *pl*; *(de animais, plantas, vinho)* reserve.

reservado, da [xezex'vadu, da] *adj* reserved; *(íntimo)* secluded.

reservar [xezex'va(x)] *vt (quarto, lugar, bilhete)* to reserve; *(guardar)* to set aside.

resfriado [xeʃfri'adu] *m* cold.

resgate [xeʒ'gatʃi] *m* ransom.

resguardar [xeʒgwax'd(x)] *vt* to protect.

❑ **resguardar-se** *vp*: ~-se de to protect o.s. from.

residência [xezi'dẽsja] *f* residence.

residir [xezi'dʒi(x)] *v + prep*: **residir em** to reside in.

resíduo [xe'zidwu] *m* residue.

resignação [xezigna'sãw] *f* resignation.

resignar-se [xezig'naxsi] *vp* to resign o.s.

resistência [xeziʃ'tẽsja] *f (de pessoa)* stamina; *(de material, parede)* strength; *(de aquecedor elétrico)* element.

resistente [xeziʃ'tẽtʃi] *adj* resistant.

resistir [xeziʃ'tʃi(x)] *vi* to resist; ~ **a algo** *(ataque, doença)* to resist sthg; *(suportar)* to withstand sthg.

resmungar [xeʒmũŋ'ga(x)] *vt* to mutter. ◆ *vi* to grumble.

resolver [xezow've(x)] *vt* to solve; ~ **fazer algo** to decide to do sthg.

❑ **resolver-se** *vp* to make up one's mind.

respectivo, va [xeʃpek'tivu, va] *adj* respective.

respeitar [xeʃpej'ta(x)] *vt* to respect.

respeitável [xeʃpej'tavew] *(pl* **-eis** [-ejʃ]) *adj* respectable; *fig (grande)* considerable.

respeito [xeʃ'pejtu] *m* respect; **dizer ~ a** to concern; **ter ~ por** to have respect for; **a ~ de, com ~ a** with respect to.

respiração [xeʃpira'sãw] *f* breathing.

respirar [xeʃpi'ra(x)] *vt & vi* to breathe.

resplandecente [xeʃplãnde-'sẽtʃi] *adj* dazzling.

responder [xeʃpõn'de(x)] *vt* to answer. ◆ *vi (dar resposta)* to answer; *(replicar)* to answer back; *(ir a tribunal)* to appear (in court); *(reagir)* to respond; ~ **a** *(carta, pergunta)* to answer.

❑ **responder por** *v + prep* to answer for.

responsabilidade [xeʃpõsabili'dadʒi] *f* responsibility.

responsabilizar [xeʃpõsabili'za(x)] *vt*: ~ **alguém/algo por algo** to hold sb/sthg responsible for sthg.

❑ **responsabilizar-se** *vp*: ~ -se por to take responsibility for.

responsável [xeʃpõ'savew] *(pl* **-eis** [-ejʃ]) *adj* responsible. ◆ *mf* person in charge; ~ **por** responsible for.

resposta [xeʃ'poʃta] *f* answer; *(a carta)* reply; *(reação)* response.

ressaca [xe'saka] *f* hangover.

ressaltar [xesaw'ta(x)] *vt* to highlight. ◆ *vi* to stand out.

ressentimento [xesēntʃi'mēntu] *m* resentment.

ressentir-se [xesēn'tixsi] *vp* to take offense; **~ de algo** *(sentir o efeito de)* to feel the effects of sthg.

ressuscitar [xesuʃsi'ta(x)] *vt* to resurrect. ◆ *vi* to be resurrected.

restabelecer [xeʃtabele'se(x)] *vt* to reinstate.
□ **restabelecer-se** *vp* to recover.

restar [xeʃ'ta(x)] *vi* to be left.

restauração [xeʃtawra'sãw] (*pl* -ões [-õjʃ]) *f (de edifício)* restoration; *(de forças, energia)* recovery.

restaurante [xeʃtaw'rãntʃi] *m* restaurant.

restaurar [xeʃtaw'ra(x)] *vt* to restore.

restituir [xeʃtʃi'twi(x)] *vt* to return.

resto ['xeʃtu] *m (sobra)* rest; *MAT* remainder.
□ **restos** *mpl (de comida)* scraps; *(sobras)* leftovers; **~s mortais** remains.

resultado [xezuw'tadu] *m* result; *(em exame, teste, competição)* results *pl*.

resultar [xezuw'ta(x)] *vi* to work; **~ de algo** to result from sthg; **~ em algo** to result in sthg.

resumir [xezu'mi(x)] *vt* to summarize.
□ **resumir-se a** *vp + prep* to come down to.

resumo [xe'zumu] *m* summary; **em ~** in brief.

reta ['xɛta] *f (linha)* straight line; *(em estrada)* straight stretch of road.

retaguarda [,xɛta'gwarda] *f* rear; **na ~** at the rear.

retângulo [xe'tãngulu] *m* rectangle.

retardar [xetax'da(x)] *vt* to delay.

retina [xe'tʃina] *f* retina.

retirada [xetʃi'rada] *f* retreat.

retirar [xetʃi'ra(x)] *vt (remover)* to remove; *(afirmação)* to withdraw.
□ **retirar-se** *vp (recolher-se)* to retire; **~-se de algo** to withdraw from sthg; **ela retirou-se da sala** she left the room.

reto, ta ['xɛtu, ta] *adj & m (linha, estrada)* straight; *(justo)* upright. ◆ *m ANAT* rectum.

retorcido, da [xetox'sidu, da] *adj* wrought.

retórica [xe'tɔrika] *f* rhetoric.

retornar [xetox'na(x)] *vi* to return; **~ a** to return to.

retraído, da [xetra'idu, da] *adj* retiring.

retrato [xe'tratu] *m* portrait; *(fotografia)* photograph.

retribuir [xetri'bwi(x)] *vt* to return.

retroceder [xetrose'de(x)] *vi* to go back.

retrógrado, da [xe'trɔgradu, da] *adj* retrograde.

retrovisor [xetrɔvi'zo(x)] (*pl* **-res** [-riʃ]) *m* rearview mirror.

réu, ré ['xɛu, 'xɛ] *m*, f accused.

reumatismo [xewma'tʃiʒmu] *m* rheumatism.

reunião [xju'njãw] (*pl* **-ões** [-õjʃ]) f meeting.

reunir [xju'ni(x)] *vt* (*pessoas, objetos*) to bring together; (*provas*) to gather.
❑ **reunir-se** *vp* (*encontrar-se*) to meet.

revelação [xevela'sãw] (*pl* **-ões** [-õjʃ]) f revelation; (*de fotografia*) development.

revelar [xeve'la(x)] *vt* (*segredo, notícia*) to reveal; (*fotografia*) to develop; (*interesse, talento*) to show.
❑ **revelar-se** *vp* (*manifestar-se*) to prove to be.

revendedor, ra [xevẽde'do(x), ra] (*mpl* **-res** [-riʃ], *fpl* **-s** [-ʃ]) *m* f retailer.

rever [xe've(x)] *vt* (*pessoa*) to see again; (*texto, trabalho*) to revise.

reverso [xe'vɛrsu] *m* back.

revés [xe'vɛʃ] (*pl* **-eses** [-ɛziʃ]) *m* setback; **ao ~** upside down.

revestir [xeveʃ'ti(x)] *vt* to cover.

revezar-se [xeve'zaxsi] *vp* to take turns.

revirado, da [xevi'radu, da] *adj* (*gola, pontas*) turned-up; (*olhos*) rolling; (*casa, gaveta*) messy.

revisão [xevi'zãw] (*pl* **-ões** [-õjʃ]) f (*de lei*) review; (*de texto, prova tipográfica*) proofreading;

(*de máquina, carro*) service; (*de matéria, aula*) review Am, revision Brit.

revista [xe'viʃta] f (*publicação*) magazine; (*peça teatral*) revue; (*inspeção*) review; **~ em quadrinhos** comic book.

revolta [xe'vɔwta] f (*rebelião*) revolt; (*indignação*) outrage.

revoltar-se [xevow'taxsi] *vp* (*sublevar-se*) to revolt; (*indignar-se*) to be outraged; **~se com algo** to be revolted by sthg.

revolução [xevolu'sãw] (*pl* **-ões** [-õjʃ]) f revolution.

revolver [xevow've(x)] *vt* (*papéis, lixo*) to rummage through; (*terra*) to dig over.

revólver [xe'vɔwve(x)] (*pl* **-res** [-riʃ]) *m* revolver.

rezar [xe'za(x)] *vi* (*orar*) to pray. ◆ *vt* (*missa, oração*) to say.

ri ['xi] → **rir**.

riacho ['xjaʃu] *m* brook.

ribeirinho, nha [xibej'riɲu, ɲa] *adj* river (*antes de s*).

rico, ca ['xiku, ka] *adj* rich; **~ em** rich in.

ridículo, la [xi'dʒikulu, la] *adj* ridiculous; (*insignificante*) laughable. ◆ *m* absurdity.

rido ['xidu] → **rir**.

rifa ['xifa] f (*sorteio*) raffle; (*bilhete*) raffle ticket.

rigidez [xiʒi'deʒ] f (*de músculos, ossos*) stiffness; (*de carácter, costumes*) inflexibility.

rigor [xi'go(x)] (*pl* **-res** [-riʃ]) *m* rigor; (*de frio, calor, carácter*) severity; **a ~** (*festa, traje*) evening wear.

rijo, ja [ˈxiʒu, ʒa] adj tough; (pessoa) hardy.

rim [ˈxĩ] (pl -ns [-ʃ]) m kidney. ❑ **rins** mpl (parte do corpo) lower back sg.

rima [ˈxima] f (de verso) rhyme.

ringue [ˈxĩgi] m (boxing) ring.

rinoceronte [xinoseˈrõntʃi] m rhinoceros.

rins → rim.

rio¹ [ˈxju] → rir.

rio² [ˈxju] m river; ~ **abaixo** downstream; ~ **acima** upstream.

ⓘ RIO SÃO FRANCISCO

"Velho Chico" (Old Chico), as the São Francisco River is sometimes known, starts in Minas Gerais and flows through the states of Bahia, Pernambuco, Alagoas and Sergipe, a journey of 3,160 kilometers. It is the longest river within Brazil's borders. Fundamental to the economy of the region, it crosses the semi-arid Northeast, making possible agriculture along its banks and irrigation well inland. The river's hydroelectric potential is harnessed by the power stations of Paulo Afonso and Sobradinho in Bahia, Moxotó and Xingó in Alagoas and Três Marias in Minas Gerais.

riqueza [xiˈkeza] f (de país, pessoa, região) wealth; (de solo,

cores, idéias) richness.

rir [ˈxi(x)] vi to laugh; **morrer de** ~ to laugh one's head off; ~ **de algo/alguém** to laugh at sthg/sb.

ris [ˈxiʃ] → rir.

risada [xiˈzada] f laugh.

risca [ˈxiʃka] f stripe; **à** ~ to the letter; **de** ~**s** striped.

riscar [xiʃˈka(x)] vt (frase) to cross out; (folha) to scribble on; (parede, carro, móvel) to scratch.

risco [ˈxiʃku] m (traço) mark; (linha) line; (em cabelo) part Am, parting Brit; (perigo) risk; **correr o** ~ **de** to run the risk of; **pôr em** ~ to put at risk.

riso [ˈxizu] m laugh; ~ **amarelo** grimace.

ritmo [ˈxitʃimu] m (de movimento, andamento) pace; (em música) rhythm; (do coração) beat.

ritual [xiˈtwaw] (pl -ais [-ajʃ]) m ritual.

riu [ˈxiu] → rir.

rival [xiˈvaw] (pl -ais [-ajʃ]) mf rival.

rivalidade [xivaliˈdadʒi] f rivalry.

robô [rɔˈbo] m robot.

robusto, ta [xoˈbuʃtu, ta] adj robust.

rocha [ˈxɔʃa] f rock.

rochedo [xoˈʃedu] m crag.

roda [ˈxɔda] f (de carro, bicicleta) wheel; (de saia, vestido) flare; (de pessoas) circle, ring.

rodada [xoˈdada] f round.

rodapé [xodaˈpɛ] f baseboard

Am, skirting board *Brit;* **nota de ~** footnote.

rodar [xo'da(x)] *vt (fazer girar)* to turn; *(rapidamente)* to spin; *(filme)* to shoot. ◆ *vi (girar)* to turn; *(rapidamente)* to spin.

rodear [xode'a(x)] *vt* to surround.
❑ **rodear-se de** *vp + prep* to surround o.s. with.

rodela [xo'dɛla] *f* slice.

rodízio [xo'dʒizju] *m* restaurant.

RODÍZIO

For the visitor with a healthy appetite, Brazilian "rodízio" restaurants are heaven on earth. For a set price, a whole parade of different meats is served up to the customer, ranging from tongue to the tenderest rump steak. Diners can also partake of several side dishes including rice, beans, salads and "farofa" (fried cassava flour).

rodovia [xodo'via] *f* freeway *Am,* motorway *Brit.*

rodoviária [xodovo'arja] *f (local)* bus terminal.

roer [ʁwe(x)] *vt (rato)* to gnaw (at); *(cão)* to chew.

rolar [xo'la(x)] *vi* to roll.

roleta [xo'leta] *f* roulette; **~ russa** Russian roulette.

rolha [ʁoʎa] *f (de cortiça)* cork; *(de borracha, plástico)* stopper.

rolo [ʁolu] *m* roller; *(fotográfico)* roll (of film); *(confusão)* brawl; **~ de pastel** rolling pin.

romã [xo'mã] *f* pomegranate.

romance [xo'mãsi] *m* romance; *(género)* novel; *(sentimental)* romantic novel; **~ policial** detective novel.

romântico, ca [xo'mãntʃiku, ka] *adj* romantic.

romper [xõm'pe(x)] *vt (corda, cabo)* to snap; *(contrato)* to break. ◆ *vi (namorados, noivos)* to split up; **~ com** to split up with.
❑ **romper-se** *vp (rasgar-se)* to tear.

ronda [ʁõnda] *f (de polícia)* beat; *(de guarda-noturno)* rounds *pl;* **fazer a ~** to do one's rounds.

rosa [ʁɔza] *f* rose; **um mar de ~s** a bed of roses.

rosário [xo'zarju] *m* rosary.

rosbife [xoʒ'bifi] *m* roast beef.

rosca [ʁoʃka] *f (de garrafa, tampa, parafuso)* thread; *(pão)* ring-shaped loaf of bread.

rosnar [xoʒ'na(x)] *vi* to growl.

rosto [ʁoʃtu] *m* face.

rota [ʁɔta] *f (de navio)* course; *(de avião)* route.

roteiro [xo'tejru] *m* route.

rotina [xo'tʃina] *f* routine.

rótula [ʁɔtula] *f* kneecap.

rotular [xotu'la(x)] *vt* to label.

rótulo [ʁɔtulu] *m* label.

roubar [xo'ba(x)] *vt & vi* to steal; **~ algo de alguém** to steal sthg from sb; **fui roubado** I've been robbed.

roubo [ʁobu] *m (ato)* robbery, theft; *(coisa roubada)* stolen item; fig (preço exagerado) rip-off.

rouco, ca ['xoku, ka] adj hoarse.

roupa ['xopa] f (vestuário) clothes pl; (de cama) bedclothes.

roupão [xo'pãw] (pl -ões [-õjʃ]) m bathrobe Am, dressing gown Brit.

roxo, xa ['xoʃu, ʃa] adj violet.

rua ['xua] f street. ◆ interj get out!; ~ abaixo/acima down/up the street; mandar para a ~ to sack; ir para a ~ to go out.

rubéola [xu'bɛula] f German measles sg.

rubi [xu'bi] m ruby.

ruborizar-se [xubori'zaxsi] vp to blush, to go red.

rude ['xudʒi] adj coarse.

ruela ['xwɛla] f back street.

ruga ['xuga] f (em pele) wrinkle; (em tecido) crease.

rúgbi ['xugbi] m rugby.

rugido [xu'ʒidu] m roar.

rugir [xu'ʒi(x)] vi to roar.

ruído ['xwidu] m noise.

ruim ['xuĩ] (pl -ns [-ʃ]) adj bad.

ruínas ['xwinaʃ] fpl ruins.

ruins → ruim.

ruivo, va ['xuivu, va] adj (cabelo) red. ◆ m, f redhead.

rum ['xũ] m rum.

rumar [xu'ma(x)]: rumar a v + prep to steer toward.

rumo ['xumu] m direction.

rumor [xu'mo(x)] (pl -res [-riʃ]) m rumor.

ruptura [xup'tura] f (de relação,

contrato) breaking-off; (de ligamento) rupture.

rural [xu'raw] (pl -ais [-ajʃ]) adj rural.

rústico, ca ['xuʃtʃiku, ka] adj rustic.

S

sábado ['sabadu] m Saturday → sexta-feira.

sabão [sa'bãw] (pl -ões [-õjʃ]) m soap; ~ em pó soap powder; levar um ~ to be reprimanded.

sabedoria [sabedo'ria] f wisdom.

saber [sa'be(x)] vt to know. ◆ m knowledge; ele não sabe nada sobre computadores he doesn't know a thing about computers; não quero ~! I don't want to know!; ~ fazer algo to know how to do sthg; sei falar inglês I can speak English; fazer ~ que to make it known (that); sem ~ unwittingly, unknowingly; ~ de to know about; vir a ~ de algo to find out about sthg.

sabões → sabão.

sabonete [sabo'netʃi] m (bar of) soap.

sabor [sa'bo(x)] (pl -res [-riʃ]) m (gosto) taste; (aroma) flavor; com ~ de morango strawberry flavored.

saborear [sabor'ʃa(x)] vt (provar) to taste; (comer devagar) to savor; *fig (sol, férias, descanso)* to enjoy.

sabores [sa'borɨʃ] → **sabor.**

sabotagem [sabo'taʒẽ] *(pl -ns [-ʃ])* f sabotage.

sabotar [sabo'ta(x)] *vt* to sabotage.

sacar [sa'ka(x)] *vt (compreender)* to understand.

sacarina [saka'rina] f saccharin.

saca-rolhas [,saka'xoʎaʃ] *m inv* corkscrew.

sacerdote [sasex'dɔtʃi] *m* priest.

saciar [sasj'a(x)] *vt (fome)* to satisfy; *(sede)* to quench.

◻ **saciar-se** *vp* to be satisfied.

saco ['saku] *m (pequeno)* bag; *(grande)* sack; ~ **de água quente** hot-water bottle; ~ **de dormir** sleeping bag; ~ **de lixo** trash bag *Am*, bin bag *Brit*; ~ **de plástico** plastic bag; **que** ~**!** damn!; **eu não tenho** ~ **de ir lá** I can't be bothered to go; **puxar o** ~ **de alguém** to suck up to sb; **ser um** ~ to be a pain.

sacola [sa'kɔla] f bag.

sacramento [sakra'mẽntu] *m* sacrament.

◻ **sacramentos** *mpl* last rites.

sacrificar [sakrifi'ka(x)] *vt* to sacrifice.

◻ **sacrificar-se** *vp*: ~-**se por alguém** to make sacrifices for sb.

sacristia [sakriʃ'tʃia] f sacristy.

sacudir [saku'dʒi(x)] *vt* to shake.

sadio, dia [sa'dʒiu, dʒia] *adj* healthy.

saem ['sajẽ] → **sair.**

safira [sa'fira] f sapphire.

Sagitário [saʒi'tarju] *m* Sagittarius.

sagrado, da [sa'gradu, da] *adj* holy, sacred.

sai ['saj] → **sair.**

saí [sa'i] → **sair.**

saia ['saja] f skirt.

saída [sa'ida] f exit; *(de ônibus, trem)* departure; *(de problema, situação)* way out; '~ **de emergência'** 'emergency exit'; **dar uma** ~ to pop out; **estar de** ~ to be on one's way out; **ter** ~ *(produto)* to sell well.

saio ['saju] → **sair.**

sair [sa'i(x)] *vi* to go/come out; *(partir)* to go, to leave; *(separar-se)* to come off; *(ser publicado)* to come out; **sai daí!** come out of there!; ~ **a** OU **por** *(custar)* to work out to.

◻ **sair-se** *vp*: ~-**se bem/mal** to come off well/badly.

sais → **sal.**

saiu [sa'iu] → **sair.**

sal ['saw] *(pl* **sais** ['sajʃ]*)* m salt; **sem** ~ unsalted; ~ **comum** OU **marinho** sea salt; ~ **refinado** table salt; **sais de banho** bath salts; ~ **de fruta** antacid.

sala ['sala] f room; ~ **de aula** classroom; ~ **de espera** waiting room; ~ **(de estar)** living room; ~ **de jantar** dining room.

salada [sa'lada] f salad; ~ **de frutas** fruit salad; ~ **mista** mixed salad.

salame [sa'lami] *m* salami.

salão [sa'lãw] (*pl* **-ões** [-õjʃ]) *m*
hall; (*exposição coletiva*) exhibition; ~ **de beleza** beauty salon;
~ **de chá** tea room; ~ **de festas**
reception room; ~ **de jogos**
amusement arcade.

salário [sa'larju] *m* salary;
~ **mínimo** minimum wage.

saldar [saw'da(x)] *vt* (*conta*) to
settle; (*dívida*) to pay off; (*mercadorias*) to sell off at a reduced
price.

saldo ['sawdu] *m* (*de conta bancária*) balance.

salgadinhos [sawga'dʒiɲuʃ]
mpl savory snacks.

salgado, da [saw'gadu, da] *adj*
(*comida*) salty; (*bacalhau, água*)
salt (*antes de s*).

saliva [sa'liva] *f* saliva.

salmão [saw'mãw] *m* salmon;
~ **defumado** smoked salmon.

salmoura [saw'mora] *f* brine.

salões → **salão**.

salpicar [sawpi'ka(x)] *vt* to
sprinkle; (*sujar com pingos*) to
splash, to spatter.

salsa ['sawsa] *f* parsley.

salsicha [saw'siʃa] *f* frankfurter.

saltar [saw'ta(x)] *vt* to jump
over. ◆ *vi* (*dar saltos*) to jump; (*ir
pelo ar*) to fly off; ~ **à vista** OU
aos olhos to be as plain as day.

salteado, da [sawte'adu, da]
adj (*entremeado*) alternating.

salto ['sawtu] *m* jump; (*de calçado*) heel; **de** ~ **alto** high-heeled;
~ **em altura** high jump; ~ **baixo** OU **raso** (*de calçado*) low OU
low heel; ~ **à distância** long
jump; ~ **mortal** somersault.

salva ['sawva] *f* (*planta*) sage;
(*bandeja*) salver; ~ **de palmas**
round of applause.

salvação [sawva'sãw] *f* salvation; (*remédio*) cure; **não haver**
~ to be beyond repair.

salvaguardar [ˌsawvagwax-
'da(x)] *vt* to safeguard.

salvamento [sawva'mẽntu] *m*
rescue.

salvar [saw'va(x)] *vt* to save;
~ **as aparências** to keep up appearances.

❑ **salvar-se** *vp* to escape.

salva-vidas [ˌsawva'vidaʃ] *m*
inv lifeboat; (*pessoa*) lifeguard.

salvo, va ['sawvu, va] *pp* → **salvar**. ◆ *adj* safe. ◆ *prep* except; **estar a** ~ to be safe; **pôr-se a** ~ to
escape; ~ **se** unless.

samba ['sãmba] *m* samba.

SAMBA

Samba has its roots in African
drumming and the provocative dancing that accompanies it. The samba rhythm
springs from a bittersweet
mixture of melancholy and
joy that seemingly has the
power to make almost anybody get up and dance.
Whilst there are numerous
types of samba, perhaps the
best known is "samba-enredo", a musical story that livens
up Carnival parades.

sanção [sã'sãw] (*pl* **-ões** [-õjʃ]) *f*
sanction.

sandália [sãn'dalja] f sandals.

sanduíche [sãndw'iʃi] m sandwich.

sanfona [sã'fona] f (acordeão) accordion.

sangrar [sãŋ'gra(x)] vi to bleed.

sangue ['sãŋgi] m blood; **exame de ~** blood test.

sangue-frio [,sãŋgi'friu] m (presença de espírito) presence of mind.

sanidade [sani'dadʒi] f (mental) sanity.

sanitários [sani'tarjuʃ] mpl restrooms Am, toilets Brit.

santo, ta ['sãntu, ta] adj sacred. ◆ m, f: **Santo/Santa** Saint; **o ~ Padre** the Holy Father.

santuário [sãntw'arju] m sanctuary, shrine.

são[1] ['sãw] → **ser**.

são[2]**, ã** ['sãw, 'sã] adj (saudável) healthy; (fruto) unblemished; **~ e salvo** safe and sound.

sapataria [sapata'ria] f shoe store.

sapateado [sapa'tʒjadu] m tap dancing.

sapateiro, ra [sapa'tejru, ra] m, f cobbler.

sapato [sa'patu] m shoe; **~s de salto alto** high-heeled shoes.

sapo ['sapu] m toad; **engolir ~** to swallow one's pride.

sarampo [sa'rãmpu] m measles sg.

sarar [sa'ra(x)] vi & vt (cicatrizar) to heal.

sarda ['saxda] f freckle.

sardinha [sax'dʒina] f (peixe) sardine.

sargento [sax'ʒẽntu] m sergeant.

sarjeta [sax'ʒeta] f gutter.

satélite [sa'telitʃi] m satellite.

sátira ['satʃira] f satire.

satisfatório, ria [satʃiʃfa'tɔrju, rja] adj satisfactory.

satisfazer [satʃiʃfa'ze(x)] vt (agradar a) to satisfy; (cumprir) to meet. ◆ vi (ser suficiente) to be satisfactory.
□ **satisfazer-se** vp: **~-se com** to content o.s. with.

satisfeito, ta [satʃiʃ'fejtu, ta] adj satisfied; **dar-se por ~ (com)** to be satisfied (with).

saudação [sawda'sãw] f (pl -ões [-õjʃ]) f greeting.

saudade [saw'dadʒi] f nostalgia; **ter ~s de** to miss; **ela deixou muitas ~s** everyone misses her; **matar ~s** (de lugar) to revisit old haunts; (de pessoa) to look up old friends; **sinto muitas ~s da Bahia** I miss Bahia so much.

saudar [saw'da(x)] vt to greet.

saudável [saw'davew] (pl -eis [-ejʃ]) adj healthy.

saúde [sa'udʒi] f health. ◆ interj cheers!

sauna ['sawna] f sauna.

saxofone [sakso'fɔni] m saxophone.

se [si] pron -1. (reflexo: pessoa) himself, herself, themselves pl; (você, vocês) yourself, yourselves pl; (impessoal) oneself; **lavar-~** to wash (oneself); **eles**

~ perderam they got lost; **vocês se perderam** you got lost.
- **2.** *(reflexo: coisa, animal)* itself, themselves *pl;* **o vidro partiu-~** the glass broke.
- **3.** *(recíproco)* each other; **escrevem-~ regularmente** they write to each other regularly; **não ~ cruzam** they can't stand each other.
- **4.** *(com sujeito indeterminado):* **'aluga-~** quarto' 'room for rent'; **'vende-~'** 'for sale'; **come-~ bem aqui** the food is very good here.
◆ *conj* - **1.** *(indica condição)* if; **~ tiver tempo, escrevo** I'll write if I have time.
- **2.** *(indica causa)* if; **~ você está com fome, coma alguma coisa** if you're hungry, have something to eat.
- **3.** *(indica comparação)* if; **~ um é feio, o outro ainda é pior** if you think he's ugly, you should see the other one.
- **4.** *(em interrogativas):* **que tal ~ fôssemos ao cinema?** how about going to the movies?; **e ~ ela não vier?** what if she doesn't come?
- **5.** *(exprime desejo)* if; **~ pelo menos tivesse dinheiro!** if only I had the money!
- **6.** *(em interrogativa indireta)* if, whether; **avisem-me ~ quiserem ir** let me know if you'd like to go; **perguntei-lhe ~ gostou** I asked him if he liked it.
- **7.** *(em locuções):* **~ bem que** even though, although.

sé ['sɛ] f cathedral.

seca ['seka] f drought.

secador [seka'do(x)] *(pl* -res [-rif]) *m* blow dryer.

seção [se'sãw] *(pl* -ões [-õjf]) f department; **~ de achados e perdidos** lost-and-found office *Am,* lost property office *Brit.*

secar [se'ka(x)] *vt* to dry. ◆ *vi (planta, árvore)* to wither; *(rio, poço, lago)* to dry up; *(roupa, cabelo)* to dry.

seco, ca ['seku, ka] *pp* → secar.
◆ *adj* dry; *(carne, peixe, fruto)* dried; *fig (ríspido)* curt.

secretaria [sekreta'ria] f *(de escola, repartição pública)* secretary's office; **~ de Estado** government department.

secretária [sekre'tarja] f *(móvel)* desk; **~ eletrónica** answering machine → **secretário.**

secretário, ria [sekre'tarju, rja] *m, f* secretary; **Secretário de Estado** Secretary of State.

secreto, ta [se'kretu, ta] *adj* secret.

sectário, ria [sɛk'tarju, rja] *adj* sectarian.

secular [seku'la(x)] *(pl* -res [-rif]) *adj* ancient.

século ['sɛkulu] *m* century.

secundário, ria [sekũn'darju, rja] *adj* secondary; *(estrada)* minor.

seda ['seda] f silk.

sedativo [seda'tʃivu] *m* sedative.

sede[1] ['sɛdʒi] f *(de empresa, organização)* headquarters *pl.*

sede[2] ['sedʒi] f thirst; **ter** to

be thirsty; **matar a ~ to** quench one's thirst.

sedimento [sedʒi'mẽntu] *m* sediment.

sedoso, osa [se'dozu, ɔza] *adj* silky.

sedução [sedu'sãw] (*pl* -**ões** [-õjʃ]) *f* seduction.

sedutor, ra [sedu'to(x), ra] (*mpl* -**res** [-riʃ], *fpl* -**s** [-ʃ]) *adj* seductive.

seduzir [sedu'zi(x)] *vt* to seduce.

segmento [seg'mẽntu] *m* segment.

segredo [se'gredu] *m* secret; *(reserva)* secrecy.

segregar [segre'ga(x)] *vt (pôr de lado)* to segregate; *(secreção)* to secrete.

❏ **segregar-se** *vp (isolar-se)* to cut o.s. off.

seguida [se'gida] *f*: **em ~** immediately.

seguidamente [se,gida'mẽntʃi] *adv (sem interrupção)* continuously; *(de seguida)* straight afterward.

seguido, da [se'gidu, da] *adj (contínuo)* continuous; **dias/anos ~s** days/years on end; **~ de** followed by.

seguinte [se'gĩntʃi] *adj* following. ◆ *mf*: **o/a ~** the next one; **o dia/mês ~** the following day/month.

seguir [se'gi(x)] *vt* to follow; *(perseguir)* to chase; *(carreira, profissão)* to pursue. ◆ *vi (continuar)* to go on, to carry on; **~ com algo** to continue with sthg; **~ pa-**

ra to travel on to; **~ por** to travel on along; **a ~** afterward; **a ~ a** after.

segunda [se'gũnda] *f (de veículo)* second (gear) → **segundo**.

segunda-feira [se,gũnda'fejra] (*pl* **segundas-feiras** [se,gũndaʃ'fejraʃ]) *f* Monday → **sexta-feira**.

segundo, da [se'gũndu, da] *num & m* second. ◆ *prep* according to. ◆ *adv* secondly; **de segunda mão** second-hand → **sexto**.

segurança [segu'rãsa] *f* security; *(sem perigo)* safety; *(confiança)* confidence; *(certeza)* certainty; **com ~** *(agir, afirmar)* confidently; **em ~** in safety.

segurar [segu'ra(x)] *vt (agarrar)* to hold on to.

seguro, ra [se'guru, ra] *adj* safe; *(firme, preso)* secure; *(mesa, cadeira)* steady; *(garantido)* guaranteed. ◆ *m (de carro, casa, vida)* insurance; **estar ~** *(estar a salvo)* to be safe; *(ter certeza)* to be certain ou sure; **pôr no ~** to insure; **ser ~ de si** to be self-assured; **~ de responsabilidade civil** liability insurance; **~ contra todos os riscos** fully-comprehensive insurance; **~ de viagem** travel insurance; **~ de vida** life insurance.

seguro-saúde [se,gurusa'udʒi] (*pl* **seguros-saúde** [se,guruʃ-sa'udʒi]) *m* health insurance.

sei [sej] → **saber**.

seio ['saju] *m* breast.

seis ['sejʃ] *adj num* six. ◆ *m* six; *(dia)* sixth. ◆ *mpl (temperatura)* six (degrees). ◆ *fpl:* **às** ~ at six (o'clock); **(são)** ~ **horas** (it's) six o'clock; **ele tem** ~ **anos** he's six years old; **eles eram** ~ there were six of them; ~ **de janeiro** the sixth of January; **página** ~ page six; **trinta e** ~ thirty-six; **o** ~ **de copas** the six of hearts; **está fazendo** ~ **graus centígrados** it's six degrees Celsius; **de** ~ **em** ~ **semanas/horas** every six weeks/hours; **empataram** ~ **a** *(em partida)* they tied six-all; ~ **a zero** *(em partida)* six-nil.

seiscentos, tas [sejʃ'sẽntuʃ, taʃ] *num* six hundred → **seis.**

seita ['sejta] *f* sect.

seiva ['sejva] *f* sap.

sela ['sɛla] *f* saddle.

selar [se'la(x)] *vt (cavalo, égua)* to saddle; *(carta, subscrito)* to stamp; *(documento oficial, pacto)* to seal.

seleção [sele'sãw] *f (escolha)* selection; *(equipe nacional)* team.

selecionar [selesjo'na(x)] *vt* to select.

seleto, ta [se'lɛtu, ta] *adj* exclusive.

selim [se'lĩ] *(pl* **-ns** [-ʃ]) *m (de bicicleta)* saddle.

selo ['selu] *m* stamp; ~ **de garantia** *(em produto)* tamperproof seal.

selva ['sɛwva] *f* jungle.

selvagem [sɛw'vaʒẽ] *(pl* **-ns** [-ʃ]) *adj* wild. ◆ *mf (pessoa)* savage.

sem [sẽ] *prep* without; **estou** ~ **fazer nada há muito tempo** I haven't done anything in ages; **ele saiu** ~ **que eu notasse** he left without my noticing; **estar** ~ **água/gasolina** to be out of water/gas; ~ **mais nem menos** for no reason whatsoever; ~ **data** undated.

semáforos [se'maforuʃ] *mpl* traffic lights.

semana [se'mana] *f* week; ~ **a** ~ week by week; **por** ~ a ou per week; **a Semana Santa** Holy Week.

semanal [sema'naw] *(pl* **-ais** [-ajʃ]) *adj* weekly.

semear [se'mja(x)] *vt (trigo, batatas, etc)* to sow; *(ódio, discórdia)* to spread.

semelhança [seme'ʎãsa] *f* resemblance; **à** ~ **de** like.

semelhante [seme'ʎãntʃi] *adj* similar; ~ **a** like, similar to.

sêmen ['semẽ] *m* semen.

semente [se'mẽntʃi] *f* seed.

semestral [semeʃ'traw] *(pl* **-ais** [-ajʃ]) *adj* half-yearly, six-monthly.

semestre [se'mɛʃtri] *m* period of six months.

seminário [semi'narju] *m (grupo de estudos)* seminar; *(para eclesiásticos)* seminary.

sêmola ['semola] *f* semolina.

sempre ['sẽmpri] *adv* always; **o mesmo de** ~ the usual; **como** ~ as usual; **para** ~ forever; ~ **que** whenever.

sem-vergonha [sãjvex'goŋa] *mf inv* rogue.

senado [se'nadu] *m* senate.

senão [se'nãw] *conj* otherwise.

senha ['seɲa] *f (sinal)* sign; *(palavra de acesso)* password; *(de caixa automática)* PIN.

senhor, ra [se'no(x), ra] *(mpl* **-res** [-riʃ], *fpl* **-s** [-ʃ]) *m, f (em geral)* man (woman); *(formalmente)* gentleman (lady); *(antes de nome)* Mr., Mrs., Ms.; *(ao dirigir a palavra)* Sir; **'senhoras'** 'ladies'; **Caro Senhor** *(em carta)* Dear Sir; **Cara Senhora** *(em carta)* Dear Madam; **bom dia meus senhores/minhas senhoras!** good morning (gentlemen/ladies)!; **o que o ~ deseja?** What would Sir like?

senhorio, ria [seɲo'riu, ria] *m, f* landlord.

senil [se'niw] *(pl* **-is** [-iʃ]) *adj* senile.

sensação [sēsa'sãw] *(pl* **-ões** [-õjʃ]) *f* sensation, feeling; *(intuição)* feeling; **causar ~** to cause a sensation.

sensacional [sēsasjo'naw] *(pl* **-ais** [-ajʃ]) *adj* sensational.

sensações → **sensação**.

sensato, ta [sē'satu, ta] *adj* sensible.

sensível [sē'sivew] *(pl* **-eis** [-ejʃ]) *adj* sensitive.

senso ['sēsu] *m* sense; **bom ~** common sense; **ter bom ~** to be sensible; **ter ~ prático** to be practical; **~ comum** common sense.

sensual [sē'swaw] *(pl* **-ais** [-ajʃ]) *adj* sensual.

sentado, da [sēn'tadu, da] *adj* seated; **estar ~** to be sitting down.

sentar-se [sēn'taxsi] *vp* to sit down.

sentença [sēn'tēsa] *f* sentence.

sentido, da [sēn'tidu, da] *adj (melindrado)* touchy. ◆ *m* sense; *(significado)* meaning; *(direção)* direction; **fazer ~** to make sense; **em certo ~** to a certain extent; **(rua de) ~ único** one-way street; **sem ~** meaningless.

sentimental [sēntʃimēn'taw] *(pl* **-ais** [-ajʃ]) *adj* sentimental.

sentimento [sēntʃi'mēntu] *m* feeling; **os meus ~s** my deepest sympathy.

sentinela [sēntʃi'nɛla] *mf* guard; **estar de ~** to be on guard duty.

sentir [sēn'tʃi(x)] *vt* to feel; **sinto muito!** I'm very sorry!; **~ falta de** to miss; **~ vontade de fazer algo** to feel like doing sthg.

❑ **sentir-se** *vp* to feel.

separação [separa'sãw] *(pl* **-ões** [-õjʃ]) *f* separation.

separado, da [sepa'radu, da] *adj (independente)* separate; *(cônjuges)* separated; **em ~** separately.

separar [sepa'ra(x)] *vt (dividir)* to separate; *(reservar)* to put aside.

❑ **separar-se** *vt* to separate.

septuagésimo, ma [septwa'ʒɛzimu, ma] *num* seventieth → **sexto**.

sepultar [sepuw'ta(x)] *vt* to bury.

sepultura 266

sepultura [sepuw'tura] *f* grave.

seqüência [se'kwẽsja] *f* sequence.

sequer [se'kɛ(x)] *adv:* **nem ~** not even.

seqüestrador, ra [sekweʃtra'do(x), ra] (*mpl* **-res** [-riʃ], *fpl* **-s** [-ʃ]) *m, f* kidnapper.

seqüestrar [sekweʃ'tra(x)] *vt* to kidnap, to abduct.

seqüestro [se'kwɛʃtru] *m* kidnapping, abduction.

ser [se(x)] (*pl* **-res** [-riʃ]) *m* (*criatura*) being; **~ humano** human being.

◆ *vi* -1. (*para descrever*) to be; **é longo demais** it's too long; **são bonitos** they're pretty; **sou médico** I'm a doctor.
- 2. (*para designar lugar, origem*) to be; **ele é do Brasil** he's from Brazil; **é em São Paulo** it's in São Paulo; **sou brasileira** I'm Brazilian.
- 3. (*custar*) to be; **quanto é?** - **são 100 reais** how much is it? - (it's) 100 reals.
- 4. (*com data, dia, hora*) to be; **hoje é sexta** it's Friday today; **que horas são?** what time is it?; **são seis horas** it's six o'clock.
- 5. (*exprime possessão*) to be; **é do Ricardo** it's Ricardo's; **este carro é seu?** is this your car?
- 6. (*em locuções*): **a não ~ que** unless; **que foi?** what's wrong?; **ou seja** in other words; **será que ele vem?** do you think he's coming?

◆ *v aux* (*forma a voz passiva*) to be; **foi visto na saída do cinema** he was seen on his way out of the movie theater.

◆ *v impess* -1. (*exprime tempo*) to be; **é de dia/noite** it's daytime/nighttime; **é tarde/cedo** it's late/early.
- 2. (*com adjetivo*) to be; **é difícil dizer** it's difficult to say; **eles são Flamengo** they're Flamengo fans.

☐ **ser de** *v + prep* (*matéria*) to be made of; (*ser adepto de*) to be a fan of.

serão [se'rãw] (*pl* **-ões** [-õjʃ]) *m* (*noite*) evening; **fazer ~** to stay up late, to work late.

serenar [sere'na(x)] *vt* (*acalmar*) to calm. ◆ *vi* (*acalmar-se*) to calm down; (*tempo*) to clear up.

serenata [sere'nata] *f* serenade.

seres → **ser**.

seriado [se'rjadu] *m* (*TV*) series (*sg*).

série ['sɛrji] *f* series *sg*; (*de bilhetes de metrô*) book; **em ~** sequential; **uma ~ de** a series of.

seriedade [serje'dadʒi] *f* seriousness; (*honestidade*) honesty.

seringa [se'rĩŋga] *f* syringe.

sério, ria ['sɛrju, rja] *adj* serious; (*honrado*) honest. ◆ *adv:* **levar a ~** to take seriously.

sermão [sex'mãw] (*pl* **-ões** [-õjʃ]) *m* sermon; **passar um ~ em alguém** to give sb a ticking off.

serões → **serão**.

serpente [sex'pẽtʃi] *f* serpent.

serpentina [serpẽ'tʃina] *f* streamer.

serra ['sɛxa] f *(instrumento)* saw; *(em geografia)* mountain range.

serralheiro [sexa'ʎejru] m locksmith.

serrar [se'xa(x)] vt to saw.

servente [sex'vẽntʃi] m *(de pedreiro)* (bricklayer's) assistant.

serventia [sexvẽn'tʃia] f *(préstimo)* use.

serviço [sex'visu] m service; *(trabalho)* work; **'fora de ~'** 'out of service'; **'~ incluído'** 'service included'.

servil [sex'viw] *(pl* **-is** [-iʃ]*)* adj servile.

servir [sex'vi(x)] vt to serve. ♦ vi *(criado, empregado)* to serve; *(ser útil)* to be useful; *(roupa, calçado)* to fit; **em que posso servi-lo?** how may I help you?; **~ de algo** to serve as sthg.
□ **servir-se** vp *(de bebida, comida)* to help o.s.; **~-se de** *(fazer uso de)* to make use of.

servis → **servil**.

sessão [se'sãw] *(pl* **-ões** [-õjʃ]*)* f *(de filme)* showing; *(em televisão)* broadcast; *(de debate político, científico)* meeting; *(em tribunal)* session.

sessenta [se'sẽnta] num sixty → **seis**.

sessões → **sessão**.

seta ['sɛta] f arrow.

sete ['sɛtʃi] num seven → **seis**.

setecentos, tas [sɛtɛ'sẽntuʃ, taʃ] num seven hundred → **seis**.

setembro [se'tẽmbru] m September; **durante o mês de ~** during (the month of) September; **em ~** in September; **em**

meados de ~ in the middle of September, in mid-September; **este mês de ~** *(passado)* last September; *(futuro)* this (coming) September; **o passado/próximo mês de ~** last/next September; **no princípio/final de ~** at the beginning/end of September; **o primeiro de ~** September first.

setenta [se'tẽnta] num seventy → **seis**.

sétimo, ma ['sɛtʃimu, ma] num seventh → **sexto**.

setor [se'to(x)] *(pl* **-res** [-riʃ]*)* m *(ramo)* sector; *(seção)* section.

seu, sua [sew, 'sua] adj **-1.** *(dele)* his; *(dela)* her; *(de você, vocês)* your; *(deles, delas)* their; **ela trouxe o ~ carro** she brought her car; **onde estacionou a sua moto?** where did you park your motorcycle?
-2. *(de coisa, animal: singular)* its; *(de coisa, animal: plural)* their; **o cachorro foi para o seu canil** the dog went into his ou its doghouse.
♦ pron: **o ~ /a sua** *(dele)* his; *(dela)* hers; *(deles, delas)* theirs; *(de coisa, animal: singular)* its; *(de coisa, animal: plural)* their; **um amigo ~** a friend of his/hers etc.; **os ~s** *(a família de cada um)* his/her etc. family.

severidade [severi'dadʒi] f severity.

severo, ra [se'vɛru, ra] adj *(inflexível)* strict; *(grave)* severe.

sexagésimo, ma [seksa'ʒɛzimu, ma] num sixtieth → **sexto**.

sexo ['sɛksu] *m* sex; *(órgão reprodutor)* genitals *pl*; **fazer ~** to have sex.

sexta-feira [,sejʃta'fejra] *(pl* **sextas-feiras** [,sejʃtaʃ'fejraʃ]) *f* Friday; **às sextas-feiras** on Fridays; **até ~** until Friday; **ela vem ~** she's coming on Friday; **esta ~** *(passada)* last Friday; *(próxima)* next Friday; **hoje é ~** today is Friday; **todas as sextas-feiras** every Friday; **~ de manhã/à tarde/à noite** Friday morning/afternoon/night; **~ 12 de Junho** Friday 12 June; **~ passada/próxima** last/next Friday; **que vem** next Friday; **Sexta-feira Santa** Good Friday.

sexto, ta ['sejʃtu, ta] *adj num* sixth. ◆ *m (número)* sixth. ◆ *m, f*: **o ~/a sexta** *(pessoa, coisa)* the sixth; **chegar em ~** to come sixth; **capítulo ~** chapter six; **em ~ lugar** in sixth place; **no ~ dia** on the sixth day; **a sexta parte** *(relativo a quantidade)* a sixth; *(de espetáculo, filme)* part six.

sexual [sɛk'swaw] *(pl* **-ais** [-ajʃ]) *adj* sexual.

sexualidade [sekswali'dadʒi] *f* sexuality.

shopping ['ʃɔpiŋ] *m*: **~ (center)** *(shopping)* mall *Am*, shopping centre *Brit*.

si ['si] *pron* **- 1.** *(complemento indireto: pessoa)* him, them *pl*; *(você, vocês)* you. **- 2.** *(complemento indireto: coisa, animal)* it, them *pl*.

- 3. *(reflexo: pessoa)* himself, themselves *pl*; *(você, vocês)* yourself, yourselves *pl*; **comprou-o para ~** *(mesmo próprio)* he bought it for himself; **elas sabem tomar conta de ~** *(mesmas próprias)* they can take care of themselves; **ela é cheia de ~** she is full of herself. **- 4.** *(reflexo: coisa, animal)* itself, themselves *pl*; **o livro, em ~, não é caro** the book itself is not expensive. **- 5.** *(impessoal)* oneself; **é sinal de egoísmo só pensar em ~** it's a sign of selfishness to think only of oneself; **cada um por ~** each man for himself.

siderurgia [si'derur'ʒia] *f* iron and steel industry.

sido ['sidu] → **ser**.

sidra ['sidra] *f* cider.

sigilo [si'ʒilu] *m* secrecy.

sigla ['sigla] *f* acronym.

significado [signifi'kadu] *m* meaning.

significar [signifi'ka(x)] *vt* to mean.

significativo, va [signifika'tʃivu, va] *adj* significant.

signo ['signu] *m* sign.

sigo ['sigu] → **seguir**.

sílaba ['silaba] *f* syllable.

silenciar [silẽ'sja(x)] *vt* to silence.

silêncio [si'lẽsju] *m* silence. ◆ *interj* silence!

silencioso, osa [silẽ'sjozu, ɔza] *adj* silent, quiet.

silicone [sili'kɔni] *m* silicone.

silvestre [siw'vɛʃtri] *adj* wild.

sim ['sĩ] *adv* yes; **acho que ~ I** think so; **pelo ~ pelo não** just in case.

símbolo ['sĩmbolu] *m* symbol.

simetria [sime'tria] *f* symmetry.

similar [simi'la(x)] (*pl* **-res** [-riʃ]) *adj* similar.

simpatia [sĩmpa'tʃia] *f* (*carinho*) affection; (*cordialidade*) friendliness.

simpático, ca [sĩm'patʃiku, ka] *adj* nice; (*amigável*) friendly.

simpatizante [sĩmpatʃi'zãntʃi] *mf* sympathizer.

simpatizar [sĩmpatʃi'za(x)] *v +* *prep*: **simpatizar com** to like.

simples ['sĩmpleʃ] *adj inv* simple; (*bebida*) straight; (*bilhete de metrô*) one-way; **queria um ~ copo de água** I just want a glass of water.

simplicidade [sĩmplisi'dadʒi] *f* simplicity.

simplificar [sĩmplifi'ka(x)] *vt* to simplify.

simular [simu'la(x)] *vt* (*fingir*) to feign; (*incêndio, ataque aéreo*) to simulate. ◆ *vi* (*fingir*) to pretend.

simultâneo, nea [simuw'tanju, nja] *adj* simultaneous.

sinagoga [sina'gɔga] *f* synagogue.

sinal [si'naw] (*pl* **-ais** [-ajʃ]) *m* sign; (*marca*) mark; (*em pele*) mole; (*de nascimento*) birthmark; (*de trânsito*) traffic light; (*dinheiro*) deposit; **dar ~ de si** to show up; **dar sinais de cansaço** to show signs of fatigue; **avançar**

ou furar o ~ to jump the lights; **em ~ de** as a mark ou sign of; **~ de alarme** alarm; **~ de ocupado** engaged tone.

sinalização [sinaliza'sãw] *f* road signs pl.

sinceridade [sĩseri'dadʒi] *f* sincerity.

sincero, ra [sĩ'sɛru, ra] *adj* sincere.

sindicato [sĩndʒi'katu] *m* labor union.

síndrome ['sĩdromi] *f* syndrome.

sinfonia [sĩfo'nia] *f* symphony.

singelo, la [sĩ'ʒɛlu, la] *adj* simple.

singular [sĩgu'la(x)] (*pl* **-res** [-riʃ]) *adj* (*único*) unique; (*extraordinário*) strange; GRAM singular. ◆ *m* GRAM singular.

sino ['sinu] *m* bell.

sinônimo [si'nonimu] *m* synonym.

síntese ['sĩntezi] *f* (*resumo*) summary.

sintético, ca [sĩn'tetiku, ka] *adj* (*artificial*) synthetic; (*resumido*) concise.

sintoma [sĩn'toma] *m* symptom.

sintonizar [sĩntoni'za(x)] *vt* (*rádio*) to tune; (*estação de rádio*) to tune in to.

sinuoso, osa [si'nwozu, ɔza] *adj* (*curva, caminho*) winding.

sirene [si'rɛni] *f* siren.

siri [si'ri] *m* crab.

sirvo ['sixvu] → **servir**.

sistema [siʃ'tema] *m* system;

~ **métrico** metric system; ~ **nervoso** nervous system.

sistemático, ca [siʃteˈmatʃiku, ka] *adj* systematic.

sisudo, da [siˈzudu, da] *adj* serious.

sítio [ˈsitʃju] *m (chácara)* small farm; *(cerco)* siege; **estado de ~** state of siege.

situação [sitwaˈsãw] *(pl -ões* [-õjʃ]) *f (localização)* position; *(circunstâncias)* situation; *(estado, condição)* condition.

situado, da [siˈtwadu, da] *adj:* **bem/mal ~** well/badly situated; ~ **em** situated in; **está ~ ao norte de Brasília** it is located to the north of Brasília.

situar [siˈtwa(x)] *vt (colocar)* to place; *(localizar)* to locate. ☐ **situar-se** *vp (localizar-se)* to be located.

smoking [ˈsmokĩ] *m* tuxedo *Am*, dinner jacket *Brit*.

só [ˈsɔ] *adj (sem companhia)* alone; *(solitário)* lonely. ◆ *adv (apenas)* only; **é ~ pedir!** all you need to do is ask!; **um ~ minuto do seu tempo** just a minute of your time; **a ~s** alone; **não ~ ... como também** not only... but also; **~ que** just that.

soar [ˈswa(x)] *vi & vt* to sound; **soaram as 10 horas** clock struck 10; ~ **bem** to sound right; ~ **mal** not to sound right.

sob [ˈsobi] *prep* under.

sobe [ˈsɔbi] → **subir**.

soberania [sobeˈranja] *f* sovereignty.

soberano, na [sobeˈranu, na] *adj* sovereign.

soberbo, ba [suˈbexbu, ba] *adj (suntuoso)* superb; *(arrogante)* arrogant.

sobrancelha [sobrãˈseʎa] *f* eyebrow.

sobrar [soˈbra(x)] *vi* to be left over.

sobre [ˈsobri] *prep (em cima de)* on (top of); *(por cima de)* over; *(acerca de)* about.

sobreaviso [sobreaˈvizu] *m:* **estar ficar de ~** to be on the alert.

sobrecarga [sobreˈkaxga] *f* overload.

sobrecarregar [sobrekaxeˈga(x)] *vt:* ~ **alguém com algo** to overload sb with sthg.

sobreloja [sobreˈlɔʒa] *f* mezzanine.

sobremesa [sobreˈmeza] *f* dessert.

sobrenatural [ˌsobrenatuˈraw] *(pl -ais* [-ajʃ]) *adj* supernatural.

sobrenome [sobriˈnomi] *m* last name, surname.

sobrepor [sobreˈpo(x)] *vt:* ~ **algo a algo** to put sthg on top of sthg. ☐ **sobrepor-se** *vp (problema, trabalho)* to take precedence.

sobressair [sobresaˈi(x)] *vi* to stand out.

sobressaltar [sobresawˈta(x)] *vt* to startle. ☐ **sobressaltar-se** *vp* to be startled.

sobressalto [sobreˈsawtu] *m (sus-*

to) fright; (*inquietação*) anxiety.

sobretaxa [ˌsobreˈtaʃa] f surcharge.

sobretudo [sobreˈtudu] m overcoat. ◆ adv especially, above all.

sobrevivência [sobreviˈvẽsja] f survival.

sobrevivente [sobreviˈvẽtʃi] mf survivor.

sobreviver [sobreviˈve(x)] vi to survive.

sobriedade [sobrieˈdadʒi] f sobriety.

sobrinho, nha [soˈbriɲu, ɲa] m, f nephew, niece.

sóbrio, bria [ˈsɔbriu, bria] adj sober.

social [soˈsjaw] (pl **-ais** [-ajʃ]) adj social.

socialismo [sosjaˈliʒmu] m socialism.

socialista [sosjaˈliʃta] adj & mf socialist.

sociedade [sosjeˈdadʒi] f society; (*comercial*) partnership.

sócio, cia [ˈsɔsju, sja] m, f partner.

sociologia [sosjoloˈʒia] f sociology.

sociólogo, ga [soˈsjɔlogu, ga] m, f sociologist.

soco [ˈsoku] m (em pessoa) punch; (em mesa) thump.

socorrer [sokoˈxe(x)] vt to help. ☐ **socorrer-se de** vp + prep to resort to, to have recourse to.

socorro [soˈkoxu] m help. ◆ interj help!; **pedir** ~ to ask for help.

soda [ˈsɔda] f (bicarbonato) baking soda; (bebida) soda water.

sofá [soˈfa] m sofa.

sofá-cama [soˌfaˈkama] f sofa-bed.

sofisticado, da [sofiʃtʃiˈkadu, da] adj sophisticated.

sofrer [soˈfre(x)] vt to have. ◆ vi to suffer.

sofrimento [sofriˈmẽntu] m suffering.

software [sɔfˈtweri] m software.

sogro, sogra [sogru, sɔgra] m, f father-in-law, mother-in-law.

sóis → **sol**.

soja [ˈsɔʒa] f soy.

sol [ˈsow] (pl **sóis** [ˈsɔjʃ]) m sun.

sola [ˈsɔla] f sole.

solar [soˈla(x)] (pl **-res** [-riʃ]) adj solar. ◆ m manor(house).

soldado [sowˈdadu] m soldier.

soleira [soˈlejra] f threshold.

solene [soˈleni] adj solemn.

soletrar [soleˈtra(x)] vt to spell.

solicitar [solisiˈta(x)] vt to request.

solícito, ta [soˈlisitu, ta] adj solicitous.

solidão [soliˈdãw] f solitude.

solidariedade [solidarjeˈdadʒi] f solidarity.

solidário, ria [soliˈdarju, rja] adj sharing; **ser** ~ **com** (causa, idéia) to support; (pessoa) to stand by.

sólido, da [ˈsɔlidu, da] adj solid; (investimento, negócio) sound.

solista [soˈliʃta] mf soloist.

solitário, ria [soli'tarju, rja]
adj (local) lonely; (pessoa) solitary. ◆ m (jóia) solitaire.

solo ['sɔlu] m (chão) floor; (superfície terrestre) ground; (terreno arável) land, soil; MÚS solo.

soltar [sow'ta(x)] vt (desprender) to release; (desatar) to untie; (grito, preso) to let out.
□ **soltar-se** vp (desprender-se) to get loose; (desatar-se) to come undone.

solteiro, ra [sow'tejru, ra] adj single.

solto, ta ['sowtu, ta] pp → **soltar**. ◆ adj (livre) loose; (sozinho) separate.

solução [solu'sãw] (pl -ões [-õjʃ]) f solution.

soluçar [solu'sa(x)] vi (ter soluços) to hiccup; (chorar) to sob.

solucionar [solusjo'na(x)] vt to solve.

soluço [su'lusu] m (contração) hiccup; (choro) sob.

soluções → solução.

solúvel [so'luvew] (pl -eis [-ejʃ]) adj soluble.

som ['sõ] (pl -ns [-ʃ]) m sound; (aparelhagem) hi-fi; **ao ~ de** to the sound of.

soma ['soma] f sum.

somar [so'ma(x)] vt to add up.

sombra ['sõmbra] f (escuridão) shade; (de corpo) shadow; (cosmético) eye shadow; **à** ou **na ~** in the shade; **sem ~ de dúvida** beyond a shadow of a doubt.

sombrio, bria ['sõm'briu, 'bria] adj (escuro) dark; (melancólico) somber; (lúgubre) gloomy.

somente [so'mẽntʃi] adv only.

sonâmbulo, la [so'nãmbulu, la] m, f sleepwalker.

sonda ['sõnda] f MED probe; **~ espacial** space probe.

sondagem [sõn'daʒẽ] (pl -ns [-ʃ]) f (opinion) poll.

soneca [so'nɛka] f nap; **tirar uma ~** to have a nap.

sonhador, ra [soɲa'do(x), ra] (mpl -res [-riʃ], fpl -s [-ʃ]) m, f dreamer.

sonhar [so'ɲa(x)] vi to dream; **~ acordado** to daydream; **~ com** to dream about.

sonho ['soɲu] m dream; (comida) donut Am, doughnut Brit; **~** de s).

sonífero [so'niferu] m sleeping pill.

sono ['sonu] m sleep; **estou morto de ~** I'm falling asleep; **pegar no ~** to get to sleep; **ter ~** to be sleepy; **ter ~ pesado** deep sleep.

sonolento, ta [sono'lẽntu, ta] adj sleepy.

sonoro, ra [so'nɔru, ra] adj sound (antes de s).

sons → som.

sonso, sa ['sõsu, sa] adj two-faced.

sopa ['sopa] f soup; **~ de legumes** vegetable soup; **~ de marisco** seafood soup; **ser ~** (ser fácil) to be a piece of cake.

soprar [so'pra(x)] vt (vela, fogo) to blow out; (pó) to blow off; (resposta) to whisper. ◆ vi to blow.

sórdido, da [ˈsɔrdʒidu, da] *adj* squalid.

sorridente [soxiˈdẽntʃi] *adj* (*cara*) smiling; (*pessoa*) cheerful.

sorrir [soˈxi(x)] *vi* to smile.

sorriso [soˈxizu] *m* smile.

sorte [ˈsɔxtʃi] *f* luck; (*destino*) fate; **boa ~!** good luck!; **tire um cartão/número à ~** pick a card/number; **para dar ~** for (good) luck; **estar com ~** to be in luck; **ter ~** to be lucky; **tirar a ~** to draw lots; **a ~ grande** the jackpot; **com ~** (*pessoa*) lucky; **por ~** luckily.

sortear [soxˈtea(x)] *vt* to raffle.

sorteio [soxˈteju] *m* raffle.

sortido, da [soxˈtʃidu, da] *adj* assorted. ◆ *m* assortment.

sortudo, da [soxˈtudu, da] *m, f* lucky person.

sorvete [soxˈvetʃi] *m* ice cream.

sorveteria [soxveteˈria] *f* ice-cream parlor.

sossegado, da [soseˈgadu, da] *adj* quiet.

sossego [soˈsegu] *m* peace.

sótão [ˈsɔtãw] *m* attic.

sotaque [soˈtaki] *m* accent.

sou [ˈso] → **ser**.

soube [ˈsobi] → **saber**.

sovaco [soˈvaku] *m* armpit.

sovina [soˈvina] *adj* miserly.

sozinho, nha [soˈziɲu, ɲa] *adj* alone; **fiz tudo ~** I did it all by myself; **falar/rir ~** to talk/laugh to o.s.

stress [ˈstrɛs] *m* stress.

sua → **seu**.

suar [swˈa(x)] *vi* to sweat.

suave [swˈavi] *adj* soft; (*brisa, curva*) gentle; (*sabor*) delicate; (*vinho*) smooth; (*cheiro*) subtle.

suavidade [swaviˈdadʒi] *f* softness; (*de brisa, curva*) gentleness; (*de sabor*) delicacy; (*de vinho*) smoothness; (*de cheiro*) subtlety.

suavizar [swaviˈza(x)] *vt* (*cheiro, sabor*) to tone down; (*dor*) to ease. ◆ *vi* (*chuva*) to ease; (*vento*) to drop.

subalimentação [subalimẽntaˈsãw] *f* undernourishment.

subalimentado, da [subalimẽnˈtadu, da] *adj* undernourished.

subalterno, na [subawˈtɛxnu, na] *m, f* & *adj* (*subordinado*) subordinate.

subconsciente [subkõˈsjẽntʃi] *m* subconscious.

subdesenvolvido, da [subdezẽvowˈvidu, da] *adj* underdeveloped.

subdesenvolvimento [subdezẽvowviˈmẽntu] *m* underdevelopment.

subentendido, da [subẽntẽnˈdʒidu, da] *adj* implied.

subida [suˈbida] *f* (*ladeira*) slope; (*de preços*) increase; (*de montanha, escadas*) climb.

subir [suˈbi(x)] *vt* (*escadas, rua, encosta*) to go up; (*montanha, rochedo*) to climb; (*malas, bagagem*) to take up; (*preços, salários*) to increase; (*persiana*) to raise. ◆ *vi* (*ir para cima*) to go up; **~ em** (*árvore, morro*) to climb; (*em ônibus,*

avião, etc) to get on; ~ **de posto**
(em emprego) to be promoted;
~ **por** to go up.

súbito, ta [ˈsubitu, ta] *adj* sudden; **de** ~ suddenly.

subjetivo, va [subʒeˈtʃivu, va] *adj* subjective.

subjuntivo [subʒõnˈtʃivu] *m* subjunctive.

sublinhar [subliˈɲa(x)] *vt* to underline.

sublocar [subloˈka(x)] *vt* to sublet.

submarino [submaˈrinu] *m* submarine.

submergir [submexˈʒi(x)] *vt (imergir)* to submerge; *(inundar)* to flood.

submeter [submeˈte(x)] *vt:* ~ **algo/alguém a algo** to submit sthg/sb to sthg.
□ **submeter-se** *vp + prep* to submit to.

submisso, a [subˈmisu, a] *adj* submissive.

subnutrido, da [subnuˈtridu, da] *adj* undernourished.

subornar [suboxˈna(x)] *vt* to bribe.

suborno [suˈboxnu] *m* bribe.

subsídio [subˈsidju] *m* subsidy.

subsistência [subsiʃˈtẽsja] *f (sustento)* subsistence; *(permanência)* continued existence.

subsistir [subsiʃˈtʃi(x)] *vi (persistir)* to remain; *(sobreviver)* to subsist.

subsolo [subˈsolu] *m* subsoil.

substância [subʃˈtãsja] *f* substance.

substantivo [subʃtãnˈtʃivu] *m* noun.

substituir [subʃtʃiˈtwi(x)] *vt* to substitute; ~ **a manteiga por margarina** substitute margarine for butter.

substituto, ta [subʃtʃiˈtutu, ta] *m, f* replacement.

subterrâneo, nea [subteˈxãnju, nja] *adj* underground.

subtrair [subtraˈi(x)] *vt* to subtract.

suburbano, na [subuxˈbanu, na] *adj* suburban.

subúrbio [suˈbuxbju] *m* suburb.

subversivo, va [subvexˈsivu, va] *adj* subversive.

sucata [suˈkata] *f* scrap.

suceder [suseˈde(x)] *vi* to happen.
□ **suceder a** *v + prep (em cargo)* to succeed; *(vir depois)* to follow.
□ **suceder-se** *vp* to happen.

sucedido, da [suseˈdʒidu, da] *m* occurrence. ◆ *adj:* **ser bem/mal** ~ to be successful/unsuccessful.

sucessão [suseˈsãw] *(pl* **-ões** [-õjʃ]) *f* succession.

sucesso [suˈsesu] *m* success; **com/sem** ~ successful/unsuccessful; **fazer** ~ to be successful.

sucessões → **sucessão**.

suco [ˈsuku] *m* juice.

suculento, ta [sukuˈlẽntu, ta] *adj* succulent.

sucumbir [sukũmˈbi(x)] *vi (desmoronar)* to crumble; *(morrer)* to die; ~ **a** to succumb to.

sucursal [sukux'saw] (pl -ais [-ajʃ]) f (de banco, empresa) branch.

sudeste [su'dɛʃtʃi] m southeast; no ~ in the southeast.

súdito, ta ['sudʒitu, ta] m, f subject.

sudoeste [su'dwɛʃtʃi] m southwest; no ~ in the southwest.

suéter ['swɛte(x)] (pl -res [-riʃ]) m ou f sweater.

suficiente [sufi'sjẽntʃi] adj enough. ◆ m EDUC 'C', pass.

sufocante [sufo'kãntʃi] adj oppressive.

sufocar [sufo'ka(x)] vt & vi to suffocate.

sugar [su'ga(x)] vt to suck.

sugerir [suʒe'ri(x)] vt to suggest.

sugestão [suʒeʃ'tãw] (pl -ões [-õjʃ]) f suggestion.

sugestões → sugestão.

suicidar-se [swisi'daxsi] vp to commit suicide.

suicídio [swi'sidʒju] m suicide.

sujar [su'ʒa(x)] vt to dirty.
□ **sujar-se** vp to get dirty.

sujeitar [suʒej'ta(x)] vt: ~ alguém/algo a algo to subject sthg/sb to sthg.
□ **sujeitar-se** vp + prep (submeter-se a) to conform to; ela teve que ~-se a todo tipo de humilhação she was subjected to ritual humiliation.

sujeito, ta [su'ʒejtu, ta] m, f (homem, mulher) guy (girl). ◆ m GRAM subject. ◆ adj: ~ a subject to.

sujo, ja ['suʒu, ʒa] adj dirty.

sul ['suw] m south; ao no ~ in the south; ao ~ de (to the) south of.

suma ['suma] f: em ~ in short.

sumário, ria [su'marju, rja] adj (explicação) brief; (ordem, execução) summary. ◆ m (resumo) summary.

sunga ['sũŋga] f swimming trunks pl.

suor [sw'ɔ(x)] (pl -res [-riʃ]) m sweat.

superar [supe'ra(x)] vt to overcome.

superficial [supexfisj'aw] (pl -ais [-ajʃ]) adj superficial.

superfície [supex'fisji] f surface; (área) area; na ~ on the surface.

supérfluo, flua [su'pɛxflu, fla] adj superfluous.

superior [supe'rjo(x)] (pl -res [-riʃ]) adj higher; (em espaço) top; (em valor, quantidade) greater. ◆ m superior; andar ~ top floor; mostrar-se ~ to give o.s. airs (and graces).

superioridade [superjori'dadʒi] f superiority.

superlotado, da [supexlo'tadu, da] adj packed.

supermercado [supexmex'kadu] m supermarket.

superstição [supexʃtʃi'sãw] (pl -ões [-õjʃ]) f superstition.

supersticioso, osa [supexʃti'sjozu, ɔza] adj superstitious.

superstições → superstição.

supervisionar [supexvizjo-

'na(x)) *vt* to supervise.

suplemento [suple'mẽntu] *m (de jornal, revista)* (color) supplement.

suplente [su'plẽntʃi] *adj (peça)* spare; *(pessoa)* substitute. ◆ *mf ESP* substitute.

súplica ['suplika] *f* plea.

suplicar [supli'ka(x)] *vt* to plead; **~ a alguém que faça algo** to beg sb to do sthg.

suplício [su'plisju] *m* torture.

supor [su'po(x)] *vt* to presume. ❑ **supor-se** *vp*: **supõe-se que ela tenha morrido** she is presumed dead.

suportar [supox'ta(x)] *vt (peso, carga)* to support; *(pessoa)* to stand; *(dor, desgosto)* to bear.

suporte [su'poxtʃi] *m* support.

suposição [supozi'sãw] *(pl -ões* [-õjʃ]) *f* supposition.

supositório [supozi'tɔrju] *m* suppository.

suposto, osta [su'poʃtu, ɔʃta] *adj (hipotético)* supposed; *(alegado)* alleged; *(falso)* false. ◆ *m* assumption.

supremo, ma [su'premu, ma] *adj* supreme.

supressão [supre'sãw] *(pl -ões* [-õjʃ]) *f (de palavra, frase)* deletion; *(de projeto, empregos)* axing.

suprimir [supri'mi(x)] *vt (palavra, frase)* to delete; *(emprego, projeto)* to axe.

surdez [sux'deʒ] *f* deafness.

surdo, da ['suxdu, da] *adj* deaf. ◆ *m, f* deaf person; **fazer-se de ~** to turn a deaf ear.

surfe ['suxfi] *m* surfing; **fazer ~** to go surfing.

surfista [sux'fiʃta] *mf* surfer.

surgir [sux'ʒi(x)] *vi (aparecer)* to appear; *(problema, complicação)* to arise.

surpreendente [surpriẽn-'dẽntʃi] *adj* surprising.

surpreender [surpriẽn'de(x)] *vt* to surprise. ❑ **surpreender-se** *vp* to be surprised.

surpresa [sur'preza] *f* surprise; **fazer uma ~ a alguém** to give sb a surprise; **de ~** by surprise.

surpreso, sa [sur'prezu, za] *adj* surprised.

surto ['surtu] *m (de doença)* outbreak.

suscetível [suʃse'tivew] *(pl -eis* [-ejʃ]) *adj* sensitive; **~ a** liable to.

suscitar [suʃsi'ta(x)] *vt* to provoke; *(interesse)* to arouse; *(dificuldades, problemas)* to cause.

suspeita [suʃ'pejta] *f* suspicion; **lançar ~s sobre alguém** to cast aspersions on sb → suspeito.

suspeito, ta [suʃ'pejtu, ta] *adj* suspicious. ◆ *m, f* suspect.

suspender [suʃpẽn'de(x)] *vt* to suspend.

suspensão [suʃpẽ'sãw] *(pl -ões* [-õjʃ]) *f* suspension.

suspense [suʃ'pẽsi] *m* suspense.

suspensões → suspensão.

suspirar [suʃpi'ra(x)] *vi* to sigh; **~ por** to long for.

suspiro [suˈʃpiru] *m* sigh; *(doce)* meringue.

sussurrar [susuˈxa(x)] *vi & vt* to whisper.

sussurro [suˈsuxu] *m* whisper.

sustentar [suʃtẽnˈta(x)] *vt* to support; *(afirmar)* to maintain.

suster [suʃˈte(x)] *vt (segurar)* to sustain; *(respiração)* to hold.

susto [ˈsuʃtu] *m* fright, shock; **tomar um ~** to get frightened; **pregar ~ em alguém** to frighten sb.

sutiã [suˈtʃjã] *m* bra, brassiere *Am.*

sutil [suˈtʃiw] *(pl* **-is** [-iʃ]*) adj* subtle.

T

ta [ta] = **te + a → te.**

tabaco [taˈbaku] *m (para cachimbo, enrolar)* tobacco.

tabela [taˈbɛla] *f (gráfico, INFORM)* table; *(de horários)* timetable; *(de preços)* price list; **cair pelas ~s** to feel down.

tablete [taˈblɛtʃi] *m ou f*: **~ de chocolate** chocolate bar.

tabu [taˈbu] *adj & m* taboo.

tábua [ˈtabwa] *f* board; **~ de passar roupa** ironing board.

tabuleiro [tabuˈlejru] *m (para comida)* tray; *(de damas, xadrez)* board.

taça [ˈtasa] *f* cup; *(para comida, doces)* bowl; *(de champanhe)* glass.

tacada [taˈkada] *f (em golfe)* stroke; *(em bilhar)* shot; **de uma ~** in one go.

taco [ˈtaku] *m (de golfe)* club; *(de bilhar)* cue; *(de chão)* parquet block.

tagarela [tagaˈrɛla] *adj* talkative. ◆ *mf* chatterbox.

tal [ˈtaw] *(pl* **tais** [ˈtajʃ]*) adj* such. ◆ *pron*: **o/a ~** the one; **a ponto que ...** to the point that ...; **nunca ouvi falar de ~ coisa/pessoa** I've never heard of such a thing/person; **um ~ de Marcelo** some guy called Marcelo; **na cidade ~** in such-and-such a city; **que ~ um passeio?** how about a walk?; **que ~?** how about it?; **qual** such as; **e qual** just like; **como ~** as such; **para ~** for that purpose; **~ como** just as.

talão [taˈlãw] *(pl* **-ões** [-õjʃ]*) m (de recibo, bilhete)* stub; **~ de cheques** checkbook *Am,* cheque book *Brit.*

talco [ˈtawku] *m* talc.

talento [taˈlẽntu] *m* talent.

talhar [taˈʎa(x)] *vt* to cut; *(madeira)* to carve; **ser talhado para algo** to be cut out for sthg. ◆ *vi (leite)* to curdle.

talher [taˈʎɛ(x)] *(pl* **-res** [-riʃ]*) m* (set of) cutlery.

talo [ˈtalu] *m (de flor, legume)* stem.

talões →talão.

talvez [tawˈveʒ] *adv* perhaps, maybe; **~ sim, ~ não** maybe, maybe not.

tamancos [ta'mãŋkuʃ] *mpl* clogs.

tamanho, nha [ta'maɲu, ɲa] *m (grandeza)* size. ◆ *adj (tão grande)*: não ter ~ limitless; **do ~ de um bonde** enormous; **fiz ~ esforço** I made such an effort; **qual é o ~ do quarto?** how big is the room?

tâmara ['tamara] *f* date.

também [tãm'bẽ] *adv* also; *(ademais)* besides; **eu ~ me too; eu ~ não** me neither; **ele ~ não fez nada** he didn't do anything either; **~ quero ir** I want to go too; **ele ~ se chama Luís** he's also called Luís.

tambor [tãm'bo(x)] *(pl* -res [-riʃ]*) m* drum.

tamborim [tãmbo'rĩ] *(pl* -ns [-ʃ]*) m* tambourine.

tamboris → **tamboril**.

tampa ['tãmpa] *f* lid.

tampão [tãm'pãw] *(pl* -ões [-õjʃ]*) m* tampon.

tampo ['tãmpu] *m (de mesa)* top; *(de privada)* lid.

tampões → **tampão**.

tampouco [tãm'poku] *adv* neither.

tangerina [tãʒe'rina] *f* tangerine.

tanque ['tãŋki] *m* tank; *(para lavar roupa)* washtub; **~ de combustível** fuel tank.

tanto, ta ['tãntu, ta] *adj* -1. *(exprime grande quantidade)* so much, so many *pl*; **~ dinheiro** so much money; **tanta gente** so many people; **tantas flores** so many flowers; **esperei ~**

tempo I waited for so long; **~ ... que ...** so much ... that ... - **2.** *(indica quantidade indeterminada)* so much, so many *pl*; **de ~s em ~s dias** every so many days; **são mil e ~s reais** one thousand and something reals. - **3.** *(em comparações)*: **~ ... como ...** as much ... as, as many ... as *pl*; **bebi ~ vinho quanto você** I drank as much wine as you. ◆ *adv* - **1.** *(exprime grande quantidade)* so much; **lhe quero ~** I love you so much; **não quero ~ assim** I don't want that much. - **2.** *(em locuções)*: **de ~ falar perdi a voz** I lost my voice from talking so much; **~ faz!** it doesn't matter!; **~ melhor** so much the better; **~ pior** too bad; **~ quanto** as far as; **um ~** a little; **é um ~ caro** it's a bit expensive; **~ um como o outro** both of them; **um ~ quanto** slightly; **~ que** so much so you. ◆ *pron* - **1.** *(indica grande quantidade)* so much, so many *pl*; **tenho ~!** I've got so much!; **ele não comprou ~s** he didn't buy that many. - **2.** *(indica igual quantidade)* as much, as many *pl*; **havia muita gente ali, aqui não era tanta** there were a lot of people over there, but not as many over here. - **3.** *(indica quantidade indeterminada)* so much, so many *pl*; **lá para as tantas ele foi embora** he left quite late; **põe uns ~s aqui uns ~s ali** put some over here and some over there; **leve ~s quantos você quiser** take as many as you want.

- 4. *(em comparações)*: **~ quanto** as much as; **sabe ~ quanto eu do assunto** he knows as much as I do about the situation.

- 5. *(em locuções)*: **às tantas** *(de repente)* all of a sudden; **às tantas da noite** late at night; **não é caso para ~** there's no need to make such a fuss.

tão [tãw] *adv* so; **~ ... como** as ... as; **~ ... que** so ... (that).

tapa [′tapa] *m (bofetada)* slap; **no ~** *(à força)* by force; *(com dificuldade)* with difficulty; **sair no ~** to come to blows.

tapar [ta′pa(x)] *vt (com cobertor, lençol)* to cover up; *(garrafa, frasco, panela)* to put the lid on; *(caixa)* to close; *(boca, ouvidos)* to cover; *(nariz)* to hold.

tapeçaria [tapesa′ria] *f* tapestry.

tapete [ta′petʃi] *m (grande)* carpet; *(médio)* rug; *(pequeno)* mat.

tardar [tax′da(x)] *vi* to take a long time; **ele não tardará a chegar** he won't be long; **~ a em fazer algo** to take a long time to do sthg; **mais ~** at the latest.

tarde [′taxdʒi] *f (até às seis)* afternoon; *(depois das seis)* evening. ◆ *adv* late; **boa ~!** good afternoon/evening!; **à ~** in the afternoon/evening; **já é ~** it's too late; **mais ~** later; **antes ~ do que nunca** better late than never; **já vai ~** not a moment

too soon; **nunca é ~ demais** it's never too late.

tardinha [tax′dʒiɲa] *f*: **à ~** late in the afternoon.

tardio, dia [tax′dʒiu, ′dʒia] *adj* late.

tarefa [ta′rεfa] *f* task.

tarifa [ta′rifa] *f (preço, taxa)* charge; *(em transportes)* fare; *(lista de preços)* price list.

tartaruga [taxta′ruga] *f (terrestre)* tortoise; *(aquática)* turtle.

tas [taʃ] = **te + as** → **te**.

tática [′tatʃika] *f* tactic.

tático, ca [′tatʃiku, ka] *adj* tactical.

tato [′tatu] *m (sentido)* touch; fig *(cuidado, habilidade)* tact; **ter ~** fig to be tactful.

tatuagem [ta′twaʒẽ] *(pl* **-ns** [-ʃ]*)* *f* tattoo.

taxa [′taʃa] *f (índice)* rate; *(imposto)* tax; *(percentagem)* rate; **~ de câmbio/juros** exchange/interest rate.

táxi [′taksi] *m* taxi.

taxímetro [tak′simetru] *m* taximeter.

tchau [′tʃaw] *interj* bye!

te [tʃi] *pron (complemento direto)* you; *(complemento indireto)* (to) you; *(reflexo)* yourself.

teatral [tea′traw] *(pl* **-ais** [-ajʃ]*)* *adj (do teatro)* theater *(antes de s)*; *(pessoa, comportamento)* theatrical.

teatro [′teatru] *m* theater; **~ de fantoches** puppet show.

tecer [te′se(x)] *vt (tapete, tecido)* to weave; *(suj: aranha)* to spin.

tecido [te'sidu] *m (pano)* fabric, cloth; ANAT tissue.

tecla ['tɛkla] *f* key.

teclado [te'kladu] *m* keyboard.

técnica ['tɛknika] *f* technique → **técnico.**

técnico, ca ['tɛkniku, ka] *adj* technical. ◆ *m, f (pessoa)* technician.

tecnologia [tɛknolo'ʒia] *f* technology; **~ de informação** information technology; **~ de ponta** state-of-the-art technology.

tédio ['tɛdʒju] *m* boredom.

teia ['teja] *f* web.

teimar [tej'ma(x)] *vi* to insist; **~ em** to insist on.

teimosia [tejmo'zia] *f* stubbornness.

teimoso, osa [tej'mozu, ɔza] *adj* stubborn.

tela ['tɛla] *f (pintar)* canvas; *(tecido)* fabric; *(cinema)* screen.

telecomunicações [tɛlekomunika'sõjʃ] *fpl* telecommunications.

teleférico [tele'fɛriku] *m* cable car; *(para esquiadores)* ski lift.

telefonar [telefo'na(x)] *vi* to (tele)phone; **~ para alguém** to (tele)phone sb.

telefone [tele'fɔni] *m* (tele)phone; **estar no ~** to be on the phone; **~ celular** cell phone *Am,* mobile phone *Brit;* **~ público** public payphone.

telefonema [telefo'nema] *m* (tele)phone call; **dar um ~** to make a (tele)phone call.

telefônico, ca [tele'foniku, ka] *adj* (tele)phone *(antes de s).*

telefonista [telefo'niʃta] *mf* switchboard operator.

telegrama [tele'grama] *m* telegram.

telejornal [ˌtɛlɛʒox'naw] *(pl* **-ais** [-ajʃ]) *m* news sg.

telenovela [ˌtɛlɛno'vela] *f* soap opera.

TELENOVELA

In recent years, soap operas have become one of Brazil's most profitable exports. Fan clubs for the stars can be found in many different countries. In Brazil itself, a surprisingly large slice of the daily TV schedule is devoted to these shows, which consist of a number of interwoven plots and scandals, usually running almost every day for about six months. Portugal is the largest importer of Brazilian soaps, despite a growing number of home-produced alternatives.

teleobjetiva [ˌtɛlɛobʒe'tʃiva] *f* telephoto lens. ·

telepatia [telepa'tʃia] *f* telepathy.

telescópio [teleʃ'kɔpju] *m* telescope.

televisão [televi'zãw] *(pl* **-ões** [-õjʃ]) *f* television, TV; **~ a cores** color television; **~ por cabo/satélite** cable/satellite television.

televisor [televi'zo(x)] (*pl* **-res** [-riʃ]) *m* television (set).

telex [tɛ'lɛks] (*pl* **-xes** [-ksiʃ]) *m* telex.

telha ['teʎa] *f* (roof) tile.

telhado [te'ʎadu] *m* roof.

tem ['tẽ] → **ter.**

têm ['tajẽ] → **ter.**

tema ['tema] *m* subject.

temer [te'me(x)] *vt* to be afraid of, to fear; ~ **que** to fear (that).

temido, da [te'midu, da] *adj* feared.

temível [te'mivɛw] (*pl* **-eis** [-ejʃ]) *adj* frightening.

temor [te'mo(x)] (*pl* **-res** [-riʃ]) *m* fear.

temperado, da [tẽmpe'radu, da] *adj* (*comida*) seasoned; (*clima*) temperate.

temperamento [tẽmpera'mẽntu] *m* temperament.

temperar [tẽmpe'ra(x)] *vt* to season.

temperatura [tẽmpera'tura] *f* temperature; ~ **negativa/positiva** below/above zero.

tempero [tẽm'peru] *m* seasoning.

tempestade [tẽmpeʃ'tadʒi] *f* storm; **uma** ~ **num copo de água** a storm in a teacup.

templo ['tẽmplu] *m* temple.

tempo ['tẽmpu] *m* (*horas, minutos, segundos*) time; (*meteorológico*) weather; GRAM tense; **chegar a** ~ **de algo** to arrive in time for sthg; **chegar a** ~ **de fazer algo** to arrive in time to do sthg; **ganhar** ~ to save time; **não ter**

~ **para algo** to not have time for sthg; **não ter** ~ **para fazer algo** to not have time to do sthg; **poupar** ~ to save time; **recuperar o** ~ **perdido** to make up for lost time; **ser** ~ **de** to be time to; **em** ~ **integral** full-time; ~ **livre** free time *sg*; **antes do** ~ prematurely; **ao mesmo** ~ at the same time; **dentro de pouco** ~ in a little while; **no meu** ~ in my days; **naquele** ~ in those days; **naquele** ~ in those days; **de** ~ **em** ~ **s** from time to time; **nos últimos** ~ **s** lately; **por algum** ~ for a while; **por** ~ **indefinido** ou **indeterminado** indefinitely.

têmpora ['tẽmpora] *f* temple.

temporada [tẽmpo'rada] *f* season; **passar uma** ~ **no estrangeiro/na praia** to spend some time abroad/at the beach.

temporal [tẽmpo'raw] (*pl* **-ais** [-ajʃ]) *m* storm.

temporário, ria [tẽmpu'rarju, rja] *adj* temporary.

tencionar [tẽsjo'na(x)] *vt*: ~ **fazer algo** to intend to do sthg.

tenda ['tẽda] *f* (*para acampar*) tent; (*em mercado*) stand; (*quitanda*) farmers' market.

tendão [tẽ'dãw] (*pl* **-ões** [-õjʃ]) *m* tendon.

tendência [tẽ'dẽsja] *f* tendency; **ter** ~ **a para** to tend to.

tendões [tẽ'dõjʃ] → **tendão.**

tenente [te'nẽntʃi] *mf* lieutenant.

tenho ['taɲu] → **ter.**

tênis ['teniʃ] *m inv* ESP tennis; (*sapatos*) sneakers *pl Am*, trainers *pl Brit*; ~ **de mesa** table tennis, ping-pong.

tenro, ra ['tẽxu, xa] *adj* tender; **de tenra idade** young.

tensão [tẽ'sãw] (*pl* -**ões** [-õjʃ]) *f* (*nervosismo*) tension; (*elétrica*) voltage; ~ **arterial alta/baixa** high/low blood pressure.

tenso, sa ['tẽsu, sa] *adj* tense.

tensões → **tensão**.

tentação [tẽnta'sãw] (*pl* -**ões** [-õjʃ]) *f* temptation.

tentador, ra [tẽnta'do(x), ra] (*mpl* -**res** [-riʃ], *fpl* -**s** [-ʃ]) *adj* tempting.

tentar [tẽn'ta(x)] *vt* (*seduzir*) to tempt. ◆ *vi* (*experimentar*) to try; ~ **fazer algo** to try to do sthg.

tentativa [tẽnta'tiva] *f* attempt; **na primeira** ~ on one's first attempt or go; **na** ~ **de fazer algo** in an attempt to do sthg.

tênue ['tenwi] *adj* faint; (*sabor*) mild.

teologia [teolo'ʒia] *f* theology.

teor ['teo(x)] *m* tone; (*de álcool, gordura*) content.

teoria [teo'ria] *f* theory; **em** ~ in theory.

teoricamente [ˌtjorika'mẽnt ʃi] *adv* theoretically.

tépido, da ['tɛpidu, da] *adj* tepid.

ter ['te(x)] *vt* -**1.** (*possuir*) to have; **a casa tem dois quartos** the house has two bedrooms; **tenho muito dinheiro** I have a lot of money; ~ **saúde/juízo** to be healthy/sensible.

-**2.** (*indica medida, idade*) to be; **que idade você tem?** how old are you?; **tenho dez anos** I'm ten (years old).

-**3.** (*dor, doença*) to have (got); ~ **febre** to have a fever; **tenho dor de dentes/cabeça** I've got a toothache/headache.

-**4.** (*sentir*) ~ **medo** to be frightened; **tenho frio/calor** I'm cold/hot; **tenho sede/fome** I'm thirsty/hungry.

-**5.** (*exprime sentimento*) ~ **amor/ ódio a alguém** to love/hate sb; ~ **carinho por alguém** to care about sb; ~ **afeição por alguém** to be fond of sb.

-**6.** (*conter*) to hold; **esta garrafa tem um litro** this bottle holds one liter.

-**7.** (*discussão, problema*) to have; **eles têm muitos problemas econômicos** they have a lot of money problems; **tivemos uma grande discussão** we had a big argument.

-**8.** (*para desejar*) to have; **tenha umas boas férias!** enjoy your vacation!; **tenham um bom dia!** have a nice day!

-**9.** (*ter de ir a*) to have; **tenho um encontro** I've got a date.

-**10.** (*dar à luz*) to have; **ela teve uma menina** she had a baby girl.

-**11.** (*em locuções*): **ir** ~ **a** (*desembocar*) to lead to; **ir** ~ **com** (*encontrar*) to meet.

◆ *v aux* -**1.** (*haver*): **eles tinham quebrado o vidro** they had broken the window.

-**2.** (*exprime obrigação*): ~ **de fazer algo** to have to do sthg; **temos de estar lá às oito** we have to be there at eight; **tenho muito que fazer** I have a lot to do.

terapeuta [tera'pewta] *mf* therapist.

terapia [tera'pia] *f* therapy.

terça-feira [ˌtexsa'fejra] *(pl* **terças-feiras** [ˌtexsaʃ'fejraʃ]) *f* Tuesday; **Terça-feira de Carnaval** Mardi Gras *Am,* Shrove Tuesday *Brit* → **sexta-feira**.

terceira [tex'sejra] *f (de veículo)* third (gear).

terceiro, ra [tex'sejru, ra] *num* third; **a terceira idade** old age → **sexto**.

terço ['texsu] *m (parte)* third; *(rosário)* rosary; **rezar o** ~ to say the rosary.

termas ['texmaʃ] *fpl* hot *ou* thermal baths, spa *sg.*

térmico, ca [tex'miku, ka] *adj* thermal; **garrafa térmica** Thermos® (bottle).

terminal [texmi'naw] *(pl* **-ais** [-ajʃ]) *adj* terminal. ◆ *m INFORM* terminal; ~ **rodoviário/ferroviário** bus/railroad terminal; ~ **aéreo** airport terminal.

terminar [texmi'na(x)] *vt* to finish. ◆ *vi* to end; ~ **em algo** to end in sthg; ~ **por fazer algo** to end up doing sthg.

termo ['texmu] *m* term; *(limite, fim)* end, conclusion; **pôr ~ a algo** to put an end to sthg.

termômetro [ter'mometru] *m* thermometer.

terno, na ['texnu, na] *adj* tender. ◆ *m* suit; **ir de ~ e gravata** to wear a suit and tie.

ternura [tex'nura] *f* tenderness.

terra ['texa] *f (chão)* ground; *(substância)* earth; *(terreno)* land; *(pátria)* homeland; *(solo)* soil; *(localidade)* place; **a Terra** Earth; ~ **natal** homeland, country of origin; **por** ~ *(viajar)* by land; **cair por** ~ *fig (plano, negócio)* to fall through.

terraço [te'xasu] *m* terrace.

terremoto [texe'motu] *m* earthquake.

terreno, na [te'xenu, na] *adj* earthly. ◆ *m* plot (of land).

térreo, ea [ˈtɛxju, ja] *adj (andar, piso)* ground (antes de s.).

terrestre [te'xɛʃtri] *adj (de planeta)* terrestrial; *(da terra)* land (antes de s.).

terrível [te'xivew] *(pl* **-eis** [-ejʃ]) *adj* terrible.

territorio [texi'tɔrju] *m* territory.

terror [te'xo(x)] *(pl* **-res** [-riʃ]) *m* terror.

tese ['tɛzi] *f* thesis.

tesoura [te'zora] *f* scissors *pl*; ~ **de unha** nail scissors.

tesouro [te'zoru] *m* treasure.

testa ['tɛʃta] *f* forehead.

testamento [teʃta'mẽntu] *m* will.

testar [teʃ'ta(x)] *vt* to test, to try out.

teste ['tɛʃtʃi] *m* test; ~ **oral** oral (exam).

testemunha [teʃte'muɲa] *f* witness; ~ **ocular** eyewitness.

testemunho [teʃte'muɲu] *m* JUR testimony.

testículo [teʃ'tʃikulu] *m* testicle.

teto ['tɛtu] *m* ceiling.

teu, tua ['tew, 'tua] *adj* your.
♦ *pron*: **o ~/a tua** yours; **um amigo ~** a friend of yours; **os ~s** (*a tua família*) your family.

teve ['tevi] → **ter**.

têxtil ['tejʃtʃiw] (*pl* **-teis** [-tejʃ]) *m* textile.

texto ['tejʃtu] *m* (*de livro*) text; (*de peça teatral*) script.

textura [tejʃ'tura] *f* texture.

ti ['tʃi] *pron* (*com preposição: complemento indireto*) you; (*com preposição: reflexo*) yourself; **compraste-o para ~** (*mesmo próprio*)? did you buy it for yourself?

tigela [tʃi'ʒɛla] *f* bowl; **de meia ~** *fig* (*de pouco valor*) second-rate.

tigre ['tʃigri] *m* tiger.

tijolo [tʃi'ʒolu] *m* brick.

til ['tiw] *m* tilde.

time ['tʃimi] *m* team.

timidez [tʃimi'deʃ] *f* shyness.

tímido, da ['tʃimidu, da] *adj* shy.

tímpano ['tʃĩpanu] *m* ANAT eardrum; *MÚS* kettledrum.

tina ['tʃina] *f* tub.

tingido, da [tʃĩ'ʒidu, da] *adj* dyed.

tingir [tʃĩ'ʒi(x)] *vt* to dye.

tinha ['tʃina] → **ter**.

tinir [tʃi'ni(x)] *vi* to ring; **estar tinindo** (*de novo*) to be brand new; (*de limpo*) to be gleaming.

tinta ['tʃĩta] *f* (*para escrever*) ink; (*para pintar*) paint; (*para tingir*) dye; **~ a óleo** oil paint.

tinteiro [tʃĩ'tejru] *m* inkwell.

tinturaria [tʃĩtura'ria] *f* (*local*) dry cleaner.

tio, tia ['tʃiu, 'tʃia] *m*, *f* uncle, aunt.

típico, ca ['tʃipiku, ka] *adj* (*comida, bebida, costume*) traditional; **ser ~ de** to be typical of.

tipo, pa ['tʃipu, pa] *m* type.

tipografia [tʃipogra'fia] *f* (*local*) printing works *sg.*

tíquete [tʃi'ketʃi] *m* ticket; **~ de metrô** subway ticket.

tiracolo [tʃira'kɔlu] *m*: **a ~** across the shoulder.

tiragem [tʃi'raʒẽ] (*pl* **-ns** [-ʃ]) *f* (*de jornal, revista*) circulation; (*livro*) print run.

tirania [tʃira'nia] *f* tyranny.

tirar [tʃi'ra(x)] *vt* to take; (*remover*) to take off; **~ algo de alguém** (*roubar*) to steal sthg from sb; **~ algo à sorte** to pick sthg at random; **~ a mesa** to clear the table.

tiritar [tʃiri'ta(x)] *vi* to shiver.

tiro ['tʃiru] *m* shot; **dar um ~ (em alguém)** to shoot (sb); **~ ao alvo** target shooting; **o ~ saiu pela culatra** it backfired; **ser ~ e queda** to be a dead cert.

tiroteio [tʃiro'teju] *m* (*tiros*) shooting; (*troca de disparos*) shoot-out.

título ['tʃitulu] *m* title; (*documento*) bond.

tive ['tʃivi] → **ter**.

to [tu] = **te** + **o** → **te**.

toalete [twa'letʃi] *m* (*banheiro*) toilet; (*roupa*) clothes *pl.* ♦ *f*: **fazer a ~** to wash up.

toalha ['twaʎa] f towel; ~ **de banho** bath towel; ~ **de mesa** tablecloth; ~ **de rosto** hand towel.

toca-discos [ˌtɔkaˈdʒiʃkuʃ] m inv record player.

toca-fitas [ˌtɔkaˈfitaʃ] m inv cassette player.

tocar [toˈka(x)] vt (instrumento) to play. ♦ vi to touch; (campainha, sino, telefone) to ring; MÚS to play; ~ **em** (em pessoa, objeto) to touch; (em assunto) to touch on; ~ **na campainha** to ring the bell.
□ **tocar a** v + prep: **toca a ele pedir uma explicação** it's up to him to ask for an explanation; **no que me toca** as far as I'm concerned.

tocha ['tɔʃa] f torch.

todavia [todaˈvia] adv still. ♦ conj but, however.

todo, da ['todu, da] adj all; ~ **dia/mês** every day/month; ~ **o dia/mês** all day long/all month long; ~ **mundo** everyone, everybody; **todas as coisas** everything sg; **em toda a parte** everywhere; **ao** ~ altogether, in total; **de** ~ completely; **no** ~ in all all.
□ **todos** pron (pessoas) everyone sg, everybody sg; (coisas) all; **quero** ~**s** I want them all, I want all of them.

toldo ['towdu] m awning.

tolerância [toleˈrãsja] f tolerance.

tolerar [toleˈra(x)] vt to tolerate.

tolice [toˈlisi] f (coisa sem valor) trifle; (asneira) stupid thing.

tolo, la ['tolu, la] adj silly.

tom ['tõ] (pl -ns [-ʃ]) m tone; (de cor) shade; (MÚS: nota) key; (MÚS: altura) pitch; **ser de bom** ~ to be the done thing; ~ **agudo/grave** high/low note.

tomada [toˈmada] f (elétrica) socket; (de lugar, edifício) seizure; ~ **de posse** (de governo, presidente) investiture.

tomar [toˈma(x)] vt to take; (bebida) to have; (lugar, edifício) to seize; **toma!** here you are!; **vamos** ~ **um café!** let's go get some coffee!; ~ **ar** to get some air; ~ **o café da manhã** to have breakfast; ~ **posse** (de cargo político) to take office.

tomara [toˈmara] interj: ~ **que ...** if only ...; **tomara!** let's hope so!

tomate [toˈmatʃi] m tomato.

tombar [tõmˈba(x)] vt to knock over. ♦ vi to fall.

tombo ['tõmbu] m tumble; **levar um** ~ to fall down.

tonalidade [tonaliˈdadʒi] f (de som) key; (de cor) shade.

tonelada [toneˈlada] f ton.

tônico, ca ['toniku, ka] adj tonic; (fortificante) invigorating. ♦ m (medicamento) tonic.

tons ~ tom.

tonto, ta ['tõntu, ta] adj (com tonturas) dizzy; (tolo) silly.

tontura [tõnˈtura] f dizziness.

tópico ['tɔpiku] m topic.

topo ['topu] m top.

toque ['tɔki] m *(contato)* touch; *(som)* chime, chiming; *(de campainha)* ring.

tórax ['tɔraks] m thorax.

torcedor, ra [toxse'do(x), ra] *(mpl* **-res** [-riʃ], *fpl* **-s** [-ʃ])* m, f ESP fan, supporter.

torcer [tox'se(x)] vt to twist; *(espremer)* to wring out; ~ **o nariz para algo** to turn one's nose up at sthg.

▫ **torcer por** v + prep *(apoiar)* to support.

▫ **torcer-se** vp *(de riso, dor)* to double up.

torcicolo [toxsi'kɔlu] m: **ter um** ~ to have a crick in one's neck.

torcida [tox'sida] f ESP *(grupo)* fans pl; ESP *(ato)* supporter.

torcido, da [tox'sidu, da] adj twisted.

tormenta [tox'mẽta] f storm.

tormento [tox'mẽtu] m torment.

tornar [tox'na(x)] vt to make; ~ **algo em algo** to turn sthg into sthg.

▫ **tornar a** v + prep: ~ **a fazer algo** to do sthg again.

▫ **tornar-se** vp to become.

torneio [tox'neju] m tournament.

torneira [tox'nejra] f faucet Am, tap Brit.

torno [tox'nu] m: **em** ~ **de** around.

tornozelo [toxno'zelu] m ankle.

torpedo [tox'pedu] m torpedo.

torrada [to'xada] f (a slice of) toast.

torradeira [toxa'dejra] f toaster.

torrão [to'xãw] *(pl* **-ões** [-õjʃ])* m *(de terra)* clod; ~ **de açúcar** sugar lump.

torrar [to'xa(x)] vt to toast.

torre ['toxi] f *(construção)* tower; *(em xadrez)* rook, castle.

tórrido, da ['tɔxidu, da] adj torrid.

torrões → torrão.

torta ['tɔrta] f pie.

torto, torta ['toxtu, 'tɔxta] adj bent; **a** ~ **e a direito** left, right and center.

tos [tuʃ] = te + os → te.

tosse ['tɔsi] f cough.

tossir [to'si(x)] vi to cough.

tostão [toʃ'tãw] *(pl* **-ões** [-õjʃ])* m dime Am, copper Brit; **não valer um** ~ **furado** not to be worth a penny.

total [to'taw] *(pl* **-ais** [-ajʃ])* adj & m total; **no** ~ in all.

totalidade [tutali'dadʒi] f whole; **a** ~ **dos meus alunos** all (of) my students; **na** ~ *(no total)* in total; *(totalmente)* completely.

totalmente [totaw'mẽtʃi] adv totally.

touca ['toka] f cap; ~ **de banho** *(em piscina)* swimming cap; *(em ducha)* shower cap.

toucinho [to'siɲu] m bacon; ~ **defumado** smoked bacon.

toupeira [to'pejra] f mole.

tourada [to'rada] f bullfight.

touro ['toru] m bull.

▫ **Touro** m Taurus.

tóxico, ca ['tɔksiku, ka] *adj*
toxic, poisonous.

trabalhador, ra [trabaʎa'do(x),
ra] (*mpl* -**res** [-riʃ], *fpl* -**s** [-ʃ]) *adj*
hard-working. ◆ *m, f* worker;
~ **braçal** manual worker.

trabalhar [traba'ʎa(x)] *vi & vt*
to work.

trabalho [tra'baʎu] *m* work; **ir
para o** ~ to go to work; ~ **de
casa** *EDUC* homework; ~ **de parto** labor.

traça ['trasa] *f* moth.

tração [tra'sãw] *f* traction.

traçar [tra'sa(x)] *vt (linha, desenho)* to draw; *(plano)* to draw up.

traço ['trasu] *m (risco)* line; *(vestígio)* trace; *(de rosto, personalidade)* feature.

tradição [tradʒi'sãw] (*pl* -**ões**
[-õjʃ]) *f* tradition.

tradicional [tradʒisjo'naw] (*pl*
-**ais** [-ajʃ]) *adj* traditional.

tradições → tradição.

tradução [tradu'sãw] (*pl* -**ões**
[-õjʃ]) *f* translation.

tradutor, ra [tradu'to(x), ra]
(*mpl* -**res** [-riʃ], *fpl* -**s** [-ʃ]) *m, f*
translator.

traduzir [tradu'zi(x)] *vt & vi* to
translate.

tráfego ['trafegu] *m* traffic.

traficante [trafi'kãntʃi] *mf* traf-
ficker, dealer.

traficar [trafi'ka(x)] *vt* to traffic
in.

tráfico ['trafiku] *m* traffic.

tragar [tra'ga(x)] *vt, vi (fumo)* to
inhale; *(bebida)* to swallow.

tragédia [tra'ʒɛdʒja] *f* tragedy.

trágico, ca ['traʒiku, ka] *adj*
tragic.

trago ['tragu] *m (de fumo)* a
drag; *(de bebida)* a mouthful →
trazer.

traição [traj'sãw] (*pl* -**ões** -õjʃ]
f (de amigo, companheiro) betrayal; *(de país)* treason.

traidor, ra [traj'do(x), ra] (*mpl*
-**res** [-riʃ], *fpl* -**s** [-ʃ]) *m, f* traitor.

traje ['traʒi] *m* clothes *pl*; ~ **a rigor** evening wear; ~ **esporte**
casual dress; ~ **de noite** evening gown; ~ **típico** traditional
costume *ou* dress; ~**s menores**
underwear *sg.*

trajeto [tra'ʒɛtu] *m (caminho)*
route; *(viagem)* journey, trip.

trajetória [traʒe'tɔrja] *f* trajec-
tory.

tralha ['traʎa] *f* junk, stuff.

trama ['trama] *f (de fios)* weave;
(de livro, filme) plot.

tramar [tra'ma(x)] *vt:* ~ **algo**
(conspirar) to plot sthg.

trâmite ['tramitʃi] *m* procedu-
dure; **os** ~**s legais** legal procedures.

tranca ['trãŋka] *f* bar.

trança ['trãsa] *f* braid *Am*, plait
Brit.

trancar [trãŋ'ka(x)] *vt* to bar.

tranquilidade [trãŋkwili'dad-
ʒi] *f* peace, tranquility.

tranquilizante [trãŋkwili'zãn-
tʃi] *adj* reassuring. ◆ *m* tranquilizer.

tranquilo, la [trãŋ'kwilu, la]
adj calm; *(local)* peaceful.

transar [trã'za(x)] *vt (combinar)*
to arrange. ◆ *vi* to have sex.

transatlântico, ca [trãzat-'lãntʃiku, ka] *adj* transatlantic. ◆ *m* (ocean) liner.

transbordar [trãzbox'da(x)] *vi* to overflow.

transbordo [trãz'boxdu] *m* transfer; **fazer ~** to transfer.

transeunte [trã'zeũntʃi] *mf* passerby.

transferência [trãʃfe'rẽsja] *f* transfer.

transferir [trãʃfe'ri(x)] *vt* to transfer.

transformador, ra [trãʃfox-ma'do(x), ra] (*mpl* **-res** [-riʃ], *fpl* **-s** [-ʃ]) *m* transformer.

transformar [trãʃfox'ma(x)] *vt* to transform.

transfusão [trãʃfu'zãw] (*pl* **-ões** [-õjʃ]) *f:* ~ **de sangue** blood tranfusion.

transgredir [trãzgre'di(x)] *vt* (*lei*) to break, to violate; (*direito*) to infringe.

transição [trãzi'sãw] (*pl* **-ões** [-õjʃ]) *f* transition.

transitar [trãzi'ta(x)] *vi* to circulate; **~ para** to move on to.

transitivo, va [trãzi'tʃivu, va] *adj* GRAM transitive.

trânsito ['trãzitu] *m* traffic; '**~ congestionado**' 'heavy traffic'; '**~ proibido**' 'no entry' (*for vehicular traffic*) '**~ nos dois sentidos**' 'two-way traffic'.

transmissão [trãzmi'sãw] (*pl* **-ões** [-õjʃ]) *f* (*de rádio, televisão*) broadcast, transmission; (*de mensagem*) passing on; (*de doença, genes*) transmission.

transmitir [trãzmi'tʃi(x)] *vt*

(*suj: rádio, televisão*) to broadcast; (*mensagem*) to pass on; (*doença, genes*) to transmit. ◆ *vi* (*rádio, televisão*) to broadcast, to transmit.

transparência [trãʃpa'rẽsja] *f* transparency.

transparente [trãʃpa'rẽntʃi] *adj* transparent; (*água*) clear; (*roupa, tecido*) see-through.

transpiração [trãʃpira'sãw] *f* perspiration.

transpirar [trãʃpi'ra(x)] *vi* to perspire.

transplantar [trãʃplãn'ta(x)] *vt* to transplant.

transplante [trãʃ'plãntʃi] *m* (*de planta, árvore*) transplanting; (*de órgão*) transplant.

transportar [trãʃpox'ta(x)] *vt* to carry; (*suj: veículo*) to transport.

transporte [trãʃ'pɔxtʃi] *m* transportation; **~ coletivo** public transportation.

transtornar [trãʃtox'na(x)] *vt* (*pessoa*) to upset; (*reunião, rotina*) to disrupt.

transtorno [trãʃ'toxnu] *m* disruption; **causar ~** to cause disruption.

trapézio [tra'pɛzju] *m* trapeze.

trapo ['trapu] *m* rag.

trarei [tra'reʃ] → **trazer**.

trás [trajʃ] *prep & adv:* **deixar para ~** to leave behind; **por ~ de** behind; **de ~** from behind; **para ~** back(ward).

traseira [tra'zejra] *f* (*de carro*) rear *sg*.

traseiro, ra [tra'zejru, ra] *adj*

(parte, assento) back *(antes de s).*
◆ m backside.

tratado, da [tra'tadu, da] *adj*
treated; *(assunto)* sorted out.
◆ m *(acordo)* treaty; *(ensaio)* treatise.

tratamento [trata'mẽntu] *m*
treatment; INFORM processing.

tratar [tra'ta(x)] *vt* to treat;
~ **alguém bem/mal** to treat sb
well/badly.
❑ **tratar de** *v + prep* to deal
with; ~ **de fazer algo** to decide
to do sthg.
❑ **tratar-se de** *vp + prep* : **trata-
se de um erro** it's a mistake; **de
quem se trata?** who is it?

trator [tra'to(x)] *(pl* -res [-riʃ])
m tractor.

trauma ['trawma] *m* trauma.

travar [tra'va(x)] *vt (combate,
luta)* to wage; ~ **conhecimento
com alguém** to meet sb.

trave ['travi] *f* beam; *(em futebol)* crossbeam.

travessa [tra'vesa] *f (rua)* lane;
(peça de louça) platter; *(para cabelo)* decorative) comb.

travessão [trave'sãw] *(pl* -ões
[-õjʃ]) *m (para cabelo)* (decorative) comb; *(sinal gráfico)* dash;
(no futebol) crossbar.

travesseiro [trave'sejru] *m* pillow.

travessia [trave'sia] *f* crossing.

travesso, a [tra'vesu, a] *adj*
naughty.

travessões → travessão.

traz ['trajʃ] → trazer.

trazer [tra'ze(x)] *vt* to bring;
(vestir) to wear; *(problemas)* to

cause; *(consequências)* to have.

trégua ['trεgwa] *f (descanso)*
break; *(em conflito)* truce.

treinador, ra [trejna'do(x), ra]
(mpl -res [-riʃ], *fpl* -s [-ʃ]) *m, f*
trainer.

treinar [trej'na(x)] *vt* to train.
❑ **treinar-se** *vp* to train.

treino ['trejnu] *m* training.

trem ['trẽ] *(pl* -ns [-ʃ]) *m* train;
(coisa) stuff; ~ **de aterrissagem**
(de avião) landing gear; **de** ~ by
train; **pegar o** ~ to catch the
train.

tremendo, da [tre'mẽndu, da]
adj tremendous; *(horrível)* terrible.

tremer [tre'me(x)] *vi* to tremble; ~ **de frio** to shiver with
cold; ~ **de medo** to tremble
with fear.

tremor [tre'mo(x)] *(pl* -res
[-riʃ]) *m (de frio)* shivering; *(de
medo)* trembling; ~ **de terra**
earthquake.

trenó [tre'nɔ] *m* sled.

trens → trem.

trepadeira [trepa'dejra] *f (planta)* climber; *(roseira)* rambler.

trepar [tre'pa(x)] *vi* : ~ **em** to
climb up.

três ['trejʃ] *num* three → **seis**.

trespassar [treʃpa'sa(x)] *vt (loja, estabelecimento)* to transfer;
(transgredir) to violate.

trevas ['trevaʃ] *fpl* darkness *sg*.

trevo ['trevu] *m (planta)* clover;
(símbolo da Irlanda) shamrock.

treze ['trezi] *num* thirteen →
seis.

trezentos, tas [tre'zẽntuʃ, taʃ] num three hundred → **seis**.

triângulo [tri'ãŋgulu] m triangle.

tribo [tribu] f tribe.

tribuna [tri'buna] f (de estádio) grandstand.

tribunal [tribu'naw] (pl -ais [-ajʃ]) m court.

tricô [tri'ko] m knitting.

tricotar [triko'ta(x)] vt to knit.

trigésimo, ma [tri'ʒezimu, ma] num thirtieth → **sexto**.

trigo [trigu] m wheat.

trilha [triʎa] f path; ~ **sonora** soundtrack.

trilho [triʎu] m (de rolamento) rail; (caminho) path.

trimestral [trimeʃ'traw] (pl -ais [-ajʃ]) adj quarterly.

trimestre [tri'mɛʃtri] m quarter.

trincheira [trĩ'ʃejra] f (escavação) trench.

trinco [trĩŋku] m latch; **fechar a porta com** ~ to leave the door on the latch.

trinta [trĩnta] num thirty → **seis**.

trio [triu] m trio; ~ **elétrico** carnival float.

tripa [tri'pa] f (intestino) gut.
□ **tripas** fpl (comida) tripe sg.

triplicar [tripli'ka(x)] vt to triple.

tripulação [tripula'sãw] (pl -ões [-õjʃ]) f crew.

tripular [tripu'la(x)] vt to man.

triste [triʃtʃi] adj (pessoa) unhappy, sad; (local) gloomy.

tristeza [triʃ'teza] f (de pessoa) sadness; (local) gloominess; **que** ~! what a shame!

triunfar [triũ'fa(x)] vi to win.

triunfo [tri'ũfu] m triumph.

trivial [tri'vjaw] (pl -ais [-ajʃ]) adj trivial.

triz [triʃ] m (momento) second; **por um** ~ by the skin of one's teeth.

troca [troka] f exchange, swap; **dar algo em** ~ **de algo** to give sthg in exchange for sthg.

trocado, da [tro'kadu, da] adj mixed up.
□ **trocados** mpl loose change sg.

trocar [tro'ka(x)] vt to change; (ideias) to exchange; (confundir) to mix up.
□ **trocar de** v + prep to change.
□ **trocar-se** vp to get changed.

troco [troku] m change; fig (resposta) retort; **dar o** ~ (responder) to reply in kind; **a** ~ **de** in exchange for.

troço [trosu] m (coisa) thing; (tralha) junk; **ter um** ~ (passar mal) to get sick.

troféu [tro'fɛu] m trophy.

tromba [trõmba] f (de elefante) trunk; (de chuva) downpour.

trombone [trõm'bɔni] m: ~ (**de vara**) trombone; **botar a boca no** ~ to blow one's trumpet.

trompete [trõm'pɛtʃi] m trumpet.

tronco [trõŋku] m trunk.

trono [tronu] m throne.

tropa ['trɔpa] f army; ~ **de choque** riot police.

tropeçar [trope'sa(x)] vi to trip; ~ **em algo** to trip over sthg.

tropical [tropi'kaw] (pl -ais [-ajʃ]) adj tropical.

tropicalismo [tropikaliʒmu] m a blend of Brazilian culture and foreign influences.

ⓘ **TROPICALISMO**

A cultural movement from the end of the sixties, Tropicalismo revolutionized popular music in Brazil, employing debauchery, irreverence and improvisation. It was led by the Bahian musicians Caetano Veloso and Gilberto Gil, who based the movement on a counter-culture which opposed the existing musical orthodoxy. Tropicalismo is a fusion of Brazilian culture with foreign influences which encourages a new and artistic polemic.

trópico ['trɔpiku] m tropic; **os ~s** the tropics; **T~ de Câncer/Capricórnio** Tropic of Cancer/Capricorn.

trotar [tro'ta(x)] vi to trot.

trouxa ['troʃa] f bundle.

trouxe ['trosi] → **trazer.**

trovão [tro'vãw] (pl -ões [-õjʃ]) m clap of thunder.

trovejar [trove'ʒa(x)] v impess to thunder.

trovoada [trovw'ada] f (ruído)

thunder; (tempestade) thunderstorm.

trovões → **trovão.**

trucidar [trusi'da(x)] vt to slaughter.

trufas ['trufaʃ] fpl truffles.

trunfo ['trũfu] m trump.

truque ['truki] m trick.

truta ['truta] f trout.

tu ['tu] pron you.

tua → **teu.**

tubarão [tuba'rãw] (pl -ões [-õjʃ]) m shark.

tuberculose [tubɛxku'lɔzi] f tuberculosis.

tubo ['tubu] m tube; ~ **de ensaio** test tube.

tudo ['tudu] pron inv everything; **por ~ e por nada** over the slightest thing; **dar ~ por algo** to give one's all for sthg.

tulipa [tu'lipa] f (planta) tulip.

tumba ['tũba] f tomb.

tumor [tu'mo(x)] (pl -res [-riʃ]) m tumor; ~ **maligno/benigno** malignant/benign tumor.

túmulo ['tumulu] m tomb.

tumulto [tu'muwtu] m (alvoroço) commotion, ruckus; (revolta) uproar.

túnel ['tunɛw] (pl -eis [-ejʃ]) m tunnel.

túnica ['tunika] f tunic.

turbulência [turbu'lẽsja] f turbulence.

turismo [tu'riʒmu] m tourism; **fazer ~** to go sightseeing.

turista [tu'riʃta] mf tourist.

turístico, ca [tu'riʃtʃiku, ka] adj tourist (antes de s).

turma ['tuxma] f *(em escola)* class; *(amigos)* gang.

turnê ['tuxne] f tour.

turno ['tuxnu] m shift; **por seu ~** in turn; **por ~s** in shifts.

turquesa [tux'keza] f turquoise.

tutela [tu'tɛla] f guardianship.

tutor, ra [tu'to(x), ra] *(mpl* **-res** [-riʃ], *fpl* **-s** [-ʃ]) m, f guardian.

U

uísque ['wiski] m whiskey *Am,* whisky *Brit.*

uivar [ui'va(x)] vi to howl.

úlcera ['uwsera] f ulcer.

ultimamente [,uwtʃima'mẽntʃi] adv lately.

ultimato [uwtʃi'matu] m ultimatum.

último, ma ['uwtʃimu, ma] adj last; *(mais recente, novo)* latest; *(mais alto)* top; *(mais baixo)* bottom. ◆ m, f: **o ~/a última** *(em ordem, fila)* the last one; **a última** *(novidade)* the latest; **por ~** lastly.

ultrapassado, da [,uwtrapa'sadu, da] adj outdated.

ultrapassagem [,uwtrapa'saʒẽ] *(pl* **-ns** [-ʃ]) f overtaking.

ultrapassar [,uwtrapa'sa(x)] vt to overtake.

ultravioleta [,uwtravjo'leta] adj ultraviolet.

um, uma [ũ, 'uma] *(mpl* **uns** [ũʃ], *fpl* **umas** ['umaʃ]) artigo in-

definido a, an *(antes de vogal ou "h" mudo);* **~ homem** a man; **uma casa** a house; **uma mulher** a woman.

◆ adj **-1.** *(exprime quantidade, data indefinida)* one, some *pl;* **comprei uns livros** I bought some books; **~ dia voltarei** I'll be back one day.

-2. *(para indicar quantidades)* one; **trinta e ~ dias** thirty-one days; **~ litro/metro/quilo** a liter/meter/kilo.

-3. *(aproximadamente)* about, around; **esperei uns dez minutos** I waited for about ten minutes; **estavam lá umas cinqüenta pessoas** there were about fifty people there.

-4. *(para enfatizar)*: **está ~ frio/calor** so so cold/hot; **estou com uma sede** I'm so thirsty; **foi ~ daqueles dias!** it's been one of those days!

◆ pron *(indefinido)* one, some *pl;* **me dê ~** give me one; **pede mais uma** ask for another one; **~ deles one of them; **~ a ~, ~ por ~** one by one.

◆ num one → **seis.**

umbigo [ũm'bigu] m navel.

umidade [umi'dadʒi] f humidity.

úmido, da ['umidu, da] adj *(tempo)* humid; *(superfície, tecido)* damp.

unanimidade [unanemi'dadʒi] f: **por ~** unanimously.

unha ['uɲa] f nail; **fazer as ~s** to do one's nails.

união [u'ɲãw] *(pl* **-ões** [-õjʃ]) f

union; *(entre amigos, colegas)* unity.

unicamente [ˌunikaˈmẽntʃi] *adv* only.

único, ca [ˈuniku, ka] *adj (preço)* fixed; *(um só)* only; *(incomparável)* unique. ◆ *m, f* o ~ **a única** the only one; **tamanho** ~ one size.

unidade [uniˈdadʒi] *f* unit; *(conformidade, uniformidade)* unity; *(união)* union.

unido, da [uˈnidu, da] *adj* united; **eles são muito** ~**s** they're very close.

unificar [unifiˈka(x)] *vt* to unite.

uniforme [uniˈfɔxmi] *adj & m* uniform.

uniões → **união**.

unir [uˈni(x)] *vt* to join; *(pessoas, países)* to unite; *(anexar)* to attach.
  ❏ **unir-se** *vp* to join forces; ~**se contra** to join forces against.

universal [univexˈsaw] *(pl* -**ais** [-ajʃ]) *adj* universal.

universidade [univexsiˈdadʒi] *f* university.

universo [uniˈvɛxsu] *m* universe.

uns → **um**.

untar [ũˈta(x)] *vt* to grease.

urânio [uˈranju] *m* uranium.

urbano, na [uxˈbanu, na] *adj* urban.

urgência [uxˈʒẽsja] *f* urgency; **com** ~ urgently.

urgente [uxˈʒẽntʃi] *adj* urgent.

urgentemente [ux,ʒẽntʃiˈmẽntʃi] *adv* urgently.

urina [uˈrina] *f* urine.

urna [ˈuxna] *f (de voto)* ballot box.

urrar [uˈxa(x)] *vi* to roar.

urso [ˈuxsu] *m* bear; ~ **pardo** grizzly (bear); ~ **de pelúcia** teddy bear; ~ **polar** polar bear.

urtiga [uxˈtʃiga] *f* (stinging) nettle.

Uruguai [uruˈgwaj] *m:* o ~ Uruguay.

usado, da [uˈzadu, da] *adj* used; *(gasto)* worn.

usar [uˈza(x)] *vt (utilizar)* to use; *(vestir, calçar)* to wear.
  ❏ **usar de** *v + prep* to use.
  ❏ **usar-se** *vp* to be used; **agora usa-se muito o marrom** brown is very popular at the moment.

usina [uˈzina] *f* factory; ~ **de açúcar** sugar refinery; ~ **hidro-elétrica** hydroelectric power station; ~ **nuclear** nuclear power plant.

uso [ˈuzu] *m (utilização)* use; *(costume)* custom; **para** ~ **externo** 'for external use only'; **fazer** ~ **de** to make use of; **para** ~ **próprio** for personal use.

usual [uzwˈaw] *(pl* -**ais** [-ajʃ]) *adj* common.

usufruir [uzufruˈi(x)] *v + prep (possuir):* **usufruir de** to enjoy; *(tirar proveito de)* to make the most of.

úteis → **útil**.

utensílio [utẽˈsilju] *m* utensil.

útero [ˈuteru] *m* womb.

útil ['utʃiw] (*pl* **-teis** [-tejʃ]) *adj* useful.

utilidade [utʃili'dadʒi] *f (qualidade)* usefulness; *(proveito)* use; **isto não tem ~ nenhuma** this is useless.

utilização [utʃiliza'sãw] (*pl* **-ões** [-õjʃ]) *f* use.

utilizar [utʃili'za(x)] *vt (empregar)* to use; *(tirar proveito de)* to make use of.

uva ['uva] *f* grape; **~ passa** raisin.

V

vá ['va] → **ir.**

vã → **vão².**

vaca ['vaka] *f (animal)* cow; *(carne)* beef.

vacilar [vasi'la(x)] *vi (hesitar)* to waver.

vacina [va'sina] *f* vaccine.

vácuo ['vakwu] *m* vacuum.

vadio, dia [va'dʒiu, 'dʒia] *adj (cão)* stray; *(pessoa)* idle.

vaga ['vaga] *f (em emprego, hotel)* vacancy; *(para estacionar)* parking slot; *(onda)* wave; **'não há ~ s'** 'no vacancies'.

vagabundo, da [vaga'bũndu, da] *m, f* tramp.

vaga-lume [ˌvaga'lumi] (*pl* **vaga-lumes** [ˌvaga'lumeʃ]) *m* glow-worm.

vagão [va'gãw] (*pl* **-ões** [-õjʃ]) *m (de mercadorias)* wagon; *(de passageiros)* car.

vagão-leito [vagãw'lejtu] (*pl* **vagões-leito** [vagõjʒ'lejtu]) *m* sleeping car.

vagão-restaurante [vaˌgãwxeʃtaw'rãntʃi] (*pl* **vagões-restaurante** [vaˌgõiʒxeʃtaw'rãntʃi]) *m* dining car.

vagar [va'ga(x)] *vi (ficar livre)* to be vacant. ◆ *m*: **com mais ~ at a** more leisurely pace.

vagaroso, osa [vaga'rozu, ɔza] *adj* slow.

vagem ['vaʒẽ] (*pl* **-ns** [-ʃ]) *f (legume)* green beans; *(de sementes)* pod.

vagina [va'ʒina] *f* vagina.

vago, ga ['vagu, ga] *adj (lugar)* free; *(casa)* empty; *(indefinido)* vague.

vagões → **vagão.**

vai ['vaj] → **ir.**

vaidade [vaj'dadʒi] *f* vanity.

vaidoso, osa [vaj'dozu, ɔza] *adj* vain.

vais → **ir.**

vaivém [vaj'vẽ] (*pl* **-ns** [-ʃ]) *m (movimento)* to-ing and fro-ing, comings and goings *pl.*

vala ['vala] *f* ditch; **~ comum** *(sepultura)* common grave.

vale¹ ['vali] → **valer.**

vale² ['vali] *m (planície)* valley; **~ postal** money order.

valente [va'lẽntʃi] *adj (corajoso)* brave; *(forte)* strong.

valer [va'le(x)] *vt (ter o valor de)* to be worth. ◆ *vi (ter validade)* to count; **vale mais ...** it's better to ...; **para ~** for real; **valeu!** great!

◻ **valer-se de** *vp + prep* to make use of.

valete [va'letʃi] *m* jack.

valeu [va'lew] → **valer**.

valho ['vaʎu] → **valer**.

validade [vali'dadʒi] *f* validity.

validar [vali'da(x)] *vt* to validate.

válido, da ['validu, da] *adj* valid; ~ até ... *(produto)* best before ...; use by...; *(documento)* expiry date ...

valioso, osa [valj'ozu, ɔza] *adj* valuable.

valor [va'lo(x)] *(pl -res* [-riʃ]) *m (de objeto)* value; *(em exame, teste)* point, grade; *(de pessoa)* worth; **dar ~ a** to value.

◻ **valores** *mpl (bens, ações, etc)* securities; *(de pessoa, sociedade)* values.

valsa ['vawsa] *f* waltz.

válvula ['vawvula] *f* valve; ~ **de segurança** safety valve.

vampiro [vãm'piru] *m* vampire.

vandalismo [vãnda'liʒmu] *m* vandalism.

vândalo, la ['vãndalu, la] *m, f* vandal.

vangloriar-se [vãnglo'rjaxsi] *vp* to boast; ~ **de** to boast about.

vanguarda [vãŋ'gwaxda] *f* avant-garde; **esta na ~ de** to be in the forefront of.

vantagem [vãn'taʒẽ] *(pl -ns* [-ʃ]) *f* advantage; **tirar ~ de algo** to take advantage of sthg.

vantajoso, osa [vãnta'ʒozu, ɔza] *adj* advantageous.

vão¹ ['vãw] → **ir**.

vão², vã ['vãw, vã] *adj* useless. ◆ *m:* ~ **das escadas** stairwell; ~ **da porta** doorway; **em ~** in vain.

vapor [va'po(x)] *(pl -res* [-riʃ]) *m (de líquido)* steam; *(gás)* vapor.

vara ['vara] *f* rod; ~ **de pescar** fishing rod.

varal [va'raw] *(pl -ais* [-ajʃ]) *m (de roupa)* clothesline.

varanda [va'rãnda] *f* verandah.

varejo [va'reʒu] *m (venda)* retail.

variação [varja'sãw] *(pl -ões* [-õjʃ]) *f* variation.

variado, da [va'rjadu, da] *adj* varied.

variar [va'rja(x)] *vt* to vary. ◆ *vi* to be different; **para ~** for a change.

variedade [varje'dadʒi] *f* variety.

varíola [va'riola] *f* smallpox.

vários, rias ['varjuʃ, rjaʃ] *adj pl* several.

varizes [va'riziʃ] *fpl* varicose veins.

varredor, ra [vaxe'do(x), ra] *(mpl -res* [-riʃ], *fpl -s* [-ʃ]) *m, f (de rua)* street sweeper.

varrer [va'xe(x)] *vt* to sweep; ~ **algo da memória** to blank sthg out of one's mind.

vascular [vaʃku'la(x)] *(pl -res* [-riʃ]) *adj* vascular.

vasculhar [vaʃku'ʎa(x)] *vt (remexer)* to rummage through; *(investigar)* to probe into.

vasilha [va'ziʎa] *f* barrel.

vaso ['vazu] m (para plantas) vase; (jarra) large pitcher; ANAT vessel; ~ **sanguíneo** blood vessel; ~ **sanitário** toilet bowl.

vassoura [va'sora] f broom.

vasto, ta ['vaʃtu, ta] adj vast.

vazio, zia [va'ziu, 'zia] adj empty. ◆ m void; ~ **de** devoid of.

vê ['ve] → ver.

veado ['vjadu] m (animal) deer; (carne) venison.

vedação [veda'sãw] (pl -ões [-õjʃ]) f fence.

vedado, da [ve'dadu, da] adj (edifício, local) enclosed; (recipiente) sealed; (interdito) prohibited.

vedar [ve'da(x)] vt (local, edifício) to enclose; (recipiente, buraco) to seal; (acesso, passagem) to block.

vêem ['veẽ] → ver.

vegetação [veʒeta'sãw] f vegetation.

vegetal [veʒe'taw] (pl -ais [-ajʃ]) m vegetable.

vegetariano, na [veʒeta'rjanu, na] adj & m, f vegetarian.

veia ['veja] f vein.

veículo [ve'ikulu] m vehicle.

veio ['veju] → ver.

vejo ['veʒu] → ver.

vela ['vɛla] f (de barco) sail; (de iluminação) candle; (de motor) spark plug.

veleiro [ve'lejru] m sailing ship, tall ship.

velhice [vε'ʎisi] f old age.

velho, lha ['vεʎu, ʎa] adj old. ◆ m, f old man/woman.

velocidade [velosi'dadʒi] f speed; ~ **máxima** speed limit; '**diminua a** ~' 'reduce speed'.

velocímetro [velo'simetru] m speedometer.

veloz [ve'lɔʃ] (pl -zes [-ziʃ]) adj fast.

veludo [ve'ludu] m velvet.

vem ['vãj] → vir.

vêm ['vajãj] → vir.

vencedor, ra [vẽse'do(x), ra] (pl -res [-riʃ], fpl -s [-ʃ]) m, f winner. ◆ adj winning.

vencer [vẽ'se(x)] vt (adversário) to beat; (corrida, competição) to win; fig (obstáculo, timidez, problema) to overcome. ◆ vi (em competição) to win; (validade) to expire; (pagamento) to be due; **deixar-se** ~ **por** (cansaço, tristeza) to give in to.

vencido, da [vẽ'sidu, da] adj defeated, beaten; **dar-se por** ~ to accept defeat.

vencimento [vẽsi'mẽntu] m (ordenado) salary; (de prazo de pagamento) due date; (de validade) expiry date.

venda ['vẽnda] f (de mercadorias) sale; (mercearia) grocery store; (para olhos) blindfold; **pôr à** ~ to put on sale; ~ **por atacado** wholesale; ~ **a varejo** retail.

vendaval [vẽnda'vaw] (pl -ais [-ajʃ]) m gale.

vendedor, ra [vẽnde'do(x), ra] (mpl -res [-riʃ], fpl -s [-ʃ]) m, f seller.

vender [vẽn'de(x)] vt to sell; ~ **a prestações** to sell on installment plan *Am*, **to sell on hire purchase** *Brit*; **~ à vista** to sell for cash.

❏ **vender-se** *vp*: **'vende-se'** 'for sale'.

veneno [ve'nenu] *m* poison.

venenoso, osa [vene'nozu, ɔza] *adj* poisonous.

venho ['vaɲu] → **vir**.

vens ['vãjʃ] → **vir**.

ventania [vẽnta'nia] *f* gale.

ventar [vẽn'ta(x)] *vi* to blow; **na praia venta muito** it's windy on the beach.

ventilação [vẽntʃila'sãw] *f* ventilation.

ventilador [vẽntʃila'do(x)] (*pl* **-res** [-riʃ]) *m* (extractor) fan.

vento ['vẽntu] *m* wind; **está muito ~** it's very windy.

ventre ['vẽntri] *m* belly.

ver ['ve(x)] *vt* to see; (*televisão, filme*) to watch; (*perceber*) to notice; (*examinar*) to look at. ◆ *vi* to see. ◆ *m*: **a meu ~** in my opinion; **deixar alguém ~ algo** to let sb see sthg; **não tenho nada a ~ com isso** it has nothing to do with me.

veracidade [verasi'dadʒi] *f* truthfulness.

veraneio [vera'neju] *m* summer vacation; **casa de ~** summerhouse.

veranista [vera'niʃta] *mf* (*summer*) vacationer *Am*, holidaymaker *Brit*.

verão [ve'rãw] (*pl* **-ões** [-õjʃ]) *m* summer.

verba ['vexba] *f* budget.

verbal [vex'baw] (*pl* **-ais** [-ajʃ]) *adj* verbal.

verbo ['vexbu] *m* verb; **~ intransitivo/transitivo** intransitive/transitive verb.

verdade [vex'dadʒi] *f* truth; **dizer a ~** to tell the truth; **a ~ é que ...** the truth is (that) ...; **na ~** actually; **de ~** real.

verdadeiro, ra [vexda'dejru, ra] *adj* (*verídico*) true; (*genuíno*) real.

verde ['vexdʒi] *adj* (*de cor verde*) green; (*fruta*) unripe. ◆ *m* (*cor*) green.

verdura [vex'dura] *f* greens *pl*.

veredicto [vere'dʒiktu] *m* verdict.

vergonha [vex'goɲa] *f* (*timidez*) bashfulness; (*desonra*) shame; **ter ~** to be shy; **ter ~ de alguém** to be ashamed of sb; **não ter ~ na cara** to be shameless.

verificação [verifika'sãw] (*pl* **-ões** [-õjʃ]) *f* checking.

verificar [verifi'ka(x)] *vt* to check.

❏ **verificar-se** *vp* (*acontecer*) to take place.

verme ['vexmi] *m* worm; (*larva*) maggot.

vermelho, lha [vex'meʎu, ʎa] *adj & m* red.

verniz [vex'niʃ] (*pl* **-zes** [-ziʃ]) *m* varnish.

verões → **verão**.

verossímil [vero'simiw] (*pl* **-meis** [-mejʃ]) *adj* probable.

verruga [ve'xuga] *f* wart; (*em pé*) verruca.

versão [vex'sãw] (*pl* **-ões** [-õjʃ]) *f* version.

versátil [vɛxˈsatʃiw] (*pl* **-teis** [-tejʃ]) *adj* versatile.

verso [ˈvɛxsu] *m* (*de poema*) verse; (*de folha de papel*) other side (*of a page*).

versões → versão.

vértebra [ˈvɛxtebra] *f* vertebra.

vertical [vɛxtʃiˈkaw] (*pl* **-ais** [-ajʃ]) *adj* & *f* vertical; **na ~** upright, vertically.

vértice [ˈvɛxtʃisi] *m* vertex.

vertigem [vɛxˈtʃiʒẽ] (*pl* **-ns** [-ʃ]) *f* vertigo; **estou com vertigens** I feel dizzy.

vesgo, ga [ˈvɛʒgu, ga] *adj* cross-eyed.

vesícula [veˈzikula] *f*: **~ (biliar)** gall bladder.

vespa [ˈvɛʃpa] *f* (*inseto*) wasp; (*motociclo*) scooter.

véspera [ˈvɛʃpera] *f* day before; **na ~** the day before; **em ~s de** on the eve of; **~ de Ano Novo** New Year's Eve; **~ de Natal** Christmas Eve.

vestiário [veʃˈtʃjarju] *m* cloak-room.

vestibular [veʃtʃibuˈla(x)] *m* university entrance exam.

VESTIBULAR

The Brazilian university entrance scheme - terror of all students - comprises a series of tests which candidates are eligible to take on completion of secondary school. There are three or four exams in total, which aim to assess the depth of knowledge each student has acquired over the 11 years spent in primary and secondary education.

---

vestíbulo [veʃˈtʃibulu] *m* foyer.

vestido, da [veʃˈtʃidu, da] *adj*: **~ de** dressed in. ◆ *m* dress; **~ de noiva** wedding dress.

vestígio [veʃˈtʃiʒju] *m* trace.

vestir [veʃˈtʃi(x)] *vt* to dress. □ **vestir-se** *vp* to get dressed; **~-se** (*disfarçar-se de*) to dress up as; (*de azul, negro, etc*) to dress in, to wear.

veterano, na [veteˈranu, na] *m, f* veteran.

veterinário, ria [veteriˈnarju, rja] *m, f* vet.

véu [ˈvɛu] *m* veil.

vexame [veˈʃami] *m* (*escândalo*) scandal; (*humilhação*) humiliation.

vez [ˈveʃ] (*pl* **-zes** [-ziʃ]) *f* time; (*turno*) turn; **você já foi lá alguma ~?** have you ever been there?; **perder a ~** (*em fila*) to lose one's place; **de uma só ~** in one go; **de ~** once and for all; **de ~ em quando** occasionally; **mais de uma ~** more than once; **em ~ de** instead of; **outra ~** again; **uma ~** once; **às ~es** sometimes; **duas ~es** twice; **muitas ~es** often; **por ~es** sometimes; **poucas ~es** rarely; **era uma ~ ...** once upon a time

vi [ˈvi] → ver.

via [ˈvia] *f* (*estrada, caminho*) route; (*meio*) way; (*documento*) copy; **~ aérea** airmail; **em ~s**

de about to; **por ~ de** by means of; **por ~ das dúvidas** just in case; **por ~ nasal** nasally; **por ~ oral** orally; **segunda ~** (de documento) duplicate; **~ pública** public thoroughfare; **a Via Láctea** the Milky Way.

viaduto [via'dutu] m viaduct.

viagem [vi'aʒẽ] (pl **-ns** [-ʃ]) f (trajeto) trip; (excursão) trip; (de barco) voyage; **boa ~!** I have a good trip!; **~ de negócios** business trip.

viajante [vja'ʒãntʃi] mf traveler.

viajar [vja'ʒa(x)] vi to travel; **~ de** to travel by; **~ por** (por país, continente) to travel through ou across; (por terra, mar, ar) to travel by.

viatura [vja'tura] f vehicle; (policial) patrol car.

viável ['vjavɛw] (pl **-eis** [-ejʃ]) adj (transitável) passable; (exequível) feasible.

víbora ['vibora] f viper.

vibrar [vi'bra(x)] vi to vibrate; **ela vibrou de alegria** she was thrilled.

viciado, da [vi'sjadu, da] adj: **ser ~ em algo** to be addicted to sthg.

viciar [vi'sja(x)] vt to distort; (documento) to falsify; (corromper) to corrupt.

❏ **viciar-se** vp + prep: **viciar-se em** to become addicted to.

vício ['visju] m (de droga, bebida) addiction; (defeito) vice; (mau hábito) bad habit.

vida ['vida] f life; **arriscar a ~** to risk one's life; **ganhar a ~** to

earn a living; **modo de ~** way of living; **perder a ~** to lose one's life; **tirar a ~ a alguém** to take sb's life.

vídeo ['vidʒu] m video.

videoclube [ˌvidʒjo'klubi] m video store.

videogame [ˌvidʒjo'gejmi] m videogame.

vidraça [vi'drasa] f windowpane.

vidro ['vidru] m glass; (vidraça) pane (of glass); (de carro) window.

vieste [vi'eʃtʃi] → **vir**.

viga ['viga] f beam.

vigésimo, ma [vi'ʒɛzimu, ma] num twentieth → **sexto**.

vigia [vi'ʒia] f (vigilância) watch; (janela) porthole. ◆ mf (guarda) guard.

vigilância [viʒi'lãsja] f vigilance.

vigor [vi'go(x)] m vigor; **em ~** (lei, norma) in force.

vila ['vila] f (de casas) housing development; (povoação) village; (habitação) villa.

vim ['vĩ] → **vir**.

vinagre [vi'nagri] m vinegar.

vinco ['vĩŋku] m crease.

vinda ['vĩda] f return.

vindo, da ['vĩdu, da] pp → **vir**.

vingança [vĩ'gãsa] f revenge.

vingar [vĩ'ga(x)] vt (desforrar-se de) to avenge. ◆ vi (planta) to take.

❏ **vingar-se** vp (desforrar-se) to take revenge; **~-se de alguém** to take revenge on sb.

vingativo, va [vĩŋa'tʃivu, va]
adj vengeful.

vinha¹ ['viɲa] → **vir**.

vinha² ['viɲa] f vineyard.

vinho ['viɲu] m wine; ~ **bran-co/tinto** white/red wine; ~ **do Porto** port.

vinte ['vĩtʃi] num twenty → **seis**.

viola ['vjɔla] f viola.

violação [vjola'sãw] (pl -ões [-õjʃ]) f (de direito, norma) violation; (estupro) rape; (de segredo) disclosure.

violão [vjo'lãw] (pl -ões [-õjʃ]) m guitar.

violar [vjo'la(x)] vt (direito, norma) to violate; (pessoa) to rape; (segredo) to disclose, to reveal.

violência [vjo'lẽsja] f violence.

violento, ta [vjo'lẽtu, ta] adj violent.

violeta [vjo'leta] adj inv & f violet. ◆ f violet.

violino [vjo'linu] m violin.

violões → **violão**.

vir ['vi(x)] vi **-1.** (apresentar-se) to come; **veio me ver** he came to see me; **venho visitá-lo ama-nhã** I'll come and see you to-morrow.

- **2.** (chegar) to arrive; **(ele) veio atrasado/adiantado** he arrived late/early; **ela veio no ônibus das onze** she came on the eleven o'clock bus.

- **3.** (a seguir no tempo) to come; **ano que vem** next week/year.

- **4.** (estar) to be; **vem escrito em português** it's written in Portu-

guese; **vinha embalado** it came in a package.

- **5.** (regressar) to come back; **eles vêm de férias amanhã** they're coming back from vacation tomorrow; **hoje, venho mais tarde** I'll be back later to-day.

- **6.** (surgir) to come; **o carro veio não sei de onde** the car came out of nowhere; **veio-me uma idéia** I've got an idea.

- **7.** (provir) ~ **de** to come from; **venho agora mesmo de lá** I've just come from there.

- **8.** (em locuções): ~ **a ser** to be-come; **que vem a ser isto?** what's the meaning of this?; ~ **abaixo** (edifício, construção) to collapse; ~ **ao mundo** (nascer) to come into the world, to be born; ~ **a saber (de algo)** to find out (about sthg); ~ **sobre** (arremeter contra) to lunge at; ~ **a tempo de algo** to arrive in time for sthg; ~ **a tempo de fa-zer algo** to arrive in time to do sthg.

virado, da [vi'radu, da] adj (in-vertido) upside down; (tombado) overturned; (voltado) turned up. ◆ m: ~ **para** facing.

virar [vi'ra(x)] vt to turn; (carro, caminhão) to turn around; (enter-nar, derrubar) to knock over; (transformar-se em) to turn into. ◆ vi (mudar de direção) to change direction; (mudar) to change; ~ **à direita/esquerda** to turn right/left.

◻ **virar-se** vp (voltar-se) to turn over; ~-**se contra alguém** turn against sb; **~-se para** to turn toward.

virgem ['vixʒ̃e] (*pl* **-ns** [-ʃ]) *mf* virgin. ◆ *adj* virgin; *(cassete)* blank.

❑ **Virgem** *f (signo do Zodíaco)* Virgo.

vírgula ['vixgula] *f* comma.

viril [vi'riw] (*pl* **-is** [-iʃ]) *adj* virile.

virilha [vi'riʎa] *f* groin.

viris → viril.

virtual [vix'twaw] (*pl* **-ais** [-ajʃ]) *adj* virtual.

virtude [vix'tudʒi] *f* virtue; **em ~ de** due to.

vírus ['viruʃ] *m inv* virus.

visão [vi'zãw] (*pl* **-ões** [-õjʃ]) *f* vision; *(capacidade de ver)* sight.

visar [vi'za(x)] *vt (com arma)* to take aim at; *(documento)* to endorse; **~ fazer algo** *(ter em vista)* to aim to do sthg.

viscoso, osa [viʃ'kozu, ɔza] *adj* viscous.

visibilidade [vizibili'dadʒi] *f* visibility.

visita [vi'zita] *f* visit; *(de médico)* house call; **fazer uma ~ a alguém** to pay sb a visit.

visitante [vizi'tãtʃi] *mf* visitor.

visitar [vizi'ta(x)] *vt* to visit.

visível [vi'zivew] (*pl* **-eis** [-ejʃ]) *adj* visible.

visões → visão.

visor [vi'zo(x)] (*pl* **-res** [-riʃ]) *m (de máquina fotográfica)* viewfinder.

vista ['viʃta] *f (visão)* sight; *(olho)* eye; *(panorama)* view;

à ~ cash buy; **até à ~!** see you!; **dar à ~** to stand out; **ter algo em ~** to have one's eye on sthg, to have something in view.

visto, ta ['viʃtu, ta] *pp* → **ver.** ◆ *adj* well-known. ◆ *m (em documento)* stamp; *(em passaporte)* visa; **pelo ~** by the look of things; **~ que** since; **~ de residência** residence permit; **~ provisório** temporary visa.

visual [vi'zwaw] (*pl* **-ais** [-ajʃ]) *adj* visual.

vital [vi'taw] (*pl* **-ais** [-ajʃ]) *adj* vital.

vitamina [vita'mina] *f* vitamin.

vitela [vi'tɛla] *f (animal)* calf; *(carne)* veal.

vítima ['vitʃima] *f (de acusação, ataque)* victim; *(morto em guerra, acidente)* fatality.

vitória [vi'tɔrja] *f* victory.

vitral [vi'traw] (*pl* **-ais** [-ajʃ]) *m* stained-glass window.

vitrina [vi'trina] *f (shop)* window.

viu ['viu] → **ver.**

viúvo, va ['vjuvu, va] *m, f* widower *(f widow).*

vivacidade [vivasi'dadʒi] *f* vivacity.

viveiro [vi'vejru] *m (de plantas)* nursery; *(de peixes)* fish farm.

vivenda [vi'vẽda] *f* house.

viver [vi've(x)] *vi (ter vida)* to be alive; *(habitar)* to live. ◆ *vt (momento, situação)* to experience; **~ com alguém** to live with sb; **~ de algo** to live off sthg; **~ em** to live in.

vivo, va ['vivu, va] *adj (com vida)* alive; *(perspicaz)* sharp; *(cor, luz)* bright; *(travesso)* impudent; **ao ~ live.**

vizinhança [vizi'nãsa] *f (vizinhos)* neighbors *pl; (arredores)* neighborhood.

vizinho, nha [vi'ziɲu, ɲa] *m, f* neighbor. ◆ *adj (país, região)* neighboring; *(casa)* next; **é o ~ do lado** he's my next-door neighbor.

voar ['vwa(x)] *vi* to fly.

vocabulário [vokabu'larju] *m* vocabulary.

vocação [voka'sãw] *(pl -ões* [-õjʃ]) *f* vocation; **ter ~ para** to have a vocation for.

vocalista [voka'liʃta] *mf* lead singer.

você [vo'se] *pron* you; **e ~?** what about you?; **é ~?!** is that you?!; **~ mesmo** OU **próprio** you, yourself.

❑ **vocês** *pron pl* you; **~ mesmos** OU **próprios** you, yourselves.

vogal [vo'gaw] *(pl -ais* [-ajʃ]) *f (letra)* vowel. ◆ *mf (de junta, júri, assembleia)* member.

volante [vo'lãntʃi] *m (de veículo)* steering wheel.

vôlei ['volei] *m* volleyball.

volta ['vowta] *f (regresso)* return; *(movimento)* turn; *(mudança)* change; *(passeio)* walk; *(em corrida)* lap; *(em competição)* round; **dá duas ~s à chave** turn the key twice; **dar uma ~** to go for a walk ou wander; **dar uma ~ de carro** to go for a drive; **dar a ~ em algo** *(tornear)* to go around sthg; **estar de ~** *(estar de regresso)* to be back; **~ e meia** fig every now and then; **em toda a ~ de** all the way around; **à ~ de** *(cerca de)* roughly, around; **por ~ de** around.

voltagem [vow'taʒẽ] *f* voltage.

voltar [vow'ta(x)] *vt* to turn over; *(cabeça, olhos, costas)* to turn; *(objeto de dentro para fora)* to turn inside out. ◆ *vi (regressar)* to come back; *(ir de novo)* to go back; **~ a fazer algo** to do sthg again; **~ atrás** to go back; **~ para** to return to; **~ atrás na palavra** to go back on one's word; **~ a si** to come around.

❑ **voltar-se** *vp (virar-se)* to turn around; **~-se para** to turn toward.

volume [vo'lumi] *m* volume; *(embrulho)* parcel.

voluntário, ria [volũn'tarju, rja] *m, f* volunteer.

volúpia [vo'lupja] *f* voluptuousness.

vomitar [vomi'ta(x)] *vt & vi* to vomit.

vômito ['vomitu] *m* vomit; **ter ânsias de ~** to feel sick nauseous.

vontade [võn'tadʒi] *f (desejo)* wish; *(determinação)* willpower; **ficar à ~** to make o.s. comfortable; **servir-se à ~** to help o.s.; **ter ~ de fazer algo** to feel like doing sthg; **fazer as ~s de alguém** to pander to sb; **contra a ~ de alguém** against sb's will; **de livre ~** of one's own free will.

vôo ['vou] m flight; ~ **charter fretado** charter flight; ~ **direto** direct flight; ~ **doméstico** domestic flight; ~ **livre** hang-gliding.

vos [vuʃ] pron pl (complemento direto) you; (complemento indireto) (to) you; fml (reflexo) yourselves; fml (recíproco) each other, one another.

vós ['vɔʃ] pron (sujeito, complemento direto) you; (complemento indireto) (to) you; ~ **mesmos próprios** you, yourselves.

vosso, a ['vosu, a] adj your.
♦ pron: **o** ~ /a **vossa** yours; **um amigo** ~ a friend of yours; **os** ~ **s** (a vossa família) your family.

votação [vota'sãw] (pl **-ões** [-õjʃ]) f vote.

votar [vo'ta(x)] vi to vote; ~ **em alguém** to vote for sb.

voto ['vɔtu] m vote.
❑ **votos** mpl: **fazer** ~ **s que** to hope (that); ~ **s de felicidade** (em carta) best wishes.

vou ['vo] → **ir.**

voz [vɔʃ] (pl **-zes** [-ziʃ]) f voice; **levantar a** ~ to raise one's voice; **ter** ~ **ativa em algo** to have a say in sthg; **em** ~ **alta** aloud, out loud; **em** ~ **baixa** softly.

vulcão [vuw'kãw] (pl **-ões** [-õjʃ]) m volcano.

vulgar [vuw'ga(x)] (pl **-res** [-riʃ]) adj common; (grosseiro) vulgar.

vulnerável [vuwne'ravew] (pl **-eis** [-ejʃ]) adj vulnerable.

vulto ['vuwtu] m figure.

W

WC m (**water closet**) restroom.

Web [web] m INFORM: **a** ~ the Web.

web site ['websaɪt] m INFORM web site.

windsurfe [wĩnd'suxfi] m windsurfing; **fazer** ~ to go windsurfing.

windsurfista [wĩndsux'fiʃta] mf windsurfer.

X

xadrez [ʃa'dreʃ] m (jogo) chess; (cadeia) pen Am, nick Brit; **de** ~ (tecido, saia) checked.

xale ['ʃali] m shawl.

xampu [ʃãm'pu] m shampoo.

xarope [ʃa'rɔpi] m syrup; ~ **para a tosse** cough syrup.

xerocar [ʃero'ka(x)] vt to photocopy, to Xerox®.

xerox® ['ʃɛrɔks] m inv (fotocópia) photocopy; (máquina) photocopier.

xícara ['ʃikara] f cup.

xicrinha [ʃi'kriɲa] f coffee cup.

xilografia [ʃilɔgra'fia] f wood engraving.

xingar [ʃĩŋ'ga(x)] vt (insultar) to swear at.

Z

zagueiro [za'geiru] m (em futebol) defense.

zangado, da [zãŋ'gadu, da] adj angry.

zangão ['zãŋgãw] (pl -ões [-õjʃ]) m drone.

zangar [zãŋ'ga(x)] vt (irritar) to annoy.

❑ **zangar-se** vp (brigar) to have a fight; (irritar-se) to get angry.

zangões → **zângão**.

zarpar [zax'pa(x)] vi to set sail.

zebra ['zebra] f zebra.

zelador, ra [zela'do(x), ra] (mpl -res [-riʃ], fpl -s [-ʃ]) m, f (de edifício) porter.

zelar [ze'la(x)] v + prep: **zelar por** to take care of.

zelo ['zelu] m care.

zeloso, osa [ze'lozu, ɔza] adj careful.

zero ['zɛru] num zero; (em futebol) zero; (em tênis) love; **partir do ~** to start from scratch; **ser um ~ à esquerda** to be hopeless; **abaixo de ~** below zero → **seis**.

zinco ['zĩŋku] m zinc.

zíper ['zipe(x)] (pl -res [-riʃ]) m zipper Am, zip Brit.

Zodíaco [zo'dʒiaku] m zodiac.

zombar [zõm'ba(x)] vi to jeer; **~ de** to make fun of.

zona ['zona] f (de país, globo) area; (de corpo) part; (de prostituição) red-light district; (bagunça) mess; **~ franca** free trade area; **Z~ Norte/Sul** north side/south side.

zonzo, za ['zõzu, za] adj dazed.

zôo ['zou] m zoo.

zoologia [zolo'ʒia] f zoology.

zumbir [zũm'bi(x)] vi to buzz.

zunir [zu'ni(x)] vi (vento) to whistle; (abelha) to buzz.

zurrar [zu'xa(x)] vi to bray.

ENGLISH–PORTUGUESE

INGLÊS–PORTUGUÊS

A

a [stressed eɪ, unstressed ə] indefinite article -1. (referring to indefinite thing, person) um (uma); **a friend** um amigo (uma amiga); **a restaurant** um restaurante; **an apple** uma maçã; **she's a doctor** ela é médica.
-2. (instead of the number one): **a hundred and twenty kilos** cento e vinte quilos; **a month ago** há um mês; **a thousand** mil; **four and a half** quatro e meio.
-3. (in prices, ratios): **three times a year** três vezes ao ano; **$2 a kilo** 2 dólares o quilo.

aback [əˈbæk] adv: **to be taken ~** ficar surpreendido(a).

abandon [əˈbændən] vt abandonar.

abattoir [ˈæbətwɑːr] n matadouro m.

abbey [ˈæbɪ] n abadia f.

abbreviation [əˌbriːvɪˈeɪʃn] n abreviatura f.

abdomen [ˈæbdəmən] n abdomen m.

abide [əˈbaɪd] vt: **I can't ~ him** não o suporto. ❑ **abide by** vt fus (rule, law) acatar.

ability [əˈbɪlətɪ] n (capability) capacidade f; (skill) habilidade f.

able [ˈeɪbl] adj competente; **to be ~ to do sthg** ser capaz de fazer algo.

abnormal [æbˈnɔːml] adj anormal.

aboard [əˈbɔːrd] adv a bordo.
◆ prep (ship, plane) a bordo de; (train, bus) em.

abode [əˈbəʊd] n fml residência f.

abolish [əˈbɒlɪʃ] vt abolir.

abort [əˈbɔːrt] vt (give up) abortar, cancelar.

abortion [əˈbɔːrʃn] n aborto m; **to have an ~** fazer um aborto, abortar.

about [əˈbaʊt] adv -1. (approximately) cerca de; **~ 50** cerca de 50; **at ~ six o'clock** por volta das seis horas.
-2. (on the point of): **to be ~ to do sthg** estar prestes a fazer algo.
◆ prep (concerning) sobre, acerca de; **a book ~ Scotland** um livro sobre a Escócia; **what's it ~?** é sobre o quê?; **how ~ a drink?** que tal uma bebida?

above

above [ə'bʌv] prep (higher than) acima de, por cima de; (more than) mais de. ◆ adv (higher) em OR por cima, acima; **children aged ten and ~** crianças de dez anos para cima; **~ all** acima de tudo; **~ average** acima da média.

abroad [ə'brɔːd] adv (be, live, work) no estrangeiro; (go, move) para o estrangeiro.

abrupt [ə'brʌpt] adj brusco (ca).

abscess ['æbses] n abcesso m.

absence ['æbsəns] n ausência f, falta f.

absent ['æbsənt] adj ausente.

absent-minded [-'maɪndəd] adj distraído(da).

absolute ['æbsəluːt] adj absoluto(ta).

absolutely [adv 'æbsəluːtlɪ, excl ˌæbsə'luːtlɪ] adv absolutamente. ◆ excl sem dúvida!

absorb [əb'sɔːb] vt absorver.

absorbed [əb'sɔːbd] adj: **to be ~ in sthg** estar absorvido (da) em algo.

absorbent [əb'sɔːbənt] adj absorvente.

abstain [əb'steɪn] vi: **to ~ (from sthg)** abster-se (de algo).

absurd [əb'sɜːd] adj absurdo (da).

abuse [n ə'bjuːs, vb ə'bjuːz] n (insults) insultos mpl; (wrong use, maltreatment) abuso m. ◆ vt (insult) insultar; (use wrongly) abusar de; (maltreat) maltratar.

abusive [ə'bjuːsɪv] adj ofensivo(va).

academic [ˌækə'demɪk] adj (educational) académico(ca). ◆ n professor m universitário, professora f universitária.

academy [ə'kædəmɪ] n academia f.

accelerate [ək'seləreɪt] vi acelerar.

accelerator [ək'seləreɪtər] m acelerador m.

accent ['æksent] n (way of speaking) pronúncia f, sotaque m; (mark in writing) acento m.

accept [ək'sept] vt aceitar; (blame, responsibility) assumir.

acceptable [ək'septəbl] adj aceitável.

access ['ækses] n acesso m.

accessible [ək'sesəbl] adj acessível.

accessories [ək'sesərɪz] npl acessórios mpl.

access road n via f de acesso.

accident ['æksədənt] n acidente m; **by ~** por acaso.

accidental [ˌæksə'dentl] adj acidental.

acclimatize [ə'klaɪmətaɪz] vt aclimatar-se.

accommodate [ə'kɒmədeɪt] vt alojar.

accommodation [əˌkɒmə'deɪʃn] n Brit = **accommodations**.

accommodations [əˌkɒmə'deɪʃnz] npl Am alojamento m.

accompany [ə'kʌmpənɪ] vt acompanhar.

accomplish [ə'kʌmplɪʃ] vt conseguir, realizar.

accord [əˈkɔːrd] n: of one's own ~ por iniciativa própria.

accordance [əˈkɔːrdns] n: in ~ with de acordo com, conforme.

according [əˈkɔːrdɪŋ] : **according to** prep (as stated by) segundo; (depending on) conforme.

accordion [əˈkɔːrdjən] n acordeão m.

account [əˈkaʊnt] n (at bank, store) conta f; (report) relato m; **to take into** ~ levar em consideração; **on no** ~ de modo algum OR nenhum; **on** ~ **of** devido a. □ **account for** vt fus (explain) prestar contas de, explicar; (constitute) representar.

accountant [əˈkaʊntənt] n contador m, -ra f.

accumulate [əˈkjuːmjəleɪt] vt acumular.

accurate [ˈækjərət] adj (description, report) exato(ta); (work, figures) preciso(sa).

accuse [əˈkjuːz] vt: **to ~ sb of sthg** acusar alguém de algo.

accused [əˈkjuːzd] n: **the ~** o réu (a ré).

ace [eɪs] n (card) ás m.

ache [eɪk] vi doer. ◆ n dor f; **my leg ~ s** minha perna está doendo.

achieve [əˈtʃiːv] vt conseguir.

acid [ˈæsɪd] adj ácido(da). ◆ n ácido m.

acid rain n chuva f ácida.

acknowledge [əkˈnɒlɪdʒ] vt (accept) reconhecer; (letter) acusar o recebimento de.

acne [ˈækni] n acne f.

acorn [ˈeɪkɔːrn] n bolota f (fruto), glande f.

acoustic [əˈkuːstɪk] adj acústico(ca).

acquaintance [əˈkweɪntns] n (person) conhecido m, -da f.

acquire [əˈkwaɪər] vt adquirir.

acre [ˈeɪkər] n = 4046,9 m².

acrobat [ˈækrəbæt] n acrobata mf.

across [əˈkrɒs] prep (to other side of) para o outro lado de; (from one side to the other) de um lado para o outro; (on the other side of) do outro lado de. ◆ adv (to the other side) para o outro lado; **to walk/drive ~ sthg** atravessar algo (a pé/de carro); **it's 10 miles ~** tem 10 milhas de largura; ~ **from** em frente de.

acrylic [əˈkrɪlɪk] n acrílico m.

act [ækt] vi atuar; (in play, movie) representar. ◆ n ato m; POL lei f; (performance) atuação f, número m; **to ~ as** (serve as) servir de; **to ~ like** portar-se como.

action [ˈækʃn] n ação f; MIL combate m; **to take ~** agir; **to put sthg into ~** pôr algo em ação; **out of ~** (machine) com defeito; (person) fora de combate.

active [ˈæktɪv] adj ativo(va).

activity [ækˈtɪvətɪ] n atividade f. □ **activities** fpl (leisure events) atividades fpl (recreativas).

actor [ˈæktər] n ator m.

actress [ˈæktrəs] n atriz f.

actual [ˈæktʃʊəl] adj (real) verdadeiro(ra), real; (for emphasis) próprio(pria).

actually ['æktʃʊəlɪ] *adv* na realidade.

acupuncture ['ækjəpʌŋktʃər] *n* acupuntura *f*.

acute [ə'kju:t] *adj* agudo(da).

ad [æd] *n inf* anúncio *m* (*publicitário*).

A.D. (*abbr of Anno Domini*) d.C.

adapt [ə'dæpt] *vt* adaptar. ◆ *vi* adaptar-se a.

adapter [ə'dæptər] *n* (*for foreign plug*) adaptador *m*.

add [æd] *vt* (*put, say in addition*) acrescentar; (*numbers, prices*) somar, adicionar. ❏ **add up** *vt sep* somar, adicionar. ❏ **add up to** *vt fus* (*total*) ser ao todo.

adder ['ædər] *n* víbora *f*.

addict ['ædɪkt] *n* viciado *m*, -da *f*; **drug ~** viciado em droga.

addicted [ə'dɪktəd] *adj*: **to be ~ to sthg** ser viciado(da) em algo.

addiction [ə'dɪkʃn] *n* vício *m*, dependência *f*.

addition [ə'dɪʃn] *n* adição *f*; **in ~** além disso; **in ~ to** além de.

additional [ə'dɪʃənl] *adj* adicional.

additive ['ædɪtɪv] *n* aditivo *m*.

address [*n* 'ædres, *vb* ə'dres] *n* (*on letter*) endereço *m*. ◆ *vt* (*speak to*) dirigir-se a; (*letter*) enviar, endereçar.

adequate ['ædɪkwət] *adj* (*sufficient*) suficiente; (*satisfactory*) adequado(da).

adhere [əd'hɪər] *vi*: **to ~ to** (*stick to*) aderir a; (*obey*) respeitar.

adhesive [əd'hi:sɪv] *adj* adesivo(va). ◆ *n* cola *f*.

adjacent [ə'dʒeɪsnt] *adj* adjacente.

adjective ['ædʒɪktɪv] *n* adjetivo *m*.

adjoining [ə'dʒɔɪnɪŋ] *adj* contíguo(gua).

adjust [ə'dʒʌst] *vt* ajustar. ◆ *vi*: **to ~ to** adaptar-se a.

adjustable [ə'dʒʌstəbl] *adj* ajustável.

adjustment [ə'dʒʌstmənt] *n* (*to machine*) regulagem *f*; (*settling in*) adaptação *f*.

ad-lib [æd'lɪb] *vi* improvisar.

administration [əd,mɪnɪ'streɪʃn] *n* (*activity*) administração *f*; (*government*) governo *m*.

administrator [əd'mɪnɪstreɪtər] *n* administrador *m*, -ra *f*.

admiral ['ædmrəl] *n* almirante *m*.

admire [əd'maɪər] *vt* admirar.

admission [əd'mɪʃn] *n* entrada *f*.

admit [əd'mɪt] *vt* admitir. ◆ *vi*: **to ~ to** admitir algo; **'~s one'** (*on ticket*) 'válido para uma pessoa'.

adolescent [,ædə'lesnt] *n* adolescente *mf*.

adopt [ə'dɒpt] *vt* adotar.

adopted [ə'dɒptəd] *adj* adotivo(va).

adore [ə'dɔ:r] *vt* adorar.

adult ['ædʌlt] *n* adulto *m*, -ta *f*. ◆ *adj* (*entertainment, movies*) para adultos; (*animal*) adulto(ta).

adultery [ə'dʌltərɪ] *n* adultério *m*.

advance [əd'væns] *n (money)* adiantamento *m; (movement)* avanço *m.* ◆ *adj (warning)* prévio(via); *(payment)* adiantado (da). ◆ *vt (lend)* adiantar; *(bring forward)* avançar; ◆ *vi (move forward)* avançar; *(improve)* progredir.

advanced [əd'vænst] *adj (student, level)* avançado(da).

advantage [əd'væntɪdʒ] *n (benefit)* vantagem *f;* **to take ~ of** *(opportunity, offer)* aproveitar; *(person)* aproveitar-se de.

adventure [əd'ventʃər] *n* aventura *f.*

adventurous [əd'ventʃərəs] *adj* aventureiro(ra).

adverb ['ædvɜːb] *n* advérbio *m.*

adverse ['ædvɜːs] *adj* adverso(sa).

advertise ['ædvərtaɪz] *vt (product, event)* anunciar.

advertisement [ˌædvər'taɪzmənt] *n* anúncio *m (publicitário).*

advice [əd'vaɪs] *n* conselho *m;* **a piece of ~** um conselho.

advisable [əd'vaɪzəbl] *adj* aconselhável.

advise [əd'vaɪz] *vt* aconselhar; **to ~ sb to do sthg** aconselhar alguém a fazer algo; **to ~ sb against doing sthg** desaconselhar alguém a fazer algo.

advocate [*n* 'ædvəkət, *vb* 'ædvəkeɪt] *n* JUR advogado *m,* -da *f.* ◆ *vt* defender, advogar.

aerial ['eərɪəl] *adj* aéreo(rea).

aerobics [eə'rəʊbɪks] *n* aeróbica *f.*

aerodynamic [ˌeərəʊdaɪ'næmɪk] *adj* aerodinâmico(ca).

aerosol ['eərəsɒl] *n* aerossol *m.*

affair [ə'feər] *n (event)* acontecimento *m; (love affair)* caso *m; (matter)* questão *f.*

affect [ə'fekt] *vt (influence)* afetar.

affection [ə'fekʃn] *n* afeto *m.*

affectionate [ə'fekʃnət] *adj* afetuoso(osa).

affluence ['æfluəns] *n* riqueza *f.*

affluent ['æfluənt] *adj* rico(ca).

afford [ə'fɔːrd] *vt:* **to be able to ~ sthg** *(vacation, new coat)* poder pagar por algo, poder dar-se ao luxo de fazer OR comprar algo; **I can't ~ it** não tenho dinheiro para isso; **I can't ~ the time** não tenho tempo.

affordable [ə'fɔːrdəbl] *adj* acessível.

afloat [ə'fləʊt] *adj* flutuando.

afraid [ə'freɪd] *adj* assustado (da); **to be ~ of** ter medo de; **I'm ~ so/not** receio que sim/não.

afresh [ə'freʃ] *adv* de novo.

Africa ['æfrɪkə] *n* África *f.*

after ['æftr] *prep* depois de. ◆ *conj* depois de que. ◆ *adv* depois; **a quarter ~ ten** *Am* dez e quinze; **to be ~ sb/sthg** *(in search of)* estar atrás de alguém/algo; **~ all** afinal de contas.

afternoon [ˌæftr'nuːn] *n* tarde *f;* **good ~!** boa tarde!

aftershave ['æftrʃeɪv] *n* loção *f* após-barba.

afterward ['æftrwrd] adv depois, a seguir.

again [ə'gen] adv outra vez; ~ **and** ~ várias vezes; **never** ~ nunca mais.

against [ə'genst] prep contra; **to lean** ~ sthg apoiar-se em algo; ~ **the law** contra a lei.

age [eɪdʒ] n idade f, época f; (old age) velhice f; **under** ~ menor de idade; **I haven't seen him for** ~**s** inf há séculos que não o vejo.

aged [eɪdʒd] adj: ~ **eight** com oito anos (de idade).

age limit n limite m de idade.

agency ['eɪdʒənsɪ] n agência f.

agenda [ə'dʒendə] n ordem f do dia, expediente m.

agent ['eɪdʒənt] n agente mf.

aggression [ə'greʃn] n agressão f.

aggressive [ə'gresɪv] adj agressivo(va).

agile ['ædʒəl] adj ágil.

agility [ə'dʒɪlətɪ] n agilidade f.

agitated ['ædʒɪteɪtəd] adj agitado(da).

ago [ə'gəʊ] adv: **a month** ~ há um mês; **how long** ~? há quanto tempo?

agonizing ['ægənaɪzɪŋ] adj (delay) angustiante; (pain) dilacerante.

agony ['ægənɪ] n agonia f.

agree [ə'griː] vi concordar; **tomato soup doesn't** ~ **with me** não me dou bem com sopa de tomate; **to** ~ **to sthg** concordar

com algo; **to** ~ **to do sthg** aceitar fazer algo. ◻ **agree on** vt fus (time, price) chegar a um acordo sobre.

agreed [ə'griːd] adj combinado(da).

agreement [ə'griːmənt] n acordo m; **in** ~ **with** de acordo com.

agriculture ['ægrɪkʌltʃər] n agricultura f.

ahead [ə'hed] adv (in front) à frente; (forwards) em frente; **the months** ~ os próximos meses; **to be** ~ (winning) estar à frente; ~ **of** (in front of) à frente de; ~ **of schedule** adiantado(da); **they're four points** ~ levam quatro pontos de vantagem.

aid [eɪd] n ajuda f. ◆ vt ajudar; **in** ~ **of** em benefício de; **with the** ~ **of** com a ajuda de.

AIDS [eɪdz] n AIDS f.

ailment ['eɪlmənt] n fml mal m.

aim [eɪm] n (purpose) objetivo m. ◆ vt (gun, camera, hose) apontar. ◆ vi: **to** ~ **(at)** apontar (para); **to** ~ **to do sthg** ter como objetivo fazer algo.

air [eər] n ar m. ◆ vt (room) arejar. ◆ adj aéreo(rea); **by** ~ de avião.

airbed ['eəbed] n colchão m de ar.

air-conditioned [-kən'dɪʃnd] adj climatizado(da).

air-conditioning [-kən'dɪʃnɪŋ] n ar m condicionado.

aircraft ['eəkrɑːft] (pl inv) n aeronave f.

air fare n tarifa f aérea.

airfield ['eərfi:ld] n aeródromo m.

air force ['eərfɔ:s] n força f aérea.

air freshener [-,freʃnər] n purificador m de ambiente or de ar.

airline ['eərlaɪn] n companhia f aérea.

airliner ['eərlaɪnər] n avião m de passageiros.

airmail ['eərmeɪl] n correio m aéreo; **by ~** por via aérea.

airplane ['eərpleɪn] n avião m.

airport ['eərpɔ:t] n aeroporto m.

air raid n ataque m aéreo.

airsick ['eərsɪk] adj enjoado(da) (em avião).

airtight ['eərtaɪt] adj hermético(ca).

air traffic control n (people) controle m de tráfego aéreo.

aisle [aɪl] n (in plane, theater) corredor m (em teatro, avião); (in church) nave f lateral.

aisle seat n lugar m do lado do corredor.

alarm [ə'lɑ:rm] n alarme m. ◆ vt alarmar.

alarm clock n despertador m.

alarmed [ə'lɑ:rmd] adj (person) assustado(da); (door, car) provido(da) de alarme.

alarming [ə'lɑ:rmɪŋ] adj alarmante.

album ['ælbəm] n álbum m.

alcohol ['ælkəhɒl] n álcool m.

alcohol-free adj sem álcool.

alcoholic [,ælkə'hɒlɪk] adj alcoólico(ca). ◆ n alcoólatra mf.

alcoholism ['ælkəhɒlɪzm] n alcoolismo m.

alert [ə'lɜ:rt] adj atento(ta). ◆ vt alertar.

algebra ['ældʒəbrə] n álgebra f.

Algeria [æl'dʒɪərɪə] n Argélia f.

alias ['eɪlɪəs] adv vulgo. ◆ n pseudônimo m.

alibi ['ælɪbaɪ] n álibi m.

alien ['eɪlɪən] n (foreigner) estrangeiro m, -ra f; (from outer space) extraterrestre mf.

alight [ə'laɪt] adj em chamas.

align [ə'laɪn] vt alinhar.

alike [ə'laɪk] adj parecidos(das). ◆ adv da mesma maneira; **to look ~** parecer-se.

alive [ə'laɪv] adj vivo(va).

all [ɔ:l] adj - **1.** (with singular noun) todo(da); **~ the money** o dinheiro todo; **~ the time** sempre; **we were out ~ day** estivemos fora o dia inteiro. - **2.** (with plural noun) todos(das); **~ the houses** todas as casas; **~ trains stop at Trenton** todos os trens param em Trenton. ◆ adv - **1.** (completely) completamente; **~ alone** completamente só. - **2.** (in scores): **it's two ~** dois a dois (empate). - **3.** (in phrases): **~ but empty** quase vazio(zia); **~ over** (finished) terminado(da). ◆ pron - **1.** (everything) tudo; (people, things) todos mpl, -das fpl; **is that ~ ?** (in store) mais alguma coisa?; **the best of ~** o melhor de todos. - **2.** (everybody) todos, todo o

Allah
mundo; ~ **of us** went fomos todos.

- **3.** *(in phrases):* **can I help you at** ~ posso ajudar em alguma coisa?; **in** ~ *(in total)* ao todo; **in** ~ **it was a great success** resumindo, foi um grande êxito.

Allah ['ælə] *n* Alá *m.*

allege [ə'ledʒ] *vt* alegar.

allegedly [ə'ledʒədlı] *adv* supostamente.

allergic [ə'lɜ:rdʒɪk] *adj:* **to be** ~ **to** ser alérgico(a) a.

allergy ['ælərdʒɪ] *n* alergia *f.*

alleviate [ə'li:vɪeɪt] *vt* aliviar.

alley ['ælɪ] *n (narrow street)* ruela *f.*

alligator ['ælɪgeɪtər] *n* aligátor *m, espécie de jacaré americano.*

allocate ['æləkeɪt] *vt* alocar.

allow [ə'laʊ] *vt (permit)* permitir; *(time, money)* dispor de; **to** ~ **sb to do sthg** permitir que alguém faça algo; **to be** ~**ed to do sthg** ter permissão para fazer algo. □ **allow for** *vt fus* levar em conta.

allowance [ə'laʊəns] *n (for expenses)* ajuda *f* de custo; *(pocket money)* mesada *f.*

all right *adv (satisfactorily)* bem; *(yes, okay)* está bem. ◆ *adj:* **is it** ~ **if I smoke?** posso fumar?; **I thought the movie was** ~ achei o filme razoável; **is everything** ~ ? está tudo bem?

ally ['ælaɪ] *n* aliado *m,* -da *f.*

almond ['ɑ:mənd] *n* amêndoa *f.*

almost ['ɔ:lməʊst] *adv* quase.

alone [ə'ləʊn] *adj & adv* sozinho *(nha);* **the decision is yours** ~ a decisão é só sua; **to leave sb** ~ deixar alguém em paz; **to leave sthg** ~ parar de mexer em algo.

along [ə'lɒŋ] *prep (toward one end of)* por; *(alongside)* ao longo de. ◆ *adv:* **to walk** ~ caminhar; **to bring sthg** ~ trazer algo; **all** ~ desde o princípio; ~ **with** (junto) com.

alongside [ə,lɒŋ'saɪd] *prep* ao lado de.

aloud [ə'laʊd] *adv* em voz alta.

alphabet ['ælfəbet] *n* alfabeto *m.*

already [ɔ:l'redɪ] *adv* já.

also ['ɔ:lsəʊ] *adv* também.

altar ['ɔ:ltər] *n* altar *m.*

alter ['ɔ:ltər] *vt* alterar.

alteration [,ɔ:ltə'reɪʃn] *n* alteração *f.*

alternate [*vb* 'ɔ:ltɜ:rneɪt, *adj* 'ɔ:ltərnət] *adj* alternado(da). ◆ *vt, vi* alternar.

alternative [ɔ:l'tɜ:rnətɪv] *adj* alternativo(va). ◆ *n* alternativa *f.*

alternatively [ɔ:l'tɜ:rnətɪvlɪ] *adv* como alternativa.

although [ɔ:l'ðəʊ] *conj* embora.

altitude ['æltɪtu:d] *n* altitude *f.*

altogether [,ɔ:ltə'geðər] *adv (completely)* completamente; *(in total)* ao todo, no total.

aluminium [,æljʊ'mɪnɪəm] *n Brit* = **aluminum.**

aluminum [ə'lu:mɪnəm] *n Am* alumínio *m.*

always ['ɔːlweɪz] *adv* sempre.

a.m. (*abbr of ante meridiem*): **at 2 ~** às duas da manhã.

am [æm] → **be**.

amateur ['æmətʃʊr] *n* amador *m*, -ra *f*.

amazed [ə'meɪzd] *adj* espantado(da), surpreso(sa).

amazing [ə'meɪzɪŋ] *adj* espantoso(osa), surpreendente.

Amazon ['æməzən] *n* (*river*): **the ~ o** Amazonas.

ambassador [æm'bæsədər] *n* embaixador *m*, -ra *f*.

amber ['æmbər] *adj* âmbar.

ambiguous [æm'bɪgjʊəs] *adj* ambíguo(gua).

ambition [æm'bɪʃn] *n* ambição *f*.

ambitious [æm'bɪʃəs] *adj* ambicioso(osa).

ambulance ['æmbjələns] *n* ambulância *f*.

ambush ['æmbʊʃ] *n* emboscada *f*.

amenities [ə'miːnətɪz] *npl* comodidades *fpl*.

America [ə'merɪkə] *n* (*continent*) América *f*; (*USA*) Estados *mpl* Unidos (da América).

American [ə'merɪkən] *adj* (*continent*) americano(na); (*USA*) (norte-)americano(na). ◆ *n* (*person*) americano *m*, -na *f*.

amiable ['eɪmjəbl] *adj* amável.

ammunition [ˌæmjə'nɪʃn] *n* munição *f*.

amnesia [æm'niːʒə] *n* amnésia *f*.

among [ə'mʌŋ] *prep* entre.

amount [ə'maʊnt] *n* (*quantity*) quantidade *f*; (*sum*) quantia *f*, montante *m*. □ **amount to** *vt fus* (*total*) atingir a quantia de.

ample ['æmpl] *adj* amplo(a); (*enough*) bastante, suficiente.

amplifier ['æmplɪfaɪər] *n* amplificador *m*.

amputate ['æmpjʊteɪt] *vt* amputar.

Amtrak ['æmtræk] *n* organismo regulador das ferrovias nos E.U.A.

amuse [ə'mjuːz] *vt* (*make laugh*) divertir; (*entertain*) entreter.

amusement [ə'mjuːzmənt] *npl* diversão *f*.

amusement arcade *n* salão *m* de diversões eletrônicas.

amusing [ə'mjuːzɪŋ] *adj* divertido(da).

an [*stressed* æn, *unstressed* ən] → **a**.

anaemic [ə'niːmɪk] *adj* Brit = **anemic**.

anaesthetic [ˌænəs'θetɪk] *n* Brit = **anesthetic**.

analgesic [ˌænæl'dʒiːsɪk] *n* analgésico *m*.

analyse ['ænəlaɪz] *vt* Brit = **analyze**.

analyst ['ænəlɪst] *n* analista *mf*.

analyze ['ænəlaɪz] *vt* Am analisar.

anarchist ['ænərkɪst] *n* anarquista *mf*.

anarchy ['ænərkɪ] *n* anarquia *f*.

anatomy [ə'nætəmɪ] *n* anatomia *f*.

ancestor ['ænsestər] *n* antepassado *m*, -da *f*.

anchor

anchor ['æŋkər] n âncora f.

anchovy ['æntʃəʊvi] n enchova f.

ancient ['emʃənt] adj antigo(ga).

and [strong form ænd, weak form ənd, ən] conj e; ~ you? e você?; a hundred ~ one cento e um; more ~ more cada vez mais; to go ~ see ir ver.

anecdote ['ænɪkdəʊt] n conto m, anedota f.

anemic [ə'ni:mɪk] adj Am (person) anêmico(ca).

anesthetic [ænəs'θetɪk] n Am anestésico m; **under** ~ sob anestesia; **general/local** ~ anestesia f geral/local.

angel ['emdʒəl] n anjo m.

anger ['æŋgər] n raiva f, ira f.

angle ['æŋgl] n ângulo m; **at an** ~ torto (torta).

angler ['æŋglər] n pescador m, -ra f (de vara).

angling ['æŋglɪŋ] n pesca f (de vara).

angry ['æŋgrɪ] adj (person) zangado(da); (words) de raiva; **to get** ~ (**with sb**) zangar-se (com alguém).

animal ['ænɪml] n animal m.

animate ['ænɪmeɪt] vt animar.

ankle ['æŋkl] n tornozelo m.

annex ['æneks] n (building) anexo m.

annihilate [ə'naɪəleɪt] vt aniquilar.

anniversary [ænɪ'vɜ:rsərɪ] n aniversário m.

announce [ə'naʊns] vt anunciar.

announcement [ə'naʊnsmənt] n (on TV, radio) anúncio m; (official) pronunciamento m.

announcer [ə'naʊnsər] n (on TV) apresentador m, -ra f; (on radio) locutor m, -ra f.

annoy [ə'nɔɪ] vt incomodar, irritar.

annoyed [ə'nɔɪd] adj incomodado(da), irritado(da); **to get** ~ (**with**) incomodar-se (com), irritar-se (com).

annoying [ə'nɔɪɪŋ] adj incômodo(da), irritante.

annual ['ænjʊəl] adj anual.

anonymous [ə'nɒnɪməs] adj anônimo(ma).

another [ə'nʌðər] adj outro (tra). ♦ pron outro m, -tra f; **in** ~ **two weeks** dentro de (mais) duas semanas; ~ **one** outro (tra); **one** ~ um ao outro (uma à outra); **to talk to one** ~ falar um com o outro; **they love one** ~ eles se amam (um ao outro); **one after** ~ um após o outro.

answer ['ænsr] n resposta f. ♦ vt responder a. ♦ vi responder; **to** ~ **the door** abrir a porta; **to** ~ **the phone** atender o telefone. ❑ **answer back** vi replicar.

answering machine ['ænsərɪŋ-] secretária f eletrônica.

ant [ænt] n formiga f.

Antarctic [æn'tɑ:rktɪk] n: **the** ~ o Antártico.

antenna [æn'tenə] n Am (aerial) antena f.

anthem ['ænθəm] n hino m.

antibiotics [ˌæntɪbaɪ'ɒtɪks] npl antibióticos mpl.

anticipate [æn'tɪsəpeɪt] vt (expect) esperar; (guess correctly) prever.

antidote ['æntɪdəʊt] n antídoto m.

antifreeze ['æntɪfriːz] n anticongelante m.

antihistamine [ˌæntɪ'hɪstəmiːn] n anti-histamínico m.

antique [æn'tiːk] n antiguidade f.

antique shop n loja f de antiguidades.

antiseptic [ˌæntɪ'septɪk] n anti-séptico m.

antisocial [ˌæntɪ'səʊʃl] adj anti-social.

antlers ['æntləz] npl chifres mpl.

anxiety [æŋ'zaɪətɪ] n ansiedade f.

anxious ['æŋkʃəs] adj ansioso(osa).

any ['enɪ] adj -1. (in questions) algum(ma); **do you have ~ money?** você tem dinheiro?; **do you have ~ postcards?** você tem postais?; **do you have ~ rooms?** você tem algum quarto livre?
- 2. (in negatives) nenhum(ma); **I don't have ~ money** não tenho dinheiro (nenhum); **we don't have ~ rooms** não temos quartos livres.
- 3. (no matter which) qualquer; **take ~ one you like** leve aquele que quiser.
◆ pron -1. (in questions) algum m, -ma f; **I'm looking for a hotel - are there ~ nearby?** estou procurando um hotel - há algum aqui perto?
- 2. (in negatives) nenhum m, -ma f; **I don't want ~ (of it)** não quero (nada); **I don't want ~ (of them)** não quero nenhum (deles).
- 3. (no matter which one) qualquer um (qualquer uma); **you can sit at ~ of the tables** podem sentar-se a qualquer uma das mesas.
◆ adv -1. (in questions): **~ other questions?** mais alguma pergunta?; **can't you drive ~ faster?** pode dirigir mais depressa?; **is that ~ better?** está melhor assim?
- 2. (in negatives): **he's not ~ better** ele não está nada melhor; **we can't wait ~ longer** não podemos esperar mais; **we can't afford ~ more** não temos possibilidades para mais.

anybody ['enɪbɒdɪ] pron = anyone.

anyhow ['enɪhaʊ] adv (carelessly) de qualquer maneira; (in any case) em qualquer caso; (in spite of that) de qualquer modo.

anymore [enɪ'mɔːr] adv não mais; **she doesn't work here ~** ela não trabalha mais aqui.

anyone ['enɪwʌn] pron (any person) qualquer um (qualquer uma); (in questions) alguém; (in negatives) ninguém; **I don't like ~** não gosto de ninguém.

anything ['enɪθɪŋ] pron (no matter what) qualquer coisa; (in questions) alguma coisa; (in nega-

tives) nada; **she didn't say ~** ela não disse nada.

anyway ['ɛnɪweɪ] *adv* de qualquer forma OR modo.

anywhere ['ɛnɪweəʳ] *adv (no matter where)* em/a qualquer lugar; *(in questions)* em/a algum lugar; *(in negatives)* em/a lugar nenhum; **I can't find it ~** não o encontro em lugar nenhum; **sit ~ you like** sente-se onde quiser; **we can go ~** podemos ir a qualquer lugar.

apart [ə'pɑːrt] *adv* separado (da); **to fall ~** quebrar-se em pedaços; **~ from** *(except for)* exceto, salvo; *(as well as)* para além de.

apartment [ə'pɑːrtmənt] *n Am* apartamento *m*.

ape [eɪp] *n* macaco *m*.

aperitif [ə,perɪ'tiːf] *n* aperitivo *m*.

apiece [ə'piːs] *adv*: **they cost $50 ~** custam 50 dólares cada um.

apologetic [ə,pɒlə'dʒetɪk] *adj* cheio (cheia) de desculpas.

apologize [ə'pɒlədʒaɪz] *vi*: **to ~ (to sb for sthg)** pedir desculpa (a alguém por algo).

apology [ə'pɒlədʒɪ] *n* desculpa *f*.

apostrophe [ə'pɒstrəfɪ] *n* apóstrofo *m*.

appal [ə'pɔːl] *vt Brit* = **appall**.

appall [ə'pɔːl] *vt Am* horrorizar.

appalling [ə'pɔːlɪŋ] *adj* horrível, terrível.

apparatus [,æpə'rætəs] *n* aparelho *m*.

apparently [ə'perəntlɪ] *adv* aparentemente.

appeal [ə'piːl] *n* JUR apelação *f*, recurso *m*; *(fundraising campaign)* campanha *f* de coleta de fundos. ◆ *vi* JUR apelar, recorrer para; **to ~ to sb (for sthg)** apelar a alguém (para algo); **it doesn't ~ to me** não me atrai.

appear [ə'pɪəʳ] *vi* aparecer; *(seem)* parecer; *(in court)* comparecer; **it ~s that** parece que.

appearance [ə'pɪərəns] *n (arrival)* chegada *f*; *(look)* aparência *f*, aspecto *m*.

appendicitis [ə,pendɪ'saɪtɪs] *n* apendicite *f*.

appendix [ə'pendɪks] *(pl -dices* [ə'pendɪsiːz]*) n* apêndice *m*.

appetite ['æpɪtaɪt] *n* apetite *m*.

appetizer ['æpɪtaɪzəʳ] *n* aperitivo *m*.

appetizing ['æpɪtaɪzɪŋ] *adj* apetitoso(osa).

applaud [ə'plɔːd] *vt* & *vi* aplaudir.

applause [ə'plɔːz] *n* palmas *fpl*.

apple ['æpl] *n* maçã *f*.

apple pie *n* torta *f* de maçã.

appliance [ə'plaɪəns] *n* aparelho *m*; **electrical/domestic ~** eletrodoméstico *m*.

applicable [ə'plɪkəbl] *adj*: **to be ~ (to)** ser aplicável (a); **if ~** se apropriado.

applicant ['æplɪkənt] *n* candidato *m*, -ta *f*.

application [,æplɪ'keɪʃn] *n (for job, membership)* candidatura *f*; *(for a computer)* aplicativo *m*.

application form n formulário m de candidatura.

apply [ə'plaɪ] vt aplicar. ◆ vi: to ~ (to sb for sthg) (make request) requerer (algo a alguém); to ~ (to sb) (be applicable) ser aplicável (a alguém).

appointment [ə'pɔɪntmənt] n (with hairdresser, businessman) hora f marcada; (with doctor) consulta f; to make/have an ~ (with) ter/marcar um encontro (com); by ~ com hora marcada.

appreciate [ə'priːʃɪeɪt] vt (be grateful for) agradecer; (understand) compreender; (like, admire) apreciar.

apprehensive [ˌæprɪ'hensɪv] adj apreensivo(va).

apprentice [ə'prentɪs] n aprendiz mf.

apprenticeship [ə'prentɪʃɪp] n aprendizagem f.

approach [ə'prəʊtʃ] n (road) acesso m; (to problem, situation) abordagem f. ◆ vt (come nearer to) aproximar-se de; (problem, situation) abordar. ◆ vi aproximar-se.

appropriate [ə'prəʊprɪət] adj apropriado(da).

approval [ə'pruːvl] n (favorable opinion) aprovação f; (permission) autorização f.

approve [ə'pruːv] vi: to ~ of sb/sthg ver com bons olhos alguém/algo.

approximate [ə'prɒksɪmət] adj aproximado(da).

approximately [ə'prɒksɪmətlɪ] adv aproximadamente.

apricot ['eɪprɪkɒt] n damasco m.

April ['eɪprəl] n abril m → **September.**

April Fool's Day n primeiro-de-abril m.

apron ['eɪprən] n avental m (de cozinha).

apt [æpt] adj (appropriate) apropriado(da); to be ~ to do sthg ser propenso a fazer algo.

aquarium [ə'kweərɪəm] (pl -riums OR -ria [-rɪə]) n aquário m.

aqueduct ['ækwədʌkt] n aqueduto m.

arbitrary ['ɑːbɪtrərɪ] adj arbitrário(ria).

arc [ɑːk] n arco m.

arcade [ɑː'keɪd] n (for shopping) galeria f; (of video games) salão m de diversões eletrônicas.

arch [ɑːtʃ] n arco m.

archaeology [ˌɑːkɪ'ɒlədʒɪ] n arqueologia f.

archbishop [ˌɑːtʃ'bɪʃəp] n arcebispo m.

archery ['ɑːtʃərɪ] n tiro m de arco e flecha.

architect ['ɑːkɪtekt] n arquiteto m, -ta f.

architecture ['ɑːkɪtektʃər] n arquitetura f.

are [weak form ər, strong form ɑːr] → **be.**

area ['eərɪə] n área f.

area code n Am prefixo m (telefônico).

arena [ə'riːnə] n (at circus) arena f; (sportsground) estádio m.

aren't [ɑːrnt] = are not.

Argentina [ˌɑːrdʒən'tiːnə] n Argentina f.

argue ['ɑːrgjuː] vi: to ~ (with sb about sthg) discutir (com alguém acerca de algo); to ~ (that) argumentar que.

argument ['ɑːrgjəmənt] n (quarrel) discussão f; (reason) argumento m.

arid ['ærɪd] adj árido(da).

arise [ə'raɪz] (pt arose, pp arisen [ə'rɪzn]) vi: to ~ (from) surgir (de).

aristocracy [ˌærɪ'stɒkrəsɪ] n aristocracia f.

arithmetic [ə'rɪθmətɪk] n aritmética f.

arm [ɑːm] n braço m; (of garment) manga f.

armchair ['ɑːmtʃeər] n poltrona f.

armed [ɑːmd] adj armado(da).

armed forces npl: the ~ as forças armadas.

armor ['ɑːmər] n Am armadura f.

armour ['ɑːmər] n Brit = armor.

armpit ['ɑːmpɪt] n axila f.

arms [ɑːmz] npl (weapons) armas fpl.

army ['ɑːmɪ] n exército m.

aroma [ə'rəumə] n aroma m.

aromatherapy [əˌrəumə'θerəpɪ] n aromaterapia f.

aromatic [ˌærə'mætɪk] adj aromático(ca).

arose [ə'rəuz] pt → arise.

around [ə'raund] adv (about) por aí; (present) por aí/aqui. ◆ prep (surrounding) em redor de, à volta de; (to the other side of) para o outro lado de; (near) perto de; (all over) por todo(da); (approximately) cerca de; ~ here (in the area) por aqui; to turn ~ virar-se; to look ~ (turn head) olhar em volta; (in store, city) dar uma olhada.

arouse [ə'rauz] vt (suspicion) levantar; (fear) provocar; (interest) suscitar.

arrange [ə'reɪndʒ] vt (books) arrumar; (flowers) arranjar; (meeting, event) organizar; to ~ to do sthg (with sb) combinar fazer algo (com alguém).

arrangement [ə'reɪndʒmənt] n (agreement) combinação f; (layout) disposição f; by ~ (tour, service) com data e hora marcada; to make ~s (to do sthg) fazer os preparativos (para fazer algo).

arrest [ə'rest] n detenção f, prisão f. ◆ vt prender; under ~ sob custódia, preso.

arrival [ə'raɪvl] n chegada f; on ~ à chegada; new ~ (person) recém-chegado m, -da f.

arrive [ə'raɪv] vi chegar; to ~ at chegar a.

arrogant ['erəgənt] adj arrogante.

arrow ['erəu] n (for shooting) flecha f; (sign) seta f.

arson ['ɑːsn] n incêndio m premeditado.

art [ɑːrt] n arte f. ❑ **arts** npl (hu-

manities) letras *fpl*; **the ~s** *(fine arts)* as belas-artes.

artery ['ɑːtərɪ] *n* artéria *f*.

art gallery *n (commercial)* galeria *f* de arte; *(public)* museu *m* de arte.

arthritis [ɑːˈθraɪtɪs] *n* artrite *f*.

artichoke ['ɑːtɪtʃəʊk] *n* alcachofra *f*.

article ['ɑːtɪkl] *n* artigo *m*.

articulate [ɑːˈtɪkjʊlət] *adj* eloquente.

artificial [ˌɑːtɪˈfɪʃl] *adj* artificial.

artist ['ɑːtɪst] *n (painter)* pintor *m*, -ra *f*; *(performer)* artista *mf*.

artistic [ɑːˈtɪstɪk] *adj* artístico (ca).

as [unstressed əz, stressed æz] *adv* *(in comparisons)*: ~ ... ~ tão ... como; **he's ~ tall ~ I am** ele é tão alto quanto eu; **twice ~ big ~** duas vezes maior do que; ~ **many ~** tantos quantos (tantas quantas); ~ **much ~** tanto quanto.
♦ *conj* - 1. *(referring to time)* quando; ~ **the plane was coming in to land** quando o avião ia aterrissar.
- 2. *(referring to manner)* como; **do ~ you like** faça como quiser; ~ **expected, ...** como era de se esperar ...
- 3. *(introducing a statement)* como; ~ **you know ...** como você sabe ...
- 4. *(because)* porque, como.
- 5. *(in phrases)*: ~ **for** quanto a; ~ **of** a partir de; ~ **if** como se.

♦ *prep (referring to function, job)* como; **I work ~ a teacher** sou professora.

ASAP *(abbr of as soon as possible)* assim que possível.

ascent [əˈsent] *n (climb)* subida *f*.

ascribe [əˈskraɪb] *vt*: **to ~ sthg to** atribuir algo a.

ash [æʃ] *n (from cigarette, fire)* cinza *f*; *(tree)* freixo *m*.

ashore [əˈʃɔːr] *adv* em terra; **to go ~** desembarcar.

ashtray ['æʃtreɪ] *n* cinzeiro *m*.

Asia ['eɪʒə] *n* Ásia *f*.

aside [əˈsaɪd] *adv (to one side)* para o lado; **to move ~** afastar-se.

ask [æsk] *vt (person)* perguntar a; *(request)* pedir; *(invite)* convidar. ♦ *vi*: **to ~ about sthg** *(inquire)* informar-se sobre algo; **to ~ sb about sthg** perguntar a alguém sobre algo; **to ~ sb sthg** perguntar algo a alguém; **to ~ sb to do sthg** pedir a alguém que faça algo; **to ~ sb for sthg** pedir algo a alguém; **to ~ a question** fazer uma pergunta.
❑ **ask for** *vt fus (ask to talk to)* perguntar por; *(request)* pedir.

asleep [əˈsliːp] *adj* adormecido(da); **to fall ~** adormecer.

asparagus [əˈspærəgəs] *n* aspargos *mpl*.

aspect ['æspekt] *n* aspecto *m*.

aspirin ['æsprɪn] *n* aspirina *f*.

ass [æs] *n (animal)* asno *m*.

assassinate [əˈsæsɪneɪt] *vt* assassinar.

assault [əˈsɔːlt] *n* agressão *f*.
♦ *vt* agredir.

assemble [əˈsembl] vt (bookcase, model) montar. ◆ vi reunirse.

assembly [əˈsemblɪ] n (at school) assembléia.

assert [əˈsɜːt] vt (fact, innocence) afirmar; (authority) impor; to ~ o.s. impor-se.

assess [əˈses] vt avaliar.

assessment [əˈsesmənt] n avaliação f.

asset [ˈæset] n (valuable person, thing) elemento m valioso. ◻ assets npl bens mpl.

assign [əˈsaɪn] vt: to ~ sthg to sb (give) ceder algo a alguém; to ~ sb to sthg (designate) nomear alguém para algo.

assignment [əˈsaɪnmənt] n (task) tarefa f; SCH trabalho m.

assist [əˈsɪst] vt ajudar.

assistance [əˈsɪstəns] n ajuda f; to be of ~ (to sb) ser útil (a alguém).

assistant [əˈsɪstənt] n assistente mf, ajudante mf.

associate [n əˈsəʊʃɪət, vb əˈsəʊʃɪeɪt] n (colleague) colega mf; (partner) sócio m, -cia f. ◆ vt: to ~ sb/sthg with associar alguém/algo com OR a; to be ~d with (attitude, person) estar associado a.

association [əsəʊsɪˈeɪʃn] n associação f.

assorted [əˈsɔːtɪd] adj variado(a).

assortment [əˈsɔːtmənt] n sortimento m.

assume [əˈsuːm] vt (suppose) supor; (control, responsibility) assumir.

assurance [əˈʃʊərəns] n (promise) garantia f; (insurance) seguro m.

assure [əˈʃʊə] vt assegurar; to ~ sb (that) ... assegurar a alguém que ...

asterisk [ˈæstərɪsk] n asterisco m.

asthma [ˈæsmə] n asma f.

asthmatic [æzˈmætɪk] adj asmático(ca).

astonish [əˈstɒnɪʃ] vt surpreender.

astonished [əˈstɒnɪʃt] adj espantado(da), surpreso(sa).

astonishing [əˈstɒnɪʃɪŋ] adj espantoso(osa), surpreendente.

astound [əˈstaʊnd] vt surpreender.

astray [əˈstreɪ] adv: to go ~ extraviar-se.

astrology [əˈstrɒlədʒɪ] n astrologia f.

astronomy [əˈstrɒnəmɪ] n astronomia f.

asylum [əˈsaɪləm] n POL asilo m; (mental hospital) manicômio m.

at [unstressed ət, stressed æt] prep -1. (indicating place, position) em; ~ home em casa; ~ the hotel no hotel; ~ my mother's na casa da minha mãe; ~ school na escola.
-2. (indicating direction) para; he threw a plate ~ the wall ele atirou um prato na parede; to look ~ olhar para.
-3. (indicating time): ~ nine o'clock às nove horas; ~ night à noite; ~ Christmas no Natal.
-4. (indicating rate, level, speed) a;

it works out ~ $5 each sai a 5 dólares cada um; ~ **60 k.p.h.** a 60 km/h.

- **5.** *(indicating activity)* a; **to be ~ lunch** estar almoçando; **to be good/bad ~ sthg** ser bom/mau em algo.

- **6.** *(indicating cause)* com.

ate [eɪt] *pt* → **eat.**

atheist ['eɪθɪıst] *n* ateu *m*, atéia *f.*

athlete ['æθliːt] *n* atleta *mf.*

athletics [æθ'letɪks] *n* atletismo *m.*

atlas ['ætləs] *n* atlas *m inv.*

ATM *n* caixa *m* automático.

atmosphere ['ætməsfɪər] *n* atmosfera *f.*

atom ['ætəm] *n* átomo *m.*

atrocious [ə'trəʊʃəs] *adj* atroz.

attach [ə'tætʃ] *vt* juntar; **to ~ sthg to sthg** juntar algo a algo.

attachment [ə'tætʃmənt] *n (device)* acessório *m*; COMPUT anexo *m*, attachment *m.*

attack [ə'tæk] *n* ataque *m.* ◆ *vt* atacar.

attacker [ə'tækər] *n* agressor *m*, -ra *f.*

attain [ə'teɪn] *vt fml* alcançar.

attempt [ə'tempt] *n* tentativa *f.* ◆ *vt* tentar; **to ~ to do sthg** tentar fazer algo.

attend [ə'tend] *vt (meeting, Mass)* assistir a; *(school)* frequentar. ❑ **attend to** *vt fus (deal with)* atender a.

attendance [ə'tendəns] *n (people at concert, game)* assistência *f*; *(at school)* frequência *f.*

attendant [ə'tendənt] *n* encarregado *m*, -da *f.*

attention [ə'tenʃn] *n* atenção *f*; **to pay ~ (to)** prestar atenção (a).

attic ['ætɪk] *n* sótão *m.*

attitude ['ætɪtuːd] *n* atitude *f.*

attorney [ə'tɜːrnɪ] *n Am* advogado *m*, -da *f*; procurador *m*, -dora *f.*

attract [ə'trækt] *vt* atrair; *(attention)* chamar.

attraction [ə'trækʃn] *n* atração *f*; *(attractive feature)* atrativo *m.*

attractive [ə'træktɪv] *adj* atraente.

attribute [ə'trɪbjuːt] *vt*: **to ~ sthg to** atribuir algo a.

auburn ['ɔːbərn] *adj* castanho-avermelhado(da).

auction ['ɔːkʃn] *n* leilão *m.*

audience ['ɔːdjəns] *n* público *m*, audiência *f.*

audiovisual [-'vɪʒʊəl] *adj* audiovisual.

auditorium [ˌɔːdɪ'tɔːrɪəm] *n* auditório *m.*

August ['ɔːgəst] *n* agosto *m* → **September.**

aunt [ænt] *n* tia *f.*

au pair [ˌəʊ'peər] *n* au pair *mf.*

Australia [ɒ'streɪljə] *n* Austrália *f.*

Austria ['ɒstrɪə] *n* Áustria *f.*

authentic [ɔː'θentɪk] *adj* autêntico(ca).

author ['ɔːθər] *n (of book, article)* autor *m*, -ra *f*; *(by profession)* escritor *m*, -ra *f.*

authority [ɔːˈθɒrətɪ] n autoridade f; **the authorities** as autoridades.

authorization [ˌɔːθəraɪˈzeɪʃn] n autorização f.

authorize [ˈɔːθəraɪz] vt autorizar; **to ~ sb to do sthg** autorizar alguém a fazer algo.

autobiography [ˌɔːtəbaɪˈɒɡrəfɪ] n autobiografia f.

autograph [ˈɔːtəɡrɑːf] n autógrafo m.

automatic [ˌɔːtəˈmætɪk] adj automático(ca); (fine) imediato(ta). ◆ n (car) carro m automático.

automatically [ˌɔːtəˈmætɪklɪ] adv automaticamente.

automobile [ˈɔːtəməbiːl] n Am automóvel m.

autumn [ˈɔːtəm] n outono m; **in (the) ~** no outono.

auxiliary (verb) [ɔːɡˈzɪljərɪ] n verbo m auxiliar.

available [əˈveɪləbl] adj disponível.

avalanche [ˈævəlɑːnʃ] n avalanche f.

Ave. (abbr of avenue) Av.

avenue [ˈævənuː] n avenida f.

average [ˈævərɪdʒ] adj médio (dia). ◆ n média f; **on ~** em média.

aversion [əˈvɜːʃn] n aversão f.

aviation [ˌeɪvɪˈeɪʃn] n aviação f.

avid [ˈævɪd] adj ávido(da).

avocado [ˌævəˈkɑːdəʊ] (pl -s OR -es) n: **~ (pear)** abacate m.

avoid [əˈvɔɪd] vt evitar; **to ~**

doing sthg evitar fazer algo.

await [əˈweɪt] vt esperar, aguardar.

awake [əˈweɪk] (pt **awoke**, pp **awoken**) adj acordado(da). ◆ vi acordar.

award [əˈwɔːd] n (prize) prêmio m. ◆ vt: **to ~ sb sthg** (prize) atribuir algo a alguém; (damages, compensation) conceder algo a alguém.

aware [əˈweər] adj consciente; **to be ~ of** estar consciente de.

away [əˈweɪ] adv (go) embora, (look, turn) para outro lado; **to be ~** (not at home, in office) não estar; **it's 10 miles ~ (from here)** fica a 10 milhas (daqui); **it's two weeks ~** é daqui a duas semanas; **to go ~ on vacation** sair de férias; **to put sthg ~** guardar algo; **to take sthg ~ (from sb)** tirar algo (de alguém); **to walk/drive ~** afastar-se; **far ~** longe.

awesome [ˈɔːsəm] adj incrível.

awful [ˈɔːfl] adj (very bad) horrível; (very great) imenso(sa); **I feel ~** estou me sentindo muito mal; **how ~!** que horror!

awkward [ˈɔːkwəd] adj (position) incômodo(da); (shape, size) pouco prático(ca); (situation, question, task) embaraçoso(osa); (movement) desajeitado(da); (time) inoportuno(na).

awoke [əˈwəʊk] pt → **awake**.

awoken [əˈwəʊkən] pp → **awake**.

ax [æks] n machado m.

axle [ˈæksl] n eixo m.

B

B & B *abbr* = bed and breakfast.

B.A. *abbr* = Bachelor of Arts.

babble ['bæbl] *vi* balbuciar.

baby ['beɪbɪ] *n* bebê *m*; **to have a ~** ter um bebê.

babysit ['beɪbɪsɪt] *vi* tomar conta de crianças.

back [bæk] *adv (toward the back)* para trás; **~ and forth** de cá para lá. ◆ *n* costas *fpl*; *(of car)* traseira *f*; *(of room)* fundo *m*. ◆ *adj (seat, wheels)* traseiro(ra). ◆ *vi (car, driver)* recuar. ◆ *vt (support)* apoiar; **to call ~** *(telephone)* voltar a telefonar; **to give sthg ~** devolver algo; **to stand ~** afastar-se; **to write ~** responder (a carta); **in ~ of** *Am* na traseira de. ❑ **back up** ◆ *vt sep (support)* apoiar. ◆ *vi (car, driver)* dar marcha à ré.

backache ['bækeɪk] *n* dor *f* nas costas.

backbone ['bækbəʊn] *n* coluna *f* vertebral.

backfire [,bæk'faɪər] *vi (car)* engasgar.

background ['bækgraʊnd] *n* cenário *m*; *(of person)* background *m*.

backlog ['bæklɒg] *n* acumulação *f*.

backpack ['bækpæk] *n* mochila *f*.

backpacker ['bækpækər] *n* mochileiro *m*, -ra *f*.

backside ['bæksaɪd] *n inf* traseiro *m*.

backstroke ['bækstrəʊk] *n* costas *fpl (nado)*.

backward ['bækwəd] *adv (move, look)* para trás; *(the wrong way)* ao contrário.

bacon ['beɪkən] *n* bacon *m*, toucinho *m*.

bacteria [bæk'tɪərɪə] *npl* bactérias *fpl*.

bad [bæd] *(compar* **worse**, *superl* **worst**) *adj* mau (má); *(serious)* grave; *(poor, weak)* fraco (ca); *(rotten, off)* estragado(da); **to have a ~ back/leg** ter um problema nas costas/na perna; **don't eat that – it's ~ for you** não coma isso que vai lhe fazer mal; **not ~** nada mau.

badge [bædʒ] *n* crachá *m*.

badger ['bædʒər] *n* texugo *m*.

badly ['bædlɪ] *(compar* **worse**, *superl* **worst**) *adv (poorly)* mal; *(seriously)* gravemente; *(very much)* imenso.

badminton ['bædmɪntən] *n* badminton *m*.

bad-tempered [-'tempəd] *adj* com mau gênio.

bag [bæg] *n (of paper, plastic)* saco *m*, sacola *f*; *(handbag)* bolsa *f*; *(suitcase)* mala *f*.

bagel ['beɪgəl] *n* pequeno pão em forma de anel.

baggage ['bægɪdʒ] n bagagem f.

baggage allowance n limite m de bagagem.

baggage claim n recolhimento m de bagagem.

baggy ['bægɪ] adj largo(ga).

bail [beɪl] n fiança f.

bait [beɪt] n isca f.

bake [beɪk] vt (cake, soufflé) cozer (ao forno); (potatoes) assar.

baked [beɪkt] adj (cake, soufflé) cozido(da); (potatoes) assado (da).

baked beans [beɪkt-] npl feijão m cozido com molho de tomate.

baker ['beɪkər] n padeiro m, -ra f.

bakery ['beɪkərɪ] n padaria f.

balance ['bæləns] n (of person) equilíbrio m; (of bank account) saldo m; (remainder) resto m. ◆ vt (object) equilibrar.

balcony ['bælkənɪ] n (of house) varanda f; (of theater) balcão m.

bald [bɔːld] adj calvo(va), careca.

ball [bɔːl] n bola f; (of yarn, string) novelo m; (dance) baile m; **on the ~** fig a par de tudo.

ballad ['bæləd] n balada f.

ballet ['bæˈleɪ] n balé m.

ballet dancer n bailarino m, -na f.

ball game n jogo de bola em geral, mas especialmente o beisebol.

balloon [bəˈluːn] n (at party, etc) balão m.

ballot ['bælət] n votação f.

ballpoint pen ['bɔːlpɔɪnt-] n esferográfica f.

ballroom ['bɔːlrʊm] n salão m de baile.

ballroom dancing n dança f de salão.

bamboo [bæmˈbuː] n bambu m.

bamboo shoots npl brotos mpl de bambu.

ban [bæn] n proibição f. ◆ vt proibir; **to ~ sb from doing sthg** proibir alguém de fazer algo.

banana [bəˈnænə] n banana f.

band [bænd] n (musical group) banda f; (strip of paper) tira f de papel; (rubber) elástico m.

bandage ['bændɪdʒ] n atadura f. ◆ vt ligar.

Band-Aid® n Band-Aid® m.

bang [bæŋ] n (loud noise) estrondo m. ◆ vt (hit loudly) bater em; (shut loudly, injure) bater com.

bangle ['bæŋgl] n pulseira f.

bangs [bæŋz] npl Am franja f.

banister ['bænɪstər] n corrimão m.

banjo ['bændʒəʊ] (pl -es OR -s) n banjo m.

bank [bæŋk] n (for money) banco m; (of river, lake) margem f; (slope) monte m (pequeno).

bank account n conta f bancária.

bank card n cartão de garantia de cheques.

bank draft n saque m bancário.

banker ['bæŋkər] n banqueiro m, -ra f.

bank note n nota f (de banco).

bankrupt ['bæŋkrʌpt] adj falido(da).

banner ['bænər] n faixa f.

bannister ['bænəstər] n = banister.

banquet ['bæŋkwət] n (formal dinner) banquete m.

baptize ['bæptaɪz] vt batizar.

bar [bɑːr] n (establishment) bar m; (counter) balcão m; (of metal, soap) barra f; (of wood) tranca f; (of chocolate) barra f. ◆ vt (obstruct) bloquear.

barbecue ['bɑːrbɪkjuː] n (apparatus) churrasqueira f; (event) churrasco m. ◆ vt assar (na churrasqueira).

barbed wire [bɑːrbd-] n arame m farpado.

barber ['bɑːrbər] n barbeiro m.

barbershop ['bɑːrbərʃɒp] n barbearia f.

bare [beər] adj (feet) descalço(ça); (head) descoberto(ta); (arms, legs) ao léu; (room, cupboard) vazio(zia); **the ~ minimum** o mínimo dos mínimos.

barefoot [,beər'fʊt] adv descalço(ça).

barely ['beərlɪ] adv mal.

bargain ['bɑːrgɪn] n (agreement) acordo m; (cheap buy) pechincha f, promoção f. ◆ vi (haggle) pechinchar. ❑ **bargain for** vt fus contar com, esperar.

barge [bɑːrdʒ] n barca f. ❑ **barge in** vi: **to ~ in on sb** interromper alguém.

bark [bɑːrk] n (of tree) casca f. ◆ vi latir.

barley ['bɑːrlɪ] n cevada f.

barn [bɑːrn] n celeiro m.

barometer [bə'rɒmətər] n barômetro m.

baron ['bærən] n barão m.

barracks ['bærəks] npl quartel m.

barrage [bə'rɑːʒ] n (of questions, criticism) chuva f, avalanche f.

barrel ['bærəl] n (of beer, wine, oil) barril m; (of gun) cano m.

barren ['bærən] adj (land, soil) estéril.

barricade [,bærɪ'keɪd] n barricada f.

barrier ['bærɪr] n barreira f.

bartender ['bɑːrtendər] n garçon m.

base [beɪs] n base f. ◆ vt: **to ~ sthg on** basear algo em; **to be ~d in** (located) estar sediado em.

baseball ['beɪsbɔːl] n beisebol m.

basement ['beɪsmənt] n (in house) porão m.

bases ['beɪsiːz] pl → basis.

bash [bæʃ] vt inf bater com.

basic ['beɪsɪk] adj (fundamental) básico(ca); (accommodation, meal) simples (inv). ◆ npl: **the ~s** os princípios básicos.

basically ['beɪsɪklɪ] adv no fundo.

basil ['beɪzl] n manjericão m.

basin ['beɪsn] n (bowl) tigela f, taça f.

basis ['beɪsɪs] (pl bases) n base f; **on a weekly ~** semanalmente; **on the ~ of** tendo em conta.

basket ['bæskət] n cesto m, cesta f.

basketball ['bæskətbɔːl] n (game) basquetebol m.

bass¹ [beɪs] n (singer) baixo m.

bass² [bæs] n (fish) robalo m.

bat [bæt] n (in baseball) pá f; (in table tennis) raquete f; (animal) morcego m.

batch [bætʃ] n lote m.

bath [bɑːθ] n banho m. ◆ vt dar banho em; **to have a ~** tomar banho.

bathe [beɪð] vi tomar banho.

bathing suit ['beɪðɪŋ-] n traje m de banho.

bathrobe ['bɑːθrəʊb] n roupão m.

bathroom ['bɑːθruːm] n banheiro m.

baton [bə'tɑːn] n (of conductor) batuta f; (of majorette) maceta f; (truncheon) cassetete m.

batter ['bætər] n massa mole para panquecas e frituras. ◆ vt (person) espancar.

battered ['bætəd] adj (person) seviciado(da); (old) desgastado (da).

battery ['bætərɪ] n (for radio, flashlight, etc) pilha f; (for car) bateria f.

battle ['bætl] n (in war) batalha f; (struggle) luta f.

battlefield ['bætlfiːld] n campo m de batalha.

battlements ['bætlmənts] npl ameias fpl.

battleship ['bætlʃɪp] n navio m de guerra.

bay [beɪ] n (on coast) baía f; (for parking) lugar m para estacionamento.

bay window n janela f saliente.

B.C. (abbr of before Christ) a.C.

be [biː] (pt was, were, pp been) vi - 1. (exist) ser; **there is/are** há; **are there any stores near here?** há lojas perto daqui?
- 2. (describing quality, permanent condition) ser; **he's a doctor** ele é médico; **I'm British** sou britânico; **the hotel is near the airport** o hotel é OR fica perto do aeroporto.
- 3. (describing state, temporary condition) estar; **will you ~ in the office tomorrow?** você vai estar no escritório amanhã?; **I'll ~ there at six o'clock** estarei lá às seis horas; **I'm hot/cold** estou com calor/frio.
- 4. (referring to movement): **have you ever been to Ireland?** você já esteve na Irlanda?; **I'll ~ there in ten minutes** estarei lá em dez minutos.
- 5. (occur) ser; **the final is in June** a final é em junho.
- 6. (referring to health) estar; **how are you?** como vai você?; **I'm fine** estou bem; **she's sick** ela está doente.
- 7. (referring to age): **how old are you?** que idade você tem?; **I'm 14 (years old)** tenho 14 anos.
- 8. (referring to cost): **how**

much is it? quanto é?; **it's $10** são 10 dólares.

- 9. *(referring to time, dates)* ser; **what time is it?** que horas são?; **it's ten o'clock** são dez horas.

- 10. *(referring to measurement)* ter; **I'm 60 kilos** tenho 60 quilos; **he is 6 feet tall** ele tem 1.80 metros de altura; **it's 30 feet wide/ long** tem 10 metros de largura/ comprimento.

- 11. *(referring to weather)* estar; **it's hot/cold** está calor/frio; **it's windy/sunny** está ventando/ sol; **it's going to be nice today** vai fazer bom tempo hoje.

♦ *aux vb* **-1.** *(forming continuous tense)* estar; **I'm learning French** estou aprendendo francês; **we've been visiting the museum** estivemos visitando o museu.

- 2. *(forming passive)* ser; **she was given a raise** ela teve um aumento; **the flight was delayed** o vôo atrasou; **there were no tables to ~** não havia mesas vagas.

- 3. *(with infinitive to express order)*: **you are not to leave until I say so** você só pode sair quando eu disser; **new arrivals are to wait in reception** os recém-chegados têm que esperar na recepção; **all rooms are to be ~ vacated by 10 a.m.** todos os quartos têm que ser desocupados antes das 10 horas da manhã.

- 4. *(with infinitive to express future tense)*: **the race is to start at**

noon a corrida começará ao meio-dia.

- 5. *(in tag questions)*: **he's very tall, isn't he?** ele é muito alto, não é?; **it's cold, isn't it?** está frio, não está?

beach [biːtʃ] *n* praia *f*.

bead [biːd] *n* conta *f*.

beak [biːk] *n* bico *m*.

beaker ['biːkər] *n* copo *m*.

beam [biːm] *n* *(of light)* raio *m*; *(of wood)* trave *f*; *(of concrete)* viga *f*. ♦ *vi (smile)* sorrir alegremente.

bean [biːn] *n* *(haricot)* feijão *m*; *(pod)* vagem *f*; *(of coffee)* grão *m*.

bear [beər] *(pt* **bore***, pp* **borne)** *n (animal)* urso *m*. ♦ *vt* suportar, agüentar; **to ~ left/right** virar à esquerda/direita.

bearable ['beərəbl] *adj* suportável.

beard [bɪərd] *n* barba *f*.

bearer ['beərər] *n (of check, passport)* portador *m*, -ra *f*.

bearing ['beərɪŋ] *n (relevance)* relevância *f*; **to get one's ~** orientar-se.

beast [biːst] *n (animal)* animal *m*.

beat [biːt] *(pt* **beat***, pp* **beaten** ['biːtn]) *n (of heart, pulse)* pulsação *f*; *MUS* ritmo *m*. ♦ *vt (defeat)* derrotar, vencer; *(hit)* bater em, agredir; *(eggs, cream)* bater. □ **beat down** *vi (sun)* bater; *(rain)* cair. □ **beat up** *vt sep* espancar.

beautiful ['bjuːtəfl] *adj (attractive)* lindo(da); *(very good)* magnífico(ca).

beauty ['bjuːtɪ] *n* beleza *f*.

beaver ['biːvər] n castor m.

became [br'keɪm] pt → **become**.

because [br'kɒz] conj porque; ~ of por causa de.

beckon ['bekən] vi: to ~ (to) chamar com sinais.

become [br'kʌm] (pt became, pp become) vi tornar-se; what became of him? que foi feito dele?

bed [bed] n (for sleeping in) cama f; (of river) leito m; (of sea) fundo m; (cookery) base f, camada f; (in garden) canteiro m; **in** ~ na cama; **to get out of** ~ levantar-se (da cama); **to go to** ~ ir para a cama; **to go to** ~ **with sb** ir para a cama com alguém; **to make the** ~ fazer a cama.

bed and breakfast n hospedagem com pernoite e café da manhã a preços econômicos.

ⓘ BED AND BREAKFAST

"Bed and Breakfast" (B&B) ou "guest house" é o nome que se dá às casas particulares situadas em locais turísticos na Inglaterra nas quais se alugam quartos. O preço do quarto inclui um "café da manhã inglês", em geral composto de linguiças, ovos, bacon, torradas, chá ou café.

bedding ['bedɪŋ] n roupa f de cama.

bedroom ['bedruːm] n quarto m.

bedside manner ['bedsaɪd-] n atendimento m (médico).

bedspread ['bedspred] n colcha f.

bedtime ['bedtaɪm] n hora f de dormir.

bee [biː] n abelha f.

beech [biːtʃ] n faia f.

beef [biːf] n carne f de vaca.

beehive ['biːhaɪv] n colméia f.

been [biːn] pp → **be**.

beep [biːp] n bip m. ◆ vi tocar (bip).

beeper ['biːpər] n bip m.

beer [bɪər] n cerveja f; **to have a couple of** ~s beber OR tomar umas cervejas.

beet [biːt] n beterraba f.

beetle ['biːtl] n besouro m.

before [br'fɔːr] adv antes. ◆ prep antes de; (fml: in front of) em frente de. ◆ conj antes de; **you leave** antes de partir; **the day** ~ o dia anterior; **the week** ~ **last** há duas semanas.

beforehand [br'fɔːrhænd] adv de antemão.

beg [beg] vi pedir. ◆ vt: to ~ **sb to do sthg** implorar a alguém que faça algo; **to ~ for sthg** (for money, food) pedir algo.

began [br'gæn] pt → **begin**.

beggar ['begər] n mendigo m, -ga f.

begin [br'gɪn] (pt began, pp begun) vi & vt começar; **to ~ doing** OR **to do sthg** começar a fazer algo; **to ~ by doing sthg** começar por fazer algo; **to ~ with** (firstly) para começar.

beginner [bɪ'gɪnər] n principiante mf.

beginning [bɪ'gɪnɪŋ] n começo m.

begun [bɪ'gʌn] pp → begin.

behalf [bɪ'hæf] n: on ~ of em nome de.

behave [bɪ'heɪv] vi comportar-se; **to ~ (o.s.)** (be good) comportar-se.

behavior [bɪ'heɪvjər] Am comportamento m.

behaviour [bɪ'heɪvjəʳ] n Brit = behavior.

behind [bɪ'haɪnd] adv (at the back) atrás. ◆ prep (at the back of) atrás de. ◆ n inf traseiro m; **to be ~ sb** (supporting) apoiar alguém; **to be ~ (schedule)** estar atrasado; **to leave sthg ~** esquecer-se de algo; **to stay ~** ficar para trás.

beige [beɪʒ] adj bege (inv).

being ['biːɪŋ] n ser m; **to come into ~** nascer.

belated [bɪ'leɪtəd] adj tardio (dia).

belch [beltʃ] vi arrotar.

Belgium ['beldʒəm] n Bélgica f.

belief [bɪ'liːf] n (faith) crença f; (opinion) opinião f.

believe [bɪ'liːv] vt (person, story) acreditar em; (think) achar. ◆ vi: **to ~ in** (God, human rights) crer em; **to ~ in doing sthg** acreditar em fazer algo.

believer [bɪ'liːvər] n crente mf.

bell [bel] n (of phone, door) campainha f; (of church) sino m.

bellhop ['belhɒp] n boy m.

bellow ['beləʊ] vi (person) gritar; (bull, cow) mugir.

belly ['belɪ] n inf barriga f.

belly button n inf umbigo m.

belong [bɪ'lɒŋ] vi (be in right place) pertencer; **to ~ to** pertencer a.

belongings [bɪ'lɒŋɪŋz] npl pertences mpl.

below [bɪ'ləʊ] adv em baixo; (downstairs) de baixo. ◆ prep abaixo de; **it's ten ~ zero** está 10 graus abaixo de zero.

belt [belt] n (for clothes) cinto m; TECH correia f.

bench [bentʃ] n banco m, bancada f.

bend [bend] (pt & pp bent) n curva f. ◆ vt dobrar. ◆ vi (road, river, pipe) fazer uma curva. ❑ **bend down** vi abaixar-se. ❑ **bend over** vi inclinar-se.

beneath [bɪ'niːθ] adv debaixo. ◆ prep (under) debaixo de, sob.

beneficial [ˌbenɪ'fɪʃl] adj benéfico(ca).

benefit ['benɪfɪt] n (advantage) benefício m; (money) subsídio m. ◆ vt beneficiar. ◆ vi: **to ~ (from)** beneficiar-se (de); **for the ~ of** em benefício de.

benign [bɪ'naɪn] adj MED benigno(gna).

bent [bent] pt & pp → bend.

bereaved [bɪ'riːvd] adj (family) enlutado(da).

beret [bə'reɪ] n gorro m.

berry ['berɪ] n baga f.

berserk [bər'zɑːk] adj: **to go ~** ficar fora de si.

berth

berth [bɜːθ] n (for ship) ancoradouro m; (in ship) beliche m; (in train) couchette f.

beside [bɪ'saɪd] prep (next to) junto a; **to be ~ the point** não ter nada a ver.

besides [bɪ'saɪdz] adv além disso. ◆ prep além de.

best [best] adj melhor. ◆ n: **the ~ o/a melhor**; **to make the ~ of sthg** aproveitar o máximo possível algo; **to do one's ~** fazer o melhor possível; **the ~ thing to do is ...** o melhor é ...; **'~ before ...'** 'consumir de preferência antes de ...'; **at ~** na melhor das hipóteses; **all the ~!** felicidades!; (in letter) um abraço!; **I like this one** ~ gosto mais deste; **she played ~** ela jogou melhor.

best man n padrinho m (de casamento).

best-seller [-'selər] n (book) best-seller m.

bet [bet] (pt & pp **bet**) n aposta f. ◆ vt (gamble) apostar. ◆ vi: **to ~ (on)** apostar (em); **I ~ (that) you can't do it** aposto que você não consegue.

betray [bɪ'treɪ] vt trair.

better ['betər] adj & adv melhor; **you had ~ ...** é melhor ...; **to get ~** melhorar.

between [bɪ'twiːn] prep entre; **in ~** entre; (space) no meio; **'closed ~ 1 and 2'** fechado entre a uma e as duas'; **what happened in ~ ?** o que aconteceu neste ínterim?

beverage ['bevərɪdʒ] n fml bebida f.

beware [bɪ'weər] vi: **to ~ of** cuidado com; **'~ of the dog'** 'cuidado com o cachorro'.

bewildered [bɪ'wɪldəd] adj perplexo(xa).

beyond [bɪ'jɒnd] prep (on far side of) do outro lado de; (farther than) para além de. ◆ adv mais além; **to ~ reach** fora do alcance; **to be ~ doubt** ser sem sombra de dúvida.

biased ['baɪəst] adj parcial.

bib [bɪb] n (for baby) babador m.

bible ['baɪbl] n bíblia f.

biceps ['baɪseps] n bíceps m inv.

bicycle ['baɪsɪkl] n bicicleta f.

bid [bɪd] (pt & pp **bid**) n (at auction) lanço m; (attempt) tentativa f. ◆ vt (money) oferecer. ◆ vi: **to ~ (for)** licitar (para).

big [bɪg] adj grande; **my ~ brother** o meu irmão mais velho; **how ~ is it?** de que tamanho é?

bike [baɪk] n inf (bicycle) bicicleta f; (motorcycle) moto f.

bikini [bɪ'kiːnɪ] n biquíni m.

bilingual [baɪ'lɪŋgwəl] adj bilíngüe.

bill [bɪl] n (for electricity, hotel) conta f; Am (bank note) nota f; (at the movies, theater) programa m; POL projeto m de lei.

billboard ['bɪlbɔːd] n quadro m de anúncios, outdoor m.

billiards ['bɪljədz] n bilhar m.

billion ['bɪljən] n (thousand million) bilhão m; Brit (million million) trilhão m.

bin [bɪn] n (for bread, flour) caixa

f, lata f; (on plane) compartimento m para a bagagem.

bind [baɪnd] (pt & pp **bound**) vt (tie up) atar.

binding ['baɪndɪŋ] n (of book) encadernação f; (for ski) peças fpl de fixação (dos esquis).

bingo ['bɪŋgəʊ] n bingo m.

binoculars [bɪ'nɒkjʊlərz] npl binóculo m.

biodegradable [,baɪəʊdɪ-'greɪdəbl] adj biodegradável.

biography [baɪ'ɒgrəfɪ] n biografia f.

biological [,baɪə'lɒdʒɪkl] adj biológico(ca).

biology [baɪ'ɒlədʒɪ] n biologia f.

bird [bɜːrd] n (small) pássaro m; (large) ave f.

birth [bɜːrθ] n nascimento m; **by ~** de nascimento; **to give ~** to dar à luz.

birth certificate n certidão f de nascimento.

birth control n contracepção f.

birthday ['bɜːrθdeɪ] n aniversário m; **happy ~!** feliz aniversário!

birthplace ['bɜːrθpleɪs] n local m de nascimento, naturalidade f.

biscuit ['bɪskɪt] n Am bolacha f, biscoito m.

bishop ['bɪʃəp] n bispo m.

bistro ['biːstrəʊ] (pl -s) n bistrô m.

bit [bɪt] pt → **bite**. ◆ n (piece) pedaço m, bocado m; (of drill) broca

f; (of bridle) freio m; **a ~** um pouco; **a ~ of money** um pouco de dinheiro; **to do a ~ of walking** andar um pouco; **~ by ~** pouco a pouco.

bitch [bɪtʃ] n cadela f.

bite [baɪt] (pt **bit**, pp **bitten** ['bɪtn]) n (when eating) dentada f; (from insect) picada f; (from snake) mordedura f. ◆ vt morder; (subj: insect) picar; **to have a ~ to eat** mordiscar algo.

bitter ['bɪtər] adj amargo(ga); (cold, wind) glacial; (argument, conflict) violento(ta).

bizarre [bɪ'zɑːr] adj estranho (nha).

black [blæk] adj preto(ta); (coffee) sem leite, preto(ta); (humor) negro(gra). ◆ n (color) preto m, negro m; (person) preto m, -ta f. □ **black out** vi desmaiar, perder os sentidos.

blackberry ['blækberɪ] n amora f silvestre.

blackbird ['blækbɜːrd] n melro m.

blackboard ['blækbɔːrd] n quadro m (negro).

blackcurrant [,blæk'kɜːrənt] n groselha f preta.

blackmail ['blækmeɪl] n chantagem f. ◆ vt chantagear.

bladder ['blædər] n bexiga f.

blade [bleɪd] n (of knife, saw) lâmina f; (of propeller, oar) pá f; (of grass) folha f.

blame [bleɪm] n culpa f. ◆ vt culpar; **to ~ sb for sthg** culpar alguém de algo; **to ~ sthg on sb** pôr a culpa de algo em alguém.

bland

bland [blænd] *adj (food)* insosso(a).

blank [blæŋk] *adj (page, cassette, check)* em branco; *(expression)* confuso(sa). ◆ *n (empty space)* espaço *m* em branco.

blanket ['blæŋkɪt] *n* cobertor *m*.

blast [blæst] *n (explosion)* explosão *f*; *(of air, wind)* rajada *f*; *(fun time)* farra *f*.

blaze [bleɪz] *n (fire)* incêndio *m*. ◆ *vi (fire)* arder; *(sun, light)* brilhar intensamente.

blazer ['bleɪzər] *n* blazer *m*.

bleach [bliːtʃ] *n* água *f* sanitária. ◆ *vt (clothes)* branquear; *(hair)* descolorar.

bleak [bliːk] *adj (weather)* escuro(ra); *(day, city)* sombrio.

bleed [bliːd] *(pt & pp* bled [bled]) *vi* sangrar.

blend [blend] *n (of coffee, whiskey)* mistura *f*. ◆ *vt* misturar.

blender ['blendər] *n* liquidificador *m*.

bless [bles] *vt* abençoar; ~ you! *(said after sneeze)* saúde!

blessing ['blesɪŋ] *n* bênção *f*.

blew [bluː] *pt* → **blow**.

blind [blaɪnd] *adj* cego(ga). ◆ *n (for window)* persiana *f*. ◆ *npl*: the ~ os cegos.

blindfold ['blaɪndfəʊld] *n* venda *f*. ◆ *vt* vendar os olhos de.

blink [blɪŋk] *vi* piscar os olhos.

bliss [blɪs] *n* felicidade *f*.

blister ['blɪstər] *n* bolha *f* (d'água).

blizzard ['blɪzərd] *n* tempestade *f* de neve.

bloated ['bləʊtɪd] *adj* inchado(da).

blob [blɒb] *n* gota *f*.

block [blɒk] *n* bloco *m*; *Am (in town, city)* quarteirão *m*. ◆ *vt* obstruir; to have a ~ed (up) nose estar com o nariz entupido. ❑ **block up** *vt sep* entupir.

blockage ['blɒkɪdʒ] *n* obstrução *f*.

blonde [blɒnd] *adj* louro(ra). ◆ *n* loura *f*.

blood [blʌd] *n* sangue *m*.

blood group *n* grupo *m* sangüíneo.

blood poisoning *n* septicemia *f*.

blood pressure *n* pressão *f* arterial; to have high/low ~ ter a pressão (arterial) alta/baixa.

bloodshot ['blʌdʃɒt] *adj* injetado(da) de sangue.

blood test *n* exame *f* de sangue.

blood type *n* grupo *m* sangüíneo.

bloody ['blʌdɪ] *adj (hands, handkerchief)* ensangüentado(da).

bloom [bluːm] *n* flor *f*. ◆ *vi* florir; in ~ em flor.

blossom ['blɒsəm] *n* flor *f*.

blot [blɒt] *n* borrão *m*.

blotch [blɒtʃ] *n* mancha *f*.

blouse [blaʊs] *n* blusa *f*.

blow [bləʊ] *(pt* blew, *pp* blown) *vt (subj: wind)* fazer voar; *(whistle, trumpet)* soprar em;

bolt

(bubbles) fazer. ◆ *vi* soprar; *(fuse)* queimar, rebentar. ◆ *n (hit)* golpe *m*; **to ~ one's nose** assoarse, assoar o nariz. ❏ **blow up** ◆ *vt sep (cause to explode)* explodir; *(inflate)* encher. ◆ *vi (explode)* explodir; *(storm)* cair.

blow-dry *n* brushing *m*. ◆ *vt* secar *(com secador)*.

blown [bləʊn] *pp* → **blow**.

blue [blu:] *adj* azul; *(movie)* pornográfico(ca). ◆ *n* azul *m*. ❏ **blues** *n* MUS blues *m inv*.

blueberry ['blu:beri] *n* arando *m*, uva-do-monte *f*.

blue-collar *adj (job, worker)* operário(ria).

bluff [blʌf] *n (cliff)* penhasco *m*. ◆ *vi* blefar.

blunder ['blʌndər] *n* asneira *f*.

blunt [blʌnt] *adj (knife)* cego (ga); *(pencil)* por afiar; *(fig: person)* franco(ca).

blurred [blɜːd] *adj* desfocado(da).

blush [blʌʃ] *vi* corar.

blusher ['blʌʃər] *n* blush *m*.

board [bɔːd] *n (plank)* tábua *f*; *(for surfing, diving)* prancha *f*; *(bulletin board)* quadro *m*; *(for games)* tabuleiro *m*; *(blackboard)* quadro *m* (negro); *(of company)* direção *f*; *(hardboard)* madeira *f* compensada. ◆ *vt (plane, ship)* embarcar em. ◆ *vi (in a house)* hospedar-se; **room and ~** pernoite e refeições; **on ~** *(adv)* a bordo. ◆ *prep (plane, ship)* a bordo de; *(bus)* em.

board game *n* jogo *m* de tabuleiro.

boarding ['bɔːdɪŋ] *n* embarque *m*.

boarding card ['bɔːdɪŋ-] *n* cartão *m* de embarque.

boarding house ['bɔːdɪŋhaʊs, *pl* -haʊzɪz] *n* pensão *f*.

boarding school ['bɔːdɪŋ-] *n* colégio *m* interno.

boast [bəʊst] *vi*: **to ~ (about** sthg) gabar-se (de algo).

boat [bəʊt] *n* barco *m*; **by ~** de barco.

bobby pin ['bɒbɪ-] *n Am* grampo *m* de cabelo *(em forma de U)*.

body ['bɒdɪ] *n* o corpo *m*; *(of car)* carroceria *f*; *(of organization)* organismo *m*; *(of wine)* maturação *f*.

bodyguard ['bɒdɪgɑːd] *n* guarda-costas *mf*.

bodywork ['bɒdɪwɜːk] *n* carroceria *f*.

bog [bɒg] *n* atoleiro *m*.

bogged down [ˌbɒgd-] *adj*: **~ in** sthg *(in mud, snow)* atolado (da) em algo; **don't get ~ in too many details** não entre em demasiados detalhes.

bogus ['bəʊgəs] *adj* falso(sa).

boil [bɔɪl] *vt (water)* ferver; *(kettle)* pôr para ferver; *(food)* cozer. ◆ *vi* ferver. ◆ *n (on skin)* furúnculo *m*.

boiler ['bɔɪlər] *n* aquecedor *m* *(de água)*.

boiling (hot) ['bɔɪlɪŋ-] *adj inf (person)* morto (morta) de calor; *(weather)* abrasador(ra); *(water)* fervendo.

bold [bəʊld] *adj (brave)* audaz.

bolt [bəʊlt] *n (on door, window)*

ferrolho m; (screw) parafuso m (com porca). ◆ vt (door, window) fechar com ferrolho.

bomb [bɒm] n bomba f. ◆ vt bombardear.

bombard [bɒm'bɑːd] vt bombardear.

bomb scare n ameaça f de bomba.

bond [bɒnd] n (tie, connection) laço m.

bone [bəʊn] n (of person, animal) osso m; (of fish) espinha f.

boneless ['bəʊnləs] adj (chicken, pork) desossado(da).

bonfire ['bɒn,faɪər] n fogueira f.

bonus ['bəʊnəs] (pl -es) n bónus m inv.

bony ['bəʊnɪ] adj (chicken) cheio (cheia) de ossos; (fish) cheio (cheia) de espinhas.

boo [buː] vi vaiar.

book [bʊk] n livro m; (for writing in) caderno m; (of stamps, matches) carteira f; (of tickets) caderneta f. ◆ vt (reserve) reservar.

bookcase ['bʊkkeɪs] n estante f (para livros).

booking ['bʊkɪŋ] n (reservation) reserva f.

bookkeeping ['bʊk,kiːpɪŋ] n contabilidade f.

booklet ['bʊklɪt] n folheto m.

bookmark ['bʊkmɑːk] n marcador m de livros.

bookshelf ['bʊkʃelf] (pl -shelves [-ʃelvz]) n (shelf) prateleira f (para livros); (bookcase) estante f (para livros).

bookstall ['bʊkstɔːl] n quiosque m de venda de livros.

bookstore ['bʊkstɔːr] n livraria f.

boom [buːm] n (sudden growth) boom m. ◆ vi (voice, guns) ribombar.

boost [buːst] vt aumentar; (spirits, morale) levantar.

booster ['buːstər] n (injection) reforço m de vacina.

boot [buːt] n (shoe) bota f.

booth [buːð] n (for telephone) cabine f; (at fairground) barraca f.

booze [buːz] n inf álcool m. ◆ vi inf beber, encher a cara.

border ['bɔːdər] n (of country) fronteira f; (edge) borda f.

bore [bɔːr] pt → **bear.** ◆ n inf seca f. ◆ vt (person) entediar, aborrecer; (hole) fazer.

bored [bɔːd] adj entediado (da).

boredom ['bɔːdəm] n tédio m.

boring ['bɔːrɪŋ] adj maçante.

born [bɔːn] adj: to be ~ nascer.

borne [bɔːn] pp → **bear.**

borough ['bʌrəʊ] n município m.

borrow ['bɒrəʊ] vt: to ~ sthg (from sb) pedir algo emprestado (a alguém).

boss [bɒs] n chefe mf. ▫ boss around vt sep dar ordens a.

bossy ['bɒsɪ] adj mandão (dona).

both [bəʊθ] adj ambos, -bas f pl. ◆ pron ambos mpl, -bas f pl. ◆ adv: he speaks ~ French and

German ele fala francês e alemão; ~ **of them** ambos(bas), os dois (as duas); ~ **of us** nós dois (nós duas).

bother ['boðər] vt (worry) preocupar; (annoy, pester) incomodar. ♦ vi preocupar-se. ♦ n (trouble) incômodo m, amolação f; **I can't be** ~ **ed** não posso me dar ao trabalho; **it's no** ~ **I** não incomoda tal.

bottle ['botl] n garrafa f; (for baby) mamadeira f; (of shampoo, medicine) frasco m.

bottled ['botld] adj engarrafado(da); ~ **beer** cerveja f de garrafa; ~ **water** água f mineral (engarrafada).

bottle opener [- əupnər] n abridor m de garrafas, sacarolhas m inv.

bottom ['botəm] adj (lowest) de baixo; (last, worst) último(ma). ♦ n fundo m; (of hill) base f; (buttocks) traseiro m.

bought [bɔ:t] pt & pp → **buy**.

boulder ['bəuldər] n pedregulho m.

bounce [bauns] vi (rebound) pinchar; (jump) saltar; **his check** ~ **d** ele passou um cheque sem fundos.

bound [baund] pt & pp → **bind**. ♦ vi correr aos pulos. ♦ adj **he's** ~ **to get it wrong** o mais certo é ele enganar-se; **it's** ~ **to rain** vai chover na certa; **it's out of** ~ **s** é zona proibida; **to be** ~ **for** (plane, train) (ir) com destino a.

boundary ['baundri] n fronteira f.

bouquet [bu'kei] n (of flowers) ramo m; (of wine) aroma m, bouquet m.

bourbon ['bɜ:bən] n bourbon m.

bout [baut] n (of illness) ataque m; (of activity) período m.

boutique [bu:'ti:k] n boutique f.

bow[1] [bau] n (of head) reverência f; (of ship) proa f. ♦ vi (bend head) inclinar a cabeça.

bow[2] [bəu] n (knot) laço m; (weapon, MUS) arco m.

bowels ['bauəlz] npl ANAT intestinos mpl.

bowl [bəul] n taça f, tigela f; (for washing up) bacia f; (of toilet) vaso m.

bowling ['bəulɪŋ] n: **to go** ~ ir jogar boliche.

bowling alley n lugar onde se joga boliche.

bow tie [,bəu-] n laço m.

box [bɒks] n caixa f; (on form) quadrado m; (in theater) camarote m. ♦ vi jogar boxe; **a** ~ **of chocolates** uma caixa de bombons.

boxer ['bɒksər] n pugilista m, lutador m de boxe.

boxer shorts npl boxers mpl.

boxing ['bɒksɪŋ] n boxe m.

box office n bilheteria f.

boy [bɔi] n rapaz m. ♦ excl inf: (oh) ~ **!** que bom!

boycott ['bɔikɒt] vt boicotar.

boyfriend ['bɔifrend] n namorado m.

boy scout n escoteiro m.

bra [brɑ:] n sutiã m.

brace [breɪs] n (for teeth) aparelho m (para os dentes). □ **braces** npl Brit suspensórios mpl.

bracelet ['breɪslət] n pulseira f.

bracket ['brækɪt] n (written symbol) parêntese m; (support) suporte m.

brag [bræg] vi gabar-se; **to ~ about sthg** gabar-se de algo.

braid [breɪd] n (hairstyle) trança f; (on clothes) galão m.

brain [breɪn] n cérebro m.

brainy ['breɪnɪ] adj inf esperto (ta); **she's very ~** ela é um crânio.

brake [breɪk] n freio m. ◆ vi frear, brecar.

brake light n luz f de freio.

brake pedal n pedal m do freio.

bran [bræn] n farelo m.

branch [brɑ:ntʃ] n (of tree, subject) ramo m; (of bank) agência f; (of company) sucursal f, filial f. □ **branch off** vi ramificar-se.

brand [brænd] n marca f. ◆ vt: **to ~ sb (as)** rotular alguém (de).

brand-new adj novo (nova) em folha.

brandy ['brændɪ] n conhaque m.

brash [bræʃ] adj pej insolente.

brass [brɑ:s] n latão m.

brasserie ['bræsərɪ] n ≃ brasserie f.

brassiere [brə'zɪr] n sutiã m.

brat [bræt] n inf criança f mimada.

brave [breɪv] adj valente.

bravery ['breɪvərɪ] n valentia f.

brawl [brɔ:l] n rixa f.

Brazil [brə'zɪl] n Brasil m.

Brazilian [brə'zɪljən] adj brasileiro m, -ra f. ◆ n brasileiro m, -ra f.

brazil nut n castanha-do-pará f.

breach [bri:tʃ] vt (contract) quebrar; (confidence) abusar de.

bread [bred] n pão m; **~ and butter** pão com manteiga.

breadcrumbs ['bredkrʌmz] npl farinha f de rosca.

breaded ['bredəd] adj empanado(da), à milanesa.

breadth [bredθ] n largura f.

break [breɪk] (pt **broke**, pp **broken**) n (interruption) interrupção f; (in line) corte m; (rest, pause) pausa f; SCH (playtime) recreio m. ◆ vt (damage) partir, quebrar; (disobey) ir contra; (fail to fulfill) quebrar; (a record) bater; (news) dar; (journey) interromper. ◆ vi (become damaged) partir, quebrar; (dawn) romper; (voice) mudar; **without a ~** sem parar; **a lucky ~** um golpe de sorte; **to ~ one's leg** quebrar a perna. □ **break down** ◆ vi (car, machine) enguiçar. ◆ vt sep (door, barrier) derrubar. □ **break in** vi entrar à força. □ **break off** ◆ vt (detach) partir; (conversation) interromper. ◆ vi (stop suddenly) parar. □ **break out** vi (fire) começar; (war) estourar; (panic)

brim

instaurar-se; **to ~ out in a rash** ficar com alergia. □ **break up** vi *(with spouse, partner)* separar-se; *(meeting, marriage)* terminar; *(school, pupils)* terminar as aulas.

breakage ['breɪkɪdʒ] n danos mpl.

breakdown ['breɪkdaʊn] n *(of car)* enguiço m, avaria f; *(in communications, negotiation)* ruptura f; *(mental)* esgotamento m.

breakfast ['brekfəst] n café m da manhã; **to have ~** tomar o café da manhã; **to have sthg for ~** comer algo no café da manhã.

break-in n assalto m.

breakthrough ['breɪkθruː] n ruptura f.

breast [brest] n peito m, seio m.

breastbone ['brestbəʊn] n esterno m.

breast-feed vt amamentar.

breaststroke ['breststrəʊk] n peito m *(nado)*.

breath [breθ] n hálito m, respiração f; **out of ~** sem fôlego; **to go for a ~ of fresh air** sair para respirar ar fresco; **to take a deep ~** respirar fundo.

Breathalyzer® ['breθəlaɪzər] n bafômetro m.

breathe [briːð] vi respirar. □ **breathe in** vi inspirar. □ **breathe out** vi expirar.

breathtaking ['breθˌteɪkɪŋ] adj incrível.

breed [briːd] *(pt & pp bred* [bred])* n *(of animal)* raça f; *(of plant)* espécie f. ◆ vt criar. ◆ vi reproduzir-se.

breeze [briːz] n brisa f.

brew [bruː] vt *(beer)* fabricar; *(tea, coffee)* preparar. ◆ vi *(tea, coffee)* repousar; **has the tea/coffee ~ed yet?** já está pronto o chá/café?

brewery ['bruːərɪ] n cervejaria f.

bribe [braɪb] n suborno m, propina f ◆ vt subornar.

brick [brɪk] n tijolo m.

bricklayer ['brɪkleɪər] n pedreiro m.

bride [braɪd] n noiva f.

bridegroom ['braɪdgruːm] n noivo m.

bridesmaid ['braɪdzmeɪd] n dama de honra.

bridge [brɪdʒ] n ponte f; *(card game)* bridge m.

bridle ['braɪdl] n cabeçada f.

brief [briːf] adj breve. ◆ vt informar; **in ~** em resumo. □ **briefs** npl *(for men)* cueca f.

briefcase ['briːfkeɪs] n pasta f *(para papéis, livros).*

briefly ['briːflɪ] adv *(for a short time)* por alguns momentos; *(in few words)* em poucas palavras.

brigade [brɪ'geɪd] n brigada f.

bright [braɪt] adj *(light, sun, idea)* brilhante; *(room)* claro(ra); *(color)* vivo(va); *(clever)* esperto (ta); *(lively, cheerful)* alegre; *(smile)* radiante.

brilliant ['brɪljənt] adj *(light, sunshine)* brilhante; *(color)* vivo (va); *(idea, person)* brilhante.

brim [brɪm] n *(of hat)* aba f; **it's**

full to the ~ está cheio até à borda.

brine [braɪn] n salmoura f.

bring [brɪŋ] (pt & pp **brought**) vt trazer. ❑ **bring along** vt sep trazer. ❑ **bring back** vt sep (return) devolver; (shopping, gift) trazer. ❑ **bring in** vt sep (introduce) introduzir; (earn) ganhar. ❑ **bring out** vt sep (put on sale) pôr à venda. ❑ **bring up** vt sep (child) criar; (subject) mencionar; (food) vomitar.

brink [brɪŋk] n: **on the ~ of** à beira de.

brisk [brɪsk] adj (quick) rápido (da); (efficient) desembaraçado (da); (wind) forte.

Britain [ˈbrɪtn] n Grã-Bretanha f.

British [ˈbrɪtɪʃ] adj britânico (ca). ◆ npl: **the ~** os britânicos.

brittle [ˈbrɪtl] adj quebradiço (ça).

broad [brɔːd] adj (wide) largo (ga); (wide-ranging) amplo(pla); (description, outline) geral; (accent) forte.

broad bean n fava f.

broadcast [ˈbrɔːdkɑːst] (pt & pp **broadcast**) n transmissão f. ◆ vt transmitir.

broadly [ˈbrɔːdlɪ] adv em geral; **~ speaking** em termos gerais.

broccoli [ˈbrɒkəlɪ] n brócolis mpl.

brochure [ˈbrəʊʃər] n brochura f, folheto m.

broiled [brɔɪld] adj Am grelhado(da).

broke [brəʊk] pt → **break**. ◆ adj inf teso(sa).

broken [ˈbrəʊkn] pp → **break**. ◆ adj (window, leg, glass) partido (da); (machine) com defeito; (English, Portuguese, etc) incorreto(ta).

bronchitis [brɒŋˈkaɪtɪs] n bronquite f.

bronze [brɒnz] n bronze m.

brooch [brəʊtʃ] n broche m.

brook [brʊk] n riacho m.

broom [bruːm] n vassoura f.

broomstick [ˈbruːmstɪk] n cabo m de vassoura.

broth [brɒθ] n caldo m.

brother [ˈbrʌðər] n irmão m.

brother-in-law (pl **brothers-in-law**) n cunhado m.

brought [brɔːt] pt & pp → **bring**.

brow [braʊ] n (forehead) testa f; (eyebrow) sobrancelha f.

brown [braʊn] adj marrom, (skin) moreno(na); (tanned) bronzeado(da). ◆ n marrom m.

brownie [ˈbraʊnɪ] n (food) biscoito de chocolate e nozes.

brown rice n arroz m integral.

brown sugar n açúcar m mascavo.

browse [braʊz] vi (in shop) dar uma olhada; **to ~ through** (book, paper) passar os olhos em.

browser [ˈbraʊzər] n (on a computer) browser m.

bruise [bruːz] n nódoa f negra, equimose f.

brunch [brʌntʃ] n café da ma-

nhã reforçado que se toma mais tarde e que serve de almoço.

brunette [bru:'net] *n* morena *f.*

brush [brʌʃ] *n (for hair, teeth)* escova *f; (for painting)* pincel *m.* ◆ *vt (floor)* varrer; *(clothes)* escovar; *(move with hand)* sacudir; **to ~ one's hair** escovar o cabelo; **to ~ one's teeth** escovar os dentes.

brussels sprouts ['brʌslz-] *npl* couve-de-Bruxelas *f.*

brutal ['bru:tl] *adj* brutal.

B.S. *abbr* = **Bachelor of Science.**

bubble ['bʌbl] *n* bolha *f; (of soap)* bolha *f* de sabão; *(in fizzy drink)* borbulha *f.*

bubble bath *n* espuma *f* de banho.

bubble gum *n* chiclete *m* de bola.

buck [bʌk] *n Am inf (dollar)* dólar *m; (male animal)* macho *m.*

Buckingham Palace ['bʌkɪŋəm-] *n* Palácio *m* de Buckingham.

mosa cerimônia da troca da guarda.

buckle ['bʌkl] *n* fivela *f.* ◆ *vt (fasten)* apertar *(com fivela).* ◆ *vi (warp)* contrair-se.

bud [bʌd] *n (flower)* botão *m; (leaf)* rebento *m.* ◆ *vi (flower)* florescer; *(leaf)* brotar.

Buddhist ['budɪst] *n* budista *mf.*

buddy ['bʌdɪ] *n inf* amigo *m,* -ga *f.*

budge [bʌdʒ] *vi* mexer-se.

budget ['bʌdʒɪt] *adj (travel)* econômico(ca). ◆ *n* orçamento *m.* ❑ **budget for** *vt fus:* **to ~ for sthg** prever as despesas de algo.

buff [bʌf] *n inf* fanático *m,* -ca *f.*

buffalo ['bʌfələu] *(pl* -s *OR* -es*)* *n* búfalo *m.*

buffer ['bʌfər] *n* pára-choques *m inv.*

buffet [bə'feɪ] *n* bufê *m.*

buffet car [bə'feɪ] *n* vagão-restaurante *m.*

bug [bʌg] *n (insect)* bicho *m; (mild illness)* vírus *m inv.* ◆ *vt inf (annoy)* chatear.

buggy ['bʌgɪ] *n* carrinho *m* de bebê.

build [bɪld] *(pt & pp* built*)* *n* constituição *f* física. ◆ *vt* construir. ❑ **build up** ◆ *vt sep (strength, speed)* ganhar. ◆ *vi* acumular-se.

builder ['bɪldər] *n (person)* pedreiro *m; (company)* construtora *f.*

BUCKINGHAM PALACE

Construído em 1703 pelo duque de Buckingham, em Londres, o Palácio de Buckingham é a residência oficial da rainha. Situado no fim do "Mall", uma avenida larga entre Green Park e St James's Park, em frente a esse palácio realiza-se todos os dias a fa-

building

building ['bɪldɪŋ] n edifício m.

building site n canteiro m de obras.

built [bɪlt] pt & pp → build.

built-in adj embutido(da).

bulb [bʌlb] n (for lamp) lâmpada f elétrica; (of plant) bulbo m.

bulge [bʌldʒ] vi fazer volume.

bulk [bʌlk] n: the ~ of a maior parte de; in ~ a granel, em grandes quantidades.

bulky ['bʌlkɪ] adj volumoso (osa).

bull [bʊl] n touro m.

bulldog ['bʊldɒg] n buldogue m.

bulldozer ['bʊldəʊzər] n buldôzer m.

bullet ['bʊlɪt] n bala f.

bulletin ['bʊlətən] n boletim m.

bulletin board n quadro m de avisos.

bullfight ['bʊlfaɪt] n tourada f.

bull's-eye ['bʊlz-] n mosca f (de alvo).

bully ['bʊlɪ] n brigão m, -gona f. ◆ vt abusar de, intimidar.

bum [bʌm] n Am inf (tramp) vagabundo m, -da f.

bumblebee ['bʌmblbi:] n abelhão m.

bump [bʌmp] n (on surface) elevação f; (on leg) inchaço m; (on head) galo m; (sound, minor accident) pancada f. ◆ vt (head, leg) bater com. ❑ **bump into** vt fus (hit) chocar com; (meet) encontrar-se com.

bumper ['bʌmpər] n (on car) pára-choques m inv.

bumper car n carrinho m de trombada.

bumpy ['bʌmpɪ] adj acidentado(da); **the flight was** ~ durante o vôo sentiu-se um pouco de turbulência.

bun [bʌn] n (cake) pão m doce (pequeno); (bread roll) pãozinho m; (hairstyle) coque m.

bunch [bʌntʃ] n (of people) grupo m; (of flowers) ramo m; (of grapes, bananas) cacho m; (of keys) molho m.

bundle ['bʌndl] n (of clothes) trouxa f; (of notes, papers) maço m.

bung [bʌŋ] n tampo m.

bungalow ['bʌŋgələʊ] n bangalô m.

bunk [bʌŋk] n (bed) beliche m.

bunk bed n beliche m.

bunny ['bʌnɪ] n coelhinho m.

buoy ['bu:ɪ] n bóia f (de sinalização).

buoyant ['bu:jənt] adj (that floats) flutuante.

burden ['bɜːrdn] n carga f.

bureaucracy [bjʊə'rɒkrəsɪ] n burocracia f.

burger ['bɜːrgər] n (hamburger) hambúrguer m.

burglar ['bɜːrglər] n ladrão m, ladra f.

burglar alarm n alarme m (anti-roubo).

burglarize ['bɜːrgləraɪz] vt Am assaltar.

burglary ['bɜːrglərɪ] n assalto m.

burgundy ['bɜːrgəndɪ] n (color) grená m; (wine) Borgonha m.

burial ['berɪəl] n enterro m.

burn [bɜːrn] (pt & pp **burnt** OR **burned**) n queimadura f. ◆ vt queimar. ◆ vi (be on fire) arder.
❏ **burn down** ◆ vt sep incendiar. ◆ vi arder.

burning (hot) ['bɜːrnɪŋ-] adj muito quente, escaldante.

burnt [bɜːrnt] pt & pp → **burn**.

burp [bɜːrp] n inf arroto m. ◆ vi inf arrotar.

burrow ['bɜːrəʊ] n toca f.

burst [bɜːrst] (pt & pp **burst**) n (of gunfire, applause) salva f. ◆ vt & vi rebentar; **he** ~ **into the room** ele irrompeu pelo quarto adentro; **to** ~ **into tears** desatar a chorar; **to** ~ **open** (door) abrir-se de repente.

bury ['berɪ] vt enterrar.

bus [bʌs] n ônibus m; **by** ~ de ônibus.

bus driver n motorista mf (de ônibus).

bush [bʊʃ] n arbusto m.

bushy ['bʊʃɪ] (compar **-ier**, superl **-iest**) adj (eyebrows, beard) cerrado(da); (tail) peludo(da).

business ['bɪznəs] n (commerce, trade) negócios mpl; (shop, firm) negócio m; (things to do, affair) assunto m; **let's get down to** ~ vamos ao que interessa; **mind your own** ~! meta-se com a sua vida!; **'**~ **as usual'** 'aberto como de costume'.

business card n cartão-de-visita m.

business class n classe f executiva.

businessman ['bɪznəsmæn] (pl **-men** [-men]) n homem m de negócios.

business park n parque m industrial.

business person n pessoa f de negócios.

business studies npl ≃ administração f de empresas.

businesswoman ['bɪznəs-ˌwʊmən] (pl **-women** [-ˌwɪmɪn]) n mulher f de negócios.

bus lane n faixa f para ônibus.

bus station n (estação f) rodoviária f.

bus stop n ponto m de ônibus.

bust [bʌst] n (of woman) busto m. ◆ adj: **to go** ~ inf falir.

bustle ['bʌsl] n alvoroço m, animação f.

busy ['bɪzɪ] adj ocupado(da); (street, office) movimentado(da); **to be** ~ **doing sthg** estar ocupado fazendo algo.

busybody ['bɪzɪbɒdɪ] n intrometido m, -da f.

busy signal n sinal m de ocupado.

but [bʌt] conj mas. ◆ prep senão, a não ser; **you've been nothing** ~ **trouble** você só tem me dado trabalho; **the last** ~ **one** o penúltimo (a penúltima); ~ **for** se não fosse.

butcher ['bʊtʃər] n açougueiro m, -ra f.

butcher shop n açougue m.

butt

butt [bʌt] n (of rifle) coronha f; (of cigarette, cigar) ponta f.

butter ['bʌtər] n manteiga f.
◆ vt untar com manteiga.

buttercup ['bʌtərkʌp] n botão-de-ouro m, ranúnculo m.

butterfly ['bʌtərflaɪ] n borboleta f; (swimming stroke) borboleta m (nado).

buttocks ['bʌtəks] npl nádegas fpl.

button ['bʌtn] n botão m; Am (badge) crachá m.

buttonhole ['bʌtnhəʊl] n (hole) casa f (de botão).

buttress ['bʌtrɪs] n contraforte m.

buy [baɪ] (pt & pp bought) vt comprar. ◆ n: a good ~ uma boa compra; to ~ sthg for sb, to ~ sb sthg comprar algo para alguém.

buzz [bʌz] vi zumbir. ◆ n inf (phone call): to give sb a ~ dar uma ligada para alguém.

buzzer ['bʌzər] n campainha f.

by [baɪ] prep -1. (expressing cause, agent) por; he's worried ~ her absence está preocupado com a sua ausência; he was hit ~ a car ele foi atropelado por um carro; a book ~ Stephen King um livro de Stephen King; funded ~ the government financiado pelo governo.
-2. (expressing method, means): ~ car/bus/plane de carro/ônibus/avião; ~ phone/mail pelo telefone/correio; to pay ~ credit card/check pagar com cartão de crédito/cheque; to

win ~ cheating ganhar trapaceando.
-3. (near to, beside) junto a; ~ the sea à beira-mar, junto ao mar.
-4. (past) por; a car went ~ the house um carro passou pela casa.
-5. (via) por; exit ~ the door on the left saia pela porta do lado esquerdo.
-6. (with time): be there ~ nine esteja lá às nove horas; ~ day de dia; it should be ready ~ now já deve estar pronto.
-7. (expressing quantity) a; sold ~ the dozen vende-se à dúzia; prices fell ~ 20% os preços baixaram 20%; we charge ~ the hour cobramos por hora.
-8. (expressing meaning) com; what do you mean ~ that? que quer dizer com isso?
-9. (in division, multiplication) por; about six feet ~ fifteen aproximadamente dois metros por cinco.
-10. (according to) segundo; ~ law segundo a lei; it's fine ~ me por mim tudo bem.
-11. (expressing gradual process) a; one ~ one um a um; day ~ day dia a dia.
-12. (in phrases): ~ mistake por engano; ~ oneself sozinho; ~ profession por profissão.
◆ adv (past): to go/drive ~ passar.

bye(-bye) [baɪ(baɪ)] excl inf tchau!

bypass ['baɪpæs] n (road) contorno m; (surgery) ponte f de safena.

C

C (abbr of Celsius, centigrade) C.

cab [kæb] n (taxi) táxi m; (of lorry) cabine f.

cabbage ['kæbɪdʒ] n repolho m.

cabin ['kæbɪn] n (on ship) camarote m; (of plane) cabine f; (wooden house) cabana f.

cabin crew n tripulação f.

cabinet ['kæbɪnət] n (cupboard) armário m; POL gabinete m (de ministros).

cable ['keɪbl] n cabo m.

cable car n teleférico m.

cactus ['kæktəs] (pl -tuses OR -ti [-taɪ]) n cacto m.

cafe [kæ'feɪ] n café m (bar).

cafeteria [,kæfə'tɪərɪə] n cantina f.

caffeine [kæ'fiːn] n cafeína f.

cage [keɪdʒ] n gaiola f.

Cajun ['keɪdʒən] adj relativo à comunidade Cajun, de origem francesa, residente na Luisiana.

cake [keɪk] n bolo m.

calculate ['kælkjʊleɪt] vt calcular.

calculation [,kælkjə'leɪʃn] n cálculo m.

calculator ['kælkjʊleɪtər] n calculadora f.

calendar ['kæləndər] n calendário m.

calf [kɑːf] (pl **calves**) n (of cow) bezerro m, -a f; (of leg) barriga f da perna.

call [kɔːl] n (visit) visita f; (phone call, at airport) chamada f; (of bird) grito m. ◆ vt chamar; (say loudly) chamar por; (telephone) ligar para; (meeting, election, strike) convocar; (flight) anunciar. ◆ vi (telephone) telefonar, ligar; **could I have a ~ at eight o'clock, please?** por favor, pode me chamar às oito?; **on ~** (nurse, doctor) de plantão; **to pay sb a ~** visitar alguém; **to be ~ed** chamar-se; **what is he ~ed?** como é que ele se chama?; **who's ~ing?** quem está falando? ❑ **call back** ◆ vt sep voltar a telefonar a. ◆ vi (phone again) voltar a telefonar. ❑ **call for** vt fus (come to fetch) ir buscar; (demand, require) exigir. ❑ **call on** vt fus (visit) ir visitar; **to ~ on sb to do sthg** pedir a alguém para fazer algo. ❑ **call out** ◆ vt sep (name, winner) anunciar; (doctor, fire brigade) chamar. ◆ vi gritar. ❑ **call up** vt sep MIL chamar, mobilizar; (telephone) telefonar para, ligar para.

caller ['kɔːlər] n (visitor) visita f; (on phone) pessoa f que chama.

calm [kɑːm] adj calmo(ma). ◆ vt acalmar. ❑ **calm down** ◆ vt sep acalmar. ◆ vi acalmar-se.

calorie ['kælərɪ] n caloria f.

calves [kævz] pl → **calf.**

came [keɪm] pt → **come.**

camel

camel ['kæml] n camelo m.

camera ['kæmərə] n (for photographs) máquina f or câmera fotográfica; (for filming) câmera f (de cinema).

camp [kæmp] n (for vacation) colônia f de férias; (for soldiers) acampamento m; (for prisoners) campo. ♦ vi acampar.

campaign [kæm'peɪn] n campanha f. ♦ vi: to ~ (for/against) fazer campanha (a favor de/contra).

camp bed n cama f de campanha.

camper ['kæmpər] n (person) campista mf; (van) trailer m.

camping ['kæmpɪŋ] n: to go ~ acampar.

campsite ['kæmpsaɪt] n camping m.

campus ['kæmpəs] (pl -es) n campus m, cidade f universitária.

can¹ [kæn] n lata f.

can² [weak form kən, strong form kæn] (pt was, were, of & conditional could) aux vb -1. (be able to) poder; ~ you help me? pode me ajudar?; I ~ see the mountains posso ver as montanhas.
- 2. (know how to) saber; ~ you drive? você sabe dirigir?; I ~ speak Portuguese eu sei falar português.
- 3. (be allowed to) poder; you can't smoke here você não pode fumar aqui.
- 4. (in polite requests) poder; ~ you tell me the time? pode me dizer as horas?; ~ I speak to

the manager? posso falar com o gerente?
- 5. (expressing occasional occurrence) poder; it ~ get cold at night às vezes a temperatura diminui bastante à noite.
- 6. (expressing possibility) poder; they could be lost eles podem estar perdidos.

Canada ['kænədə] n Canadá m.

canal [kə'næl] n canal m.

cancel ['kænsl] vt cancelar.

cancellation [,kænsə'leɪʃn] n cancelamento m.

cancer ['kænsər] n câncer m.

Cancer ['kænsər] n Câncer m.

candidate ['kændədeɪt] n candidato m, -ta f.

candle ['kændl] n vela f.

candlelit ['kændlɪt] adj à luz de vela.

candlestick ['kændlstɪk] n castiçal m.

candy ['kændɪ] n Am (confectionery) guloseimas fpl; (sweet) bala f.

cane [keɪn] n (for walking) bengala f; (for punishment) vara f; (for furniture, baskets) palhinha f.

canister ['kænɪstər] n (for tea) lata f (para o chá); (for gas) bujão m.

cannabis ['kænəbəs] n maconha f.

canned [kænd] adj (food, drink) enlatado(da).

cannon ['kænən] n canhão m.

cannot ['kænɒt] = can not.

canoe [kə'nu:] n canoa f.

canoeing [kə'nu:ɪŋ] n canoagem f.

canopy ['kænəpɪ] n (over bed, etc) dossel m.

can't [kænt] = **cannot**.

cantaloup(e) ['kæntəlu:p] n cantalupo m.

canteen [kæn'ti:n] n cantil m.

canvas ['kænvəs] n (for tent, bag) lona f; (painting) tela f.

cap [kæp] n (hat) boné m; (of pen, bottle) tampa f; (contraceptive) diafragma m.

capable ['keɪpəbl] adj capaz; **to be ~ of doing sthg** ser capaz de fazer algo.

capacity [kə'pæsɪtɪ] n capacidade f.

cape [keɪp] n (of land) cabo m; (cloak) capa f.

capers ['keɪpəz] npl alcaparras fpl.

capital ['kæpɪtl] n (of country) capital f; (money) capital m; (letter) maiúscula f.

capital punishment n pena f de morte.

cappuccino [,kæpʊ'tʃi:nəʊ] n cappuccino m.

capsize [kæp'saɪz] vi virar-se.

capsule ['kæpsl] n cápsula f.

captain ['kæptən] n capitão m, -tã f; (of plane, ship) comandante mf.

caption ['kæpʃən] n legenda f.

capture ['kæptʃəʳ] vt (person, animal) capturar; (town, castle) tomar.

car [ka:ʳ] n (automobile) carro m, automóvel m; (railroad wagon) vagão m.

carafe [kə'ræf] n garrafa de boca

larga para servir vinho ou água.

caramel ['kærəmel] n (sweet) caramelo m; (burnt sugar) calda f caramelada.

carat ['kærət] n quilate m; **24-~ gold** ouro de 24 quilates.

caravan ['kærəvæn] n caravana f.

carbohydrate [,kɑ:rbəʊ'haɪdreɪt] n (in foods) carboidrato m.

carbon ['kɑ:rbən] n carbono m.

carburetor [,kɑ:rbə'reɪtr] n Am carburador m.

carburettor [,kɑ:rbə'retəʳ] n Brit = **carburetor**.

card [kɑ:rd] n cartão m; (postcard) postal m; (playing card) carta f; (cardboard) papelão m. □ **cards** npl (game) cartas fpl.

cardboard [,kɑ:rdbɔ:rd] n papelão m.

cardiac arrest [,kɑ:rdɪæk-] n parada f cardíaca.

cardigan [,kɑ:rdɪgən] n cardigã m.

care [keəʳ] n (attention) cuidado m; (treatment) cuidados mpl. ♦ vi (mind) importar-se; **to take ~ of** tomar conta de; **to take ~ not to do sthg** ter cuidado para não fazer algo; **take ~!** (goodbye) se cuida!; **with ~** com cuidado; **to ~ about** (think important) preocupar-se com; (person) querer bem a.

career [kə'rɪəʳ] n carreira f.

carefree ['keərfri:] adj despreocupado(da).

careful ['keərfl] adj cuidadoso(osa); **be ~!** cuidado!

carefully ['keəflɪ] adv cuidadosamente.

careless ['keələs] adj descuidado(da).

cargo ['kɑːrgəʊ] (pl -es OR -s) n carga f, carregamento m.

Caribbean [kəˈrɪbɪən] n: the ~ (area) o Caribe.

caring ['keərɪŋ] adj atencioso(osa), solícito(ta).

carnation [kɑːrˈneɪʃn] n cravo m.

carnival ['kɑːnɪvl] n carnaval m.

carp [kɑːrp] n carpa f.

carpenter ['kɑːrpəntər] n carpinteiro m, -ra f.

carpentry ['kɑːrpəntrɪ] n carpintaria f.

carpet ['kɑːrpɪt] n (fitted) carpete f; (not fitted) tapete m.

carport ['kɑːrpɔːrt] n Am garagem f.

car rental n Am aluguel m de carros ou automóveis.

carriage ['kerɪdʒ] n (horse-drawn) carruagem f.

carrot ['kærət] n cenoura f.

carry ['kerɪ] vt (bear) carregar, levar; (transport) transportar, levar; (disease) transmitir; (cash, passport, map) ter (consigo); (support) agüentar. ◆ vi (voice, sound) ouvir-se. □ **carry on** ◆ vi (continue) continuar. ◆ vt fus (continue) continuar; (conduct) realizar; **to ~ on doing sthg** continuar a fazer algo. □ **carry out** vt sep (perform) levar a cabo; (fulfil) cumprir.

carryout ['kerɪaʊt] n comida f para levar.

carsick ['kɑːrˌsɪk] adj enjoado (da) (em carro).

cart [kɑːrt] n (for transportation) carroça f; Am (in supermarket) carrinho m (de compras); inf (video game cartridge) cassete f.

carton ['kɑːrtn] n pacote m.

cartoon [kɑːrˈtuːn] n (drawing) charge f, caricatura f; (movie) desenho m animado.

cartridge ['kɑːrtrɪdʒ] n (for gun) cartucho m; (for pen) recarga f.

carve [kɑːrv] vt (wood, stone) esculpir; (meat) cortar.

car wash n lavagem f de carro.

case [keɪs] n (container) caixa f; (instance, patient) caso m; JUR (trial) causa f; **in any ~** de qualquer modo; **in ~ of** em caso de; **(just) in ~** ~ caso; **in that ~** nesse caso.

cash [kæʃ] n dinheiro m. ◆ vt: **to ~ a check** descontar um cheque; **to pay ~** pagar em dinheiro.

cash desk n caixa f.

cash dispenser [-ˌdɪˈspensər] n caixa m automático.

cashew (nut) ['kæʃuː-] n castanha f de caju.

cashier [kæˈʃɪər] n caixa mf.

cashmere ['kæʒmɪr] n caxemira f.

cash register n caixa f registradora.

casino [kəˈsiːnəʊ] (pl -s) n cassino m.

cask [kæsk] n casco m, barril m.

casserole ['kæsərəʊl] n (stew)

ensopado m de forno; ~ **(dish)** panela f de ir ao forno.

cassette [kə'set] n cassete f.

cassette recorder n gravador m.

cast [kɑːst] (pt & pp **cast**) n (actors) elenco m; (for broken bone) gesso m. ◆ vt (shadow, light, look) lançar; **to ~ doubt on** pôr em dúvida; **to ~ one's vote** votar. ◻ **cast off** vi (boat, ship) zarpar.

cast-iron adj de ferro fundido; (decision, promise) inflexível; ~ **skillet** frigideira f de ferro.

castle [kɑːsl] n (building) castelo m; (in chess) torre f.

casual [kæʒʊəl] adj (relaxed) despreocupado(da); (manner, clothes) informal; ~ **work** trabalho m temporário.

casualty [kæʒʊəltɪ] n vítima mf.

cat [kæt] n gato m.

catalog [kætəlɒg] n Am catálogo m.

catalogue [kætəlɒg] Brit = catalog.

catapult [kætəpʌlt] n catapulta f.

cataract [kætərækt] n (in eye) catarata f.

catarrh [kə'tɑːr] n catarro m.

catastrophe [kə'tæstrəfɪ] n catástrofe f.

catch [kætʃ] (pt & pp **caught**) vt apanhar; (attention, imagination) despertar. ◆ vi (become hooked) ficar preso. ◆ n (of window, door) trinco m; (snag) truque m. ◻ **catch up** ◆ vt sep alcançar. ◆ vi: **to ~ up (with)** alcançar.

catching [kætʃɪŋ] adj inf contagioso(osa).

category [kætəgərɪ] n categoria f.

cater [keɪtər] vt (party) fornecer comida. ◻ **cater for** vt fus (needs, tastes) satisfazer; (anticipate) contar com.

caterpillar [kætərpɪlər] n lagarta f.

cathedral [kə'θiːdrəl] n catedral f.

Catholic [kæθlɪk] adj católico(ca). ◆ n católico m, -ca f.

cattle [kætl] npl gado m.

caught [kɔːt] pt & pp → **catch**.

cauliflower [kɒlɪflaʊər] n couve-flor f.

cause [kɔːz] n causa f; (justification) razão f. ◆ vt causar; **to ~ sb to do sthg** fazer (com) que alguém faça algo.

causeway [kɔːzweɪ] n calçada f (sobre água ou zona pantanosa).

caution [kɔːʃn] n (care) cautela f; (warning) aviso m.

cautious [kɔːʃəs] adj cauteloso(osa).

cave [keɪv] n gruta f. ◻ **cave in** vi (roof, ceiling) desabar.

caviar(e) [kævɪɑːr] n caviar m.

cavity [kævətɪ] n (in tooth) cárie f.

CD n (abbr of compact disc) CD m.

CD player n CD player m, toca-CDs m.

CD-ROM n (abbr of compact disc read-only memory) CD-ROM m.

cease [siːs] vt & vi fml cessar.

ceasefire [siːsfaɪər] n cessar-fogo m.

ceiling ['si:lɪŋ] n teto m.

celebrate ['seləbreɪt] vt & vi (victory, birthday) celebrar.

celebration [,selə'breɪʃn] n (event) celebração f. ❏ **celebrations** npl (festivities) comemorações fpl.

celebrity [sə'lebrɪtɪ] n (person) celebridade f.

celery ['seləɪ] n aipo m.

cell [sel] n (of plant, body) célula f; (in prison) cela f.

cellar ['selər] n porão m.

cello ['tʃeləʊ] n violoncelo m.

Cellophane® ['seləfeɪn] n celofane m.

cell phone n Am (telefone m) celular m.

Celsius ['selsɪəs] adj Célsius.

cement [sə'ment] n cimento m.

cemetery ['semətrɪ] n cemitério m.

census ['sensəs] n censo m.

cent [sent] n centavo m.

center ['sentər] n Am centro m. ◆ adj central; **the ~ of** attention o centro das atenções.

centigrade ['sentɪgreɪd] adj centígrado(da).

centimeter ['sentə,mi:tər] n centímetro m.

centipede ['sentɪpi:d] n centopéia f.

central ['sentrəl] adj central.

central heating n aquecimento m central.

central locking [-'lɒkɪŋ] n fechadura f centralizada.

centre ['sentər] n & adj Brit = center.

century ['sentʃərɪ] n século m.

ceramic [sə'ræmɪk] adj de louça or barro. ❏ **ceramics** npl cerâmica f.

cereal ['sɪərɪəl] n cereal m.

ceremony ['serəməʊnɪ] n cerimônia f.

certain ['sɜ:rtn] adj certo(ta); **she's ~ to be late** o mais certo é ela chegar atrasada; **to be ~ of** sthg ter a certeza de algo; **to make ~ (that)** assegurar-se de que.

certainly ['sɜ:rtnlɪ] adv (without doubt) sem dúvida; (of course) com certeza; **~ not!** de modo nenhum!; **I ~ do** com certeza que sim.

certificate [sər'tɪfɪkət] n (of studies, medical) certificado m; (of birth) certidão f.

certify ['sɜ:rtɪfaɪ] vt (declare true) comprovar.

chain [tʃeɪn] n (of metal) corrente f; (of stores, mountains) cadeia f. ◆ vt: **to ~ sthg to sthg** acorrentar algo a algo.

chain reaction n reação f em cadeia.

chair [tʃeər] n cadeira f.

chairlift ['tʃeərlɪft] n teleférico m (de cadeira).

chairman ['tʃeərmən] (pl -men [-mən]) n presidente m.

chairperson ['tʃeər,pɜ:sn] (pl -s) n presidente mf.

chairwoman ['tʃeər,womən] (pl -women [-,wɪmɪn]) n presidente f.

chalet ['ʃæleɪ] n chalé m.

chalk [tʃɔ:k] n giz m; **a piece of**

~ um pedaço de giz.

chalkboard ['tʃɔːkbɔːrd] n Am quadro-negro m.

challenge ['tʃælɪndʒ] n desafio m. ◆ vt (question) questionar; **to ~ sb (to sthg)** (to fight, competition) desafiar alguém (para algo).

chamber ['tʃeɪmbər] n (room) câmara f.

champagne [ˌʃæm'peɪn] n champanhe m.

champion ['tʃæmpjən] n campeão m, -peã f.

championship ['tʃæmpjənʃɪp] n campeonato m.

chance [tʃɑːns] n chance f. ◆ vt: **to ~ it** inf arriscar; **to take a ~** arriscar-se; **by ~** por acaso; **on the off ~** se por acaso.

chandelier [ˌʃændə'lɪər] n candelabro m, lustre m.

change [tʃeɪndʒ] n (alteration) mudança f; (money received back) troco m; (coins) dinheiro m trocado. ◆ vt mudar; (exchange) trocar; (clothes, bedding) mudar de, trocar de. ◆ vi mudar; (change clothes) trocar-se, mudar de roupa; **a ~ of clothes** uma muda de roupa; **do you have ~ for a dollar?** você pode trocar um dólar?; **for a ~** para variar; **to get ~d** trocar-se, mudar de roupa; **to ~ money** trocar dinheiro; **to ~ a diaper** mudar uma fralda; **to ~ a tire** trocar um pneu; **to ~ trains/planes** mudar de trem/avião.

changeable ['tʃeɪndʒəbl] adj (weather) instável.

changing room ['tʃeɪndʒɪŋ-] n vestiário m.

channel ['tʃænl] n canal m.

chant [tʃɑːnt] vt entoar.

chaos ['keɪɒs] n caos m.

chaotic [keɪ'ɒtɪk] adj caótico (ca).

chapel ['tʃæpl] n capela f.

chapped [tʃæpt] adj gretado (da).

chapter ['tʃæptər] n capítulo m.

character ['kærəktər] n caráter m; (in movie, book, play) personagem m ou f; inf (person, individual) tipo m.

characteristic [ˌkærəktə'rɪstɪk] adj característico(ca). ◆ n característica f.

charcoal ['tʃɑːrkəʊl] n (for barbecue) carvão m (de lenha).

charge [tʃɑːrdʒ] n (price) preço m, custo m; JUR acusação f. ◆ vt (money, customer) cobrar; JUR acusar; (battery) carregar. ◆ vi (ask money) cobrar; (rush) investir; **to be in ~ (of)** estar encarregado (de); **to take ~ (of)** encarregar-se (de); **free of ~** grátis; **there is no ~ for service** o serviço é grátis.

charity ['tʃærətɪ] n (organization) caridade f; **to give to ~** contribuir para obras de caridade.

charm [tʃɑːrm] n (attractiveness) charme m. ◆ vt encantar.

charming ['tʃɑːrmɪŋ] adj encantador(ra).

chart [tʃɑːrt] n (diagram) gráfico m; **the ~s** as paradas de sucesso.

charter flight ['tʃɑːrtər-] n vôo m charter.

chase [tʃeɪs] n perseguição f. ◆ vt perseguir.

chat [tʃæt] n conversa f. ◆ vi conversar; **to have a ~ (with)** conversar (com).

chat room n chat m, sala f (de bate-papo).

chatty ['tʃæti] adj (letter) informal; (person) tagarela.

chauffeur [ʃəʊˈfɜːr] n motorista mf.

cheap [tʃiːp] adj barato(ta).

cheaply ['tʃiːplɪ] adv barato.

cheat [tʃiːt] n (person) trapaceiro m, -ra f; (thing) trapaça f. ◆ vi trapacear. ◆ vt: **to ~ sb (out of sthg)** roubar algo de alguém.

check [tʃek] n (inspection) inspeção f; Am (bill) conta f; Am (tick) sinal m de visto; Am cheque m; **to pay by ~** pagar com cheque. ◆ vt verificar. ◆ vi informar-se; **~ for any mistakes** verifique se há erros. ❑ **check in** ◆ vt sep (luggage) fazer o check-in. ◆ vi (at hotel) registrar-se; (at airport) fazer o check-in. ❑ **check off** vt sep verificar (em lista). ❑ **check out** ◆ vi acertar a conta e sair (de hotel). ◆ vt: **check sb/sthg out** investigar alguém/algo; **check sthg out** retirar (livro em biblioteca). ❑ **check up** vi: **to ~ up (on)** informar-se (sobre).

checkbook ['tʃekbʊk] n talão m de cheques.

checked [tʃekt] adj quadriculado, de xadrez.

checkers ['tʃekərz] n Am damas fpl.

check-in desk n check-in m.

checking account ['tʃekɪŋ-] n Am conta f corrente.

checkout ['tʃekaʊt] n caixa f.

checkpoint ['tʃekpɔɪnt] n controle m.

checkup ['tʃekʌp] n exame m médico geral, check-up m.

cheek [tʃiːk] n (of face) bochecha f.

cheeky ['tʃiːkɪ] adj descarado(da), atrevido(da).

cheer [tʃɪər] n aclamação f. ◆ vt aclamar.

cheerful ['tʃɪərfl] adj alegre.

cheerleader ['tʃɪərliːdər] n animador m, -ra f de torcida.

cheers [tʃɪərz] excl (when drinking) saúde!

cheese [tʃiːz] n queijo m.

cheeseboard ['tʃiːzbɔːrd] n tábua f de queijos.

cheeseburger ['tʃiːzbɜːrgər] n cheeseburger m, X-búrguer m.

chef [ʃef] n chefe m (de cozinha).

chemical ['kemɪkl] adj químico(ca). ◆ n substância f química.

chemist ['kemɪst] n (scientist) químico m, -ca f.

chemistry ['kemɪstrɪ] n química f.

cheque [tʃek] n Brit = check.

cherry ['tʃerɪ] n cereja f.

chess [tʃes] n xadrez m.

chest [tʃest] n (of body) peito m; (box) arca f.

chop

chestnut ['tʃesnʌt] n castanha f. ◆ adj (color) marrom.

chest of drawers (pl chests of drawers) n cômoda f.

chew [tʃu:] vt mastigar. ◆ n (sweet) goma f.

chewing gum ['tʃu:ıŋ] n chiclete m.

chic [ʃi:k] adj chique.

chicken ['tʃıkın] n galinha f, frango m.

chickenpox ['tʃıkənpɒks] n catapora f.

chickpea ['tʃıkpi:] n grão-de-bico m.

chicory ['tʃıkərı] n chicória f.

chief [tʃi:f] adj (highest-ranking) chefe; (main) principal. ◆ n chefe m, -fa f.

chiefly ['tʃi:flı] adv (mainly) principalmente; (especially) sobretudo.

child [tʃaɪld] (pl **children**) n (young boy, girl) criança f; (son, daughter) filho m, -lha f.

childhood ['tʃaɪldhʊd] n infância f.

childish ['tʃaɪldıʃ] adj pej infantil.

children ['tʃıldrən] pl → **child**.

childrenswear ['tʃıldrənzweər] n roupa f para crianças.

Chile ['tʃılı] n Chile m.

chili ['tʃılı] (pl -ies) n (vegetable) pimenta m OR pimentão m picante.

chill [tʃıl] n (illness) resfriado m. ◆ vt gelar; **there's a ~ in the air** o tempo está frio.

chilled [tʃıld] adj fresco(ca);

'**serve ~**' 'sirva gelado'.

chilly ['tʃılı] adj frio (fria).

chimney ['tʃımnı] n chaminé f.

chimpanzee [,tʃımpæn'zi:] n chimpanzé m.

chin [tʃın] n queixo m.

china ['tʃaınə] n (material) porcelana f.

China ['tʃaınə] n China f.

chip [tʃıp] n (small piece, mark) lasca f; (counter) ficha f; COMPUT chip m. ◆ vt lascar. ❑ **chips** npl Am (crisps) batatas fpl fritas (de pacote).

chisel ['tʃızl] n formão m.

chives [tʃaɪvz] npl cebolinha f.

chlorine ['klɔ:ri:n] n cloro m.

chocolate ['tʃɒklət] n (food, drink) chocolate m; (sweet) bombom m. ◆ adj de chocolate.

choice [tʃɔıs] n escolha f, seleção f. ◆ adj selecionado(da); **with the dressing of your ~** com o tempero a gosto.

choir ['kwaıər] n coro m.

choke [tʃəʊk] vt sufocar. ◆ vi (on fishbone, etc) engasgar-se; (to death) sufocar.

choker ['tʃəʊkər] n gargantilha f.

cholera ['kɒlərə] n cólera f.

choose [tʃu:z] (pt chose, pp chosen) vt & vi escolher; **to ~ to do sthg** decidir fazer algo.

chop [tʃɒp] n (of meat) costeleta f. ◆ vt cortar. ❑ **chop down** vt sep abater. ❑ **chop up** vt sep picar.

chopper ['tʃɒpər] n inf (helicopter) helicóptero m.

choppy ['tʃɒpɪ] adj (sea) encrespado(da).

chopsticks ['tʃɒpstɪks] npl palitos mpl (para comida oriental).

chord [kɔːd] n acorde m.

chore [tʃɔːr] n tarefa f.

chorus ['kɔːrəs] n (part of song) refrão m; (group of singers, dancers) coro m.

chose [tʃəʊz] pt → **choose**.

chosen ['tʃəʊzn] pp → **choose**.

Christ [kraɪst] n Cristo m.

christen ['krɪsn] vt (baby) batizar.

Christian ['krɪstʃən] adj cristão(tã). ◆ n cristão m, -tã f.

Christian name n nome m (de batismo).

Christmas ['krɪsməs] n Natal m; Merry ~! Feliz Natal!

Christmas Day n dia m de Natal.

Christmas Eve n véspera f de Natal, noite f de Natal.

chrome [krəʊm] n cromo m.

chuck [tʃʌk] vt inf (throw) atirar. □ **chuck away** vt sep jogar fora.

chunk [tʃʌŋk] n pedaço m (grande).

church [tʃɜːrtʃ] n igreja f; to go to ~ freqüentar a igreja.

churchyard ['tʃɜːrtʃjɑːrd] n cemitério m.

chute [ʃuːt] n rampa f.

CIA n (abbr of Central Intelligence Agency) CIA, organismo de inteligência dos Estados Unidos .

cider ['saɪdər] n sidra f.

cigar [sɪˈgɑːr] n charuto m.

cigarette [ˌsɪgəˈret] n cigarro m.

cigarette lighter n isqueiro m.

cinema ['sɪnəmə] n cinema m.

cinnamon ['sɪnəmən] n canela f.

circle ['sɜːkl] n (shape, ring) círculo m; (in theater) balcão m. ◆ vt (draw circle around) fazer um círculo; (move around) dar voltas em torno de. ◆ vi (plane) dar voltas.

circuit ['sɜːkɪt] n (track) circuito m; (lap) volta f.

circular ['sɜːkjələr] adj circular. ◆ n circular f.

circulation [ˌsɜːkjəˈleɪʃn] n (of blood) circulação f; (of newspaper, magazine) tiragem f.

circumstances ['sɜːkəmstænsəz] npl circunstâncias fpl; in OR under the ~ dadas as circunstâncias.

circus ['sɜːkəs] n circo m.

cistern ['sɪstərn] n cisterna f.

citizen ['sɪtɪzn] n (of country) cidadão m, -dã f; (of city) habitante mf.

city ['sɪtɪ] n cidade f.

civilian [sɪˈvɪljən] n civil mf.

civilized ['sɪvɪlaɪzd] adj civilizado(da).

civil rights [ˌsɪvl-] npl direitos mpl civis.

civil servant [ˌsɪvl-] n funcionário m público, funcionária pública f.

civil service [ˌsɪvl-] n administração f pública.

claim [kleɪm] n (*assertion*) afirmação f; (*demand*) reivindicação f; (*for insurance*) reclamação f. ♦ vt (*allege*) afirmar; (*demand*) reclamar; (*credit, responsibility*) reivindicar. ♦ vi (*on insurance*) reclamar uma indenização.

claimant [ˈkleɪmənt] n (*of benefit*) reclamante mf.

clam [klæm] n molusco m.

clamp [klæmp] n grampo m. ♦ vt segurar.

clap [klæp] vi aplaudir; **to ~ one's hands** bater palmas.

claret [ˈklerət] n clarete m.

clarinet [ˌklerəˈnet] n clarinete m.

clash [klæʃ] n (*noise*) estrondo m; (*confrontation*) confrontação f. ♦ vi (*colors*) destoar; (*event, date*) coincidir.

clasp [klæsp] n (*fastener*) fecho m. ♦ vt agarrar (com força).

class [klæs] n (*group of students*) turma f; (*teaching period*) aula f; (*type, social group*) classe f. ♦ vt: **to ~ sb/sthg (as)** classificar alguém/algo (de).

classic [ˈklæsɪk] adj clássico (ca). ♦ n clássico m.

classical [ˈklæsɪkl] adj clássico(ca).

classification [ˌklæsɪfɪˈkeɪʃn] n classificação f.

classified ads [ˈklæsɪfaɪd-] npl classificados mpl.

classmate [ˈklæsmeɪt] n colega mf de turma.

classroom [ˈklæsruːm] n sala f (de aula).

clause [klɔːz] n cláusula f.

claustrophobic [ˌklɔːstrəˈfəʊbɪk] adj (*person*) claustrofóbico(ca).

claw [klɔː] n (*of bird, cat, dog*) garra f; (*of crab, lobster*) pinça f.

clay [kleɪ] n barro m, argila f.

clean [kliːn] adj limpo(pa); (*page*) em branco; (*sheets, clothes*) lavado(da). ❑ **clean up** vi, vt sep arrumar.

cleaner [ˈkliːnər] n (*person*) faxineiro m, -ra f; (*substance*) produto m de limpeza.

cleanse [klenz] vt limpar.

cleanser [ˈklenzər] n (*for skin*) creme m de limpeza.

clear [klɪər] adj claro(ra); (*unstructured*) livre; (*sky*) limpo(pa). ♦ vt (*area, road*) desimpedir; (*pond*) limpar; (*jump over*) saltar; (*declare not guilty*) absolver; (*authorize*) aprovar; (*check*) creditar. ♦ vi (*weather*) melhorar; (*fog*) levantar; **the check will ~ in three days' time** o cheque vai compensar daqui a três dias; **to be ~ (about sthg)** compreender (algo); **to be ~ of sthg** (*not touching*) não tocar em algo; **to ~ one's throat** limpar a garganta; **to ~ the table** tirar a mesa. ❑ **clear up** ♦ vt sep (*room, toys*) arrumar; (*problem, confusion*) clarificar. ♦ vi (*weather*) melhorar; (*clean up*) arrumar.

clearance [ˈklɪərəns] n autorização f; (*free distance*) espaço m livre.

clearing [ˈklɪərɪŋ] n clareira f.

clearly [ˈklɪərlɪ] adv claramente; *(obviously)* evidentemente.

clerk [klɜːrk] *n (in office)* auxiliar *mf* de escritório; *Am (in store)* balconista *mf*.

clever ['klevər] *adj (person)* esperto(ta); *(idea, device)* engenhoso(osa).

click [klɪk] *n* estalido *m*. ◆ *vi (make sound)* dar um estalido.

client ['klaɪənt] *n* cliente *mf*.

cliff [klɪf] *n* rochedo *m*.

climate ['klaɪmət] *n* clima *m*.

climax ['klaɪmæks] *n* clímax *m inv.*

climb [klaɪm] *vt (tree, ladder)* subir em; *(mountain)* escalar. ◆ *vi* subir. ❑ **climb down** ◆ *vt fus (tree, ladder)* descer de; *(mountain)* descer. ◆ *vi* descer. ❑ **climb up** *vt fus (tree, ladder)* subir em; *(mountain)* escalar.

climber ['klaɪmər] *n (person)* alpinista *mf.*

climbing ['klaɪmɪŋ] *n* alpinismo *m*; **to go** ~ fazer alpinismo.

clinic ['klɪnɪk] *n* clínica *f*.

clip [klɪp] *n* clip *m*. ◆ *vt (fasten)* segurar (com clip); *(cut)* cortar.

cloak [kləʊk] *n* capa *f*.

cloakroom ['kləʊkruːm] *n (for coats)* vestiário *m (em avião, teatro).*

clock [klɒk] *n* relógio *m*; *(odometer)* velocímetro *m*; **around the** ~ noite e dia.

clockwise ['klɒkwaɪz] *adv* no sentido horário.

clog [klɒg] *n* tamanco *m*. ◆ *vt* entupir.

close¹ [kləʊs] *adj (near)* junto (ta); *(relation, friend, contact)* íntimo(ma); *(link, resemblance)* grande; *(examination)* detalhado(da); *(race, contest)* renhido(da). ◆ *adv* perto, ~ **by** perto; ~ **to** *(near)* perto de; ~ **to tears/laughter** a ponto de chorar/rir; ~ **to despair** nos limites do desespero.

close² [kləʊz] *vt* fechar. ◆ *vi (door, jar, eyes)* fechar-se; *(store, office)* fechar; *(deadline, offer, meeting)* terminar. ❑ **close down** *vt sep & vi* fechar (definitivamente).

closed [kləʊzd] *adj* fechado (da).

closely ['kləʊslɪ] *adv (related)* intimamente; *(follow, examine)* de perto.

closet ['klɒzət] *n Am* armário *m*.

close-up ['kləʊs-] *n* primeiro plano *m*.

clot [klɒt] *n (of blood)* coágulo *m*.

cloth [klɒθ] *n (fabric)* tecido *m*; *(piece of cloth)* pano *m*.

clothes [kləʊz] *npl* roupa *f*.

clothesline ['kləʊzlaɪn] *n* varal *m*, corda *f*.

clothespin ['kləʊzpɪn] *n Am* pregador *m* de roupa.

clothing ['kləʊðɪŋ] *n* roupa *f*.

cloud [klaʊd] *n* nuvem *f*.

cloudy ['klaʊdɪ] *adj (sky, day)* nublado(da); *(liquid)* turvo(va).

clove [kləʊv] *n (of garlic)* dente *m*. ❑ **cloves** *npl (spice)* cravo *m*.

clown [klaʊn] *n* palhaço *m*.

club [klʌb] *n (organization)* clube *m*; *(nightclub)* discoteca *f*, boate *f*; *(stick)* taco *m*. ▫ **clubs** *npl (in cards)* paus *mpl*.

club soda *n Am* soda *f*.

clue [klu:] *n* pista *f*; **I don't have a ~** não faço a mínima idéia.

clumsy ['klʌmzı] *adj (person)* desajeitado(da).

clutch [klʌtʃ] *n* embreagem *f*. ♦ *vt* apertar.

cm *(abbr of centimeter)* cm.

c/o *(abbr of care of)* a/c.

Co. *(abbr of company)* Cia.

coach [kəʊtʃ] *n* SPORT treinador *m*, -ra *f*.

coal [kəʊl] *n* carvão *m*.

coal mine *n* mina *f* de carvão.

coarse [kɔ:rs] *adj (rough)* áspero(ra); *(vulgar)* ordinário(ria).

coast [kəʊst] *n* costa *f*.

coastguard ['kəʊstgɑ:rd] *n (person)* guarda *m* costeiro; *(organization)* guarda *f* costeira.

coastline ['kəʊstlaın] *n* litoral *m*.

coat [kəʊt] *n (garment)* casaco *m*; *(of animal)* pêlo *m*. ♦ *vt*: **to ~ sthg (with)** cobrir algo (com).

coat hanger *n* cabide *m*.

coating ['kəʊtıŋ] *n (on surface)* revestimento *m*; *(on food)* camada *f*; **with a ~ of breadcrumbs** à milanesa.

cobbles ['kɒblz] *npl* pedras *fpl (para calçamento)*.

cobweb ['kɒbweb] *n* teia *f* de aranha.

Coca-Cola® [ˌkəʊkə'kəʊlə] *n* Coca-Cola® *f*.

cocaine [kəʊ'keın] *n* cocaína *f*.

cock [kɒk] *n (rooster)* galo *m*.

cockerel ['kɒkrəl] *n* galo *m* jovem.

cockpit ['kɒkpıt] *n* cabine *f*.

cockroach ['kɒkrəʊtʃ] *n* barata *f*.

cocktail ['kɒkteıl] *n* coquetel *m*.

cocktail party *n* coquetel *m (festa)*.

cocoa ['kəʊkəʊ] *n* cacau *m*.

coconut ['kəʊkənʌt] *n* coco *m*.

cod [kɒd] *n* bacalhau *m*.

code [kəʊd] *n (system)* código *m*; *(dialling code)* indicativo *m*.

coed [kəʊ'ed] *adj SCH* misto(ta).

coeducational [ˌkəʊedju:'keıʃənl] *adj* misto(ta).

coffee ['kɒfı] *n* café *m*; **black ~** café preto; **ground/instant ~** café moído/instantâneo.

coffee bar *n* lanchonete *f*.

coffeepot ['kɒfıpɒt] *n* bule *m* para o café.

coffee shop *n (in stores, airports)* cafeteria *f*.

coffee table *n* mesinha *f* de centro.

coffin ['kɒfın] *n* caixão *m*.

coil [kɔıl] *n (of rope)* rolo *m*. ♦ *vt* enrolar.

coin [kɔın] *n* moeda *f*.

coincide [ˌkəʊın'saıd] *vi*: **to ~ (with)** coincidir (com).

coincidence [kəʊ'ınsıdəns] *n* coincidência *f*.

Coke® [kəʊk] *n* Coca-Cola® *f*.

colander ['kʌləndər] *n* coador *m*.

cold [kəʊld] adj frio (fria). ◆ n (illness) resfriado m; (low temperature) frio m; **to get** ~ arrefecer; **to catch (a)** ~ resfriar-se.

cold cuts npl Am frios mpl.

coleslaw [ˈkəʊlslɔː] n salada de repolho com maionese.

colic [ˈkɒlɪk] n cólica f.

collaborate [kəˈlæbəreɪt] vi colaborar.

collapse [kəˈlæps] vi (building, tent) cair; (from exhaustion, illness) ter um colapso.

collar [ˈkɒlər] n (of coat, blouse) gola f; (of shirt) colarinho m; (of dog, cat) coleira f.

collarbone [ˈkɒlərbəʊn] n clavícula f.

colleague [ˈkɒliːg] n colega mf.

collect [kəˈlekt] vt (gather) colher; (as a hobby) colecionar; (money) cobrar. ◆ vi (dust, leaves) acumular-se; (crowd) juntar-se. ◆ adv Am: **to call (sb)** ~ fazer uma chamada a cobrar (para o destinatário).

collection [kəˈlekʃn] n coleção f; (of money) cobrança f; (of mail) coleta f.

collector [kəˈlektər] n (as a hobby) colecionador m, -ra f.

college [ˈkɒlɪdʒ] n Am (university) universidade f; Brit (of university) organismo independente, formado por estudantes e professores, em que se dividem certas universidades britânicas.

collide [kəˈlaɪd] vi: **to** ~ **(with)** chocar (com).

collision [kəˈlɪʒn] n colisão f.

cologne [kəˈləʊn] n água-de-colônia f.

colon [ˈkəʊlən] n GRAMM dois pontos mpl.

colonel [ˈkɜːrnl] n coronel m.

colony [ˈkɒlənɪ] n colônia f.

color [ˈkʌlər] n Am cor f. ◆ adj (photograph, film) a cores. ◆ vt (hair) pintar; (food) colorir. ☐ **color in** vt sep colorir.

color-blind adj daltônico (ca).

colorful [ˈkʌlərfʊl] adj (picture, garden, scenery) colorido(da); (fig: person, place) animado(da).

coloring [ˈkʌlərɪŋ] n (of food) corante m; (complexion) tez f.

colour [ˈkʌlər] Brit = **color**.

column [ˈkɒləm] n coluna f.

coma [ˈkəʊmə] n coma m ou f.

comb [kəʊm] n pente m. ◆ vt: **to** ~ **one's hair** pentear o cabelo.

combination [ˌkɒmbɪˈneɪʃn] n combinação f.

combine [kəmˈbaɪn] vt: **to** ~ **sthg (with)** combinar algo (com).

come [kʌm] (pt **came**, pp **come**) vi-1. (move) vir; **we came by taxi** nós viemos de táxi; ~ **and see!** venha ver!; ~ **here!** venha cá!

-2. (arrive) chegar; **to** ~ **home** voltar para casa; **they still haven't** ~ eles ainda não chegaram; **'coming soon'** 'brevemente'.

-3. (in order) vir; **to** ~ **first/last** (in sequence) vir primeiro/no fim; (in competition) chegar primeiro/em último (lugar).

- **4.** *(reach):* **to ~ up/down to** chegar a.
- **5.** *(become):* **to ~ loose/undone** desapertar-se; **to ~ true** realizar-se.
- **6.** *(be sold)* vir; **they ~ in packs of six** vêm em pacotes de seis.

◆ **come across** *vt fus* encontrar.

◆ **come along** *vi (progress)* desenvolver-se; *(improve)* aparecer; **~ along!** *(as encouragement)* anda!; *(hurry up)* anda logo!

◆ **come apart** *vi* desfazer-se.

◆ **come around** *vi (regain consciousness)* voltar a si; **why don't you ~ around tomorrow?** por que você não passa aqui amanhã?

◆ **come back** *vi* regressar.

◆ **come down** *vi (price)* baixar.

◆ **come down with** *vt fus (illness)* apanhar.

◆ **come from** *vt fus* vir de.

◆ **come in** *vi (enter)* entrar; *(arrive)* chegar; *(tide)* subir; **~ in!** entre!

◆ **come off** *vi (button, top)* cair; *(succeed)* resultar.

◆ **come on** *vi (progress)* progredir; **~ on!** vamos lá!

◆ **come out** *vi* sair; *(sun, moon)* aparecer.

◆ **come over** *vi (visit):* **I'll ~ over tonight** passo por aí hoje à noite.

◆ **come to** *vt fus (subj: check)* ser ao todo.

◆ **come up** *vi (go upstairs)* subir; *(be mentioned, happen)* surgir; *(sun, moon)* aparecer.

◆ **come up with** *vt fus (idea)* arranjar.

comedian [kəˈmiːdjən] *n* cômico *m*, -ca *f*.

comedy [ˈkɒmədɪ] *n (TV program, movie, play)* comédia *f*; *(humor)* humor *m*.

comfort [ˈkʌmfərt] *n* conforto *m*; *(consolation)* consolo *m*. ◆ *vt* consolar.

comfortable [ˈkʌmftərbl] *adj* confortável; *(fig: confident)* à vontade; *(financially)* bem de vida; **to be ~** *(after operation)* estar bem.

comforter [ˈkʌmfərtər] *n Am* edredom *m*.

comic [ˈkɒmɪk] *adj* cômico(ca). ◆ *n (person)* cômico *m*, -ca *f*; **the ~s** quadrinhos *mpl*.

comical [ˈkɒmɪkl] *adj* cômico (ca).

comic book *n* revistinha *f (de história em quadrinhos)*.

comma [ˈkɒmə] *n* vírgula *f*.

command [kəˈmænd] *n (order)* ordem *f*; *(mastery)* domínio *m*. ◆ *vt (order)* ordenar; *(be in charge of)* comandar.

commander [kəˈmændər] *n* comandante *m*.

commemorate [kəˈmeməreɪt] *vt* comemorar.

commence [kəˈmens] *vi fml* começar.

comment [ˈkɒment] *n* comentário *m*. ◆ *vi* comentar.

commentary [ˈkɒməntrɪ] *n (of event)* relato *m*; *(of football, baseball game)* comentário *m*.

commentator [ˈkɒmənteɪtər] *n (on TV, radio)* comentarista *mf*.

commerce ['kɒmɜːrs] n comércio m.

commercial [kə'mɜːrʃl] adj comercial. ◆ n anúncio m (em televisão, rádio).

commission [kə'mɪʃn] n comissão f.

commit [kə'mɪt] vt (crime, sin) cometer; **to ~ o.s. (to sthg)** comprometer-se (a algo); **to ~ suicide** suicidar-se.

committee [kə'mɪtɪ] n comitê m, comissão f.

commodity [kə'mɒdətɪ] n produto m.

common ['kɒmən] adj comum; (pej: vulgar) vulgar; **in ~** em comum.

commonly ['kɒmənlɪ] adv (generally) geralmente.

common sense n senso m comum.

communal [kə'mjuːnl] adj (bathroom, kitchen) comum.

communicate [kə'mjuːnɪkeɪt] vi: **to ~ (with)** comunicar (com).

communication [kə,mjuːnɪ'keɪʃn] n comunicação f.

communist ['kɒmjʊnəst] n comunista mf.

community [kə'mjuːnətɪ] n comunidade f.

community center n centro m social.

commute [kə'mjuːt] vi viajar diariamente para o trabalho.

commuter [kə'mjuːtər] n pessoa que viaja de casa para o trabalho.

compact [adj kəm'pækt, 'kɒmpækt] adj compacto(ta). ◆ n (for make-up) caixa f de pó-de-arroz; Am (car) carro m pequeno.

compact disc [,kɒmpækt-] n CD m, disco m compacto.

compact disc player n leitor m de CDs.

company ['kʌmpənɪ] n companhia f; **to keep sb ~** fazer companhia a alguém.

comparatively [kəm'pærətɪvlɪ] adv comparativamente.

compare [kəm'peər] vt: **to ~ sthg (with)** comparar algo (com); **~d with** comparado com.

comparison [kəm'perɪsn] n comparação f; **in ~ with** em comparação com.

compartment [kəm'pɑːrtmənt] n compartimento m.

compass ['kʌmpəs] n (magnetic) bússola f; **a pair of ~es** um compasso.

compatible [kəm'pætəbl] adj compatível.

compensate ['kɒmpenseɪt] vt compensar. ◆ vi: **to ~ (for sthg)** compensar (algo); **to ~ sb for sthg** compensar alguém por algo.

compensation [,kɒmpen'seɪʃn] n compensação f.

compete [kəm'piːt] vi (take part) participar; **to ~ with sb for sthg** competir com alguém por algo.

competent ['kɒmpɪtənt] adj competente.

competition [ˌkɒmpɪˈtɪʃn] n competição f; the ~ (rivals) a concorrência.

competitive [kəmˈpetɪtɪv] adj competitivo(va).

competitor [kəmˈpetɪtər] n (in race, contest) participante mf; COMM (in game, show) concorrente mf.

complain [kəmˈpleɪn] vi: to ~ (about) queixar-se (de).

complaint [kəmˈpleɪnt] n (statement) queixa f; (illness) problema m.

complement [ˈkɒmpləˌment] vt complementar.

complete [kəmˈpliːt] adj completo(ta); (finished) concluído (da). ◆ vt (finish) concluir; (a form) preencher; (make whole) completar; ~ with completo com.

completely [kəmˈpliːtlɪ] adv completamente.

complex [ˈkɒmpleks] adj complexo(xa). ◆ n complexo m.

complexion [kəmˈplekʃn] n (of skin) cor f, aspecto m.

complicated [ˈkɒmplɪkeɪtəd] adj complicado(da).

compliment [n ˈkɒmpləmənt, vb ˈkɒmpləˈment] n elogio m. ◆ vt elogiar.

complimentary [ˌkɒmpləˈmentərɪ] adj (seat, ticket) gratuito(ta); (words, person) lisonjeiro(ra).

compose [kəmˈpəʊz] vt (music) compor; (letter, poem) escrever; to be ~d of ser composto de.

composed [kəmˈpəʊzd] adj calmo(ma).

composer [kəmˈpəʊzər] n compositor m, -ra f.

composition [ˌkɒmpəˈzɪʃn] n composição f.

compound [ˈkɒmpaʊnd] n (substance) composto m; (word) palavra f composta.

comprehend [ˌkɒmprɪˈhend] vt compreender, abranger.

comprehensive [ˌkɒmprɪˈhensɪv] adj completo(ta).

comprise [kəmˈpraɪz] vt ser constituído(da) por.

compromise [ˈkɒmprəmaɪz] n compromisso m.

compulsory [kəmˈpʌlsərɪ] adj obrigatório(ria).

computer [kəmˈpjuːtər] n computador m.

computerized [kəmˈpjuːtəraɪzd] adj computadorizado (da).

computer-literate adj entendido(da) em computador.

computer operator n operador m, -ra f de computador.

computer programmer [-ˈprəʊgræmər] n programador m, -ra f de computador.

computing [kəmˈpjuːtɪŋ] n informática f.

con [kɒn] n inf (trick) truque m; all mod ~s com todas as comodidades.

conceal [kənˈsiːl] vt esconder.

conceited [kənˈsiːtɪd] adj pej convencido(da).

concentrate [ˈkɒnsntreɪt] vi

concentrar-se. ◆ vt: **to be ~d** (in one place) estar concentrado; **to ~ on sthg** concentrar-se em algo.

concentrated ['kɒnsntreɪtəd] adj concentrado(da).

concentration [ˌkɒnsn'treɪʃn] n concentração f.

concern [kən'sɜːn] n (worry) preocupação f; (matter of interest) assunto m; COMM negócio m. ◆ vt (be about) ser sobre; (worry) preocupar; (involve) dizer respeito a; **to be ~ed about** estar preocupado com; **to be ~ed with** tratar de; **to ~ o.s. with sthg** preocupar-se com algo; **as far as I'm ~ed** no que me diz respeito.

concerned [kən'sɜːnd] adj (worried) preocupado(da).

concerning [kən'sɜːnɪŋ] prep acerca de.

concert ['kɒnsət] n concerto m.

concession [kən'seʃn] n (reduced price) desconto m.

concise [kən'saɪs] adj conciso (sa).

conclude [kən'kluːd] vt concluir. ◆ vi (fml: end) terminar.

conclusion [kən'kluːʒn] n (decision) conclusão f; (end) fim m.

concrete ['kɒŋkriːt] adj (building, path) de concreto; (idea, plan) concreto(ta). ◆ n concreto m.

concussion [kən'kʌʃn] n traumatismo m craniano.

condensation [ˌkɒndən'seɪʃn] n condensação f.

condition [kən'dɪʃn] n (state) estado m; (proviso) condição f; **a heart/liver ~** problemas de coração/fígado; **to be out of ~** não estar em forma; **on ~ that** com a condição de. ◻ **conditions** npl (circumstances) condições fpl.

conditioner [kən'dɪʃnər] n condicionador m.

condo ['kɒndəʊ] Am inf = **condominium.**

condolence [kən'dəʊləns] n condolências fpl; **send/offer ~s** enviar/apresentar os pêsames.

condom ['kɒndəm] n preservativo m.

condominium [ˌkɒndə'mɪnjəm] n Am condomínio m.

conduct [vb kən'dʌkt, n 'kɒndʌkt] vt (investigation, business) levar a cabo; MUS reger. n (fml: behavior) conduta f; **to ~ o.s.** fml comportar-se.

conductor [kən'dʌktər] n MUS maestro m; (on bus) cobrador m, -ra f; Am (on train) revisor m, -ra f.

cone [kəʊn] n cone m; (for ice cream) casquinha f.

confectioner's sugar [kən'fekʃnərz-] n Am açúcar m de confeiteiro.

confectionery [kən'fekʃənəri] n confeitaria f.

conference ['kɒnfrəns] n conferência f.

confess [kən'fes] vi: **to ~ (to sthg)** confessar (algo).

confession [kən'feʃn] n confissão f.

confidence [ˈkɒnfɪdəns] *n* confiança *f*; **to have ~ in** ter confiança em.

confident [ˈkɒnfɪdənt] *adj* (self-assured) seguro(ra) de si; (certain) seguro(ra).

confined [kənˈfaɪnd] *adj* restrito(ta).

confirm [kənˈfɜːrm] *vt* confirmar.

confirmation [ˌkɒnfərˈmeɪʃn] *n* confirmação *f*; RELIG crisma *m*.

conflict [ˈkɒnflɪkt] *n* conflito *m*. ◆ *vi*: **to ~ (with sthg)** estar em desacordo (com algo).

conform [kənˈfɔːrm] *vi*: **to ~ (to)** obedecer (a).

confuse [kənˈfjuːz] *vt* confundir; **to ~ sthg with sthg** confundir algo com algo.

confused [kənˈfjuːzd] *adj* confuso(sa).

confusing [kənˈfjuːzɪŋ] *adj* confuso(sa).

confusion [kənˈfjuːʒn] *n* confusão *f*.

congested [kənˈdʒestəd] *adj* (street) congestionado(da); (nose, chest) entupido.

congestion [kənˈdʒestʃn] *n* (traffic) congestionamento *m*.

congratulate [kənˈgrætʃəleɪt] *vt*: **to ~ sb (on sthg)** felicitar alguém (por algo).

congratulations [kənˌgrætʃəˈleɪʃənz] *excl* parabéns!

congregate [ˈkɒŋgrɪgeɪt] *vi* juntar-se.

Congress [ˈkɒŋgres] *n* Am Congresso *m*.

congressman [ˈkɒŋgresmən] *n* deputado *m*.

congresswoman [ˈkɒŋgreswʊmən] *n* deputada *f*.

conifer [ˈkɒnɪfər] *n* conífera *f*.

conjugation [ˌkɒndʒʊˈgeɪʃn] *n* GRAMM conjugação *f*.

conjurer [ˈkʌndʒərər] *n* prestidigitador *m*, -ra *f*.

connect [kəˈnekt] *vt* ligar. ◆ *vi*: **to ~ with** (train, plane) fazer conexão com; **to ~ sthg with sthg** (associate) ligar algo com algo.

connection [kəˈnekʃn] *n* ligação *f*; **a bad ~** (on phone) uma ligação ruim; **a loose ~** (in machine) um fio solto; **in ~ with** em relação a.

conquer [ˈkɒŋkər] *vt* conquistar.

conscience [ˈkɒnʃns] *n* consciência *f*.

conscientious [ˌkɒnʃɪˈenʃəs] *adj* consciencioso(osa).

conscious [ˈkɒnʃəs] *adj* (awake) consciente; (deliberate) deliberado(da); **to be ~ of** estar consciente de.

consent [kənˈsent] *n* consentimento *m*.

consequence [ˈkɒnsɪkwəns] *n* (result) conseqüência *f*.

consequently [ˈkɒnsɪkwəntlɪ] *adv* conseqüentemente.

conservation [ˌkɒnsərˈveɪʃn] *n* conservação *f*.

conservative [kənˈsɜːrvətɪv] *adj* conservador(a).

conservatory [kənˈsɜːrvətɔːrɪ] *n* jardim-de-inverno *m*.

consider [kən'sɪdər] vt considerar; **to ~ doing sthg** pensar em fazer algo.

considerable [kən'sɪdrəbl] adj considerável.

consideration [kən,sɪdə'reɪʃn] n consideração f; **to take sthg into ~** ter algo em consideração.

considering [kən'sɪdərɪŋ] prep tendo em conta.

consist [kən'sɪst]: **consist in** vt fus consistir em. ❑ **consist of** vt fus consistir em.

consistent [kən'sɪstənt] adj consistente.

consolation [,kɒnsə'leɪʃn] n consolação f.

console ['kɒnsəʊl] n console m.

consonant ['kɒnsənənt] n consoante f.

conspicuous [kən'spɪkjuəs] adj visível.

constant ['kɒnstənt] adj constante.

constantly ['kɒnstəntlɪ] adv constantemente.

constipated ['kɒnstɪpeɪtɪd] adj: **to be ~** ter prisão de ventre.

constitution [,kɒnstɪ'tjuːʃn] n (set of laws) constituição f; (health) constituição f física.

construct [kən'strʌkt] vt construir.

construction [kən'strʌkʃn] n construção f; **under ~** em construção.

consul ['kɒnsl] n cônsul mf.

consulate ['kɒnslət] n consulado m.

consult [kən'sʌlt] vt consultar.

consultant [kən'sʌltənt] n MED especialista mf; (expert) consultor m, -ra f.

consume [kən'suːm] vt consumir.

consumer [kən'suːmər] n consumidor m, -ra f.

contact ['kɒntækt] n contato m. ◆ vt contatar; **in ~ with** em contato com.

contact lens n lente f de contato.

contagious [kən'teɪdʒəs] adj contagioso(osa).

contain [kən'teɪn] vt conter.

container [kən'teɪnər] n (bowl, etc) recipiente m; (for cargo) container m.

contaminate [kən'tæmɪneɪt] vt contaminar.

contemporary [kən'tempərərɪ] adj contemporâneo(nea). ◆ n contemporâneo m, -nea f.

contend [kən'tend]: **contend with** vt fus enfrentar.

content [adj kən'tent, n 'kɒntent] adj satisfeito(ta). ◆ n (of vitamins, fiber) quantidade f; (of alcohol, fat) teor m. ❑ **contents** npl (things inside) conteúdo m; (at beginning of book) índice m.

contest [n 'kɒntest, vb kən'test] n (competition) concurso m; (struggle) luta f. ◆ vt (election, seat) candidatar-se a; (decision, will) contestar.

context ['kɒntekst] n contexto m.

continent ['kɒntɪnənt] n continente m.

continual [kən'tɪnjʊəl] adj contínuo(nua).

continually [kən'tɪnjʊəlɪ] adv continuamente.

continue [kən'tɪnju:] vt & vi continuar; **to ~ doing sthg** continuar a fazer algo; **to ~ with sthg** continuar com algo.

continuous [kən'tɪnjʊəs] adj contínuo(nua).

continuously [kən'tɪnjʊəslɪ] adv continuamente.

contraception [ˌkɒntrə'sepʃn] n contracepção f.

contraceptive [ˌkɒntrə'septɪv] n anticoncepcional m.

contract [n 'kɒntrækt, vb kən'trækt] n contrato m. ◆ vt (fml: illness) contrair.

contractor [kən'træktər] n empreiteiro m, -ra f.

contradict [ˌkɒntrə'dɪkt] vt contradizer.

contrary ['kɒntrərɪ] n: **on the ~** pelo contrário.

contrast [n 'kɒntræst, vb kən'træst] n contraste m. ◆ vt contrastar; **in ~ to** ao contrário de.

contribute [kən'trɪbjət] vt (help, money) contribuir com. ◆ vi: **to ~ to** contribuir para.

contribution [ˌkɒntrɪ'bju:ʃn] n contribuição f.

control [kən'trəʊl] n controle m. ◆ vt controlar; **to be in ~** controlar a situação; **out of ~** fora de controle; **under ~** sob controle. ▫ **controls** npl (of TV, video) controle m, telecomando m; (of plane) comandos mpl.

controversial [ˌkɒntrə'vɜ:ʃl] adj controverso(sa).

convenience [kən'vi:njəns] n conveniência f; **at your ~** quando (lhe) for possível.

convenient [kən'vi:njənt] adj conveniente.

convent ['kɒnvənt] n convento m.

conventional [kən'venʃənl] adj convencional.

conversation [ˌkɒnvər'seɪʃn] n conversa f.

conversion [kən'vɜ:rʃn] n conversão f.

convert [kən'vɜ:rt] vt converter; **to ~ sthg into** converter algo em.

converted [kən'vɜ:rtəd] adj (barn, loft) convertido(da).

convertible [kən'vɜ:rtəbl] n conversível m.

convey [kən'veɪ] vt (fml: transportation) transportar; (idea, impression) transmitir.

convict [n 'kɒnvɪkt, vb kən'vɪkt] n preso m, -sa f. ◆ vt: **to ~ sb (of)** condenar alguém (por).

convince [kən'vɪns] vt: **to ~ sb (of sthg)** convencer alguém (de algo); **to ~ sb to do sthg** convencer alguém a fazer algo.

convoy ['kɒnvɔɪ] n comboio m.

cook [kʊk] n cozinheiro m, -ra f. ◆ vt (meal) preparar; (food) cozinhar. ◆ vi (person) cozinhar; (food) cozer.

cookbook ['kʊkˌbʊk] livro m de culinária OR cozinha.

cookery ['kʊkərɪ] n culinária f.

cookie [ˈkʊki] n Am biscoito m.

cooking [ˈkʊkɪŋ] n (activity) culinária f; (food) cozinha f.

cool [kuːl] adj (temperature) fresco(ca); (calm) calmo(ma); (unfriendly) frio (fria); inf (great) genial. ◆ vt arrefecer. ❑ **cool down** vi (become colder) arrefecer; (become calmer) acalmar-se.

cooperate [kəʊˈɒpəreɪt] vi cooperar.

cooperation [kəʊˌɒpəˈreɪʃn] n cooperação f.

cooperative [kəʊˈɒpərətɪv] adj (helpful) cooperante.

coordinates [kəʊˈɔːdɪnəts] npl (clothes) conjuntos mpl.

copper [ˈkɒpər] n cobre m.

copy [ˈkɒpi] n cópia f; (of newspaper, book) exemplar m. ◆ vt copiar.

cord(uroy) [ˈkɔːd(ərɔɪ)] n veludo m cotelê.

core [kɔːr] n (of fruit) caroço m.

cork [kɔːrk] n (in bottle) rolha f.

corkscrew [ˈkɔːrkskruː] n saca-rolhas m inv.

corn [kɔːrn] n Am (maize) milho m; (on foot) calo m.

corner [ˈkɔːrnər] n canto m; **it's just around the** ~ fica logo ali.

corn on the cob n espiga de milho cozida.

corporal [ˈkɔːrprəl] n cabo m.

corpse [kɔːrps] n cadáver m.

correct [kəˈrekt] adj correto (ta). ◆ vt corrigir.

correction [kəˈrekʃn] n correção f.

correspond [ˌkɒrəˈspɒnd] vi:

to ~ **(to)** (match) corresponder (a); **to** ~ **(with)** (exchange letters) corresponder-se (com).

corresponding [ˌkɒrəˈspɒndɪŋ] adj correspondente.

corridor [ˈkɒrɪdɔːr] n corredor m.

corrugated iron [ˈkɒrəgeɪtɪd-] n ferro m corrugado.

corrupt [kəˈrʌpt] adj corrupto(ta).

cosmetics [kɒzˈmetɪks] npl cosméticos mpl.

cost [kɒst] (pt & pp cost) n custo m. ◆ vt custar; **how much does it** ~? quanto custa?

costly [ˈkɒstlɪ] adj (expensive) caro(ra).

costume [ˈkɒstuːm] n (of actor) roupa f; (of country, region) traje m.

cot [kɒt] n Am cama f de campismo.

cottage [ˈkɒtɪdʒ] n casa f de campo.

cottage cheese n ricota f.

cotton [ˈkɒtn] adj (dress, shirt) de algodão. ◆ n (cloth) algodão m.

cotton ball n pedaço de algodão m (hidrófilo).

couch [kaʊtʃ] n (sofa) sofá m; (in doctor's office) cama f.

cough [kɒf] n tosse f. ◆ vi tossir; **to have a** ~ estar com tosse.

could [kʊd] pt → **can**.

couldn't [ˈkʊdnt] = could not.

could've [ˈkʊdəv] = could have.

council [ˈkaʊnsl] n (organization) conselho m.

councilor ['kaʊnslər] n (of city) ≃ vereador m, -ra f.

count [kaʊnt] vt & vi contar. ◆ n (nobleman) conde m. ❑ **count on** vt fus contar com.

counter ['kaʊntər] n (in store, bank) balcão m; (in board game) ficha f.

countess ['kaʊntəs] n condessa f.

country ['kʌntrɪ] n país m; (countryside) campo m. ◆ adj do campo.

countryside ['kʌntrɪsaɪd] n campo m.

county ['kaʊntɪ] n condado m; (in US) divisão administrativa de um estado, nos EUA.

couple ['kʌpl] n casal m; **a ~ (of)** (two) dois (duas); (a few) dois ou três (duas ou três).

coupon ['kuːpɒn] n cupom m.

courage ['kʌrɪdʒ] n coragem f.

courier ['kʊrɪər] n (for delivering letters, packages) mensageiro m, -ra f.

course [kɔːrs] n curso m; (of meal) prato m; (of treatment, injections) tratamento m; (of ship, plane) rota f; (of golf) campo m; **of ~** (certainly) com certeza, claro; (evidently) claro; **of ~ not** claro que não; **in the ~ of** no decurso de.

court [kɔːrt] n JUR (building, room) tribunal m; SPORT quadra f; (of king, queen) corte f.

courteous ['kɜːrtjəs] adj cortês.

courtyard ['kɔːrtjɑːrd] n pátio m.

cousin ['kʌzn] n primo m, -ma f.

cover ['kʌvər] n cobertura f; (lid) tampa f; (of book, magazine) capa f; (blanket) coberta f. ◆ vt cobrir; (travel) percorrer; (apply to) abranger; **to take ~** abrigar-se; **to be ~ed in** estar coberto de; **to ~ sthg with sthg** cobrir algo com algo. ❑ **cover up** vt sep (put cover on) cobrir; (facts, truth) encobrir.

cow [kaʊ] n (animal) vaca f.

coward ['kaʊərd] n covarde mf.

cowboy ['kaʊbɔɪ] n vaqueiro m.

cozy ['kaʊzɪ] adj Am (room, house) aconchegante.

crab [kræb] n caranguejo m.

crack [kræk] n (in cup, glass, wood) rachadura f; (gap) fenda f. ◆ vt (cup, glass, wood) rachar; (nut, egg) partir; inf (joke) contar; (whip) estalar. ◆ vi rachar.

cracker ['krækər] n (biscuit) bolacha f de água e sal.

cradle ['kreɪdl] n berço m.

craft [kræft] n (skill, trade) ofício m; (boat: pl inv) embarcação f.

craftsman ['kræftsmən] (pl -men [-mən]) n artesão m.

cram [kræm] vt: **to ~ sthg into** enfiar algo em; **to be ~med with** estar abarrotado de.

cramp [kræmp] n cãibra f; (menstrual) **~s** cólicas fpl menstruais.

cranberry ['krænberɪ] n arando m.

crane [kreɪn] n (machine) guindaste m.

crash [kræʃ] n (accident) colisão f; (noise) estrondo m. ◆ vt (car) bater com. ◆ vi (car, plane, train) colidir. ◆ **crash into** vt fus (wall) bater contra.

crash helmet n capacete m (de proteção).

crash landing n aterrissagem f forçada.

crate [kreɪt] n (fruit) caixote m; (bottles) engradado m.

crawl [krɔːl] vi (baby, person) engatinhar; (insect) rastejar; (traffic) arrastar-se. ◆ n (swimming stroke) crawl m (nado).

crayfish ['kreɪfɪʃ] (pl inv) n pitu m.

crayon ['kreɪən] n lápis m de cera.

craze [kreɪz] n moda f.

crazy ['kreɪzɪ] adj maluco(ca), louco(ca); **to be ~ about** sthg ser louco por algo.

cream [kriːm] n (food) creme m; (for face) creme m; (for burns) pomada f. ◆ adj (in color) creme (inv).

cream cheese n queijo m cremoso.

creamy ['kriːmɪ] adj cremoso(osa).

crease [kriːs] n vinco m.

create [kriː'eɪt] vt (make) criar; (impression) causar; (interest) provocar.

creative [kriː'eɪtɪv] adj criativo(va).

creature ['kriːtʃər] n criatura f.

credit ['kredɪt] n (praise) mérito m; (money) crédito m; (at school, university) cadeira terminada com

nota positiva; **to be in ~** estar com saldo positivo. ▫ **credits** npl (of movie) créditos mpl.

credit card n cartão m de crédito; **to pay by ~** pagar com cartão de crédito; **'all major ~s accepted'** 'aceitam-se os principais cartões de crédito'.

creek [kriːk] n (inlet) angra f; Am (river) riacho m.

creep [kriːp] (pt & pp **crept**) vi (crawl) arrastar-se. ◆ n inf (groveller) puxa-saco mf.

crematorium [,kriːmə'tɔːrɪəm] n crematório m.

crepe [kreɪp] n (thin pancake) crepe m.

crept [krept] pt & pp → **creep**.

cress [kres] n agrião m (muito pequeno).

crest [krest] n (of bird, hill) crista f; (coat of arms) brasão m.

crew [kruː] n (of ship, plane) tripulação f.

cricket ['krɪkət] n (insect) grilo m.

crime [kraɪm] n crime m.

criminal ['krɪmɪnl] adj (behavior, offense) criminoso(osa); inf (disgraceful) vergonhoso(osa). ◆ n criminoso m, -osa f.

cripple ['krɪpl] n aleijado m, -da f. ◆ vt tornar inválido(da).

crisis ['kraɪsəs] (pl **crises** ['kraɪsiːz]) n crise f.

crisp [krɪsp] adj crocante.

crispy ['krɪspɪ] adj crocante.

critic ['krɪtɪk] n (reviewer) crítico m, -ca f.

critical ['krɪtɪkl] adj crítico(ca);

(serious) grave; *(disparaging)* severo(ra).

criticize ['krɪtɪsaɪz] vt criticar.

crockery ['krɒkərɪ] n louça f.

crocodile ['krɒkədaɪl] n crocodilo m.

crocus ['krəʊkəs] *(pl* **-es)** n crocus m inv.

crooked ['krʊkəd] adj *(bent, twisted)* torto (ta); *(illegal)* ilegal.

crop [krɒp] n *(kind of plant)* cultura f; *(harvest)* colheita f. ❏ **crop up** vi surgir.

cross [krɒs] adj zangado(da). ◆ n cruz f; *(mixture)* cruzamento m. ◆ vt *(road, river, ocean)* atravessar; *(arms, legs)* cruzar. ◆ vi *(intersect)* cruzar-se. ❏ **cross out** vt sep riscar.

crossbar ['krɒsbɑːr] n barra f transversal.

crossing ['krɒsɪŋ] n *(on road)* faixa f para pedestres; *(sea journey)* travessia f.

crossroads ['krɒsrəʊdz] *(pl inv)* n cruzamento m.

crossword (puzzle) ['krɒswɜːd-] n palavras fpl cruzadas.

crotch [krɒtʃ] n virilha f.

crow [krəʊ] n corvo m.

crowbar ['krəʊbɑːr] n alavanca f, pé-de-cabra m.

crowd [kraʊd] n multidão f; *(at match)* público m.

crowded ['kraʊdəd] adj cheio (cheia) (de gente).

crown [kraʊn] n coroa f; *(of head)* alto m (da cabeça).

crucial ['kruːʃl] adj crucial.

crude [kruːd] adj grosseiro(ra).

cruel [krʊəl] adj cruel.

cruelty ['krʊəltɪ] n crueldade f.

cruise [kruːz] n cruzeiro m. ◆ vi *(plane)* voar; *(ship)* navegar; *(car)* rodar.

cruiser ['kruːzər] n *(pleasure boat)* cruzeiro m.

crumb [krʌm] n migalha f.

crumble ['krʌmbl] vi *(building, cliff)* desmoronar-se; *(cheese)* esmigalhar-se.

crunchy ['krʌntʃɪ] adj crocante.

crush [krʌʃ] n queda f. ◆ vt esmagar; *(ice)* partir.

crust [krʌst] n *(of bread)* casca f; *(of pie)* crosta f.

crusty ['krʌstɪ] adj crocante.

crutch [krʌtʃ] n *(stick)* muleta f.

cry [kraɪ] n grito m. ◆ vi *(weep)* chorar; *(shout)* gritar. ❏ **cry out** vi gritar.

crystal ['krɪstl] n cristal m.

cub [kʌb] n *(animal)* cria f.

cube [kjuːb] n cubo m.

cubicle ['kjuːbɪkl] n cubículo m.

Cub (Scout) n o escoteiro entre os 8 e os 11 anos.

cuckoo ['kʊkuː] n cuco m.

cucumber ['kjuːkʌmbər] n pepino m.

cuddle ['kʌdl] n abraço m.

cue [kjuː] n *(in snooker, pool)* taco m.

cuff [kʌf] n *(of sleeve)* punho m; *Am (of pants)* dobra f.

cuff link n abotoadura f.

cuisine [kwɪ'ziːn] n cozinha f.

cul-de-sac ['kʌldəsæk] n beco m sem saída.

cult [kʌlt] n culto m. ◆ adj de culto.

cultivate ['kʌltɪveɪt] vt cultivar.

cultivated ['kʌltɪveɪtəd] adj (person) culto(ta).

cultural ['kʌltʃrəl] adj cultural.

culture ['kʌltʃər] n cultura f.

cumbersome ['kʌmbərsəm] adj pesado(da), volumoso(sa).

cunning ['kʌnɪŋ] adj esperto (ta).

cup [kʌp] n xícara f; (trophy, competition) taça f; (of bra) taça f.

cupboard ['kʌbərd] n armário m.

curator [,kjʊ'reɪtər] n curador m, -ra f.

curb [kɜːrb] n Am meio-fio m.

cure [kjʊər] n (for illness) cura f. ◆ vt curar.

curious ['kjʊərɪəs] adj curioso(osa).

curl [kɜːrl] n (of hair) caracol m. ◆ vt (hair) encaracolar.

curly ['kɜːrlɪ] adj encaracolado(da).

currant ['kɜːrənt] n passa f de corinto.

currency ['kɜːrənsɪ] n (money) moeda f.

current ['kɜːrənt] adj atual. ◆ n corrente f.

currently ['kɜːrəntlɪ] adv atualmente.

curriculum [kə'rɪkjələm] n currículo m.

curry ['kɜːrɪ] n curry m.

curse [kɜːrs] vi praguejar.

cursor ['kɜːrsər] n cursor m.

curtain ['kɜːrtn] n cortina f.

curve [kɜːrv] n curva f. ◆ vi fazer uma curva.

curved [kɜːrvd] adj curvo(va).

cushion ['kʊʃn] n almofada f.

custard ['kʌstərd] n ambrosia f.

custom ['kʌstəm] n (tradition) costume m; '**thank you for your ~**' 'obrigada pela sua visita'.

customary ['kʌstəmerɪ] adj habitual.

customer ['kʌstəmər] n (of store) cliente mf.

customs ['kʌstəmz] n alfândega f; **to go through ~** passar pela alfândega.

customs duty n impostos mpl alfandegários.

cut [kʌt] (pt & pp **cut**) n corte m. ◆ vt cortar; (reduce) reduzir, cortar em. ◆ vi (knife, scissors) cortar; **~ and blow-dry** corte e escova; **to ~ o.s.** cortar-se; **to ~ sthg open** abrir algo. □ **cut back vi: to ~ back on sthg** cortar em algo. □ **cut down** vt sep (tree) abater. □ **cut down on** vt fus cortar em. □ **cut off** vt sep cortar; **I've been ~ off** (on phone) a ligação caiu; **to be ~ off** (isolated) estar isolado. □ **cut out** vt sep (newspaper article, photo) recortar. ◆ vi (engine) morrer; **to ~ out fatty foods** cortar as gorduras; **~ it out!** inf pare com isso! □ **cut up** vt sep cortar.

cute [kjuːt] adj bonitinho(nha).

cutlery ['kʌtlərɪ] n talheres mpl.

cutlet ['kʌtlət] n (of meat) costeleta f.

cutting ['kʌtɪŋ] n (from newspaper) recorte m.

cycle ['saɪkl] n (bicycle) bicicleta f; (series) ciclo m. ◆ vi andar de bicicleta.

cycling ['saɪklɪŋ] n ciclismo m; **to go** ~ ir andar de bicicleta.

cyclist ['saɪklɪst] n ciclista mf.

cylinder ['sɪlɪndər] n (container) bujão m; (in engine) cilindro m.

cynical ['sɪnɪkl] adj cínico(ca).

D

dab [dæb] vt (ointment, cream) aplicar de leve.

dad [dæd] n inf papai m.

daddy ['dædɪ] n inf papai m.

daffodil ['dæfədɪl] n narciso m.

daily ['deɪlɪ] adj diário(ria). ◆ adv diariamente.

dairy ['deərɪ] n (on farm) laticínios mpl; (store) leiteria f.

dairy product n laticínio m.

daisy ['deɪzɪ] n margarida f.

dam [dæm] n represa f.

damage ['dæmɪdʒ] n dano m. ◆ vt (house, car) danificar; (back, leg) machucar; (fig: reputation, chances) arruinar.

damn [dæm] excl inf droga! ◆ adj inf maldito(ta); **I don't give a** ~ não estou nem aí.

damp [dæmp] adj úmido(da).

◆ n umidade f.

dance [dæns] n dança f; (social event) baile m. ◆ vi dançar; **to go dancing** ir dançar.

dancer ['dænsər] n bailarino m, -na f, dançarino m, -na f.

dandelion ['dændəlaɪən] n dente-de-leão m.

dandruff ['dændrʌf] n caspa f.

danger ['deɪndʒər] n perigo m; **in** ~ em perigo.

dangerous ['deɪndʒərəs] adj perigoso(osa).

dare [deər] vt: **to** ~ **to do sthg** ousar fazer algo, atrever-se a fazer algo; **to** ~ **sb to do sthg** desafiar alguém a fazer algo; **how** ~ **you!** como se atreve!

daring ['deərɪŋ] adj ousado(da).

dark [dɑːrk] adj escuro(ra); (person, skin) moreno(na). ◆ n: **after** ~ depois do anoitecer; **the** ~ o escuro.

dark glasses npl óculos mpl escuros.

darkness ['dɑːrknəs] n escuridão f.

darling ['dɑːrlɪŋ] n (term of affection) querido m, -da f.

dart [dɑːrt] n dardo m. ▫ **darts** n (game) dardos mpl.

dartboard ['dɑːrtbɔːrd] n alvo m (para dardos).

dash [dæʃ] n (of liquid) gota f; (in writing) hífen m; inf painel m. ◆ vi precipitar-se.

dashboard ['dæʃbɔːrd] n painel m.

data ['deɪtə] n dados mpl.

database ['deɪtəbeɪs] n banco m de dados.

date [deɪt] n (day) data f; (meeting) encontro m, compromisso m; Am (person) namorado m, -da f; (fruit) tâmara f. ◆ vt (check, letter) datar; (person) sair com. ◆ vi (become unfashionable) cair de moda; **what's the ~?** que dia é hoje?; **to have a ~ with sb** ter um encontro OR compromisso com alguém.

date of birth n data f de nascimento.

daughter ['dɔːtər] n filha f.

daughter-in-law n nora f.

dawn [dɔːn] n amanhecer m, madrugada f.

day [deɪ] n dia m; **what ~ is it today?** que dia é hoje?; **what a lovely ~!** que lindo dia!; **to have a ~ off** ter um dia de folga; **to have a ~ out** passar o dia fora; **by ~ de** dia; **the ~ after tomorrow** depois de amanhã; **the ~ before** a véspera, o dia anterior; **the ~ before yesterday** anteontem; **the following ~** o dia seguinte; **have a nice ~!** tenha um bom dia!

day care n (for children) creche f; (for the elderly) assistência f (diurna).

daylight ['deɪlaɪt] n luz f (do dia).

daytime ['deɪtaɪm] n dia m.

day-to-day adj (everyday) cotidiano(na).

dazzle ['dæzl] vt deslumbrar.

dead [ded] adj morto (ta); (not lively) sem vida, morto (ta); (telephone line) cortado(da); (battery) gasto(ta). ◆ adv (precisely) mesmo.

dead end n (street) beco m sem saída.

deadline ['dedlaɪn] n prazo m.

deaf [def] adj surdo(da). ◆ npl: **the ~** os surdos.

deal [diːl] (pt & pp **dealt**) n (agreement) acordo m. ◆ vt (cards) dar; **a good/bad ~** um bom/mau negócio; **a great ~ of** muito; **it's a ~!** está combinado! **□ deal in** vt fus negociar. **□ deal with** vt fus (handle) lidar com; (be about) tratar de.

dealer ['diːlər] n COMM comerciante mf, negociante mf; (in drugs) traficante mf.

dealt [delt] pt & pp → **deal.**

dear [dɪər] adj (loved) querido (da). ◆ n: **my ~** meu querido (minha querida); **Dear Sir** Caro senhor; **Dear Madam** Cara senhora; **Dear John** Querido John; **oh ~!** meu Deus!

death [deθ] n morte f.

debate [dɪ'beɪt] n debate m. ◆ vt (wonder) considerar.

debit ['debɪt] n débito m. ◆ vt (account) debitar em.

debt [det] n (money owed) dívida f; **to be in ~** ter dívidas.

decaff ['diːkæf] n inf café m descafeinado.

decaffeinated [dɪ'kæfɪneɪtəd] adj descafeinado (na).

decay [dɪ'keɪ] n (of building) deterioração f; (of wood) apodrecimento m; (of tooth) cárie f. ◆ vi (rot) apodrecer.

deceive [dɪ'siːv] *vt* enganar.

December [dɪ'sembər] *n* dezembro *m* → **September**.

decent ['diːsnt] *adj* decente; *(kind)* simpático(ca).

decide [dɪ'saɪd] *vt (choose)* decidir. ◆ *vi* tomar uma decisão; **to ~ to do sthg** decidir fazer algo. ❑ **decide on** *vt fus* decidir-se por.

decimal ['desɪml] *adj* decimal.

decimal point *n* vírgula *f* decimal.

decipher [dɪ'saɪfər] *vt* decifrar.

decision [dɪ'sɪʒn] *n* decisão *f*; **to make a ~** tomar uma decisão.

decisive [dɪ'saɪsɪv] *adj (person)* decidido(da); *(event, factor)* decisivo(va).

deck [dek] *n (of ship)* convés *m*; *(of cards)* baralho *m*; *(of house)* deck *m*.

deckchair ['dektʃeər] *n* espreguiçadeira *f*.

declare [dɪ'kleər] *vt* declarar; **to ~ that** declarar que; '**goods to ~**' 'bens a declarar'; '**nothing to ~**' 'nada a declarar'.

decline [dɪ'klaɪm] *n* declínio *m*. ◆ *vi (get worse)* declinar; *(refuse)* recusar.

decorate ['dekəreɪt] *vt* decorar.

decoration [,dekə'reɪʃn] *n (wallpaper, paint, furniture)* decoração *f*; *(decorative object)* adorno *m*.

decorator ['dekəreɪtər] *n* decorador *m*, -ra *f*.

decrease [*n* 'diːkriːs, *vb* dɪ-

'kriːs] *n* diminuição *f*. ◆ *vi* diminuir.

dedicated ['dedɪkeɪtɪd] *adj (committed)* dedicado(da).

deduce [dɪ'djuːs] *vt* deduzir.

deduct [dɪ'dʌkt] *vt* deduzir.

deduction [dɪ'dʌkʃn] *n* dedução *f*.

deep [diːp] *adj* profundo(da); *(color)* intenso(sa); *(sound, voice)* grave. ◆ *adv* fundo; **the pool is two meters ~** a piscina tem dois metros de profundidade; **to take a ~ breath** respirar fundo.

deep end *n (of swimming pool)* parte *f* funda.

deep freeze *n* freezer *m*.

deer [dɪər] *(pl inv)* *n* veado *m*.

defeat [dɪ'fiːt] *n* derrota *f*. ◆ *vt (team, army, government)* derrotar.

defect ['diːfekt] *n* defeito *m*.

defective [dɪ'fektɪv] *adj* defeituoso(osa).

defence [dɪ'fens] *Brit* = **defense**.

defend [dɪ'fend] *vt* defender.

defense [dɪ'fens] *n Am* defesa *f*.

deficiency [dɪ'fɪʃnsɪ] *n (lack)* deficiência *f*.

define [dɪ'faɪn] *vt* definir.

definite ['defɪnət] *adj (answer, decision)* definitivo(va); *(person)* seguro(ra); *(improvement)* nítido(da).

definite article *n* artigo *m* definido.

definitely ['defɪnətlɪ] *adv (certainly)* sem dúvida (alguma); **I'll ~ go** irei com certeza.

definition [defə'nıʃn] n (of word) definição f.

deflate [dɪ'fleɪt] vt (tire) esvaziar.

deflect [dɪ'flekt] vt (ball) desviar.

deformed [dɪ'fɔːrmd] adj deformado(da).

defrost [dɪ'frɒst] vt (food, fridge) descongelar; Am (demist) desembaçar.

degree [dɪ'griː] n (unit of measurement) grau m; (qualification) ≃ graduação f; a ~ of difficulty uma certa dificuldade; to have a ~ in sthg ter uma formação em algo.

dehydrated [ˌdiːhaɪ'dreɪtəd] adj desidratado(da).

dejected [dɪ'dʒektəd] adj abatido(da).

delay [dɪ'leɪ] n atraso m. ◆ vt atrasar. ◆ vi atrasar-se; without ~ sem demora.

delegate [n 'delɪgət, vb 'delɪgeɪt] n delegado m, -da f. ◆ vt (person) delegar.

delete [dɪ'liːt] vt suprimir.

deliberate [dɪ'lɪbərət] adj (intentional) deliberado(da).

deliberately [dɪ'lɪbərətlɪ] adv (intentionally) deliberadamente.

delicacy ['delɪkəsɪ] n (food) iguaria f.

delicate ['delɪkət] adj delicado(da); (object, china) frágil; (taste, smell) suave.

delicatessen [ˌdelɪkə'tesn] n delicatessen f.

delicious [dɪ'lɪʃəs] adj delicioso(osa).

delight [dɪ'laɪt] n (feeling) prazer m. ◆ vt encantar; to take (a) ~ in doing sthg ter prazer em fazer algo.

delighted [dɪ'laɪtəd] adj encantado(da).

delightful [dɪ'laɪtfl] adj encantador(ra).

deliver [dɪ'lɪvər] vt (goods) entregar; (letters, newspaper) distribuir; (lecture) dar; (baby) fazer o parto de; (speech) fazer.

delivery [dɪ'lɪvərɪ] n (of goods) entrega f; (of letters) distribuição f; (birth) parto m.

delude [dɪ'luːd] vt enganar.

demand [dɪ'mænd] n exigência f; (claim) reivindicação f; COMM procura f. ◆ vt exigir; I ~ to speak to the manager exijo falar com o gerente; in ~ solicitado.

demanding [dɪ'mændɪŋ] adj exigente.

democracy [dɪ'mɒkrəsɪ] n democracia f.

Democrat ['deməkræt] n Am democrata mf.

democratic [deməˈkrætɪk] adj democrático(ca).

demolish [dɪ'mɒlɪʃ] vt (building) demolir.

demonstrate ['demənstreɪt] vt (prove) demonstrar; (machine, appliance) mostrar como funciona. ◆ vi manifestar-se.

demonstration [demən'streɪʃn] n (protest) manifestação f, passeata f; (of machine, emotions) demonstração f.

den [den] n toca f.

denial [dɪˈnaɪəl] n desmentido m.

denim [ˈdenɪm] n brim m, jeans mpl.

denounce [dɪˈnaʊns] vt denunciar.

dense [dens] adj denso(sa).

density [ˈdensətɪ] n densidade f.

dent [dent] n amassado m.

dental [ˈdentl] adj dentário.

dental floss [-flɒs] n fio m dental.

dentist [ˈdentɪst] n dentista mf; to go to the ~ ir ao dentista.

dentures [ˈdentʃərz] npl dentadura f (postiça).

deny [dɪˈnaɪ] vt negar.

deodorant [diːˈəʊdərənt] n desodorante m.

depart [dɪˈpɑːt] vi partir.

department [dɪˈpɑːtmənt] n departamento m; (of government) ≃ ministério m; (of store) seção f.

departure [dɪˈpɑːtʃər] n partida f; '~s' (at airport) 'embarque'.

depend [dɪˈpend] vi: it ~s depende. ❏ **depend on** vt fus (be decided by) depender de; (rely on) confiar em; ~ing on dependendo de.

dependable [dɪˈpendəbl] adj de confiança, fiável.

deplorable [dɪˈplɔːrəbl] adj deplorável.

deport [dɪˈpɔːt] vt deportar.

deposit [dɪˈpɒzɪt] n depósito m; (part-payment) entrada f. ◆ vt (put down) colocar; (money in bank) depositar.

depot [ˈdiːpəʊ] n Am (for buses, trains) terminal m.

depressed [dɪˈprest] adj deprimido(da).

depressing [dɪˈpresɪŋ] adj deprimente.

depression [dɪˈpreʃn] n depressão f.

deprive [dɪˈpraɪv] vt: to ~ sb of sthg privar alguém de algo.

depth [depθ] n profundidade f; to be out of one's ~ (when swimming) não ter pé; (fig: unable to cope) não estar à altura; ~ of field (in photography) profundidade de campo; in ~ a fundo.

deputy [ˈdepjʊtɪ] adj adjunto (ta).

derelict [ˈderəlɪkt] adj abandonado(da).

descend [dɪˈsend] vt & vi descer.

descendant [dɪˈsendənt] n descendente mf.

descent [dɪˈsent] n descida f.

describe [dɪˈskraɪb] vt descrever.

description [dɪˈskrɪpʃn] n descrição f.

desert [n ˈdezət, vb dɪˈzɜːt] n deserto m. ◆ vt abandonar.

deserted [dɪˈzɜːtɪd] adj deserto(ta).

deserve [dɪˈzɜːv] vt merecer.

design [dɪˈzaɪn] n desenho m; (art) design m. ◆ vt desenhar; to be ~ ed for ser concebido para.

designer

designer [dɪ'zaɪnər] n (of clothes, sunglasses) estilista mf; (of product) designer mf. ◆ adj (clothes, sunglasses) de grife.

desirable [dɪ'zaɪərəbl] adj desejável.

desire [dɪ'zaɪər] n desejo m. ◆ vt desejar; **it leaves a lot to be ~d** deixa muito a desejar.

desk [desk] n (in home, office) secretária f; (in school) carteira f; (at airport, station) balcão m; (at hotel) recepção f.

desktop publishing ['desk,tɒp-] n editoração f eletrônica.

despair [dɪ'speər] n desespero m.

despatch [dɪ'spætʃ] vt = **dispatch**.

desperate ['desprət] adj desesperado(da); **to be ~ for sthg** precisar de algo desesperadamente.

despicable [dɪ'spɪkəbl] adj desprezível.

despise [dɪ'spaɪz] vt desprezar.

despite [dɪ'spaɪt] prep apesar de.

dessert [dɪ'zɜːt] n sobremesa f.

dessertspoon [dɪ'zɜːtspuːn] n (spoon) colher f de sobremesa.

destination [,destɪ'neɪʃn] n destino m.

destroy [dɪ'strɔɪ] vt destruir.

destruction [dɪ'strʌkʃn] n destruição f.

detach [dɪ'tætʃ] vt separar.

detail [dɪ'teɪl] n pormenor m, detalhe m; **in ~** em pormenor.

❑ **details** npl (facts) informações fpl.

detailed [dɪ'teɪld] adj pormenorizado(da), detalhado(da).

detect [dɪ'tekt] vt detectar.

detective [dɪ'tektɪv] n detetive m; **a ~ story** uma história policial.

detergent [dɪ'tɜːdʒənt] n detergente m.

deteriorate [dɪ'tɪərɪəreɪt] vi deteriorar.

determination [dɪ,tɜːrmɪ'neɪʃn] n (quality) determinação f.

determine [dɪ'tɜːrmɪn] vt determinar.

determined [dɪ'tɜːrmɪnd] adj decidido(da); **to be ~ to do sthg** estar decidido a fazer algo.

deterrent [dɪ'tɜːrənt] n meio m de dissuasão.

detest [dɪ'test] vt detestar.

devastate ['devəsteɪt] vt devastar.

develop [dɪ'veləp] vt (idea, company, land) desenvolver; (film) revelar; (machine, method) elaborar; (illness, habit) contrair; (interest) revelar. ◆ vi (evolve) desenvolver-se.

development [dɪ'veləpmənt] n desenvolvimento m; **a housing ~** um conjunto habitacional.

device [dɪ'vaɪs] n aparelho m, dispositivo m.

devil ['devl] n diabo m; **what the ~...?** inf que diabos ...?

devise [dɪ'vaɪz] vt conceber.

dim

devoted [dɪ'vəʊtəd] adj dedicado(da).

dew [dju:] n orvalho m.

diabetes [,daɪə'bi:ti:z] n diabetes f.

diabetic [,daɪə'betɪk] adj (person) diabético(ca); (chocolate) para diabéticos. ◆ n diabético m, -ca f.

diagnosis [,daɪəg'nəʊsɪs] (pl -oses [-əʊsi:z]) n diagnóstico m.

diagonal [daɪ'ægənl] adj diagonal.

diagram ['daɪəgræm] n diagrama m.

dial ['daɪəl] n (of clock, radio) mostrador m; (of telephone) disco m. ◆ vt discar.

dialling tone n ['daɪəlɪŋ-] n Brit = **dial tone**.

dial tone n Am sinal m (de discar).

diameter [daɪ'æmətər] n diâmetro m.

diamond ['daɪmənd] n (gem) diamante m. ❑ **diamonds** npl (in cards) ouros mpl.

diaper ['daɪpər] n Am fralda f.

diarrhea [,daɪə'rɪə] n diarréia f.

diary ['daɪərɪ] n (journal) diário m.

dice [daɪs] (pl inv) n dado m.

diced [daɪst] adj (food) cortado (da) em cubos.

dictate [dɪk'teɪt] vt ditar.

dictation [dɪk'teɪʃn] n ditado m.

dictator [dɪk'teɪtər] n ditador m, -ra f.

dictionary ['dɪkʃənrɪ] n dicionário m.

did [dɪd] pt → **do**.

die [daɪ] (pt & pp **died**, cont **dying**) vi morrer; **to be dying for sthg** inf estar doido por algo; **to be dying to do sthg** inf estar doido para fazer algo. ❑ **die away** vi desvanecer-se. ❑ **die out** vi desaparecer.

diesel ['di:zl] n (fuel) diesel m; (car) carro m a diesel.

diet ['daɪət] n dieta f. ◆ vi fazer dieta. ◆ adj de baixa caloria.

differ ['dɪfər] vi (disagree) discordar; **to ~ (from)** (be dissimilar) ser diferente (de).

difference ['dɪfrəns] n diferença f; **it makes no ~** é igual, não faz diferença; **a ~ of opinion** uma divergência.

different ['dɪfrənt] adj diferente; **to be ~ (from)** ser diferente (de).

differently ['dɪfrəntlɪ] adv de outra forma.

difficult ['dɪfɪklt] adj difícil.

difficulty ['dɪfɪkltɪ] n dificuldade f.

dig [dɪg] (pt & pp **dug**) vt & vi cavar. ❑ **dig out** vt sep (rescue) salvar; (find) desenterrar. ❑ **dig up** vt sep (from ground) desenterrar.

digest [daɪ'dʒest] vt digerir.

digestion [daɪ'dʒestʃn] n gestão f.

digit ['dɪdʒɪt] n (figure) dígito m; (finger, toe) dedo m.

digital ['dɪdʒɪtl] adj digital.

dilute [daɪ'lu:t] vt diluir.

dim [dɪm] adj (light) fraco(ca); (room) escuro(ra); (memory) vago(ga); *inf (stupid)* burro(a). ◆ *vt (light)* diminuir, baixar.

dime [daɪm] *n Am moeda de dez centavos.*

dimensions [daɪˈmenʃnz] *npl (measurements)* dimensões *fpl; (extent)* dimensão *f.*

dimple [ˈdɪmpl] *n* covinha *f (no rosto).*

din [dɪn] *n* barulho *m.*

dine [daɪn] *vi* jantar. ❑ **dine out** *vi* jantar fora.

diner [ˈdaɪnər] *n Am (restaurant)* restaurante à beira da estrada que serve refeições a preços baixos; *(person)* cliente *mf (em restaurante).*

DINER

Os diners são restaurantes simples e baratos que servem refeições ligeiras. Localizam-se normalmente perto das auto-estradas americanas, embora também possam ser encontrados nas cidades. Muitas vezes, são meros vagões de trem reformados e adaptados, com uma clientela composta em grande parte de caminhoneiros.

dinghy [ˈdɪŋgɪ] *n (with sail)* barco *m* a vela; *(with oars)* barco a remos.

dingy [ˈdɪndʒɪ] *adj* miserável.

dining room [ˈdaɪnɪŋ-] *n* sala *f* de jantar.

dinner [ˈdɪnər] *n (in evening)* jantar *m; (at lunchtime)* almoço

m; **to have ~** *(at lunchtime)* almoçar; *(in evening)* jantar.

dinner jacket *n* smoking *m.*

dinner party *n* jantar *m.*

dinosaur [ˈdaɪnəsɔːr] *n* dinossauro *m.*

dip [dɪp] *n (in road, land)* depressão *f; (food)* molho que se serve com legumes crus e salgadinhos. ◆ *vt (into liquid)* mergulhar. ◆ *vi (road, land)* descer; **to have a ~** *(swim)* dar um mergulho.

diploma [dɪˈpləʊmə] *n* diploma *m.*

direct [dəˈrekt] *adj* direto(ta). ◆ *adv* diretamente. ◆ *vt* dirigir; *(movie, TV program)* realizar; *(play)* encenar; **can you ~ me to the train station?** podia me mostrar o caminho para a estação de trem?

direction [dəˈrekʃn] *n (of movement)* direção *f.* ❑ **directions** *npl (instructions)* instruções *fpl;* **to ask for ~s** pedir indicações.

directly [dəˈrektlɪ] *adv (exactly)* exatamente; *(soon)* diretamente.

director [dəˈrektər] *n* diretor *m,* -ra *f; (of movie, TV program)* realizador *m,* -ra *f; (of play)* encenador *m,* -ra *f.*

directory [dəˈrektərɪ] *n* lista *f* telefônica.

directory assistance *n Am* auxílio *m* à lista.

directory enquiries *n Brit* = directory assistance.

dirt [dɜːt] *n* sujeira *f; (earth)* terra *f.*

dirty [ˈdɜːtɪ] *adj* sujo(ja); *(joke)* porco (ca).

disability [ˌdɪsə'bɪlətɪ] n deficiência f.

disabled [dɪs'eɪbld] adj deficiente. ♦ npl: **the ~** os deficientes; **'~ restroom'** 'banheiro para deficientes'.

disadvantage [ˌdɪsəd'vɑːntɪdʒ] n desvantagem f, inconveniente m.

disagree [ˌdɪsə'griː] vi (people) não estar de acordo; **to ~ with sb (about)** não concordar com alguém (sobre); **those mussels ~d with me** os mexilhões me fizeram mal.

disagreement [ˌdɪsə'griːmənt] n (argument) discussão f; (dissimilarity) diferença f.

disappear [ˌdɪsə'pɪər] vi desaparecer.

disappearance [ˌdɪsə'pɪərəns] n desaparecimento m.

disappoint [ˌdɪsə'pɔɪnt] vt desiludir.

disappointed [ˌdɪsə'pɔɪntəd] adj desiludido(da).

disappointing [ˌdɪsə'pɔɪntɪŋ] adj decepcionante.

disappointment [ˌdɪsə'pɔɪntmənt] n decepção f, desapontamento m.

disapprove [ˌdɪsə'pruːv] vi: **to ~ of** não aprovar.

disaster [dɪ'zɑːstər] n desastre m.

disastrous [dɪ'zɑːstrəs] adj desastroso(osa).

disc [dɪsk] n disco m; (CD) CD m.

discard [dɪ'skɑːrd] vt desfazer-se de.

discharge [dɪs'tʃɑːrdʒ] vt (prisoner) libertar; (patient) dar alta a; (soldier) dispensar; (liquid) despejar; (smoke, gas) emitir.

disciple [dɪ'saɪpl] n discípulo m, -la f.

discipline ['dɪsɪplɪn] n disciplina f.

disc jockey n discotecário m, -ria f, disc-jóquei mf.

disclose [dɪs'kləʊz] vt revelar, divulgar.

disco ['dɪskəʊ] n (pl discos) n (place) discoteca f; (event) baile m.

discolored [dɪs'kʌlərd] adj descolorado(da).

discomfort [dɪs'kʌmfərt] n desconforto m.

disconnect [ˌdɪskə'nekt] vt desconectar; (telephone, gas supply) cortar.

discontinued [ˌdɪskən'tɪnjuːd] adj (product) fora de linha.

discount ['dɪskaʊnt] n desconto m.

discover [dɪ'skʌvər] vt descobrir.

discovery [dɪ'skʌvərɪ] n descoberta f.

discreet [dɪ'skriːt] adj discreto(ta).

discrepancy [dɪ'skrepənsɪ] n discrepância f.

discriminate [dɪ'skrɪmɪneɪt] vi: **to ~ against sb** discriminar alguém.

discrimination [dɪˌskrɪmɪ'neɪʃn] n discriminação f.

discuss [dɪ'skʌs] vt discutir.

discussion [dɪˈskʌʃn] n discussão f.

disease [dɪˈziːz] n doença f.

disembark [ˌdɪsɪmˈbɑːk] vi desembarcar.

disgrace [dɪsˈgreɪs] n vergonha f; it's a ~ ! é uma vergonha!

disgraceful [dɪsˈgreɪsfl] adj vergonhoso(osa).

disguise [dɪsˈgaɪz] n disfarce m. ♦ vt disfarçar; in ~ disfarçado.

disgust [dɪsˈgʌst] n repugnância f, nojo m. ♦ vt enojar, repugnar.

disgusting [dɪsˈgʌstɪŋ] adj nojento(ta).

dish [dɪʃ] n prato m; to do the ~es lavar a louça; '~ of the day' 'prato do dia'. ❑ dish up vt sep servir.

disheveled [dɪˈʃevld] adj Am (hair) despenteado(da); (person) desarrumado(da).

dishevelled [dɪˈʃevld] adj Brit = disheveled.

dishonest [dɪsˈɒnəst] adj desonesto(ta).

dishwasher [ˈdɪʃˌwɒʃər] n (machine) máquina f de lavar louça.

disinfect [ˌdɪsɪnˈfekt] vt desinfetar.

disinfectant [ˌdɪsɪnˈfektənt] n desinfetante m.

disintegrate [dɪsˈɪntəgreɪt] vi desintegrar-se.

disk [dɪsk] n = disc; COMPUT disco m; (floppy) disquete f; to slip a ~ deslocar uma vértebra.

disk drive n drive m.

dislike [dɪsˈlaɪk] n aversão f. ♦ vt não gostar de; to take a ~ to não simpatizar com.

dislocate [ˈdɪsləkeɪt] vt deslocar.

dismal [ˈdɪzməl] adj (weather, place) deprimente; (terrible) péssimo(ma).

dismantle [dɪsˈmæntl] vt desmontar.

dismay [dɪsˈmeɪ] n consternação f.

dismiss [dɪsˈmɪs] vt (not consider) rejeitar; (from job) despedir; (from classroom) dispensar.

disobedient [ˌdɪsəˈbiːdjənt] adj desobediente.

disobey [ˌdɪsəˈbeɪ] vt desobedecer.

disorder [dɪsˈɔːrdər] n (confusion) desordem f; (violence) distúrbios mpl; (illness) problema m; (mental illness) distúrbio m.

disorganized [dɪsˈɔːrgənaɪzd] adj desorganizado(da).

dispatch [dɪsˈpætʃ] vt enviar.

dispense [dɪsˈpens]: dispense with vt fus prescindir de, passar sem.

dispenser [dɪsˈpensər] n (device) máquina f distribuidora.

disperse [dɪsˈpɜːrs] vt dispersar. ♦ vi dispersar-se.

display [dɪsˈpleɪ] n (of products) exposição f; (public event) espetáculo m; (readout) visualização f. ♦ vt (products) expor; (feeling, quality) demonstrar; (information) afixar; on ~ exposto.

disposable [dɪsˈpəʊzəbl] adj descartável.

dispute [dɪsˈpjuːt] n (argument)

discussão f; *(industrial)* conflito m. ◆ vt discutir.

disqualify [,dɪsˈkwɒlɪfaɪ] vt desqualificar.

disregard [,dɪsrɪˈgɑːd] vt ignorar.

disrupt [dɪsˈrʌpt] vt perturbar, transtornar.

disruption [dɪsˈrʌpʃn] n transtorno m.

dissatisfied [,dɪsˈsætɪsfaɪd] adj insatisfeito(ta).

dissolve [dɪˈzɒlv] vt dissolver. ◆ vi dissolver-se.

dissuade [dɪˈsweɪd] vt: **to ~ sb from doing sthg** dissuadir alguém de fazer algo.

distance [ˈdɪstəns] n distância f; **from a ~** de longe; **in the ~** ao longe.

distant [ˈdɪstənt] adj distante.

distillery [dɪˈstɪləri] n destilaria f.

distinct [dɪˈstɪŋkt] adj distinto(ta).

distinction [dɪˈstɪŋkʃn] n distinção f.

distinctive [dɪˈstɪŋktɪv] adj característico(ca).

distinguish [dɪˈstɪŋgwɪʃ] vt distinguir; **to ~ sthg from sthg** distinguir algo de algo.

distorted [dɪˈstɔːtəd] adj distorcido(da).

distract [dɪˈstrækt] vt distrair.

distraction [dɪˈstrækʃn] n distração f.

distress [dɪˈstres] n *(pain)* sofrimento m, dor f; *(anxiety)* angústia f.

distressing [dɪˈstresɪŋ] adj angustiante.

distribute [dɪˈstrɪbjət] vt distribuir.

distributor [dɪˈstrɪbjətər] n COMM distribuidor m, -ra f; AUT distribuidor m.

district [ˈdɪstrɪkt] n *(region)* ≃ distrito m; *(of city)* ≃ bairro m.

disturb [dɪˈstɜːb] vt *(interrupt)* incomodar; *(worry)* preocupar; *(move)* mexer em; **'do not ~'** 'favor não incomodar'.

disturbance [dɪˈstɜːbəns] n *(violence)* distúrbio m.

ditch [dɪtʃ] n fosso m.

ditto [ˈdɪtəu] adv idem.

divan [dɪˈvæn] n divã m.

dive [daɪv] *(Am pt -d OR* **dove**, *Brit pt -d)* n *(of swimmer)* mergulho m. ◆ vi mergulhar; *(bird, plane)* descer em vôo picado; *(rush)* lançar-se.

diver [ˈdaɪvər] n mergulhador m, -ra f.

diversion [daɪˈvɜːʃn] n *(amusement)* diversão f; *Brit (of traffic)* desvio m.

divert [daɪˈvɜːt] vt desviar.

divide [dɪˈvaɪd] vt dividir. □ **divide up** vt sep dividir.

diving [ˈdaɪvɪŋ] n mergulho m; **to go ~** ir mergulhar.

diving board n trampolim m.

division [dɪˈvɪʒn] n divisão f; COMM departamento m.

divorce [dɪˈvɔːs] n divórcio m. ◆ vt divorciar-se de.

divorced [dɪ'vɔːrst] adj divorciado(da).

dizzy ['dɪzɪ] adj tonto(ta).

DJ n (abbr of disc jockey) DJ.

do [duː] (pt did, pp done, pl dos) aux vb -1. (in negatives): don't ~ that! não faça isso!; she didn't see it ela não o viu. -2. (in questions): do you like it? você gosta?; how ~ you do it? como é que se faz? -3. (referring to previous verb): you smoke? - yes, I ~ /no, I don't você fuma? - sim/não; I eat more than you ~ eu como mais do que você; no, I didn't do it! não fiz, não!; so ~ I eu também. -4. (in question tags): so, you like New York, ~ you? então você gosta da Nova York, não gosta?; the train leaves at five o'clock, doesn't it? o trem sai às cinco, não é (verdade)?. -5. (for emphasis): I ~ like this bedroom eu realmente gosto deste quarto; ~ come in! faça o favor de entrar! ♦ vt -1. (perform) fazer; to ~ one's homework fazer o dever de casa; what is she doing? o que ela está fazendo?; what can I ~ for you? em que posso ajudá-lo? -2. (clean, brush, etc): to ~ one's hair pentear-se; to ~ one's make-up maquiar-se; to ~ one's teeth escovar os dentes. -3. (cause) fazer; to ~ damage fazer estragos; to ~ sb good fazer bem a alguém. -4. (have as job): what do you

~? o que você faz? -5. (provide, offer) fazer; we ~ pizzas for under $5 vendemos pizzas por menos de 5 dólares. -6. (subj: vehicle) ir a; the car was doing 50mph o carro ia a 80 km/h. -7. inf (visit) visitar; we're doing Scotland next week para a semana vamos visitar a Escócia. ♦ vi -1. (behave, act) fazer; ~ as I say faça como eu lhe digo. -2. (progress): he did badly/well on his test ele foi mal/bem no exame; how did you ~? como é que foi? -3. (be sufficient) chegar; will $10 ~? 10 dólares chega? -4. (in phrases): how ~ you ~? (greeting) (muito) prazer (em conhecê-lo); how are you doing? como é que vão as coisas?; what does that have to ~ with it? o que isso tem a ver? ♦ n (party) festa f; ~s and don'ts o que fazer e não fazer.

♦ **do up** vt sep (coat, shirt) abotoar; (shoes, laces) apertar, atar; (zip) fechar; (decorate) renovar.

♦ **do with** vt fus (need): I could ~ with a drink eu bem que beberia alguma coisa.

♦ **do without** vt fus passar sem.

dock [dɒk] n (for ships) doca f; JUR banco m dos réus. ♦ vi atracar.

doctor ['dɒktər] n (of medicine) médico m, -ca f, doutor m, -ra f; (academic) doutor m, -ra f; to go to the ~ ir ao médico.

document ['dɒkjəmənt] n documento m.

documentary [ˌdɒkjəˈmentərɪ] n documentário m.

does [weak form dəz, strong form dʌz] → **do**.

doesn't [ˈdʌznt] = **does not**.

dog [dɒg] n cão m, cachorro m.

do-it-yourself n sistema m faça-você-mesmo.

doll [dɒl] n boneca f.

dollar [ˈdɒlər] n dólar m.

dolphin [ˈdɒlfɪn] n golfinho m.

dome [dəʊm] n abóbada f.

domestic [dəˈmestɪk] adj doméstico(ca); (of country) nacional.

domestic flight n vôo m doméstico.

dominate [ˈdɒmɪneɪt] vt dominar.

dominoes [ˈdɒmɪnəʊz] n dominó m.

donate [dəˈneɪt] vt doar.

donation [dəˈneɪʃn] n doação f.

done [dʌn] pp → **do**. ◆ adj pronto(ta).

donkey [ˈdɒŋkɪ] n burro m.

don't [dəʊnt] = **do not**.

door [dɔːr] n porta f.

doorbell [ˈdɔːbel] n campainha f.

doorman [ˈdɔːmən] (pl -men) n porteiro m.

doormat [ˈdɔːmæt] n tapete m, capacho m.

doorstep [ˈdɔːstep] n degrau m.

doorway [ˈdɔːweɪ] n entrada f.

dope [dəʊp] n inf (any illegal drug) droga f; (marijuana) erva f, maconha f.

dormitory [ˈdɔːmətɔːrɪ] n dormitório m.

dosage [ˈdəʊsɪdʒ] n dose f.

dose [dəʊs] n (amount) dose f; (of illness) ataque m.

dot [dɒt] n ponto m; **on the ~** fig em ponto.

double [ˈdʌbl] adj duplo(pla). ◆ n (twice the amount) o dobro; (alcohol) dose f dupla. ◆ vt & vi duplicar. ◆ adv: **it's ~ the size** tem o dobro do tamanho; **to bend sthg ~** dobrar algo ao meio; **a ~ whiskey** um uísque duplo; **~ three, four, two** três, três, quatro, dois; **~ "r"** dois erres. ❑ **doubles** n (in tennis) dupla f.

double bed n cama f de casal.

double-breasted [-ˈbrestəd] adj trespassado(da).

double-glazing [-ˈgleɪzɪŋ] n vidros mpl duplos.

doubt [daʊt] n dúvida f. ◆ vt duvidar de; **I ~ it** duvido; **I ~ she'll be there** duvido que ela esteja lá; **in ~** (person) em dúvida; (outcome) incerto; **no ~** sem dúvida.

doubtful [ˈdaʊtfl] adj (uncertain) improvável; **it's ~ that ...** (unlikely) é pouco provável que ...

dough [dəʊ] n massa f.

doughnut [ˈdəʊnʌt] n (without hole) ≃ sonho m; (with hole) Donut m.

dove¹ [dʌv] n (bird) pomba f.

dove² [dəʊv] pt Am → dive.

down [daʊn] adv -1. (toward the bottom) para baixo; ~ here/there aqui/ali em baixo; to fall ~ cair; to go ~ descer. -2. (along): I'm going ~ to the shops vou até à loja. -3. (downstairs): I'll come ~ later vou descer mais tarde. -4. (southward) para baixo; we're going ~ to Miami vamos até Miami. -5. (in writing): to write sthg ~ anotar algo. -6. (in phrases): to come ~ with (illness) adoecer com. ◆ prep -1. (toward the bottom of): they ran ~ the hill eles correram pelo monte abaixo. -2. (along): I was walking ~ the street ia andando pela rua. ◆ adj inf (depressed) deprimido (da). ◆ n (feathers) penugem f.

downpour ['daʊnpɔ:r] n aguaceiro m.

downstairs [,daʊn'steəz] adj do andar de baixo. ◆ adv no andar de baixo; to come OR go ~ descer.

downstream [,daʊn'stri:m] adv rio abaixo.

downtown [,daʊn'taʊn] adj (hotel) central; (train, bus) do centro. ◆ adv (live) no centro; (go) ao centro; ~ New York o centro de Nova York.

doze [dəʊz] vi dormitar, cochilar.

dozen ['dʌzn] n dúzia f; a ~ eggs uma dúzia de ovos.

Dr. (abbr of Doctor) Dr. m, Dra. f.

drab [dræb] adj sem graça.

draft [drɑːft] n (early version) rascunho m; (money order) ordem f de pagamento; Am (of air) corrente f de ar. ◆ vt (into army) recrutar.

draft beer n chope m.

drafty ['drɑːftɪ] adj cheio (cheia) de correntes de ar.

drag [dræg] vt (pull along) arrastar. ◆ vi (along ground) arrastar-se; what a ~! inf que chatice! □ **drag on** vi arrastar-se.

drain [dreɪn] n (pipe) esgoto m. ◆ vt (tank, radiator) esvaziar. ◆ vi (vegetables, dishes) escorrer.

draining board ['dreɪnɪŋ-] n escorredor m de louça.

drainpipe ['dreɪnpaɪp] n cano m de esgoto.

drama ['drɑːmə] n (play) peça f de teatro; (art) teatro m; (excitement) drama m.

dramatic [drə'mætɪk] adj dramático(ca).

drank [dræŋk] pt → drink.

drapes [dreɪps] npl Am cortinas fpl.

drastic ['dræstɪk] adj drástico (ca).

drastically ['dræstɪklɪ] adv drasticamente.

draught [drɑːft] Brit = draft.

draw [drɔː] (pt drew, pp drawn) vt (with pen, pencil) desenhar; (line) traçar; (pull) puxar; (attract) atrair; (comparison) estabelecer; (conclusion) chegar a. ◆ vi (with pen, pencil) desenhar;

SPORTempatar. ◆ n SPORT (result) empate m; (lottery) sorteio m; **to ~ the curtains** (open) abrir as cortinas; (close) fechar as cortinas. ❑ **draw out** vt sep (money) levantar. ❑ **draw up** ◆ vt sep (list, contract) redigir; (plan) elaborar. ◆ vi (car, bus) parar.

drawback ['drɔːbæk] n inconveniente m.

drawer [drɔːr] n gaveta f.

drawing ['drɔːɪŋ] n desenho m.

drawing board n prancheta f de desenho.

drawn [drɔːn] pp → **draw**.

dreadful ['dredfl] adj terrível.

dream [driːm] n sonho m. ◆ vi: **to ~** (of) sonhar (com); **a ~ house** uma casa de sonho.

dress [dres] n (for woman, girl) vestido m; (clothes) roupa f. ◆ vt (person, baby) vestir; (wound) pensar; (salad) temperar. ◆ vi vestir-se; **to be ~ed in** estar vestido de; **to get ~ed** vestir-se. ❑ **dress up** vi (in costume) disfarçar-se; (in best clothes) vestir-se elegantemente.

dresser ['dresər] n Am (chest of drawers) cómoda f; Brit (for crockery) aparador m.

dressing ['dresɪŋ] n (for salad) tempero m; (for wound) curativo m.

dressing room n camarim m.

dressing table n toucador m.

dressmaker ['dres,meɪkər] n costureiro m, -ra f.

dress rehearsal n ensaio m geral.

drew [druː] pt → **draw**.

dribble ['drɪbl] vi (liquid) pingar; (baby) babar-se.

drier ['draɪər] = **dryer**.

drift [drɪft] n (of snow) monte m. ◆ vi (in wind) ser levado pelo vento; (in water) ser levado pela água, derivar.

drill [drɪl] n (electric tool) furadeira f; (manual tool, of dentist) broca f. ◆ vt (hole) furar.

drink [drɪŋk] (pt **drank**, pp **drunk**) n (of water, tea, etc) bebida f; (alcoholic) drinque m, bebida. ◆ vt & vi beber; **would you like a ~?** quer beber OR tomar algo?; **to have a ~** (alcoholic) beber OR tomar um drinque.

drinking water ['drɪŋkɪŋ-] n água f potável.

drip [drɪp] n (drop) gota f; MED aparelho m de soro. ◆ vi pingar.

dripping (wet) ['drɪpɪŋ-] adj encharcado(da).

drive [draɪv] (pt **drove**, pp **driven**) n (trip) viagem f; (in front of house) acesso m, caminho m. ◆ vt (car, bus, train) dirigir; (take in car) levar (em carro). ◆ vi (drive car) dirigir; (travel in car) ir de carro; **to go for a ~** ir dar um passeio de carro; **it's ~n by electricity** funciona a eletricidade; **to ~ sb to do sthg** levar alguém a fazer algo; **to ~ sb crazy** deixar alguém louco.

driven ['drɪvn] pp → **drive**.

driver ['draɪvər] n (of car, taxi, bus) motorista mf; (of train) maquinista mf.

driver's license n Am carteira f de motorista.

driveway ['draɪvweɪ] n acesso m, caminho m.

driving licence n Brit = driver's license.

driving test n exame m de direção.

drizzle ['drɪzl] n chuvisco m.

drop [drɒp] n gota f, pingo m; (distance down) descida f; (decrease) queda f. ◆ vt (let fall by accident) deixar cair; (let fall on purpose) jogar; (reduce) baixar; (from vehicle) deixar; (omit) omitir. ◆ vi (fall) cair; (decrease) baixar; **to ~ a hint** that dar a entender que; **to ~ sb a line** escrever a alguém. ❑ **drop in** vi inf: **to ~ in on sb** passar pela casa de alguém. ❑ **drop off** ◆ vt sep (from vehicle) deixar. ◆ vi (fall asleep) adormecer; (fall off) cair. ❑ **drop out** vi (of college) abandonar os estudos; (of race) desistir.

drought [draʊt] n seca f.

drove [drəʊv] pt → **drive.**

drown [draʊn] vi afogar-se.

drug [drʌg] n droga f. ◆ vt drogar.

drug addict n drogado m, -da f, toxicômano m, -na f.

drum [drʌm] n MUS tambor m; (container) barril m; **to play the ~ s** tocar bateria.

drummer ['drʌmər] n baterista mf.

drumstick ['drʌmstɪk] n (of chicken) coxa f.

drunk [drʌŋk] pp → **drink.** ◆ adj bêbado(da). ◆ n bêbado m, -da f; **to get ~** embebedar-se.

dry [draɪ] adj seco(ca). ◆ vt (hands, dishes, clothes) secar. ◆ vi secar; **to ~ o.s.** secar-se; **to ~ one's hair** secar o cabelo. ❑ **dry up** vi (become dry) secar.

dry-clean vt lavar a seco.

dry cleaners n tinturaria f.

dryer ['draɪər] n (for clothes) máquina f de secar; (for hair) secador m.

dubbed [dʌbd] adj (movie) dublado(da).

dubious ['duːbjəs] adj (suspect) duvidoso(osa).

duchess ['dʌtʃəs] n duquesa f.

duck [dʌk] n pato m. ◆ vi abaixar-se.

due [duː] adj (owed) devido (da); (to be paid) a pagar; **the train is ~ at eight o'clock** a chegada do trem está prevista para as oito; **in ~ course** no tempo devido; **~ to** devido a.

duet [duː'et] n dueto m.

dug [dʌg] pt & pp → **dig.**

duke [duːk] n duque m.

dull [dʌl] adj (boring) chato(ta), aborrecido(da); (not bright) baço(ça); (weather) cinzento(ta); (pain) incômodo(da).

dumb [dʌm] adj inf (stupid) estúpido(da); (unable to speak) mudo(da).

dummy ['dʌmɪ] n (for clothes) manequim m.

dump [dʌmp] n (for garbage) lixeira f; inf (place) espelunca f. ◆ vt (drop carelessly) deixar cair; (get rid of) desfazer-se de.

dune [du:n] n duna f.

dungarees [ˌdʌŋgəˈriːz] npl macacão m.

dungeon [ˈdʌndʒən] n masmorra f.

duo [ˈduːəʊ] n duo m.

duplicate [ˈduːplɪkət] n duplicado m.

during [ˈdʊərɪŋ] prep durante.

dusk [dʌsk] n crepúsculo m.

dust [dʌst] n (in building) pó m ; (on ground) pó, poeira f. ◆ vt (furniture, object) tirar o pó de.

duster [ˈdʌstər] n pano m de pó.

dustpan [ˈdʌstpæn] n pá f de lixo.

dusty [ˈdʌstɪ] adj (road) poeirento(ta); (room, air) cheio (cheia) de pó.

duty [ˈduːtɪ] n (moral obligation) dever m; (tax) taxa f; to be on ~ estar de plantão; to be off ~ estar de folga. ❑ **duties** npl (job) funções fpl.

duty-free adj livre de impostos. ◆ n (article) artigo m isento de impostos alfandegários.

duvet [duːveɪ] n edredom m.

DVD n (abbr of Digital Video or Versatile Disc) DVD m.

dwarf [dwɔːf] (pl **dwarves** [dwɔːvz]) n anão m, anã f.

dwelling [ˈdwelɪŋ] n fml moradia f.

dye [daɪ] n tinta f (para tingir). ◆ vt tingir.

dynamite [ˈdaɪnəmaɪt] n dinamite f.

dynamo [ˈdaɪnəməʊ] (pl -s) n dínamo m.

dyslexic [dɪsˈleksɪk] adj disléxico(ca).

E

E (abbr of east) E.

each [iːtʃ] adj & pron cada; ~ one cada um (cada uma); ~ of them cada um deles (cada uma delas); ~ other um ao outro; they fought ~ other lutaram um contra o outro; we know ~ other nós nos conhecemos; one ~ um a cada um; one of ~ um de cada.

eager [ˈiːgər] adj (student) entusiasta; (expression) de entusiasmo; to be ~ to do sthg estar ansioso por fazer algo; ~ to please doido para agradar.

eagle [ˈiːgl] n águia f.

ear [ɪər] n orelha f; (of corn) espiga f.

earache [ˈɪəreɪk] n dor f de ouvido; I have an ~ estou com dor de ouvido.

earl [ɜːl] n conde m.

early [ˈɜːlɪ] adj (before usual or arranged time) antecipado(da). ◆ adv cedo; I need to catch an ~ train preciso pegar um trem que passa mais cedo; **it arrived an hour ~** chegou uma hora mais cedo; **last year** no início do ano passado; **in the ~ morning** de madrugada; **at the earliest** o mais cedo possível, no mínimo; **~ on** cedo; **to have an ~ night** deitar-se cedo.

earn [ɜːrn] vt ganhar; **to ~ a living** ganhar a vida.

earnings [ˈɜːrnɪŋz] npl rendimentos mpl.

earphones [ˈɪərfəʊnz] npl fones mpl de ouvido.

earplugs [ˈɪərplʌɡz] npl tampões mpl auriculares OR para os ouvidos.

earrings [ˈɪərɪŋz] npl brincos mpl.

earth [ɜːrθ] n terra f; **how on ~ ...?** como diabo ...?

earthquake [ˈɜːrθkweɪk] n terremoto m.

ease [iːz] n facilidade f. ♦ vt (pain, tension) aliviar; (problem) minorar; **at ~** à vontade; **with ~ com** facilidade, facilmente. ❑ **ease off** vi diminuir.

easily [ˈiːzəlɪ] adv (without difficulty) facilmente; (by far) de longe.

east [iːst] n leste m, este m. ♦ adj leste, este. ♦ adv (be situated) a leste; (fly, walk) para este, para leste; **in the ~ of the country** no leste do país; **the East** (Asia) o Oriente.

Easter [ˈiːstər] n Páscoa f.

eastern [ˈiːstərn] adj de leste,

do este. ❑ **Eastern** adj (Asian) oriental.

eastward [ˈiːstwərd] adv em direção ao leste OR este, para leste OR este.

easy [ˈiːzɪ] adj fácil; **to take it ~** (relax) levar as coisas com calma; **take it ~!** (be calm) tenha calma!

easygoing [ˌiːzɪˈɡəʊɪŋ] adj descontraído(da).

eat [iːt] (pt **ate**, pp **eaten** [ˈiːtn]) vt & vi comer. ❑ **eat out** vi comer fora.

ebony [ˈebənɪ] n ébano m.

eccentric [ɪkˈsentrɪk] adj excêntrico(ca).

echo [ˈekəʊ] (pl **-es**) n eco m. ♦ vi ecoar.

ecological [ˌiːkəˈlɒdʒɪkl] adj ecológico(ca).

ecology [ɪˈkɒlədʒɪ] n ecologia f.

e-commerce n comércio m eletrônico.

economic [ˌiːkəˈnɒmɪk] adj econômico(ca). ❑ **economics** n economia f.

economical [ˌiːkəˈnɒmɪkl] adj econômico(ca).

economize [ɪˈkɒnəmaɪz] vi economizar.

economy [ɪˈkɒnəmɪ] n economia f.

economy class n classe f turística.

ecotourism [ˌiːkəʊˈtʊərɪzm] n ecoturismo m.

ecstasy [ˈekstəsɪ] n (great joy) êxtase m; (drug) ecstasy f.

eczema [ɪgˈziːmə] n eczema m.

edge [edʒ] n (border) beira f; (of table, coin, plate) borda f; (of knife) fio m, gume m.

edible [ˈedɪbl] adj comestível.

edition [ɪˈdɪʃn] n edição f.

editor [ˈedɪtər] n (of text) editor m, -ra f; (of newspaper, magazine) diretor m, -ra f; (of movie, TV program) técnico m, -ca f de montagem.

educate [ˈedʒʊkeɪt] vt educar.

education [ˌedʒʊˈkeɪʃn] n educação f.

eel [iːl] n enguia f.

effect [ɪˈfekt] n efeito m; to put sthg into ~ pôr em prática; to take ~ (medicine) fazer efeito; (law) entrar em vigor.

effective [ɪˈfektɪv] adj (successful) eficaz; (law, system) em vigor.

effectively [ɪˈfektɪvlɪ] adv (successfully) eficazmente, com eficácia; (in fact) com efeito.

efficient [ɪˈfɪʃənt] adj (person) eficiente; (factory) econômico (ca).

effort [ˈefərt] n esforço m; to make an ~ to do sthg fazer um esforço para fazer algo; it's not worth the ~ não vale a pena o esforço.

e.g. adv e.g., p. ex.

egg [eg] n ovo m.

eggplant [ˈegplænt] n Am berinjela f.

eight [eɪt] num oito → six.

eighteen [ˌeɪˈtiːn] num dezoito → six.

eighteenth [ˌeɪˈtiːnθ] num décimo oitavo (décima oitava) → sixth.

eighth [eɪtθ] num oitavo(va) → sixth.

eightieth [ˈeɪtɪəθ] num octogésimo(ma) → sixth.

eighty [ˈeɪtɪ] num oitenta → six.

either [ˈiːðr] adj: ~ book will do qualquer um dos livros serve. ◆ pron: I'll take ~ (of them) levo qualquer um (deles); I don't like ~ (of them) não gosto de nenhum (deles). ◆ adv: I can't ~ também não posso; ~ ... or ou ... ou; I don't speak ~ Portuguese or English não falo nem português nem inglês; on ~ side dos dois lados.

eject [ɪˈdʒekt] vt (cassette) tirar.

elaborate [ɪˈlæbrət] adj elaborado(da), complicado(da).

elastic [ɪˈlæstɪk] n elástico m.

elastic band n Brit elástico m.

elbow [ˈelbəʊ] n o cotovelo m.

elder [ˈeldər] adj mais velho (lha).

elderly [ˈeldərlɪ] adj idoso (osa). ◆ npl: the ~ os idosos.

eldest [ˈeldɪst] adj mais velho (lha).

elect [ɪˈlekt] vt eleger; to ~ to do sthg (fml: choose) escolher fazer algo.

election [ɪˈlekʃn] n eleição f.

electric

ELECTION

As eleições presidenciais
americanas realizam-se a
cada quatro anos. Pela lei, o
presidente não pode ter mais
de dois mandatos consecuti-
vos. As eleições gerais britânicas são realizadas de cinco em
cinco anos, mas o primeiro-
ministro pode convocá-las a
qualquer momento. Nos dois
casos, o voto não é obrigatório.

electric [ɪ'lektrɪk] *adj* elétrico
(ca).

electrician [ˌɪlek'trɪʃn] *n* eletricista *mf*.

electricity [ˌɪlek'trɪsəti] *n* eletricidade *f*.

electric shock *n* choque *m*
elétrico.

electrocute [ɪ'lektrəkjuːt] *vt*
eletrocutar.

electronic [ˌɪlek'trɒnɪk] *adj*
eletrônico(ca).

elegant ['elɪgənt] *adj* elegante.

element ['elɪmənt] *n* elemento
m; *(of fire, kettle)* resistência *f*; **the**
~ s *(weather)* os elementos.

elementary [ˌelɪ'mentəri] *adj*
elementar.

elementary school *n* escola *f* primária.

elephant ['elɪfənt] *n* elefante
m.

elevator ['elɪveɪtər] *n Am* elevador *m*.

eleven [ɪ'levn] *num* onze → **six.**

eleventh [ɪ'levnθ] *num* décimo
primeiro (décima primeira) →
sixth.

eligible ['elɪdʒəbl] *adj (qualified,*
suitable) apto(ta); *(bachelor)* elegí-
vel.

eliminate [ɪ'lɪmɪneɪt] *vt* eliminar.

elm [elm] *n* ulmeiro *m*, olmo *m*.

else [els] *adv*: **I don't want any-**
thing ~ não quero mais nada;
anything ~ ? mais alguma coisa?; **everyone ~** os outros todos (as outras todas); **nobody**
~ mais ninguém; **nothing ~**
mais nada; **somebody ~** mais
alguém; **something ~** outra
coisa; **somewhere ~** outro lugar; **what ~ ?** que mais?; **who**
~ ? quem mais?; **or ~** ou então,
senão.

elsewhere ['elsweər] *adv (be,*
search) em outro lugar; *(with*
verbs of motion) para outro
lado.

e-mail ['iːmeɪl] *n* e-mail *m*, correio *m* eletrônico. ◆ *vt*: **to ~ sb**
mandar um e-mail para alguém;
to ~ sthg to sb mandar algo por
e-mail para alguém.

e-mail address *n* endereço
m eletrônico.

embankment [ɪm'bæŋkmənt]
n (next to river) margem *f*; *(next to*
road, railroad) barreira *f*.

embark [ɪm'bɑːrk] *vi (board*
ship) embarcar.

embarrass [ɪm'berəs] *vt* envergonhar.

embarrassed [ɪm'berəst] *adj*
envergonhado(da).

embarrassing [ɪmˈberəsɪŋ] *adj* embaraçoso(osa).

embarrassment [ɪmˈberəsmənt] *n* vergonha *f.*

embassy [ˈembəsɪ] *n* embaixada *f.*

emblem [ˈembləm] *n* emblema *m.*

embrace [ɪmˈbreɪs] *vt* abraçar.

embroidered [ɪmˈbrɔɪdəd] *adj* bordado(da).

embroidery [ɪmˈbrɔɪdərɪ] *n* bordado *m.*

emerald [ˈemərəld] *n* esmeralda *f.*

emerge [ɪˈmɜːdʒ] *vi (from place)* emergir, sair; *(fact, truth)* vir à tona.

emergency [ɪˈmɜːdʒənsɪ] *n* emergência *f.* ◆ *adj* de emergência; **in an ~** em caso de emergência.

emergency exit *n* saída *f* de emergência.

emergency services *npl* serviços *mpl* de emergência.

emigrate [ˈemɪgreɪt] *vi* emigrar.

emit [ɪˈmɪt] *vt* emitir.

emotion [ɪˈməʊʃn] *n* emoção *f.*

emotional [ɪˈməʊʃnəl] *adj (situation, scene)* comovente; *(person)* emotivo(va).

emphasis [ˈemfəsɪs] *(pl* **-ases** [-əsiːz]) *n* ênfase *f.*

emphasize [ˈemfəsaɪz] *vt* enfatizar, sublinhar.

empire [ˈempaɪər] *n* império *m.*

employ [ɪmˈplɔɪ] *vt* empregar.

employed [ɪmˈplɔɪd] *adj* empregado(da).

employee [ɪmˈplɔɪiː] *n* empregado *m,* -da *f.*

employer [ɪmˈplɔɪər] *n* empregador *m,* -ra *f.*

employment [ɪmˈplɔɪmənt] *n* emprego *m.*

empty [ˈemptɪ] *adj (containing nothing)* vazio(zia); *(threat, promise)* vão (vã). ◆ *vt* esvaziar.

enable [ɪˈneɪbl] *vt:* **to ~ sb to do sthg** permitir a alguém fazer algo.

enamel [ɪˈnæml] *n* esmalte *m.*

enchanting [ɪnˈtʃɑːntɪŋ] *adj* encantador(ra).

enclose [ɪnˈkləʊz] *vt (surround)* cercar; *(with letter)* anexar.

enclosed [ɪnˈkləʊzd] *adj (space)* cercado(da); *(with letter)* anexo.

encore [ˈɒŋkɔːr] *n* bis *m.* ◆ *excl* bis!

encounter [ɪnˈkaʊntər] *vt* encontrar.

encourage [ɪnˈkʌrɪdʒ] *vt* encorajar; **to ~ sb to do sthg** encorajar alguém a fazer algo.

encouragement [ɪnˈkʌrɪdʒmənt] *n* encorajamento *m.*

encyclopedia [ɪnˌsaɪkləˈpiːdjə] *n* enciclopédia *f.*

end [end] *n* fim *m; (farthest point)* extremo *m; (of string, finger)* ponta *f.* ◆ *vt* acabar, terminar; *(war, practice)* acabar com. ◆ *vi* acabar, terminar; **to come to an ~** chegar ao fim; **to put an ~ to sthg** acabar com algo; **for days on ~** durante dias e dias OR dias a fio; **in the ~ no fim**; **to make ~s meet** conseguir que o dinheiro chegue ao fim do mês. □**end up** vi acabar; **to ~ up doing sthg** acabar por fazer algo.

endangered species [ɪn-ˈdeɪndʒərd-] n espécie f em extinção.

ending [ˈendɪŋ] n (of story, movie, book) fim m, final m; GRAMM terminação f.

endless [ˈendləs] adj infinito (ta), sem fim.

endorse [ɪnˈdɔːrs] vt endossar; **to ~ a check** endossar um cheque.

endurance [ɪnˈdjʊərəns] n resistência f.

endure [ɪnˈdjʊər] vt suportar.

enemy [ˈenəmɪ] n inimigo m, -ga f.

energy [ˈenərdʒɪ] n energia f.

enforce [ɪnˈfɔːs] vt (law) aplicar, fazer cumprir.

engaged [ɪnˈgeɪdʒd] adj (to be married) noivo(va); Brit (phone) ocupado(da); (washroom) ocupado(da); **to get ~** ficar noivo.

engagement [ɪnˈgeɪdʒmənt] n (to marry) noivado m; (appointment) compromisso m, encontro m.

engine [ˈendʒɪn] n (of vehicle) motor m; (of train) máquina f.

engineer [ˌendʒɪˈnɪər] n (of roads, machinery) engenheiro m, -ra f; (to do repairs) técnico m, -ca f; (of roads, machinery) engenhei-

ro m, -ra f; Am (on train) maquinista mf.

engineering [ˌendʒɪˈnɪərɪŋ] n engenharia f.

England [ˈɪŋglənd] n Inglaterra f.

English [ˈɪŋglɪʃ] adj inglês(esa). ◆ n (language) inglês m. ◆ npl: **the ~** os ingleses.

engrave [ɪnˈgreɪv] vt gravar.

engraving [ɪnˈgreɪvɪŋ] n gravura f.

enjoy [ɪnˈdʒɔɪ] vt gostar de; **to ~ doing sthg** gostar de fazer algo; **to ~ o.s.** divertir-se; **~ your meal!** bom apetite!

enjoyable [ɪnˈdʒɔɪəbl] adj agradável.

enjoyment [ɪnˈdʒɔɪmənt] n prazer m.

enlargement [ɪnˈlɑːrdʒmənt] n (of photo) ampliação f.

enormous [ɪˈnɔːrməs] adj enorme.

enough [ɪˈnʌf] adj suficiente. ◆ pron o suficiente. ◆ adv suficientemente; **~ time** tempo suficiente; **is that ~?** chega?; **it's not big ~** não é suficientemente grande; **I've had ~ of your sass!** estou farto de seu atrevimento!

enquire vi = **inquire**.

enroll [ɪnˈrəʊl] Am matricular-se.

ensure [ɪnˈʃʊər] vt assegurar, garantir.

entail [ɪnˈteɪl] vt (involve) implicar.

enter [ˈentər] vt entrar em; (college, army) entrar para; (competi-

tion) inscrever-se em; *(on form)* escrever. ◆ *vi* entrar; *(in competition)* inscrever-se.

enterprise ['entərpraɪz] *n (business)* empresa *f*.

entertain [,entər'teɪn] *vt (amuse)* entreter.

entertainer [,entər'teɪnər] *n* artista *mf* (de variedades).

entertaining [,entər'teɪnɪŋ] *adj* divertido(da).

entertainment [,entər'teɪnmənt] *n (amusement)* divertimento *m;* (*show*) espetáculo *m.*

enthusiasm [ɪn'θuːzɪæzm] *n* entusiasmo *m.*

enthusiast [ɪn'θuːzɪæst] *n* entusiasta *mf.*

enthusiastic [ɪn,θuːzɪ'æstɪk] *adj* entusiástico(ca).

entire [ɪn'taɪər] *adj* inteiro(ra).

entirely [ɪn'taɪərlɪ] *adv* completamente.

entitle [ɪn'taɪtl] *vt:* **to ~ sb to sthg** dar a alguém o direito a algo; **to ~ sb to do sthg** dar o direito a alguém de fazer algo.

entrance ['entrəns] *n* entrada *f.*

entry ['entrɪ] *n* entrada *f;* (*in competition*) inscrição *f,* candidatura *f;* 'no ~' *(sign on door)* 'entrada proibida'; *(road sign)* 'acesso proibido'.

envelope ['envələup] *n* envelope *m.*

envious ['envɪəs] *adj* invejoso(osa).

environment [ɪn'vaɪrənmənt] *n* meio *m;* **the ~** o meio ambiente.

environmental [ɪn,vaɪrən-'mentl] *adj* ambiental.

envy ['envɪ] *vt* invejar.

epic ['epɪk] *n* epopéia *f.*

epidemic [,epɪ'demɪk] *n* epidemia *f.*

epileptic [,epɪ'leptɪk] *adj* epilético(ca).

episode ['epɪsəud] *n* episódio *m.*

equal ['iːkwəl] *adj* igual. ◆ *vt* igualar; **to be ~ to** *(number)* ser igual a.

equality [ɪ'kwɒlətɪ] *n* igualdade *f.*

equalize ['iːkwəlaɪz] *vi* igualar.

equally ['iːkwəlɪ] *adv (bad, good, matched)* igualmente; *(pay, treat)* de forma igual, da mesma forma; *(share)* por igual; *(at the same time)* ao mesmo tempo.

equation [ɪ'kweɪʒn] *n* equação *f.*

equator [ɪ'kweɪtər] *n:* **the ~** o equador.

equip [ɪ'kwɪp] *vt:* **to ~ sb/sthg with** equipar alguém/algo com.

equipment [ɪ'kwɪpmənt] *n* equipamento *m.*

equivalent [ɪ'kwɪvələnt] *adj* equivalente. ◆ *n* equivalente *m.*

ER *n Am (abbr of emergency room)* Emergência *f.*

erase [ɪ'reɪz] *vt (letter, word)* apagar.

eraser [ɪ'reɪzər] *n* borracha *f* (de apagar).

erect [ɪ'rekt] *adj* ereto(ta). ◆ *vt* *(tent)* montar; *(monument)* erigir.

erotic [ɪ'rɒtɪk] *adj* erótico(ca).

erratic [ɪ'rætɪk] adj irregular.

error ['erər] n erro m.

escalator ['eskəleɪtər] n escada f rolante.

escape [ɪ'skeɪp] n fuga f. ♦ vi: **to ~ (from)** (from prison, danger) fugir de; (leak) escapar (de).

escort [n 'eskɔ:rt, vb ɪ'skɔ:rt] n (guard) escolta f. ♦ vt escoltar.

especially [ɪ'speʃəlɪ] adv (in particular) sobretudo; (on purpose) especialmente; (very) particularmente.

essay ['eseɪ] n (at school) redação f, composição f; (at university) trabalho m escrito.

essential [ɪ'senʃl] adj essencial. ◻ **essentials** npl: **the ~s** o essencial; **the bare ~s** o mínimo indispensável.

essentially [ɪ'senʃəlɪ] adv essencialmente.

establish [ɪ'stæblɪʃ] vt estabelecer.

establishment [ɪ'stæblɪʃmənt] n (business) estabelecimento m.

estate [ɪ'steɪt] n (land in country) propriedade f; (property) propriedade f.

estimate [n 'estɪmət, vb 'estɪmeɪt] n (guess) estimativa f; (from contractor, plumber) orçamento m. ♦ vt calcular.

estuary ['estʃʊərɪ] n estuário m.

Europe ['jʊərəp] n Europa f.

evacuate [ɪ'vækjʊeɪt] vt evacuar.

evade [ɪ'veɪd] vt (person) evitar; (issue, responsibility) fugir a.

eve [iːv] n: **on the ~ of** na véspera de.

even ['iːvn] adj (level) plano(na); (equal) igual; (number) par. ♦ adv (emphasizing surprise) mesmo; (in comparisons) ainda; **to break ~** funcionar sem lucros nem prejuízos; **~ so** mesmo assim; **~ though** ainda que; **not ~** nem mesmo OR sequer.

evening ['iːvnɪŋ] n (from 5 p.m. until 8 p.m.) tarde f; (from 8 p.m. onwards) noite f; (event) noite f; **good ~!** boa tarde!, boa noite!; **in the ~** ao entardecer, à noite.

evening dress n (formal clothes) traje m de cerimônia.

event [ɪ'vent] n (occurrence) acontecimento m; SPORT prova f; **in the ~ of** fml em caso de.

eventual [ɪ'ventʃʊəl] adj final.

eventually [ɪ'ventʃʊəlɪ] adv finalmente.

ever ['evər] adv (at any time) alguma vez; (in negatives) nunca; **I don't ~ do that** nunca faço isso; **the best I've ~ seen** o melhor que já vi; **for ~** (eternally) para sempre; **we've been waiting for ~** estamos esperando há muito tempo; **hardly ~** quase nunca; **~ since** desde então. ♦ prep desde. ♦ conj desde que.

every ['evrɪ] adj cada; **~ day** cada dia, todos os dias; **~ other day** dia sim, dia não; **one in ~ ten** um em cada dez; **we make ~ effort ...** fazemos o possível ...; **~ so often** de vez em quando.

everybody ['evrɪ,bɒdɪ] *pron* = everyone.

everyday ['evrɪdeɪ] *adj* diário (ria).

everyone ['evrɪwʌn] *pron* todo mundo, todos *mpl*, -das *fpl*.

everyplace ['evrɪ,pleɪs] *adv Am (inf)* = everywhere.

everything ['evrɪθɪŋ] *pron* tudo.

everywhere ['evrɪweər] *adv (be, search)* por todo o lado; *(with verbs of motion)* para todo o lado; ~ **you go it's the same** onde quer que se vá é o mesmo.

evidence ['evɪdəns] *n* prova *f*.

evident ['evɪdənt] *adj* evidente.

evidently ['evɪdəntlɪ] *adv (apparently)* aparentemente; *(obviously)* evidentemente.

evil ['iːvl] *adj* mau (má). ◆ *n* o mal.

ex [eks] *n inf* ex *mf*.

exact [ɪg'zækt] *adj* exato(ta).

exactly [ɪg'zæktlɪ] *adv* exatamente. ◆ *excl* exato!

exaggerate [ɪg'zædʒəreɪt] *vt & vi* exagerar.

exaggeration [ɪg,zædʒə'reɪʃn] *n* exagero *m*.

exam [ɪg'zæm] *n* exame *m*; **to take an** ~ fazer um exame; **final exams** provas *fpl* finais.

examination [ɪg,zæmɪ'neɪʃn] *n* exame *m*.

examine [ɪg'zæmɪn] *vt* examinar.

example [ɪg'zɑːmpl] *n* exemplo *m*; **for** ~ por exemplo.

exceed [ɪk'siːd] *vt* ultrapassar.

excellent ['eksələnt] *adj* excelente.

except [ɪk'sept] *prep* exceto, a menos que. ◆ *conj* exceto; ~ **for** exceto; '~ **for loading**' 'exceto cargas e descargas'.

exception [ɪk'sepʃn] *n* exceção *f*.

exceptional [ɪk'sepʃnəl] *adj* excepcional.

excerpt [eksɑːrpt] *n* trecho *m*, excerto *m*.

excess [ɪk'ses, *before nouns* 'ekses] *adj* excessivo(va), em excesso. ◆ *n* excesso *m*.

excessive [ɪk'sesɪv] *adj* excessivo(va).

exchange [ɪks'tʃeɪndʒ] *n (of telephones)* central *f* telefônica; *(of students)* intercâmbio *m*. ◆ *vt* trocar; **to** ~ **sthg for sthg** trocar algo por algo; **to be on an** ~ estar participando de um intercâmbio.

exchange rate *n* taxa *f* de câmbio.

excited [ɪk'saɪtɪd] *adj* entusiasmado(da).

excitement [ɪk'saɪtmənt] *n (excited feeling)* entusiasmo *m*; *(exciting thing)* emoção *f*.

exciting [ɪk'saɪtɪŋ] *adj* emocionante, excitante.

exclamation point [,eksklə'meɪʃn-] *n* ponto *m* de exclamação.

exclude [ɪk'skluːd] *vt* excluir.

excluding [ɪk'skluːdɪŋ] *prep* excluindo.

exclusive [ɪk'skluːsɪv] *adj* exclusivo(va). ◆ *n* exclusivo *m*; '~

of sales tax' 'imposto sobre vendas não incluído'.

excursion [ɪkˈskɜːrʃn] n excursão f.

excuse [n ɪkˈskjuːs, vb ɪkˈskjuːz] n desculpa f. ◆ vt (forgive) desculpar; (let off) dispensar; ~ **me!** (attracting attention) com licença!; (trying to get past) com licença!; (as apology) desculpe!, perdão!

execute [ˈeksɪkjuːt] vt executar.

executive [ɪgˈzekjətɪv] adj (suite, travel) para executivos. ◆ n (person) executivo m, -va f.

exempt [ɪgˈzempt] adj: ~ **(from)** isento(ta) (de).

exemption [ɪgˈzempʃn] n (from taxes) isenção f; (from test) dispensa f.

exercise [ˈeksəsaɪz] n exercício m. ◆ vi exercitar-se, fazer exercício; **to do ~s** fazer exercícios.

exert [ɪgˈzɜːrt] vt exercer.

exhaust [ɪgˈzɔːst] vt esgotar. ◆ n: ~ **(pipe)** cano m de descarga.

exhausted [ɪgˈzɔːstəd] adj exausto(ta).

exhibit [ɪgˈzɪbɪt] n (in museum, gallery) objeto m exposto. ◆ vt (in exhibition) exibir.

exhibition [ˌeksɪˈbɪʃn] n (of art) exposição f.

exist [ɪgˈzɪst] vi existir.

existence [ɪgˈzɪstəns] n existência f; **to be in ~** existir.

existing [ɪgˈzɪstɪŋ] adj existente.

exit [ˈeksɪt] n saída f. ◆ vi sair.

exotic [ɪgˈzɒtɪk] adj exótico (ca).

expand [ɪkˈspænd] vi (in size) expandir-se; (in number) aumentar.

expect [ɪkˈspekt] vt esperar; **to ~ to do sthg** esperar fazer algo; **to ~ sb to do sthg** esperar que alguém faça algo; **to be ~ing** (be pregnant) estar esperando bebê.

expedition [ˌekspɪˈdɪʃn] n expedição f.

expel [ɪkˈspel] vt (from school) expulsar.

expense [ɪkˈspens] n gasto m, despesa f; **at the ~ of** à custa de. ◻ **expenses** npl (of business person) gastos mpl, despesas fpl.

expensive [ɪkˈspensɪv] adj caro(ra).

experience [ɪkˈspɪərɪəns] n experiência f. ◆ vt passar por.

experienced [ɪkˈspɪərɪənst] adj com experiência, experiente.

experiment [ɪkˈsperɪmənt] n experimento m. ◆ vi experimentar.

expert [ˈekspɜːrt] adj (advice, treatment) especializado(da). ◆ n perito m, -ta f.

expire [ɪkˈspaɪər] vi vencer.

explain [ɪkˈspleɪn] vt explicar.

explanation [ˌekspləˈneɪʃn] n explicação f.

explode [ɪkˈspləʊd] vi explodir.

exploit [ɪkˈsplɔɪt] vt explorar.

explore [ɪkˈsplɔːr] vt explorar.

explosion [ɪk'spləʊʒn] *n* explosão *f.*

explosive [ɪk'spləʊsɪv] *n* explosivo *m.*

export [*n* 'ekspɔːrt, *vb* ɪk'spɔːrt] *n* exportação *f.* ◆ *vt* exportar.

exposed [ɪk'spəʊzd] *adj* (*place*) desprotegido(da).

exposure [ɪk'spəʊʒər] *n* (*photograph*) fotografia *f;* (*to heat, radiation*) exposição *f;* **to die of ~** morrer de FRIO OR por exposição ao frio.

express [ɪk'spres] *adj* (*letter, delivery*) urgente; (*train*) rápido (da). ◆ *n* (*train*) expresso *m.* ◆ *vt* exprimir. ◆ *adv:* **send it ~** enviei pelo correio expresso.

expression [ɪk'spreʃn] *n* expressão *f.*

expressway [ɪk'spresweɪ] *n* Am auto-estrada *f.*

extend [ɪk'stend] *vt* prolongar; (*hand*) estender; ◆ *vi* (*stretch*) estender-se.

extension [ɪk'stenʃn] *n* (*of building*) anexo *m;* (*for phone*) ramal *m;* (*for permit*) prolongamento *m,* prorrogação *f;* (*for essay*) acréscimo *m.*

extensive [ɪk'stensɪv] *adj* vasto(ta).

extent [ɪk'stent] *n* (*of damage*) dimensão *f;* (*of knowledge*) grau *m;* **to a certain ~** até certo ponto; **to what ~ ...?** até que ponto ...?

exterior [ɪk'stɪərɪər] *adj* exterior. ◆ *n* (*of car, building*) exterior *m.*

external [ɪk'stɜːrnl] *adj* externo(na).

extinct [ɪk'stɪŋkt] *adj* extinto (ta).

extinguish [ɪk'stɪŋgwɪʃ] *vt* (*fire, cigarette*) apagar.

extinguisher [ɪk'stɪŋgwɪʃər] *n* extintor *m.*

extortionate [ɪk'stɔːrʃnət] *adj* exorbitante.

extra ['ekstrə] *adj* extra (*inv*). ◆ *n* extra *m.* ◆ *adv* (*more*) mais, extra; **be ~ careful!** tenha muito cuidado!; **an ~ special offer** uma oferta extremamente especial; **we'll have to try ~ hard** temos de nos esforçar ainda mais; **~ charge** suplemento *m;* **~ large** GG (*tamanho*). ❑ **extras** *npl* (*in price*) extras *mpl.*

extract [*n* 'ekstrækt, *vb* ɪk-'strækt] *n* (*of yeast, malt, etc*) extrato *m;* (*from book, opera*) trecho *m.* ◆ *vt* (*tooth*) arrancar.

extraordinary [ɪk'strɔːrdnərɪ] *adj* extraordinário(ria).

extravagant [ɪk'strævəgənt] *adj* extravagante.

extreme [ɪk'striːm] *adj* extremo(ma). ◆ *n* extremo *m.*

extremely [ɪk'striːmlɪ] *adv* extremamente.

extrovert ['ekstrəvɜːrt] *n* extrovertido *m,* -da *f.*

eye [aɪ] *n* olho *m;* (*of needle*) buraco *m.* ◆ *vt* olhar para; **to keep an ~ on** vigiar.

eyebrow ['aɪbraʊ] *n* sobrancelha *f.*

eyelash ['aɪlæʃ] *n* pestana *f.*

eyelid ['aɪlɪd] *n* pálpebra *f.*

eyesight ['aɪsaɪt] n vista f.

eye test n exame m de vista.

eyewitness [,aɪ'wɪtnɪs] n testemunha mf ocular.

F

F (abbr of Fahrenheit) F.

fabric ['fæbrɪk] n (cloth) tecido m.

fabulous ['fæbjələs] adj fabuloso(osa).

façade [fə'sɑ:d] n fachada f.

face [feɪs] n cara f, face f, rosto m; (of cliff, mountain) lado m; (of clock, watch) mostrador m. ◆ vt encarar; **the hotel ~s the harbor** o hotel dá para o porto; **to be ~d with** ver-se perante. □ **face up to** vt fus fazer face a.

facial ['feɪʃl] n limpeza f facial OR de pele.

facilitate [fə'sɪlɪteɪt] vt fml facilitar.

facilities [fə'sɪlɪtɪz] npl instalações fpl.

fact [fækt] n fato m; **in ~** na realidade.

factor ['fæktər] n fator m; **~ ten suntan lotion** bronzeador com fator de proteção dez.

factory ['fæktərɪ] n fábrica f.

faculty ['fæklti] n (at university) faculdade f.

fade [feɪd] vi (light, sound) desaparecer; (flower) murchar; (jeans, wallpaper) desbotar.

faded ['feɪdəd] adj (jeans) ruço(ça), desbotado(da).

fail [feɪl] vt (class, test) reprovar. ◆ vi (not succeed) fracassar; (on test) não passar; (engine) falhar; **to ~ to do sthg** (not do) não fazer algo.

failing ['feɪlɪŋ] n defeito m. ◆ prep: **~ that** senão.

failure ['feɪljər] n fracasso m; (unsuccessful person) fracassado m, -da f; **~ to comply with the regulations ...** o não cumprimento do regulamento ...

faint [feɪnt] adj (sound) fraco(ca); (color) claro(ra); (outline) vago(ga); (dizzy) tonto(ta). ◆ vi desmaiar; **I don't have the ~est idea** não faço a menor idéia.

fair [feər] adj (decision, trial, result) justo(ta); (judge, person) imparcial; (quite large, good) considerável; SCH suficiente; (hair, person) louro(ra); (skin) claro(ra); (weather) bom (boa). ◆ n feira f; **~ enough!** está bem!

fair-haired [-'heərd] adj louro(ra).

fairly ['feərlɪ] adv (quite) bastante.

fairy ['feərɪ] n fada f.

fairy tale n conto m de fadas.

faith [feɪθ] n fé f.

fake [feɪk] n (false thing) imitação f. ◆ vt (signature, painting) falsificar.

falcon ['fɔːlkən] n falcão m.

fall [fɔːl] (pt fell, pp fallen ['fɔːln]) vi cair. ◆ n queda f; Am (autumn) outono m; **to ~ asleep** adormecer; **to ~ ill** adoecer; **to ~ in love** apaixonar-se. □ **falls**

npl (waterfall) quedas fpl d'água, cataratas fpl. □**fall behind** vi (with work, rent) atrasar-se. □**fall down** vi (lose balance) cair. □**fall off** vi cair. □**fall out** vi (argue) zangar-se; **my tooth fell out** meu dente caiu. □**fall over** vi cair. □**fall through** vi (plan) falhar.

false [fɔːls] adj falso(sa).

false teeth npl dentes mpl postiços, dentadura f (postiça).

fame [feɪm] n fama f.

familiar [fə'mɪljər] adj (known) familiar; (informal) íntimo(ma) (demais); **to be ~ with** (know) conhecer, estar familiarizado(da) com.

family ['fæmlɪ] n família f. ◆ adj (pack) tamanho familiar; (movie, vacation) para toda a família.

famine ['fæmɪn] n fome f.

famished ['fæmɪʃt] adj inf esfomeado(da).

famous ['feɪməs] adj famoso(osa).

fan [fæn] n (held in hand) leque m; (electric) ventilador m; (enthusiast, supporter) fã mf.

fancy ['fænsɪ] adj (elaborate) complicado(da). ◆ vt inf (feel like) ter vontade de; ~ (**that**)! quem diria!

fantastic [fæn'tæstɪk] adj fantástico(ca).

fantasy ['fæntəsɪ] n fantasia f.

FAQ n (abbr of frequently asked questions) COMPUT FAQs fpl.

far [fɑːr] (compar **further** OR **farther**, superl **furthest** OR

farthest) adv (in distance, time) longe; (in degree) muito. ◆ adj (end, side) extremo(ma); **how ~ did you go?** até onde você foi?; **how ~ is it (to New York)?** qual é a distância (até Nova York)?; **as ~ as** (place) até; **as ~ as I'm concerned** no que me diz respeito; **as ~ as I know** que eu saiba; ~ **better** muito melhor; **by ~** de longe; **so ~** (until now) até agora; **to go too ~** ir longe demais.

farce [fɑːrs] n farsa f.

fare [feər] n (on bus, train, etc) bilhete m; (fml: food) comida f. ◆ vi sair-se.

Far East n: **the ~** o Extremo Oriente.

farm [fɑːrm] n fazenda f.

farmer ['fɑːrmər] n agricultor m, -ra f, fazendeiro m, -ra f.

farmhouse ['fɑːrmhaʊs, pl -haʊzɪz] n casa f de fazenda.

farming ['fɑːrmɪŋ] n agricultura f.

farmland ['fɑːrmlænd] n terra f de cultivo.

farmyard ['fɑːrmjɑːrd] n terreiro m (de fazenda).

farsighted [fɑːr'saɪtɪd] adj hipermetrope.

farther ['fɑːrðər] compar → **far**.

farthest ['fɑːrðəst] superl → **far**. ◆ adv mais. ◆ adj (additional) outro (outra).

fascinating ['fæsəneɪtɪŋ] adj fascinante.

fascination [fæsə'neɪʃn] n fascínio m, fascinação f.

fashion ['fæʃn] n moda f;

(*manner*) maneira *f*; **to be in ~** estar na moda; **to be out of ~** estar fora de moda.

fashionable ['fæʃnəbl] *adj* na moda.

fast [fæst] *adj* (*quick*) rápido (da); (*clock, watch*) adiantado (da). ♦ *adv* (*quickly*) depressa, rápido; (*securely*) bem seguro(ra); **to be ~ asleep** estar dormindo profundamente; **a ~ train** um trem rápido.

fasten ['fæsn] *vt* (*belt, coat*) apertar; (*two things*) atar.

fastener ['fæsnər] *n* fecho *m*.

fast food *n* fast food *f*.

fat [fæt] *adj* gordo(da). ♦ *n* gordura *f*.

fatal ['feɪtl] *adj* (*accident, disease*) fatal.

fat-free *adj* sem gordura.

father ['fɑːðər] *n* pai *m*.

Father Christmas *n* Brit Papai *m* Noel.

father-in-law *n* sogro *m*.

fatten ['fætn] *vt* engordar.

fattening ['fætnɪŋ] *adj* que engorda.

fatty ['fætɪ] *adj* gorduroso (osa).

faucet ['fɔːsɪt] *n* Am torneira *f*.

fault ['fɔːlt] *n* (*responsibility*) culpa *f*; (*defect*) falha *f*; **it's your ~** a culpa é sua.

faulty ['fɔːltɪ] *adj* defeituoso (osa).

favor ['feɪvər] Am (*kind act*) favor *m*. ♦ *vt* (*prefer*) favorecer; **to be in ~ of** ser a favor de; **to do sb a ~** fazer um favor a alguém.

favorable ['feɪvrəbl] *adj* favorável.

favorite ['feɪvrɪt] *adj* preferido(da), favorito(ta). ♦ *n* preferido *m*, -da *f*, favorito *m*, -ta *f*.

favour ['feɪvə] *n* Brit = **favor**.

fawn [fɔːn] *adj* bege (*inv*).

fax [fæks] *n* fax *m*. ♦ *vt* (*document*) mandar por fax; (*person*) mandar um fax para.

fear [fɪər] *n* medo *m*. ♦ *vt* (*be afraid of*) ter medo de; **for ~ of** por medo de, com receio de.

feast [fiːst] *n* banquete *m*.

feather ['feðər] *n* pena *f*.

feature ['fiːtʃər] *n* (*characteristic*) característica *f*; (*of face*) traço *m*; (*in newspaper, on radio, TV*) reportagem *f*. ♦ *vt* (*subj: film*) ser protagonizado por.

feature film *n* longa-metragem *f*.

February ['februərɪ] *n* fevereiro → **September**.

fed [fed] *pt* & *pp* → **feed**.

fed up *adj* farto(ta); **to be ~ with** estar farto de.

fee [fiː] *n* (*for admission*) preço *m*; (*of doctor, lawyer*) honorários *mpl*; (*of university*) anuidade *f*.

feeble ['fiːbl] *adj* fraco(ca).

feed [fiːd] (*pt* & *pp* **fed**) *vt* (*person, animal*) alimentar; (*insert*) inserir.

feel [fiːl] (*pt* & *pp* **felt**) *vt* (*touch*) tocar; (*experience*) sentir; (*think*) achar. ♦ *vi* (*have emotion*) sentir-se. ♦ *n* (*of material*) toque *m*; **I ~ like a cup of tea** eu quero tomar uma xícara de chá; **to ~ up to doing sthg** sentir-se capaz de fazer algo; **to ~ cold/hot** sentir frio/calor; **my nose ~s cold** meu nariz está frio.

feeling ['fi:lɪŋ] n (emotion) sentimento m; (sensation) sensação f; (belief) opinião f; **to hurt sb's ~s** magoar alguém.

feet [fi:t] pl → **foot.**

fell [fel] pt → **fall.** ◆ vt (tree) abater.

fellow ['feləʊ] n (man) cara m. ◆ adj: **~ workers** colegas de trabalho.

felt [felt] pt & pp → **feel.** ◆ n feltro m.

female ['fi:meɪl] adj fêmea. ◆ n (animal) fêmea f.

feminine ['femɪnɪn] adj feminino(na).

feminist ['femənəst] n feminista mf.

fence [fens] n cerca f.

fencing ['fensɪŋ] n SPORT esgrima f.

fend [fend] vi: **to ~ for o.s.** cuidar de si (mesmo OR próprio).

fender ['fendər] n (for fireplace) guarda-fogo m; Am (on car) pára-choques m inv.

fern [fɜːrn] n samambaia f.

ferocious [fə'rəʊʃəs] adj feroz.

ferry ['ferɪ] n barca fm.

fertile ['fɜːrtl] adj fértil.

fertilizer ['fɜːrtəlaɪzər] n adubo m, fertilizante m.

festival ['festɪvl] n (of music, arts, etc) festival m; (holiday) feriado m, dia m festivo.

fetch [fetʃ] vt (be sold for) atingir; (go and get) ir buscar.

fete [feɪt] n festa f.

fever ['fi:vər] n febre f; **to have a ~** ter febre.

feverish ['fi:vərɪʃ] adj febril.

few [fju:] adj pouco(ca). ◆ pron poucos mpl, -cas fpl; **the first ~ times** as primeiras vezes; **a ~** alguns(algumas); **quite a ~** bastante, vários(as).

fewer ['fju:ər] adj & pron menos.

fib [fɪb] n inf mentira f.

fiber ['faɪbər] n Am fibra f.

fibre ['faɪbər] n Brit = **fiber.**

fickle ['fɪkl] adj inconstante, volúvel.

fiction ['fɪkʃn] n ficção f.

fiddle ['fɪdl] n (violin) rabeca f. ◆ vi: **to ~ with sthg** brincar com algo.

field [fi:ld] n campo m.

field trip n excursão f.

fierce [fɪərs] adj (animal, person) feroz; (storm, heat) violento(ta).

fifteen [fɪf'ti:n] num quinze → **six.**

fifteenth [fɪf'ti:nθ] num décimo quinto (décima quinta) → **sixth.**

fifth [fɪfθ] num quinto(ta) → **sixth.**

fiftieth ['fɪftɪəθ] num qüinquagésimo(ma) → **sixth.**

fifty ['fɪftɪ] num cinqüenta → **six.**

fig [fɪg] n figo m.

fight [faɪt] (pt & pp fought) n (physical clash) briga f, luta f; (argument) discussão f; (struggle) luta f. ◆ vt (physically) brigar com, lutar com; (enemy, crime, injustice) lutar contra, combater. ◆ vi (physically) brigar, lutar; (in war) combater; (quarrel) discutir; (struggle) lutar; **to have a ~ with sb** brigar com alguém. ❑ **fight back** vi defender-se. ❑ **fight off** vt sep (attacker) repelir; (illness) lutar contra.

fighting ['faɪtɪŋ] n luta f.

figure ['fɪgər] n (number, statistic) número m, valor m; (of person) silhueta f, figura f; (diagram) figura. ❑ **figure out** vt sep (understand) compreender.

file [faɪl] n (document holder) capa f; (information on person) dossiê m; COMPUT arquivo m; (tool) lixa f. ◆ vt (complaint) apresentar; (petition) fazer; (nails) lixar; **in single ~** em fila indiana.

filing cabinet ['faɪlɪŋ-] n arquivo m.

fill [fɪl] vt (make full) encher; (space) ocupar; (role) desempenhar; (tooth) obturar. ❑ **fill in** vt sep (form) preencher. ❑ **fill out** vt sep = **fill in**. ❑ **fill up** vt sep encher. ◆ **her up!** (with gas) encha o tanque!

fillet ['fɪlət] n filé m.

filling ['fɪlɪŋ] n (of cake, sandwich) recheio m; (in tooth) obturação f. ◆ adj que enche.

film [fɪlm] n (for camera) filme m; Brit (movie) filme m. ◆ vt filmar.

film-maker [fɪlm'meɪkər] n cineasta mf.

filter ['fɪltər] n filtro m.

filthy ['fɪlθɪ] adj nojento(ta).

fin [fɪn] n barbatana f.

final ['faɪnl] adj (last) último (ma); (decision, offer) final. ◆ n final f.

finally ['faɪnəlɪ] adv finalmente.

finance [fə'næns] n (money) financiamento m; (management of money) finanças fpl. ◆ vt financiar. ❑ **finances** npl finanças fpl.

financial [fɪ'nænʃl] adj financeiro(ra).

find [faɪnd] (pt & pp found) vt encontrar; (find out) descobrir; (think) achar, considerar. ◆ n descoberta f; **to ~ the time to do sthg** arranjar tempo para fazer algo. ❑ **find out** ◆ vt sep (fact, truth) descobrir. ◆ vi: **to ~ out (about sthg)** (learn) ficar sabendo (de algo), descobrir (algo); (get information) informar-se (sobre algo).

fine [faɪn] adj (good) bom (boa); (thin) fino(na); (wine, food) excelente. ◆ adv (thinly) finamente; (well) bem. ◆ n multa f. ◆ vt multar; **I'm ~** estou bem; **it's ~** está bem.

fine arts npl belas-artes fpl.

finger ['fɪŋgər] n dedo m.

fingernail ['fɪŋgərneɪl] n unha f (dos dedos da mão).

fingertip ['fɪŋgərtɪp] n ponta f do dedo.

finish ['fɪnɪʃ] n (end) fim m, final m; (on furniture) acabamento m. ◆ vt & vi acabar, terminar; **to ~ doing sthg** acabar de fazer algo. ❑ **finish off** vt sep acabar, terminar. □ **finish up** *vi* acabar, terminar.

fir [fɜːr] *n* abeto *m*.

fire ['faɪər] *n* fogo *m*; (*uncontrolled*) incêndio *m*, fogo; (*made for cooking, heat*) fogueira *f*. ◆ *vt* (*gun*) disparar; (*from job*) despedir; **on** ~ em chamas; **to catch** ~ incendiar-se, pegar fogo; **to make a** ~ acender uma fogueira.

fire department *n Am* corpo *m* de bombeiros.

fire engine *n* carro *m* de bombeiros.

fire escape *n* escada *f* de incêndio.

fire exit *n* saída *f* de emergência.

fire extinguisher *n* extintor *m* (de incêndio).

firefighter ['faɪərfaɪtər] *n* bombeiro.

fireplace ['faɪərpleɪs] *n* lareira *f*.

fire station *n* posto *m* de bombeiros.

firewood ['faɪərwʊd] *n* lenha *f*.

fireworks ['faɪərwɜːks] *npl* (*rockets*) fogos-de-artifício *mpl*.

firm [fɜːrm] *adj* firme. ◆ *n* empresa *f*.

first [fɜːrst] *adj* primeiro(ra). ◆ *adv* primeiro; (*for the first time*) pela primeira vez. ◆ *n* (*event*) estréia *f*. ◆ *pron*: **the** ~ o primeiro (a primeira); **I'll do it** ~ **thing (in the morning)** vou fazer isso logo de manhã; ~ **(gear)** primeira (mudança); **for the** ~ **time** pela primeira vez; **the** ~ **of January** o dia um de janeiro;

at ~ no princípio; ~ **of all** antes de mais nada.

first aid *n* primeiros socorros *mpl*.

first class *n* (*on train, plane, ship*) primeira classe *f*; (*mail*) ≃ correspondência *f* prioritária.

firstly ['fɜːrstlɪ] *adv* em primeiro lugar.

first name *n* nome *m* de batismo.

fish [fɪʃ] (*pl inv*) *n* peixe *m*. ◆ *vi* pescar.

fishcake ['fɪʃkeɪk] *n* croquete *m* de peixe.

fisherman ['fɪʃərmən] (*pl -men* [-mən]) *n* pescador *m*.

fishing ['fɪʃɪŋ] *n* pesca *f*; **to go** ~ ir pescar.

fishing boat *n* barco *m* de pesca.

fist [fɪst] *n* punho *m*.

fit [fɪt] *adj* (*healthy*) em forma. ◆ *vt* (*be right size for*) servir a; (*insert*) encaixar. ◆ *vi* (*clothes, shoes*) servir; (*in space*) caber. ◆ *n* (*of clothes, shoes*) tamanho *m*; (*epileptic, of coughing, anger*) ataque *m*; **to be** ~ **for sthg** ser adequado para algo; **to eat** comestível; **it doesn't** ~ (*jacket, skirt*) não serve; (*object*) não cabe; **to get** ~ pôr-se em forma; **to keep** ~ manter-se em forma, manter a forma. □ **fit in** *vt sep* (*find time to do*) arranjar tempo para. ◆ *vi* (*belong*) encaixar.

fitness ['fɪtnəs] *n* (*health*) forma *f* física.

fitting room ['fɪtɪŋ-] *n* cabine *f* de provas, vestiário *m*.

five [faɪv] *num* cinco → **six**.

fix [fɪks] *vt (mend)* arranjar; *(drink, food)* arranjar, preparar; *(attach, decide on)* fixar; *(arrange)* combinar, organizar. □ **fix up** *vt sep (person):* **to ~ sb up with sthg** arranjar algo para alguém; *(house, room)* redecorar, reparar.

fixture ['fɪkstʃər] *n* armários *mpl* embutidos.

fizzy ['fɪzɪ] *adj* gasoso(osa).

flag [flæg] *n* bandeira *f*.

flake [fleɪk] *n (of snow)* floco *m*. ◆ *vi* desfazer-se.

flame [fleɪm] *n* chama *f*.

flammable ['flæməbl] *adj* inflamável.

flan [flæn] *n* flã *m*.

flannel ['flænl] *n (material)* flanela *f; Brit (for washing face)* luva *f* de banho. □ **flannels** *npl* calças *fpl* de flanela.

flap [flæp] *n (of envelope)* dobra *f; (of tent)* porta *f; (of pocket)* pala *f*. ◆ *vt (wings)* bater.

flapjack ['flæpdʒæk] *n Am* panqueca *f*.

flare [fleər] *n (signal)* sinal *m* luminoso.

flared [fleəd] *adj (pants)* boca-de-sino; *(skirt)* rodada.

flash [flæʃ] *n (of light)* raio *m; (for camera)* flash *m*. ◆ *vi (light)* brilhar; **a ~ of lightning** um relâmpago, um clarão; **to ~ one's headlights** fazer sinais com os faróis.

flashlight ['flæʃlaɪt] *n* lanterna *f*.

flask [flæsk] *n (hip flask)* cantil

m; (in lab) frasco *m; Brit (for hot drinks)* garrafa *f* térmica.

flat [flæt] *adj (level)* plano(na); *(drink)* choco (ca); *(rate, fee)* fixo(xa). ◆ *n Brit (apartment)* apartamento *m*. ◆ *adv:* **to lie ~** estender-se; **a ~ (tire)** um pneu esvaziado; **~ out** a toda a velocidade, até não poder mais.

flatter ['flætər] *vt* lisonjear, bajular.

flavor ['fleɪvər] *n Am* sabor *m*.

flavoring ['fleɪvərɪŋ] *n* aromatizante *m*.

flavour ['fleɪvər] *Brit* = **flavor**.

flaw [flɔː] *n (in plan)* falha *f; (in glass, china)* defeito *m*.

flea [fliː] *n* pulga *f*.

flea market *n* mercado *m* das pulgas.

fleece [fliːs] *n (downy material)* velo *m*, fibra muito macia usada para fazer e forrar casacos de inverno.

fleet [fliːt] *n* frota *f*.

flesh [fleʃ] *n (of person, animal)* carne *f; (of fruit, vegetable)* polpa *f;* **one's own ~ and blood** sangue do sangue de alguém.

flew [fluː] *pt* → **fly**.

flexible ['fleksəbl] *adj* flexível.

flick [flɪk] *vt (with finger)* dar um peteleco em; *(a switch)* apertar. □ **flick through** *vt fus* folhear.

flight [flaɪt] *n* vôo *m;* **a ~ (of stairs)** um lance de escadas.

flight attendant *n (female)* aeromoça *f; (male)* comissário *m* de bordo.

flimsy ['flɪmzɪ] *adj (object)* frágil; *(clothes)* leve.

fling [flɪŋ] *(pt & pp* **flung)** *vt* atirar.

flint [flɪnt] *n (of lighter)* pedra *f.*

flirt [flɜːrt] *vi:* to ~ **(with sb)** flertar (com alguém).

float [fləʊt] *n (for swimming, fishing)* bóia *f; (in procession)* carro *m* alegórico; *(drink)* bebida servida com uma bola de sorvete. ◆ *vi* flutuar.

flock [flɒk] *n (of birds)* bando *m; (of sheep)* rebanho *m.* ◆ *vi (people)* afluir.

flood [flʌd] *n* enchente *f,* inundação *f.* ◆ *vt* inundar. ◆ *vi* transbordar.

floodlight ['flʌdlaɪt] *n* holofote *m.*

floor [flɔːr] *n (of room)* chão *m; (storey)* andar *m; (of nightclub)* pista *f.*

floorboard ['flɔːrbɔːd] *n* tábua *f* corrida.

flop [flɒp] *n inf* fracasso *m.*

floppy (disk) ['flɒpɪ-] *n* disquete *f.*

floral ['flɔːrəl] *adj (pattern)* de flores.

Florida Keys ['flɒrɪdə-] *npl:* the ~ *ilhas situadas ao longo da Flórida.*

FLORIDA KEYS

Grupo de pequenas ilhas ao longo da costa sul da Flórida, estendendo-se por mais de 160 quilômetros. Essas ilhas incluem locais turísticos, como as famosas Key West e Key Largo. Uma rede de estradas e pontes, a "Overseas Highway", faz a ligação entre as ilhas.

florist ['flɒrəst] *n (store)* florista *f.*

flour ['flaʊər] *n* farinha *f.*

flow [fləʊ] *n* corrente *f.* ◆ *vi* correr.

flower ['flaʊər] *n* flor *f.*

flowerbed ['flaʊərbed] *n* canteiro *m.*

flowerpot ['flaʊərpɒt] *n* vaso *m.*

flown [fləʊn] *pp* → **fly.**

flu [fluː] *n* gripe *f.*

fluff [flʌf] *n (on clothes)* pêlo *m.*

fluid ounce *n* = 0,03 litros.

flung [flʌŋ] *pt & pp* → **fling.**

flunk [flʌŋk] *vt Am inf (test, class)* reprovar em.

flush [flʌʃ] *vi (toilet)* funcionar. ◆ *vt:* to ~ **the toilet** dar descarga.

flute [fluːt] *n* flauta *f.*

fly [flaɪ] *(pt* **flew,** *pp* **flown)** *n (insect)* mosca *f; (of pants)* braguilha *f,* fecho *m.* ◆ *vt (plane, helicopter)* pilotar; *(travel by)* viajar em OR com; *(transport)* enviar por avião. ◆ *vi (bird, insect, plane)* voar; *(passenger)* viajar de avião; *(pilot a plane)* pilotar; *(flag)* estar hasteado(da).

flying ['flaɪɪŋ] *n:* I'm terrified **of** ~ tenho medo de andar de avião.

foal [fəʊl] *n* potro *m.*

foam [fəʊm] *n* espuma *f.*

focus ['fəʊkəs] *n (of camera)* fo-

fog

co m. ◆ vi (with camera, binoculars) focar; **in** ~ focado; **out of** ~ desfocado.

fog [fɒg] n nevoeiro m, neblina f.

foggy ['fɒgɪ] adj (weather) de nevoeiro m.

fog light n farol m de neblina.

foil [fɔɪl] n (thin metal) papel-alumínio m.

fold [fəʊld] n dobra f. ◆ vt (paper, material) dobrar; (wrap) envolver; **to** ~ **one's arms** cruzar os braços. ❒ **fold up** vi (chair, bed) dobrar.

folder ['fəʊldər] n pasta f.

foliage ['fəʊlɪɪdʒ] n folhagem f.

folk [fəʊk] npl (people) gente f. ◆ n: ~ **(music)** música f tradicional. ❒ **folks** npl inf (relatives) família f.

follow ['fɒləʊ] vt seguir; (in order, time) seguir-se a, vir a seguir de. ◆ vi (go behind) seguir; (in time) seguir-se, vir a seguir; (understand) entender; **proceed as** ~**s** ... proceda da seguinte forma ...; **the results are as** ~**s** ... os resultados são os seguintes ...; ~ **ed by** seguido de. ❒ **follow on** vi vir a seguir.

following ['fɒləʊɪŋ] adj seguinte. ◆ prep depois de.

fond [fɒnd] adj: **to be** ~ **of** gostar de.

food [fuːd] n comida f.

food poisoning [-ˌpɔɪznɪŋ] n intoxicação f alimentar.

food processor [-ˌprəʊsesər] n processador m de alimentos.

foodstuffs ['fuːdstʌfs] npl gêneros mpl alimentícios.

fool [fuːl] n (idiot) idiota mf; (pudding) mousse f de fruta. ◆ vt enganar.

foolish ['fuːlɪʃ] adj tolo(la).

foot [fʊt] (pl **feet**) n pé m; (of animal) pata f; (of hill, cliff, stairs) pé m; (measurement) pé m, = 30,48 cm; **by** or **on** ~ a pé.

football ['fʊtbɔːl] n Am (American football) futebol americano; Brit (soccer) futebol m; Am (in American football) bola (de futebol americano); Brit (in soccer) bola f (de futebol).

football player n Am jogador m de futebol americano.

footpath ['fʊtpɑːθ, pl -pɑːðz] n trilha f.

footprint ['fʊtprɪnt] n pegada f.

footstep ['fʊtstep] n passo m.

footwear ['fʊtweər] n calçado m.

for [fɔːr] prep - **1.** (expressing intention, purpose, reason) para; **this book is** ~ **you** este livro é para você; **what did you do that** ~? para que você fez isso?; **what's it** ~? para que é?; **to go** ~ **a walk** ir dar um passeio; '~ **sale'** 'vende-se'; **a town famous** ~ **its wine** uma cidade famosa pelo vinho; ~ **this reason** por esta razão.

- **2.** (during) durante; **I'm going away** ~ **a while** você estar fora durante or por algum tempo; **I've lived here** ~ **ten years** vivo aqui há dez anos; **we talked** ~ **hours** falamos horas e horas.

- 3. *(by, before)* para; **it'll be ready ~ tomorrow** estará pronto (para) amanhã; **be there ~ 8 p.m.** esteja lá antes das oito da noite.

- 4. *(on the occasion of)* por; **I got socks ~ Christmas** ganhei meias de Natal; **the first time pela primeira vez; what's ~ dinner?** o que há para jantar?; **~ the moment** no momento.

- 5. *(on behalf of)* por; **to do sthg ~ sb** fazer algo para alguém; **to work ~ sb** trabalhar para alguém.

- 6. *(with time and space)* para; **there's no room ~ it** não há espaço para isso; **to have time ~ sthg** ter tempo para algo.

- 7. *(expressing distance)*: **roadwork ~ 20 miles** obras na estrada ao longo de 32 quilômetros; **we drove ~ miles** dirigimos quilômetros e mais quilômetros.

- 8. *(expressing destination)* para; **a ticket ~ Boston** um bilhete para Boston; **this train is ~ Newark only** este trem só vai até Newark.

- 9. *(expressing price)* por; **I bought it ~ five dollars** comprei-o por cinco dólares.

- 10. *(expressing meaning)*: **what's the Portuguese ~ "boy"?** como é que se diz "boy" em português?

- 11. *(with regard to)* para; **it's warm ~ November** para novembro está quente; **it's easy ~ you** para você é fácil; **respect ~ human rights** respeito pelos direitos humanos; **I feel sorry ~ them** sinto pena deles; **it's too far ~ us to walk** é longe demais para irmos a pé; **it's time ~ dinner** está na hora do jantar.

forbid [fər'bɪd] *(pt* **-bade,** *pp* **-bidden)** *vt* proibir; **to ~ sb to do sthg** proibir alguém de fazer algo.

forbidden [fər'bɪdn] *adj* proibido(da).

force [fɔːrs] *n* força *f.* ◆ *vt* forçar; **to ~ sb to do sthg** forçar alguém a fazer algo; **to ~ one's way through (sthg)** abrir caminho (por entre algo).

forecast ['fɔːrkæst] *n* previsão *f.*

forefinger ['fɔːr,fɪŋgər] *n* dedo *m* indicador.

foreground ['fɔːrgraund] · *n* primeiro plano *m.*

forehead ['fɔːrhɛd] *n* testa *f.*

foreign ['fɔrən] *adj* estrangeiro(ra); *(travel)* para o estrangeiro.

foreigner ['fɔrənər] *n* estrangeiro *m*, -ra *f.*

foresee [fɔːrs'iː] *(pt* **-saw,** *pp* **-seen)** *vt* prever.

forest ['fɔrɪst] *n* floresta *f.*

forever [fər'evər] *adv (eternally)* para sempre; *(continually)* sempre.

forgave [fər'geɪv] *pt* → **forgive.**

forge [fɔːrdʒ] *vt (copy)* falsificar, forjar.

forgery ['fɔːrdʒərɪ] *n* falsificação *f.*

forget [fər'get] *(pt* **-got,** *pp* **-gotten)** *vt* esquecer-se de; *(person, event)* esquecer. ◆ *vi* esquecer-se; **to ~ about sthg** esquecer-se de algo; **to ~ how to do sthg** esquecer-se de como se faz algo; **to ~ to do sthg** esquecer-se de fazer algo; **~ it!** esquece!

forgive [fər'gɪv] (*pt* **-gave**, *pp* **-given**) *vt* perdoar.

forgot [fə'gɒt] *pt* → **forget**.

forgotten [fər'gɒtn] *pp* → **forget**.

fork [fɔːk] *n* (*for eating with*) garfo *m*; (*for gardening*) forquilha *f*; (*of road, path*) bifurcação *f*.

form [fɔːm] *n* (*type, shape*) forma *f*; (*piece of paper*) formulário *m*. ◆ *vt* formar. ◆ *vi* formar-se; **to be on/off ~** estar/não estar em forma; **to ~ part of** fazer parte de.

formal ['fɔːml] *adj* formal.

formality [fɔː'mælətɪ] *n* formalidade *f*; **it's just a ~** é só uma formalidade.

format ['fɔːmæt] *n* formato *m*.

former ['fɔːmər] *adj* (*previous*) anterior; (*first*) primeiro(ra). ◆ *pron:* **the ~** o primeiro (a primeira).

formerly ['fɔːməlɪ] *adv* antigamente.

formula ['fɔːmjələ] (*pl* **-as** OR **-ae** [-iː]) *n* fórmula *f*.

fort [fɔːt] *n* forte *m*.

forthcoming [ˌfɔːθ'kʌmɪŋ] *adj* (*future*) próximo(ma), que está para vir.

fortieth ['fɔːtɪəθ] *num* quadragésimo(ma) → **thirtieth**.

fortunate ['fɔːtʃənət] *adj* com sorte; **she's ~ to have such a** good job ela tem a sorte de ter um emprego tão bom.

fortunately ['fɔːtʃənətlɪ] *adv* felizmente.

fortune ['fɔːtʃən] *n* (*money*) fortuna *f*; (*luck*) sorte *f*; **it costs a ~** *inf* custa uma fortuna.

forty ['fɔːtɪ] *num* quarenta → **six**.

forward ['fɔːwəd] *adv* para a frente. ◆ *n* avançado *m*, -da *f*. ◆ *vt* (*letter*) remeter; (*goods*) expedir; **to look ~ to** estar ansioso por.

fought [fɔːt] *pt* & *pp* → **fight**.

foul [faʊl] *adj* (*unpleasant*) nojento(ta). ◆ *n* falta *f*.

found [faʊnd] *pt* & *pp* → **find**. ◆ *vt* fundar.

foundation [faʊn'deɪʃn] *n* base *f*.

foundations [faʊn'deɪʃnz] *npl* alicerces *mpl*, fundações *fpl*.

fountain ['faʊntən] *n* chafariz *m*.

fountain pen *n* caneta-tinteiro *f*.

four [fɔː] *num* quatro → **six**.

fourteen [ˌfɔː'tiːn] *num* quatorze → **six**.

fourteenth [ˌfɔː'tiːnθ] *num* décimo quarto (décima quarta) → **sixth**.

fourth [fɔːθ] *num* quarto(ta) → **sixth**.

(i) **FOURTH OF JULY**

O 4 de julho, Dia da Independência, é uma data nacional importante nos Estados Unidos. É comemorado com desfiles em muitas cidades e com grandes queimas de fogos de artifício, em que predominam as cores azul, vermelha e branca. É tradição se fazer piqueniques com a família, onde se comem cachorros quentes e melancia.

---

fowl [faʊl] (*pl inv*) *n* ave *f (doméstica).*

fox [fɒks] *n* raposa *f.*

foyer [fɔɪr] *n* vestíbulo *m*, saguão *m.*

fraction ['frækʃn] *n* fração *f.*

fracture ['fræktʃər] *n* fratura *f.* ◆ *vt* fraturar.

fragile ['frædʒɪl] *adj* frágil.

fragment ['frægmənt] *n* fragmento *m.*

fragrance ['freɪgrəns] *n* fragrância *f.*

frail [freɪl] *adj* frágil, débil.

frame [freɪm] *n (of window, photo, door)* moldura *f*, caixilho *m*; *(of glasses, tent, bed)* armação *f*; *(of bicycle)* quadro *m.* ◆ *vt (photo, picture)* emoldurar.

France [fræns] *n* França *f.*

frank [fræŋk] *adj* franco(ca).

frantic ['fræntɪk] *adj* frenético(ca).

fraternity [frə'tɜːrnɪtɪ] *n* clube *de estudantes.*

fraud [frɔːd] *n (crime)* fraude *f*, burla *f.*

freak [friːk] *adj* anormal. ◆ *n inf (fanatic)* fanático *m*, -ca *f.*

freckles ['freklz] *npl* sardas *fpl.*

free [friː] *adj* livre; *(costing nothing)* grátis *(inv).* ◆ *vt (prisoner)* libertar. ◆ *adv (without paying)* grátis, de graça; **for ~** grátis, de graça; **~ of charge** grátis; **to be ~ to do sthg** ser livre para fazer algo.

freedom ['friːdəm] *n* liberdade *f.*

freelance ['friːlæns] *adj* autônomo.

freely ['friːlɪ] *adv (speak)* à vontade; *(move)* livremente; **~ available** fácil de obter.

free-range *adj (chicken)* do campo; **~ eggs** ovos de galinhas criadas livremente.

free time *n* tempo *m* livre.

freeway ['friːweɪ] *n Am* autoestrada *f.*

freeze [friːz] *(pt* froze, *pp* frozen) *vt* congelar. ◆ *vi* gelar. ◆ *v impers:* **it's freezing!** está um gelo!

freezer ['friːzər] *n (deep freeze)* freezer *m*; *(part of fridge)* congelador *m.*

freezing ['friːzɪŋ] *adj* gelado (da); **below ~** abaixo de zero.

freight [freɪt] *n (goods)* mercadorias *fpl.*

French fries *npl* batatas *fpl* fritas.

French toast *n* rabanada *f.*

frequency ['friːkwənsɪ] *n* freqüência *f.*

frequent ['friːkwənt] *adj* freqüente.

frequently ['friːkwəntlɪ] *adv* freqüentemente.

fresh [freʃ] *adj* fresco(ca); *(re-*

freshing) refrescante; *(water)* doce; *(recent)* recente; *(new)* novo (nova); **to get some ~ air** apanhar ar fresco.

fresh cream *n* creme *m*.

freshen ['freʃn]: **freshen up** *vi* refrescar-se.

freshly ['freʃlɪ] *adv* recentemente.

Friday ['fraɪdeɪ] *n* sexta-feira → **Saturday.**

fridge [frɪdʒ] *n* geladeira *f*.

friend [frend] *n* amigo *m*, -ga *f*; **to be ~s with sb** ser amigo de alguém; **to make ~s with sb** tornar-se amigo de alguém.

friendly ['frendlɪ] *adj* amigável; **to be ~ with sb** ser amigo (ga) de alguém.

friendship ['frendʃɪp] *n* amizade *f*.

fries ['fraɪz] *npl* = **French fries**.

fright [fraɪt] *n* susto *m*; **to give sb a ~** pregar um susto em alguém.

frighten ['fraɪtn] *vt* assustar.

frightened ['fraɪtnd] *adj* assustado(da); **to be ~ ter** medo; **to be ~ of ter** medo de; **to be ~ (that)** *(worried)* ter medo de.

frightening ['fraɪtnɪŋ] *adj* assustador(ora).

frilly ['frɪlɪ] *adj* de babados.

fringe [frɪndʒ] *n* franja *f*.

frisk [frɪsk] *vt* revistar.

frog [frog] *n* rã *f*.

from [from] *prep* -1. *(expressing origin, source)* de; **I'm ~ California** sou da Califórnia; **the train ~ Chicago** o trem de Chicago; **I bought it ~ a supermarket** comprei-o num supermercado. - 2. *(expressing removal, deduction)* de; **away ~ home** longe de casa; **to take sthg (away) ~ sb** tirar algo de alguém; **10% will be deducted ~ the total** será deduzido 10% do total.

- 3. *(expressing distance)* de; **five miles ~ here** a oito quilômetros daqui; **it's not far ~ here** não é longe daqui.

- 4. *(expressing position)* de; **~ here you can see the valley** daqui se vê o vale.

- 5. *(expressing what sthg is made with)* de; **it's made ~ stone** é feito de pedra.

- 6. *(expressing starting time)* desde; **~ the moment you arrived** desde que chegou; **~ now on** de agora em diante; **~ next year** a partir do próximo ano; **open ~ nine to five** aberto das nove às cinco.

-7. *(expressing change)* de; **the price has gone up ~ $1 to $2** o preço subiu de um dólar para dois; **to translate ~ German into English** traduzir do alemão para o inglês.

- 8. *(expressing range)* de; **it could take ~ two to six months** pode levar de dois a seis meses.

- 9. *(as a result of)* de; **I'm tired ~ walking** estou cansado de andar.

-10. *(expressing protection)* de; **sheltered ~ the wind** protegido do vento.

-11. *(in comparisons)*: **different ~ diferente de.**

front [frʌnt] adj da frente. ◆ n (parte da) frente f; (of book) capa f; (of weather) frente; (by the sea) costa f; **in ~** frente; **in ~ of** em frente de.

front door n porta f da frente.

frontier [frʌn'tɪər] n fronteira f.

front page n primeira página f.

frost [frɒst] n geada f.

frosty ['frɒstɪ] adj (morning, weather) de geada.

froth [frɒθ] n espuma f.

frown [fraʊn] n cenho m. ◆ vi franzir as sobrancelhas.

froze [frəʊz] pt → freeze.

frozen [frəʊzn] pp → freeze. ◆ adj gelado(da); (food) congelado(da).

fruit [fruːt] n (food) fruta f; (variety of fruit) fruto m; **~ s of the forest** frutos silvestres.

fruit juice n suco m de fruta.

frustrating ['frʌstreɪtɪŋ] adj frustrante.

fry [fraɪ] vt fritar.

frying pan ['fraɪŋ-] n frigideira f.

fudge [fʌdʒ] n doce m de leite.

fuel [fjʊəl] n combustível m.

fulfil [fʊl'fɪl] vt Brit = fulfill.

fulfill [fʊl'fɪl] vt Am (promise, request, duty) cumprir; (role) desempenhar; (conditions, instructions, need) satisfazer.

full [fʊl] adj (filled) cheio (cheia); (name) completo(ta); (extent, support) total; (maximum)

máximo(ma); (busy) ocupado (da); (fare) inteiro(ra); (flavor) rico(ca). ◆ adv (directly) em cheio; **I'm ~** estou cheio; **at ~ speed** a toda a velocidade; **~ of** cheio de; **in ~** (pay) na totalidade; (write) por extenso.

full-length adj (skirt, dress) comprido(da).

full moon n lua f cheia.

full stop n Brit ponto m final.

full-time adj & adv de tempo integral.

fully ['fʊlɪ] adv (completely) completamente.

fumble ['fʌmbl] vi: **he ~d in his pockets for his keys** ele vasculhou os bolsos desajeitadamente à procura das chaves.

fun [fʌn] n divertimento m, diversão f; **it's a lot of ~** é divertido; **for ~** por prazer; **to have ~** divertir-se; **to make ~ of** zombar de.

function ['fʌŋkʃn] n função f. ◆ vi funcionar.

fund [fʌnd] n fundo m. ◆ vt financiar. ❏ **funds** npl fundos mpl.

fundamental [ˌfʌndə'mentl] adj fundamental.

funeral ['fjuːnrəl] n funeral m.

funnel ['fʌnl] n (for pouring) funil m; (on ship) chaminé f.

funny ['fʌnɪ] adj (amusing) engraçado(da); (strange) estranho (nha); **to feel ~** (sick) não se sentir bem.

fur [fɜːr] n (on animal) pêlo m; (garment) pele f.

fur coat n casaco m de peles.

furious ['fjʊərɪəs] adj (angry) furioso(osa).

furnished ['fɜːnɪʃt] adj mobiliado(da).

furnishings ['fɜːnɪʃɪŋz] npl mobiliário m.

furniture ['fɜːnɪtʃər] n mobília f; **a piece of ~** um móvel.

furry ['fɜːrɪ] adj (animal) peludo(da); (material) com pêlo.

further ['fɜːðər] compar → far.

furthermore [,fɜːðə'mɔːr] adv além disso, além do mais.

furthest ['fɜːðɪst] superl → far. ◆ adj (most distant) mais longe OR distante. ◆ adv (in distance) mais longe.

fuse [fjuːz] n (of plug) fusível m; (on bomb) detonador m. ◆ vi (plug, device) queimar.

fuss [fʌs] n (agitation) agitação f; (complaints) escândalo m.

fussy ['fʌsɪ] adj (person) exigente.

future ['fjuːtʃər] n futuro m. ◆ adj futuro(ra); **in ~** no futuro, de agora em diante.

G

g (abbr of gram) g.

gable ['geɪbl] n cumeeira f.

gadget ['gædʒɪt] n engenhoca f.

gag [gæg] n inf (joke) piada f.

gain [geɪn] vt ganhar; (subj: clock, watch) adiantar. ◆ vi (benefit) lucrar. ◆ n ganho m; **to ~**

weight engordar.

gala ['gɑːlə] n (celebration) gala f.

gale [geɪl] n vento m forte, rajada f de vento.

gallery ['gælərɪ] n galeria f.

gallon ['gælən] n (in US) 3,785 litros, galão m; (in UK) 4,546 litros, galão m.

gallop ['gæləp] vi galopar.

gamble ['gæmbl] n aposta f. ◆ vi (bet money) apostar, jogar.

gambling ['gæmblɪŋ] n jogo m (de azar).

game [geɪm] n jogo m; (of tennis, chess) partida f; (wild animals, meat) caça f. □ **games** npl (sporting event) jogos mpl.

gang [gæŋ] n (of criminals) gangue f; (of friends) grupo m, turma f.

gangster ['gæŋstər] n bandido m, gangster m.

gangway ['gæŋweɪ] n (on ship) passadiço m.

gap [gæp] n (space) espaço m; (of time) intervalo m; (difference) diferença f.

garage [gə'rɑːʒ] n (for keeping car) garagem f; (for repairs) oficina f.

GARAGE SALE

Literalmente "vendas em garagem", um costume muito popular nos Estados Unidos, quando alguém deseja se desfazer de livros, roupas, móveis, ferramentas etc, como nos casos de mudança. Os objetos são expostos na garagem, dentro ou fora de casa. As vendas são anunciadas nos jornais locais ou em cartazes espalhados pelo bairro.

---

garbage ['gɑːbɪdʒ] *n Am (refuse)* lixo *m*.

garden ['gɑːdn] *n* jardim *m*. ◆ *vi* jardinar. ◘ **gardens** *npl (public park)* jardim *m* público, parque *m*.

gardener ['gɑːdnər] *n* jardineiro *m*, -ra *f*.

gardening ['gɑːdnɪŋ] *n* jardinagem *f*.

garlic ['gɑːlɪk] *n* alho *m*.

garment ['gɑːmənt] *n* peça *f* de roupa.

garnish ['gɑːnɪʃ] *n (for decoration)* decoração *f*; *(sauce)* molho *m*. ◆ *vt* decorar.

gas [gæs] *n* gás *m*; *Am* gasolina *f*.

gas mask *n* máscara *f* antigás.

gasoline ['gæsəliːn] *n Am* gasolina *f*.

gasp [gɑːsp] *vi (in shock, surprise)* ofegar.

gas station *n Am* posto *m* de gasolina.

gate [geɪt] *n (to garden, field)* portão *m*; *(at airport)* porta *f*.

gateway ['geɪtweɪ] *n (entrance)* entrada *f*.

gather ['gæðər] *vt (collect)* colher; *(speed)* ganhar; *(understand)* deduzir. ◆ *vi* reunir-se.

gaudy ['gɔːdɪ] *adj* berrante.

gauze [gɔːz] *n* gaze *f*.

gave [geɪv] *pt* → **give**.

gay [geɪ] *adj (homosexual)* gay.

gaze [geɪz] *vi*: **to ~ at** olhar (fixamente) para.

GB *(abbr of Great Britain)* GB.

gear [gɪər] *n (wheel)* engrenagem *f*; *(equipment)* equipamento *m*; *(belongings)* pertences *mpl*; **in ~** = engatado.

gearbox ['gɪərbɒks] *n* caixa *f* de mudanças.

gear shift *n Am* mudança *f*.

gear stick *n Brit* = **gear shift**.

geese [giːs] *pl* → **goose**.

gel [dʒel] *n* gel *m*.

gelatine [,dʒelə'tiːn] *n* gelatina *f*.

gem [dʒem] *n* pedra *f* preciosa.

Gemini ['dʒemɪnaɪ] *n* Gêmeos *m inv*.

gender ['dʒendər] *n* gênero *m*.

general ['dʒenrəl] *adj* geral. ◆ *n* general *m*; **in ~** *(as a whole)* em geral; *(usually)* geralmente.

general election *n* eleições *fpl* gerais.

generally ['dʒenrəlɪ] *adv* geralmente.

general practitioner [-præk'tɪʃənər] *n* clínico *m* geral.

general store *n* ≃ mercearia *f*.

generate ['dʒenəreɪt] *vt* gerar.

generation [,dʒenə'reɪʃn] *n* geração *f*.

generator ['dʒenəreɪtər] *n* gerador *m*.

generosity [,dʒenə'rɒsɪtɪ] *n* generosidade *f*.

generous ['dʒenrəs] adj generoso(osa).

genitals ['dʒenɪtlz] npl órgãos mpl genitais.

genius ['dʒiːnɪəs] n gênio m.

gentle ['dʒentl] adj (careful) cuidadoso(osa); (kind) gentil; (movement, breeze) suave.

gentleman ['dʒentlmən] (pl -men [-mən]) n cavalheiro m; 'gentlemen' (men's restroom) 'homens'.

gently ['dʒentlɪ] adv (carefully) suavemente.

gents [dʒents] n Brit banheiro m dos homens.

genuine ['dʒenjʊɪn] adj genuíno(na).

geographical [dʒɪə'græfɪkl] adj geográfico(ca).

geography [dʒɪ'ɒɡrəfɪ] n geografia f.

geology [dʒɪ'ɒlədʒɪ] n geologia f.

geometry [dʒɪ'ɒmətrɪ] n geometria f.

Germany ['dʒɜːmənɪ] n Alemanha f.

germs [dʒɜːmz] npl germes mpl.

gesture ['dʒestʃər] n gesto m.

get [get] (pt & pp **got**, Am pp **gotten**) vt -1. (obtain) obter; (buy) comprar; **she got a job** ela arranjou emprego.

- 2. (receive) receber; **I got a book for Christmas** ganhei um livro no Natal.

- 3. (means of transportation) apanhar; **let's ~ a taxi** vamos apanhar um táxi.

- 4. (find) ir buscar; **could you ~ me the manager?** (in store) podia chamar o gerente?; (on phone) pode me passar o gerente?

- 5. (illness) apanhar; **I got the flu over Christmas** peguei uma gripe no Natal.

- 6. (cause to become): **to ~ sthg done** mandar fazer algo; **to ~ sthg ready** preparar algo; **can I ~ my car repaired here?** posso mandar consertar o meu carro aqui?

- 7. (ask, tell): **to ~ sb to do sthg** arranjar alguém para fazer algo.

- 8. (move): **to ~ sthg out of sthg** tirar algo de algo; **I can't ~ it through the door** não consigo passar com isso na porta.

- 9. (understand) compreender; **to ~ a joke** contar uma piada.

- 10. (time, chance) ter; **we didn't ~ the chance to see everything** não tivemos oportunidade de ver tudo.

- 11. (idea, feeling) ter; **I ~ a lot of enjoyment from it** me divirto à beça com isso.

- 12. (phone) atender.

- 13. (in phrases): **you ~ a lot of rain here in winter** chove muito aqui no inverno → **have.**

◆ vi -1. (become) ficar; **it's getting late** está ficando tarde; **to ~ ready** preparar-se; **to ~ lost** perder-se; **to ~ lost!** não enche o saco!, desapareça!

- 2. (into particular state, position) meter-se; **how do you ~ to El Paso from here?** como se vai daqui para El Paso?; **to ~ into**

glad

the car entrar no carro.

- **3.** (arrive) chegar; **when does the train ~ here?** quando é que o trem chega aqui?

- **4.** (in phrases): **to ~ to do sthg** ter a oportunidade de fazer algo.

◆ aux vb ser; **to ~ delayed** atrasar-se; **to ~ killed** ser morto.

◆ **get along (with sb)** vi dar-se bem (com alguém).

◆ **get back** vi (return) voltar.

◆ **get in** vi (arrive) chegar; (enter) entrar.

◆ **get off** vi (leave) sair.

◆ **get on** vi (enter train, bus) entrar.

◆ **get out** vi (of car, bus, train) sair.

◆ **get through** vi (on phone) completar a ligação.

◆ **get up** vi levantar-se.

ghastly ['gɑːstlɪ] adj inf (very bad) horrível.

ghost [gəʊst] n fantasma m.

giant ['dʒaɪənt] adj gigante. ◆ n (in stories) gigante m, -a f.

giddy ['gɪdɪ] adj (dizzy) tonto (ta).

gift [gɪft] n (present) presente m; (talent) dom m.

gift certificate n vale-presente m.

gifted ['gɪftəd] adj dotado(da).

gig [gɪg] n inf show m (de música).

gigantic [dʒaɪˈgæntɪk] adj gigantesco(ca).

giggle ['gɪgl] vi dar risadinha.

gimmick ['gɪmɪk] n truque m, artifício m.

gin [dʒɪn] n gim m; **~ and tonic** gim-tônica.

ginger ['dʒɪndʒər] n gengibre m.

ginger ale n cerveja de gengibre.

gipsy ['dʒɪpsɪ] n = **gypsy**.

giraffe [dʒɪˈræf] n girafa f.

girl [gɜːl] n (child) menina f; (young woman) moça f; (daughter) filha f.

girlfriend ['gɜːlfrend] n (of boy, man) namorada f; (of girl, woman) amiga f.

girl scout n Am ≃ escoteira f.

give [gɪv] (pt gave, pp given ['gɪvn]) vt dar; (speech, performance) fazer; **to ~ sb sthg** dar algo a alguém; **to ~ sb a kiss** dar um beijo em alguém; **come on, ~ me a smile!** vamos lá, dê um sorriso!; **to ~ sthg a push** empurrar algo; **~ or take a few minutes** um minuto a mais, um minuto a menos. ❑ **give away** vt sep (get rid of) dar, desfazer-se de; (reveal) revelar. ❑ **give back** vt sep devolver. ❑ **give in** vi desistir. ❑ **give off** vt fus soltar. ❑ **give out** vt sep (distribute) distribuir. ❑ **give up** vt sep (seat) ceder. ◆ vi (admit defeat) desistir; **to ~ up smoking** parar de fumar; **to ~ up chocolate** parar de comer chocolate.

given name ['gɪvn-] n Am nome m próprio or de batismo.

glad [glæd] adj contente; **I'll be ~ to help** será um prazer ajudar.

gladly ['glædlɪ] adv (willingly) com muito prazer.

glamorous ['glæmərəs] adj glamoroso(osa).

glance [glɑːns] n olhadela f. ◆ vi: to ~ (at) dar uma olhadela (em).

gland [glænd] n glândula f.

glare [gleər] vi (person) lançar olhares furiosos; (sun, light) brilhar intensamente. ◆ n (bright light) clarão m.

glass [glɑːs] n (material) vidro m; (container, glassful) copo m. ◆ adj de vidro. ▫ **glasses** npl óculos mpl.

glider ['glaɪdər] n planador m.

glitter ['glɪtər] vi reluzir.

global warming [ˌgləʊbl-'wɔːmɪŋ] n aquecimento m global.

globe [gləʊb] n globo m; **the** ~ (Earth) o globo.

gloomy ['gluːmɪ] adj (room, day) sombrio(bria); (person) triste.

glorious ['glɔːrɪəs] adj (weather, sight) esplêndido(da); (victory, history) glorioso(osa).

glory ['glɔːrɪ] n glória f.

gloss [glɒs] n (shine) brilho m; ~ (paint) tinta f brilhante.

glossary ['glɒsərɪ] n glossário m.

glossy ['glɒsɪ] adj (magazine, photo) de luxo.

glove [glʌv] n luva f.

glow [gləʊ] n luz f, brilho m. ◆ vi luzir, brilhar.

glucose ['gluːkəʊs] n glucose f.

glue [gluː] n cola f. ◆ vt colar.

gnaw [nɔː] vt roer.

go [gəʊ] (pt went, pp gone, pl goes) vi -1. (move, travel) ir; ~ home ir para casa; to ~ to Brazil ir ao Brasil; to ~ by bus ir de ônibus; to ~ for a walk fazer um passeio; to ~ and do sthg ir fazer algo; to ~ in entrar; to ~ out sair.
-2. (leave) ir-se; it's time for us to ~ é hora de irmos embora; when does the bus ~? quando é que o ônibus sai?; ~ away! vá embora!
-3. (attend) ir; to ~ to school ir para a escola; which school do you ~ to? para que escola você ~ to?
-4. (become) ficar; she went pale empalideceu; the milk has gone sour o leite azedou.
-5. (expressing future tense): to be going to do sthg ir fazer algo.
-6. (function) funcionar; the car won't ~ o carro não pega.
-7. (stop working) ir-se; the fuse has gone o fusível queimou.
-8. (time) passar.
-9. (progress) correr; to ~ well correr bem.
-10. (bell, alarm) tocar.
-11. (match) condizer; to ~ with condizer com; red wine doesn't ~ with fish vinho tinto não combina com peixe.
-12. (be sold) ser vendido; 'everything must ~' 'liquidação total'.
-13. (fit) caber.
-14. (lead) ir; where does this

path ~? aonde vai dar este caminho?

-15. *(belong)* ir, ser.

-16. *(in phrases):* **to let ~ of** sthg *(drop)* largar algo; **there are two days to ~** faltam dois dias; **to ~ Am (to take away)** para levar.

◆ n **-1.** *(turn)* vez f; **it's your ~** é a sua vez.

-2. *(attempt)* tentativa f; **to have a ~ at** sthg experimentar algo; **'50 cents a ~'** *(for game)* '50 centavos cada vez'

◆ **go ahead** vi *(take place)* realizar-se; **~ ahead!** vá em frente!

◆ **go around** vi *(revolve)* rodar; **there isn't enough cake to ~ around** não tem bolo (suficiente) para todo mundo.

◆ **go back** vi voltar.

◆ **go down** vi *(decrease)* diminuir; *(sun)* pôr-se; *(tire)* esvaziar-se.

◆ **go in** vi entrar.

◆ **go off** vi *(alarm, bell)* tocar, soar; *(go bad)* azedar; *(light, heating)* apagar-se.

◆ **go on** vi *(happen)* passar-se; *(light, heating)* acender-se; **to ~ on doing** sthg continuar a fazer algo.

◆ **go out** vi *(leave house)* sair; *(light, fire, cigarette)* apagar-se; *(have relationship):* **to ~ out with** sb sair com alguém; **to ~ out to eat** ir comer fora.

◆ **go over** vt fus *(check)* rever.

◆ **go through** vt fus *(experience)* passar por; *(spend)* gastar; *(search)* revistar.

◆ **go up** vi *(increase)* subir.

◆ **go without** vt fus passar sem.

goal [gəʊl] n *(posts)* gol m; *(point scored)* gol m; *(aim)* objetivo m.

goalkeeper ['gəʊl,ki:pər] n goleiro m, -ra f.

goalpost ['gəʊlpəʊst] n trave f.

goat [gəʊt] n cabra f.

god [gɒd] n deus m. ◻ **God** n Deus m.

goddaughter ['gɒd,dɔ:tər] n afilhada f.

godfather ['gɒd,fɑ:ðər] n padrinho m.

godmother ['gɒd,mʌðər] n madrinha f.

godson ['gɒdsʌn] n afilhado m.

goes [gəʊz] → **go.**

goggles ['gɒglz] npl óculos mpl *(protetores).*

going ['gəʊɪŋ] adj *(available)* disponível; **the ~ rate** a tarifa em vigor.

gold [gəʊld] n ouro m. ◆ adj *(bracelet, watch)* de ouro; *(color)* dourado(da).

goldfish ['gəʊldfɪʃ] *(pl inv)* n peixe-dourado m.

golf [gɒlf] n golfe m.

golf course n campo m de golfe.

golfer ['gɒlfər] n jogador m, -ra f de golfe.

gone [gɒn] pp → **go.**

good [gʊd] *(compar* **better,** *superl* **best)** adj *(gen)* bom (boa); *(well-behaved)* bem comportado(da). ◆ n o bem; **be ~!** porte-se bem!; **to have a ~** time divertir-se; **to be ~ at** sthg ser bom em algo; **a ~ ten minutes** pelo menos dez minutos; **in** ~ **time** com antecedência; **for** ~ para sempre; **for the** ~ **of** para o bem de; **to do sb** ~ fazer bem a alguém; **it's no** ~ (there's no point) não vale a pena; ~ **afternoon!** boa tarde!; ~ **evening!** boa noite!; ~ **morning!** bom dia!; ~ **night!** boa noite! ❑ **goods** npl mercadorias fpl.

goodbye [ˌgʊd'baɪ] excl adeus!

Good Friday n Sexta-feira f Santa.

good-looking [-'lʊkɪŋ] adj bonito(ta).

goose [guːs] (pl **geese**) n ganso m.

gooseberry ['guːsbərɪ] n groselha f branca.

gorge [gɔːdʒ] n garganta f, desfiladeiro m.

gorgeous ['gɔːdʒəs] adj (day, countryside) magnífico(ca); inf (good-looking) lindo(da).

gorilla [gə'rɪlə] n gorila mf.

gossip ['gɒsɪp] n (about someone) mexerico m, fofoca f; (chat) conversa f. ◆ vi (about someone) fofocar; (chat) conversar.

got [gɒt] pt & pp → **get**.

gotten ['gɒtn] pp Am → **get**.

govern ['gʌvən] vt governar.

government ['gʌvənmənt] n governo m.

gown [gaʊn] n (dress) vestido m.

G.P. abbr = **general practitioner**.

grab [græb] vt (take hold of) agarrar.

graceful ['greɪsfl] adj gracioso(osa).

grade [greɪd] n (quality) categoria f; (on test, in class) nota f; Am (year at school) ano m (de escolaridade).

grade crossing n Am passagem m de nível.

gradient ['greɪdjənt] n inclinação f.

gradual ['grædʒʊəl] adj gradual.

gradually ['grædʒʊəlɪ] adv gradualmente.

graduate [n 'grædʒʊət, vb 'grædʒʊeɪt] n (from university) graduado m, -da f; Am (from high school) pessoa que concluiu o ensino secundário. ◆ vi (from university) graduar-se, formar-se; Am (from high school) concluir o ensino secundário.

① GRADUATE SCHOOL

"Graduate school" é a chamada pós-graduação: o mestrado, com um ano ou mais de estudos, e o Ph.D. (doutorado), que exige pelo menos mais três anos e a apresentação de uma tese. Para cursá-los, deve-se prestar um exame nacional padronizado. Embora dispendiosos, podem ser um pré-requisito para a obtenção de um bom emprego.

graduation [ˌgrædʒʊ'eɪʃn] n (ceremony) colação f de grau.

graffiti [grə'fiːtɪ] n grafite m.

grain [greɪn] n (seed, of sand) grão m; (crop) cereais mpl; (of salt) pedra f.

gram [græm] n grama m.

grammar ['græmər] n gramática f.

grammar school n (in US) escola f primária.

gramophone ['græməfəʊn] n gramofone m.

gran [græn] n Brit inf avó f.

grand [grænd] adj (impressive) magnífico(ca). ◆ n inf ($1,000) mil dólares mpl.

grandchild ['græntʃaɪld] (pl -children [-tʃɪldrən]) n neto m.

granddaughter ['græn,dɔːtər] n neta f.

grandfather ['grænd,fɑːðər] n avô m.

grandma ['grænmɑː] n inf vó vó f, vó f.

grandmother ['græn,mʌðər] n avó f.

grandpa ['grænpɑː] n inf vovô m, vô m.

grandparents ['græn-,peərənts] npl avós mpl.

grandson ['grænsʌn] n neto m.

granite ['grænɪt] n granito m.

grant [grænt] n (for study) bolsa f; POL subsídio m. ◆ vt (fml: give) conceder; **to take sthg for ~ed** dar algo por certo; **to take sb for ~ed** não dar o devido valor a alguém.

grape [greɪp] n uva f.

grapefruit ['greɪpfruːt] n toranja f.

graph [grɑːf] n gráfico m.

graph paper n papel m milimétrico.

grasp [grɑːsp] vt (grip) agarrar; (understand) perceber.

grass [grɑːs] n (plant) grama f; (lawn) gramado m; **'keep off the ~'** 'não pise na grama'.

grasshopper ['grɑːs,hɒpər] n gafanhoto m.

grate [greɪt] n grelha f.

grated ['greɪtɪd] adj ralado(da).

grateful ['greɪtfʊl] adj agradecido(da), grato(ta).

grater ['greɪtər] n ralador m.

gratitude ['grætɪtuːd] n gratidão f.

gratuity [grə'tuːɪtɪ] n fml gratificação f.

grave¹ [greɪv] adj (mistake, news, concern) grave. ◆ n sepultura f.

grave² [grɑːv] adj (accent) grave.

gravel ['grævl] n gravilha f.

graveyard ['greɪvjɑːrd] n cemitério m.

gravity ['grævɪtɪ] n gravidade f.

gravy ['greɪvɪ] n molho m (de carne).

gray [greɪ] adj Am cinzento(ta); (hair) grisalho(lha). ◆ n cinzento m; **to go ~** ficar grisalho.

graze [greɪz] vt (injure) esfolar.

grease [griːs] n gordura f.

greasy ['griːsɪ] adj (clothes, food) gorduroso(osa); (skin, hair) oleoso(osa).

great [greɪt] adj grande; (very good) ótimo(ma); **(that's) ~!** ótimo!

Great Britain n Grã-Bretanha f.

GREAT BRITAIN

A Grã-Bretanha é uma ilha que compreende a Inglaterra, a Escócia e o País de Gales. Não deve ser confundida com o Reino Unido, que inclui também a Irlanda do Norte, nem com as Ilhas Britânicas, que incluem ainda a República da Irlanda, a Ilha de Man, as Ilhas Órcades, as Ilhas Shetland e as Ilhas do Canal da Mancha.

---

great-grandfather n bisavô m.

great-grandmother n bisavó f.

Greece [griːs] n Grécia f.

greed [griːd] n (for money) ganância f; (for food) gulodice f.

greedy ['griːdɪ] adj (for food) guloso(osa); (for money) ganancioso(osa).

green [griːn] adj verde. ◆ n (color) verde m; (on golf course) green m. ❑ **greens** npl (vegetables) verduras fpl.

green card n Am (work permit) visto de permanência e trabalho nos Estados Unidos.

GREEN CARD

Documento que permite a um cidadão estrangeiro viver e trabalhar nos Estados Unidos. Os requerentes devem ter parentesco próximo com um cidadão americano, ou trabalhar para uma companhia

americana, ou poder fazer investimentos significativos nos Estados Unidos. Embora mantenha o nome, ele já não é mais da cor verde.

---

greenhouse ['griːnhaʊs, pl -haʊzɪz] n estufa f.

greenhouse effect n efeito m estufa.

green light n sinal m verde.

green pepper n pimentão m (verde).

greet [griːt] vt (say hello to) cumprimentar.

greeting ['griːtɪŋ] n cumprimento m.

grenade [grəˈneɪd] n granada f.

grew [gruː] pt → **grow**.

grey [greɪ] adj & n Brit = **gray**.

greyhound ['greɪhaʊnd] n galgo m.

GREYHOUND BUS

Talvez o meio de transporte mais econômico utilizado para viagens pelos Estados Unidos seja o ônibus. A Greyhound Bus cobre todas as regiões do país, além de algumas localidades no Canadá e no México. Ela também serve a várias partes do país inacessíveis às companhias aéreas comerciais.

---

grid [grɪd] n (grating) gradeamento m; (on map, etc) quadrícula f.

grief [gri:f] n desgosto m.

grieve [gri:v] vi estar de luto.

grill [grɪl] n grelha f; (part of restaurant) grill m; AUT grelha f do radiador. ◆ vt grelhar.

grilled [grɪld] adj grelhado (da).

grim [grɪm] adj (expression) severo(ra); (place, reality) sombrio (bria); (news) desagradável.

grimace ['grɪməs] n careta f.

grimy ['graɪmɪ] adj sebento (ta).

grin [grɪn] n sorriso m (largo). ◆ vi sorrir.

grind [graɪnd] (pt & pp ground) vt (pepper, coffee) moer.

grip [grɪp] n (of tires) aderência f; (handle) punho m; (bag) bolsa m de viagem; (hold) pega f. ◆ vt (hold) agarrar; **to keep a firm ~ on sthg** (rope, railings) agarrar algo com força; **get a ~ on yourself!** controle-se!

groan [grəʊn] n gemido m. ◆ vi (in pain) gemer; (complain) resmungar.

groceries ['grəʊsərɪz] npl comestíveis mpl.

grocery store ['grəʊsərɪ-] n mercearia f.

groin [grɔɪn] n virilha f.

groove [gru:v] n ranhura f.

grope [grəʊp] vi: **to ~ around for sthg** procurar algo às apalpadelas.

gross [grəʊs] adj (weight, income) bruto(ta).

grossly ['grəʊslɪ] adv (extremely) extremamente.

ground [graʊnd] pt & pp → **grind.** ◆ n chão m; SPORT campo m. ◆ adj (coffee) moído(da). ◆ vt: **to be ~ ed** (plane) não ter autorização para decolar; Am (child) estar de castigo; Am (electrical connection) ligar à terra. ❑ **grounds** npl (of building) área que circunda um prédio; (of coffee) borra f; (reason) razão f, motivo m.

ground beef n Am carne f moída.

ground floor n térreo m.

group [gru:p] n grupo m.

grovel ['grɒvl] vi (be humble) humilhar-se.

grow [grəʊ] (pt grew, pp grown) vi crescer; (become) tornar-se. ◆ vt (plant, crop) cultivar; (beard) deixar crescer. ❑ **grow up** vi crescer.

growl [graʊl] vi (dog) rosnar.

grown [grəʊn] pp → **grow.**

grown-up adj adulto(ta). ◆ n adulto m, -ta f.

growth [grəʊθ] n (increase) crescimento m; MED tumor m, abcesso m.

grub [grʌb] n inf (food) comida f.

grubby ['grʌbɪ] adj inf porco (ca).

grudge [grʌdʒ] n ressentimento m. ◆ vt: **to ~ sb sthg** dar algo a alguém de má vontade; **he seems to have a ~ against me** ele parece ter algo contra mim.

grueling ['grʊəlɪŋ] adj Am extenuante.

gruelling ['grʊəlɪŋ] Brit = **grueling.**

gruesome ['gru:səm] *adj* horripilante.

grumble ['grʌmbl] *vi (complain)* resmungar.

grumpy ['grʌmpɪ] *adj inf* resmungão(gona).

grunt [grʌnt] *vi* grunhir.

guarantee [,gærən'ti:] *n* garantia *f.* ◆ *vt* garantir.

guard [gɑ:d] *n (of prisoner, etc)* guarda *mf; (protective cover)* proteção *f.* ◆ *vt (watch over)* guardar; **to be on one's ~** estar alerta.

guess [ges] *n* suposição *f.* ◆ *vt* adivinhar; [é ~ **(so)** é provável, imagino que sim.

guest [gest] *n (in home)* convidado *m,* -da *f; (in hotel)* hóspede *mf.*

guesthouse ['gesthaʊs, *pl* -haʊzɪz] *n* pensão *f.*

guidance ['gaɪdns] *n* orientação *f.*

guide [gaɪd] *n (for tourists)* guia *mf; (guidebook)* guia *m.* ◆ *vt* guiar. ❑ **Guide** *n Brit* ≃ escoteira *f.*

guidebook ['gaɪdbʊk] *n* guia *m.*

guided tour ['gaɪdəd-] *n* visita *f* guiada.

guidelines ['gaɪdlaɪnz] *npl* diretrizes *fpl.*

guilt [gɪlt] *n* culpa *f.*

guilty ['gɪltɪ] *adj* culpado(da).

guinea pig ['gɪnɪ-] *n* cobaia *f.*

guitar [gɪ'tɑ:r] *n (acoustic)* violão *m; (electric)* guitarra *f* (elétrica).

gulf [gʌlf] *n (of sea)* golfo *m.*

gull [gʌl] *n* gaivota *f.*

gullible ['gʌləbl] *adj* ingênuo (nua).

gulp [gʌlp] *n (of drink)* gole *m.*

gum [gʌm] *n (chewing gum, bubble gum)* chiclete *m; (adhesive)* cola *f.* ❑ **gums** *npl (in mouth)* gengiva *f.*

gun [gʌn] *n (handgun)* pistola *f; (rifle)* espingarda *f; (cannon)* canhão *m.*

gunfire ['gʌnfaɪər] *n* tiroteio *m.*

gunshot ['gʌnʃɒt] *n* tiro *m.*

gust [gʌst] *n* rajada *f.*

gut [gʌt] *n inf (stomach)* bucho *m.* ❑ **guts** *npl inf (intestines)* tripas *fpl; (courage)* coragem *f,* peito *m.*

gutter ['gʌtər] *n (beside road)* sarjeta *f; (of house)* calha *f.*

guy [gaɪ] *n inf (man)* cara *m.* ❑ **guys** *npl Am inf (people):* **you ~ s** vocês.

gym [dʒɪm] *n (place)* ginásio *m; (school lesson)* ginástica *f.*

gymnast ['dʒɪmnæst] *n* ginasta *mf.*

gymnastics [dʒɪm'næstɪks] *n* ginástica *f.*

gynecologist [,gaɪnə'kɒlədʒəst] *n* ginecologista *mf.*

gypsy ['dʒɪpsɪ] *n* cigano *m,* -na *f.*

H

H (abbr of hospital) H. ◆ abbr = hot.

had [hæd] pt & pp → have.

hadn't ['hædnt] = had not.

haggle ['hægl] vi regatear.

hail [heɪl] n granizo m. ◆ v impers: **it's ~ ing** está chovendo granizo.

hailstone ['heɪlstəʊn] n granizo m, pedra f.

hair [heər] n (on human head) cabelo m; (on skin) pêlo m; **to have one's ~ cut** cortar o cabelo; **to wash one's ~** lavar a cabeça.

hairbrush ['heəbrʌʃ] n escova f (de cabelo).

haircut ['heəkʌt] n (style) corte m (de cabelo); **to have a ~** cortar o cabelo.

hairdo ['heəduː] (pl -s) n penteado m.

hairdresser ['heə,dresər] n (person) cabeleireiro m, -ra f; ~ (salon) cabeleireiro m; **to go to the ~** ir ao cabeleireiro.

hairdryer ['heə,draɪər] n secador m de cabelo.

hairpin ['heəpɪn] n grampo m.

hairpin bend n curva f fechada.

hairspray ['heəspreɪ] n laquê m.

hairstyle ['heəstaɪl] n penteado m.

hairy ['heərɪ] adj (person) cabeludo(da); (chest, legs) peludo (da).

half [hæf] (pl halves) n (50%) metade f; (of match) tempo m. ◆ adj meio (meia). ◆ adv meio; **a day and a ~** um dia e meio; **four and a ~** quatro e meio; **an hour and a ~** uma hora e meia; **~ past seven** sete e meia; **~ as big as** metade do tamanho de; **~ an hour** meia-hora; **~ a dozen** meia dúzia; **~-price** a metade do preço.

half-brother n meio-irmão m.

half-sister n meia-irmã.

half-time ['hæftaɪm] n intervalo m.

halfway [hæf'weɪ] adv (in space) a meio caminho; (in time) a meio.

hall [hɔːl] n (of house) entrada f, hall m; (building, large room) salão m; (country house) ≃ mansão f.

hallmark ['hɔːlmɑːk] n (on silver, gold) marca f.

Halloween [hæləʊ'iːn] n Dia m das Bruxas.

halt [hɔːlt] vi parar. ◆ n: **to come to a ~** parar.

halve [hæv] vt (reduce by half) reduzir à metade; (divide in two) dividir ao meio.

halves [hævz] pl → half.

ham [hæm] n presunto m.

hamburger ['hæmbɜːgər] n hambúrguer m; Am (ground beef) carne f moída.

hamlet ['hæmlət] n aldeia f, lugarejo m.

hammer ['hæmər] n martelo m. ◆ vt (nail) martelar.

hammock ['hæmək] n rede f.

hamper ['hæmpər] n cesto m.

hamster ['hæmstər] n hamster m.

hand [hænd] n mão f; (of clock, watch, dial) ponteiro m; **to give sb a ~** dar uma mão a alguém; **to get out of ~** fugir ao controle; **by ~** à mão; **on the one ~** por um lado; **on the other ~** por outro lado. □ **hand in** vt sep entregar. □ **hand out** vt sep distribuir. □ **hand over** vt sep (give) entregar.

handbag ['hændbæg] n bolsa f, carteira f.

handbook ['hændbʊk] n manual m.

handbrake ['hændbreɪk] n freio m de mão.

handcuffs ['hændkʌfs] npl algemas fpl.

handful ['hændfl] n (amount) punhado m.

handicap ['hændɪkæp] n (physical, mental) deficiência f; (disadvantage) desvantagem f.

handicapped ['hændɪkæpt] adj deficiente. ◆ npl: **the ~** os deficientes.

handkerchief ['hæŋkərtʃɪf] (pl -chiefs OR -chieves) n lenço m (de mão).

handle ['hændl] n (of door, window) maçaneta f; (of suitcase) alça f; (of pan, knife) cabo m. ◆ vt (touch) pegar em; (deal with) lidar

com; (solve) tratar de; **'~ with care'** 'frágil'.

handlebars ['hændlbɑːrz] npl guidom m.

handmade [ˌhænd'meɪd] adj feito(ta) à mão.

handout ['hændaʊt] n (leaflet) prospecto m; (money, food, etc) donativo m.

handshake ['hændʃeɪk] n aperto m de mão.

handsome ['hænsəm] adj bonito(ta).

handwriting ['hændˌraɪtɪŋ] n letra f, caligrafia f.

handy ['hændɪ] adj (useful) prático(ca); (good with one's hands) habilidoso(osa); (near) à mão; **to come in ~** inf vir a calhar.

hang [hæŋ] (pt & pp hung, pt & pp vt sense 2 hanged) vt (on hook, wall, etc) pendurar; (execute) enforcar. ◆ vi (be suspended) pender. ◆ n: **to get the ~ of sthg** pegar o jeito de algo. □ **hang around** vi rondar. □ **hang down** vi estar pendurado(da). □ **hang on** vi inf (wait) esperar. □ **hang out** ◆ vt sep (washing) pendurar. ◆ vi inf (spend time) passar o tempo. □ **hang up** vi (on phone) desligar.

hangar ['hæŋər] n hangar m.

hanger ['hæŋər] n cabide m.

hang gliding n vôo livre m.

hangover ['hæŋˌəʊvər] n ressaca f.

happen ['hæpən] vi acontecer; **I ~ed to bump into him** encontrei-o por acaso.

happily ['hæpəlɪ] adv (luckily) felizmente.

happiness ['hæpɪnəs] *n* felicidade *f*.

happy ['hæpɪ] *adj* feliz; **to be ~ about sthg** *(satisfied)* estar satisfeito(ta) com algo; **to be ~ to do sthg** não se importar de fazer algo; **to be ~ with sthg** estar satisfeito com algo; **Happy Birthday!** Feliz Aniversário!, Parabéns!; **Happy New Year!** Feliz Ano Novo!

harassment [hə'ræsmənt] *n* assédio *m*, importunação *f*.

harbor ['hɑːrbər] *n Am* porto *m*.

harbour ['hɑːbə'] *Brit* = **harbor**.

hard [hɑːd] *adj* duro(ra); *(difficult, strenuous)* difícil; *(forceful)* forte; *(winter, frost)* rigoroso (osa); *(water)* calcário(ria), duro (ra); *(drugs)* pesado(da). ◆ *adv (work)* muito, arduamente; *(listen)* atentamente; *(hit, rain)* com força; **to ~ fazer um esforço.**

hard-boiled egg [-bɔɪld-] *n* ovo *m* cozido.

hardcover ['hɑːrd,kʌvər] *n Am* livro *m* de capa dura.

hard disk *n* disco *m* rígido.

hardly ['hɑːdlɪ] *adv:* **~ ever** quase nunca; **I ~ know her** mal a conheço; **there's ~ any left** já não há quase nada.

hardship ['hɑːdʃɪp] *n* dificuldades *fpl*.

hardware ['hɑːdweər] *n (tools, equipment)* ferramenta *f*; COMPUT hardware *m*.

hardware store *n* loja *f* de ferragens.

hardworking [,hɑːd'wɜːkɪŋ] *adj* trabalhador(ra).

hare [heər] *n* lebre *f*.

harm [hɑːm] *n (injury)* mal *m*; *(damage)* dano *m*. ◆ *vt (injure)* magoar; *(reputation, chances)* prejudicar; *(fabric)* danificar.

harmful ['hɑːmfl] *adj* prejudicial.

harmless ['hɑːmləs] *adj* inofensivo(va).

harmony ['hɑːmənɪ] *n* harmonia *f*.

harness ['hɑːnəs] *n (for horse)* arreios *mpl*; *(for child)* andadeiras *fpl*.

harp [hɑːp] *n* harpa *f*.

harsh [hɑːʃ] *adj (severe)* rigoroso(osa); *(cruel)* severo(ra); *(sound, voice)* áspero(ra).

harvest ['hɑːvɪst] *n* colheita *f*.

has [weak form həz, strong form hæz] → **have**.

hash browns *npl Am* bolinhos fritos de batatas e cebolas picadas.

hasn't ['hæznt] = **has not**.

hassle ['hæsl] *n inf* chatice *f*.

hastily ['heɪstɪlɪ] *adv* precipitadamente.

hasty ['heɪstɪ] *adj (hurried)* apressado(da); *(rash)* precipitado(da).

hat [hæt] *n* chapéu *m*.

hatch [hætʃ] *n (in ship, aircraft)* escotilha *f*. ◆ *vi (chick)* sair do ovo.

hate [heɪt] *n* ódio *m*. ◆ *vt* odiar, detestar; **to ~ doing sthg** detestar fazer algo.

hatred ['heɪtrəd] *n* ódio *m*.

haul [hɔ:l] vt arrastar. ♦ n: a long ~ um longo percurso.

haunted ['hɔ:ntəd] adj (house) assombrado(da).

have [hæv] (pt & pp **had**) aux vb -1. (to form perfect tenses): I - finished acabei; ~ you been there? - no, I ~n't você já esteve lá? - não; they hadn't seen it não o tinham visto; we had already left nós já tínhamos saído.
-2. (must): to ~ (got) to do sthg ter de fazer algo; do you ~ to pay? é preciso pagar?
♦ vt -1. (possess): to ~ (got) ter; do you OR ~ you got a double room? você tem um quarto de casal?; she's got brown hair ela tem o cabelo castanho.
-2. (experience) ter; to ~ a cold estar resfriado; to ~ a great time divertir-se a valer.
-3. (replacing other verbs) ter; to ~ breakfast tomar o café da manhã; to ~ dinner jantar; to ~ lunch almoçar; to ~ a bath tomar banho; to ~ a drink tomar qualquer coisa, tomar um drinque; to ~ a shower tomar um banho; to ~ a swim nadar.
-4. (feel) ter; I ~ no doubt about it não tenho dúvida alguma OR nenhuma sobre isso.
-5. (cause to be): to ~ sthg done mandar fazer algo; to ~ one's hair cut cortar o cabelo.
-6. (be treated in a certain way): I've had my wallet stolen roubaram a minha carteira.

hawk [hɔ:k] n falcão m.

hay [heɪ] n feno m.

hay fever n febre f do feno.

hazard ['hæzərd] n risco m.

hazardous ['hæzərdəs] adj arriscado(da).

haze [heɪz] n névoa f.

hazel ['heɪzl] adj cor-de-mel (inv).

hazelnut ['heɪzl,nʌt] n avelã f.

hazy ['heɪzɪ] adj (misty) nublado(da).

he [hi:] pron ele; ~'s tall ele é alto.

head [hed] n cabeça f; (of line) princípio m; (of page, letter) cabeçalho m; (of table, bed) cabeceira f; (of company, department) chefe m, -fa f; (of beer) espuma f. ♦ vt (list, organization) encabeçar. ♦ vi: to ~ home dirigir-se para casa; $10 a ~ 10 dólares por cabeça; ~s or tails? cara ou coroa? □ **head for** vt fus (place) dirigir-se a.

headache ['hedeɪk] n (pain) dor f de cabeça; I've got a ~ estou com dor de cabeça.

head band n Am fita f para o cabelo.

heading ['hedɪŋ] n título m.

headlight ['hedlaɪt] n farol m (dianteiro).

headline ['hedlaɪn] n (in newspaper) manchete f; (on TV, radio) notícia f principal.

headphones ['hedfəʊnz] npl fones mpl de ouvido.

headquarters [,hed'kwɔ:təz] npl (of business) sede f; (of army) quartel m general; (of police) central f.

headrest ['hedrest] n apoio m para a cabeça.

head start n vantagem f, avanço m.

heal [hi:l] vt curar. ♦ vi sarar.

health [helθ] n saúde f; **to be in good/bad ~** estar bem/mal de saúde; **your (very) good ~!** saúde!

health center n centro m de saúde.

health food n comida f natural.

health insurance n seguro-saúde m.

healthy ['helθɪ] adj saudável.

heap [hi:p] n monte m; **~s of** inf um monte de.

hear [hɪər] (pt & pp **heard** [hɜ:d]) vt & vi ouvir; **to ~ sthg** saber de algo; **to ~ from sb** ter notícias de alguém; **have you ~d of him?** você já ouviu falar dele?

hearing ['hɪərɪŋ] n (sense) audição f; (at court) audiência f; **to be hard of ~** não ouvir bem.

hearing aid n aparelho m auditivo.

heart [hɑ:rt] n coração m; **to know sthg (off) by ~** saber algo de cor; **to lose ~** perder a coragem. ❏ **hearts** npl (in cards) copas fpl.

heart attack n ataque m cardíaco.

heartbeat ['hɑ:rtbi:t] n pulsação f, batida f cardíaca.

heart condition n: **to have a ~** ter problemas cardíacos OR de coração.

hearth [hɑ:rθ] n lareira f.

hearty ['hɑ:rtɪ] adj (meal) substancial.

heat [hi:t] n calor m; (specific temperature) temperatura f. ❏ **heat up** vt sep aquecer.

heater ['hi:tər] n aquecedor m.

heath [hi:θ] n charco m.

heather ['heðər] n urze f.

heating ['hi:tɪŋ] n aquecimento m.

heat wave n onda f de calor.

heave [hi:v] vt (push) empurrar com força; (pull) puxar com força; (lift) levantar com força.

Heaven ['hevn] n paraíso m, céu m.

heavily ['hevəlɪ] adv muito.

heavy ['hevɪ] adj pesado(da); (rain, fighting, traffic) intenso(sa); **how ~ is it?** quanto é que (isso) pesa?; **to be a ~ smoker** fumar muito.

heckle ['hekl] vt interromper (continuamente).

hectic ['hektɪk] adj agitado(da).

he'd [hi:d] = **he had**.

hedge [hedʒ] n cerca f viva, sebe f.

hedgehog ['hedʒhɒg] n ouriço m.

heel [hi:l] n (of person) calcanhar m; (of shoe) salto m.

hefty ['heftɪ] adj (person) robusto(ta); (fine) considerável.

height [haɪt] n altura f; (peak period) ponto m alto; **what ~ is it?** quanto mede?

heir [eər] n herdeiro m.

heiress ['eərəs] n herdeira f.

held [held] pt & pp → hold.

helicopter ['helɪkɒptər] n helicóptero m.

Hell [hel] n o Inferno.

he'll [hi:l] = he will.

hello [hə'ləʊ] excl (as greeting) oi!; (when answering phone) alô?; (when phoning) alô?; (to attract attention) ei!

helmet ['helmət] n capacete m.

help [help] n ajuda f. ◆ vt & vi ajudar. ◆ excl socorro!; I can't ~ it não consigo evitá-lo; to ~ sb (to) do sthg ajudar alguém a fazer algo; to ~ o.s. (to sthg) servir-se (de algo); can I ~ you? (in store) posso ajudá-lo? ❑ help out vi ajudar

helper ['helpər] n (assistant) ajudante mf.

helpful ['helpfl] adj (person) prestativo(va); (useful) útil.

helping ['helpɪŋ] n porção f.

helpless ['helpləs] adj indefeso(sa).

hem [hem] n bainha f.

hemorrhage ['heməridʒ] n hemorragia f.

hen [hen] n (chicken) galinha f.

hepatitis [ˌhepə'taɪtɪs] n hepatite f.

her [hɜːr] adj o seu (a sua), dela. ◆ pron (direct) a; (indirect) lhe; (after prep) ela; ~ books os livros dela, os seus livros; I know ~ eu a conheço; it's ~ é ela; send it to ~ mande isso para ela; tell ~ diga-lhe; Zena brought it with ~ a Zena trouxe-o consigo OR com ela.

herb [ɜːb] n erva f aromática.

herbal tea ['ɜːbl-] n chá m de ervas.

herd [hɜːd] n (of cattle) manada f; (of sheep) rebanho m.

here [hɪər] adv aqui; ~ 's your book aqui está o seu livro; ~ you are aqui tem, aqui está.

heritage ['herɪtɪdʒ] n patrimônio m.

hernia ['hɜːnjə] n hérnia f.

hero ['hɪərəʊ] (pl -es) n herói m.

heroine ['herəʊɪn] n heroína f.

heron ['herən] n garça f.

herring ['herɪŋ] n arenque m.

hers [hɜːz] pron o seu (a sua), (o/a) dela; a friend of ~ um amigo dela OR seu; those shoes are ~ estes sapatos são dela OR seus; these are mine – where are ~? estes são os meus – onde estão os dela?

herself [hɜːr'self] pron (reflexive) se; (after prep) si própria OR mesma; she did it ~ foi ela mesma que o fez; she hurt ~ ela se machucou.

he's [hi:z] = he is.

hesitant ['hezɪtənt] adj hesitante.

hesitate ['hezɪteɪt] vi hesitar.

hesitation [ˌhezɪ'teɪʃn] n hesitação f.

heterosexual [ˌhetərəʊ-'sekʃʊəl] adj heterossexual. ◆ n heterossexual mf.

hi [haɪ] excl inf oi!

hiccup ['hɪkʌp] n: to have (the) ~ s estar com OR ter soluços.

hide [haɪd] (*pt* **hid** [hɪd], *pp* **hidden** [hɪdn]) *vt* esconder; *(truth, feelings)* esconder, ocultar. ◆ *vi* esconder-se. ◆ *n* (*of animal*) pele *f*.

hideous ['hɪdɪəs] *adj* horrível.

hi-fi ['haɪfaɪ] *n* som *m*, aparelhagem *f* de som.

high [haɪ] *adj* alto(ta); *(wind)* forte; *(speed, quality)* grande, alto(ta); *(opinion)* bom (boa); *(position, rank)* elevado(da); *(sound, voice)* agudo(da); *inf (from drugs)* doidão(dona). ◆ *n* (*weather front*) área *f* de alta pressão. ◆ *adv* alto; **how ~ is it?** quanto (isso) mede?; **it's 10 meters ~** mede 10 metros de altura.

high-class *adj* de primeira (categoria).

higher education ['haɪər-] *n* ensino *m* superior.

high jump *n* salto *m* em altura.

highlight ['haɪlaɪt] *n* (*best part*) ponto *m* alto. ◆ *vt* (*emphasize*) destacar. ❑ **highlights** *npl* (*of football game, etc*) melhores lances *mpl*; (*in hair*) mechas *fpl*.

highly ['haɪlɪ] *adv* (*extremely*) extremamente; (*very well*) muito bem; **to think ~ of sb** admirar muito alguém.

high school *n* escola *f* secundária.

high season *n* estação *f* alta.

high tide *n* maré-alta *f*.

highway ['haɪweɪ] *n* *Am* (*between cities*) auto-estrada *f*.

hijack ['haɪdʒæk] *vt* desviar.

hijacker ['haɪdʒækər] *n* seques-

trador *m*, -ra *f* (de avião).

hike [haɪk] *n* caminhada *f*, excursão *f* a pé. ◆ *vi* caminhar.

hiking ['haɪkɪŋ] *n*: **to go ~** fazer uma caminhada.

hilarious [hɪ'leərɪəs] *adj* hilariante.

hill [hɪl] *n* colina *f*, monte *m*.

hillwalking ['hɪlwɔːkɪŋ] *n* caminhada *f* (*em montanha*).

hilly ['hɪlɪ] *adj* montanhoso(osa).

him [hɪm] *pron* (*direct*) o; (*indirect*) lhe; (*after prep*) ele; **I know ~** eu o conheço; **it's ~** é ele; **send it to ~** mande isso para ele; **tell ~** diga-lhe; **Tony brought it with ~** Tony o trouxe consigo.

himself [hɪm'self] *pron* (*reflexive*) se; (*after prep*) si próprio OR mesmo; **he did it ~** foi ele mesmo que o fez; **he hurt ~** machucou-se.

hinder ['hɪndər] *vt* impedir, atrapalhar.

hinge [hɪndʒ] *n* dobradiça *f*.

hint [hɪnt] *n* (*indirect suggestion*) alusão *f*; (*piece of advice*) dica *f*, palpite *m*; (*slight amount*) ponta *f*. ◆ *vi*: **to ~ at sthg** fazer alusão a algo.

hip [hɪp] *n* anca *f*.

hippopotamus [ˌhɪpə'pɒtəməs] *n* hipopótamo *m*.

hire ['haɪər] *vt* (*car, bicycle, television*) alugar; (*person*) contratar; **'for ~'** (*boats*) 'para alugar'; (*taxi*) 'livre'.

his [hɪz] *adj* o seu (a sua), dele. ◆ *pron* o seu (a sua), (o/a) dele;

~ **books** os livros dele, os seus livros; **a friend of** ~ um amigo dele OR seu; **these shoes are** ~ estes sapatos são dele OR seus; **these are mine – where are** ~ ? estes são os meus – onde estão os deles?

historical [hɪ'stɒrɪkəl] *adj* histórico(ca).

history ['hɪstərɪ] *n* história *f*, *(record)* histórico *m*.

hit [hɪt] *(pt & pp* **hit)** *vt (strike on purpose)* bater em; *(collide with)* bater contra OR em; *(bang)* bater com; *(a target)* acertar em. ◆ *n (record, play, movie)* sucesso *m*; COMPUT visita *f (a uma homepage)*.

hitch [hɪtʃ] *n (problem)* problema *m*. ◆ *vi* pegar carona. ◆ *vt*: **to** ~ **a lift** pegar carona.

hitchhike ['hɪtʃhaɪk] *vi* pegar carona.

hitchhiker ['hɪtʃhaɪkər] *n* pessoa *f* que pega carona.

hive [haɪv] *n (of bees)* colméia *f*.

HIV-positive *adj* soropositivo(va).

hoarding ['hɔːdɪŋ] *n Brit (for adverts)* outdoor *m*.

hoarse [hɔːrs] *adj* rouco(ca).

hoax [həʊks] *n* fraude *f*.

hob [hɒb] *n* placa *f* de aquecimento do fogão.

hobby ['hɒbɪ] *n* hobby *m*.

hockey ['hɒkɪ] *n Am (ice hockey)* hóquei sobre gelo.

hoe [həʊ] *n* enxada *f*.

hold [həʊld] *(pt & pp* **held)** *vt* segurar; *(organize)* dar; *(contain)* conter; *(possess)* ter, possuir. ◆ *vi (remain unchanged)* manter-se;

(on telephone) esperar. ◆ *n (of ship, aircraft)* porão *m*; **to** ~ **sb prisoner** manter alguém prisioneiro. ◆ ~ **the line, please** não desligue, por favor; **to keep a firm** ~ **of sthg** agarrar algo com força. ◻ **hold back** *vt sep (restrain)* conter; *(keep secret)* reter. ◻ **hold on** *vi (wait, on telephone)* esperar; **to** ~ **on to sthg** agarrar-se a algo. ◻ **hold out** *vt sep (extend)* estender. ◻ **hold up** *vt sep (delay)* atrasar.

holdall ['həʊldɔːl] *n Brit* bolsa *f* de viagem.

holder ['həʊldər] *n (of passport, license)* titular *mf*; *(container)* suporte *m*.

holdup ['həʊldʌp] *n (delay)* atraso *m*.

hole [həʊl] *n* buraco *m*.

holiday ['hɒlədeɪ] *n (day off)* feriado *m*; *Brit (vacation)* férias *fpl*. ◆ *vi Brit* passar férias; **to be on** ~ estar de férias; **to go on** ~ sair de férias; **the** ~ **s** as férias.

holidaymaker ['hɒlədeɪˌmeɪkə] *n Brit* turista *mf*.

hollow ['hɒləʊ] *adj* oco(oca).

holly ['hɒlɪ] *n* azevinho *m*.

Hollywood ['hɒlɪwʊd] *n* Hollywood.

ⓘ **HOLLYWOOD**

Bairro de Los Angeles desde 1911, Hollywood tem sido o centro da indústria cinematográfica americana. Atingiu seu apogeu nas décadas de 40 e 50 do século XX, quando os grandes estúdios produziam centenas de filmes por ano. Hoje em dia, Hollywood é uma das maiores atrações turísticas dos Estados Unidos.

holy ['həʊlɪ] adj sagrado(da), santo(ta).

home [həʊm] n casa f; (own country) país m natal; (for old people) lar m. ◆ adv (in one's home) em casa; (to one's home) para casa. ◆ adj (not foreign) nacional; (at one's house) caseiro(ra); **at ~** em casa; **make yourself at ~** sinta-se em casa; **to go ~** ir para casa; **~ address** endereço m residencial; **~ number** número m (de telefone) de casa.

homeless ['həʊmləs] npl: **the ~** os sem-teto.

homemade [,həʊm'meɪd] adj (food) caseiro(ra).

homework ['həʊmwɜːrk] n dever m de casa.

homosexual [,hɒmə'sekʃʊəl] adj homossexual. ◆ n homossexual mf.

honest ['ɒnɪst] adj honesto (ta), sincero(ra).

honestly ['ɒnɪstlɪ] adv (truthfully) honestamente; (to express sincerity) sinceramente. ◆ excl francamente!

honey ['hʌnɪ] n mel m.

honeymoon ['hʌnɪmuːn] n lua-de-mel f.

honor ['ɒnər] n Am honra f.

honorable ['ɒnərəbl] adj honrado(da).

honour ['ɒnər] n Brit = honor.

hood [hʊd] n (of jacket, coat) capuz m; Am (car bonnet) capô m; (on convertible car) capota f.

hoof [huːf] n casco m.

hook [hʊk] n (for picture, coat) gancho m; (for fishing) anzol m; **off the ~** (telephone) fora do gancho.

hooligan ['huːlɪgən] n desordeiro m, -ra f, vândalo m, -la f.

hoop [huːp] n argola f.

hoot [huːt] vi (driver) buzinar.

Hoover® ['huːvər] n Brit aspirador m.

hope [həʊp] n esperança f. ◆ vt esperar; **to ~ for sthg** esperar algo; **to ~ to do sthg** esperar fazer algo; **I ~ so** espero que sim.

hopeful ['həʊpfʊl] adj (optimistic) esperançoso(osa).

hopefully ['həʊpfəlɪ] adv (with luck) com um pouco de sorte.

hopeless ['həʊplɪs] adj (without any hope) desesperado(da); **he is ~!** (inf) (ele) é um caso perdido!

horizon [hə'raɪzn] n horizonte m.

horizontal [,hɒrɪ'zɒntl] adj horizontal.

horn [hɔːrn] n (of car) buzina f; (on animal) corno m, chifre m.

horoscope ['hɒrəskəʊp] n horóscopo m.

horrible ['hɒrəbl] adj horrível.

horrid ['hɒrɪd] adj (unkind) antipático(ca); (very bad) horroroso(osa).

horrific [hɒ'rɪfɪk] adj horrendo(da).

horse [hɔːrs] n cavalo m.

horseback riding n equitação f.

horse racing n corrida f de cavalos.

horseshoe ['hɔːrsʃuː] n ferradura f.

hose [həʊz] n mangueira f.

hosepipe ['həʊzpaɪp] n Brit mangueira f.

hosiery ['həʊzərɪ] n meias fpl e lingerie.

hospitable [hɒ'spɪtəbl] adj hospitaleiro(ra).

hospital ['hɒspɪtl] n hospital m; **in the** ~ no hospital.

hospitality [ˌhɒspɪ'tælətɪ] n hospitalidade f.

host [həʊst] n (of party, event) anfitrião m; (of show, TV program) apresentador m, -ra f.

hostage ['hɒstɪdʒ] n refém mf.

hostel ['hɒstl] n (youth hostel) albergue m da juventude.

hostess ['həʊstes] n (of party, event) anfitriã f.

hostile ['hɒstl] adj hostil.

hostility [hɒ'stɪlətɪ] n hostilidade f.

hot [hɒt] adj quente; (spicy) picante; **to be** ~ (person) ter calor.

hot chocolate n chocolate m quente.

hotel [həʊ'tel] n hotel m.

hour ['aʊər] n hora f; **I've been waiting for** ~s estou esperando há horas.

hourly ['aʊrlɪ] adj por hora.
♦ adv (pay, charge) por hora; (depart) de hora em hora.

house [n haʊs, pl 'haʊzɪz, vb haʊz] n casa f. ♦ vt (person) alojar.

household ['haʊshəʊld] n família f.

housekeeping ['haʊskiːpɪŋ] n manutenção f da casa.

House of Representatives n Câmara f dos Deputados.

housewife ['haʊswaɪf] (pl -wives) n dona f de casa.

housework ['haʊswɜːrk] n afazeres mpl domésticos.

housing ['haʊzɪŋ] n (houses) alojamento m.

housing project n Am conjunto m habitacional.

hovercraft ['hʌvərkrɑːft] n aerobarco m.

how [haʊ] adv - 1. (asking about way or manner) como; ~ do you get there? como se chega lá?; ~ does it work? como funciona?; **tell me** ~ **to do it** me diga como fazer isso.
- 2. (asking about health, quality) como; ~ **are you?** como vai?; ~ **are you doing?** como vai você?; ~ **are things?** como vão as coisas?; ~ **is your room?** como é o seu quarto?
- 3. (asking about degree, amount) quanto; ~ **far?** a que distância?; ~ **long?** quanto tempo?; ~ **many?** quantos?; ~ **much?** quanto?; ~ **much is it?** quanto custa?; ~ **old are you?** quantos anos você tem?
- 4. (in phrases): ~ **about a drink?** que tal uma bebida?; ~ **lovely!** que lindo!

however [haʊˈevər] *adv* contudo, todavia; ~ **hard I try** por mais que tente; ~ **many there are** por muitos que sejam.

howl [haʊl] *vi (dog, wind)* uivar; *(person)* gritar.

HQ *n (abbr of headquarters)* QG.

hubcap [ˈhʌbkæp] *n* calota *f*.

hug [hʌg] *vt* abraçar. ◆ *n*: **to give sb a** ~ dar um abraço em alguém.

huge [hjuːdʒ] *adj* enorme.

hull [hʌl] *n* casco *m* (de navio).

hum [hʌm] *vi (bee, machine)* zumbir; *(person)* cantarolar.

human [ˈhjuːmən] *adj* humano(na). ◆ *n*: ~ **(being)** ser *m* humano.

humanities [hjuːˈmænətɪz] *npl* humanidades *fpl*, ciências *fpl* humanas.

human race *n* espécie *f* humana.

human rights *npl* direitos *mpl* humanos.

humble [ˈhʌmbl] *adj* humilde.

humid [ˈhjuːmɪd] *adj* úmido (da).

humidity [hjuːˈmɪdətɪ] *n* umidade *f*.

humiliating [hjuːˈmɪlɪeɪtɪŋ] *adj* humilhante.

humiliation [hjuːˌmɪlɪˈeɪʃn] *n* humilhação *f*.

humor [ˈhjuːmər] *n Am* humor *m*.

humorous [ˈhjuːmərəs] *adj (story)* humorístico(ca); *(person)* espirituoso(osa).

humour [ˈhjuːməʳ] *n Brit* = humor.

hump [hʌmp] *n (bump)* elevação *f*; *(of camel)* corcova *f*.

hunch [hʌntʃ] *n* pressentimento *m*.

hundred [ˈhʌndrəd] *num* cem; **a** ~ cem; **a** ~ **and one** cento e um → **six**.

hundredth [ˈhʌndrədθ] *num* centésimo(ma) → **sixth**.

hung [hʌŋ] *pt & pp* → **hang**.

hunger [ˈhʌŋgər] *n* fome *f*.

hungry [ˈhʌŋgrɪ] *adj* esfomeado(da); **to be** ~ estar com *or* ter fome.

hunt [hʌnt] *n* caça *f*, caçada *f*. ◆ *vt & vi* caçar; **to** ~ **(for sthg)** *(search)* procurar (algo).

hunting [ˈhʌntɪŋ] *n (for wild animals)* caça *f*.

hurdle [ˈhɜːrdl] *n SPORT* obstáculo *m*.

hurl [hɜːrl] *vt* arremessar.

hurricane [ˈhɜːrəkeɪn] *n* furacão *m*.

hurry [ˈhʌrɪ] *vt (person)* apressar. ◆ *vi* apressar-se. ◆ *n*: **to be in a** ~ estar com pressa; **to do sthg in a** ~ fazer algo com pressa. ❑ **hurry up** *vi* apressar-se.

hurt [hɜːrt] *(pt & pp* **hurt***) vt* machucar. ◆ *vi* doer; **my arm** ~**s** meu braço está doendo; **to** ~ **o.s.** machucar-se.

husband [ˈhʌzbənd] *n* marido *m*.

hustle [ˈhʌsl] *n*: ~ **and bustle** burburinho *m*.

hut [hʌt] n cabana f.

hygiene ['haɪdʒiːn] n higiene f.

hygienic [haɪ'dʒiːnɪk] adj higiênico(ca).

hymn [hɪm] n hino m.

hyperlink ['haɪpəlɪŋk] n hyperlink m.

hypermarket ['haɪpə,mɑːkɪt] n Brit hipermercado m.

hyphen ['haɪfn] n hífen m.

hypocrite ['hɪpəkrɪt] n hipócrita mf, cínico m, -ca f.

hypodermic [,haɪpə'dɜːmɪk] n agulha f hipodérmica.

hysterical [hɪs'terɪkl] adj histérico(ca); inf (very funny) hilariante.

I

I [aɪ] pron eu.

ice [aɪs] n gelo m; (sorbet) sorvete m.

iceberg ['aɪsbɜːg] n iceberg m.

icebox ['aɪsbɒks] n Am geladeira f.

ice cream n sorvete m.

ice cube n cubo m de gelo.

iced tea [aɪst-] n chá m gelado.

ice rink n rinque m (de patinação).

ice skates npl patins mpl de gelo.

ice-skating n patinação f no gelo; **to go** ~ patinar no gelo.

icicle ['aɪsɪkl] n pingente m de gelo.

icing ['aɪsɪŋ] n glacê m.

icy ['aɪsɪ] adj gelado(da).

I'd [aɪd] = I would, I had.

ID n (abbr of identification) identidade f.

ID card n carteira f de identidade.

idea [aɪ'dɪə] n idéia f; **I have no** ~ não faço idéia.

ideal [aɪ'dɪəl] adj ideal. ◆ n ideal m.

ideally [aɪ'dɪəlɪ] adv (located, suited) perfeitamente; (in an ideal situation) idealmente.

identical [aɪ'dentɪkl] adj idêntico(ca).

identification [aɪ,dentɪfɪ'keɪʃn] n identificação f.

identify [aɪ'dentəfaɪ] vt identificar.

identity [aɪ'dentətɪ] n identidade f.

idiom ['ɪdɪəm] n (phrase) expressão f idiomática.

idiot ['ɪdɪət] n idiota mf.

idle ['aɪdl] adj (lazy) preguiçoso(osa); (not working) ocioso (osa). ◆ vi (engine) estar em ponto morto.

idol ['aɪdl] n ídolo m.

idyllic [aɪ'dɪlɪk] adj idílico(ca).

if [ɪf] conj se; ~ **I were you** se eu fosse você; ~ **not** (otherwise) senão.

ignition [ɪg'nɪʃn] n AUT ignição f.

ignorant ['ɪgnərənt] adj ignorante.

ignore [ɪɡ'nɔːr] vt ignorar.

ill [ɪl] adj (in health) doente; (bad) mau (má).

I'll [aɪl] = I will, I shall.

illegal [ɪ'liːɡl] adj ilegal.

illegible [ɪ'ledʒəbl] adj ilegível.

illegitimate [,ɪlɪ'dʒɪtəmət] adj ilegítimo(ma).

illiterate [ɪ'lɪtərət] adj analfabeto(ta).

illness ['ɪlnəs] n doença f.

illuminate [ɪ'luːmɪneɪt] vt iluminar.

illusion [ɪ'luːʒn] n (false idea) ilusão f; (visual) ilusão f de ótica.

illustration [,ɪlə'streɪʃn] n ilustração f.

I'm [aɪm] = I am.

image ['ɪmɪdʒ] n imagem f.

imaginary [ɪ'mædʒənərɪ] adj imaginário(ria).

imagination [ɪ,mædʒɪ'neɪʃn] n imaginação f.

imagine [ɪ'mædʒɪn] vt imaginar; to ~ (that) (suppose) imaginar que.

imitate ['ɪmɪteɪt] vt imitar.

imitation [,ɪmɪ'teɪʃn] n imitação f. ◆ adj (fur) falso(sa).

immaculate [ɪ'mækjələt] adj imaculado(da).

immature [,ɪmə'tjʊər] adj imaturo(ra).

immediate [ɪ'miːdjət] adj (without delay) imediato(ta).

immediately [ɪ'miːdjətlɪ] adv (at once) imediatamente.

immense [ɪ'mens] adj imenso(sa).

immigrant ['ɪmɪɡrənt] n imigrante mf.

immigration [,ɪmɪ'ɡreɪʃn] n imigração f.

imminent ['ɪmɪnənt] adj iminente.

immune [ɪ'mjuːn] adj: to be ~ to MED estar OR ser imune a.

immunity [ɪ'mjuːnətɪ] n MED imunidade f.

immunize ['ɪmjənaɪz] vt imunizar.

impact ['ɪmpækt] n impacto m.

impair [ɪm'peər] vt enfraquecer.

impatient [ɪm'peɪʃnt] adj impaciente; to be ~ to do sthg estar impaciente para fazer algo.

imperative [ɪm'perətɪv] n GRAMM imperativo m.

imperfect [ɪm'pɜːfɪkt] n GRAMM pretérito m imperfeito.

impersonate [ɪm'pɜːsəneɪt] vt (for amusement) imitar.

impertinent [ɪm'pɜːtɪnənt] adj impertinente.

implement [n 'ɪmplɪmənt, vb 'ɪmplɪment] n ferramenta f. ◆ vt implementar, pôr em prática.

implication [,ɪmplɪ'keɪʃn] n (consequence) implicação f.

imply [ɪm'plaɪ] vt (suggest): to ~ (that) (suggest) sugerir, dar a entender que.

import [n 'ɪmpɔːt, vb ɪm'pɔːt] n importação f. ◆ vt importar.

importance [ɪm'pɔːtns] n importância f.

important [ɪm'pɔːtnt] adj importante.

impose [ɪmˈpəʊz] vt impor.
♦ vi impor-se; **to ~ sthg on** impor algo a.

impossible [ɪmˈpɒsəbl] adj impossível.

impractical [ɪmˈpræktɪkl] adj pouco prático(ca).

impress [ɪmˈpres] vt impressionar.

impression [ɪmˈpreʃn] n impressão f.

impressive [ɪmˈpresɪv] adj impressionante.

improbable [ɪmˈprɒbəbl] adj improvável.

improper [ɪmˈprɒpər] adj (incorrect, rude) incorreto(ta); (illegal) ilegal.

improve [ɪmˈpruːv] vt & vi melhorar. ▫ **improve on** vt fus melhorar.

improvement [ɪmˈpruːvmənt] n (in weather, health) melhoria f; (to home) reforma f.

improvise [ˈɪmprəvaɪz] vi improvisar.

impulse [ˈɪmpʌls] n impulso m; **on ~** sem pensar duas vezes.

impulsive [ɪmˈpʌlsɪv] adj impulsivo(va).

in [ɪn] prep - 1. (expressing place, position) em; **it comes ~ a box** vem numa caixa; **~ the hospital** no hospital; **~ Scotland** na Escócia; **~ Boston** em Boston; **~ the middle** no meio; **~ the sun/rain** no sol/na chuva; **~ here/there** aqui/ali (dentro); **~ front** à frente.
- 2. (participating in) em; **who's ~ the play?** quem está na peça?

- 3. (expressing arrangement) em; **they come ~ packs of three** vêm em embalagens de três; **~ a row** em fila; **cut it ~ half** corte-o ao meio.
- 4. (during): **~ April** em abril; **~ the afternoon** à or de tarde; **~ the morning** de manhã; **ten o'clock ~ the morning** dez (horas) da manhã; **~ 1994** em 1994; **~ summer/winter** no verão/inverno.
- 5. (within) em; (after) dentro de, daqui a; **it'll be ready ~ an hour** estará pronto daqui a or dentro de uma hora; **she did everything ~ ten minutes** ela fez tudo em dez minutos; **they're arriving ~ two weeks** chegam dentro de or daqui a duas semanas.
- 6. (expressing means): **~ writing** por escrito; **they were talking ~ English** estavam falando (em) inglês; **write ~ ink** escreva a tinta.
- 7. (wearing) de; **dressed ~ red** vestido de vermelho; **the man ~ the blue suit** o homem com o terno azul.
- 8. (expressing state): **to be ~ a hurry** estar com pressa; **to be ~ pain** ter dores; **to cry out ~ pain** gritar de dor or com dores; **~ ruins** em ruínas; **~ good health** com boa saúde.
- 9. (with regard to) de; **a rise ~ prices** uma subida dos preços; **to be 50 meters ~ length** ter 50 metros de comprimento.
- 10. (with numbers): **one ~ ten** um em cada dez.

- **11.** *(expressing age)*: she's ~ her twenties ela está na casa dos vinte.
- **12.** *(with colors)*: it comes ~ green or blue vem em verde ou azul.
- **13.** *(with superlatives)* de; the best ~ the world o melhor do mundo.

♦ *adv* - **1.** *(inside)* dentro; you can go ~ now pode entrar agora.
- **2.** *(at home, work)*: she's not ~ (ela) não está; to stay ~ ficar em casa.
- **3.** *(train, bus, plane)*: the train's not ~ yet o trem ainda não chegou.
- **4.** *(tide)*: the tide is ~ a maré está cheia.

♦ *adj inf (fashionable)* na moda, in (inv).

inability [ˌɪnəˈbɪlətɪ] *n*: ~ (to do sthg) incapacidade *f* (para fazer algo).

inaccessible [ˌɪnəkˈsesəbl] *adj* inacessível.

inaccurate [ɪnˈækjərət] *adj* incorreto(ta).

inadequate [ɪnˈædɪkwət] *adj (insufficient)* insuficiente.

inappropriate [ˌɪnəˈprəʊprɪət] *adj* impróprio(pria).

inauguration [ɪˌnɔːɡjəˈreɪʃn] *n* inauguração *f*.

incapable [ɪnˈkeɪpəbl] *adj*: to be ~ of doing sthg ser incapaz de fazer algo.

incense [ˈɪnsens] *n* incenso *m*.

incentive [ɪnˈsentɪv] *n* incentivo *m*.

inch [ɪntʃ] *n* = 2,5 cm, polegada *f*.

incident [ˈɪnsɪdənt] *n* incidente *m*.

incidentally [ˌɪnsɪˈdentlɪ] *adv* a propósito.

incline [ˈɪnklaɪn] *n* declive *m*.

inclined [ɪnˈklaɪnd] *adj (sloping)* inclinado(da); to be ~ to do sthg ter a tendência para fazer algo.

include [ɪnˈkluːd] *vt* incluir.

included [ɪnˈkluːdəd] *adj* incluído(da); to be ~ in sthg estar incluído em algo.

including [ɪnˈkluːdɪŋ] *prep* incluindo.

income [ˈɪŋkʌm] *n* renda *f*.

income tax *n* imposto *m* de renda.

incoming [ˈɪnˌkʌmɪŋ] *adj (train, plane)* de chegada; '~ calls only' aviso em telefone que apenas recebe chamadas.

incompetent [ɪnˈkɒmpətənt] *adj* incompetente.

incomplete [ˌɪnkəmˈpliːt] *adj* incompleto(ta).

inconsiderate [ˌɪnkənˈsɪdərət] *adj* sem consideração; how ~! que falta de consideração!

inconsistent [ˌɪnkənˈsɪstənt] *adj* inconsistente.

inconvenient [ˌɪnkənˈviːnjənt] *adj* inconveniente.

incorporate [ɪnˈkɔːpəreɪt] *vt* incorporar.

incorrect [ˌɪnkəˈrekt] *adj* incorreto(ta).

increase [*n* ˈɪŋkriːs, *vb* ɪŋˈkriːs]

aumento m. ◆ vt & vi aumentar; **an ~ in sthg** um aumento em algo.

increasingly [ɪn'kriːsɪŋlɪ] adv cada vez mais.

incredible [ɪn'kredəbl] adj incrível.

incredibly [ɪn'kredəblɪ] adv incrivelmente.

incur [ɪn'kɜːr] vt (expenses) incorrer em; (debts) contrair.

indecisive [ˌɪndɪ'saɪsɪv] adj indeciso(sa).

indeed [ɪn'diːd] adv (for emphasis) de fato, realmente; (certainly) certamente.

indefinite [ɪn'defənət] adj (time, number) indeterminado(da); (answer, opinion) vago(ga).

indefinitely [ɪn'defənətlɪ] adv (closed, delayed) por tempo indeterminado.

independence [ˌɪndɪ'pendəns] n independência f.

independent [ˌɪndɪ'pendənt] adj independente.

independently [ˌɪndɪ'pendəntlɪ] adv independentemente.

index ['ɪndeks] n (of book) índice m; (in library) catálogo m.

index finger n dedo m indicador.

India ['ɪndjə] n Índia f.

indicate ['ɪndɪkeɪt] vi AUT ligar os indicadores OR o pisca-pisca. ◆ vt indicar.

indicator ['ɪndɪkeɪtər] n AUT pisca-pisca m.

indifferent [ɪn'dɪfrənt] adj indiferente.

indigestion [ˌɪndɪ'dʒestʃn] n indigestão f.

indirect [ˌɪndə'rekt] adj indireto(ta).

individual [ˌɪndɪ'vɪdʒuəl] adj individual. ◆ n indivíduo m.

individually [ˌɪndɪ'vɪdʒuəlɪ] adv individualmente.

indoor ['ɪndɔːr] adj (swimming pool) coberto(ta); (sports) em recinto fechado.

indoors [ɪn'dɔːrz] adv dentro (de casa, restaurante, etc.); **to stay ~** ficar em casa; **to go ~** ir para dentro.

indulge [ɪn'dʌldʒ] vi: **to ~ in sthg** permitir-se algo.

industrial [ɪn'dʌstrɪəl] adj (machinery, products) industrial; (country, town) industrializado(da).

industrial park n parque m industrial.

industry ['ɪndəstrɪ] n indústria f.

inedible [ɪn'edɪbl] adj (unpleasant) intragável; (unsafe) não comestível.

inefficient [ˌɪnɪ'fɪʃnt] adj ineficaz.

inequality [ˌɪnɪ'kwɒlətɪ] n desigualdade f.

inevitable [ɪn'evɪtəbl] adj inevitável.

inevitably [ɪn'evɪtəblɪ] adv inevitavelmente.

inexpensive [ˌɪnɪk'spensɪv] adj barato(ta).

infamous ['ɪnfəməs] adj infame.

infant ['ɪnfənt] n *(baby)* bebê m; *(young child)* criança f (pequena).

infatuated [ɪn'fætjʊeɪtəd] *adj*: to be ~ with estar apaixonado (da) por.

infected [ɪn'fektəd] *adj* infectado(da).

infectious [ɪn'fekʃəs] *adj* infeccioso(osa).

inferior [ɪn'fɪərɪər] *adj* inferior.

infinite ['ɪnfɪnət] *adj* infinito (ta).

infinitely ['ɪnfɪnətlɪ] *adv* infinitamente.

infinitive [ɪn'fɪnɪtɪv] n infinitivo m.

infinity [ɪn'fɪnətɪ] n infinidade f.

infirmary [ɪn'fɜːmərɪ] n *(in school)* ambulatório m.

inflamed [ɪn'fleɪmd] *adj* inflamado(da).

inflammation [,ɪnflə'meɪʃn] n inflamação f.

inflatable [ɪn'fleɪtəbl] *adj* inflável.

inflate [ɪn'fleɪt] vt inflar, insuflar.

inflation [ɪn'fleɪʃn] n ECON inflação f.

inflict [ɪn'flɪkt] vt infligir.

influence ['ɪnflʊəns] vt influenciar. ◆ n: ~ (on) *(effect)* influência f (em); **to be a bad/good ~ (on sb)** ser uma má/boa influência (para alguém).

inform [ɪn'fɔːm] vt informar.

informal [ɪn'fɔːml] *adj* informal.

information [,ɪnfə'meɪʃn] n

informação f; **a piece of ~** uma informação.

information technology n informática f.

informative [ɪn'fɔːmətɪv] *adj* informativo(va).

infuriating [ɪn'fjʊərɪeɪtɪŋ] *adj* extremamente irritante.

ingenious [ɪn'dʒiːnjəs] *adj* engenhoso(osa).

ingredient [ɪn'griːdjənt] n ingrediente m.

inhabit [ɪn'hæbɪt] vt viver em.

inhabitant [ɪn'hæbətənt] n habitante mf.

inhale [ɪn'heɪl] vi inalar.

inhaler [ɪn'heɪlər] n inalador m.

inherit [ɪn'herət] vt herdar.

inhibition [,ɪnhɪ'bɪʃn] n inibição f.

initial [ɪ'nɪʃl] *adj* inicial. ◆ vt rubricar. ▫ **initials** npl iniciais fpl.

initially [ɪ'nɪʃəlɪ] *adv* inicialmente.

initiative [ɪ'nɪʃətɪv] n iniciativa f.

injection [ɪn'dʒekʃn] n injeção f.

injure ['ɪndʒər] vt ferir; **to ~ o.s.** ferir-se.

injured ['ɪndʒərd] *adj* ferido (da).

injury ['ɪndʒərɪ] n ferimento m; *(to tendon, muscle, internal organ)* lesão f.

ink [ɪŋk] n tinta f.

inland [*adj* 'ɪnlənd, *adv* ɪn'lænd] *adj* interior. ◆ *adv* para o interior.

inn [ɪn] n estalagem f.

inner ['ɪnər] adj interior.

innocence ['ɪnəsəns] n inocência f.

innocent ['ɪnəsənt] adj inocente.

inoculate [ɪ'nɒkjəleɪt] vt: to ~ sb (against sthg) vacinar alguém (contra algo).

inoculation [ɪ,nɒkjə'leɪʃə] n inoculação f, vacinação f.

input ['ɪnpʊt] n COMPUT digitar.

inquire [ɪn'kwaɪər] vi informar-se.

inquiry ['ɪŋkwəri] n (question) pergunta f; (investigation) inquérito m, investigação f.

insane [ɪn'seɪn] adj louco(ca).

insect ['ɪnsekt] n inseto m.

insect repellent [-rə'pelənt] n repelente m de insetos.

insensitive [ɪn'sensətɪv] adj insensível.

insert [ɪn'sɜ:rt] vt introduzir.

inside [ɪn'saɪd] prep dentro de. ◆ adv (go) para dentro; (be, stay) lá dentro. ◆ adj interior, interno(na). ◆ n: the ~ (interior) o interior; AUTA (faixa da) direita; ~ out (clothes) do lado avesso.

insight ['ɪnsaɪt] n (glimpse) idéia f.

insignificant [,ɪnsɪg'nɪfɪkənt] adj insignificante.

insinuate [ɪn'sɪnjueɪt] vt insinuar.

insist [ɪn'sɪst] vi insistir; to ~ on doing sthg insistir em fazer algo.

insole ['ɪnsəʊl] n palmilha f.

insolent ['ɪnsələnt] adj insolente.

insomnia [ɪn'sɒmnɪə] n insónia f.

inspect [ɪn'spekt] vt inspecionar, examinar.

inspection [ɪn'spekʃn] n inspeção f.

inspector [ɪn'spektər] n (in police force) inspetor m, -ra f.

inspiration [,ɪnspə'reɪʃn] n inspiração f.

install [ɪn'stɔ:l] vt instalar.

installment [ɪn'stɔ:lmənt] n Am (payment) prestação f; (episode) episódio m.

instalment [ɪn'stɔ:lmənt] n Brit = installment.

instance ['ɪnstəns] n (example, case) exemplo m; for ~ por exemplo.

instant ['ɪnstənt] adj instantâneo(nea). ◆ n instante m.

instant coffee n café m solúvel.

instead [ɪn'sted] adv em vez disso; ~ of em vez de.

instinct ['ɪnstɪŋkt] n instinto m.

institute ['ɪnstɪtu:t] n instituto m.

institution [,ɪnstɪ'tu:ʃn] n instituição f.

instructions [ɪn'strʌkʃnz] npl instruções fpl.

instructor [ɪn'strʌktər] n instrutor m, -ra f.

instrument ['ɪnstrəmənt] n instrumento m.

insufficient [,ɪnsə'fɪʃnt] adj insuficiente.

insulation [ˌɪnsəˈleɪʃn] n *(material)* isolamento m, material m isolante.

insulin [ˈɪnsəlɪn] n insulina f.

insult [n ˈɪnsʌlt, vb ɪnˈsʌlt] n insulto m. ◆ vt insultar.

insurance [ɪnˈʃʊərəns] n seguro m.

insure [ɪnˈʃʊər] vt pôr no seguro.

insured [ɪnˈʃʊərd] adj: **to be ~** estar segurado(da), estar no seguro.

intact [ɪnˈtækt] adj intacto(ta).

intellectual [ˌɪntəˈlektjʊəl] adj intelectual. ◆ n intelectual mf.

intelligence [ɪnˈtelɪdʒəns] n inteligência f.

intelligent [ɪnˈtelɪdʒənt] adj inteligente.

intend [ɪnˈtend] vt: **to be ~ed to do sthg** destinar-se a fazer algo; **you weren't ~ed to know** não era para você saber; **to ~ to do sthg** ter a intenção de oꭆ tencionar fazer algo.

intense [ɪnˈtens] adj intenso (sa).

intensity [ɪnˈtensəti] n intensidade f.

intensive [ɪnˈtensɪv] adj intensivo(va).

intensive care n cuidados mpl intensivos.

intent [ɪnˈtent] adj: **to be ~ on doing sthg** estar decidido(da) a fazer algo.

intention [ɪnˈtenʃn] n intenção f.

intentional [ɪnˈtenʃnəl] adj intencional.

intentionally [ɪnˈtenʃnəli] adv intencionalmente.

interchange [ˈɪntətʃeɪndʒ] n *(on highway)* trevo m.

intercom [ˈɪntəkɒm] n interfone m.

interest [ˈɪntrəst] n interesse m; *(on money)* juros mpl. ◆ vt interessar; **to take an ~ in sthg** interessar-se por algo.

interested [ˈɪntrəstɪd] adj interessado(da); **to be ~ in sthg** estar interessado em algo.

interesting [ˈɪntrəstɪŋ] adj interessante.

interfere [ˌɪntərˈfɪər] vi *(meddle)* interferir; **to ~ with sthg** *(damage)* interferir em algo.

interference [ˌɪntərˈfɪərəns] n *(on TV, radio)* interferência f.

interior [ɪnˈtɪərɪər] adj interior. ◆ n interior m.

intermediate [ˌɪntərˈmiːdjət] adj intermediário(ria).

intermission [ˌɪntərˈmɪʃn] n intervalo m.

internal [ɪnˈtɜːrnl] adj interno (na).

Internal Revenue Service n Am ≃ Receita f Federal.

international [ˌɪntərˈnæʃənl] adj internacional.

international flight n vôo m internacional.

Internet [ˈɪntərnet] n: **the ~** a Internet; **on the ~** na Internet.

Internet café n bar com acesso à Internet.

Internet Service Provider
n Provedor m de Serviços na Internet.

interpret [ɪn'tɜːprət] vi servir de intérprete.

interpreter [ɪn'tɜːprətər] n intérprete mf.

interrogate [ɪn'terəgeɪt] vt interrogar.

interrupt [ˌɪntə'rʌpt] vt interromper.

intersection [ˌɪntər'sekʃn] n (of roads) interseção f, cruzamento m.

interval ['ɪntərvl] n intervalo m.

intervene [ˌɪntər'viːn] vi (person) intervir; (event) interpor-se.

interview ['ɪntərvjuː] n entrevista f. ◆ vt entrevistar.

interviewer ['ɪntərvjuːər] n entrevistador m, -ra f.

intestine [ɪn'testɪn] n intestino m.

intimate ['ɪntɪmət] adj íntimo(ma).

intimidate [ɪn'tɪmɪdeɪt] vt intimidar.

into ['ɪntu] prep (inside) dentro de; (against) com; (concerning) acerca de, sobre; **4 ~ 20 is 5** 20 dividido por 4 é igual a 5; **to change ~ sthg** transformar-se em algo; **to get ~ the car** entrar no carro; **to translate ~ Portuguese** traduzir para o português; **to be ~ sthg** inf (like) gostar de algo.

intolerable [ɪn'tɒlərəbl] adj intolerável.

intransitive [ɪn'trænzətɪv] adj intransitivo(va).

intricate ['ɪntrɪkət] adj intrincado(da), complicado(da).

intriguing [ɪn'triːgɪŋ] adj intrigante.

introduce [ˌɪntrə'duːs] vt apresentar; **I'd like to ~ you to Fred** gostaria de apresentá-lo ao Fred.

introduction [ˌɪntrə'dʌkʃn] n (to book, program) introdução f; (to person) apresentação f.

introverted ['ɪntrəˌvɜːrtəd] adj introvertido(da).

intruder [ɪn'truːdər] n intruso m, -sa f.

intuition [ˌɪntuː'ɪʃn] n intuição f.

invade [ɪn'veɪd] vt invadir.

invalid [adj ɪn'vælɪd, n 'ɪnvəlɪd] adj (ticket, check) não válido(da). ◆ n inválido m, -da f.

invaluable [ɪn'væljʊəbl] adj inestimável, valiosíssimo(ma).

invariably [ɪn'veərɪəbli] adv invariavelmente, sempre.

invasion [ɪn'veɪʒn] n invasão f.

invent [ɪn'vent] vt inventar.

invention [ɪn'venʃn] n invenção f.

inventory ['ɪnvəntɔːri] n (list) inventário m; (stock) estoque m.

inverted commas [ɪn'vɜː'tɪd-] npl Brit aspas fpl.

invest [ɪn'vest] vt investir. ◆ vi: **to ~ in sthg** investir em algo.

investigate [ɪn'vestɪgeɪt] vt investigar.

investigation [ɪnˌvestɪ'geɪʃn] n investigação f.

investment [ɪn'vestmənt] n investimento m.

invisible [ɪn'vɪzəbl] *adj* invisível.

invitation [ˌɪnvɪ'teɪʃn] *n* convite *m*.

invite [ɪn'vaɪt] *vt* convidar; **to ~ sb to do sthg** *(ask)* convidar alguém para fazer algo; **to ~ sb over** convidar alguém para sua casa.

invoice ['ɪnvɔɪs] *n* fatura *f*.

involve [ɪn'vɒlv] *vt* *(entail)* envolver; **what does it ~?** do que se trata?; **to be ~d in sthg** estar envolvido em algo.

involved [ɪn'vɒlvd] *adj* *(entailed)* envolvido(da).

inward ['ɪnwəd] *adv* para dentro.

IQ *n* QI *m*.

Ireland ['aɪələnd] *n* Irlanda *f*.

iris ['aɪrɪs] *(pl -es)* *n* *(flower)* lírio *m*; *(of eye)* íris *f*.

iron ['aɪən] *n* *(metal)* ferro *m*; *(for clothes)* ferro *m* (de passar); *(golf club)* ferro *m*, taco *m* de metal. ◆ *vt* passar a ferro.

ironic [aɪ'rɒnɪk] *adj* irônico(ca).

ironing board ['aɪənɪŋ-] *n* tábua *f* de passar.

irrelevant [ɪ'reləvənt] *adj* irrelevante.

irresistible [ˌɪrɪ'zɪstəbl] *adj* irresistível.

irrespective [ˌɪrɪ'spektɪv]: **irrespective of** *prep* independentemente de.

irresponsible [ˌɪrɪ'spɒnsəbl] *adj* irresponsável.

irrigation [ˌɪrɪ'geɪʃn] *n* irrigação *f*.

irritable ['ɪrɪtəbl] *adj* irritável.

irritate ['ɪrɪteɪt] *vt* irritar.

irritating ['ɪrɪteɪtɪŋ] *adj* irritante.

IRS *n Am abbr of* Internal Revenue Service.

is [ɪz] → **be**.

Islam ['ɪzlɑːm] *n* Islã *m*.

island ['aɪlənd] *n* *(in water)* ilha *f*.

isle [aɪl] *n* ilha *f*.

isolated ['aɪsəleɪtɪd] *adj* isolado(da).

ISP *n abbr of* Internet Service Provider.

issue ['ɪʃuː] *n* *(problem, subject)* questão *f*; *(of newspaper)* edição *f*; *(of magazine)* número *m*. ◆ *vt* emitir.

it [ɪt] *pron* **- 1.** *(referring to specific thing, subject after prep)* ele *m*, ela *f*; *(direct object)* o *m*, a *f*; *(indirect object)* lhe; **a free book came with ~** veio acompanhado de um livro grátis; **give ~ to me** me dê isso; **he gave ~ a kick** ele deu um chute nele; **~'s big** é grande; **~'s here** está aqui; **she hit ~** ela deu uma pancada nele; **she lost ~** ela o perdeu. **- 2.** *(referring to situation, fact)*: **~'s a difficult question** é uma questão difícil; **I can't remember ~** não me lembro; **tell me about ~** conte-me. **- 3.** *(used impersonally)*: **~'s hot** está calor; **~'s six o'clock** são seis horas; **~'s Sunday** é domingo. **- 4.** *(referring to person)*: **~'s me** sou eu; **who is ~?** quem é?

Italy ['ɪtəlɪ] n Itália f.

itch [ɪtʃ] vi coçar; **my arm ~es** estou com coceira no braço.

item ['aɪtəm] n (object) artigo m; (on agenda) assunto m, ponto m; **a news ~** uma notícia.

its [ɪts] adj o seu (a sua), dele (dela); **the cat hurt ~ paw** o gato machucou sua pata.

it's [ɪts] = **it is, it has.**

itself [ɪt'self] pron (reflexive) se; (after prep) si mesmo m, -ma f; **the house ~ is fine** a casa em si é boa.

I've [aɪv] = **I have.**

ivory ['aɪvərɪ] n marfim m.

ivy ['aɪvɪ] n hera f.

IVY LEAGUE

O termo "Ivy League" é utilizado nos Estados Unidos para referir-se às universidades de Brown, Columbia, Cornell, Harvard, Pensilvânia, Princeton e Yale, que constituem antigos centros acadêmicos, e cujos diplomas são garantia de êxito profissional. O nome é uma referência à hera que cresce nas fachadas de seus prédios.

J

jack [dʒæk] n (for car) macaco m; (playing card) valete m; (for telephone) tomada f.

jacket ['dʒækət] n (garment) jaqueta m; (cover) capa f.

jade [dʒeɪd] n jade m.

jail [dʒeɪl] n prisão f.

jam [dʒæm] n (food) geléia f, compota f; (of traffic) engarrafamento m; inf (difficult situation) apuro m. ◆ vt (pack tightly) entulhar. ◆ vi (get stuck) emperrar; **the roads are ~med** as estradas estão congestionadas.

jam-packed [-'pækt] adj inf: **~ (with)** apinhado(da) (de).

janitor ['dʒænɪtər] n contínuo m, -nua f.

January ['dʒænjʊərɪ] n janeiro m → **September.**

Japan [dʒə'pæn] n Japão m.

jar [dʒɑ:r] n frasco m.

javelin ['dʒævələn] n dardo m.

jaw [dʒɔ:] n maxilar m, mandíbula f.

jazz [dʒæz] n jazz m.

jealous ['dʒeləs] adj ciumento (ta).

jeans [dʒi:nz] npl jeans m inv.

Jeep® [dʒi:p] n jipe m.

Jello® ['dʒeləʊ] n Am gelatina f.

jelly ['dʒelɪ] n Am (jam) geléia f; (dessert) gelatina f.

jellyfish ['dʒelɪfɪʃ] (pl inv) n água-viva f.

jeopardize ['dʒepərdaɪz] vt pôr em risco.

jerk [dʒɜːrk] n (movement) solavanco m; inf (idiot) idiota mf.

jet [dʒet] n jato m; (outlet) cano m de descarga.

jet lag n cansaço de viagem provocado pelas diferenças de fuso horário.

jet-ski n jet-ski m.

jetty ['dʒetɪ] n embarcadouro m.

Jew [dʒuː] n judeu m, -dia f.

jewel ['dʒuːəl] n jóia f. □ **jewels** npl (jewelry) jóias fpl.

jeweller's ['dʒuːələz] n Brit = jewelry store.

jewellery ['dʒuːəlrɪ] n Brit = jewelry.

jewelry ['dʒuːəlrɪ] n Am jóias fpl.

jewelry store n Am joalheria f, ourivesaria f.

Jewish ['dʒuːɪʃ] adj judaico (ca).

jigsaw (puzzle) ['dʒɪɡsɔː-] n quebra-cabeça m.

jingle ['dʒɪŋɡl] n (in advertisement) música f de propaganda.

job [dʒɒb] n (regular work) emprego m; (task, function) trabalho m; **to lose one's ~** perder o emprego.

jockey ['dʒɒkɪ] n jóquei m.

jog [dʒɒɡ] vt (bump) empurrar (levemente). ◆ vi fazer jogging.

◆ n: **to go for a ~** fazer jogging.

jogging ['dʒɒɡɪŋ] n jogging m; **to go ~** fazer jogging.

join [dʒɔɪn] vt (club, organization) tornar-se membro de, entrar para; (fasten together, connect) ligar, unir; (come together with) unir-se a; (participate in) juntar-se a; **will you ~ me for dinner?** você me acompanha para jantar? □ **join in** vt fus juntar-se a, participar em. ◆ vi participar.

joint [dʒɔɪnt] adj conjunto(ta). ◆ n (of body) articulação f; Brit (of meat) corte m (de carne); (in structure) junta f.

joke [dʒəʊk] n piada f, anedota f. ◆ vi gozar, brincar; **it was just a ~** foi só uma brincadeira.

joker ['dʒəʊkər] n (playing card) curinga m.

jolly ['dʒɒlɪ] adj alegre.

jolt [dʒəʊlt] n solavanco m.

jot [dʒɒt] : **jot down** vt sep anotar.

journal ['dʒɜːrnl] n (professional magazine) revista f especializada; (diary) diário m.

journalist ['dʒɜːrnəlɪst] n jornalista mf.

journey ['dʒɜːrnɪ] n viagem f.

joy [dʒɔɪ] n (happiness) alegria f.

joystick ['dʒɔɪstɪk] n (of video game) joystick m.

judge [dʒʌdʒ] n juiz m, juíza f. ◆ vt julgar.

judg(e)ment ['dʒʌdʒmənt] n JUR julgamento m; (opinion) parecer m; (capacity to judge) senso m.

judo ['dʒuːdəʊ] n judô m.

jug [dʒʌg] n jarro m, jarra f.

juggle ['dʒʌgl] vi fazer malabarismos.

juice [dʒuːs] n (from fruit, vegetables) suco m; (from meat) caldo m.

juicy ['dʒuːsɪ] adj (food) suculento(ta).

July [dʒuː'laɪ] n julho m → **September**.

jumbo ['dʒʌmbəʊ] adj inf (big) gigante.

jump [dʒʌmp] n salto m. ◆ vi (through air) saltar; (with fright) assustar-se; (increase) dar um salto. ◆ vt Am (train, bus) viajar sem bilhete em.

jumper cables npl Am cabos mpl para bateria.

jump leads npl Brit = **jumper cables**.

junction ['dʒʌŋkʃn] n (road) cruzamento m; (railway) entroncamento m.

June [dʒuːn] n junho m → **September**.

jungle ['dʒʌŋgl] n selva f.

junior ['dʒuːnjər] adj (of lower rank) subalterno(na); Am (after name) júnior (inv). ◆ n (younger person): she's my ~ ela é mais nova do que eu.

junior high (school) n Am escola de ensino médio, para alunos de 12 a 15 anos.

junk [dʒʌŋk] n inf (unwanted things) tralha f.

junk food n inf comida pronta considerada pouco nutritiva ou saudável.

junk shop n brechó m.

jury ['dʒʊərɪ] n júri m.

just [dʒʌst] adv (recently) agora (mesmo); (in the next moment) mesmo; (exactly) precisamente; (only, slightly) só. ◆ adj justo(ta); to be ~ about to do sthg estar prestes a fazer algo; to have ~ done sthg acabar de fazer algo; ~ about (almost) praticamente; ~ as good igualmente bom; ~ as good as tão bom quanto; ~ over an hour pouco mais de uma hora; (only) ~ (almost not) quase não, por pouco não; ~ a minute! só um minuto!

justice ['dʒʌstɪs] n justiça f.

justify ['dʒʌstɪfaɪ] vt justificar.

jut [dʒʌt]: jut out vi sobressair.

juvenile ['dʒuːvənaɪl] adj (young) juvenil; (childish) infantil.

K

kangaroo [ˌkæŋgə'ruː] n canguru m.

karate [kə'rɑːtɪ] n caratê m.

keel [kiːl] n quilha f.

keen [kiːn] adj (enthusiastic) entusiasta; (eyesight, hearing) apurado(da); to be ~ on interessar-se por, gostar de; to be ~ to do sthg ter muita vontade de fazer algo.

keep [kiːp] (pt & pp kept) vt manter; (book, change, object *loaned)* ficar com; *(store, not tell)* guardar; *(appointment)* não faltar a; *(delay)* atrasar; *(diary)* ter. ◆ *vi (food)* conservar; *(remain)* manter-se; **to ~ a record of sthg** registrar algo; **to ~ (on) doing sthg** *(do continuously)* continuar fazendo algo; *(do repeatedly)* estar sempre fazendo algo; **to ~ sb from doing sthg** impedir alguém de fazer algo; '**~ right**' 'mantenha a direita'; '**~ out!**' 'proibida a entrada'; '**~ your distance!**' 'mantenha a distância'; **to ~ clear (of)** manter-se afastado (de). ❑ **keep up** ◆ *vt sep* manter. ◆ *vi (maintain pace, level, etc)*: **to ~ up with sb** acompanhar alguém; **~ up the good work!** continue com o bom trabalho!

keep-fit [-] *n Brit* malhação f.

kennel ['kenl] *n* casa f de cachorro, canil m.

kept [kept] *pt & pp* → **keep**.

kerb [kɜ:b] *n Brit* meio-fio m.

kerosene ['kerəsi:n] *n Am* querosene m.

ketchup ['ketʃəp] *n* ketchup m.

kettle ['ketl] *n* chaleira f; **to put the ~ on** pôr a chaleira para ferver.

key [ki:] *n* chave f; *(of piano, typewriter)* tecla f. ◆ *adj* chave *(inv)*.

keyboard ['ki:bɔ:d] *n (of typewriter, piano)* teclado m; *(musical instrument)* teclado m.

keyhole ['ki:həʊl] *n* buraco m da fechadura.

kick [kik] *n (of foot)* chute m.

◆ *vt*: **to ~ sb/sthg** dar um chute em alguém/algo.

kid [kid] *n inf (child)* garoto m, -ta f; *(young person)* criança f. ◆ *vi (joke)* brincar.

kidnap ['kidnæp] *vt* raptar.

kidnapper ['kidnæpər] *n* raptor m, -ra f.

kidney ['kidni] *n* rim m.

kill [kil] *vt* matar; **my feet are ~ing me!** os meus pés estão me matando!

killer ['kilər] *n* assassino m, -na f.

kilo ['ki:ləʊ] *(pl -s) n* quilo m.

kilogram ['kiləˌgræm] *n* quilograma m.

kilometer [ki'lɒmitər] *n Am* quilômetro m.

kilometre ['kiləˌmi:tər] *n Brit* = **kilometer**.

kilt [kilt] *n* saiote m escocês.

kind [kaind] *adj* amável. ◆ *n* tipo m; **~ of** *Am inf* um pouco.

kindergarten ['kindəˌgɑ:tn] *n* jardim-de-infância m.

kindly ['kaindli] *adv*: **would you ~ ...?** pode fazer o favor de ...?

kindness ['kaindnəs] *n* amabilidade f, bondade f.

king [kiŋ] *n* rei m.

kingfisher ['kiŋˌfiʃər] *n* martim-pescador m.

king-size bed *n* cama f de casal *(com 160 cm de largura)*.

kiosk ['ki:ɒsk] *n (for newspapers, etc)* banca f de jornal.

kipper ['kipər] *n* arenque m defumado.

kiss [kɪs] n beijo m. ♦ vt beijar.

kiss of life n respiração f boca-a-boca.

kit [kɪt] n (set) estojo m; (clothes) equipamento m; (for assembly) kit m, modelo m.

kitchen ['kɪtʃən] n cozinha f.

kite [kaɪt] n (toy) pipa f, papagaio m.

kitten ['kɪtn] n gatinho m, -nha f.

kitty ['kɪtɪ] n (for regular expenses) fundo m comum.

knack [næk] n: I've got the ~ (of it) já peguei o jeito de fazer isso.

knapsack ['næpsæk] n Brit mochila f.

knee [niː] n joelho m.

kneecap ['niːkæp] n rótula f.

kneel [niːl] (pt & pp knelt [nelt]) vi (be on one's knees) estar ajoelhado(da) OR de joelhos; (go down on one's knees) ajoelhar-se.

knew [njuː] pt → know.

knife [naɪf] (pl knives) n faca f.

knight [naɪt] n (in history) cavaleiro m; (in chess) cavalo m.

knit [nɪt] vt fazer tricô.

knitted ['nɪtɪd] adj tricotado (da), de malha.

knitting ['nɪtɪŋ] n tricô m.

knitwear ['nɪtweəʳ] n roupa f de tricô.

knives [naɪvz] pl → knife.

knob [nɒb] n (on door, etc) maçaneta f; (on machine) botão m.

knock [nɒk] n (at door) pancada f, batida f. ♦ vt (hit) bater em; (one's head, elbow) bater com.

♦ vi (at door, etc) bater. ❑ knock down vt sep (pedestrian) atropelar; (building) demolir; (price) baixar. ❑ knock out vt sep (make unconscious) deixar inconsciente; (of competition) eliminar. ❑ knock over vt sep (glass, vase) derrubar.

knocker ['nɒkəʳ] n (on door) aldrava m.

knot [nɒt] n nó m.

know [nəʊ] (pt knew, pp known) vt saber; (person, place) conhecer; to ~ about sthg saber (acerca) de algo; to ~ how to do sthg saber como fazer algo; to ~ of saber de; you'll like him once you get to ~ him você vai gostar dele quando o conhecer melhor; to be known as ser conhecido como; to let sb ~ sthg avisar alguém de algo; you ~ (for emphasis) sabe.

knowledge ['nɒlɪdʒ] n saber m, conhecimento m; to my ~ que eu saiba.

known [nəʊn] pp → know.

knuckle ['nʌkl] n (of hand) nó m do dedo; (of pork) mocotó m.

kph (abbr of kilometers per hour) km/h.

L

l (abbr of liter) l.

lab [læb] n inf laboratório m.

label ['leɪbl] n etiqueta f.

labor ['leɪbər] n Am (work) trabalho m; **in ~** MED em trabalho de parto.

laboratory ['læbrə,tɔːrɪ] n laboratório m.

laborer ['leɪbərər] n trabalhador m, -ra f.

labour ['leɪbə'] n Brit = **labor**.

lace [leɪs] n (material) renda f; (for shoe) cadarço m.

lack [læk] n falta f. ◆ vt carecer de. ◆ vi: **to be ~ing** faltar; **he ~s confidence** falta-lhe confiança.

lacquer ['lækər] n laca f.

lad [læd] n inf garoto m.

ladder ['lædər] n (for climbing) escada f; Brit (in tights) defeito m, desfiado m.

ladies' room n Am (restroom) banheiro m de senhoras.

ladle ['leɪdl] n concha f.

lady ['leɪdɪ] n (woman) senhora f; (woman of high status) dama f.

ladybird ['leɪdɪbɜːd] Brit = **ladybug**.

ladybug ['leɪdɪbʌg] n Am joaninha f.

lag [læg] vi diminuir; **to ~ behind** (move more slowly) ficar para trás.

lager ['lɑːgər] n cerveja f (loura).

lagoon [lə'guːn] n lagoa f.

laid [leɪd] pt & pp = **lay**.

lain [leɪn] pp = **lie**.

lake [leɪk] n lago m.

lamb [læm] n (animal) cordeiro m; (meat) carneiro m.

lame [leɪm] adj coxo(xa).

lamp [læmp] n lâmpada f.

lamppost ['læmppəʊst] n poste m de iluminação.

lampshade ['læmpʃeɪd] n abajur m.

land [lænd] n terra f. ◆ vi (plane) aterrar; (passengers) desembarcar; (fall) cair.

landing ['lændɪŋ] n (of plane) aterrissagem f; (on stairs) patamar m.

landlady ['lænd,leɪdɪ] n (of house) senhoria f; Brit (of pub) dona f.

landlord ['lændlɔːd] n (of house) senhorio m; Brit (of pub) dono m.

landmark ['lændmɑːk] n (in landscape, city) ponto m de referência.

landscape ['lændskeɪp] n paisagem f.

landslide ['lændslaɪd] n (of earth, rocks) deslizamento m.

lane [leɪn] n (narrow road) ruela f; (on road, highway) pista f.

language ['læŋgwɪdʒ] n (of a people, country) língua f; (system of communication, words) linguagem f.

lap [læp] n (of person) colo m; (of race) volta f.

lapel [lə'pel] n lapela f.

lapse [læps] n lapso m. ◆ vi (membership, passport) expirar.

larder ['lɑːdər] n despensa f.

large [lɑːdʒ] adj grande.

largely ['lɑːdʒlɪ] adv em grande parte.

large-scale adj em grande escala.

lark [lɑːrk] n cotovia f.

laryngitis [ˌlærɪnˈdʒaɪtəs] n laringite f.

laser ['leɪzər] n laser m.

last [læst] adj último(ma). ◆ adv (most recently) pela última vez; (at the end) em último lugar. ◆ vi durar; (be enough) chegar. ◆ pron: **the ~ to come** o último a chegar; **the day before ~** anteontem; **~ year** o ano passado; **the ~ year** o último ano; **at ~** finalmente.

lastly ['læstlɪ] adv por último.

last name n sobrenome m.

latch [lætʃ] n trinco m; **the door is on the ~** a porta está fechada com o trinco.

late [leɪt] adj (not on time) atrasado(da); (after usual time) tardio (dia); (dead) falecido(da). ◆ adv (after usual time) tarde; (not on time): **the train is two hours ~** o trem está duas horas atrasado; **I had a ~ lunch** almocei tarde; **in the ~ afternoon** no fim da tarde; **in ~ June, ~ in June** no final OR fim de junho.

lately ['leɪtlɪ] adv ultimamente.

later ['leɪtər] adj (train) que sai mais tarde. ◆ adv: **~ (on)** mais tarde; **at a ~ date** mais tarde, posteriormente.

latest ['leɪtəst] adj: **the ~ fashion** a última moda; **the ~ (in series, in fashion)** o mais recente; **at the ~** o mais tardar.

lather ['læðər] n espuma f.

Latin ['lætɪn] n (language) latim m.

Latin America n América f Latina.

latitude ['lætɪtuːd] n latitude f.

latter ['lætər] n: **the ~** este último.

laugh [læf] n riso m. ◆ vi rir; **to have a ~** Brit inf divertir-se. □ **laugh at** vt fus (mock) rir-se de.

laughter ['læftr] n risos mpl.

launch [lɔːntʃ] vt (boat) lançar ao mar; (new product) lançar.

launderette [lɔːnˈdret] Brit = Laundromat.

Laundromat ['lɔːndrəmæt] n Am lavanderia f (de auto-serviço).

laundry ['lɔːndrɪ] n (washing) roupa f suja; (place) lavanderia f.

lavatory ['lævətərɪ] n Brit privada f.

lavender ['lævəndər] n alfazema f.

lavish ['lævɪʃ] adj (meal, decoration) suntuoso(osa).

law [lɔː] n JUR (rule) lei f; (study) direito m; **the ~** JUR (set of rules) a lei; **to be against the ~** ser contra a lei.

lawn [lɔːn] n gramado m.

lawnmower ['lɔːnˌməʊər] n máquina f de cortar grama.

lawyer ['lɔːjər] n advogado m, -da f.

lay [leɪ] (pt & pp **laid**) pt → **lie**. ◆ vt (place) colocar, pôr; (egg) pôr; **to ~ the table** pôr a mesa. □ **lay off** vt sep (worker) despedir. □ **lay out** vt sep (display) dispor.

layer ['leɪər] n camada f.

layout ['leɪaʊt] n (of building) leiaute m; (of streets) traçado m.

lazy ['leɪzɪ] adj preguiçoso(osa).

lb abbr = **pound.**

lead¹ [li:d] (pt & pp **led**) vt (take) conduzir, levar; (team, company) dirigir; (race, demonstration) estar à frente de. ◆ vi (be winning) estar à frente. ◆ n (in a competition) liderança; **to have the ~** estar na frente; **to ~ sb to do sthg** levar alguém a fazer algo; **to ~ the way** estar à frente; **to ~ to** (go to) ir dar em; (result in) levar a; **to be in the ~** estar à frente.

lead² [led] n (metal) chumbo m; (for pencil) grafite m. ◆ adj de chumbo.

leader ['li:dər] n líder mf.

leadership ['li:dərʃɪp] n liderança f.

lead-free [led-] adj sem chumbo.

leading ['li:dɪŋ] adj (most important) principal.

leaf [li:f] (pl **leaves**) n (of tree) folha f.

leaflet ['li:flət] n folheto m.

league [li:g] n SPORT campeonato m; (association) liga f.

leak [li:k] n (hole) buraco m; (of gas, water) vazamento m; (in roof) goteira f. ◆ vi (roof) ter goteiras; (tank) vazar.

lean [li:n] (pt & pp **leant** OR **-ed**) adj magro(gra). ◆ vi (bend) inclinar-se. ◆ vt: **to ~ sthg against sthg** encostar algo em algo; **to ~ on** apoiar-se em. ❑ **lean forward** vi inclinar-se para a frente. ❑ **lean over** vi abaixar-se.

leap [li:p] (pt & pp **leapt** OR

-ed) vi saltar.

leap year n ano m bissexto.

learn [lɜ:rn] (pt & pp **learnt** OR **-ed**) vt (gain knowledge of) aprender; (memorize) decorar; **to ~ (how) to do sthg** aprender a fazer algo; **to ~ about sthg** (hear about) ficar sabendo (de) algo; (study) estudar algo.

learnt [lɜ:rnt] pt & pp → **learn.**

lease [li:s] n arrendamento m. ◆ vt alugar; **to ~ sthg from sb** alugar algo de alguém; **to ~ sthg to sb** alugar algo a alguém.

leash [li:ʃ] n trela f.

least [li:st] adv & adj menos. ◆ pron: **(the) ~** o mínimo; **at ~** pelo menos; **I like her the ~** ela é de quem eu gosto menos.

leather ['leðər] n couro m, pele f.

leave [li:v] (pt & pp **left**) vt deixar; (house, country) sair de. ◆ vi (person) ir-se embora; (train, bus) sair, partir. ◆ n (time off work) licença f; **to ~ a message** deixar recado. ❑ **leave behind** vt sep deixar (para trás). ❑ **leave out** vt sep omitir.

leaves [li:vz] pl → **leaf.**

lecture ['lektʃər] n (at university) aula f; (at conference) conferência f.

lecturer ['lektʃərər] n Brit professor m universitário, professora f universitária.

led [led] pt & pp → **lead¹.**

ledge [ledʒ] n (of window) peitoril m.

leek [li:k] n alho-poró m.

left [left] pt & pp → **leave.** ◆ adj (not right) esquerdo(da). ◆ adv (turn) à esquerda; (keep) pela esquerda; ◆ n esquerda f; **on the ~** à esquerda; **to be ~** sobrar.

left-hand adj esquerdo(da).

left-handed [-'hændəd] adj (person) canhoto(ta); (implement) para canhotos.

left-luggage office n Brit guarda-volumes m inv.

left-wing adj de esquerda.

leg [leg] n perna f; **~ of lamb** perna de carneiro.

legal ['li:gl] adj legal.

legal holiday n Am feriado m nacional.

legalize ['li:gəlaɪz] vt legalizar.

legal system n sistema m judiciário.

legend ['ledʒənd] n lenda f.

leggings ['legɪnz] npl calças fpl de malha (justas).

legible ['ledʒəbl] adj legível.

legislation [,ledʒɪs'leɪʃn] n legislação f.

legitimate [lɪ'dʒɪtɪmət] adj legítimo(ma).

leisure ['li:ʒr] n lazer m.

leisure centre n Brit centro m de lazer.

lemon ['lemən] n limão-galego m.

lemonade [,lemə'neɪd] n (lemon juice) limonada f.

lend [lend] (pt & pp lent) vt emprestar; **to ~ sb sthg** emprestar algo a alguém.

length [leŋθ] n (in distance) comprimento m; (in time) dura-

ção f.

lengthen ['leŋθən] vt aumentar.

lens [lenz] n lente f.

lent [lent] pt & pp → **lend.**

Lent [lent] n Quaresma f.

lentils ['lentlz] npl lentilhas fpl.

leopard ['lepəd] n leopardo m.

lesbian ['lezbɪən] adj lésbico(ca). ◆ n lésbica f.

less [les] adj, adv & pron menos; **~ than 20** menos de 20; **she earns ~ than him** ela ganha menos do que ele.

lesson ['lesn] n (class) lição f.

let [let] (pt & pp let) vt (allow) deixar; **to ~ sb do sthg** deixar alguém fazer algo; **to ~ go of sthg** largar algo; **to ~ sb have sthg** dar algo a alguém; **to ~ sb know sthg** dizer algo a alguém; **~'s go!** vamos embora! ❑ **let in** vt sep deixar entrar. ❑ **let off** vt sep (excuse) perdoar; **can you ~ me off at the station?** pode me deixar na estação? ❑ **let out** vt sep (allow to go out) deixar sair.

letdown ['letdaʊn] n inf decepção f.

lethargic [lə'θɑːrdʒɪk] adj letárgico(ca).

letter ['letər] n (written message) carta f; (of alphabet) letra f.

letterbox ['letəbɒks] n Brit caixa f do correio.

letter carrier n Am carteiro m, -ra f.

lettuce ['letɪs] n alface f.

leukaemia [lu:'ki:mɪə] n Brit

= leukemia.

leukemia [lu:'ki:mjə] n leucemia f.

level ['levl] adj (horizontal, flat) plano(na). ◆ n nível m; (storey) andar m; **to be ~ with** estar no mesmo nível que.

lever ['levr] n alavanca f.

liability [,laıə'bılətı] n (responsibility) responsabilidade f.

liable ['laıəbl] adj: **to be ~ to do sthg** ter tendência a fazer algo; **he's ~ to be late** é provável que ele chegue tarde; **to be ~ for sthg** ser responsável por algo.

liaise [lı'eız] vi: **to ~ with** contatar com.

liar ['laıər] n mentiroso m, -osa f.

liberal ['lıbərəl] adj (tolerant) liberal; (generous) generoso(osa).

liberate ['lıbəreıt] vt libertar.

liberty ['lıbətı] n liberdade f.

librarian [laı'breərıən] n bibliotecário m, -ria f.

library ['laıbrərı] n biblioteca f.

lice [laıs] npl piolhos mpl.

license ['laısəns] n (official document) licença f. ◆ vt autorizar.

licensed ['laısənst] adj Brit (restaurant, bar) autorizado(da) a vender bebidas alcoólicas.

license plate n placa f (de carro).

lick [lık] vt lamber.

licorice ['lıkərıs] n alcaçuz m.

lid [lıd] n (cover) tampa f.

lie [laı] n mentira f. ◆ vi (tell lie) mentir; (be horizontal) estar dei-

tado; (lie down) deitar-se; (be situated) ficar; **to tell ~ s** mentir; **to ~ about sthg** mentir sobre algo.

❑ **lie down** vi deitar-se.

lieutenant [lu:'tenənt] n tenente m.

life [laıf] (pl **lives**) n vida f.

life belt n bóia f (salva-vidas).

lifeboat ['laıfbəut] n barco m salva-vidas.

lifeguard ['laıfgɑ:rd] n salva-vidas mf.

life jacket n colete m salva-vidas.

lifelike ['laıflaık] adj realista.

life preserver [-prı'zɜ:rvər] n Am (life belt) bóia f (salva-vidas); (life jacket) colete m salva-vidas.

lifestyle ['laıfstaıl] n estilo m de vida.

lift [lıft] n Brit (elevator) elevador m. ◆ vt (raise) levantar. ◆ vi (fog) levantar; **to give sb a ~** dar uma carona a alguém. ❑ **lift up** vt sep levantar.

light [laıt] (pt & pp lit OR **-ed**) adj leve; (not dark) claro(ra). ◆ n luz f; (for cigarette) fogo m. ◆ vt (fire, cigarette) acender; (room, stage) iluminar; **have you got a ~**? você tem fogo?; **to set ~ to sthg** atear fogo a algo. ❑ **light up** ◆ vt sep (house, road) iluminar. ◆ vi inf (light a cigarette) acender um cigarro.

light bulb n lâmpada f.

lighter ['laıtər] n isqueiro m.

light-hearted [-'hɑ:rtəd] adj alegre.

lighthouse ['laɪthaʊs, *pl* -haʊzɪz] *n* farol *m*.

lighting ['laɪtɪŋ] *n* iluminação *f*.

lightning ['laɪtnɪŋ] *n* relâmpagos *mpl*.

lightweight ['laɪtweɪt] *adj (clothes, object)* leve.

like [laɪk] *prep* como; *(typical of)* típico de. ◆ *vt* gostar de; *(this/ that)* assim; **what's it ~?** como é?; **to look ~ sb/sthg** parecer-se com alguém/algo; **would you ~ some more?** quer mais?; **to ~ doing sthg** gostar de fazer algo; **I'd ~ to sit down** gostaria de me sentar; **I'd ~ a drink** gostaria de beber qualquer coisa.

likelihood ['laɪklɪhʊd] *n* probabilidade *f*.

likely ['laɪklɪ] *adj* provável.

likewise ['laɪkwaɪz] *adv* da mesma maneira; **to do ~** fazer o mesmo.

lilac ['laɪlək] *adj* lilás *(inv)*.

lily ['lɪlɪ] *n* lírio *m*.

lily of the valley *(pl* lilies of the valley) *n* lírio-do-vale *m*.

limb [lɪm] *n* membro *m*.

lime [laɪm] *n (fruit)* limão *m*; *~ (juice)* suco *m* de limão.

limestone ['laɪmstəʊn] *n* calcário *m*.

limit ['lɪmɪt] *n* limite *m*. ◆ *vt* limitar; **the city ~s** os limites da cidade.

limited ['lɪmɪtəd] *adj* limitado (da).

limp [lɪmp] *adj (lettuce)* murcho(cha); *(body)* flácido(da); *(fabric)* mole. ◆ *vi* mancar.

line [laɪn] *n* linha *f*; *(row)* fila *f*; *Am (of people)* fila *f*; *(of poem, song)* verso *m*; *(for washing)* varal *m*; *(rope)* corda; *(of business, work)* ramo *m*; *(type of product)* seleção *f*. ◆ *vt (coat, drawers)* forrar; **in ~ *(aligned)*** alinhado(da); **it's a bad ~** a linha está péssima; **the ~ is busy** a linha está ocupada; **to drop sb a ~ *inf*** escrever (uma carta) para alguém; **to stand in ~ *Am*** pôr-se na fila. ❏ **line up** ◆ *vt sep (arrange)* organizar. ◆ *vi* entrar na fila.

lined [laɪnd] *adj (paper)* pautado(da).

linen ['lɪnən] *n (cloth)* linho *m*; *(sheets)* roupa *f* de cama.

liner ['laɪnər] *n (ship)* transatlântico *m*.

linger ['lɪŋgər] *vi (smell, taste, smoke)* permanecer; *(person)* atrasar-se.

lingerie ['lænʒərɪ] *n* lingerie *f*.

lining ['laɪnɪŋ] *n (of coat, jacket)* forro *m*; *(of brake)* lona *f*.

link [lɪŋk] *n (connection)* relação *f*; *COMPUT* link *m*. ◆ *vt* ligar; **rail ~** ligação *f* ferroviária; **road ~** ligação rodoviária.

lint [lɪnt] *n (on clothes)* pêlo *m*.

lion ['laɪən] *n* leão *m*.

lioness ['laɪənes] *n* leoa *f*.

lip [lɪp] *n (of person)* lábio *m*.

lip salve [-sælv] *n* pomada *f* para lábios rachados.

lipstick ['lɪpstɪk] *n* batom *m*.

liqueur [lɪ'kзːr] *n* licor *m*.

liquid ['lɪkwɪd] *n* líquido *m*.

liquor ['lɪkər] *n Am* bebida *f* alcoólica.

liquorice ['lɪkərɪʃ] n Brit alcaçuz m.

liquor store n Am loja f de bebidas alcoólicas.

lisp [lɪsp] n ceceio m.

list [lɪst] n lista f. ◆ vt enumerar.

listen ['lɪsn] vi: **to ~ (to)** ouvir.

listener ['lɪsnər] n (on radio) ouvinte mf.

lit [lɪt] pt & pp → **light**.

liter ['li:tər] n Am litro m.

literally ['lɪtərəlɪ] adv (actually) literalmente.

literary ['lɪtərərɪ] adj literário (ria).

literature ['lɪtrətʃər] n literatura f.

litre ['li:tə'] Brit = **liter**.

litter ['lɪtər] n (garbage) lixo m.

little ['lɪtl] adj pequeno(na); (distance, time) curto(ta); (not much) pouco(ca); (sister, brother) mais novo (nova). ◆ pron pouco m, -ca f. ◆ adv pouco; **as ~ as possible** o menos possível; **by ~** pouco a pouco; **a ~** (pron & adv) um pouco.

little finger n (dedo) mindinho m.

live¹ [lɪv] vi viver; (survive) sobreviver; **to ~ with sb** viver com alguém. ❏ **live together** vi viver juntos.

live² [laɪv] adj (alive) vivo(va); (program, performance) ao vivo; (wire) eletrificado(da). ◆ adv ao vivo.

lively ['laɪvlɪ] adj (person) alegre; (place, atmosphere) animado(da).

liver ['lɪvər] n fígado m.

lives [laɪvz] pl → **life**.

living ['lɪvɪŋ] adj vivo(va). ◆ n: **to earn a ~** ganhar a vida; **what do you do for a ~?** o que é que você faz (para viver)?

living room n sala f de estar.

lizard ['lɪzəd] n lagarto m.

load [ləʊd] n (thing carried) carga f. ◆ vt carregar; **~s of** inf toneladas de.

loaf [ləʊf] (pl **loaves**) n: **a ~ (of bread)** um pão de fôrma.

loan [ləʊn] n empréstimo m. ◆ vt emprestar.

loathe [ləʊð] vt detestar.

loaves [ləʊvz] pl → **loaf**.

lobby ['lɒbɪ] n (hall) entrada f, hall m.

lobster ['lɒbstər] n lagosta f.

local ['ləʊkl] adj local. ◆ n inf (local person) habitante mf local; Am (bus) ônibus m (local); Am (train) trem m.

locate [ləʊkeɪt] vt (find) localizar; **to be ~ d** ficar OR estar situado.

location [ləʊ'keɪʃn] n lugar m, localização f.

lock [lɒk] n (on door, drawer) fechadura f; (for bike) cadeado m; (on canal) comporta f. ◆ vt fechar com chave. ◆ vi (become stuck) ficar preso. ❏ **lock in** vt sep fechar. ❏ **lock out** vt sep: **I've ~ ed myself out** deixei a chave por dentro e não posso entrar. ❏ **lock up** ◆ vt sep (imprison) prender. ◆ vi fechar tudo à chave.

locker ['lɒkər] n compartimento m com chave, cacifo m

locker room n Am vestiário m.

lodge [lɒdʒ] n (for skiers) refúgio m; (for hunters) pavilhão m de caça. ◆ vi alojar-se.

lodger ['lɒdʒər] n inquilino m, -na f.

lodging ['lɒdʒɪŋ] n Am alojamento m.

loft [lɒft] n sótão m; Am (apartment) loft m.

log [lɒg] n (piece of wood) tora f, lenha f. □ **log on** vi COMPUT conectar. □ **log off** vi COMPUT desconectar.

logic ['lɒdʒɪk] n lógica f.

logical ['lɒdʒɪkl] adj lógico(ca).

logo ['ləʊgəʊ] (pl -s) n logotipo m.

lollipop ['lɒlɪpɒp] n pirulito m.

lolly ['lɒlɪ] n inf (lollipop) pirulito m; Brit (ice lolly) picolé m.

lonely ['ləʊnlɪ] adj (person) só; (place) isolado(da).

long [lɒŋ] adj comprido (da); (in time) longo(ga). ◆ adv muito; it's 2 meters ~ mede 2 metros de comprimento; it's two hours ~ dura 2 horas; how ~ is it? (in distance) mede quanto?; (in time) dura quanto tempo?; to take/be ~ demorar muito; a ~ time muito tempo; all day ~ durante todo o dia; as ~ as desde que; for ~ (durante) muito tempo; no ~ er já não; so ~! inf adeus! □ **long for** vt fus ansiar por.

long-distance adj (phone call) interurbano(na).

longitude ['lɒndʒɪtuːd] n longitude f.

long jump n salto m à distância.

long-life adj de longa duração.

longsighted [ˌlɒŋ'saɪtəd] adj Brit hipermetrope.

long term n: in the ~ a longo prazo. □ **long-term** adj a longo prazo.

long wave n onda f longa.

look [lʊk] n (glance) olhadela f, olhada f; (appearance) aparência f, look m. ◆ vi (with eyes) olhar; (search) procurar; (seem) parecer; to ~ onto (building, room) ter vista para, dar para; **to have a ~** (see) dar uma olhada; (search) procurar; (good) ~s beleza f; I'm just ~ ing (in store) estou só olhando; ~ out! cuidado! □ **look after** vt fus (person) tomar conta de; (matter, arrangements) ocupar-se de. □ **look around** vt fus (city, store) ver, dar uma volta por. ◆ vi (turn head) virar-se, olhar (para trás). □ **look at** vt fus (observe) olhar para; (examine) analisar. □ **look for** vt fus procurar. □ **look forward to** vt fus esperar (ansiosamente). □ **look out for** vt fus estar atento a. □ **look up** vt sep (in dictionary, phone book) procurar.

loom [luːm] n tear m. ◆ vi (rise up) erguer-se ameaçadoramente; (date) aproximar-se; (threat) pairar no ar. □ **loom up** vi surgir.

loony ['luːnɪ] n inf doido m, -da f.

loop [luːp] n argola f.

loose [luːs] adj solto(ta); (tooth) mole; (candy) avulso(sa); (clothes) largo(ga); **to let sb/ sthg ~** soltar alguém/algo.

loosen ['luːsn] vt desapertar.

lopsided [-'saɪdəd] adj torto (torta).

lord [lɔːd] n lorde m.

lose [luːz] (pt & pp **lost**) vt perder; (subj: watch, clock) atrasar. ◆ vi perder; **to ~ weight** emagrecer.

loser ['luːzər] n (in contest) perdedor m, -ra f, vencido m, -da f.

loss [lɒs] n (losing) perda f; (of business, company) prejuízo m.

lost [lɒst] pt & pp → **lose**. ◆ adj perdido(da); **to get ~** (lose way) perder-se.

lost-and-found n Am achados-e-perdidos mpl.

lot [lɒt] n (at auction) lote m; Am (for cars) estacionamento m; **a ~** (large amount) muito(ta), muitos(tas) (pl); (to a great extent, often) muito; **a ~ of time** muito tempo; **a ~ of problems** muitos problemas; **~s (of)** muito(ta), muitos(tas) (pl).

lotion ['ləʊʃn] n loção f.

lottery ['lɒtərɪ] n loteria f.

loud [laʊd] adj (voice, music, noise) alto(ta); (color, clothes) berrante.

loudspeaker [ˌlaʊd'spiːkər] n alto-falante m.

lounge [laʊndʒ] n (in house) sa-

la f de estar; (at airport) sala f de espera.

lousy ['laʊzɪ] adj inf (poor-quality) péssimo(ma).

lout [laʊt] n bruto m, -ta f.

love [lʌv] n amor m ; (in tennis) zero m. ◆ vt amar; (music, food, art, etc) gostar muito de, adorar; **I'd ~ a cup of coffee** adoraria tomar um café; **to ~ doing sthg** adorar fazer algo; **to be in ~ (with)** estar apaixonado (por); **(with) ~ from** (in letter) ≃ beijos de.

love affair n caso m (amoroso).

lovely ['lʌvlɪ] adj (very beautiful) lindo(da); (very nice) muito agradável.

lover ['lʌvər] n amante mf.

loving ['lʌvɪŋ] adj carinhoso (osa).

low [ləʊ] adj baixo(xa); (opinion) fraco(ca); (depressed) baixo. ◆ n (area of low pressure) depressão f, área f de baixa pressão; **we're ~ on gas** estamos quase sem gasolina.

low-alcohol adj Brit de baixo teor alcoólico.

low-calorie adj de baixas calorias.

lower ['ləʊər] adj inferior. ◆ vt (move downward) baixar; (reduce) reduzir.

low-fat adj com baixo teor de gordura.

low tide n maré-baixa f.

loyal ['lɔɪəl] adj leal.

loyalty ['lɔɪəltɪ] n lealdade f.

lozenge ['lɒzɪndʒ] n (for throat)

pastilha f para a garganta.

lubricate ['lu:brɪkeɪt] vt lubrificar.

luck [lʌk] n sorte f; **any ~?** conseguiu?; **good ~!** boa sorte!; **with ~** com um pouco de sorte.

luckily ['lʌkɪlɪ] adv felizmente, por sorte.

lucky ['lʌkɪ] adj (person) sortudo(da), com sorte; (event, situation) feliz; (number, color) de sorte; **to be ~** ter sorte.

ludicrous ['lu:dɪkrəs] adj ridículo(la).

luggage ['lʌgɪdʒ] n bagagem f.

luggage locker n guarda-volumes m inv com chave.

luggage rack n (on train) porta-bagagem m.

lukewarm ['lu:kwɔ:rm] adj morno (morna).

lull [lʌl] n (in conversation) pausa f; (in storm) calmaria f.

lullaby ['lʌləbaɪ] n canção f de ninar.

lumber ['lʌmbər] n Am madeira f.

luminous ['lu:mɪnəs] adj luminoso(osa).

lump [lʌmp] n (of coal, mud, butter) pedaço m; (of sugar) torrão m; (on body) caroço m; (on head) galo m.

lump sum n quantia f global.

lumpy ['lʌmpɪ] adj (sauce) encaroçado(da); (mattress) cheio (cheia) de altos e baixos.

lunatic ['lu:nətɪk] n pej louco m, -ca f; maluco m, -ca f.

lunch [lʌntʃ] n almoço m; **to have ~** almoçar.

lunch hour n hora f do almoço.

lung [lʌŋ] n pulmão m.

lunge [lʌndʒ] vi: **to ~ at** atirar-se a.

lurch [lɜːtʃ] vi (person) cambalear.

lure [luər] vt atrair.

lurk [lɜːrk] vi (person) estar à espreita (escondido).

lush [lʌʃ] adj luxuriante.

lust [lʌst] n (sexual desire) luxúria f.

luxurious [lʌgˈʒuəriəs] adj luxuoso(osa).

luxury ['lʌkʃərɪ] adj de luxo. ♦ n luxo m.

lying ['laɪɪŋ] cont → lie.

lyrics ['lɪrɪks] npl letra f (de música).

M

m (abbr of meter) m. ♦ abbr = mile.

M (abbr of medium) M.

M.A. abbr = Master of Arts.

macaroni [ˌmækəˈrəʊnɪ] n macarrão m.

machine [məˈʃiːn] n máquina f.

machine gun n metralhadora f.

machinery [məˈʃiːnərɪ] n maquinaria f.

mackintosh [ˈmækɪntɒʃ] n Brit impermeável m.

mad [mæd] adj (angry) furioso(osa); (uncontrolled) louco(ca); maluco(ca); **to be ~ about** inf (like a lot) ser doido(da) por; **like ~** como um louco or doido.

Madam [ˈmædəm] n (form of address) senhora f.

made [meɪd] pt & pp → **make**.

Madeira [məˈdɪərə] n (wine) (vinho) Madeira m.

made-to-measure adj feito(ta) sob medida.

madness [ˈmædnəs] n (foolishness) loucura f, maluquice f.

magazine [ˌmægəˈziːn] n (journal) revista f.

maggot [ˈmægət] n larva f.

magic [ˈmædʒɪk] n magia f.

magician [məˈdʒɪʃn] n (conjurer) mágico m, -ca f.

magistrate [ˈmædʒɪstreɪt] n magistrado m, -da f.

magnet [ˈmægnɪt] n ímã m.

magnetic [mægˈnetɪk] adj magnético(ca).

magnificent [mægˈnɪfɪsənt] adj magnífico(ca).

magnifying glass [ˈmægnɪfaɪŋ-] n lupa f.

mahogany [məˈhɒgənɪ] n mogno m.

maid [meɪd] n empregada f.

maiden name [ˈmeɪdn-] n nome m de solteira.

mail [meɪl] n correio m. ◆ vt Am mandar or enviar pelo correio.

mailbox [ˈmeɪlbɒks] n Am caixa f de correio.

mailman [ˈmeɪlmən] (pl -men [-mən]) n Am carteiro m.

mail order n venda f por correspondência.

main [meɪn] adj principal.

main course n prato m principal.

mainland [ˈmeɪnlənd] n: **the ~** o continente.

mainly [ˈmeɪnlɪ] adv principalmente.

main street n Am rua f principal.

maintain [meɪnˈteɪn] vt manter.

maintenance [ˈmeɪntənəns] n (of car, machine, house) manutenção f; (money) pensão f alimentícia.

major [ˈmeɪdʒər] adj (important) importante; (most important) principal. ◆ n MIL major m; (university) (área f de) especialização f. ◆ vi Am: **to ~ in** especializar-se em (na universidade).

majority [məˈdʒɒrətɪ] n maioria f.

make [meɪk] (pt & pp made) vt

- **1.** (produce, manufacture) fazer; **to be ~ of** ser feito de; **to ~ lunch/dinner** fazer o almoço/jantar; **made in Japan** fabricado no Japão.

- **2.** (perform, do) fazer; **to ~ a mistake** cometer um erro, enganar-se; **to ~ a phone call** dar um telefonema.

- **3.** (cause to be) tornar; **to ~ sthg better** melhorar algo; **to**

~ **sb happy** fazer alguém feliz; **to** ~ **sthg safer** tornar algo mais seguro.

- **4.** (cause to, force) fazer; **to** ~ **sb do sthg** obrigar alguém a fazer algo; **it made her laugh** isso a fez rir.

- **5.** (amount to, total) ser; **that** ~ **s $5** são 5 dólares.

- **6.** (calculate): **I** ~ **it seven o'clock** calculo que sejam sete horas; **I** ~ **it $4** segundo os meus cálculos são 4 dólares.

- **7.** (profit, loss) ter.

- **8.** inf (arrive in time for): **we didn't** ~ **the 10 o'clock train** não conseguimos apanhar o trem das 10.

- **9.** (friend, enemy) fazer.

- **10.** (have qualities for) dar; **this would** ~ **a lovely bedroom** isto dava um lindo quarto.

- **11.** (bed) fazer.

- **12.** (in phrases): **to** ~ **do** contentar-se; **to** ~ **it** (arrive on time) conseguir chegar a tempo; (be able to go) poder ir; (survive a crisis) recuperar-se.

◆ n (of product) marca f.

◆ **make out** vt sep (check, receipt) passar; (form) preencher; (see) distinguir; (hear) perceber, entender.

◆ **make up** vt sep (invent) inventar; (comprise) constituir; (difference, extra) cobrir.

◆ **make up for** vt fus compensar.

makeshift ['meɪkʃɪft] adj improvisado(da).

make-up n (cosmetics) maquiagem f.

male [meɪl] adj (person) masculino(na); (animal) macho. ◆ n (animal) macho m.

malfunction [mæl'fʌŋkʃn] vi fml funcionar mal.

malignant [mə'lɪgnənt] adj (disease, tumor) maligno(gna).

mall [mɔːl] n centro m comercial.

mallet ['mælɪt] n marreta f.

malt [mɔːlt] n malte m.

maltreat [,mæl'triːt] vt maltratar.

mammal ['mæml] n mamífero m.

man [mæn] n homem m; (mankind) o Homem.

manage ['mænɪdʒ] vt (company, business) gerir; (suitcase) poder com; (job) conseguir fazer; (food) conseguir comer OR acabar. ◆ vi (cope) conseguir; **can you** ~ **Friday?** sexta-feira está bem para você?; **to** ~ **to do sthg** conseguir fazer algo.

management ['mænɪdʒmənt] n (people in charge) direção f, administração f; (control, running) gestão f.

manager ['mænɪdʒər] n (of business, bank, store) gerente mf; (of sports team) ≃ treinador m, -ra f.

managing director ['mænɪdʒɪŋ-] n diretor m, -ra f geral.

mane [meɪn] n (of lion) juba f; (of horse) crina f.

maneuver [mə'nu:vər] Am n manobra f. ◆ vt manobrar.

mangle ['mæŋgl] vt (to crush) amassar; (to mutilate) mutilar.

Manhattan [,mæn'hætn] n Manhattan.

(i)　　　**MANHATTAN**

Manhattan é uma ilha na área central de Nova York. Encontram-se ali o Central Park, a Quinta Avenida, a Broadway, a Wall Street e o Greenwich Village, além de famosos arranha-céus como o Empire State Building e o World Trade Center.

maniac ['meɪnɪæk] n inf (wild person) maníaco m, -ca f, louco m, -ca f.

manicure ['mænɪkjʊər] n manicure f.

manipulate [mə'nɪpjʊleɪt] vt (person) manipular; (machine, controls) manobrar.

mankind [mæn'kaɪnd] n a humanidade f.

manly ['mænlɪ] adj viril.

man-made adj (lake) artificial; (fiber, fabric) sintético(ca).

manner ['mænər] n (way) maneira f. □**manners** npl maneiras fpl.

manoeuvre [mə'nu:vər] Brit = **maneuver.**

manor ['mænər] n ≃ solar m.

mansion ['mænʃn] n mansão f.

manslaughter ['mæn,slɔ:tər] n homicídio m involuntário.

mantelpiece ['mæntlpi:s] n consolo m de lareira.

manual ['mænjʊəl] adj manual. ◆ n manual m.

manufacture [,mænjə'fæktʃər] n fabricação f, fabrico m. ◆ vt fabricar.

manufacturer [,mænjə'fæktʃərər] n fabricante m.

manure [mə'nʊər] n estrume m.

many ['menɪ] (compar **more**, superl **most**) adj muitos(tas). ◆ pron muitos mpl, -tas fpl; **as ~ as** tantos(tas) como; **take as ~ as you like** leve tantos quantos quiser; **twice as ~ as** o dobro de; **how ~?** quantos(?)?; **so ~** tantos(tas); **too ~ people** gente demais.

map [mæp] n mapa m.

marathon ['mærəθən] n maratona f.

marble ['mɑ:rbl] n (stone) mármore m; (glass ball) bola f de gude.

march [mɑ:rtʃ] n (demonstration) passeata f. ◆ vi (walk quickly) marchar.

March [mɑːrtʃ] n março m → September.

mare [meər] n égua f.

margarine ['mɑːrdʒərən] n margarina f.

margin ['mɑːrdʒɪn] n margem f.

marina [mə'riːnə] n marina f.

marinated ['mærɪneɪtɪd] adj marinado(da).

marital status ['mærɪtl-] n estado m civil.

mark [mɑːrk] n marca f; Brit SCH nota f. ◆ vt marcar; (correct) corrigir.

marker ['mɑːrkər] n marcador m.

market ['mɑːrkɪt] n mercado m.

marketing ['mɑːrkətɪŋ] n marketing m.

marketplace ['mɑːrkətpleɪs] n mercado m.

marking ['mɑːrkɪŋ] n (of exams, homework) correção f.

marmalade ['mɑːrməleɪd] n geléia f de laranja (ou outra fruta cítrica).

marquee [mɑːr'kiː] n toldo m.

marriage ['mærɪdʒ] n casamento m.

married ['mærɪd] adj casado (da); **to get** ~ casar-se.

marrow ['mærəʊ] n (vegetable) abóbora f; (in bones) medula f.

marry ['mærɪ] vt casar com. ◆ vi casar-se, casar.

marsh [mɑːrʃ] n pântano m.

martial arts [ˌmɑːrʃl-] npl artes fpl marciais.

marvellous ['mɑːvələs] adj Brit = **marvelous**.

marvelous ['mɑːrvləs] Am maravilhoso(osa).

marzipan ['mɑːrzɪpæn] n maçapão m.

mascara [mæs'kærə] n rímel® m.

masculine ['mæskjələn] adj masculino(na).

mashed potatoes [mæʃt-] npl purê m (de batata).

mask [mæsk] n máscara f.

masonry ['meɪsnrɪ] n (stones) alvenaria f.

mass [mæs] n (large amount) monte m; RELIG missa f; ~es (of) inf (lots) montes (de).

massacre ['mæsəkər] n massacre m.

massage [mə'sɑːʒ] n massagem f. ◆ vt massagear.

massive ['mæsɪv] adj enorme.

mast [mæst] n (on boat) mastro m.

master ['mæstər] n (of servant) patrão m; (of dog) dono m. ◆ vt (skill, language) dominar.

masterpiece ['mæstərpiːs] n obra-prima f.

mat [mæt] n (small rug) tapete m (pequeno); (on table) descanso m; (for sports) esteira f.

match [mætʃ] n (for lighting) fósforo m; (game) jogo m, encontro m. ◆ vt (in color, design) condizer com, combinar com; (be the same as) corresponder a; (be as good as) equiparar-se a. ◆ vi (in color, design) condizer, combinar.

matchbox ['mætʃbɒks] n caixa f de fósforos.

matching ['mætʃɪŋ] adj que combina.

mate [meɪt] n inf (friend) amigo m, -ga f; Am (husband, wife) companheiro m, -ra f. ◆ vi acasalar, acasalar-se.

material [mə'tɪərɪəl] n material m; (cloth) tecido m. ▫ **materials** npl (equipment) material m.

math [mæθ] n Am matemática f.

mathematics [ˌmæθə'mætɪks] n matemática f.

maths [mæθs] Brit = math.

matt [mæt] adj fosco(ca).

matter ['mætər] n (issue, situation) assunto m; (physical material) matéria f. ◆ vi interessar; **it doesn't ~** não tem importância; **no ~ what happens** aconteça o que acontecer; **there's something the ~ with my car** o meu carro está com algum problema; **what's the ~?** qual é o problema?; **as a ~ of course** naturalmente; **as a ~ of fact** aliás, na verdade.

mattress ['mætrəs] n colchão m.

mature [mə'tʊər] adj maduro (ra); (cheese) curado(da).

maul [mɔ:l] vt ferir gravemente.

mauve [məʊv] adj malva inv.

maximum ['mæksɪməm] adj máximo(ma). ◆ n máximo m.

may [meɪ] aux vb -1. (expressing possibility) poder; **it ~ be done as follows** pode ser feito do seguinte modo; **it ~ rain** pode chover; **they ~ have got lost** eles talvez tenham se perdido. - **2.** (expressing permission) poder; **~ I smoke?** posso fumar?; **you ~ sit, if you wish** pode sentar-se, se quiser. - **3.** (when conceding a point): **it ~ be a long walk, but it's worth it** pode ser uma longa caminhada, mas vale a pena o esforço.

May [meɪ] n maio m → **September.**

maybe ['meɪbi:] adv talvez.

mayonnaise ['meɪəneɪz] n maionese f.

mayor [meər] n ≃ prefeito m.

maze [meɪz] n labirinto m.

me [mi:] pron me; (after prep) mim; **she knows ~** ela me conhece; **it's ~** sou eu; **send it to ~** mande-o para mim; **tell ~** diga-me; **it's for ~** é para mim; **with ~** comigo.

meadow ['medəʊ] n prado m.

meal [mi:l] n refeição f.

mealtime ['mi:ltaɪm] n hora f de comer.

mean [mi:n] (pt & pp **meant**) adj (miserly) sovina; (unkind) mau (má). ◆ vt querer dizer; (be a sign of) ser sinal de; **I ~ it** estou falando a sério; **it ~s a lot to me** é muito importante para mim; **to ~ to do sthg** ter a intenção de fazer algo, tencionar fazer algo; **to be meant to do sthg** dever fazer algo.

meaning ['mi:nɪŋ] n significado m.

meaningless ['miːnɪŋləs] *adj* sem sentido.

means [miːnz] (*pl inv*) *n* (*method*) meio *m*. ◆ *npl* (*money*) recursos *mpl*; **by all ~!** claro que sim!; **by ~ of** através de.

meant [ment] *pt & pp* → **mean**.

meantime ['miːntaɪm] *adv*: **in the meantime** entretanto.

meanwhile ['miːnwaɪl] *adv* entretanto, enquanto isso.

measles ['miːzlz] *n* sarampo *m*.

measure ['meʒər] *vt* medir. ◆ *n* (*step, action*) medida *f*; (*of alcohol*) dose *f*; **the room ~s 10 m²** o quarto mede 10 m².

measurement ['meʒərmənt] *n* medida *f*. ❑ **measurements** *npl* (*of person*) medidas *fpl*.

meat [miːt] *n* carne *f*; **red ~** carnes vermelhas (*pl*); **white ~** carnes brancas (*pl*).

meatball ['miːtbɔːl] *n* almôndega *f*.

mechanic [mɪˈkænɪk] *n* mecânico *m*, -ca *f*.

mechanical [mɪˈkænɪkl] *adj* mecânico(ca).

mechanism ['mekənɪzm] *n* (*of machine, device*) mecanismo *m*.

medal ['medl] *n* medalha *f*.

media ['miːdɪə] *n or npl*: **the ~** a mídia, os meios de comunicação.

Medicaid, Medicare ['medɪkeɪd, 'medɪkeər] *n* seguros de saúde aos pobres, idosos e deficientes físicos e mentais.

MEDICAID/ MEDICARE

Na falta de um serviço público de saúde nos Estados Unidos, os programas "Medicaid" e "Medicare" foram criados em 1965 para oferecer seguros de saúde aos pobres, idosos e deficientes físicos e mentais. O "Medicaid" fornece assistência médica a pessoas de baixa renda com menos de 65 anos e o "Medicare" atende a pessoas maiores de 65 anos.

medical ['medɪkl] *adj* médico (ca). ◆ *n* check-up *m*.

medicated ['medɪkeɪtəd] *adj* medicinal.

medication [,medɪˈkeɪʃn] *n* medicamento *m*.

medicine ['medsn] *n* (*substance*) medicamento *m*; (*science*) medicina *f*.

medieval [,medɪˈiːvl] *adj* medieval.

mediocre [,miːdɪˈəʊkər] *adj* mediocre.

medium ['miːdɪəm] *adj* médio(dia); (*wine*) meio-seco.

medley ['medlɪ] *n* MÚS potpourri *m*.

meet [miːt] (*pt & pp* **met**) *vt* (*by arrangement*) encontrar-se com; (*members of club, committee*) reunir-se com; (*by chance*) encontrar; (*get to know*) conhecer; (*go to collect*) ir buscar; (*need, requirement*) satisfazer; (*cost, expenses*) cobrir. ◆ vi (by arrangement) encontrar-se; (club, committee) reunir-se; (by chance) encontrar-se; (get to know each other) conhecer-se; (intersect) cruzar-se; ~ me at the bar encontre-se comigo no bar. □ **meet up** vi encontrar-se. □ **meet with** vt fus (problems, resistance) encontrar; Am (by arrangement) encontrar-se com.

meeting ['miːtɪŋ] n (for business) reunião f.

meeting point n ponto m de encontro.

melody ['melədɪ] n melodia f.

melon ['melən] n melão m.

melt [melt] vi derreter.

member ['membər] n (of party, group) membro m; (of club) sócio m, -cia f.

membership ['membərʃɪp] n (of party, club) filiação f; the ~ (of party) os membros; (of club) os sócios.

memorial [mə'mɔːrɪəl] n monumento m comemorativo.

memorize ['meməraɪz] vt memorizar, decorar.

memory ['memərɪ] n memória f; (thing remembered) lembrança f.

men [men] pl → **man**.

menacing ['menəsɪŋ] adj ameaçador(ra).

mend [mend] vt arranjar.

menopause ['menəpɔːz] n menopausa f.

menstruate ['menstruɪt] vi menstruar.

menswear ['menzweər] n roupa f de homem.

mental ['mentl] adj mental.

mental hospital n hospital m psiquiátrico.

mentally ill ['mentlɪ-] adj: to be ~ ser doente mental.

mention ['menʃn] vt mencionar; don't ~ it! de nada!, não tem de quê!

menu ['menjuː] n (of food) cardápio m; COMPUT menu m; children's ~ menu infantil OR para crianças.

merchandise ['mɜːtʃəndaɪz] n mercadoria f.

merchant marine ['mɜːtʃənt-] n Am marinha f mercante.

mercury ['mɜːkjərɪ] n mercúrio m.

mercy ['mɜːsɪ] n misericórdia f.

mere [mɪər] adj mero(ra).

merely ['mɪərlɪ] adv apenas.

merge [mɜːdʒ] vi (combine) juntar-se, unir-se; 'merge' Am placa indicando confluência de auto-estradas.

merger ['mɜːdʒər] n fusão f.

meringue [mə'ræŋ] n merengue m, suspiro m.

merit ['merɪt] n mérito m.

merry ['merɪ] adj alegre; Merry Christmas! Feliz Natal!

merry-go-round n carrossel m.

mess [mes] n confusão f, bagunça f; in a ~ (untidy) em desordem, de pernas para o ar. □ **mess about** vi inf (have fun) divertir-se; (behave foolishly) vadiar; **to ~ about** with sthg *(interfere)* mexer em algo. □ **mess up** *vt sep inf (ruin, spoil)* estragar.

message ['mesɪdʒ] n mensagem f; **are there any ~s (for me)?** há algum recado (para mim)?

messenger ['mesɪndʒər] n mensageiro m, -ra f.

messy ['mesɪ] adj *(untidy)* desarrumado(da).

met [met] pt & pp → **meet**.

metal ['metl] adj metálico(ca), de metal. ◆ n metal m.

metalwork ['metlwɜːk] n *(craft)* trabalho m com metal.

meter ['miːtər] n Am metro m; *(device)* contador m.

method ['meθəd] n método m.

methodical [mɪ'θɒdɪkl] adj metódico(ca).

meticulous [mɪ'tɪkjələs] adj meticuloso(osa).

metre ['miːtər] n Brit metro m.

metric ['metrɪk] adj métrico(ca).

Mexico ['meksɪkəʊ] n México m.

mice [maɪs] pl → **mouse**.

microchip ['maɪkrətʃɪp] n microchip m.

microphone ['maɪkrəfəʊn] n microfone m.

microscope ['maɪkrəskəʊp] n microscópio m.

microwave (oven) ['maɪkrəwerv-] n *(forno)* microondas m inv.

midday [ˌmɪd'deɪ] n meio-dia m.

middle ['mɪdl] n meio. ◆ adj do meio; **in the ~ of the road** no meio da rua; **in the ~ of April** em meados de abril; **to be in the ~ of doing sthg** estar fazendo algo.

middle-aged adj de meia idade.

middle-class adj da classe média.

Middle East n: **the ~** o Oriente Médio.

middle name n segundo nome m.

midget ['mɪdʒət] n anão m, anã f.

midnight ['mɪdnaɪt] n meia-noite f.

midsummer ['mɪd'sʌmər] n: **in ~** em pleno verão.

midway [ˌmɪd'weɪ] adv a meio caminho.

midweek [adj 'mɪdwiːk, adv mɪd'wiːk] adj do meio da semana. ◆ adv no meio da semana.

midwife ['mɪdwaɪf] (pl **-wives** [-waɪvz]) n parteira f.

midwinter ['mɪd'wɪntər] n: **in ~** em pleno inverno.

might [maɪt] aux vb - **1.** *(expressing possibility)* poder; **I suppose they ~ still come** acho que eles ainda podem vir; **they ~ have been killed** eles podem ter sido mortos; **I ~ go to Florida** talvez vá à Flórida.
- **2.** *(fml: expressing permission)* poder; **~ I have a few words?** podemos conversar?
- **3.** *(when conceding a point)*: **it ~** be expensive, **but it's good**

quality pode ser caro, mas é bom.

- 4. *(would):* **I'd hoped you ~ come too** gostaria que também pudesse vir.

◆ *n (power)* poder *m*; *(physical strength)* força *f*.

migraine ['maɪgreɪn] *n* enxaqueca *f*.

mild [maɪld] *adj (discomfort, pain)* ligeiro(ra); *(illness)* pequeno(na); *(weather)* ameno(na); *(climate)* temperado(da); *(kind, gentle)* meigo(ga).

mile [maɪl] *n* milha *f*; **it's ~s away** é a quilómetros de distância.

mileage ['maɪlɪdʒ] *n* distância *f* em milhas, ≃ quilometragem *f*.

military ['mɪlətərɪ] *adj* militar; **the ~** as forças armadas.

milk [mɪlk] *n* leite *m*. ◆ *vt (cow)* ordenhar, mungir.

milk shake *n* milk-shake *m*.

milky ['mɪlkɪ] *adj (drink)* com leite.

mill [mɪl] *n* moinho *m*; *(factory)* fábrica *f*.

millennium [mɪ'lenɪəm] *n* milénio *m*.

milligram ['mɪləgræm] *n* miligrama *m*.

milliliter ['mɪlə,li:tər] *n* mililitro *m*.

millimeter ['mɪlə,mi:tər] *n* milímetro *m*.

million ['mɪljən] *n* milhão *m*; **~s of** *fig* milhões de.

millionaire [,mɪljə'neər] *n* milionário *m*, -ria *f*.

mime [maɪm] *vi* fazer mímica.

mince [mɪns] *n Brit* carne *f* moída.

mincemeat ['mɪnsmi:t] *n (sweet filling)* mistura de frutos secos e cristalizados usada para rechear tortas e bolos.

mind [maɪnd] *n* mente *f*; *(memory)* memória *f*. ◆ *vi (be bothered)* importar-se. ◆ *vt (look after)* tomar conta de; *(be bothered by)*: **do you ~ the noise?** o barulho está lhe incomodando?; **it slipped my ~** esqueci-me; **state of ~** estado *m* de espírito; **to my ~** na minha opinião; **to bear sthg in ~** ter algo em conta; **to change one's ~** mudar de idéia; **to have sthg in ~** estar pensando em algo; **to have sthg on one's ~** estar preocupado com algo; **to make one's ~ up** decidir-se; **do you ~ if ...?** importa-se se ...?; **I don't ~** não me importo; **I wouldn't ~ a drink** gostaria de beber alguma coisa; **never ~ I** *(don't worry)* não faz mal!, não tem importância!

mine[1] [maɪn] *pron* o meu (a minha); **a friend of ~** um amigo meu; **those shoes are ~** esses sapatos são meus; **~ are here where are yours?** os meus estão aqui onde estão os seus?

mine[2] [maɪn] *n (for coal etc, bomb)* mina *f*.

miner ['maɪnər] *n* mineiro *m*, -ra *f*.

mineral ['mɪnrəl] *n* mineral *m*.

mineral water *n* água *f* mineral.

mingle ['mɪŋgl] vi misturar-se.

miniature ['mɪnɪətʃər] adj em miniatura. ◆ n (bottle of alcohol) miniatura f.

minibus ['mɪnɪbʌs] n microônibus m.

minimal ['mɪnɪml] adj mínimo(ma).

minimum ['mɪnɪməm] adj mínimo(ma). ◆ n mínimo m.

miniskirt ['mɪnɪskɜːt] n minissaia f.

minister ['mɪnɪstər] n (in church) pastor m, ministro m; (in government) ministro m, -tra f.

ministry ['mɪnɪstrɪ] n (of government) ministério m.

minor ['maɪnər] adj pequeno (na). ◆ n fml menor mf (de idade).

minority [maɪ'nɒrətɪ] n minoria f.

mint [mɪnt] n (candy) bala f de hortelã; (plant) hortelã f.

minus ['maɪnəs] prep (in subtraction) menos; it's ~ 10°C faz 10°C abaixo de zero.

minuscule ['mɪnəskjuːl] adj minúsculo(la).

minute¹ ['mɪnət] n minuto m; any ~ a qualquer momento; just a ~! só um minuto!

minute² [maɪ'njuːt] adj diminuto(ta).

miracle ['mɪrəkl] n milagre m.

miraculous [mɪ'rækjələs] adj milagroso(osa).

mirror ['mɪrər] n espelho m.

misbehave [ˌmɪsbɪ'heɪv] vi portar-se mal.

miscarriage [ˌmɪs'kærɪdʒ] n aborto m (não intencional).

miscellaneous [ˌmɪsə'leɪnɪəs] adj diverso(sa).

mischievous ['mɪstʃɪvəs] adj (naughty) travesso(a); (playful) malicioso(osa).

misconduct [ˌmɪs'kɒndʌkt] n conduta f imprópria.

miser ['maɪzər] n avarento m, -ta f.

miserable ['mɪzrəbl] adj miserável; (unhappy) infeliz.

miserly ['maɪzəlɪ] adj mesquinho(nha).

misfortune [mɪs'fɔːtʃən] n (bad luck) infelicidade f.

mishap ['mɪshæp] n incidente m.

misjudge [ˌmɪs'dʒʌdʒ] vt (distance, amount) calcular mal; (person, character) julgar mal.

mislay [ˌmɪs'leɪ] (pt & pp -laid) vt: I've mislaid my keys não sei onde é que pus as chaves.

mislead [ˌmɪs'liːd] (pt & pp -led) vt enganar.

miss [mɪs] vt perder; (not notice) não ver; (fail to hit) falhar; (regret absence of) ter saudades de, sentir falta de; (appointment) faltar a. ◆ vi falhar. ☐ **miss out** ◆ vt sep omitir. ◆ vi perder; you ~ed out on a great party você perdeu uma grande festa.

Miss [mɪs] n senhorita f.

missile ['mɪsl] n míssil m.

missing ['mɪsɪŋ] adj (lost) perdido(da); (after accident) desaparecido(da); to be ~ (not there) faltar.

missing person n desaparecido m, -da f.

mission ['mɪʃn] n (assignment) missão f.

missionary ['mɪʃənerɪ] n missionário m, -ria f.

mist [mɪst] n neblina f, bruma f.

mistake [mɪ'steɪk] (pt **-took**, pp **-taken**) n erro m. ◆ vt (misunderstand) entender mal; by ~ por engano; **to make a** ~ enganar-se; **to** ~ **sb/sthg for** confundir alguém/algo com.

Mister ['mɪstər] n Senhor m.

mistook [mɪ'stʊk] pt → **mistake**.

mistress ['mɪstrəs] n (lover) amante f.

mistrust [,mɪs'trʌst] vt desconfiar de.

misty ['mɪstɪ] adj nebuloso(osa), nublado(da).

misunderstanding [,mɪsʌndər'stændɪŋ] n (misinterpretation) mal-entendido m, engano m; (quarrel) desentendimento m.

misuse [,mɪs'juːs] n uso m indevido.

mitten ['mɪtn] n luva f (com separação só para o polegar).

mix [mɪks] vt misturar. ◆ n (for cake, sauce) mistura f. ◆ vi: **I don't like the people you** ~ **with** não gosto das pessoas com quem você anda; **to** ~ **sthg with sthg** misturar algo com algo. ❑ **mix up** vt sep (confuse) confundir; (put into disorder) misturar.

mixed [mɪkst] adj (school) misto(ta).

mixer ['mɪksər] n (for food) batedeira f.

mixture ['mɪkstʃər] n mistura f.

mix-up n inf engano m.

moan [məʊn] vi (in pain, grief) gemer; inf (complain) resmungar.

moat [məʊt] n fosso m.

mobile ['məʊbl] adj móvel.

mock [mɒk] adj falso(sa). ◆ vt debochar de. ◆ n Brit (exam) simulado m.

mode [məʊd] n modo m.

model ['mɒdl] n modelo m; (fashion model) modelo mf.

moderate ['mɒdərət] adj moderado(da).

modern ['mɒdən] adj moderno(na).

modernized ['mɒdənaɪzd] adj modernizado(da).

modest ['mɒdəst] adj modesto(ta).

modify ['mɒdɪfaɪ] vt modificar.

moist [mɔɪst] adj úmido(da).

moisture ['mɔɪstʃər] n umidade f.

moisturizer ['mɔɪstʃəraɪzər] n creme m hidratante.

molar ['məʊlər] n molar m.

mold [məʊld] n Am (shape) molde m, forma f; (fungus) bolor m. ◆ vt Am (shape) moldar.

moldy ['məʊldɪ] adj bolorento(ta).

mole [məʊl] n (animal) toupeira f; (spot) sinal m.

molest [mə'lest] vt (child) molestar (sexualmente); (woman) assediar.

mom [mɒm] n Am inf mãe f.

moment ['məʊmənt] n momento m; **at the ~** no momento; **for the ~** por agora.

monarchy ['mɒnəkɪ] n: **the ~** a monarquia.

monastery ['mɒnəstərɪ] n mosteiro m.

Monday ['mʌndɪ] n segunda-feira f → **Saturday**.

money ['mʌnɪ] n dinheiro m.

money order n vale m.

mongrel ['mʌŋgrəl] n vira-lata m.

monitor ['mɒnɪtər] n (computer screen) monitor m. ◆ vt (check, observe) controlar.

monk [mʌŋk] n monge m.

monkey ['mʌŋkɪ] (pl -s) n macaco m.

monopoly [mə'nɒpəlɪ] n COMM monopólio m.

monorail ['mɒnəʊreɪl] n monotrilho m.

monotonous [mə'nɒtənəs] adj monótono(na).

monsoon [mɒn'suːn] n monção f.

monster ['mɒnstər] n monstro m.

month [mʌnθ] n mês m; **every ~** todos os meses; **in a ~** daqui a um mês.

monthly ['mʌnθlɪ] adj mensal. ◆ adv mensalmente.

monument ['mɒnjəmənt] n monumento m.

mood [muːd] n humor m; **to be in a (bad) ~** estar de mau humor; **to be in a good ~**

estar de bom humor.

moody ['muːdɪ] adj (bad-tempered) mal-humorado(da); (changeable) temperamental.

moon [muːn] n lua f.

moonlight ['muːnlaɪt] n luar m.

moor [mʊər] n pântano m. ◆ vt atracar.

moose [muːs] (pl inv) n alce m.

mop [mɒp] n (for floor) esfregão m. ◆ vt (floor) limpar. ❑ **mop up** vt sep (clean up) limpar.

moped ['məʊped] n bicicleta f motorizada.

moral ['mɒrəl] adj moral. ◆ n (lesson) moral f.

morality [mə'rælɪtɪ] n moralidade f.

more [mɔːr] adj -1. (a larger amount of) mais; **there are ~ tourists than usual** há mais turistas que o normal.
- 2. (additional) mais; **is there any ~ cake?** tem mais bolo?; **I'd like two ~ bottles** queria mais duas garrafas; **there's no ~ wine** já não tem mais vinho.
- 3. (in phrases): **~ and ~** cada vez mais.
◆ adv -1. (in comparatives) mais; **it's ~ difficult than before** é mais difícil do que antes; **speak ~ clearly** fale de forma mais clara; **we go there ~ often** agora vamos lá mais freqüentemente.
- 2. (to a greater degree) mais; **we ought to go to the movies ~** deviamos ir mais vezes ao cinema.

- **3.** *(in phrases)*: **once ~** mais uma vez; **~ or less** mais ou menos; **we'd be ~ than happy to help** teríamos muito prazer em ajudar.

◆ *pron* - **1.** *(a larger amount)* mais; **I've got ~ than you** tenho mais que você; **~ than 20 types of pizza** mais de 20 tipos de pizza. - **2.** *(an additional amount)* mais; **is there any ~?** tem mais?; **there's no ~** não tem mais.

moreover [mɔːˈrəʊvər] *adv fml* além disso, além do mais.

morning [ˈmɔːnɪŋ] *n* manhã *f*; **good ~!** bom dia!; **two o'clock in the ~** duas da manhã, duas da madrugada; **in the ~** *(early in the day)* de manhã; *(tomorrow morning)* amanhã de manhã.

morning sickness *n* enjôo *m* matinal.

moron [ˈmɔːrɒn] *n inf (idiot)* estúpido *m*, -da *f*, idiota *mf*.

mortgage [ˈmɔːɡɪdʒ] *n* hipoteca *f*.

mosaic [məˈzeɪɪk] *n* mosaico *m*.

Moslem [ˈmɒzləm] = **Muslim**.

mosque [mɒsk] *n* mesquita *f*.

mosquito [məˈskiːtəʊ] *(pl* **-es)** *n* mosquito *m*.

mosquito net *n* mosquiteiro *m*.

moss [mɒs] *n* musgo *m*.

most [məʊst] *adj* - **1.** *(the majority of)* a maioria de; **~ people agree** a maioria das pessoas está de acordo.

- **2.** *(the largest amount of)* mais; **I**

drank (the) ~ beer fui eu que bebi mais cerveja.

◆ *adv* - **1.** *(in superlatives)* mais; **the ~ expensive hotel in town** o hotel mais caro da cidade.

- **2.** *(to the greatest degree)* mais; **I like this one the ~** gosto mais deste.

- **3.** *(fml: very)* muito; **we would be ~ grateful** ficaríamos muito gratos.

◆ *pron* - **1.** *(the majority)* a maioria; **~ of the villages** a maioria das vilas; **~ of the time** a maior parte do tempo.

- **2.** *(the largest amount)* mais; **she earns (the) ~** ela é a que ganha mais.

- **3.** *(in phrases)*: **at ~** no máximo; **we want to make the ~ of our stay** queremos aproveitar a nossa estada ao máximo.

mostly [ˈməʊstlɪ] *adv* principalmente.

motel [məʊˈtel] *n* motel *m*.

moth [mɒθ] *n* traça *f*.

mother [ˈmʌðər] *n* mãe *f*.

mother-in-law *(pl* **mothers-in-law)** *n* sogra *f*.

motif [məʊˈtiːf] *n* motivo *m*.

motion [ˈməʊʃn] *n (movement)* movimento *m*. ◆ *vi*: **to ~ to sb** fazer sinal a alguém.

motionless [ˈməʊʃnləs] *adj* imóvel.

motivate [ˈməʊtɪveɪt] *vt* motivar.

motive [ˈməʊtɪv] *n* motivo *m*.

motor [ˈməʊtər] *n* motor *m*.

motorbike [ˈməʊtərbaɪk] *n* moto *f*.

motorboat 166

motorboat ['məʊtərbəʊt] n barco m a motor.
motorcycle ['məʊtər‚saɪkl] n motocicleta f.
motorcyclist ['məʊtər‚saɪkləst] n motociclista mf.
motorist ['məʊtərɪst] n fml motorista mf.
motor racing n automobilismo m.
motto ['mɒtəʊ] (pl -s) n lema m.
mould [məʊld] Brit = mold.
mound [maʊnd] n monte m.
mount [maʊnt] n (mountain) monte m. ♦ vt (horse) montar; (photo) emoldurar. ♦ vi (increase) aumentar.
mountain ['maʊntən] n montanha f.
mountain bike n mountain bike f.
mountaineer [‚maʊntə'nɪər] n alpinista mf.
mountaineering [‚maʊntə'nɪərɪŋ] n: to go ~ fazer alpinismo.
mountainous ['maʊntənəs] adj montanhoso(osa).
Mount Rushmore [-'rʌʃmɔː'] n o monte Rushmore.

(i) **MOUNT RUSHMORE**

Os bustos gigantescos dos presidentes norte-americanos George Washington, Thomas Jefferson, Abraham Lincoln e Franklin Roosevelt, esculpidos nas encostas do Monte Rushmore, na Dakota do Sul, são um monumento nacional e uma grande atração turística.

mourning ['mɔːnɪŋ] n: to be in ~ estar de luto.
mouse [maʊs] (pl mice) n rato m.
mousse [muːs] n (food) mousse f; (for hair) espuma f.
moustache [mə'stɑːʃ] Brit = mustache.
mouth [maʊθ] n boca f; (of river) foz f.
mouthful ['maʊθfʊl] n (of food) bocado m; (of drink) gole m.
mouthpiece ['maʊθpiːs] n bocal m.
mouthwash ['maʊθwɒʃ] n desinfetante m para a boca.
move [muːv] n (movement) movimento m; (in games) jogada f; (turn to play) vez f; (course of action) medida f; (change of house) mudança f. ♦ vt (object) mudar; (arm, leg, lips) mexer; (emotionally) comover. ♦ vi (shift) mover-se; (get out of the way) desviar-se; (house) mudar de casa; **to make a ~** (leave) ir embora. □ **move along** vi avançar. □ **move in** vi (to house) mudar-se para. □ **move off** vi (train, car) partir. □ **move on** vi (after stopping) voltar a partir. □ **move out** vi (from house) mudar-se de. □ **move over** vi chegar para lá/cá. □ **move up** vi chegar para lá/cá.
movement ['muːvmənt] n movimento m.

movie ['mu:vɪ] n filme m.

movie theater n Am cinema m.

moving ['mu:vɪŋ] adj (emotionally) comovente.

mow [məʊ] vt: **to ~ the lawn** cortar a grama.

Mr. ['mɪstər] abbr Sr.

Mrs. ['mɪsəz] abbr Sra.

Ms. [mɪz] abbr título que evita que se faça uma distinção entre mulheres casadas e solteiras.

M.S. (abbr) = Master of Science.

much [mʌtʃ] (compar **more**, superl **most**) adj muito(ta); **I don't have ~ money** não tenho muito dinheiro; **as ~ food as you can eat** tanta comida quanto você conseguir comer; **how ~ time is left?** quanto tempo falta?; **they have so ~ money** eles têm tanto dinheiro; **we have too ~ food** temos comida demais.

◆ adv -1. (to a great extent) muito; **he is ~ happier** ele está muito mais feliz; **it's ~ better** é muito melhor; **he's ~ too good** ele é bom demais; **I like it very ~** gosto muitíssimo; **thank you very ~** muito obrigado.

-2. (often) muitas vezes; **we don't go there ~** não vamos lá muitas vezes.

◆ pron muito; **I don't have ~** não tenho muito; **as ~ as you like** tanto quanto (você) queira; **how ~ is it?** quanto é?; **you've got so ~** você tem tanto;

you've got too ~ você tem demais.

muck [mʌk] n (dirt) porcaria f. ❑ **muck up** vt sep Brit inf estragar.

mud [mʌd] n lama f.

muddle ['mʌdl] n: **to be in a ~** (confused) estar confuso (sa); (in a mess) estar em desordem.

muddy ['mʌdɪ] adj lamacento(ta).

mud flap n Am pára-lama m.

muesli ['mju:zlɪ] n granola f.

muffin ['mʌfɪn] n (cake) bolinho redondo e chato.

muffler ['mʌflər] n Am (on a car) silenciador m.

mug [mʌg] n (cup) caneca f. ◆ vt assaltar.

mugging ['mʌgɪŋ] n assalto m (a pessoa).

muggy ['mʌgɪ] adj abafado(da).

mule [mju:l] n mula f.

multicolored ['mʌltɪˌkʌlərd] adj multicor.

multiple ['mʌltɪpl] adj múltiplo(pla).

multiplication [ˌmʌltɪplɪ'keɪʃn] n multiplicação f.

multiply ['mʌltɪplaɪ] vt multiplicar. ◆ vi multiplicar-se.

multivitamin [Am 'mʌltɪvaɪtəmɪn, Br 'mʌltɪvɪtəmɪn] n complexo m de vitaminas.

mum [mʌm] n Brit inf mamãe f.

mumps [mʌmps] n caxumba f.

munch [mʌntʃ] vt mastigar.

municipal [mju:'nɪsəpl] adj municipal.

mural ['mjʊərəl] n mural m.

murder ['mɜ:rdər] n assassínio m, assassinato m. ◆ vt assassinar.

murderer ['mɜ:rdərər] n assassino m, -na f.

muscle ['mʌsl] n músculo m.

museum [mjʊ'zi:əm] n museu m.

mushroom ['mʌʃru:m] n cogumelo m.

music ['mju:zɪk] n música f.

musical ['mju:zɪkl] adj (connected with music) musical; (person) com ouvido para a música. ◆ n musical m.

musician [mju:'zɪʃn] n músico m, -ca f.

Muslim ['mʊzlɪm] adj muçulmano(na). ◆ n muçulmano m, -na f.

mussels ['mʌslz] npl mexilhões mpl.

must [mʌst] aux vb (expressing obligation) ter de; (expressing certainty) dever. ◆ n inf: it's a ~ é imprescindível; I ~ go tenho de ir; the room ~ be vacated by ten o quarto tem de ser desocupado antes das dez; you ~ have seen it você deve ter visto; you ~ see that movie você tem de ver aquele filme; you ~ be joking! você deve estar brincando!

mustache ['mʌstæʃ] Am bigode m.

mustard ['mʌstərd] n mostarda f.

mustn't ['mʌsnt] = must not.

mutter ['mʌtər] vt murmurar.

mutton ['mʌtn] n carne f de carneiro.

mutual ['mju:tʃʊəl] adj mútuo (tua).

muzzle ['mʌzl] n (for dog) focinheira f.

my [maɪ] adj meu (minha); ~ books os meus livros.

myself [maɪ'self] pron (reflexive) me; (after prep) mim; I did it ~ eu mesmo o fiz; I hurt ~ machuquei-me.

mysterious [mɪ'stɪərɪəs] adj misterioso(osa).

mystery ['mɪstərɪ] n mistério m.

myth [mɪθ] n mito m.

N

N (abbr of north) N.

nag [næg] vt apoquentar.

nail [neɪl] n (of finger, toe) unha f; (metal) prego m. ◆ vt (fasten) pregar.

nailbrush ['neɪlbrʌʃ] n escova f de unhas.

nail file n lixa f de unhas.

nail polish n esmalte m.

naive [naɪ'i:v] adj ingênuo(nua).

naked ['neɪkəd] adj (person) nu (nua).

name [neɪm] n nome m. ◆ vt (person, place, animal) chamar; (date, price) fixar; first ~ nome próprio OR de batismo; last ~

sobrenome; **what's your** ~ ? como você se chama?; **my** ~ **is ...** o meu nome é ...

namely [ˈneɪmlɪ] *adv* isto é, a saber.

nanny [ˈnænɪ] *n (babysitter)* babá *f*.

nap [næp] *n* soneca *f*; **to take a** ~ tirar uma soneca.

napkin [ˈnæpkɪn] *n* guardanapo *m*.

narcotic [nɑːˈkɒtɪk] *n* narcótico *m*.

narrow [ˈnærəʊ] *adj (road, gap)* estreito(ta). ◆ *vi* estreitar.

narrow-minded [-ˈmaɪndəd] *adj* tacanho(nha), de idéias curtas.

nasty [ˈnæstɪ] *adj (person)* mau (má); *(comment)* maldoso(osa); *(accident, fall)* grave; *(unpleasant)* desagradável.

nation [ˈneɪʃn] *n* nação *f*.

national [ˈnæʃənl] *adj* nacional. ◆ *n* natural *mf (de um país)*.

nationality [ˌnæʃəˈnælətɪ] *n* nacionalidade *f*.

national park *n* parque *m* nacional.

 NATIONAL PARK

Grandes áreas rurais, protegidas devido a sua beleza natural, os parques nacionais da Grã-Bretanha e dos Estados Unidos são abertos ao público. Alguns dos parques nacionais britânicos mais conhecidos são Snowdonia, Lake District e Peak District; nos Estados Unidos, os mais famosos são Yellowstone e Yosemite.

nationwide [ˈneɪʃənwaɪd] *adj* de âmbito nacional.

native [ˈneɪtɪv] *adj (country)* natal; *(customs, population)* nativo (va). ◆ *n* natural *mf*.

ⓘ **NATIVE AMERICAN**

Antes da chegada dos europeus, os Estados Unidos eram povoados por tribos com língua e costumes próprios. Entre os séculos XVII e XIX, muitos índios morreram em combate com os colonizadores ou de doenças trazidas pelos mesmos. Outros tiveram que viver em reservas. No século XX, esses grupos étnicos adquiriram mais direitos.

natural [ˈnætʃrəl] *adj (ability, charm)* natural; *(swimmer, actor)* nato(ta).

naturally [ˈnætʃrəlɪ] *adv (of course)* naturalmente.

nature [ˈneɪtʃər] *n* natureza *f*.

nature reserve *n* reserva *f* natural.

naughty [ˈnɔːtɪ] *adj (child)* travesso(a).

nausea [ˈnɔːzjə] *n* enjôo *m*, náusea *f*.

navigate [ˈnævɪgeɪt] *vi (in boat)* navegar; *(in plane)* calcular a rota; *(in car)* ir como navegador.

navy ['neɪvɪ] n (ships) marinha f.
◆ adj: ~ **(blue)** azul-marinho
(inv).

near [nɪər] adv perto. ◆ adj próximo(ma). ◆ prep: ~ **(to)** (edge, object, place) perto de; **in the ~ future** num futuro próximo, em breve.

nearby [nɪər'baɪ] adv perto.
◆ adj próximo(ma).

nearly ['nɪərlɪ] adv quase.

nearsighted ['nɪərsaɪtəd] adj Am míope.

neat [niːt] adj (room) arrumado(da); (writing, work) caprichado(da); (whiskey, vodka, etc) puro(ra); Am (very good) ótimo.

neatly ['niːtlɪ] adv cuidadosamente.

necessarily [ˌnesə'serɪlɪ] adv necessariamente; **not ~** não necessariamente.

necessary ['nesəsərɪ] adj necessário(ria); **it is ~ to do it** é necessário fazê-lo.

necessity [nə'sesətɪ] n necessidade f. □ **necessities** npl artigos mpl de primeira necessidade.

neck [nek] n (of person, animal) pescoço m; (of sweater) gola f; (of shirt) colarinho m; (of dress) decote m.

necklace ['nekləs] n colar m.

nectarine ['nektəriːn] n nectarina f.

need [niːd] n necessidade f. ◆ vt precisar de, necessitar de; **to ~ to do sthg** precisar fazer algo.

needle ['niːdl] n agulha f.

needn't ['niːdnt] = need not.

needy ['niːdɪ] adj necessitado(da), com necessidades.

negative ['negətɪv] adj negativo(va). ◆ n (in photography) negativo m; GRAMM negativa f.

neglect [nɪ'glekt] vt não prestar atenção a.

negligence ['neglɪdʒəns] n negligência f.

negotiations [nɪˌɡəʊʃɪ'eɪʃnz] npl negociações fpl.

neighbor ['neɪbər] n Am vizinho m, -nha f.

neighborhood ['neɪbərhʊd] n vizinhança f.

neighboring ['neɪbərɪŋ] adj vizinho(nha).

neighbour ['neɪbə'] Brit = neighbor.

neither ['niːðər, 'naɪðər] adj: ~ **bag is big enough** nenhuma das bolsas é suficientemente grande. ◆ pron: ~ **one of us** nenhum m, -ma f de nós. ◆ conj: ~ **do I** nem eu; ~ ... **nor** nem ... nem.

neon light ['niːɒn-] n luz f de néon.

nephew ['nefjuː] n sobrinho m.

nerve [nɜːrv] n (in body) nervo m; (courage) ousadia f; **he has some ~!** que descaramento!

nervous ['nɜːrvəs] adj nervoso(osa).

nervous breakdown n esgotamento m nervoso.

nest [nest] n ninho m.

net [net] n rede f. ◆ adj líquido(da).

nettle ['netl] n urtiga f.

network ['netwɜːrk] n rede f.

neurotic [ˌnʊ'rɒtɪk] adj neurótico(ca).

neutral ['nuːtrəl] adj neutro (tra). ◆ n AUT: **in ~** em ponto morto.

never ['nevər] adv nunca; **she's ~ late** ela nunca chega tarde; **~ mind!** não faz mal!

nevertheless [ˌnevərðə'les] adv contudo, todavia.

new [nuː] adj novo (nova).

news [nuːz] n notícias fpl; (on TV) telejornal m; **a piece of ~** uma notícia.

newspaper ['nuːzˌpeɪpər] n jornal m.

newsstand ['nuːzstænd] n Am jornaleiro m.

New Year n Ano m Novo.

New Year's Day n dia m de Ano Novo.

New Year's Eve n véspera f de Ano Novo.

New Zealand [-'ziːlənd] n Nova Zelândia f.

next [nekst] adj próximo(ma); (room, house) do lado. ◆ adv (afterward) depois, em seguida; (on next occasion) da próxima vez; **when does the ~ bus leave?** a que horas sai o próximo ônibus?; **~ month/year** o mês/ano que vem; **~ to** (by the side of) ao lado de; **the week after ~** daqui a duas semanas.

next door adv ao lado; **the house/people ~** a casa/os vizinhos do lado.

next of kin [-kɪn] n parente m

mais próximo, parente f mais próxima.

nibble ['nɪbl] vt mordiscar.

nice [naɪs] adj (pleasant) agradável; (pretty) bonito(ta); (kind) amável, simpático(ca); **to have a ~ time** divertir-se; **~ to see you!** prazer em vê-lo!

nickel ['nɪkl] n (metal) níquel m; Am (coin) moeda de cinco centavos de um dólar.

nickname ['nɪkneɪm] n apelido m.

niece [niːs] n sobrinha f.

night [naɪt] n noite f; **at ~** à noite; **by ~** de noite; **last ~** ontem à noite.

nightclub ['naɪtklʌb] n boate f.

nightgown ['naɪtgaʊn] n camisola f.

nightlife ['naɪtlaɪf] n vida f noturna.

nightly ['naɪtlɪ] adv todas as noites.

nightmare ['naɪtmeər] n pesadelo m.

nil [nɪl] n SPORT zero m.

nine [naɪn] num nove → **six.**

nineteen [ˌnaɪn'tiːn] num dezenove; **~ ninety-seven** mil novecentos e noventa e sete → **six.**

nineteenth [ˌnaɪn'tiːnθ] num décimo nono (décima nona) → **sixth.**

ninetieth ['naɪntɪəθ] num nonagésimo(ma) → **sixth.**

ninety ['naɪntɪ] num noventa → **six.**

ninth [naɪnθ] *num* nono(na) → sixth.

nip [nɪp] *vt (pinch)* beliscar.

nipple ['nɪpl] *n (of breast)* bico *m* do peito, mamilo *m*; *(of bottle)* bico *m*.

nitrogen ['naɪtrədʒən] *n* nitrogênio *m*.

no [nəʊ] *adv* não. ♦ *adj* nenhum(ma), algum(ma). ♦ *n* não *m*; **I have ~ money left** não tenho mais um tostão; **it is of ~ interest** não interessa.

noble ['nəʊbl] *adj* nobre.

nobody ['nəʊbədɪ] *pron* ninguém.

nod [nɒd] *vi (in agreement)* dizer que sim com a cabeça.

noise [nɔɪz] *n* barulho *m*, ruído *m*.

noisy ['nɔɪzɪ] *adj* barulhento (ta), ruidoso(osa).

nominate ['nɒmɪneɪt] *vt* nomear.

none [nʌn] *pron* nenhum *m*, -ma *f*; **there's ~ left** não resta nada.

nonetheless [,nʌnðə'les] *adv* todavia, contudo.

non-fiction *n* literatura *f* não ficcional.

nonsense ['nɒnsəns] *n (stupid words)* disparates *mpl* ; *(foolish behavior)* disparate *m*.

non-smoker *n* não-fumante *mf*.

non-stop *adj (talking, arguing)* constante; *(flight)* direto(ta). ♦ *adv* sem parar.

noodles ['nu:dlz] *npl* miojo *m*.

noon [nu:n] *n* meio-dia *m*.

no one = **nobody**.

nor [nɔ:r] *conj* nem; **~ do I** nem eu → **neither**.

normal ['nɔ:rml] *adj* normal.

normally ['nɔ:rməlɪ] *adv* normalmente.

north [nɔ:rθ] *n* norte *m*. ♦ *adj* norte. ♦ *adv (be situated)* a norte; *(fly, walk)* para norte; **in the ~ of the country** no norte do país.

North America *n* a América do Norte.

northeast [,nɔ:rθ'i:st] *n* nordeste *m*.

northern ['nɔ:rðərn] *adj* do norte.

Northern Ireland *n* Irlanda *f* do Norte.

northward ['nɔ:rθwərd] *adv* em direção ao norte, para norte.

northwest [,nɔ:rθ'west] *n* noroeste *m*.

nose [nəʊz] *n* nariz *m*; *(of animal)* focinho *m*.

nosebleed ['nəʊzbli:d] *n*: **to have a ~** perder sangue pelo nariz.

nostril ['nɒstrəl] *n* narina *f*.

nosy ['nəʊzɪ] *adj* bisbilhoteiro (ra).

not [nɒt] *adv* não; **she's ~ there** ela não está lá; **~ yet** ainda não; **~ at all** *(answer)* de nada.

notably ['nəʊtəblɪ] *adv* especialmente.

note [nəʊt] *n* nota *f*; *(message)* recado *m*. ♦ *vt (notice)* notar;

nylon

(write down) anotar; **to take ~s** fazer anotações.

notebook ['nəʊtbʊk] *n* caderno *m*, bloco *m* de anotações.

noted ['nəʊtɪd] *adj* famoso (osa).

notepaper ['nəʊtpeɪpər] *n* papel *m* de carta.

nothing ['nʌθɪŋ] *pron* nada; **he did ~** ele não fez nada; **~ new/interesting** nada de novo/interessante; **for ~** *(for free)* de graça; *(in vain)* para nada.

notice ['nəʊtɪs] *vt* notar. ◆ *n* aviso *m*; **to take ~ of** prestar atenção a; **to give ~** pedir demissão.

noticeable ['nəʊtɪsəbl] *adj* visível.

notion ['nəʊʃn] *n* noção *f*.

notorious [nəʊ'tɔ:rɪəs] *adj* notório(ria).

nougat ['nu:gɑt] *n* torrone *m*.

noun [naʊn] *n* substantivo *m*.

nourishment ['nʌrɪʃmənt] *n* alimento *m*.

novel ['nɒvl] *n* romance *m*. ◆ *adj* original.

novelist ['nɒvəlɪst] *n* romancista *mf*.

November [nə'vembər] *n* novembro *m* → **September**.

now [naʊ] *adv* agora. ◆ *conj*: **~ (that)** agora que; **by ~** já; **from ~ on** de agora em diante; **just ~** *(a moment ago)* agora mesmo; *(at the moment)* neste momento; **right ~** *(at the moment)* neste momento; *(immediately)* já, agora mesmo.

nowadays ['naʊədeɪz] *adv* hoje em dia.

nowhere ['nəʊweər] *adv* em parte alguma.

nozzle ['nɒzl] *n* agulheta *f*.

nuclear ['nu:klɪər] *adj* nuclear.

nude [nju:d] *adj* nu (nua).

nudge [nʌdʒ] *vt* cutucar.

nuisance ['nu:sns] *n*: **it's a real ~!** é uma chatice!; **he's such a ~!** ele é um chato!

numb [nʌm] *adj* *(leg, arm)* dormente; *(with shock, fear)* atônito (ta).

number ['nʌmbər] *n* número *m*. ◆ *vt* *(give number to)* numerar.

numeral ['nu:mrəl] *n* numeral *m*, algarismo *m*.

numerous ['nu:mərəs] *adj* inúmeros(ras).

nun [nʌn] *n* freira *f*.

nurse [nɜ:s] *n* enfermeiro *m*, -ra *f*. ◆ *vt* *(look after)* tomar conta de.

nursery ['nɜ:srərɪ] *n* *(for plants)* viveiro *m* para plantas; *(in house)* quarto *m* de criança.

nursery school *n* escola *f* maternal.

nursing ['nɜ:sɪŋ] *n* *(profession)* enfermagem *f*.

nut [nʌt] *n* *(to eat)* fruto *m* seco *(noz, avelã, etc)*; *(of metal)* porca *f* *(de parafuso)*.

nutcrackers ['nʌt,krækərz] *npl* quebra-nozes *m inv*.

nutmeg ['nʌtmeg] *n* noz-moscada *f*.

nylon ['naɪlɒn] *n* nylon *m*. ◆ *adj* de nylon.

O

O n (zero) zero m.

oak [əʊk] n carvalho m. ✦ adj de carvalho.

oar [ɔːr] n remo m.

oath [əʊθ] n (promise) juramento m.

oatmeal ['əʊtmiːl] n flocos mpl de aveia.

oats [əʊts] npl aveia f.

obedient [ə'biːdjənt] adj obediente.

obey [ə'beɪ] vt obedecer a.

object [n 'ɒbdʒɪkt, vb əb'dʒekt] n (thing) objeto m; (purpose) objetivo m; GRAMM objeto, complemento m. ✦ vi: to ~ (to) opor-se (a).

objection [əb'dʒekʃn] n objeção f.

objective [əb'dʒektɪv] n objetivo m.

obligation [ˌɒblɪ'ɡeɪʃn] n obrigação f.

obligatory [ə'blɪɡətəri] adj obrigatório(ria).

oblige [ə'blaɪdʒ] vt: to ~ sb to do sthg obrigar alguém a fazer algo.

oblique [ə'bliːk] adj oblíquo (qua).

oblong ['ɒblɒŋ] adj retangular. ✦ n retângulo m.

obnoxious [əb'nɒkʃəs] adj horroroso(osa).

oboe ['əʊbəʊ] n oboé m.

obscene [əb'siːn] adj obsceno(na).

obscure [əb'skjʊər] adj (difficult to understand) obscuro(ra); (not well-known) desconhecido(da).

observant [əb'zɜːrvnt] adj observador(ra).

observation [ˌɒbzər'veɪʃn] n observação f.

observatory [əb'zɜːrvətɔːri] n observatório m.

observe [əb'zɜːrv] vt (watch, see) observar.

obsessed [əb'sest] adj obcecado(da).

obsession [əb'seʃn] n obsessão f.

obsolete ['ɒbsəliːt] adj obsoleto(ta).

obstacle ['ɒbstəkl] n obstáculo m.

obstinate ['ɒbstənət] adj teimoso(osa).

obstruct [əb'strʌkt] vt (road, path) obstruir.

obstruction [əb'strʌkʃn] n (in road, path) obstrução f.

obtain [əb'teɪn] vt obter.

obtainable [əb'teɪnəbl] adj que se pode obter.

obvious ['ɒbvɪəs] adj óbvio (via).

obviously ['ɒbvɪəsli] adv evidentemente.

occasion [ə'keɪʒn] n ocasião f.

occasional [ə'keɪʒnəl] adj ocasional, esporádico(ca).

occasionally [ə'keɪʒnəlɪ] *adv* de vez em quando.

occupant ['ɒkjəpənt] *n (of house)* inquilino *m*, -na *f*, ocupante *mf*; *(of car, plane)* ocupante.

occupation [ˌɒkjə'peɪʃn] *n (job)* ocupação *f*; *(pastime)* passatempo *m*.

occupied ['ɒkjəpaɪd] *adj (toilet)* ocupado(da).

occupy ['ɒkjəpaɪ] *vt* ocupar.

occur [ə'kɜːr] *vi* ocorrer.

occurrence [ə'kʌrəns] *n* ocorrência *f*.

ocean ['əʊʃn] *n* oceano *m*; **the ~** *Am (sea)* o oceano, o mar.

o'clock [ə'klɒk] *adv*: **it's one ~** é uma hora; **it's seven ~** são sete horas; **at nine ~** às nove horas.

October [ɒk'təʊbər] *n* outubro *m* → September.

octopus ['ɒktəpəs] *n* polvo *m*.

odd [ɒd] *adj (strange)* estranho (nha); *(number)* ímpar; *(not matching)* sem par; *(occasional)* ocasional; **60 ~ miles** umas 60 milhas; **~ jobs** biscates *mpl*.

odds [ɒdz] *npl (in betting)* apostas *fpl*; *(chances)* probabilidades *fpl*; **~ and ends** miudezas *fpl*.

odor ['əʊdər] *Am* odor *m*.

odour ['əʊdər] *Brit* = **odor**.

of [ɒv] *prep* - **1.** *(belonging to)* de; **the color ~ the car** a cor do carro.

- **2.** *(expressing amount)* de; **a piece ~ cake** uma fatia de bolo; **a fall ~ 20%** uma queda de 20%; **lots ~ people** muita gente.

- **3.** *(containing, made from)* de; **a glass ~ beer** um copo de cerveja; **a house ~ stone** uma casa de pedra; **it's made ~ wood** é de madeira.

- **4.** *(regarding, relating to, indicating cause)* de; **fear ~ spiders** medo de aranhas; **he died ~ cancer** ele morreu de câncer.

- **5.** *(referring to time)* de; **the summer ~ 1969** o verão de 1969; **the 26th ~ August** o 26 de agosto.

- **6.** *(with cities, countries)* de; **the city ~ San Francisco** a cidade de San Francisco.

- **7.** *(on the part of)* de; **that was very kind ~ you** foi muito amável da sua parte.

- **8.** *Am (in telling the time)* menos, para; **it's ten ~ four** são dez para as quatro.

off [ɒf] *adv* - **1.** *(away)* to drive/ walk ~ ir-se embora; **to get ~** *(from bus, train, etc)* descer; **we're ~ to Austria next week** vamos para a Áustria na próxima semana.

- **2.** *(expressing removal)*: **to take sthg ~** tirar algo.

- **3.** *(so as to stop working)*: **to turn sthg ~** *(TV, radio, engine)* desligar algo; *(tap)* fechar algo.

- **4.** *(expressing distance or time away)*: **it's a long way ~** *(in distance)* é muito longe; *(in time)* ainda falta muito; **it's two months ~** é daqui a dois meses.

- **5.** *(not at work)* de folga; **I'm taking a week ~** vou tirar uma semana de férias.

◆ prep - 1. *(away from)*: **to get ~ sthg** descer de algo; **~ the coast** ao largo da costa; **just ~ the main road** perto da estrada principal. **- 2.** *(indicating removal)*: **take the lid ~ the jar** tire a tampa do frasco; **we'll take $20 ~ the price** descontaremos 20 dólares do preço. **- 3.** *(absent from)*: **to be ~ work** não estar trabalhando. **- 4.** *inf (from)* a; **I bought it ~ her** eu comprei isso dela.

◆ adj - 1. *(TV, radio, light)* apagado(da), desligado(da); *(tap)* fechado(da); *(engine)* desligado(da). **- 2.** *(cancelled)* cancelado(da).

offence [ə'fens] *Brit* = offense.

offend [ə'fend] *vt (upset)* ofender.

offender [ə'fendər] *n* infrator *m*, -ra *f*, transgressor *m*, -ra *f*.

offense [ə'fens] *n Am (crime)* infração *f*, delito *m*; *(upset)* ofensa *f*.

offensive [ə'fensɪv] *adj (insulting)* ofensivo(va). **◆** *n* ofensiva *f*.

offer ['ɒfər] *n* oferta *f*. **◆** *vt* oferecer; **on ~** *(available)* à venda; *(reduced)* em oferta; **to ~ to do sthg** oferecer-se para fazer algo; **to ~ sb sthg** oferecer algo a alguém.

office ['ɒfɪs] *n (room)* escritório *m*; *Am (building)* edifício *m* de escritórios.

officer ['ɒfɪsər] *n MIL* oficial *mf*; *(policeman)* polícia *mf*.

official [ə'fɪʃl] *adj* oficial. **◆** *n* funcionário *m*, -ria *f*.

officially [ə'fɪʃəlɪ] *adv* oficialmente.

off-season *n* temporada *f* baixa.

offshore ['ɒfʃɔːr] *adj (wind)* costeiro(ra); *(oil production)* no alto mar.

off-the-rack *adj Am* pronto (ta) para vestir.

often ['ɒfn, 'ɒftn] *adv* muitas vezes, freqüentemente; **how ~ do the buses run?** qual é a freqüência dos ônibus?; **every so ~** de vez em quando.

oh [əʊ] *excl* oh!

oil [ɔɪl] *n* óleo *m*; *(fuel)* petróleo *m*.

oil filter *n* filtro *m* do óleo.

oil rig *n* plataforma *f* petrolífera.

oily ['ɔɪlɪ] *adj (cloth, hands)* oleoso(osa); *(food)* gorduroso (osa).

ointment ['ɔɪntmənt] *n* pomada *f*, ungüento *m*.

OK [ˌəʊ'keɪ] *adj inf* bom (boa). **◆** *adv inf* bem; **is everything ~?** está tudo bem?; **is that ~?** pode ser?, você concorda?; **the movie was ~** achei o filme mais ou menos.

okay [ˌəʊ'keɪ] = OK.

old [əʊld] *adj* velho(lha); *(former)* antigo(ga); **how ~ are you?** quantos anos você tem?; **I'm 16 years ~** tenho 16 anos; **to get ~** envelhecer.

old age *n* velhice *f*.

olive ['ɒlɪv] n azeitona f.

olive oil n azeite m.

Olympic Games [ə'lɪmpɪk-] npl Jogos mpl Olímpicos.

omelette ['ɒmlət] n omelete f; **mushroom** ~ omelete de cogumelos.

ominous ['ɒmɪnəs] adj (silence, clouds) ameaçador(ra); (event, sign) de mau agouro.

omit [ə'mɪt] vt omitir.

on [ɒn] prep -1. (expressing position, location) em, sobre; **it's** ~ **the table** está na mesa, está sobre a mesa; **put it** ~ **the table** ponha-na OR sobre a mesa; ~ **my right** à minha direita; ~ **the right** à direita; **a picture** ~ **the wall** um quadro na parede; **the exhaust** ~ **the car** o cano de descarga do carro; **we stayed** ~ **a farm** ficamos numa fazenda.
- 2. (with forms of transportation): ~ **the plane** no avião; **to get** ~ **a bus** subir num ônibus.
- 3. (expressing means, method) em; ~ **foot** a pé; ~ **the radio** no rádio; ~ **TV** na televisão; **paid** ~ **an hourly basis** pago por hora.
- 4. (using) a; **it runs** ~ **unleaded gas** funciona com gasolina sem chumbo; **to be** ~ **drugs** drogarse; **to be** ~ **medication** estar tomando medicamentos.
- 5. (about) sobre; **a book** ~ **Germany** um livro sobre a Alemanha.
- 6. (expressing time): ~ **arrival** ao chegar; ~ **Tuesday** na terça-

feira; ~ **August 25th** no dia 25 de agosto.
- 7. (with regard to) em, sobre; **a tax** ~ **imports** um imposto sobre as importações; **the effect** ~ **the country** o impacto no país.
- 8. (describing activity, state): ~ **vacation** de férias; ~ **sale** à venda.
- 9. (in phrases): **do you have any money** ~ **you?** inf você tem dinheiro?; **the drinks are** ~ **me** as bebidas são por minha conta.

◆ adv -1. (in place, covering): **to put one's clothes** ~ vestir-se; **to put the lid** ~ tapar.
- 2. (movie, play, programme): **the news is** ~ está passando o telejornal; **what's** ~ **at the movies?** o que é que está passando no cinema?
- 3. (with transportation): **to get** ~ subir.
- 4. (functioning): **to turn sthg** ~ (TV, radio, light) ligar OR acender algo; (tap) abrir algo; (engine) pôr algo para trabalhar.
- 5. (taking place): **how long is the festival** ~ ? quanto tempo dura o festival?; **the game is already** ~ o jogo já começou.
- 6. (farther forward): **to drive** ~ continuar a dirigir.
- 7. (in phrases): **I already have something** ~ **tonight** já tenho planos para esta noite.

◆ adj (TV, radio, light) ligado(da), aceso(sa); (faucet) aberto(ta); (engine) funcionando.

once [wʌns] adv (one time) uma vez; (in the past) uma vez, no passado. ◆ *conj* quando, assim que; **at ~ (immediately)** imediatamente; *(at the same time)* ao mesmo tempo; **for ~** pelo menos uma vez; **~ more** *(one more time)* mais uma vez; *(again)* outra vez.

oncoming ['ɒnkʌmɪŋ] *adj (traffic)* em sentido contrário.

one [wʌn] *num* um (uma). ◆ *adj (only)* único(ca). ◆ *pron (object, person)* um *m,* uma *f; (fml: you)* cada um; **thirty-~** trinta e um; **~ fifth** um quinto; **the green ~** o verde; **I want a blue ~** quero um azul; **that ~** aquele *m,* aquela *f,* esse *m,* essa *f;* **this ~** este *m,* esta *f;* **which ~ ?** qual?; **the ~ I told you about** aquele de que lhe falei; **~ of my friends** um dos meus amigos; **~ day** um dia.

oneself [wʌn'self] *pron (reflexive)* se; *(after prep)* si próprio OR mesmo, si própria OR mesma.

one-way *adj (street)* de sentido único; *(ticket)* de ida.

onion ['ʌnjən] *n* cebola *f.*

only ['əunlɪ] *adj* único(ca). ◆ *adv* só; **he's an ~ child** ele é filho único; **I ~ want one** só quero um; **we've ~ just arrived** acabamos de chegar; **'members ~ '** 'só para associados'; **not ~** não só.

onto ['ɒntu:] *prep (with verbs of movement)* para (cima de); **to get ~ sb** *(telephone)* contatar alguém (pelo telefone).

onward ['ɒnwəd] *adv (forward)* para a frente, para diante; **from now ~** daqui em diante;

from October ~ de outubro em diante. ◆ *adj:* **the ~ journey** o resto da viagem.

opaque [əʊ'peɪk] *adj* opaco (ca).

open ['əupən] *adj* aberto(ta); *(honest)* franco(ca). ◆ *vt* abrir; *(start)* iniciar. ◆ *vi (door, window, lock)* abrir-se; *(store, office, bank)* abrir; *(start)* iniciar-se, começar; **are you ~ on the weekend?** está aberto no fim de semana?; **wide ~** completamente aberto; **in the ~ air** ao ar livre. ❑ **open onto** *vt fus* dar para. ❑ **open up** *vi* abrir.

open-air *adj* ao ar livre.

opening ['əupənɪŋ] *n* abertura *f; (opportunity)* oportunidade *f.*

open-minded [-'maɪndəd] *adj* aberto(ta), sem preconceitos.

open-plan *adj* sem divisórias.

opera ['ɒprə] *n* ópera *f.*

opera house *n* teatro *m* de ópera.

operate ['ɒpəreɪt] *vt (machine)* trabalhar com. ◆ *vi (work)* funcionar; **to ~ on sb** operar alguém.

operating room ['ɒpəreɪtɪŋ-] *n Am* sala *f* de cirurgia.

operating theatre ['ɒpə-reɪtɪŋ-] *n Brit* = **operating room.**

operation [ˌɒpə'reɪʃn] *n* operação *f,* cirurgia *f;* **to be in ~** *(law, system)* estar em vigor; **to have an ~** ser operado.

operator ['ɒpəreɪtər] *n (on*

phone) telefonista *mf.*

opinion [ə'pɪnjən] *n* opinião *f;* in my ~ na minha opinião.

opponent [ə'pəunənt] *n* adversário *m*, -ria *f.*

opportunity [ˌɒpər'tuːnəti] *n* oportunidade *f.*

oppose [ə'pəuz] *vt* opor-se a.

opposed [ə'pəuzd] *adj:* to be ~ to opor-se a.

opposite [ˈɒpəzɪt] *adj* oposto (osta). ◆ *prep* em frente de, frente a. ◆ *n:* the ~ (of) o oposto (de), o contrário (de); I live in the house ~ vivo na casa em frente.

opposition [ˌɒpə'zɪʃn] *n* (*objections*) oposição *f;* SPORT adversário *m.*

opt [ɒpt] *vt:* to ~ to do sthg optar por fazer algo.

optician [ɒp'tɪʃn] *n* oculista *m.*

optimist [ˈɒptəmɪst] *n* otimista *mf.*

optimistic [ˌɒptə'mɪstɪk] *adj* otimista.

option [ˈɒpʃn] *n* opção *f.*

optional [ˈɒpʃnəl] *adj* facultativo(va).

or [ɔːr] *conj* ou; (*after negative*) nem; (*otherwise*) senão; I can't read ~ write não sei ler nem escrever.

OR *abbr* = operating room.

oral [ˈɔːrəl] *adj* oral. ◆ *n* oral *f.*

orange [ˈɒrɪndʒ] *adj* laranja *inv.* ◆ *n (fruit)* laranja *f;* (*color*) laranja *m inv.*

orange juice *n* suco *m* de laranja.

orbit [ˈɔːbət] *n* órbita *f.*

orchard [ˈɔːtʃərd] *n* pomar *m.*

orchestra [ˈɔːkəstrə] *n* orquestra *f.*

ordeal [ɔːr'diːl] *n* experiência *f* traumática.

order [ˈɔːrdər] *n* ordem *f;* (*in restaurant*) pedido *m;* COMM encomenda *f* ◆ *vt* (*command*) mandar; (*food, drink*) pedir; COMM encomendar. ◆ *vi* (*in restaurant*) pedir; in ~ to para; out of ~ (*not working*) quebrado(da); in working ~ funcionando; to ~ sb to do sthg mandar alguém fazer algo.

ordinary [ˈɔːrdnəri] *adj* comum.

ore [ɔːr] *n* minério *m.*

oregano [ɒ'regənəu] *n* orégano *m.*

organ [ˈɔːrgən] *n* órgão *m.*

organic [ɔːr'gænɪk] *adj* orgânico(ca).

organization [ˌɔːrgənə'zeɪʃn] *n* organização *f.*

organize [ˈɔːrgənaɪz] *vt* organizar.

organizer [ˈɔːrgənaɪzər] *n* (*person*) organizador *m*, -ra *f;* (*diary*) agenda *f.*

orient [ˈɔːrient] *vtAm:* to ~ o.s. orientar-se.

oriental [ˌɔːri'entl] *adj* oriental.

origin [ˈɒrɪdʒɪn] *n* origem *f.*

original [ə'rɪdʒnəl] *adj* original.

originally [ə'rɪdʒnəli] *adv* (*formerly*) inicialmente.

originate [ə'rɪdʒəneɪt] vi: **to ~ (from)** nascer (de).

ornament ['ɔ:rnəmənt] n (object) peça f de decoração.

ornamental [,ɔ:rnə'mentl] adj decorativo(a).

ornate [ɔ:r'neɪt] adj ornado (da).

orphan ['ɔ:rfn] n órfão m, -fã f.

orthodox ['ɔ:rθədɒks] adj ortodoxo(xa).

ostentatious [,ɒstən'teɪʃəs] adj pretensioso(osa).

ostrich ['ɒstrɪtʃ] n avestruz f.

other ['ʌðər] adj outro(tra).
♦ adv: **~ than** exceto; **the ~ one** o outro (a outra); **the ~ day** no outro dia; **one after the ~** um depois do outro.
❑ **others** pron pl (additional ones) outros mpl, -tras fpl; **the ~ s** (remaining ones) os outros (as outras).

otherwise ['ʌðərwaɪz] adv (or else) senão; (apart from that) de resto; (differently) de outro modo.

otter ['ɒtər] n lontra f.

ought [ɔ:t] aux vb dever; **you ~ to go** você devia ir; **you ~ to see a doctor** você devia ir ao médico; **the car ~ to be ready by Friday** o carro tem de estar pronto sexta-feira.

ounce [aʊns] n = 28,35 gr, onça f.

our ['aʊər] adj nosso(a); **~ books** os nossos livros.

ours ['aʊərz] pron o nosso (a nossa); **a friend of ~** um amigo nosso; **these shoes are ~** estes

sapatos são (os) nossos; **~ are here** where are yours? os nossos estão aqui onde estão os seus?

ourselves [aʊər'selvz] pron (reflexive) nos; (after prep) nós mpl mesmos or próprios, nós fpl mesmas or próprias; **we did it ~** nós mesmos or próprios o fizemos; **we hurt ~** nós nos machucamos.

out [aʊt] adj (light, cigarette) apagado(da); (not in fashion) fora de moda; **cargo pants are so ~** as calças cargo estão tão fora de moda.
♦ adv - 1. (outside) fora; **to get/go ~ (of)** sair (de); **it's cold ~ today** está frio lá fora hoje; **he looked ~** ele olhou para fora.
- 2. (not at home, work) fora; **to be ~** não estar em casa; **to go ~** sair.
- 3. (so as to be extinguished): **to turn sthg ~** apagar algo; **put your cigarette ~** apague o cigarro.
- 4. (expressing removal): **to pour sthg ~** despejar algo, jogar algo fora; **to take money ~** (from cashpoint) retirar dinheiro; **to take sthg ~ (of)** tirar algo (de).
- 5. (outwards): **to stick ~** sobressair.
- 6. (expressing distribution): **to hand sthg ~** distribuir algo.
- 7. (in phrases): **to get enjoyment ~ of sthg** divertir-se com algo; **stay ~ of the sun** não se exponha ao sol; **made ~ of wood** (feito) de madeira; **five ~ of ten women** cinco em cada

dez mulheres; **I'm** ~ of cigarettes não tenho cigarros.

outbreak ['aʊtbreɪk] n *(of disease)* surto m; *(of violence)* defla-
gração f.

outburst ['aʊtbɜːrst] n explosão f.

outcome ['aʊtkʌm] n resultado m.

outdated [ˌaʊt'deɪtəd] adj ul-
trapassado(da).

outdo [ˌaʊt'duː] (pt -did, pp
-done) vt ultrapassar, vencer.

outdoor ['aʊtdɔːr] adj (swimming pool, activities) ao ar livre.

outdoors [aʊt'dɔːrz] adv ao ar
livre.

outer ['aʊtər] adj exterior, ex-
terno(na).

outfit ['aʊtfɪt] n (clothes) roupa
f.

outing ['aʊtɪŋ] n excursão f,
saída f.

outlet ['aʊtlet] n (pipe) saída f;
'**no** ~ **'** Am '(rua) sem saída'.

outline ['aʊtlaɪn] n (shape) contorno m; (description) linhas fpl
gerais, esboço m.

outlook ['aʊtlʊk] n (for future)
perspectiva f; (of weather) previsão f; (attitude) atitude f.

out-of-date (old-fashioned)
antiquado(da); (passport, license)
expirado(da).

output ['aʊtpʊt] n (of factory)
produção f; COMPUT (printout) cópia f impressa.

outrage ['aʊtreɪdʒ] n (cruel act)
atrocidade f.

outrageous [aʊt'reɪdʒəs] adj

(shocking) escandaloso(osa).

outright [ˌaʊt'raɪt] adv (tell,
deny) categoricamente; (own)
completamente, totalmente.

outside [adv ˌaʊt'saɪd, adj, prep
& n 'aʊtsaɪd] adv lá fora. ◆ prep
fora de; (in front of) em frente
de. ◆ adj (exterior) exterior; (help,
advice) independente. ◆ n: **the** ~
(of building, car, container) o exterior; AUT a faixa esquerda; ~ **of**
Am (on the outside of) fora de;
(apart from) exceto; **let's go** ~
vamos lá para fora; **an** ~ **line**
uma linha externa.

outsize ['aʊtsaɪz] adj (clothes)
extra grande.

outskirts ['aʊtskɜːrts] npl arredores mpl.

outstanding [ˌaʊt'stændɪŋ] adj
(remarkable) notável; (problem,
debt) pendente.

outward ['aʊtwərd] adj (journey) de ida; (external) exterior.
◆ adv para fora.

oval ['aʊvl] adj oval.

ovation [aʊ'veɪʃn] n ovação
f.

oven ['ʌvn] n forno m.

over ['aʊvər] prep -1. (above)
por cima de; **a bridge** ~ **the
road** uma ponte por cima da estrada.
-2. (across) por cima de; **with a
view** ~ **the square** com vista
sobre a praça; **to step** ~ **sthg**
passar por cima de algo.
-3. (covering) sobre; **put a plaster** ~ **the wound** ponha um
band-aid® na ferida.
-4. (more than) mais de; **it cost** ~

$1,000 custou mais de 1.000 dólares.
- 5. *(during)* em; ~ **the past two years** nos últimos dois anos.
- 6. *(with regard to)* sobre; **an argument** ~ **the price** uma discussão sobre o preço.

♦ adv - 1. *(downward)*: **to bend** ~ abaixar-se; **to fall** ~ cair; **to push sthg** ~ empurrar algo.
- 2. *(referring to position, movement)*: **to fly** ~ **to Canada** ir ao Canadá de avião; ~ **here** aqui; ~ **there** ali.
- 3. *(around to other side)*: **to turn sthg** ~ virar algo.
- 4. *(more)*: **for children** ~ **12 years old** para crianças com 12 anos ou mais.
- 5. *(remaining)*: **to be left** ~ restar.
- 6. *(to one's house)*: **to invite sb** ~ **for dinner** convidar alguém para jantar.
- 7. *(in phrases)*: **all** ~ **the world/ country** por todo o muno/ país.

♦ adj *(finished)*: **to be** ~ acabar, terminar; **it's (all)** ~ ! acabou-se!

overall [adv ˌəʊvərˈɔːl, n ˈəʊvərɔːl] adv *(in general)* no geral; **how much does it cost** ~? quanto custa ao todo? ❏ **overalls** npl Am *(dungarees)* jardineiras fpl; Brit *(boiler suit)* macacão m.

overboard [ˈəʊvəbɔːrd] adv *(from ship)* ao mar.

overbooked [ˌəʊvərˈbʊkt] adj *(flight)*: **to be** ~ ter mais reservas que lugares.

overcame [ˌəʊvərˈkeɪm] pt → overcome.

overcast [ˌəʊvərˈkɑːst] adj encoberto(ta).

overcharge [ˌəʊvərˈtʃɑːrdʒ] vt: **to** ~ **sb** cobrar demais a OR de alguém.

overcoat [ˈəʊvərkəʊt] n sobretudo m.

overcome [ˌəʊvərˈkʌm] (pt **-came**, pp **-come**) vt *(defeat)* vencer.

overcrowded [ˌəʊvərˈkraʊdəd] adj superlotado(da); *(country)* com excesso populacional.

overdo [ˌəʊvərˈduː] (pt **-did**, pp **-done**) vt *(exaggerate)* exagerar em; **to** ~ **it** exagerar.

overdone [ˌəʊvərˈdʌn] pp → overdo. ♦ adj *(food)* cozido(da) demais.

overdose [ˈəʊvərdəʊs] n overdose f, dose f excessiva.

overdraft [ˈəʊvərdræft] n saldo m negativo.

overdue [ˌəʊvərˈduː] adj atrasado(da).

over easy adj Am *(egg)* frito (ta) dos dois lados.

overexposed [ˌəʊvərɪkˈspəʊzd] adj *(photograph)* demasiado exposto(osta).

overflow [vb ˌəʊvərˈfləʊ, n ˈəʊvərfləʊ] vi transbordar. ♦ n *(pipe)* cano m de descarga.

overgrown [ˌəʊvərˈɡrəʊn] adj coberto(ta) de ervas daninhas.

overhaul [ˌəʊvərˈhɔːl] n *(of machine, car)* revisão f.

overhead [adj ˈəʊvərhed, adv

,əuvər'hed] *adj* aéreo(rea). ◆ *adv* no alto.

overhear [,əuvər'hiər] (*pt* & *pp* **-heard**) *vt* ouvir (casualmente).

overheat [,əuvər'hi:t] *vi* aquecer demais.

overland ['əuvərlænd] *adv* por terra.

overlap [,əuvər'læp] *vi* sobrepor-se.

overleaf [,əuvər'li:f] *adv* no verso.

overload [,əuvər'ləud] *vt* sobrecarregar.

overlook [*vb* ,əuvər'luk, *n* 'əuvərluk] *vt* (*subj: building, room*) dar para; (*miss*) não reparar em.

overnight [*adv* ,əuvər'naɪt, *adj* 'əuvərnaɪt] *adv* (*during the night*) durante a noite. ◆ *adj* (*train, journey*) noturno(na); **why don't you stay ~?** por que é que você não fica para dormir?

overpowering [,əuvər'pauərɪŋ] *adj* intenso(sa).

oversaw [,əuvər'sɔ:] *pt* → **oversee**.

overseas [*adv* ,əuvər'si:z, *adj* 'əuvərsi:z] *adv* (*go*) para o estrangeiro; (*live*) no estrangeiro. ◆ *adj* estrangeiro(ra); **~ territories** territórios *mpl* ultramarinos.

oversee [,əuvər'si:] (*pt* **-saw**, *pp* **-seen**) *vt* supervisionar.

oversight [,əuvərsaɪt] *n* descuido *m*.

oversleep [,əuvər'sli:p] (*pt* & *pp* **-slept**) *vi* dormir demais.

overtime ['əuvərtaɪm] *n* horas *fpl* extras.

overture ['əuvər,tjuər] *n* MUS abertura *f*.

overturn [,əuvər'tɜ:rn] *vi* (*boat*) virar; (*car*) capotar.

overweight [,əuvər'weɪt] *adj* obeso(sa).

overwhelm [,əuvər'welm] *vt*: **I was ~ed with joy** fiquei feliz da vida.

owe [əu] *vt* dever; **to ~ sb sthg** dever algo a alguém; **owing to** devido a.

owl [aul] *n* mocho *m*, coruja *f*.

own [əun] *adj* próprio(pria). ◆ *vt* possuir, ter. ◆ *pron*: **my ~** o meu (a minha); **a house of my ~** uma casa só minha; **on my ~** sozinho(nha); **to get one's ~ back** vingar-se. ❑ **own up** *vi*: **to ~ up (to sthg)** confessar (algo), admitir (algo).

owner ['əunər] *n* proprietário *m*, -ria *f*, dono *m*, -na *f*.

ownership ['əunərʃɪp] *n* posse *f*.

ox [ɒks] *n* boi *m*.

oxygen ['ɒksɪdʒən] *n* oxigênio *m*.

oyster ['ɔɪstər] *n* ostra *f*.

ozone-friendly ['əuzəun-] *adj* não prejudicial à camada de ozônio.

P

p (abbr of page) pág.,p.

pace [peɪs] n (speed) ritmo m; (step) passo m.

pacemaker ['peɪs,meɪkər] n (for heart) marcapasso m.

Pacific [pə'sɪfɪk] n: **the ~ (Ocean)** o (Oceano) Pacífico.

pacifier ['pæsəfaɪər] n (for baby) chupeta f.

pacifist ['pæsəfəst] n pacifista mf.

pack [pæk] n (packet) pacote m; (of cigarettes) maço m; (of cards) baralho m; (backpack) mochila f. ◆ vt (suitcase, bag) arrumar; (clothes, camera, etc) guardar; (to package) empacotar: ◆ vi (for journey) fazer as malas; **a ~ of lies** um monte de mentiras; **to ~ sthg into sthg** guardar algo em algo; **to ~ one's bags** fazer as malas. ❑ **pack up** vi (pack suitcase) fazer as malas; (tidy up) arrumar.

package ['pækɪdʒ] n pacote m. ◆ vt empacotar.

package tour n pacote m (de viagem).

packaging ['pækɪdʒɪŋ] n (material) embalagem f.

packed [pækt] adj (crowded) cheio (cheia).

packet ['pækɪt] n pacote m.

packing ['pækɪŋ] n (material) embalagem f; **to do one's ~** fazer as malas.

pad [pæd] n (of paper) bloco m; (of cotton) chumaço m; (of cloth) almofada f; **elbow ~** cotoveleira f; **knee ~** joelheira f; **shin ~** caneleira f.

padded ['pædəd] adj (jacket) acolchoado(da); (seat) almofadado(da).

paddle ['pædl] n (pole) remo m (pequeno). ◆ vi (wade) chapinhar, patinhar; (in canoe) remar.

paddock ['pædək] n (at racetrack) recinto nos hipódromos para onde são levados os cavalos antes das corridas.

padlock ['pædlɒk] n cadeado m.

page [peɪdʒ] n página f. ◆ vt chamar pelo pager; **'paging Mr Hill'** 'chamando o Sr. Hill'.

paid [peɪd] pt & pp → **pay.** ◆ adj pago(ga).

pain [peɪn] n dor f; **to be in ~** estar com dores; **he's such a ~!** inf ele é um saco! ❑ **pains** npl (trouble) esforço m, trabalho m.

painful ['peɪnfl] adj doloroso(osa).

painkiller ['peɪn,kɪlər] n analgésico m.

painless ['peɪnləs] adj (operation, death) indolor; (unproblematic) fácil.

paint [peɪnt] n tinta f. ◆ vt & vi pintar; **to ~ one's nails** pintar as unhas. ❑ **paints** npl (tubes, pots, etc) tintas fpl.

paintbrush ['peɪntbrʌʃ] n (of painter) broxa f; (of artist) pincel m.

painter ['peɪntər] n pintor m, -ra f.

painting ['peɪntɪŋ] n (activity) pintura f; (picture) quadro m.

pair [peər] n (of two things) par m; in ~s aos pares; a ~ of pliers um alicate; a ~ of scissors uma tesoura; a ~ of shorts um calção; a ~ of tights uma meia-calça; a ~ of trousers uma calça.

pajamas [pə'dʒæməz] npl pijama m.

pal [pæl] n inf amigo m, -ga f.

palace ['pæləs] n palácio m.

palate ['pælət] n paladar m.

pale [peɪl] adj pálido(da).

palm [pɑːm] n (of hand) palma f; ~ (tree) palmeira f.

pamphlet ['pæmflət] n folheto m.

pan [pæn] n panela f.

pancake ['pænkeɪk] n panqueca f.

panda ['pændə] n panda m.

pane [peɪn] n vidro m, vidraça f.

panel ['pænl] n (of wood) painel m; (group of experts) equipe f; (on TV, radio) bancada f de convidados.

paneling ['pænəlɪŋ] n Am painéis mpl.

panelling ['pænəlɪŋ] Brit = paneling.

panic ['pænɪk] (pt & pp -ked, cont -king) n pânico m. ◆ vi entrar em pânico.

panoramic [ˌpænə'ræmɪk] adj panorâmico(ca).

pant [pænt] vi arfar, ofegar.

panties ['pæntɪz] npl inf calcinha f.

pantry ['pæntrɪ] n despensa f.

pants [pænts] npl Am (trousers) calça f; Brit (underwear) cueca f.

pantyhose ['pæntɪ-] npl meia-calça f.

paper ['peɪpər] n (material) papel m; (newspaper) jornal m; (essay) ensaio m. ◆ adj de papel. ◆ vt decorar (com papel de parede); a piece of ~ (sheet) uma folha de papel; (scrap) um pedaço de papel. ☐ **papers** npl (documents) papéis mpl, documentos mpl.

paperback ['peɪpərbæk] n brochura f.

paper clip n clipe m.

paper tissue n lenço m de papel.

paperweight ['peɪpərweɪt] n peso m (para papéis).

paprika [pə'priːkə] n páprica f.

par [pɑːr] n (in golf) par m.

parachute ['perəʃuːt] n pára-quedas m.

paradise ['perədaɪs] n fig paraíso m.

paraffin ['perəfɪn] n parafina f.

paragraph ['perəɡræf] n parágrafo m.

parallel ['perəlel] adj: ~ (to) (lines) paralelo(la) (a).

paralysed ['perəlaɪzd] Brit = paralyzed.

paralyzed ['perəlaɪzd] adj Am

paralisado(da), paralítico(ca).

paramedic [ˌperəˈmedɪk] n paramédico m, -a f.

paranoid [ˈperənɔɪd] adj paranóico(ca).

parasite [ˈperəsaɪt] n parasita m.

parasol [ˈperəsɒl] n (above table) guarda-sol m; (on beach) barraca f de praia; (hand-held) sombrinha f.

parcel [ˈpɑːsl] n embrulho m.

pardon [ˈpɑːdn] excl: **pardon?** desculpe?, como?; ~ (**me**)! perdão!; **I beg your** ~! (apologizing) peço desculpas!; **I beg your** ~? (asking for repetition) desculpe?, como?

parent [ˈpeərənt] n (father) pai m; (mother) mãe f; **my** ~**s** meus pais.

parish [ˈperɪʃ] n (of church) paróquia f.

park [pɑːk] n parque m. ◆ vt & vi (vehicle) estacionar.

park and ride n sistema que consiste em estacionar o carro nos arredores da cidade e apanhar o ônibus para o centro.

parking [ˈpɑːkɪŋ] n estacionamento m.

parking lot n estacionamento m.

parking space n vaga f (para estacionar).

parking ticket n multa f (por estacionar em lugar proibido).

parliament [ˈpɑːləmənt] n parlamento m.

parrot [ˈpærət] n papagaio m.

parsley [ˈpɑːslɪ] n salsa f.

parsnip [ˈpɑːsnɪp] n chirivia f, cenoura f branca.

part [pɑːt] n (portion) parte f; (of machine, car) peça f; (in play, film) papel m; (of serial) episódio m; (in hair) risca f. ◆ adv em parte, parcialmente. ◆ vi (couple) separar-se; **in this** ~ **of Brazil** nesta parte do Brasil; **to form** ~ **of** fazer parte de; **to play a** ~ **in** desempenhar um papel em; **to take** ~ **in** tomar parte em; **for my** ~ quanto a mim; **for the most** ~ geralmente, em geral; **in these** ~**s** por aqui, por estas partes.

partial [ˈpɑːʃl] adj (not whole) parcial; **to be** ~ **to sthg** ter uma certa predileção por algo.

participant [pɑːˈtɪsəpənt] n participante mf.

participate [pɑːˈtɪsəpeɪt] vi: **to** ~ (**in sthg**) participar (de algo).

particular [pərˈtɪkjələr] adj especial; (fussy) esquisito(ta); **in** ~ em particular; **nothing in** ~ nada de especial. ❑ **particulars** npl (details) pormenores mpl, detalhes mpl.

particularly [pərˈtɪkjələrlɪ] adv especialmente.

parting [ˈpɑːtɪŋ] n Brit (in hair) risca f.

partition [pɑːˈtɪʃn] n (wall) divisória f.

partly [ˈpɑːtlɪ] adv em parte.

partner [ˈpɑːtnər] n (husband) marido m; (wife) mulher f; (lover) companheiro m, -ra f; (in game, *dance)* parceiro *m*, -ra *f*; COMM sócio *m*, -cia *f*.

partnership ['pɑːrtnərʃɪp] *n* sociedade *f*.

partridge ['pɑːtrɪdʒ] *n* perdiz *f*.

part-time *adj & adv* em meio expediente OR período.

party ['pɑːrtɪ] *n* (*for fun*) festa *f*; POL partido *m*; (*group of people*) turma *m*; **to have a ~** dar uma festa.

pass [pæs] *vt* passar; (*move past*) passar por; (*law*) aprovar. ◆ *vi* passar. ◆ *n* (*document*) passe *m*; (*in mountain*) desfiladeiro *m*, garganta *f*; (*in exam*) aprovação *f*; **to ~ sb sthg** passar algo a alguém. □ **pass away** *vt fus* (*die*) falecer. □ **pass by** ◆ *vt fus* (*building, window, etc*) passar por. ◆ *vi* passar. □ **pass on** *vt sep* (*message*) transmitir. □ **pass out** *vi* (*faint*) desmaiar. □ **pass up** *vt sep* (*opportunity*) deixar passar.

passable ['pæsəbl] *adj* (*road*) transitável; (*satisfactory*) aceitável, satisfatório(ria).

passage ['pæsɪdʒ] *n* (*corridor*) passagem *f*, corredor *m*; (*in book*) passagem *f*, trecho *m*; (*sea journey*) travessia *f*.

passageway ['pæsɪdʒweɪ] *n* passagem *f*, corredor *m*.

passenger ['pæsɪndʒər] *n* passageiro *m*, -ra *f*.

passerby [,pæsər'baɪ] *n* transeunte *mf*, passante *mf*.

passion ['pæʃn] *n* paixão *f*.

passionate ['pæʃnət] *adj* (*showing strong feeling*) apaixonado(da); (*sexually*) ardente.

passive ['pæsɪv] *n* voz *f* passiva.

passport ['pæspɔːrt] *n* passaporte *m*.

password ['pæswɑːrd] *n* senha *f*.

past [pæst] *adj* passado(da); (*former*) antigo(ga). ◆ *prep* (*further than*) depois de; (*in front of*) em frente de. ◆ *n* (*former time*) passado *m*. ◆ *adv*: **to go ~** passar; **the ~ month** os meses passado; **twenty ~ four** quatro e vinte; **the ~ (tense)** GRAMM o passado; **in the ~** no passado.

pasta ['pɑːstə] *n* massa *f*.

paste [peɪst] *n* (*spread*) pasta *f*; (*glue*) cola *f*. ◆ *vt* COMPUT cortar e colar.

pastel [pæ'stel] *n* (*for drawing*) pastel *m*; (*color*) tom *m* pastel.

pasteurized ['pæstəraɪzd] *adj* pasteurizado(da).

pastille ['pæstl] *n* Brit pastilha *f*.

pastime ['pæstaɪm] *n* passatempo *m*.

pastrami [pə'strɑːmɪ] *n* pastrami *m*.

pastry ['peɪstrɪ] *n* (*for pie*) massa *f*; (*cake*) torta *f*.

pasture ['pæstʃr] *n* pasto *m*, pastagem *f*.

pat [pæt] *vt* (*dog, friend*) dar um tapinha (afetuoso) em.

patch [pætʃ] *n* (*for clothes*) remendo *m*; (*of color, damp*) mancha *f*; (*for skin*) esparadrapo *m*; (*for eye*) pala *f*; **a bad ~** *fig* um mau bocado.

patent ['pætnt] *n* patente *f*.

path [pɑːθ] *n* caminho *m*.

pathetic [pəˈθetɪk] *adj (pej: useless)* patético(ca).

patience [ˈpeɪʃns] *n* paciência *f*.

patient [ˈpeɪʃnt] *adj* paciente. ◆ *n* doente *mf*, paciente *mf*.

patio [ˈpætɪəʊ] *(pl -s) n* pátio *m*.

patriotic [ˌpætrɪˈɒtɪk] *adj* patriótico(ca).

patrol [pəˈtrəʊl] *vt* patrulhar. ◆ *n (group)* patrulha *f*.

patrol car *n* o carro *m* de patrulha.

patronizing [ˈpætrənaɪzɪŋ] *adj* condescendente.

pattern [ˈpætən] *n (of shapes, colors)* desenho *m*, padrão *m*; *(for sewing)* molde *m*.

patterned [ˈpætənd] *adj* estampado(da).

pause [pɔːz] *n* pausa *f*. ◆ *vi* fazer uma pausa.

pavement [ˈpeɪvmənt] *n Am (roadway)* pavimento *m*, asfalto *m*; *Brit (beside road)* calçada *f*.

pavilion [pəˈvɪlɪən] *n* pavilhão *m*.

paving stone [ˈpeɪvɪŋ-] *n* paralelepípedo *m*.

paw [pɔː] *n* pata *f*.

pawn [pɔːn] *vt* empenhar. ◆ *n (in chess)* peão *m*.

pay [peɪ] *(pt & pp paid) vt* pagar; *(person)* pagar a. ◆ *vi (give money)* pagar; *(be profitable)* compensar, dar lucro. ◆ *n* ordenado *m*, salário *m*; **to ~ sb for sthg** pagar a alguém (por) algo; **to ~ attention (to)** prestar aten-

ção (a); **to ~ sb a visit** visitar alguém, fazer uma visita a alguém; **to ~ by credit card** pagar com cartão de crédito. ❑ **pay back** *vt sep (money)* pagar; *(person)* pagar, devolver o dinheiro a. ❑ **pay for** *vt fus (purchase)* pagar (por). ❑ **pay in** *vt sep (money)* depositar. ❑ **pay out** *vt sep (money)* pagar. ❑ **pay up** *vi* pagar.

payable [ˈpeɪəbl] *adj (bill)* pagável; **~ to** *(check)* em nome de, à ordem de.

payment [ˈpeɪmənt] *n* pagamento *m*.

PC *(abbr of personal computer)* PC *m*; *Brit (abbr of police constable)* policial *mf*; *(abbr of politically correct)* politicamente correto.

pea [piː] *n* ervilha *f*.

peace [piːs] *n* paz *f*; **to leave sb in ~** deixar alguém em paz; **~ and quiet** paz e sossego.

peaceful [ˈpiːsfl] *adj (place, day, feeling)* calmo(ma); *(demonstration)* pacífico(ca).

peach [piːtʃ] *n* pêssego *m*.

peacock [ˈpiːkɒk] *n* pavão *m*.

peak [piːk] *n (of mountain)* pico *m*; *(of hat)* pala *f*; *(fig: highest point)* auge *m*.

peanut [ˈpiːnʌt] *n* amendoim *m*.

peanut butter *n* pasta *f* de amendoim.

pear [peə] *n* pêra *f*.

pearl [pɜːl] *n* pérola *f*.

peasant [ˈpeznt] *n* camponês *m*, -esa *f*.

pebble [ˈpebl] *n* seixo *m*.

pecan pie ['pi:kæn-] n torta f de noz-americana.

peck [pek] vi (bird) bicar.

peculiar [pə'kju:lɪər] adj (strange) peculiar; **to be ~ to** (exclusive) ser característico de.

peculiarity [pə,kju:lɪ'ærətɪ] n (special feature) característica f.

pedal ['pedl] n pedal m. ◆ vi pedalar.

pedestrian [pə'destrɪən] n pedestre m.

pedestrian crossing n faixa f para pedestres.

pedestrianized [pə'destrɪənaɪzd] adj de pedestre.

pedestrian zone n área f de pedestres.

pee [pi:] vi inf fazer xixi. ◆ n: **to take a ~** inf fazer xixi.

peel [pi:l] n casca f. ◆ vt descascar. ◆ vi (wallpaper) desprender-se.

peep [pi:p] n: **to have a ~** dar uma espiadela.

peer [pɪər] vi olhar com atenção; **to ~ at** olhar atentamente para.

peg [peg] n (for tent) estaca f; (hook) gancho m.

pelvis ['pelvɪs] n bacia f.

pen [pen] n (ballpoint pen) esferográfica f; (fountain pen) caneta-tinteiro f; (for animals) cercado m.

penalty ['penltɪ] n (fine) multa f; (in soccer) pênalti m.

pencil ['pensl] n lápis m inv.

pencil sharpener [-'ʃɑːrpnər] n apontador m.

pendant ['pendənt] n (on necklace) pingente m.

pending ['pendɪŋ] prep fml até.

penetrate ['penətreɪt] vt penetrar.

penguin ['peŋgwɪn] n pingüim m.

penicillin [,penə'sɪlən] n penicilina f.

peninsula [pə'nɪnsjələ] n península f.

penis ['pi:nəs] n pênis m inv.

penknife ['pennaɪf] (pl -knives) n canivete m.

penny ['penɪ] (pl **pennies**, GB **pence**) n (coin in US) centavo m; (coin in UK) pêni m (moeda britânica).

pen pal n amigo m, -ga f por correspondência, correspondente mf.

pension ['penʃn] n (for retired, disabled people) pensão (de aposentadoria) f.

pensioner ['penʃnər] n aposentado m, -da f.

penthouse ['penthaʊs, pl -haʊzɪz] n cobertura f (de edifício).

penultimate [pe'nʌltəmət] adj penúltimo(ma).

people ['pi:pl] npl pessoas fpl. ◆ n (nation) povo m; **the ~** (citizens) o povo.

pepper ['pepər] n (spice) pimenta f; (vegetable) pimentão m.

peppercorn ['pepərkɔːrn] n grão m de pimenta.

peppermint ['pepərmɪnt] adj de hortelã-pimenta. ◆ n (sweet) pastilha f de hortelã-pimenta.

per [pɜːr] *prep* por; ~ **person/ week** por pessoa/semana; **$20** ~ **night** 20 dólares por noite.

perceive [pərˈsiːv] *vt* perceber, notar.

per cent *adv* por cento.

percentage [pərˈsentɪdʒ] *n* percentagem *f*.

perch [pɜːtʃ] *n* (*for bird*) poleiro *m*.

percolator [ˈpɜːrkəleɪtər] *n* cafeteira *f* (*de filtro*).

perfect [*adj & n* ˈpɜːrfɪkt, *vb* pərˈfekt] *adj* perfeito(ta). ◆ *vt* aperfeiçoar.

perfection [pərˈfekʃn] *n*: **to do sthg to** ~ fazer algo à perfeição.

perfectly [ˈpɜːrfɪktlɪ] *adv* (*very well*) perfeitamente.

perform [pərˈfɔːrm] *vt* (*task, operation*) realizar; (*play*) representar; (*concert*) dar; (*dance, piece of music*) executar. ◆ *vi* (*actor, singer*) atuar.

performance [pərˈfɔːrməns] *n* (*of play*) representação *f*; (*of concert*) interpretação *f*; (*of film*) exibição *f*; (*by actor, musician*) atuação *f*; (*of car*) performance *f*, desempenho *m*.

performer [pərˈfɔːrmər] *n* artista *mf*.

perfume [pərˈfjuːm] *n* perfume *m*.

perhaps [pərˈhæps] *adv* talvez.

perimeter [pərɪmɪtər] *n* perímetro *m*.

period [ˈpɪərɪəd] *n* período *m*; (*punctuation*) ponto *m* (final);

MED menstruação *f*. ◆ *adj* (*costume, furniture*) da época.

periodic [ˌpɪərɪˈɒdɪk] *adj* periódico(ca).

periphery [pəˈrɪfərɪ] *n* periferia *f*.

perishable [ˈperɪʃəbl] *adj* perecível.

perk [pɜːrk] *n* benefícios *mpl* (*em emprego*).

permanent [ˈpɜːrmənənt] *adj* permanente.

permanently [ˈpɜːrmənəntlɪ] *adv* permanentemente.

permissible [pərˈmɪsəbl] *adj fml* permissível.

permission [pərˈmɪʃn] *n* permissão *f*.

permit [*vb* pərˈmɪt, *n* ˈpɜːrmɪt] *vt* permitir. ◆ *n* autorização *f*; **to** ~ **sb to do sthg** permitir a alguém fazer algo; **'~ holders only'** estacionamento permitido somente a veículos autorizados.

perpendicular [ˌpɜːrpənˈdɪkjələr] *adj* perpendicular.

persevere [ˌpɜːrsɪˈvɪər] *vi* perseverar, insistir.

persist [pərˈsɪst] *vi* persistir; **to** ~ **in doing sthg** persistir em fazer algo.

persistent [pərˈsɪstənt] *adj* persistente.

person [ˈpɜːrsn] (*pl* **people**) *n* pessoa *f*; **in** ~ em pessoa.

personal [ˈpɜːrsnəl] *adj* pessoal; **a** ~ **friend** um amigo íntimo.

personal computer *n* computador *m* pessoal.

personality [ˌpɜːrsəˈnælətɪ] n personalidade f.

personally [ˈpɜːrsnəlɪ] adv pessoalmente.

personnel [ˌpɜːrsəˈnel] npl (employment) pessoal m.

perspective [pərˈspektɪv] n perspectiva f.

perspiration [ˌpɜːrspəˈreɪʃn] n transpiração f.

persuade [pərˈsweɪd] vt: to ~ sb (to do sthg) persuadir alguém (a fazer algo); to ~ sb that ... persuadir alguém de que ....

persuasive [pərˈsweɪsɪv] adj persuasivo(va), convincente.

pervert [ˈpɜːrvɜːrt] n tarado m, -da f.

pessimist [ˈpesəməst] n pessimista mf.

pessimistic [ˌpesəˈmɪstɪk] adj pessimista.

pest [pest] n (insect, animal) praga f, inseto m nocivo; inf (person) peste f.

pester [ˈpestər] vt importunar.

pesticide [ˈpestɪsaɪd] n pesticida m.

pet [pet] n animal m de estimação; the teacher's ~ o queridinho do professor.

petal [ˈpetl] n pétala f.

pet food n comida f para animais domésticos.

petition [pəˈtɪʃn] n (letter) petição f, abaixo-assinado m.

petrified [ˈpetrɪfaɪd] adj petrificado(da).

petrol [ˈpetrəl] n Brit gasolina f.

pet shop n loja f de animais domésticos.

petticoat [ˈpetɪkəʊt] n combinação f.

petty [ˈpetɪ] adj (pej: person) mesquinho(nha); (rule) insignificante.

petty cash n fundo m para pequenas despesas.

pew [pjuː] n banco m (de igreja).

pharmacist [ˈfɑːrməsəst] n farmacêutico m, -ca f.

pharmacy [ˈfɑːrməsɪ] n (shop) farmácia f.

phase [feɪz] n fase f.

PhD n (title) ≃ doutor m, -a f; (course) ≃ doutorado m, ≃ doutoramento m.

pheasant [ˈfeznt] n faisão m.

phenomena [fəˈnɒmənə] pl → phenomenon.

phenomenal [fəˈnɒmənl] adj fenomenal.

phenomenon [fəˈnɒmənən] (pl -mena) n fenômeno m.

philosophy [fɪˈlɒsəfɪ] n filosofia f.

phlegm [flem] n (in throat) fleuma f, catarro m.

phone [fəʊn] n telefone m. ◆ vt telefonar para, ligar para. ◆ vi telefonar; on the ~ (talking) ao telefone.

phone book n lista f telefônica.

phone booth n cabine f telefônica.

phone call n chamada f telefônica, telefonema m.

phonecard ['fəʊnkɑːrd] n cartão m telefônico.

photo ['fəʊtəʊ] (pl -s) n foto f; **to take a ~ of** tirar uma foto de.

photocopier ['fəʊtəʊˌkɒpɪər] n fotocopiadora f.

photocopy ['fəʊtəʊˌkɒpɪ] n Xerox® m inv, fotocópia f. ◆ vt xerocar, fotocopiar.

photograph ['fəʊtəgræf] n fotografia f. ◆ vt fotografar.

photographer [fə'tɒgrəfər] n fotógrafo m, -fa f.

photography [fə'tɒgrəfɪ] n fotografia f.

phrase [freɪz] n frase f.

phrasebook ['freɪzbʊk] n guia m de conversação.

physical ['fɪzɪkl] adj físico(ca). ◆ n exame m médico de aptidão.

physical education n educação f física.

physically handicapped adj deficiente físico(ca).

physician [fɪ'zɪʃn] n médico m, -ca f.

physics ['fɪzɪks] n física f.

physiotherapy [ˌfɪzɪəʊ-'θerəpɪ] n fisioterapia f.

pianist ['pɪənɪst] n pianista mf.

piano [pɪ'ænəʊ] (pl -s) n piano m.

pick [pɪk] vt (select) escolher; (fruit, flowers) apanhar, colher. ◆ n (pickaxe) picareta f; **to ~ a fight** procurar briga; **to ~ one's nose** tirar meleca; **to take one's ~** escolher à vontade. ❑ **pick on** vt fus implicar com. ❑ **pick**

out vt sep (select) escolher; (see) distinguir. ❑ **pick up** ◆ vt sep (lift up) pegar em; (collect) ir buscar; (language) aprender; (habit) adquirir; (bargain) conseguir; (hitchhiker) dar uma carona a; inf (woman, man) paquerar. ◆ vi (improve) recuperar; **to ~ up the phone** (answer) atender o telefone.

pickax ['pɪkæks] n picareta f.

pickle ['pɪkl] n picles mpl; (pickled cucumber) pepino m em conserva.

pickpocket ['pɪkˌpɒkɪt] n batedor m, -ra f de carteiras.

pickup (truck) n caminhonete m.

picnic ['pɪknɪk] n piquenique m.

picture ['pɪktʃər] n (painting, drawing) quadro m; (photograph) retrato m; (on TV) imagem f; (film) filme m.

picture frame n moldura f.

picturesque [ˌpɪktʃə'resk] adj pitoresco(ca).

pie [paɪ] n (sweet) torta f; (savory) empadão m.

piece [piːs] n (part, bit) pedaço m, bocado m; (component, of clothing, of music) peça f; (in chess) peça f; **a ~ of advice** um conselho; **a ~ of furniture** um móvel; **to fall to ~s** cair aos pedaços; **in one ~** (intact) inteiro, intacto; (unharmed) são e salvo.

pier [pɪər] n cais m.

pierce [pɪərs] vt furar; **to have one's ears ~d** furar as orelhas.

pig [pɪg] *n* porco *m*; *inf (greedy person)* guloso *m*, -sa *f*.

pigeon ['pɪdʒən] *n* pombo *m*.

pigeonhole ['pɪdʒənhəʊl] *n* escaninho *m*.

pigsty ['pɪgstaɪ] *(pl* **-ies)**, **pig-pen** ['pɪgpen] *n* chiqueiro *m*.

pigtails ['pɪgteɪlz] *npl* tranças *fpl*.

pike [paɪk] *n (fish)* lúcio *m*.

pilchard ['pɪltʃəd] *n* sardinha *f* grande.

pile [paɪl] *n* pilha *f.* ◆ *vt* empilhar; **~ s of** *inf (a lot)* montes de. ❑ **pile up** ◆ *vt sep* empilhar. ◆ *vi (accumulate)* acumular-se.

piles [paɪlz] *npl* MED hemorróidas *fpl*.

pileup ['paɪlʌp] *n* engavetamento *m*, colisão *m* em cadeia.

pill [pɪl] *n* comprimido *m*, pílula *f*; **to be on the ~** *(contraceptive)* tomar a pílula.

pillar ['pɪlər] *n* pilar *m*.

pillion ['pɪljən] *n:* **to ride** ~ viajar no banco traseiro de uma motocicleta.

pillow ['pɪləʊ] *n (for bed)* travesseiro *m*; *(on chair, sofa)* almofada *f*.

pillowcase ['pɪləʊkeɪs] *n* fronha *f*.

pilot ['paɪlət] *n* piloto *m*.

pimple ['pɪmpl] *n* espinha *f*.

pin [pɪn] *n (for sewing)* alfinete *m*; *(tack)* tachinha *f*; *(safety pin)* alfinete *m* de segurança; *(brooch)* broche *m*; *(badge)* crachá *m*. ◆ *vt (fasten)* prender.

PIN *n (abbr of personal identifica-* *tion number)* senha *f (numérica)*.

pinafore ['pɪnəfɔːr] *n (apron)* avental *m*.

pinball ['pɪnbɔːl] *n* fliperama *m*.

pincers ['pɪnsəz] *npl (tool)* torquês *f*.

pinch [pɪntʃ] *vt (squeeze)* beliscar. ◆ *n (of salt)* pitada *f*.

pine [paɪn] *n* pinheiro *m*. ◆ *adj* de pinho.

pineapple ['paɪnæpl] *n* abacaxi *m*.

pink [pɪŋk] *adj* rosa *(inv)*, cor-de-rosa *(inv)*. ◆ *n (color)* rosa *m inv*, cor-de-rosa *m inv*.

pinkie ['pɪŋkɪ] *n (dedo)* mindinho *m*.

pint [paɪnt] *n (in US)* = 0,473 l; *(in UK)* = 0,568 l.

pip [pɪp] *n (of fruit)* caroço *m*.

pipe [paɪp] *n (for smoking)* cachimbo *m*; *(for gas, water)* cano *m*.

pipeline ['paɪplaɪn] *n (for oil)* oleoduto *m*; *(for gas)* gasoduto *m*.

pirate ['paɪrət] *n* pirata *m*.

Pisces ['paɪsiːz] *n* Peixes *m inv*.

pistol ['pɪstl] *n* pistola *f*.

piston ['pɪstən] *n* pistom *m*.

pit [pɪt] *n (hole, for orchestra)* fosso *m*; *(coalmine)* mina *f*; *(in fruit)* caroço *m*.

pita (bread) ['pɪtə-] *n* pão *m* árabe OR sírio.

pitch [pɪtʃ] *n (baseball)* arremesso *m*; *Brit (field)* campo *m*. ◆ *vt (throw)* atirar; **to ~ a tent** montar uma barraca (de campismo).

pitcher ['pɪtʃər] n (large jug) jarro m; (small jug) jarra f.

pitfall ['pɪtfɔːl] n (difficulty) armadilha f; (danger) perigo m.

pith [pɪθ] n (of orange) pele f branca.

pitted ['pɪtəd] adj (olives) descaroçado(da), sem caroço.

pity ['pɪtɪ] n (compassion) pena f; to have ~ on sb ter pena de alguém; it's a ~ (that) ... é uma pena que ...; what a ~! que pena!

pivot ['pɪvət] n eixo m, pivô m.

pizza ['piːtsə] n pizza f.

pizzeria [ˌpiːtsəˈriːə] n pizzaria f.

placard ['plækɑːd] n cartaz m.

place [pleɪs] n lugar m; (house, flat) casa f; (at table) lugar. ◆ vt (put) colocar; (an order, bet) fazer; **in the first** ~ em primeiro lugar; **to take** ~ ter lugar; **to take sb's** ~ substituir alguém; **all over the** ~ por todo lado; **in** ~ **of** em lugar de.

place mat n descanso m.

placement ['pleɪsmənt] n (work experience) colocação f temporária, estágio m.

place of birth n local m de nascimento, naturalidade f.

plague [pleɪg] n peste f.

plaice [pleɪs] n solha f.

plain [pleɪn] adj simples (inv); (yoghurt) natural; (clear) claro (ra); (paper) liso(sa); (pej: not attractive) sem atrativos. ◆ n planície f.

plainly ['pleɪnlɪ] adv (clearly) claramente.

plait [plæt] n trança f. ◆ vt trançar.

plan [plæn] n (scheme, project) plano m; (drawing) planta f. ◆ vt (organize) planejar; **do you have any** ~**s for tonight?** você tem planos para hoje à noite?; **according to** ~ como estava previsto; **to** ~ **to do sthg, to** ~ **on doing sthg** pensar em fazer algo.

plane [pleɪn] n (aeroplane) avião m; (tool) plaina f.

planet ['plænɪt] n planeta m.

plank [plæŋk] n tábua f.

plant [plɑːnt] n (living thing) planta f; (factory) fábrica f; (power, nuclear) usina f. ◆ vt (seeds, tree) plantar; (land) cultivar.

plantation [plænˈteɪʃn] n plantação f.

plaque [plæk] n placa f.

plaster ['plɑːstr] n (for walls) reboco m; Brit (for cut) esparadrapo m; **in** ~ (arm, leg) engessado.

plaster cast n (for broken bones) gesso m.

plastic ['plæstɪk] n plástico m. ◆ adj de plástico.

plastic bag n saco m plástico.

plate [pleɪt] n (for food) prato m; (of metal) placa f; **a** ~ **of glass** um vidro, uma vidraça.

plateau ['plætəʊ] n planalto m.

plate-glass adj de vidro laminado.

platform ['plætfɔːm] n plataforma f.

platinum ['plætənəm] n platina f.

platter ['plætər] n (of food) travessa f (de comida).

play [pleɪ] vt (sport, game) jogar; (instrument, music) tocar; (opponent) jogar contra; (CD, tape, record) pôr; (role, character) desempenhar. ◆ vi (child) brincar; (in sport, game) jogar; (musician) tocar. ◆ n (in theater, on TV) peça f; (button on CD, tape recorder) play n. □ **play back** vt sep repetir, colocar de novo. □ **play up** vi (machine, car) enguiçar, estar com problemas.

player ['pleɪər] n (of sport, game) jogador m, -ra f; (of musical instrument) músico m, -ca f, intérprete mf; **guitar ~** guitarrista mf; **piano ~** pianista mf.

playful ['pleɪfl] adj brincalhão(lhona).

playground ['pleɪgraund] n (in school) pátio m de recreio; (in park, etc) playground m.

play group ['pleɪgruːp] n tipo de jardim-de-infância.

playing card ['pleɪŋ-] n carta f de jogar.

playing field ['pleɪŋ-] n campo m esportivo.

playroom ['pleɪruːm] n sala f de recreação.

playtime ['pleɪtaɪm] n recreio m.

playwright ['pleɪraɪt] n dramaturgo m, -ga f.

pleasant ['pleznt] adj agradável.

please [pliːz] adv por favor. ◆ vt agradar a; **yes ~!** sim, por favor!; **whatever you ~** como quiser.

pleased [pliːzd] adj satisfeito(ta), contente; **to be ~ with** estar satisfeito com; **~ to meet you!** prazer em conhecê-lo(-la)!

pleasure ['pleʒər] n prazer m; **with ~** com prazer; **it's a ~!** é um prazer!

pleat [pliːt] n prega f.

pleated ['pliːtəd] adj pregueado(da).

plentiful ['plentɪfl] adj abundante.

plenty ['plentɪ] pron bastante; **~ of** bastante.

pliers ['plaɪərz] npl alicate m.

plot [plɒt] n (scheme) complô m; (of story, film, play) enredo m; (of land) pedaço m.

plough [plaʊ] Brit = **plow**.

plow [plaʊ] n arado m. ◆ vt lavrar, arar.

ploy [plɔɪ] n estratagema m.

pluck [plʌk] vt (eyebrows, hair) arrancar, depilar (com pinça); (chicken) depenar.

plug [plʌg] n (with pins) plugue m; (socket) tomada f; (for bath, sink) tampa f, válvula f. □ **plug in** vt sep ligar (na tomada).

plum [plʌm] n ameixa f.

plumber ['plʌmər] n encanador m, -ra f.

plumbing ['plʌmɪŋ] n (pipes) encanamento m.

plump [plʌmp] adj roliço(ça).

plunge [plʌndʒ] vi (fall, dive) mergulhar; (decrease) despencar.

plunger ['plʌndʒər] n (for un-

blocking pipe) desentupidor *m.*

pluperfect (tense) [ˌpluː-
ˈpɜːrfɪkt-] *n* GRAMM: **the ~ o**
mais-que-perfeito.

plural ['plʊərəl] *n* plural *m*; **in
the ~** no plural.

plus [plʌs] *prep* mais. ♦ *adj*: **30
~** trinta ou mais.

plush [plʌʃ] *adj* luxuoso(sa), de
luxo.

Pluto ['pluːtəʊ] *n* Plutão *m.*

plywood ['plaɪwʊd] *n* com-
pensado *m.*

p.m. *(abbr of post meridiem)*: **at
3 ~** às três da tarde, às 15h; **at 10
~** às dez da noite, às 22h.

PMS *n (abbr of Premenstrual Syndrome)* TPM *f.*

pneumatic drill [nuːˈmætɪk-]
n perfuratriz *f.*

pneumonia [nuːˈməʊnjə] *n*
pneumonia *f.*

poached egg [pəʊtʃt-] *n* ovo
m pochê.

poached salmon [pəʊtʃt-] *n*
salmão *m* cozido.

poacher ['pəʊtʃər] *n (hunting)*
caçador *m* furtivo, caçadora *f*
furtiva; *(fishing)* pescador *m* furtivo, pescadora *f* furtiva.

P.O. Box *n (abbr of Post Office
Box)* C. P.

pocket ['pɒkət] *n* bolso *m.*
♦ *adj* de bolso.

pocket money *n* mesada *f.*

poem ['pəʊəm] *n* poema *m.*

poet ['pəʊət] *n* poeta *mf.*

poetry ['pəʊətrɪ] *n* poesia *f.*

point [pɔɪnt] *n* ponto *m*; *(tip)*
ponta *f*; *(most important thing)*

questão *f.* ♦ *vi*: **to ~** apontar
para; **five ~ seven** cinco vírgula
sete; **what's the ~?** para quê?;
there's no ~ não vale a pena; **to
be on the ~ of doing sthg** estar
prestes a OR a ponto de fazer
algo. ▫ **point out** *vt sep (object,
person)* indicar; *(fact, mistake)*
apontar.

pointed ['pɔɪntəd] *adj (in shape)*
pontiagudo(da).

pointless ['pɔɪntləs] *adj* inútil.

point of view *(pl* **points of
view)** *n* ponto *m* de vista.

poison ['pɔɪzn] *n* veneno *m.*
♦ *vt* envenenar.

poisoning ['pɔɪznɪŋ] *n* envenenamento *m.*

poisonous ['pɔɪznəs] *adj* vene-
noso(osa).

poke [pəʊk] *vt (with finger, stick)*
cutucar; *(with elbow)* cutucar, dar
cotoveladas em; *(fire)* cutucar,
atiçar.

poker ['pəʊkər] *n (card game)*
pôquer *m.*

polar bear ['pəʊlər-] *n* urso *m*
polar.

pole [pəʊl] *n (of wood)* poste *m.*

police [pəˈliːs] *npl*: **the ~ a** polícia.

police car *n* carro *m* da polícia.

police department *n* polícia *f.*

police force *n* força *f* policial.

policeman [pəˈliːsmən] *(pl*
-men [-mən]) *n* policial *m.*

police officer *n* policial *mf.*

police station *n* delegacia *f.*

policewoman [pə'li:s,wʊmən]
(pl -women [-,wɪmɪn]) n policial
f.

policy ['pɒləsɪ] n (approach, attitude) política f; (for insurance)
apólice f.

polio ['pəʊlɪəʊ] n poliomielite
f, paralisia f infantil.

polish ['pɒlɪʃ] n (for cleaning) cera f. ♦ vt encerar.

polite [pə'laɪt] adj educado
(da).

political [pə'lɪtɪkl] adj político(ca).

politician [,pɒlɪ'tɪʃn] n político m, -ca f.

politics ['pɒlətɪks] n política f.

poll [pəʊl] n (survey) pesquisa f;
the ~s (election) as eleições.

pollen ['pɒlən] n pólen m.

pollute [pə'lu:t] vt poluir.

pollution [pə'lu:ʃn] n poluição f.

polyester [,pɒlɪ'estər] n poliéster m.

polystyrene [,pɒlɪ'staɪri:n] n
isopor m.

pomegranate ['pɒmɪgrænɪt]
n romã f.

pompous ['pɒmpəs] adj pomposo(osa).

pond [pɒnd] n lago m.

pony ['pəʊnɪ] n pônei m.

ponytail ['pəʊnɪteɪl] n rabo-de-
cavalo m.

poodle ['pu:dl] n poodle m.

pool [pu:l] n (for swimming) piscina f; (of water, blood, milk) poça
f; (small pond) lago f; (game) bilhar m.

poor [pɔ:r] adj (short of money)
pobre; (bad) mau (má); (expressing sympathy) coitado(da), pobre. ♦ npl: the ~ os pobres.

poorly ['pɔ:rlɪ] adv mal.

pop [pɒp] n (music) música f popular. ♦ vt inf (put) meter. ♦ vi
(balloon) estourar; **my ears
popped** meus ouvidos estalaram. ❏ **pop in** vi Brit: I'll ~ **in**
after work dou um pulo aí depois do trabalho.

popcorn ['pɒpkɔ:rn] n pipoca
f.

Pope [pəʊp] n: the ~ o Papa.

poplar (tree) ['pɒplər-] n álamo m, choupo m.

poppy ['pɒpɪ] n papoula f.

Popsicle® ['pɒpsɪkl] n picolé
m.

pop star n pop star f.

popular ['pɒpjələr] adj (person,
place, activity) popular; (opinion,
ideas) generalizado(da).

popularity [,pɒpjə'lærətɪ] n
popularidade f.

populated ['pɒpjəleɪtɪd] adj
povoado(da).

population [,pɒpjə'leɪʃn] n
população f.

porcelain ['pɔ:rsəlɪn] n porcelana f.

porch [pɔ:rtʃ] n (outside house)
terraço m (coberto), alpendre
m; (entrance) átrio m.

pork [pɔ:rk] n carne f de porco.

pornographic [,pɔ:rnə'græfɪk] adj pornográfico(ca).

porridge ['pɒrɪdʒ] n flocos
mpl de aveia.

port [pɔːrt] n porto m.

portable ['pɔːrtəbl] adj portátil.

porter ['pɔːrtər] n (at hotel, airport) carregador m, -ra f.

porthole ['pɔːrthəʊl] n vigia f.

portion ['pɔːrʃn] n (part) porção f; (of food) porção f.

portrait ['pɔːrtreɪt] n retrato m.

Portugal ['pɔːrtʃəgl] n Portugal s.

Portuguese [,pɔːrtʃə'giːz] adj português(esa). ◆ n (person) português m, -esa f; (language) português m. ◆ npl: **the** ~ os portugueses.

pose [pəʊz] vt (problem, threat) constituir. ◆ vi (for photo) posar.

posh [pɒʃ] adj inf fino(na), chique.

position [pə'zɪʃn] n posição f; ~ **closed** 'fechado'.

positive ['pɒzətɪv] adj positivo(va); (certain, sure) seguro(ra); **I'm absolutely** ~ tenho certeza absoluta.

possess [pə'zes] vt possuir.

possession [pə'zeʃn] n (thing owned) bem m.

possessive [pə'zesɪv] adj possessivo(va).

possibility [,pɒsə'bɪlətɪ] n possibilidade f.

possible ['pɒsəbl] adj possível; **it's** ~ **that we may be late** é possível que cheguemos atrasados; **would it be** ~ ...? seria possível ...?; **as much as** ~ o máximo possível; **if** ~ se for possível.

possibly ['pɒsəblɪ] adv (perhaps) possivelmente.

post [pəʊst] n (pole) poste m; (fml: job) lugar m; Brit correio m.

postage ['pəʊstɪdʒ] n franquia f; ~ **and handling** custos mpl de envio; ~ **paid** porte m pago.

postage stamp n fml selo m (postal).

postbox ['pəʊstbɒks] n Brit caixa f de correio.

postcard ['pəʊstkɑːrd] n (cartão) postal m.

poster ['pəʊstər] n pôster m.

postgraduate [,pəʊst'grædʒʊət] n pós-graduado m, -da f.

postman ['pəʊstmən] (pl -men [-mən]) n carteiro m.

post office n (building) agência f de correios.

postpone [,pəʊst'pəʊn] vt adiar.

posture ['pɒstʃər] n postura f.

pot [pɒt] n (for cooking) panela f; (for jam, paint) frasco m; (for coffee, tea) bule m; inf (cannabis) maconha f; **a** ~ **of tea** um bule de chá.

potato [pə'teɪtəʊ] (pl -es) n batata f.

potato chip n batatinha f frita.

potato salad n salada f de batata.

potential [pə'tenʃl] adj potencial. ◆ n potencial m.

pothole ['pɒthəʊl] n (in road) buraco m.

pottery ['pɒtərɪ] n (clay objects) cerâmica f; (craft) cerâmica f, olaria f.

potty ['pɒtɪ] n penico m (para crianças).

pouch [pautʃ] n (for money, tobacco) bolsa f.

poultry ['pəultrɪ] n (meat) carne f de aves (domésticas). ◆ npl (animals) aves fpl domésticas.

pound [paund] n (unit of weight) libra = 453,6 gr; (Brit (unit of money) libra f. ◆ vi (heart) palpitar; (head) latejar.

pour [pɔːr] vt (liquid, etc) jogar; (drink) servir. ◆ vi (flow) correr; it's ~ ing (down rain) está chovendo canivetes. ▢ **pour out** vt sep (drink) servir.

poverty ['pɒvətɪ] n pobreza f.

powder ['paudər] n pó m.

power ['pauər] n (control, authority) poder m; (ability) capacidade f; (strength, force) força f; (energy) energia f; (electricity) eletricidade f. ◆ vt alimentar, acionar; to be in ~ estar no poder.

power failure n falha f de energia.

powerful ['pauəfl] adj forte; (having control) poderoso(osa); (machine) potente.

power steering n direção f assistida.

practical ['præktɪkl] adj prático(ca).

practically ['præktɪklɪ] adv (almost) praticamente.

practice ['præktɪs] n (training, regular activity, custom) prática f; (training session) sessão f de treino; MUS ensaio m; (of doctor) consultório m; (of lawyer) escritório

m. ◆ vt (sport, music, technique) praticar. ◆ vi (train) praticar; (doctor, lawyer) exercer; out of ~ destreinado(da).

practise ['præktɪs] vt Brit = practice.

praise [preɪz] n elogio m. ◆ vt elogiar.

prank [præŋk] n peça f.

prawn [prɔːn] n camarão m.

pray [preɪ] vi rezar; to ~ for rezar por; to ~ for rain rezar para que chova.

prayer [preər] n oração f.

precarious [prɪ'keərɪəs] adj precário(ria).

precaution [prɪ'kɔːʃn] n precaução f.

precede [prɪ'siːd] vt fml preceder.

preceding [prɪ'siːdɪŋ] adj precedente.

precinct ['priːsɪŋkt] n Am (area of town) circunscrição f; (police station) delegacia f; Brit (for shopping) zona f comercial (de pedestres).

precious ['preʃəs] adj precioso(osa); (memories, possession) querido(da).

precious stone n pedra f preciosa.

precipice ['presɪpəs] n precipício m.

precise [prɪ'saɪs] adj preciso (sa).

precisely [prɪ'saɪslɪ] adv precisamente.

predecessor ['priːdəsesər] n antecessor m, -ra f.

predicament [prɪˈdɪkəmənt] *n* situação *f* difícil.

predict [prɪˈdɪkt] *vt* prever.

predictable [prɪˈdɪktəbl] *adj* previsível.

prediction [prɪˈdɪkʃn] *n* previsão *f*.

preface [ˈprefəs] *n* prefácio *m*.

prefer [prɪˈfɜːr] *vt*: to ~ sthg (to) preferir algo (a); to ~ to do sthg preferir fazer algo.

preferable [ˈprefrəbl] *adj* preferível.

preferably [ˈprefrəblɪ] *adv* preferivelmente, de preferência.

preference [ˈprefrəns] *n* preferência *f*.

prefix [ˈpriːfɪks] *n* prefixo *m*.

pregnancy [ˈpregnənsɪ] *n* gravidez *f*.

pregnant [ˈpregnənt] *adj* grávida.

prejudice [ˈpredʒədəs] *n* preconceito *m*.

prejudiced [ˈpredʒədəst] *adj* preconceituoso(osa).

preliminary [prəˈlɪmənərɪ] *adj* preliminar.

premature [ˌpriːməˈtʊr] *adj* prematuro(ra).

premier [ˈpremjər] *adj* primeiro(ra), principal. ◆ *n* primeiro-ministro *m*, primeira-ministra *f*.

premiere [prɪˈmɪeər] *n* estréia *f*.

premises [ˈpreməsəz] *npl* instalações *fpl*, local *m*; on the ~ no estabelecimento.

premium [ˈpriːmjəm] *n* (*for insurance*) prêmio *m*.

preoccupied [priːˈɒkjəpaɪd] *adj* preocupado(da).

prepacked [ˌpriːˈpækt] *adj* pré-embalado(da).

prepaid [ˈpriːpeɪd] *adj (envelope)* com porte pago, que não necessita de selo.

preparation [ˌprepəˈreɪʃn] *n* (*preparing*) preparação *f*. ▫ **preparations** *npl* (*arrangements*) preparações *fpl*.

prepare [prɪˈpeər] *vt* preparar. ◆ *vi* preparar-se.

prepared [prɪˈpeərd] *adj* (*ready*) preparado(da); to be ~ to do sthg estar preparado para fazer algo.

preposition [ˌprepəˈzɪʃn] *n* preposição *f*.

preschool [ˈpriːskuːl] *n* jardim-de-infância *m*.

prescribe [prəˈskraɪb] *vt* receitar.

prescription [prəˈskrɪpʃn] *n* receita *f* (*médica*).

presence [ˈprezns] *n* presença *f*; in sb's ~ na presença de alguém.

present [*adj & n* ˈpreznt, *vb* prɪˈzent] *adj* (*in attendance*) presente; (*current*) atual. ◆ *n* (*gift*) presente *m*. ◆ *vt* (*give*) presentear; (*problem, challenge*) apresentar; (*portray, play, on radio or TV*) apresentar; the ~ o presente; the ~ (*tense*) GRAMM o presente; at ~ no momento; to ~ sb to sb apresentar alguém a alguém.

presentable [prɪˈzentəbl] *adj* apresentável.

presentation [ˌprezn'teɪʃn] n apresentação f.

presently ['prezntlɪ] adv (soon) daqui a pouco; (soon after) daí a pouco; (now) atualmente, neste momento.

preservation [ˌprezər'veɪʃn] n (of wildlife, building, food) conservação f; (of order, peace) manutenção f.

preservative [prɪ'zɜ:rvətɪv] n conservante m.

preserve [prɪ'zɜ:rv] vt conservar; (order, peace) manter.

preserves [prɪ'zɜ:rvz] n (jam) compota f.

president ['prezɪdənt] n presidente mf.

press [pres] vt (push firmly) pressionar; (button, switch) apertar; (iron) passar (a ferro). ◆ n: the ~ a imprensa; to ~ sb to do sthg pressionar alguém a fazer algo.

press conference n entrevista f coletiva.

pressure ['preʃər] n pressão f.

pressure cooker n panela f de pressão.

prestigious [pre'stɪdʒəs] adj prestigioso(osa).

presumably [prɪ'zu:məblɪ] adv presumivelmente.

presume [prɪ'zu:m] vt presumir.

pretend [prɪ'tend] vt: to ~ to do sthg fingir fazer algo; she ~ed she was crying ela fez de conta que estava chorando.

pretentious [prɪ'tenʃəs] adj pretencioso(osa).

pretty ['prɪtɪ] adj bonito(ta). ◆ adv inf (quite) bastante; (very) muito.

prevent [prɪ'vent] vt evitar; to ~ sb/sthg from doing sthg impedir alguém/algo de fazer algo.

prevention [prɪ'venʃn] n prevenção f.

preview ['pri:vju:] n (of film) pré-estréia f; (short description) resumo m.

previous ['pri:vɪəs] adj anterior.

previously ['pri:vɪəslɪ] adv anteriormente.

price [praɪs] n preço m. ◆ vt fixar o preço de; to be ~d at custar.

priceless ['praɪsləs] adj (expensive) inestimável; (valuable) valiosíssimo(ma).

pricey ['praɪsɪ] adj inf caro(ra).

prick [prɪk] vt picar.

prickly ['prɪklɪ] adj (plant, bush) espinhoso(osa).

prickly heat n brotoeja f (provocada pelo calor).

pride [praɪd] n orgulho m. ◆ vt: to ~ o.s. on sthg orgulhar-se de algo.

priest [pri:st] n padre m.

primarily [praɪ'merəlɪ] adv principalmente.

prime [praɪm] adj (chief) principal; (quality, beef, cut) de primeira.

prime minister n primeiro-ministro m, primeira-ministra f.

primitive ['prɪmɪtəv] adj primitivo(va).

primrose ['prɪmrəʊz] n prímula f.

prince [prɪns] n príncipe m.

princess [prɪn'ses] n princesa f.

principal ['prɪnsəpl] adj principal. ◆ n (of school) diretor m, -ra f; (of university) reitor m, -ra f.

principle ['prɪnsəpl] n princípio m; **in ~** em princípio.

print [prɪnt] n (words) letra f (impressa); (photo) fotografia f; (of painting) reprodução f; (mark) impressão f. ◆ vt (book, newspaper) imprimir; (publish) publicar; (write) escrever em letra de imprensa; (photo) revelar; **out of ~** esgotado. ❑ **print out** vt sep imprimir.

printer ['prɪntər] n (machine) impressor m, -ra f; (person) impressor m, -ra f.

printout ['prɪntaʊt] n cópia f impressa, impressão f.

prior ['praɪər] adj (previous) prévio(via); **~ to** fml antes de.

priority [praɪ'ɒrətɪ] n prioridade f; **to have ~ over** ter prioridade sobre.

prison ['prɪzn] n prisão f.

prisoner ['prɪznər] n prisioneiro m, -ra f.

privacy ['praɪvəsɪ] n privacidade f.

private ['praɪvət] adj privado(da); (class, lesson) particular; (quiet) retirado(da). ◆ n MIL soldado m raso; **in ~** em particular.

private property n propriedade f privada.

private school n escola f particular.

privilege ['prɪvɪlɪdʒ] n privilégio m; **it's a ~!** é uma honra!

prize [praɪz] n prêmio m.

pro [prəʊ] (pl **-s**) n inf (professional) profissional mf. ❑ **pros** npl: **~s and cons** os prós e os contras.

probability [,prɒbə'bɪlətɪ] n probabilidade f.

probable ['prɒbəbl] adj provável.

probably ['prɒbəblɪ] adv provavelmente.

probation officer [prəʊ'beɪʃən-] n assistente social responsável por um preso em liberdade condicional.

problem ['prɒbləm] n problema m; **no ~!** inf não tem problema!

procedure [prə'siːdʒər] n procedimento m.

proceed [prə'siːd] vi (fml: continue) prosseguir; (act) proceder; (advance) avançar; **'~ with caution'** 'avançar com precaução'.

proceeds ['prəʊsiːdz] npl receita f, dinheiro m apurado.

process ['prəʊses] n processo m; **to be in the ~ of doing sthg** estar fazendo algo.

procession [prə'seʃn] n procissão f.

prod [prɒd] vt (poke) empurrar.

produce [vb prə'djuːs, n 'prɒdjuːs] vt produzir; (cause) provocar; (show) mostrar;

♦ *n* produtos *mpl* agrícolas.

producer [prə'dju:sər] *n* produtor *m*, -ra *f*.

product ['prɒdʌkt] *n* produto *m*.

production [prə'dʌkʃn] *n* produção *f*.

productivity [,prɒdʌk'tɪvətɪ] *n* produtividade *f*.

profession [prə'feʃn] *n* profissão *f*.

professional [prə'feʃnəl] *adj* profissional. ♦ *n* profissional *mf*.

professor [prə'fesər] *n* (*in US*) professor *m* universitário, professora *f* universitária; (*in UK*) professor *m* catedrático, professora *f* catedrática.

profile ['prəʊfaɪl] *n* perfil *m*.

profit ['prɒfɪt] *n* (*financial*) lucro *m*. ♦ *vi*: **to ~ (from)** tirar proveito (de), lucrar (com).

profitable ['prɒfɪtəbl] *adj* (*financially*) lucrativo(va), rentável.

profiteroles [prə'fɪtərəʊlz] *npl* profiteroles *mpl*.

profound [prə'faʊnd] *adj* profundo(da).

program ['prəʊɡræm] *n* programa *m*. ♦ *vt* COMPUT programar.

programme ['prəʊɡræm] *Brit* = **program**.

progress [*n* 'prəʊɡres, *vb* prə'ɡres] *n* progresso *m*. ♦ *vi* (*work, talks, student*) progredir; (*day, meeting*) avançar; **to make ~** (*improve*) progredir, melhorar; (*in journey*) avançar; **in ~** em curso.

progressive [prə'ɡresɪv] *adj* (*forward-looking*) progressivo (va).

prohibit [prə'hɪbɪt] *vt* proibir; **'smoking strictly ~ed'** 'é proibido fumar'.

project [*n* 'prɒdʒekt] *n* (*plan*) projeto *m*; (*at school*) trabalho *m*.

projector [prə'dʒektər] *n* projetor *m*.

prolong [prə'lɒŋ] *vt* prolongar.

prom [prɒm] *n* (*dance*) ≃ baile *m* de formatura.

promenade [,prɒmə'neɪd] *n* (*by the sea*) passeio *m* (à beira da praia), calçadão *m*.

prominent ['prɒmɪnənt] *adj* proeminente.

promise ['prɒmɪs] *n* promessa *f*. ♦ *vt* & *vi* prometer; **to show ~** ser promissor; **to ~ sb sthg** prometer algo a alguém; **to ~ to do sthg** prometer fazer algo; **I ~ (that) I'll come** prometo que vou, prometo ir.

promising ['prɒmɪsɪŋ] *adj* promissor(ra).

promote [prə'məʊt] *vt* promover.

promotion [prə'məʊʃn] *n* promoção *f*.

prompt [prɒmpt] *adj* (*quick*) imediato(ta). ♦ *adv*: **at six o'clock ~** às seis em ponto.

prone [prəʊn] *adj*: **to be ~ to sthg** ser propenso(sa) a algo; **to be ~ to do sthg** ter tendência para fazer algo.

prong [prɒŋ] *n* (*of fork*) dente *m*.

pronoun ['prəʊnaʊn] n pronome m.

pronounce [prə'naʊns] vt
(word) pronunciar.

pronunciation [prə,nʌnsɪ-
'eɪʃn] n pronúncia f.

proof [pru:f] n (evidence) prova
f; it's 40 ~ (alcohol) tem 40
graus.

prop [prɒp] (pt & pp -ped, cont
-ping): **prop up** vt sep (support)
suster.

propeller [prə'pelər] n hélice f.

proper ['prɒpər] adj (suitable)
adequado(da); (correct, socially
acceptable) apropriado(da).

properly ['prɒpəlɪ] adv corretamente.

property ['prɒpətɪ] n propriedade f; (fml: building) imóvel m,
prédio m.

proportion [prə'pɔːrʃn] n
(part, amount) porção f, parte f;
(ratio, in art) proporção f.

proposal [prə'pəʊzl] n (suggestion) proposta f.

propose [prə'pəʊz] vt (suggest)
propor. ◆ vi: **to ~ to sb** pedir alguém em casamento.

proposition [,prɒpə'zɪʃn] n
(offer) proposta f.

proprietor [prə'praɪətər] n fml
proprietário m, -ria f.

prose [prəʊz] n (not poetry) prosa f.

prosecute ['prɒsɪkjuːt] vt JUR
processar, mover uma ação judicial contra. ◆ vi (bring a charge)
instaurar um processo judicial;
(represent in court) representar o
demandante.

prospect ['prɒspekt] n (possibility) possibilidade f, perspectiva
f; I don't relish the ~ não me
agrada a perspectiva. □ **pro-
spects** npl (for the future) pers-
pectivas fpl.

prospectus [prə'spektəs] (pl
-es) n prospecto m.

prosperous ['prɒspərəs] adj
próspero(ra).

prostitute ['prɒstɪtuːt] n prostituta f.

protect [prə'tekt] vt proteger;
to ~ sb/sthg against proteger
alguém/algo contra; **to ~ sb/
sthg from** proteger alguém/al-
go de.

protection [prə'tekʃn] n proteção f.

protective [prə'tektɪv] adj pro-
tetor(ra).

protein ['prəʊtiːn] n proteína f.

protest [n 'prəʊtest, vb prə'test]
n (complaint) protesto m; (demonstration) passeata f, protesto. ◆ vt
(protest against) protestar contra.
◆ vi: **to ~ (against)** protestar
(contra).

Protestant ['prɒtəstənt] n protestante mf.

protester [prə'testər] n mani-
festante mf.

protractor [prə'træktər] n
transferidor m.

protrude [prə'truːd] vi sair.

proud [praʊd] adj orgulho-
so(osa); **to be ~ of** ter orgulho
de.

prove [pruːv] (pp -d OR proven
[pruːvn]) vt (show to be true) provar; (turn out to be) revelar-se.

pull

proverb ['prɒvɜ:rb] n provérbio m.

provide [prə'vaɪd] vt (supply) fornecer; **to ~ sb with sthg** fornecer algo a alguém. ▫ **provide for** vt fus (person) manter.

provided (that) [prə'vaɪdɪd-] conj desde que.

providing (that) [prə'vaɪdɪŋ-] = provided (that).

province ['prɒvɪns] n província f.

provisional [prə'vɪʒənl] adj provisório(ria).

provocative [prə'vɒkətɪv] adj provocador(ra).

provoke [prə'vəʊk] vt provocar.

prowl [praʊl] vi rondar.

prune [pru:n] n ameixa f seca.
♦ vt (tree, bush) podar.

PS (abbr of postscript) PS.

psychiatrist [saɪ'kaɪətrəst] n psiquiatra mf.

psychic ['saɪkɪk] adj (person) paranormal.

psychological [,saɪkə'lɒdʒɪkl] adj psicológico(ca).

psychologist [saɪ'kɒlədʒəst] n psicólogo m, -ga f.

psychology [saɪ'kɒlədʒɪ] n psicologia f.

psychotherapist [,saɪkəʊ-'θerəpəst] n psicoterapeuta mf.

pt abbr = pint.

pub [pʌb] n ≃ bar m.

puberty ['pju:bətɪ] n puberdade f.

public ['pʌblɪk] adj público (ca). ♦ n: **the ~** o público; **in ~** em público.

publication [,pʌblɪ'keɪʃn] n publicação f.

public housing n habitação f popular.

publicity [pʌb'lɪsɪtɪ] n publicidade f.

public school n (in US) escola f pública.

publish ['pʌblɪʃ] vt publicar.

publisher ['pʌblɪʃər] n (person) editor m, -ra f; (company) editora f.

publishing ['pʌblɪʃɪŋ] n (industry) indústria f editorial.

pudding ['pʊdɪŋ] n (sweet dish) pudim m; Brit (dessert) sobremesa f.

puddle ['pʌdl] n poça f.

puff [pʌf] vi (breathe heavily) ofegar. ♦ n (of air) lufada f; (smoke) baforada f; **to ~ at** tirar baforadas de.

puff pastry n massa f folheada.

pull [pʊl] vt vi puxar. ♦ n: **to give sthg a ~** dar um puxão em algo, puxar algo; **to ~ a face** fazer uma careta; **to ~ a muscle** distender um músculo; **'pull'** (on door) 'puxe'. ▫ **pull apart** vt sep (machine) desmontar; (book) desfazer. ▫ **pull down** vt sep (lower) baixar; (demolish) jogar abaixo, demolir. ▫ **pull in** vi (train) dar entrada na estação; (car) estacionar. ▫ **pull out** ♦ vt sep (cork, plug) tirar; (tooth) arrancar. ♦ vi (train) partir; (car) sair; (withdraw) retirar-se. ▫ **pull over** vi (car) encostar. ▫ **pull up**

◆ vt sep (trousers, sleeve) arregaçar; (socks) puxar. ◆ vi (stop) parar.

pulley ['pʊli] (pl **pulleys**) n roldana f.

pullover ['pʊl,əʊvə] n pulôver m.

pulpit ['pʊlpɪt] n púlpito m.

pulse [pʌls] n MED pulso m.

pump [pʌmp] n bomba f. ▫ **pumps** npl (shoes) sandália f (de salto alto). ▫ **pump up** vt sep encher.

pumpkin ['pʌmpkɪn] n abóbora f.

pun [pʌn] n trocadilho m.

punch [pʌntʃ] n (blow) murro m, soco m ; (drink) ponche m. ◆ vt (hit) esmurrar, dar um murro ou soco em; (ticket) picar, obliterar.

punctual ['pʌŋktʃʊəl] adj pontual.

punctuation [,pʌŋktʃʊ'eɪʃn] n pontuação f.

puncture ['pʌŋktʃər] n furo m. ◆ vt furar.

punish ['pʌnɪʃ] vt: to ~ sb (for sthg) castigar alguém (por algo), pôr alguém de castigo (por algo).

punishment ['pʌnɪʃmənt] n castigo m.

punk [pʌŋk] n (person) punk mf; (music) música f punk.

pupil ['pjuːpl] n (of eye) pupila f; Brit (student) aluno m, -na f.

puppet ['pʌpɪt] n fantoche m, marionete f.

puppy ['pʌpi] n cachorrinho m.

purchase ['pɜːtʃəs] vt fml comprar. ◆ n fml compra f.

pure [pjʊər] adj puro(ra).

puree ['pjuːreɪ] n purê m.

purely ['pjʊəlɪ] adv (only) meramente.

purity ['pjʊərətɪ] n pureza f.

purple ['pɜːpl] adj roxo(xa).

purpose ['pɜːpəs] n (reason) motivo m; (use) uso m; **on** ~ de propósito.

purr [pɜːr] vi (cat) ronronar.

purse [pɜːs] n carteira f.

pursue [pər'suː] vt (follow) perseguir; (study, inquiry, matter) continuar com.

pus [pʌs] n pus m.

push [pʊʃ] vt (shove) empurrar; (button, doorbell) apertar; (product) promover. ◆ vi (shove) empurrar. ◆ n: **to give sb/sthg a** ~ empurrar alguém/algo, dar um empurrão em alguém/algo; **to** ~ **sb into doing sthg** levar alguém a fazer algo; 'push' (on door) 'empurre'. ▫ **push off** vi inf (go away) ir embora.

pushed [pʊʃt] adj inf: **to be** ~ (**for time**) não ter tempo.

push-ups npl flexões fpl.

put [pʊt] (pt & pp **put**) vt pôr; (express) exprimir; (write) escrever; (a question) colocar, fazer; **to** ~ **sthg at** (estimate) avaliar algo em; **to** ~ **a child to bed** pôr uma criança na cama; **to** ~ **money into sthg** pôr dinheiro OR investir em algo. ▫ **put aside** vt sep (money) pôr de lado. ▫ **put away** vt sep (tidy up) arrumar.

◻**put back** vt sep (replace) repor; (postpone) adiar; (clock, watch) atrasar. ◻**put down** vt sep (on floor, table) colocar; (passenger, deposit) deixar. ◻**put forward** vt sep (clock, watch) adiantar; (suggest) sugerir. ◻**put in** vt sep (insert) pôr em; (install) instalar. ◻**put off** vt sep (postpone) adiar; (distract) distrair; (repel) dar nojo em; (passenger) deixar. ◻**put on** vt sep (clothes, make-up, CD) pôr; (television, light, radio) acender, ligar; (play, show) montar; **to ~ on weight** engordar. ◻**put out** vt sep (cigarette, fire, light) apagar; (publish) publicar; (hand, arm, leg) estender; (inconvenience) incomodar; **to ~ one's back out** deslocar uma vértebra. ◻**put together** vt sep juntar. ◻**put up** vt sep (tent) montar; (statue) erigir, erguer; (building) construir; (umbrella) abrir; (a notice, sign) afixar; (price, rate) aumentar, subir; (provide with accommodation) alojar. ◻**put up with** vt fus agüentar, suportar.

putt [pʌt] n (golf) putt m, pancada f leve. ♦ vi (golf) fazer um putt.

putter ['pʌtər] n (club) putter m.

putty ['pʌtɪ] n massa f de vidraceiro, betume m.

puzzle ['pʌzl] n (game) quebra-cabeças m inv; (mystery) mistério m. ♦ vt confundir.

puzzling ['pʌzlɪŋ] adj intrigante.

pylon ['paɪlən] n poste m de alta tensão.

pyramid ['pɪrəmɪd] n pirâmide f.

Q

quail [kweɪl] n codorna f.

quaint [kweɪnt] adj curioso (osa).

qualification [ˌkwɒləfə'keɪʃn] n qualificação f.

qualified ['kwɒləfaɪd] adj (trained) qualificado(da).

qualify ['kwɒləfaɪ] vi (for competition) qualificar-se; (pass exam) formar-se.

quality ['kwɒlətɪ] n qualidade f. ♦ adj de qualidade.

quarantine ['kwɒrəntiːn] n quarentena f.

quarrel ['kwɒrəl] n discussão f. ♦ vi discutir.

quarry ['kwɒrɪ] n (for stone) pedreira f; (for sand) areeiro m.

quart [kwɔːrt] n (in US) = 0,946 l, ≃ litro.

quarter ['kwɔːrtər] n (fraction) quarto m; Am (coin) moeda f de 25 centavos; (three months) trimestre m; (part of city) bairro m; **(a) ~ of five** Am quinze para as cinco; **(a) ~ after five** Am cinco e quinze; **(a) ~ of an hour** quinze minutos.

quartet [kwɔːr'tet] n quarteto m.

quartz [kwɔːrts] *adj (watch)* de quartzo.

quay [kiː] *n* cais *m inv.*

queasy [ˈkwiːzɪ] *adj inf* enjoado(da), indisposto(osta).

queen [kwiːn] *n* rainha *f; (in cards)* dama *f.*

queer [kwɪər] *adj (strange)* esquisito(ta); *inf (ill)* indisposto(osta). ◆ *n inf (homosexual)* bicha *f.*

quench [kwentʃ] *vt:* **to ~ one's thirst** matar a sede.

query [ˈkwɪərɪ] *n* pergunta *f.*

question [ˈkwestʃən] *n* pergunta *f; (issue)* questão *f.* ◆ *vt (person)* interrogar; **it's out of the ~** está fora de questão.

question mark *n* ponto *m* de interrogação.

questionnaire [ˌkwestʃəˈneər] *n* questionário *m.*

queue [kjuː] *n Brit* fila *f.* ◆ *vi Brit* fazer fila. ❑ **queue up** *vi Brit* fazer fila.

quiche [kiːʃ] *n* quiche *m.*

quick [kwɪk] *adj* rápido(da). ◆ *adv* rapidamente, depressa.

quickly [ˈkwɪklɪ] *adv* rapidamente, depressa.

quid [kwɪd] *(pl inv) n Brit inf* libra *f.*

quiet [ˈkwaɪət] *adj* silencioso(osa); *(calm, peaceful)* calmo (ma); *(voice)* baixo(xa). ◆ *n* sossego *m*, calma *f;* **keep ~!** figue calado!; **to keep ~** *(not make noise)* ficar calado; **please keep ~ about this** por favor não diga nada.

quietly [ˈkwaɪətlɪ] *adv* silencio-

samente; *(calmly)* tranqüilamente.

quilt [kwɪlt] *n* edredom *m.*

quirk [kwɜːrk] *n* mania *f.*

quit [kwɪt] *(pt & pp* **quit***) vi (resign)* demitir-se; *(give up)* desistir. ◆ *vt Am (school, job)* deixar, abandonar; **to ~ doing sthg** deixar de fazer algo, desistir de fazer algo.

quite [kwaɪt] *adv* bastante; **it's not ~ big enough** não é suficientemente grande; **it's not ~ ready** ainda não está pronto; **you're ~ right** você tem toda a razão; **~ a lot of money** bastante dinheiro.

quiz [kwɪz] *(pl* **-zes***) n* competição *f (de conhecimento).*

quota [ˈkwəʊtə] *n* cota *f*, quota *f.*

quotation [kwəʊˈteɪʃn] *n (phrase)* citação *f; (estimate)* orçamento *m.*

quotation marks *npl* aspas *fpl.*

quote [kwəʊt] *vt (phrase, writer)* citar; *(price)* indicar. ◆ *n (phrase)* citação *f; (estimate)* orçamento *m.*

R

rabbit [ˈræbɪt] *n* coelho *m.*

rabies [ˈreɪbiːz] *n* raiva *f.*

race [reɪs] *n (competition)* corrida

f; (ethnic group) raça f. ◆ vi (compete) competir; (go fast) correr; (engine) acelerar. ◆ vt (compete against) competir com.

racecar ['reɪska:r] n Am carro m de corrida.

racecourse ['reɪskɔ:rs] n hipódromo m.

racehorse ['reɪshɔ:rs] n cavalo m de corrida.

racetrack ['reɪstræk] n (for horses) hipódromo m; (for cars) autódromo m.

racial ['reɪʃl] adj racial.

racing ['reɪsɪŋ] n: (horse) ~ corrida f de cavalos.

racism ['reɪsɪzm] n racismo m.

racist ['reɪsəst] n racista mf.

rack [ræk] n (for coats) cabide m; (for bottles) porta-garrafas m; (for plates) escorredor m de louça; (luggage) ~ porta-bagagens m inv; ~ of lamb peito m de carneiro.

racket ['rækət] n (for tennis, badminton, squash) rebatida f; (noise) barulheira f.

racquet ['rækɪt] n Brit raquete f.

radar ['reɪda:r] n radar m.

radiation [,reɪdɪ'eɪʃn] n radiação f.

radiator ['reɪdɪeɪtər] n radiador m.

radical ['rædɪkl] adj radical.

radii ['reɪdɪaɪ] pl → **radius**.

radio ['reɪdɪəʊ] (pl -s) n (device) rádio m ; (system) rádio f. ◆ vt (person) chamar por rádio; **on the** ~ na rádio.

radioactive [,reɪdɪəʊ'æktɪv] adj radioativo(va).

radish ['rædɪʃ] n rabanete m.

radius ['reɪdɪəs] (pl radii) n raio m.

raffle ['ræfl] n rifa f.

raft [ræft] n (of wood) jangada f; (inflatable) barco m de borracha.

rafter ['ræftr] n trave f, caibro m.

rag [ræg] n (old cloth) trapo m.

rage [reɪdʒ] n raiva f, fúria f.

raid [reɪd] n (attack) ataque m; (by police) batida f; (robbery) assalto m. ◆ vt (subj: police) dar uma batida em; (subj: thieves) assaltar.

rail [reɪl] n (bar) barra f; (for curtain) trilho m; (for stairs) corrimão m; (for train, tram) trilho m. ◆ adj ferroviário(ria); **by** ~ de trem.

railings ['reɪlɪŋz] npl grades fpl.

railroad ['reɪlrəʊd] Am (system) ferrovia f; (track) estrada f de ferro.

railway ['reɪlweɪ] n Brit = **railroad**.

rain [reɪn] n chuva f. ◆ v impers chover; **it's** ~**ing** está chovendo.

rainbow ['reɪnbəʊ] n arco-íris m inv

raincoat ['reɪnkəʊt] n capa f de chuva.

raindrop ['reɪndrɒp] n gota f ou pingo m de chuva.

rainfall ['reɪnfɔ:l] n precipitação f.

rainy ['reɪnɪ] adj chuvoso(osa).

raise [reɪz] vt levantar; (in-

crease) aumentar; *(money)* angariar; *(child, animals)* criar. ◆ *n Am (pay increase)* aumento *m*.

raisin ['reɪzn] *n* passa *f* (de uva).

rake [reɪk] *n (tool)* ancinho *m*.

rally ['rælɪ] *n (public meeting)* comício *m*; *(car race)* rali *m*, rally *m*; *(in tennis, badminton, squash)* troca *f* de bolas, rally.

ram [ræm] *n* carneiro *m*. ◆ *vt (bang into)* bater contra.

ramble ['ræmbl] *n* passeio *m*, caminhada *f*.

ramp [ræmp] *n (slope)* rampa *f*; *Am (to freeway)* acesso *m*; *Brit (in road)* lombada *f*.

ramparts ['ræmpɑːrts] *npl* muralhas *fpl*.

ran [ræn] *pt* → **run**.

ranch [rɑːntʃ] *n* rancho *m*.

rancid ['rænsɪd] *adj* rançoso (osa).

random ['rændəm] *adj* ao acaso. ◆ *n*: **at ~** ao acaso.

rang [ræŋ] *pt* → **ring**.

range [reɪndʒ] *n (of radio, telescope)* alcance *m*; *(of aircraft)* autonomia *f*; *(of prices)* leque *m*; *(of goods, services)* gama *f*, variedade *f*; *(of hills, mountains)* cadeia *f*, cordilheira *f*; *(for shooting)* linha *f* de tiro; *(stove)* fogão *m*. ◆ *vi*: **to ~ from ... to** oscilar entre ... e; **age ~** faixa *f* etária.

ranger ['reɪndʒər] *n* guarda *mf* florestal.

rank [ræŋk] *n (in armed forces, police)* patente *f*. ◆ *adj (smell)* fétido(da); *(taste)* horroroso(osa).

ransom ['rænsəm] *n* resgate *m*.

rap [ræp] *n (music)* rap *m*.

rape [reɪp] *n (crime)* estupro *m*. ◆ *vt* estuprar.

rapid ['ræpɪd] *adj* rápido(da). □ **rapids** *npl* corredeira *f*.

rapidly ['ræpɪdlɪ] *adv* rapidamente.

rapist ['reɪpɪst] *n* estuprador *m*.

rare [reər] *adj* raro(ra); *(meat)* mal-passado(da).

rarely ['reərlɪ] *adv* raramente.

rash [ræʃ] *n (on skin)* erupção *f* cutânea, brotoeja *f*. ◆ *adj* precipitado(da).

raspberry ['ræzbərɪ] *n* framboesa *f*.

rat [ræt] *n* rato *m*, ratazana *f*.

rate [reɪt] *n (level)* índice *m*, taxa *f*; *(charge)* tarifa *f*, preço *m*; *(speed)* velocidade *f*. ◆ *vt (consider)* considerar; *(deserve)* merecer; **exchange ~** taxa de câmbio; **at any ~** *(at least)* pelo menos; *(anyway)* de qualquer modo; **at this ~** desse jeito, nesse passo.

rather ['rɑːðər] *adv (quite)* bastante; **I'd ~ have a beer** prefiro uma cerveja; **I'd ~ not** é melhor não; **would you ~ ...?** você prefere ...?; **~ than** em vez de; **that's ~ a lot** é um pouco demais.

ratio ['reɪʃɪəʊ] *(pl* -s*)* proporção *f*.

ration ['ræʃn] *n* porção *f*. □ **rations** *npl (food)* rações *fpl*.

rational ['ræʃənl] *adj* racional.

rattle ['rætl] *n (of baby)* chocalho *m*. ◆ *vi* chocalhar.

rave [reɪv] n (party) rave f.

raven [ˈreɪvn] n corvo m.

raw [rɔː] adj (uncooked) cru (crua); (unprocessed) bruto(a).

raw material n matéria-prima f.

ray [reɪ] n raio m.

razor [ˈreɪzər] n aparelho m de barbear, navalha f.

razor blade n lâmina f de barbear.

re [riː] prep referente a, com respeito a.

reach [riːtʃ] vt chegar a; (arrive at) atingir; (contact) contatar. ◆ n: out of ~ fora de alcance; within ~ of the beach próximo da praia. ❑ **reach out** vi: to ~ out (for) estender o braço (para).

react [rɪˈækt] vi reagir.

reaction [rɪˈækʃn] n reação f.

read [riːd] (pt & pp read [red]) vt ler; (subj: sign, note) dizer; (subj: meter, gauge) marcar. ◆ vi ler; I read about it in the paper fiquei sabendo pelo jornal. ❑ **read out** vt sep ler em voz alta.

reader [ˈriːdər] n (of newspaper, book) leitor m, -ra f.

readily [ˈredɪlɪ] adv (willingly) de boa vontade; (easily) facilmente.

reading [ˈriːdɪŋ] n leitura f.

ready [ˈredɪ] adj (prepared) pronto(ta); to be ~ for sthg (prepared) estar preparado para algo; to be ~ to do sthg (willing) estar disposto a fazer algo; (likely) estar prestes a fazer algo;

to get ~ preparar-se; to get sthg ~ preparar algo.

ready-to-wear adj pronto para vestir.

real [ˈrɪəl] adj verdadeiro(ra); (life, world) real; (leather) genuíno(na). ◆ adv Am mesmo.

real estate n bens mpl imóveis.

realistic [ˌrɪəˈlɪstɪk] adj realista.

reality [rɪˈælətɪ] n realidade f; in ~ na realidade.

realize [ˈrɪəlaɪz] vt (become aware of) aperceber-se de; (know) saber; (ambition, goal) realizar.

really [ˈrɪəlɪ] adv (for emphasis) mesmo, muito; (in reality) realmente; was it good? – not ~ foi bom? – não muito; ~? (expressing surprise) a sério?

realtor [ˈrɪəltər] n Am corretor m, -ra f de imóveis.

rear [rɪər] adj traseiro(ra). ◆ n (back) parte f de trás, traseira f.

rearrange [ˌriːəˈreɪndʒ] vt (room, furniture) mudar; (meeting) alterar.

reason [ˈriːzn] n razão f, motivo m; for some ~ por alguma razão.

reasonable [ˈriːznəbl] adj razoável.

reasonably [ˈriːznəblɪ] adv (quite) razoavelmente.

reasoning [ˈriːznɪŋ] n raciocínio m.

reassure [ˌriːəˈʃɔːr] vt tranqüilizar.

reassuring [ˌriːəˈʃɔːrɪŋ] adj tranqüilizador(ra).

rebate ['ri:beɪt] n devolução f, reembolso m.

rebel [n 'rebl, vb rɪ'bel] n rebelde mf. ◆ vi revoltar-se.

rebound [rɪ'baʊnd] vi (ball) ressaltar.

rebuild [,ri:'bɪld] (pt & pp -built) vt reconstruir.

rebuke [rɪ'bju:k] vt repreender.

recall [rɪ'kɔ:l] vt (remember) recordar-se de, lembrar-se de.

receipt [rɪ'si:t] n (for goods, money) recibo m; on ~ of ao receber, mediante a recepção de.

receive [rɪ'si:v] vt receber.

receiver [rɪ'si:vər] n (of phone) fone m.

recent ['ri:snt] adj recente.

recently ['ri:sntlɪ] adv recentemente.

reception [rɪ'sepʃn] n recepção f.

reception desk n recepção f.

receptionist [rɪ'sepʃnəst] n recepcionista mf.

recess ['ri:ses] n (in wall) nicho m, vão m; Am: scH recreio m, intervalo m.

recession [rɪ'seʃn] n recessão f.

recipe ['resəpɪ] n receita f.

recite [rɪ'saɪt] vt (poem) recitar; (list) enumerar.

reckless ['rekləs] adj irresponsável.

reckon ['rekn] vt inf (think): to ~ (that) achar que. ❑ reckon on vt fus contar, esperar. ❑ reckon with vt fus (expect) contar com.

reclaim [rɪ'kleɪm] vt (baggage) recuperar.

recognition [,rekəg'nɪʃn] n reconhecimento m.

recognize ['rekəgnaɪz] vt reconhecer.

recollect [,rekə'lekt] vt recordar-se de.

recommend [,rekə'mend] vt recomendar; to ~ that sb do sthg recomendar a alguém que faça algo.

recommendation [,rekəmen'deɪʃn] n recomendação f.

reconsider [,ri:kən'sɪdər] vt reconsiderar.

reconstruct [,ri:kən'strʌkt] vt reconstruir.

record [n 'rekɔ:d, vb rɪ'kɔ:d] n MUS disco m; (best performance, highest level) recorde m; (account) registro m. ◆ vt (keep account of) registrar; (on tape) gravar.

recorder [rɪ'kɔ:dər] n (tape recorder) gravador m; (instrument) flauta f, pífaro m.

recording [rɪ'kɔ:dɪŋ] n gravação f.

record player n toca-discos m inv.

record store n Am loja f de discos.

recover [rɪ'kʌvər] vt vi recuperar.

recovery [rɪ'kʌvərɪ] n recuperação f.

recreation [,rekrɪ'eɪʃn] n distração f, divertimento m.

recreation ground n parque m OR campo m de jogos.

recruit [rɪ'kru:t] n recruta mf.
♦ vt recrutar.

rectangle [rek,tæŋgl] n retângulo m.

rectangular [rek'tæŋgjələr] adj retangular.

recycle [,ri:'saɪkl] vt reciclar.

red [red] adj (in color) vermelho (lha), encarnado(da); (hair) ruivo(va). ♦ n (color) vermelho m, encarnado m; **in the ~** com saldo negativo.

Red Cross n Cruz f Vermelha.

redcurrant ['redkə,rənt] n groselha f.

redecorate [,ri:'dekəreɪt] vt redecorar.

redhead ['redhed] n ruivo m, -va f.

redial [,ri:'daɪəl] vi tornar a discar (o número de telefone).

redirect [,ri:də'rekt] vt (traffic, plane) desviar; Brit (letter) mandar para o novo endereço.

reduce [rɪ'du:s] vt (make smaller) reduzir, diminuir; (make cheaper) saldar, reduzir o preço de. ♦ vi Am (slim) emagrecer.

reduced price [rɪ'du:st-] n preço m reduzido OR de saldo.

reduction [rɪ'dʌkʃn] n redução f.

redundancy [rɪ'dʌndənsɪ] n Brit (job loss) demissão f.

redundant [rɪ'dʌndənt] adj Brit: **to be made ~** ser despedido(da), perder o emprego.

reed [ri:d] n junco m.

reef [ri:f] n arrecife m.

reek [ri:k] vi: **to ~ (of)** feder (a).

reel [ri:l] n (of thread) carro m; (on fishing rod) molinete m, carreto m; (of film) rolo m.

refectory [rɪ'fektərɪ] n refeitório m, cantina f.

refer [rɪ'fɜ:r]: **refer to** vt fus (speak about) fazer referência a, referir-se a; (consult) consultar.

referee [,refə'ri:] n SPORT árbitro m.

reference ['refrəns] n referência f. ♦ adj (book) de consulta; (library) para consultas; **with ~ to** com referência a.

referendum [,refə'rendəm] n plebiscito m.

refill [n 'ri:fɪl, vb ,ri:'fɪl] n (for pen) recarga f. ♦ vt (voltar a) encher; **would you like a ~?** inf (drink) mais um copo?

refinery [rɪ'faɪnərɪ] n refinaria f.

reflect [rɪ'flekt] vt vi refletir.

reflection [rɪ'flekʃn] n (image) reflexo m.

reflector [rɪ'flektər] n refletor m.

reflex ['ri:fleks] n reflexo m.

reflexive [rɪ'fleksɪv] adj reflexo(xa), reflexivo(va).

reform [rɪ'fɔ:m] n reforma f. ♦ vt reformar.

refresh [rɪ'freʃ] vt refrescar.

refreshing [rɪ'freʃɪŋ] adj refrescante.

refreshments [rɪ'freʃmənts] npl lanches mpl, comes e bebes.

refrigerator [rɪ'frɪdʒəreɪtər] n geladeira f.

refugee [,refjʊ'dʒi:] n refugiado m, -da f.

refund [n 'ri:fʌnd, vb rɪ'fʌnd] n
reembolso m. ◆ vt reembolsar.

refundable [rɪ'fʌndəbl] adj re-
embolsável.

refusal [rɪ'fju:zl] n recusa f.

refuse¹ [rɪ'fju:z] vt vi recusar;
to ~ to do sthg recusar-se a fazer algo.

refuse² [refju:s] n fml lixo m.

regard [rɪ'gɑːd] vt (consider)
considerar. ◆ n: **with ~ to** a respeito de; **as ~s** no que diz respeito a, quanto a. ❑ **regards**
npl (in greetings) cumprimentos
mpl; **give them my ~s** dê-lhes
os meus cumprimentos.

regarding [rɪ'gɑːdɪŋ] prep a
respeito de, no que diz respeito
a.

regardless [rɪ'gɑːdlɪəs] adv
apesar de tudo; **~ of** independentemente de.

reggae ['regeɪ] n reggae m.

regiment ['redʒɪmənt] n regi-
mento m.

region ['riːdʒən] n região f; **in
the ~ of** cerca de, na região de.

regional ['riːdʒənl] adj regional.

register ['redʒəstər] n registro
m. ◆ vt registrar. ◆ vi (put one's
name down) inscrever-se; (at hotel) preencher o registro.

registered ['redʒəstəd] adj
(letter, parcel) registrado(da).

registration [,redʒə'streɪʃn] n
(for course, at conference) inscrição
f.

registry office ['redʒəstrɪ-] n
registro m civil.

regret [rɪ'gret] n arrependi-

mento m. ◆ vt lamentar, arrepender-se de; **to ~ doing sthg**
arrepender-se de ter feito algo;
**we ~ any inconvenience
caused** lamentamos qualquer
inconveniência.

regrettable [rɪ'gretəbl] adj lamentável.

regular ['regjələr] adj regular;
(normal, in size) normal. ◆ n (customer) cliente mf habitual, habi-
tué mf.

regularly ['regjələlɪ] adv regularmente.

regulate ['regjəleɪt] vt regular.

regulation [,regjə'leɪʃn] n
(rule) regra f.

rehearsal [rɪ'hɜːsl] n ensaio
m.

rehearse [rɪ'hɜːs] vt ensaiar.

reign [reɪn] n reino m. ◆ vi reinar.

reimburse [,riːəm'bɜːs] vt fml
reembolsar.

reindeer ['reɪn,dɪər] (pl inv) n
rena f.

reinforce [,riːən'fɔːs] vt reforçar.

reinforcements [,riːən'fɔːs-
mənts] npl reforços mpl.

reins [reɪnz] npl (for horse) ré-
deas fpl; (for child) andadeira f.

reject [rɪ'dʒekt] vt rejeitar.

rejection [rɪ'dʒekʃn] n rejeição
f.

relapse [rɪ'læps] n recaída f.

relate [rɪ'leɪt] vt (connect) rela-
cionar. ◆ vi: **to ~ to** (be connected
with) estar relacionado(da)
com; (concern) dizer respeito a.

related [rɪ'leɪtɪd] *adj (of same family)* da mesma família, aparentado(da); *(connected)* relacionado(da).

relation [rɪ'leɪʃn] *n (member of family)* parente *mf*; *(connection)* relação *f*, ligação *f*; **in ~** em relação a. □ **relations** *npl* relações *fpl*.

relationship [rɪ'leɪʃnʃɪp] *n (between countries, people)* relações *fpl*; *(between lovers)* relação *f*; *(connection)* ligação *f*, relação.

relative ['relətɪv] *adj* relativo(va). ♦ *n* parente *mf*.

relatively ['relətɪvlɪ] *adv* relativamente.

relax [rɪ'læks] *vi (person)* descontrair-se, relaxar.

relaxation [ˌriːlæk'seɪʃn] *n (of person)* descontração *f*, relaxamento *m*.

relaxed [rɪ'lækst] *adj* descontraído(da), relaxado(da).

relaxing [rɪ'læksɪŋ] *adj* relaxante, calmante.

relay ['riːleɪ] *n (race)* corrida *f* de revezamento.

release [rɪ'liːs] *vt (set free)* libertar, soltar; *(let go of)* largar, soltar; *(record, movie)* lançar; *(brake, catch)* soltar. ♦ *n (record, movie)* lançamento *m*.

relevant ['reləvənt] *adj* relevante.

reliable [rɪ'laɪəbl] *adj (person, machine)* de confiança, confiável.

relic ['relɪk] *n (object)* relíquia *f*.

relief [rɪ'liːf] *n (gladness)* alívio *m*; *(aid)* ajuda *f*.

relieve [rɪ'liːv] *vt (pain, headache)* aliviar.

relieved [rɪ'liːvd] *adj* aliviado(da).

religion [rɪ'lɪdʒn] *n* religião *f*.

religious [rɪ'lɪdʒəs] *adj* religioso(osa).

relish ['relɪʃ] *n (sauce)* molho *m*.

reluctant [rɪ'lʌktənt] *adj* relutante.

rely [rɪ'laɪ] *(pt & pp* **-ied)**: **rely on** *vt fus (trust)* confiar em; *(depend on)* depender de.

remain [rɪ'meɪn] *vi (stay)* permanecer; *(continue to exist)* sobrar, restar. □ **remains** *npl (of meal, body)* restos *mpl*; *(of ancient buildings, etc)* ruínas *fpl*.

remainder [rɪ'meɪndər] *n* resto *m*, restante *m*.

remaining [rɪ'meɪnɪŋ] *adj* restante.

remark [rɪ'mɑːrk] *n* comentário *m*. ♦ *vt* comentar.

remarkable [rɪ'mɑːrkəbl] *adj* extraordinário(ria), incrível.

remedy ['remədɪ] *n* remédio *m*.

remember [rɪ'membər] *vt* lembrar-se de. ♦ *vi (recall)* lembrar-se; **to ~ doing sthg** lembrar-se de ter feito algo; **to ~ to do sthg** lembrar-se de fazer algo.

remind [rɪ'maɪnd] *vt*: **to ~ sb of** lembrar a alguém de algo; **to ~ sb to do sthg** lembrar a alguém que tem de fazer algo.

reminder [rɪ'maɪndər] *n (for bill, library book)* aviso *m*.

remittance [rɪˈmɪtns] n (fml: money) ≃ vale m postal.

remnant [ˈremnənt] n resto m.

remote [rɪˈməʊt] adj remoto (ta).

remote control n (device) controle m remoto.

removal [rɪˈmuːvl] n remoção f; Brit (change of house) mudança f.

remove [rɪˈmuːv] vt remover.

renew [rɪˈnuː] vt renovar.

renovate [ˈrenəveɪt] vt renovar.

renowned [rɪˈnaʊnd] adj célebre.

rent [rent] n renda f, arrendamento m. ◆ vt arrendar.

rental [ˈrentl] n aluguel m. ◆ adj: a ~ car um carro de aluguel.

repaid [ˌriːˈpeɪd] pt & pp → repay.

repair [rɪˈpeər] vt reparar. ◆ n: in good ~ em boas condições. ❑ repairs npl consertos mpl.

repay [riːˈpeɪ] (pt & pp -paid) vt (money) reembolsar; (favor, kindness) retribuir.

repayment [riːˈpeɪmənt] n (money) reembolso m.

repeat [rɪˈpiːt] vt repetir. ◆ n (on TV) reprise f.

repetition [ˌrepəˈtɪʃn] n repetição f.

repetitive [rɪˈpetɪtɪv] adj repetitivo(va).

replace [rɪˈpleɪs] vt (substitute) substituir; (faulty goods) trocar; (put back) voltar a pôr no lugar.

replacement [rɪˈpleɪsmənt] n (substitute) substituto m, -ta f.

replay [ˈriːpleɪ] n (on TV) replay m; Brit (rematch) jogo m de desempate.

reply [rɪˈplaɪ] n resposta f. ◆ vi responder.

report [rɪˈpɔːt] n (account) relatório m; (in newspaper, on TV, radio) reportagem f; Brit SCH boletim m. ◆ vt (announce) anunciar; (theft, disappearance) dar parte; (person) denunciar. ◆ vi (give account) informar; (for newspaper, TV, radio) fazer uma reportagem; to ~ to sb (go to) apresentar-se a alguém; to ~ (to sb) on informar (alguém) sobre.

reporter [rɪˈpɔːtər] n repórter mf.

represent [ˌreprɪˈzent] vt representar.

representative [ˌreprɪˈzentətɪv] n representante mf.

repress [rɪˈpres] vt reprimir.

reprieve [rɪˈpriːv] n (delay) adiamento m.

reprimand [ˈreprɪmænd] vt repreender.

reproach [rɪˈprəʊtʃ] vt repreender.

reproduction [ˌriːprəˈdʌkʃn] n reprodução f.

reptile [ˈreptaɪl] n réptil m.

republic [rɪˈpʌblɪk] n república f.

Republican [rɪˈpʌblɪkən] n (in US) republicano m, -na f. ◆ adj (in US) republicano(na).

repulsive [rɪ'pʌlsɪv] *adj* repulsivo(va).

reputable ['repjətəbl] *adj* de boa reputação.

reputation [,repjə'teɪʃn] *n* reputação *f*.

reputedly [rɪ'pju:tɪdlɪ] *adv* supostamente.

request [rɪ'kwest] *n* pedido *m*. ◆ *vt* pedir; **to ~ sb to do sthg** pedir a alguém que faça algo; **available on ~** disponível a pedido do interessado.

require [rɪ'kwaɪər] *vt* (subj: person) necessitar de; (subj: situation) requerer, exigir; **passengers are ~d to show their tickets** pede-se aos passageiros que mostrem as passagens.

requirement [rɪ'kwaɪərmənt] *n* (condition) requisito *m*; (need) necessidade *f*.

rerun ['ri:rʌn] *n Am* (on TV) reprise *f*.

rescue ['reskju:] *vt* resgatar, salvar.

research [rɪ'sɜ:tʃ] *n* pesquisa *f*.

resemblance [rɪ'zembləns] *n* semelhança *f*.

resemble [rɪ'zembl] *vt* parecer-se com.

resent [rɪ'zent] *vt* ressentir-se com.

reservation [,rezə'veɪʃn] *n* reserva *f*; **to make a ~** fazer uma reserva.

reserve [rɪ'zɜ:v] *n* (for wildlife) reserva *f*. ◆ *vt* reservar.

reserved [rɪ'zɜ:vd] *adj* reservado(da).

reservoir ['rezəvwa:r] *n* reservatório *m*, represa *f*.

reset [,ri:'set] (*pt & pp* **reset**) *vt* (watch) acertar; (meter, device) reajustar.

reside [rɪ'zaɪd] *vi fml* residir.

residence ['rezɪdəns] *n fml* residência *f*; **place of ~** *fml* (local *m* de) residência *f*.

resident ['rezɪdənt] *n* (of country) habitante *mf*; (of hotel) hóspede *mf*; (of area, house) morador *m*, -ra *f*; '~s only' reservado para os moradores'.

residential [,rezɪ'denʃl] *adj* residencial.

residue ['rezɪdju:] *n* resíduo *m*.

resign [rɪ'zaɪn] *vi* demitir-se. ◆ *vt*: **to ~ o.s. to sthg** resignar-se com algo, conformar-se com algo.

resignation [,rezɪg'neɪʃn] *n* (from job) demissão *f*.

resilient [rɪ'zɪlɪənt] *adj* forte.

resist [rɪ'zɪst] *vt* resistir a; **I can't ~ chocolate cake** não resisto a bolo de chocolate; **to ~ doing sthg** resistir a fazer algo.

resistance [rɪ'zɪstəns] *n* resistência *f*.

resit [,ri:'sɪt] (*pt & pp* -**sat**) *vt* Brit repetir (prova, teste).

resolution [,rezə'lu:ʃn] *n* resolução *f*.

resolve [rɪ'zɒlv] *vt* (solve) resolver.

resort [rɪ'zɔ:t] *n* (for vacation) local *m* turístico; **as a last ~** como último recurso. ❑ **resort to** *vt fus* recorrer a; **to ~ to doing**

sthg recorrer a fazer algo.

resource [rɪ'sɔːrs] n recurso m.

resourceful [rɪ'sɔːrsfl] adj desembaraçado(da).

respect [rɪ'spekt] n respeito m; (aspect) aspecto m. ◆ vt respeitar; **with ~ to** com respeito a; **in some ~s** sob alguns aspectos.

respectable [rɪ'spektəbl] adj (person, job, etc) respeitável; (acceptable) decente.

respective [rɪ'spektɪv] adj respectivo(va).

respond [rɪ'spɒnd] vi responder.

response [rɪ'spɒns] n resposta f.

responsibility [rɪ,spɒnsə'bɪlətɪ] n responsabilidade f.

responsible [rɪ'spɒnsəbl] adj responsável; **to be ~ (for)** (to blame) ser responsável (por).

rest [rest] n (relaxation) descanso m; (for foot, head, back) apoio m. ◆ vi (relax) descansar. ◆ vt: to **~ sthg against** encostar algo em algo; **the ~** (remainder) o resto; **to take a ~** descansar; **the ladder was ~ing against the wall** a escada estava encostada na parede.

restaurant ['restərɒnt] n restaurante m.

restful ['restfl] adj tranqüilo (la).

restless ['restləs] adj (bored, impatient) impaciente; (fidgety) inquieto(ta).

restore [rɪ'stɔːr] vt (reintroduce) restabelecer; (renovate) restaurar.

restrain [rɪ'streɪn] vt conter.

restrict [rɪ'strɪkt] vt restringir.

restricted [rɪ'strɪktəd] adj restrito(ta).

restriction [rɪ'strɪkʃn] n restrição f.

rest room n Am banheiro m.

result [rɪ'zʌlt] n resultado m. ◆ vi: **to ~ in** resultar em; **as a ~ of** em conseqüência de. ▫ **results** npl (of test, exam) resultados mpl.

resume [rɪ'zuːm] vt & vi recomeçar, retomar.

résumé ['rezəmeɪ] n Am curriculum m vitae.

retail ['riːteɪl] n venda f a varejo. ◆ vt vender (a varejo). ◆ vi: **to ~ at** vender a.

retailer ['riːteɪlər] n varejista mf.

retail price n preço m de venda ao público.

retain [rɪ'teɪn] vt fml reter.

retaliate [rɪ'tælɪeɪt] vi retaliar.

retire [rɪ'taɪər] vi (stop working) aposentar-se.

retired [rɪ'taɪərd] adj aposentado(da).

retirement [rɪ'taɪərmənt] n aposentadoria f.

retreat [rɪ'triːt] vi retirar-se. ◆ n (place) retiro m.

retrieve [rɪ'triːv] vt recuperar.

return [rɪ'tɜːrn] n (arrival back) regresso m. ◆ vt devolver. ◆ vi voltar, regressar. ◆ adj: **by ~ mail** Am no correio seguinte; **in ~ (for)** em troca (de); **many happy ~s!** muitos anos de vidal; **to ~** sthg (to sb) *(give back)* devolver algo (a alguém).

return ticket *n* bilhete *m* de ida e volta.

reunite [,ri:ju:'naɪt] *vt* reunir.

reveal [rɪ'vi:l] *vt* revelar.

revelation [,revə'leɪʃn] *n* revelação *f*.

revenge [rɪ'vendʒ] *n* vingança *f*.

reverse [rɪ'vɜːrs] *adj* inverso (sa). ◆ *n* AUT marcha f à ré; *(of coin)* reverso *m*; *(of document)* verso *m*. ◆ *vt* *(car)* dar marcha à ré em; *(decision)* revogar. ◆ *vi* *(car, driver)* dar marcha à ré; **in ~ order** na ordem inversa, ao contrário; **the ~** *(the opposite)* o contrário.

review [rɪ'vju:] *n* *(of book, record, movie)* crítica *f*; *(examination)* revisão *f*. ◆ *vt* Am *(for test)* rever.

revise [rɪ'vaɪz] *vt* rever. ◆ *vi* Brit rever a matéria.

revision [rɪ'vɪʒn] *n* Brit revisão *f*.

revive [rɪ'vaɪv] *vt* *(person)* reanimar; *(economy, custom)* recuperar.

revolt [rɪ'vəʊlt] *n* revolta *f*.

revolting [rɪ'vəʊltɪŋ] *adj* repugnante.

revolution [,revə'lu:ʃn] *n* revolução *f*.

revolutionary [,revə'lu:ʃənərɪ] *adj* revolucionário(ria).

revolver [rɪ'vɒlvər] *n* revólver *m*.

revue [rɪ'vju:] *n* (teatro *m* de) revista *f*.

reward [rɪ'wɔːrd] *n* recompensa *f*. ◆ *vt* recompensar.

rewind [,ri:'waɪnd] *(pt & pp -wound)* *vt* rebobinar.

rheumatism ['ru:mətɪzm] *n* reumatismo *m*.

rhinoceros [raɪ'nɒsərəs] *(pl inv or -es)* *n* rinoceronte *m*.

rhubarb ['ru:bɑːrb] *n* ruibarbo *m*.

rhyme [raɪm] *n* *(poem)* rima *f*. ◆ *vi* rimar.

rhythm ['rɪðm] *n* ritmo *m*.

rib [rɪb] *n* costela *f*.

ribbon ['rɪbən] *n* fita *f*.

rice [raɪs] *n* arroz *m*.

rice pudding *n* arroz-doce *m*.

rich [rɪtʃ] *adj* rico(ca). ◆ *npl*: **the ~** os ricos; **to be ~ in** sthg ser rico em algo.

rid [rɪd] *vt*: **to get ~ of** livrar-se de.

ridden ['rɪdn] *pp* → **ride**.

riddle ['rɪdl] *n* *(puzzle)* adivinha *f*; *(mystery)* enigma *m*.

ride [raɪd] *(pt* **rode***, pp* **ridden***)* *n* *(on horse, bike)* passeio *m*; *(in vehicle)* volta *f*. ◆ *vt* *(horse)* andar a; *(bike)* andar de. ◆ *vi* *(on horse)* andar or montar a cavalo; *(on bike)* andar de bicicleta; *(in vehicle)* viajar; **to go for a ~** *(in car)* ir dar uma volta (de carro).

rider ['raɪdər] *n* *(on horse)* cavaleiro *m*, amazona *f*; *(on bike)* ciclista *mf*.

ridge [rɪdʒ] *n* *(of mountain)* crista *f*; *(raised surface)* rugosidade *f*.

ridiculous [rɪˈdɪkjələs] adj ridículo(la).

riding [ˈraɪdɪŋ] n equitação f.

rifle [ˈraɪfl] n fuzil m, espingarda f.

rig [rɪg] n (oilrig) plataforma f petrolífera. ◆ vt fraudar.

right [raɪt] adj -1. (correct) certo(ta); **to be ~** (person) ter razão; **to be ~ to do sthg** fazer bem em fazer algo; **is this the ~ way?** é este o caminho certo?; **that's ~!** é isso mesmo!, exatamente!
-2. (fair) certo(ta); **that's not ~!** isso não está certo!
-3. (on the right) direito(ta); **the ~ side of the road** o lado direito da estrada.
◆ n -1. (side) **the ~** a direita.
-2. (entitlement) direito m; **to have the ~ to do sthg** ter o direito de fazer algo.
◆ adv -1. (toward the right) à direita; **turn ~ at the post office** vire à direita junto aos correios.
-2. (correctly) bem; **am I pronouncing it ~?** estou pronunciando isso bem?
-3. (for emphasis) mesmo; **~ here** aqui mesmo; **I'll be ~ back** volto já; **~ away** imediatamente.

right angle n ângulo m reto.

right-hand adj direito(ta).

right-handed [-ˈhændəd] adj (person) destro(tra); (implement) para pessoas destras.

rightly [ˈraɪtlɪ] adv (correctly)

corretamente; (justly) devidamente.

right-wing adj de direita.

rigid [ˈrɪdʒɪd] adj rígido(da).

rim [rɪm] n (of cup) borda f; (of glasses) armação f; (of bicycle wheel) aro m; (of car wheel) aro m.

rind [raɪnd] n (of fruit, cheese) casca f; (of bacon) couro m.

ring [rɪŋ] (pt rang, pp rung) n (for finger) anel m; (circle) círculo m; (sound) toque m de campainha, telefone; (on electric cooker) disco m; (on gas cooker) boca f; (for boxing) ringue m; (in circus) arena f. ◆ vt (bell) tocar a. ◆ vi (doorbell, telephone) tocar; (ears) zumbir; **to give sb a ~** (phone call) telefonar para alguém; **to ~ the bell** (of house, office) tocar a campainha.

rink [rɪŋk] n rinque m, pista f (de patinação).

rinse [rɪns] vt (clothes, hair) enxaguar, passar uma água; (hands) lavar. ❑ **rinse out** vt sep (clothes) enxaguar, passar uma água; (mouth) bochechar.

riot [ˈraɪət] n (violent disturbance) distúrbio m.

rip [rɪp] n rasgão m. ◆ vt rasgar. ◆ vi rasgar-se. ❑ **rip off** vt sep (person) extorquir. ❑ **rip up** vt sep rasgar em pedaços.

ripe [raɪp] adj maduro(ra).

ripen [ˈraɪpn] vi amadurecer.

rip-off n inf roubo m.

rise [raɪz] (pt rose, pp risen [ˈrɪzn]) vi (move upward) elevar-se; (sun, moon) nascer; (increase) subir; *(stand up)* levantar-se. ◆ *n* subida *f*; *Brit (pay increase)* aumento *m*.

risk [rɪsk] *n* risco *m*; *to take a ~* arriscar; *to take a ~* correr um risco; *at your own ~* por sua conta e risco; *to ~ doing sthg* arriscar-se a fazer algo; *to ~ it* arriscar-se.

risky ['rɪskɪ] *adj* arriscado(da).

ritual ['rɪtʃʊəl] *n* ritual *m*.

rival ['raɪvl] *adj* rival. ◆ *n* rival *mf*.

river ['rɪvər] *n* rio *m*.

river bank *n* margem *f* do rio.

riverside ['rɪvərsaɪd] *n* beira-rio *f*.

roach [rəʊtʃ] *n Am (cockroach)* barata *f*.

road [rəʊd] *n* (*wooden*) vara *f*; (*me-*

roadside ['rəʊdsaɪd] *n*: **the ~** a beira (da estrada).

road sign *n* placa *f* (de trânsito).

roadwork ['rəʊdwɜːrk] *n* obras *fpl* na pista.

roam [rəʊm] *vi* vaguear.

roar [rɔːr] *n (of crowd)* gritos *mpl*, brados *mpl*; *(of airplane)* ronco *m*; *(of lion)* rugido *m*. ◆ *vi (crowd)* berrar, bradar; *(lion)* rugir.

roast [rəʊst] *n* assado *m*. ◆ *vt* assar. ◆ *adj* assado(da); ~ **beef** rosbife *m*; ~ **chicken** frango *m* assado; ~ **lamb** carneiro *m* assado; ~ **pork** lombo *m* (de porco) assado; ~ **potatoes** batatas *fpl* assadas.

rob [rɒb] *vt* assaltar; *to ~ sb*

of sthg roubar algo de alguém.

robber ['rɒbər] *n* ladrão *m*, -dra *f*.

robbery ['rɒbərɪ] *n* assalto *m*.

robe [rəʊb] *n Am (bathrobe)* roupão *m*.

robin ['rɒbɪn] *n* pisco *m*.

robot ['rəʊbɒt] *n* robô *m*.

rock [rɒk] *n* rocha *f*; *Am (stone)* pedra *f*; *(music)* rock *m*. ◆ *vt (baby)* embalar; *(boat)* balançar; *on the ~s (drink)* com gelo.

rock climbing *n* escalada *f*; *to go ~* ir escalar.

rocket ['rɒkɪt] *n (missile, space rocket)* foguete *m*; *(firework)* foguete *m*.

rocky ['rɒkɪ] *adj (place)* rochoso(osa).

rod [rɒd] *n (wooden)* vara *f*; *(me-tal)* barra *f*; *(for fishing)* vara *f* de pescar.

rode [rəʊd] *pt* → **ride**.

role [rəʊl] *n* papel *m*.

roll [rəʊl] *n (of bread)* pãozinho *m*; *(of film, paper)* rolo *m*. ◆ *vt (ball, rock)* rolar; *(vehicle)* circular; *(ship)* balançar. ◆ *vt (ball, rock)* fazer rolar; *(cigarette)* enrolar; *(dice)* lançar. ❑ **roll over** *vi (per-son, animal)* virar-se; *(car)* capotar. ❑ **roll up** *vt sep (map, carpet)* enrolar; *(sleeves, trousers)* arregaçar.

rollerblades ['rəʊlərˌbleɪdz] *npl* patins *mpl* em linha.

rollerblading ['rəʊlərˌbleɪdɪŋ] *n*: *to go ~* patinar com patins em linha.

roller coaster ['rəʊlər-] *n* montanha-russa *f*.

rollers ['rəʊlərz] npl (for hair) bobs mpl.

roller skates ['rəʊlər-] npl patins mpl de rodas.

rolling pin ['rəʊlɪŋ-] n rolo m de pastel.

Roman Catholic n católico m romano, católica f romana.

romance [rəʊ'mæns] n romance m.

romantic [rəʊ'mæntɪk] adj romântico(ca).

roof [ruːf] n (of building, cave) telhado m; (of car, trailer, tent) teto m.

roof rack n bagageiro m.

room [ruːm] n (bedroom, in hotel) quarto m; (in building) divisão f, sala f; (space) espaço m.

room service n serviço m de quarto.

room temperature n temperatura f ambiente.

roomy ['ruːmɪ] adj espaçoso (osa).

root [ruːt] n raiz f.

rope [rəʊp] n corda f. ◆ vt amarrar.

rose [rəʊz] pt → **rise**. ◆ n (flower) rosa f.

rosemary ['rəʊzmərɪ] n alecrim m.

rot [rɒt] vi apodrecer.

rota ['rəʊtə] n Brit lista f de turnos.

rotate ['rəʊteɪt] vi girar.

rotten ['rɒtn] adj (food, wood) podre; inf (not good) péssimo (ma); **I feel ~** (sick) sinto-me péssimo.

rouge [ruːʒ] n blush m.

rough [rʌf] adj (surface, skin, cloth) áspero(ra); (sea, crossing) agitado(da); (person) bruto(ta); (approximate) aproximado(da); (conditions, wine) mau (má); (area, city) perigoso(osa). ◆ n (on golf course) rough m; **a ~ guess** um cálculo aproximado; **to have a ~ time** passar por um período difícil.

roughly ['rʌflɪ] adv (approximately) aproximadamente; (push, handle) bruscamente, grosseiramente.

roulette [ruː'let] n roleta f.

round [raʊnd] adj redondo (da). ◆ n -1. (of drinks) rodada f; **it's my ~** é a minha rodada. -2. (of competition) volta f. -3. (in golf) partida f; (in boxing) assalto m. -4. (of policeman, milkman) ronda f. ◆ prep -1. (approximately) cerca de; ~ (about) **100** cerca de 100; ~ **ten o'clock** por volta de dez horas. -2. (near): ~ **here** aqui perto. -3. (in phrases): **it's just ~ the corner** (nearby) é aqui pertinho; ~ **the clock** 24 horas. ◆ **round off** vt sep (meal, day, visit) terminar.

roundabout ['raʊndəbaʊt] n indireto; **a ~ way** de forma indireta.

round trip n viagem f de ida e volta.

route [ruːt] n (way) caminho m; (of train) linha f; (of bus) trajeto m; (of plane) rota f. ◆ vt (change *course of)* mudar a rota de.

routine [ruːˈtiːn] *n* rotina *f.*
◆ *adj* rotineiro(ra).

row [rəʊ] *n (line)* fila *f.* ◆ *vt (boat)*
remar. ◆ *vi* remar; **three times
in a ~** três vezes seguidas.

rowboat [ˈrəʊbəʊt] *n Am* barco
m a remo.

rowdy [ˈraʊdɪ] *adj* turbulento
(ta).

rowing [ˈrəʊɪŋ] *n* remo *m.*

royal [ˈrɔɪəl] *adj* real.

royalty [ˈrɔɪəltɪ] *n (royal family)*
realeza *f.*

rub [rʌb] *vt (back, eyes)* esfregar;
(polish) polir. ◆ *vi (with hand,
cloth)* esfregar; friccionar. □ **rub
in** *vt sep (lotion, oil)* esfregar.
□ **rub out** *vt sep Brit* apagar.

rubber [ˈrʌbər] *adj* de borracha. ◆ *n* borracha *f; Am inf (condom)* camisinha *f,* preservativo
m.

rubber band *n* elástico *m.*

rubbish [ˈrʌbɪʃ] *n inf (nonsense)*
disparate *m; (refuse)* lixo *m ; inf
(worthless thing)* porcaria *f.*

rubble [ˈrʌbl] *n* entulho *m,* escombros *mpl.*

ruby [ˈruːbɪ] *n* rubi *m.*

rucksack [ˈrʌksæk] *n* mochila
f.

rudder [ˈrʌdər] *n* leme *m.*

rude [ruːd] *adj (person)* mal-
educado(da); *(behavior, joke, picture)* grosseiro(ra).

rug [rʌg] *n (for floor)* tapete *m;
Brit (blanket)* manta *f* (de viagem).

rugby [ˈrʌgbɪ] *n* rúgbi *m.*

ruin [ˈruːɪn] *vt* estragar. □ **ruins**
npl ruínas *fpl.*

ruined [ˈruːɪnd] *adj (building)*
em ruínas; *(clothes, meal, vacation)* estragado(da).

rule [ruːl] *n (law)* regra *f.* ◆ *vt
(country)* governar; **to be the ~
(normal)** ser a regra; **against the
~ s** contra as regras; **as a ~**
geralmente. □ **rule out** *vt sep*
excluir.

ruler [ˈruːlər] *n (of country)* go-
vernante *mf; (for measuring)* régua *f.*

rum [rʌm] *n* rum *m.*

rumor [ˈruːmər] *n Am* boato *m.*

rumour [ˈruːmər] *Brit* = **rumor.**

rump steak [ˌrʌmp-] *n* alcatra
f.

run [rʌn] *(pt* ran, *pp* run) *vi*
- 1. *(on foot)* correr; **we had to ~
for the bus** tivemos de correr
para tomar o ônibus.
- 2. *(train, bus)* circular; **the bus
~ s every hour** há um ônibus
de hora em hora; **the train is
running an hour late** o trem está com uma hora de atraso; **this
service doesn't ~ on Sundays**
este serviço não circula aos do-
mingos.
- 3. *(operate)* funcionar; **to ~ on
sthg** funcionar a algo; **leave
the engine running** deixe o motor funcionando.
- 4. *(tears, liquid, river)* correr; **to
leave the tap running** deixar a
torneira aberta; **to ~ through
(river, road)** atravessar; **the path
~ s along the coast** o caminho

runaway

segue ao longo da costa.
- **5.** *(play)* estar em cartaz OR cena; *(event)* decorrer; **'now running at the Palladium'** 'em cartaz no Palladium'.
- **6.** *(eyes)* chorar; *(nose)* escorrer.
- **7.** *(color, dye, wallpaper)* desbotar.
- **8.** *(remain valid)* ser válido; **the offer ~ s until July** a oferta é válida até julho.

◆ *vt* **-1.** *(on foot)* correr; **to ~ a race** participar de uma corrida.
- **2.** *(manage, organize)* gerir.
- **3.** *(bus, train)* ter em circulação; **we're running a special bus to the airport** temos um ônibus especial para o aeroporto.
- **4.** *(take sb in car)* levar (de carro); **I'll ~ you home** eu levo você em casa.
- **5.** *(fill)*: **to ~ a bath** encher a banheira.

◆ *n* **-1.** *(on foot)* corrida *f*; **to go for a ~** ir dar uma corrida.
- **2.** *(of play, show)*: **it had a two-year ~** esteve dois anos em cartaz.
- **3.** *(for skiing)* pista *f*.
- **4.** Am *(in tights)* fio *m* puxado.
- **5.** *(in phrases)*: **in the long ~** a longo prazo. □ **run away** *vi* fugir.

◆ **run down**
◆ *vt sep (run over)* atropelar; *(criticize)* criticar.
◆ *vi (clock)* parar; *(battery)* descarregar-se, gastar-se.
◆ **run into** *vt fus (meet)* encontrar; *(hit)* chocar com, bater em; *(problem, difficulty)* deparar com.

◆ **run out** *vi (be used up)* esgotar-se.
◆ **run out of** *vt fus* ficar sem.
◆ **run over** *vt sep (hit)* atropelar.

runaway ['rʌnəwei] *n* fugitivo *m*, -va *f*.

run-down ['rʌndaun] *adj (dilapidated)* dilapidado(da), velho(lha); *(tired)* cansado(da).

rung [rʌŋ] *pp* → **ring.** ◆ *n (of ladder)* degrau *m*.

runner ['rʌnər] *n (person)* corredor *m*, -ra *f*; *(for door, drawer)* calha *f*; *(for sledge)* patim *m*.

runner-up *(pl* **runners-up)** *n* segundo *m* classificado, segunda *f* classificada.

running ['rʌnɪŋ] *n* SPORT corrida *f* ; *(management)* gestão *f*.
◆ *adj*: **three days ~** três dias seguidos; **to go ~** ir correr.

runny ['rʌnɪ] *adj (sauce)* líquido(da); *(egg, omelette)* mal-passado(da); *(nose)* escorrendo; *(eye)* lacrimejante.

runway ['rʌnwei] *n (for planes)* pista *f* (de aterrissagem).

rural ['ruərəl] *adj* rural.

rush [rʌʃ] *n (hurry)* pressa *f*; *(of crowd)* onda *f* (de gente), afluência *f*. ◆ *vi (move quickly)* ir correndo; *(hurry)* apressar-se. ◆ *vt (work)* fazer às pressas; *(food)* comer às pressas; *(transport quickly)* levar urgentemente; **to be in a ~** estar com or ter pressa; **there's no ~!** não há pressa!; **don't ~ me!** não me apresse!

rush hour *n* hora *f* do rush.

rust [rʌst] n (corrosion) ferrugem f. ◆ vi enferrujar.

rustic ['rʌstɪk] adj rústico(ca).

rustle ['rʌsl] vi fazer ruído.

rustproof ['rʌstpruːf] adj inoxidável.

rusty ['rʌstɪ] adj (metal) enferrujado(da); (fig: language, person) enferrujado(da).

RV n Am (abbr of recreational vehicle) trailer m.

rye [raɪ] n centeio m.

S

S (abbr of south) S; (abbr of small) P.

saccharin ['sækərɪn] n sacarina f.

sachet ['sæʃeɪ] n pacote m.

sack [sæk] n (bag) saco m. ◆ vt Brit despedir; **to get the ~** ser despedido.

sacrifice ['sækrɪfaɪs] n fig sacrifício m.

sad [sæd] adj triste; (unfortunate) lamentável.

saddle ['sædl] n (on horse) sela f; (on bicycle, motorcycle) selim m.

sadly ['sædlɪ] adv infelizmente.

sadness ['sædnəs] n tristeza f.

safari park [sə'fɑːrɪ-] n reserva f (para animais selvagens).

safe [seɪf] adj seguro(ra); (out of harm) em segurança. ◆ n cofre m; **a ~ place** um local seguro;

have a ~ journey! (faça) boa viagem!; **~ and sound** são e salvo.

safely ['seɪflɪ] adv em segurança.

safety ['seɪftɪ] n segurança f.

safety belt n cinto m de segurança.

safety pin n alfinete m de segurança.

sag [sæg] vi (hang down) pender; (sink) ir abaixo.

sage [seɪdʒ] n (herb) salva f.

Sagittarius [ˌsædʒə'teərɪəs] n Sagitário m.

said [sed] pt & pp → **say**.

sail [seɪl] n vela f (de barco). ◆ vi velejar, navegar; (depart) zarpar. ◆ vt: **to ~ a boat** velejar; **to set ~** zarpar.

sailboat ['seɪlbəʊt] n Am barco m à vela.

sailing ['seɪlɪŋ] n (activity) vela f; (departure) partida f; **to go ~** ir velejar.

sailing boat = sailboat.

sailor ['seɪlər] n marinheiro m, -ra f.

saint [seɪnt] n santo m, -ta f.

SAINT PATRICK'S DAY

O Dia de São Patrício, 17 de março, é comemorado pelos irlandeses em todo o mundo. Em Dublin e em Nova York são realizadas grandes procissões. É tradição usar como adereço uma folha de cravo ou algum enfeite verde, a planta símbolo e a cor nacional da Irlanda. Nos Estados Unidos, alguns bares até servem cerveja verde.

sake [seɪk] n: **for my/their ~** por mim/eles; **for God's ~!** pelo amor de Deus!

salad [ˈsæləd] n salada f.

salad dressing n molho m (para saladas).

salami [səˈlɑːmɪ] n salame m.

salary [ˈsælərɪ] n salário m, ordenado m.

sale [seɪl] n (selling) venda f; (at reduced prices) liquidação f; **'for ~ '** 'vende-se'; **on ~** à venda. □ **sales** npl COMM vendas fpl.

sales assistant [ˈseɪlz-] n Brit vendedor m, -ra f.

salesclerk [ˈseɪlzklɑːrk] n Am vendedor m, -ra f.

salesman [ˈseɪlzmən] (pl **-men** [-mən]) n (in store) vendedor m; (rep) representante m de vendas.

sales rep(resentative) n representante mf de vendas.

saleswoman [ˈseɪlzˌwʊmən] (pl **-women** [-ˌwɪmɪn]) n vendedora f.

saliva [səˈlaɪvə] n saliva f.

salmon [ˈsæmən] (pl inv) n salmão m.

salon [ˈsælɒn] n (hairdresser's) salão m (de cabeleireiro).

saloon [səˈluːn] n Am (bar) bar m; Brit (car) sedã m.

salt [sɔːlt] n sal m.

salt shaker [-ˌʃeɪkər] n Am saleiro m.

salty [ˈsɔːltɪ] adj salgado(da).

salute [səˈluːt] n continência f. ◆ vi bater continência.

same [seɪm] adj mesmo(ma). ◆ pron: **the ~** o mesmo (a mesma); **you've got the ~ book as me** você tem o mesmo livro que eu; **they look the ~** parecem iguais; **I'll have the ~ as her** vou tomar o mesmo que ela; **it's all the ~ to me** para mim tanto faz.

sample [ˈsæmpl] n amostra f. ◆ vt (food, drink) provar.

sanctions [ˈsæŋkʃnz] npl POL sanções fpl.

sanctuary [ˈsæŋktʃʊərɪ] n (for birds, animals) santuário m ecológico.

sand [sænd] n areia f. ◆ vt (wood) lixar. □ **sands** npl (beach) areal m.

sandal [ˈsændl] n sandália f.

sandcastle [ˈsændˌkɑːsl] n castelo m de areia.

sandpaper [ˈsændˌpeɪpər] n lixa f.

sandwich [ˈsænwɪdʒ] n sanduíche m.

sandy [ˈsændɪ] adj (beach) arenoso(osa); (hair) ruivo(va).

sang [sæŋ] pt → **sing**.

sanitary [ˈsænɪtərɪ] adj sanitário(ria).

sanitary pad, sanitary towel Brit n absorvente m feminino.

sank [sæŋk] pt → **sink**.

sapphire [ˈsæfaɪər] n safira f.

sarcastic [sɑːrˈkæstɪk] adj sarcástico(ca).

sardine [sɑːˈdiːn] n sardinha f.

sat [sæt] pt & pp → **sit**.

SAT abbr = **Scholastic Aptitude Test**.

(i) SAT

Para ingressar na universidade, os estudantes americanos têm de fazer um teste chamado SAT (Scholastic Assessment Test: teste de avaliação escolar). Caso não obtenha os resultados exigidos, o estudante pode refazer o teste. As notas e atividades extracurriculares também são levadas em conta para admissão nas universidades.

---

satellite [ˈsætəlaɪt] n (in space) satélite m.

satellite dish n antena f parabólica.

satellite TV n televisão f por satélite.

satin [ˈsætɪn] n cetim m.

satisfaction [ˌsætɪsˈfækʃn] n satisfação f.

satisfactory [ˌsætɪsˈfæktərɪ] adj satisfatório(ria).

satisfied [ˈsætɪsfaɪd] adj satisfeito(ta).

satisfy [ˈsætɪsfaɪ] vt satisfazer.

saturate [ˈsætʃəreɪt] vt saturar.

Saturday [ˈsætədeɪ] n sábado m; **it's ~** é sábado; **~ morning** sábado de manhã; **on ~** no sábado; **(on) ~s** aos sábados; **last ~** sábado passado; **this ~** este sábado; **next ~** o próximo sába-

do; **a week on ~** de sábado a oito (dias).

sauce [sɔːs] n molho m.

saucepan [ˈsɔːspæn] n panela f.

saucer [ˈsɔːsər] n pires m inv.

sauna [ˈsɔːnə] n sauna f.

sausage [ˈsɒsɪdʒ] n salsicha f, lingüiça f.

savage [ˈsævɪdʒ] adj selvagem.

save [seɪv] vt (rescue) salvar; (money, time, space) poupar; (reserve) guardar; SPORT defender; COMPUT salvar. ◆ n defesa f. ❑ **save up** vi poupar; **to ~ up (for sthg)** poupar (para comprar algo).

savings [ˈseɪvɪŋz] npl poupanças fpl, economias fpl.

savings and loan association n Am caixa f de crédito imobiliário.

savings bank n caixa f econômica.

savory [ˈseɪvərɪ] adj Am = **savoury**.

savoury [ˈseɪvərɪ] Brit = **savory**.

saw [sɔː] (Brit pt -ed, pp sawn, Am pt & pp -ed) pt → **see**. ◆ n (tool) serra f. ◆ vt serrar.

sawdust [ˈsɔːdʌst] n serragem f.

sawn [sɔːn] pp → **saw**.

saxophone [ˈsæksəfəʊn] n saxofone m.

say [seɪ] (pt & pp **said**) vt dizer; (subj: clock, meter) marcar; **I don't have a ~ in the matter** não tenho autoridade sobre este assunto; **could you ~ that**

again? podia repetir o que disse?; ~ **we meet at nine?** que tal encontrarmo-nos às nove?; **what did you ~?** (o que é) que você disse?

saying ['seɪɪŋ] n ditado m.

scab [skæb] n crosta f.

scaffolding ['skæfəldɪŋ] n andaimes mpl.

scald [skɔːld] vt escaldar, queimar.

scale [skeɪl] n escala f; (of fish, snake) escama f; (in kettle) placa f, calcário m. □ **scales** npl (for weighing) balança f.

scallion ['skæljən] n Am cebolinha f.

scallop ['skæləp] n vieira f; Am escalope m.

scalp [skælp] n couro m cabeludo.

scan [skæn] vt (consult quickly) percorrer, dar uma vista de olhos em. ◆ n MED ultra-sonografia f.

scandal ['skændl] n escândalo m.

scar [skɑːr] n cicatriz f.

scarce [skeərs] adj escasso(a).

scarcely ['skeərslɪ] adv (hardly) mal; ~ **anyone** quase ninguém; ~ **ever** quase nunca.

scare [skeər] vt assustar.

scarecrow ['skeərkrəʊ] n espantalho m.

scared ['skeərd] adj assustado(da).

scarf [skɑːrf] (pl **scarves**) n (woolen) cachecol m; (for women) echarpe f.

scarlet ['skɑːrlət] adj vermelho(lha), escarlate.

scarves [skɑːrvz] pl → **scarf**.

scary ['skeərɪ] adj inf assustador(a).

scatter ['skætər] vt (seeds, papers) espalhar; (birds) dispersar. ◆ vi dispersar-se.

scene [siːn] n (in play, movie, book) cena f; (of crime, accident) local m; (view) panorama m; **the music** ~ o mundo da música; **to make a** ~ armar um escândalo.

scenery ['siːnərɪ] n (countryside) paisagem f; (in theater) cenário m.

scenic ['siːnɪk] adj pitoresco(ca).

scent [sent] n (smell) fragrância f; (of animal) rastro m; (perfume) perfume m.

sceptical ['skeptɪkl] adj cético(ca).

schedule ['skedʒuːl] n (of work, things to do) programa m; (timetable) horário m; (list) lista f. ◆ vt (plan) programar; **according to** ~ de acordo com o previsto; **behind** ~ atrasado; **on** ~ (plane, train) na hora (prevista).

scheduled flight ['skedʒuːld-] n vôo m regular, vôo m de linha.

scheme [skiːm] n (plan) projeto m; (pej: dishonest plan) esquema m.

scholarship ['skɒlərʃɪp] n (award) bolsa f de estudo.

school [skuːl] n escola f; (university department) faculdade f.

Am (university) universidade f.
◆ *adj* escolar; **at ~** na escola.

schoolboy ['sku:lbɔɪ] n aluno m.

schoolchild ['sku:ltʃaɪld] (pl -children [-.tʃɪldrən]) n aluno m, -na f.

schoolgirl ['sku:lgɜ:rl] n aluna f.

schoolteacher ['sku:l.ti:tʃər] n professor m, -ra f.

science ['saɪəns] n ciência f; *SCH* ciências fpl.

science fiction n ficção f científica.

scientific [.saɪən'tɪfɪk] adj científico(ca).

scientist ['saɪəntɪst] n cientista mf.

scissors ['sɪzərz] npl tesoura f; **a pair of ~** uma tesoura.

scold [skəʊld] vt ralhar com, repreender.

scoop [sku:p] n (for ice cream, flour) colher f grande; (of ice cream) bola f; (in media) furo m (jornalístico).

scooter ['sku:tər] n (motor vehicle) lambreta f.

scope [skəʊp] n (possibility) possibilidade f; (range) alcance m.

scorch [skɔ:rtʃ] vt chamuscar.

score [skɔ:r] n (total, final result) resultado m; (on test) ponto m. ◆ vt *SPORT* marcar; (on test) obter. ◆ vi *SPORT* marcar; **what's the ~?** quanto está (o jogo)?

scorn [skɔ:rn] n desprezo m.

Scorpio ['skɔ:rpɪəʊ] n Escorpião m.

scorpion ['skɔ:rpjən] n escorpião m.

scotch [skɒtʃ] n uísque m escocês.

Scotch tape® n *Am* durex® m.

Scotland ['skɒtlənd] n Escócia f.

scout [skaʊt] n (boy scout) escoteiro m.

scowl [skaʊl] vi franzir a testa.

scrambled eggs [.skræmbld-] npl ovos mpl mexidos.

scrap [skræp] n (of paper, cloth) tira f; (old metal) ferro-velho m, sucata f.

scrapbook ['skræpbʊk] n álbum m de recortes.

scrape [skreɪp] vt (rub) raspar; (scratch) arranhar, esfolar.

scrap paper n *Brit* papel m de rascunho.

scratch [skrætʃ] n (cut) arranhão m; (mark) risco m. ◆ vt (cut) arranhar; (mark) riscar; (rub) coçar, arranhar; **to be up to ~** ter um nível satisfatório; **to start from ~** começar do nada.

scratch paper n *Am* papel m de rascunho.

scream [skri:m] n grito m. ◆ vi gritar.

screen [skri:n] n tela f; (hall in movie theater) sala f de cinema; (panel) biombo m. ◆ vt (movie) exibir; (program) emitir.

screening ['skri:nɪŋ] n (of film) exibição f.

screw [skru:] n parafuso m. ◆ vt (fasten) aparafusar; (twist) enroscar.

screwdriver ['skru:,draɪvər] n chave f de parafusos or fendas.

scribble ['skrɪbl] vi escrevinhar, rabiscar.

script [skrɪpt] n (of play, movie) roteiro m.

scrub [skrʌb] vt esfregar.

scruffy ['skrʌfɪ] adj desleixado(da).

scuba diving ['sku:bə-] n mergulho m.

sculptor ['skʌlptər] n escultor m, -ra f.

sculpture ['skʌlptʃər] n escultura f.

sea [si:] n mar m; **by ~** por mar; **by the ~** à beira-mar.

seafood ['si:fu:d] n frutos mpl do mar.

seagull ['si:gʌl] n gaivota f.

seal [si:l] n (animal) foca f; (on bottle, container, official mark) selo m. ◆ vt (envelope, container) selar.

seam [si:m] n (in clothes) costura f.

search [sɜ:tʃ] n procura f, busca f. ◆ vt revistar. ◆ vi: **to ~ for** procurar.

search engine n COMPUT motor m de pesquisa.

seashell ['si:ʃel] n concha f.

seasick ['si:sɪk] adj enjoado(da).

seaside ['si:saɪd] n: **the ~** a beira-mar.

season ['si:zn] n (division of year) estação f; (period) temporada f. ◆ vt (food) temperar; **in ~** (fruit, vegetables) da época; (for travel) alta temporada; **out of ~** (fruit, vegetables) fora de época; (for travel) baixa temporada.

seasoning ['si:znɪŋ] n tempero m, condimento m.

seat [si:t] n assento m; (place) lugar m. ◆ vt (subj: building) ter lugar para; (subj: vehicle) levar; **'please wait to be ~ed'** aviso, em restaurante, para que os fregueses esperem até serem conduzidos a uma mesa vaga.

seat belt n cinto m de segurança.

seaweed ['si:wi:d] n alga f marinha.

secluded [sə'klu:dəd] adj isolado(da).

second ['sekənd] n segundo m. ◆ num segundo m, -da f; **~ gear** segunda f (marcha) → **sixth**. □ **seconds** npl (goods) artigos mpl de qualidade inferior; inf (of food): **who wants ~?** quem quer repetir?

secondary school ['sekəndərɪ-] n escola f secundária.

second-class ['sekənd-] adj de segunda classe; Brit (stamp) de correio normal.

second-hand ['sekənd-] adj de segunda mão.

secret ['si:krət] adj secreto(ta). ◆ n segredo m.

secretary ['sekrə,terɪ] n secretário m, -ria f.

Secretary of State n Am (foreign minister) Secretário m, -ria f de Estado, ≃ Ministro m, -tra f dos Negócios Estrangeiros.

section ['sekʃn] n seção f.

sector ['sektər] n setor m.

secure [sɪˈkjʊər] *adj* seguro(ra).
◆ *vt* (*fix*) fixar; (*fml: obtain*) obter.

security [sɪˈkjʊərətɪ] *n* segurança *f*.

security guard *n* segurança *m*, guarda *m*.

sedan [sɪˈdæn] *n Am* sedã *m*.

sedative [ˈsedətɪv] *n* sedativo *m*.

seduce [sɪˈduːs] *vt* seduzir.

see [siː] (*pt* saw, *pp* seen) *vt* ver; (*accompany*) acompanhar; (*consider*) considerar. ◆ *vi* ver; **I ~ (understand)** estou entendendo; **I'll ~ what I can do** vou ver o que eu posso fazer; **to ~ to sthg** (*deal with*) tratar de algo; (*repair*) consertar algo; **~ you!** até mais!; **~ you later!** até logo!; **~ you soon!** até breve!; **~ p. 14** ver pág. 14. ❑ **see off** *vt sep* (*say good-bye to*) despedir-se de.

seed [siːd] *n* semente *f*.

seedy [ˈsiːdɪ] *adj* sórdido(da).

seeing (as) [ˈsiːɪŋ-] *conj* visto que.

seek [siːk] (*pt* & *pp* sought) *vt fml* procurar.

seem [siːm] *vi* parecer. ◆ *v impers*: **it ~s (that) ...** parece que ...

seen [siːn] *pp* → **see**.

segment [ˈsegmənt] *n* (*of fruit*) gomo *m*.

seize [siːz] *vt* (*grab*) agarrar; (*drugs, arms*) confiscar. ❑ **seize up** *vi* (*engine*) gripar; **my back ~d up** senti uma fisgada nas costas.

seldom [ˈseldəm] *adv* raramente.

select [sɪˈlekt] *vt* selecionar. ◆ *adj* seleto(ta).

selection [sɪˈlekʃn] *n* seleção *f*.

self-assured [ˌself-əˈʃʊəd] *adj* seguro(ra) de si.

self-confident [ˌself-] *adj* seguro(ra) de si.

self-conscious [ˌself-] *adj* inibido(da).

self-contained [ˌselfkən-ˈteɪnd] *adj* (*flat*) independente.

self-defense [ˌself-] *n* legítima defesa *f*.

self-employed [ˌself-] *adj* autônomo(ma).

selfish [ˈselfɪʃ] *adj* egoísta.

self-raising flour [ˌself-ˈreɪzɪŋ-] *Brit* = **self-rising flour**.

self-rising flour [ˌselfˈraɪzɪŋ-] *n Am* farinha *f* com fermento.

self-service [ˌself-] *adj* self-service *inv*, de auto-serviço.

sell [sel] (*pt* & *pp* sold) *vt* vi vender; **to ~ for** vender-se por, ser vendido por; **to ~ sb sthg** vender algo a alguém.

seller [ˈselər] *n* vendedor *m*, -ra *f*.

Sellotape® [ˈseləteɪp] *n Brit* durex® *m*.

semester [sɪˈmestər] *n SCH* semestre *m*.

semicircle [ˈsemɪˌsɜːkl] *n* semicírculo *m*.

semicolon [ˌsemɪˈkəʊlən] *n* ponto e vírgula.

semifinal [ˌsemɪˈfaɪnl] *n* semifinal *f*.

seminar [ˈsemɪnɑːr] *n* seminário *m*.

semolina [ˌseməˈliːnə] n semolina f.

send [send] (pt & pp **sent**) vt enviar; (person) mandar; **to ~ sthg to sb** enviar algo a alguém. □ **send back** vt sep devolver. □ **send off** vt sep (letter, package) enviar. ◆ vi: **to ~ off (for sthg)** pedir (algo) pelo correio.

sender [ˈsendər] n remetente mf.

senile [ˈsiːnaɪl] adj senil.

senior [ˈsiːnjər] adj (in rank) superior. ◆ n Am SCH finalista mf.

senior citizen n idoso m, -osa f, pessoa f de idade.

sensation [senˈseɪʃn] n sensação f.

sensational [senˈseɪʃənl] adj sensacional.

sense [sens] n sentido m; (common sense) bom-senso m. ◆ vt sentir; **there is no ~ in waiting** não vale a pena esperar; **to make ~** fazer sentido; **~ of direction** senso de orientação; **~ of humor** senso de humor.

sensible [ˈsensəbl] adj (person) sensato(ta); (clothes, shoes) prático(ca).

sensitive [ˈsensətɪv] adj sensível; (easily offended) suscetível; (subject, issue) delicado(da).

sent [sent] pt & pp → **send**.

sentence [ˈsentəns] n GRAMM frase f; (for crime) sentença f. ◆ vt condenar.

sentimental [ˌsentɪˈmentl] adj pej sentimental.

separate [adj ˈseprət, vb ˈsepəreɪt] adj (different, individual) diferente, distinto(ta); (not together) separado(da). ◆ vt separar. ◆ vi separar-se. □ **separates** n (clothes) roupas que podem ser usadas em conjunto.

separately [ˈseprətlɪ] adv separadamente.

separation [ˌsepəˈreɪʃn] n separação f.

September [sepˈtembər] n setembro m; **at the beginning of ~** no início de setembro; **at the end of ~** no fim de setembro; **during ~** em setembro; **every ~** todos os meses de setembro, todos os anos em setembro; **in ~** em setembro; **last ~** setembro último OR passado; **next ~** no próximo mês de setembro; **this ~** setembro que vem; **~ 2 1997** (in letters, etc) 2 de setembro de 1997.

sequel [ˈsiːkwəl] n (to book, film) continuação f.

sequence [ˈsiːkwəns] n (series) série f; (order) ordem f.

sequin [ˈsiːkwɪn] n lantejoula f.

sergeant [ˈsɑːrdʒənt] n (in police force) sargento m; (in army) sargento m.

serial [ˈsɪərɪəl] n série f.

series [ˈsɪəriːz] (pl inv) n série f; TV seriado m.

serious [ˈsɪərɪəs] adj sério(ria); (accident, illness) grave; **are you ~?** você está falando sério?

seriously [ˈsɪərɪəslɪ] adv (really) de verdade; (badly) gravemente.

sermon [ˈsɜːrmən] n sermão m.

servant [ˈsɜːrvənt] n criado m, -da f.

serve [sɜːv] *vt* servir. ◆ *vi SPORT* servir; *(work)* prestar serviço.
◆ *n SPORT* serviço *m*; **the city is ~d by two airports** a cidade tem dois aeroportos; **to ~ as** *(be used for)* servir de; **'~s two'** 'para duas pessoas'; **it ~s you right!** bem feito!

service [sɜːvɪs] *n* serviço *m*; *(at church)* culto *m*; *(of car)* revisão *f*. ◆ *vt (car)* fazer a revisão de; **'out of ~ '** 'fora de serviço'; **may I be of any ~ to you?** *fml* em que posso servi-lo?

service charge *n* serviço *m*.

service station *n* posto *m* de gasolina.

serving [sɜːvɪŋ] *n* porção *f*.

sesame seeds [ˈsesəmɪ-] *npl* sementes *fpl* de gergelim.

session [seʃn] *n* sessão *f*.

set [set] *(pt & pp* **set)** *adj*
-1. *(fixed)* fixo(xa).
-2. *(situated)* situado(da).
◆ *n* -1. *(of stamps, stickers)* coleção *f*; *(for playing chess)* jogo *m*; *(of dishes)* aparelho *m*; *(of tools)* conjunto *m*.
-2. *TV* aparelho *m*; **a TV ~** uma televisão, um televisor.
-3. *(in tennis)* set *m*, partida *f*.
-4. *(of play)* cenário *m*.
-5. *(at hairdresser's)*: **I'd like a shampoo and ~** queria lavar e pentear.
◆ *vt* -1. *(put)* pôr.
-2. *(cause to be)* pôr; **to ~ a ma-chine going** pôr uma máquina em funcionamento.
-3. *(clock, alarm, controls)* pôr; **~ the alarm for 7 a.m.** ponha o

despertador para despertar às sete.
-4. *(fix)* fixar.
-5. *(the table)* pôr.
-6. *(a record)* estabelecer.
-7. *(broken bone)* endireitar.
-8. *(play, movie, story)*: **to be ~** passar-se.
◆ *vi* -1. *(sun)* pôr-se.
-2. *(glue)* secar; *(jelly)* solidificar.
❑ **set off** ◆ *vt sep (alarm)* fazer soar.
◆ *vi* partir.
◆ **set out** ◆ *vt sep (arrange)* estabelecer.
◆ *vi (on trip)* partir.
◆ **set up** *vt sep (barrier, equip-ment)* montar; *(meeting, interview)* marcar; *(committee)* criar.

set menu *n* menu *m* fixo.

settee [seˈtiː] *n* sofá *m*.

setting [setɪŋ] *n (on machine)* posição *f*; *(surroundings)* cenário *m*.

settle [setl] *vt (argument)* resolver; *(bill)* pagar, saldar; *(stomach, nerves)* acalmar; *(arrange, decide on)* decidir. ◆ *vi (start to live)* estabelecer-se; *(bird, insect)* pousar; *(sediment, dust)* depositar-se. ❑ **settle down** *vi (calm down)* acalmar-se; *(sit comfort-ably)* instalar-se. ❑ **settle up** *vi* saldar as contas.

settlement [setlmənt] *n (agreement)* acordo *m*; *(place)* po-voado *m*, colônia *f*.

seven [sevn] *num* sete → **six.**

seventeen [ˌsevnˈtiːn] *num* de-zessete → **six.**

seventeenth [ˌsevnˈtiːnθ] *num*

décimo sétimo (décima sétima)
→ **sixth**.

seventh ['sevnθ] *num* sétimo
(ma) → **sixth**.

seventieth ['sevntjəθ] *num*
septuagésimo(ma) → **sixth**.

seventy ['sevntɪ] *num* setenta
→ **six**.

several ['sevrəl] *adj* vários
(rias). ◆ *pron* vários *mpl*, -rias *fpl*.

severe [sɪ'vɪər] *adj (damage, illness, problem)* grave; *(weather conditions)* rigoroso(osa); *(criticism,
person, punishment)* severo(ra);
(pain) intenso(sa).

sew [səʊ] *(pp* **sewn)** *vt & vi* coser, costurar.

sewage ['suːɪdʒ] *n* esgotos
mpl, águas *fpl* residuais.

sewing ['səʊɪŋ] *n* costura *f*.

sewn [səʊn] *pp* → **sew**.

sex [seks] *n* sexo *m*; **to have ~
(with)** ter relações sexuais
(com).

sexist ['seksəst] *n* sexista *mf*.

sexual ['sekʃʊəl] *adj* sexual;
~ equality igualdade *f* dos
sexos.

shabby ['ʃæbɪ] *adj (clothes,
room)* em mau estado; *(person)*
esfarrapado(da).

shade [ʃeɪd] *n (shadow)* sombra
f; *(lampshade)* abajur *m*; *(of color)*
tom *m*. ◆ *vt (protect)* proteger.
▫ **shades** *npl inf (sunglasses)* óculos *mpl* escuros.

shadow ['ʃædəʊ] *n* sombra *f*.

shady ['ʃeɪdɪ] *adj (place)* com
sombra; *inf (person, deal)* duvido-
so(osa).

shaft [ʃæft] *n (of machine)* eixo
m; *(of elevator)* poço *m*.

shake [ʃeɪk] *(pt* **shook,** *pp*
shaken) *vt (bottle)* agitar;
(tree, rug, person) sacudir; *(shock)*
abalar. ◆ *vi* tremer; **to ~ hands
(with sb)** apertar a mão (de alguém), trocar um aperto de
mãos (com alguém); **to ~ one's
head** *(saying no)* negar com a cabeça.

shall *[weak form* ʃəl, *strong form*
ʃæl] *aux vb* - **1.** *(expressing future):* I
~ be ready soon estarei pronto
num instante.
- **2.** *(in questions):* **~ I buy some
wine?** quer que eu compre um
vinho?; **~ we listen to the
radio?** que tal se ouvíssemos rádio?; **where ~ we go?** aonde
vamos?
- **3.** *(fml: expressing order):* **payment ~ be made within a
week** o pagamento deverá ser
feito no prazo de uma semana.

shallow ['ʃæləʊ] *adj (pond,
water, grave)* raso(sa).

shambles ['ʃæmblz] *n* confusão *f*.

shame [ʃeɪm] *n* vergonha *f*; **it's
a ~** é uma pena; **what a ~!** que
pena!

shampoo [ʃæm'puː] *n (liquid)*
xampu *m*; *(wash)* lavagem *f*.

shape [ʃeɪp] *n* forma *f*; **to be in
good/bad ~** estar em boa/má
forma.

share [ʃeər] *n (part)* parte *f*; *(in
company)* ação *f*. ◆ *vt* partilhar.
▫ **share out** *vt sep* partilhar.

shark [ʃɑːrk] *n* tubarão *m*.

sharp [ʃɑ:rp] adj (blade, needle, teeth) afiado(da); (clear) nítido (da); (quick, intelligent) perspicaz; (rise, change, bend) brusco (ca); (painful) agudo(da); (food, taste) ácido(da). ◆ adv (exactly) em ponto.

sharpen [ʃɑ:rpn] vt (knife) afiar; (pencil) apontar.

shatter [ʃætər] vt (break) estilhaçar. ◆ vi estilhaçar-se.

shave [ʃeɪv] vt (beard, legs) raspar; (face) barbear. ◆ vi barbear-se. ◆ n: to have a ~ barbear-se, fazer a barba.

shaver [ʃeɪvər] n barbeador m.

shawl [ʃɔ:l] n xale m.

she [ʃi:] pron ela; ~'s tall ela é alta.

shear [ʃɪər] (pt -ed, pp -ed OR shorn) vt (sheep) tosquiar. □ **shears** npl (for gardening) tesoura f de podar OR de jardim.

shed [ʃed] (pt & pp shed) vt (tears, blood) derramar.

she'd [ʃi:d] = she had, she would.

sheep [ʃi:p] (pl inv) n ovelha f, carneiro m.

sheepskin [ʃi:pskɪn] adj de pele de carneiro OR ovelha.

sheer [ʃɪər] adj (pure, utter) puro(ra); (cliff) escarpado(da); (stockings) fino(na).

sheet [ʃi:t] n (for bed) lençol m; (of paper, metal, wood) folha f; a ~ of glass um vidro, uma vidraça.

shelf [ʃelf] (pl shelves) n prateleira f.

shell [ʃel] n (of egg, nut) casca f; (of oyster, clam, snail) concha f; (of

turtle, crab) carapaça f; (bomb) projétil m.

she'll [ʃi:l] = she will, she shall.

shellfish [ʃelfɪʃ] n (food) marisco m.

shelter [ʃeltər] n abrigo m. ◆ vt (protect) abrigar. ◆ vi abrigar-se; to take ~ abrigar-se.

sheltered [ʃeltərd] adj (place) abrigado(da).

shelves [ʃelvz] pl → shelf.

shepherd [ʃepərd] n pastor m.

sheriff [ʃerɪf] n (in US) xerife m.

sherry [ʃerɪ] n xerez m.

she's [ʃi:z] = she is, she has.

shield [ʃi:ld] n (of soldier, policeman) escudo m. ◆ vt proteger.

shift [ʃɪft] n (change) mudança f; (period of work) turno m. ◆ vt (move) mover. ◆ vi (move) mover-se; (change) mudar.

shin [ʃɪn] n canela f.

shine [ʃaɪn] (pt & pp shone) vi brilhar. ◆ vt (shoes) lustrar; (flashlight) apontar.

shiny [ʃaɪnɪ] adj brilhante.

ship [ʃɪp] n navio m; by ~ de navio.

shipwreck [ʃɪprek] n (accident) naufrágio m; (wrecked ship) navio m naufragado.

shirt [ʃɜ:rt] n camisa f.

shiver [ʃɪvər] vi tremer.

shock [ʃɒk] n (surprise) choque m; (force) impacto m. ◆ vt chocar; to be in ~ MED estar em estado de choque.

shocking [ʃɒkɪŋ] adj (very bad) chocante.

shoe [ʃuː] n sapato m.

shoelace ['ʃuːleɪs] n cadarço m.

shoe polish n graxa f.

shoe store n Am sapataria f.

shone [ʃɒn] pt & pp → shine.

shook [ʃʊk] pt → shake.

shoot [ʃuːt] (pt & pp shot) vt (kill, injure) dar um tiro em; (gun) disparar; (arrow) atirar; (film) filmar. ◆ vi (with gun) atirar; (move quickly) passar disparado(da), SPORT chutar. ◆ n (of plant) broto m.

shop [ʃɒp] n loja f. ◆ vi fazer compras.

shopkeeper ['ʃɒp,kiːpər] n comerciante mf.

shoplifter ['ʃɒp,lɪftər] n ladrão m, ladra f de lojas.

shopper ['ʃɒpər] n comprador m, -ra f, freguês m, -esa f.

shopping ['ʃɒpɪŋ] n compras fpl; to do the ~ fazer as compras; to go ~ ir às compras.

shopping bag n saco m de compras.

shopping cart n Am carrinho m de compras.

shopping center n shopping m (center).

shop steward n delegado m, -da f sindical.

shore [ʃɔːr] n (of river, lake) margem f; (of sea) costa f; on ~ em terra.

short [ʃɔːrt] adj (not tall) baixo (xa); (in length, time) curto(ta). ◆ adv (cut hair) curto. ◆ n (film) curta-metragem f; to be ~ of sthg (time, money) ter falta de al-go; I'm ~ of breath estou sem fôlego; to be ~ for sthg (be abbreviation of) ser o diminutivo de algo; in ~ em resumo. ◻ shorts npl (short trousers) short m; Am (underpants) cueca f.

shortage ['ʃɔːtɪdʒ] n falta f, escassez f.

shortbread ['ʃɔːtbred] n biscoito m amanteigado.

short-circuit vi ter um curto-circuito.

short cut n atalho m.

shorten ['ʃɔːtn] vt encurtar.

shorthand ['ʃɔːthænd] n estenografia f.

shortly ['ʃɔːtlɪ] adv (soon) daqui a pouco, em breve; he arrived ~ before me ele chegou (um) pouco antes de mim.

shortsighted [,ʃɔːrt'saɪtəd] adj Brit (with poor eyesight) míope.

short-sleeved [-,sliːvd] adj de mangas curtas.

short term n a curto prazo.

shot [ʃɒt] pt & pp → shoot. ◆ n (of gun) tiro m; (in soccer) chute m; (in tennis, golf, etc) jogada f; (photo) foto f; (in movie) plano m; (inf attempt) tentativa f; (drink) trago m.

shotgun ['ʃɒtɡʌn] n espingarda f.

should [ʃʊd] aux vb -1. (expressing desirability) dever; we ~ leave now devíamos ir embora agora.

-2. (asking for advice): ~ I go too? você acha que também devo ir?

-3. (expressing probability) dever; she ~ be home soon ela deve estar chegando em casa.

- 4. *(ought to)* dever; **they ~ have won the game** eles é que deviam ter ganho o jogo.

- 5. *(fml: in conditionals)*: **~ you need anything, call reception** se precisar de algo, ligue para a recepção.

- 6. *(fml: expressing wish)*: **I ~ like to come with you** gostaria de ir com você.

shoulder ['ʃəʊldər] *n (of person)* ombro *m*; *(of meat)* pá *f*; *Am (of road)* acostamento *m*.

shouldn't ['ʃʊdnt] = **should not.**

should've ['ʃʊdəv] = **should have.**

shout [ʃaʊt] *n* grito *m*. ◆ *vt & vi* gritar. ❑ **shout out** *vt sep* gritar.

shove [ʃʌv] *vt (push)* empurrar.

shovel ['ʃʌvl] *n* pá *f*.

show [ʃəʊ] *(pp* **-ed** OR **shown)** *n (at theater, on TV, radio)* espetáculo *m*; *(exhibition)* exibição *f*; *(of dogs)* concurso *m.* ◆ *vt* mostrar; *(prove, demonstrate)* revelar; *(accompany)* acompanhar; *(movie, TV program)* passar. ◆ *vi (be visible; movie)* passar; **to ~ sthg to sb** mostrar algo a alguém; **to ~ sb how to do sthg** mostrar a alguém como fazer algo. ❑ **show off** *vi* exibir-se. ❑ **show up** *vi (come along)* aparecer; *(be visible)* ver-se.

shower ['ʃaʊər] *n (for washing)* chuveiro *m*; *(of rain)* aguaceiro *m.* ◆ *vi* tomar banho (de chuveiro); **to take a ~** tomar banho (de chuveiro).

showing ['ʃəʊɪŋ] *n (of movie)* sessão *f*.

shown [ʃəʊn] *pp* → **show.**

showroom ['ʃəʊruːm] *n* salão *m* de exposições.

shrank [ʃræŋk] *pt* → **shrink.**

shrimp [ʃrɪmp] *n* camarão *m*.

shrine [ʃraɪn] *n* santuário *m*.

shrink [ʃrɪŋk] *(pt* **shrank,** *pp* **shrunk)** *n inf (psychoanalyst)* psicanalista *mf.* ◆ *vi (become smaller)* encolher; *(diminish)* diminuir.

shrub [ʃrʌb] *n* arbusto *m*.

shrug [ʃrʌg] *vi* encolher os ombros. ◆ *n*: **she gave a ~** ela encolheu os ombros.

shrunk [ʃrʌŋk] *pp* → **shrink.**

shuffle ['ʃʌfl] *vt (cards)* embaralhar. ◆ *vi (walk)* andar arrastando os pés.

shut [ʃʌt] *(pt & pp* **shut)** *adj* fechado(da). ◆ *vt & vi* fechar. ❑ **shut down** *vt sep* fechar. ❑ **shut up** *vi inf (stop talking)* calar-se.

shutter ['ʃʌtər] *n (on window)* persiana *f*; *(on camera)* obturador *m*.

shuttle ['ʃʌtl] *n (plane)* avião *m (que faz vôos curtos regulares)*; *(bus)* serviço *m* regular.

shuttlecock ['ʃʌtlkɒk] *n* peteca *f*.

shy [ʃaɪ] *adj* tímido(da).

sick [sɪk] *adj (ill)* doente; *(nauseous)* mal disposto(osta); **to be ~ *(vomit)*** vomitar; **to feel ~** sentir-se mal disposto; **to be ~ of *(fed up with)*** estar farto(ta) de.

sickness ['sɪknəs] *n (illness)* doença *f*.

sick pay *n* auxílio-doença *m*.

side [saɪd] *n* lado *m; (of road, river, field)* beira *f; (page of writing)* página *f.* ◆ *adj (door, pocket)* lateral; **at the ~ of** ao lado de; **on the other ~** no outro lado; **on this ~** neste lado; **~ by ~** lado a lado.

sideboard ['saɪdbɔ:d] *n* aparador *m*.

side dish *n* acompanhamento *m*, guarnição *f*.

side effect *n* efeito *m* colateral.

side street *n* travessa *f*.

sidewalk ['saɪdwɔ:k] *n Am* passeio *m*.

sideways ['saɪdweɪz] *adv* de lado.

sieve [sɪv] *n* coador *m; (for flour)* peneira *f.* ◆ *vt* coar; *(flour)* peneirar.

sift [sɪft] *vt (flour)* peneirar.

sigh [saɪ] *n* suspiro *m.* ◆ *vi* suspirar.

sight [saɪt] *n* vista *f;* **at first ~** à primeira vista; **to catch ~ of** ver, avistar; **in ~** à vista; **to lose ~ of** perder de vista; **to be out of ~** *(hidden)* não estar visível; *(far away)* estar longe da vista. ❑ **sights** *npl (of country)* vistas *fpl; (of city)* locais *mpl* de interesse.

sightseeing ['saɪtˌsiːɪŋ] *n:* **to go ~** fazer turismo.

sign [saɪn] *n* sinal *m.* ◆ *vt & vi* assinar; **there's no ~ of her** nem sinal dele. ❑ **sign in** *vi (at hotel,*

club) assinar o registro ao chegar.

signal ['sɪɡnl] *n* sinal *m.* ◆ *vi* fazer sinal.

signature ['sɪɡnətʃər] *n* assinatura *f*.

significant [sɪɡ'nɪfɪkənt] *adj* significante.

signpost ['saɪnpəʊst] *n* placa *f*.

silence ['saɪləns] *n* silêncio *m*.

silent ['saɪlənt] *adj* silencioso (osa).

silicon ['sɪlɪkən] *n* silício *m*.

Silicon Valley (Vale do Silício) designa a área ao norte da Califórnia onde se localizam muitas companhias de computadores e software, e é considerado o berço da indústria da informática. A expressão também se usa para caracterizar o tipo de empresa criada na região, gerida por executivos jovens e pouco convencionais.

silk [sɪlk] *n* seda *f*.

sill [sɪl] *n* bordo *m*.

silly ['sɪlɪ] *adj* bobo(ba).

silver ['sɪlvər] *n* prata *f; (coins)* moedas *fpl.* ◆ *adj* de prata.

silver foil, silver paper *n* papel *m* prateado.

silver-plated [-'pleɪtəd] *adj* banhado(da) em prata.

similar ['sɪmɪlər] *adj* semelhante; **to be ~** ser semelhante a.

similarity [,sɪmɪˈlærətɪ] n semelhança f.

simmer ['sɪmər] vi cozinhar em fogo brando.

simple ['sɪmpl] adj simples inv.

simplify ['sɪmplɪfaɪ] vt simplificar.

simply ['sɪmplɪ] adv simplesmente; (easily) facilmente.

simulate ['sɪmjʊleɪt] vt simular.

simultaneous [,sɪməl-ˈteɪnjəs] adj simultâneo(nea).

simultaneously [,sɪməl-ˈteɪnjəslɪ] adv simultaneamente.

sin [sɪn] n pecado m. ◆ vi pecar.

since [sɪns] adv desde então. ◆ prep desde. ◆ conj (in time) desde que; (as) visto que; **ever ~** prep desde. ◆ conj desde que.

sincere [sɪnˈsɪər] adj sincero(ra).

sincerely [sɪnˈsɪəlɪ] adv sinceramente; **Yours ~** ≃ Atenciosamente.

sing [sɪŋ] (pt sang, pp sung) vt vi cantar.

singer ['sɪŋər] n cantor m, -ra f.

single ['sɪŋgl] adj (just one) único(ca); (not married) solteiro(ra). ◆ n Brit (ticket) bilhete m de ida; (record) single m; **every ~** cada um (uma) de; **every ~ day** todos os dias. ❑ **singles** ◆ n (in tennis, badminton, pool) simples f inv. ◆ adj (bar, club) para solteiros.

singular ['sɪŋgjʊlər] n singular; **in the ~** no singular.

sinister ['sɪnɪstər] adj sinistro(tra).

sink [sɪŋk] (pt sank, pp sunk) n

(in kitchen) pia f; (washbasin) pia f. ◆ vi (in water, value) afundar-se; (in mud) enterrar-se

sinuses ['saɪnəsəz] npl seios mpl nasais.

sip [sɪp] n gole m. ◆ vt sorver.

sir [sɜːr] n Senhor; **Dear Sir** Caro Senhor; Exmo. Sr.

siren ['saɪrən] n sirene f.

sister ['sɪstər] n (relative) irmã f; Brit (nurse) enfermeira f chefe.

sister-in-law (pl **sisters-in-law** OR **sister-in-laws**) n cunhada f.

sit [sɪt] (pt & pp sat) vi sentar-se; (be situated) ficar. ◆ vt (to place) sentar, colocar; Brit (exam) fazer; **to be sitting** estar sentado. ❑ **sit down** vi sentar-se; **to be sitting down** estar sentado. ❑ **sit up** vi (after lying down) sentar-se; (stay up late) ficar acordado.

site [saɪt] n (place) local m; (building site) canteiro m de obra.

sitting room ['sɪtɪŋ-] n sala f de estar.

situated ['sɪtjʊeɪtəd] adj: **to be ~** estar OR ficar situado(da).

situation [,sɪtjʊˈeɪʃn] n situação f.

six [sɪks] num adj seis (inv). ◆ num n seis m inv; **to be ~ (years old)** ter seis anos (de idade); **it's ~ (o'clock)** são seis horas; **a hundred and ~** cento e seis; **~ Hill St.** Hill St, nº 6; **it's minus ~ (degrees)** está (fazendo) seis graus negativos or abaixo de zero; **~ out of ten** seis em dez.

sixteen [sɪks'tiːn] *num* deze-
seis → **six.**

sixteenth [sɪks'tiːnθ] *num* décimo sexto (décima sexta) →
sixth.

sixth [sɪksθ] *num adj* sexto(ta).
♦ *num pron* sexto *m*, -ta *f.* ♦ *num
n (fraction)* sexto *m.* ♦ *num adv
(in race, competition)* em sexto (lugar); **the ~ (of September)** o
dia seis (de setembro).

sixtieth [sɪkstɪəθ] *num* sexagé-
simo(ma) → **sixth.**

sixty [sɪkstɪ] *num* sessenta →
six.

size [saɪz] *n (of room, bed, building, country)* tamanho *m*; *(of
clothes, shoes, hats)* número *m*;
what ~ do you wear? *(of
clothes)* que tamanho OR número
você veste?; *(of shoes)* que número você calça?; **what ~ is this?**
que tamanho OR número é isso?

sizeable [saɪzəbl] *adj* considerável.

skate [skeɪt] *n (ice skate, roller
skate)* patim *m*; *(fish: pl inv)* raia
f. ♦ *vi (ice-skate)* patinar; *(roller-
skate)* andar de patins.

skateboard [skeɪtbɔːd] *n* skate *m.*

skater [skeɪtər] *n* patinador *m*,
-ra *f.*

skating [skeɪtɪŋ] *n:* **to go ~**
(ice-skating) patinar; *(roller-skat-
ing)* patinar, andar de patins.

skeleton [skelətən] *n (of body)*
esqueleto *m.*

sketch [sketʃ] *n (drawing)* esboço *m*; *(humorous)* esquete *m.* ♦ *vt
(draw)* esboçar.

ski [skiː] *(pt & pp* **skied**, *cont* **skiing)** *n* esqui *m.* ♦ *vi* esquiar; **a ~
trip** férias para esquiar.

skid [skɪd] *n* derrapagem *f.* ♦ *vi*
derrapar.

skier [skiːər] *n* esquiador *m*, -ra
f.

skiing [skiːɪŋ] *n* esqui *m*; **to go
~** ir fazer esqui, ir esquiar.

skilful [skɪlfl] *Brit* = **skillful.**

ski lift *n* teleférico *m*, telesqui
m.

skill [skɪl] *n (ability)* habilidade
f; *(technique)* técnica *f.*

skilled [skɪld] *adj (worker, job)*
especializado(da); *(driver, chef)*
experiente, bom (boa).

skillful [skɪlful] *adj Am* experiente, hábil.

skim milk [skɪm-] *n Am* leite
m desnatado.

skin [skɪn] *n* pele *f*; *(on milk)* nata *f.*

skinny [skɪnɪ] *adj* magricela.

skip [skɪp] *vi (with rope)* pular
corda; *(jump)* saltitar. ♦ *vt (omit)*
passar na frente. ♦ *n (container)*
caçamba *f.*

skipping rope [skɪpɪŋ-] *n*
corda *f* de pular.

skirt [skɜːt] *n* saia *f.*

ski slope *n* pista *f* de esqui.

skull [skʌl] *n* crânio *m.*

sky [skaɪ] *n* céu *m.*

skylight [skaɪlaɪt] *n* clarabóia
f.

skyscraper [skaɪˌskreɪpər] *n*
arranha-céu *m.*

slab [slæb] *n (of stone, concrete)*
laje *f.*

slack [slæk] *adj (rope)* frouxo (xa); *(careless)* negligente; *(not busy)* calmo(ma), parado(da).

slacks [slæks] *npl* calça *f*.

slam [slæm] *vt* bater com. ◆ *vi* bater.

slander ['slɑːndər] *n* calúnia *f*.

slang [slæŋ] *n* gíria *f*.

slant [slɑːnt] *n (slope)* inclinação *f*. ◆ *vi* inclinar-se.

slap [slæp] *n (on face)* bofetada *f*; *(on back)* palmada *f*. ◆ *vt (person, face)* esbofetear, dar uma bofetada em; *(back)* dar uma palmada em.

slash [slæʃ] *vt (cut)* cortar; *(fig: prices)* cortar em. ◆ *n (written symbol)* barra *f* (oblíqua).

slate [sleɪt] *n (rock)* ardósia *f*; *(on roof)* telha *f* (de ardósia).

slaughter ['slɔːtər] *vt* chacinar, massacrar.

slave [sleɪv] *n* escravo *m*, -va *f*.

sled [sled] *n Am* trenó *m*.

sledge [sledʒ] *Brit* = **sled**.

sleep [sliːp] *(pt & pp* **slept)** *n (nap)* sono *m*. ◆ *vi* dormir. ◆ *vt*: **the house ~s six** a casa tem lugar para seis pessoas dormirem; **try to get some ~** vê se você dorme; **I couldn't get to ~** não conseguia adormecer; **to go to ~** dormir; **did you ~ well?** você dormiu bem?; **to ~ with sb** dormir com alguém.

sleeper ['sliːpər] *n (train)* trem noturno com couchettes ou camas; *(sleeping car)* vagão-leito *m*.

sleeping pill ['sliːpɪŋ-] *n* comprimido *m* para dormir.

sleep mode *n* COMPUT modo *m* de repouso.

sleepy ['sliːpɪ] *adj (person)* sonolento(ta); **I'm ~** estou com sono.

sleet [sliːt] *n* chuva *f* de granizo. ◆ *v impers*: **it's ~ing** está chovendo granizo.

sleeve [sliːv] *n (of garment)* manga *f*; *(of record)* capa *f*.

sleeveless ['sliːvləs] *adj* sem mangas.

slender ['slendər] *adj* delgado (da).

slept [slept] *pt pp* → **sleep**.

slice [slaɪs] *n* fatia *f*. ◆ *vt* cortar.

slide [slaɪd] *(pt & pp* **slid** [slɪd]) *n (on playground)* escorrega *m*; *(of photograph)* slide *m*, diapositivo *m*. ◆ *vi (slip)* escorregar.

sliding door [ˌslaɪdɪŋ-] *n* porta *f* de correr.

slight [slaɪt] *adj (minor)* pequeno(na); **the ~est** o menor (a menor), o mínimo (a mínima); **not in the ~est** absolutamente nada.

slightly ['slaɪtlɪ] *adv* ligeiramente.

slim [slɪm] *adj (person, waist)* delgado(da); *(book)* fino(na). ◆ *vi* emagrecer.

slimming ['slɪmɪŋ] *n* emagrecimento *m*.

sling [slɪŋ] *(pt & pp* **slung)** *vt inf (throw)* atirar. ◆ *n*: **to have one's arm in a ~** estar com o braço na tipóia.

slip [slɪp] *vi (slide)* escorregar. ◆ *n (mistake)* deslize *m*; *(of paper)* pedaço *m*; *(half-petticoat)* anágua f; *(full-length petticoat)* combinação f. □ **slip up** vi *(make a mistake)* cometer um deslize.

slipper ['slɪpər] n chinelo m *(de quarto)*; *(winterweight)* pantufa f.

slippery ['slɪpərɪ] adj escorregadio(dia).

slit [slɪt] n fenda f.

slob [slɒb] n inf *(dirty)* porco m, porca f; *(lazy)* lambão m, -bona f.

slogan ['sləʊgən] n slogan m.

slope [sləʊp] n *(incline)* inclinação f; *(hill)* encosta f; *(for skiing)* pista f. ◆ vi *(path, hill)* descer; *(floor, roof, shelf)* ser inclinado (da).

sloping ['sləʊpɪŋ] adj inclinado(da).

slot [slɒt] n ranhura f.

slot machine n *(for gambling)* caça-níqueis m.

slow [sləʊ] adj lento(ta); *(clock, watch)* atrasado(da). ◆ adv lentamente; **a ~ train** ≃ um trem parador. □ **slow down** vt sep & vi abrandar, ir mais devagar.

slowly ['sləʊlɪ] adv lentamente.

slug [slʌg] n *(animal)* lesma f.

slum [slʌm] n *(building)* barraco m, barracão m. □ **slums** npl *(district)* favela f.

slung [slʌŋ] pt & pp → **sling**.

slush [slʌʃ] n neve f meio derretida.

sly [slaɪ] adj manhoso(osa).

smack [smæk] n *(slap)* palmada f. ◆ vt dar uma palmada em.

small [smɔːl] adj pequeno(na).

small change n troco m, dinheiro m miúdo OR trocado.

smart [smɑːt] adj *(elegant, posh)* elegante; *(clever)* esperto (ta).

smash [smæʃ] n inf *(car crash)* desastre m, acidente m. ◆ vt *(plate, window)* partir. ◆ vi *(plate, vase, etc)* partir-se.

smashing ['smæʃɪŋ] adj Brit inf excelente.

smell [smel] *(pt & pp **-ed** OR **smelt**)* n cheiro m. ◆ vt cheirar. ◆ vi *(have odor)* cheirar; *(have bad odor)* cheirar mal; **to ~ of sthg** cheirar a algo.

smelly ['smelɪ] adj mal cheiroso(osa).

smelt [smelt] pt & pp → **smell**.

smile [smaɪl] n sorriso m. ◆ vi sorrir.

smoke [sməʊk] n *(from fire, cigarette)* fumaça f. ◆ vt & vi fumar; **to have a ~** fumar um cigarro.

smoked [sməʊkt] adj *(meat, fish)* defumado(da); *(cheese)* curado(da).

smoker ['sməʊkər] n *(person)* fumante mf.

smoking ['sməʊkɪŋ] n: **'no ~'** 'proibido fumar'.

smoking area n área f para fumantes.

smoky ['sməʊkɪ] adj *(room)* enfumaçado(da).

smooth [smuːð] adj *(surface, road)* plano(na); *(skin)* macio (cia); *(take-off, landing, wine)* suave; *(journey, flight)* sem sobressaltos; *(life)* tranquilo(la); *(mixture, liquid)* homogêneo(nea), cremo-

so(osa) (*pej*: *suave*) meloso (osa). ❑ **smooth down** *vt sep* alisar.

smother ['smʌðər] *vt (cover)* cobrir.

smudge [smʌdʒ] *n* mancha f.

smuggle ['smʌɡl] *vt* contrabandear; **to ~ in** (*sneak in*) introduzir clandestinamente.

snack [snæk] *n* lanche m.

snack bar *n* lanchonete f.

snail [sneɪl] *n* caracol m.

snake [sneɪk] *n* cobra f.

snap [snæp] *vt vi (break)* partir. ◆ *n inf (photo)* foto f.

snare [sneər] *n* armadilha f.

snatch [snætʃ] *vt (grab)* arrancar à força; *(steal)* roubar.

sneakers ['sniːkərz] *npl Am* tênis *mpl*.

sneeze [sniːz] *n* espirro m. ◆ *vi* espirrar.

sniff [snɪf] *vi (from cold, crying)* fungar. ◆ *vt* cheirar.

snip [snɪp] *vt* cortar (com tesoura).

snob [snɒb] *n* esnobe mf.

snore [snɔːr] *vi* roncar, ressonar.

snorkel ['snɔːkl] *n* respirador m, tubo m respiratório.

snout [snaʊt] *n* focinho m.

snow [snəʊ] *n* neve f. ◆ *v impers*: **it's ~ing** está nevando.

snowball ['snəʊbɔːl] *n* bola f de neve.

snowboarding ['snəʊbɔːdɪŋ] *n*: **to go ~** fazer snowboarding.

snowflake ['snəʊfleɪk] *n* floco m de neve.

snowman ['snəʊmæn] (*pl* -men [-men]) *n* boneco-de-neve m.

snowstorm ['snəʊstɔːrm] *n* tempestade f de neve.

snug [snʌɡ] *adj (person)* aconchegado(da); *(place)* aconchegante.

so [səʊ] *adv* - 1. *(emphasizing degree)* tão; **don't be ~ stupid!** não seja tão idiota!; **it's ~ difficult (that ...)** é tão difícil (que ...); **~ much** tanto(ta); **~ many** tantos(tas).
- 2. *(referring back)*: **I don't think ~** acho que não; **I'm afraid ~** receio que sim; **you knew already** então você já sabia; **if ~** nesse caso.
- 3. *(also)* também; **~ do I** eu também.
- 4. *(in this way)* deste modo, assim.
- 5. *(expressing agreement)*: **~ there is** pois é, é verdade.
- 6. *(in phrases)*: **or ~** mais ou menos; **~ as** para; **~ that** para. ◆ *conj* - 1. *(therefore)* por isso; **I'm away next week ~ I won't be there** viajo na semana que vem, portanto não estarei lá.
- 2. *(summarizing)* então; **~ what have you been up to?** então, o que é que você tem feito?
- 3. *(in phrases)*: **~ what?** *inf* e daí?; **~ there!** *inf* pronto!, nada a fazer!

soak [səʊk] *vt (leave in water)* pôr de molho; *(make very wet)* ensopar, empapar. ◆ *vi*: **to ~**

through sthg ensopar algo.
□ **soak up** vt sep absorver.

soaked [səʊkt] adj encharcado(da), ensopado(da).

soaking ['səʊkɪŋ] adj encharcado(da), ensopado(da).

soap [səʊp] n sabonete m; (for clothes) sabão m.

soap opera n novela f, telenovela f.

sob [sɒb] n soluço m. ◆ vi soluçar.

sober ['səʊbər] adj sóbrio(bria).

soccer ['sɒkər] n futebol m.

sociable ['səʊʃəbl] adj sociável.

social ['səʊʃl] adj social.

socialist ['səʊʃəlɪst] adj socialista. ◆ n socialista mf.

social security n previdência f social.

social worker n assistente mf social.

society [sə'saɪətɪ] n sociedade f.

sociology [ˌsəʊsɪ'ɒlədʒɪ] n sociologia f.

sock [sɒk] n meia f.

socket ['sɒkɪt] n (for plug) tomada f; (for light bulb) bocal m.

soda ['səʊdə] n (soda water) água f com gás; Am (fizzy drink) refrigerante m.

sofa ['səʊfə] n sofá m.

sofa bed n sofá-cama m.

soft [sɒft] adj (bed, food) mole; (skin, fur, fabric) macio(cia), suave; (breeze, sound) fraco(ca); (voice) doce; (footsteps) leve.

soft drink n refrigerante m.

software ['sɒftweər] n software m.

soil [sɔɪl] n solo m.

solarium [sə'leərɪəm] n solário m, solarium m.

solar panel ['səʊlər-] n painel m solar.

sold [səʊld] pt & pp → **sell**.

soldier ['səʊldʒər] n soldado m.

sold out adj esgotado(da).

sole [səʊl] adj único(ca). ◆ n (of shoe) sola f; (of foot) planta f; (fish: pl inv) linguado m.

solemn ['sɒləm] adj solene.

solicitor [sə'lɪsɪtər] n Brit advogado m, -da f, advogado que apenas pode atuar nos tribunais de primeira instância.

solid ['sɒlɪd] adj sólido(da); (chair, wall) resistente; (rock, gold, oak) maciço(ça).

solo ['səʊləʊ] (pl -s) n solo m.

soluble ['sɒljʊbl] adj solúvel.

solution [sə'lu:ʃn] n solução f.

solve [sɒlv] vt resolver.

some [sʌm] adj -1. (certain, large amount of) algum (alguma); ~ meat um pouco de carne; ~ money um pouco de dinheiro; I had ~ difficulty getting here tive algumas dificuldades para chegar aqui.
- 2. (certain, large number of) alguns (algumas); ~ sweets alguns doces; ~ people algumas pessoas; I've known him for ~ years já o conheço há alguns anos.
- 3. (not all) alguns (algumas); ~ jobs are better paid than others alguns empregos são mais bem pagos que outros.

- 4. (in imprecise statements) um (uma) ... qualquer; ~ **woman phoned** telefonou uma mulher.
♦ pron **- 1.** (certain amount) algum m, alguma f, parte f; **can I have ~?** posso ficar com uma parte?; ~ **of the money** algum dinheiro, parte do dinheiro.
- 2. (certain number) alguns mpl; algumas fpl; **can I have ~?** posso ficar com alguns?; ~ (**of them**) **left early** alguns (deles) foram embora cedo.
♦ adv (approximately) aproximadamente; **there were ~ 7,000 people there** havia umas 7.000 pessoas.

somebody ['sʌmbədɪ] = someone.

somehow ['sʌmhaʊ] adv (some way or other) de alguma maneira; (for some reason) por alguma razão; ~ **I don't think he'll come** tenho a impressão de que ele não virá.

someone ['sʌmwʌn] pron alguém.

someplace ['sʌmpleɪs] Am = somewhere.

somersault ['sʌməsɔːlt] n cambalhota f.

something ['sʌmθɪŋ] pron algo, alguma coisa; **it's really ~** é demais; **or ~** inf ou (qualquer) coisa parecida; ~ **like** (approximately) uns (umas), qualquer coisa como.

sometime ['sʌmtaɪm] adv: ~ **in June** em junho.

sometimes ['sʌmtaɪmz] adv às OR por vezes.

somewhere ['sʌmweər] adv (in unspecified place) em algum lugar, em alguma parte; (to specified place) a alguma parte; ~ **around** OR **between** (approximately) aproximadamente.

son [sʌn] n filho m.

song [sɒŋ] n canção f.

son-in-law (pl sons-in-law) n genro m.

soon [suːn] adv (in a short time) em breve; (early) cedo; **how ~ can you do it?** para quando é que estará pronto?; **as ~ as** assim que; **as ~ as possible** o mais cedo possível, assim que for possível; ~**er or later** mais cedo ou mais tarde.

soot [sʊt] n fuligem f.

soothe [suːð] vt acalmar.

sophisticated [sə'fɪstɪkeɪtɪd] adj sofisticado(da).

sorbet ['sɔːbət] n sorvete m de frutas.

sore [sɔːr] adj (painful) dolorido(da); Am inf (angry) zangado (da). ♦ n ferida f; **to have a ~ throat** estar com dor de garganta.

sorry ['sɒrɪ] adj: **he isn't even ~** ele nem sequer está arrependido; **I'm ~!** desculpe!; **I'm ~ I'm late** desculpem o atraso; **I'm ~ about the mess** desculpe a confusão; **I'm ~ you didn't get the job** sinto muito que você não tenha conseguido o emprego; ~? (asking for repetition) perdão?; **to feel ~ for sb** sentir pena de alguém.

sort [sɔːt] n tipo m. ◆ vt organizar; ~ **of** (more or less) mais ou menos. ❑ **sort out** vt sep (classify) organizar; (resolve) resolver.

so-so inf adj inf mais ou menos. ◆ adv inf assim assim.

sought [sɔːt] pt & pp → **seek**.

soul [səʊl] n (spirit) alma f; (soul music) música f soul.

sound [saʊnd] n som m. ◆ vt (horn, bell) (fazer) soar. ◆ vi (make a noise) soar; (seem to be) parecer. ◆ adj (in good condition) sólido (da); (health) sadio(a); (heart, mind) são (sã), bom (boa); **to ~ like** (make a noise like) soar como; (seem to be) parecer.

soundproof ['saʊndpruːf] adj à prova de som.

soup [suːp] n sopa f.

sour ['saʊər] adj (taste) ácido(da); (milk) azedo(da); **to go ~** azedar.

source [sɔːrs] n (supply, origin) fonte f; (cause) origem f; (of river) nascente f.

south [saʊθ] n sul m. ◆ adj (wind) sul. ◆ adv (be situated) ao sul; (fly, walk) para o sul; **in the ~ of the country** no sul do país.

South America n América f do Sul.

southeast [ˌsaʊθˈiːst] n sudeste m.

southern ['sʌðərn] adj do sul.

southward ['saʊθwərd] adv em direção ao sul, para o sul.

southwest [ˌsaʊθˈwest] n sudoeste.

souvenir [ˌsuːvəˈnɪər] n lembrança f.

sow¹ [səʊ] (pp **sown** [səʊn]) vt (seeds) semear.

sow² [saʊ] n (pig) porca f.

soy bean n grão m de soja.

soy sauce [ˌsɔɪ-] n molho m de soja.

spa [spɑː] n estância f hidromineral.

spa bath n hidromassagem f.

space [speɪs] n espaço m. ◆ vt espaçar.

spacious ['speɪʃəs] adj espaçoso(osa).

spade [speɪd] n (tool) pá f. ❑ **spades** npl (in cards) espadas fpl.

spaghetti [spəˈgetɪ] n espaguete m.

Spain [speɪn] n Espanha f.

span [spæn] pt → **spin**. ◆ n (length) distância f, palmo m; (of time) espaço m de tempo.

spank [spæŋk] vt dar uma palmada em.

spanner ['spænər] n Brit chave-inglesa f.

spare [speər] adj (kept in reserve) a mais; (not in use) disponível. ◆ n (spare part) peça f sobressalente; (spare tire) pneu m sobressalente. ◆ vt: **to ~ sb sthg** (money) dispensar algo a alguém; **I can't ~ the time** não tenho tempo; **with ten minutes to ~** com dez minutos de antecedência.

spare room n quarto m de hóspedes.

spare time n tempo m livre.

spark [spɑːrk] n (from fire) fagulha f; (electric) faísca f.

sparkling ['spɑːrklɪŋ] adj (mineral water, soft drink) gaseificado(da), com gás.

sparkling wine n espumante m.

sparrow ['spærəʊ] n pardal m.

spat [spæt] pt & pp → **spit**.

speak [spiːk] (pt **spoke**, pp **spoken**) vt (language) falar; (say) dizer. ◆ vi falar; **who's ing?** (on phone) quem fala?; **may I ~ to Charlotte? – ~ing!** posso falar com a Charlotte? – é a própria!; **to ~ to sb about sthg** falar com alguém sobre algo. ❑ **speak up** vi (more loudly) falar mais alto.

speaker ['spiːkər] n (person) orador m, -ra f; (loudspeaker) alto-falante m; (of stereo) alto-falante m; **a Portuguese ~** uma pessoa que fala português.

spear [spɪər] n lança f.

special ['speʃl] adj especial. ◆ n (dish) prato m do dia; **'today's ~** 'prato do dia'.

specialist ['speʃəlɪst] n especialista mf.

speciality [ˌspeʃɪ'ælətɪ] Brit = **specialty**.

specialize ['speʃəlaɪz] vi: **to ~ (in)** especializar-se (em).

specially ['speʃlɪ] adv especialmente.

specialty ['speʃltɪ] n Am especialidade f.

species ['spiːʃiːz] n espécie f.

specific [spə'sɪfɪk] adj específico(ca).

specifications [ˌspesəfɪ'keɪʃənz] npl (of machine, car) ficha f técnica.

specimen ['spesəmən] n espécime m.

spectacle ['spektəkl] n espetáculo m.

spectacles ['spektəklz] npl óculos mpl.

spectacular [spek'tækjələr] adj espetacular.

spectator [spek'teɪtər] n espectador m, -ra f.

sped [sped] pt & pp → **speed**.

speech [spiːtʃ] n (ability to speak) fala f; (manner of speaking) maneira f de falar; (talk) discurso m.

speech impediment [-ɪmˌpedəmənt] n defeito m na fala.

speed [spiːd] (pt & pp **-ed** OR **sped**) n velocidade f; (bicycle gear) mudança f. ◆ vi (move quickly) ir a grande velocidade; (drive too fast) dirigir com excesso de velocidade; **'reduce ~ now'** 'reduza a velocidade'. ❑ **speed up** vi acelerar.

speedboat ['spiːdbəʊt] n lancha f.

speeding ['spiːdɪŋ] n excesso m de velocidade.

speed limit n limite m de velocidade.

speedometer [spɪ'dɒmɪtər] n velocímetro m.

spell [spel] (Am pt & pp **-ed**, Brit pt & pp **-ed** OR **spelt**) vt (word, name) soletrar; (subj: letters) dar, formar a palavra. ◆ n (period) período m; (magic) feitiço m.

spell-checker [-tʃekər] n corretor m ortográfico.

spelling ['spelɪŋ] n ortografia f.

spend [spend] (pt & pp spent [spent]) vt (money) gastar; (time) passar.

sphere [sfɪər] n esfera f.

spice [spaɪs] n especiaria f. ◆ vt condimentar.

spicy ['spaɪsɪ] adj apimentado (da).

spider ['spaɪdər]n aranha f; ~'s web teia f de aranha.

spike [spaɪk] n espigão m.

spill [spɪl] (Am pt & pp -ed, Brit pt & pp -ed OR spilt) vt entornar. ◆ vi entornar-se.

spin [spɪn] (pt span OR spun, pp spun) vt (wheel, fan) rodar; (laundry) centrifugar. ◆ n (on ball) efeito m; to go for a ~ infml dar uma volta.

spinach ['spɪnɪtʃ] n espinafre m.

spine [spaɪn] n (of back) espinha f (dorsal), coluna f (vertebral); (of book) lombada f.

spiral ['spaɪrəl] n espiral f.

spiral staircase n escada f em caracol.

spire ['spaɪər] n cume m.

spirit ['spɪrɪt] n (soul) espírito m; (energy) vigor m, energia f; (courage) coragem f; (mood) humor m. □ **spirits** npl Brit (alcohol) bebidas fpl alcoólicas (destiladas).

spit [spɪt] (Am pt & pp spit, Brit pt & pp spat) vi (person) cuspir; (fire) crepitar; (food) espirrar. ◆ n

(saliva) cuspe m; (for cooking) espeto m.

spite [spaɪt]: **in spite of** prep apesar de.

spiteful ['spaɪtfʊl] adj maldoso(osa).

splash [splæʃ] n (sound) splash m. ◆ vt salpicar.

splendid ['splendɪd] adj esplêndido(da).

splint [splɪnt] n tala f.

splinter ['splɪntər] n falha f, lasca f.

split [splɪt] (pt & pp split) n (tear) rasgão m; (crack, in skirt) racha f. ◆ vt (wood, stone) rachar; (tear) rasgar; (check, profits, work) dividir. ◆ vi (wood, stone) partir-se; (tear) rasgar-se. □ **split up** vi (group, couple) separar-se.

spoil [spɔɪl] (pt & pp -ed OR spoilt) vt (ruin) estragar; (child) mimar.

spoke [spəʊk] pt → **speak**. ◆ n raio m.

spoken ['spəʊkn] pp → **speak**.

spokesman ['spəʊksmən] (pl -men [-mən]) n porta-voz m.

spokeswoman ['spəʊks-wʊmən] (pl -women [-wɪmɪn]) n porta-voz f.

sponge [spʌndʒ] n (for cleaning, washing) esponja f.

sponge cake n ≃ pão-de-ló m.

sponsor ['spɒnsər] n (of event, TV program) patrocinador m, -ra f.

spontaneous [spɒn'teɪnjəs] adj espontâneo(nea).

spoon [spu:n] n colher f.

spoonful ['spu:nfl] n colherada f, colher f.

sport [spɔ:rt] n esporte m.

sports center [spɔ:rts-] n centro m esportivo.

sportsman ['spɔ:rtsmən] (pl -men [-mən]) n esportista m.

sportswoman ['spɔ:rts-wʊmən] (pl -women [-,wɪmɪn]) n esportista f.

spot [spɒt] n (of paint, rain, blood) gota f, pingo m; (on dog, leopard) mancha f; Brit (on skin) espinha f; (place) lugar m. ◆ vt notar, reparar em; **on the ~** (at once) imediatamente; (at the scene) no local.

spotless ['spɒtləs] adj impecável, imaculado(da).

spotlight ['spɒtlaɪt] n refletor m.

spouse [spaʊs] n fml esposo m, -sa f.

spout [spaʊt] n bico m.

sprain [spreɪn] vt torcer.

sprang [spræŋ] pt → spring.

spray [spreɪ] n (of aerosol, perfume) spray m ; (droplets) gotas fpl; (of sea) espuma f. ◆ vt (car) pintar com pistola; (crops) pulverizar; (paint, water, etc) esguichar.

spread [spred] (pt & pp spread) vt (butter, jam) passar; (disease, news) espalhar; (map, tablecloth, blanket) estender; (legs, fingers, arms) abrir. ◆ vi (disease, fire, news) espalhar-se; (stain) alastrar. ◆ n (food): cheese ~ queijo m cremoso. ❑ spread out vi (disperse) espalhar-se.

spring [sprɪŋ] (pt sprang, pp sprung), n (season) primavera f; (coil) mola f; (in ground) nascente f. ◆ vi (leap) saltar; **in (the) ~** na primavera.

springboard ['sprɪŋbɔ:rd] n prancha f (de saltos).

spring-cleaning [-'kli:nɪŋ] n faxina f geral.

sprinkle ['sprɪŋkl] vt: to ~ sthg with sugar/flour polvilhar algo com açúcar/farinha; to ~ water on sthg salpicar algo com água.

sprinkler ['sprɪŋklər] n (for fire) extintor m (automático de incêndios); (for grass) regador m (automático).

sprint [sprɪnt] n (race) corrida f de velocidade. ◆ vi (run fast) dar uma corrida.

sprout [spraʊt] n (vegetable) couve-de-Bruxelas f.

sprung [sprʌŋ] pp → spring. ◆ adj (mattress) de molas.

spun [spʌn] pt & pp → spin.

spur [spɜ:r] n (for horse rider) espora f; **on the ~ of the moment** sem pensar duas vezes.

spurt [spɜ:rt] vi jorrar.

spy [spaɪ] n espião m, -piã f.

squalor ['skwɒlər] n sordidez f.

square [skweər] adj (in shape) quadrado(da). ◆ n (shape) quadrado m; (in town) praça f; (of chocolate) pedaço m; (on chessboard) casa f; **2 ~ meters** 2 metros quadrados; **it's 2 meters ~** tem 2 metros de cada lado; **we're (all) ~ now** (not owing *money*) agora estamos quites.

squash [skwɒʃ] *n (game)*
squash *m; Am (vegetable)* abóbora *f.* ◆ *vt* esmagar.

squat [skwɒt] *adj* atarracado
(da). ◆ *n (building)* edifício aban-
nado e ocupado clandestinamente.
◆ *vi (crouch)* agachar-se.

squeak [skwi:k] *vi* chiar.

squeeze [skwi:z] *vt* espremer.
◻ **squeeze in** *vt* arranjar lugar.

squid [skwɪd] *n* lula *f.*

squint [skwɪnt] *n* estrabismo
m. ◆ *vi* semicerrar os olhos; **to
~ at** olhar com os olhos semi-
cerrados para.

squirrel ['skwɜːrəl] *n* esquilo *m.*

squirt [skwɜːrt] *vi* esguichar.

St. *(abbr of Street)* R.; *(abbr of
Saint)* S. *mf*, Sta *f.*

stab [stæb] *vt (with knife)* apunhalar, esfaquear.

stable ['steɪbl] *adj* estável. ◆ *n*
estábulo *m.*

stack [stæk] *n (pile)* pilha *f;* **~s
of** *inf (lots)* uma pilha de.

stadium ['steɪdjəm] *n* estádio
m.

staff [stæf] *n (workers)* pessoal
m.

stage [steɪdʒ] *n (phase)* fase *f;
(in theater)* palco *m.*

stagger ['stægər] *vt (arrange in
stages)* escalonar. ◆ *vi* cambalear.

stagnant ['stægnənt] *adj* estag-
nado(da).

stain [steɪn] *n* nódoa *f*, mancha
f. ◆ *vt* manchar.

stainless steel ['steɪnləs-] *n*
aço *m* inoxidável.

stair [steər] *n* degrau *m.*
◻ **stairs** *npl* escadas *fpl.*

staircase ['steərkeɪs] *n* escada-
ria *f.*

stake [steɪk] *n (share)* parte *f; (in
gambling)* aposta *f; (post)* estaca
f; **at ~** em jogo.

stale [steɪl] *adj (bread)* velho
(ha); *(chips, cookies)* mole.

stalk [stɔːk] *n (of flower, plant)* pé
m, caule *m; (of fruit)* cabo *m; (of
leaf)* talo *m.*

stall [stɔːl] *n (at exhibition)* stand
m; (in market, at fair) barraca *f;
(for horse)* baia *f.* ◆ *vi (car, plane,
engine)* morrer. ◻ **stalls** *npl Brit
(in theater)* platéia *f.*

stallion ['stæljən] *n* garanhão *m.*

stamina ['stæmɪnə] *n* resistência *f.*

stammer ['stæmər] *vi* gaguejar.

stamp [stæmp] *n (for letter)* selo
m; (in passport, on document) carimbo *m.* ◆ *vt (passport, document)* carimbar. ◆ *vi:* **to ~ on
sthg** esmagar algo com o pé; **to
~ one's foot** bater com o pé no
chão.

stamp-collecting [-kə,lektɪŋ]
n filatelia *f.*

stand [stænd] *(pt & pp* **stood)** *vi
(be on feet)* estar de OR em pé; *(be
situated)* ficar; *(get to one's feet)*
levantar-se. ◆ *vt (place)* pôr, colocar; *(bear, withstand)* agüentar,
suportar. ◆ *n (in market, at fair)*
barraca *f; (at exhibition)* estande
m; (for newspapers) banca *f* de jornais; *(for umbrellas)* bengaleiro *m;*

(for coats) cabide m; *(at sports stadium)* arquibancada f; **to be ~ing** estar de or em pé; **'no ~ing'** Am aut 'proibido parar e estacionar'. □ **stand back** vi afastar-se. □ **stand for** vt fus *(mean)* representar; *(tolerate)* tolerar. □ **stand in** vi: **to ~ in for sb** substituir alguém. □ **stand out** vi *(be conspicuous)* dar na vista; *(be superior)* destacar-se. □ **stand up** ◆ vi *(be on feet)* estar de or em pé; *(get to one's feet)* levantar-se. ◆ vt sep inf *(boyfriend, girlfriend)* deixar plantado(da). □ **stand up for** vt fus defender.

standard ['stændərd] adj *(normal)* normal, padrão *(inv).* ◆ n *(level)* nível m; *(point of comparison)* média f; *(for product)* norma f; **to be up to ~** estar à altura. □ **standards** npl *(principles)* princípios mpl.

standby ['stændbaɪ] adj *(ticket)* sem reserva, de última hora.

stank [stæŋk] pt → **stink**.

staple ['steɪpl] n *(for paper)* grampo m.

stapler ['steɪplər] n grampeador m.

star [stɑːr] n estrela f. ◆ vt *(subj: film, play, etc)*: **'starring...'** 'estrelando...'. □ **stars** npl *(horoscope)* horóscopo m.

starboard ['stɑːrbərd] adj de estibordo.

starch ['stɑːrtʃ] n *(in food)* amido m; *(for clothes)* goma f.

stare [steər] vi: **to ~ at** fitar, olhar fixamente (para).

Stars and Stripes n: **the ~** a bandeira dos Estados Unidos.

ⓘ **STARS AND STRIPES**

Um dos muitos nomes dados à bandeira dos Estados Unidos. As cinqüenta estrelas da bandeira representam os cinqüenta estados americanos, e as treze listras vermelhas e brancas, os treze estados fundadores da União. Os americanos orgulham-se muito de sua bandeira e alguns a exibem na frente de suas casas.

---

start [stɑːrt] n *(beginning)* início m, começo m; *(starting place)* ponto m de partida. ◆ vt *(begin)* começar; *(car, engine)* ligar; *(business, club)* montar. ◆ vi *(begin)* começar; *(car, engine)* pegar; *(begin journey)* sair, partir; **prices ~ at $5** preços a partir de 5 dólares; **to ~ doing sthg** or **to do sthg** começar a fazer algo; **to ~ with ... para começar ...** □ **start out** vi *(on journey)* partir; *(be originally)* começar. □ **start up** vt sep *(car, engine)* ligar; *(business)* montar.

starter ['stɑːrtər] n *(of car)* motor m de arranque; Brit *(of meal)* entrada f.

starting point ['stɑːrtɪŋ-] n ponto m de partida.

startle ['stɑːrtl] vt assustar.

starvation [stɑːr'veɪʃn] n fome f.

starve [stɑːrv] vi *(have no food)* passar fome; **I'm starving!** estou esfomeado OR morto de fome!

state [steɪt] n estado m. ◆ vt (declare) declarar; (specify) especificar, indicar; **the State** o Estado; **the States** os Estados Unidos.

statement ['steɪtmənt] n (declaration) declaração f; (from bank) extrato m.

statesman ['steɪtsmən] (pl **-men** [-mən]) n homem m de estado, estadista m.

static ['stætɪk] n (on radio, TV) interferências fpl.

station ['steɪʃn] n estação f.

stationary ['steɪʃənrɪ] adj estacionário(ria).

stationery ['steɪʃənrɪ] n artigos mpl de papelaria.

station wagon n Am perua f (carro).

statistics [stə'tɪstɪks] npl (figures) estatísticas fpl.

statue ['stætʃuː] n estátua f.

Statue of Liberty n: the ~ a Estátua da Liberdade.

ⓘ STATUE OF LIBERTY

A Estátua da Liberdade foi um presente dado pela França aos Estados Unidos em 1884. Gigantesca, ela exibe uma mulher empunhando uma tocha e situa-se numa minúscula ilha na entrada do porto de Nova York. A estátua é aberta à visitação pública.

---

status ['steɪtəs] n (legal position)

estado m; (social position) status m; (prestige) prestígio m, status m.

stay [steɪ] n (time spent) estadia f. ◆ vi (remain) ficar; (as guest) ficar (hospedado); **where are you ~ing?** onde você está hospedado?; **to ~ the night** passar a noite. ❑ **stay away** vi (not attend) não ir; (not go near) ficar longe. ❑ **stay in** vi ficar em casa. ❑ **stay out** vi (from home) ficar fora. ❑ **stay up** vi ficar acordado.

steady ['stedɪ] adj (not shaking, firm) firme; (gradual) gradual; (stable) estável; (job) fixo(xa). ◆ vt (table, ladder) firmar.

steak [steɪk] n bife m.

steal [stiːl] (pt stole, pp stolen) vt roubar; **to ~ sthg from sb** roubar algo de alguém.

steam [stiːm] n vapor m. ◆ vt (food) cozer no vapor.

steam engine n máquina f a vapor.

steel [stiːl] n aço m. ◆ adj de aço.

steep [stiːp] adj (hill, path) íngreme; (increase, drop) considerável.

steer ['stɪər] vt (car) dirigir; (boat, plane) pilotar.

steering ['stɪərɪŋ] n direção f.

steering wheel n volante m.

stem [stem] n (of plant) talo m, caule m; (of glass) pé m.

step [step] n (stair, rung) degrau m; (pace, measure, stage) passo m. ◆ vi: **to ~ on sthg** pisar em algo. ❑ **steps** npl (stairs) escadas fpl.

□ **step aside** vi (move aside) desviar-se, afastar-se. □ **step back** vi (move back) recuar, afastar-se.

stepbrother ['step,brʌðər] n meio-irmão m.

stepdaughter ['step,dɔ:tər] n enteada f.

stepfather ['step,fɑ:ðər] n padrasto m.

stepladder ['step,lædər] n escada f portátil.

stepmother ['step,mʌðər] n madrasta f.

stepsister ['step,sɪstər] n meia-irmã f.

stepson ['stepsʌn] n enteado m.

stereo ['steriəʊ] (pl -s) adj estereofônico(ca). ◆ n (hi-fi) aparelhagem f; (stereo sound) estereofonia f, estéreo m.

sterile ['sterail] adj (germ-free) esterilizado(da).

sterilize ['sterəlaiz] vt esterilizar.

sterling ['stɜːlɪŋ] adj (pound) esterlino(na). ◆ n libra f esterlina.

stern [stɜːrn] adj severo(ra). ◆ n popa f.

stew [stu:] n ensopado m, guisado m.

steward ['stʊərd] n (on plane, ship) comissário m de bordo.

stewardess ['stʊərdəs] n aeromoça f.

stewed [stu:d] adj (fruit) cozido(da).

stick [stɪk] (pt & pp stuck) n (of wood) pau m; (for sport) taco m; Brit (of celery) tira f. ◆ vt (glue) colar; (push, insert) meter, pôr; inf (put) meter, pôr. ◆ vi (become attached) grudar-se; (jam) emperrar. □ **stick out** vi sobressair.

□ **stick to** vt fus (decision, principles, promise) manter-se fiel a. □ **stick up** vt sep (poster, notice) afixar. ◆ vi: **your hair is ~ ing up!** você está com o cabelo todo arrepiado! □ **stick up for** vt fus defender.

sticker ['stɪkər] n adesivo m.

stick shift n Am (car) veículo com câmbio manual.

sticky ['stɪkɪ] adj (substance, hands, candy) pegajoso(osa); (label, tape) adesivo(va); (weather) úmido(da).

stiff [stɪf] adj (firm) rijo(ja); (neck) duro(ra); (back, person) dolorido(da); (door, latch, mechanism) emperrado(da). ◆ adv: **to be bored ~** inf estar morrendo de tédio.

still [stɪl] adv ainda. ◆ adj (motionless) imóvel; (quiet, calm) calmo(ma); (not fizzy) sem gás; **we've ~ got 10 minutes** ainda temos 10 minutos; **~ more** ainda mais; **to stand ~** estar quieto.

stimulate ['stɪmjʊleɪt] vt estimular.

sting [stɪŋ] (pt & pp stung) vt picar. ◆ vi (skin, eyes) arder.

stingy ['stɪndʒɪ] adj inf pão-duro(ra).

stink [stɪŋk] (pt stank OR stunk, pp stunk) vi cheirar mal.

stipulate ['stipjəleit] vt estipular.

stir [stɜːr] vt (move around, mix) mexer.

stirrup ['stɜːrəp] n estribo m.

stitch [stitʃ] n (in sewing, knitting) ponto m; **to have a ~** sentir uma pontada. ☐ **stitches** npl (for wound) pontos mpl.

stock [stok] n (of store) estoque m; FIN títulos mpl, ações fpl; (cookery) caldo m. ◆ vt (have in stock) ter em estoque; **in ~** em estoque, armazenado; **out of ~** esgotado.

Stock Exchange n bolsa f de valores.

stocking ['stokiŋ] n meia f.

stock market n bolsa f, mercado m de valores.

stodgy ['stodʒi] adj (food) pesado(da).

stole [stəul] pt → steal.

stolen ['stəulən] pp → steal.

stomach ['stʌmək] n (organ) estômago m; (belly) barriga f.

stomach ache n dor f de estômago.

stone [stəun] n (substance) pedra f; (in fruit) caroço m; Brit (measurement: pl inv) = 6,35 kg; (gem) pedra preciosa. ◆ adj de pedra.

stood [stud] pt & pp → stand.

stool [stuːl] n (for sitting on) banco m.

stop [stop] n parada f. ◆ vt parar. ◆ vi parar; (stay) ficar; **to ~ sb/sthg from doing sthg** impedir alguém/algo de fazer algo; **to ~ doing sthg** parar de fazer

algo; **to put a ~ to sthg** pôr termo OR fim a algo; **'stop'** (road sign) 'pare'; **'stopping at ...'** (train, bus) 'com paradas em ...'. ☐ **stop off** vi parar.

stopover ['stop‚əuvər] n parada f; (on plane journey) escala f.

stopper ['stopər] n tampa f.

stopwatch ['stopwotʃ] n cronômetro m.

storage ['stɔːridʒ] n armazenamento m, armazenagem f.

store [stɔːr] n (shop) loja f; (supply) estoque m. ◆ vt armazenar.

storekeeper ['stɔːrkiːpər] n Am comerciante m.

storeroom ['stɔːruːm] n (in shop) armazém m; (in house) dispensa f.

storey ['stɔːri] (pl -s) Brit = story.

stork [stɔːk] n cegonha f.

storm [stɔːm] n (bad weather) tempestade f.

stormy ['stɔːmi] adj (weather) tempestuoso(osa).

story ['stɔːri] n (account, tale) história f; (news item) artigo m; Am andar m.

stout [staut] adj (fat) corpulento(ta), forte.

stove [stəuv] n (for cooking) fogão m; (for heating) estufa f.

straight [streit] adj (not curved) direito(ta); (road, line) reto(ta); (hair) liso(sa); (consecutive) consecutivo(va); (drink) puro(ra). ◆ adv (in a straight line) reto(ta); (upright) direito; (directly) diretamente; (without delay) imediatamente; **~ ahead** sempre em frente; ~ **away** imediatamente, já; ~ **in front** bem em frente.

straightforward [ˌstreɪt-ˈfɔːrwərd] adj (easy) simples (inv).

strain [streɪn] n (force) força f; (nervous stress) stress m; (tension) tensão f; (injury) distensão f. ◆ vt (muscle, eyes) forçar; (food, drink) coar.

strainer ['streɪnər] n coador m.

strait [streɪt] n estreito m.

strange [streɪndʒ] adj estranho(nha).

stranger ['streɪndʒər] n (unfamiliar person) estranho m, -nha f, desconhecido m, -da f; (person from different place) forasteiro m, -ra f.

strangle ['stræŋgl] vt estrangular.

strap [stræp] n (of bag) alça f; (of camera, shoe) correia f; (of watch) pulseira f.

strategy ['strætədʒɪ] n estratégia f.

straw [strɔː] n palha f; (for drinking) canudo m.

strawberry ['strɔːbərɪ] n morango m.

stray [streɪ] adj (animal) abandonado(da). ◆ vi vaguear.

streak [striːk] n (stripe, mark) listra f, risca f; (period) período m.

stream [striːm] n (river) riacho m; (of traffic, people) torrente f; (of water, air) corrente f.

street [striːt] n rua f.

streetcar ['striːtkɑːr] n Am bonde m.

strength [streŋθ] n força f; (of structure) solidez f; (strong point) ponto m forte; (of feeling, wind, smell) intensidade f; (of drink) teor m alcoólico; (of drug) dosagem f.

strengthen ['streŋθn] vt reforçar.

stress [stres] n (tension) stress m; (on word, syllable) acento m tônico. ◆ vt (emphasize) pôr a tônica em; (word, syllable) acentuar.

stretch [stretʃ] n (of land, water) extensão f; (of time) período m. ◆ vi esticar. ◆ vi (land, sea) estender-se; (person, animal) estirar-se, espreguiçar-se; to ~ **one's legs** fig esticar as pernas. ❏ **stretch out** ◆ vt sep (hand) estender. ◆ vi (lie down) estender-se ao comprido, deitar-se.

stretcher ['stretʃər] n maca f.

strict [strɪkt] adj rigoroso (osa).

strictly ['strɪktlɪ] adv (absolutely) estritamente; (exclusively) exclusivamente; ~ **speaking** a bem dizer.

stride [straɪd] n passada f.

strike [straɪk] (pt & pp **struck**) n (of employees) greve f. ◆ vt (fml: hit) agredir; (fml: collide with) bater em, chocar-se com; (a match) acender. ◆ vi (refuse to work) fazer greve; (happen suddenly) ocorrer; **the clock struck eight** o relógio bateu oito horas.

striking ['straɪkɪŋ] adj (noticeable) impressionante; (attractive) atraente.

string [strɪŋ] n cordel m, fio m; (of pearls, beads) colar m; (of musical instrument, tennis racket) corda f; (series) série f; **a piece of** ~ um barbante.

strip [strɪp] n (of paper, cloth, etc) tira f; (of land, water) faixa f. ◆ vt (paint) raspar; (wallpaper) arrancar. ◆ vi (undress) despir-se.

stripe [straɪp] n risca f, listra f.

striped [straɪpt] adj de listras.

stroke [strəʊk] n MED derrame m; (in tennis) batida f; (in golf) tacada f; (swimming style) estilo m. ◆ vt afagar; **a ~ of luck** um golpe de sorte.

stroll [strəʊl] n passeio m.

stroller ['strəʊlər] n Am (pushchair) carrinho m de bebê.

strong [strɒŋ] adj forte; (structure, bridge, chair) sólido(da); (accent) forte, acentuado(da).

struck [strʌk] pt & pp → **strike**.

structure ['strʌktʃər] n (arrangement, organization) estrutura f; (building) construção f.

struggle ['strʌgl] n (great effort) luta f. ◆ vi (fight) lutar; (in order to get free) debater-se; **to ~ to do sthg** esforçar-se por fazer algo.

stub [stʌb] n (of cigarette) ponta f; (of check, ticket) talão m.

stubble ['stʌbl] n (on face) barba f por fazer.

stubborn ['stʌbərn] adj (person) teimoso(osa).

stuck [stʌk] pt & pp → **stick**. ◆ adj preso(sa).

stud [stʌd] n (on boots) cravo m; (fastener) botão m de pressão; (earring) brinco m.

student ['stuːdnt] n (in college) estudante mf; (in school) aluno m, -na f.

studio ['stuːdɪəʊ] (pl -s) n (for filming, broadcasting) estúdio m; (of artist) ateliê m.

studio apartment n Am conjugado m.

study ['stʌdɪ] n estudo m; (room) escritório m. ◆ vt (learn about) estudar; (examine) examinar. ◆ vi estudar.

stuff [stʌf] n inf (substance) coisa f; (things, possessions) coisas fpl, tralha f. ◆ vt (put roughly) enfiar; (fill) rechear.

stuffed [stʌft] adj (food) recheado(da); inf (full) cheio (cheia); (dead animal) empalhado(da).

stuffing ['stʌfɪŋ] n recheio m.

stuffy ['stʌfɪ] adj (room, atmosphere) abafado(da).

stumble ['stʌmbl] vi (when walking) tropeçar.

stump [stʌmp] n (of tree) toco m.

stun [stʌn] vt (shock) chocar.

stung [stʌŋ] pt & pp → **sting**.

stunk [stʌŋk] pt & pp → **stink**.

stunning ['stʌnɪŋ] adj espantoso(osa).

stupid ['stuːpəd] adj estúpido(da).

stupidity [stuː'pɪdətɪ] n estupidez f.

sturdy ['stɜːrdɪ] adj robusto(ta).

stutter ['stʌtər] vi gaguejar.

style [staɪl] n estilo m; (design) modelo m. ◆ vt (hair) pentear.

stylish ['staɪlɪʃ] adj elegante.

stylist ['staɪlɪst] n (hairdresser) cabeleireiro m, -ra f.

subdued [səb'duːd] adj (person) abatido(da); (lighting, color) tênue.

subject [n 'sʌbdʒekt, vb səb'dʒekt] n (topic) tema m; (at school) disciplina f; (at college) cadeira f; GRAMM sujeito m; (fml: of country) cidadão m, -dã f. ◆ vt: to ~ sb to sthg submeter alguém a algo; ~ to availability dentro do limite do estoque disponível; they are ~ to an additional charge estão sujeitos a um custo adicional.

subjunctive [səb'dʒʌŋktɪv] n subjuntivo m.

submarine [ˌsʌbmə'riːn] n submarino m.

submit [səb'mɪt] vt apresentar. ◆ vi submeter-se.

subordinate [sə'bɔːdənət] adj GRAMM subordinado(da).

subscribe [səb'skraɪb] vi (to magazine, newspaper) assinar.

subscription [səb'skrɪpʃn] n assinatura f.

subsequent ['sʌbsɪkwənt] adj subseqüente.

subside [səb'saɪd] vi (ground) ceder; (feeling) desaparecer, dissipar-se; (noise) diminuir.

substance ['sʌbstəns] n substância f.

substantial [səb'stænʃl] adj substancial.

substitute ['sʌbstɪtuːt] n (replacement) substituto m, -ta f; SPORT reserva mf.

subtitles ['sʌbˌtaɪtlz] npl legendas fpl.

subtle ['sʌtl] adj sutil.

subtract [səb'trækt] vt subtrair.

subtraction [səb'trækʃn] n subtração f.

suburb ['sʌbɜːb] n subúrbio m; the ~s os subúrbios.

subway ['sʌbweɪ] n Am (underground railroad) metrô m; Brit (for pedestrians) passagem f subterrânea.

succeed [sək'siːd] vi (be successful) ter êxito OR sucesso. ◆ vt (fml: follow) seguir; to ~ in doing sthg conseguir fazer algo.

success [sək'ses] n êxito m, sucesso m.

successful [sək'sesfl] adj (plan, person) bem sucedido(da); (movie, book, TV program) de sucesso.

succulent ['sʌkjʊlənt] adj suculento(ta).

such [sʌtʃ] adj (of stated kind) tal, semelhante; (so great) tamanho (nha), tal. ◆ adv: ~ a lot tanto; ~ a lot of books tantos livros; it's ~ a lovely day está um dia tão bonito; she has ~ good luck ela tem tanta sorte; ~ a thing should never have happened uma coisa assim nunca deveria ter acontecido; ~ as tal como.

suck [sʌk] vt (candy) chupar; (thumb) chupar; (nipple) mamar em.

sudden ['sʌdn] adj repentino

(na); **all of a ~** de repente.

suddenly ['sʌdnlɪ] adv de repente.

sue [su:] vt processar.

suede [sweɪd] n camurça f.

suffer ['sʌfər] vt & vi sofrer; **to ~ from** (illness) sofrer de.

suffering ['sʌfərɪŋ] n sofrimento m.

sufficient [sə'fɪʃnt] adj fml suficiente.

sufficiently [sə'fɪʃntlɪ] adv fml bastante, suficientemente.

suffix ['sʌfɪks] n sufixo m.

suffocate ['sʌfəkeɪt] vi sufocar.

sugar ['ʃʊgər] n açúcar m.

suggest [sə'dʒest] vt sugerir; **to ~ doing sthg** sugerir fazer algo.

suggestion [sə'dʒestʃən] n sugestão f.

suicide ['su:ɪsaɪd] n suicídio m; **to commit ~** suicidar-se.

suit [su:t] n (man's clothes) terno m; (woman's clothes) conjunto m; (in cards) naipe m; JUR processo m. ◆ vt (subj: clothes, color, shoes) ficar bem em; (be convenient for) convir a; (be appropriate for) ser apropriado(da) para.

suitable ['su:təbl] adj apropriado(da), conveniente; **to be ~ for** ser apropriado OR conveniente para.

suitcase ['su:tkeɪs] n mala f.

suite [swi:t] n (set of rooms) suíte f; (furniture) mobília f.

sulk [sʌlk] vi ficar emburrado(da).

sultry ['sʌltrɪ] adj (weather, climate) abafado(da).

sum [sʌm] n soma f. □ **sum up** vt sep (summarize) resumir.

summarize ['sʌməraɪz] vt resumir.

summary ['sʌmərɪ] n resumo m, sumário m.

summer ['sʌmər] n verão m; **in the ~** no verão; **~ vacation** férias fpl de verão.

summertime ['sʌmərtaɪm] n verão m.

summit ['sʌmɪt] n (of mountain) topo m, cume m; (meeting) conferência f de cúpula.

summon ['sʌmən] vt (send for) convocar; JUR intimar.

sumptuous ['sʌmptʃʊəs] adj suntuoso(osa).

sun [sʌn] n sol m. ◆ vt: **to ~ o.s.** apanhar sol; **to catch the ~** bronzear-se; **to sit in the ~** sentar-se no sol; **out of the ~** na sombra.

sunbathe ['sʌnbeɪð] vi tomar banho de sol.

sunburn ['sʌnbɜ:rn] n queimadura f solar.

sunburnt ['sʌnbɜ:rnt] adj queimado(da) (de sol).

sundae ['sʌndeɪ] n sundae m.

Sunday ['sʌndeɪ] n domingo m → Saturday.

sundress ['sʌndres] n vestido m de alças.

sundries ['sʌndrɪz] npl artigos mpl diversos.

sunflower ['sʌnˌflaʊər] n girassol m.

sung [sʌŋ] pt → sing.

sunglasses ['sʌn,glæsəz] npl óculos mpl de sol, óculos escuros.

sunk [sʌŋk] pp → sink.

sunlight ['sʌnlaɪt] n luz f do sol.

sun lounger [-,laundʒər] n Am espreguiçadeira f.

sunny ['sʌnɪ] adj (day, weather) ensolarado(da); (room, place) ensolarado(da).

sunrise ['sʌnraɪz] n nascer m do sol.

sunscreen ['sʌnskri:n] n protetor m solar, filtro m solar.

sunset ['sʌnset] n pôr-do-sol m.

sunshine ['sʌnʃaɪn] n luz f do sol; **in the ~** ao sol.

sunstroke ['sʌnstrəuk] n insolação f.

suntan ['sʌntæn] n bronzeado m.

super ['su:pər] adj (wonderful) ótimo.

superb [su:'pɜ:rb] adj magnífico(ca), soberbo(ba).

Super Bowl n uma partida do futebol americano.

SUPER BOWL

O Super Bowl, a grande decisão do futebol americano, é uma partida disputada pelos campeões das duas ligas mais importantes do futebol profissional nos Estados Unidos. O jogo acontece no final de janeiro e é visto por um grande número de pessoas, inclusive em outros países, transmitido pela TV.

superficial [,su:pər'fɪʃl] adj superficial.

superfluous [su:'pɜ:rfluəs] adj supérfluo(flua).

superior [su:'pɪərɪər] adj superior. ◆ n superior mf.

supermarket ['su:pər,mɑ:rkət] n supermercado m.

supernatural [,su:pər'nætʃrəl] adj sobrenatural.

superstitious [,su:pər'stɪʃəs] adj supersticioso(osa).

superstore ['su:pərstɔ:r] n hipermercado m.

supervise ['su:pərvaɪz] vt supervisionar.

supervisor ['su:pərvaɪzər] n (of workers) supervisor m, -ra f, encarregado m, -da f.

supper ['sʌpər] n (evening meal) jantar m, ceia f; **to have ~** jantar, cear.

supple ['sʌpl] adj flexível.

supplement [n 'sʌplɪmənt, vb 'sʌplɪ,ment] n suplemento m. ◆ vt completar, complementar.

supplementary [,sʌplɪ'mentərɪ] adj suplementar.

supply [sə'plaɪ] n (store) reserva f; (providing) fornecimento m. ◆ vt fornecer; **to ~ sb with sthg** fornecer algo a alguém. ❑ **supplies** npl provisões fpl.

support [sə'pɔ:rt] n (backing, encouragement) apoio m; (supporting object) suporte m. ◆ vt (cause, campaign, person) apoiar; Brit

SPORT torcer por; *(hold up)* suportar; *(a family)* sustentar.

supporter [sə'pɔːtə˞] *n Brit SPORT* torcedor *m*, -ra *f*; *(of cause, political party)* partidário *m*, -ria *f*.

suppose [sə'pəʊz] *vt:* to ~ (that) supor que. ◆ *conj* = **supposing; I ~ so** suponho que sim.

supposing [sə'pəʊzɪŋ] *conj* supondo que.

supreme [sʊ'priːm] *adj* supremo(ma).

surcharge ['sɜːtʃɑːrdʒ] *n* sobretaxa *f*.

sure [ʃʊə˞] *adj (certain to happen)* certo(ta); *(with no doubts)* seguro(ra). ◆ *adv inf (yes)* claro; **are you ~ ?** você tem certeza?; **to be ~ of o.s.** ser seguro de si; **to make ~ (that) ...** assegurar-se de que ...; **for ~** com certeza.

surely ['ʃʊəlɪ] *adv* com certeza.

surf [sɜːf] *n* arrebentação *f*. ◆ *vi* fazer surfe.

surface ['sɜːfəs] *n* superfície *f*; '**temporary road ~**' 'asfaltamento temporário'.

surface mail *n* correio *m* por via terrestre.

surfboard ['sɜːfbɔːrd] *n* prancha *f* de surfe.

surfing ['sɜːfɪŋ] *n* surfe *m*; **to go ~** ir surfar.

surgeon ['sɜːrdʒən] *n* cirurgião *m*, -giã *f*.

surgery ['sɜːrdʒərɪ] *n* cirurgia *f*.

surname ['sɜːrneɪm] *n fml* sobrenome *m*.

surplus ['sɜːrpləs] *n* excedente *m*.

surprise [sər'praɪz] *n* surpresa *f*. ◆ *vt (astonish)* surpreender.

surprised [sər'praɪzd] *adj* surpreso(sa).

surprising [sər'praɪzɪŋ] *adj* surpreendente.

surrender [sə'rendər] *vi* render-se. ◆ *vt (fml: hand over)* entregar.

surround [sə'raʊnd] *vt* rodear.

surrounding [sə'raʊndɪŋ] *adj* circundante, à volta. ❑ **surroundings** *npl* arredores *mpl*.

survey ['sɜːrveɪ] *(pl -s) n (investigation)* inquérito *m*; *(poll)* sondagem *f*; *(of land)* levantamento *m* topográfico; *Brit (of house)* inspeção *f*, vistoria *f*.

surveyor [sər'veɪər] *n (of land)* agrimensor *m*, -ra *f*; *Brit (of houses)* inspetor *m*, -ra *f*, perito *m*, -ta *f*.

survival [sər'vaɪvl] *n* sobrevivência *f*.

survive [sər'vaɪv] *vi* sobreviver. ◆ *vt* sobreviver a.

survivor [sər'vaɪvər] *n* sobrevivente *mf*.

susceptible [sə'septəbl] *adj* suscetível; **to be ~ to** sthg ser suscetível a algo.

suspect [*vb* sə'spekt, *n & adj* 'sʌspekt] *vt (mistrust)* suspeitar de. ◆ *n* suspeito *m*, -ta *f*. ◆ *adj* suspeito (ta); **to ~ sb of** sthg suspeitar que alguém tenha feito algo; **to ~ (that)** suspeitar que.

suspend [sə'spend] *vt* suspender.

suspenders [sə'spendərz] *npl*

Am (for pants) suspensórios *mpl;*
Brit (for stockings) ligas *fpl.*

suspense [sə'spens] *n* suspense *m.*

suspension [sə'spenʃn] *n* suspensão *f.*

suspicion [sə'spiʃn] *n (mistrust, idea)* suspeita *f; (trace)* vestígio *m.*

suspicious [sə'spiʃəs] *adj (behavior, situation)* suspeito(ta); **to be ~ of** *(distrustful)* desconfiar OR suspeitar de.

swallow ['swɒləʊ] *n (bird)* andorinha *f.* ◆ *vt* vi engolir.

swam [swæm] *pt* → **swim.**

swamp [swɒmp] *n* pântano *m.*

swan [swɒn] *n* cisne *m.*

swap [swɒp] *vt (possessions, places)* trocar de; *(ideas, stories)* trocar; **to ~ sthg for sthg** trocar algo por algo.

swarm [swɔ:rm] *n (of bees)* enxame *m.*

swear [sweər] *(pt* **swore**, *pp* **sworn)** *vi (use rude language)* praguejar; *(promise)* jurar. ◆ *vt:* **to ~ to do sthg** jurar fazer algo.

swearword ['sweərwɜ:rd] *n* palavrão *m.*

sweat [swet] *n* suor *m.* ◆ *vi* suar.

sweater ['swetər] *n* suéter *m.*

sweatshirt ['swetʃɜ:rt] *n* suéter *m* de algodão.

sweep [swi:p] *(pt & pp* **swept)** *vt (with broom)* varrer.

sweet [swi:t] *adj* doce; *(smell)* agradável. ◆ *n Brit (candy)* bala *f; (dessert)* doce *m;* **how ~ of you!** que gentileza a sua!

sweet corn *n* milho *m.*

sweetener ['swi:tnər] *n (for drink)* adoçante *m.*

swell [swel] *(pp* **swollen)** *vi (ankle, arm, etc)* inchar.

swelling ['swelɪŋ] *n* inchaço *m.*

swept [swept] *pt & pp* → sweep.

swerve [swɜ:rv] *vi (vehicle)* dar uma guinada.

swim [swɪm] *(pt* **swam**, *pp* **swum)** *vi (in water)* nadar. ◆ *n:* **to go for a ~** ir dar um mergulho.

swimmer ['swɪmər] *n* nadador *m*, -ra *f.*

swimming ['swɪmɪŋ] *n* natação *f;* **to go ~** nadar.

swimming pool *n* piscina *f.*

swimming trunks *npl* sunga *f.*

swimsuit ['swɪmsu:t] *n* traje *m* de banho.

swindle ['swɪndl] *n* fraude *f.*

swing [swɪŋ] *(pt & pp* **swung)** *n (for children)* balanço *m.* ◆ *vt (move from side to side)* balançar. ◆ *vi (move from side to side)* balançar-se.

swipe [swaɪp] *vt (credit card, etc)* passar pela abertura; *Am (steal)* roubar.

switch [swɪtʃ] *n (for light, power)* interruptor *m; (for TV, radio)* botão *m.* ◆ *vt (change)* mudar de; *(exchange)* trocar. ◆ *vi* mudar. ❑ **switch off** *vt sep (light, radio)* apagar, desligar; *(engine)* desligar. ❑ **switch on** *vt sep (light, radio)* acender, ligar; *(engine)* ligar.

switchboard ['swɪtʃbɔ:rd] *n*
PBX *m*.

swivel ['swɪvl] *vi* girar.

swollen ['swəʊln] *pp* → **swell**.
◆ *adj (ankle, arm, etc)* inchado(da).

swop [swɒp] = **swap**.

sword [sɔ:rd] *n* espada *f*.

swore [swɔ:r] *pt* → **swear**.

sworn [swɔ:rn] *pp* → **swear**.

swum [swʌm] *pp* → **swim**.

swung [swʌŋ] *pt & pp* → **swing**.

syllable ['sɪləbl] *n* sílaba *f*.

syllabus ['sɪləbəs] *n* programa
m (de estudos).

symbol ['sɪmbl] *n* símbolo *m*.

sympathetic [ˌsɪmpə'θetɪk]
adj (understanding) compreensi-
vo(va).

sympathize ['sɪmpəθaɪz] *vi*: **to
~ (with)** *(feel sorry)* compadecer-
se (de); *(understand)* compreender.

sympathy ['sɪmpəθɪ] *n (understanding)* compreensão *f*.

symphony ['sɪmfənɪ] *n* sinfonia *f*.

symptom ['sɪmptəm] *n* sintoma *m*.

synagogue ['sɪnəgɒg] *n* sinagoga *f*.

synthesizer ['sɪnθəsaɪzər] *n*
sintetizador *m*.

synthetic [sɪn'θetɪk] *adj* sinté-
tico(ca).

syringe [sə'rɪndʒ] *n* seringa *f*.

syrup ['sɪrəp] *n (for fruit, pan-
cakes, etc)* calda *f*.

system ['sɪstəm] *n* sistema *m*;
(for gas, heating, etc) instalação *f*.

T

tab [tæb] *n (of cloth, paper, etc)*
etiqueta *f*; *(bill)* conta *f*; **put it
on my ~** ponha na minha con-
ta.

table ['teɪbl] *n (piece of furniture)*
mesa *f*; *(of figures, etc)* quadro
m.

tablecloth ['teɪblklɒθ] *n* toalha *f* de mesa.

tablespoon ['teɪblspu:n] *n* colher *f* de sopa.

tablet ['tæblət] *n (pill)* comprimido *m*; *(of soap)* barra *f*; *(of
chocolate)* tablete *f*.

table tennis *n* pingue-
pongue *m*, tênis *m* de mesa.

table wine *n* vinho *m* de mesa.

tabloid ['tæblɔɪd] *n* jornal *m*
sensacionalista, tablóide *m*.

tack [tæk] *n (nail)* tacha *f*.

tackle ['tækl] *n (in soccer, hockey)*
ataque *m*; *(in rugby, football)* marcação *f*; *(for fishing)* apetrechos
mpl. ◆ *vt (in soccer, hockey)* carregar; *(in rugby, football)* marcar;
(deal with) enfrentar.

tacky ['tækɪ] *adj inf (jewelry, design, etc)* cafona.

tact [tækt] *n* tato *m*.

tactful ['tæktfl] *adj* com muito
tato, diplomático(ca).

tactics ['tæktɪks] npl tática f, estratégia f.

tag [tæg] n (label) etiqueta f.

tail [teɪl] n cauda f. □ **tails** n (of coin) coroa f. ◆ npl (formal dress) fraque m.

tailgate ['teɪlgeɪt] n (of car) porta f do porta-malas.

tailor ['teɪlər] n alfaiate m.

take [teɪk] (pt **took**, pp **taken**) vt -1. (carry, drive, contain) levar.
-2. (hold, grasp) segurar.
-3. (do, make): **to ~ a bath/shower** tomar um banho/uma ducha; **to ~ a test** fazer um exame; **to ~ a picture** tirar uma foto.
-4. (require) requerer; **how long will it ~?** quanto tempo é que vai demorar?
-5. (steal) tirar.
-6. (train, taxi, plane, bus) apanhar.
-7. (route, path, road) seguir por.
-8. (medicine) tomar.
-9. (subtract) tirar, subtrair.
-10. (accept) aceitar; **do you ~ traveler's checks?** vocês aceitam cheques de viagem?; **to ~ sb's advice** seguir os conselhos de alguém.
-11. (react to) reagir a; **to ~ sthg the wrong way** levar algo a mal.
-12. (control, power, attitude) assumir; **to ~ charge of** assumir a responsabilidade de; **to ~ an interest in sthg** interessar-se por algo.
-13. (tolerate) agüentar.
-14. (assume): **I ~ it that ...** presumo que ...
-15. (pulse) medir; (temperature) tirar. □ **take apart** vt sep desmontar.

◆ **take away** vt sep (remove) levar; (subtract) tirar, subtrair.

◆ **take back** vt sep (thing borrowed) devolver; (person) levar (de volta); (accept) aceitar de volta; (statement) retirar.

◆ **take down** vt sep (picture, decorations, curtains) remover.

◆ **take in** vt sep (include) incluir; (understand) perceber; (deceive) enganar; (clothes) apertar.

◆ **take off** vi (plane) levantar vôo, decolar.
◆ vt sep (remove) tirar; **to ~ a day/week off** (as vacation) tirar um dia/uma semana de folga.

◆ **take out** vt sep (from container, pocket) tirar; (library book) pegar; (insurance policy) fazer; (loan) pedir; **to ~ sb out for dinner** convidar alguém para jantar fora.

◆ **take over** vi assumir o controle.

◆ **take up** vt sep (begin) dedicar-se a; (use up) ocupar; (trousers, skirt, dress) subir a bainha de.

takeaway ['teɪkə,weɪ] n Brit (shop) loja que vende comida para viagem; (food) comida f para viagem.

taken ['teɪkn] pp → take.

takeoff ['teɪkɒf] n (of plane) decolagem f.

takeout ['teɪkaʊt] n Am comida f para viagem.

takings ['teɪkɪŋz] npl receita f, renda f.

talcum powder ['tælkəm-] n (pó de) talco m.

tale [teɪl] n (story) conto m; (account) história f.

talent ['tælənt] n talento m.

talk [tɔːk] n (conversation) conversa f; (speech) conferência f. ◆ vi falar; **to ~ to sb (about sthg)** falar com alguém (sobre algo); **to ~ with sb** falar com alguém. □ **talks** npl negociações fpl.

talkative ['tɔːkətɪv] adj tagarela.

tall [tɔːl] adj alto(ta); **how ~ are you?** qual é a sua altura?; **I'm six feet ~** meço 1,80 m.

tame [teɪm] adj (animal) domesticado(da).

tampon ['tæmpon] n tampão m.

tan [tæn] n (suntan) bronzeado m. ◆ vi bronzear. ◆ adj (color) cor-de-mel (inv).

tangerine [,tændʒə'riːn] n tangerina f.

tank [tæŋk] n tanque m.

tanker ['tæŋkər] n (truck) caminhão-tanque m.

tanned [tænd] adj (suntanned) bronzeado(da).

tap [tæp] n Brit (for water) torneira f. ◆ vt (hit) bater (ligeiramente) com.

tape [teɪp] n (cassette, video) fita f, cassete f; (in cassette, strip of material) fita f; (adhesive material) fita f adesiva. ◆ vt (record) gravar; (stick) colar com fita adesiva.

tape measure n fita f métrica.

tape recorder n gravador m.

tapestry ['tæpəstrɪ] n tapeçaria f.

tar [tɑːr] n alcatrão m.

target ['tɑːrɡət] n alvo m.

tariff ['tærɪf] n (price list) lista f de preços; (at customs) tarifa f.

tarmac ['tɑːmæk] n (at airport) pista f. □ **Tarmac®** n (on road) asfalto m.

tart [tɑːrt] n (sweet) torta f.

tartan ['tɑːrtn] n tecido de lã com o xadrez típico da Escócia.

task [tæsk] n tarefa f.

taste [teɪst] n (flavor) sabor m, gosto m; (discernment, sense) gosto. ◆ vt (sample) provar; (detect) detectar o sabor de. ◆ vi: **to ~ of sthg** ter gosto de algo; **it ~s bad/good** tem um gosto ruim/bom; **to have a ~ of sthg** (food, drink) provar algo; (fig: experience) experimentar algo; **bad/good ~** mau/bom gosto.

tasteful ['teɪstfl] adj com bom gosto.

tasteless ['teɪstləs] adj (food) insípido(da); (comment, decoration) de mau gosto.

tasty ['teɪstɪ] adj saboroso (osa).

tattoo [tæ'tuː] n (pl -s) n (on skin) tatuagem f.

taught [tɔːt] pt & pp → **teach**.

Taurus ['tɔːrəs] n Touro m.

taut [tɔːt] adj (rope, string) esticado(da); (muscles) tenso(sa).

tax [tæks] n imposto m, taxa f. ◆ vt (goods) lançar imposto sobre; (person) cobrar impostos a.

tax-free adj isento(ta) de imposto, tax-free (inv).

taxi ['tæksɪ] n táxi m. ◆ vi (plane) taxiar.

taxi driver n taxista mf, motorista mf de táxi.

tea [ti:] n chá m; Brit (afternoon meal) lanche m.

tea bag n saquinho m de chá.

teach [ti:tʃ] (pt & pp taught) vt & vi ensinar; **to ~ sb sthg, to ~ sthg to sb** ensinar algo a alguém; **to ~ sb (how) to do sthg** ensinar alguém a OR como fazer algo.

teacher ['ti:tʃər] n professor m, -ra f.

teaching ['ti:tʃɪŋ] n ensino m.

team [ti:m] n SPORT time m; (group) equipe f.

teapot ['ti:pɒt] n bule m.

tear¹ [teər] (pt tore, pp torn) vt (rip) rasgar. ◆ vi (rip) rasgar-se; (move quickly) precipitar-se. ◆ n (rip) rasgão m. ❏ **tear up** vt sep rasgar.

tear² [tɪər] (pt tore, pp torn) n lágrima f.

tease [ti:z] vt (make fun of) gozar de.

tea service n serviço m de chá.

teaspoon ['ti:spu:n] n colher f de chá.

teat [ti:t] n (of animal) teta f.

technical ['teknɪkl] adj técnico(ca).

technicality [,teknɪ'kælətɪ] n (detail) pormenor m técnico.

technician [tek'nɪʃn] n técnico m, -ca f.

technique [tek'ni:k] n técnica f.

technological [,teknə'lɒdʒɪkl] adj tecnológico(ca).

technology [tek'nɒlədʒɪ] n tecnologia f.

teddy (bear) ['tedɪ-] n ursinho m (de pelúcia).

tedious ['ti:djəs] adj tedioso(osa).

tee [ti:] n tee m.

teenager ['ti:n,eɪdʒər] n adolescente m.

teeth [ti:θ] pl → tooth.

teethe [ti:ð] vi: he's teething os dentes dele estão começando a nascer.

telebanking ['telɪbæŋkɪŋ] n personal banking m.

telecommunications [,telɪkəmju:nɪ'keɪʃns] npl telecomunicações fpl.

telegraph pole ['telɪgræf-] n poste m telegráfico.

telephone ['telɪfəʊn] n telefone m. ◆ vt fml telefonar para. ◆ vi telefonar; **to be on the ~** (talking) estar no telefone.

telephone booth n cabine f telefônica.

telephone directory n catálogo m, lista f telefônica.

telescope ['telɪskəʊp] n telescópio m.

television ['telɪ,vɪʒn] n televisão f; **what's on ~ tonight?** o que é que tem na televisão hoje à noite?

tell [tel] (pt & pp **told**) vt (inform) dizer; (story, joke) contar; (truth, lie) dizer, contar; (distinguish) distinguir. ◆ vi: **can you ~?** dá para notar?; **could you ~ me the time?** podia dizer-me as horas?; **to ~ sb sthg** dizer algo a alguém; **to ~ sb about sthg** contar algo a alguém; **to ~ sb how to do sthg** dizer a alguém como fazer algo; **to ~ sb to do sthg** dizer a alguém para fazer algo; **to ~ the difference** ver a diferença. ❑ **tell off** vt sep ralhar com, repreender.

teller ['telər] n (in bank) caixa mf.

temp [temp] n empregado m temporário, empregada f temporária. ◆ vi trabalhar como empregado temporário.

temper ['tempər] n: **to be in a bad ~** estar de mau humor, estar irritado(da); **to lose one's ~** perder a paciência, irritar-se.

temperature ['temprətfər] n temperatura f; **to have a ~** ter febre.

temple ['templ] n (building) templo m; (of forehead) têmpora f.

temporary ['tempərərı] adj temporário(ria).

tempt [tempt] vt tentar; **to be ~ed to do sthg** estar or sentir-se tentado a fazer algo.

temptation [temp'teɪfn] n tentação f.

tempting ['temptɪŋ] adj tentador(ra).

ten [ten] num dez → **six**.

tenant ['tenənt] n inquilino m, -na f.

tend [tend] vi: **to ~ to do sthg** ter tendência para fazer algo.

tendency ['tendənsɪ] n tendência f.

tender ['tendər] adj (affectionate) meigo(ga); (sore) dolorido (da); (meat) tenro(ra).

tendon ['tendən] n tendão m.

tenement ['tenəmənt] n cortiço m.

tennis ['tenɪs] n ténis m.

tennis court n quadra f de ténis.

tense [tens] adj tenso(sa). ◆ n GRAMM tempo m; **the present ~** o presente.

tension ['tenfn] n tensão f.

tent [tent] n barraca f, tenda f.

tenth [tenθ] num décimo(ma) → **sixth**.

tent peg n estaca f.

tepid ['tepɪd] adj tépido(da), morno (morna).

term [tɜːm] n (word, expression) termo m; (at school) período m; (at university) ≃ semestre m; **in the long ~** a longo prazo; **in the short~** a curto prazo; **in ~s of** no que diz respeito a; **in business ~s** do ponto de vista comercial. ❑ **terms** npl (of contract) termos mpl; (price) preço m.

terminal ['tɜːmənl] adj (illness) incurável. ◆ n terminal m.

terminate ['tɜːmənent] vi (train, bus) terminar a viagem or o trajeto.

terminus ['tɜːrmənəs] n estação f terminal, terminal m.

terrace ['terəs] n (patio) terraço m.

terrible ['terəbl] adj terrível; **to feel ~** sentir-se péssimo(ma) OR muito mal.

terribly ['terəblɪ] adv (extremely) extremamente, terrivelmente; (very badly) imensamente, terrivelmente; **I'm ~ sorry!** sinto muito!

terrific [tə'rɪfɪk] adj inf incrível.

terrified ['terəfaɪd] adj aterrorizado(da).

territory ['terətɔːrɪ] n território m.

terror ['terər] n terror m.

terrorism ['terərɪzm] n terrorismo m.

terrorist ['terərəst] n terrorista mf.

terrorize ['terəraɪz] vt aterrorizar.

test [test] n teste m; (of blood) análise f. ◆ vt (check) testar; (give exam to) avaliar; (dish, drink) provar; **driving ~** exame m de motorista.

testicles ['testɪklz] npl testículos mpl.

tetanus ['tetənəs] n tétano m.

text [tekst] n (written material) texto m; (textbook) manual m.

textbook ['tekstbʊk] n manual m.

textile ['tekstaɪl] n têxtil m.

texture ['tekstʃər] n textura f.

than [weak form ðn, strong form ðæn] conj que. ◆ prep: **you're**

better ~ me você é melhor (do) que eu; **I'd rather stay in ~ go out** prefiro ficar em casa a sair; **more ~ ten** mais de dez.

thank [θæŋk] vt: **to ~ sb (for sthg)** agradecer a alguém (por) algo. ❑ **thanks** npl agradecimentos mpl. ◆ excl obrigado!, obrigada!; **~s to** graças a; **many ~s** muito obrigado OR obrigada.

Thanksgiving ['θæŋks,gɪvɪŋ] n Dia m de Ação de Graças.

ⓘ **THANKSGIVING**

O Dia de Ação de Graças, feriado nacional nos Estados Unidos, é comemorado na 4ª quinta-feira de novembro, para agradecer a Deus pelas colheitas e graças recebidas durante o ano. Originou-se em 1621, ano da primeira colheita dos "Pilgrims" (colonos vindos da Grã-Bretanha). Por tradição, serve-se peru assado e o empadão de abóbora.

---

thank you excl obrigado!, obrigada!; **~ very much!** muito obrigado!; **no ~!** não, obrigado!

that [ðæt, weak form of pron & conj ðət] (pl those) adj -1. (referring to thing, person mentioned) esse (essa); **I prefer ~ book** prefiro esse livro.
-2. (referring to thing, person farther away) aquele (aquela); **~ book at the back** aquele livro lá atrás; **I'll have ~ one** quero

aquele (ali) OR esse.

◆ pron - **1.** (referring to thing, person mentioned) esse m, essa f; (indefinite) isso; **what's ~ ?** o que é isso?; **who's ~?** (on the phone) quem fala?; (pointing) e esse, quem é?; **~'s interesting** que interessante.

- **2.** (referring to thing, person farther away) aquele m, aquela f; (indefinite) aquilo; **is ~ Lucy?** (pointing) aquela é a Lucy?; **I want those at the back** quero aqueles lá atrás; **what's ~ on the roof?** o que é aquilo no telhado?

- **3.** (introducing relative clause) que; **a shop ~ sells antiques** uma loja que vende antiguidades; **the movie ~ I saw** o filme que eu vi; **the room ~ I slept in** o quarto onde ou em que dormi.

◆ adv assim tão; **it wasn't ~ bad/good** não foi assim tão mau/bom; **it didn't cost ~ much** não custou tanto assim.

◆ conj que; **tell him ~ I'm going to be late** diga-lhe que vou chegar atrasado.

thatched [θætʃt] adj (building) com telhado de sapé.

that's [ðæts] = that is.

thaw [θɔ:] vi (snow, ice) derreter.
◆ vt (frozen food) descongelar.

the [weak form ðə, before vowel ðɪ, strong form ði:] definite article - **1.** (gen) o (a), os (as) (pl); **~ book** o livro; **~ apple** a maçã; **~ girls** as meninas; **~ Wilsons** os Wilson; **to play ~ piano** tocar piano.

- **2.** (with an adjective to form a noun) o (a), os (as) (pl); **~ British** os britânicos; **~ young** os jovens; **~ impossible** o impossível.

- **3.** (in dates): **~ twelfth** o dia doze; **~ forties** os anos quarenta.

- **4.** (in titles): Elizabeth **~ Second** Elizabeth Segunda.

theater [ˈθɪətər] n Am (for plays, drama) teatro m; (for movies) cinema m.

theatre [ˈθɪətə] n Brit teatro m.

theft [θeft] n roubo m.

their [ðeər] adj seu (sua), deles (delas); **~ house** a casa deles, a sua casa.

theirs [ðeərz] pron o/a deles (o/a delas); **a friend of ~** um amigo deles; **these books are ~** estes livros são (os) deles; **these are ours – where are ~ ?** estes são os nossos – onde estão os deles?

them [weak form ðəm, strong form ðem] pron (direct object) os mpl, as fpl; (indirect object) lhes; (after prep) eles mpl, elas fpl; **I know ~** eu os conheço; **it's ~** são eles; **send this to ~** mandelhes isto; **tell ~** diga-lhes; **Charlotte and Ricky brought it with ~** a Charlotte e o Ricky trouxeram-no com eles.

theme [θi:m] n tema m.

theme park n parque m temático.

themselves [ðəmˈselvz] pron (reflexive) se; (after prep) eles mpl próprios, elas fpl próprias, si

mpl próprios, si fpl próprias;
they did it ~ fizeram-no eles
mesmos OR próprios; **they
blame** ~ eles culpam-se a si próprios; **they hurt** ~ eles
machucaram-se.

then [ðen] adv (at time in past)
então; naquela altura; (at time in
future) nessa altura; (next, afterward) depois; (in that case) então;
from ~ **on** daí em diante; **until**
~ até aí.

theory ['θɪərɪ] n teoria f; **in** ~
em teoria.

therapist ['θerəpəst] n terapeuta mf.

therapy ['θerəpɪ] n terapia f.

there [ðeər] adv (available, existing, present) lá, ali; (at, in, to that
place) lá. ◆ pron: ~ **is/are** há; **is
Bob** ~, **please?** (on phone) o
Bob está?; **I'm going** ~ **next
week** vou lá para a semana; **it's
right** ~ **by the phone** está aí
bem ao lado do telefone; **over**
~ ali; ~ **'s someone at the door**
tem alguém na porta; ~ **are
several people waiting** várias
pessoas estão à espera; ~ **you
are** (when giving) aqui está.

therefore ['ðeəfɔ:r] adv portanto, por isso.

there's [ðeərz] = there is.

thermal **underwear**
[ˌθɜ:rml] n roupa f de baixo térmica.

thermometer [θər'mɒmətər]
n termómetro m.

thermostat ['θɜ:rməstæt] n
termóstato m.

these [ði:z] pl → this.

they [ðeɪ] pron eles mpl, elas fpl.

thick [θɪk] adj (in size) grosso
(grossa); (fog) cerrado(da); (forest, vegetation) denso(sa); (hair)
abundante; (liquid, sauce, smoke)
espesso(a); inf (stupid) estúpi-
do(da); **it's 1 meter** ~ tem 1 metro de espessura.

thicken ['θɪkn] vt (sauce, soup)
engrossar. ◆ vi (mist, fog)
tornar-se mais cerrado, aumentar.

thickness ['θɪknəs] n (of wood,
wall, line) espessura f; (of forest,
vegetation) densidade f; (of hair)
grossura f.

thief [θi:f] (pl thieves [θi:vz]) n
ladrão m, ladra f.

thigh [θaɪ] n coxa f.

thimble ['θɪmbl] n dedal m.

thin [θɪn] adj (in size) fino(na);
(not fat) magro(gra); (soup, sauce)
pouco espesso(a), líquido(da).

thing [θɪŋ] n coisa f; **the** ~ **is**
que se passa é que, acontece
que. ❏ **things** npl (clothes, possessions) coisas fpl; **how are** ~**s?** inf
como (é que) vão as coisas?

think [θɪŋk] (pt & pp **thought**)
vt (believe) achar, pensar; (have in
mind, expect) pensar. ◆ vi (reason,
believe, judge) pensar; **to** ~ (that)
achar OR pensar que; **to** ~ **about**
pensar em; **to** ~ **of** pensar em;
(remember) lembrar-se de; **to** ~ **of
doing sthg** pensar em fazer algo; **I** ~
so acho que sim; **I don't** ~
so acho que não; **do you** ~ **you
could** ...? você acha que podia
...?; **to** ~ **highly of sb** ter muito
boa opinião de alguém. ❏ **think**

over vt sep refletir sobre.
□ **think up** vt sep imaginar.

third [θɜːrd] num terceiro(ra) → **sixth**.

Third World n: **the** ~ o Terceiro Mundo.

thirst [θɜːrst] n sede f.

thirsty [θɜːrstɪ] adj: **to be** ~ ter sede.

thirteen [ˌθɜːrˈtiːn] num treze → **six**.

thirteenth [ˌθɜːrˈtiːnθ] num décimo m terceiro, décima f terceira → **sixth**.

thirtieth [θɜːrtɪəθ] num trigésimo(ma) → **sixth**.

thirty [θɜːrtɪ] num trinta → **six**.

this [ðɪs] (pl **these**) adj -1. (referring to thing, person) este (esta).
these chocolates are delicious
estes chocolates são deliciosos;
~ **morning/week** esta manhã/semana; **I prefer ~ book** prefiro este livro; **I'll take ~ one** quero este.
- 2. inf (used when telling a story): **there was ~ man ...** havia um homem ...
◆ pron (referring to thing, person) este m, esta f; (indefinite) isto; ~ **is for you** é para você; **what are these?** o que é isto?, o que é que são estas coisas?; ~ **is David Gregory** (introducing someone) este é o David Gregory; (on telephone) aqui fala David Gregory.
◆ adv: **it was ~ big** era deste tamanho; **I don't remember it being ~ tiring** não me lembro de ser tão cansativo assim.

thistle [θɪsl] n cardo m.

thorn [θɔːrn] n espinho m.

thorough [θɜːrə] adj minucioso(osa).

thoroughly [θɜːrəʊlɪ] adv (completely) completamente.

those [ðəʊz] pl → **that**.

though [ðəʊ] conj se bem que.
◆ adv no entanto; **even** ~ **it was raining** apesar de estar chovendo.

thought [θɔːt] pt & pp → **think**.
◆ n (idea) ideia f; (thinking) pensamento m; (careful consideration) reflexão f. ◆ **thoughts** npl (opinion) opinião f.

thoughtful [θɔːtfl] adj (quiet and serious) pensativo(va); (considerate) atencioso(osa).

thoughtless [θɔːtləs] adj indelicado(da).

thousand [θaʊznd] num mil; **a** OR **one** ~ mil; ~ **s of** milhares de → **six**.

thrash [θræʃ] vt inf (defeat heavily) esmagar (fig).

thread [θred] n (of cotton, etc) linha f. ◆ vt (needle) enfiar (uma linha em).

threat [θret] n ameaça f.

threaten [θretn] vt ameaçar; **to** ~ **to do sthg** ameaçar fazer algo.

threatening [θretnɪŋ] adj ameaçador(ra).

three [θriː] num três → **six**.

three-D n: **in** ~ em três dimensões.

threshold [θreʃhəʊld] n (fml: of door) limiar m, soleira f.

threw [θru:] pt → **throw**.

thrifty ['θrɪftɪ] adj poupado (da).

thrilled [θrɪld] adj encantado (da).

thriller ['θrɪlər] n filme/livro m de suspense.

thrive [θraɪv] vi (plant, animal, person) desenvolver-se; (business, tourism, place) prosperar.

throat [θrəʊt] n garganta f.

throb [θrɒb] vi (head) latejar; (noise, engine) vibrar.

throne [θrəʊn] n trono m.

through [θru:] prep (to other side of, by means of) através de; (because of) graças a; (from beginning to end of) durante; (throughout) por todo(da). ◆ adv (from beginning to end) até o fim. ◆ adj: I'm ~ (with it) (finished) já acabei; ~ traffic trânsito de passagem; a ~ train trem direto; Monday ~ Thursday Am de segunda à quinta-feira; to let sb ~ deixar alguém passar; to go ~ sthg atravessar algo.

throughout [θru:'aʊt] prep (day, morning, year) ao longo de todo(da); (place, country, building) por todo(da). ◆ adv (all the time) sempre, o tempo todo; (everywhere) por todo o lado.

throw [θrəʊ] (pt threw, pp thrown) [θrəʊn]) vt atirar; (javelin, dice) lançar; (a switch) ligar; to ~ sthg in the trash jogar algo no lixo. ❑ **throw away** vt sep (get rid of) jogar fora. ❑ **throw out** vt sep (get rid of) jogar fora; (person) pôr na rua.

❑ **throw up** vi inf (vomit) vomitar.

thru [θru:] Am inf = **through**.

thud [θʌd] n barulho m seco.

thug [θʌg] n marginal mf.

thumb [θʌm] n polegar m. ◆ vt: to ~ a ride pedir carona.

thumbtack ['θʌmtæk] n Am percevejo m.

thump [θʌmp] n (punch) soco m; (sound) barulho m seco. ◆ vt dar um soco em.

thunder ['θʌndər] n trovões mpl, trovoada f.

thunderstorm ['θʌndərstɔːrm] n tempestade f (acompanhada de trovoada), temporal m.

Thursday ['θɜːzdeɪ] n quinta-feira f → **Saturday**.

tick [tɪk] n (insect) carrapato m; Brit (written mark) sinal m de visto. ◆ vi (clock, watch) fazer tique-taque. ◆ vt Brit marcar or assinalar (com sinal de visto).

ticket ['tɪkɪt] n (for travel, movie, game) bilhete m; (label) etiqueta f; (for traffic offense) multa f.

tickle ['tɪkl] vt fazer cócegas em. ◆ vi fazer cócegas.

ticklish ['tɪklɪʃ] adj: to be ~ ter cócegas.

tide [taɪd] n (of sea) maré f.

tidy ['taɪdɪ] adj (room, desk, person) arrumado(da); (hair, clothes) cuidado(da). ❑ **tidy (up)** vt sep arrumar.

tie [taɪ] (pt & pp tied, cont tying) n (around neck) gravata f; (draw) empate m; Am (on railroad track) dormente m. ◆ vt atar;

(knot) fazer, dar. ◆ *vi (draw)* empatar. ❑ **tie up** *vt sep* atar; *(delay)* atrasar.

tier [tɪər] *n (of seats)* fila f, fileira f.

tiger ['taɪgər] *n* tigre *m*.

tight [taɪt] *adj* apertado(da); *(drawer, faucet)* preso(sa); *(rope, material)* esticado(da). ◆ *adv (hold)* com força, bem; **my chest feels ~** estou um pouco congestionado (dos brônquios).

tighten ['taɪtn] *vt* apertar.

tightrope ['taɪtrəʊp] *n* corda f bamba.

tights [taɪts] *npl* meia-calça f; **a pair of ~** um par de meias-calças, umas meias-calças.

tile ['taɪl] *n (for roof)* telha f; *(for floor)* ladrilho *m*; *(for wall)* azulejo *m*.

till [tɪl] *n* caixa f registadora. ◆ *prep & conj* até; **I'll wait ~ he arrives** esperarei até ele chegar OR até que ele chegue.

tilt [tɪlt] *vt* inclinar. ◆ *vi* inclinar-se.

timber ['tɪmbər] *n (wood)* madeira f; *(of roof)* trave f.

time [taɪm] *n* tempo *m*; *(measured by clock)* horas fpl; *(moment)* altura f; *(occasion)* vez f. ◆ *vt (measure)* cronometrar; *(arrange)* prever; **I don't have (the) ~** não tenho tempo; **it's ~ to go** está na hora de irmos embora; **what ~ is it?** que horas são?; **do you have the ~, please?** você tem horas, por favor?; **two ~s two** dois vezes dois; **five ~s as much** cinco vezes mais; **to have a good ~** divertir-se; **all the ~**

sempre, o tempo todo; **every ~** sempre; **from ~ to ~** de vez em quando, de tempos em tempos; **for the ~ being** por enquanto; **in ~** *(arrive)* a tempo; **in good ~** com tempo; **last ~** a última vez; **most of the ~** a maior parte do tempo; **on ~** na hora; **some of the ~** parte do tempo; **this ~** desta vez; **two at a ~** dois de cada vez.

time difference *n* diferença f horária.

timetable ['taɪmteɪbl] *n* horário *m*; *(of events)* programa *m*.

time zone *n* fuso *m* horário.

timid ['tɪmɪd] *adj* tímido(da).

tin [tɪn] *n (metal)* estanho *m*; *(container)* lata f. ◆ *adj* de estanho, de lata.

tinfoil ['tɪnfɔɪl] *n* papel-alumínio *m*.

tinsel ['tɪnsl] *n* fios mpl de ouropel *(usados para decorar a árvore de Natal)*.

tint [tɪnt] *n (for hair)* tinta f *(para o cabelo)*; *(color)* matiz *m*.

tiny ['taɪnɪ] *adj* pequenininho (nha), minúsculo(la).

tip [tɪp] *n (point, end)* ponta f; *(to waiter, taxi driver, etc)* gorjeta f; *(piece of advice)* dica f ◆ *vt (waiter, taxi driver, etc)* dar uma gorjeta a; *(tilt)* inclinar; *(pour)* despejar. ❑ **tip over** ◆ *vt sep* entornar. ◆ *vi* entornar-se.

tire ['taɪər] *vi* cansar-se. ◆ *n* pneu *m*.

tired ['taɪərd] *adj* cansado(da); **to be ~ of** *(fed up with)* estar farto(ta) de.

tired out adj exausto(ta), esgotado(da).

tiring ['taɪrɪŋ] adj cansativo(va).

tissue ['tɪʃuː] n (handkerchief) lenço m de papel.

tissue paper n papel m de seda.

tit [tɪt] n vulg (breast) mama f.

title ['taɪtl] n título m.

to [unstressed before consonant tə, unstressed before vowel tu, stressed tuː] prep -1. (indicating direction) para; **to go ~ Brazil** ir ao Brasil; **to go ~ school** ir para a escola. -2. (indicating position) a; ~ **the left/right** à esquerda/direita. -3. (expressing indirect object) a; **to give sthg ~ sb** dar algo a alguém; **give it ~ me** dê-me isso; **to listen ~ the radio** ouvir rádio. -4. (indicating reaction, effect): **my surprise** para surpresa minha; **it's ~ your advantage** é em seu benefício. -5. (until) até; **to count ~ ten** contar até dez; **we work from nine ~ five** trabalhamos das nove (até) às cinco. -6. (in stating opinion) para; ~ **me, he's lying** para mim, ele está mentindo. -7. (indicating change of state): **to turn ~ sthg** transformar-se em algo; **it could lead ~ trouble** pode vir a dar problemas. -8. Brit (in expressions of time) para; **it's ten ~ three** são dez para as três; **at quarter ~ seven** às quinze para as sete.

-9. (in ratios, rates): **40 miles ~ the gallon** 40 milhas por galão. -10. (of, for): **the answer ~ the question** a resposta à pergunta; **the key ~ the car** a chave do carro; **a letter ~ my daughter** uma carta para a minha filha. -11. (indicating attitude) (para) com; **to be rude ~ sb** ser grosseiro com alguém.
♦ with infinitive -1. (forming simple infinitive): ~ **walk** andar; ~ **laugh** rir. -2. (following another verb): **to begin ~ do sthg** começar a fazer algo; **to try ~ do sthg** tentar fazer algo. -3. (following an adjective): **difficult ~ do** difícil de fazer; **pleased ~ meet you** prazer em conhecê-lo; **ready ~ go** pronto para partir. -4. (indicating purpose) para; **we came here ~ look at the castle** viemos para ver o castelo.

toad [təʊd] n sapo m.

toast [təʊst] n (bread) torradas fpl; (when drinking) brinde m. ♦ vt (bread) torrar; **a piece OR slice of ~** uma torrada.

toaster ['təʊstər] n torradeira f.

tobacco [tə'bækəʊ] n tabaco m.

tobacconist's [tə'bækənəsts] n tabacaria f.

today [tə'deɪ] n hoje m. ♦ adv (on current day) hoje; (these days) hoje em dia.

toddler ['tɒdlər] n criança que começa a dar os primeiros passos.

toe [təʊ] n (of person) dedo m do pé.

toenail ['təʊneɪl] n unha f do pé.

toffee ['tɒfɪ] n puxa-puxa m.

together [tə'geðər] adv juntos(tas); ~ **with** juntamente OR junto com.

toilet ['tɔɪlət] n (bowl) vaso m sanitário; (room) banheiro m; **to go to the** ~ ir ao banheiro.

toilet paper n papel m higiênico.

toiletries ['tɔɪlətrɪz] npl artigos mpl de toalete.

token ['təʊkən] n (metal disc) ficha f.

told [təʊld] pt & pp → **tell**.

tolerable ['tɒlərəbl] adj tolerável.

tolerant ['tɒlərənt] adj tolerante.

tolerate ['tɒləreɪt] vt tolerar.

toll [təʊl] n (for road, bridge) pedágio m.

tollbooth ['təʊlbuːθ] n pedágio m.

tomato [tə'meɪtəʊ] n (pl -es) tomate m.

tomb [tuːm] n túmulo m.

tomorrow [tə'mɒrəʊ] n amanhã m. ◆ adv amanhã; **the day after** ~ depois de amanhã; ~ **afternoon** amanhã à tarde; ~ **morning** amanhã de manhã; ~ **night** amanhã à noite.

ton [tʌn] n (in U.S.) = 907 kg; (in Britain) = 1016 kg; ~**s of** inf toneladas de.

tone [təʊn] n (of voice, color) tom m; (on phone) sinal m.

tongs [tɒŋz] npl (for sugar) pinça f; (for hair) pinças fpl.

tongue [tʌŋ] n língua f.

tonic ['tɒnɪk] n (tonic water) água f tônica; (medicine) tônico m.

tonight [tə'naɪt] n esta noite f. ◆ adv hoje à noite.

tonne [tʌn] n tonelada f.

tonsillitis [,tɒnsə'laɪtɪs] n amigdalite f.

too [tuː] adv (excessively) demais, demasiado; (also) também; **it's not** ~ **good** não é lá muito bom; **it's** ~ **late to go out** é tarde demais para sair; ~ **many** demasiados(das); ~ **much** demasiado(da).

took [tʊk] pt → **take**.

tool [tuːl] n ferramenta f.

tool box n caixa m de ferramentas.

tool kit n jogo m de ferramentas.

tooth [tuːθ] n (pl **teeth**) n dente m.

toothache ['tuːθeɪk] n dor f de dentes.

toothbrush ['tuːθbrʌʃ] n escova f de dentes.

toothpaste ['tuːθpeɪst] n pasta f de dentes.

toothpick ['tuːθpɪk] n palito m (de dentes).

top [tɒp] adj (highest) de cima; (best, most important) melhor. ◆ n (highest part) topo m, alto m; (of table, bed) cabeceira f; (best point) primeiro m, -ra f; (lid, cap) tampa f; (garment) blusa f; (of street, road) final m; **at the** ~ **(of)** (in *highest part)* no topo (de); **on ~ of** *(on highest part of)* em cima de; *(of mountain)* no topo de; *(in addition to)* além de; **at ~ speed** a toda velocidade. □ **top up** ◆ *vt sep (glass, drink)* voltar a encher. ◆ *vi (with gas)* completar.

top floor *n* último andar *m*.

topic ['tɒpɪk] *n* tópico *m*.

topical ['tɒpɪkl] *adj* atual.

topped [tɒpt] *adj:* **~ with sthg** *(food)* com algo (por cima).

torch [tɔːtʃ] *n* tocha *f*; *Brit (electric light)* lanterna *f*.

tore [tɔːr] *pt* → **tear¹**.

torment [tɔːˈment] *vt (annoy)* atormentar.

torn [tɔːrn] *pp* → **tear¹**. ◆ *adj (ripped)* rasgado(da).

tornado [tɔːˈneɪdəʊ] *(pl* -es OR -s) *n* tornado *m*.

tortoise ['tɔːtəs] *n* tartaruga *f*.

torture ['tɔːtʃər] *n* tortura *f*. ◆ *vt* torturar.

toss [tɒs] *vt (throw)* atirar; *(coin)* atirar ao ar; *(salad, vegetables)* misturar, mexer.

total ['təʊtl] *adj* total. ◆ *n* total *m*; **in ~** no total.

touch [tʌtʃ] *n (sense)* tato *m*; *(small amount)* pitada *f*; *(detail)* toque *m*, retoque *m*. ◆ *vt* tocar em; *(move emotionally)* tocar. ◆ *vi* tocar-se; **to get in ~ (with sb)** entrar em contato (com alguém); **to keep in ~ (with sb)** manter o contato (com alguém). □ **touch down** *vi (plane)* aterrissar.

touching ['tʌtʃɪŋ] *adj (moving)* comovente.

tough [tʌf] *adj (resilient)* forte; *(hard, strong)* resistente; *(meat, terms, policies)* duro(ra); *(difficult)* difícil.

tour [tʊər] *n (trip)* volta *f*; *(of city, castle, etc)* visita *f*; *(of pop group, theater company)* turnê *f*. ◆ *vt* visitar, viajar por; **on ~** em turnê.

tourism ['tʊərɪzm] *n* turismo *m*.

tourist ['tʊərəst] *n* turista *mf*.

tourist class *n* classe *f* turística.

tournament ['tɔːrnəmənt] *n* torneio *m*.

tout [taʊt] *n* cambista *mf*.

tow [təʊ] *vt* rebocar.

toward(s) [təˈwɔːrd(z)] *(in the direction of)* em direção a.

towel ['taʊəl] *n* toalha *f*.

toweling ['taʊəlɪŋ] *n Am* tecido *m* para toalhas.

towelling ['taʊəlɪŋ] *Brit* = **toweling**.

towel rail *n* toalheiro *m*.

tower ['taʊər] *n* torre *f*.

town [taʊn] *n (small)* vilarejo *m*; *(larger)* cidade *f*; *(town center)* centro *m* (da cidade).

town center *n* centro *m* da cidade.

town hall *n* prefeitura *f*.

tow truck *n Am* reboque *m*.

toxic ['tɒksɪk] *adj* tóxico(ca).

toy [tɔɪ] *n* brinquedo *m*.

trace [treɪs] *n* indício *m*, vestígio *m*. ◆ *vt (find)* localizar.

tracing paper ['treɪsɪŋ-] *n* papel *m* vegetal OR de decalque.

track [træk] n (path) caminho m; (of railroad) via f; SPORT pista f; (song) música f. □ **track down** vt sep localizar.

tracksuit ['træksu:t] n roupa f de treino OR jogging.

tractor ['træktər] n trator m.

trade [treɪd] n COMM comércio m; (job) ofício m. ◆ vt trocar. ◆ vi comercializar, negociar.

trademark ['treɪdmɑːrk] n marca f (registrada).

trader ['treɪdər] n comerciante mf.

tradesman ['treɪdzmən] (pl -men [-mən]) n (deliveryman) entregador m; (shopkeeper) comerciante m.

trade union n sindicato m.

tradition [trə'dɪʃn] n tradição f.

traditional [trə'dɪʃnəl] adj tradicional.

traffic ['træfɪk] (pt & pp -ked) n (cars, etc) trânsito m. ◆ vi: **to ~ in** traficar.

traffic circle n Am rotatória f.

traffic jam n engarrafamento m.

traffic lights npl sinal m de trânsito, semáforo m.

tragedy ['trædʒədɪ] n tragédia f.

tragic ['trædʒɪk] adj trágico(ca).

trail [treɪl] n (path) caminho m; (marks) rastro m. ◆ vi (be losing) estar perdendo.

trailer ['treɪlər] n (for boat, luggage) reboque m; Am (for vacation) trailer m; (for movie, program) trailer m.

train [treɪn] n (on railway) trem m. ◆ vt vi treinar; **by ~** de trem.

trainee [treɪ'niː] n estagiário m, -ria f.

trainer ['treɪnər] n (of athlete, etc) treinador m, -ra f.

training ['treɪnɪŋ] n (instruction) estágio m; (exercises) treino m.

train station n estação m ferroviária.

tram [træm] n Brit bonde m.

tramp [træmp] n vagabundo m, -da f, mendigo m, -ga f.

trampoline ['træmpəliːn] n trampolim m.

trance [træns] n transe m.

tranquilizer ['træŋkwəlaɪzər] n Am calmante m.

tranquillizer ['træŋkwɪlaɪzə'] Brit = **tranquilizer**.

transaction [træn'zækʃn] n transação f.

transatlantic [,trænzət'læntɪk] adj transatlântico(ca).

transfer [n 'trænsfɜːr, vb træns'fɜːr] n transferência f; (picture) decalcomania f; Am (ticket) bilhete que permite fazer conexões durante a viagem. ◆ vt transferir. ◆ vi (change bus, plane, etc) efetuar conexões; '**~s**' (in airport) 'conexões'.

transform [træns'fɔːrm] vt transformar.

transfusion [træns'fjuːʒn] n transfusão f.

transitive ['trænzətɪv] adj transitivo(va).

translate [træns'leɪt] vt traduzir.

translation [trænsˈleɪʃn] n tradução f.

translator [trænsˈleɪtər] n tradutor m, -ra f.

transmission [trænzˈmɪʃn] n transmissão f.

transmit [trænzˈmɪt] vt transmitir.

transparent [trænsˈpærənt] adj transparente.

transplant [ˈtrænsplænt] n transplante m.

transport [n ˈtrænspɔːt, vb trænˈspɔːt] Brit transporte m. ◆ vt transportar.

transportation [ˌtrænspɔːrˈteɪʃn] n Am transporte m.

trap [træp] n armadilha f. ◆ vt: **to be trapped** (stuck) estar preso(sa).

trapdoor [ˌtræpˈdɔːr] n alçapão m.

trash [træʃ] n Am lixo m.

trashcan [ˈtræʃkæn] n Am lata f de lixo.

trauma [ˈtrɔːmə] n trauma m.

traumatic [trɔːˈmætɪk] adj traumático(ca).

travel [ˈtrævl] n viagem f. ◆ vt (distance) percorrer. ◆ vi viajar.

travel agency n agência f de viagens.

travel agent n agente mf de viagens.

travel documents npl documentos mpl de viagem.

traveler [ˈtrævlər] n Am viajante mf.

traveler's check n Am cheque m de viagem.

travel insurance n seguro m de viagem.

traveller [ˈtrævlər] Brit = traveler.

traveller's cheque Brit = traveler's check.

tray [treɪ] n bandeja f, tabuleiro m.

treacherous [ˈtretʃərəs] adj (person) traiçoeiro(ra); (roads, conditions) perigoso(osa).

tread [tred] (pt trod, pp trodden) n (of tire) banda f de rodagem. ◆ vi: **to ~ on sthg** pisar em algo.

treasure [ˈtreʒər] n tesouro m.

treat [triːt] vt tratar. ◆ n (special thing) presente m; **to ~ sb to sthg** oferecer algo a alguém.

treatment [ˈtriːtmənt] n tratamento m.

treble [ˈtrebl] adj triplo(pla).

tree [triː] n árvore f.

trek [trek] n caminhada f.

tremble [ˈtrembl] vi tremer.

tremendous [trəˈmendəs] adj (very large) tremendo(da); inf (very good) espetacular.

trench [trentʃ] n (ditch) vala f; MIL trincheira f.

trend [trend] n tendência f.

trendy [ˈtrendɪ] adj inf (person) que segue a moda; (place, thing) muito na moda.

trespasser [ˈtrespæsər] n intruso m, -sa f; '**~s will be prosecuted**' 'é proibido passar, sob pena de multa'.

trial [ˈtraɪəl] n JUR julgamento m; (test) prova f; **a ~ period** um período de experiência.

triangle ['traɪæŋgl] n triângulo m.

triangular [traɪ'æŋgjələr] adj triangular.

tribe [traɪb] n tribo f.

trick [trɪk] n truque m. ♦ vt enganar; **to play a ~ on sb** pregar uma peça em alguém.

trickle ['trɪkl] vi (liquid) pingar.

tricky ['trɪkɪ] adj difícil.

trigger ['trɪgər] n gatilho m.

trim [trɪm] n (haircut) corte m (de cabelo). ♦ vt (hair) cortar (as pontas de); (beard, hedge) aparar.

trio ['tri:əʊ] (pl -s) n trio m.

trip [trɪp] n (journey) viagem f; (outing) excursão f. ♦ vi tropeçar. ☐ **trip up** vi tropeçar.

triple ['trɪpl] adj triplo(pla).

triumph ['traɪəmf] n triunfo m.

trivial ['trɪvɪəl] adj pej trivial.

trod [trɒd] pt → **tread**.

trodden ['trɒdn] pp → **tread**.

trombone [trɒm'bəʊn] n trombone m.

troops [tru:ps] npl tropas fpl.

trophy ['trəʊfɪ] n troféu m.

tropical ['trɒpɪkl] adj tropical.

trot [trɒt] vi (horse) andar a trote, trotar. ♦ n trote m.

trouble ['trʌbl] n problemas mpl. ♦ vt (worry) preocupar; (bother) incomodar; **to be in ~** ter problemas; **to get into ~** meter-se em problemas; **to take the ~ to do sthg** dar-se ao trabalho de fazer algo; **it's no ~** não custa nada, não é problema nenhum.

troublesome ['trʌblsəm] adj (knee, cold) problemático(ca); (person, car, job) que só causa problemas.

trough [trɒf] n (for animals) cocho m.

trousers ['traʊzərz] npl calça f; **a pair of ~** uma calça, um par de calças.

trout [traʊt] (pl inv) n truta f.

truant ['tru:ənt] n: **to play ~** matar aula.

truce [tru:s] n trégua f.

truck [trʌk] n caminhão m.

true [tru:] adj verdadeiro(ra); **it's ~** é verdade.

truly ['tru:lɪ] adv: **yours ~** ≃ cordialmente.

trumpet ['trʌmpət] n trompete m.

trumps [trʌmps] npl trunfo m.

trunk [trʌŋk] n (of tree) tronco m; Am (of car) mala f (do carro); (case, box) baú m; (of elephant) tromba f.

trunks [trʌŋks] npl (for swimming) sunga f.

trust [trʌst] n (confidence) confiança f. ♦ vt (believe, have confidence in) confiar em; (fml: hope): **to ~ (that)** esperar que.

trustworthy ['trʌst,wɜːðɪ] adj de confiança.

truth [tru:θ] n (true facts) verdade f; (quality of being true) veracidade f.

truthful ['tru:θfʊl] adj (statement, account) verídico(ca); (person) honesto(ta).

try [traɪ] n (attempt) tentativa f.

◆ vt (attempt) tentar; (experiment with, test, seek help from) experimentar; (food) provar; JUR processar. ◆ vi tentar; **to ~ to do sthg** tentar fazer algo. ❏ **try on** vt sep (clothes) provar. ❏ **try out** vt sep (plan, idea) pôr à prova; (car, machine) testar.

T-shirt n camiseta f.

tub [tʌb] n (of margarine, etc) pacote m, caixa f; inf (bath) banheira f.

tube [tu:b] n tubo m; Brit inf (underground) metrô m; **by ~** de metrô.

tuck [tʌk]: **tuck in** vt sep (shirt) enfiar (dentro das calças); (child, person) aconchegar. ◆ vi inf: ~ in! pode comer!

Tuesday ['tu:zdeɪ] n terça-feira f→ **Saturday.**

tuft [tʌft] n tufo m.

tug [tʌg] vt puxar (com força).

tuition [tu:'ɪʃn] n aulas mpl; **private ~** aulas fpl particulares.

tulip ['tu:ləp] n tulipa f.

tumbler ['tʌmblər] n (glass) copo m de uísque.

tummy ['tʌmɪ] n inf barriga f.

tummy ache n inf dor f de barriga.

tumor ['tu:mər] n Am tumor m.

tumour ['tju:mə'] Brit = **tumor.**

tuna (fish) ['tu:nə] n atum m.

tune [tu:n] n melodia f. ◆ vt (radio, TV) sintonizar; (engine, instrument) afinar; **in ~** afinado; **out of ~** desafinado.

tunic ['tu:nɪk] n túnica f.

tunnel ['tʌnl] n túnel m.

turban ['tɜ:rbən] n turbante m.

turbulence ['tɜ:rbjələns] n turbulência f.

turf [tɜ:rf] n (grass) gramado m.

turkey ['tɜ:rkɪ] (pl -s) n peru m.

turn [tɜ:rn] n (in road) curva f; (of knob, key, switch) volta f; (go, chance) vez f. ◆ vt virar; (become) tornar-se, ficar; (cause to become) pôr, deixar. ◆ vi (person) virar-se; (car) virar; (rotate) girar; **it's your ~** é a sua vez; **at the ~ of the century** na virada do século; **to take ~s doing sthg** fazer algo revezando; **to ~ into sthg** (become) transformar-se em algo; **to ~ left/right** virar à esquerda/direita; **to ~ sthg into sthg** transformar algo em algo; **to ~ sthg inside out** virar algo pelo avesso. ❏ **turn back** ◆ vt sep (person) mandar voltar. ◆ vi voltar. ❏ **turn down** ◆ vt sep (radio, volume, heating) baixar; (offer, request) recusar. ❏ **turn off** ◆ vt sep (light, TV, engine) desligar; (water, gas, tap) fechar. ◆ vi (leave road) virar. ❏ **turn on** ◆ vt sep (light, TV, engine) ligar; (water, gas, tap) abrir. ❏ **turn out** ◆ vt sep (light, fire) apagar. ◆ vi (be in the end) acabar; (come, attend) aparecer; **to ~ out to be sthg** acabar por ser algo. ❏ **turn over** ◆ vi (in bed) virar-se. ◆ vt sep (page, card, omelette) virar. ❏ **turn round** ◆ vt sep (car, table, etc) virar. ◆ vi (person) virar-se. ❏ **turn up** ◆ vt sep (radio, volume, *heating)* aumentar. ♦ *vi (come, at-tend)* aparecer.

turning ['tɜ:rnɪŋ] *n* entrada *f (em estrada).*

turnip ['tɜ:rnəp] *n* nabo *m.*

turquoise ['tɜ:rkwɔɪz] *adj* turquesa *(inv).*

turtle ['tɜ:rtl] *n* tartaruga *f.*

turtleneck ['tɜ:rtlnek] *n* suéter *m* de gola rulê.

tutor ['tu:tər] *n (private teacher)* professor *m,* -ra *f* particular.

tuxedo [tʌk'si:dəʊ] *(pl* -s) *n Am* smoking *m.*

TV *n* televisão *f;* **on** ~ na televisão.

tweezers ['twi:zərz] *npl* pinça *f.*

twelfth [twelfθ] *num* décimo segundo (décima segunda) → **sixth.**

twelve [twelv] *num* doze → **six.**

twentieth ['twentɪəθ] *num* vigésimo(ma) → **sixth.**

twenty ['twentɪ] *num* vinte → **six.**

twice [twaɪs] *adv* duas vezes; **it's ~ as good** é duas vezes melhor; **~ as much** o dobro.

twig [twɪg] *n* galho *m.*

twilight ['twaɪlaɪt] *n* crepúsculo *m,* lusco-fusco *m.*

twin [twɪn] *n* gêmeo *m,* -mea *f.*

twist [twɪst] *vt* torcer; *(bottle top, lid, knob)* girar.

twisting ['twɪstɪŋ] *adj* cheio (cheia) de curvas.

two [tu:] *num* dois (duas) → **six.**

tying ['taɪɪŋ] *cont* → **tie.**

type [taɪp] *n (kind)* tipo *m.* ♦ *vt*

& *vi* bater à máquina.

typewriter ['taɪpraɪtər] *n* máquina *f* de escrever.

typhoid ['taɪfɔɪd] *n* febre *f* tifóide.

typical ['tɪpɪkl] *adj* típico(ca).

typist ['taɪpəst] *n* datilógrafo *m,* -ra *f.*

tyre ['taɪə] *Brit* = **tire.**

U

UFO *n (abbr of unidentified flying object)* OVNI *m.*

ugly ['ʌglɪ] *adj* feio (feia).

U.K. *n (abbr of United Kingdom):* **the** ~ o Reino Unido.

ulcer ['ʌlsər] *n* úlcera *f.*

ultimate ['ʌltɪmət] *adj (final)* final; *(best, greatest)* máximo(ma).

ultraviolet [ˌʌltrə'vaɪələt] *adj* ultravioleta.

umbrella [ʌm'brelə] *n* guarda-chuva *m.*

umpire ['ʌmpaɪər] *n* árbitro *m.*

UN *n (abbr of United Nations):* **the** ~ a ONU.

unable [ʌn'eɪbl] *adj:* **to be ~ to do sthg** não ser capaz de fazer algo; **I'm afraid I'm ~ to attend** sinto muito mas não poderei estar presente.

unacceptable [ˌʌnək'septəbl] *adj* inaceitável.

unaccustomed [ˌʌnə'kʌstəmd] *adj:* **to be ~ to sthg** não estar acostumado(da) a algo.

unanimous [ju:'nænɪməs] *adj* unânime.

unattended [ˌʌnə'tendəd] *adj* sem vigilância, abandonado (da).

unattractive [ˌʌnə'træktɪv] *adj* pouco atraente.

unauthorized [ˌʌn'ɔ:θəraɪzd] *adj* não autorizado(da).

unavailable [ˌʌnə'veɪləbl] *adj* não disponível.

unavoidable [ˌʌnə'vɔɪdəbl] *adj* inevitável.

unaware [ˌʌnə'weər] *adj*: **to be ~ (that)** ignorar que; **to be ~ of sthg** não ter conhecimento de algo.

unbearable [ʌn'beərəbl] *adj* insuportável.

unbelievable [ˌʌnbə'li:vəbl] *adj* inacreditável.

uncertain [ʌn'sɜ:rtn] *adj (not definite)* incerto(ta); *(not sure)* indeciso(sa).

uncertainty [ʌn'sɜ:rtntɪ] *n* incerteza *f*.

uncle [ˈʌŋkl] *n* tio *m*.

unclear [ˌʌn'klɪər] *adj* pouco claro(ra); *(not sure)* pouco seguro(ra).

uncomfortable [ʌn'kʌmfərtbl] *adj* incômodo(da); **to feel ~** *(awkward)* sentir-se pouco à vontade.

uncommon [ʌn'kɒmən] *adj (rare)* invulgar.

unconscious [ʌn'kɒnʃəs] *adj (after accident)* inconsciente; **to be ~ of** não ter consciência de.

unconvincing [ˌʌnkən'vɪnsɪŋ] *adj* pouco convincente.

uncooperative [ˌʌnkəʊ-'ɒpərətɪv] *adj* pouco cooperativo (va).

uncouth [ʌn'ku:θ] *adj* rude.

uncover [ʌn'kʌvər] *vt* descobrir.

under [ˈʌndər] *prep (beneath)* embaixo de; *(less than)* menos de; *(according to)* segundo; *(in classification)* em; **children ~** ten crianças com menos de dez anos; **~ the circumstances** nas OR dadas as circunstâncias; **to be ~ pressure** estar sob pressão.

underage [ˌʌndər'eɪdʒ] *adj* menor de idade.

underdone [ˌʌndər'dʌn] *adj* mal cozido(da), cru (crua).

underestimate [ˌʌndər'estɪmeɪt] *vt* subestimar.

undergo [ˌʌndər'gəʊ] *(pt* -went, *pp* -gone) *vt (change, difficulties)* sofrer; *(operation)* submeter-se a.

undergraduate [ˌʌndər-'grædʒʊət] *n* estudante *m* universitário, estudante *f* universitária.

underground [ˌʌndər'graʊnd] *adj (below earth's surface)* subterrâneo(nea); *(secret)* clandestino (na). ◆ *n* Brit *(railway)* metrô *m*.

undergrowth [ˈʌndərgrəʊθ] *n* vegetação *f* rasteira, mato *m*.

underline [ˌʌndə'laɪn] *vt* sublinhar.

underneath [ˌʌndər'ni:θ] *prep* embaixo de. ◆ *adv* debaixo, embaixo, por baixo. ◆ *n* parte *f* inferior or de baixo.

underpants ['ʌndərpænts] *npl* cueca *f*.

underpass ['ʌndərpæs] *n* passagem *f* subterrânea.

undershirt ['ʌndərʃɜːrt] *n Am* camiseta *f*.

understand [,ʌndər'stænd] (*pt & pp* -**stood**) *vt* entender; (*believe*) crer. ◆ *vi* entender; **I don't ~** não entendo; **to make o.s. understood** fazer-se entender.

understanding [,ʌndər'stændɪŋ] *adj* compreensivo(va). ◆ *n* (*agreement*) acordo *m*; (*knowledge*) conhecimento *m*; (*interpretation*) interpretação *f*; (*sympathy*) compreensão *f*.

understatement [,ʌndər'steɪtmənt] *n*: **that's an ~** isso é um eufemismo.

understood [,ʌndər'stʊd] *pt & pp* → **understand**.

undertake [,ʌndər'teɪk] (*pt* -**took**, *pp* -**taken**) *vt* empreender; **to ~ to do sthg** comprometer-se a fazer algo.

undertaker ['ʌndər,teɪkər] *n* agente *m* funerário, agente *f* funerária.

undertaking [,ʌndər'teɪkɪŋ] *n* (*promise*) promessa *f*; (*task*) tarefa *f*.

undertook [,ʌndər'tʊk] *pt* → **undertake**.

underwater [,ʌndər'wɔːtər] *adj* subaquático(ca). ◆ *adv* debaixo da água.

underwear ['ʌndərwear] *n* roupa *f* de baixo.

underwent [,ʌndər'went] *pt* → **undergo**.

undesirable [,ʌndɪ'zaɪərəbl] *adj* indesejável.

undo [,ʌn'duː] (*pt* -**did**, *pp* -**done**) *vt* (*coat, shirt*) desabotoar; (*shoelaces, tie*) desamarrar, desapertar; (*parcel*) abrir.

undone [,ʌn'dʌn] *adj* (*coat, shirt*) desabotoado(da); (*shoelaces, tie*) desamarrado(da), desapertado(da).

undress [,ʌn'dres] *vi* despir-se. ◆ *vt* despir.

undressed [,ʌn'drest] *adj* despido(da); **to get ~** despir-se.

uneasy [ʌn'iːzɪ] *adj* inquieto (ta).

uneducated [,ʌn'edʒʊkeɪtɪd] *adj* inculto(ta).

unemployed [,ʌnɪm'plɔɪd] *adj* desempregado(da). ◆ *npl*: **the ~** os desempregados.

unemployment [,ʌnɪm'plɔɪmənt] *n* desemprego *m*.

unequal [,ʌn'iːkwəl] *adj* desigual.

uneven [,ʌn'iːvn] *adj* (*surface, speed, beat*) irregular; (*share, distribution, competition*) desigual.

uneventful [,ʌnɪ'ventfl] *adj* sem incidentes, tranqüilo(la).

unexpected [,ʌnɪk'spektəd] *adj* inesperado(da).

unexpectedly [,ʌnɪk'spektədlɪ] *adv* inesperadamente.

unfair [,ʌn'feər] *adj* injusto(ta).

unfairly [,ʌn'feərlɪ] *adv* injustamente.

unity

unfaithful [ˌʌnˈfeɪθfl] *adj* infiel.

unfamiliar [ˌʌnfəˈmɪljər] *adj* desconhecido(da); to be ~ with não estar familiarizado(da) com.

unfashionable [ˌʌnˈfæʃnəbl] *adj* fora de moda.

unfasten [ˌʌnˈfæsn] *vt (button)* desabotoar; *(belt, strap)* desapertar; *(knot)* desfazer.

unfavorable [ˌʌnˈfeɪvrəbl] *adj* desfavorável.

unfinished [ˌʌnˈfɪnɪʃt] *adj* inacabado(da).

unfit [ˌʌnˈfɪt] *adj*: to be ~ *(not healthy)* não estar em forma; to be ~ for sthg *(not suitable)* não ser adequado(da) para algo.

unfold [ʌnˈfəʊld] *vt (map, sheet)* desdobrar.

unforgettable [ˌʌnfərˈgetəbl] *adj* inesquecível.

unforgivable [ˌʌnfərˈgɪvəbl] *adj* imperdoável.

unfortunate [ʌnˈfɔːrtʃənət] *adj (unlucky)* infeliz; *(regrettable)* lamentável.

unfortunately [ʌnˈfɔːrtʃənətlɪ] *adv* infelizmente.

unfriendly [ˌʌnˈfrendlɪ] *adj* hostil.

ungrateful [ʌnˈgreɪtfl] *adj* ingrato(ta).

unhappy [ʌnˈhæpɪ] *adj (sad)* infeliz; *(not pleased)* descontente; to be ~ about sthg não estar feliz OR contente com algo.

unharmed [ʌnˈhɑːrmd] *adj* ileso(sa).

unhealthy [ʌnˈhelθɪ] *adj (per-*

son*)* doente, pouco saudável; *(food, smoking)* prejudicial para a saúde; *(place)* pouco saudável.

unhelpful [ˌʌnˈhelpfl] *adj (person)* imprestável; *(advice, information)* inútil.

unhygienic [ˌʌnhaɪˈdʒiːnɪk] *adj* pouco higiênico(ca).

uniform [ˈjuːnɪfɔːm] *n* uniforme *m*.

unimportant [ˌʌnɪmˈpɔːrtnt] *adj* sem importância, pouco importante.

unintelligent [ˌʌnɪnˈtelədʒənt] *adj* pouco inteligente.

unintentional [ˌʌnɪnˈtenʃnəl] *adj* involuntário(ria).

uninterested [ˌʌnˈɪntrəstɪd] *adj* desinteressado(da), pouco interessado(da).

uninteresting [ˌʌnˈɪntrestɪŋ] *adj* sem interesse, pouco interessante.

union [ˈjuːnjən] *n (of workers)* sindicato *m*.

unique [juːˈniːk] *adj* único(ca); to be ~ to ser típico(ca) de.

unisex [ˈjuːnɪseks] *adj* unisex *inv*.

unit [ˈjuːnɪt] *n* unidade *f*; *(group)* equipe *f*.

unite [juːˈnaɪt] *vt (people)* unir; *(country, party)* unificar. ◆ *vi* unir-se.

United Kingdom [juːˈnaɪtɪd-] *n*: the ~ o Reino Unido.

United States (of America) [juːˈnaɪtɪd-] *npl*: the ~ os Estados Unidos (da América).

unity [ˈjuːnətɪ] *n* unidade *f*.

universal [ˌjuːnɪˈvɜːrsl] *adj* universal.

universe [ˈjuːnɪvɜːrs] *n* universo *m*.

university [ˌjuːnɪˈvɜːrsətɪ] *n* universidade *f*.

unjust [ˌʌnˈdʒʌst] *adj* injusto (ta).

unkind [ʌnˈkaɪnd] *adj* cruel.

unknown [ʌnˈnəʊn] *adj* desconhecido(da).

unleaded (gas) [ˌʌnˈledəd-] *n* gasolina *f* sem chumbo.

unless [ənˈles] *conj* a não ser que.

unlike [ˌʌnˈlaɪk] *prep* (*different to*) diferente de; (*in contrast to*) ao contrário de; **it's ~ her to be late** ela não é de chegar atrasada.

unlikely [ʌnˈlaɪklɪ] *adj* (*not probable*) pouco provável; **she's ~ to agree** é pouco provável que ela concorde.

unlimited [ʌnˈlɪmɪtəd] *adj* ilimitado(da); **~ mileage** ≃ quilometragem ilimitada.

unlisted [ʌnˈlɪstəd] *adj* Am (*phone number*) que não consta da lista telefônica.

unload [ˌʌnˈləʊd] *vt* descarregar.

unlock [ˌʌnˈlɒk] *vt* abrir (com chave), destrancar.

unlucky [ʌnˈlʌkɪ] *adj* (*unfortunate*) infeliz; (*bringing bad luck*) que traz má sorte.

unmarried [ˌʌnˈmærɪd] *adj* solteiro(ra).

unnatural [ʌnˈnætʃrəl] *adj* (*unusual*) invulgar; (*behavior, person*) pouco natural.

unnecessary [ʌnˈnesəsərɪ] *adj* desnecessário(ria).

unofficial [ˌʌnəˈfɪʃl] *adj* não oficial.

unpack [ˌʌnˈpæk] *vt* desfazer.
◆ *vi* desfazer as malas.

unpleasant [ʌnˈpleznt] *adj* desagradável.

unplug [ʌnˈplʌg] *vt* desligar (na tomada).

unpopular [ʌnˈpɒpjələr] *adj* impopular, pouco popular.

unpredictable [ˌʌnprɪˈdɪktəbl] *adj* imprevisível.

unprepared [ˌʌnprɪˈpeərd] *adj* mal preparado(da).

unqualified [ˌʌnˈkwɒlɪfaɪd] *adj* (*person*) sem qualificação.

unreal [ˌʌnˈrɪəl] *adj* irreal.

unreasonable [ʌnˈriːznəbl] *adj* absurdo(da), irracional.

unrecognizable [ˌʌnrekəgˈnaɪzəbl] *adj* irreconhecível.

unreliable [ˌʌnrɪˈlaɪəbl] *adj* pouco confiável, de pouca confiança.

unrest [ʌnˈrest] *n* agitação *f*.

unsafe [ˌʌnˈseɪf] *adj* (*dangerous*) perigoso(osa); (*in danger*) inseguro(ra).

unsatisfactory [ˌʌnsætɪsˈfæktrɪ] *adj* insatisfatório(ria).

unscrew [ˌʌnˈskruː] *vt* (*lid, top*) desenroscar.

unsightly [ʌnˈsaɪtlɪ] *adj* feio (feia).

unskilled [ˌʌnˈskɪld] *adj* (*worker*) não especializado.

unspoiled [ˌʌnˈspɔɪld] *adj* intacto(ta), não destruído(da).

unsteady [ˌʌnˈstedɪ] adj instável; (hand) trêmulo(la).

unstuck [ˌʌnˈstʌk] adj: **to come ~** (label, poster, etc) descolar-se.

unsuccessful [ˌʌnsəkˈsesfl] adj mal sucedido(da).

unsuitable [ˌʌnˈsuːtəbl] adj inadequado(da).

unsure [ˌʌnˈʃʊər] adj: **to be ~ (about)** não ter certeza (de).

untidy [ʌnˈtaɪdɪ] adj desarrumado(da).

untie [ʌnˈtaɪ] (cont **untying**) vt (knot) desatar; (person) desprender.

until [ənˈtɪl] prep conj até; **wait ~ he arrives** espere até ele chegar OR até que ele chegue.

untrue [ˌʌnˈtruː] adj falso(sa).

untrustworthy [ˌʌnˈtrʌstwɜːðɪ] adj indigno(gna) de confiança.

unusual [ʌnˈjuːʒl] adj (not common) invulgar; (distinctive) fora do comum.

unusually [ʌnˈjuːʒəlɪ] adv (more than usual) excepcionalmente.

unwell [ʌnˈwel] adj mal disposto(osta); **to feel ~** sentir-se mal.

unwilling [ʌnˈwɪlɪŋ] adj: **to be ~ to do sthg** não estar disposto(osta) a fazer algo.

unwind [ʌnˈwaɪnd] (pt & pp **unwound** [ʌnˈwaʊnd]) vt desenrolar. ◆ vi (relax) relaxar.

unwrap [ʌnˈræp] vt desembrulhar.

up [ʌp] adv **-1.** (toward higher position, level) para cima; **to go ~** subir; **prices are going ~** os pre-

ços estão subindo; **we walked ~ to the top** subimos até o topo; **to pick sthg ~** apanhar algo.

- 2. (in higher position): **she's ~ in her bedroom** está lá em cima no seu quarto; **~ there** ali OR lá em cima.

- 3. (into upright position): **to stand ~** pôr-se em OR de pé; **to sit ~** (from lying position) sentar-se; (sit straight) sentar-se direito.

- 4. (northward): **~ in Canada** no Canadá.

- 5. (in phrases): **to walk ~ and down** andar de um lado para o outro; **to jump ~ and down** dar pulos; **~ to six weeks** até seis semanas; **~ to ten people** até dez pessoas; **are you ~ to traveling?** você está em condições de viajar?; **what are you ~ to?** o que você está tramando?; **it's ~ to you** depende de você; **~ until ten o'clock** até às dez horas.

◆ prep **-1.** (toward higher position): **to walk ~ a hill** subir um monte; **I went ~ the stairs** subi as escadas.

- 2. (in higher position) no topo de; **~ a hill** no topo de um monte; **~ a ladder** no topo de uma escada.

- 3. (at end of): **they live ~ the block from us** eles vivem no final da nossa rua.

◆ adj **-1.** (out of bed) levantado (da); **I got ~ at six today** levantei-me às seis hoje.

- 2. (at an end): **time's ~** acabou-se o tempo.

- 3. *(rising)*: the ~ **escalator** a escada rolante ascendente.
◆ *n*: ~s **and downs** altos e baixos *mpl*.

update [ˌʌpˈdeɪt] *vt* atualizar.

uphill [ˌʌpˈhɪl] *adv*: **to go** ~ subir.

upholstery [ʌpˈhəʊlstəri] *n* *(material)* estofamento *m*.

upkeep [ˈʌpkiːp] *n* manutenção *f*.

upmarket [ˌʌpˈmɑːkət] *adj* de alta categoria.

upon [əˈpɒn] *prep (fml: on)* em, sobre; ~ **hearing the news ...** ao ouvir a notícia ...

upper [ˈʌpər] *adj* superior. ◆ *n* *(of shoe)* gáspea *f*.

upper class *n*: **the** ~ a alta sociedade.

uppermost [ˈʌpəməʊst] *adj* *(highest)* mais alto(ta).

upright [ˈʌpraɪt] *adj* direito (ta). ◆ *adv* direito.

upset [ʌpˈset] (*pt* & *pp* **upset**) *adj (distressed)* transtornado(a). ◆ *vt* transtornar; *(knock over)* derrubar; **to have an** ~ **stomach** estar indisposto(osta).

upside down [ˌʌpsaɪd-] *adj* invertido(a), ao contrário. ◆ *adv* de pernas para o ar.

upstairs [ˌʌpˈsteəz] *adj* de cima. ◆ *adv (on a higher floor)* em cima; **to go** ~ ir lá para cima.

up-to-date *adj (modern)* moderno(na); *(well-informed)* atualizado(a).

upward [ˈʌpwəd] *adv* para cima; ~ **of 100 people** mais de 100 pessoas.

urban [ˈɜːbən] *adj* urbano(na).

urge [ɜːdʒ] *vt*: **to** ~ **sb to do sthg** incitar alguém a fazer algo.

urgent [ˈɜːdʒənt] *adj* urgente.

urinate [ˈjʊərəneɪt] *vi fml* urinar.

urine [ˈjʊərən] *n* urina *f*.

URL *n* *(abbr of uniform resource locator)* COMPUT URL *m*.

us [ʌs] *pron (direct)* nos; *(indirect, after prep)* nós; **they know** ~ conhecem-nos; **it's** ~ somos nós; **send it to** ~ envie-nos isso; **tell** ~ diga-nos; **we brought it with** ~ trouxemo-lo conosco.

U.S. *n* *(abbr of United States)*: **the** ~ os E.U.A.

U.S.A. *n* *(abbr of United States of America)*: **the** ~ os E.U.A.

usable [ˈjuːzəbl] *adj* utilizável.

use [*n* juːs, *vb* juːz] *n* uso *m*. ◆ *vt* usar; *(run on)* levar; **to be of** ~ ser útil; **to have the** ~ **of sthg** poder utilizar algo; **to make** ~ **of sthg** aproveitar algo; **'out of** ~ ' 'fora de serviço'; **to be in** ~ estar em funcionamento; **it's no** ~ não vale a pena; **what's the** ~? de que vale?; **to** ~ **sthg as** sthg usar algo como algo; **'** ~ **before/by ...'** 'consumir de preferência antes de ...'. ◻ **use up** *vt sep* gastar.

used [*adj* juːzd, *aux vb* juːst] *adj* usado(a). ◆ *aux vb*: **I** ~ **to live near here** costumava viver perto daqui; **I** ~ **to go there every day** costumava ir lá todos os dias; **to be** ~ **to sthg** estar acostumado a algo; **to get** ~ **to sthg** acostumar-se a algo.

useful ['ju:sfl] *adj* útil.

useless ['ju:sləs] *adj* inútil; *inf (very bad)* péssimo(ma).

user ['ju:zər] *n (of product, machine)* usuário *m*, -ria *f*; *(of public service)* usuário *m*, -ria *f*.

usual ['ju:ʒʊəl] *adj* habitual; **as ~** *(in the normal way)* como de costume; *(as often happens)* como sempre.

usually ['ju:ʒʊəlɪ] *adv* normalmente.

utensil [ju:'tensl] *n* utensílio *m*.

utilize ['ju:təlaɪz] *vt fml* utilizar.

utmost ['ʌtməʊst] *adj* extremo(ma). ◆ *n*: **to do one's ~** fazer o possível e o impossível.

utter ['ʌtər] *adj* total. ◆ *vt* proferir.

utterly ['ʌtəlɪ] *adv* totalmente.

U-turn *n (in vehicle)* meia-volta *f*, reviravolta *f*.

V

vacancy ['veɪkənsɪ] *n* vaga *f*; 'vacancies' 'vagas'; 'no vacancies' 'completo'.

vacant ['veɪkənt] *adj (room, seat)* vago(ga); *(toilet)* livre.

vacate [və'keɪt] *vt (fml: room, house)* vagar, desocupar.

vacation [vəˈkeɪʃn] *n Am* férias *fpl*. ◆ *vi Am* passar férias; **to go on ~** ir de férias.

vaccination [ˌvæksɪˈneɪʃn] *n* vacinação *f*.

vaccine [vækˈsi:n] *n* vacina *f*.

vacuum ['vækjʊəm] *vt* aspirar.

vacuum cleaner *n* aspirador *m* de pó.

vague [veɪg] *adj* vago(ga).

vain [veɪn] *adj (pej: conceited)* vaidoso(osa); **in ~** em vão.

Valentine's Day ['væləntaɪnz-] *n* Dia *m* dos Namorados.

ⓘ **VALENTINE'S DAY**

O Dia de São Valentim, 14 de fevereiro, transformou-se no Dia dos Namorados nos Estados Unidos e na Grã-Bretanha. É tradição mandar um cartão à pessoa de quem se está enamorado, geralmente sem assiná-lo, e também presentes como flores e chocolates. Muitos jornais publicam páginas com mensagens pessoais de amor.

valid ['vælɪd] *adj (ticket, passport)* válido(da).

valley ['vælɪ] *n* vale *m*.

valuable ['væljəbl] *adj* valioso(osa). ▫ **valuables** *npl* objetos *mpl* de valor.

value ['vælju:] *n (financial)* valor *m* ; *(usefulness)* sentido *m*; **a ~ pack** um pacote de tamanho econômico; **to be good ~ (for money)** ter um preço módico, estar em conta. ▫ **values** *npl (principles)* valores *mpl*.

valve [vælv] *n* válvula *f*.

van [væn] n caminhonete f.

vandal ['vændl] n vândalo m, -la f.

vandalize ['vændəlaɪz] vt destruir, destroçar.

vanilla [və'nɪlə] n baunilha f.

vanish ['vænɪʃ] vi desaparecer.

vapor ['veɪpər] n Am vapor m.

vapour ['veɪpə] Brit = **vapor**.

variable ['veərɪəbl] adj variável.

varied ['veərɪd] adj variado (da).

variety [və'raɪətɪ] n variedade f.

various ['veərɪəs] adj vários (rias).

varnish ['vɑːnɪʃ] n (for wood) verniz m. ◆ vt (wood) envernizar.

vary ['veərɪ] vt & vi variar; **to ~ from sthg to sthg** variar entre algo e algo; '**prices ~** ' 'os preços variam'.

vase [veɪz] n jarra f.

vast [vɑːst] adj vasto(ta).

vat [væt] n tina f.

VAT [væt, viːeɪ'tiː] n Brit (abbr of value added tax) ICM/S.

vault [vɔːlt] n (in bank) caixa-forte f; (ceiling) abóbada f; (in church) cripta f.

VCR n (abbr of video cassette recorder) vídeo m.

VDU n (abbr of visual display unit) monitor m.

veal [viːl] n vitela f.

vegan ['viːgən] adj estritamente vegetariano(na). ◆ n vegetariano m, -na f estrito.

vegetable ['vedʒtəbl] n vegetal m, legume m.

vegetarian [,vedʒə'teərɪən] adj vegetariano(na). ◆ n vegetariano m, -na f.

vegetation [,vedʒə'teɪʃn] n vegetação f.

vehicle ['viːəkl] n veículo m.

veil [veɪl] n véu m.

vein [veɪn] n veia f.

velvet ['velvɪt] n veludo m.

vending machine ['vendɪŋ-] n máquina f de venda automática.

venison ['venɪzən] n carne f de veado.

vent [vent] n (for air, smoke, etc) saída f de ar, ventilador m.

ventilation [,ventɪ'leɪʃn] n ventilação f.

ventilator ['ventɪleɪtər] n ventilador m.

venture ['ventʃər] n aventura f. ◆ vi (go) aventurar-se.

venue ['venjuː] n local onde se realiza acontecimento esportivo ou cultural.

veranda [və'rændə] n varanda f coberta, alpendre m.

verb [vɜːb] n verbo m.

verdict ['vɜːdɪkt] n JUR veredicto m; (opinion) parecer m.

verge [vɜːdʒ] n Brit (of road) acostamento m; **to be on the ~ of sthg** estar à beira de algo.

verify ['verɪfaɪ] vt verificar.

versatile ['vɜːsətl] adj versátil.

verse [vɜːs] n (of song, poem) verso m; (poetry) versos mpl.

version ['vɜːʃn] n versão f.

versus ['vɜːsəs] prep versus, contra.

vertical ['vɜːtɪkl] *adj* vertical.

vertigo ['vɜːtɪɡəʊ] *n* vertigens *fpl*.

very ['verɪ] *adv* muito. ◆ *adj*: that's the ~ thing I need é disso mesmo que eu preciso; you're the ~ person I wanted to see era com você mesmo que eu queria falar; ~ **much** muito; **not** ~ não muito; **my own room** o meu próprio quarto.

vessel ['vesl] *n* (*fml*: *ship*) embarcação *f*.

vest [vest] *n Am* (*waistcoat*) colete *m*; *Brit* (*underwear*) camiseta *f*.

vet [vet] *n* veterinário *m*, -ria *f*.

veteran ['vetrən] *n* veterano *m*, -na *f*.

veterinarian [ˌvetərɪ'neərɪən] *Am* = **vet.**

veterinary surgeon ['vetərɪnrɪ-] *Brit fml* = **vet.**

VHS *n* VHS *m*.

via ['vaɪə] *prep* via.

vibrate [vaɪ'breɪt] *vi* vibrar.

vibration [vaɪ'breɪʃn] *n* vibração *f*.

vicar ['vɪkəʳ] *n Brit* vigário *m*, pároco *m*.

vicarage ['vɪkərɪdʒ] *n* casa *f* paroquial.

vice [vaɪs] *n* (*moral fault*) vício *m*; (*crime*) crime *m*; *Brit* (*tool*) torno *m*.

vice versa [ˌvaɪsɪ'vɜːsə] *adv* vice-versa.

vicinity [vɪ'sɪnətɪ] *n*: **in the ~** nas proximidades.

vicious ['vɪʃəs] *adj* (*attack, animal*) violento(ta); (*comment*) cruel; **a ~ circle** um círculo vicioso.

victim ['vɪktɪm] *n* vítima *f*.

victory ['vɪktərɪ] *n* vitória *f*.

video ['vɪdɪəʊ] (*pl* -s) *n* vídeo *m*; (*videotape*) videocassete *m*; **on ~** em vídeo.

video cassette recorder *n* (aparelho de) videocassete *m*.

video game *n* videogame *m*.

videotape ['vɪdɪəʊteɪp] *n* videoteipe *m*, videocassete *m*.

view [vjuː] *n* (*scene, field of vision*) vista *f*; (*opinion*) opinião *f*; (*attitude*) visão *f*. ◆ *vt* (*look at*) ver; **in my ~** na minha opinião; **in ~ of** (*considering*) tendo em consideração; **to come into ~** aparecer.

viewer ['vjuːəʳ] *n* (*of TV*) telespectador *m*, -ra *f*.

viewpoint ['vjuːpɔɪnt] *n* (*opinion*) ponto *m* de vista; (*place*) mirante *m*.

vigilant ['vɪdʒɪlənt] *adj fml* atento(ta).

villa ['vɪlə] *n* casa *f* de campo.

village ['vɪlɪdʒ] *n* vilarejo *m*.

villager ['vɪlɪdʒəʳ] *n* habitante *mf* de vilarejo.

villain ['vɪlən] *n* (*of book, movie*) vilão *m*, -lã *f*; (*criminal*) criminoso *m*, -osa *f*.

vine [vaɪn] *n* (*grapevine*) videira *f*; (*climbing plant*) trepadeira *f*.

vinegar ['vɪnɪɡəʳ] *n* vinagre *m*.

vineyard ['vɪnjəd] *n* vinha *f*, vinhedo *m*.

vintage ['vɪntɪdʒ] *adj* (*wine*) de

boa safra. ◆ n *(year)* colheita f, ano m.

vinyl ['vaɪnɪl] n vinil m.

violence ['vaɪələns] n violência f.

violent ['vaɪələnt] adj violento (ta).

violet ['vaɪələt] adj roxo(xa), violeta *(inv.)*. ◆ n *(flower)* violeta f.

violin [,vaɪə'lɪn] n violino m.

virgin ['vɜːrdʒɪn] n virgem mf.

Virgo ['vɜːrgəʊ] *(pl -s)* n Virgem f.

virtually ['vɜːrtʃʊəlɪ] adv praticamente.

virtual reality ['vɜːrtʃʊəl-] n realidade f virtual.

virus ['vaɪrəs] n vírus m inv.

visa ['viːzə] n visto m.

visibility [,vɪzɪ'bɪlətɪ] n visibilidade f.

visible ['vɪzəbl] adj visível.

visit ['vɪzɪt] vt visitar. ◆ n visita f.

visiting hours ['vɪzətɪŋ] npl horário m de visita.

visitor ['vɪzɪtər] n *(to person)* visita f; *(to place)* visitante mf.

vital ['vaɪtl] adj vital.

vitamin ['vaɪtəmɪn] n vitamina f.

vivid ['vɪvɪd] adj vivo(va).

V-neck ['viː-] n *(design)* decote m em V.

vocabulary [və'kæbjələrɪ] n vocabulário m.

vodka ['vɒdkə] n vodca f.

voice [vɔɪs] n voz f.

voice mail n correio m de voz; **to check one's ~** checar o seu voice mail.

volcano [vɒl'keɪnəʊ] *(pl -es* OR *-s)* n vulcão m.

volleyball ['vɒlɪbɔːl] n voleibol m, vôlei m.

volt [vəʊlt] n volt m.

voltage ['vəʊltɪdʒ] n voltagem f.

volume ['vɒljʊm] n volume m.

voluntary ['vɒləntərɪ] adj voluntário(ria).

volunteer [,vɒlən'tɪər] n voluntário m, -ria f. ◆ vt: **to ~ to do sthg** oferecer-se para fazer algo.

vomit ['vɒmɪt] n vômito m. ◆ vi vomitar.

vote [vəʊt] n *(choice)* voto m; *(process, number of votes)* votação f. ◆ vi: **to ~ (for)** votar (em).

voter ['vəʊtər] n eleitor m, -ra f.

voucher ['vaʊtʃər] n vale m.

vowel ['vaʊəl] n vogal f.

voyage ['vɔɪɪdʒ] n viagem f.

vulgar ['vʌlgər] adj ordinário (ria), comum.

vulture ['vʌltʃər] n abutre m.

W

W *(abbr of west)* O.

wade [weɪd] vi caminhar *(com dificuldade pela água).*

wading pool ['weɪdɪŋ-] n Am piscina f infantil.

wafer ['weɪfər] n bolacha f *(muito fina e leve).*

waffle ['wɒfl] n (pancake) ≃ waffle m.

wag [wæg] vt abanar.

wage [weɪdʒ] n ordenado m. ◻ **wages** npl ordenado m.

wagon ['wægən] n (vehicle) carroça f; Brit (of train) vagão m.

wail [weɪl] n lamento m, gemido m. ◆ vi (person, baby) chorar.

waist [weɪst] n cintura f.

wait [weɪt] n espera f. ◆ vi esperar; **to ~ for sb to do sthg** esperar que alguém faça algo; **I can't ~!** mal posso esperar! ◻ **wait for** vt fus esperar por; **I'm ~ing for someone** estou à espera de alguém.

waiter ['weɪtər] n garçom m.

waitress ['weɪtrəs] n garçonete f.

wake [weɪk] (pt woke, pp woken) vt & vi acordar. ◻ **wake up** vt sep vi acordar.

Wales [weɪlz] n País m de Gales.

walk [wɔːk] n (hike) caminhada f; (stroll) passeio m; (path) trilho m, caminho m. ◆ vi andar; (as hobby) caminhar. ◆ vt (distance) andar; (dog) passear; **to go for a ~** dar um passeio; **it's a short ~** não é muito longe (a pé), fica a dois passos; **to take the dog for a ~** levar o cachorro para passear; **'walk'** Am sinal luminoso que indica aos pedestres que podem atravessar; **'don't ~ '** Am sinal luminoso que indica aos pedestres que não podem atravessar. ◻ **walk away** vi ir-se embora. ◻ **walk in** vi entrar. ◻ **walk out** vi (leave angrily) ir-se embora.

walker ['wɔːkər] n caminhante mf.

walking boots ['wɔːkɪŋ-] npl botas fpl de montanha.

walking stick ['wɔːkɪŋ-] n bengala f.

wall [wɔːl] n (of building, room) parede f; (in garden, countryside, street) muro m.

A Wall Street é a rua do centro financeiro de Manhattan, Nova York, onde se encontram a Bolsa de Valores e vários bancos. O termo é freqüentemente empregado para designar o mundo financeiro norte-americano.

wallet ['wɒlət] n carteira f (de dinheiro).

wallpaper ['wɔːl,peɪpər] n papel m de parede.

walnut ['wɔːlnʌt] n (nut) noz f.

waltz [wɔːlts] n valsa f.

wander ['wɒndər] vi vagar, perambular.

want [wɒnt] vt (desire) querer; (need) precisar de; **to ~ to do sthg** querer fazer algo; **to ~ sb to do sthg** querer que alguém faça algo.

war [wɔːr] n guerra f.

ward [wɔːd] n (in hospital) enfermaria f.

warden ['wɔːdn] n guarda mf.

wardrobe ['wɔːdrəʊb] n guarda-roupa m, armário m.

warehouse ['weəhaʊs, pl

-haʊzɪz] n armazém m.

warm [wɔːm] adj quente; (friendly) caloroso(osa). ◆ vt aquecer. ❑ **warm up** ◆ vt sep aquecer. ◆ vi aquecer; (do exercises) fazer aquecimento.

warmth [wɔːmθ] n calor m.

warn [wɔːn] vt avisar; **to ~ sb about sthg** avisar alguém de algo; **to ~ sb not to do sthg** avisar alguém para não fazer algo.

warning ['wɔːnɪŋ] n aviso m.

warranty ['wɒrəntɪ] n fml garantia f.

warship ['wɔːrʃɪp] n navio m de guerra.

wart [wɔːrt] n verruga f.

was [wɒz] pt → **be**.

wash [wɒʃ] vt lavar. ◆ vi lavar-se. ◆ n: **your shirt is in the ~** sua camisa está para lavar; **to have a ~** lavar-se; **to ~ one's hands** lavar as mãos. ❑ **wash up** vi Am (clean o.s.) lavar-se; Brit (do the washing-up) lavar a louça.

washable ['wɒʃəbl] adj lavável.

washbasin ['wɒʃˌbeɪsn] n pia f.

washbowl ['wɒʃbəʊl] n Am pia f.

washcloth ['wɒʃklɒθ] n Am pano m (para lavar o rosto).

washing ['wɒʃɪŋ] n (activity) lavagem f; (clothes) roupa f suja.

washing machine n máquina f de lavar (roupa).

washing powder n Brit sabão m em pó.

washing-up liquid n Brit detergente m para lavar louça.

washroom ['wɒʃruːm] n Am banheiro m.

wasn't [wɒznt] = **was not**.

wasp [wɒsp] n vespa f.

waste [weɪst] n (trash) lixo m. ◆ vt (money, energy, opportunity) desperdiçar; (time) perder; **a ~ of money** um desperdício de dinheiro; **a ~ of time** um desperdício or uma perda de tempo.

waste ground n terreno m abandonado, descampado m.

wastepaper basket [ˌweɪst-ˈpeɪpər-] n cesta f de lixo.

watch [wɒtʃ] n (wristwatch) relógio m (de pulso). ◆ vt (observe) ver; (spy on) espiar, vigiar; (be careful with) ter cuidado com. ❑ **watch out** vi (be careful) ter cuidado; **to ~ out for** (look for) estar atento a.

watchstrap ['wɒtʃstræp] n pulseira f de relógio.

water ['wɔːtər] n água f. ◆ vt (plants, garden) regar. ◆ vi (eyes) lacrimejar; **to make one's mouth ~** dar água na boca.

watercolor ['wɔːtərˌkʌlər] n aquarela f.

watercress ['wɔːtərkres] n agrião m.

waterfall ['wɔːtərfɔːl] n queda f d'água, catarata f.

watermelon ['wɔːtərˌmelən] n melancia f.

waterproof ['wɔːtərpruːf] adj à prova de água.

water skiing n esqui m aquático.

watertight ['wɔːtərtaɪt] adj à prova d'água.

watt [wɒt] n watt m; **a 60-~ bulb** uma lâmpada de 60 watts.

wave [weɪv] n onda f. ◆ vt (hand) acenar com; (flag) agitar. ◆ vi (move hand) acenar, dizer adeus.

wavelength ['weɪvleŋθ] n comprimento m de onda.

wavy ['weɪvɪ] adj ondulado(da).

wax [wæks] n cera f.

way [weɪ] n (manner, means) maneira f, forma f; (route, distance traveled) caminho m; (direction) direção f; **which ~ is the station?** para que lado é a estação?; **the town is out of our ~** a cidade não fica no nosso caminho; **to be in the ~** estar no caminho; **to be on the** OR **one's ~ (coming)** estar a caminho; **to get out of the ~** sair da frente; **to get under ~** começar; **it's a long ~ to the station** a estação fica muito longe; **to be a long ~ away** ficar muito longe; **to lose one's ~** perder-se; **on the ~ back** na volta; **on the ~ there** no caminho; **that ~ (like that)** daquela maneira, assim; (in that direction) por ali; **this ~ (like this)** assim; (in this direction) por aqui; **no ~!** inf nem pensar!

we [wiː] pron nós; **~'re young** (nós) somos jovens.

weak [wiːk] adj fraco(ca); (not solid) frágil.

weaken ['wiːkn] vt enfraquecer.

weakness ['wiːknəs] n (weak point) fraqueza f; (fondness) fraco m.

wealth [welθ] n riqueza f.

wealthy ['welθɪ] adj rico(ca).

weapon ['wepən] n arma f.

wear [weər] (pt wore, pp worn) vt (clothes, shoes, jewelry) usar. ◆ n (clothes) roupa f; **~ and tear** uso m. ▫ **wear off** vi desaparecer. ▫ **wear out** vi gastar-se.

weary ['wɪərɪ] adj cansado(da).

weather ['weðər] n tempo m; **what's the ~ like?** como está o tempo?; **to be under the ~** inf estar um pouco adoentado.

weather forecast n previsão f do tempo.

weather report n boletim m meteorológico.

weave [wiːv] (pt wove, pp woven) vt tecer.

web [web] n (of spider) teia f; COMPUT: **the Web** a Web; **on the Web** na Web.

web site n COMPUT web site m.

wedding ['wedɪŋ] n casamento m.

wedding anniversary n aniversário m de casamento.

wedding ring n aliança f.

wedge [wedʒ] n (of pie) fatia f; (of wood, etc) cunha f, calço m.

Wednesday ['wenzdeɪ] n quarta-feira f → **Saturday**.

wee [wiː] adj pequeno(na). ◆ n inf xixi m.

weed [wiːd] n erva f daninha.

week [wiːk] n semana f; **a ~ from today** daqui a uma semana OR oito dias; **in a ~** daqui a uma semana OR oito dias.

weekday [ˈwiːkdeɪ] n dia m útil.

weekend [ˌwiːkˈend] n fim-de-semana m.

weekly [ˈwiːklɪ] adj semanal. ◆ adv semanalmente. ◆ n semanário m.

weep [wiːp] (pt & pp **wept**) vi chorar.

weigh [weɪ] vt pesar; **how much does it ~?** quanto é que (isso) pesa?

weight [weɪt] n peso m; **to lose ~** emagrecer; **to put on ~** engordar. ❑ **weights** npl (for weight training) pesos mpl.

weightlifting [ˈweɪtˌlɪftɪŋ] n halterofilismo m.

weight training n musculação f.

weir [wɪər] n represa f.

weird [wɪərd] adj esquisito(ta), estranho(nha).

welcome [ˈwelkəm] adj bem-vindo(da). ◆ n boas-vindas fpl. ◆ vt (greet) dar as boas-vindas a; (be grateful for) agradecer. ◆ excl bem-vindo!; **you're ~ to use our car** você pode usar o nosso carro à vontade; **to make sb feel ~** fazer alguém sentir-se bem-vindo; **you're ~ !** de nada!

weld [weld] vt soldar.

welfare [ˈwelfeər] n (happiness, comfort) bem-estar m; Am (money) subsídio m da segurança social.

well [wel] (compar **better**, superl **best**) adj bom (boa). ◆ adv bem. ◆ n poço m; **to get ~** melhorar; **to go ~** correr

bem; **~ done!** muito bem!; **it may ~ happen** pode muito bem acontecer; **it's ~ worth it** vale bem a pena; **as ~** (in addition) também; **as ~ as** (in addition to) assim como.

we'll [wiːl] = **we shall**, **we will**.

well-behaved [-bɪˈheɪvd] adj bem comportado(da).

well-done adj (meat) bem passado(da).

well-dressed [-ˈdrest] adj bem vestido(da).

well-known adj conhecido(da).

well-paid adj bem pago(ga), bem remunerado(da).

went [went] pt → **go**.

wept [wept] pt & pp → **weep**.

were [wɜːr] pt → **be**.

we're [wɪər] = **we are**.

weren't [wɜːrnt] = **were not**.

west [west] n oeste m. ◆ adj ocidental, oeste. ◆ adv (be situated) a oeste; (fly, walk) em direção ao oeste, para o oeste; **in the ~ of England** no oeste da Inglaterra.

western [ˈwestərn] adj ocidental. ◆ n western m, filme m de faroeste.

westward [ˈwestwərd] adv em direção ao oeste, para o oeste.

wet [wet] (pt & pp **wet** OR **-ted**) adj (soaked, damp) molhado(da); (rainy) chuvoso(osa). ◆ vt molhar; **to get ~** molhar-se; **'~ paint'** 'tinta fresca'.

wet suit n traje m de mergulho.

we've [wi:v] = we have.

whale [weɪl] n baleia f.

wharf [wɔ:rf] (pl -s OR wharves [wɔ:rvz]) n cais m inv.

what [wɒt] adj -1. (in questions) que; ~ color is it? de que cor é?; he asked me ~ color it was ele perguntou-me de que cor era.

-2. (in exclamations) que; ~ a surprise! mas que surpresa!; ~ a beautiful day! mas que dia lindo!

◆ pron -1. (in questions) o que; ~ is going on? o que é que está acontecendo?; ~ is that? o que é isso?; ~ is that thing called? como é que se chama aquilo?; ~ is the problem? qual é o problema?; she asked me ~ had happened ela perguntou-me o que é que tinha acontecido; she asked me ~ I had seen ela perguntou-me o que é que eu tinha visto.

-2. (in questions: after prep) que; ~ are they talking about? de que é que eles estão falando?; ~ is it for? para que é isso?; she asked me ~ I was thinking about ela me perguntou em que eu estava pensando.

-3. (introducing relative clause) o que; I didn't see ~ happened não vi o que aconteceu; you can't have ~ you want você não pode ter o que quer.

-4. (in phrases): ~ for? para quê?; ~ about going out for a meal? que tal irmos comer fora?

◆ excl o quê!

whatever [wɒt'evər] pron: take ~ you want leve o que quiser; ~ I do, I'll lose faça o que fizer, perco sempre; ~ that may be seja lá o que for.

wheat [wi:t] n trigo m.

wheel [wi:l] n (of car, bicycle, etc) roda f; (steering wheel) volante m.

wheelbarrow ['wi:l,bærəʊ] n carrinho m de mão.

wheelchair ['wi:l,tʃeər] n cadeira f de rodas.

wheezy ['wi:zɪ] adj: to be ~ respirar com dificuldade.

when [wen] adv conj quando.

whenever [wen'evər] conj sempre que; ~ you like quando você quiser.

where [weər] adv conj onde; that's ~ you're wrong aí é que você se engana.

whereabouts [adv weərə-'baʊts, n 'weərəbaʊts] adv onde.

◆ npl paradeiro m.

whereas [weər'æz] conj enquanto que.

wherever [weər'evər] conj onde quer que; ~ that may be onde quer que isso seja; ~ you like onde você quiser.

whether ['weðər] conj (indicating choice, doubt) se; ~ you like it or not queira ou não queira.

which [wɪtʃ] adj (in questions) qual, que; ~ room do you want? qual é o quarto que você quer?, que quarto você quer?; ~ one? qual (deles)?; she asked me ~ room I wanted ela perguntou-me qual OR que quarto eu queria. ◆ pron -1. (in ques-

tions) qual; ~ **one is the cheapest?** qual é o mais barato?; ~ **one do you prefer?** qual (é o que) você prefere?; **he asked me ~ one was the best** ele perguntou-me qual era o melhor; **he asked me ~ one I preferred** ele perguntou-me qual é que eu preferia; **he asked me ~ one I was talking about** ele me perguntou de qual eu estava falando.

- 2. *(introducing relative clause: subject)*: **I can't remember ~ was better** não me lembro qual era o melhor.

- 3. *(introducing relative clause: object, after prep)* que; **the sofa on ~ I'm sitting** o sofá em que estou sentado.

- 4. *(referring back)* o que; **he's late, ~ annoys me** ele está atrasado, o que me aborrece; **he's always late, ~ I don't like** ele está sempre atrasado, coisa que eu detesto.

whichever [wɪtʃ'evər] *pron* o que (a que). ♦ *adj*: ~ **place you like** o lugar que você preferir; ~ **way you do it** faça como fizer.

while [waɪl] *conj (during the time that)* enquanto; *(although)* se bem que; *(whereas)* enquanto que. ♦ *n*: **a** ~ um pouco; **a** ~ **ago** há algum tempo; **it's been quite a** ~ **since I last saw him** há muito que não o vejo; **for a** ~ durante algum tempo; **in a** ~ daqui a pouco.

whim [wɪm] *n* capricho *m*.

whine [waɪn] *vi (make noise)* ge-

mer; *(complain)* queixar-se; *(dog)* ganir.

whip [wɪp] *n* chicote *m*. ♦ *vt* chicotear.

whirlpool ['wɜːrlpuːl] *n* redemoinho *m*.

whisk [wɪsk] *n (utensil)* batedeira *f* ♦ *vt (eggs, cream)* bater.

whiskers ['wɪskərz] *npl (of person)* suíças *fpl*; *(of animal)* bigodes *mpl*.

whisk(e)y ['wɪskɪ] *(pl* -s*) n* uísque *m*.

whisper ['wɪspər] *vt vi* murmurar.

whistle ['wɪsl] *n (instrument)* apito *m*; *(sound)* assobio *m*. ♦ *vi* assobiar.

white [waɪt] *adj* branco(ca). ♦ *n (color)* branco *m*; *(of egg)* clara *f*; *(person)* branco *m*, -ca *f*.

white bread *n* pão *m* (branco).

White House *n*: **the** ~ a Casa Branca.

THE WHITE HOUSE

A Casa Branca é a residência oficial e local de trabalho do presidente dos Estados Unidos. Localiza-se em Washington DC, capital do país e sede do governo federal. Ela é o símbolo da própria presidência e, por extensão, do poder executivo nos Estados Unidos.

whitewash ['waɪtwɒʃ] *vt* caiar.

who [huː] *pron (in questions)* quem; *(in relative clauses)* que.

whoever [huː'evər] *pron* quem; ~ **it is** quem quer que seja, seja quem for.

whole [həʊl] *adj* inteiro(ra). ◆ *n*: **the ~ trip** a viagem inteira, toda a viagem; **on the ~** em geral.

whole milk *n Am* leite *m* integral.

wholesale ['həʊlseɪl] *adv* COMM por atacado.

wholewheat bread ['həʊl-,wiːt-] *n Am* pão *m* integral.

whom [huːm] *pron fml (in questions)* quem; *(in relative clauses: after prep)* que; **to ~** a quem.

who're [huːər] = **who are.**

whose [huːz] *adj (in questions)* de quem; *(in relative clauses)* cujo(ja). ◆ *pron* de quem; ~ **book is this?** de quem é este livro?

why [waɪ] *adv conj* porque; ~ **not?** porque não?; **tell me** ~ (diz-me) porquê; **I know** ~ James isn't here eu sei porque é que o James não está.

wicked ['wɪkəd] *adj (evil)* mau (má); *(mischievous)* travesso(a).

wicker ['wɪkər] *adj* de vime.

wide [waɪd] *adj* largo(ga); *(range, variety, gap)* grande. ◆ *adv*: **to open sthg** ~ abrir bem algo; **how** ~ **is the road?** qual é a largura da estrada?; **it's 12 meters** ~ tem 12 metros de largura; ~ **open** escancarado, aberto de par em par.

widely ['waɪdlɪ] *adv* muito.

widen ['waɪdn] *vt (make broader)* alargar. ◆ *vi (gap, difference)* aumentar.

widespread ['waɪdspred] *adj* generalizado(da).

widow ['wɪdəʊ] *n* viúva *f*.

widower ['wɪdəʊər] *n* viúvo *m*.

width [wɪdθ] *n* largura *f*.

wife [waɪf] *(pl* **wives)** *n* esposa *f*, mulher *f*.

wig [wɪg] *n* peruca *f*.

wild [waɪld] *adj (animal, land, area)* selvagem; *(plant)* silvestre; *(uncontrolled)* descontrolado(da); *(crazy)* louco(ca); **to be ~ about** *inf* ser louco por.

wildlife ['waɪldlaɪf] *n* a fauna e a flora.

Wild West *n* os territórios americanos situados a oeste do rio Mississipi.

WILD WEST

No século XIX, essa expressão designava os territórios americanos a oeste do rio Mississipi. Os vaqueiros "cowboys" conduziam rebanhos de gado do sul ao norte, e nessas rotas nasceram povoados conhecidos depois por sua violência. Os filmes de bangue-bangue retratam esse período, com seus pistoleiros, xerifes e foras-da-lei.

will¹ [wɪl] *aux vb* **-1.** *(expressing future tense):* **it** ~ **be difficult to repair** vai ser difícil de arranjar; ~ **you be here next Friday?** você vai estar aqui na próxima sexta?; **I** ~ **see you next week** vejo-lhe para a semana; **yes I** ~ sim;

no I won't não.
- **2.** *(expressing willingness)*: I won't do it recuso-me a fazê-lo.
- **3.** *(expressing polite question)*: **you have some more tea?** você quer mais um chá?
- **4.** *(in commands, requests)*: **~ you please be quiet!** pode ficar calado, por favor!; **close that window, ~ you?** feche a janela, por favor.

will² [wɪl] *n (document)* testamento *m*; **against my ~** contra a minha vontade.

willing ['wɪlɪŋ] *adj*: **to be ~ to do sthg** estar disposto(osta) a fazer algo.

willingly ['wɪlɪŋlɪ] *adv* de boa vontade.

willow ['wɪləʊ] *n* salgueiro *m*.

win [wɪn] *(pt & pp* **won**) *n* vitória *f.* ◆ *vt* ganhar; *(support, approval)* obter. ◆ *vi* ganhar.

wind¹ [wɪnd] *n (air current)* vento *m*; *Brit (in stomach)* gases *mpl*.

wind² [waɪnd] *vi (road, river)* serpentear. ◆ *vt*: **to ~ sthg around sthg** enrolar algo à volta de algo. ◆ **wind up** *vt sep (car window)* subir; *(clock, watch)* dar corda em; *Brit inf (annoy)* gozar.

windmill ['wɪndmɪl] *n* moinho *m* de vento.

window ['wɪndəʊ] *n* janela *f*; *(of shop)* vitrine *f*.

windowpane ['wɪndəʊ,peɪn] *n* vidro *m*, vidraça *f*.

window-shopping *n*: **to go ~** ir ver vitrines.

windshield ['wɪndʃiːld] *n Am* pára-brisas *m inv*.

windshield wipers *npl Am* limpador *m* de pára-brisas.

windsurfing ['wɪnd,sɜːfɪŋ] *n* windsurfe *m*; **to go ~** fazer windsurfe.

windy ['wɪndɪ] *adj* ventoso (osa), com muito vento; **it's ~** está ventando muito.

wine [waɪn] *n* vinho *m*.

wineglass ['waɪnglæs] *n* copo *m* de vinho.

wine tasting [-'teɪstɪŋ] *n* degustação *f* de vinhos.

wing [wɪŋ] *n* asa *f*; *(of building)* ala *f*; *Brit (of car)* pára-lamas *m inv*. ◆ **wings** *npl*: **the ~s** *(in theater)* os bastidores.

wink [wɪŋk] *vi* piscar o olho.

winner ['wɪnər] *n* vencedor *m*, -ra *f*.

winning ['wɪnɪŋ] *adj (person, team)* vencedor(ra); *(ticket, number)* premiado(da).

winter ['wɪntər] *n* inverno *m*; **in the ~** no inverno.

wintertime ['wɪntərtaɪm] *n* inverno *m*.

wipe [waɪp] *vt* limpar; **to ~ one's hands/feet** limpar as mãos/os pés. ◆ **wipe up** *vt sep & vi* limpar.

wiper ['waɪpər] *n (windshield wiper)* limpador *m* de pára-brisas.

wire [waɪər] *n* arame *m*; *(electrical wire)* fio *m* (elétrico). ◆ *vt (plug)* conectar.

wiring ['waɪərɪŋ] *n* instalação *f* elétrica.

wisdom tooth ['wɪzdəm-] *n* dente *m* do siso.

wise [waɪz] adj (person) sábio (bia); (decision, idea) sensato(ta).

wish [wɪʃ] n (desire) desejo m. ◆ vt: I ~ I was younger quem me dera ser mais novo; I ~ you'd told me sooner que pena você não me disse isso antes; **to ~ for sthg** desejar algo; **to ~ to do sthg** fml desejar fazer algo; **to ~ sb happy birthday** dar os parabéns a alguém; **to ~ sb luck** desejar boa sorte a alguém; **if you ~** fml se assim o desejar; **best ~es** cumprimentos.

witch [wɪtʃ] n bruxa f.

with [wɪð] prep - 1. (in company of) com; **come ~ me/us** venha comigo/conosco; **can I go ~ you?** posso ir com você?; **we stayed ~ friends** ficamos em casa de amigos.

- 2. (in descriptions) com; **a man ~ a beard** um homem de barba; **a room ~ a bathroom** um quarto com banheiro.

- 3. (indicating means, manner) com; **I washed it ~ detergent** lavei-o com detergente; **they won ~ ease** ganharam com facilidade.

- 4. (indicating emotion) de; **to tremble ~ fear** tremer de medo.

- 5. (regarding) com; **be careful ~ that!** tenha cuidado com isso!

- 6. (indicating opposition): **to argue ~ sb** discutir com alguém.

- 7. (indicating covering, contents): **to fill sthg ~ sthg** encher algo com OR de algo; **packed ~ people** cheio de gente; **topped ~**

cream coberto com creme.

withdraw [wɪð'drɔː] (pt -drew, pp -drawn) vt (take out) retirar; (money) levantar. ◆ vi (from race, contest) desistir.

withdrawal [wɪð'drɔːəl] n (from bank account) retirada f.

withdrawn [wɪð'drɔːn] pp → withdraw.

withdrew [wɪð'druː] pt → withdraw.

wither [wɪðər] vi murchar.

within [wɪ'ðɪn] prep (inside) dentro de; (certain distance) a; (certain time) em ◆ adv dentro; ~ **10 miles of ...** a 10 milhas de ...; **it arrived ~ a week** chegou em menos de uma semana; ~ **the next week** durante a próxima semana.

without [wɪð'aʊt] prep sem; ~ **doing sthg** sem fazer algo.

withstand [wɪð'stænd] (pt & pp -stood) vt resistir a, agüentar.

witness [wɪtnəs] n testemunha f. ◆ vt (see) testemunhar.

witty [wɪtɪ] adj espirituoso(osa).

wives [waɪvz] pl → wife.

wobbly [wɒblɪ] adj (table, chair) pouco firme.

woke [wəʊk] pt → wake.

woken [wəʊkn] pp → wake.

wolf [wʊlf] (pl wolves [wʊlvz]) n lobo m.

woman [wʊmən] (pl women) n mulher f.

womb [wuːm] n útero m.

women [wɪmɪn] pl → woman.

won [wʌn] pt & pp → **win**.

wonder ['wʌndər] vi (ask o.s.) perguntar a si mesmo(ma). ◆ n (amazement) maravilha f; **to** ~ **if** perguntar a si mesmo se; **I** ~ **if I could ask you a favor?** podia fazer-me um favor?; **I** ~ **if they'll come** será que eles vêm?

wonderful ['wʌndərful] adj maravilhoso(osa).

won't [wəʊnt] = **will not**.

wood [wʊd] n (substance) madeira f; (small forest) bosque m.

wooden ['wʊdn] adj de madeira.

woodland ['wʊdlənd] n floresta f.

woodwork ['wʊdwɜːk] n SCH carpintaria f.

wool [wʊl] n lã f.

woolen ['wʊlən] adj Am de lã.

woollen ['wʊlən] adj Brit = **woolen**.

word [wɜːd] n palavra f; **in other** ~**s** em outras palavras; **to have a** ~ **with sb** falar com alguém.

wording ['wɜːdɪŋ] n texto m.

word processing [-'prəʊsesɪŋ] n processamento m de texto.

word processor [-'prəʊsesər] n processador m de texto.

wore [wɔːr] pt → **wear**.

work [wɜːk] n trabalho m; (painting, novel, etc) obra f. ◆ vi trabalhar; (operate, have desired effect) funcionar; (take effect) ter efeito. ◆ vt (machine, controls) operar; **out of** ~ desempregado, sem trabalho; **to be at** ~ es-

tar trabalhando; **to be off** ~ (on vacation) estar de folga; **the** ~**s** inf (everything) tudo; **how does it** ~ ? como é que funciona?; **it's not** ~**ing** não está funcionando. □ **work out** ◆ vt sep (price, total) calcular; (solution, reason, plan) descobrir; (understand) perceber. ◆ vi (result, be successful) resultar; (do exercise) fazer exercício; **it** ~**s out to $20 each** (check, total) sai a 20 dólares cada.

worker ['wɜːkər] n trabalhador m, -ra f.

working ['wɜːkɪŋ] adj (in operation) em funcionamento; (having employment) que trabalha; (day, conditions) de trabalho. □ **workings** npl (of system, machine) mecanismo m.

working class n: **the** ~ a classe trabalhadora.

working hours npl horário m de trabalho.

workman ['wɜːkmən] (pl -men [-mən]) n trabalhador m (manual), operário m.

workout ['wɜːkaʊt] n sessão f de exercícios.

workplace ['wɜːkpleɪs] n local m de trabalho.

workshop ['wɜːkʃɒp] n (for repairs) oficina f.

world [wɜːld] n mundo m. ◆ adj mundial; **the best in the** ~ o melhor do mundo.

ⓘ **WORLD SERIES**

Todos os anos, os vencedores das duas ligas mais importantes de beisebol americano, a National League e a American League, disputam a chamada World Series. O campeão deve obter quatro vitórias na série de sete partidas previstas. É tradição o presidente americano dar início à série de partidas lançando a primeira bola.

---

worldwide [ˌwɜːld'waɪd] *adv* no mundo inteiro.

World Wide Web *n* COMPUT: **the ~** a World Wide Web.

worm [wɜːm] *n* minhoca *f*.

worn [wɔːn] *pp* → **wear.** ◆ *adj (clothes, carpet)* gasto(ta).

worn-out *adj (clothes, shoes, etc)* gasto(ta); *(tired)* exausto(ta).

worried ['wɜːrɪd] *adj* preocupado(da).

worry ['wɜːrɪ] *n* preocupação *f*. ◆ *vt* preocupar. ◆ *vi*: **to ~ (about)** preocupar-se (com).

worrying ['wɜːrɪŋ] *adj* preocupante.

worse [wɜːrs] *adj* & *adv* pior; **to get ~** piorar; **~ off** em pior situação.

worsen ['wɜːrsn] *vi* piorar.

worship ['wɜːrʃɪp] *n (church service)* culto *m*. ◆ *vt* adorar.

worst [wɜːrst] *adj* & *adv* pior. ◆ *n*: **the ~** o pior (a pior).

worth [wɜːrθ] *prep*: **how much is it ~?** quanto é que vale?; **it's ~ $50** vale 50 dólares; **it's ~ seeing** vale a pena ver; **it's**

not ~ it não vale a pena; **fifty dollars ~ of traveler's checks** 50 dólares em cheques de viagem.

worthless ['wɜːrθləs] *adj (jewelry, possessions)* sem valor; *(person, undertaking)* inútil.

worthwhile [ˌwɜːrθ'waɪl] *adj* que vale a pena.

worthy ['wɜːrðɪ] *adj* merecedor(ra); **to be ~ of sthg** merecer algo.

would [wʊd] *aux vb* **-1.** *(in reported speech)*: **she said she ~ come** ela disse que vinha.
- 2. *(indicating condition)*: **what ~ you do?** o que é que você faria?; **what ~ you have done?** o que é que você teria feito?; **I ~ be most grateful** ficaria muito agradecido.
- 3. *(indicating willingness)*: **she ~n't go** ela não queria ir embora; **he ~ do anything for her** ele faria qualquer coisa por ela.
- 4. *(in polite questions)*: **~ you like a drink?** você quer beber alguma coisa?; **~ you mind closing the window?** importa-se de fechar a janela?
- 5. *(indicating inevitability)*: **he ~ say that** não me surpreende que ele tenha dito isso.
- 6. *(giving advice)*: **I ~ report him if I were you** eu, no seu lugar, denunciava-o.
- 7. *(expressing opinions)*: **I ~ prefer** eu preferia; **I ~ have thought (that) ...** eu pensava que ...

wound 302

wound¹ [wu:nd] *n* ferida *f*. ◆ *vt* ferir.

wound² [waʊnd] *pt & pp* → **wind²**.

wove [wəʊv] *pt* → **weave**.

woven ['wəʊvn] *pp* → **weave**.

wrap [ræp] *vt (package)* embrulhar; **to ~ sthg round sthg** enrolar algo em volta de algo. ❑ **wrap up** *vt sep (package)* embrulhar. ◆ *vi (dress warmly)* agasalhar-se.

wrapper ['ræpər] *n (for candy)* papel *m*.

wrapping ['ræpɪŋ] *n* invólucro *m*, embrulho *m*.

wrapping paper *n* papel *m* de embrulho.

wreath [ri:θ] *n* coroa *f* de flores, grinalda *f*.

wreck [rek] *n (of plane, car)* destroços *mpl*; *(of ship)* restos *mpl*. ◆ *vt (destroy)* destruir; *(spoil)* estragar; **to be ~ed** *(ship)* naufragar.

wreckage ['rekɪdʒ] *n (of plane, car)* destroços *mpl*; *(of building)* escombros *mpl*.

wrench [rentʃ] *n (tool)* chave *f* inglesa.

wrestler ['reslər] *n* lutador *m*, -ra *f* de luta livre.

wrestling ['reslɪŋ] *n* luta *f* livre.

wretched ['retʃəd] *adj (miserable)* desgraçado(da); *(very bad)* péssimo(ma).

wring [rɪŋ] *(pt & pp* **wrung**) *vt* torcer.

wrinkle ['rɪŋkl] *n* ruga *f*.

wrist [rɪst] *n* pulso *m*.

write [raɪt] *(pt* **wrote**, *pp* **written**) *vt* escrever; *(check, prescription)* passar; *Am (send letter to)* escrever a. ◆ *vi* escrever; **to ~ (to sb)** escrever (para alguém). ❑ **write back** *vi* responder. ❑ **write down** *vt sep* anotar. ❑ **write off** *vt sep Brit inf (car)* destruir. ◆ *vi:* **to ~ off for sthg** escrever pedindo algo. ❑ **write out** *vt sep (essay)* escrever; *(list)* fazer; *(check, receipt)* passar.

writer ['raɪtər] *n (author)* escritor *m*, -ra *f*.

writing ['raɪtɪŋ] *n (handwriting)* letra *f*; *(written words)* texto *m*; *(activity)* escrita *f*; **in ~** por escrito.

writing paper *n* papel *m* de carta.

written ['rɪtn] *pp* → **write**. ◆ *adj* escrito(ta).

wrong [rɒŋ] *adj* errado(da). ◆ *adv* mal; **what's ~?** o que é que está acontecendo?; **something's ~ with the car** o carro está com algum problema; **to be in the ~** estar errado; **to get sthg ~** enganar-se em algo; **to go ~** *(machine)* avariar; **'~ way'** *Am* 'contramão'.

wrongly ['rɒŋlɪ] *adv* mal.

wrong number *n* número *m* errado; **sorry, you have the ~** desculpe, o sr. discou o número errado.

wrote [rəʊt] *pt* → **write**.

wrought iron [rɔ:t-] *n* ferro *m* forjado.

wrung [rʌŋ] *pt & pp* → **wring**.

X

XL (*abbr of extra-large*) GG.

Xmas ['krɪsməs] *n inf* Natal *m*.

X-ray ['eks-] *n (picture)* raio-X *m*. ◆ *vt* radiografar; **to take an ~** fazer uma radiografia.

Y

yacht [jɒt] *n* iate *m*.

Yankee [jæŋkɪ] *n* ianque *m*.

Essa palavra inglesa referia-se aos imigrantes holandeses que se fixaram no nordeste dos Estados Unidos. Depois, passou a referir-se a qualquer pessoa da região. Na Guerra da Secessão, os soldados do Norte eram chamados "Yankees". Ainda é usada por alguns americanos do sul de forma pejorativa, referindo-se aos habitantes do norte.

yard [jɑːrd] *n (unit of measurement)* = 91,44 cm, jarda *f*; *(en-*

---

closed area) pátio *m*; *Am (behind house)* jardim *m*.

yarn [jɑːrn] *n (thread)* linha *f*.

yawn [jɔːn] *vi* bocejar.

yeah [jeə] *adv inf* sim.

year [jɪər] *n* ano *m*; **next ~** o ano que vem; **this ~** este ano; **I'm 15 ~s old** tenho 15 anos; **I haven't seen her for ~s** *inf* há anos que não a vejo.

yearly ['jɪərlɪ] *adj* anualmente.

yeast [jiːst] *n* fermento *m*.

yell [jel] *vi* gritar.

yellow ['jeləʊ] *adj* amarelo(la). ◆ *n* amarelo *m*.

yes [jes] *adv* sim; **to say ~** dizer que sim.

yesterday ['jestədeɪ] *n* ontem *m*. ◆ *adv* ontem; **the day before ~** anteontem; **~ afternoon** ontem à tarde; **~ morning** ontem de manhã.

yet [jet] *adv* ainda. ◆ *conj* contudo; **have they arrived ~?** já chegaram?; **the best one ~** o melhor até agora; **not ~** ainda não; **I've ~ to do it** ainda não o fiz; **~ again** mais uma vez; **~ another delay** mais um atraso.

yew [juː] *n* teixo *m*.

yield [jiːld] *vt (profit)* render; *(interest)* ganhar. ◆ *vi (break, give way)* ceder; **'yield'** *Am* AUT sinal de perda de prioridade.

YMCA *n* ≃ ACM.

yoga ['jəʊɡə] *n* ioga *m ou f*.

yogurt, yoghurt ['jəʊɡərt] *n* iogurte *m*.

yolk [jəʊk] *n* gema *f*.

you [juː] *pron* -**1.** *(subject: singu-*

lar) você, tu; *(subject: singular polite form)* o senhor (a senhora); *(subject: plural)* vocês; *(subject: plural polite form)* os senhores (as senhoras); **do ~ speak Portuguese?** *(singular)* você fala português?; *(polite form)* (o senhor) fala português?; **~ Brazilians** vocês brasileiros.

- 2. *(direct object: singular)* o (a), te; *(direct object: singular polite form)* o senhor (a senhora); *(direct object: plural)* os (as), vos; *(direct object: plural polite form)* os (as), os senhores (as senhoras); **I saw ~** *(singular)* eu o vi; **can I help ~?** *(polite form: singular)* em que posso ajudá-lo?; *(polite form: plural)* em que posso ajudá-los?; **I'll see ~ later** *(plural)* vejo-os mais tarde.

- 3. *(indirect object: singular)* lhe, te; *(indirect object: singular polite form)* lhe; *(indirect object: plural)* lhes, vos; **I would like to ask ~ something** *(polite form: singular)* gostaria de perguntar algo a você; **didn't I tell ~ what happened?** *(polite form: plural)* não lhes contei o que aconteceu?

- 4. *(after prep: singular)* você, ti; *(after prep: singular polite form)* o senhor (a senhora), si; *(after prep: plural)* vocês; *(after prep: plural polite form)* os senhores (as senhoras), vós; **this is for ~** isto é para você/o senhor, etc; **with ~** *(singular)* com você, contigo; *(singular: polite form)* com o senhor (a senhora); *(plural)* com vocês; *(plural: polite form)* com os senhores (as senhoras).

- 5. *(indefinite use: subject)*: **the coffee ~ get in Brazil is very strong** o café que se bebe no Brasil é muito forte; **~ never know** nunca se sabe.

- 6. *(indefinite use: object)*: **exercise is good for ~** exercício faz bem (para a saúde).

young [jʌŋ] *adj* novo (nova).
♦ *npl*: **the ~** os jovens.

younger ['jʌŋgər] *adj (brother, sister)* mais novo (nova).

youngest ['jʌŋgəst] *adj (brother, sister)* mais novo (nova).

youngster ['jʌŋstər] *n* jovem *mf*.

your [jɔːr] *adj* **-1.** *(singular subject)* o seu (a sua), o teu (a tua); *(singular subject: polite form)* o/a do senhor (da senhora); *(plural subject)* o vosso (a vossa); *(plural subject: polite form)* o/a dos senhores (das senhoras); **~ dog** o seu/teu/vosso cão, o cão do senhor (da senhora), o cão dos senhores (das senhoras); **~ house** a sua/tua/vossa casa, etc; **~ children** os seus/teus/vossos filhos, etc.

- 2. *(indefinite subject)*: **it's good for ~ health** é bom para a saúde.

yours [jɔːrz] *pron (singular subject)* o seu (a sua), o teu (a tua); *(singular subject: polite form)* o/a do senhor (da senhora); *(plural subject)* o vosso (a vossa); *(plural subject: polite form)* o/a dos senhores (das senhoras); **a friend of ~** um amigo seu/teu/vosso/do senhor/da senhora/dos se-

nhores/das senhoras; **these shoes are** ~ estes sapatos são (os) teus/seus/vossos, etc;
these are mine – where are ~? estes são os meus – onde estão os seus/teus/vossos, etc?

yourself [jɔːˈself] *pron* **- 1.** *(reflexive: singular)* se, te; *(reflexive: plural)* se; **did you hurt ~?** *(singular)* você se machucou?
- 2. *(after prep: singular)* você mesmo(ma), tu mesmo(ma); *(after prep: plural)* vocês mesmos(mas); *(after prep: plural polite form)* os senhores mesmos (as senhoras mesmas), vós mesmos(mas); **did you do it ~?** *(singular)* você fez isso sozinho?; *(polite form)* foi o senhor mesmo que o fez?; **did you do it yourselves?** vocês fizeram isso sozinhos?; *(polite form)* foram os senhores mesmos que o fizeram?

youth [juːθ] *n* juventude *f*; *(young man)* jovem *m*.

youth club *n* clube *m* de jovens.

youth hostel *n* albergue *m* da juventude.

yuppie [ˈjʌpɪ] *n* yuppie *mf*.

YWCA *n* ≃ ACM *f*.

Z

zebra [ˈziːbrə] *n* zebra *f*.

zebra crossing *n Brit* faixa *f* (para pedestres).

zero [ˈzɪərəʊ] *n* zero *m*; **five degrees below** ~ cinco graus abaixo de zero.

zest [zest] *n (of lemon, orange)* raspa *f*.

zigzag [ˈzɪgzæg] *vi* ziguezaguear.

zinc [zɪŋk] *n* zinco *m*.

zip [zɪp] *n Brit* fecho ecler *m*. ◆ *vt* fechar o fecho ecler de.
❑ **zip up** *vt sep* fechar o zíper.

zip code *n Am* código *m* postal.

zipper [ˈzɪpər] *n Am* fecho ecler *m*.

zit [zɪt] *n inf* espinha *f*.

zodiac [ˈzəʊdɪæk] *n* zodíaco *m*.

zone [zəʊn] *n* zona *f*.

zoo [zuː] *(pl -s)* *n* zôo *m*.

zucchini [zuːˈkiːnɪ] *(pl inv)* *n Am* abobrinha *f*.

GUIA
DE
CONVERSAÇÃO

CONVERSATION
GUIDE

CUMPRIMENTANDO ALGUÉM	GREETING SOMEONE
▸ Bom dia.	▸ Good morning.
▸ Boa tarde.	▸ Good afternoon.
▸ Boa noite.	▸ Good evening.
▸ Olá!	▸ Hello!
▸ Oi!	▸ Hi!
▸ Como vai?	▸ How are you?
▸ Muito bem, obrigado/a.	▸ Very well, thank you.
▸ Bem, obrigado/a.	▸ Fine, thank you.
▸ E você?	▸ And you?

APRESENTANDO-SE	INTRODUCING YOURSELF
▸ Meu nome é Sérgio.	▸ My name is Sérgio.
▸ Eu sou brasileiro/brasileira.	▸ I am Brazilian.
▸ Eu sou de Chicago.	▸ I come from Chicago.

APRESENTANDO ALGUÉM	MAKING INTRODUCTIONS
▸ Este é o Sr. Hall.	▸ This is Mr. Hall.
▸ Gostaria de apresentar o Sr. Hall.	▸ I'd like to introduce Mr. Hall.
▸ Prazer em conhecê-lo.	▸ Pleased to meet you.
▸ Como vai?	▸ How are you?
▸ Bem-vindo/a.	▸ Welcome.

DESPEDINDO-SE

- Tchau.
- Até logo.
- Até breve.
- Boa noite.
- Aproveite a sua viagem.
- Foi um prazer conhecê-lo.

SAYING GOODBYE

- Bye.
- See you later.
- See you soon.
- Good night.
- Enjoy your trip.
- It was nice to meet you.

AGRADECENDO

- (Muito) obrigado/a.
- Obrigado/a. Igualmente.
- Obrigado/a por sua ajuda.

SAYING THANK YOU

- Thank you (very much).
- Thank you. The same to you.
- Thank you for your help.

RESPONDENDO A AGRADECIMENTOS

- Não há de quê.
- De nada.
- Foi um prazer.

REPLYING TO THANKS

- Don't mention it.
- Not at all.
- You're welcome.

DESCULPANDO-SE	APOLOGIZING

- Com licença.
- Sinto muito.
- Desculpe.
- Perdão.
- Desculpe-me.
- Desculpe-me por estar atrasado/por incomodá-lo.

- Excuse me.
- I'm sorry.
- Sorry.
- Pardon me.
- Forgive me.
- I'm sorry I'm late/to bother you.

ACEITANDO UM PEDIDO DE DESCULPA	ACCEPTING AN APOLOGY

- Não tem importância.
- Tudo bem.
- Não faz mal.

- It doesn't matter.
- That's all right.
- No harm done.

VOTOS E CUMPRIMENTOS	WISHES AND GREETINGS

- Boa sorte!
- Divirta-se!
- Bom apetite!
- Feliz aniversário!
- Boa Páscoa!
- Feliz Natal!
- Feliz Ano Novo!
- Tenha um bom fim de semana.
- Boas férias!
- Tenha um bom dia!

- Good luck!
- Have fun!/Enjoy yourself!
- Enjoy your meal!
- Happy Birthday!
- Happy Easter!
- Merry Christmas!
- Happy New Year!
- Have a good weekend!
- Enjoy your vacation!
- Have a nice day!

COMO ESTÁ O TEMPO?

- Está fazendo um dia lindo.
- Está um dia agradável.
- Está fazendo sol.
- Está chovendo.
- Está nublado.
- A previsão é de chuva para amanhã.
- Que tempo horrível!

- Está (muito) quente/frio.

WHAT'S THE WEATHER LIKE?

- It's a beautiful day.
- It's nice out.
- It's sunny.
- It's raining.
- It's cloudy.
- It's supposed to rain tomorrow.
- What horrible (or awful) weather!

- It's (very) hot/cold.

EXPRESSANDO PREFERÊNCIAS

- Eu gosto (disso).
- Eu não gosto (disso).
- Você gostaria de beber/comer alguma coisa?
- Sim, por favor.
- Não, obrigado/a.
- Você gostaria de ir até o parque com a gente?
- Sim, eu gostaria.

EXPRESSING LIKES AND DISLIKES

- I like it.
- I don't like it.
- Would you like something to drink/eat?
- Yes, please.
- No, thanks.
- Would you like to come to the park with us?
- Yes, I'd love to.

USANDO O TELEFONE

- Alô.
- Aqui é Jean Brown.
- Gostaria de falar com Jack Adams
- Volto a ligar daqui a dez minutos.
- Posso deixar um recado?
- Desculpe, devo ter discado o número errado.

PHONING

- Hello.
- Jean Brown speaking.
- I'd like to speak to Jack Adams
- I'll call back in ten minutes.
- Can I leave a message for him?
- Sorry, I must have dialed the wrong number.

ALUGANDO UM CARRO

- Queria alugar um carro com ar condicionado.
- Qual é o preço por um dia?
- A quilometragem é ilimitada?
- Quanto custa o seguro total?
- Posso deixar o carro no aeroporto?

RENTING A CAR

- I'd like to rent a car with air-conditioning.
- What's the cost for one day?
- Is the mileage unlimited?
- How much does it cost for comprehensive insurance?
- Can I leave the car at the airport?

PEGANDO UM TÁXI

- Você poderia me chamar um táxi?
- Para a rodoviária/a estação/o aeroporto, por favor.
- Pare aqui/no sinal/na esquina, por favor.
- Você pode me esperar?
- Quanto é?
- Gostaria de um recibo, por favor

TAKING A CAB

- Could you call me a cab?
- To the bus station/train station/airport, please.
- Stop here/at the lights/at the corner, please.
- Can you wait for me?
- How much is it?
- Can I have the receipt, please?

TOMANDO O TREM

- A que horas é o próximo trem para Chicago?
- De que plataforma sai o trem?
- Quanto custa uma passagem de ida e volta para Chicago?
- Com licença, este lugar está ocupado?

TAKING THE TRAIN

- What time is the next train to Chicago?
- Which platform does it go from?
- How much is a round-trip ticket to Chicago?
- Excuse me, is this seat taken?

NO AEROPORTO

- Onde é o terminal 1/o portão número 2?
- Onde é o check-in?
- Gostaria de sentar no corredor/na janela.
- A que horas é o embarque?
- Perdi meu cartão de embarque.
- Onde é o setor de bagagens?

AT THE AIRPORT

- Where is terminal 1/gate number 2?
- Where is the check-in desk?
- I'd like an aisle/window seat.
- What time is boarding?
- I've lost my boarding card.
- Where is the baggage reclaim?

ONDE É?

- Pode me mostrar no mapa onde nós estamos?
- Onde é a rodoviária/o correio?
- Por favor, como faço para chegar a Bleeker Street?
- É longe?
- Dá para ir a pé?

ASKING THE WAY

- Could you show me where we are on the map?
- Where is the bus station/post office?
- Excuse me, how do I get to Bleeker Street?
- Is it far?
- Is it within walking distance?

CIRCULANDO NA CIDADE	GETTING AROUND TOWN
● Que ônibus vai para o aeroporto?	● Which bus goes to the airport?
● Onde tomo o ônibus para a estação?	● Where do I catch the bus for the station?
● Quero uma passagem de ida / ida e volta para Boston.	● I'd like a one-way/round-trip ticket to Boston.
● Pode me dizer onde devo descer?	● Could you tell me when we get there?

NO HOTEL	AT THE HOTEL
● Queremos um quarto de casal / dois quartos de solteiro.	● We'd like a double room / two single rooms.
● Quero um quarto por duas noites, por favor.	● I'd like a room for two nights, please.
● Fiz uma reserva em nome de Jones	● I have a reservation in the name of Jones.
● A chave do quarto 121, por favor	● Could I have the key for room 121, please?
● A que horas é servido o café da manhã?	● What time is breakfast served?
● Pode me acordar às 7 horas da manhã?	● I'd like a wake-up call at 7 a.m., please.

Achevé d'imprimer en janvier 2002
sur les presses de «La Tipografica Varese S.p.A.» à Varese (Italie)

NO BANCO

- Gostaria de trocar $100 em reais, por favor.
- Em notas de valor pequeno, por favor.
- Qual é o câmbio para o dólar?
- Gostaria de trocar alguns cheques de viagem.
- Onde tem um caixa automático?

AT THE BANK

- I'd like to change $100 into reais please.
- In small denominations, please.
- What is the exchange rate for dollars?
- I'd like to cash some traveler's checks.
- Where is the ATM?

NO CORREIO

- Quanto custa enviar um cartão postal para os Estados Unidos?
- Quero dez selos para o Canadá.
- Gostaria de remeter este pacote registrado.
- Quanto tempo leva para chegar lá?

AT THE POST OFFICE

- How much is it to send a postcard to the USA?
- I'd like ten stamps for Canada.
- I'd like to send this parcel by registered mail.
- How long will it take to get there?

NO CONSULTÓRIO MÉDICO

- Estou vomitando e com diarréia.
- Estou com dor de garganta.
- Estou com dor de estômago.
- Meu filho está com tosse e febre.
- Sou alérgico a penicilina.

AT THE DOCTOR'S

- I've been vomiting and I have diarrhea.
- I have a sore throat.
- My stomach hurts.
- My son has a cough and a fever.
- I'm allergic to penicillin.